ÉLÉMENTS

DE

PALÉOGRAPHIE

PAR M. NATALIS DE WAILLY

CHEF DU BUREAU DE LA SECTION ADMINISTRATIVE
DES ARCHIVES DU ROYAUME

TOME PREMIER

PARIS

IMPRIMERIE ROYALE

M DCCC XXXVIII

ÉLÉMENTS

DE

PALÉOGRAPHIE.

POUR SERVIR A L'ÉTUDE

DES DOCUMENTS INÉDITS

SUR L'HISTOIRE DE FRANCE

PUBLIÉS

PAR ORDRE DU ROI

ET PAR LES SOINS

DU MINISTRE DE L'INSTRUCTION PUBLIQUE.

A

MONSIEUR GUIZOT.

MONSIEUR,

En confiant la rédaction de cet ouvrage à un homme obscur que le hasard vous avait fait connaître, et que vous aviez le droit d'oublier, vous lui avez accordé un témoignage de confiance d'autant plus flatteur qu'il ne l'avait pas sollicité; mais en même temps vous lui avez imposé de grandes obligations. Il est bien loin sans doute de les avoir remplies; cependant il a peut-être acquis des droits à l'indulgence de ses juges par un travail patient et assidu. S'il a inscrit votre nom en tête d'une œuvre imparfaite, c'est dans l'espoir que votre esprit bienveillant y saura démêler quelques traces des longs efforts qui peuvent servir d'excuse à l'insuffisance de l'auteur.

NATALIS DE WAILLY.

PRÉFACE.

En commençant cet ouvrage, je ne m'étais pas rendu un compte exact de toutes les difficultés que j'aurais à vaincre, ni du temps qu'il faudrait consacrer soit aux recherches préliminaires, soit à la rédaction même du texte. Aussi le terme fixé pour cette publication est-il expiré depuis plus d'un an. Je m'empresse de dire que ce retard est complétement involontaire, et qu'il tient à un surcroît de travail pour lequel ma faiblesse avait besoin de tous les secours qui lui ont été accordés. M. de Salvandy, en m'honorant de la même confiance que ses prédécesseurs, a fait tout ce qui dépendait de lui pour rendre ma tâche plus courte et moins pénible. Il ne s'est pas contenté d'accueillir mes demandes, il les a prévenues, et en quelque sorte provoquées, avec tant de sollicitude qu'il ne devra pas s'étonner si j'éprouve le besoin de lui témoigner publiquement ma vive reconnaissance.

Je ne nommerai point ici toutes les personnes qui ont bien voulu m'accorder leur appui : elles me connaissent assez, je l'espère, pour être persuadées que je n'ai pas perdu le souvenir de leurs bons services. A la Bibliothèque du Roi, dans les Comités historiques, à l'Imprimerie royale, dans les bureaux du Ministère de l'Instruction publique, partout enfin où j'avais besoin d'aide et de protection, j'ai trouvé mieux encore, de l'empressement, j'oserais presque dire de l'amitié. Aux Archives du Royaume, pendant que plusieurs de mes collègues s'associaient à mes recherches, avec un dévouement dont je ne puis trop les remercier, M. Daunou ne se lassait pas de répondre à mes questions, et de me diriger par des avis auxquels sa bienveillance mêlait toujours des paroles d'encouragement. Ces secours ne sont pas les seuls dont j'aie profité. Ma position aux Archives du Royaume me permettait de consulter à chaque instant les monuments précieux réunis dans ce riche dépôt. J'ajouterai qu'on attendait de moi un simple précis du Nouveau Traité de Diplomatique ; j'avais donc l'avantage de marcher dans une voie qui avait été frayée d'avance. Cependant il me restait encore beaucoup à faire.

Il aurait fallu en effet que ce précis fût court, méthodique, et autant que possible complet. Je ne me dissimule pas qu'un texte de plus de mille pages doit nécessairement paraître fort long; ma seule excuse, c'est que le Nouveau Traité de Diplomatique en renferme quatre fois autant. Je serais trop heureux d'ailleurs si l'on n'avait à me reprocher qu'un défaut de proportion dans l'analyse des immenses travaux accomplis par les Bénédictins. Je demande la permission d'indiquer en peu de mots la marche que j'ai suivie.

Cet ouvrage se compose de quatre parties principales et d'un Appendice. La première partie est consacrée à la chronologie. J'ai pensé qu'il ne suffisait pas d'indiquer la solution théorique des difficultés qui se rencontrent le plus ordinairement dans les chartes et dans les ouvrages d'histoire; mais qu'il convenait aussi de présenter, d'après l'Art de vérifier les dates, la concordance des ères, des cycles, des fêtes religieuses, etc. En donnant la liste chronologique des princes qui ont régné dans différentes contrées de l'Europe, je savais que j'étais exposé à commettre plus d'une erreur, puisque les historiens ne s'accordent pas toujours sur les dates de l'avénement et de la mort, ni même sur l'ordre de succession, ou sur l'existence de certains rois [1]. Pour résoudre quelques-unes de ces difficultés, il aurait fallu entreprendre de longues recherches dont le succès, fort douteux d'ailleurs, n'aurait pas été d'une grande utilité pour les personnes qui étudient spécialement l'histoire de France. J'ai donc pensé que des renseignements chronologiques un peu étendus n'étaient réellement nécessaires que pour les rois de France, d'Angleterre et d'Italie, les papes et les empereurs d'Allemagne. Dans la seconde partie, après avoir présenté quelques observations générales sur le style, la nomenclature des actes et les formules employées le plus ordinairement, j'ai donné, sous le titre de *Liste alphabétique de princes souverains*, un formulaire facile à consulter, et qui fournira peut-être quelques indications utiles pour la vérification des diplômes royaux. La troisième partie a pour objet la paléographie proprement dite, c'est-à-dire le déchiffrement des écritures et le moyen d'en fixer l'âge. Je

[1] Je citerai, par exemple, le roi Harald qui, selon Langebek (*Scriptores rer. Danic.* t. II, p. 479 et 481, note *t*), régna en Danemarck après Suénon Ier, au moins jusqu'en 1017, tandis que plusieurs historiens, supposant qu'il est mort avant son père, fixent l'avénement de Canut à l'an 1014.

ne me suis que bien rarement écarté des principes généraux posés par les Bénédictins; quand il m'a paru nécessaire d'y introduire quelques modifications, je n'ai pas manqué d'en avertir le lecteur. Si j'éprouve la crainte de n'avoir traité que bien imparfaitement cette question importante et difficile, je suis heureux du moins de savoir que mes lecteurs auront sous les yeux, grâce au talent de M. S. Jacobs, des *fac-simile* dont l'exactitude rigoureuse mérite une entière confiance. Les gravures du Trésor de Numismatique servent de complément aux planches de *fac-simile;* mais en même temps elles se rattachent à la quatrième partie, qui est consacrée à l'étude des sceaux. Plusieurs personnes m'ont engagé à exposer les règles élémentaires du blason; j'ai déféré à cet avis, et j'ai décrit les armoiries d'un assez grand nombre de seigneurs, telles qu'elles sont représentées sur les sceaux. La science héraldique n'est plus dans nos mœurs, mais elle fournira toujours des documents précieux pour l'histoire du moyen âge. J'ai réuni dans l'Appendice, à la suite de la quatrième partie, les planches et les observations qui s'y rattachent. Ces renseignements accessoires auraient pu à la rigueur trouver place dans le corps même de l'ouvrage, mais il a paru préférable de les grouper dans un supplément où il sera plus facile de les consulter.

J'ai dû citer un si grand nombre de dates, qu'il était en quelque sorte impossible, malgré la vérification la plus scrupuleuse, de ne pas laisser échapper quelques fautes : je les indique à la suite de la table des chapitres, et je prie instamment le lecteur de vouloir bien les corriger.

TABLE DES CHAPITRES.

PREMIÈRE PARTIE.

CHRONOLOGIE.

CHAP. I. Date du consulat, du post-consulat, de l'empire et du règne. — Dates tirées de faits historiques. — Listes chronologiques de princes souverains.. Pag. 3

II. De l'ère chrétienne et des ères de la Passion et de l'Ascension. 40

III. Des ères autres que l'ère chrétienne. 44

§ 1. Ère mondaine d'Alexandrie et autres calculs commençant à la création du monde . . *Ib.*

2. Ère mondaine d'Antioche. 45

3. Ère mondaine de Constantinople. . . . . *Ib.*

4. Ère des Séleucides, des Grecs ou des Syro-Macédoniens, autrement dite ère d'Alexandre. 46

5. De l'ère Césaréenne d'Antioche, de l'ère Actiaque et de l'ère des Augustes. . . . . . . *Ib.*

6. Ère Julienne. 47

7. Ère d'Espagne. 48

8. Ère de Dioclétien ou des Martyrs. . . . . *Ib.*

9. De l'ère de la fondation de Rome, et de la période Julienne. 49

10. Observations sur les tableaux A et B. 50

11. De quelques autres ères moins usitées. 56

12. Des olympiades. . . . . *Ib.*

13. Ère de l'hégire. 61

CHAP. IV. Des cycles, des éléments qui s'y rattachent, et de la réforme du calendrier sous Grégoire XIII. 72

ART. I. Des indictions. . . . . *Ib.*

II. Du cycle solaire et des éléments qui s'y rattachent. 74

§ 1. Du cycle solaire . . . . *Ib.*

2. Des concurrents et des lettres dominicales. *Ib.*

3. Des réguliers. 76

ART. III. Cycle de dix-neuf ans ou nombre d'or, cycle lunaire; éléments qui s'y rattachent. 77

§ 1. Du cycle de dix-neuf ans ou nombre d'or. *Ib.*

2. Du cycle lunaire et du calendrier Judaïque. 79

3. Des épactes. 82

4. Clefs des fêtes mobiles. 83

5. Du terme pascal. 84

ART. IV. Du cycle pascal. . . . . *Ib.*

V. Du calendrier Grégorien. 85

Art. vi. Résumé. — Observations sur l'usage des tableaux chronologiques....... Pag. 86

CHAP. V. Des dates empruntées aux cérémonies religieuses.................... 113

Glossaire des dates.. 116

Catalogue alphabétique et chronologique des saints........................ 128

DEUXIÈME PARTIE.

STYLE, NOMENCLATURE, FORMULES, ETC.

CHAP. I. Courtes observations sur les langues vulgaires et l'altération de la langue latine dans les monuments du moyen âge........................ 157

II. Nomenclature abrégée des actes appartenant à la diplomatique........... 165

Art. i. Des lettres.. Ib.

ii. Des épîtres.. 168

iii. Des chartes et des diplômes en général. — Des chartes-parties........... 170

§ 1. Des chartes et des diplômes en général................................. Ib.

2. Des chartes-parties... 171

Art. iv. Bulles, brefs et *motus proprii*.................................. 172

§ 1. Des bulles.. Ib.

2. Des brefs.. 177

3. Des *motus proprii*.. 178

Art. v. Des indicules, des notices, des libelles et des testaments.............. Ib.

vi. Des jugements et des pièces législatives............................. 180

vii. Des registres.. Ib.

CHAP. III. Variations des formes de style suivant le rang des personnes. — Titres et dignités. — Noms de famille.................................... 182

§ 1. Variations des formes de style suivant le rang des personnes............. Ib.

2. Titres et dignités.. 184

3. Noms de famille.. 188

CHAP. IV. Invocation, suscription, salut, préambule. — Imprécations, peines pécuniaires, salutation.. 191

Art. i. Des formules initiales.. Ib.

§ 1. De l'invocation.. Ib.

2. De la suscription.. 193

3. Du salut.. 202

4. Du préambule.. 204

Art. ii. Des formules finales... 205

§ 1. Des imprécations et des peines pécuniaires............................ Ib.

2. De la salutation... 208

CHAP. V. Notaires, référendaires, chanceliers, etc. — Grands officiers de la couronne. — Liste des chanceliers depuis Pepin le Bref jusqu'à Philippe IV. — Liste des grands officiers depuis Henri Ier jusqu'à Philippe IV............. 211

CHAP. VI. Annonce du sceau, signatures, témoins. — Dates du temps et du lieu. Pag. 237
Art. i. Annonce du sceau, signatures, témoins ... *Ib.*
ii. Dates du temps et du lieu ... 245

CHAP. VII. Observations préliminaires, suivies d'une liste alphabétique de princes souverains, renfermant des renseignements sur les formules et les dates employées dans leurs diplômes ... 253

TROISIÈME PARTIE.

PALÉOGRAPHIE PROPREMENT DITE.

CHAP. I. Substances destinées à recevoir l'écriture. — Encres et couleurs. — Instruments de l'écrivain ... 367
Art. i. Substances destinées à recevoir l'écriture : papyrus, parchemin, papier ... *Ib.*
ii. Des encres, des couleurs, des lettres ornées et des peintures ... 373
iii. Des instruments de l'écrivain ... 378

CHAP. II. Origine et division des écritures employées en Europe depuis l'invasion des barbares ; distinction de deux périodes. — Caractères distinctifs des écritures employées en France pendant ces deux périodes. — Résumé ... 383
Art. i. Origine et division des écritures employées en Europe depuis l'invasion des barbares ; distinction de deux périodes ... *Ib.*
ii. Caractères distinctifs des écritures employées en France pendant la première période ... 385
§ 1. De l'écriture capitale ... *Ib.*
2. De l'écriture onciale ... 388
3. De l'écriture minuscule ... 390
1° De l'écriture minuscule des manuscrits ... *Ib.*
2° De l'écriture minuscule diplomatique ... 393
§ 4. De l'écriture cursive ... 394
5. De l'écriture mixte ... 398
Art. iii. Caractères distinctifs des écritures employées en France pendant la seconde période ... 399
§ 1. De la majuscule gothique ... *Ib.*
2. De la minuscule gothique ... 402
3. De la cursive gothique ... 404
4. De l'écriture mixte gothique ... 406
Résumé ... 407

CHAP. III. Des différents systèmes d'abréviations ... 409
Art. i. Des sigles ... *Ib.*
ii. Des notes tironiennes ... 423
iii. Des abréviations proprement dites ... 426
iv. Des lettres conjointes, monogrammatiques et enclavées ... 467

CHAP. IV. Déchiffrement des écritures; moyen d'en fixer l'âge.... Pag. 473

PREMIÈRE SECTION. Écritures de la première période.... 475
ART. I. De l'écriture capitale.... Ib.
§ 1. De l'écriture capitale des manuscrits et des diplômes.... Ib.
2. De l'écriture capitale des sceaux.... 482
ART. II. De l'écriture onciale.... 494
III. De l'écriture mixte.... 502
IV. De l'écriture minuscule.... 509
§ 1. De l'écriture minuscule proprement dite.... Ib.
2. De l'écriture minuscule diplomatique.... 532
ART. V. De l'écriture cursive des manuscrits et des diplômes.... 542
VI. De l'écriture allongée.... 578
DEUXIÈME SECTION. Écritures de la seconde période.... 587
ART. I. De la majuscule gothique.... Ib.
§ 1. De la majuscule gothique des manuscrits et des diplômes.... Ib.
2. De la majuscule gothique des sceaux.... 588
ART. II. De la minuscule gothique.... 599
§ 1. De la minuscule gothique des manuscrits.... Ib.
2. De la minuscule gothique des sceaux.... 614
3. De la minuscule gothique des diplômes.... 618
ART. III. De la cursive gothique des manuscrits et des diplômes.... 624
IV. De l'écriture mixte gothique des manuscrits et des diplômes.... 638

CHAP. V. Des écritures nationales.... 644
ART. I. Des écritures antérieures à l'invasion des Francs.... Ib.
II. Des écritures postérieures à l'invasion des Francs.... 649
§ 1. De l'écriture lombardique.... 650
2. De l'écriture wisigothique.... 656
3. De l'écriture anglo-saxonne.... 663
4. De l'écriture germanique.... 673

CHAP. VI. Des signes accessoires de l'écriture.... 680
ART. I. De la ponctuation.... Ib.
§ 1. De la ponctuation dans les inscriptions.... 681
2. De la ponctuation dans les manuscrits.... 682
3. De la ponctuation dans les diplômes.... 690
ART. II. Des marques de correction et de quelques autres signes accessoires.... 694
§ 1. Des signes de correction.... 695
2. Des signes destinés à faciliter la lecture d'un texte.... 696
3. Des signes destinés à faciliter l'intelligence d'un texte.... 702
ART. III. Des chiffres romains et des chiffres arabes.... 704
§ 1. Des chiffres romains.... Ib.
2. Des chiffres arabes.... 711

ADDITIONS ET CORRECTIONS.

Page 11, article de Louis le Hutin, date de la naissance, *effacez :* ou 1291.

Page 19, article de Célestin V, date de la naissance, *au lieu de :* vers 1222; *mettez :* vers 1215.

Page 22, colonne des empereurs d'Occident, article d'Arnoul, *au lieu de :* en avril 896; *mettez :* avant le 27 février 896.

Page 22, colonne des rois de Germanie, article d'Arnoul, *au lieu de :* du 11 novembre 887 au 29 novembre 899; *mettez :* élu après le 11 novembre 887, meurt le 8 décembre 899.

Page 22, colonne des rois de Germanie, article de Louis IV, *au lieu de :* du 29 novembre 899 au 21 novembre 911, ou au 21 janvier 912; *mettez :* reconnu roi après la mort de son père, meurt avant le 29 octobre 911.

Page 22, colonne des rois de Germanie, article de Conrad Ier, *au lieu de :* du 19 octobre 912 au 23, *etc.; mettez :* avant le 29 octobre 911 jusqu'au 23, *etc.*

Page 23, article d'Otton Ier, *au lieu de :* meurt le 7 mai 973; *mettez :* meurt en 973, au plus tôt dans le mois d'août.

Page 23, article d'Otton II, *au lieu de :* du 7 mai 973 au, *etc.; mettez :* succède à son père en 973, au plus tôt dans le mois d'août, et meurt le, *etc.*

Page 26, article d'Éthelred II, *au lieu de :* détrôné en 1014, rétabli en 1015; *mettez :* détrôné en 1013, rétabli en 1014.

Page 26, article de Suénon, *au lieu de :* de 1014 à 1015; *mettez :* du commencement de novembre 1013 au 3 février 1014.

Page 26, article de Canut Ier, *au lieu de :* de 1015 à 1017; *mettez :* de 1014 à 1017.

Page 32, colonne des rois de Castille, article de Pèdre le Cruel, *effacez* le chiffre IV.

Page 33, colonne des rois d'Aragon, article de Pèdre II, *au lieu de :* m. 17 septembre 1213; *mettez :* m. 12 septembre 1213.

Page 36, colonne des rois d'Écosse, article de Robert II, *au lieu de :* m. 19 octobre 1390; *mettez :* m. 9 avril 1390.

Page 37, colonne des rois de Hongrie, article de Béla Ier, *au lieu de :* m. 1064; *mettez :* m. 1063.

Page 37, colonne des rois de Hongrie, article de Salomon, date de l'avénement, *au lieu de :* 1064; *mettez :* 1063.

Page 38, colonne des rois de Norwége et de Danemarck, article de Suénon Ier, *au lieu de :* m. 1015; *mettez :* m. 3 février 1014.

Page 116, 1re et 2e colonnes, l'article *Bohordicum* doit être rectifié de la manière suivante : *Bohordicum, Bouhourdis, Behourdi* ou *Behourdich*, espèce de joûte qui se faisait avec des bâtons, le premier et le deuxième dimanche de carême. De là, plusieurs actes qui désignent ces deux dimanches sous les noms de *Behourdich* et de *Bordæ*. Quant aux mots *Brandones*, *Buræ* ou *Focorum dies*, les *Brandons*, les *Bures* ou les *Bules*, ils s'expliquent par l'usage où l'on était d'allumer des feux le jour de la Quadragésime et les six jours suivants. Le premier dimanche de carême s'appelait donc dimanche des *Brandons*, des *Bures*, etc. Le mot *Bordæ* s'employait quelquefois comme synonyme de *Brandones*.

Page 138, 2e colonne, dernière ligne, *au lieu de :* 909; *mettez :* 504.

Page 143, 2e colonne, article de S. Liboire, *au lieu de :* 23 juillet à Aymeries en Hainaut (9 juin,

12, 13 et 28 mai au Mans); *mettez :* 23 juillet à Paderborn (28 mai, 9 juin et 23 juillet au Mans).

Page 151, 1re colonne, article de S. Saturnin, premier évêque de Toulouse, *au lieu de :* v. la fin du 1er siècle; *mettez :* an 250.

Page 155, 2e colonne, article de S. Virgile, évêque d'Arles, *au lieu de :* 624; *mettez :* 610.

Page 155, 2e colonne, article de S. Vulfran, *au lieu de :* 721; *mettez :* 693.

Page 262, article d'Arnoul, *au lieu de :* élu..... le 11 novembre; *mettez :* élu..... après le 11 novembre.

Page 262, article d'Arnoul, *au lieu de :* entre le 15 et le 30 avril; *mettez :* avant le 27 février.

Page 262, article d'Arnoul, *au lieu de :* meurt le 29 novembre; *mettez :* meurt le 8 décembre.

Page 267, article de Canut Ier, *au lieu de :* de 1015 à 1017; *mettez :* de 1014 à 1017.

Page 284, article de Conrad Ier, *au lieu de :* élu le 19 octobre 912; *mettez :* élu avant le 29 octobre 911.

Page 291, article d'Éthelred II, *au lieu de :* chassé en 1014...... remonte sur le trône en 1015; *mettez :* chassé en 1013..... remonte sur le trône en 1014.

Page 333, article de Louis IV, fils d'Arnoul, *au lieu de :* succède.... le 29 novembre; *mettez :* succède.... le 8 décembre.

Page 333, article de Louis IV, fils d'Arnoul, *au lieu de :* mourut le 21 novembre 911, ou le 21 janvier 912; *mettez :* mourut avant le 29 octobre 911.

Page 343, article d'Otton Ier, *au lieu de :* meurt le 7 mai 973; *mettez :* meurt en 973, au plus tôt dans le mois d'août.

Page 344, article d'Otton II, *au lieu de :* couronné empereur le 25 décembre 967, succède à son père le 7 mai 973; *mettez :* couronné empereur le 22 décembre 967, succède à son père en 973, au plus tôt dans le mois d'août.

Page 356, 1re colonne, dernière ligne, *au lieu de :* 623; *mettez :* 923.

Page 361, 2e colonne, l'article de Suénon doit être rectifié de la manière suivante : SUÉNON ou SWEYN, roi de Danemarck, proclamé roi d'Angleterre au commencement de novembre 1013, meurt le 3 février 1014.

Page 455, 1re colonne, 1re ligne, *au lieu de :* peripateci; *mettez :* peripatetici.

Page 486, ligne 11, et page 492, ligne 18, *au lieu de :* Guillaume de Seillenay; *mettez :* Guillaume d'Auvergne.

Page 491, ligne 5, *au lieu de :* n° 14; *mettez :* n° 11.

Page 578, *au lieu de :* article IV; *mettez :* article VI.

ELÉMENTS

DE

PALÉOGRAPHIE.

La paléographie est la science des écritures anciennes. Un ouvrage destiné à l'exposition des principes fondamentaux sur lesquels repose cette science semblerait, au premier coup d'œil, devoir se borner à la description des formes que chaque lettre de l'alphabet a successivement affectées. Or, en supposant qu'on pût arriver en effet à décrire d'une manière exacte et complète les nombreuses variations qui ont modifié, de siècle en siècle, l'écriture des chartes et des manuscrits, il n'est pas difficile de comprendre qu'un traité de paléographie resserré dans ces limites pourrait tout au plus assurer le déchiffrement d'un texte. Resteraient ensuite à résoudre les difficultés qui se rattachent au texte lui-même, et qui exigent nécessairement l'étude préalable des langues, de l'histoire, de la chronologie, etc. etc. Mais ces notions préliminaires ne sont pas moins indispensables pour le déchiffrement que pour l'intelligence des chartes et des manuscrits. Et d'abord, il est impossible de donner une description complète, non-seulement des formes de lettres qui peuvent avoir été en usage à différentes époques et dans différents pays, mais de celles même que peuvent renfermer dans l'espace de cent ans les monuments d'une seule nation. En effet, les savants auteurs du Nouveau Traité de diplomatique, après avoir réuni dans quatre planches alphabétiques environ trente mille figures, déclarent qu'ils ont dû, pour ne pas augmenter de beaucoup encore une collection déjà si considérable, retrancher une quantité innombrable de caractères qu'ils avaient recueillis dans leurs laborieuses recherches. Si les auteurs de ce vaste travail ont reconnu qu'en donnant, terme moyen, plus de douze cents figures pour chaque lettre, ils n'avaient fait que reproduire les différences les plus caractéristiques, et qu'auprès de ces types génériques il aurait fallu, pour ne rien omettre, grouper, comme autant d'espèces, toutes ces variétés de lettres produites par le caprice ou les habitudes de chaque écrivain, n'en faut-il pas conclure qu'un recueil d'alphabets, quelque étendu qu'on le suppose, ne peut jamais être complet? Sans contester d'ailleurs l'utilité que ces recueils peuvent avoir sous un certain rapport, on ne doit pas se dissimuler qu'ils ne suffisent pas toujours pour faire reconnaître une lettre, lorsque, dans le corps d'un mot, elle emprunte une forme toute nouvelle pour s'unir plus facilement aux caractères qui la précèdent ou qui la suivent.

Il est aussi un autre genre de difficultés que la paléographie proprement dite ne peut résoudre complétement : nous voulons parler des abréviations. S'il arrive quelquefois que les signes abréviatifs représentent, au moins d'une manière implicite, toutes les lettres d'un mot, souvent aussi ils en suppriment plusieurs qui ne peuvent être suppléées qu'à l'aide du sens. On conçoit alors que le déchiffrement d'un acte devient impossible pour toute personne qui ne connaît pas au moins la langue dans laquelle il a été rédigé. Mais on réussira plus facilement encore si à cette connaissance on joint, par exemple, celle de l'orthographe du temps et des formules qui étaient le plus habituellement employées. On n'est plus arrêté alors par des difficultés qui sembleraient insurmontables si l'on ne pouvait s'aider de ces connaissances accessoires. C'est ainsi que les dates suivantes : *Dat.* VI *kl. Aug..... Dat. id. Iun..... Dat.* V *non. Mart.....*, seront presque indéchiffrables pour quiconque n'aura aucune idée des formules chronologiques qui se présentent sans cesse dans les diplômes. Au contraire, quand on les a rencontrées une fois seulement, on les lit aussi facilement sous cette forme abrégée que si l'écrivain avait exprimé en toutes lettres : *Data sexto kalendas Augusti..... Data idibus Iunii..... Data quinto nonas Martii.....*

Il était donc nécessaire de donner place dans cet ouvrage aux connaissances accessoires qui se rattachent le plus intimement à l'étude de la paléographie, à celles surtout qui ne sont pas le plus généralement répandues, et dont l'exposition n'exige pas de trop longs développements. Il a paru convenable aussi de les placer en tête de ce livre, par cela même qu'elles peuvent faciliter le déchiffrement des monuments anciens. Ce ne sera donc qu'après avoir donné un aperçu de ces connaissances préliminaires que nous arriverons à nous occuper de la paléographie proprement dite.

PREMIÈRE PARTIE.

CHRONOLOGIE.

CHAPITRE PREMIER.

DATES DU CONSULAT, DU POST-CONSULAT, DE L'EMPIRE ET DU RÈGNE. — DATES TIRÉES D'UN FAIT HISTORIQUE. — LISTES CHRONOLOGIQUES DE PRINCES SOUVERAINS.

On aurait trouvé un élément certain de chronologie dans la date des consuls, dont les fonctions étaient annuelles et commençaient au 1er janvier, si les copistes n'avaient pas introduit une grande confusion dans certaines époques des fastes consulaires. D'ailleurs, les noms des consuls n'étaient pas toujours connus dans toutes les parties de l'empire, et comme cette date était à peu près la seule qui fût reçue en Occident pendant les premiers siècles du christianisme; on était souvent obligé de dater d'un certain nombre d'années après le consulat de tel et tel consuls, ou même on se contentait de désigner un seul consul, qui était plutôt celui d'Occident[1]. Il y a, au contraire, des

[1] Depuis le pontificat de Gélase I, les lettres des papes sont presque toujours datées d'un seul consul. Quelquefois on ajoutait cette formule : *et qui nunciatus fuerit,* dont on se servait lors même que l'on connaissait le nom de l'autre consul. Bientôt, sous le pontificat de Vigile, commença la fameuse époque du post-consulat de Basile.

Flav. Basilius Junior fut nommé consul en Orient l'an 541 de J.-C. Après lui, le consulat resta vacant jusqu'à Justin le Jeune, qui prit le titre de consul le 1er janvier 566, réservant aux empereurs une dignité qu'ils avaient jusqu'alors partagée avec de simples citoyens. Les années du post-consulat de Basile se comptent de deux manières. La supputation la plus ordinaire est celle qu'on retrouve dans les *Novelles* de Justinien et dans les lettres des papes. D'après ce système, la première année du post-consulat de Basile correspond à l'an de Rome 1295 et de J.-C. 542. Victor de Tunnone anticipe d'une année sur ce calcul. Il compte l'an de J.-C. 541 comme la première année du post-consulat de Basile, l'an 542 comme la seconde, et ainsi de suite. Le pape Vigile joignit à la date du post-consulat de Basile l'année de l'empire de Justinien. C'est le premier exemple de l'année des empereurs employée comme date dans les bulles. Benoît IX, au XIe siècle, l'employa pour la dernière fois. Depuis l'avénement de Charlemagne à l'empire, la date de l'année des empereurs d'Orient avait été remplacée par l'année des empereurs d'Occident. Léon III avait même daté en 798 du règne de Charlemagne, roi des Français et des Lombards.

actes qui portent les noms de quatre consuls, parce qu'on y désignait les consuls ordinaires, et peut-être des consuls honoraires ou subrogés. On marquait aussi quelquefois les consuls désignés. Lorsque Justin eut réservé le consulat aux empereurs, on data du consulat ou du post-consulat de l'empereur régnant, c'est-à-dire de l'année qui avait suivi la prise de possession du consulat[1]. Cette date ne s'est pas maintenue au delà du IXe siècle dans les diplômes impériaux. Trop de personnes s'attribuèrent le titre de consul pour que les empereurs fussent jaloux de le conserver.

Ce fut alors que la date de l'empire, qui avait déjà été employée depuis plusieurs siècles, exclut définitivement celle des consuls. On avait compté d'abord le règne des empereurs romains du jour où ils avaient pris le titre d'Auguste, et non de l'époque où ils avaient été reconnus par le sénat; mais à la fin du IIIe siècle et dans le IVe, on prit pour point de départ l'époque où ils avaient été nommés Césars. C'est par le même motif que, sous la seconde race, on vit s'établir l'usage de compter les années du règne d'un prince depuis le jour où son père l'avait désigné comme son successeur, soit par l'abandon d'une portion de ses états, soit par la cérémonie d'un sacre ou d'un couronnement. Mais, comme on substituait souvent à cette première époque celle de l'avénement définitif, les dates calculées sur la durée d'un règne présenteraient par ce seul motif de graves difficultés à résoudre. Et d'ailleurs, lors même que le commencement d'un règne était fixé d'une manière précise, on ne suivait pas une méthode uniforme dans le calcul des années. L'usage le plus ordinaire, comme le plus naturel, consistait à ne compter que les années complètes[2]. Supposons, par exemple, que l'avénement d'un prince ait eu lieu le 1er mai de l'an 1000; la seconde année de son règne s'ouvrait le 1er mai de l'an 1001. Mais il arrivait aussi que l'on comptait pour une année entière

[1] « Sous Constantin Pogonat, disent les Bénédictins, l'usage de dater du consulat ou du post-consulat des empereurs éprouva un changement considérable. Au lieu de former une époque différente de leur avénement à l'empire, ces deux dates commencèrent en même temps. Mais, lorsqu'un nouvel empereur avait été associé à l'empire, les dates de son consulat et de son empire étaient distinguées l'une de l'autre : la première se prenait du temps auquel il avait commencé à gouverner en chef; la seconde, de son association à la dignité impériale. » Cette confusion des années de l'empire et du post-consulat remonte à l'avénement de Constantin Pogonat, c'est-à-dire à l'an 668. Voici, en effet, ce qu'on lit dans l'Art de vérifier les dates : « Jusqu'à Constantin Pogonat, les empereurs, depuis Justinien I, prenaient le consulat avec l'empire; mais, au mois de janvier suivant, ils commençaient un nouveau consulat avec les solennités accoutumées; et c'est depuis ce dernier consulat qu'il faut compter les années de leur post-consulat. Pogonat négligea le premier de se faire proclamer consul aux calendes de janvier qui suivirent son inauguration impériale, en quoi ses successeurs l'imitèrent. »

[2] Cet usage est presque toujours suivi dans le calcul des années du règne des rois d'Angleterre.

l'intervalle qui s'écoulait depuis le jour de cet avénement jusqu'à la fin de l'an 1000, et que l'on faisait commencer la seconde année de son règne avec le premier jour de l'an 1001; ou bien, par un calcul inverse, on ne tenait aucun compte de cette portion de l'an 1000, et l'on prolongeait la première année du règne jusqu'à la fin de l'an 1001. Ces dates deviennent plus vagues encore quand on se borne à indiquer le nom du prince sans y ajouter les années du règne. Cependant il est quelquefois possible de les déterminer à l'aide de circonstances historiques fournies par le texte même de l'acte.

Enfin il n'est pas rare non plus de trouver des diplômes dont la date consiste dans la simple énonciation d'un fait historique. Il en est d'autres où ces faits se trouvent réunis à une des formules de date qu'on emploie ordinairement : ils servent alors comme moyen de vérification. Rien de plus ordinaire que de rencontrer des actes datés de telle année après la mort d'un prince ou d'un personnage célèbre. On prenait aussi pour époque un événement remarquable, tel qu'une victoire, un mariage, un couronnement. Sous le règne de Louis d'Outremer, une charte de l'abbaye de Cluni ajoute, après les dates ordinaires : *Litigante rege Hludovico cum Hugone nobilissimo marchione.* Si l'on pouvait douter de la profonde impression que les croisades firent sur les esprits, on en trouverait des preuves dans des chartes datées de la venue de l'ermite, du départ pour la terre sainte, de la prise de Jérusalem, etc. Il serait impossible d'énumérer tous les exemples que fourniraient les monuments des différents siècles. Des faits de tout genre se trouvent ainsi consignés dans les dates. Tantôt c'est un traité de paix, tantôt c'est l'apparition d'une comète ou la persécution d'un évêque, etc. Parmi ces dates, il en est qui tiennent à des coutumes locales. C'est ainsi que, dans la principauté d'Orange, une foule de contrats sont datés de l'administration des commandeurs de l'hôpital de cette ville. Dans d'autres pays les formules chronologiques d'un acte rappelleront une tradition superstitieuse. Voici en effet ce qu'on lit dans le Nouveau Traité de diplomatique :

« Depuis l'an 1284 les habitants d'Hamelin, au duché de Brunswick, datent de la sortie de leurs enfants, *à filiorum nostrorum egressu.* Cette époque est fondée sur une fable qui porte que les enfants depuis l'âge de quatre jusqu'à dix ans, ayant été tirés de la ville par les enchantements d'un magicien, n'y reparurent plus. »

Nous devions citer en passant, comme un fait curieux, l'introduction des événements historiques dans les formules chronologiques des actes. Mais on conçoit qu'il faudrait, pour résoudre les difficultés qui se rattachent à ce genre de dates, transporter l'histoire tout entière dans un traité de paléographie.

Quant à la chronologie des fastes consulaires, elle soulève tant de questions qu'elle aurait exigé de longs développements, sans pouvoir être d'ailleurs d'une utilité habituelle. Nous nous sommes donc borné à présenter quelques listes chronologiques de princes souverains.

Ces listes ont été dressées, en général, d'après l'Art de vérifier les dates. Cependant si l'on s'est borné, pour la chronologie des rois de France et des papes, à recueillir les renseignements que renferme cet excellent ouvrage, on a cru devoir y introduire quelques modifications en ce qui concerne les empereurs d'Allemagne et les rois d'Angleterre.

On voit dans l'Art de vérifier les dates que Henri IV fut élu *roi de Germanie* en 1053. Toutefois il paraît positif qu'il n'a jamais pris que le titre de *roi des Romains*. On pourrait douter qu'une élection faite en Allemagne conférât le titre de roi des Romains, si les formules des diplômes laissaient aucun doute à cet égard. Il est vrai qu'après avoir été élu et couronné en Allemagne, un prince ne manquait pas, quand il le pouvait, de se faire couronner à Milan; mais cette cérémonie, au lieu de conférer un nouveau titre, ne faisait que confirmer celui qu'il avait acquis par la première élection ou le premier couronnement; et la date du règne, comme roi des Romains, continuait à se compter à partir de l'élection ou du couronnement en Allemagne. Pfeffel, dans son Abrégé de l'histoire et du droit public de l'Allemagne, constate ce fait d'une manière positive. Il ne peut donc y avoir de difficulté que sur l'époque à laquelle s'est introduit le titre de roi des Romains. Avant la cérémonie du couronnement à Rome, les empereurs « se contentaient, dit Pfeffel, du titre de *roi des Francs et des Lombards*, et le plus souvent du seul nom de *roi*. Henri II y substitua, dans quelques chartes, la qualité de *roi des Romains*. L'usage de ce titre devint plus fréquent sous Henri IV, et Henri V l'introduisit absolument dans sa chancellerie. » On ne peut douter toutefois que sous Henri II il n'existât encore une différence entre le titre de roi des Romains et celui de roi des Francs [1] ou de Germanie. La même distinction subsistait peut-être encore sous Conrad II. Dans les diplômes de Henri III que nous avons eu occasion de consulter, on ne trouve que le titre de roi. Henri IV au contraire a pris le titre de roi des Romains avant d'avoir reçu en 1061 les ornements du patriciat. Nous avons donc cru pouvoir donner le titre de roi de Germanie à Henri II et à Conrad II; mais, à partir de Henri IV, nous avons substitué à ce titre celui de roi des Romains. Quant à la qualité d'empereur, nous ne l'avons donnée qu'aux

[1] Nous avons expliqué ailleurs pourquoi le titre de *Francorum rex* était pris par les premiers empereurs d'Allemagne. Voyez dans la liste alphabétique des princes souverains les articles de Charles le Gros et d'Otton I.

princes couronnés à Rome, parce que les princes d'Allemagne ne prenaient pas ce titre avant d'avoir été sacrés par le pape. Cette règle peut être démentie quelquefois par les formules que fournissent les recueils imprimés, mais ces exceptions sont tellement rares qu'il est permis d'en suspecter l'authenticité, d'autant plus qu'elles sont contredites par des actes postérieurs où l'on ne retrouve plus le titre d'empereur, mais seulement celui de roi des Romains. Notre liste alphabétique des princes souverains renferme au reste des détails qui ne pouvaient entrer dans une liste chronologique, et auxquels il conviendra de recourir si l'on veut connaître plus exactement ce qui se rattache aux titres de chaque prince et aux formules de ses diplômes. C'est là que l'on trouvera les avénements à des trônes étrangers, les couronnements à titre d'*ordination* par lesquels un prince désignait d'avance son héritier présomptif, etc.

Quant aux rois d'Angleterre, nous n'avons pas toujours daté leur avénement de la mort de leurs prédécesseurs, mais du jour à partir duquel plusieurs de ces rois comptent les années de leur règne, c'est-à-dire du jour de leur couronnement. Nous avons consulté à cet égard l'ouvrage de sir Harris Nicolas, intitulé *the Chronology of history*. On y trouve les renseignements les plus exacts sur les dates de Guillaume le Conquérant et de ses successeurs. Pour les rois antérieurs à la conquête, nous avons en général daté leur avénement de la mort du prédécesseur; mais ce n'est là qu'une hypothèse qu'il serait difficile, pour ne pas dire impossible, de vérifier. La même difficulté existe au reste pour les époques d'avénement de nos premiers rois. On verra qu'aux dates de l'avénement et de la mort nous avons ajouté, quand cela était possible, la date exacte ou approximative de la naissance des rois de France, des papes, des empereurs d'Allemagne et des rois d'Angleterre. La chronologie des autres princes souverains, dont l'histoire est moins intimement liée à la nôtre, n'exigeait pas autant de détails. On se serait même abstenu de la présenter, s'il n'avait pas été possible de resserrer dans un petit espace des renseignements accessoires qui peuvent avoir leur utilité. Il a paru convenable de ne pas étendre ces différentes listes au delà du XVIe siècle, parce que la chronologie a cessé, même avant cette époque, de se rattacher aux études paléographiques, et qu'elle ne peut plus d'ailleurs présenter de difficultés sérieuses.

LISTE CHRONOLOGIQUE DES ROIS DE FRANCE.

DATE de LA NAISSANCE.	MÉROVINGIENS.
465.	CLOVIS I, du..... 481 au 27 novembre 511.
Avant 493.	THÉODORIC ou THIERRI I, fils de CLOVIS et d'une première femme; roi de Metz du 27 novembre 511 au..... 534. THÉODEBERT I lui succède.
495.	CLODOMIR, fils de CLOVIS et de CLOTILDE; roi d'Orléans du 27 novembre 511 au...... 524. Voy. CHILDEBERT I et CLOTAIRE I.
496.	CHILDEBERT I, fils de CLOVIS et de CLOTILDE; roi de Paris le 27 novembre 511, partage avec CLOTAIRE I le royaume d'Orléans en 526, et celui de Bourgogne en 534; meurt le 23 décembre 558. CLOTAIRE I lui succède.
497.	CLOTAIRE I, fils de CLOVIS et de CLOTILDE; roi de Soissons le 27 novembre 511, partage avec CHILDEBERT I le royaume d'Orléans en 526 et celui de Bourgogne en 534; s'empare du royaume de Metz en 555, à la mort de THÉODEBALDE ou THIBAUD; devient également roi de Paris à la mort de CHILDEBERT I en 558; meurt après le 10 novembre 561, ayant régné pendant près de trois ans sur toute la monarchie. Ses quatre fils CARIBERT, GONTRAN, SIGEBERT I et CHILPÉRIC I lui succèdent.
Avant 500.	THÉODEBERT I, fils de THIERRI I; roi de Metz du.... 534 au.... 548.
De 536 à 542.	THÉODEBALDE ou THIBAUD, fils de THÉODEBERT I; roi de Metz du..... 548 au..... 555. Voyez ci-dessus CLOTAIRE I.
Avant 534.	CARIBERT ou CHÉRÉBERT, fils de CLOTAIRE I; roi de Paris du.... novembre 561 au.... 567. Voyez GONTRAN, SIGEBERT I et CHILPÉRIC I.
Avant 535.	GONTRAN, fils de CLOTAIRE I; roi d'Orléans et de Bourgogne le... novembre 561, partage en 567, avec ses deux frères, le royaume de Paris; meurt le 28 mars 593. CHILDEBERT II lui succède.
Vers 535.	SIGEBERT I, fils de CLOTAIRE I; roi de Metz le..... novembre 561, partage en 567, avec ses deux frères, le royaume de Paris; meurt en 575. CHILDEBERT II lui succède.
Après 535.	CHILPÉRIC I, fils de CLOTAIRE I; roi de Soissons le.... novembre 561, partage en 567, avec ses deux frères, le royaume de Paris; meurt le.... septembre 584. CLOTAIRE II lui succède.
570.	CHILDEBERT II, fils de SIGEBERT I; roi de Metz ou d'Austrasie le... 575, succède le 28 mars 593 à GONTRAN, son oncle, comme roi d'Orléans et de Bourgogne; meurt en 596. THÉODEBERT II et THIERRI II lui succèdent.
Vers juin 584.	CLOTAIRE II, fils de CHILPÉRIC I; roi de Soissons le.... septembre 584, réunit toute la monarchie en 613, à la mort de THIERRI II; meurt en 628. DAGOBERT I lui succède.
Vers 586.	THÉODEBERT II, fils de CHILDEBERT II; roi de Metz ou d'Austrasie en 596, est dépouillé en 612 par son frère; meurt en 613.
Vers 587.	THÉODORIC ou THIERRI II, fils de CHILDEBERT II; roi d'Orléans et de Bourgogne en 596, s'empare en 612 du royaume de Metz; meurt en 613. Voyez ci-dessus CLOTAIRE II.

DATE de LA NAISSANCE.	MÉROVINGIENS.
Vers 600.	DAGOBERT I, fils de CLOTAIRE II; roi de France du..... 628 au 19 janvier 638.
Vers 630.	SIGEBERT II, fils de DAGOBERT I; roi d'Austrasie du 19 janvier 638 au 1er février 656. A sa mort, CHILDEBERT, placé sur le trône par son père GRIMOALD, maire du palais, est chassé au bout de quelques mois, avant la mort de CLOVIS II, qui réunit toute la monarchie.
Vers 633.	CLOVIS II ou CLOTAIRE, fils de DAGOBERT I; roi de Neustrie et de Bourgogne le 19 janvier 638, réunit toute la monarchie vers le mois d'août 656 (voy. ci-dessus SIGEBERT II); meurt le mois suivant.
Vers 652.	CLOTAIRE III, fils de CLOVIS II; roi de Neustrie et de Bourgogne en septembre 656, est reconnu en Austrasie jusqu'à l'avénement de son frère CHILDÉRIC II en 660; meurt le...... juillet 670. THIERRI III lui succède.
Vers 653.	CHILDÉRIC II, fils de CLOVIS II; roi d'Austrasie en 660 (voy. CLOTAIRE III), règne quelques mois sur la Neustrie en 671; meurt le..... septembre 673, ou, selon l'auteur de la Vie de S. Léger, en 674, avant le mois d'avril. DAGOBERT II lui succède quelques mois après.
Après 653.	THIERRI III, fils de CLOVIS II; roi de Neustrie et de Bourgogne le...... juillet 670, déposé quelque temps après et rétabli en 673; meurt en 691. CLOVIS III lui succède.
Vers 652.	DAGOBERT II, fils de SIGEBERT II; roi d'Austrasie avant le mois d'août 674; meurt le 23 décembre 679. Suit un interrègne en Austrasie sous PÉPIN DE HÉRISTEL, maire du palais, jusqu'au 16 décembre 714; puis jusqu'en 720, sous CHARLES-MARTEL, son fils naturel.
	CLOVIS III ou CLOTAIRE, fils de THIERRI III; roi de Neustrie et de Bourgogne du..... 691 au..... mars 695.
	CHILDEBERT III, fils de THIERRI III; roi de Neustrie et de Bourgogne du..... mars 695 au 14 avril 711.
Vers 699.	DAGOBERT III, fils de CHILDEBERT III; roi de Neustrie et de Bourgogne du 14 avril 711 au 24 juin 715. CHILPÉRIC II lui succède.
De 685 à 689.	CHARLES-MARTEL, maire du palais, en Austrasie. Voy. ci-dessus DAGOBERT II, et ci-dessous THIERRI IV.
Vers 670.	CHILPÉRIC II, dit DANIEL, fils de CHILDÉRIC II; roi de Neustrie et de Bourgogne vers le mois de juillet 715, est déposé en 720; meurt au mois de décembre de la même année.
Vers 712.	THIERRI IV, dit DE CHELLES, fils de DAGOBERT III; placé en 720 sur le trône par CHARLES-MARTEL, paraît avoir régné, non-seulement sur la Neustrie et la Bourgogne, mais encore sur l'Austrasie. Il meurt en avril 737. Suit un interrègne dans les deux royaumes, sous CHARLES-MARTEL, qui meurt le 22 octobre 741; puis sous ses deux fils, CARLOMAN et PÉPIN LE BREF.
Avant 714.	CARLOMAN, fils de CHARLES-MARTEL; maire du palais en Austrasie le 22 octobre 741; se retire en 747 dans un monastère. Son frère, PÉPIN LE BREF, lui succède.
714.	PÉPIN LE BREF, fils de CHARLES-MARTEL; maire du palais en Neustrie le 22 octobre 741, place en 742 CHILDÉRIC III sur le trône.
	CHILDÉRIC III, fils de CHILPÉRIC II; roi de Neustrie en 742; est déposé en mars 752. Il n'est pas certain qu'il ait été reconnu en Austrasie, surtout avant la retraite de CARLOMAN en 747.

DATE de LA NAISSANCE.	CARLOVINGIENS.
714.	PÉPIN LE BREF, fils de CHARLES-MARTEL; maire du palais en Neustrie le 22 octobre 741, succède en 747 à son frère CARLOMAN, comme maire du palais en Autrasie; prend le titre de roi en mars 752, après la déposition de CHILDÉRIC III; meurt le 24 septembre 768.
26 février 742.	CHARLEMAGNE, fils de PÉPIN LE BREF; roi de Neustrie le 24 septembre 768, réunit toute la monarchie le 4 décembre 771, à la mort de CARLOMAN, son frère; meurt le 28 janvier 814.
751.	CARLOMAN, fils de PÉPIN LE BREF; roi d'Austrasie du 24 septembre 768 au 4 décembre 771. Voy. ci-dessus CHARLEMAGNE.
778.	LOUIS I, LE DÉBONNAIRE, fils de CHARLEMAGNE; roi de France du 28 janvier 814 au 20 juin 840.
15 mai 823.	CHARLES II, LE CHAUVE, fils de LOUIS I; du 20 juin 840 au 6 octobre 877.
1er novembre 846.	LOUIS II, LE BÈGUE, fils de CHARLES II; du 6 octobre 877 au 10 avril 879.
	LOUIS III, fils de LOUIS II; roi du nord de la France du 10 avril 879 au 3 ou 5 août 882. Son frère CARLOMAN lui succède.
	CARLOMAN II, fils de LOUIS II; roi du midi de la France le 10 avril 879, réunit toute la monarchie le 3 ou 5 août 882, à la mort de LOUIS III, son frère; meurt le 6 décembre 884.
832.	CHARLES LE GROS, petit-fils de LOUIS LE DÉBONNAIRE par LOUIS LE GERMANIQUE; reconnu comme roi de France à la fin de janvier 885, est déposé le 11 novembre 887; meurt le 12 janvier 888.
Vers 858.	EUDES ou ODON, comte de Paris; élu roi de France en 887, partage le royaume avec CHARLES LE SIMPLE vers le milieu de 896; meurt le 1er ou le 3 janvier 898.
17 septembre 879.	CHARLES III, LE SIMPLE, fils posthume de LOUIS LE BÈGUE; couronné le 28 janvier 893, partage le royaume avec EUDES vers le milieu de 896, règne seul à la mort d'EUDES (1er ou 3 janvier 898); vaincu le 15 juin 923 dans le combat où il avait tué ROBERT, il est ensuite arrêté par HERBERT, comte de Vermandois, et meurt en prison le 7 octobre 929.
-	ROBERT I, duc de France, frère d'EUDES; couronné en opposition à CHARLES LE SIMPLE, le 29 juin 922; meurt le 15 juin 923.
	RAOUL ou RODOLPHE, duc de Bourgogne; couronné roi de France le 13 juillet 923, après la défaite de CHARLES LE SIMPLE, règne seul à la mort de ce prince (7 octobre 929); meurt le 14 ou 15 janvier 936.
921.	LOUIS IV, D'OUTREMER, fils de CHARLES III; couronné roi de France le 19 juin 936; meurt le 10 septembre 954.
941.	LOTHAIRE, fils de LOUIS IV; du 10 septembre 954 au 2 mars 986.
Vers 967.	LOUIS V, LE FAINÉANT, fils de LOTHAIRE; du 2 mars 986 au 21 mai 987. A la mort de LOUIS V, HUGUES CAPET s'empare du trône au préjudice de CHARLES, duc de la Basse-Lorraine et fils de LOUIS IV.

DATE de LA NAISSANCE.	CAPÉTIENS.
Vers 941.	Hugues Capet, duc de France, comte de Paris et d'Orléans; élu roi de France à la fin de mai 987; meurt le 24 octobre 996.
Vers 970.	Robert II, fils de Hugues Capet; du 24 octobre 996 au 20 juillet 1031.
1005.	Henri I, fils de Robert II; du 20 juillet 1031 au 4 ou 29 août 1060.
1053.	Philippe I, fils de Henri I; du 4 ou 29 août 1060 au 29 juillet 1108.
1082.	Louis VI, surnommé Thibaut, le Gros et le Batailleur, fils de Philippe I; du 29 juillet 1108 au 1er août 1137.
1120.	Louis VII, le Jeune, fils de Louis VI; du 1er août 1137 au 18 septembre 1180.
21 août 1165.	Philippe II, Auguste, fils de Louis VII; du 18 septembre 1180 au 14 juillet 1223.
5 septembre 1187.	Louis VIII, le Lion, fils de Philippe II; du 14 juillet 1223 au 8 novembre 1226.
25 avril 1215.	Louis IX ou S. Louis, fils de Louis VIII; du 8 novembre 1226 au 25 août 1270.
Mai 1245.	Philippe III, le Hardi, ou Cœur de Lion, fils de Louis IX; du 25 août 1270 au 5 octobre 1285.
1268.	Philippe IV, le Bel, fils de Philippe III; du 5 octobre 1285 au 29 novembre 1314.
4 octobre 1289	Louis X, le Hutin, fils de Philippe IV; du 29 novembre 1314 au 5 ou 8 juin 1316.
1294.	Philippe V, le Long, fils de Philippe IV; régent, du..... juillet 1316 (au plus tard le 17) jusqu'au 19 novembre suivant.
15 novembre 1316.	Jean I, fils de Louis X, né le 15 novembre 1316; meurt le 19 du même mois.
1294.	Philippe V, le Long, déjà nommé; du 19 novembre 1316 au 3 janvier 1322.
Vers 1295.	Charles IV, le Bel, fils de Philippe IV; du 3 janvier 1322 au 1er février 1328.
	BRANCHE DES VALOIS.
1293.	Philippe VI, de Valois, né de Charles, comte de Valois, troisième fils de Philippe III, le Hardi; régent du 1er février au 1er avril 1328, et roi du 1er avril 1328 au 22 août 1350.
26 avril 1319.	Jean II, le Bon, fils de Philippe VI; du 22 août 1350 au 8 avril 1364.
21 janvier 1337.	Charles V, le Sage, fils de Jean II; du 8 avril 1364 au 16 septembre 1380.
3 décembre 1368.	Charles VI, le Bien-Aimé, fils de Charles V; du 16 septembre 1380 au 22 octobre 1422.
22 février 1403.	Charles VII, le Victorieux, fils de Charles VI; du 22 octobre 1422 au 22 juillet 1461.
3 juillet 1423.	Louis XI, fils de Charles VII; du 22 juillet 1461 au 30 août 1483.
30 juin 1470.	Charles VIII, fils de Louis XI; du 30 août 1483 au 7 avril 1498.

DATE de LA NAISSANCE.	CAPÉTIENS.
	BRANCHE D'ORLÉANS.
27 juin 1462.	LOUIS XII, LE PÈRE DU PEUPLE, né de CHARLES, duc d'Orléans, et arrière-petit-fils de CHARLES V, LE SAGE, par LOUIS, duc d'Orléans, son aïeul; roi de France du 7 avril 1498 au 1er janvier 1515.
	BRANCHE D'ANGOULÊME.
12 septembre 1494.	FRANÇOIS I, LE PÈRE DES LETTRES, né de CHARLES D'ORLÉANS, comte d'Angoulême, et descendant de CHARLES V, LE SAGE, par JEAN, comte d'Angoulême, son aïeul, et LOUIS, duc d'Orléans, son bisaïeul; roi de France du 1er janvier 1515 au 31 mars 1547.
31 mars 1519.	HENRI II, fils de FRANÇOIS I; du 31 mars 1547 au 10 juillet 1559.
19 ou 20 janvier 1544.	FRANÇOIS II, fils de HENRI II; du 10 juillet 1559 au 5 décembre 1560.
27 juin 1550.	CHARLES IX, fils de HENRI II; du 5 décembre 1560 au 30 mai 1574.
19 septembre 1551.	HENRI III, fils de HENRI II; du 30 mai 1574 au 2 août 1589.
	BRANCHE DE BOURBON.
13 décembre 1553.	HENRI IV, fils d'ANTOINE DE BOURBON, descendant de ROBERT, comte de Clermont, sixième fils de LOUIS IX; roi de France du 2 août 1589 au 14 mai 1610.

LISTE CHRONOLOGIQUE DES PAPES[1].

DATE de LA NAISSANCE.	NOMS DES PAPES.
	S. PIERRE vient à Rome en l'an 42, après avoir siégé à Jérusalem et à Antioche; il périt martyr le 29 juin 66.
	S. LIN, du..... 66 au (23 septembre?) 78.
	S. CLET ou S. ANACLET, du..... 78 ou 79 au..... 91.
	S. CLÉMENT I, du...... 91 au (23 novembre?) 100.
	S. ÉVARISTE, du..... 100 au 26 ou 27 octobre 109.
	S. ALEXANDRE I, de la fin de 109 au 3 mai 119.
	S. SIXTE I ou XISTE, du..... 119 à la fin de 127.
	S. TÉLESPHORE, de la fin de 127 au (2 janvier?) 139.
	S. HYGIN, du..... 139 au (10 janvier?) 142.
	S. PIE I, du.... 142 au (11 juillet?) 157.
	S. ANICET, du..... 157 au 17 avril 168.
	S. SOTER, du..... 168 au (22 avril?) 177.
	S. ÉLEUTHÈRE, du..... 177 au (26 mai?) 193.
	S. VICTOR I, du..... 193 au (28 juillet?) 202.
	S. ZÉPHIRIN, du..... 202 au 20 décembre 218.
	S. CALLISTE I, du commencement de 219 au 14 octobre 222.
	S. URBAIN I, du..... 223 au 25 mai 230.
	S. PONTIEN, du..... 230 au 28 septembre 235.
	S. ANTÈRE, du 21 – 22 novembre 235 au 3 janvier 236.
	S. FABIEN, du 10 janvier 236 au 20 janvier 250.
	S. CORNEILLE, du 4 juin 251 au 14 septembre 252.
	S. LUCE, du 25 septembre 252 au 4 ou 5 mars 253.
	S. ÉTIENNE, du ..... mars 253 au 2 août 257.
	S. SIXTE II, du 24 août 257 au 6 août 258.
	S. DENIS, du 22 juillet 259 au 26 décembre 269.
	S. FÉLIX I, du 28 ou 29 décembre 269 au (22 décembre?) 274.
	S. EUTYCHIEN, du 5 ou 6 janvier 275 au 7 ou 8 décembre 283.
	S. CAIUS, du 17 décembre 283 au 22 avril 296.
	S. MARCELLIN, du 30 juin 296 au 24 octobre 304.

[1] L'Art de vérifier les dates donne souvent, outre la date de l'élection, celle du sacre ou ordination d'un pape. Nous avons indiqué ces deux dates en les séparant par un —. Ainsi, à l'article de S. Antère, 21 — 22 novembre 235, signifie : *élu* le 21, *ordonné* le 22 novembre 235.

DATE de LA NAISSANCE.	NOMS DES PAPES.
	S. Marcel, du 19 mai 308 au 16 janvier 310.
	S. Eusèbe, du 20 mai 310 au 26 septembre 310.
	S. Miltiade ou Melchiade, du 2 juillet 311 au 10 ou 11 janvier 314.
	S. Silvestre, du 31 janvier 314 au 31 décembre 335.
	S. Marc, du 18 janvier 336 au 7 octobre 336.
	S. Jule, du 6 février 337 au 12 avril 352.
	S. Libère, du 22 mai 352 au 24 septembre 366.
	Félix II remplace S. Libère pendant l'exil de ce pape, de 355 à 358. Il meurt le 22 novembre 365.
	S. Damase, du (1er octobre?) 366 au 10 ou 11 décembre 384. Ursin ou Ursicin, antipape, du..... 366 au 15 novembre 367, époque où il fut relégué dans les Gaules. Il tenta plus tard de s'opposer à l'élection de S. Sirice.
	S. Sirice, du 22 décembre 384 au 25 novembre 398.
	S. Anastase, du (5 décembre?) 398 au 14 décembre 401, ou au 27 avril 402.
	S. Innocent I, du 21 décembre 401 ou du 27 avril 402 au 12 mars 417.
	S. Zosime, du 18 mars 417 au 26 décembre 418.
	S. Boniface I, du 28-29 décembre 418 au 4 septembre 422.
	S. Célestin I, du 5—10 septembre 422 au 26 ou au 30 juillet 432.
	S. Sixte III, du 31 juillet 432 au 18 août 440.
	S. Léon I, le Grand, du 29 septembre 440 au 4 ou 5 novembre 461.
	S. Hilaire ou Hilare, du 10—12 novembre 461 au 21 février 468.
	S. Simplice, du 25 février 468 au 27 février 483.
	S. Félix II ou III, du 2—6 mars 483 au 24 ou 25 février 492.
	S. Gélase I, du 1er mars 492 au 19 novembre 496.
	S. Anastase II, du 24 novembre 496 au 17 novembre 498.
	Symmaque, du 22 novembre 498 au 19 juillet 514. L'archiprêtre Laurent, antipape.
	Hormisdas, du 26—27 juillet 514 au 6 août 523.
	S. Jean I, du 13 août 523 au 18 mai 526.
	Félix III, du 24 juillet — fin de septembre 526 au 18 septembre ou au commencement d'octobre 530.
	Boniface II, du 15 octobre 530 au 16 octobre ou au 8 novembre 532. Dioscore, antipape, du 15 octobre au 12 novembre 530.
	Jean II, surnommé Mercure, du 22 janvier 533 au 27 mai 535.
	Agapit I, du 3 juin 535 au 22 avril 536.
	Silvère, du...—8 juin 536 au 17 novembre 537, date de son exil. Il meurt le 20 juin 538.
	Vigile, du 22 novembre 537 au 10 janvier 555.

DATE de LA NAISSANCE.	NOMS DES PAPES.
	PÉLAGE I, du 16 avril 555 au 1er mars 560.
	JEAN III, surnommé CATELIN, du 18 juillet 560 au 13 juillet ou au 25 octobre 573.
	BENOIT BONOSE, du 3 juin 574 au 30 juillet 578.
	PÉLAGE II, du 30 novembre 578 au 8 février 590.
	S. GRÉGOIRE I, LE GRAND, du..... février—3 septembre 590 au 12 mars 604.
	SABINIEN, du 1er ou du 13 septembre 604 au 19 février 605, ou au 22 février 606.
	BONIFACE III, du 25 février 606 au 12 novembre 606, ou du 19 février 607 au 10 nov. 607.
	BONIFACE IV, du 18 septembre 607 ou du 25 août 608 au 7 mai 614 ou 615.
	S. DEUSDEDIT, du 13 novembre 614 au 3 décembre 617, ou du 19 octobre 615 au 8 nov. 618.
	BONIFACE V, du 29 décembre 617 ou du 23 décembre 619 au 25 ou 22 octobre 625.
	HONORIUS I, du 27 octobre 625 au 12 octobre 638.
	SÉVERIN, du 28 ou 29 mai 640 au 1er août 640.
	JEAN IV, du 24 décembre 640 au 11 octobre 642.
	THÉODORE I, du 24 novembre ou du 8 décembre 642 au 13 mai 649.
	S. MARTIN I, du 5 juillet 649 au 19 juin 653, date de son emprisonnement. Il meurt le 16 septembre 655.
	S. EUGÈNE I, du 8 septembre 654 au 1er juin 657.
	VITALIEN, du 30 juillet 657 au 27 janvier 672.
	ADÉODAT, du 11 ou du 22 avril 672 au 17 ou 26 juin 676.
	DONUS ou DOMNUS I, du 2 novembre 676 au 11 avril 678.
	AGATHON, du 27 juin 678 ou du 26 juin 679 au 10 janvier 682.
	S. LÉON II, du 16 avril — 17 août ou 19 octobre 682 au 3 juillet 683 ou au... juin 684.
	BENOIT II, du 26 juin 684 au 7 mai 685.
	JEAN V, du 23 juillet 685 au 1er août 686, ou du 10 juin 686 au 7 août 687.
	CONON, du 21 octobre 686 au 21 septembre 687, ou du 20 novembre 687 au 22 octobre 688. PIERRE et THÉODORE, antipapes en 686 ou 687.
	SERGIUS I, du 15 décembre 687 ou du 22 novembre 688 au 8 septembre 701. PASCAL et THÉODORE, antipapes en 687 ou 688.
	JEAN VI, du 28 octobre 701 au 9 janvier 705.
	JEAN VII, du 1er mars 705 au 17 octobre 707.
	SISINNIUS, du 18 janvier 708 au 7 février 708.
	CONSTANTIN, du 25 mars 708 au 9 avril 715.
	S. GRÉGOIRE II, du 19 mai 715 au 10 février 731.
	S. GRÉGOIRE III, du 18 mars 731 au 27 ou 28 novembre 741.
	ZACHARIE, du 30 novembre 741 au 14 mars 752.

DATE de LA NAISSANCE.	NOMS DES PAPES.
	ÉTIENNE meurt trois jours après son élection. Il ne compte pas parmi les papes.
	ÉTIENNE II, du 26 mars 752 au 25 avril 757.
	S. PAUL I, du 29 mai 757 au 28 juin 767. THÉOPHYLACTE, antipape pendant quelques mois.
	ÉTIENNE III, du 5—7 août 768 au 1er février 772. CONSTANTIN, antipape pendant la vacance. PHILIPPE, deuxième antipape en 768.
	ADRIEN I, du 9 février 772 au 25 décembre 795.
	LÉON III, du 26 — 27 décembre 795 au 11 juin 816.
	ÉTIENNE IV, du 11 ou 12—22 juin 816 au 24 janvier 817.
	S. PASCAL I, du 25 janvier 817 au 11 mai 824.
	EUGÈNE II, du 14 février ou du 5 juin 824 au 27 août 827. ZIZIME, antipape.
	VALENTIN, du..... (août?) 827 au (10 octobre?) 827.
	GRÉGOIRE IV, du..... 827 — fin de 827 ou 5 janvier 828 au..... 843, ou bien au 11 ou 25 janvier 844.
	SERGIUS II, du 27 janvier ou du 10 février 844 au 27 janvier 847.
	S. LÉON IV, du 27 ou 28 janvier 847 — 11 avril 849 au 17 juillet 855.
	BENOIT III, du 17 ou 18 juillet — 1er ou 29 septembre 855 au 8 avril 858. ANASTASE, antipape, est chassé avant le 29 septembre 855.
	NICOLAS I, du 24 avril 858 au 13 novembre 867.
Vers 791.	ADRIEN II, du 13 ou 14 novembre — 13 ou 14 décembre 867 au..... 872.
	JEAN VIII, du........ 872 — 14 décembre 872 au 15 décembre 882.
	MARIN I ou MARTIN II, du..... décembre 882 au..... mai 884.
	ADRIEN III (Agapit), de la fin de mai 884 au..... septembre 885.
	ÉTIENNE V, du..... septembre 885 au 7 août 891.
	FORMOSE, du (19?) septembre 891 au... avril 896 (avant le 15). SERGIUS, antipape.
	BONIFACE VI, du.... 896 au..... 896. Il mourut 15 jours après son élection.
	ÉTIENNE VI, du..... 896, avant le 20 août, au..... 897. Il a siégé environ quatorze mois.
	ROMAIN, du.... 897 (avant le 20 août) au.... 897. Il n'a pas siégé tout à fait quatre mois.
	THÉODORE II, du......... 898 au........ 898. Il est mort avant le mois de juin, n'ayant siégé que vingt jours.
	JEAN IX, du (17?) juillet 898 au 30 novembre 900. (Antipape, SERGIUS, le même qui devint pape en 904, et qui peut-être avait été aussi antipape sous FORMOSE.)
	BENOIT IV, du..... décembre 900 au..... octobre 903.
	LÉON V, du 28 octobre 903 au..... novembre 903, date de son emprisonnement. Il meurt le 6 décembre 903.
	CHRISTOPHE, du.... 903 au commencement de juin 904, date de son expulsion.
	SERGIUS III, du..... 904 — 905 au..... août 911. Il avait été antipape sous JEAN IX.

DATE de LA NAISSANCE.	NOMS DES PAPES.
	ANASTASE III, de la fin d'août 911 au milieu d'octobre 913.
	LANDON, du 16 octobre 913 ou du....... 914 (avant le 5 février) au 26 avril 914.
	JEAN X, de la fin d'avril 914 à la fin de mai ou au commencement de juin 928.
	LÉON VI, de la fin de juin 928 au 3 février 929.
	ÉTIENNE VII, du 1er février ou du 3 ou 4 mars 929 au 12 mars 931.
Vers 906.	JEAN XI, du 20 mars 931 au commencement de janvier 936.
	LÉON VII ou VI, du...... janvier 936 (avant le 9) au..... juillet 939 (avant le 18).
	ÉTIENNE VIII, du..... juillet 939 (au plus tard le 19) au commencement de novembre 942.
	MARIN II ou MARTIN III, du..... novembre 942 (au plus tard le 11) au (25?) janvier 946.
	AGAPIT II, du (8?) mars 946 (entre le 5 et le 14) à la fin de 955.
Vers 938.	JEAN XII (Octavien), du...... 955 — .... janvier 956 au..... novembre 963, date de sa déposition. Il meurt le 14 mai 964.
	LÉON VIII, du 22 novembre—6 décembre 963 au 17 mars ou au commencement d'avril 965.
	BENOIT V, élu en mai 964, abdique le (23?) juin suivant; meurt le 5 juillet 965.
	JEAN XIII, surnommé POULE-BLANCHE, du 1er octobre 965 au 5 ou 6 septembre 972.
	BENOIT VI, de la fin de 972 au........ 974. BONIFACE VII (Francon), antipape en 974, est chassé au bout d'un mois. Il reparaît sous JEAN XIV.
	DONUS II, du....... 974 au..... 974 (avant le 25 décembre).
	BENOIT VII, du 28 décembre 974 ou avant le 25 mars 975 au 10 juillet 983.
	JEAN XIV (Pierre), du..... novembre 983 au 20 août 984. BONIFACE VII, antipape pour la seconde fois, du..... mars 984 au..... octobre 984. Il meurt en mars 985.
	JEAN XV, élu après la mort de JEAN XIV, et mort avant le mois de juillet 985, ne compte point parmi les papes.
	JEAN XVI, du..... juillet 985 au..... 996, avant le 3 mai.
Vers 972.	GRÉGOIRE V (Brunon), du 3 mai 996 au 4 février 999. JEAN XVII (Philagathe), antipape, du.....mai 997 au..... février 998.
	SILVESTRE II (Gerbert), du 2 avril 999 au 11 mai 1003.
	JEAN XVII (Siccon ou Secco), du 9—13 juin 1003 au 31 octobre 1003.
	JEAN XVIII (Phasian), du 26 décembre 1003 à la fin de mai 1009, date de son abdication. Il meurt le 18 juillet suivant.
	SERGIUS IV, surnommé PETRUS OS PORCI ou BUCCA PORCI, élu entre le 17 juin et le 24 août 1009, meurt avant le 6 juillet 1012.

DATE de LA NAISSANCE.	NOMS DES PAPES.
	BENOIT VIII (Jean), au plus tard du 6 juillet 1012 à la fin de juillet 1024. GRÉGOIRE, antipape, de la fin de 1012 au commencement de 1014.
	JEAN XIX (Romain), du . . . . . août 1024 à la fin de mai 1033.
	BENOIT IX (Théophylacte), du . . . . . 1033 au . . . . . . 1044, date de sa première abdication; et du 8 novembre 1047 au 17 juillet 1048. SILVESTRE III (Jean), antipape pendant trois mois, à partir du commencement de l'an 1044.
	GRÉGOIRE VI (Jean-Gratien), du . . . . . mai 1044 ou au plus tard du . . . . . août 1044 au . . . . décembre 1046, date de sa déposition.
	CLÉMENT II (Suidger), du 25 décembre 1046 au 9 octobre 1047. Après lui BENOIT IX remonte sur le saint-siége.
	DAMASE II (Poppon), du . . . . 1048 — 17 juillet 1048 au 8 août 1048.
1002.	S. LÉON IX (Brunon), de la fin de 1048 — 12 février 1049 au 19 avril 1054.
	VICTOR II (Gébéhard), du . . . . . mars — 13 avril 1055 au 28 juillet 1057.
	ÉTIENNE IX (Frédéric), du 2 — 3 août 1057 au 29 mars 1058.
	NICOLAS II (Gérard), du 28 décembre 1058 — 18 janvier 1059 au 21 ou 22 juillet 1061. BENOIT X (JEAN), antipape, du 30 mars 1058 au (18?) janvier 1059.
	ALEXANDRE II (Anselme Badage), du 30 septembre 1061 au 21 avril 1073. HONORIUS (Cadalus ou Cadalous), antipape, du 28 octobre 1061 au 27 octobre 1062, date de sa condamnation au concile d'Osbor.
	GRÉGOIRE VII (Hildebrand), du 22 avril — 30 juin 1073 au 25 mai 1085. CLÉMENT III (Guibert), antipape, du 25 juin 1080 à la fin de septembre 1100.
	VICTOR III (Didier), du 24 mai 1086 — 9 mai 1087 au 16 septembre suivant.
	URBAIN II (Otton ou Odon), du 12 mars 1088 au 29 juillet 1099.
	PASCAL II (Rainier), du 13 — 14 août 1099 au 18 ou au 21 janvier 1118[1].
	GÉLASE II (Jean de Gaëte), du 25 janvier — 10 mars 1118 au 29 janvier 1119. GRÉGOIRE VIII (Bourdin), antipape, du 9 mars 1118 au commencement de 1121.
	CALLISTE II (Gui), du 1 — 9 février 1119 au 12 ou 13 décembre 1124.
	HONORIUS II (Lambert), du 21 décembre 1124 au 14 février 1130. THIBAUD, antipape.
	INNOCENT II (Grégoire Papi), 15 — 23 février 1130 au 24 septembre 1143. ANACLET (Pierre de Léon), antipape, du 15 — 23 février 1130 au 25 janvier 1138. VICTOR (Grégoire), nouvel antipape, vers le 15 mars 1138, renonce presque aussitôt à ses prétentions.
	CÉLESTIN II (Gui), du 26 septembre 1143 au 9 mars 1144.
	LUCIUS II (Gérard), du 12 mars 1144 au 25 février 1145.
	EUGÈNE III (Bernard), du 27 février — 4 mars 1145 au 7 ou 8 juillet 1153.
	ANASTASE IV (Conrad), du 9 juillet 1153 au 2 décembre 1154.
	ADRIEN IV (Nicolas Breakspear), du 3 décembre 1154 au 1er septembre 1159.

[1] Trois antipapes furent successivement élus de 1100 à 1106 : ALBERT, THÉODORIC et SILVESTRE IV (Maginufe).

DATE de LA NAISSANCE.	NOMS DES PAPES.
	ALEXANDRE III (Roland), du 7 — 20 septembre 1159 au 30 août 1181. VICTOR (Octavien), antipape, du 7 septembre — 4 octobre 1159 au 20 ou 22 avril 1164. PASCAL III (Gui de Crême), 2e antipape, du 20 ou 22 avril 1164 au 20 septembre 1168. CALLISTE III (Jean de Strume), 3e antipape, du..... 1168 au 29 août 1178, époque de son abjuration. INNOCENT III (Landon ou Lando Sitino), 4e antipape, du 29 septembre 1178 au...... 1180, époque de son emprisonnement.
	LUCIUS III (Ubalde), du 1 — 6 septembre 1181 au 24 novembre 1185.
	URBAIN III (Hubert Crivelli), du 25 novembre — 1er décembre 1185 au 19 octobre 1187.
	GRÉGOIRE VIII (Albert), du 20—25 octobre 1187 au 17 décembre 1187.
	CLÉMENT III (Paul ou Paulin Scolaro), du 19—20 décembre 1187 au 27 mars 1191.
Vers 1107.	CÉLESTIN III (Hyacinthe Bobocard), du 30 mars — 14 avril 1191 au 8 janvier 1198.
Vers 1161.	INNOCENT III (Lothaire), du 8 janvier — 22 février 1198 au 16 ou 17 juillet 1216.
	HONORIUS III (Cencio Savelli), du 18 — 24 juillet 1216 au 18 mars 1227.
Vers 1141.	GRÉGOIRE IX (Ugolin), du 19 mars 1227 au 21 août 1241.
	CÉLESTIN IV (Geoffroi de Castiglione), de la fin d'octobre 1241 au 17 ou 18 novembre 1241.
	INNOCENT IV (Sinibalde de Fiesque), du 24 ou 25 — 28 ou 29 juin 1243 au 7 décembre 1254.
	ALEXANDRE IV (Reinald), du 12 — (20?) décembre 1254 au 25 mai 1261.
	URBAIN IV (Jacques Pantaléon), surnommé de COURT-PALAIS, du 29 août-4 septembre 1261 au 2 octobre 1264.
	CLÉMENT IV (Gui Foulquois ou de Foulques), du 5—22 ou 26 février 1265 au 29 novembre 1268.
	GRÉGOIRE X (Théalde ou Thibaud), du 1er septembre 1271—27 mars 1272 au 10 janvier 1276.
	INNOCENT V (Pierre de Tarentaise), du 21 — 23 février 1276 au 22 juin 1276.
	ADRIEN V (Ottoboni), du 11 juillet 1276 au 16 août 1276.
	JEAN XXI (Pierre), du 13 — 20 septembre 1276 au 16 ou 17 mai 1277.
	NICOLAS III (Jean Gaëtan), du 25 novembre —.... décembre 1277 au 22 août 1280.
	MARTIN IV (Simon de Brion), du 22 février — 23 mars 1281 au 28 mars 1285.
	HONORIUS IV (Jacques Savelli), du 2 avril — 4 ou 6 mai 1285 au 3 avril 1287.
	NICOLAS IV (Jérôme), du 15 — 22 ou 25 février 1288 au 4 avril 1292.
Vers 122[illegible].	CÉLESTIN V (Pierre de Mouron), du 5 juillet — 29 août 1294 au 13 décembre 1294, date de son abdication. Il meurt le 19 mai 1296.
	BONIFACE VIII (Benoît Caïetan), du 24 décembre 1294—2 janvier 1295 au 11 octobre 1303.
	BENOIT XI (Nicolas Bocasin), du 22 — 27 octobre 1303 au 6 ou 7 juillet 1304.
	CLÉMENT V (Bertrand de Goth), du 5 juin — 14 novembre 1305 au 20 avril 1314.
Vers 1244.	JEAN XXII (Jacques d'Euse), du 7 août—5 septembre 1316 au 4 décembre 1334. NICOLAS V (Pierre de Corbières), antipape, du 12 — 22 mai 1328 au 25 août 1330.

DATE de LA NAISSANCE.	NOMS DES PAPES.
	Benoit XII (Jacques Fournier), du 20 décembre 1334 — 8 janvier 1335 au 25 avril 1342.
	Clément VI (Pierre Roger), du 7 — 19 mai 1342 au 6 décembre 1352.
	Innocent VI (Étienne d'Albert), du 18 — 30 décembre 1352 au 12 septembre 1362.
1302.	Urbain V (Guillaume), du..... septembre — 6 novembre 1362 au 19 décembre 1370.
Vers 1331.	Grégoire XI (Pierre Roger), du 30 décembre 1370 — 5 janvier 1371 au 27 mars 1378.
	Urbain VI (Barthélemi Prignano), du 9—18 avril 1378 au 18 octobre 1389.
	Clément VII (Robert), du 21 septembre — 31 octobre 1378 au 16 septembre 1394.
	Boniface IX (Pierre ou Perrin Tomacelli), successseur d'Urbain VI, du 2 — 9 novembre 1389 au 1er octobre 1404.
Vers 1334.	Benoit XIII (Pierre de Lune), successeur de Clément VII, du 28 septembre — 11 octobre 1394 au 5 juin 1409, époque de sa déposition au concile de Pise. Excommunié en 1417, il mourut le 1er juin ou le 29 novembre 1424.
	Innocent VII (Cosmat de Meliorati), successeur de Boniface IX, du 17 octobre—2 ou 11 novembre 1404 au 6 novembre 1406.
Vers 1325.	Grégoire XII (Ange Corrario), successeur d'Innocent VII, du 30 novembre 1406 au 5 juin 1409, époque de sa déposition au concile de Pise. Il abdique le 4 juillet 1415, et meurt le 18 octobre 1417.
Vers 1339.	Alexandre V (Pierre), surnommé Philarge, du 15—17 juin ou du 26 juin — 7 juillet 1409 au 3 mai 1410.
	Jean XXIII (Balthasar Cossa), du 17 — 25 mai 1410 au 29 mai 1415, date de sa déposition. Il abdique le 13 mai 1419, et meurt le 22 novembre suivant.
Vers 1368.	Martin V (Othon Colonne), du 11 — 21 novembre 1417 au 21 février 1431. Clément VIII (Gilles de Mugnos ou Mugnon), antipape, successeur de Benoit XIII, du..... 1424 au 26 juillet 1429, époque de son abdication.
Vers 1383.	Eugène IV (Gabriel Condolmere), du 3, du 4 ou du 6 — 11 mars 1431 au 23 février 1447. Félix V (Amédée), antipape, du 5 novembre 1439—24 juillet 1440 au 9 avril 1449, date de sa renonciation.
	Nicolas V (Thomas de Sarzane), du 6—18 mars 1447 au 24 mars 1455.
Vers 1377.	Calliste III (Alphonse Borgia), du 8 — 20 avril 1455 au 8 août 1458.
18 octobre 1405.	Pie II (Æneas-Silvius Piccolomini), du 19 ou 27 août — 3 septembre 1458 au 16 août 1464.
Vers 1418.	Paul II (Pierre Barbo), du 31 août — 16 septembre 1464 au 28 juillet 1471.
Vers 1414.	Sixte IV (François d'Albescola), du 9 — 25 août 1471 au 13 août 1484.
Vers 1432.	Innocent VIII (Jean-Baptiste Cibo), dit le Cardinal de Melfe, du 29 août—12 septembre 1484 au 25 juillet 1492.
Vers 1431.	Alexandre VI (Rodrigue Borgia), du 11 — 26 août 1492 au 18 août 1503.
	Pie III (François Piccolomini), du 22 septembre — 1er octobre 1503 au 18 octobre 1503.
Vers 1441.	Jules II (Julien de la Rovère), du 1 — 19 novembre 1503 au 21 février 1513.

DATE de LA NAISSANCE.	NOMS DES PAPES.
Vers 1477.	LÉON X (Jean de Médicis), du 11 — 19 mars 1513 au 1er décembre 1521.
1459.	ADRIEN VI (Adrien Florent), du 9 janvier — 31 août 1522 au 24 septembre 1523.
Vers 1478.	CLÉMENT VII (Jules de Médicis), du 19 — 25 novembre 1523 au 26 septembre 1534.
1466.	PAUL III (Alexandre Farnèse), du 13 octobre — 7 novembre 1534 au 10 novembre 1549.
10 septembre 1487.	JULES III (Jean-Marie del Monte), du 8 — 22 février 1550 au 23 mars 1555.
6 mai 1501.	MARCEL II (Marcel Cervin), du 9 — 10 avril 1555 au 1er mai 1555.
1476.	PAUL IV (Jean-Pierre Caraffa), du 23 — 26 mai 1555 au 18 août 1559.
1er avril 1499.	PIE IV (Jean-Ange de Médicis), du 26 décembre 1559 — 6 janvier 1560 au 9 décembre 1565.
17 janvier 1504.	PIE V (Michel Ghisleri), du 7 — 17 janvier 1566 au 1er mai 1572.
1502.	GRÉGOIRE XIII (Hugues Buoncompagno), du 13 — 25 mai 1572 au 10 avril 1585.
13 décembre 1521.	SIXTE V (Felix Peretti), du 24 avril — 1er mai 1585 au 27 août 1590.
1521.	URBAIN VII (Jean-Baptiste Castagna), du 15 au 27 septembre 1590.
1535.	GRÉGOIRE XIV (Nicolas Sfondrate), du 5 — 8 décembre 1590 au 15 octobre 1591.
1519.	INNOCENT IX (Jean-Antoine Facchinetti), du 29 octobre — 3 novembre 1591 au 30 décembre 1591.
Vers 1536.	CLÉMENT VIII (Hippolyte Aldobrandin), du 30 janvier — 2 février 1592 au 3 ou 5 mars 1605.

LISTE CHRONOLOGIQUE

DES EMPEREURS D'OCCIDENT, DES ROIS D'ITALIE ET DES ROIS DE GERMANIE.

DATE de la NAISSANCE.	ROIS D'ITALIE.	DATE de la NAISSANCE.	EMPEREURS D'OCCIDENT.	DATE de la NAISSANCE.	ROIS DE GERMANIE.
742.	CHARLEMAGNE, depuis la fin de mai ou le commencement de juin 774 jusqu'au 15 avril 781.	742.	CHARLEMAGNE, du 25 décembre 800 au 28 janvier 814.		
777.	PÉPIN, fils de CHARLEMAGNE, du 15 avril 781 au 8 juillet 810.				
Vers 799.	BERNARD, fils de PÉPIN, du...... octobre 812 au 17 avril 818.	778.	LOUIS LE DÉBONNAIRE, fils de CHARLEMAGNE, du 28 janvier 814 au 20 juin 840.		
778.	LOUIS LE DÉBONNAIRE, du 17 avril 818 au......... 820.				
	LOTHAIRE, fils de LOUIS LE DÉBONNAIRE, du......... 820 au 28 ou 29 septembre 855.		LOTHAIRE, fils de LOUIS LE DÉBONNAIRE, du 20 juin 840 au 28 ou 29 septembre 855.	806.	LOUIS LE GERMANIQUE, fils de LOUIS LE DÉBONNAIRE; nommé roi de Bavière en 817, y règne de 826 à 843, époque du partage qui lui assigne les provinces situées sur la rive droite du Rhin et quelques-unes de la rive gauche. Il règne sur la Germanie de 843 au 28 août 876.
Vers 822.	LOUIS II, mêmes dates que pour l'empire.	Vers 822.	LOUIS II, fils de LOTHAIRE, du 28 ou 29 septembre 855 au 12 août 875.		
823.	CHARLES LE CHAUVE, fils de LOUIS LE DÉBONNAIRE, du..... février 876 au......... 877.	823.	CHARLES LE CHAUVE, fils de LOUIS LE DÉBONNAIRE, du 25 décembre 875 au 6 octobre 877.		
	CARLOMAN, roi de Bavière, fils de LOUIS LE GERMANIQUE, dépossède CHARLES LE CHAUVE en 877, et conserve le titre de roi d'Italie jusqu'au 22 mars 880.		Vacance de l'empire.		CARLOMAN, fils de LOUIS LE GERMANIQUE; roi de Bavière, du 28 août 876 au 22 mars 880.
832.	CHARLES LE GROS, frère de CARLOMAN; associé au trône d'Italie en septembre 879, couronné le 6 janvier 880, succède à CARLOMAN le 22 mars suivant, et conserve le titre de roi d'Italie, même après sa déposition en Germanie, jusqu'à sa mort (12 janvier 888).	832.	CHARLES LE GROS, fils de LOUIS LE GERMANIQUE, du..... janvier ou février 881 au 12 janvier 888. Il conserva le titre d'empereur après sa déposition en Germanie.		LOUIS, dit le GERMANIQUE, comme son père, roi de Saxe depuis le 28 août 876, succède à CARLOMAN dans le royaume de Bavière le 22 mars 880, et meurt le 20 janvier 882.
			Vacance de l'empire.	832.	CHARLES LE GROS, fils de LOUIS LE GERMANIQUE; roi de Suabe depuis le 28 août 876, et du reste de la Germanie depuis le 20 janvier 882, est déposé le 11 novembre 887, et meurt le 12 janvier 888.
	BÉRENGER, fils d'ÉVERARD duc de Frioul, et petit-fils de LOUIS LE DÉBONNAIRE par sa mère GISÈLE; proclamé à la fin de février 888, couronné le mois suivant, meurt au commencement de mars 924.		GUI, fils de GUI duc de Spolète, du 21 février 891 au... déc. 894.		ARNOUL, fils naturel de CARLOMAN, du 11 novembre 887 au 29 novembre 899.
	GUI, fils de GUI duc de Spolète; proclamé en 889, meurt en décembre 894.		LAMBERT, fils de GUI, du..... décembre 894 au..... octobre 898.		
	LAMBERT, fils de GUI, du..... décembre 894 au..... octobre 898.		ARNOUL, roi de Germanie, couronné empereur [illegible] 896, abandonne ses prétentions au bout de trois mois.		
			Vacance de l'empire.		
Vers 880.	LOUIS III L'AVEUGLE, fils de BOSON roi d'Arles, dispute l'Italie à BÉRENGER, de 899 à 905. Il meurt en 929, sans avoir tenté depuis 905 de faire valoir ses prétentions.	Vers 880.	LOUIS III L'AVEUGLE, fils de BOSON roi d'Arles; couronné empereur le 12 février 901, et vaincu en 905 par BÉRENGER, conserve néanmoins le titre d'empereur jusqu'à sa mort, arrivée vers 929.	893.	LOUIS IV, fils naturel d'ARNOUL, du 29 novembre 899 au 21 novembre 911 ou au 21 janvier 912.
	RODOLPHE, roi de la Bourgogne transjurane, couronné roi d'Italie à la fin de 922, et vainqueur de BÉRENGER le 29 juillet 923, abandonne l'Italie en 926.		BÉRENGER, fils d'ÉVERARD duc de Frioul, et petit-fils de LOUIS LE DÉBONNAIRE par sa mère GISÈLE, est couronné empereur le 25 décembre 915, et conserve ce titre jusqu'à sa mort, arrivée au commencement de mars 924.		CONRAD, petit-fils d'ARNOUL par sa mère, du 19 octobre 912 au 23 décembre 918.
	HUGUES, roi de Provence, proclamé au printemps de 926 et couronné le 21 juillet de la même année, abdique en 945.		Vacance de l'empire jusqu'à OTTON I.	876.	HENRI L'OISELEUR, duc de Saxe, règne sur la Germanie du 23 décembre 918 au 2 ou 4 juillet 936.
	LOTHAIRE, fils de HUGUES, du..... 945 au 22 novembre 950.				Voy. OTTON I, empereur.
	BÉRENGER II, marquis d'Ivrée, et son fils ADALBERT, élus le 15 décembre 950, sont déposés en octobre 961. Ayant tenté de nouveau de faire valoir leurs droits, ils sont faits prisonniers par OTTON I, en 964. Voy. OTTON I.				

Suite de la LISTE CHRONOLOGIQUE DES EMPEREURS D'OCCIDENT, DES ROIS DE GERMANIE ET DES ROIS D'ITALIE.

DATE de LA NAISSANCE.	NOMS DES EMPEREURS ET DES ROIS.
22 novembre 912.	OTTON I, fils de HENRI L'OISELEUR; roi de Germanie le..... juillet 936; roi d'Italie le..... octobre 950; empereur le 2 février 962; meurt le 7 mai 973.
955.	OTTON II, LE ROUX, fils d'OTTON I; empereur, roi de Germanie et d'Italie, du 7 mai 973 au 7 décembre 983.
980..	OTTON III, fils D'OTTON II; roi de Germanie le 7 décembre 983; empereur le 21 ou le 31 mai 996; roi d'Italie vers la fin de l'automne de l'an 996, ou peut-être dès l'année précédente; meurt le 23 janvier 1002.
6 mai 972.	HENRI II, LE SAINT et LE BOITEUX, arrière-petit-fils de HENRI L'OISELEUR; roi de Germanie le 6 juin 1002; roi des Romains le 14 mai 1004; empereur le 14 février 1014; meurt le 14 juillet 1024.
	ARDOUIN ou HARDWIG, marquis d'Ivrée, élu roi d'Italie et couronné le 15 février 1002, dispute à HENRI la couronne d'Italie jusqu'au 29 octobre 1015, époque de sa mort.
	HERMAN, duc de Suabe, s'oppose vainement à l'élection de HENRI II comme roi de Germanie.
	CONRAD II, LE SALIQUE, fils de HENRI, duc de Franconie; roi de Germanie le 8 septembre 1024; roi des Romains en 1026; empereur le 26 mars 1027; meurt le 4 juin 1039.
28 octobre 1017.	HENRI III, LE NOIR, fils de CONRAD II, succède à son père le 4 juin 1039, est sacré empereur le 25 décembre 1046, et meurt le 5 octobre 1056.
11 novembre 1050.	HENRI IV, fils de HENRI III, succède à son père le 5 octobre 1056, avec le titre de roi des Romains; est sacré empereur le 31 mars 1084, et meurt le 7 août 1106.
	RODOLPHE, duc de Suabe, beau-frère de HENRI IV; élu roi des Romains le 15 mars 1077, vaincu et blessé mortellement le 15 octobre 1080, meurt quelque temps après.
	HERMAN DE LUXEMBOURG, comte de Salm, élu roi des Romains le 9 août 1081, renonce à ses prétentions en 1088.
	CONRAD, fils aîné de HENRI IV; couronné roi des Romains en 1093, lutte contre son père jusqu'au mois de juillet 1101, époque de sa mort.
11 août 1081.	HENRI V, second fils de HENRI IV, se révolte contre son père en décembre 1104, est proclamé roi des Romains l'année suivante, couronné le 6 janvier 1106, succède à HENRI IV le 7 août suivant, reçoit la couronne impériale le 13 avril 1111, et meurt le 23 mai 1125.

DATE de LA NAISSANCE.	NOMS DES EMPEREURS ET DES ROIS.
1075.	LOTHAIRE II, duc de Saxe, roi des Romains le 30 août 1125; empereur le 4 juin 1133; meurt le 4 décembre 1137.
1093 ou 1094.	CONRAD III, petit-fils de HENRI IV par sa mère; couronné roi des Romains le 29 juin 1128; élu de nouveau après la mort de LOTHAIRE le 10 mars 1138, et couronné le 13 du même mois; meurt le 15 février 1152.
1121.	FRÉDÉRIC I, BARBE-ROUSSE, neveu de CONRAD III; élu à Francfort roi des Romains le 4 mars 1152, et couronné le 9 du même mois, reçoit la couronne impériale à Rome le 18 juin 1155, puis le 1er août 1167, et meurt le 10 juin 1190.
1165.	HENRI VI, fils de FRÉDÉRIC I, succède à son père comme roi des Romains le 10 juin 1190; est sacré empereur le 15 avril 1191, et meurt le 28 septembre 1197.
26 décembre 1194.	FRÉDÉRIC II, ROGER, fils de HENRI VI; déjà reconnu roi des Romains du vivant de HENRI VI, proclamé de nouveau peu de temps après la mort de son père, et pour la troisième fois en 1211, est couronné, 1° le 6 décembre 1212, 2° le 25 juillet 1215. Il est sacré empereur le 22 novembre 1220, et meurt le 4 décembre 1250.
Vers 1178.	PHILIPPE DE SUABE, cinquième fils de FRÉDÉRIC I; élu roi des Romains le 6 mars 1198, puis le 6 janvier 1205, est assassiné le 23 juin 1208.
Vers 1175.	OTTON IV, comte de Poitou, couronné roi des Romains le 4 juillet 1198, est proclamé de nouveau le 4 juillet 1208, sacré empereur le 27 septembre ou le 4 octobre 1209, et meurt le 19 mai 1218.
29 septembre 1227.	GUILLAUME, comte de Hollande, élu roi des Romains le 29 septembre 1247, couronné le 1er novembre 1248, confirmé en 1250 après la mort de FRÉDÉRIC II, meurt le 28 janvier 1256.
Avril 1228.	CONRAD IV, fils de FRÉDÉRIC II; déjà roi des Romains, succède à son père en 1250, et meurt le 21 mai 1254.
5 janvier 1209.	RICHARD, second fils de JEAN, roi d'Angleterre; élu roi des Romains le 13 janvier 1257, couronné le 17 mai suivant, meurt le 2 avril 1271.
	ALPHONSE, roi de Castille, dixième du nom, élu roi des Romains le 1er avril 1257, ne fait pas valoir ses droits.
1er mai 1218.	RODOLPHE I, DE HABSBOURG, dit LE CLÉMENT, landgrave d'Alsace, élu roi des Romains le 29 septembre 1273, couronné le 24 octobre suivant, reconnu en 1274 par GRÉGOIRE X, est proclamé la même année en Italie, et meurt le 15 juillet ou le 30 septembre 1291.
	ADOLPHE DE NASSAU, élu roi des Romains le 1er mai 1292, couronné le 1er juillet suivant, est déposé le 23 juin 1298, et périt le 2 juillet de la même année.
Vers 1248.	ALBERT I, D'AUTRICHE, fils de RODOLPHE; élu roi des Romains le 23 juin, puis le 9 août 1298, couronné le 24 du même mois; reconnu roi des Romains par une bulle du 30 avril 1303, meurt le 1er mai 1308.
1262.	HENRI VII, DE LUXEMBOURG, élu roi des Romains le 15 novembre 1308, puis le 27 du même mois, couronné à Aix-la-Chapelle le 6 janvier 1309, à Milan le 6 janvier 1311 reçoit la couronne impériale à Rome le 29 juin 1312, et meurt le 24 août 1313.

DATE de LA NAISSANCE.	NOMS DES EMPEREURS ET DES ROIS.
	FRÉDÉRIC III, duc d'Autriche, élu roi des Romains le 19 octobre 1314, couronné le 25 novembre suivant, est fait prisonnier par LOUIS DE BAVIÈRE le 28 septembre 1322, recouvre la liberté en 1325, et conserve le titre de roi en commun avec LOUIS V. Il meurt le 13 janvier 1330.
1287.	LOUIS V, DE BAVIÈRE, élu roi des Romains le 20 octobre 1314, couronné le 26 novembre suivant à Aix-la-Chapelle, et le 31 mai 1327 à Milan, est sacré empereur le 17 janvier 1328, et meurt le 21 octobre 1347.
16 mai 1316.	CHARLES IV, fils de JEAN, roi de Bohême; élu roi des Romains le 19 juillet 1346, couronné à Bonn dans le mois de novembre suivant, puis à Aix-la-Chapelle en 1349, et à Milan le 6 janvier 1355, est sacré empereur le 5 avril 1355, et meurt le 29 novembre 1378.
26 février 1361.	WENCESLAS, fils de CHARLES IV; déjà roi des Romains, succède à son père le 29 novembre 1378, est déposé le 20 août 1400, et conserve cependant le titre de roi des Romains jusqu'à sa mort, arrivée le 16 août 1419.
1352.	ROBERT, comte palatin du Rhin, élu roi des Romains à Boppart le 21 août 1400, et couronné à Cologne le 6 janvier 1401; meurt le 18 mai 1410.
28 juin 1368.	SIGISMOND, fils de CHARLES IV; élu roi des Romains le 20 septembre 1410, puis le 21 juin 1411, couronné à Aix-la-Chapelle le 8 novembre 1414, et à Milan le 25 novembre 1431, est sacré empereur le 31 mai 1433, et meurt le 9 décembre 1437.
Vers 1350.	JOSSE DE LUXEMBOURG, roi des Romains du 1er octobre 1410 au 8 janvier 1411.
1394.	ALBERT II, duc d'Autriche, dit LE GRAVE et LE MAGNANIME, gendre de SIGISMOND; élu roi des Romains le 18 mars 1438, et couronné le 30 mai suivant, meurt le 27 octobre 1439.
23 décembre 1415.	FRÉDÉRIC IV, fils d'ERNEST, duc d'Autriche; élu roi des Romains le 2 février 1440, et couronné à Aix-la-Chapelle le 17 juin 1442, puis à Rome le 15 mars 1452, est sacré empereur le 19 du même mois, et meurt le 19 août 1493.
22 mars 1459.	MAXIMILIEN I, fils de FRÉDÉRIC IV; élu roi des Romains le 16 février 1486, couronné le 9 avril suivant, succède à son père le 19 août 1493, enjoint en 1508 aux états de l'empire de lui donner le titre d'empereur élu, qu'il porta dès lors (ainsi que ses successeurs) sans avoir été sacré à Rome, rétablit le titre de roi de Germanie; meurt le 12 janvier 1519.
24 février 1500.	CHARLES V, petit-fils de MAXIMILIEN; empereur du 28 juin 1519 au 7 septembre 1556, date de son abdication, qui ne fut notifiée que le 24 février 1558. Il mourut le 21 septembre 1558. (Il avait été couronné à Aix-la-Chapelle le 23 octobre 1520, à Bologne le 22 février 1530 comme roi des Romains, et le 24 comme empereur.)
10 mars 1503.	FERDINAND I, frère de CHARLES V, après avoir pris le titre d'empereur à la fin de septembre 1556, est reconnu par les électeurs le 12 mars 1558, et meurt le 25 juillet 1564.
1er août 1527.	MAXIMILIEN II, fils de FERDINAND I, du 25 juillet 1564 au 12 octobre 1576.
18 juillet 1552.	RODOLPHE II, fils de MAXIMILIEN II, du 12 octobre 1576 au 10—20 janvier 1612.

LISTE CHRONOLOGIQUE
DES ROIS D'ANGLETERRE.

DATE de LA NAISSANCE.	NOMS DES ROIS.
	EGBERT, roi de Westsex en 800, achève en 827 la conquête de l'Heptarchie, et meurt en 837.
	ÉTHELWOLF ou ÉTHELULF, fils d'EGBERT; roi d'Angleterre en 837, cède en 856 le royaume de Westsex à son fils ÉTHELBALD, et meurt en 858.
	ÉTHELBALD, premier fils d'ÉTHELWOLF; roi de Westsex, de 856 à 860.
	ÉTHELBERT, deuxième fils d'ÉTHELWOLF; roi de Kent en 858, devient roi de Westsex à la mort de son frère en 860, et meurt en 866.
	ÉTHELRED I, troisième fils d'ÉTHELWOLF; de 866 à 871.
849.	ALFRED LE GRAND, quatrième fils d'ÉTHELWOLF; de 871 au 25 octobre 900.
	ÉDOUARD I, L'ANCIEN, fils d'ALFRED; du 25 octobre 900 à 924.
Vers 895.	ALDESTAN ou ATHELSTAN, fils d'ÉDOUARD I; de 924 au 27 octobre 940.
Après 895.	EDMOND I, fils d'ÉDOUARD I; du 27 octobre 940 au 26 mai 946.
Après 896.	EDRED, fils d'ÉDOUARD I; du 26 mai 946 à 955.
Vers 941.	EDWY, fils d'EDMOND I; de 955 à 959.
Vers 947.	EDGAR, dit LE PACIFIQUE, fils d'EDMOND I; de 959 au 18 juillet 975.
	ÉDOUARD II, LE MARTYR, fils d'EDGAR; du 18 juillet 975 à 978.
Vers 966.	ÉTHELRED II, fils d'EDGAR; roi d'Angleterre en 978, détrôné en 1014, rétabli en 1015; meurt en 1016. Son fils EDMOND lui succède.
	SUÉNON ou SWEYN, roi de Danemarck, règne en Angleterre, de ~~1014~~ à 1015.
	CANUT I, LE GRAND, fils de SUÉNON, règne sur une partie de l'Angleterre, de 1015 à 1017; devient ensuite seul roi à la mort d'EDMOND en 1017, et meurt le 12 novembre 1036 ou 1037.
	EDMOND II, CÔTE-DE-FER, fils d'ÉTHELRED II, règne sur une partie de l'Angleterre concurremment avec CANUT I, de 1016 à 1017.
	HARALD I, fils de CANUT I; du 12 novembre 1036 ou 1037 à 1040.
	CANUT II ou HARDI CANUT, fils de CANUT I; de 1040 au 8 juin 1042.
1002.	ÉDOUARD III, LE CONFESSEUR, fils d'ÉTHELRED II; de 1042 au 5 janvier 1066.
	HARALD II, fils du comte GOODWIN; élu au commencement de 1066, périt le 14 octobre de la même année.
	GUILLAUME I, LE BATARD ou LE CONQUÉRANT, duc de Normandie, couronné roi d'Angleterre le 25 décembre 1066, meurt le 9 septembre 1087.
Vers 1056.	GUILLAUME II, LE ROUX, fils puiné de GUILLAUME I; du 26 septembre 1087 au 2 août 1100.

DATE de LA NAISSANCE.	NOMS DES ROIS.
1068.	HENRI I, BEAU-CLERC OU LE LION, troisième fils de GUILLAUME I; du 5 août 1100 au 1er décembre 1135.
Vers 1105.	ÉTIENNE, petit-fils de GUILLAUME I par ADÈLE, sa mère; du 26 décembre 1135 au 25 octobre 1154.
5 mars 1133.	HENRI II, PLANTAGENET, petit-fils de HENRI I par MATHILDE, sa mère; du 19 décembre 1154 au 6 juillet 1189.
13 septembre 1157.	RICHARD I, COEUR-DE-LION, troisième fils de HENRI II; du 3 septembre 1189 au 6 avril 1199.
1166.	JEAN-SANS-TERRE, cinquième fils de HENRI II; du 27 mai 1199 au 19 octobre 1216.
1er octobre 1207.	HENRI III, fils de JEAN; du 28 octobre 1216 au 16 novembre 1272.
18 juin 1239.	ÉDOUARD I (IV), AUX LONGUES JAMBES, fils de HENRI III; du 20 novembre 1272 au 7 juillet 1307.
25 août 1284.	ÉDOUARD II, DE CAERNARVEN, fils d'ÉDOUARD I (IV); du 8 juillet 1307 au 20 janvier 1327, date de sa déposition. Il est assassiné le 21 septembre suivant.
13 novembre 1312.	ÉDOUARD III, fils d'ÉDOUARD II; du 25 janvier 1327 au 21 juin 1377.
Vers 1366.	RICHARD II, petit-fils D'ÉDOUARD III par le fameux prince de Galles; du 22 juin 1377 au 29 septembre 1399, date de sa déposition. Il meurt en 1400.
Vers 1367.	HENRI IV, petit-fils d'ÉDOUARD III par JEAN, duc de Lancastre; du 30 septembre 1399 au 20 mars 1413.
1388.	HENRI V, DE MONMOUTH, fils de HENRI IV; du 21 mars 1413 au 31 août 1422.
6 décembre 1421.	HENRI VI, fils de HENRI V; du 1er septembre 1422 au 4 mars 1461, jour de sa déposition. Replacé sur le trône en octobre 1470, il est vaincu le 14 avril 1471, et meurt au mois de mai de la même année.
Vers 1442.	ÉDOUARD IV, fils du duc d'YORCK; du 4 mars 1461 au mois d'octobre 1470, époque du rétablissement de HENRI VI. Proclamé de nouveau le 13 avril 1471; il meurt le 9 avril 1483.
4 novembre 1470.	ÉDOUARD V, fils d'ÉDOUARD IV; du 9 avril 1483 au 22 juin 1483, date de sa déposition.
Après 1442.	RICHARD III, LE BOSSU, frère d'ÉDOUARD IV; du 26 juin 1483 au 22 août 1485.
Vers 1455.	HENRI VII, TUDOR, comte de RICHEMOND, descendant d'ÉDOUARD III par sa mère, MARGUERITE; du 22 août 1485 au 21 avril 1509.
Juin 1492.	HENRI VIII, fils de HENRI VII; du 22 avril 1509 au 28 janvier 1547.
12 octobre 1537.	ÉDOUARD VI, fils de HENRI VIII; du 28 janvier 1547 au 6 juillet 1553.
	JEANNE GRAY, descendant de HENRI VII par MARIE, son aïeule maternelle; du 6 au 18 ou 19 juillet 1553. Elle est décapitée le 12 février 1554.
18 février 1516.	MARIE, fille de HENRI VIII; du 6 juillet 1553 au 17 novembre 1558.
7 septembre 1533.	ÉLISABETH, fille de HENRI VIII; du 17 novembre 1558 au 24 mars—3 avril 1603.

LISTE CHRONOLOGIQUE DES EMPEREURS ROMAINS[1].

DATE de L'AVÉNEMENT.	EMPEREURS ROMAINS.
	AUGUSTE (Caius Julius Cæsar Octavianus), emper. l'an 31 avant J.-C.; mort le 19 août an 14 après J.-C.
14.	TIBÈRE (Claudius Nero), associé le 28 août an 11; m. 16 ou 26 mars 37.
37.	CALIGULA (C. Julius Cæsar Germanicus); m. 24 janv. 41.
41.	CLAUDE I (Tiberius Nero Drusus); m. 13 octob. 54.
54.	NÉRON (Claudius Cæsar Germanicus); m. 9 juin 68.
68.	GALBA (Servius Sulpicius); m. 16 janvier 69.
69.	OTHON (M. Salvius); m. 15 avril 69.
69.	VITELLIUS (Aulus), proclamé le 2 janvier; m. 20 décembre 69.
69.	VESPASIEN (T. Flavius), proclamé le 1er juillet 69; m. 24 juin 79.
79.	TITUS (Flav. Sabinus Vespasianus); m. 13 sept. 81.
81.	DOMITIEN (T. Flav. Sabinus), césar dès le 20 déc. 69; m. 18 sept. 96.
96.	NERVA (Cocceius); m. 21 janvier 98.
98.	TRAJAN (Ulpius Crinitus), césar le 28 octobre 97; m. en août 117.
117.	ADRIEN (P. Ælius); m. 10 juillet 138.
138.	ANTONIN (T. Pius), césar le 25 février 138; m. 7 mars 161.
161.	MARC-AURÈLE (Antoninus), césar en 139; m. 17 mars 180.
161.	LUCIUS VÉRUS (Ceionius Commodus); m. à la fin de 169.
180.	COMMODE (L. Ælius Aurel.), auguste le 27 nov. 177; m. 31 déc. 192.
193.	PERTINAX (P. Helvius); m. 18 mars 193.
193.	JULIEN (M. Didius Severus); m. 2 juin 193.
193.	NIGER (C. Pescenn. Justus), procl. en avril 193; m. au commencement de 195.
193.	SÉVÈRE (L. Septimius) proclamé en avril ou mai 193; m. 4 fév. 211.
193.	ALBIN (Dec. Claud. Septim.); m. 19 février 197.
211.	CARACALLA (M. Aur. Sever. Anton.), césar en 196, auguste le 2 juin 198; m. 8 avril 217.
211.	GÉTA (P. Septimius), césar à la fin de 198, auguste en 208 ou 209; m. 17 février 212.
217.	MACRIN (M. Opilius); m. 8 juin 218.
218.	HÉLIOGABALE ou ÉLAGABALE (M. Aur. Ant. Bassianus), proclamé le 16 mai 218; m. 11 mars 222.
222.	ALEXANDRE (M. Aur. Severus), césar en 221; m. 19 mars 235.
235.	MAXIMIN I (C. Julius Verus); m. à la fin de mars 238.
237.	GORDIEN et son fils, meurent tous deux en mai ou en juin 237.
237.	MAXIME (M. Claud. Pupienus), morts en juillet 238 un an après leur élection.
237.	BALBIN (Decimus Cœlius), morts en juillet 238 un an après leur élection.
237.	GORDIEN (M. Ant. Pius Africanus), césar le 9 juillet 237; m. en mars 244.
244.	PHILIPPE (M. Julius); m. octobre 249.
249.	DÈCE (Cn. Messius Quint. Trajanus); m. nov. 251.
251.	GALLUS (C. Vibius Trebon.); m. mai 253.
252.	VOLUSIEN, son fils, césar en 251, auguste en juillet 252; m. mai 253.
253.	ÉMILIEN (C. Julius); m. août 253.
253.	VALÉRIEN (P. Licinius), prisonnier en 260; m. en 269.
260.	GALLIEN (P. Licinius), aug. en 253; m. 20 mars 268.
268.	CLAUDE II LE GOTHIQUE (M. Aur.); m. mai 270.
270.	QUINTILLE (M. Aur. Claud.); m. 17 ou 20 jours après.
270.	AURÉLIEN (L. Valerius Domitius); m. janvier 275. Interrègne.
275.	TACITE (M. Claudius), élu le 25 sept.; m. avril 276.
276.	FLORIEN (M. Annius); m. juillet 276.
276.	PROBUS (M. Aur. Val.); m. novembre 282.
282.	CARUS (M. Aur.); m. 20 décembre 283.
284.	CARIN (M. Aur.), césar en août 282; m. en 285.
284.	NUMÉRIEN (M. Aur.), césar en août 282; m. sept. 284.
284.	DIOCLÉTIEN (C. Val. Aur.), abdique 1er mai 305; m. mai 313.
286.	HERCULEUS (M. Aur. Val. Max.), césar le 20 novembre 285, associé à l'empire le 1er avril 286, abdique le 1er mai 305, se fait proclamer de nouveau en 306, abdique en 308; m. en avril 310.
305.	CONSTANCE-CHLORE (Fl. Val.), césar le 1er mars 292, empereur le 1er mai 305; m. 25 juillet 306
305.	GALÈRE (C. Val. Maximinus), césar le 1er mai 293, empereur le 1er mai 305; m. 1er mai 311.
306.	SÉVÈRE II (Fl. Val.), césar le 1er mai 305, auguste en 306, détrôné en avril 307.
308.	MAXIMIN (C. Val.), césar 1er mai 305, empereur au commencement de 308; m. août 313.
308.	CONSTANTIN (C. Fl. Val. Aur. Cl.), auguste le 25 juillet 306, empereur au commencement de 308; m. 22 mai 337.
308.	LICINIUS (C. Fl. Valerian.), auguste le 11 novembre 307, empereur au commencement de 308, détrôné le 23 juillet 323; m. en 324.
337.	CONSTANTIN II (Fl. Cl.); m. mars ou avril 340.
337.	CONSTANCE II (Fl. Jul. Val.), césar le 8 novembre 323; m. 3 novembre 361.
337.	CONSTANT (Fl. Jul.), césar le 25 décembre 333; m. 27 février 350.
361.	JULIEN L'APOSTAT (Fl. Jul. Cl.), césar le 6 novembre 355; m. 27 juin 363.
363.	JOVIEN (Fl. Cl.); m. 17 février 364.

[1] Les dates précédées de *m.* sont les dates de la mort.

DATE de L'AVÈNEMENT.	EMPEREURS D'ORIENT.	DATE de L'AVÈNEMENT.	EMPEREURS D'OCCIDENT.
364.	VALENS, auguste le 28 mars, empereur en juillet 364; m. 9 août 378.	364.	VALENTINIEN I; m. 17 novembre 375.
378.	GRATIEN, empereur d'Occident, cède, le 19 janvier 379, l'empire d'Orient à THÉODOSE LE GRAND.	375.	GRATIEN, auguste le 24 août 367; m. 25 août 383.
		383.	VALENTINIEN II, proclamé dès 375; m. 15 mai 392.
379.	THÉODOSE LE GRAND; m. 17 janvier 395.	394.	THÉODOSE LE GRAND, vainqueur en 394 du tyran EUGÈNE; m. 17 janvier 395.
395.	ARCADIUS, auguste en janvier 383; m. 1er mai 408.	395.	HONORIUS, auguste en 393; m. 15 août 423.
408.	THÉODOSE II, LE JEUNE, auguste le 11 janvier 402; m. 28 juillet 450.	423.	JEAN (tyran), vaincu et tué en 425.
		425.	VALENTINIEN III, césar en 424, vainqueur en 425 du tyran JEAN, est couronné le 23 octobre 425; m. 16 mars 455.
		455.	MAXIME (Petronius), proclamé le 27 mars; m. 12 juin 455.
		455.	AVITE (Fl. Cæcilius ou Mœcilius), proclamé le 10 juillet 455, détrôné en octobre 456.
450.	MARCIEN, proclamé le 24 ou le 25 août; m. en janvier 457.	456.	MARCIEN; m. en janvier 457.
457.	LÉON I, LE THRACE, proclamé le 7 février; m. en janvier 474.	457.	LÉON I, empereur d'Orient, cède ses droits sur l'Occident à MAJORIEN.
474.	LÉON II, LE JEUNE, auguste en 473; m. en novembre 474.	457.	MAJORIEN (Jul. Fl.), proclamé le 1er août 457; m. 7 août 461.
474.	ZÉNON, père de LÉON II, d'abord régent puis empereur en février 474, succède à son fils le mois de novembre suivant; m. 9 avril 491.	461.	SÉVÈRE III, surnommé SERPENTINUS, proclamé le 19 novembre; m. 15 août 465. Interrègne.
475 ou 476.	BASILISQUE, d'abord vainqueur de Zénon en 475 ou 476, est détrôné au bout de 6 ou de 18 mois.	467.	ANTHÈME (Procopius), proclamé le 12 avril 467; m. 11 juillet 472.
		472.	OLYBRIUS (Anicius), proclamé en mars; m. 23 octobre 472.
		473.	GLYCÈRE (Fl.), empereur le 5 mars 473, détrôné le 24 juin 474.
		474.	JULIUS NEPOS, césar en fév. 474, détrôné en août 475; m. 9 mai 480.
		475.	AUGUSTULE (Romulus), proclamé le 25 ou le 31 octobre 475, et détrôné en septembre 476, est le dernier empereur d'Occident. (Voyez CHARLEMAGNE, empereur d'Occident.)

DATE de L'AVÉNEMENT.	EMPEREURS D'ORIENT.
491.	ANASTASE I, DICORE; m. 8 ou 9 juillet 518.
518.	JUSTIN I, dit LE VIEUX; m. 1er août 527.
527.	JUSTINIEN I, auguste le 1er avril 527; m. 14 novembre 565.
565.	JUSTIN II, CUROPALATE, dit LE JEUNE; m. 5 octobre 578.
578.	TIBÈRE II, CONSTANTIN, césar en décembre 574, associé le 26 septembre 578; m. 14 août 582.
582.	MAURICE, césar le 5 août 582; m. 27 novembre 602.
602.	PHOCAS, empereur le 23 nov. 602; m. 5 oct. 610.
610.	HÉRACLIUS, empereur le 7 octobre 610; m. 11 février 641.
641.	HÉRACLIUS CONSTANTIN, associé dès le 22 janvier 613; m. 25 mai 641.
641.	HÉRACLÉONAS, exilé en octobre 641.
641.	CONSTANT II, associé en septembre 641; m. fin de septembre 668.
668.	CONSTANTIN III, POGONAT, auguste en avril 654; m. en septembre 685. (Il avait pour collègues ses deux frères TIBÈRE et HÉRACLIUS.)
685.	JUSTINIEN II, dit RHINOTMÈTE, auguste en 681, détrôné en 695 et rétabli en 705; m. 11 déc. 711.
695.	LÉONCE, détrôné en 698.
698.	ABSIMARE TIBÈRE, détrôné à la fin de 705.
711.	FILEPIQUE ou PHILIPPIQUE, surnommé BARDANE, détrôné le 3 juin 713.
713.	ANASTASE II ou ARTÉMIUS, détrôné en décembre 715, périt en 719.
716.	THÉODOSE III, proclamé en janv. ou févr. 716, abdique en mai 717.
717.	LÉON III, L'ISAURIEN, proclamé le 25 mars 717; m. 18 juin 741.
741.	CONSTANTIN IV, COPRONYME, auguste le 31 mars 720; m. 14 sept. 775.
775.	LÉON IV, CHAZARE, associé le 6 janvier 751; m. 8 septembre 780.

DATE de L'AVÉNEMENT.	EMPEREURS D'ORIENT.
780.	CONSTANTIN V, associé le 14 avril 776, et IRÈNE, sa mère; il meurt le 19 août 797. IRÈNE est déposée le 31 octobre 802.
802.	NICÉPHORE; m. 25 juillet 811.
811.	STAURACE, abdique le 1er octobre 811.
811.	MICHEL CUROPALATE, surnommé RHANGABÉ, détrôné le 10 juillet 813.
813.	LÉON V, L'ARMÉNIEN; m. 24 décembre 820.
820.	MICHEL LE BÈGUE; m. 1er octobre 829.
829.	THÉOPHILE; m. 20 janvier 842.
842.	MICHEL III, L'IVROGNE; m. 24 septembre 867.
867.	BASILE LE MACÉDONIEN, associé le 26 mai 866; m. 1er mars 886.
886.	LÉON VI, LE PHILOSOPHE, auguste en 870; m. 11 mai 911.
911.	ALEXANDRE; m. 6 juin 912; il avait pour collègue CONSTANTIN.
911.	CONSTANTIN VI, PORPHYROGÉNÈTE; m. 9 ou 15 novembre 959.
919.	ROMAIN LÉCAPÈNE, associé à l'empire par CONSTANTIN VI, le 17 ou 24 décembre 919, est détrôné le 20 décembre 944.
920.	CHRISTOPHE, associé à l'empire par ROMAIN, son père, le 20 mai 920; m. en août 931.
928.	ÉTIENNE et CONSTANTIN VII, associés en 928 à l'empire par ROMAIN, leur père, sont détrônés le 27 janvier 945.
959.	ROMAIN II, LE JEUNE, associé en 948 à son père, CONSTANTIN VI; m. 15 mars 963.
963.	NICÉPHORE PHOCAS, proclamé le 2 juillet 963; m. 11 décembre 969.
969.	JEAN ZIMISQUÈS; m. 10 janvier 976. Il s'était associé BASILE II et CONSTANTIN VIII.
969.	BASILE II; m. en décembre 1025.
969.	CONSTANTIN VIII; m. 12 novembre 1028.
1028.	ROMAIN III, ARGYRE; m. 11 avril 1034.

DATE de L'AVÈNEMENT.	EMPEREURS D'ORIENT.	DATE de L'AVÈNEMENT.	EMPEREURS D'ORIENT,
1034.	MICHEL IV, PAPHLAGONIEN; m. 10 décembre 1041.	1185.	ISAAC L'ANGE, détrôné le 8 avril 1195, rétabli le 18 juillet 1203; m. en janvier 1204.
1041.	MICHEL V, CALAFATE, détrôné en avril 1042.	1195.	ALEXIS III, L'ANGE, dit COMNÈNE, détrôné le 18 juillet 1203.
1042.	ZOÉ, associée à sa sœur THÉODORA; m. en 1050 ou 1054.	1203.	ALEXIS IV, LE JEUNE, associé le 1er août 1203; m. 8 février 1204.
1042.	THÉODORA; m. 22 août 1056.	1204.	ALEXIS-DUCAS, dit MURZUPHLE, proclamé le 25 janvier 1204, est détrôné aussitôt après.
1042.	CONSTANTIN IX, MONOMAQUE, épouse ZOÉ le 11 juin 1042; m. 30 novembre 1054.	1204.	NICOLAS CANABÉ, proclamé à la fin de janvier, est détrôné le 12 avril 1204. (Voyez EMPEREURS FRANÇAIS DE CONSTANTINOPLE.)
1056.	MICHEL VI, STRATIOTIQUE, abdique le 31 août 1057.	1204.	THÉODORE LASCARIS I; m. en 1222.
1057.	ISAAC COMNÈNE, abdique en décembre 1059.	1222.	JEAN DUCAS VATACE; m. 30 octobre 1255.
1059.	CONSTANTIN X, DUCAS, couronné le 25 décembre; m. en mai 1067.	1255.	THÉODORE LASCARIS II; m. en août 1259.
1067.	EUDOCIE, associée à ses fils, MICHEL, ANDRONIC et CONSTANTIN, épouse le 1er janvier 1068 ROMAIN, qui l'exclut de l'administration.	1259.	JEAN LASCARIS, sous la régence de MICHEL, qui le détrône le 25 décembre 1261.
1067.	MICHEL VII, PARAPINACE, exclu en 1068 par ROMAIN, le détrône en 1071, et perd lui-même la couronne le 31 mars 1078.	1259.	MICHEL PALÉOLOGUE, associé le 1er décembre 1259, rentre à Constantinople le 14 août 1261; m. 11 décembre 1282.
1067.	ANDRONIC I, exclu en 1068 par ROMAIN.	1282.	ANDRONIC II, PALÉOLOGUE, LE VIEUX; m. 13 février 1332, après avoir été dépossédé de toute autorité le 24 mai 1328.
1067.	CONSTANTIN XI, exclu en 1068 par ROMAIN.	1332.	ANDRONIC III, PALÉOLOGUE, LE JEUNE; associé le 2 février 1325; m. 15 juin 1341.
1068.	ROMAIN IV, DIOGÈNE, détrôné en août 1071, meurt deux mois après.	1341.	JEAN I, PALÉOLOGUE, dépossédé le 8 janvier 1347, rétabli en janvier 1355; m. en 1391.
1078.	NICÉPHORE BOTONIATE, proclamé dès le 10 octobre 1077, est détrôné le 1er avril 1081.	1341.	JEAN CANTACUZÈNE, associé comme régent le 26 octobre 1341, se déclare contre son collègue en 1346, et abdique en janvier 1355.
1078.	NICÉPHORE BRIENNE, proclamé dès le 3 octobre 1077, est fait prisonnier et détrôné par NICÉPHORE BOTONIATE en 1078, après le 3 avril.	1354.	MATHIEU, associé à l'empire en février 1354 par son père, JEAN CANTACUZÈNE, est vaincu en 1355, et abdique en 1356.
1081.	ALEXIS I, COMNÈNE, proclamé en mars 1081; m. 15 août 1118.	1391.	MANUEL PALÉOLOGUE, associé le 25 septembre 1373; m. 21 juillet 1425.
1118.	JEAN COMNÈNE, auguste en 1092; m. 8 avril 1143.	1425.	JEAN PALÉOLOGUE II, associé, dit-on, le 19 janvier 1419; m. 31 octobre 1448.
1143.	MANUEL COMNÈNE; m. 24 septembre 1180.	1448.	CONSTANTIN XII PALÉOLOGUE, dit DRAGASÈS; m. 29 mai 1453, jour de la prise de Constantinople par les Turcs.
1180.	ALEXIS II, COMNÈNE; m. en octobre 1183.		
1183.	ANDRONIC I, COMNÈNE, associé en septembre 1183; m. 12 sept. 1185.		

LISTE CHRONOLOGIQUE DES ROIS D'OVIÉDO, ETC.*

ROIS D'OVIÉDO, devenus plus tard rois de Léon.	DATE de l'avènement.	ROIS DE CASTILLE, devenus plus tard rois de Castille et de Léon.
amire I; m. 1er févr. 850. rdogno I; m. 17 mai 866. lphonse III, le Grand, abdique en décembre 910. ancie I; m. fin de 913. | Ordogno II, en Galice. rdogno II, roi de Léon, fin de 913; m. en septembre 923. roila II; m. fin de 924. lphonse IV, le Moine, abdique en 927. amire II; m. 5 janvier 950. rdogno III; m. en août 955. ancie I, le Gros; m. en 967. amire III, m. en décembre 982. ermude ou Veremond II, le Goutteux; m. en 999. lphonse V; m. le 5 mai 1027. ermude III; m. en 1037.		Sanche III, roi de Navarre, ayant hérité en 1028 du comté de Castille, au nom de la reine son épouse, l'érigea en royaume trois ans après. Il mourut en février 1035.
rdinand I; m. 27 décembre 1065.	1035. février. 1065.	Ferdinand I; m. 27 décembre 1065. Sanche II, le Fort; m. 5 oct. 1072. | 1065. Garcie, roi de Galice, est détrôné en 1071 par Sanche II
lphonse VI ou I; m. 29 ou 30 juin 1109	1072.	Alphonse I ou VI; m. 29 ou 30 juin 1109.
rraque, épouse de lphonse VII, II ou I, le Batailleur, } divorcés en 1114	1109.	Urraque, épouse de Alphonse II, VII ou I, le Batailleur, } divorcés en 1114
rraque seule; m. 8 ou 10 mars 1126.	1114.	Urraque seule; m. 8 ou 10 mars 1126. | 1112. Alphonse-Raymond III ou VIII, roi de Galice, du consentement d'Urraque, sa mère.
lphonse-Raymond VIII; m. 21 août 1157. rdinand II; m. 21 janvier 1188. lphonse IX; m. 23 septembre 1230. rdinand III, le Saint, réunit définitivement le royaume de Léon au royaume de Castille.	1126. 1157. 1158. 1214. 1217. 1252. 1284. 1295. 1312. 1350. 1368. 1379. 1390. 1406. 1454.	Alphonse-Raymond VIII ou III; m. 21 août 1157. Sanche III; m. 31 août 1158. Alphonse IV ou IX, le Noble ou le Bon; m. 5 ou 6 août 1214. Henri I; m. 6 juin 1217. Ferdinand III, le Saint; m. 30 mai 1252. Alphonse X, le Sage et l'Astrologue; m. 4 avril 1284. Sanche IV; m. 25 avril 1295. Ferdinand IV, l'Ajourné; m. 17 septembre 1312. Alphonse XI; m. 26 mars 1350. Pierre IV, le Cruel; m. 23 mars 1368. Henri II, le Magnifique; m. 29 ou 30 mai 1379. Jean I; m. 9 octobre 1390. Henri III, le Maladif; m. 25 ou 26 décembre 1406. Jean II; m. 21 juillet 1454. Henri IV, l'Impuissant; m. 12 décembre 1474.
	1474.	Isabelle; m. 26 novembre 1504. } Ferdinand V, son époux, m. 23 janvier 1516.

DATE de l'avènement.	ROIS D'ARAGON.	DATE de l'avènement.	ROIS DE NAVARRE.
 1035. février.	A la mort de Sanche III, roi de Navarre, Gonçalez, son troisième fils, avait eu en partage les états de Sobrarve et de Ribagorce. Il mourut en 1038, et son frère Ramire I les réunit au royaume d'Aragon. Ramire I; m. le 8 mai 1063.	857. 880. 905. 926. 970. 994. 1000. 1035. 1054.	Garcie-Ximenès; m. en 880. Fortun le Moine, abdique en 905. Sanche-Garcie I; m. en 926. Garcie I; m. en 970. Sanche II, Abarca; m. en 994. Garcie II, le Trembleur; m. fin de l'an 1000. Sanche III, le Grand; m. février 1035. Garcie III; m. 1er septembre 1054. Sanche IV; m. 4 juin 1076.
1063. 1094.	Sanche-Ramirez I; m. 1er ou 4 juin 1094. Pèdre I ou Pierre-Sanche; m. 28 septembre 1104.	1076. 1094.	Sanche-Ramirez V ou I; m. 1er ou 4 juin 1094. Pèdre I ou Pierre-Sanche; m. 28 septembre 1104.
1104. 1134. 1137. 1162. 1196. 1213. 1276. 1285. 1291. 1327. 1336. 1387. 1395. 1412. 1416.	Alphonse le Batailleur I, II ou VII; m. 7 septembre 1134. Ramire II, le Moine, abdique en 1137. Dona Petronilla, pupille puis épouse de Raymond-Bérenger. Raymond-Bérenger, m. 8 août 1162. Alphonse II; m. 25 avril 1196. Pèdre II; m. 17 septembre 1213. Jayme ou Jacques I, le Conquérant; m. 25 juillet 1276. Pèdre III; m. 10 novembre 1285. Alphonse III; m. 18 juin 1291. Jayme II; m. 31 octobre 1327. Alphonse IV; m. 7 ou 24 janvier 1336. Pèdre IV, le Cérémonieux; m. 5 janvier 1387. Jean I; m. 19 mai 1395. Martin; m. 31 mai 1410. Interrègne jusqu'au 24 juin 1412. Ferdinand le Juste; m. 2 avril 1416. Alphonse V, le Sage et le Magnanime; m. 28 juin 1458.	1104. 1134. 1150. 1194. 1234. 7 mai. 1253. 1270. 1274. 1305. 1316. 1318. 1322. 1328. 1349. 1387.	Alphonse le Batailleur I, II ou VII; m. 7 septembre 1134. Garcie-Ramirez IV; m. 21 novembre 1150. Sanche VI, le Sage; m. 27 juin 1194. Sanche VII, le Fort ou l'Enfermé; m. 7 avril 1234. Thibaut I, le Posthume; m. 8 juillet 1253. Thibaut II; m. 5 décembre 1270. Henri I, le Gras; m. 21, 22 ou 28 juillet 1274. Jeanne I, sous la tutelle de Blanche, sa mère, jusqu'au 16 août 1284, date de son mariage avec Philippe le Bel I ou IV. Elle mourut le 2 avril 1305. Louis I ou X, le Hutin; m. 5 juillet 1316. Jeanne II, sous la tutelle de Philippe le Long, renonce éventuellement au trône le 27 mars 1318. Philippe II ou V, le Long; m. 3 janvier 1322. Charles I ou IV, le Bel; m. 1er février 1328. Jeanne II; m. 8 octobre 1349. Philippe III, d'Évreux, son époux; m. septembre 1343. Charles II, le Mauvais; m. 1er janvier 1387. Charles III, le Noble; m. 8 septembre 1425.
1458.	Jean II; m. 19 janvier ou 1er février 1479.	1425.	Jean II; m. 19 janvier ou 1er février 1479.
1479.	Ferdinand V, le Catholique; m. 23 janvier 1516.	1479. 1479. 1483.	Éléonore; m. 10 ou 12 février 1479. François-Phébus; m. 30 janvier ou 3 février 1483. Catherine, mariée le 24 juin 1484, meurt le 11 février 1517. } Jean d'Albret, son époux; m. 17 juin 1516.

Philippe I, archiduc d'Autriche, mari à Jeanne la Folle, fille et héritière d'Isabelle, prend le titre de roi de Castille à la mort d'Isabelle. Couronné en 1506, il meurt le 25 septembre de la même année. Quoique le trône de Castille appartînt à sa veuve et à son fils Charles, depuis roi d'Espagne et empereur, Ferdinand continue à régner sur la Castille et l'Aragon, auxquels il réunit par ses conquêtes, en 1512, la plus grande partie de la Navarre.

ROIS D'ESPAGNE.

harles I, (depuis Charles V, empereur), petit-fils de Ferdinand V et d'Isabelle par Jeanne la Folle, sa mère, abdique le 16 janvier 1556, et meurt le 21 septembre 1558.
hilippe II, mort le 13 septembre 1598. (L'acte d'abdication de Charles V n'avait été publié que le 6 février 1556, et Philippe II ne fut proclamé que le 24 mars suivant.)
hilippe III, mort le 31 mars 1621.

ROIS DE BASSE-NAVARRE.

DATE	
1517.	Henri II; m. 25 mai 1555.
1555.	Jeanne d'Albret; m. 9 ou 10 juin 1572. Antoine de Bourbon, son époux; m. 17 novembre 1562.
1572.	Henri III (IVe du nom en France), meurt le 14 mai 1610, ayant réuni la Basse-Navarre à la France par son édit de juillet 1607.

* Les dates précédées de m. sont les dates de la mort.

LISTE CHRONOLOGIQUE DES ROIS DE PORTUGAL, ETC.*

COMTES, PUIS ROIS DE PORTUGAL.

Henri de Bourgogne reçoit, en 1094 ou 1095, le titre de comte de Portugal; m. 1112.

2. Alphonse-Henriques laisse gouverner jusqu'en 1128 Thérèse, sa mère, qui meurt le 1er novembre 1130. Il reçut, en juillet 1139, le titre de roi, que les états de Lamego lui confirmèrent en 1143, et qu'il transmit à ses successeurs. Il mourut le 6 décembre 1185.

5. Sanche I; m. 1211 ou 1212.
1. Alphonse II, le Gros; m. 25 mars 1223.
3. Sanche II, Capel; m. 1248.
8. Alphonse III; m. 16 février ou 20 mars 1279.
9. Diniz ou Denis, dit le Libéral et le Père de la Patrie; m. 7 janvier 1325.

5. Alphonse IV, le Brave et le Fier; m. 12 mai 1357.
7. Pèdre ou Pierre I, dit le Justicier et le Sévère; m. 18 janvier 1367.
7. Ferdinand; m. 20 ou 22 octobre 1383.
3. Jean ou Jean I, dit le Grand et le Père de la Patrie; m. 14 août 1433.

3. Édouard; m. 9 septembre 1438.
8. Alphonse V, l'Africain; m. 28 août 1481.
1. Jean II, le Parfait; m. 14 septembre ou 27 octobre 1495.
5. Emmanuel, le Fortuné; m. 13 décembre 1521.

1. Jean III, m. 7 juin 1557.
7. Sébastien, m. 4 août 1578.
8. Henri I; m. 31 janvier 1580.
0. Antoine est dépossédé au bout de quelques mois. Le 2 septembre 1580, Philippe II, roi d'Espagne, est proclamé à Lisbonne. La maison d'Espagne occupa ensuite le trône de Portugal jusqu'à la révolution de 1640.

ROIS DE JÉRUSALEM.

N. B. [illegible: note in very small type]

L'an 1099, le 23 juillet, Godefroi est élu roi.

Date de l'avènement.	Rois de Jérusalem.
1099.	Godefroi de Bouillon; m. 18 juillet 1100.
1100.	Baudouin I; m. mars 1118.
1118.	Baudouin II; m. 21 août 1131.
1131.	Foulques; m. 13 novembre 1144.
1144.	Baudouin III; m. 10 février 1162.
1162.	Amauri I; m. 11 juillet 1173.
1173.	Baudouin IV, le Lépreux; m. 16 mars 1185.
1185.	Baudouin V; m. septembre 1186.
1186.	Gui de Lusignan, prisonnier le 5 juillet 1187, conserve le titre de roi jusqu'en 1189. Suit un interrègne.
1192.	Conrad et Isabelle jusqu'au 29 avril 1192.
1192.	Henri; m. 1197.
1197.	Amauri II, de Lusignan; m. 1er avril 1205.
	Interrègne jusqu'au 3 octobre 1210.
1210.	Jean de Brienne cède ses droits, en 1226, à Frédéric.
1226.	Frédéric II, empereur, conserve jusqu'à sa mort le titre de roi de Jérusalem, qui fut ensuite porté par plusieurs princes, quoique la domination des chrétiens eût été définitivement renversée, en 1291, par la prise d'Acre.

COMTES, PUIS DUCS DE POUILLE ET DE CALABRE.

Date de l'avènement.	Comtes, puis ducs de Pouille et de Calabre.
1043.	Guillaume I, Bras-de-Fer, comte de Pouille; m. 1046.
1046.	Dreux ou Drogon; m. 1051.
1051.	Humphred ou Humfroi; m. 1057.
1057.	Robert Guiscard ou Wiscard, 1er duc de Pouille et de Calabre; m. 17 juillet 1085.
1085.	Roger Bossa; m. 22 février 1111.
1111.	Guillaume II; m. 20 juillet 1127. Après sa mort, Roger II, de Sicile, s'empare de ses états.

COMTES, PUIS ROIS DE SICILE.

N. B. [illegible: note in very small type]

Date de l'avènement.	Comtes, puis rois de Sicile.
1072.	Roger I; m. juillet 1101.
1101.	Roger II, le Jeune; m. 26 février 1154.
1154.	Guillaume I, le Mauvais; m. 7 ou 15 mai 1166.
1166.	Guillaume II, le Bon; m. 16 novembre 1189.
1189.	Tancrède; m. 20 février 1194.
1194.	Guillaume III, détrôné en octobre ou novembre 1194.
1194.	Henri I (VI comme empereur); m. 28 septembre 1197.
1197.	Frédéric-Roger I (ou II); m. 4 décembre 1250.
1250.	Conrad I (ou IV); m. 21 mai 1254.
1254.	Conrad II, dit Conradin, détrôné le 11 août 1258, périt le [illegible]tobre 1268, ayant fait valoir ses droits jusqu'à sa mort.
1258.	Mainfroi; m. 26 février 1266.
1266.	Charles I, d'Anjou, couronné dès le 6 janvier 1266; m. 7 [illegible] 1285. Il avait cessé de régner en Sicile le 2 septembre 1[illegible]
1282.	Pierre I ou III, d'Aragon; m. 10 novembre 1285.
1285.	Jacques d'Aragon cède ses droits, en 1295, à Charles de V[illegible] mais Frédéric II est élu le 15 janvier 1296.
1296.	Frédéric II ou I; m. 25 juin 1337.
1337.	Pierre II; m. 8 août 1342.
1342.	Louis; m. octobre ou novembre 1355.
1355.	Frédéric III ou II, le Simple; m. 27 juillet 1377.
1377.	Marie épouse, le 29 novembre 1391, Martin le Jeune, e[illegible] le 25 mai 1402.
1391.	Martin le Jeune; m. 25 juillet 1409.
1409.	Martin le Vieux, roi d'Aragon; m. 31 mai 1410.
1410.	Interrègne jusqu'au 30 juin 1412 (Blanche régente).
1412.	Ferdinand de Castille, le Juste; m. 2 avril 1416.
1416.	Alphonse I ou V, le Sage et le Magnanime; m. 28 juin 14[illegible]
1458.	Jean, roi d'Aragon et de Navarre; m. 19 janvier ou 1er févri[illegible]
1479.	Ferdinand d'Aragon, le Catholique, réunit en 1501 la co[illegible] de Naples à la couronne de Sicile, et meurt le 23 janvie[illegible] Voyez Rois de Naples et de Sicile.

ROIS DE NAPLES.

Date de l'avènement.	Rois de Naples.
1282.	Charles I, d'Anjou, ne conserve plus que ses états de Naples à partir du 2 septembre 1282; m. 7 janvier 1285. Voyez Rois de Sicile.
1285.	Charles II, le Boiteux, m. 5 ou 6 mai 1309.
1309.	Robert, le Sage et le Bon; m. 19 janvier 1343.
1343.	Jeanne I, après la mort d'André de Hongrie, son premier mari, assassiné le 18 septembre 1345, épouse, le 20 août 1346, Louis de Tarente, qui meurt le 26 mai 1362. Ces deux princes ont régné conjointement avec elle. Elle épousa ensuite, mais en se réservant sans partage la royauté de Naples, 1° en 1363, Jacques d'Aragon, roi de Majorque, mort en 1375; 2° le 25 mars 1376, Otton de Brunswick. Elle périt le 22 mai 1382, après avoir été détrônée par Charles de Durazzo, qui était entré dans Naples le 16 juillet 1381.
1381.	Charles III, de Durazzo, dit de la Paix; m. 5 février 1386.
1382.	Louis I, d'Anjou; m. 21 octobre 1384. Il n'avait pris le titre de roi qu'à partir du 30 août 1383. Son fils ne fut reconnu que le 9 février 1385.
1385.	Louis II, d'Anjou; m. 29 avril 1417.
1386.	Ladislas ou Lancelot; m. 6 août 1414.
1414.	Jeanne II, dite Jeannelle, épouse en 1415 Jacques de Bourbon, comte de la Marche, qui perd le titre de roi en 1416.
1417.	Louis III, d'Anjou; m. 15 novembre 1434.
1434.	Jeanne II, à la mort de Louis III, règne sans compétiteur, et meurt le 2 février 1435.
1435.	René d'Anjou, dépossédé le 2 juin 1442; m. 10 juillet 1480.
1435.	Alphonse I ou V, d'Aragon, le Sage, maître de Naples le 2 juin 1442; m. 28 juin 1458.
1458.	Jean, d'Anjou, dépossédé en 1463; m. en décembre 1470 ou le 27 juillet 1471.
	Charles, comte du Maine, meurt le 11 décembre 1481, sans avoir fait valoir ses droits, qu'il lègue à Louis XI et aux Rois de France, ses successeurs[1].
1458.	Ferdinand I achève, en 1463, la conquête du royaume de Naples, et meurt le 25 janvier 1494.
1494.	Alphonse II abdique le 23 janvier 1495.
1495.	Ferdinand II; m. 5 septembre ou octobre 1496.
1496.	Frédéric III, dépossédé en 1501 par Ferdinand d'Aragon; m. 1504.

ROIS DE NAPLES ET DE SICILE.

Date de l'avènement.	Rois de Naples et de Sicile.
1503.	Ferdinand d'Aragon, le Catholique; m. 23 janvier 1516.
1516.	Charles I ou V, empereur, cède la couronne de Naples à Philippe II, son fils, le 25 juillet 1554.
1554.	Philippe II, depuis roi d'Espagne; m. 13 septembre 1598.
1598.	Philippe III, roi d'Espagne; m. 31 mars 1621.

* Les dates précédées de m. sont les dates de la mort.

[1] Ces droits furent soutenus par Charles VIII, Louis XII et François I, qui les abandonna en vertu de la paix de Cambrai, signée le 5 août 1529.

LISTE CHRONOLOGIQUE DES ROIS D'ÉCOSSE, ETC.*

ROIS D'ÉCOSSE.

ROIS D'ÉCOSSE.
…lcolm I.
…ulphe.
…phus.
…lenus.
…net III.
…nstantin IV.
…mus.
…lcolm II.
…ncan I.
…ghabèr.
…lcolm III; mort 13 novembre 1093.
…nald VI ou Duvenal, dit Banus, détrôné au bout de six mois, rétabli en 1095, est de nouveau renversé en 1098.
…ncan II, détrôné au bout d'un an et quelques mois.
…gar; m. 8 janvier 1107.
…exandre I, le Sévère; m. 24 avril 1124.
…vid I; m. 24 mai 1153.
…lcolm IV; m. 9 décembre 1165.
…illaume, le Lion; m. 4 décembre 1214.
…exandre II; m. 8 juillet 1249.
…exandre III; m. 19 mars 1286.
…terrègne jusqu'au 17 ou 19 novembre 1292.
…n Bailleul ou Baillol, détrôné le 2 juillet 1297.
…ouard I, d'Angleterre, règne jusqu'à l'insurrection de Robert Bruce qui est proclamé le 25 mars 1306.
…bert Bruce I; m. 7 juin 1329.
…vid II, détrôné en 1331 ou 1332, et rétabli en 1342; m. 22 février 1371.
…ouard Baillol, couronné le 27 septembre 1332, détrôné en 1342, cède ses droits en 1356 à Édouard III, roi d'Angleterre.
…bert II, Stuart; m. 19 octobre 1390.
…bert III; m. 6 avril 1406. Suit un interrègne sous la régence de Robert, duc d'Albanie, jusqu'en 1420, et sous Murdac, son fils, jusqu'en mars 1424.
…cques I; assassiné le 20 février 1437.
…cques II; m. 3 août 1460.
…cques III; m. 11 juin 1488.
…cques IV; m. 9 septembre 1513.
…cques V; m. 13 décembre 1542.
…rie Stuart, abdique le 24 juin 1567.
…ançois de France, épouse Marie le 24 avril 1558, et meurt le 5 décembre 1560.
…cques VI ou I, devient roi d'Angleterre le 24 mars — 3 avril 1603, et meurt le 27 mars — 6 avril 1625.

EMPEREURS FRANÇAIS DE CONSTANTINOPLE.

DATE de l'avénement.	EMPEREURS FRANÇAIS DE CONSTANTINOPLE.
1204, 16 mai.	Baudouin I, prisonnier le 15 avril 1205; m. 1206.
1206, 20 août.	Henri I; m. 11 juin 1216. Il avait eu la régence dès le mois d'avril 1205.
1216.	Pierre de Courtenai, fait prisonnier en 1217 (Yolande, régente); m. en août 1219.
1219.	Robert de Courtenai, couronné le 25 mars 1221; m. en 1228.
1228.	Baudouin II, détrôné le 25 juillet 1261. Son fils Philippe mourut avec le titre d'empereur, mais sans avoir régné.
1231.	Jean de Brienne, régent avec le titre d'empereur; m. 23 mars 1237.

ROIS DE HONGRIE CONCURRENTS DE LA MAISON D'AUTRICHE.

DATE de l'avénement.	ROIS DE HONGRIE CONCURRENTS DE LA MAISON D'AUTRICHE.
1526, 11 nov.	Jean Zapolski, partage la Hongrie avec Ferdinand en 1536; m. 21 juillet 1540.
1540.	Étienne ou Jean Sigismond, dépossédé par Soliman en 1541.

* Les dates précédées de [illegible] sont les dates de la [illegible].

ROIS DE HONGRIE.

DATE de l'avénement.	ROIS DE HONGRIE.
997.	Étienne I, duc de Hongrie, roi en l'an 1000; m. 15 août 1038.
1038.	Pierre l'Allemand, déposé en 1041 ou 1042, et rétabli en 1044 ou 1045; détrôné de nouveau en 1047.
1041 ou 1042.	Aba ou Owon; m. 1044 ou 1045.
1047.	André I, détrôné en 1061.
1061.	Bela I; m. 1064.
1064.	Salomon, détrôné en 1075.
1075.	Geisa I; m. 25 avril 1077.
1077.	Ladislas I; m. 29 juillet 1095.
1095.	Coloman; m. 3 février 1114.
1114.	Étienne II, le Foudre; m. 1131.
1131.	Bela II; m. 13 février 1141.
1141.	Geisa II; m. 31 mai 1161.
1161.	Étienne III; m. 4 mars 1173. Ce prince avait été détrôné par son oncle Ladislas, qui mourut au bout de six mois, et par un frère de Ladislas, nommé Étienne, qui ne régna également que quelques mois, et mourut, suivant les historiens hongrois, le 13 avril 1173. Les historiens grecs rapportent ces événements aux années 1162 et 1163, et mettent la mort du frère de Ladislas en 1165. Bela, frère et successeur d'Étienne, fut couronné le 13 janvier 1174.
1174.	Bela III; m. 18 avril 1196.
1196.	Emeric ou Henri; m. 1203 ou 1204.
1204.	Ladislas II ou III, meurt au bout de quelques jours.
1204.	André II, le Jérosolymitain; m. 7 mars 1235.
1235.	Bela IV; m. 1270.
1270.	Étienne IV ou V; m. vers le 1er août 1272.
1272.	Ladislas III ou IV, le Cumain; m. 19 juillet 1290.
1290.	André III, le Vénitien; m. 14 janvier 1302. Il avait eu pour compétiteurs Albert, fils de Rodolphe de Habsbourg, Charles Martel, fils de Charles II, roi de Naples, et le fils de Charles Martel, Charobert, qui, après avoir fait valoir ses droits contre Wenceslas, roi de Bohême, et Othon de Bavière, fut couronné le 27 août 1310, et mourut le 16 juillet 1342, ayant été reconnu dès l'an 1300.
1342.	Louis I, le Grand; m. 11 ou 12 septembre 1382.
1382.	Marie, surnommée le Roi-Marie, épouse Sigismond le 10 juin 1386, et meurt en 1392. (Charles, roi de Naples, couronné le 31 décembre 1385, meurt le 8 février suivant.)
1386.	Sigismond, depuis roi de Bohême et empereur; m. 9 décemb. 1437. (Ladislas, roi de Naples, couronné le 5 août 1403, abandonne aussitôt la Hongrie.)
1437, 19 déc.	Albert d'Autriche, depuis roi des Romains; m. 27 octobre 1439.
1440.	Uladislas, roi de Pologne, dit Ladislas IV ou V; m. 10 novembre 1444.
	Jean Huniade, régent, du 16 mai 1445 au 13 février 1453.
1453.	Ladislas V ou VI, le Posthume, couronné dès 1440, 4 mois après sa naissance; m. 23 novembre 1457.
1458, 24 janv.	Mathias I, Corvin; m. 6 avril 1490.
1490, 15 juill.	Ladislas VI ou VII; m. 13 mars 1516.
1516.	Louis II; m. 29 août 1526.
1527.	Ferdinand I, d'Autriche, abdique en 1563.
1563.	Maximilien, couronné le 8 septembre, abdique en 1572.
1572.	Rodolphe, élu le 2 février, abdique le 27 juin 1608.

DUCS ET ROIS DE BOHÊME.

DATE de l'avénement.	DUCS ET ROIS DE BOHÊME.
890.	Borzivoi, Borziwoy ou Boriwai (duc), abdique en 902; m. 910.
902.	Spitignée I; m. 907.
907.	Wratislas I; m. 13 février 916.
916.	Wenceslas I; m. 28 septembre 936.
936.	Boleslas I; m. 15 juillet 967.
967.	Boleslas II, le Chaste et le Débonnaire; m. 7 février 999.
999.	Boleslas III, l'Aveugle, abdique en 1002, et meurt en 1037.
1002.	Jaromir, dépossédé en 1012; m. en novembre 1037.
1012.	Udalric; m. 9 novembre 1037.
1037.	Bretislas I ou Brzetislas, le Guerrier et l'Achille; m. 10 janvier 1055.
1055.	Spitignée II; m. 28 janvier 1061.
1061.	Wratislas II (roi le 15 juin 1086); m. 14 janvier 1092.
1092.	Conrad I (duc); m. 6 septembre 1093.
1093.	Bretislas II; m. décembre 1100.
1100.	Borzivoi II, dépossédé en 1107, associé en 1117 à son frère Wladislas, chassé de nouveau en 1120; m. 2 février 1124.
1107.	Swatopluk; m. 12 septembre 1109.
1109.	Wladislas III; m. 12 avril 1125.
1125.	Sobieslas I; m. 13 mars 1140.
1140.	Wladislas IV (roi le 13 janvier 1158); m. 17 janvier 1174.
1174.	Sobieslas II (duc), dépossédé en 1178.
1178.	Frédéric; m. 1190.
1190.	Conrad II; m. 1191.
1191.	Wenceslas II; m. 1192, après avoir été dépossédé par Premislas, qui ne put consolider son pouvoir, mais qui régnera plus tard sous le nom d'Ottocare.
1193.	Henri Bretislas; m. 1196.
1196.	Wladislas V, abdique en 1197; m. 12 août 1218.
1197.	Premislas II ou Ottocare I, le Victorieux (roi en 1198); m. 15 décembre 1230.
1230.	Wenceslas III, Ottocare, le Borgne; m. 22 septembre 1253.
1253.	Premislas Ottocare II, le Victorieux; m. 26 août 1278.
1278.	Wenceslas IV, depuis roi de Pologne; m. 21 juin 1305.
1305.	Wenceslas V; m. 4 août 1306.
1306.	Henri de Carinthie, dépossédé un instant en 1307 par Rodolphe, fils d'Albert d'Autriche, est détrôné en 1310.
1310.	Jean de Luxembourg et Élisabeth, son épouse; Élisabeth meurt le 28 septembre 1330, et Jean le 26 août 1346.
1346.	Charles I ou IV (empereur); m. 29 novembre 1378.
1378.	Wenceslas VI, roi des Romains; m. 16 août 1419.
1419.	Sigismond, depuis empereur; m. 9 décembre 1437.
1437.	Albert d'Autriche, depuis roi des Romains; m. 27 octobre 1439. Son fils Ladislas naquit le 22 février 1440.
1440.	Ladislas ou Wladislas VI, le Posthume; m. 23 novembre 1457.
1458, 2 mars.	George Podiebrad; m. 22 mai 1471.
1471.	Ladislas ou Wladislas VII; m. 13 mars 1516.
1516.	Louis II; m. 29 août 1526.
1526.	Ferdinand I, d'Autriche, élu en décembre; m. 25 juillet 1564.
1564.	Maximilien; m. 12 octobre 1576.
1576.	Rodolphe, abdique le 23 mai 1611; m. 20 janvier 1612.

LISTE CHRONOLOGIQUE DES ROIS DE NORWÈGE, ETC.*

Date de l'événement	ROIS DE NORWÉGE.
0.	Suénon, roi de Danemarck; m. 1015. Suivant quelques chronologies, Olaus, qui suit, aurait été proclamé en 1011.
5.	S. Olaus II, vaincu vers 1027, périt dans un dernier combat en 1030.
0.	Canut II, puis Suénon, son fils, auquel il paraît avoir cédé la Norwége vers 1031. Suénon est détrôné vers 1034.
4.	Magnus I le Bon; m. 1047.
8.	Hérola, Erould ou Harald; m. 1067.
7.	Magnus II; m. 1069.
9.	Olaus III; m. 1093.
3.	Magnus III; m. 1103.
3.	Ostein I, Olaus IV et Sivard I, associés; le 1er meurt en 1123, le 2e en 1117 et le 3e en 1131.
1.	Magnus IV et Harald IV, associés; le 1er est détrôné en 1136, le 2e meurt en 1137.
7.	Sivard II, Ostein II et Ingon, associés; le 1er meurt en 1155, le 2e en 1157, et le 3e en 1162.
2.	Magnus V; m. 1178.
8.	Swer; m. 1202.
2.	Aquin III; m. 1204.
4.	Ingon II; m. 1217.
7.	Aquin IV; m. 1262.
2.	Magnus VI; m. 1281.
1.	Éric II; m. 1299.
9.	Aquin V; m. 1319.
9.	Magnus VII ou II, de Suède, dit Smeek; détrôné en 1344; m. 1373.
3.	Aquin VI; m. 1380.
0.	Olaus V, roi de Danemarck; m. 3 août 1387. A partir du règne d'Olaus la couronne de Norwége resta réunie à celle de Danemarck.

Date de l'événement	ROIS DE DANEMARCK.
935.	Harald II, dit Blaatand ou à la Dent bleue, nommé aussi Aigrold ou Hagrold; m. 985.
985.	Suénon I, dit Tiugskeg ou à la Barbe fourchue; m. 1015.
1015.	Canut II, le Grand; m. 12 novembre 1036 ou 1037.
1036	Canut III, dit Hardi-Canut; m. 8 juin 1042.
1042.	Magnus I, le Bon; m. 1047.
1047.	Suénon II; m. 28 avril 1074. Interrègne jusqu'en 1077.
1077.	Harald III dit Hein ou Pierre-molle; m. 17 avril 1080.
1080.	Canut IV, le Saint; m. 10 juillet 1086.
1086.	Olaus IV, le Famélique; m. 18 août 1095.
1095.	Éric I, le Bon; m. 11 juillet 1103. Interrègne.
1105.	Nicolas; m. 25 juin ou juillet 1135.
1135.	Éric II, dit Emund; m. 18 septembre 1137.
1137.	Éric III, dit l'Agneau, abdique en 1147.
1147.	Suénon III et Canut V. Suénon assassine Canut en 1157, et périt le 23 octobre de la même année.
1156.	Waldemar I, le Grand, associé à Canut en 1156, règne seul après la mort de Suénon, et meurt le 12 mai 1182.
1182.	Canut VI, le Pieux; m. 12 novembre 1202.
1202.	Waldemar II, le Victorieux; m. 28 mars 1241.
1241.	Éric IV, assassiné le 10 août 1250.
1250.	Abel; m. 29 juin 1252.
1252.	Christophe I; m. 29 mai 1259.
1259.	Éric V, assassiné le 22 novembre 1286.
1286.	Éric VI; m. 13 novembre 1319. Son successeur n'est élu que le 25 janvier suivant.
1320.	Christophe II; m. 15 juillet 1334. Interrègne de 6 ans.
1340.	Waldemar III, m. 25 octobre 1375. Interrègne jusqu'au 13 mai 1376.
1376.	Olaus I ou V, de Norwége; m. 3 août 1387.
1387.	Marguerite fait couronner son fils le 17 juin 1397; elle meurt le 27 novembre 1412.
1397.	Éric VII ou XII, de Suède, quitte ses états en 1438. Son successeur est élu le 9 avril 1440.
1440.	Christophe; m. 6 janvier 1448. Son successeur est élu le 1er septembre suivant.
1448.	Christiern ou Christiern I; m. 22 mai 1481. Il avait été couronné roi de Suède le 24 juin 1457; mais il fut obligé d'abandonner ce royaume en 1470.
1481.	Jean, aussi roi de Suède; m. 21 février 1513.
1513.	Christiern II, est forcé d'abandonner ses états le 24 avril 1522. Son successeur est proclamé en janvier 1523.
1523.	Frédéric I, le Pacifique; m. 3 avril 1533. Interrègne jusqu'au 4 juillet 1534.
1534.	Christiern III; m. 1er janvier 1559.
1559.	Frédéric II; m. 4 avril 1588.
1588.	Christiern IV; m. 19 mars 1648.

Date de l'événement	ROIS DE SUÈDE.
1150.	Éric IX, le Saint; assassiné le 17 mai 1162.
1162.	Charles VII; m. 1168.
1168.	Canut, dit Éric-Son; m. 1192.
1192.	Suercher III; m. 1210.
1210.	Éric X, Canut-Son; m. 1219.
1220.	Jean I; m. 1223.
1223.	Éric XI, dit le Bègue; m. 2 février 1250.
1251.	Waldemar I, abdique en 1279.
1279.	Magnus I, dit Ladulas; m. 18 décembre 1290.
1290.	Birger II, détrôné en 1319; m. 1326.
1320.	Magnus II ou VII de Norwége, dit Smeek, détrôné en 1365; m. 1373.
1365.	Albert, déclaré déchu le 22 mars 1388, est fait prisonnier le 24 février 1389.
1388.	Marguerite de Danemarck, élue le 22 mars 1388, fait proclamer son fils le 23 juillet 1396; elle meurt le 27 novembre 1412.
1396.	Éric XII ou VII de Danemarck, quitte ses états en 1438. Son successeur est élu le 9 avril 1440.
1440.	Christophe; m. 6 janvier 1448. Son successeur est élu le 20 juin suivant.
1448.	Charles VIII, Canut-Son; m. 15 mai 1470. (V. Christiern I, roi de Danemarck.)
1470.	Stenon-Sture I, administrateur jusqu'en 1497, quoique Jean eût été élu le 14 août 1483.
1483.	Jean II, de Danemarck, détrôné en 1502.
1502.	Stenon-Sture I, administrateur pour la seconde fois; m. 15 décembre 1503.
1503.	Swante-Nilson-Sture, administrateur; m. 2 janvier 1512.
1512.	Stenon-Sture II, administrateur; m. février 1520. Christiern est élu le 6 mars suivant.
1520.	Christiern II, forcé d'abandonner ses états le 24 avril 1522. Gustave Wasa est élu le 6 juin 1523.
1523.	Gustave Wasa, administrateur dès 1521; m. 29 septembre 1560.
1560.	Éric XIV, détrôné le 30 septembre 1568; m. 22 février 1578.
1568.	Jean III; m. 17 novembre 1592.
1592.	Sigismond, de Pologne, déposé le 6 février 1604.

Date de l'événement	DUCS ET ROIS DE POLOGNE.
842.	Piast, (duc); m. 861.
861.	Ziemovit; m. 892.
892.	Lesko IV; m. 913.
913.	Ziemomislas, m. 964.
964.	Micislas ou Mieczislaw I; m. 992 ou 999.
992 ou 999.	Boleslas I, dit Chrobry ou l'Intrépide; m. 28 octobre 102
1025.	Micislas II ou Masico; m. 1037. Interrègne jusqu'en 1041.
1041.	Casimir I, dit le Pacifique; m. 28 novembre 1058.
1058.	Boleslas II (roi), le Hardi, détrôné en 1081; m. 1083.
1081.	Uladislas Herman (duc); m. 26 juillet 1102.
1102.	Boleslas III, Krzywousty; m. 1138.
1138.	Uladislas II, chassé en 1146.
1146.	Boleslas IV, dit le Frisé; m. 30 octobre 1173.
1173.	Micislas III, le Vieux, déposé en 1177.
1177.	Casimir II, le Juste; m. 4 mai 1194.
1194.	Lesko V, dit le Blanc, assassiné le 11 novembre 1227.
1227.	Boleslas V, dit le Chaste; m. 10 décembre 1279.
1279.	Lesko VI, dit le Noir; m. 1289. Interrègne jusqu'au 26 ju (Les deux princes suivants étaient au nombre des concurre
1295.	Premislas II (roi), assassiné le 8 février 1296.
1296.	Uladislas Loketek (duc), déposé en 1300, reparaît en 130 le titre de roi en 1320; m. 10 mars 1333.
1300.	Wenceslas (roi), aussi roi de Bohême, détrôné en 1305.
1333.	Casimir III, le Grand; m. 8 novembre 1370.
1370.	Louis, roi de Hongrie; m. 11 septembre 1382. Suit un inte pendant lequel Sigismond, d'abord proclamé, est remp Uladislas qui abandonne ses droits et meurt en 1388.
1385.	Hedwige épouse le 17 février 1386 Jagellon, dit Uladis meurt en 1399. Jagellon règne jusqu'au 31 mai 1434, ép sa mort.
1434.	Uladislas VI, depuis roi de Hongrie; m. 10 novembre 144
1446.	Casimir IV, élu en 1445, refuse la couronne; élu de nou 1446 et couronné le 26 juin, il meurt le 7 juin 1492.
1492.	Jean-Albert; m. 17 juin 1501.
1501.	Alexandre; m. 19 août 1506. Son successeur est élu le 2 suivant.
1506.	Sigismond I; m. 1er avril 1548.
1548.	Sigismond II, Auguste; m. 7 juillet 1572. Son successeur e 9 mai suivant.
1573.	Henri de Valois, depuis roi de France, abandonne la Polog juin 1574. Le trône est déclaré vacant le 15 juillet 1575. est élu le 15 décembre suivant.
1575.	Étienne Battori; m. 13 décembre 1586. Son successeur clamé le 9 août 1587.
1587.	Sigismond III, depuis roi de Suède; m. 29 avril 1632.

* Les dates précédées de m sont les dates de la mort.

CHAPITRE II.

DE L'ÈRE CHRÉTIENNE ET DES ÈRES DE LA PASSION ET DE L'ASCENSION.

L'ère de J. C. est celle des Latins. Les Grecs et les Orientaux ne l'employaient guère dans leurs actes publics. L'usage de l'ère chrétienne a été introduit en Italie au VIe siècle par Denys le Petit, et en France au plus tôt dans le cours du VIIe siècle[1].

Comme les auteurs qui ont fait usage de l'ère chrétienne ne s'accordent pas sur la manière de commencer l'année, il est important de connaître les différents systèmes qui ont été suivis à cet égard, pour en expliquer les contradictions apparentes[2].

Les uns commençaient, comme nous, l'année au 1er janvier, jour de la Circoncision; d'autres prenaient pour point de départ la naissance de J. C., c'est-à-dire le 25 décembre; d'autres, enfin, le jour de la Conception, qui est le 25 mars. Mais ces derniers variaient entre eux d'une année entière, en sorte

[1] La date de l'Incarnation ne se montre que très-rarement dans les actes pontificaux du VIIe siècle. Elle se trouve, pour la première fois peut-être, dans une bulle de Boniface IV, où elle est employée d'une manière fautive; et dans une bulle de Théodore, où l'on suppose qu'elle a été ajoutée après coup. Au IXe siècle, on en rencontre déjà plusieurs exemples qu'on ne doit pas suspecter. A la fin du Xe, elle devient plus ordinaire; l'usage s'en affermit sous Léon IX. Quelques remarques plus spéciales sur l'emploi de cette date se rattachent à la distinction des différentes espèces de bulles : elles ne peuvent trouver ici leur place. Les rois d'Angleterre commencèrent dès le VIIe siècle à dater de l'Incarnation. Au VIIIe, cette date figurait en France dans presque tous les actes ecclésiastiques, et dans un grand nombre de chartes particulières. Charlemagne est le premier de nos rois qui l'ait employée; encore ne le fit-il que rarement. Elle devient plus ordinaire dans les diplômes de Charles le Gros. Quoique généralement adoptée en Europe au Xe siècle, elle ne parut en Espagne qu'au siècle suivant, sans cependant qu'elle ait été suivie uniformément avant le milieu du XIVe; d'un autre côté, les rois de Portugal ne commencèrent à l'employer que vers le commencement du XVe siècle. Enfin elle ne devint d'un usage ordinaire chez les chrétiens d'Orient que depuis la prise de Constantinople.

[2] Nous ne parlons pas des discussions qui ont été élevées sur la véritable époque de la naissance de Notre-Seigneur, parce qu'elles ont pour but, non d'expliquer, mais de réformer la chronologie qui a été suivie jusqu'à nos jours. Suivant notre ère vulgaire, Jésus-Christ est né l'an 753 de la fondation de Rome; et, suivant les plus habiles chronologistes, il serait né cinq années plus tôt, c'est-à-dire en l'an de Rome 748.

que les uns comptaient l'an 1000 du 25 mars 999 au 24 mars 1000 (c'est ce qu'on appelle le calcul pisan); les autres, du 25 mars 1000 au 24 mars 1001 (c'est ce qu'on appelle le calcul florentin)[1]. Les trois systèmes que nous venons de rapporter avaient du moins cet avantage que les différentes années étaient d'une égale durée. Au contraire, cette durée n'avait rien de fixe suivant un autre usage qui consistait à ouvrir l'année avec la fête de Pâques. Il y a, en effet, entre deux Pâques consécutives, tantôt moins de douze mois, tantôt plus, puisque les points extrêmes entre lesquels cette fête peut varier sont le 22 mars et le 25 avril. Une même année pouvait donc avoir deux mois d'avril presque complets. En 1347, par exemple, Pâques tomba le 1er avril, et l'année suivante cette fête n'arriva que le 20 avril. On risque donc de commettre une année d'erreur pour tous les actes datés des dix-neuf premiers jours d'avril 1347, et qui n'indiquent pas auquel des deux mois d'avril la date appartient. On ne peut préciser l'époque à laquelle remonte l'usage de commencer l'année avec Pâques, mais on sait qu'il existait déjà au VIe siècle, et qu'il a duré jusqu'à l'édit de Charles IX, donné au mois de janvier 1563. Cet édit, qui fixe au 1er janvier le commencement de l'année, fut adopté par le parlement de Paris en 1567. La Hollande et l'Allemagne avaient devancé la France dans cette réforme. Mais l'église de Beauvais ne s'y conforma qu'en 1580. Il faut donc, même pour les temps postérieurs à l'édit de Charles IX, consulter les usages des localités. Si l'on avait toujours attaché un sens rigoureux aux différentes expressions dont on s'est servi pour désigner les années de l'ère chrétienne, il serait facile de reconnaître à quelle époque répondait le commencement de l'année dans les dates qui renferment les formules *anno à Nativitate, anno Incarnationis* ou *Trabeationis*[2], *anno Circoncisionis.* L'ère de la Nativité commencerait nécessairement au 25 décembre, celle de l'Incarnation au 25 mars, et celle de la Circoncision au 1er janvier. Mais on a souvent confondu l'ère de la Nativité avec celle de l'Incarnation, en sorte que la plupart du temps les formules de dates qui renferment ces mots ne signifient rien de plus que les formules *anno Domini, anno Gratiæ*[3]. Ce dernier terme, devenu si ordinaire dans les derniers siècles, se rencontre pour la première fois peut-être dans un acte

[1] Nous devons avertir que Grégoire de Tours et d'autres écrivains du VIe et du VIIe siècle ont quelquefois commencé l'année avec le mois de mars, comme les premiers Romains du temps de Romulus. Mais Grégoire de Tours ne suivait pas toujours ce calcul, puisque, après avoir appelé le mois de juillet le cinquième mois, il donne le même nom au mois de mai. Voy. liv. IV, chap. IV et XXXV. Enfin on trouve dans une lettre du clergé de Liége au clergé de Trèves l'exemple d'un commencement d'année fixé au 18 mars.

[2] Le mot *trabeatio* s'explique par *trabeâ carnis indutus*, et doit être regardé comme synonyme d'*incarnatio*.

[3] Les variations sur la manière de commencer l'année furent si fréquentes qu'il serait impossible

de 1132 [1]. C'est à partir du pontificat d'Alexandre II que les papes se servirent invariablement du terme d'*incarnation* dans les dates. Avant lui, on employait ordinairement la formule *anno Domini*.

Une bulle d'Urbain II, citée par les Bénédictins, est datée à la fois de l'an de l'Incarnation 1098, selon Denys, et de l'an 1121, *secundum certiorem Evangelii probationem*. Cette ère évangélique se retrouve aussi dans les principaux historiens de l'époque. On voit qu'elle précédait l'ère vulgaire de vingt-trois ans.

Enfin, on a daté aussi de l'année de la Passion, et comme les auteurs ne s'accordent pas entre eux sur la question de savoir si J. C. est mort à 32, à 33 ou à 34 ans, ce dernier système peut présenter une différence de deux ans avec la chronologie généralement adoptée. N'oublions pas non plus de faire remarquer, avec les auteurs de l'Art de vérifier les dates, que l'année de la Passion a été confondue quelquefois avec celle de l'Incarnation. Comme il en résulte alors une différence de plus de trente ans, il doit être facile en général de rectifier une erreur aussi considérable [2].

Quant à l'ère de l'Ascension, elle n'a été employée que par l'auteur de la Chronique d'Alexandrie. Nous nous contenterons d'avertir qu'elle a commencé avec l'an 39 de J. C.

A ces courtes indications ajoutons une dernière remarque : c'est que les différentes manières de commencer l'année ont été simultanément employées, non-seulement dans un même pays, mais encore dans un même corps d'ouvrage. En effet, les compilateurs composaient souvent leurs chroniques en copiant sans discernement des auteurs qui n'avaient pas suivi le même système de chronologie, et ils accumulaient ainsi des dates contradictoires dans la forme, quoiqu'au fond il soit presque toujours possible de les concilier. Mais comme toutes ces variations ne peuvent être indiquées dans des tableaux chronologiques, il faudra, quand on consultera ceux qui sont renfermés dans cet ouvrage, ne pas oublier que les années de l'ère chrétienne y sont calculées d'après la méthode qui est aujourd'hui universellement adoptée, c'est-à-dire que le commencement de ces années a été fixé uniformément au 1er janvier. Or ces années, que l'on peut appeler *années normales*, sont souvent en désaccord

d'établir à cet égard des règles générales. On a préféré donner quelques indications spéciales pour chacun des empereurs, rois, papes, etc. Voyez la liste alphabétique des papes, des empereurs, etc.

[1] Dans les actes en langue vulgaire, on exprime souvent la date de l'ère chrétienne par cette formule : *Quant li miliaire* ou *miliare corroit par mil e dous cens e quatrevinz e neuf.*

[2] Plusieurs chartes renferment aussi des dates incomplètes, et n'expriment, par exemple dans l'année 1347, que le nombre 347, ou même elles suppriment les centaines. Nous ferons aussi observer en passant qu'à partir du XIe siècle, on datait quelquefois, surtout en Italie, de tant d'années après l'an mil, *post mille*.

avec la chronologie des anciens monuments historiques. Pour résoudre les difficultés qui résultent de la différence de ces calculs, il est indispensable de se graver dans la mémoire l'observation suivante qui résume ce qui a été dit de plus essentiel dans ce chapitre sur les divers commencements de l'année :

Un fait appartenant par exemple à l'une des *années normales*..................................	10	11	12	13	14	15	16	17	18	19
s'il est antérieur au 25 mars ou au jour de Pâques, peut aussi être daté de l'une des années..............	9	10	11	12	13	14	15	16	17	18
et s'il est postérieur au 24 décembre ou même au 24 mars[1], il peut être daté aussi de l'une des années..........	11	12	13	14	15	16	17	18	19	20

[1] Voyez ce qu'on a dit plus haut sur le calcul pisan. Ce calcul a été suivi également pour les années dont on prenait le commencement à Pâques; en sorte que, Pâques étant tombé le 22 mars en 1136, on a pu dater de 1137 les actes postérieurs au 21 mars. Enfin, on a aussi anticipé d'une année entière, comme le prouve une bulle de Pascal II, qui est datée du 14 février 1103, quoique les autres notes chronologiques de cet acte ne conviennent qu'à l'année 1102.

CHAPITRE III.

DES ÈRES AUTRES QUE L'ÈRE CHRÉTIENNE.

§ I. DE L'ÈRE MONDAINE D'ALEXANDRIE ET DES PLUS ANCIENS CALCULS CHRONOLOGIQUES, COMMENÇANT A LA CRÉATION DU MONDE.

La première année de l'ère chrétienne correspond, savoir :

Suivant l'historien Josèphe, à l'an du monde 4163;
Suivant Clément d'Alexandrie, à l'an du monde 5624;
Suivant Théophile d'Antioche, à l'an du monde 5515;
Suivant Eusèbe de Césarée, à l'an du monde 5199;
Suivant Jules Africain, à l'an du monde 5500.

Les quatre premiers calculs n'ont été suivis dans aucun pays. Celui de Jules Africain a été adopté par les Alexandrins; on le nomme *ère d'Alexandrie*. Or cet auteur avançait de trois ans l'époque de l'Incarnation; car, selon les calculs ordinaires, son année 5503 du monde répond, non à la quatrième, mais à la première année de l'ère chrétienne[1]. L'ère des Alexandrins subit une réforme à la fin de l'année 284 de notre ère chrétienne. En tenant compte de la différence de trois ans dont nous venons de parler, cette année était pour eux la 287e depuis la naissance de J. C., et par conséquent la 5787e depuis la création du monde. La réforme consista à retrancher dix ans au calcul de Jules Africain, en sorte que la fin de notre

[1] Pour avoir une idée tout à fait précise de la correspondance d'une année de l'ère chrétienne avec une année de l'ère mondaine d'Alexandrie, il faut savoir que les années de l'ère mondaine d'Alexandrie commençaient le 29 août. Ainsi, quand nous disons que la première année de l'ère chrétienne correspond à l'an 5503 de l'ère d'Alexandrie, nous entendons parler seulement des sept premiers mois et des vingt-huit premiers jours du mois d'août. En effet, à partir du 29 août, l'an 1er de l'ère chrétienne correspond à l'an 5504 de l'ère d'Alexandrie. De même, selon le calcul de Jules Africain, la quatrième année de l'ère chrétienne répond, jusqu'au 28 août, à l'an 5503, et depuis le 29 août à l'an 5504 de l'ère d'Alexandrie.

année 284, qui était pour eux l'an 287 de J. C. et l'an du monde 5787, devint l'an 277 de J. C. et l'an du monde 5777.

Ainsi, pour les temps antérieurs à l'an 284, les Alexandrins donnent à la naissance de J. C. une date plus ancienne de trois ans; et, à partir de l'an 284, ils lui donnent au contraire une date de sept ans plus récente.

§ II. ÈRE MONDAINE D'ANTIOCHE.

Une réforme introduite vers la fin du IVe siècle dans le système de Jules Africain donna naissance à une ère nouvelle qui fut en usage, dit-on, dans l'église d'Antioche. Panodore, moine égyptien, auteur de cette réforme, retrancha dix ans aux calculs de Jules Africain, en sorte que l'an du monde 5490 répondit à l'an 5500 des Alexandrins. Mais comme en 284 les Alexandrins avaient aussi retranché dix années aux calculs de Jules Africain, à partir de la réforme de 284 l'ère mondaine d'Antioche se confond avec l'ère mondaine d'Alexandrie. Seulement il faut remarquer que, dans l'ère d'Antioche, la première année de l'ère chrétienne concorde avec la fin de l'année 5493 et le commencement de l'année 5494; tandis que, depuis la réforme des calculs de Jules Africain, la première année de notre ère correspond à la seconde partie de l'année 5490 et à la première partie de l'année 5491 de l'ère mondaine d'Alexandrie.

§ III. ÈRE MONDAINE DE CONSTANTINOPLE.

Suivant l'ère de Constantinople, les huit premiers mois de la première année de l'Incarnation correspondent aux huit derniers mois de l'an du monde 5509. Cette ère, qui date du milieu du VIIe siècle, a été depuis cette époque constamment suivie par l'église grecque. Elle a été en usage chez les Russes jusqu'à Pierre le Grand. On distingue, dans l'ère de Constantinople, l'année ecclésiastique, qui a commencé tantôt au 21 mars, tantôt au 1er avril; et l'année civile, commençant au 1er septembre [1]. Les auteurs de l'Art de vérifier les dates présument qu'il pouvait y avoir aussi une autre année civile, qu'ils appellent *romaine* ou *consulaire*, et qui aurait commencé au 1er janvier.

[1] Les diplômes grecs de Roger, roi de Sicile, fournissent plusieurs exemples de l'emploi de cette ère. Un de ces actes, qui correspond à l'an de J.C. 1130, se termine ainsi : Ἐγράφη ἐν τῇ παρὰ τοῦ κράτους ἡμῶν πόλει Μεσσήνῃ μηνὶ Μαίῳ ινδ. η' ἐν τῷ ςχλη'. *Scriptum est in urbe Messanâ, quæ est sub potestate nostrâ, mense maio, indictione* (η') VIII, *anno* (ςχλη') 6638.

§ IV. ÈRE DES SÉLEUCIDES, DES GRECS OU DES SYRO-MACÉDONIENS, AUTREMENT DITE ÈRE D'ALEXANDRE.

On trouve chez les Grecs deux ères d'Alexandre : l'une qui date de l'an 324 avant J. C., et qui n'a presque pas été employée ; l'autre, plus connue sous le nom d'ère des Séleucides, des Grecs ou des Syro-Macédoniens, et qui date de trois cent onze ans et quatre mois avant J. C., ou, suivant d'autres auteurs, de trois cent dix ans et quatre mois. La première année de l'ère chrétienne concorde donc pendant ses huit premiers mois avec la 312e ou la 311e année de l'ère des Séleucides. L'année de l'ère des Séleucides commençait chez les Grecs de Syrie au mois de septembre, chez les autres Syriens au mois d'octobre. Ces deux usages existent encore aujourd'hui en Arabie. A Tyr, on la comptait du 19 octobre ; à Gaza, du 28 de ce mois ; à Damas, de l'équinoxe du printemps. Les Juifs adoptèrent l'ère des Séleucides quand ils furent soumis aux rois de Syrie. Ils commençaient l'année à l'équinoxe d'automne. On prétend qu'ils ont employé cette ère jusqu'à la fin du xve siècle.

Telle est, en résumé, l'opinion émise par les auteurs de l'Art de vérifier les dates. Il est bon de faire remarquer qu'ils ne sont pas entièrement d'accord avec une dissertation de Jacobus Usserius, insérée dans le tome VIII du *Thesaurus Antiquitatum græcarum*. Suivant ce dernier, le commencement de l'année, dans l'ère des Syro-Macédoniens, a été pendant longtemps fixé au 24 septembre[1]. Il indique en outre un ordre différent pour la concordance des mois syro-macédoniens et des mois romains. (Voyez ci-après l'explication qui précède le tableau B.)

§ V. DE L'ÈRE CÉSARÉENNE D'ANTIOCHE, DE L'ÈRE ACTIAQUE ET DE L'ÈRE DES AUGUSTES.

L'ère césaréenne d'Antioche se rapporte à l'érection d'un monument que César éleva dans cette ville en mémoire de la victoire de Pharsale, l'an de Rome 706, avant J. C. 48. Les Syriens commencèrent cette période à l'automne de l'an 706, et les Grecs à l'automne de l'année précédente ; c'est-à-dire que l'automne de la première année de l'ère chrétienne correspond, selon les Syriens, au commencement de la 49e année de l'ère césaréenne d'Antioche, et au commencement de la 50e selon les Grecs. Le premier de ces calculs est constaté par les actes, le second par les médailles.

[1] Jacobus Usserius ne fixe pas l'époque à laquelle cet usage aurait cessé ; mais il établit que les deux manières de commencer l'année, soit au 1er, soit au 24 septembre, étaient employées concurremment dès le 1er siècle, et qu'on s'en servait encore au IVe.

L'ère actiaque tire son nom de la bataille d'Actium, qui fut livrée le 2 ou le 3 septembre de l'an 723 de Rome, avant J. C. 31. Voici les différents commencements de cette ère :

En Égypte............	29 août.....an de Rome	723,	avant J.-C. 31.
Chez les Grecs d'Antioche,	1er septembre———	723,	avant J.-C. 31.
Chez les Romains.......	1er janvier...———	723,[1]	avant J.-C. 30.

Cette ère a porté aussi le nom d'*ère d'Antioche* chez les Grecs et les Syriens.

On trouve enfin trace d'une autre ère, dite *ère des Augustes,* qui commence à l'an 727 de Rome, avant J. C. 27.

§ VI. DE L'ÈRE JULIENNE.

L'ère julienne date de la réformation du calendrier exécutée par Jules-César quarante-cinq ans avant la naissance de J. C. Les inexactitudes que renfermait le calendrier de Numa, en s'accumulant pendant sept siècles, avaient produit un tel dérangement que les mois d'hiver tombaient en automne, et ceux du printemps en hiver. Jules-César ordonna que l'année 707 de Rome (qu'on nomma l'année de confusion) serait composée de 445 jours, et qu'à l'avenir chaque année aurait 365 jours, mais que, tous les quatre ans, on intercalerait un jour après le 24 février, c'est-à-dire que l'on répéterait le sixième jour des calendes de mars. De là le nom d'année bissextile.

C'est le 1er janvier de l'année suivante, 45e avant J. C., que commença la première année julienne. Elle fut bissextile. Mais les pontifes, au lieu d'ajouter le jour intercalaire dans les années 5, 9, 13, 17, etc., firent cette addition dans les années 4, 7, 10, 13, etc., de sorte qu'au bout de trente-sept ans, il y avait eu trois intercalations de trop. Auguste corrigea cette erreur en omettant les intercalations des années 41, 45 et 49. L'équilibre ayant été ainsi rétabli, on reprit les intercalations dans les années 53, 57, 61, 65, etc.

Pour trouver à quelle année de l'ère chrétienne correspond une année de l'ère julienne, il suffit de retrancher le nombre 45 à l'année de l'ère julienne; et, réciproquement, une année de l'ère chrétienne étant donnée, en y ajoutant 45 on aura l'année qui lui correspond dans l'ère julienne.

[1] Comme les années de la fondation de Rome commencent au 21 avril, le 1er janvier de l'an 30 avant Jésus-Christ correspond à l'an de Rome 723.

§ VII. ÈRE D'ESPAGNE.

L'ère d'Espagne date du 1er janvier qui suivit la conquête de l'Espagne, achevée par Auguste l'an 715 de Rome, 39e avant J. C. Cette ère eut cours en Afrique, en Espagne et dans celles de nos provinces méridionales qui furent soumises aux Wisigoths. Depuis le IXe siècle, on y joignait quelquefois dans les dates les années de l'ère chrétienne. Quelquefois aussi on a confondu ces deux calculs. L'ère d'Espagne fut abolie dans la Catalogne en 1180, dans le royaume d'Aragon en 1350, dans celui de Valence en 1358, dans celui de Castille en 1393. L'an 39 de l'ère d'Espagne commence au 1er janvier de l'an 1er de l'ère chrétienne, c'est-à-dire qu'il faut retrancher 38 d'une année quelconque de l'ère d'Espagne pour trouver l'année correspondante de l'ère chrétienne[1].

Il paraît que l'usage de l'ère d'Espagne cessa en Portugal dès le commencement du XIIe siècle, sous le règne d'Alphonse Henriquez, fondateur de la monarchie portugaise. Quelques auteurs prétendent cependant que cette ère y fut employée jusqu'en 1415, ou même en 1422.

§ VIII. ÈRE DE DIOCLÉTIEN OU DES MARTYRS.

Dioclétien, en montant sur le trône, donna son nom à une ère nouvelle, que ses persécutions contre l'église firent appeler ensuite *ère des martyrs*. Les années de cette ère sont réglées sur le calendrier égyptien. L'année égyptienne se composait autrefois de douze mois de trente jours chacun, à la suite desquels venaient cinq jours intercalaires, nommés *épagomènes*. La seizième année de l'ère julienne, les astronomes d'Alexandrie décidèrent que tous les quatre ans on ajouterait un sixième épagomène. On peut remarquer en passant que les divisions de ce calendrier répondent à celles de notre calendrier républicain, qui partageait l'année en douze mois de trente jours chacun, après lesquels venaient cinq ou six jours complémentaires. Comme l'année égyptienne commençait le 29 août de l'année julienne, le commencement de l'ère dioclétienne répond au 29 août de l'an 284 de l'ère chrétienne. Quand on lui substitua le nom d'ère des martyrs, on ne lui assigna pas un autre commencement, quoique l'édit de persécution lancé par Dioclétien date seulement de l'an 303.

Nous avons dit que le commencement de l'année dans l'ère des martyrs ré-

[1] Citons pour exemple un diplôme d'Alphonse VII, daté à la fois de l'ère d'Espagne et de l'ère chrétienne : *Factum est autem hoc testamentum erâ MCLXX, anno ab Incarnatione Domini MCXXXII.* On voit qu'il y a 38 de différence entre ces deux nombres.

pondait au 29 août de l'année julienne; mais l'année intercalaire, ayant un jour de plus, ne se termine que le 29 août au lieu du 28. Par conséquent elle recule au 30 août le commencement de l'année qui suit. Cette nouvelle année, au contraire, finit avec le 28 août, parce qu'elle concorde avec l'année bissextile du calendrier de Jules-César.

§ IX. DE L'ÈRE DE LA FONDATION DE ROME ET DE LA PÉRIODE JULIENNE.

On peut aussi considérer comme une ère l'époque de la fondation de Rome, qui a servi de point de départ à la chronologie de plusieurs historiens. Suivant l'opinion la plus généralement suivie, Rome fut fondée le 21 avril de l'an 753 avant J. C. L'an 2 de la fondation de Rome n'a donc commencé que le 21 avril de l'an 752 avant J. C. Mais, parmi les auteurs qui ont employé cette époque, il en est plusieurs qui font cadrer les années de la fondation de Rome avec l'année vulgaire. Dans ce système, l'an 2 de la fondation de Rome court du 1er janvier au 31 décembre de l'an 752 avant J. C., et par conséquent le 1er janvier de l'an 1er de l'ère chrétienne tombe le premier jour de l'an de Rome 754. On voit donc que, pour trouver à quelle année de la fondation de Rome appartient une année quelconque de l'ère chrétienne, il suffit d'ajouter à l'année de l'ère chrétienne le nombre 753. Le tableau A indique la modification qu'on doit faire subir à cette formule quand on considère le 21 avril comme le premier jour des années de la fondation de Rome. On a aussi indiqué au bas de ce tableau le calcul à faire pour ramener aux années avant J. C. les 753 premières années de la fondation de Rome, de même que les années de toutes les ères antérieures à l'ère chrétienne. Pour se rendre raison de la formule indiquée, il suffit de remarquer que les années de la fondation de Rome antérieures à l'ère chrétienne suivent une progression croissante depuis 1 jusqu'à 753, pendant que les années avant J. C. suivent une progression décroissante depuis 753 jusqu'à 1; en sorte que, si l'on ajoute les chiffres des termes qui se correspondent dans ces deux progressions, on obtient pour résultat de l'addition le nombre 754. Il en résulte qu'en retranchant le chiffre d'une année quelconque avant J. C. du nombre fixe 754, on obtient pour reste l'année correspondante de la fondation de Rome, et, par la même raison, qu'en retranchant du même nombre 754 le chiffre d'une année de la fondation de Rome, on obtient l'année avant J. C.

Pour éviter tous les calculs auxquels il faut recourir pour établir la concordance des différentes époques qui ont servi de base à la chronologie, Joseph Scaliger imagina vers 1580 une ère fictive, composée de 7980 années, et qui porte le nom de *période julienne.* L'an 1er de notre ère vulgaire concorde avec l'an 4714 de cette période, et, par conséquent, la première année de cette période correspond à l'an 4713 avant J. C. Ce que nous avons dit des 753 premières années de la fondation de Rome s'applique aux 4713 années de la période julienne qui sont antérieures à l'ère chrétienne. Le nombre fixe sur lequel on doit opérer est 4714. En retranchant de ce nombre le chiffre d'une année quelconque avant J. C., on obtient pour reste l'année correspondante de la période julienne; et, réciproquement, en retranchant du même nombre 4714 le chiffre d'une année de la période julienne, on obtient l'année avant J. C.

§ X. OBSERVATIONS SUR LES TABLEAUX A ET B.

En examinant le tableau A, on verra qu'une addition ou une soustraction suffit pour donner la correspondance des années de l'ère chrétienne avec celles des ères les plus importantes que renferment les premiers paragraphes de ce chapitre. Ce tableau présente donc, dans un espace beaucoup mois étendu, l'équivalent des renseignements que fournit à cet égard la table chronologique de l'Art de vérifier les dates. Il a été possible d'y indiquer en outre les modifications qu'on doit faire subir au calcul en raison de l'époque à laquelle l'année commence dans chacune des ères dont il s'agit, de sorte que l'on connaîtra toujours exactement l'an, le mois et le jour de notre calendrier qui correspondent dans une autre ère, soit au commencement, soit à la fin d'une année. Le même tableau présente les différentes supputations qui ont été en usage pour l'ère des Séleucides, pour l'ère césaréenne d'Antioche et pour l'ère d'Alexandrie. Toutefois il a paru inutile d'ajouter une formule particulière pour retrouver l'époque assignée à l'incarnation dans le système de Jules Africain : on n'a dû tenir compte ici que de l'opinion généralement adoptée. Il suffira d'avertir que, pour appliquer au système de Jules Africain la formule du tableau, il faut diminuer de 3 les nombres marqués dans la colonne de l'ère d'Alexandrie.

TABLEAU A.

NOMBRES QU'IL FAUT RETRANCHER d'une année quelconque de l'ère chrétienne pour obtenir l'année correspondante de				NOMBRES QU'IL FAUT AJOUTER À UNE ANNÉE QUELCONQUE DE L'ÈRE CHRÉTIENNE pour obtenir l'année correspondante de										
					l'ère mondaine d'Alexandrie,				l'ère césaréenne d'Antioche,					
l'ère de la Passion.	l'ère de l'Ascension.	l'ère Dioclétienne ou des Martyrs.		l'ère de la fondation de Rome.	jusqu'au 28 août an 284 de J. C.	depuis le 29 août an 284 de J. C.	l'ère mondaine de Constantinople.	l'ère mondaine d'Antioche.	selon les médailles.	selon les actes.	l'ère des Séleucides, des Grecs ou des Syro-Mac.	l'ère fictive dite période Julienne.	l'ère Julienne.	l'ère d'Espagne.
			Du 21 avril au 31 décembre.........	753.										
			Du 1er janvier au 20 avril...........	752.										
		283.	Du 29 août au 31 décembre................		5503.	5493.								
		284.	Du 1er janvier au 28 août...................		5502.	5492.								
			Du 1er septembre au 31 décembre...........................				5509.	5493.	49.	48.	312 ou 311.			
			Du 1er janvier au 31 août..............................				5508.	5492.	48.	47.	311 ou 310.			
			Du 1er octobre au 31 décembre....... ou suivant Usserius, Du 24 septembre au 31 décembre.....								312 ou 311.			
			Du 1er janvier au 30 septembre...... ou suivant Usserius, Du 1er janvier au 23 septembre.......								311 ou 310.			
32, 33 ou 34	38.		A toute époque de l'année..									4713.	45.	38.

Au contraire, il faut ajouter les nombres ci-dessus à une année quelconque de chacune de ces ères pour obtenir l'année correspondante de l'ère chrétienne.

Au contraire, il faut retrancher les nombres ci-dessus d'une année quelconque de chacune de ces ères pour obtenir l'année correspondante de l'ère chrétienne.

N. B. Pour les temps antérieurs à l'ère chrétienne, on ramène aux années de chacune de ces époques les années avant J. C.; et, réciproquement, on ramène aux années avant J. C. les années de chacune de ces époques, en augmentant de 1 les nombres ci-dessus, et en retranchant de ces nombres ainsi augmentés le chiffre de la date dont il s'agit. La différence exprime la concordance cherchée.

1er *Exemple :* A quelle année avant J. C. correspond le 13 août de l'an 315 de la fondation de Rome? Cette date étant comprise entre le 21 avril et le 31 décembre, c'est le nombre 753 que je dois augmenter de 1. De ce nombre ainsi augmenté, c'est-à-dire de 754, je retranche 315, et je trouve pour différence 439 : c'est-à-dire que le 13 août de l'an de Rome 315 correspond à l'an 439 avant J. C.

2e *Exemple :* A quelle année de l'ère mondaine d'Antioche correspond le 25 avril de l'an 3717 avant J. C.? Cette date étant comprise entre le 1er janvier et le 31 août, c'est le nombre 5492 que je dois augmenter de 1. Je retranche donc 3717 de 5493, et je trouve pour différence 1776 : c'est-à-dire que le 25 avril de l'an 3717 avant J. C. correspond à l'an 1776 de l'ère mondaine d'Antioche.

Pour compléter les renseignements que renferme le tableau précédent, il nous reste à indiquer comment les mois romains correspondent aux mois syriens, grecs, égyptiens et éthiopiens, suivant l'ordre du calendrier de ces différentes nations.

Nous avons averti, en traitant de l'ère des Grecs ou des Syro-Macédoniens, que les auteurs de l'Art de vérifier les dates ne s'accordaient pas avec Jacobus Usserius, sur la correspondance des mois grecs et des mois romains. Il est bon d'abord de faire observer qu'en désignant sous le nom de mois grecs les mois dont on se servait dans l'ère des Séleucides, les auteurs de l'Art de vérifier les dates ont entendu parler seulement des Grecs d'Asie. En effet les noms de ces mois, qu'on trouve à la 3e colonne du tableau B (1re partie), diffèrent entièrement de ceux des anciens mois lunaires attiques que nous avons placés dans la 5e colonne du même tableau; ils sont au contraire exactement les mêmes que ceux des anciens mois lunaires des Macédoniens, qu'on trouve à la 4e colonne du tableau, dans l'ordre où ils répondaient aux mois lunaires attiques. On remarquera de plus que les auteurs de l'Art de vérifier les dates ont conservé à ces mois, devenus mois solaires, le même ordre qu'ils avaient comme mois lunaires. Au contraire, dans le système de Jacobus Usserius, ce n'est plus le mois de Γορπιαῖος qui commence l'année solaire, mais le mois de Δῖος chez les Macédoniens d'Europe, et le mois de Ὑπερβερεταῖος chez les Syro-Macédoniens. Nous avons dit d'ailleurs que, selon Jacobus Usserius, ce premier mois, quel que soit le nom qu'on lui donne, commence, non le 1er, mais le 24 septembre. Le même auteur reconnaît cependant que, depuis l'établissement de l'ère julienne, on rencontre des textes desquels il résulte que le mois de Γορπιαῖος commençait le 1er septembre, quoique l'ancien usage ait été employé concurremment, au moins jusqu'à la fin du VIe siècle. La 8e et la 9e colonnes renferment deux autres nomenclatures des mois de l'année, dont l'une était en usage à Chypre, et l'autre en Bithynie. Les deux dernières colonnes indiquent le nombre des jours de ces différents mois et leur commencement, soit dans les années communes, soit dans les années intercalaires. Comme l'année bissextile du calendrier julien concourt avec l'année intercalaire des Syro-Macédoniens, l'addition du 29e jour au mois de février ne dérange la concordance des dates que pour les six mois suivants. En effet le dernier mois de l'année syro-macédonienne ayant trente-et-un jours dans l'année intercalaire, et commençant le 24 août au lieu du 25, se terminera le 23 septembre comme dans les années communes.

La deuxième partie du tableau est empruntée en entier à l'Art de vérifier les dates.

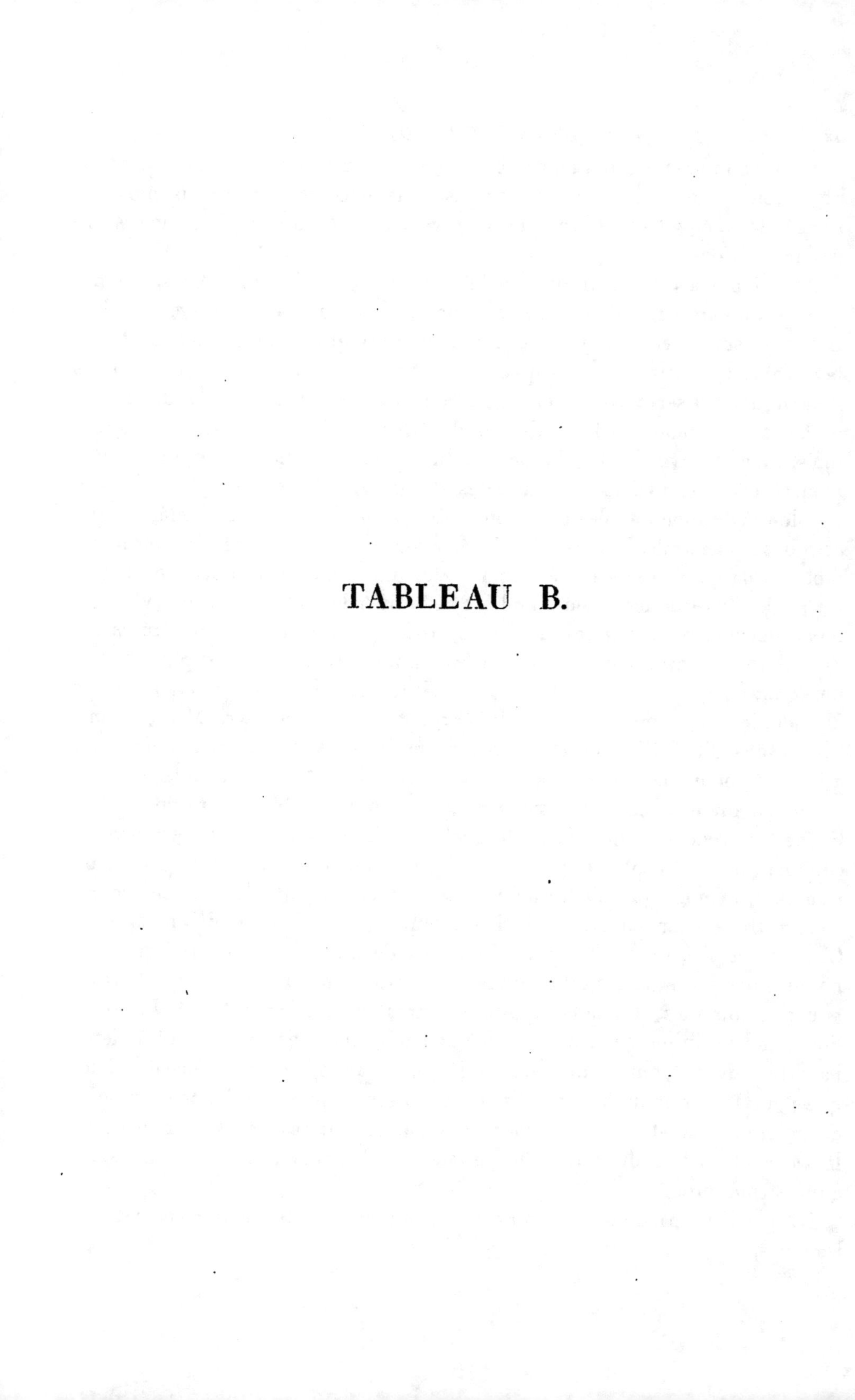

TABLEAU B.

TABLEAU B. — Ire PARTIE.

DATES DES MOIS ROMAINS qui correspondent, suivant l'Art de vérifier les dates, au premier jour des mois syriens et syro-macédoniens.			CORRESPONDANCE des anciens mois lunaires macédoniens et attiques, présentée d'après Jacobus Caserius.			DATES DES MOIS ROMAINS qui correspondent, selon Jalorus [illegible], au premier jour des nouveaux mois solaires employés, savoir :			NOMBRE de jours des mois dans les		JOURS CORRESPONDANT au commencement des mois macédoniens et autres dans les années romaines	
[...] romains.	Mois solaires des Syriens.	Mois solaires des Grecs ou Syro-macédoniens.	Anciens mois lunaires macédoniens.	Anciens mois lunaires attiques.	Chez les Macédoniens d'Europe, à Antioche, à Pergame et à Éphèse.	chez les Syro-Macédoniens et à Smyrne.	chez les Chypriens, et particulièrement chez les Paphiens.	chez les Bithyniens.	années communes.	années intercalaires	communes.	bissextiles.
[...]eptembre.	Eloul.	Γορπιαῖος.	Γορπιαῖος.	Πυανεψιών.	Δῖος.	Ὑπερβερεταῖος.	Ἀφροδίσιος.	Ἥραιος.	30	»	24 septembre.	
[...]octobre.	Tisri I.	Ὑπερβερεταῖος	Ὑπερβερεταῖος.	Μαιμακτηριών.	Ἀπελλαῖος.	Δῖος	Ἀπογονικός.	Ἕρμαιος.	30	»	24 octobre.	
[...]novembre.	Tisri II.	Δῖος.	Δῖος.	Ποσειδεών.	Αὐδυναῖος.	Ἀπελλαῖος.	Αἰνικός.	Μητρῷος.	31	»	23 novembre.	
[...]décembre.	Canun I.	Ἀπελλαῖος.	Ἀπελλαῖος.	Γαμηλιών.	Περίτιος.	Αὐδυναῖος.	Ἰούλιος.	Διονύσιος.	30	»	24 décembre.	
[...] janvier.	Canun II.	Αὐδυναῖος.	Αὐδυναῖος.	Ἀνθεστηριών.	Δύστρος.	Περίτιος.	Καισάριος.	Ἡράκλειος.	30	»	23 janvier.	
[...] février.	Sabat.	Περίτιος.	Περίτιος.	Ἐλαφηβολιών.	Ξανθικός.	Δύστρος.	Σεβαστός.	Δῖος.	31	»	22 février.	
[...] mars.	Adar.	Δύστρος.	Δύστρος.	Μουνυχιών.	Ἀρτεμίσιος.	Ξανθικός.	Αὐτοκρατορικός.	Βενδιδαῖος.	31	»	25 mars.	24 mars.
[...] avril.	Nisan.	Ξανθικός.	Ξανθικός.	Θαργηλιών.	Δαίσιος.	Ἀρτεμίσιος.	Δημαρχεξούσιος.	Στρατήγιος.	30	»	25 avril.	24 avril.
[...] mai	Jiar.	Ἀρτεμίσιος.	Ἀρτεμίσιος.	Σκιρροφοριών.	Πάνεμος.	Δαίσιος.	Πληθύπατος.	Ἄρειος.	31	»	25 mai.	24 mai.
[...] juin.	Haziran.	Δαίσιος.	Δαίσιος.	Ἑκατομβαιών.	Λῷος.	Πάνεμος.	Ἀρχιερεύς.	Περιέπιος.	30	»	25 juin.	24 juin.
[...] juillet.	Tamus.	Πάνεμος.	Πάνεμος.	Μεταγειτνιών.	Γορπιαῖος.	Λῷος.	Ἑστίος,	Ἀφροδίσιος.	31	»	25 juillet.	24 juillet.
[...] août.	Ab.	Λῷος.	Λῷος.	Βοηδρομιών.	Ὑπερβερεταῖος.	Γορπιαῖος.	Ῥωμαῖος.	Δημήτριος.	30	31	25 août.	24 août.

TABLEAU B. — IIe PARTIE.

DATES PROPRES À L'ANNÉE qui suit l'année intercalaire.	MOIS ROMAINS.		MOIS ÉGYPTIENS.	MOIS ÉTHIOPIENS.	NOMBRE TOTAL des jours de l'année à la fin de chaque mois.
30 août.	29 août.		Thot.	Mascaram.	30 jours.
29 septembre.	28 septembre.		Paophi.	Tikmith.	60 jours.
29 octobre.	28 octobre.		Athyr.	Hadar.	90 jours.
28 novembre.	27 novembre.		Choiac ou Cohiac.	Tacsam.	120 jours.
28 décembre.	27 décembre.		Tybi.	Tir.	150 jours.
27 janvier.	26 janvier.		Méchir ou Machir.	Jacatith.	180 jours.
26 février.	25 février.		Phaménoth.	Magabith.	210 jours.
Le commencement du huitième mois correspond au 27 mars, comme dans les autres années. En effet, comme l'année qui suit l'intercalation coïncide dans sa seconde moitié avec l'année bissextile du calendrier julien, le vingt-neuvième jour de février compense l'addition du 6e épagomène.	27 mars.		Pharmouti.	Miazia.	240 jours.
	26 avril.		Pachon.	Gimboth.	270 jours.
	26 mai.		Payni.	Sene.	300 jours.
	25 juin.		Epiphi.	Hamlé.	330 jours.
	25 juillet.		Mésori.	Nahasé.	360 jours.
	24 août	1er épagomène[1].			
	25 août	2e id.			
	26 août	3e id.			
	27 août	4e id.			
	28 août	5e id.			365 jours.
	29 août	6e épagom. de l'année	intercalaire.		366 jours.

[1] Ces épagomènes sont appelés [illegible] lorsque l'année est commune, et 6 [illegible], lorsqu'elle est intercalaire.

§ XI. DE QUELQUES AUTRES ÈRES MOINS USITÉES.

Outre les ères dont nous avons parlé jusqu'à présent, les auteurs de l'Art de vérifier les dates en citent quelques autres qui sont plus rarement employées, et qu'ils n'ont pas comprises dans leur table chronologique. Nous allons les indiquer en peu de mots.

L'ère d'Abraham date de la vocation de ce patriarche. Eusèbe et Idacius en ont fait usage dans leurs chroniques. L'an 2017 de l'ère d'Abraham commence au 1er octobre de l'an 1er de J. C.

L'ère de Nabonassar a été surtout employée dans les tables des anciens astronomes. Elle a dû commencer un mercredi 26 février de l'an 747 avant J. C. Mais comme elle n'a que des années de trois cent soixante-cinq jours, et que, dans le cours de mille quatre cent soixante ans, l'ère julienne a trois cent soixante-cinq années bissextiles, il en résulte que mille quatre cent soixante années juliennes répondent à mille quatre cent soixante et une années de l'ère de Nabonassar.

L'ère de Tyr, qui est antérieure de cent vingt-cinq ans à celle de J. C., a été employée dans la date de quelques conciles. L'an 127 de cette ère commence le 19 octobre de l'an 1er de J. C.

L'ère des Arméniens, désignée dans quelques titres français sous le nom d'*Etreure des Ermines*, a commencé le mardi 9 juillet de l'an 552 de J. C.

L'ère d'Isdegerde III, roi de Perse, a commencé le 16 juin de l'an de J. C. 632. Cette ère a été composée d'années de trois cent soixante-cinq jours seulement, jusqu'au temps de Malek-Schah-Dgélaleddin, qui ordonna, à partir de l'an 1075 de J. C., l'intercalation du bissextile, mais d'après un système autre que celui de l'ère julienne. Cette ère ainsi réformée se nomme ère *gélaléenne* ou *malaléenne*.

Il nous reste à parler de l'ère des olympiades et de l'ère de l'hégire, dont la concordance avec les années de l'ère chrétienne ne pouvait être présentée qu'à l'aide de tableaux particuliers. Nous passerons ensuite au cycle de l'indiction et aux éléments de chronologie qui font essentiellement partie du calendrier chrétien.

§ XII. DES OLYMPIADES.

L'ère des olympiades, instituée par les Grecs et adoptée ensuite par les Latins, fut, dit-on, remplacée par l'indiction dans le courant du IVe siècle. Cependant, d'après un texte de Cedrénus, elle n'aurait été abolie que la seizième et dernière année du règne de Théodose le Grand (394). Quoi qu'il en soit, on la trouve employée dans quelques actes postérieurs. En effet, elle figure dans une donation faite en 1102 par Philippe Ier à l'église de Saint-Ambroise de Bourges. L'ère des olympiades consistait dans une révolution de quatre années. Suivant l'opinion la plus généralement admise, la première année de la 195e olympiade commence le 1er juillet de l'an 1er de l'Incarnation, et finit au 30 juin de l'année suivante.

D'autres auteurs, tels que saint Jérôme et Eusèbe, au lieu de faire commencer l'année olympique à la pleine lune qui suit le solstice d'été, c'est-à-dire vers le 1er juillet, la confondent avec l'année civile des Grecs, qui commence le 1er septembre ; en outre ils anticipent de dix mois sur le calcul ordinaire, en ce qu'ils font commencer la première année de la 195e olympiade le 1er septembre de l'an 1er avant J. C.

Enfin, George le Syncelle et d'autres chronographes ont adopté un dernier système duquel il résulterait que l'an 1er de l'Incarnation correspond, non à la première, mais à la troisième année de la 195e olympiade. Suivant cette manière de compter, la 195e olympiade se termine au 30 juin de l'an 3 de l'Incarnation. Au contraire, d'après le calcul adopté dans l'Art de vérifier les dates, la dernière année de cette olympiade ne finit qu'au 30 juin de l'an 5. Dans l'une ou l'autre hypothèse, rien de plus simple que de calculer à quelle olympiade correspond une date quelconque de l'ère chrétienne, et réciproquement à quelle année de l'ère chrétienne correspond une date exprimée en olympiades.

Nous avons cherché à faciliter ce calcul au moyen des trois tableaux suivants.

Le tableau C présente la concordance des cent quatre-vingt-quatorze premières olympiades avec les années avant J. C. On s'est borné à présenter cette concordance de quatre en quatre ans pour la première année de chaque olympiade. Mais quand on voit, en consultant ce tableau, que la première année de la 26e olympiade correspond à l'an 676 avant J. C., et que la première année de la 27e correspond à l'an 672, rien n'est plus facile que de suppléer la concordance pour les années intermédiaires, et de voir que la 2e, la 3e et la 4e année de la 126e olympiade correspondent aux années 675, 674 et 673 avant J. C. Comme ce tableau a été dressé d'après le calcul ordinaire, la concordance de la 26e olympiade, par exemple, avec l'année 676 avant J. C., signifie que la première année de cette olympiade a commencé le 1er juillet de l'an 676.

Le tableau D, dans lequel on a également suivi le calcul ordinaire, présente la concordance des années de J. C. avec les cent vingt-huit années qui se sont écoulées depuis la 195e jusqu'à la 226e olympiade. Comme vingt-cinq olympiades correspondent exactement à un siècle, il est facile de voir qu'en ajoutant au chiffre de chacune des olympiades du Ier siècle de l'ère chrétienne les nombres 25, 50, 75, 100, etc., on obtiendra les olympiades qui concordent avec le IIe, le IIIe, le IVe, le Ve siècle, etc.

Enfin le tableau E présente la concordance du premier et du dernier jour de quarante-quatre années olympiques avec les dates de l'ère chrétienne qui leur correspondent, 1° selon le calcul ordinaire, 2° selon saint Jérôme, 3° selon George le Syncelle. Ce tableau s'arrête, il est vrai, à l'olympiade 205; mais au moyen d'un calcul facile on obtient les concordances propres à chacune des olympiades suivantes.

On peut par exemple appliquer les indications du tableau E :

Aux olympiades 206 à 215, 1° en ajoutant	10	aux olympiades 196 à 205,	2° en ajoutant 40	aux années de J. C. qui correspondent, sur le tableau E, aux olympiades 196 à 205.
——— 216 à 225, ———	20		——— 80	
——— 226 à 235, ———	30		——— 120	
——— 236 à 245, ———	40		——— 160	
——— 246 à 255, ———	50		——— 200	
——— 256 à 265, ———	60		——— 240	
——— 266 à 275, ———	70		——— 280	
——— 276 à 285, ———	80		——— 320	
——— 286 à 295, ———	90		——— 360	
——— 296 à 305, ———	100		——— 400	

TABLEAU C,

PRÉSENTANT LA CONCORDANCE DU COMMENCEMENT DES 194 PREMIÈRES OLYMPIADES AVEC LES ANNÉES AVANT J. C.

OLYMPIADES.	ANNÉES avant J. C.	OLYMPIADES.	ANNÉES avant J. C.	OLYMPIADES.	ANNÉES avant J. C.	OLYMPIADES.	ANNÉES avant J. C.	OLYMPIADES.	ANNÉES avant J. C.	OLYMPIADES.	ANNÉES avant J. C.	OLYMPIADES.	ANNÉES avant J. C.	OLYMPIADES.	ANNÉES avant J. C.
1	776	26	676	51	576	76	476	101	376	126	276	151	176	176	76
2	772	27	672	52	572	77	472	102	372	127	272	152	172	177	72
3	768	28	668	53	568	78	468	103	368	128	268	153	168	178	68
4	764	29	664	54	564	79	464	104	364	129	264	154	164	179	64
5	760	30	660	55	560	80	460	105	360	130	260	155	160	180	60
6	756	31	656	56	556	81	456	106	356	131	256	156	156	181	56
7	752	32	652	57	552	82	452	107	352	132	252	157	152	182	52
8	748	33	648	58	548	83	448	108	348	133	248	158	148	183	48
9	744	34	644	59	544	84	444	109	344	134	244	159	144	184	44
10	740	35	640	60	540	85	440	110	340	135	240	160	140	185	40
11	736	36	636	61	536	86	436	111	336	136	236	161	136	186	36
12	732	37	632	62	532	87	432	112	332	137	232	162	132	187	32
13	728	38	628	63	528	88	428	113	328	138	228	163	128	188	28
14	724	39	624	64	524	89	424	114	324	139	224	164	124	189	24
15	720	40	620	65	520	90	420	115	320	140	220	165	120	190	20
16	716	41	616	66	516	91	416	116	316	141	216	166	116	191	16
17	712	42	612	67	512	92	412	117	312	142	212	167	112	192	12
18	708	43	608	68	508	93	408	118	308	143	208	168	108	193	8
19	704	44	604	69	504	94	404	119	304	144	204	169	104	194	4
20	700	45	600	70	500	95	400	120	300	145	200	170	100	II	3
21	696	46	596	71	496	96	396	121	296	146	196	171	96	III	2
22	692	47	592	72	492	97	392	122	292	147	192	172	92	IV[1]	1
23	688	48	588	73	488	98	388	123	288	148	188	173	88		
24	684	49	584	74	484	99	384	124	284	149	184	174	84		
25	680	50	580	75	480	100	380	125	280	150	180	175	80		

[1] Cette 4ᵉ année de la 194ᵉ olympiade finit le 30 juin de l'an premier de l'ère chrétienne.

TABLEAU D,

PRÉSENTANT LA CONCORDANCE DES ANNÉES DE L'ÈRE CHRÉTIENNE AVEC LE COMMENCEMENT DES 128 ANNÉES OLYMPIQUES QUI SE SONT ÉCOULÉES DEPUIS ET Y COMPRIS LA 195ᵉ OLYMPIADE JUSQU'A LA 226ᵉ INCLUSIVEMENT.

OLYMPIADES.	ANS de J. C.	OLYMPIADES.	ANS de J. C.	OLYMPIADES.	ANS de J. C.	OLYMPIADES.	ANS de J. C.	OLYMPIADES.	ANS de J. C.	OLYMPIADES.	ANS de J. C.	OLYMPIADES.	ANS de J. C.	OLYMPIADES.	ANS de J. C.
195	1	199	17	203	33	207	49	211	65	215	81	219	97	223	113
II	2	II	18	II	34	II	50	II	66	II	82	II	98	II	114
III	3	III	19	III	35	III	51	III	67	III	83	III	99	III	115
IV	4	IV	20	IV	36	IV	52	IV	68	IV	84	IV	100	IV	116
196	5	200	21	204	37	208	53	212	69	216	85	220	101	224	117
II	6	II	22	II	38	II	54	II	70	II	86	II	102	II	118
III	7	III	23	III	39	III	55	III	71	III	87	III	103	III	119
IV	8	IV	24	IV	40	IV	56	IV	72	IV	88	IV	104	IV	120
197	9	201	25	205	41	209	57	213	73	217	89	221	105	225	121
II	10	II	26	II	42	II	58	II	74	II	90	II	106	II	122
III	11	III	27	III	43	III	59	III	75	III	91	III	107	III	123
IV	12	IV	28	IV	44	IV	60	IV	76	IV	92	IV	108	IV	124
198	13	202	29	206	45	210	61	214	77	218	93	222	109	226	125
II	14	II	30	II	46	II	62	II	78	II	94	II	110	II	126
III	15	III	31	III	47	III	63	III	79	III	95	III	111	III	127
IV	16	IV	32	IV	48	IV	64	IV	80	IV	96	IV	112	IV	128

TABLEAU E,

PRÉSENTANT LA CONCORDANCE DU PREMIER ET DU DERNIER JOUR DE QUARANTE-QUATRE ANNÉES OLYMPIQUES AVEC LES DATES CORRESPONDANTES DE L'ÈRE CHRÉTIENNE.

OLYMPIADES.	JOURS ET ANNÉES DE JÉSUS-CHRIST QUI CORRESPONDENT AU PREMIER JOUR DE CHAQUE ANNÉE OLYMPIQUE,			AU DERNIER JOUR DE CHAQUE ANNÉE OLYMPIQUE,		
	selon le calcul ordinaire.	selon saint Jérôme et autres.	selon George le Syncelle et autres.	selon le calcul ordinaire.	selon saint Jérôme et autres.	selon George le Syncelle et autres.
195.	1er juillet an 1.			30 juin an 2.	31 août an 1.	
II.	——— an 2.	1er sept. an 1.		——— an 3.	——— an 2.	30 juin an 1.
III.	——— an 3.	——— an 2.	1er juillet an 1.	——— an 4.	——— an 3.	——— an 2.
IV.	——— an 4.	——— an 3.	——— an 2.	——— an 5.	——— an 4.	——— an 3.
196.	1er juillet an 5.	1er sept. an 4.	1er juillet an 3.	30 juin an 6.	31 août an 5.	30 juin an 4.
II.	——— an 6.	——— an 5.	——— an 4.	——— an 7.	——— an 6.	——— an 5.
III.	——— an 7.	——— an 6.	——— an 5.	——— an 8.	——— an 7.	——— an 6.
IV.	——— an 8.	——— an 7.	——— an 6.	——— an 9.	——— an 8.	——— an 7.
197.	1er juillet an 9.	1er sept. an 8.	1er juillet an 7.	30 juin an 10.	31 août an 9.	30 juin an 8.
II.	——— an 10.	——— an 9.	——— an 8.	——— an 11.	——— an 10.	——— an 9.
III.	——— an 11.	——— an 10.	——— an 9.	——— an 12.	——— an 11.	——— an 10.
IV.	——— an 12.	——— an 11.	——— an 10.	——— an 13.	——— an 12.	——— an 11.
198.	1er juillet an 13.	1er sept. an 12.	1er juillet an 11.	30 juin an 14.	31 août an 13.	30 juin an 12.
II.	——— an 14.	——— an 13.	——— an 12.	——— an 15.	——— an 14.	——— an 13.
III.	——— an 15.	——— an 14	——— an 13.	——— an 16.	——— an 15.	——— an 14.
IV.	——— an 16.	——— an 15.	——— an 14.	——— an 17.	——— an 16.	——— an 15.
199.	1er juillet an 17.	1er sept. an 16.	1er juillet an 15.	30 juin an 18.	31 août an 17.	30 juin an 16.
II.	——— an 18.	——— an 17.	——— an 16.	——— an 19.	——— an 18.	——— an 17.
III.	——— an 19.	——— an 18.	——— an 17.	——— an 20.	——— an 19.	——— an 18.
IV.	——— an 20.	——— an 19.	——— an 18.	——— an 21.	——— an 20.	——— an 19.
200.	1er juillet an 21.	1er sept. an 20.	1er juillet an 19.	30 juin an 22.	31 août an 21.	30 juin an 20.
II.	——— an 22.	——— an 21.	——— an 20.	——— an 23.	——— an 22.	——— an 21.
III.	——— an 23.	——— an 22.	——— an 21.	——— an 24.	——— an 23.	——— an 22.
IV.	——— an 24.	——— an 23.	——— an 22.	——— an 25.	——— an 24.	——— an 23.
201.	1er juillet an 25.	1er sept. an 24.	1er juillet an 23.	30 juin an 26.	31 août an 25.	30 juin an 24.
II.	——— an 26.	——— an 25.	——— an 24.	——— an 27.	——— an 26.	——— an 25.
III.	——— an 27.	——— an 26.	——— an 25.	——— an 28.	——— an 27.	——— an 26.
IV.	——— an 28.	——— an 27.	——— an 26.	——— an 29.	——— an 28.	——— an 27.
202.	1er juillet an 29.	1er sept. an 28.	1er juillet an 27.	30 juin an 30.	31 août an 29.	30 juin an 28.
II.	——— an 30.	——— an 29.	——— an 28.	——— an 31.	——— an 30.	——— an 29.
III.	——— an 31.	——— an 30.	——— an 29.	——— an 32.	——— an 31.	——— an 30.
IV.	——— an 32.	——— an 31.	——— an 30.	——— an 33.	——— an 32.	——— an 31.
203.	1er juillet an 33.	1er sept. an 32.	1er juillet an 31.	30 juin an 34.	31 août an 33.	30 juin an 32.
II.	——— an 34.	——— an 33.	——— an 32.	——— an 35.	——— an 34.	——— an 33.
III.	——— an 35.	——— an 34.	——— an 33.	——— an 36.	——— an 35.	——— an 34.
IV.	——— an 36.	——— an 35.	——— an 34.	——— an 37.	——— an 36.	——— an 35.
204.	1er juillet an 37.	1er sept. an 36.	1er juillet an 35.	30 juin an 38.	31 août an 37.	30 juin an 36.
II.	——— an 38.	——— an 37.	——— an 36.	——— an 39.	——— an 38.	——— an 37.
III.	——— an 39.	——— an 38.	——— an 37.	——— an 40.	——— an 39.	——— an 38.
IV.	——— an 40.	——— an 39.	——— an 38.	——— an 41.	——— an 40.	——— an 39.
205.	1er juillet an 41.	1er sept. an 40.	1er juillet an 39.	30 juin an 42.	31 août an 41.	30 juin an 40.
II.	——— an 42.	——— an 41.	——— an 40.	——— an 43.	——— an 42.	——— an 41.
III.	——— an 43.	——— an 42.	——— an 41.	——— an 44.	——— an 43.	——— an 42.
IV	——— an 44.	——— an 43.	——— an 42.	——— an 45.	——— an 44.	——— an 43.

§ XIII. DE L'ÈRE DE L'HÉGIRE.

L'ère des Mahométans, qu'on nomme *hégire,* date du jour où Mahomet s'enfuit de la Mecque à Médine : ce jour correspond, suivant les astronomes et quelques historiens, au jeudi 15, mais dans l'usage civil et d'après l'opinion la plus ordinaire, au vendredi 16 juillet de l'an de J. C. 622. L'hégire se compose d'années lunaires qui ont à peu près onze jours de moins que notre année solaire. Son cours se divise en cycles de trente années, dont dix-neuf années *communes,* qui se composent de trois cent cinquante-quatre jours; et onze années *intercalaires,* qui en ont trois cent cinquante-cinq. Les premier, troisième, cinquième, septième, neuvième et onzième mois de l'année lunaire ont trente jours, et les six autres en ont vingt-neuf, excepté dans les années intercalaires où le douzième en a trente. Les onze années intercalaires sont les deuxième, cinquième, septième, dixième, treizième, seizième, dix-huitième, vingt-unième, vingt-quatrième, vingt-sixième et vingt-neuvième de chacun de ces cycles. Pour savoir si une année de l'hégire est intercalaire, il faut donc vérifier quel rang elle occupe dans le cycle de trente ans : on obtient ce résultat en divisant par 30 le chiffre de l'année dont il s'agit. Si la division ne donne pas de reste, c'est que l'année est la trentième d'un cycle dont le quotient même fournit le numéro d'ordre. Quand au contraire la division donne un reste, le quotient indique le nombre de cycles complètement révolus, et le reste désigne le rang que l'année occupe dans le cycle suivant. Pour vérifier, par exemple, si l'an 540 de l'hégire est intercalaire, il faut diviser 540 par 30; la division se fait sans reste, et l'on a pour quotient 18; il en résulte que l'année 540 est la trentième du dix-huitième cycle, et que par conséquent elle n'est pas intercalaire. Si au contraire la vérification avait porté sur l'an de l'hégire 566, en divisant 566 par 30 on aurait eu pour quotient 18 et pour reste 26; d'où il aurait fallu conclure qu'il y avait dix-huit cycles révolus, que l'année 566 était la vingt-sixième du cycle suivant, et que par conséquent elle était intercalaire.

Le tableau G indique la date qui correspond, dans notre calendrier, au premier jour de chaque année de l'hégire. On voit d'après ce tableau que, pendant le cours d'une révolution de trente-trois ou trente-quatre années lunaires, le premier jour de ces années rétrograde successivement du mois de décembre au mois de janvier, et que par conséquent la différence entre le millésime de l'hégire et celui de l'ère chrétienne doit diminuer d'une année chaque fois qu'une de ces révolutions a été accomplie. Prenons un exemple :

le premier jour de la dix-septième année de l'hégire correspond au 23 janvier, le premier jour de la dix-huitième au 12 janvier, et le premier jour de la dix-neuvième au 2 janvier; mais cette dix-neuvième année de l'hégire, qui a commencé le 2 janvier, et qui n'est composée que de trois cent cinquante-quatre jours, se terminera nécessairement avant la fin de décembre de la même année solaire; par conséquent, la vingtième année de l'hégire commencera pendant la même année solaire que la dix-neuvième, et le millésime de l'hégire augmentera d'une année, tandis que le millésime de l'ère chrétienne n'aura subi aucune augmentation. La même circonstance se renouvellera pour les années de l'hégire 52 et 53, 86 et 87, 119 et 120, etc. On a profité de cette observation pour simplifier le tableau G, et, au lieu d'écrire les années de l'ère chrétienne correspondant à chaque année de l'hégire, on s'est contenté d'indiquer le nombre qu'il faut ajouter à chaque année de l'hégire pour obtenir l'année correspondante de l'ère chrétienne : ce nombre, qui est d'abord de 621, se trouve réduit à 620 pour la vingtième année de l'hégire, puis à 619 pour la cinquante-troisième année, et ainsi de suite, comme l'indiquent les divisions successives du tableau.

On verra que les années 990 et 991 de l'hégire ont commencé, la première le 26 janvier, et la seconde le 25 du même mois. C'est qu'à partir de l'année 991 de l'hégire, nous avons indiqué la concordance d'après le calendrier grégorien, et comme, par suite de la réforme exécutée d'après les ordres de Grégoire XIII, on a supprimé dix jours au mois d'octobre de l'an 1582, cette année, réduite à trois cent cinquante-cinq jours, n'a offert qu'une différence d'un jour sur l'année lunaire.

Outre les renseignements que nous avons présentés dans le tableau G, les auteurs de l'Art de vérifier les dates ont indiqué le jour de la semaine qui correspond au premier jour de chaque année de l'hégire. Les astronomes arabes nomment *caractère* d'une année ou d'un mois le jour de la semaine qui commence cette année ou ce mois. Voici les noms de la semaine arabique et les jours de notre semaine qui leur correspondent[1] :

1er jour,	youm el-ahad,	dimanche.
2e jour,	youm el-thani,	lundi.
3e jour,	youm el-thaleth,	mardi.
4e jour,	youm el-arbaa,	mercredi.
5e jour,	youm el-khamis,	jeudi.
6e jour,	youm el-dgioumaa,	vendredi.
7e jour,	youm el-sabt,	samedi.

[1] Le jour arabique commence le soir après le soleil couché.

Le *caractère* ou jour initial d'une année de l'hégire détermine nécessairement le *caractère* des mois de cette année, de même que le jour initial d'une de nos années détermine le jour initial de chacun des mois de cette année, et, par conséquent, la disposition des jours de la semaine par rapport aux autres jours du mois. Nous indiquerons plus tard le moyen de recomposer le calendrier propre à chaque année de l'ère chrétienne; supposons ce moyen connu, et voyons comment on arrive ensuite à rétablir le calendrier propre à chaque année de l'hégire. Prenons pour exemple l'année de l'hégire 891. On voit, en consultant le tableau G, qu'elle a commencé le 7 janvier 1486 : nous supposons que l'on peut vérifier que le 1er janvier 1486 tombe un dimanche; par conséquent, le 7 janvier correspond au samedi, que les Arabes nomment *youm el-sabt*. Puisque le premier mois de l'année arabique est composé de trente jours, ce mois, qui commence par un samedi, se termine par un dimanche, et le deuxième mois commencera par le lundi 6 février. En poursuivant ce calcul, on déterminerait de même le jour initial ou *caractère* des autres mois. Pour simplifier cette recherche, il suffit de jeter les yeux sur le tableau F, qui est emprunté à l'Art de vérifier les dates, et qui présente les noms des mois arabes, le nombre de jours dont ils se composent, et le *caractère* ou jour initial de chaque mois, suivant les sept combinaisons que présentent les années commençant par chacun des sept jours de la semaine. Le nombre 1 désigne le dimanche, 2 le lundi, et ainsi de suite jusqu'à 7, qui désigne le samedi.

TABLEAU F.

NOMS des MOIS ARABES.	NOMBRE des JOURS de chaque mois.	TOTAL des JOURS de l'année à la fin de chaque mois.	CARACTÈRE OU JOUR INITIAL DE CHACUN DES MOIS DE L'HÉGIRE dans les années de cette ère qui commencent par un						
			dimanche.	lundi.	mardi.	mercredi.	jeudi.	vendredi.	samedi.
Moharram ou Muharram........	30	30	1	2	3	4	5	6	7
Séfer, Safar ou Suphar..........	29	59	3	4	5	6	7	1	2
Rabié 1er, Rabi el-Aoual ou Rabiul-Euvel.....................	30	89	4	5	6	7	1	2	3
Rabié 2e, Rabi el-Akher ou Rabiul-Achir.....................	29	118	6	7	1	2	3	4	5
Gioumadi 1er, Dgioumadi el-Aoual ou Gioumaasil-Euvel..........	30	148	7	1	2	3	4	5	6
Gioumadi 2e, Dgioumadi el-Akher ou Gioumaasil-Achir..........	29	177	2	3	4	5	6	7	1
Redgeb ou Régihab.............	30	207	3	4	5	6	7	1	2
Schaban, Sahaben ou Sahaaban...	29	236	5	6	7	1	2	3	4
Ramadhan ou Ramazan..........	30	266	6	7	1	2	3	4	5
Schoual, Schewal ou Scherrail....	29	295	1	2	3	4	5	6	7
Dzoulcaada, Dulkaiadath ou Zilkaade......................	30	325	2	3	4	5	6	7	1
Dzouledgé, Dulkagiadath, Dulheggiah ou Zilligge..............	29	354	4	5	6	7	1	2	3
Et dans l'année intercalaire.......	30	355							

TABLEAU G.

ANNÉES de L'HÉGIRE.	DATES CORRESPONDANT au 1er JOUR DE CHAQUE ANNÉE.					ANNÉES de L'HÉGIRE.	DATES CORRESPONDANT au 1er JOUR DE CHAQUE ANNÉE.				
	Décembre.				Pour avoir l'an de J. C., ajoutez 621 à l'an de l'hégire.	87 — 89	Décembre.	23	12	1	Pour avoir l'an de J. C., ajoutez 618 à l'an de l'hégire.
	Novembre.					90 — 91	Novembre.	20	9		
	Octobre.					92 — 94	Octobre.	29	19	7	
	Septembre.					95 — 97	Septembre.	26	16	5	
	Août.					98 — 100	Août.	25	14	3	
1 — 2	Juillet.	16	5			101 — 103	Juillet.	24	12	1	
3 — 5	Juin.	24	13	2		104 — 105	Juin.	21	10		
6 — 8	Mai.	23	11	1		106 — 108	Mai.	29	19	8	
9 — 10	Avril.	20	9			109 — 111	Avril.	28	16	5	
11 — 13	Mars.	29	18	7		112 — 114	Mars.	26	15	3	
14 — 16	Février.	25	14	2		115 — 116	Février.	21	10		
17 — 19	Janvier.	23	12	2		117 — 119	Janvier.	31	20	8	
20 — 21	Décembre.	21	10		Pour avoir l'an de J. C., ajoutez 620 à l'an de l'hégire.	120 — 122	Décembre.	29	18	7	Pour avoir l'an de J. C., ajoutez 617 à l'an de l'hégire.
22 — 24	Novembre.	30	19	7		123 — 125	Novembre.	26	15	4	
25 — 27	Octobre.	28	17	7		126 — 128	Octobre.	25	13	3	
28 — 30	Septembre.	25	14	4		129 — 130	Septembre.	22	11		
31 — 33	Août.	24	12	2		131 — 133	Août.	31	20	9	
34 — 35	Juillet.	22	11			134 — 136	Juillet.	30	18	7	
36 — 38	Juin.	30	19	9		137 — 139	Juin.	27	16	5	
39 — 41	Mai.	29	17	7		140 — 142	Mai.	25	14	4	
42 — 44	Avril.	26	15	4		143 — 145	Avril.	22	11	1	
45 — 47	Mars.	24	13	3		146 — 147	Mars.	21	10		
48 — 49	Février.	20	9			148 — 150	Février.	27	16	6	
50 — 52	Janvier.	29	18	8		151 — 153	Janvier.	26	14	4	
53 — 55	Décembre.	27	16	6	Pour avoir l'an de J. C., ajoutez 619 à l'an de l'hégire.	154 — 156	Décembre.	24	13	2	Pour avoir l'an de J. C., ajoutez 616 à l'an de l'hégire.
56 — 58	Novembre.	25	14	3		157 — 158	Novembre.	21	11		
59 — 61	Octobre.	23	13	1		159 — 161	Octobre.	31	19	9	
62 — 63	Septembre.	20	10			162 — 164	Septembre.	28	17	6	
64 — 66	Août.	30	18	8		165 — 167	Août.	26	15	5	
67 — 69	Juillet.	28	18	6		168 — 170	Juillet.	24	14	3	
70 — 72	Juin.	25	15	4		171 — 172	Juin.	22	11		
73 — 75	Mai.	23	13	2		173 — 175	Mai.	31	20	10	
76 — 77	Avril.	21	10			176 — 178	Avril.	28	18	7	
78 — 80	Mars.	30	20	9		179 — 181	Mars.	27	16	5	
81 — 83	Février.	26	15	4		182 — 184	Février.	22	12	1	
84 — 86	Janvier.	24	14	2		185 — 186	Janvier.	20	10		

Suite du TABLEAU G.

ANNÉES de L'HÉGIRE.	DATES CORRESPONDANT au 1er JOUR DE CHAQUE ANNÉE.					ANNÉES de L'HÉGIRE.	DATES CORRESPONDANT au 1er JOUR DE CHAQUE ANNÉE.				
187 — 189	Décembre.	30	20	8	Pour avoir l'an de J. C., ajoutez 615 à l'an de l'hégire.	288 — 290	Décembre.	26	16	5	Pour avoir l'an de J. C., ajoutez 612 à l'an de l'hégire.
190 — 192	Novembre.	27	17	6		291 — 293	Novembre.	24	13	2	
193 — 195	Octobre.	25	15	4		294 — 295	Octobre.	22	12		
196 — 198	Septembre.	23	12	1		296 — 298	Septembre.	30	20	9	
199 — 200	Août.	22	11			299 — 301	Août.	29	18	7	
201 — 203	Juillet.	30	20	9		302 — 304	Juillet.	27	17	5	
204 — 206	Juin.	28	17	6		305 — 307	Juin.	24	14	3	
207 — 209	Mai.	27	16	4		308 — 310	Mai.	23	12	1	
210 — 212	Avril.	24	13	2		311 — 312	Avril.	21	9		
213 — 214	Mars.	22	11			313 — 315	Mars.	29	19	8	
215 — 217	Février.	28	18	7		316 — 318	Février.	25	14	3	
218 — 220	Janvier.	27	16	5		319 — 321	Janvier.	24	13	1	
221 — 223	Décembre.	26	14	3	Pour avoir l'an de J. C., ajoutez 614 à l'an de l'hégire.	322 — 323	Décembre.	22	11		Pour avoir l'an de J. C., ajoutez 611 à l'an de l'hégire.
224 — 225	Novembre.	23	12			324 — 326	Novembre.	30	19	8	
226 — 228	Octobre.	31	21	10		327 — 329	Octobre.	29	18	6	
229 — 231	Septembre.	30	18	7		330 — 332	Septembre.	26	15	4	
232 — 234	Août.	28	17	5		333 — 335	Août.	24	13	2	
235 — 237	Juillet.	26	15	5		336 — 338	Juillet.	23	11	1	
238 — 240	Juin.	23	12	2		339 — 340	Juin.	20	9		
241 — 242	Mai.	22	10			341 — 343	Mai.	29	18	7	
243 — 245	Avril.	30	19	8		344 — 346	Avril.	27	15	4	
246 — 248	Mars.	28	17	7		347 — 349	Mars.	25	14	3	
249 — 251	Février.	24	13	2		350 — 351	Février.	20	9		
252 — 254	Janvier.	22	11	1		352 — 354	Janvier.	30	19	7	
255 — 256	Décembre.	20	9		Pour avoir l'an de J. C., ajoutez 613 à l'an de l'hégire.	355 — 357	Décembre.	28	17	7	Pour avoir l'an de J. C., ajoutez 610 à l'an de l'hégire.
257 — 259	Novembre.	29	18	7		358 — 360	Novembre.	25	14	4	
260 — 262	Octobre.	27	16	6		361 — 363	Octobre.	24	12	2	
263 — 265	Septembre.	24	13	3		364 — 365	Septembre.	21	10		
266 — 268	Août.	23	12	1		366 — 368	Août.	30	19	9	
269 — 270	Juillet.	21	11			369 — 371	Juillet.	29	17	7	
271 — 273	Juin.	29	18	8		372 — 374	Juin.	26	15	4	
274 — 276	Mai.	28	16	6		375 — 377	Mai.	24	13	3	
277 — 279	Avril.	25	15	3		378 — 379	Avril.	21	11		
280 — 282	Mars.	23	13	2		380 — 382	Mars.	31	20	9	
283 — 284	Février.	19	8			383 — 385	Février.	26	15	5	
285 — 287	Janvier.	28	17	7		386 — 388	Janvier.	25	14	3	

Suite du TABLEAU G.

ANNÉES de L'HÉGIRE.	DATES CORRESPONDANT au 1er JOUR DE CHAQUE ANNÉE.					ANNÉES de L'HÉGIRE.	DATES CORRESPONDANT au 1er JOUR DE CHAQUE ANNÉE.				
389 — 391	Décembre.	23	13	1	Pour avoir l'an de J. C., ajoutez 609 à l'an de l'hégire.	489 — 491	Décembre.	31	19	9	Pour avoir l'an de J. C., ajoutez 606 à l'an de l'hégire.
392 — 393	Novembre.	20	10			492 — 494	Novembre.	28	17	6	
394 — 396	Octobre.	30	18	8		495 — 497	Octobre.	26	15	5	
397 — 399	Septembre.	27	17	5		498 — 500	Septembre.	23	13	2	
400 — 402	Août.	25	15	4		501 — 502	Août.	22	11		
403 — 405	Juillet.	23	13	2		503 — 505	Juillet.	31	20	10	
406 — 407	Juin.	21	10			506 — 508	Juin.	28	18	7	
408 — 410	Mai.	30	20	9		509 — 511	Mai.	27	16	5	
411 — 413	Avril.	27	17	6		512 — 514	Avril.	24	14	2	
414 — 416	Mars.	26	15	4		515 — 517	Mars.	22	12	1	
417 — 418	Février.	22	11			518 — 519	Février.	19	7		
419 — 421	Janvier.	31	20	9		520 — 522	Janvier.	27	17	6	
422 — 424	Décembre.	29	19	7	Pour avoir l'an de J. C., ajoutez 608 à l'an de l'hégire.	523 — 525	Décembre.	25	15	4	Pour avoir l'an de J. C., ajoutez 605 à l'an de l'hégire.
425 — 427	Novembre.	26	16	5		526 — 528	Novembre.	23	12	1	
428 — 430	Octobre.	25	14	3		529 — 530	Octobre.	22	11		
431 — 432	Septembre.	23	11			531 — 533	Septembre.	29	19	8	
433 — 435	Août.	31	21	10		534 — 536	Août.	28	17	6	
436 — 438	Juillet.	29	19	8		537 — 539	Juillet.	27	16	4	
439 — 441	Juin.	28	16	5		540 — 542	Juin.	24	13	2	
442 — 444	Mai.	26	15	3		543 — 544	Mai.	22	11		
445 — 447	Avril.	23	12	2		545 — 547	Avril.	30	20	8	
448 — 449	Mars.	21	10			548 — 550	Mars.	29	18	7	
450 — 452	Février.	28	17	6		551 — 553	Février.	25	13	2	
453 — 455	Janvier.	26	15	4		554 — 555	Janvier.	23	12		
456 — 458	Décembre.	25	13	3	Pour avoir l'an de J. C., ajoutez 607 à l'an de l'hégire.	556 — 558	Décembre.	31	21	10	Pour avoir l'an de J. C., ajoutez 604 à l'an de l'hégire.
459 — 460	Novembre.	22	11			559 — 561	Novembre.	30	18	7	
461 — 463	Octobre.	31	20	9		562 — 564	Octobre.	28	17	5	
464 — 466	Septembre.	29	17	6		565 — 567	Septembre.	25	14	4	
467 — 469	Août.	27	16	5		568 — 570	Août.	23	12	2	
470 — 472	Juillet.	25	14	4		571 — 572	Juillet.	22	10		
473 — 475	Juin.	22	11	1		573 — 575	Juin.	30	19	8	
476 — 477	Mai.	21	10			576 — 578	Mai.	28	17	7	
478 — 480	Avril.	29	18	8		579 — 581	Avril.	26	14	4	
481 — 483	Mars.	27	16	6		582 — 584	Mars.	24	13	2	
484 — 486	Février.	23	12	1		585 — 586	Février.	19	8		
487 — 488	Janvier.	21	11			587 — 589	Janvier.	29	18	7	

Suite du TABLEAU G.

ANNÉES de L'HÉGIRE.	DATES CORRESPONDANT au 1er JOUR DE CHAQUE ANNÉE.					ANNÉES de L'HÉGIRE.	DATES CORRESPONDANT au 1er JOUR DE CHAQUE ANNÉE.				
590 — 592	Décembre.	27	16	6	Pour avoir l'an de J. C., ajoutez 603 à l'an de l'hégire.	691 — 693	Décembre.	24	12	2	Pour avoir l'an de J. C., ajoutez 600 à l'an de l'hégire.
593 — 595	Novembre.	24	13	3		694 — 695	Novembre.	21	10		
596 — 598	Octobre.	23	12	1		696 — 698	Octobre.	30	19	9	
599 — 600	Septembre.	20	10			699 — 701	Septembre.	28	16	6	
601 — 603	Août.	29	18	8		702 — 704	Août.	26	15	4	
604 — 606	Juillet.	28	16	6		705 — 707	Juillet.	24	13	3	
607 — 609	Juin.	25	15	3		708 — 709	Juin.	21	11		
610 — 612	Mai.	23	13	2		710 — 712	Mai.	31	20	9	
613 — 614	Avril.	20	10			713 — 715	Avril.	28	17	7	
615 — 617	Mars.	30	19	8		716 — 718	Mars.	26	16	5	
618 — 620	Février.	25	15	4		719 — 720	Février.	22	12		
621 — 623	Janvier.	24	13	2		721 — 723	Janvier.	31	20	10	
624 — 625	Décembre.	22	12		Pour avoir l'an de J. C., ajoutez 602 à l'an de l'hégire.	724 — 726	Décembre.	30	18	8	Pour avoir l'an de J. C., ajoutez 599 à l'an de l'hégire.
626 — 628	Novembre.	30	20	9		727 — 729	Novembre.	27	17	5	
629 — 631	Octobre.	29	18	7		730 — 732	Octobre.	25	15	4	
632 — 634	Septembre.	26	16	4		733 — 735	Septembre.	22	12	1	
635 — 637	Août.	24	14	3		736 — 737	Août.	21	10		
638 — 640	Juillet	23	12	1		738 — 740	Juillet.	30	20	9	
641 — 642	Juin.	21	9			741 — 743	Juin.	27	17	6	
643 — 645	Mai.	29	19	8		744 — 746	Mai.	26	15	4	
646 — 648	Avril.	26	16	5		747 — 749	Avril.	24	13	1	
649 — 651	Mars.	26	14	3		750 — 751	Mars.	22	11		
652 — 653	Février.	21	10			752 — 754	Février.	28	18	6	
654 — 656	Janvier.	30	19	8		755 — 757	Janvier.	26	16	5	
657 — 659	Décembre.	29	18	6	Pour avoir l'an de J. C., ajoutez 601 à l'an de l'hégire.	758 — 760	Décembre.	25	14	3	Pour avoir l'an de J. C., ajoutez 598 à l'an de l'hégire.
660 — 662	Novembre.	26	15	4		761 — 762	Novembre.	23	11		
663 — 665	Octobre.	24	13	2		763 — 765	Octobre.	31	21	10	
666 — 667	Septembre.	22	10			766 — 768	Septembre.	28	18	7	
668 — 670	Août.	31	20	9		769 — 771	Août.	28	16	5	
671 — 673	Juillet.	29	18	7		772 — 774	Juillet.	26	15	3	
674 — 676	Juin.	27	15	4		775 — 777	Juin.	23	12	2	
677 — 679	Mai.	25	14	3		778 — 779	Mai.	21	10		
680 — 682	Avril.	22	11	1		780 — 782	Avril.	30	19	7	
683 — 684	Mars.	20	9			783 — 785	Mars.	28	17	6	
685 — 687	Février.	27	16	6		786 — 788	Février.	24	12	2	
688 — 690	Janvier.	25	14	4		789 — 790	Janvier.	22	11		

Suite du TABLEAU G.

ANNÉES de L'HÉGIRE.	DATES CORRESPONDANT au 1er JOUR DE CHAQUE ANNÉE.				
791 — 793	Décembre.	31	20	9	Pour avoir l'an de J. C., ajoutez 597 à l'an de l'hégire.
794 — 796	Novembre.	29	17	6	
797 — 799	Octobre.	27	16	5	
800 — 802	Septembre.	24	13	3	
803 — 805	Août.	22	11	1	
806 — 807	Juillet.	21	10		
808 — 810	Juin.	29	18	8	
811 — 813	Mai.	27	16	6	
814 — 816	Avril.	25	13	3	
817 — 819	Mars.	23	13	1	
820 — 821	Février.	18	8		
822 — 824	Janvier.	28	17	6	
825 — 827	Décembre.	26	15	5	Pour avoir l'an de J. C., ajoutez 596 à l'an de l'hégire.
828 — 830	Novembre.	23	13	2	
831 — 832	Octobre.	22	11		
833 — 835	Septembre.	30	19	9	
836 — 838	Août.	28	18	7	
839 — 841	Juillet.	27	16	5	
842 — 844	Juin.	24	14	2	
845 — 847	Mai.	22	12	1	
848 — 849	Avril.	20	9		
850 — 852	Mars.	29	19	7	
853 — 855	Février.	24	14	3	
856 — 858	Janvier.	23	12	1	
859 — 860	Décembre.	22	11		Pour avoir l'an de J. C., ajoutez 595 à l'an de l'hégire.
861 — 863	Novembre.	29	19	8	
864 — 866	Octobre.	28	17	6	
867 — 869	Septembre.	26	15	3	
870 — 872	Août.	24	13	2	
873 — 874	Juillet.	22	11		
875 — 877	Juin.	30	20	8	
878 — 880	Mai.	29	18	7	
881 — 883	Avril.	26	15	4	
884 — 886	Mars.	25	13	2	
887 — 888	Février.	20	9		
889 — 891	Janvier.	30	18	7	

ANNÉES de L'HÉGIRE.	DATES CORRESPONDANT au 1er JOUR DE CHAQUE ANNÉE.					
892 — 894	Décembre.	28	17	5		Pour avoir l'an de J. C., ajoutez 594 à l'an de l'hégire.
895 — 897	Novembre.	25	14	4		
898 — 900	Octobre.	23	12	2		
901 — 902	Septembre.	21	9			
903 — 905	Août.	30	19	8		
906 — 908	Juillet.	28	17	7		
909 — 911	Juin.	26	14	4		
912 — 914	Mai.	24	13	2		
915 — 916	Avril.	21	10			
917 — 919	Mars.	31	19	9		
920 — 922	Février.	26	15	5		
923 — 925	Janvier.	24	13	3		
926 — 928	Décembre.	23	12	1		Pour avoir l'an de J. C., ajoutez 593 à l'an de l'hégire.
929 — 930	Novembre.	20	10			
931 — 933	Octobre.	29	18	8		
934 — 936	Septembre.	27	15	5		
937 — 939	Août.	25	15	3		
940 — 942	Juillet.	23	13	2		
943 — 944	Juin.	20	10			
945 — 947	Mai.	30	19	8		
948 — 950	Avril.	27	17	6		
951 — 953	Mars.	25	15	4		
954 — 955	Février.	21	11			
956 — 958	Janvier.	30	20	9		
959 — 961	Décembre.	29	18	7		Pour avoir l'an de J. C., ajoutez 592 à l'an de l'hégire.
962 — 964	Novembre.	26	16	4		
965 — 967	Octobre.	24	14	3		
968 — 969	Septembre.	22	11			
970 — 972	Août.	31	21	9		
973 — 975	Juillet.	29	19	8		
976 — 978	Juin.	26	16	5		
979 — 981	Mai.	26	14	3		
982 — 983	Avril.	23	12			
984 — 986	Mars.	31	21	10		
987 — 989	Février.	28	17	5		
990 — 993	Janvier.	26	25	14	3	

Suite du TABLEAU G.

ANNÉES de L'HÉGIRE.	DATES CORRESPONDANT au 1er JOUR DE CHAQUE ANNÉE.					ANNÉES de L'HÉGIRE.	DATES CORRESPONDANT au 1er JOUR DE CHAQUE ANNÉE.				
994 — 996	Décembre.	23	12	2	Pour avoir l'an de J. C., ajoutez 591 à l'an de l'hégire.	1094 — 1096	Décembre.	31	20	8	Pour avoir l'an de J. C., ajoutez 588 à l'an de l'hégire.
997 — 998	Novembre.	20	10			1097 — 1099	Novembre.	28	17	7	
999 — 1001	Octobre.	30	19	8		1100 — 1102	Octobre.	26	15	5	
1002 — 1004	Septembre.	27	16	6		1103 — 1105	Septembre.	24	12	2	
1005 — 1007	Août.	25	14	4		1106 — 1107	Août.	22	12		
1008 — 1010	Juillet.	24	13	2		1108 — 1110	Juillet.	31	20	10	
1011 — 1012	Juin.	21	11			1111 — 1113	Juin.	29	18	8	
1013 — 1015	Mai.	30	19	9		1114 — 1116	Mai.	28	17	6	
1016 — 1018	Avril.	28	17	6		1117 — 1119	Avril.	25	15	4	
1019 — 1021	Mars.	26	16	7		1120 — 1122	Mars.	23	13	2	
1022 — 1023	Février.	21	11			1123 — 1124	Février.	19	9		
1024 — 1026	Janvier.	31	20	9		1125 — 1127	Janvier.	28	17	7	
1027 — 1029	Décembre.	29	19	8	Pour avoir l'an de J. C., ajoutez 590 à l'an de l'hégire.	1128 — 1130	Décembre.	27	16	5	Pour avoir l'an de J. C., ajoutez 587 à l'an de l'hégire.
1030 — 1032	Novembre.	26	16	5		1131 — 1133	Novembre.	24	14	2	
1033 — 1035	Octobre.	25	14	3		1134 — 1136	Octobre.	22	12	1	
1036 — 1037	Septembre.	22	12			1137 — 1138	Septembre.	20	9		
1038 — 1040	Août.	31	21	10		1139 — 1141	Août.	29	19	7	
1041 — 1043	Juillet.	30	19	8		1142 — 1144	Juillet.	27	17	6	
1044 — 1046	Juin.	27	17	5		1145 — 1147	Juin.	24	14	3	
1047 — 1049	Mai.	26	15	4		1148 — 1150	Mai.	24	12	1	
1050 — 1052	Avril.	23	12	1		1151 — 1152	Avril.	21	10		
1053 — 1054	Mars.	22	10			1153 — 1155	Mars.	29	19	8	
1055 — 1057	Février.	27	17	6		1156 — 1158	Février.	25	15	3	
1058 — 1060	Janvier.	27	15	4		1159 — 1161	Janvier.	24	13	2	
1061 — 1063	Décembre.	25	14	2	Pour avoir l'an de J. C., ajoutez 589 à l'an de l'hégire.	1162 — 1163	Décembre.	22	11		Pour avoir l'an de J. C., ajoutez 586 à l'an de l'hégire.
1064 — 1065	Novembre.	22	11			1164 — 1166	Novembre.	30	20	8	
1066 — 1068	Octobre.	31	20	9		1167 — 1169	Octobre.	29	18	7	
1069 — 1071	Septembre.	29	18	6		1170 — 1172	Septembre.	26	15	4	
1072 — 1074	Août.	27	16	5		1173 — 1175	Août.	25	13	2	
1075 — 1077	Juillet.	25	14	4		1176 — 1178	Juillet.	23	12	1	
1078 — 1080	Juin.	23	11	1		1179 — 1180	Juin.	20	9		
1081 — 1082	Mai.	21	10			1181 — 1183	Mai.	30	18	7	
1083 — 1085	Avril.	29	18	7		1184 — 1186	Avril.	27	16	4	
1086 — 1088	Mars.	28	16	6		1187 — 1189	Mars.	25	14	4	
1089 — 1091	Février.	23	12	2		1190 — 1191	Février.	21	9		
1092 — 1093	Janvier.	21	10			1192 — 1194	Janvier.	30	19	8	

Suite du TABLEAU G.

ANNÉES de L'HÉGIRE.	DATES CORRESPONDANT au 1er JOUR DE CHAQUE ANNÉE.				
1195 — 1197	Décembre.	28	17	7	Pour avoir l'an de J.-C., ajoutez 585 à l'an de l'hégire.
1198 — 1200	Novembre.	26	14	4	
1201 — 1203	Octobre.	24	13	2	
1204 — 1205	Septembre.	21	10		
1206 — 1208	Août.	31	19	9	
1209 — 1211	Juillet.	29	18	7	
1212 — 1214	Juin.	26	15	5	
1215 — 1217	Mai.	25	14	4	
1218 — 1220	Avril.	23	12	1	
1221 — 1222	Mars.	21	11		
1223 — 1225	Février.	28	16	6	
1226 — 1228	Janvier.	26	16	4	
1229 — 1231	Décembre.	24	14	3	Pour avoir l'an de J.-C., ajoutez 584 à l'an de l'hégire.
1232 — 1233	Novembre.	21	11		
1234 — 1236	Octobre.	31	20	9	
1237 — 1239	Septembre.	28	18	7	
1240 — 1242	Août.	26	16	5	
1243 — 1245	Juillet.	25	14	3	
1246 — 1247	Juin.	22	12		
1248 — 1250	Mai.	31	21	10	
1251 — 1253	Avril.	29	18	7	
1254 — 1256	Mars.	27	17	5	
1257 — 1259	Février.	23	12	1	
1260 — 1261	Janvier.	22	10		
1262 — 1264	Décembre.	30	20	9	Pour avoir l'an de J.-C., ajoutez 583 à l'an de l'hégire.
1265 — 1267	Novembre.	27	17	6	
1268 — 1270	Octobre.	27	15	4	
1271 — 1273	Septembre.	24	13	1	
1274 — 1275	Août.	22	11		
1276 — 1278	Juillet.	31	20	9	
1279 — 1281	Juin.	29	18	6	
1282 — 1284	Mai.	27	16	5	
1285 — 1287	Avril.	24	13	3	
1288 — 1290	Mars.	23	11	1	
1291 — 1292	Février.	18	7		
1293 — 1295	Janvier.	28	16	5	

ANNÉES de L'HÉGIRE.	DATES CORRESPONDANT au 1er JOUR DE CHAQUE ANNÉE.				
1296 — 1298	Décembre.	26	15	4	Pour avoir l'an de J.-C., ajoutez 582 à l'an de l'hégire.
1299 — 1301	Novembre.	23	12	2	
1302 — 1303	Octobre.	21	10		
1304 — 1306	Septembre.	30	19	7	
1307 — 1309	Août.	28	17	7	
1310 — 1312	Juillet.	26	15	5	
1313 — 1315	Juin.	24	12	2	
1316 — 1318	Mai.	22	12	1	
1319 — 1320	Avril.	20	10		
1321 — 1323	Mars.	30	18	8	
1324 — 1326	Février.	25	14	4	
1327 — 1329	Janvier.	23	13	2	
1330 — 1331	Décembre.	22	11		Pour avoir l'an de J.-C., ajoutez 581 à l'an de l'hégire.
1332 — 1334	Novembre.	30	19	9	
2335 — 1337	Octobre.	28	17	7	
1338 — 1340	Septembre.	26	15	4	
1341 — 1343	Août.	24	14	2	
1344 — 1346	Juillet.	22	12	1	
1347 — 1348	Juin.	20	9		
1349 — 1351	Mai.	29	19	7	
1352 — 1354	Avril.	26	16	5	
1355 — 1357	Mars.	24	14	3	
1358 — 1359	Février.	21	10		
1360 — 1362	Janvier.	29	19	8	
1363 — 1365	Décembre.	28	17	6	Pour avoir l'an de J.-C., ajoutez 580 à l'an de l'hégire.
1366 — 1368	Novembre.	25	15	3	
1369 — 1371	Octobre.	24	13	2	
1372 — 1373	Septembre.	21	10		
1374 — 1376	Août.	30	20	8	
1377 — 1379	Juillet.	29	18	7	
1380 — 1382	Juin.	26	15	5	
1383 — 1885	Mai.	25	13	3	
1386 — 1387	Avril.	22	12		
1388 — 1390	Mars.	31	20	10	
1391 — 1393	Février.	27	16	5	
1394 — 1396	Janvier.	25	14	4	

CHAPITRE IV.

DES CYCLES, DES ÉLÉMENTS QUI S'Y RATTACHENT, ET DE LA RÉFORME DU CALENDRIER SOUS GRÉGOIRE XIII.

ARTICLE I.

DES INDICTIONS[1].

L'indiction est un cycle de quinze années dont l'établissement paraît remonter au règne de Constantin ou au moins à celui de Constance. Les années qui composent une indiction se désignent ainsi : Indiction 1, 2, 3, etc., jusqu'à 15; mais on ne désigne point par un nombre ordinal les différentes séries d'indictions, ou du moins on ne cite d'autre exception à cette règle que les actes du chapitre de l'abbaye de Corbie au XIIe siècle[2]. L'époque à laquelle se rapporte une indiction ne peut donc être fixée, en général, que par une autre date qui la précise.

On distingue trois indictions principales :

1° L'indiction de Constantinople, employée par les empereurs grecs et connue aussi en France; elle commence au 1er septembre.

2° L'indiction constantinienne, impériale ou césaréenne, établie, dit-on, par Constantin, et employée par les empereurs d'Occident de même qu'en France, en Allemagne et en Angleterre; elle commence au 24 septembre.

3° L'indiction romaine ou pontificale, souvent employée par les papes, surtout depuis Grégoire VII, et dont on rencontre quelques exemples en France; elle commence au 25 décembre ou au 1er janvier, selon l'usage des temps ou des lieux. Elle était suivie presque généralement dans le Dauphiné au XIVe siècle.

[1] Voyez les tableaux H et J.

[2] Un de ces actes est daté de la cinquième année de la 79e indiction. Les Bénédictins, en citant cet exemple, font remarquer d'ailleurs que cette date est inexacte, parce que l'année 1172, à laquelle appartient cet acte, ne correspond qu'à la cinquième année de la 78e indiction.

On trouve dans les registres du parlement de Paris de 1446 une quatrième indiction, qui est indiquée comme commençant au mois d'octobre. On en cite enfin deux autres commençant, l'une au 25 mars, l'autre à Pâques. L'indiction prise au 25 mars a été employée par les papes Pascal II et Calliste II, en la combinant avec le calcul pisan.

Une lettre du pape Félix, de 490, fournit le plus ancien exemple de l'indiction dans les actes pontificaux. Les Mérovingiens en ont rarement fait usage. On l'employait en Angleterre au VIIe et surtout au VIIIe siècle dans les chartes privées. On la rencontre quelquefois à cette dernière époque dans nos chartes royales et particulières. L'indiction de Constantinople et l'indiction impériale furent suivies l'une et l'autre par les Carlovingiens. Cette dernière devint plus commune en France au XIVe et au XVe siècle, mais dans les actes particuliers seulement; car la date de l'indiction, devenue plus rare dans les diplômes royaux depuis le commencement du XIIe siècle, en disparaît complétement pendant le cours du règne de Louis le Jeune. L'indiction pontificale n'a paru en France qu'au IXe siècle; encore les exemples n'en sont-ils pas fréquents. Elle était suivie plus ordinairement que les autres dans les bulles pontificales du IXe au XIVe siècle. Quoiqu'elle ait depuis longtemps prévalu dans l'église, c'est seulement à compter du pontificat d'Innocent XII qu'on a repris ce calcul dans les grandes bulles (nous expliquerons plus tard ce qu'on entend par *grandes bulles* et *petites bulles*).

Les différentes dates assignées à la première indiction sont les années 312, 313, 314 et 315; mais l'opinion la plus commune fait partir la première indiction de l'an 313. En admettant cette hypothèse, pour vérifier à quelle année de l'indiction correspond une année de l'ère chrétienne, il faut soustraire 312 de l'année de l'ère chrétienne, et diviser par 15 le résultat de la soustraction. Si cette division ne donne pas de reste, on en conclura que l'année de J. C. sur laquelle on a opéré est la quinzième de l'indiction; si au contraire il reste un nombre, ce nombre sera celui même de l'année qu'on cherche. Appliquons ce calcul à la date suivante. *Datum Laterani kal. maii, Indict.* 1. *anno Incarn. Dom.* 1138. De 1138 je retranche les 312 années qui ont précédé l'établissement de la première indiction, il reste 826. Divisant ce dernier nombre par 15, je trouve pour quotient 55 avec le nombre 1 pour reste; c'est-à-dire que dans ces huit cent vingt-six années sont comprises 1° cinquante-cinq indictions complètes formant ensemble huit cent vingt-cinq ans, 2° une année qui est la première de la 56e indiction. Par conséquent, la concordance indiquée par la date citée se trouve être exacte.

ARTICLE II.

DU CYCLE SOLAIRE[1], ET DES ÉLÉMENTS QUI S'Y RATTACHENT.

§ I. DU CYCLE SOLAIRE.

Le cycle solaire est une révolution de vingt-huit années, dont vingt-et-une années *communes* qui ont cinquante-deux semaines et un jour, et sept années *bissextiles* qui ont cinquante-deux semaines et deux jours. Si une année commune commence par un lundi, elle se terminera aussi par un lundi et l'année suivante commencera par un mardi. Sept années communes qui se suivraient sans interruption commenceraient donc successivement par le lundi, le mardi, le mercredi, le jeudi, le vendredi, le samedi et le dimanche. Mais les années bissextiles viennent interrompre cette succession de quatre ans en quatre ans. Comme elles sont composées de cinquante-deux semaines et deux jours, quand elles commencent par un lundi elles finissent par un mardi, et le 1er janvier suivant tombe un mercredi. Les combinaisons qui en résultent pour la correspondance des jours de la semaine avec les quantièmes du mois ne sont épuisées qu'au bout de vingt-huit ans, et après ce terme elles se reproduisent exactement dans le même ordre. Le commencement du cycle solaire concourt avec l'an 20 de l'ère chrétienne qui est bissextil, puis, de vingt-huit en vingt-huit ans, avec les années 48, 76, 104, etc.

§ II. DES CONCURRENTS ET DES LETTRES DOMINICALES[2].

On appelle *concurrents* les deux jours ou le jour qu'il faut ajouter au nombre de cinquante-deux semaines pour compléter l'année bissextile ou l'année commune. Les concurrents de diverses années s'ajoutent ensemble jusqu'à ce qu'ayant atteint le nombre sept, ils complètent une semaine; puis on recommence à les compter de un jusqu'à sept. Les années bissextiles du cycle solaire sont les 1re, 5e, 9e, 13e, 17e, 21e, et 25e. Mais, quoique la première année soit bissextile, on ne compte qu'un concurrent, parce que l'autre est reporté au cycle précédent dont il complète la dernière semaine.

De même qu'il y a sept concurrents, il y a aussi sept lettres dominicales.

[1] Voyez le tableau K.

[2] Voyez le tableau K.

A désigne toujours le 1er jour de l'année, B le 2e, C le 3e, D le 4e, E le 5e, F le 6e et G le 7e; puis on recommence par A pour désigner le 8e jour, et ainsi de suite jusqu'au 365e qui est toujours désigné par A. Lorsqu'une année commune commence par un dimanche, c'est la lettre A qui désigne le dimanche; mais l'année suivante commençant par un lundi, le premier dimanche de l'année tombera le 7 janvier auquel correspond la lettre G. On voit donc que, dans le cours des vingt-huit années du cycle solaire, le dimanche (*dies dominica*) sera successivement désigné par les différentes lettres. De là vient le nom de lettres *dominicales*. Pour appliquer à une année quelconque un calendrier ainsi disposé, il suffit de savoir quel jour tombe le premier dimanche de janvier, ou en d'autres termes de connaître la lettre dominicale propre à cette année. Pour que dans les années bissextiles les lettres des dix derniers mois ne soient pas dérangées, et que, malgré l'addition d'un jour au mois de février, ce soit toujours le D qui corresponde au 1er mars comme dans les années communes, on est convenu de répéter au 25 février la lettre F, qui désigne le 24 dans les années communes. Mettons en regard la disposition des lettres pour les derniers jours de février et les premiers jours de mars d'une année commune et d'une année bissextile:

FÉVRIER	24	F	dimanche.	FÉVRIER	24	F	dimanche.
	25	G	lundi.		25	F	lundi.
	26	A	mardi.		26	G	mardi.
	27	B	mercredi.		27	A	mercredi.
	28	C	jeudi.		28	B	jeudi.
					29	C	vendredi.
MARS	1er	D	vendredi.	MARS	1er	D	samedi.
	2	E	samedi.		2	E	dimanche.
	3	F	dimanche.		3	F	lundi.

On voit que dans l'année commune la même lettre F désigne le dimanche pour tous les mois de l'année, mais que dans l'année bissextile, cette lettre, à partir du 25 février, correspond au lundi, et que c'est la lettre E qui désigne le dimanche pendant le reste de l'année. Toute année bissextile a donc deux lettres dominicales, dont l'une sert du 1er janvier au 24 février inclusivement, et l'autre du 25 février au 31 décembre. Aujourd'hui l'usage est de faire servir la première lettre dominicale jusqu'au 28 février, et de répéter le C pour le 29.

Le concurrent 1 répond à la lettre dominicale F, 2 à E, 3 à D, 4 à C, 5 à B, 6 à A, 7 à G[1]; et comme un grand nombre de chartes sont datées de ces

[1] C'est peut-être à cause de ce rapport entre les concurrents et les lettres dominicales, que dans plusieurs dates, au lieu de nommer ces lettres, on se contente de désigner la lettre A par *littera I*, le

concurrents, qu'on appelle *epactæ solis* ou *epactæ majores*, par opposition aux épactes de la lune qu'on nomme simplement *épactes*, on voit qu'une date indiquant le nombre des concurrents d'une année désigne par là même la lettre dominicale de cette année. Il est inutile de faire remarquer que, la lettre dominicale une fois connue, on peut trouver tout de suite quel jour de la semaine tombe le 1er janvier, et par conséquent reconstruire le calendrier de l'année entière. Les chartes données dans les années bissextiles ne devraient marquer le second concurrent qu'à partir du 25 février, puisque c'est à compter de ce jour-là seulement qu'on fait usage de la seconde lettre dominicale à laquelle il correspond. Cependant il y a de nombreux exemples du contraire, et dans ce cas il faut se rappeler que le concurrent, indiqué ainsi par anticipation, correspond jusqu'au 24 février inclusivement à une autre lettre dominicale.

§ III. DES RÉGULIERS.

Il y a deux sortes de réguliers, les réguliers solaires et les réguliers lunaires. Les réguliers solaires sont douze nombres invariables dont chacun est attaché à l'un des douze mois, et qui, ajoutés aux concurrents d'une année, donnent un chiffre désignant le jour de la semaine qui, pour cette année, correspond au 1er de chaque mois. Le chiffre du dimanche est 1, celui du lundi 2, du mardi 3, du mercredi 4, du jeudi 5, du vendredi 6, et du samedi 7[1]. Voici la table des réguliers solaires de chaque mois.

Janvier.	Février.	Mars.	Avril.	Mai.	Juin.	Juillet.	Août.	Septembre.	Octobre.	Novembre.	Décembre.
2	5	5	1	3	6	1	4	7	2	5	7

Supposons maintenant qu'on veuille trouver le premier jour de chaque mois dans l'année 1271, qui avait trois concurrents. On ajoute à ces trois concurrents les réguliers de chaque mois, et l'on obtient pour le 1er janvier 5 ou jeudi; pour le 1er avril, 4 ou mercredi; pour le 1er mai, 6 ou vendredi; pour le 1er juillet, 4 ou mercredi; pour le 1er août, 7 ou samedi; pour le 1er octobre, 5 ou jeudi. Pour les mois de février, de mars et de novembre, on obtient le

B par *littera II*, le C par *littera III*, et ainsi de suite. Nous devons avertir aussi que la lettre B se rencontre souvent dans les dates, non comme lettre dominicale, mais comme abréviation du mot *bissextilis*.

[1] Ces nombres se rencontrent dans beaucoup de dates, surtout avant le XIIe siècle. Au lieu de désigner les jours de la semaine par les noms païens de *lundi*, *mardi*, etc., on les nommait *féries*. Le dimanche s'appelait *feria prima*, le lundi *feria secunda*, et ainsi de suite, jusqu'au samedi qui se nommait *feria septima*. Depuis le commencement du XIIIe siècle, on datait ordinairement, soit de tant de jours avant ou après telle fête, ou à partir de son octave, soit en se servant des mots lundi, mardi, etc.

nombre 8, mais il faut alors, comme dans tous les cas où le total surpasse 7, en retrancher 7, et le nombre restant indiquera le jour que l'on cherche, c'est-à-dire 1 ou dimanche pour le 1er de février, de mars et de novembre; 2 ou lundi pour le 1er juin; 3 ou mardi pour le 1er septembre et le 1er décembre. Dans les années bissextiles, il faut avoir soin de se servir du premier des deux concurrents de l'année pour trouver le jour de la semaine correspondant au 1er janvier et au 1er février, et du deuxième concurrent pour les autres mois. (Voyez, pour la distinction de ces deux concurrents, l'appendice du tableau K.)

Les réguliers lunaires étaient aussi des nombres invariables attachés à chaque mois, et qui, ajoutés aux épactes, faisaient connaître à quel jour de la lune correspondait le premier du mois. Comme on ne les rencontre pas dans les dates des chartes, nous nous dispenserons d'en parler.

Enfin, il y avait d'autres réguliers lunaires, qu'on rencontre quelquefois dans les dates, et que l'on nomme *réguliers annuels*. Ils servaient, avec les concurrents, à désigner quel jour de la semaine tombait le premier jour de la lune pascale. On opérait, dans ce cas, comme nous l'avons indiqué pour les réguliers solaires, et le chiffre obtenu désignait la veille du premier jour de la lune pascale. Ces réguliers annuels sont indiqués dans le tableau L.

ARTICLE III.

DU CYCLE DE DIX-NEUF ANS[1] OU NOMBRE D'OR, DU CYCLE LUNAIRE ET DES ÉLÉMENTS QUI S'Y RATTACHENT.

---

§ I. DU CYCLE DE DIX-NEUF ANS OU NOMBRE D'OR.

Ce sont les Grecs d'Alexandrie qui nous ont transmis l'usage du cycle de dix-neuf ans. On le fait commencer au 1er janvier, au 1er mars ou au 29 août, qui est le premier jour de l'année chez les Alexandrins. Ce cycle est aussi appelé *nombre d'or,* parce que, dans les anciens calendriers, on l'inscrivait, dit-on, en caractères d'or vis-à-vis des jours qui répondaient aux nouvelles lunes de chaque année. C'est dans le calendrier dressé en 325, au temps du concile de Nicée, que les nombres d'or du cycle de dix-neuf ans furent substitués à ceux de l'ancien calendrier romain.

Le cycle de dix-neuf ans, *cyclus decemnovennalis*, comprend dix-neuf années lunaires, dont douze années *communes* et sept *embolismiques* ou intercalaires : les

[1] Voyez le tableau L.

années communes sont composées de 354 jours; sur les sept années embolismiques, il y en a six de 384 jours et une de 383, qui termine le cycle. Ces dix-neuf années comprennent donc ensemble 6935 jours; mais toutes les fois qu'une année quelconque du cycle lunaire correspond à une année bissextile, la lune de mars est composée de 31 jours au lieu de 30 : alors le nombre de jours de cette année se trouve augmenté d'un, c'est-à-dire que toute année commune du cycle lunaire, correspondant à une année bissextile du calendrier julien, se composé de 355 jours; par la même raison, les années embolismiques en ont 385, et enfin la dix-neuvième année du cycle en a 384 au lieu de 383. Aux 6935 jours que nous avons dit être compris dans les dix-neuf années du cycle lunaire, il faut donc ajouter autant de jours qu'il y a d'années bissextiles dans le cours du cycle, c'est-à-dire tantôt 4 tantôt 5[1]; on obtient alors un total de 6939 ou de 6940 jours, c'est-à-dire une durée égale à celle de dix-neuf années solaires, suivant que ces dix-neuf années solaires comprennent quatre ou cinq années bissextiles.

Ce calcul, qui était celui des anciens astronomes, renferme une erreur de deux heures et cinq minutes environ; cette différence, accumulée pendant plusieurs siècles, nécessita la réforme du calendrier, exécutée en 1582 par les ordres de Grégoire XIII. En retranchant dix jours dans le mois d'octobre de cette année, on remit l'équinoxe du printemps au 21 mars, comme dans le calendrier de 325; les nouvelles lunes furent également avancées; enfin, on changea l'ordre des sept années embolismiques du cycle de dix-neuf ans. Avant la réforme de 1582, ces années étaient les deuxième, cinquième, huitième, onzième, treizième, seizième, dix-neuvième; depuis la réforme ce sont les troisième, sixième, neuvième, onzième, quatorzième, dix-septième; dix-neuvième. Le cours d'une lune étant à peu près de vingt-neuf jours et demi, on donnait des lunes de trente jours ou lunes pleines aux mois impairs, c'est-à-dire à janvier, mars, mai, juillet, septembre et novembre; les mois pairs n'avaient que des lunes *caves* ou de vingt-neuf jours : mais cet ordre alternatif n'avait lieu que dans les années communes qui comprenaient douze lunaisons, et il fallait l'intervertir pour intercaler la treizième lunaison dans les années embolismiques. L'ordre dans lequel se succèdent les lunes pleines et caves de chaque année embolismique peut se calculer à l'aide du tableau P, qui est un calendrier où le nombre d'or est marqué en regard des jours de chaque mois. Nous devons d'abord avertir qu'une lune est censée appartenir au mois où elle finit, et non pas à celui où elle commence : examinons ensuite

[1] Dans le cours de quatre cycles lunaires, il y a dix-neuf années bissextiles, c'est-à-dire qu'un des cycles comprend quatre années bissextiles, et que les trois autres en comprennent cinq.

quelles seraient les nouvelles lunes de la dix-neuvième année du cycle de dix-neuf ans, qui est une année embolismique. La première nouvelle lune est marquée au 5 janvier, qui correspond au nombre d'or dix-neuf; mais cette lune ne peut appartenir au mois de janvier, puisqu'elle ne se termine que le 2 février. Pour trouver la lune de janvier, il faut donc remonter au mois de décembre précédent; et, comme ce mois fait partie de la dix-huitième année du cycle, il faut chercher, au lieu du nombre d'or dix-neuf, le nombre dix-huit il correspond au 6 décembre. On voit alors que la lune de janvier court du 6 décembre au 4 janvier. En cherchant ensuite les différents jours auxquels correspond le nombre d'or dix-neuf, on verrait que les nouvelles lunes de la dix-neuvième année du cycle de dix-neuf ans se succèdent ainsi qu'il suit:

Lune de janvier 6 décembre, comme nous venons de l'expliquer.

Lune de février 5 janvier.	Lune de juillet 1er juillet.
Lune de mars 3 février.	Lune d'août 30 juillet.
Lune d'avril 5 mars.	Lune de septembre 28 août.
Lune de mai 4 avril.	Lune d'octobre 27 septembre.
Lune de juin 3 mai.	Lune de novembre 26 octobre.
Lune de juin[1] 2 juin.	Lune de décembre 25 novembre.

Ainsi donc, pour trouver les nouvelles lunes d'une année quelconque du cycle de dix-neuf ans, il faut chercher quelle place occupent dans le calendrier le nombre d'or un, s'il s'agit de la première année, le nombre d'or deux, s'il s'agit de la deuxième, et ainsi de suite, en se rappelant toutefois que, pour la lune de janvier, qui commence presque toujours en décembre, il faut rechercher le nombre d'or de l'année précédente : la troisième année du cycle de dix-neuf ans est la seule où la lune de janvier commence et se termine dans le mois, parce que le nombre d'or trois correspond au 1er et au 31 janvier.

§ II. DU CYCLE LUNAIRE[2] ET DU CALENDRIER JUDAÏQUE.

Le cycle lunaire a été souvent confondu avec le cycle de dix-neuf ans, parce qu'il se compose d'un même nombre d'années : les Juifs l'adoptèrent l'an 338 de J. C., et les chrétiens eux-mêmes en ont quelquefois fait usage[3], surtout dans les premiers temps. Ce qui distingue surtout le cycle lunaire du

[1] Il y a deux lunes pour le mois de juin, parce que c'est dans ce mois que se trouve l'embolisme ou la lune intercalaire de la dix-neuvième année du cycle de dix-neuf ans.

[2] Voyez le tableau L.

[3] Le cycle des Juifs ayant été employé quelquefois au lieu du cycle de dix-neuf ans, a été aussi appelé *nombre d'or*. Mais ce nom est en général réservé au cycle de dix-neuf ans.

cycle de dix-neuf ans, c'est que le cycle de dix-neuf ans anticipe de deux ans et neuf mois environ sur le cycle lunaire. Dans le tableau L, l'an 877 de J. C. correspond à la quatrième année du cycle de dix-neuf ans, et à la première du cycle lunaire; mais il faut savoir que les Juifs commençaient leur cycle en même temps que leur année, c'est-à-dire à l'automne, en sorte que cette première année du cycle lunaire correspond pour les Juifs en partie à l'an 876, en partie à l'an 877 de J.-C. Toutefois, les auteurs de l'Art de vérifier les dates annoncent que, parmi les chartes datées du cycle lunaire suivant les Juifs modernes, ils n'en ont trouvé aucune où ce cycle eût un autre commencement que le 1er janvier. N'oublions pas de faire observer que cette remarque deviendrait inexacte si l'on regardait comme datées du cycle lunaire des chartes où l'on a employé les expressions de *cyclus lunaris, circulus* ou *cyclus lunæ,* pour désigner le cycle de dix-neuf ans : les rapports de ces deux cycles ont fait quelquefois confondre leurs noms, et, pour éviter toute erreur à cet égard, il vaut mieux s'attacher aux chiffres indiqués dans les dates qu'aux termes souvent inexacts dont les écrivains ont pu se servir.

Comme le cycle lunaire fait la base du calendrier des Juifs, c'est ici le lieu d'expliquer en peu de mots comment ce calendrier a été calculé. L'année civile des Juifs est une année solaire réglée comme la nôtre, si ce n'est qu'elle commence à l'équinoxe d'automne; mais l'année ecclésiastique, qui est purement lunaire, commence à l'équinoxe du printemps. Le cycle lunaire se compose de douze années communes et de sept années embolismiques : les années embolismiques sont la troisième, la sixième, la huitième, la onzième, la quatorzième, la dix-septième et la dix-neuvième du cycle lunaire. Ces années se composent de treize mois et les autres de douze. Voici les noms des mois juifs, leur ordre de succession et le nombre de jours dont ils se composent :

1er mois,	Nisan, premier mois de l'année ecclésiastique	30 jours.
2e ——	Jiar	29.
3e ——	Siban	30.
4e ——	Thamuz	29.
5e ——	Ab	30.
6e ——	Elul	29.
7e ——	Thisri, premier mois de l'année civile	30.
8e ——	Marchesvan	29 ou 30.
9e ——	Casleu	29 ou 30.
10e ——	Tebeth	29.
11e ——	Sabath	30.
12e ——	Adar	29 (dans les années bissextiles 30.)
13e ——	Véadar ou 2e Adar (mois intercalaire)	30 (dans la 19e année du cycle lunaire 29.)

On voit que cinq de ces mois sont toujours pleins ou composés de trente jours, quatre toujours caves ou composés de vingt-neuf jours; que le douzième mois n'est plein que dans les années bissextiles; que le huitième et le neuvième sont tantôt pleins, tantôt caves; enfin, que le treizième mois est cave seulement dans la dix-neuvième année du cycle, et que, dans les six autres années embolismiques, il est composé de trente jours. Une année lunaire dont le huitième et le neuvième mois sont caves n'a que 353 jours; on la nomme *défective :* on nomme au contraire *parfaite* celle dont le huitième et le neuvième mois sont pleins. Quand l'un de ces deux mois seulement est cave, il y a une année *commune* ou *ordinaire*. L'intercalation du treizième mois était calculée de manière à ce que la fête de Pâques n'arrivât pas avant l'équinoxe du printemps; et, comme cette fête se célébrait le 15 de Nisan, le 1er de ce mois ne pouvait arriver au plus tôt que le 7 mars. Lors donc que le 1er de Nisan correspondait au 6 mars, on intercalait le Véadar, et le mois de Nisan commençait trente jours plus tard, c'est-à-dire le 5 avril. L'année ecclésiastique des Juifs peut donc commencer, au plus tôt le 7 mars, et au plus tard le 5 avril. La fête de Pâques réglait, non-seulement l'intercalation du Véadar, mais le cours des années défectives communes et parfaites : en effet, les Juifs ne voulaient jamais célébrer cette fête le lundi, le mercredi et le vendredi, ni celle de la Pentecôte le mardi, le jeudi ou le samedi; ni enfin la fête des Tabernacles, fixée au 15 de Thisri, le dimanche, le mercredi et le vendredi. Or, en calculant le nombre de jours qui sépare le 15 de Nisan ou Pâques, 1° du 6 de Siban ou de la Pentecôte, 2° du 15 de Thisri ou de la fête des Tabernacles, on voit que, si l'on s'arrange à faire tomber Pâques le dimanche, le mardi, le jeudi ou le samedi, la Pentecôte tombera le lundi, le mercredi, le vendredi ou le dimanche, et la fête des Tabernacles le mardi, le jeudi, le samedi ou le lundi. En d'autres termes, il suffit d'éviter la concordance des trois jours prohibés avec la fête de Pâques, pour être sûr que les deux autres seront célébrées aux jours permis. C'est pour faciliter cette combinaison que le huitième et le neuvième mois étaient tantôt pleins, tantôt caves; mais on s'arrangeait toujours de manière à ce que les années défectives fussent compensées par les années parfaites, et qu'à la fin du cycle les dix-neuf années lunaires répondissent le plus exactement possible à la durée des dix-neuf années solaires correspondantes. Nous avons marqué d'un astérisque, dans le tableau L, les années embolismiques du cycle de dix-neuf ans et du cycle lunaire. On peut remarquer que ces années ne se correspondent pas. Cependant l'ordre de succession des embolismes n'était arbitraire dans aucun de ces cycles; il était au contraire fondé sur ce principe qu'on devait former un mois intercalaire aussitôt que les jours excédants des années solaires s'élevaient à trente : ceci nous conduit à parler des épactes.

§ III. DES ÉPACTES[1].

On appelle *épacte* le nombre de jours qu'il faut ajouter à l'année lunaire pour la rendre égale à l'année solaire. Cette différence, qui est de onze jours dans les années communes, reste la même dans les années bissextiles, parce que le mois lunaire qui comprend le 29 février est augmenté d'un jour. Chacune des années du cycle de dix-neuf ans doit donc fournir onze jours d'épacte. Il n'y a d'exception que pour la première année du cycle, où l'on ajoute douze jours pour arriver à faire cadrer plus exactement les années lunaires et les années solaires. Voici maintenant comment on faisait ce calcul. Les épactes s'ajoutaient entre elles tant qu'elles n'avaient pas atteint le nombre 30; alors elles formaient un mois intercalaire qui, ajouté aux douze mois de l'année commune, entrait dans une année embolismique : il ne restait donc pour l'épacte que le nombre de jours excédant trente. Suivons le calcul des épactes pendant le cours d'un cycle de dix-neuf ans, dont la première année avait toujours 29 d'épacte, en nous rappelant qu'à la fin de cette année on ajoutait 12 à ce nombre, et qu'on ajoutait seulement 11 à la fin de chacune des autres années du cycle.

ANNÉES du CYCLE.	ÉPACTES propres à chaque ANNÉE.	NOMBRE dont L'ÉPACTE doit être augmentée à la fin de l'année.	TOTAL.	NOMBRE à retrancher comme formant UN MOIS intercalaire.	NOMBRE restant pour L'ÉPACTE de l'année suivante.	ANNÉES du CYCLE.	ÉPACTES propres à chaque ANNÉE.	NOMBRE dont L'ÉPACTE doit être augmentée à la fin de l'année.	TOTAL.	NOMBRE à retrancher comme formant UN MOIS intercalaire.	NOMBRE restant pour L'ÉPACTE de l'année suivante.
1re	XXIX	Douze.	41	Trente.	11	11e	XX	Onze.	31	Trente.	1
2e	XI	Onze.	22	//	22	12e	I	Onze.	12	//	12
3e	XXII	Onze.	33	Trente.	3	13e	XII	Onze.	23	//	23
4e	III	Onze.	14	//	14	14e	XXIII	Onze.	34	Trente.	4
5e	XIV	Onze.	25	//	25	15e	IV	Onze.	15	//	15
6e	XXV	Onze.	36	Trente.	6	16e	XV	Onze.	26	//	26
7e	VI	Onze.	17	//	17	17e	XXVI	Onze.	37	Trente.	7
8e	XVII	Onze.	28	//	28	18e	VII	Onze.	18	//	18
9e	XXVIII	Onze.	39	Trente.	9	19e	XVIII	Onze.	29	//	29
10e	IX	Onze.	20	//	20	1re	XXIX	Douze.	41	Trente.	11

[1]. Voyez le tableau L.

On voit que, si on poursuivait ce calcul, on retrouverait, pour les dix-neuf années d'un nouveau cycle, les mêmes nombres qui reviendraient exactement dans le même ordre, de sorte que toute date où l'on indique pour l'épacte l'un des nombres 29, 11, 22, etc., indique nécessairement une année qui est la 1re, la 2e, la 3e, etc. du cycle de dix-neuf ans[1]. Toutefois, nous devons avertir qu'on s'est quelquefois écarté de la méthode ordinaire dans le calcul des épactes. Ainsi l'an 1235 correspond exactement à la première année du cycle de dix-neuf ans quand cette première année se compte, suivant l'usage des Romains, du 1er janvier au 31 décembre. Mais, d'après le calcul égyptien, la première année du cycle aurait commencé le 29 août 1234 pour finir au 28 août 1235, en sorte que, dans une charte datée de l'un des trois derniers mois de 1235, on n'indiquerait pas pour épacte XXIX, mais XI, parce que, dans ce système, les trois derniers mois de l'année 1235 appartiennent à la deuxième année du cycle de dix-neuf ans. Plusieurs notaires ont en effet suivi l'usage des Égyptiens dans le calcul des épactes, qu'ils comptaient dès le mois de septembre; mais le calcul des Romains était plus généralement employé. Les nombres que nous avons indiqués pour l'épacte des différentes années du cycle de dix-neuf ans expriment combien de jours avait la lune au 22 mars de chacune de ces années; et, comme la fête de Pâques est fixée au dimanche qui correspond ou qui succède à la première lune devenue pleine après l'équinoxe du printemps, quand le nombre de l'épacte n'était pas au-dessus de 15, on savait qu'au 22 mars la lune avait quinze jours au plus, c'est-à-dire qu'au 21 mars, jour de l'équinoxe du printemps, elle n'était pas encore pleine, puisque le quinzième jour de la lune est celui où elle accomplit la première moitié de sa révolution. Alors cette lune était celle qui amenait la fête de Pâques. Si, au contraire, le nombre de l'épacte était au-dessus de 15 on savait que la lune était pleine avant le 22 mars, et que, par conséquent, la lune suivante pouvait seule amener la fête de Pâques. Mais il existait d'autres moyens de déterminer l'époque de Pâques et des autres fêtes mobiles : nous allons les indiquer rapidement.

§ IV. CLEFS DES FÊTES MOBILES[2].

On appelait *claves terminorum, clefs des fêtes mobiles*, un nombre propre à chaque année, et qui, étant compté à partir de certains jours fixés pour les différentes fêtes mobiles, indiquait l'époque où ces fêtes devaient tomber. Les *termes* ou les jours à partir desquels on comptait étaient fixés, savoir :

[1] Il est bon de faire observer que l'épacte XXIX est quelquefois désignée dans les dates par les mots *epactâ nullâ*. — [2] Voyez le tableau L.

Pour la Septuagésime, au 7 janvier;

Pour le premier dimanche de Carême, au 28 janvier;

Pour le dimanche de Pâques, au 11 mars;

Pour le dimanche des Rogations, au 15 avril;

Pour le dimanche de la Pentecôte, au 29 avril.

Les nombres désignés, suivant les années, comme clefs des fêtes mobiles variaient depuis 11 jusqu'à 39. Ainsi, le terme de Pâques étant le 11 mars, dans une année où le nombre 11 est la clef des fêtes mobiles, en comptant 1 pour le 11 mars, 2 pour le 12, on arrive à compter 11 pour le 21, et le premier dimanche qui suit le 21 mars est le dimanche de Pâques. Dans une année où le nombre 39 est la clef des fêtes mobiles, en comptant 1 pour le 11 mars, 2 pour le 12, on arrive à compter 39 pour le 18 avril, et le premier dimanche qui suit le 18 avril est le dimanche de Pâques.

§ V. TERME PASCAL[1].

Outre le terme pascal fixé au 11 mars pour l'usage des clefs des fêtes mobiles, il y avait un autre jour qu'on trouve indiqué dans les dates sous le nom de *terminus paschalis,* et qui correspondait au 14e jour de la lune. Le premier dimanche qui suivait ce terme pascal était le dimanche de Pâques. On conçoit que ce nouveau terme pascal variait chaque année, tandis que l'autre était invariablement fixé au 11 mars.

ARTICLE IV.

DU CYCLE PASCAL[2].

Le cycle solaire est de vingt-huit ans et le cycle lunaire de dix-neuf: en multipliant ces deux nombres l'un par l'autre, on obtient le nombre 532, qui est égal aux années dont se compose le cycle pascal. L'usage de ce cycle repose sur la remarque suivante, c'est qu'après une révolution de cinq cent trente-deux années, on voit recommencer une période nouvelle dans laquelle, depuis la première année jusqu'à la cinq cent trente-deuxième, se reproduisent exactement dans le même ordre les différentes combinaisons que présente le calendrier civil et religieux pour les jours de la semaine, les époques de la lune, les dates des fêtes, etc. Le cycle pascal est nommé tantôt *annus magnus,* tantôt *circulus* ou *cyclus magnus.* On

[1] Voyez le tableau L.

[2] Voyez le tableau M.

l'appelle aussi *période victorienne*, du nom de son inventeur Victorius, qui le composa en 457, et en fixa le commencement à l'an 28 de l'ère chrétienne. Mais en 526 Denis le Petit le recula de vingt-neuf ans : c'est ce qu'on appelle la *période dionysienne*, dans laquelle l'an 1er de J. C. répond à la deuxième année du cycle pascal. Quoique cet usage ait été généralement suivi, il est bien prouvé que d'autres commencements ont été assignés au cycle pascal.

ARTICLE V.

DU CALENDRIER GRÉGORIEN.

Quoique cet ouvrage soit destiné spécialement aux personnes qui étudient les monuments de l'histoire du moyen âge, nous n'avons pas cru pouvoir passer sous silence la réforme exécutée dans le calendrier par ordre de Grégoire XIII. Tout le monde sait que cette réforme eut pour but de remédier à la précession des équinoxes qui avançaient d'un jour en cent vingt-neuf années, par suite d'une erreur de onze minutes et douze secondes commise dans le calcul de la durée du cours annuel du soleil. On sait aussi que ce calendrier ne fut pas adopté partout à la même époque. De là vient que dans les histoires on rencontre des dates tantôt suivant le vieux style, tantôt suivant le nouveau. Le calendrier grégorien est suivi aujourd'hui dans tous les états chrétiens de l'Europe, excepté en Russie. Il nous reste à expliquer comment on est parvenu à corriger l'imperfection du calendrier julien. Il y avait un double but à atteindre, c'était de supprimer l'erreur produite par l'ancien calcul, et d'en imaginer un nouveau qui ne fût pas sujet aux mêmes inconvénients.

Pour obtenir le premier résultat on supprima dix jours dans le mois d'octobre 1582, en sorte que, le lendemain du 4 octobre, on compta le 15. En second lieu, pour empêcher la reproduction de la même erreur, il fut décidé que sur quatre années séculaires une seulement serait bissextile, et que l'intercalation aurait lieu dans l'année qui terminerait le XVIe siècle, puis le XXe, le XXIVe, le XXVIIIe et ainsi de suite, de quatre cents en quatre cents ans.

Nous avons pensé qu'il pourrait être utile d'indiquer ici, d'après l'Art de vérifier les dates et suivant le nouveau style, l'époque de l'adoption du nouveau calendrier dans les principaux états de l'Europe.

1582, 15 octobre.... Rome, une partie de l'Italie, l'Espagne et le Portugal.
1582, 20 décembre... La France et le pays Messin.
1582, 25 décembre... Le Brabant, la Flandre, l'Artois, le Hainaut et la Hollande.

1582 . . . . Le Danemarck adopte le calendrier grégorien qu'il modifia en 1699, d'après celui de Weigel.
1583 . . . . Les cantons de Lucerne, de Schwitz, d'Uri, de Fribourg, de Soleure.
1584 . . . . Le canton d'Underwalden.
1584 . . . . Les états catholiques d'Allemagne.
1586 . . . . La Pologne.
1587 . . . . La Hongrie.
1682, 1er mars . . . . Strasbourg et l'Alsace.
1700, 1er mars . . . . Les protestants d'Allemagne adoptent le calendrier de Weigel[1].
1700, 12 décembre. La province d'Utrecht, l'Over-Issel, la Gueldre, le Zutphen, la Frise et Groningue.
1701, 12 janvier. . . Les cantons de Zurich, de Berne, de Bâle et de Schaffausen[2].
1752, 14 septembre L'Angleterre.
1753, 1er mars . . . . La Suède.

La réforme du calendrier a détruit la concordance des années du cycle solaire avec les lettres dominicales et les concurrents; elle a de plus entraîné la modification du terme pascal et des épactes; enfin elle a ôté au cycle pascal toute son utilité. On verra tout à l'heure comment on peut ramener les notes chronologiques de l'ancien calendrier à celles du nouveau, et réciproquement.

ARTICLE VI.

RÉSUMÉ DES ARTICLES PRÉCÉDENTS. — OBSERVATIONS SUR L'USAGE DES TABLEAUX CHRONOLOGIQUES.

Il nous reste maintenant à indiquer en quelques mots l'usage des tableaux que nous donnons pour faciliter la vérification des dates qui se rencontrent dans les monuments historiques. L'Art de vérifier les dates renferme une table chronologique qui indique la concordance de chacune des années de l'ère chrétienne avec les olympiades, les ères, soit anciennes, soit modernes, les indictions et les autres cycles, les réguliers, les clefs des fêtes mobiles, les concurrents, les lettres dominicales, le terme pascal, la date des Pâques et les épactes. Cette table était trop étendue pour qu'on songeât à la reproduire dans cet ouvrage; mais on a essayé d'en présenter, sous une autre forme, les parties

[1] Dans le calendrier de Weigel l'équinoxe du printemps n'est pas invariablement fixé au 21 mars, mais il varie depuis le 19 jusqu'au 23 de ce mois. Les protestants peuvent donc célébrer la fête de Pâques avant ou après nous. Telle est la seule différence qui existe entre leur calendrier et le nôtre.

[2] L'adoption du calendrier n'a eu lieu que beaucoup plus tard encore dans les cantons mi-catholiques, mi-protestants.

les plus essentielles. On a indiqué plus haut ce qui était relatif aux olympiades, à l'hégire et aux autres ères : quant aux cycles et aux autres éléments qui tiennent plus étroitement aux calendriers du moyen âge, il était indispensable de les reproduire avec toutes leurs combinaisons.

Le tableau J présente la concordance des années de J. C. et des indictions. En dressant pour ce cycle un tableau particulier, on a pu le disposer de manière à ce que les années correspondant à une même indiction fussent placées sur une même ligne horizontale, et, par conséquent, on a évité la répétition de l'indiction pour chacune des années de J. C. Il est inutile de faire remarquer que la concordance des indictions est indiquée dans l'hypothèse où l'indiction est prise au 1er janvier 313. Quand on la prend d'une autre époque, il faut modifier les indications du tableau principal d'après le tableau H qui le précède. Le tableau J s'arrête à l'an 1602; mais, comme la concordance des années de J. C. et des indictions se reproduit dans le même ordre au bout de trois cents ans, pour connaître l'indiction des années postérieures à l'an 1602 il suffit de retrancher de l'année dont il s'agit l'un des nombres trois cents, six cents, neuf cents, etc. : ainsi l'année 1843 a la même indiction que les années 1543, 1243 ou 943, c'est-à-dire l'indiction I.

On a vu que le cycle solaire est composé de vingt-huit ans, et que les combinaisons des concurrents et des lettres dominicales se reproduisent dans le même ordre pour chacun des cycles solaires. Le tableau K est consacré exclusivement à présenter sur une même ligne horizontale celles des années de J. C. qui correspondent à une même année du cycle solaire, et qui, par conséquent, ont les mêmes concurrents et les mêmes lettres dominicales : les années bissextiles sont celles qui ont deux lettres dominicales. On a indiqué dans un appendice chacun des deux concurrents qui peuvent être successivement employés dans les dates de ces années; mais nous avons prévenu que cette distinction des deux concurrents n'était pas toujours observée.

Une disposition analogue a été suivie dans le tableau L, où l'on trouve la concordance des années de J. C. avec le cycle de dix-neuf ans et les divers éléments qui se reproduisent dans le même ordre que les années de ce cycle, c'est-à-dire le cycle lunaire des Juifs, les réguliers lunaires annuels, les clefs des fêtes mobiles, le terme pascal et les épactes. On verra que les épactes sont marquées selon le calcul ordinaire, et selon le calcul égyptien, qui a été quelquefois adopté par les notaires.

On se rappelle aussi que les années du cycle de dix-neuf ans ont été comptées à partir du 1er janvier, du 1er mars et du 29 août : nous avons suivi le premier de ces calculs dans le tableau principal; mais ce tableau doit être rectifié quand les années du cycle de dix-neuf ans sont comptées à partir du 29 août ou du 1er mars. En examinant les indications de l'appendice joint au tableau L, on verra que, dans le premier cas, les années du cycle de dix-neuf ans commencent trois mois et deux jours plus tôt, parce qu'elles suivent le cours de l'année des Alexandrins, et que, dans le second cas, au contraire, les années du cycle de dix-neuf ans commencent deux mois plus tard. Nous n'avons pas indiqué de rectification pour le cycle lunaire, parce que les auteurs de l'Art de vérifier les dates pensent que les années de ce cycle ont toujours été calculées dans les chartes à partir du 1er janvier.

Le tableau K et le tableau L, commençant à l'an 874 et s'arrêtant à l'an 1405, concordent de 874 à 1063 avec les années 343 à 532 du cycle pascal, et de 1064 à 1405 avec les trois cent quarante-deux premières années de ce cycle. Or, nous avons vu que les mêmes concordances se reproduisent exactement dans le même ordre pour les mêmes années de tout cycle pascal; ainsi, quand on aura besoin de faire une vérification pour une année antérieure à 874 ou postérieure à 1405, il suffira de consulter le tableau M, qui présente en regard les années de J. C. correspondant à une même année du cycle pascal. On verra par exemple que la quatre cent quatre-vingt-deuxième année du cycle pascal correspond aux années de J. C. 481, 1013 et 1545; par conséquent, toutes les concordances indiquées dans les tableaux K et L, pour l'an 1013, s'appliquent également à l'an 481 et à l'an 1545. Le tableau M présente en outre la date des Pâques, depuis le commencement de l'ère chrétienne jusqu'en 2127, mais suivant le vieux style[1].

Jusque vers la fin du VIIIe siècle, il s'est élevé des dissentiments entre les Orientaux et les Occidentaux pour l'époque de la célébration des Pâques; ces différences ont été relevées sur le tableau N.

On peut avoir besoin de vérifier l'époque à laquelle ont été célébrées les fêtes mobiles qui servent souvent de dates à une charte; or, l'époque de cette célébration dépend du jour auquel tombe la fête de Pâques. Il suffit de jeter les yeux sur le tableau O pour trouver la date des différentes fêtes mobiles dans une année quelconque de l'ère chrétienne, pourvu que l'on ait pris soin de vérifier, au moyen du tableau M, quelle est pour cette année la date de la fête de Pâques.

Le tableau P est un calendrier perpétuel qui peut servir à plus d'un usage. Chaque mois renferme six colonnes : la première présente le nombre des jours qui se sont écoulés depuis le commencement de l'année. On verra que nous

[1] On indiquera tout à l'heure comment ce tableau peut faciliter les calculs qui se rattachent aux années du nouveau style.

avons donné cette indication seulement pour les années communes, et que par conséquent, dans les années bissextiles, les nombres de cette première colonne doivent être augmentés d'un depuis le 1er mars jusqu'au 31 décembre, en sorte que le 29 février étant le soixantième jour de l'année, le 1er mars devient le soixante et unième au lieu du soixantième, et ainsi de suite.

La deuxième colonne renferme les jours du mois, selon le calendrier romain : il suffira de l'examiner pour se rendre compte de l'ordre rétrograde qu'on suivait dans le calcul des calendes, des nones et des ides.

Mais nous devons avertir qu'on s'est écarté quelquefois de cette méthode, pour calculer ces jours dans l'ordre direct, en sorte que, dans certains actes, le dix-neuvième jour des calendes de janvier, au lieu de correspondre au 14 décembre, désignait le 1er janvier; et réciproquement, le premier jour des calendes de janvier désignait le 14 décembre au lieu du 1er janvier. La même irrégularité se reproduisait pour les jours des ides et des nones. Il est aussi arrivé de compter les jours des calendes comme nous comptons les jours des mois, et de désigner, par exemple, le 7 mars par ces mots : *Post* VII *kalend. Martii*. Enfin, tout en conservant le calcul rétrograde, on ne tenait pas toujours compte comme les anciens du jour des calendes; le 14 janvier devenait alors le 18 des calendes de février au lieu du 19, le 15 janvier était le 17, et ainsi de suite. Au reste, ces diverses exceptions ne se rencontrent que rarement.

En regard du 25 février, on remarque le chiffre romain V et le chiffre arabe 6 : le chiffre V sert dans les années communes, et désigne le 5 des calendes de mars : dans les années bissextiles, au contraire, il faut se servir du chiffre 6. En effet, c'est la répétition du 6 des calendes de mars (*bis sextus*) qui a fait donner à ces années le nom de *bissextiles :* c'est par la même raison que, dans la quatrième colonne, on voit la lettre dominicale du 24 février répétée au 25.

Puisque nous venons de parler de la supputation rétrograde qu'on employait pour les jours des calendes, des nones et des ides, ce sera une occasion de signaler en passant un usage analogue dont on rencontre plus d'un exemple dans les dates des chartes. En effet, cette supputation inverse a été employée aussi pour les jours du *mois sortant*. Du XIe au XVe siècle environ, il arrivait souvent, surtout en Italie, qu'on partageait chaque mois en deux parties : la première, qui s'appelait le *mois entrant*, finissait au quinzième ou au seizième jour, suivant que le mois avait trente ou trente et un jours : on la désignait par les formules *intrante mense, introeunte mense* ou *mensis introitus*. La seconde partie du mois ou le *mois sortant* se désignait par les formules suivantes : *Mense exeunte, stante, instante, astante, restante* ou *exitus mensis.* Le dernier jour du mois était désigné spécialement par les mots *die ultimâ,* et quelquefois *die penultimâ.* Mais ce qu'il importe le plus de savoir, c'est que les jours du mois entrant étaient appelés le 1er, le 2, le 3, le 4, etc., suivant l'ordre ordinaire de notre calendrier, tandis que les jours du mois sortant se comptaient dans l'ordre inverse; ainsi XV *die exeunte Januario* correspondait au 17 janvier, XIV au 18, XIII au 19, et ainsi de suite, comme l'indique le tableau suivant. Nous avons supposé que, dans le mois de février, les jours du mois entrant se comptaient jusqu'au 15 inclusivement dans les années bissextiles, et jusqu'au 14 dans les années communes; mais nous n'avons pas rencontré d'acte sur lequel cette hypothèse pût être vérifiée.

CONCORDANCE ENTRE LES DATES DU MOIS SORTANT ET LES DATES ORDINAIRES.

Dates du mois sortant................	15	14	13	12	11	10	9	8	7	6	5	4	3	2	1
Dates correspondantes des mois de 31 jours.	17	18	19	20	21	22	23	24	25	26	27	28	29	30	31
Dates correspondantes des mois de 30 jours.	16	17	18	19	20	21	22	23	24	25	26	27	28	29	30
Dates correspondantes du mois de février — dans les années bissextiles.		16	17	18	19	20	21	22	23	24	25	26	27	28	29
Dates correspondantes du mois de février — dans les années communes.		15	16	17	18	19	20	21	22	23	24	25	26	27	28

La troisième et la quatrième colonne du tableau P, qui renferment, l'une les jours du mois selon notre calendrier, l'autre les lettres dominicales, ne peuvent donner lieu à aucune difficulté. On remarquera seulement que pour appliquer ce calendrier à une année quelconque de l'ère chrétienne, il suffit de connaître la lettre dominicale de cette année; c'est ce que l'on trouve dans le tableau K, pour les années 874 à 1405. Nous avons dit d'ailleurs comment, à l'aide du tableau M, ces indications peuvent être appliquées aux années antérieures à 874 ou postérieures à 1405.

En traitant du cycle de dix-neuf ans, nous avons eu occasion d'expliquer l'usage de la cinquième colonne où se trouve indiqué le nombre d'or. Il nous reste à parler des épactes du calendrier Grégorien, qui sont marquées dans la sixième colonne. Les épactes du nouveau style servent à fixer les nouvelles lunes du calendrier Grégorien, de même qu'on déterminait, à l'aide du nombre d'or, les nouvelles lunes du calendrier Julien. On remarquera d'abord qu'il y a au moins une épacte correspondant à chaque jour de l'année, si l'on excepte toutefois le 29 février, qui augmente d'un jour, comme dans l'ancien style, le mois lunaire dans lequel il se trouve compris. Voici maintenant la manière d'employer les épactes du nouveau style. L'année 1785, par exemple, a pour épacte 18 : pour vérifier les nouvelles lunes de cette année, il suffit de rechercher à quels jours des différents mois correspond l'épacte 18; on voit alors que cette épacte concorde avec le 13 janvier, le 11 février, le 13 mars, le 11 avril, le 11 mai, le 9 juin, le 9 juillet, le 7 août, le 6 septembre, le 5 octobre, le 4 novembre et le 3 décembre. C'est par conséquent à ces différents jours que sont arrivées les nouvelles lunes, non pas selon la précision des calculs astronomiques, mais d'après le comput ecclésiastique : or la nouvelle lune arrive réellement un, deux ou même trois jours plus tôt que l'épacte ne l'indique; mais les dates indiquées par l'épacte servent dans les actes malgré cette inexactitude. On se rappelle que les lunes appartiennent au mois dans lequel elles finissent; la lune de janvier en 1785 est donc celle qui a fini le 12 de ce mois, et qui avait commencé le 14 décembre précédent, jour auquel répond l'épacte 7, qui est celle de l'année 1784. Cela constaté, si l'on calcule le nombre des jours qui composent chaque mois lunaire en 1785, on trouve que les mois de trente jours ou mois pleins sont janvier, mars, mai, juillet, septembre et novembre, et que les mois de vingt-neuf jours ou mois caves, sont février, avril, juin, août, octobre et décembre. La lune de décembre qui finit le 2 décembre 1785 est suivie d'une autre lune qui appartient au même mois, parce que, tout en commençant le 3 décembre, elle doit finir le 31; en effet, l'année 1785 est la dernière du cycle de dix-neuf ans, et la dernière année du cycle doit se terminer par une lune de vingt-neuf jours.

Comme les épactes du nouveau style indiquent le quantième de la lune au 31 décembre, et qu'à cette date la dernière lune de 1785 avait vingt-neuf jours, l'épacte de 1786 devrait être 29; mais l'épacte 29 répond au 2 janvier, et cependant la première lune de 1786 doit commencer le 1er de ce mois. De là vient que l'épacte répondant au 1er janvier est représentée par le signe conventionnel * qui, tout en indiquant habituellement l'épacte 30, correspond au besoin à une épacte 29 différente de celle qui est exprimée en chiffres vis-à-vis du 2 janvier, du 1er février, etc.

Les doubles épactes 25 et 24 marquées en chiffres arabes en regard du 5 février, du 5 avril, du 3 juin, du 1er août, du 29 septembre et du 27 novembre sont ainsi disposées pour que la série des trente épactes corresponde alternativement à trente jours et à vingt-neuf : ainsi de l'épacte 30 placée en regard du 1er janvier, à l'épacte 1 placée en regard du 30 du même mois, il y a trente jours. Au contraire, de l'épacte 30 placée en regard du 31 janvier, à l'épacte 1 placée en regard du 28 février, il n'y a que vingt-neuf jours. La même disposition se reproduit ainsi jusqu'à la fin de l'année, à cause de la double épacte qui revient de deux mois en deux mois : on a donc assuré ainsi la succession alternative des mois pleins et des mois caves[1].

On trouve aussi en regard du 4 février, du 4 avril, du 2 juin, du 31 juillet, du 28 septembre et du 26 novembre deux épactes qui sont indiquées de la manière suivante : 26 ou XXV. Cette double indication tient à ce que, dans le calendrier Grégorien, chaque année du cycle de dix-neuf ans ne correspond pas toujours, comme dans l'ancien calendrier, à la même épacte. L'épacte 26 correspondra jusqu'en 1899 à la dix-septième année du cycle de dix-neuf ans. A partir de 1900 elle sera remplacée par l'épacte XXV. Cette substitution a pour but de mieux accorder l'année lunaire avec l'année solaire. Il faut savoir toutefois que jusqu'en 1899 il y a une épacte 25 qui correspond à la sixième année du cycle de dix-neuf ans : c'est l'épacte marquée en chiffres arabes sur la même ligne que l'épacte 24, et en regard du 5 février, du 5 avril, du 3 juin, du 1er août, du 29 septembre et du 27 novembre. Il en résulte que jusqu'en 1899, dans les années qui ont *vingt-cinq* d'épacte, on trouve six nouvelles lunes qui commencent le 5 février, le 5 avril, le 3 juin, le 1er août, le 29 septembre et le 27 novembre, et qu'à partir de 1900 ces nouvelles lunes commenceront la veille de ces différents jours. Mais le commencement des autres lunes reste fixé à la même date avant et après 1900, parce qu'il n'y a qu'une épacte *vingt-cinq* le 6 janvier, le 6 mars, le 4 mai, le 2 juillet, le 30 août, le 28 octobre et le 26 décembre. On a donc marqué en chiffres arabes les épactes qui servent le plus ordinairement, et en chiffres romains celles qui doivent les remplacer momentanément. C'est par la même raison qu'on a marqué au 31 décembre les épactes 20 et XIX. En effet l'épacte XIX du 31 décembre a servi jusqu'en 1699 pour la dix-neuvième année du cycle de dix-neuf ans. A partir de 1700 elle n'est plus en usage, et suivant l'Art de vérifier les dates, on ne commencera à l'employer qu'à partir de 8500.

Les deux tableaux Q et R ont pour but de faciliter la concordance de l'ancien et du nouveau style. La réforme du calendrier Grégorien a altéré l'ancienne disposition des éléments chronologiques dépendant du cycle solaire et du cycle lunaire. Comme la table de l'Art de vérifier les dates est fort longue, et que les temps postérieurs à la réforme du calendrier ne se rattachent pas étroitement au plan de notre ouvrage, on a dû se borner à présenter les indications nécessaires pour faciliter la conversion des années du vieux style en années Grégoriennes. Ce calcul est d'ailleurs fort simple. Le tableau Q indique la concordance des lettres dominicales de l'ancien et du nouveau calendrier

[1] Cet ordre alternatif des mois pleins et des mois caves n'a pas toujours lieu dans les années embolismiques. Mais il est constant dans les années communes.

avec les années du cycle solaire. Si l'on veut, par exemple, connaître la lettre dominicale de l'année 1683, il faut d'abord chercher quel rang elle occupe par rapport aux années du cycle pascal. En consultant le tableau M, on voit que cette année répond à la quatre-vingt-huitième du cycle pascal ainsi que les années 87, 619 et 1151. L'année 1151, qui se trouve portée sur les tableaux K et L, donnera donc les indications propres à l'année 1683 suivant le vieux style. On voit, en consultant le tableau K, qu'elle est la douzième du cycle solaire, et, en se reportant au tableau Q, on trouve que, suivant le nouveau calendrier, la douzième année du cycle solaire a pour lettre dominicale C depuis 1583 jusqu'en 1699. Si on a besoin de connaître le terme pascal et l'épacte de l'année 1683, il faut chercher sur le tableau L à quelle année du cycle de dix-neuf ans répond l'année 1151; on trouve alors qu'elle est la douzième de ce cycle. En se reportant au tableau R, on voit que depuis 1583 jusqu'en 1699 la douzième année du cycle de dix-neuf ans a, dans le nouveau calendrier, pour terme pascal le 11 avril et pour épacte 2. Le calendrier perpétuel du tableau P fournit alors le moyen de trouver la date de Pâques, puisque cette fête tombe le premier dimanche qui suit le terme pascal. Comme l'année 1683 a pour lettre dominicale C, il faut chercher quel est le premier jour après le 11 avril auquel correspond cette lettre; on la trouve au 18 avril, et c'est, par conséquent, ce jour-là que la fête de Pâques est tombée en 1683.

Nous avons indiqué à part dans le tableau Q les lettres dominicales des années 1700, 1800, 1900 et 2100, qui, d'après le nouveau calendrier, ne sont pas bissextiles. On verra aussi de combien de jours les années du calendrier Julien sont en retard sur les années du nouveau calendrier. Cette différence qui est, suivant les époques, de dix, onze, douze ou treize jours, continuera de s'accroître ainsi de trois jours en quatre siècles. Il en résulte que jusqu'en 1700, par exemple, les dix premiers jours de janvier suivant le nouveau style, correspondent aux dix derniers jours de décembre suivant le vieux style. Par conséquent, pour établir la concordance d'une date comprise dans ces dix jours, il ne faut pas oublier que si cette date correspondait, par exemple, à la dix-huitième année du cycle solaire d'après le calendrier Julien, elle appartiendrait à la dix-neuvième d'après le calendrier Grégorien, et que la même différence existerait pour les années du cycle de dix-neuf ans.

Enfin le tableau S indique les sept combinaisons suivant lesquelles chacune des lettres dominicales correspond successivement aux sept jours de la semaine. A l'aide de ces divers éléments, il est toujours possible de reconstruire le calendrier d'une année quelconque de l'ère chrétienne jusque dans ses moindres détails.

TABLEAU H.

Quand, au lieu de faire commencer le 1er cycle de l'indiction au 1er janvier de l'an 313 de J. C., on le compte à partir du			
1er janvier 312,	1er janvier 314,	1er janvier 515,	
on a pour indiction :			
II	XV	XIV	au lieu de..... I.
III	I	XV	——— II.
IV	II	I	——— III.
V	III	II	——— IV.
VI	IV	III	——— V.
VII	V	IV	——— VI.
VIII	VI	V	——— VII.
IX	VII	VI	——— VIII.
X	VIII	VII	——— IX.
XI	IX	VIII	——— X.
XII	X	IX	——— XI.
XIII	XI	X	——— XII.
XIV	XII	XI	——— XIII.
XV	XIII	XII	——— XIV.
I	XIV	XIII	——— XV.

Quand, au lieu de faire commencer les années de l'indiction au 1er janvier, on les compte à partir du			
1er sept. précédent, toute date comprise entre le 1er sept. et le 31 déc. inclusivement, a pour indiction : 24 sept. précédent, toute date comprise entre le 24 sept. et le 31 déc. inclusivement, a pour indiction : 1er octob. précédent, toute date comprise entre le 1er oct. et le 31 déc. inclusivement, a pour indiction : 25 décem. précédent, toute date comprise entre le 25 déc. et le 31 déc. inclusivement, a pour indiction :		25 mars suivant, toute date comprise entre le 1er janvier et le 24 mars inclusivement, a pour indiction: jour de Pâques suivant, toute date qui est antérieure au jour de cette fête, a pour indiction :	
II	au lieu de..................... I.	XV	au lieu de..... I.
III	——— II.	I	——— II.
IV	——— III.	II	——— III.
V	——— IV.	III	——— IV.
VI	——— V.	IV	——— V.
VII	——— VI.	V	——— VI.
VIII	——— VII.	VI	——— VII.
IX	——— VIII.	VII	——— VIII.
X	——— IX.	VIII	——— IX.
XI	——— X.	IX	——— X.
XII	——— XI.	X	——— XI.
XIII	——— XII.	XI	——— XII.
XIV	——— XIII.	XII	——— XIII.
XV	——— XIV.	XIII	——— XIV.
I	——— XV.	XIV	——— XV.

TABLEAU J.

CONCORDANCE DES ANNÉES DE JÉSUS-CHRIST ET DES INDICTIONS, LA PREMIÈRE ANNÉE DU PREMIER CYCLE ÉTANT COMPTÉE A PARTIR DU 1er JANVIER 313.

ANNÉES DE JÉSUS-CHRIST.										INDICTIONS.	ANNÉES DE JÉSUS-CHRIST.									
313	328	343	358	373	388	403	418	433	448	I	463	478	493	508	523	538	553	568	583	598
314	329	344	359	374	389	404	419	434	449	II	464	479	494	509	524	539	554	569	584	599
315	330	345	360	375	390	405	420	435	450	III	465	480	495	510	525	540	555	570	585	600
316	331	346	361	376	391	406	421	436	451	IV	466	481	496	511	526	541	556	571	586	601
317	332	347	362	377	392	407	422	437	452	V	467	482	497	512	527	542	557	572	587	602
318	333	348	363	378	393	408	423	438	453	VI	468	483	498	513	528	543	558	573	588	603
319	334	349	364	379	394	409	424	439	454	VII	469	484	499	514	529	544	559	574	589	604
320	335	350	365	380	395	410	425	440	455	VIII	470	485	500	515	530	545	560	575	590	605
321	336	351	366	381	396	411	426	441	456	IX	471	486	501	516	531	546	561	576	591	606
322	337	352	367	382	397	412	427	442	457	X	472	487	502	517	532	547	562	577	592	607
323	338	353	368	383	398	413	428	443	458	XI	473	488	503	518	533	548	563	578	593	608
324	339	354	369	384	399	414	429	444	459	XII	474	489	504	519	534	549	564	579	594	609
325	340	355	370	385	400	415	430	445	460	XIII	475	490	505	520	535	550	565	580	595	610
326	341	356	371	386	401	416	431	446	461	XIV	476	491	506	521	536	551	566	581	596	611
327	342	357	372	387	402	417	432	447	462	XV	477	492	507	522	537	552	567	582	597	612

Suite du TABLEAU J.

CONCORDANCE DES ANNÉES DE JÉSUS-CHRIST ET DES INDICTIONS.

ANNÉES DE JÉSUS-CHRIST.											INDICTIONS.	ANNÉES DE JÉSUS-CHRIST.										
613	658	703	748	793	838	883	928	973	1018	1063	I	1108	1153	1198	1243	1288	1333	1378	1423	1468	1513	1558
614	659	704	749	794	839	884	929	974	1019	1064	II	1109	1154	1199	1244	1289	1334	1379	1424	1469	1514	1559
615	660	705	750	795	840	885	930	975	1020	1065	III	1110	1155	1200	1245	1290	1335	1380	1425	1470	1515	1560
616	661	706	751	796	841	886	931	976	1021	1066	IV	1111	1156	1201	1246	1291	1336	1381	1426	1471	1516	1561
617	662	707	752	797	842	887	932	977	1022	1067	V	1112	1157	1202	1247	1292	1337	1382	1427	1472	1517	1562
618	663	708	753	798	843	888	933	978	1023	1068	VI	1113	1158	1203	1248	1293	1338	1383	1428	1473	1518	1563
619	664	709	754	799	844	889	934	979	1024	1069	VII	1114	1159	1204	1249	1294	1339	1384	1429	1474	1519	1564
620	665	710	755	800	845	890	935	980	1025	1070	VIII	1115	1160	1205	1250	1295	1340	1385	1430	1475	1520	1565
621	666	711	756	801	846	891	936	981	1026	1071	IX	1116	1161	1206	1251	1296	1341	1386	1431	1476	1521	1566
622	667	712	757	802	847	892	937	982	1027	1072	X	1117	1162	1207	1252	1297	1342	1387	1432	1477	1522	1567
623	668	713	758	803	848	893	938	983	1028	1073	XI	1118	1163	1208	1253	1298	1343	1388	1433	1478	1523	1568
624	669	714	759	804	849	894	939	984	1029	1074	XII	1119	1164	1209	1254	1299	1344	1389	1434	1479	1524	1569
625	670	715	760	805	850	895	940	985	1030	1075	XIII	1120	1165	1210	1255	1300	1345	1390	1435	1480	1525	1570
626	671	716	761	806	851	896	941	986	1031	1076	XIV	1121	1166	1211	1256	1301	1346	1391	1436	1481	1526	1571
627	672	717	762	807	852	897	942	987	1032	1077	XV	1122	1167	1212	1257	1302	1347	1392	1437	1482	1527	1572
628	673	718	763	808	853	898	943	988	1033	1078	I	1123	1168	1213	1258	1303	1348	1393	1438	1483	1528	1573
629	674	719	764	809	854	899	944	989	1034	1079	II	1124	1169	1214	1259	1304	1349	1394	1439	1484	1529	1574
630	675	720	765	810	855	900	945	990	1035	1080	III	1125	1170	1215	1260	1305	1350	1395	1440	1485	1530	1575
631	676	721	766	811	856	901	946	991	1036	1081	IV	1126	1171	1216	1261	1306	1351	1396	1441	1486	1531	1576
632	677	722	767	812	857	902	947	992	1037	1082	V	1127	1172	1217	1262	1307	1352	1397	1442	1487	1532	1577
633	678	723	768	813	858	903	948	993	1038	1083	VI	1128	1173	1218	1263	1308	1353	1398	1443	1488	1533	1578
634	679	724	769	814	859	904	949	994	1039	1084	VII	1129	1174	1219	1264	1309	1354	1399	1444	1489	1534	1579
635	680	725	770	815	860	905	950	995	1040	1085	VIII	1130	1175	1220	1265	1310	1355	1400	1445	1490	1535	1580
636	681	726	771	816	861	906	951	996	1041	1086	IX	1131	1176	1221	1266	1311	1356	1401	1446	1491	1536	1581
637	682	727	772	817	862	907	952	997	1042	1087	X	1132	1177	1222	1267	1312	1357	1402	1447	1492	1537	1582
638	683	728	773	818	863	908	953	998	1043	1088	XI	1133	1178	1223	1268	1313	1358	1403	1448	1493	1538	1583
639	684	729	774	819	864	909	954	999	1044	1089	XII	1134	1179	1224	1269	1314	1359	1404	1449	1494	1539	1584
640	685	730	775	820	865	910	955	1000	1045	1090	XIII	1135	1180	1225	1270	1315	1360	1405	1450	1495	1540	1585
641	686	731	776	821	866	911	956	1001	1046	1091	XIV	1136	1181	1226	1271	1316	1361	1406	1451	1496	1541	1586
642	687	732	777	822	867	912	957	1002	1047	1092	XV	1137	1182	1227	1272	1317	1362	1407	1452	1497	1542	1587
643	688	733	778	823	868	913	958	1003	1048	1093	I	1138	1183	1228	1273	1318	1363	1408	1453	1498	1543	1588
644	689	734	779	824	869	914	959	1004	1049	1094	II	1139	1184	1229	1274	1319	1364	1409	1454	1499	1544	1589
645	690	735	780	825	870	915	960	1005	1050	1095	III	1140	1185	1230	1275	1320	1365	1410	1455	1500	1545	1590
646	691	736	781	826	871	916	961	1006	1051	1096	IV	1141	1186	1231	1276	1321	1366	1411	1456	1501	1546	1591
647	692	737	782	827	872	917	962	1007	1052	1097	V	1142	1187	1232	1277	1322	1367	1412	1457	1502	1547	1592
648	693	738	783	828	873	918	963	1008	1053	1098	VI	1143	1188	1233	1278	1323	1368	1413	1458	1503	1548	1593
649	694	739	784	829	874	919	964	1009	1054	1099	VII	1144	1189	1234	1279	1324	1369	1414	1459	1504	1549	1594
650	695	740	785	830	875	920	965	1010	1055	1100	VIII	1145	1190	1235	1280	1325	1370	1415	1460	1505	1550	1595
651	696	741	786	831	876	921	966	1011	1056	1101	IX	1146	1191	1236	1281	1326	1371	1416	1461	1506	1551	1596
652	697	742	787	832	877	922	967	1012	1057	1102	X	1147	1192	1237	1282	1327	1372	1417	1462	1507	1552	1597
653	698	743	788	833	878	923	968	1013	1058	1103	XI	1148	1193	1238	1283	1328	1373	1418	1463	1508	1553	1598
654	699	744	789	834	879	924	969	1014	1059	1104	XII	1149	1194	1239	1284	1329	1374	1419	1464	1509	1554	1599
655	700	745	790	835	880	925	970	1015	1060	1105	XIII	1150	1195	1240	1285	1330	1375	1420	1465	1510	1555	1600
656	701	746	791	836	881	926	971	1016	1061	1106	XIV	1151	1196	1241	1286	1331	1376	1421	1466	1511	1556	1601
657	702	747	792	837	882	927	972	1017	1062	1107	XV	1152	1197	1242	1287	1332	1377	1422	1467	1512	1557	1602

TABLEAU K.

CONCORDANCE DES ANNÉES DE JÉSUS-CHRIST, DU CYCLE SOLAIRE, DES CONCURRENTS ET DES LETTRES DOMINICALES.

ANS DE JÉSUS-CHRIST.																			CYCLE SOLAIRE.	CONCURRENTS.	LETTRES dominicales.
874	902	930	958	986	1014	1042	1070	1098	1126	1154	1182	1210	1238	1266	1294	1322	1350	1378	15	4	C
875	903	931	959	987	1015	1043	1071	1099	1127	1155	1183	1211	1239	1267	1295	1323	1351	1379	16	5	B
876	904	932	960	988	1016	1044	1072	1100	1128	1156	1184	1212	1240	1268	1296	1324	1352	1380	17	7	A G
877	905	933	961	989	1017	1045	1073	1101	1129	1157	1185	1213	1241	1269	1297	1325	1353	1381	18	1	F
878	906	934	962	990	1018	1046	1074	1102	1130	1158	1186	1214	1242	1270	1298	1326	1354	1382	19	2	E
879	907	935	963	991	1019	1047	1075	1103	1131	1159	1187	1215	1243	1271	1299	1327	1355	1383	20	3	D
880	908	936	964	992	1020	1048	1076	1104	1132	1160	1188	1216	1244	1272	1300	1328	1356	1384	21	5	C B
881	909	937	965	993	1021	1049	1077	1105	1133	1161	1189	1217	1245	1273	1301	1329	1357	1385	22	6	A
882	910	938	966	994	1022	1050	1078	1106	1134	1162	1190	1218	1246	1274	1302	1330	1358	1386	23	7	G
883	911	939	967	995	1023	1051	1079	1107	1135	1163	1191	1219	1247	1275	1303	1331	1359	1387	24	1	F
884	912	940	968	996	1024	1052	1080	1108	1136	1164	1192	1220	1248	1276	1304	1332	1360	1388	25	3	E D
885	913	941	969	997	1025	1053	1081	1109	1137	1165	1193	1221	1249	1277	1305	1333	1361	1389	26	4	C
886	914	942	970	998	1026	1054	1082	1110	1138	1166	1194	1222	1250	1278	1306	1334	1362	1390	27	5	B
887	915	943	971	999	1027	1055	1083	1111	1139	1167	1195	1223	1251	1279	1307	1335	1363	1391	28	6	A
888	916	844	972	1000	1028	1056	1084	1112	1140	1168	1196	1224	1252	1280	1308	1336	1364	1392	1	1	G F
889	917	945	973	1001	1029	1057	1085	1113	1141	1169	1197	1225	1253	1281	1309	1337	1365	1393	2	2	E
890	918	946	974	1002	1030	1058	1086	1114	1142	1170	1198	1226	1254	1282	1310	1338	1366	1394	3	3	D
891	919	947	975	1003	1031	1059	1087	1115	1143	1171	1199	1227	1255	1283	1311	1339	1367	1395	4	4	C
892	920	948	976	1004	1032	1060	1088	1116	1144	1172	1200	1228	1256	1284	1312	1340	1368	1396	5	6	B A
893	921	949	977	1005	1033	1061	1089	1117	1145	1173	1201	1229	1257	1285	1313	1341	1369	1397	6	7	G
894	922	950	978	1006	1034	1062	1090	1118	1146	1174	1202	1230	1258	1286	1314	1342	1370	1398	7	1	F
895	923	951	979	1007	1035	1063	1091	1119	1147	1175	1203	1231	1259	1287	1315	1343	1371	1399	8	2	E
896	924	952	980	1008	1036	1064	1092	1120	1148	1176	1204	1232	1260	1288	1316	1344	1372	1400	9	4	D C
897	925	953	981	1009	1037	1065	1093	1121	1149	1177	1205	1233	1261	1289	1317	1345	1373	1401	10	5	B
898	926	954	982	1010	1038	1066	1094	1122	1150	1178	1206	1234	1262	1290	1318	1346	1374	1402	11	6	A
899	927	955	983	1011	1039	1067	1095	1123	1151	1179	1207	1235	1263	1291	1319	1347	1375	1403	12	7	G
900	928	956	984	1012	1040	1068	1096	1124	1152	1180	1208	1236	1264	1292	1320	1348	1376	1404	13	2	F E
901	929	957	985	1013	1041	1069	1097	1125	1153	1181	1209	1237	1265	1293	1321	1349	1377	1405	14	3	D

APPENDICE AU TABLEAU K,

INDIQUANT, AVEC LA LETTRE DOMINICALE CORRESPONDANTE, CHACUN DES DEUX CONCURRENTS QUI CONVIENNENT PLUS SPÉCIALEMENT DANS LES ANNÉES BISSEXTILES, D'UNE PART POUR LES DATES ANTÉRIEURES AU 25 FÉVRIER, D'AUTRE PART POUR LES DATES DU RESTE DE L'ANNÉE.

ANNÉES BISSEXTILES DE JÉSUS-CHRIST.																			CYCLE SOLAIRE.	CONCURRENTS et lettres dominicales.	
																				avant le 25 février.	après le 24 février.
876	904	932	960	988	1016	1044	1072	1100	1128	1156	1184	1212	1240	1268	1296	1324	1352	1380	17	6 A	7 G
880	908	936	964	992	1020	1048	1076	1104	1132	1160	1188	1216	1244	1272	1300	1328	1356	1384	21	4 C	5 B
884	912	940	968	996	1024	1052	1080	1108	1136	1164	1192	1220	1248	1276	1304	1332	1360	1388	25	2 E	3 D
888	916	944	972	1000	1028	1056	1084	1112	1140	1168	1196	1224	1252	1280	1308	1336	1364	1392	1	7 G	1 F
892	920	948	976	1004	1032	1060	1088	1116	1144	1172	1200	1228	1256	1284	1312	1340	1368	1396	5	5 B	6 A
896	924	952	980	1008	1036	1064	1092	1120	1148	1176	1204	1232	1260	1288	1316	1344	1372	1400	9	3 D	4 C
900	928	956	984	1012	1040	1068	1096	1124	1152	1180	1208	1236	1264	1292	1320	1348	1376	1404	13	1 F	2 E

TABLEAU L.

CONCORDANCE DES ANNÉES DE JÉSUS-CHRIST, DES RÉGULIERS ANNUELS, DES CLEFS DES FÊTES MOBILES, DU TERME PASCAL, DES ÉPACTES, DU CYCLE LUNAIRE ET DU CYCLE DE DIX-NEUF ANS OU NOMBRE D'OR.

(Les années embolismiques du cycle lunaire et du cycle de dix-neuf ans sont distinguées par un astérisque.)

APPENDICE AU TABLEAU L.

On peut aussi trouver pour le chiffre des années du cycle de dix-neuf ans, savoir :

ANS DE JÉSUS-CHRIST.														RÉGULIERS ANNUELS.	CLEFS DES FÊTES mobiles.	TERME PASCAL M, mars. A, avril.	ÉPACTES ORDINAIRES servent pour toute l'année.	ÉPACTES ÉGYPTIENNES employées quelquefois du 29 août au 31 décembre.	CYCLE LUNAIRE DES JUIFS.	CYCLE DE DIX-NEUF ANS ou nombre d'or.	du 29 août au 31 décembre.	du 1er janvier au 29 février.
874	912	950	988	1026	1064	1102	1140	1178	1216	1254	1292	1330	1368	5	26	5 A	29	11	*17	1	2 au lieu de 1.	19 a.1 lieu de 1.
875	913	951	989	1027	1065	1103	1141	1179	1217	1255	1293	1331	1369	1	15	25 M	11	22	18	*2	3 au lieu de 2.	1 au lieu de 2.
876	914	952	990	1028	1066	1104	1142	1180	1218	1256	1294	1332	1370	6	34	13 A	22	3	*19	3	4 au lieu de 3.	2 au lieu de 3.
877	915	953	991	1029	1067	1105	1143	1181	1219	1257	1295	1333	1371	2	23	2 A	3	14	1	4	5 au lieu de 4.	3 au lieu de 4.
878	916	954	992	1030	1068	1106	1144	1182	1220	1258	1296	1334	1372	5	12	22 M	14	25	2	*5	6 au lieu de 5.	4 au lieu de 5.
879	917	955	993	1031	1069	1107	1145	1183	1221	1259	1297	1335	1373	3	31	10 A	25	6	*3	6	7 au lieu de 6.	5 au lieu de 6.
880	918	956	994	1032	1070	1108	1146	1184	1222	1260	1298	1336	1374	6	20	30 M	6	17	4	7	8 au lieu de 7.	6 au lieu de 7.
881	919	957	995	1033	1071	1109	1147	1185	1223	1261	1299	1337	1375	4	39	18 A	17	28	5	*8	9 au lieu de 8.	7 au lieu de 8.
882	920	958	996	1034	1072	1110	1148	1186	1224	1262	1300	1338	1376	7	28	7 A	28	9	*6	9	10 au lieu de 9.	8 au lieu de 9.
883	921	959	997	1035	1073	1111	1149	1187	1225	1263	1301	1339	1377	3	17	27 M	9	20	7	10	11 au lieu de 10.	9 au lieu de 10.
884	922	960	998	1036	1074	1112	1150	1188	1226	1264	1302	1340	1378	1	36	15 A	20	1	*8	*11	12 au lieu de 11.	10 au lieu de 11.
885	923	961	999	1037	1075	1113	1151	1189	1227	1265	1303	1341	1379	4	25	4 A	1	12	9	12	13 au lieu de 12.	11 au lieu de 12.
886	924	962	1000	1038	1076	1114	1152	1190	1228	1266	1304	1342	1380	7	14	24 M	12	23	10	*13	14 au lieu de 13.	12 au lieu de 13.
887	825	963	1001	1039	1077	1115	1153	1191	1229	1267	1305	1343	1381	5	33	12 A	23	4	*11	14	15 au lieu de 14.	13 au lieu de 14.
888	926	964	1002	1040	1078	1116	1154	1192	1230	1268	1306	1344	1382	1	22	1 A	4	15	*12	15	16 au lieu de 15.	14 au lieu de 15.
889	927	965	1003	1041	1079	1117	1155	1193	1231	1269	1307	1345	1383	4	11	21 M	15	26	13	*16	17 au lieu de 16.	15 au lieu de 16.
890	928	966	1004	1042	1080	1118	1156	1194	1232	1270	1308	1346	1384	2	30	9 A	26	7	*14	17	18 au lieu de 17.	16 au lieu de 17.
891	929	967	1005	1043	1081	1119	1157	1195	1233	1271	1309	1347	1385	5	19	29 M	7	18	15	18	19 au lieu de 18.	17 au lieu de 18.
892	930	968	1006	1044	1082	1120	1158	1196	1234	1272	1310	1348	1386	3	38	17 A	18	29	16	*19	1 au lieu de 19.	18 au lieu de 19.
893	931	969	1007	1045	1083	1121	1159	1197	1235	1273	1311	1349	1387	5	26	5 A	29	11	*17	1	2 au lieu de 1.	19 au lieu de 1.
894	932	970	1008	1046	1084	1122	1160	1198	1236	1274	1312	1350	1388	1	15	25 M	11	22	18	*2	3 au lieu de 2.	1 au lieu de 2.
895	933	971	1009	1047	1085	1123	1161	1199	1237	1275	1313	1351	1389	6	34	13 A	22	3	*19	3	4 au lieu de 3.	2 au lieu de 3.
897	934	972	1010	1048	1086	1124	1162	1200	1238	1276	1314	1352	1390	2	23	2 A	3	14	1	4	5 au lieu de 4.	3 au lieu de 4.
897	935	973	1011	1049	1087	1125	1163	1201	1239	1277	1315	1353	1391	5	12	22 M	14	25	2	*5	6 au lieu de 5.	4 au lieu de 5.
898	936	974	1012	1050	1088	1126	1164	1202	1240	1278	1316	1354	1392	3	31	10 A	25	6	*3	6	7 au lieu de 6.	5 au lieu de 6.
899	937	975	1013	1051	1089	1127	1165	1203	1241	1279	1317	1355	1393	6	20	30 M	6	17	4	7	8 au lieu de 7.	6 au lieu de 7.
900	938	976	1014	1052	1090	1128	1166	1204	1242	1280	1318	1356	1394	4	39	18 A	17	28	5	*8	9 au lieu de 8.	7 au lieu de 8.
901	939	977	1015	1053	1091	1129	1167	1205	1243	1281	1319	1357	1395	7	28	7 A	28	9	*6	9	10 au lieu de 9.	8 au lieu de 9.
902	940	978	1016	1054	1092	1130	1168	1206	1244	1282	1320	1358	1396	3	17	27 M	9	20	7	10	11 au lieu de 10.	9 au lieu de 10.
903	941	979	1017	1055	1093	1131	1169	1207	1245	1283	1321	1359	1397	1	36	15 A	20	1	*8	*11	12 au lieu de 11.	10 au lieu de 11.
904	942	980	1018	1056	1094	1132	1170	1208	1246	1284	1322	1360	1398	4	25	4 A	1	12	9	12	13 au lieu de 12.	11 au lieu de 12.
905	943	981	1019	1057	1095	1133	1171	1209	1247	1285	1323	1361	1399	7	14	24 M	12	23	10	*13	14 au lieu de 13.	12 au lieu de 13.
906	944	982	1020	1058	1096	1134	1172	1210	1248	1286	1324	1362	1400	5	33	12 A	23	4	*11	14	15 au lieu de 14.	13 au lieu de 14.
907	945	983	1021	1059	1097	1135	1173	1211	1249	1287	1325	1363	1401	1	22	1 A	4	15	12	15	16 au lieu de 15.	14 au lieu de 15.
908	946	984	1022	1060	1098	1136	1174	1212	1250	1288	1326	1364	1402	4	11	21 M	15	26	13	*16	17 au lieu de 16.	15 au lieu de 16.
909	947	985	1023	1061	1099	1137	1175	1213	1251	1289	1327	1365	1403	2	30	9 A	26	7	*14	17	18 au lieu de 17.	16 au lieu de 17.
910	948	986	1024	1062	1100	1138	1176	1214	1252	1290	1328	1366	1404	5	19	29 M	7	18	15	18	19 au lieu de 18.	17 au lieu de 18.
911	949	987	1025	1063	1101	1139	1177	1215	1253	1291	1329	1367	1405	3	38	17 A	18	29	16	*19	1 au lieu de 19.	18 au lieu de 19.

TABLEAU M.

CONCORDANCE DU CYCLE PASCAL, DE LA DATE DES PAQUES ET DES ANNÉES DE JÉSUS-CHRIST.

(A partir de 1583, la date des Pâques ne sert que pour les pays où l'on suit le vieux style.)

CYCLE PASCAL.	PAQUES. — M, mars. A, avril.	ANS DE JÉSUS-CHRIST.				CYCLE PASCAL.	PAQUES. — M, mars. A, avril.	ANS DE JÉSUS-CHRIST.			
1	11 A		532	1064	1596	45	5 A	44	576	1108	1640
2	27 M	1	533	1065	1597	46	25 A	45	577	1109	1641
3	16 A	2	534	1066	1598	47	10 A	46	578	1110	1642
4	8 A	3	535	1067	1599	48	2 A	47	579	1111	1643
5	23 M	4	536	1068	1600	49	21 A	48	580	1112	1644
6	12 A	5	537	1069	1601	50	6 A	49	581	1113	1645
7	4 A	6	538	1070	1602	51	29 M	50	582	1114	1646
8	24 A	7	539	1071	1603	52	18 A	51	583	1115	1647
9	8 A	8	540	1072	1604	53	2 A	52	584	1116	1648
10	31 M	9	541	1073	1605	54	25 M	53	585	1117	1649
11	20 A	10	542	1074	1606	55	14 A	54	586	1118	1650
12	5 A	11	543	1075	1607	56	30 M	55	587	1119	1651
13	27 M	12	544	1076	1608	57	18 A	56	588	1120	1652
14	16 A	13	545	1077	1609	58	10 A	57	589	1121	1653
15	8 A	14	546	1078	1610	59	26 M	58	590	1122	1654
16	24 M	15	547	1079	1611	60	15 A	59	591	1123	1655
17	12 A	16	548	1080	1612	61	6 A	60	592	1124	1656
18	4 A	17	549	1081	1613	62	29 M	61	593	1125	1657
19	24 A	18	550	1082	1614	63	11 A	62	594	1126	1658
20	9 A	19	551	1083	1615	64	3 A	63	595	1127	1659
21	31 M	20	552	1084	1616	65	22 A	64	596	1128	1660
22	20 A	21	553	1085	1617	66	14 A	65	597	1129	1661
23	5 A	22	554	1086	1618	67	30 M	66	598	1130	1662
24	28 M	23	555	1087	1619	68	19 A	67	599	1131	1663
25	16 A	24	556	1088	1620	69	10 A	68	600	1132	1664
26	1 A	25	557	1089	1621	70	26 M	69	601	1133	1665
27	21 A	26	558	1090	1622	71	15 A	70	602	1134	1666
28	13 A	27	559	1091	1623	72	7 A	71	603	1135	1667
29	28 M	28	560	1092	1624	73	22 M	72	604	1136	1668
30	17 A	29	561	1093	1625	74	11 A	73	605	1137	1669
31	9 A	30	562	1094	1626	75	3 A	74	606	1138	1670
32	25 M	31	563	1095	1627	76	23 A	75	607	1139	1671
33	13 A	32	564	1096	1628	77	7 A	76	608	1140	1672
34	5 A	33	565	1097	1629	78	30 M	77	609	1141	1673
35	28 M	34	566	1098	1630	79	19 A	78	610	1142	1674
36	10 A	35	567	1099	1631	80	4 A	79	611	1143	1675
37	1 A	36	568	1100	1632	81	26 M	80	612	1144	1676
38	21 A	37	569	1101	1633	82	15 A	81	613	1145	1677
39	6 A	38	570	1102	1634	83	31 M	82	614	1146	1678
40	29 M	39	571	1103	1635	84	20 A	83	615	1147	1679
41	17 A	40	572	1104	1636	85	11 A	84	616	1148	1680
42	9 A	41	573	1105	1637	86	3 A	85	617	1149	1681
43	25 M	42	574	1106	1638	87	16 A	86	618	1150	1682
44	14 A	43	575	1107	1639	88	8 A	87	619	1151	1683

CYCLE PASCAL.	PAQUES. — M, mars. A, avril.	ANS DE JÉSUS-CHRIST.				CYCLE PASCAL.	PAQUES. — M, mars. A, avril.	ANS DE JÉSUS-CHRIST.			
89	30 M	88	620	1152	1684	139	14 A	138	670	1202	1734
90	19 A	89	621	1153	1685	140	6 A	139	671	1203	1735
91	4 A	90	622	1154	1686	141	25 A	140	672	1204	1736
92	27 M	91	623	1155	1687	142	10 A	141	673	1205	1737
93	15 A	92	624	1156	1688	143	2 A	142	674	1206	1738
94	31 M	93	625	1157	1689	144	22 A	143	675	1207	1739
95	20 A	94	626	1158	1690	145	6 A	144	676	1208	1740
96	12 A	95	627	1159	1691	146	29 M	145	677	1209	1741
97	27 M	96	628	1160	1692	147	18 A	146	678	1210	1742
98	16 A	97	629	1161	1693	148	3 A	147	679	1211	1743
99	8 A	98	630	1162	1694	149	25 M	148	680	1212	1744
100	24 M	99	631	1163	1695	150	14 A	149	681	1213	1745
101	12 A	100	632	1164	1696	151	30 M	150	682	1214	1746
102	4 A	101	633	1165	1697	152	19 A	151	683	1215	1747
103	24 A	102	634	1166	1698	153	10 A	152	684	1216	1748
104	9 A	103	635	1167	1699	154	26 M	153	685	1217	1749
105	31 M	104	636	1168	1700	155	15 A	154	686	1218	1750
106	20 A	105	637	1169	1701	156	7 A	155	687	1219	1751
107	5 A	106	638	1170	1702	157	29 M	156	688	1220	1752
108	28 M	107	639	1171	1703	158	11 A	157	689	1221	1753
109	16 A	108	640	1172	1704	159	3 A	158	690	1222	1754
110	8 A	109	641	1173	1705	160	23 A	159	691	1223	1755
111	24 M	110	642	1174	1706	161	14 A	160	692	1224	1756
112	13 A	111	643	1175	1707	162	30 M	161	693	1225	1757
113	4 A	112	644	1176	1708	163	19 A	162	694	1226	1758
114	24 A	113	645	1177	1709	164	11 A	163	695	1227	1759
115	9 A	114	646	1178	1710	165	26 M	164	696	1228	1760
116	1 A	115	647	1179	1711	166	15 A	165	697	1229	1761
117	20 A	116	648	1180	1712	167	7 A	166	698	1230	1762
118	5 A	117	649	1181	1713	168	23 M	167	699	1231	1763
119	28 M	118	650	1182	1714	169	11 A	168	700	1232	1764
120	17 A	119	651	1183	1715	170	3 A	169	701	1233	1765
121	1 A	120	652	1184	1716	171	23 A	170	702	1234	1766
122	21 A	121	653	1185	1717	172	8 A	171	703	1235	1767
123	13 A	122	654	1186	1718	173	30 M	172	704	1236	1768
124	29 M	123	655	1187	1719	174	19 A	173	705	1237	1769
125	17 A	124	656	1188	1720	175	4 A	174	706	1238	1770
126	9 A	125	657	1189	1721	176	27 M	175	707	1239	1771
127	25 M	126	658	1190	1722	177	15 A	176	708	1240	1772
128	14 A	127	659	1191	1723	178	31 M	177	709	1241	1773
129	5 A	128	660	1192	1724	179	20 A	178	710	1242	1774
130	28 M	129	661	1193	1725	180	12 A	179	711	1243	1775
131	10 A	130	662	1194	1726	181	3 A	180	712	1244	1776
132	2 A	131	663	1195	1727	182	16 A	181	713	1245	1777
133	21 A	132	664	1196	1728	183	8 A	182	714	1246	1778
134	6 A	133	665	1197	1729	184	31 M	183	715	1247	1779
135	29 M	134	666	1198	1730	185	19 A	184	716	1248	1780
136	18 A	135	667	1199	1731	186	4 A	185	717	1249	1781
137	9 A	136	668	1200	1732	187	27 M	186	718	1250	1782
138	25 M	137	669	1201	1733	188	16 A	187	719	1251	1783

CYCLE PASCAL.	PAQUES. — M, mars. A, avril.	ANS DE JÉSUS-CHRIST.				CYCLE PASCAL.	PAQUES. — M, mars. A, avril.	ANS DE JÉSUS-CHRIST.			
189	31 M	188	720	1252	1784	239	22 A	238	770	1302	1834
190	20 A	189	721	1253	1785	240	7 A	239	771	1303	1835
191	12 A	190	722	1254	1786	241	29 M	240	772	1304	1836
192	28 M	191	723	1255	1787	242	18 A	241	773	1305	1837
193	16 A	192	724	1256	1788	243	3 A	242	774	1306	1838
194	8 A	193	725	1257	1789	244	26 M	243	775	1307	1839
195	24 M	194	726	1258	1790	245	14 A	244	776	1308	1840
196	13 A	195	727	1259	1791	246	30 M	245	777	1309	1841
197	4 A	196	728	1260	1792	247	19 A	246	778	1310	1842
198	24 A	197	729	1261	1793	248	11 A	247	779	1311	1843
199	9 A	198	730	1262	1794	249	26 M	248	780	1312	1844
200	1 A	199	731	1263	1795	250	15 A	249	781	1313	1845
201	20 A	200	732	1264	1796	251	7 A	250	782	1314	1846
202	5 A	201	733	1265	1797	252	23 M	251	783	1315	1847
203	28 M	202	734	1266	1798	253	11 A	252	784	1316	1848
204	17 A	203	735	1267	1799	254	3 A	253	785	1317	1849
205	8 A	204	736	1268	1800	255	23 A	254	786	1318	1850
206	24 M	205	737	1269	1801	256	8 A	255	787	1319	1851
207	13 A	206	738	1270	1802	257	30 M	256	788	1320	1852
208	5 A	207	739	1271	1803	258	19 A	257	789	1321	1853
209	24 A	208	740	1272	1804	259	11 A	258	790	1322	1854
210	9 A	209	741	1273	1805	260	27 M	259	791	1323	1855
211	1 A	210	742	1274	1806	261	15 A	260	792	1324	1856
212	14 A	211	743	1275	1807	262	7 A	261	793	1325	1857
213	5 A	212	744	1276	1808	263	23 M	262	794	1326	1858
214	28 M	213	745	1277	1809	264	12 A	263	795	1327	1859
215	17 A	214	746	1278	1810	265	3 A	264	796	1328	1860
216	2 A	215	747	1279	1811	266	23 A	265	797	1329	1861
217	21 A	216	748	1280	1812	267	8 A	266	798	1330	1862
218	13 A	217	749	1281	1813	268	31 M	267	799	1331	1863
219	29 M	218	750	1282	1814	269	19 A	268	800	1332	1864
220	18 A	219	751	1283	1815	270	4 A	269	801	1333	1865
221	9 A	220	752	1284	1816	271	27 M	270	802	1334	1866
222	25 M	221	753	1285	1817	272	16 A	271	803	1335	1867
223	14 A	222	754	1286	1818	273	31 M	272	804	1336	1868
224	6 A	223	755	1287	1819	274	20 A	273	805	1337	1869
225	28 M	224	756	1288	1820	275	12 A	274	806	1338	1870
226	10 A	225	757	1289	1821	276	28 M	275	807	1339	1871
227	2 A	226	758	1290	1822	277	16 A	276	808	1340	1872
228	22 A	227	759	1291	1823	278	8 A	277	809	1341	1873
229	6 A	228	760	1292	1824	279	31 M	278	810	1342	1874
230	29 M	229	761	1293	1825	280	13 A	279	811	1343	1875
231	18 A	230	762	1294	1826	281	4 A	280	812	1344	1876
232	3 A	231	763	1295	1827	282	27 M	281	813	1345	1877
233	25 M	232	764	1296	1828	283	16 A	282	814	1346	1878
234	14 A	233	765	1297	1829	284	1 A	283	815	1347	1879
235	6 A	234	766	1298	1830	285	20 A	284	816	1348	1880
236	19 A	235	767	1299	1831	286	12 A	285	817	1349	1881
237	10 A	236	768	1300	1832	287	28 M	286	818	1350	1882
238	2 A	237	769	1301	1833	288	17 A	287	819	1351	1883

CYCLE PASCAL.	PAQUES. — M, mars. A, avril.	ANS DE JÉSUS-CHRIST.				CYCLE PASCAL.	PAQUES. — M, mars. A, avril.	ANS DE JÉSUS-CHRIST.			
289	8 A	288	820	1352	1884	339	26 M	338	870	1402	1934
290	24 M	289	821	1353	1885	340	15 A	339	871	1403	1935
291	13 A	290	822	1354	1886	341	30 M	340	872	1404	1936
292	5 A	291	823	1355	1887	342	19 A	341	873	1405	1937
293	24 A	292	824	1356	1888	343	11 A	342	874	1406	1938
294	9 A	293	825	1357	1889	344	27 M	343	875	1407	1939
295	1 A	294	826	1358	1890	345	15 A	344	876	1408	1940
296	21 A	295	827	1359	1891	346	7 A	345	877	1409	1941
297	5 A	296	828	1360	1892	347	23 M	346	878	1410	1942
298	28 M	297	829	1361	1893	348	12 A	347	879	1411	1943
299	17 A	298	830	1362	1894	349	3 A	348	880	1412	1944
300	2 A	299	831	1363	1895	350	23 A	349	881	1413	1945
301	24 M	300	832	1364	1896	351	8 A	350	882	1414	1946
302	13 A	301	833	1365	1897	352	31 M	351	883	1415	1947
303	5 A	302	834	1366	1898	353	19 A	352	884	1416	1948
304	18 A	303	835	1367	1899	354	11 A	353	885	1417	1949
305	9 A	304	836	1368	1900	355	27 M	354	886	1418	1950
306	1 A	305	837	1369	1901	356	16 A	355	887	1419	1951
307	14 A	306	838	1370	1902	357	7 A	356	888	1420	1952
308	6 A	307	839	1371	1903	358	23 M	357	889	1421	1953
309	28 M	308	840	1372	1904	359	12 A	358	890	1422	1954
310	17 A	309	841	1373	1905	360	4 A	359	891	1423	1955
311	2 A	310	842	1374	1906	361	23 A	360	892	1424	1956
312	22 A	311	843	1375	1907	362	8 A	361	893	1425	1957
313	13 A	312	844	1376	1908	363	31 M	362	894	1426	1958
314	29 M	313	845	1377	1909	364	20 A	363	895	1427	1959
315	18 A	314	846	1378	1910	365	4 A	364	896	1428	1960
316	10 A	315	847	1379	1911	366	27 M	365	897	1429	1961
317	25 M	316	848	1380	1912	367	16 A	366	898	1430	1962
318	14 A	317	849	1381	1913	368	1 A	367	899	1431	1963
319	6 A	318	850	1382	1914	369	20 A	368	900	1432	1964
320	22 M	319	851	1383	1915	370	12 A	369	901	1433	1965
321	10 A	320	852	1384	1916	371	28 M	370	902	1434	1966
322	2 A	321	853	1385	1917	372	17 A	371	903	1435	1967
323	22 A	322	854	1386	1918	373	8 A	372	904	1436	1968
324	7 A	323	855	1387	1919	374	31 M	373	905	1437	1969
325	29 M	324	856	1388	1920	375	13 A	374	906	1438	1970
326	18 A	325	857	1389	1921	376	5 A	375	907	1439	1971
327	3 A	326	858	1390	1922	377	27 M	376	908	1440	1972
328	26 M	327	859	1391	1923	378	16 A	377	909	1441	1973
329	14 A	328	860	1392	1924	379	1 A	378	910	1442	1974
330	6 A	329	861	1393	1925	380	21 A	379	911	1443	1975
331	19 A	330	862	1394	1926	381	12 A	380	912	1444	1976
332	11 A	331	863	1395	1927	382	28 M	381	913	1445	1977
333	2 A	332	864	1396	1928	383	17 A	382	914	1446	1978
334	22 A	333	865	1397	1929	384	9 A	383	915	1447	1979
335	7 A	334	866	1398	1930	385	24 M	384	916	1448	1980
336	30 M	335	867	1399	1931	386	13 A	385	917	1449	1981
337	18 A	336	868	1400	1932	387	5 A	386	918	1450	1982
338	3 A	337	869	1401	1933	388	25 A	387	919	1451	1983

CYCLE PASCAL.	PAQUES. — M, mars. A, avril.	ANS DE JÉSUS-CHRIST.				CYCLE PASCAL.	PAQUES. — M, mars. A, avril.	ANS DE JÉSUS-CHRIST.			
389	9 A	388	920	1452	1984	439	27 M	438	970	1502	2034
390	1 A	389	921	1453	1985	440	16 A	439	971	1503	2035
391	21 A	390	922	1454	1986	441	7 A	440	972	1504	2036
392	6 A	391	923	1455	1987	442	23 M	441	973	1505	2037
393	28 M	392	924	1456	1988	443	12 A	442	974	1506	2038
394	17 A	393	925	1457	1989	444	4 A	443	975	1507	2039
395	2 A	394	926	1458	1990	445	23 A	444	976	1508	2040
396	25 M	395	927	1459	1991	446	8 A	445	977	1509	2041
397	13 A	396	928	1460	1992	447	31 M	446	978	1510	2042
398	5 A	397	929	1461	1993	448	20 A	447	979	1511	2043
399	18 A	398	930	1462	1994	449	11 A	448	980	1512	2044
400	10 A	399	931	1463	1995	450	27 M	449	981	1513	2045
401	1 A	400	932	1464	1996	451	16 A	450	982	1514	2046
402	14 A	401	933	1465	1997	452	8 A	451	983	1515	2047
403	6 A	402	934	1466	1998	453	23 M	452	984	1516	2048
404	29 M	403	935	1467	1999	454	12 A	453	985	1517	2049
405	17 A	404	936	1468	2000	455	4 A	454	986	1518	2050
406	2 A	405	937	1469	2001	456	24 A	455	987	1519	2051
407	22 A	406	938	1470	2002	457	8 A	456	988	1520	2052
408	14 A	407	939	1471	2003	458	31 M	457	989	1521	2053
409	29 M	408	940	1472	2004	459	20 A	458	990	1522	2054
410	18 A	409	941	1473	2005	460	5 A	459	991	1523	2055
411	10 A	410	942	1474	2006	461	27 M	460	992	1524	2056
412	26 M	411	943	1475	2007	462	16 A	461	993	1525	2057
413	14 A	412	944	1476	2008	463	1 A	462	994	1526	2058
414	6 A	413	945	1477	2009	464	21 A	463	995	1527	2059
415	22 M	414	946	1478	2010	465	12 A	464	996	1528	2060
416	11 A	415	947	1479	2011	466	28 M	465	997	1529	2061
417	2 A	416	948	1480	2012	467	17 A	466	998	1530	2062
418	22 A	417	949	1481	2013	468	9 A	467	999	1531	2063
419	7 A	418	950	1482	2014	469	31 M	468	1000	1532	2064
420	30 M	419	951	1483	2015	470	13 A	469	1001	1533	2065
421	18 A	420	952	1484	2016	471	5 A	470	1002	1534	2066
422	3 A	421	953	1485	2017	472	28 M	471	1003	1535	2067
423	26 M	422	954	1486	2018	473	16 A	472	1004	1536	2068
424	15 A	423	955	1487	2019	474	1 A	473	1005	1537	2069
425	6 A	424	956	1488	2020	475	21 A	474	1006	1538	2070
426	19 A	425	957	1489	2021	476	6 A	475	1007	1539	2071
427	11 A	426	958	1490	2022	477	28 M	476	1008	1540	2072
428	3 A	427	959	1491	2023	478	17 A	477	1009	1541	2073
429	22 A	428	960	1492	2024	479	9 A	478	1010	1542	2074
430	7 A	429	961	1493	2025	480	25 M	479	1011	1543	2075
431	30 M	430	962	1494	2026	481	13 A	480	1012	1544	2076
432	19 A	431	963	1495	2027	482	5 A	481	1013	1545	2077
433	3 A	432	964	1496	2028	483	25 A	482	1014	1546	2078
434	26 M	433	965	1497	2029	484	10 A	483	1015	1547	2079
435	15 A	434	966	1498	2030	485	1 A	484	1016	1548	2080
436	31 M	435	967	1499	2031	486	21 A	485	1017	1549	2081
437	19 A	436	968	1500	2032	487	6 A	486	1018	1550	2082
438	11 A	437	969	1501	2033	488	29 M	487	1019	1551	2083

CYCLE PASCAL.	PAQUES. — M, mars. A, avril.	ANS DE JÉSUS-CHRIST.				CYCLE PASCAL.	PAQUES. — M, mars. A, avril.	ANS DE JÉSUS-CHRIST.			
489	17 A	488	1020	1552	2084	511	11 A	510	1042	1574	2106
490	2 A	489	1021	1553	2085	512	3 A	511	1043	1575	2107
491	25 M	490	1022	1554	2086	513	22 A	512	1044	1576	2108
492	14 A	491	1023	1555	2087	514	7 A	513	1045	1577	2109
493	5 A	492	1024	1556	2088	515	30 M	514	1046	1578	2110
494	18 A	493	1025	1557	2089	516	19 A	515	1047	1579	2111
495	10 A	494	1026	1558	2090	517	3 A	516	1048	1580	2112
496	26 M	495	1027	1559	2091	518	26 M	517	1049	1581	2113
497	14 A	496	1028	1560	2092	519	15 A	518	1050	1582	2114
498	6 A	497	1029	1561	2093	520	31 M	519	1051	1583	2115
499	29 M	498	1030	1562	2094	521	19 A	520	1052	1584	2116
500	11 A	499	1031	1563	2095	522	11 A	521	1053	1585	2117
501	2 A	500	1032	1564	2096	523	3 A	522	1054	1586	2118
502	22 A	501	1033	1565	2097	524	16 A	523	1055	1587	2119
503	14 A	502	1034	1566	2098	525	7 A	524	1056	1588	2120
504	30 M	503	1035	1567	2099	526	30 M	525	1057	1589	2121
505	18 A	504	1036	1568	2100	527	19 A	526	1058	1590	2122
506	10 A	505	1037	1569	2101	528	4 A	527	1059	1591	2123
507	26 M	506	1038	1570	2102	529	26 M	528	1060	1592	2124
508	15 A	507	1039	1571	2103	530	15 A	529	1061	1593	2125
509	6 A	508	1040	1572	2104	531	31 M	530	1062	1594	2126
510	22 M	509	1041	1573	2105	532	20 A	531	1063	1595	2127

TABLEAU N.

INDIQUANT LES DISSENTIMENTS QUI SE SONT ÉLEVÉS SUR LA DATE DES PAQUES.

ANNÉES DE J. C.	DATES DE LA CÉLÉBRATION DE PAQUES.
211.............	21 avril en Occident, où l'on s'écartait du calcul des Alexandrins.
248.............	2 avril *idem.*
251.............	30 mars *idem.*
252.............	18 avril *idem.*
306.............	21 avril *idem.*
326.............	10 avril *idem.*
346.............	30 mars *idem.*
349.............	26 mars en quelques endroits de l'Occident.
360.............	26 mars *idem.*
368.............	23 mars *idem.*
387.............	21 mars *idem.*
397.............	29 mars *idem.*
401.............	21 avril en Occident.
406.............	25 mars en quelques endroits de l'Occident.
414.............	29 mars en Égypte.
417.............	25 mars en quelques endroits de l'Occident.
421.............	10 avril partout, excepté en Égypte.
424.............	30 mars dans l'église d'Afrique.
425.............	22 mars en quelques endroits de l'Occident.
441.............	30 mars en Occident.
444.............	26 mars en quelques endroits de l'Occident.
455.............	17 avril *idem.*
475.............	13 avril *idem.*
482.............	18 avril chez la plupart des Latins, et chez d'autres le 21 mars.
495.............	2 avril en Occident.
496.............	21 avril *idem.*
499.............	18 avril en plusieurs endroits de l'Occident.
501.............	25 mars en Occident.
516.............	10 avril *idem.*
520.............	22 mars en quelques endroits de l'Occident.
536.............	30 mars *idem.*
550.............	17 avril en Occident.
570.............	13 avril *idem.*
577.............	18 avril dans les Gaules, et le 21 mars chez les Espagnols.
590.............	2 avril en quelques endroits de l'Occident.
594.............	18 avril en Occident.
645.............	17 avril dans beaucoup d'églises de l'Occident.
665.............	13 avril en Occident.
672.............	18 avril chez la plupart des Latins, et chez d'autres le 21 mars.
685.............	2 avril en Occident.
689.............	18 avril *idem.*
740.............	17 avril en quelques endroits de l'Occident.
743.............	21 avril en Occident.
748.............	24 mars *idem.*
760.............	13 avril *idem.*
763.............	10 avril *idem.*
780.............	2 avril *idem.*
783.............	30 mars *idem.*
784.............	18 avril *idem.*

TABLEAU O.

TABLEAU O,

ANT LES DIVERSES COMBINAISONS SUIVANT LESQUELLES SE CORRESPONDENT, SOIT DANS LES ANNÉES COMMUNES, SOIT DANS LES ANNÉES BISSEXTILES, 1° LES LETTRES DOMINICALES, 2° LE NOMBRE DES DIMANCHES APRÈS L'ÉPIPHANIE, DU DERNIER DE CES DIMANCHES ET CELLE DES FÊTES MOBILES QUI PARCOURENT COMME PÂQUES 35 JOURS DIFFÉRENTS DE L'ANNÉE, 4° LE NOMBRE DES DIMANCHES APRÈS LA PENTECÔTE, 5° LA DATE DU PREMIER DIMANCHE DE L'AVENT.

(Quand on rencontre une double indication, soit pour le nombre des dimanches après l'Épiphanie, soit pour la date des fêtes de janvier et de février, la première indication correspond aux années communes, et la seconde aux années bissextiles.)

TTRES NICALES. Années bissextiles.	NOMBRE des DIMANCHES après l'Épiphanie.	DERNIER DIMANCHE après l'Épiphanie.	SEPTUAGÉSIME.	SEXAGÉSIME.	QUINQUAGÉSIME.	MERCREDI des CENDRES.	QUADRAGÉSIME ou 1er DIMANCHE de carême.	REMINISCERE ou 2e DIMANCHE de carême.	OCULI ou 3e DIMANCHE de carême.	LÆTARE ou 4e DIMANCHE de carême.
E D	1	11 ou 12 janv.	18 ou 19 janv.	25 ou 26 janv.	1er ou 2 février.	4 ou 5 février.	8 ou 9 février.	15 ou 16 février.	22 ou 23 février.	1er mars.
F E	1	12 ou 13 janv.	19 ou 20 janv.	26 ou 27 janv.	2 ou 3 février.	5 ou 6 février.	9 ou 10 février.	16 ou 17 février.	23 ou 24 février.	2 mars.
G F	1 ou 2	13 ou 14 janv.	20 ou 21 janv.	27 ou 28 janv.	3 ou 4 février.	6 ou 7 février.	10 ou 11 février.	17 ou 18 février.	24 ou 25 février.	3 mars.
A G	2	14 ou 15 janv.	21 ou 22 janv.	28 ou 29 janv.	4 ou 5 février.	7 ou 8 février.	11 ou 12 février.	18 ou 19 février.	25 ou 26 février.	4 mars.
B A	2	15 ou 16 janv.	22 ou 23 janv.	29 ou 30 janv.	5 ou 6 février.	8 ou 9 février.	12 ou 13 février.	19 ou 20 février.	26 ou 27 février.	5 mars.
C B	2	16 ou 17 janv.	23 ou 24 janv.	30 ou 31 janv.	6 ou 7 février.	9 ou 10 février.	13 ou 14 février.	20 ou 21 février.	27 ou 28 février.	6 mars.
D C	2	17 ou 18 janv.	24 ou 25 janv.	31 janv. ou 1er fé.	7 ou 8 février.	10 ou 11 février.	14 ou 15 février.	21 ou 22 février.	28 ou 29 février.	7 mars.
E D	2	18 ou 19 janv.	25 ou 26 janv.	1er ou 2 février.	8 ou 9 février.	11 ou 12 février.	15 ou 16 février.	22 ou 23 février.	1er mars.	8 mars.
F E	2	19 ou 20 janv.	26 ou 27 janv.	2 ou 3 février.	9 ou 10 février.	12 ou 13 février.	16 ou 17 février.	23 ou 24 février.	2 mars.	9 mars.
G F	2 ou 3	20 ou 21 janv.	27 ou 28 janv.	3 ou 4 février.	10 ou 11 février.	13 ou 14 février.	17 ou 18 février.	24 ou 25 février.	3 mars.	10 mars.
A G	3	21 ou 22 janv.	28 ou 29 janv.	4 ou 5 février.	11 ou 12 février.	14 ou 15 février.	18 ou 19 février.	25 ou 26 février.	4 mars.	11 mars.
B A	3	22 ou 23 janv.	29 ou 30 janv.	5 ou 6 février.	12 ou 13 février.	15 ou 16 février.	19 ou 20 février.	26 ou 27 février.	5 mars.	12 mars.
C B	3	23 ou 24 janv.	30 ou 31 janv.	6 ou 7 février.	13 ou 14 février.	16 ou 17 février.	20 ou 21 février.	27 ou 28 février.	6 mars.	13 mars.
D C	3	24 ou 25 janv.	31 janv. ou 1er fé.	7 ou 8 février.	14 ou 15 février.	17 ou 18 février.	21 ou 22 février.	28 ou 29 février.	7 mars.	14 mars.
E D	3	25 ou 26 janv.	1er ou 2 février.	8 ou 9 février.	15 ou 16 février.	18 ou 19 février.	22 ou 23 février.	1er mars.	8 mars.	15 mars.
F E	3	26 ou 27 janv.	2 ou 3 février.	9 ou 10 février.	16 ou 17 février.	19 ou 20 février.	23 ou 24 février.	2 mars.	9 mars.	16 mars.
G F	3 ou 4	27 ou 28 janv.	3 ou 4 février.	10 ou 11 février.	17 ou 18 février.	20 ou 21 février.	24 ou 25 février.	3 mars.	10 mars.	17 mars.
A G	4	28 ou 29 janv.	4 ou 5 février.	11 ou 12 février.	18 ou 19 février.	21 ou 22 février.	25 ou 26 février.	4 mars.	11 mars.	18 mars.
B A	4	29 ou 30 janv.	5 ou 6 février.	12 ou 13 février.	19 ou 20 février.	22 ou 23 février.	26 ou 27 février.	5 mars.	12 mars.	19 mars.
C B	4	30 ou 31 janv.	6 ou 7 février.	13 ou 14 février.	20 ou 21 février.	23 ou 24 février.	27 ou 28 février.	6 mars.	13 mars.	20 mars.
D C	4	31 janv. ou 1er fé.	7 ou 8 février.	14 ou 15 février.	21 ou 22 février.	24 ou 25 février.	28 ou 29 février.	7 mars.	14 mars.	21 mars.
E D	4	1er ou 2 février.	8 ou 9 février.	15 ou 16 février.	22 ou 23 février.	25 ou 26 février.	1er mars.	8 mars.	15 mars.	22 mars.
F E	4	2 ou 3 février.	9 ou 10 février.	16 ou 17 février.	23 ou 24 février.	26 ou 27 février.	2 mars.	9 mars.	16 mars.	23 mars.
G F	4 ou 5	3 ou 4 février.	10 ou 11 février.	17 ou 18 février.	24 ou 25 février.	27 ou 28 février.	3 mars.	10 mars.	17 mars.	24 mars.
A G	5	4 ou 5 février.	11 ou 12 février.	18 ou 19 février.	25 ou 26 février.	28 ou 29 février.	4 mars.	11 mars.	18 mars.	25 mars.
B A	5	5 ou 6 février.	12 ou 13 février.	19 ou 20 février.	26 ou 27 février.	1er mars.	5 mars.	12 mars.	19 mars.	26 mars.
C B	5	6 ou 7 février.	13 ou 14 février.	20 ou 21 février.	27 ou 28 février.	2 mars.	6 mars.	13 mars.	20 mars.	27 mars.
D C	5	7 ou 8 février.	14 ou 15 février.	21 ou 22 février.	28 ou 29 février.	3 mars.	7 mars.	14 mars.	21 mars.	28 mars.
E D	5	8 ou 9 février.	15 ou 16 février.	22 ou 23 février.	1er mars.	4 mars.	8 mars.	15 mars.	22 mars.	29 mars.
F E	5	9 ou 10 février.	16 ou 17 février.	23 ou 24 février.	2 mars.	5 mars.	9 mars.	16 mars.	23 mars.	30 mars.
G F	5 ou 6	10 ou 11 février.	17 ou 18 février.	24 ou 25 février.	3 mars.	6 mars.	10 mars.	17 mars.	24 mars.	31 mars.
A G	6	11 ou 12 février.	18 ou 19 février.	25 ou 26 février.	4 mars.	7 mars.	11 mars.	18 mars.	25 mars.	1er avril.
B A	6	12 ou 13 février.	19 ou 20 février.	26 ou 27 février.	5 mars.	8 mars.	12 mars.	19 mars.	26 mars.	2 avril.
C B	6	13 ou 14 février.	20 ou 21 février.	27 ou 28 février.	6 mars.	9 mars.	13 mars.	20 mars.	27 mars.	3 avril.
D C	6	14 ou 15 février.	21 ou 22 février.	28 ou 29 février.	7 mars.	10 mars.	14 mars.	21 mars.	28 mars.	4 avril.

TTRES NICALES. Années bissextiles.	DIMANCHE de LA PASSION.	DIMANCHE des RAMEAUX.	PÂQUES.	DIMANCHE de QUASIMODO.	DIMANCHE des ROGATIONS.	ASCENSION tombant toujours un JEUDI.	PENTECÔTE.	TRINITÉ ou 1er DIMANCHE après la Pentecôte.	FÊTE-DIEU tombant toujours un JEUDI.	NOMBRE DES DIMANCHES après la Pentecôte.	PRE des dimanches de l'A
E D	8 mars.	15 mars.	22 mars.	29 mars.	26 avril.	30 avril.	10 mai.	17 mai.	21 mai.	28	29 n
F E	9 mars.	16 mars.	23 mars.	30 mars.	27 avril.	1er mai.	11 mai.	18 mai.	22 mai.	28	30 n
G F	10 mars.	17 mars.	24 mars.	31 mars.	28 avril.	2 mai.	12 mai.	19 mai.	23 mai.	28	1er d
A G	11 mars.	18 mars.	25 mars.	1er avril.	29 avril.	3 mai.	13 mai.	20 mai.	24 mai.	28	2 d
B A	12 mars.	19 mars.	26 mars.	2 avril.	30 avril.	4 mai.	14 mai.	21 mai.	25 mai.	28	3 d
C B	13 mars.	20 mars.	27 mars.	3 avril.	1er mai.	5 mai.	15 mai.	22 mai.	26 mai.	27	27 n
D C	14 mars.	21 mars.	28 mars.	4 avril.	2 mai.	6 mai.	16 mai.	23 mai.	27 mai.	27	28 n
E D	15 mars.	22 mars.	29 mars.	5 avril.	3 mai.	7 mai.	17 mai.	24 mai.	28 mai.	27	29 n
F E	16 mars.	23 mars.	30 mars.	6 avril.	4 mai.	8 mai.	18 mai.	25 mai.	29 mai.	27	30 n
G F	17 mars.	24 mars.	31 mars.	7 avril.	5 mai.	9 mai.	19 mai.	26 mai.	30 mai.	27	1er d
A G	18 mars.	25 mars.	1er avril.	8 avril.	6 mai.	10 mai.	20 mai.	27 mai.	31 mai.	27	2 d
B A	19 mars.	26 mars.	2 avril.	9 avril.	7 mai.	11 mai.	21 mai.	28 mai.	1er juin.	27	3 d
C B	20 mars.	27 mars.	3 avril.	10 avril.	8 mai.	12 mai.	22 mai.	29 mai.	2 juin.	26	27 n
D C	21 mars.	28 mars.	4 avril.	11 avril.	9 mai.	13 mai.	23 mai.	30 mai.	3 juin.	26	28 n
E D	22 mars.	29 mars.	5 avril.	12 avril.	10 mai.	14 mai.	24 mai.	31 mai.	4 juin.	26	29 n
F E	23 mars.	30 mars.	6 avril.	13 avril.	11 mai.	15 mai.	25 mai.	1er juin.	5 juin.	26	30 n
G F	24 mars.	31 mars.	7 avril.	14 avril.	12 mai.	16 mai.	26 mai.	2 juin.	6 juin.	26	1er d
A G	25 mars.	1er avril.	8 avril.	15 avril.	13 mai.	17 mai.	27 mai.	3 juin.	7 juin.	26	2 d
B A	26 mars.	2 avril.	9 avril.	16 avril.	14 mai.	18 mai.	28 mai.	4 juin.	8 juin.	26	3 d
C B	27 mars.	3 avril.	10 avril.	17 avril.	15 mai.	19 mai.	29 mai.	5 juin.	9 juin.	25	27 n
D C	28 mars.	4 avril.	11 avril.	18 avril.	16 mai.	20 mai.	30 mai.	6 juin.	10 juin.	25	28 n
E D	29 mars.	5 avril.	12 avril.	19 avril.	17 mai.	21 mai.	31 mai.	7 juin.	11 juin.	25	29 n
F E	30 mars.	6 avril.	13 avril.	20 avril.	18 mai.	22 mai.	1er juin.	8 juin.	12 juin.	25	30 n
G F	31 mars.	7 avril.	14 avril.	21 avril.	19 mai.	23 mai.	2 juin.	9 juin.	13 juin.	25	1er d
A G	1er avril.	8 avril.	15 avril.	22 avril.	20 mai.	24 mai.	3 juin.	10 juin.	14 juin.	25	2 d
B A	2 avril.	9 avril.	16 avril.	23 avril.	21 mai.	25 mai.	4 juin.	11 juin.	15 juin.	25	3 d
C B	3 avril.	10 avril.	17 avril.	24 avril.	22 mai.	26 mai.	5 juin.	12 juin.	16 juin.	24	27 n
D C	4 avril.	11 avril.	18 avril.	25 avril.	23 mai.	27 mai.	6 juin.	13 juin.	17 juin.	24	28 n
E D	5 avril.	12 avril.	19 avril.	26 avril.	24 mai.	28 mai.	7 juin.	14 juin.	18 juin.	24	29 n
F E	6 avril.	13 avril.	20 avril.	27 avril.	25 mai.	29 mai.	8 juin.	15 juin.	19 juin.	24	30 n
G F	7 avril.	14 avril.	21 avril.	28 avril.	26 mai.	30 mai.	9 juin.	16 juin.	20 juin.	24	1er d
A G	8 avril.	15 avril.	22 avril.	29 avril.	27 mai.	31 mai.	10 juin.	17 juin.	21 juin.	24	2 d
B A	9 avril.	16 avril.	23 avril.	30 avril.	28 mai.	1er juin.	11 juin.	18 juin.	22 juin.	24	3 d
C B	10 avril.	17 avril.	24 avril.	1er mai.	29 mai.	2 juin.	12 juin.	19 juin.	23 juin.	23	27
D C	11 avril.	18 avril.	25 avril.	2 mai.	30 mai.	3 juin.	13 juin.	20 juin.	24 juin.	23	28

TABLEAU P.

JANVIER.						FÉVRIER.						MARS.					
TOTAL des jours de l'année.	JOURS DU MOIS selon le calendrier romain.	JOURS DU MOIS selon notre calendrier.	LETTRES DOMINICALES.	NOMBRE D'OR.	ÉPACTES du calendrier Grégorien.	TOTAL des jours de l'année.	JOURS DU MOIS selon le calendrier romain.	JOURS DU MOIS selon notre calendrier.	LETTRES DOMINICALES.	NOMBRE D'OR.	ÉPACTES du calendrier Grégorien.	TOTAL des jours de l'année.	JOURS DU MOIS selon le calendrier romain.	JOURS DU MOIS selon notre calendrier.	LETTRES DOMINICALES.	NOMBRE D'OR.	ÉPACTES du calendrier Grégorien.
1	Calendes	1	A	III	*	32	Calendes	1	D		29	60	Calendes	1	D	III	*
2	IV	2	B		29	33	IV	2	E	XI	28	61	VI	2	E		29
3	III	3	C	XI	28	34	III	3	F	XIX	27	62	V	3	F	XI	28
4	II	4	D		27	35	II	4	G	VIII	26 ou XXV	63	IV	4	G		27
5	Nones	5	E	XIX	26	36	Nones	5	A		25, 24	64	III	5	A	XIX	26
6	VIII	6	F	VIII	25	37	VIII	6	B	XVI	23	65	II	6	B	VIII	25
7	VII	7	G		24	38	VII	7	C	V	22	66	Nones	7	C		24
8	VI	8	A	XVI	23	39	VI	8	D		21	67	VIII	8	D	XVI	23
9	V	9	B	V	22	40	V	9	E	XIII	20	68	VII	9	E	V	22
10	IV	10	C		21	41	IV	10	F	II	19	69	VI	10	F		21
11	III	11	D	XIII	20	42	III	11	G		18	70	V	11	G	XIII	20
12	II	12	E	II	19	43	II	12	A	X	17	71	IV	12	A	II	19
13	Ides	13	F		18	44	Ides	13	B		16	72	III	13	B		18
14	XIX	14	G	X	17	45	XVI	14	C	XVIII	15	73	II	14	C	X	17
15	XVIII	15	A		16	46	XV	15	D	VII	14	74	Ides	15	D		16
16	XVII	16	B	XVIII	15	47	XIV	16	E		13	75	XVII	16	E	XVIII	15
17	XVI	17	C	VII	14	48	XIII	17	F	XV	12	76	XVI	17	F	VII	14
18	XV	18	D		13	49	XII	18	G	IV	11	77	XV	18	G		13
19	XIV	19	E	XV	12	50	XI	19	A		10	78	XIV	19	A	XV	12
20	XIII	20	F	IV	11	51	X	20	B	XII	9	79	XIII	20	B	IV	11
21	XII	21	G		10	52	IX	21	C	I	8	80	XII	21	C		10
22	XI	22	A	XII	9	53	VIII	22	D		7	81	XI	22	D	XII	9
23	X	23	B	I	8	54	VII	23	E	IX	6	82	X	23	E	I	8
24	IX	24	C		7	55	VI	24	F		5	83	IX	24	F		7
25	VIII	25	D	IX	6	56	V [1]6	25	G f	XVII	4	84	VIII	25	G	IX	6
26	VII	26	E		5	57	IV 5	26	A g	VI	3	85	VII	26	A		5
27	VI	27	F	XVII	4	58	III 4	27	B a		2	86	VI	27	B	XVII	4
28	V	28	G	VI	3	59	II 3	28	C b	XIV	1	87	V	28	C	VI	3
29	IV	29	A		2		2	29	c			88	IV	29	D		2
30	III	30	B	XIV	1							89	III	30	E	XIV	1
31	II	31	C	III	*							90	II	31	F	III	*

[1] Les chiffres 6, 5, 4, 3, 2, et les lettres f, g, a, b, c, sont pour les années bissextiles. Dans ces années, le 29 février est le 60e jour de l'année, le 1er mars devient le 61e, et ainsi de suite jusqu'au 31 décembre, qui devient le 366e.

Suite du TABLEAU P.

AVRIL.						MAI.						JUIN.					
TOTAL des jours de l'année.	JOURS DU MOIS selon le calendrier romain.	JOURS DU MOIS selon notre calendrier.	LETTRES DOMINICALES.	NOMBRE D'OR.	ÉPACTES du calendrier Grégorien.	TOTAL des jours de l'année.	JOURS DU MOIS selon le calendrier romain.	JOURS DU MOIS selon notre calendrier.	LETTRES DOMINICALES.	NOMBRE D'OR.	ÉPACTES du calendrier Grégorien.	TOTAL des jours de l'année.	JOURS DU MOIS selon le calendrier romain.	JOURS DU MOIS selon notre calendrier.	LETTRES DOMINICALES.	NOMBRE D'OR.	ÉPACTES du calendrier Grégorien.
91	Calendes	1	G		29	121	Calendes	1	B	XI	28	152	Calendes	1	E		27
92	IV	2	A	XI	28	122	VI	2	C		27	153	IV	2	F	XIX	26 ou XXV
93	III	3	B		27	123	V	3	D	XIX	26	154	III	3	G	VIII	25, 24
94	II	4	C	XIX	26 ou XXV	124	IV	4	E	VIII	25	155	II	4	A	XVI	23
95	Nones	5	D	VIII	25, 24	125	III	5	F		24	156	Nones	5	B	V	22
96	VIII	6	E	XVI	23	126	II	6	G	XVI	23	157	VIII	6	C		21
97	VII	7	F	V	22	127	Nones	7	A	V	22	158	VII	7	D	XIII	20
98	VI	8	G		21	128	VIII	8	B		21	159	VI	8	E	II	19
99	V	9	A	XIII	20	129	VII	9	C	XIII	20	160	V	9	F		18
100	IV	10	B	II	19	130	VI	10	D	II	19	161	IV	10	G	X	17
101	III	11	C		18	131	V	11	E		18	162	III	11	A		16
102	II	12	D	X	17	132	IV	12	F	X	17	163	II	12	B	XVIII	15
103	Ides	13	E		16	133	III	13	G		16	164	Ides	13	C	VII	14
104	XVIII	14	F	XVIII	15	134	II	14	A	XVIII	15	165	XVIII	14	D		13
105	XVII	15	G	VII	14	135	Ides	15	B	VII	14	166	XVII	15	E	XV	12
106	XVI	16	A		13	136	XVII	16	C		13	167	XVI	16	F	IV	11
107	XV	17	B	XV	12	137	XVI	17	D	XV	12	168	XV	17	G		10
108	XIV	18	C	IV	11	138	XV	18	E	IV	11	169	XIV	18	A	XII	9
109	XIII	19	D		10	139	XIV	19	F		10	170	XIII	19	B	I	8
110	XII	20	E	XII	9	140	XIII	20	G	XII	9	171	XII	20	C		7
111	XI	21	F	I	8	141	XII	21	A	I	8	172	XI	21	D	IX	6
112	X	22	G		7	142	XI	22	B		7	173	X	22	E		5
113	IX	23	A	IX	6	143	X	23	C	IX	6	174	IX	23	F	XVII	4
114	VIII	24	B		5	144	IX	24	D		5	175	VIII	24	G	VI	3
115	VII	25	C	XVII	4	145	VIII	25	E	XVII	4	176	VII	25	A		2
116	VI	26	D	VI	3	146	VII	26	F	VI	3	177	VI	26	B	XIV	1
117	V	27	E		2	147	VI	27	G		2	178	V	27	C	III	*
118	IV	28	F	XIV	1	148	V	28	A	XIV	1	179	IV	28	D		29
119	III	29	G	III	*	149	IV	29	B	III	*	180	III	29	E	XI	28
120	II	30	A		29	150	III	30	C		29	181	II	30	F		27
						151	II	31	D	XI	28						

Suite du TABLEAU P.

JUILLET.						AOUT.						SEPTEMBRE.					
TOTAL des jours de l'année.	JOURS DU MOIS selon le calendrier romain.	JOURS DU MOIS selon notre calendrier.	LETTRES DOMINICALES.	NOMBRE D'OR.	ÉPACTES du calendrier Grégorien.	TOTAL des jours de l'année.	JOURS DU MOIS selon le calendrier romain.	JOURS DU MOIS selon notre calendrier.	LETTRES DOMINICALES.	NOMBRE D'OR.	ÉPACTES du calendrier Grégorien.	TOTAL des jours de l'année.	JOURS DU MOIS selon le calendrier romain.	JOURS DU MOIS selon notre calendrier.	LETTRES DOMINICALES.	NOMBRE D'OR.	ÉPACTES du calendrier Grégorien.
182	Calendes	1	G	XIX	26	213	Calendes	1	C	VIII	25, 24	244	Calendes	1	F	XVI	23
183	VI	2	A	VIII	25	214	IV	2	D	XVI	23	245	IV	2	G	V	22
184	V	3	B		24	215	III	3	E	V	22	246	III	3	A		21
185	IV	4	C	XVI	23	216	II	4	F		21	247	II	4	B	XIII	20
186	III	5	D	V	22	217	Nones	5	G	XIII	20	248	Nones	5	C	II	19
187	II	6	E		21	218	VIII	6	A	II	19	249	VIII	6	D		18
188	Nones	7	F	XIII	20	219	VII	7	B		18	250	VII	7	E	X	17
189	VIII	8	G	II	19	220	VI	8	C	X	17	251	VI	8	F		16
190	VII	9	A		18	221	V	9	D		16	252	V	9	G	XVIII	15
191	VI	10	B	X	17	222	IV	10	E	XVIII	15	253	IV	10	A	VII	14
192	V	11	C		16	223	III	11	F	VII	14	254	III	11	B		13
193	IV	12	D	XVIII	15	224	II	12	G		13	255	II	12	C	XV	12
194	III	13	E	VII	14	225	Ides	13	A	XV	12	256	Ides	13	D	IV	11
195	II	14	F		13	226	XIX	14	B	IV	11	257	XVIII	14	E		10
196	Ides	15	G	XV	12	227	XVIII	15	C		10	258	XVII	15	F	XII	9
197	XVII	16	A	IV	11	228	XVII	16	D	XII	9	259	XVI	16	G	I	8
198	XVI	17	B		10	229	XVI	17	E	I	8	260	XV	17	A		7
199	XV	18	C	XII	9	230	XV	18	F		7	261	XIV	18	B	IX	6
200	XIV	19	D	I	8	231	XIV	19	G	IX	6	262	XIII	19	C		5
201	XIII	20	E		7	232	XIII	20	A		5	263	XII	20	D	XVII	4
202	XII	21	F	IX	6	233	XII	21	B	XVII	4	264	XI	21	E	VI	3
203	XI	22	G		5	234	XI	22	C	VI	3	265	X	22	F		2
204	X	23	A	XVII	4	235	X	23	D		2	266	IX	23	G	XIV	1
205	IX	24	B	VI	3	236	IX	24	E	XIV	1	267	VIII	24	A	III	*
206	VIII	25	C		2	237	VIII	25	F	III	*	268	VII	25	B		29
207	VII	26	D	XIV	1	238	VII	26	G		29	269	VI	26	C	XI	28
208	VI	27	E	III	*	239	VI	27	A	XI	28	270	V	27	D	XIX	27
209	V	28	F		29	240	V	28	B	XIX	27	271	IV	28	E		26 ou XXV
210	IV	29	G	XI	28	241	IV	29	C		26	272	III	29	F	VIII	25, 24
211	III	30	A	XIX	27	242	III	30	D	VIII	25	273	II	30	G		23
212	II	31	B		26 ou XXV	243	II	31	E		24						

SUITE DU TABLEAU P.

OCTOBRE.						NOVEMBRE.						DÉCEMBRE.					
TOTAL des jours de l'année.	JOURS DU MOIS selon le calendrier romain.	JOURS DU MOIS selon notre calendrier.	LETTRES DOMINICALES.	NOMBRE D'OR.	ÉPACTES du calendrier Grégorien.	TOTAL des jours de l'année.	JOURS DU MOIS selon le calendrier romain.	JOURS DU MOIS selon notre calendrier.	LETTRES DOMINICALES.	NOMBRE D'OR.	ÉPACTES du calendrier Grégorien.	TOTAL des jours de l'année.	JOURS DU MOIS selon le calendrier romain.	JOURS DU MOIS selon notre calendrier.	LETTRES DOMINICALES.	NOMBRE D'OR.	ÉPACTES du calendrier Grégorien.
274	Calendes	1	A	XVI	22	305	Calendes	1	D		21	335	Calendes	1	F	XIII	20
275	VI	2	B	V	21	306	IV	2	E	XIII	20	336	IV	2	G	II	19
276	V	3	C	XIII	20	307	III	3	F	II	19	337	III	3	A		18
277	IV	4	D	II	19	308	II	4	G		18	338	II	4	B	X	17
278	III	5	E		18	309	Nones	5	A	X	17	339	Nones	5	C		16
279	II	6	F	X	17	310	VIII	6	B		16	340	VIII	6	D	XVIII	15
280	Nones	7	G		16	311	VII	7	C	XVIII	15	341	VII	7	E	VII	14
281	VIII	8	A	XVIII	15	312	VI	8	D	VII	14	342	VI	8	F		13
282	VII	9	B	VII	14	313	V	9	E		13	343	V	9	G	XV	12
283	VI	10	C		13	314	IV	10	F	XV	12	344	IV	10	A	IV	11
284	V	11	D	XV	12	315	III	11	G	IV	11	345	III	11	B		10
285	IV	12	E	IV	11	316	II	12	A		10	346	II	12	C	XII	9
286	III	13	F		10	317	Ides	13	B	XII	9	347	Ides	13	D	I	8
287	II	14	G	XII	9	318	XVIII	14	C	I	8	348	XIX	14	E		7
288	Ides	15	A	I	8	319	XVII	15	D		7	349	XVIII	15	F	IX	6
289	XVII	16	B		7	320	XVI	16	E	IX	6	350	XVII	16	G		5
290	XVI	17	C	IX	6	321	XV	17	F		5	351	XVI	17	A	XVII	4
291	XV	18	D		5	322	XIV	18	G	XVII	4	352	XV	18	B	VI	3
292	XIV	19	E	XVII	4	323	XIII	19	A	VI	3	353	XIV	19	C		2
293	XIII	20	F	VI	3	324	XII	20	B		2	354	XIII	20	D	XIV	1
294	XII	21	G		2	325	XI	21	C	XIV	1	355	XII	21	E	III	*
295	XI	22	A	XIV	1	326	X	22	D	III	*	356	XI	22	F		29
296	X	23	B	III	*	327	IX	23	E		29	357	X	23	G	XI	28
297	IX	24	C		29	328	VIII	24	F	XI	28	358	IX	24	A	XIX	27
298	VIII	25	D	XI	28	329	VII	25	G	XIX	27	359	VIII	25	B		26
299	VII	26	E	XIX	27	330	VI	26	A		26 ou XXV	360	VII	26	C	VIII	25
300	VI	27	F		26	331	V	27	B	VIII	25, 24	361	VI	27	D		24
301	V	28	G	VIII	25	332	IV	28	C		23	362	V	28	E	XVI	23
302	IV	29	A		24	333	III	29	D	XVI	22	363	IV	29	F	V	22
303	III	30	B	XVI	23	334	II	30	E	V	21	364	III	30	G		21
304	II	31	C	V	22							365	II	31	A	XIII	20 ou XIX

TABLEAU Q.

Concordance du cycle solaire avec les lettres dominicales de l'ancien et du nouveau calendrier.

Lettres dominicales de l'ancien calendrier.	Cycle solaire.	Lettres dominicales du nouveau calendrier.			
		de 1583 à 1699.	de 1701 à 1799.	de 1801 à 1899.	de 1901 à 2099.
GF	1	CB	DC	ED	FE
E	2	A	B	C	D
D	3	G	A	B	C
C	4	F	G	A	B
BA	5	ED	FE	GF	AG
G	6	C	D	E	F
F	7	B	C	D	E
E	8	A	B	C	D
DC	9	GF	AG	BA	CB
B	10	E	F	G	A
A	11	D	E	F	G
G	12	C	D	E	F
FE	13	BA	CB	DC	ED
D	14	G	A	B	C
C	15	F	G	A	B
B	16	E	F	G	A
AG	17	DC	ED	FE	GF
F	18	B	C	D	E
E	19	A	B	C	D
D	20	G	A	B	C
CB	21	FE	GF	AG	BA
A	22	D	E	F	G
G	23	C	D	E	F
F	24	B	C	D	E
ED	25	AG	BA	CB	DC
C	26	F	G	A	B
B	27	E	F	G	A
A	28	D	E	F	G

TABLEAU R.

Concordance du cycle de 19 ans avec le terme pascal et les épactes de l'ancien et du nouveau calendrier.

N. B. On a marqué d'un astérisque les années du cycle de 19 ans qui sont intercalaires dans le nouveau calendrier.

Terme pascal de l'ancien calendrier.	Cycle de 19 ans.	Terme pascal du nouveau calendrier.			Épactes de l'ancien calendrier.	Cycle de 19 ans.	Épactes du nouv. calendrier.		
		de 1583 à 1699.	de 1700 à 1899.	de 1900 à 2199.			de 1583 à 1699.	de 1700 à 1899.	de 1900 à 2199.
5 A	I	12 A	13 A	14 A	29	I	1	*	29
25 M	II	1 A	2 A	3 A	11	II	12	11	10
13 A	* III	21 M	22 M	23 M	22	* III	23	22	21
2 A	IV	9 A	10 A	11 A	3	IV	4	3	2
22 M	V	29 M	30 M	31 M	14	V	15	14	13
10 A	* VI	17 A	18 A	18 A	25	* VI	26	25	24
30 M	VII	6 A	7 A	8 A	6	VII	7	6	5
18 A	VIII	26 M	27 M	28 M	17	VIII	18	17	16
7 A	* IX	14 A	15 A	16 A	28	* IX	29	28	27
27 M	X	3 A	4 A	5 A	9	X	10	9	8
15 A	* XI	23 M	24 M	25 M	20	* XI	21	20	19
4 A	XII	11 A	12 A	13 A	1	XII	2	1	*
24 M	XIII	31 M	1 A	2 A	12	XIII	13	12	11
12 A	* XIV	18 A	21 M	22 M	23	* XIV	24	23	22
1 A	XV	8 A	9 A	10 A	4	XV	5	4	3
21 M	XVI	28 M	29 M	30 M	15	XVI	16	15	14
9 A	* XVII	16 A	17 A	17 A	26	* XVII	27	26	25
29 M	XVIII	5 A	6 A	7 A	7	XVIII	8	7	6
17 A	* XIX	25 M	26 M	27 M	18	* XIX	19	18	17

Depuis 1583 jusqu'en 1700	Le 1er janvier (vieux style) répond au.........	11 janvier (nouveau style).
Depuis 1701 jusqu'en 1800		12 *idem.*
Depuis 1801 jusqu'en 1900		13 *idem.*
Depuis 1901 jusqu'en 2100		14 *idem.*

L'année 1700 du nouveau calendrier a pour lettre dominicale........... C
L'année 1800.. E
L'année 1900.. G
L'année 2100.. C

TABLEAU S.

Jours de la semaine auxquels correspondent les lettres dominicales dans les années dont la lettre dominicale est

A.	B.	C.	D.	E.	F.	G.
A Dimanche.	A Samedi.	A Vendredi.	A Jeudi.	A Mercredi.	A Mardi.	A Lundi.
B Lundi.	B Dimanche.	B Samedi.	B Vendredi.	B Jeudi.	B Mercredi.	B Mardi.
C Mardi.	C Lundi.	C Dimanche.	C Samedi.	C Vendredi.	C Jeudi.	C Mercredi.
D Mercredi.	D Mardi.	D Lundi.	D Dimanche.	D Samedi.	D Vendredi.	D Jeudi.
E Jeudi.	E Mercredi.	E Mardi.	E Lundi.	E Dimanche.	E Samedi.	E Vendredi.
F Vendredi.	F Jeudi.	F Mercredi.	F Mardi.	F Lundi.	F Dimanche.	F Samedi.
G Samedi.	G Vendredi.	G Jeudi.	G Mercredi.	G Mardi.	G Lundi.	G Dimanche.

N. B. Dans les années bissextiles la première des deux lettres dominicales sert jusqu'au 24 février inclusivement, et la seconde depuis le 25 février jusqu'au 31 décembre.

CHAPITRE V.

DES DATES EMPRUNTÉES AUX CÉRÉMONIES RELIGIEUSES.

Nous avons déjà dit que les fêtes religieuses entraient souvent comme élément chronologique dans les dates des anciens monuments, et c'est par ce motif que nous avons présenté un tableau des principales fêtes mobiles que l'église célèbre chaque année; mais ce tableau est loin de réunir tous les renseignements nécessaires. Les dates empruntées aux cérémonies religieuses peuvent être divisées en deux classes : les unes se rattachent au culte particulier des saints, et les autres aux fêtes consacrées par l'église à la célébration des mystères et des dogmes de la religion. Nous n'avons pas besoin de dire que ce genre de dates se rencontre fréquemment. La religion avait présidé à la naissance de ces peuples nouveaux qui préludaient à leur insu par la destruction de l'empire romain à l'établissement de la société chrétienne. Dans ce bouleversement universel, le plus terrible sans contredit dont l'histoire fasse mention, toute idée d'ordre, tout germe de civilisation aurait péri, si ces peuples barbares, poussés à la destruction et par leurs habitudes et par l'enivrement de la victoire, n'avaient trouvé à côté d'eux un pouvoir providentiel qui sût discipliner leur féroce indépendance et déposer dans leurs cœurs sauvages la semence féconde de la civilisation chrétienne. Cette mission, c'est l'église qui l'a remplie. Son influence est attestée par les plus anciens monuments de notre histoire. Les contrats publics et particuliers furent d'abord consacrés par l'invocation de Jésus-Christ; bientôt l'ère chrétienne remplaça les anciennes formules chronologiques; enfin les diverses époques des fêtes que l'église célébrait dans le cours d'une année furent souvent jointes ou même substituées aux jours de la semaine et du mois. Il importe donc de connaître, non-seulement l'époque de ces fêtes, mais encore les différents noms qui leur ont été donnés.

Pour faciliter la solution de cette double difficulté, nous avons reproduit dans leurs parties les plus essentielles deux listes alphabétiques qui se trouvent dans l'Art de vérifier les dates. La première de ces listes est un glossaire des noms peu connus sous lesquels on a désigné les fêtes de l'église et certains jours de la semaine et du mois. La seconde est un catalogue des saints.

La première liste ne présente, comme dans l'Art de vérifier les dates, qu'un seul ordre alphabétique pour les noms grecs, latins et français. En abrégeant cette liste, nous nous sommes attachés à ne rien supprimer d'important; mais nous avons cru pouvoir retrancher sans inconvénient tout ce qui était de pure discussion. Enfin nous avons cherché, en multipliant les renvois alphabétiques, à faciliter la recherche des articles qui pouvaient être classés sous différentes lettres. Comme ce glossaire n'est pas d'une grande étendue, nous croyons devoir en conseiller la lecture aux personnes qui n'auraient pas la connaissance des formules employées dans les dates des anciens monuments. Ce serait un moyen court et facile d'acquérir quelques notions sur des usages tombés aujourd'hui en désuétude et auxquels cependant il ne faut pas rester étranger lorsqu'on veut se livrer à l'étude de la paléographie.

On trouvera dans le catalogue alphabétique et chronologique des saints l'époque de leur mort et le jour de leur fête. Pour l'époque de la mort, nous nous sommes bornés à indiquer l'année ou le siècle. Quant au jour, qui la plupart du temps ne peut pas être fixé d'une manière précise, on a cru inutile de le rapporter. Le jour de la fête d'un saint correspond d'ailleurs assez souvent au jour présumé de sa mort. Toutefois cette règle est sujette à plus d'une exception. Quelquefois, en effet, un saint est honoré le jour de son inhumation, ou de la translation de ses reliques, ou enfin à une autre date indiquée par la tradition et qu'il serait souvent difficile d'expliquer. Ce qu'il y avait de plus important, c'était de fixer exactement l'époque à laquelle chaque fête est célébrée. Après avoir reproduit scrupuleusement les indications que fournit à cet égard le catalogue de l'Art de vérifier les dates, nous les avons comparées avec celles de Baillet, et nous avons relevé les dissidences que ces deux ouvrages peuvent présenter. Du reste, on a cru inutile d'ajouter au catalogue de l'Art de vérifier les dates des saints fort nombreux qui n'y sont pas portés et dont Baillet fait mention. Notre but n'était pas de donner une liste complète, mais seulement d'indiquer les noms des saints dont les fêtes remplacent dans les anciens monuments la date du jour et du mois.

Il arrive souvent qu'un saint n'est pas honoré le même jour dans les différents pays. Ainsi les usages de l'église grecque ne sont pas toujours suivis par l'église latine. Une fête peut ne pas être célébrée le même jour à Rome et à Paris, à Paris et dans certaines parties de la France. Il est tel saint dont le culte purement local n'est admis que dans un pays ou même dans une ville en particulier. Ces circonstances doivent être soigneusement observées. Il existe, par exemple, un grand nombre de manuscrits qui renferment des calendriers. La mention d'une fête locale pourra souvent servir à déterminer le pays auquel appartient le manuscrit. Comme la date de certaines fêtes a aussi varié selon les temps, ces calendriers pourront de même fournir des éléments pour déterminer l'âge du monument qu'ils accompagnent. Ce ne sont pas là sans doute des preuves sans réplique, mais des probabilités qui justifient les inductions tirées du caractère même de l'écriture et leur donnent un plus haut degré de certitude. Ces explications suffiront pour faire comprendre que l'étude de la paléographie exige une attention scrupuleuse et poussée en quelque sorte jusqu'à la minutie. On ne saurait trop répéter que cette condition est indispensable ; mais aussi quiconque ne craindra pas de s'y soumettre, atteindra nécessairement le but de ses efforts.

GLOSSAIRE DES DATES

OU LISTE ALPHABÉTIQUE DES NOMS PEU CONNUS EMPLOYÉS DANS LES MANUSCRITS OU LES DIPLÔMES POUR DÉSIGNER CERTAINES FÊTES ET LES JOURS DE LA SEMAINE OU DU MOIS.

A

Absolutionis dies ou *dies Jovis absoluti*, le jeudi absolu ou le jeudi saint.

Ad te levavi, introït et nom du premier dimanche de l'Avent.

Adorate Dominum, introït et nom du troisième dimanche après l'Épiphanie.

Adoration des Mages, le 6 janvier. Voyez *Epiphania*.

Adoratus dies, le vendredi saint, *vendredi aouré*.

Ægyptiaci dies, certains jours réputés malheureux. Il y en avait deux pour chaque mois.

Anastasimus, nom donné à Pâques chez les Grecs.

Animarum dies ou *festum*, le jour des Ames ou des Morts, le 2 novembre.

Antipascha, nom donné par les Grecs au dimanche de Quasimodo. Quoique ce dimanche suive immédiatement celui de Pâques, ils l'appellent second dimanche après Pâques, ou du moins second dimanche de Pâques ; et comme ils suivent le même calcul pour les dimanches suivants, il en résulte qu'ils nomment troisième, quatrième, cinquième et sixième dimanches ceux que nous appelons second, troisième, quatrième et cinquième dimanches après Pâques. Voy. aussi *Dominica Lucæ*.

Apocreos, le carême-prenant des Grecs ; il commence au lendemain de la Septuagésime et finit au dimanche suivant, jour de notre Sexagésime.

Apostolorum festum, autrefois le 1er mai chez les Latins, le 30 juin chez les Grecs.

Apparitio Domini ou *Apparitio* seul. Voy. *Epiphania*.

Architriclini dies, le second dimanche après l'Épiphanie, à cause de l'évangile qui rapporte le miracle des noces de Cana.

Armorum Christi festum. Voy. *Coronæ Christi festum*.

Ascensa Domini, aujourd'hui *Ascensio*, l'Ascension.

Ascensio B. M. V., la fête de l'Assomption, ainsi nommée au IXe siècle.

Asinorum festum, fête autrefois célébrée à Rouen le 25 décembre, et à Beauvais le 14 janvier.

Aspiciens à longè, premier dimanche de l'Avent, ainsi nommé du premier répons du premier nocturne.

Assumptæ humanitatis filii Dei festum, l'Annonciation, 25 mars. (Titres de l'abbaye de Saint-Arnoul à Crespy, 1118.)

Aveugle-né, le mercredi de la quatrième semaine de carême.

Azymorum festum, le jour de Pâques.

B

Βαιοφόρος, *Ramifera* ou *Palmifera*, le dimanche des Rameaux chez les Grecs.

Baptisterium, nom de l'Épiphanie chez les Arméniens.

Benedicta, introït et nom du dimanche de la Trinité.

Bohordicum, *Bouhourdis*, *Behourdi* ou *Behourdich*, espèce de joute qui se faisait avec des bâtons, le premier et le deuxième dimanche de carême. De là plusieurs actes qui désignent ces deux dimanches sous le nom de *Behourdichs*, ou par les mots *Bordæ*, *Brandones*, *Buræ* ou *Focorum dies*, les *Bordes*, les *Brandons*, les *Bures* ou les *Bules*. Cependant ces dates désignent plus particulièrement le premier dimanche de carême. Quelques-unes des expressions qui viennent d'être citées, telles que *Brandones*, *Focorum dies*, s'expliquent par l'usage où l'on était d'allumer des feux le jour de la Quadragésime.

Broncheria, le dimanche des Rameaux.

Burarum dies ou *Buræ*. Voyez *Bohordicum*.

Burdillini dies, la quinzaine des Behourdichs Voyez *Bohordicum*.

C

Calamai. Voyez *Hypapanti.*

Calendæ. Voyez *Kalendæ.*

Calenes, le 25 décembre ou Noël en Provence.

Campanarum festum, 25 mars; il est probable que le jour de l'Annonciation il était d'usage, dans certaines provinces, de sonner toutes les cloches.

Cananée (la), le jeudi de la première semaine de carême.

Candela, terme employé pour désigner le tiers de la nuit, qu'on divisait en trois chandelles.

Candelaria, Candelarum ou *Candelosæ festum, Candelatio, Candeliere.* Voyez *Hypapanti.*

Cantate Domino, introït et nom du quatrième dimanche après Pâques.

Capitilavium, le dimanche des Rameaux. Comme les bains étaient défendus pendant le carême, on était obligé de laver la tête de ceux qui devaient recevoir le baptême, avant de les présenter aux fonts sacrés.

Caput jejunii, le jour des Cendres.

Caput Kalendarum, Nonarum, Iduum. Voyez *Kalendæ, Nonæ, Idus.*

Cara cognatio. Voyez *S. Petri Epularum festum.*

Caramentrant, Caramentranus, Caramentranum ou *Caremprenium*, le mardi gras, nommé aussi *carême-entrant, carême-prenant.*

Caristia. Voyez *S. Petri Epularum festum.*

Carnem relinquens dies, nom donné au mardi gras en Hongrie.

Carnicapium, Carniplarium, le mardi gras.

Carniprivium ou *Carnisprivium.* Les premiers jours de carême et quelquefois la Septuagésime, parce que c'était à partir de ce dimanche que l'abstinence de viande commençait, surtout pour les ecclésiastiques et les religieux. De là *Carniprivium* ou *Privicarnium sacerdotum.*

Carnisprivium novum, le dimanche de la Quinquagésime, parce que l'abstinence commence, depuis le IXe siècle, au mercredi qui suit la Quinquagésime.

Carnisprivium vetus, le premier dimanche de carême. Avant le IXe siècle l'abstinence ne commençait qu'à cette époque dans l'église latine. De là est venue l'expression : *interduo Carnisprivia*, qui désigne les quatre derniers jours de la semaine de la Quinquagésime.

Carnivora, le mardi gras.

Chandeleuse (la). Voyez *Hypapanti.*

Charitas Dei, introït du samedi des Quatre-Temps de la Pentecôte.

Cheretismus, du grec Χαιρετισμός, Salutation, Annonciation, le 25 mars.

Christi festum, Noël, suivant la Chronique anglo-saxonne.

Circumdederunt, introït et nom du dimanche de la Septuagésime.

Clausum Pascha ou *Pentecostes.* Voyez *Pascha* ou *Pentecostes clausum.*

Clavorum ou *de Clavis Domini festum.* Voyez *Coronæ Christi festum.*

Cleophæ (B. Mariæ) festum, autrefois le 25 mai à Paris.

Close ou *Cluse de Pasche*, le dimanche de Quasimodo. Voyez *Pascha clausum.*

Cœna Domini, le jeudi saint.

Commemoratio omnium fidelium, le 2 novembre chez les Latins, le jeudi avant la Pentecôte chez les Grecs. Dans l'église de Milan, au XVIe siècle jusqu'en 1582, la fête des Morts était fixée au lundi après le troisième dimanche d'octobre.

Commovisti terram et conturbasti eam, nom donné au dimanche de la Sexagésime, dont le trait commence ainsi.

Compassion de la Vierge ou *Notre-Dame de Pitié*, le vendredi de la semaine de la Passion.

Conceptio B. Mariæ, le 8 décembre.

Conceptionis S. Joannis Baptistæ festum, le 20 septembre à Limoges.

Conseil des Juifs, le vendredi avant le dimanche des Rameaux.

Cornets (fête aux) ou *Quarel S. Gentien*, le 7 mai, veille de la translation des reliques de S. Gentien. Ceux qui tenaient à demi-cens de l'abbaye de Corbie des portions de terre appelées *quadrelli*, allaient à l'abbaye avec des cornes de bœuf qu'on remplissait de vin.

Coronæ Christi festum, fête célébrée en Allemagne le vendredi après l'octave de Pâques, ou le vendredi suivant quand le vendredi de l'octave était occupé par une autre fête. On l'appelle aussi : *Festum armorum Christi, instrumentorum Dominicæ passionis, clavorum, hastæ* ou *lanceæ Christi.*

Coronæ Domini festum, le 11 août à Paris.

Correction fraternelle, le mardi de la troisième semaine de carême.

Croix (les) noires, Cruces nigræ, la procession du jour de Saint-Marc. On a souvent donné le nom de *Croix* à toutes les processions. Voyez *Hebdomada crucium.*

D

Da pacem, introït et nom du dix-huitième dimanche après la Pentecôte.

Dæmon mutus, le troisième dimanche de carême.

Dedicatio basilicæ Salvatoris, fête de la dédicace de la basilique Constantinienne, nommée aussi l'église du Sauveur ou Saint-Jean de Latran, et d'autres églises bâties par Constantin ; le 9 novembre.

Dedicatio basilicarum sanctorum apostolorum Petri et Pauli, le 20 novembre.

Delair, *Delaynr*, *Delayr* ou *Deloir*, noms donnés au mois de décembre.

Delun ou *Deluys*. Voyez *Dilun*.

Demanche (le) d'avant que Dieu fût vendu, le dimanche des Rameaux.

Depositio, le jour de la mort d'un saint qui ordinairement n'est pas martyr.

Devenres, vendredi.

Deus in adjutorium, introït et nom du douzième dimanche après la Pentecôte.

Deus in loco sancto, introït et nom du onzième dimanche après la Pentecôte.

Deus omnium exauditor est, deuxième répons du premier nocturne du troisième dimanche après la Pentecôte et des dimanches suivants jusqu'au premier dimanche d'août.

Dicit Dominus, introït et nom du vingt-troisième et du vingt-quatrième dimanche après la Pentecôte.

Dies absolutionis, *dies adoratus*, *dies Ægyptiaci*, etc. Voyez aux mots *Absolutionis*, *Adoratus*, *Ægyptiaci*, etc.

Dilun ou *Diluns*, lundi.

Dimanche Behourdich, *dimanche des Brandons* ou *des Bures*. Voyez *Bohordicum*.

Dimanche du mois de Pâques, le dimanche de Quasimodo.

Dimanche des Myrophores (Μυροφόρῶν), nom donné par les Grecs au dimanche qui répond à notre deuxième dimanche après Pâques. Voyez *Antipascha*.

Dimanche Repus ou *Reprus*, le dimanche de la Passion, ainsi nommé du mot *repositus*, parce que la veille de ce dimanche on recouvrait les images des saints.

Dimar, mardi.

Dispersionis ou *Divisionis apostolorum festum*, le 14 ou le 15 juillet.

Dissabt, samedi.

Dodecameron, nom que les Grecs donnent aux douze jours qui sont entre Noël et l'Épiphanie.

Domine in tuâ misericordiâ, introït et nom du premier dimanche après la Pentecôte.

Domine ne longè, introït et nom du dimanche des Rameaux.

Dominica ad carnes levandas ou *tollendas*, le dimanche de la Quinquagésime.

Dominica ad Palmas, le dimanche des Rameaux.

Dominica ante Brandones, le dimanche de la Quinquagésime. Voyez *Bohordicum*.

Dominica ante Candelas, le dimanche avant la Chandeleur.

Dominica ante Litanias, le cinquième dimanche après Pâques.

Dominica ante natale Domini prima, *secunda*, *tertia*, le deuxième, le troisième, le quatrième dimanche de l'Avent dans un calendrier antérieur au xe siècle.

Dominica ante sancta Lumina, chez les Grecs le dimanche dans l'octave de la Circoncision, ou avant l'Épiphanie.

Dominica aperta, tout dimanche qui n'est point prévenu par l'office d'un saint ou d'une octave.

Dominica Asoti ou *Filii prodigi*, chez les Grecs le dimanche de la Septuagésime. Chez les Latins l'évangile de l'enfant prodigue se lit le samedi de la deuxième semaine de carême.

Dominica Benedicta, le dimanche de la Trinité.

Dominica Brandonum, *Burarum*, *Focorum*, le premier dimanche de carême. Voyez *Bohordicum*.

Dominica Cæci nati, nom donné par les Grecs au dimanche qui répond à notre cinquième dimanche après Pâques. Voyez *Antipascha*.

Dominica carne levale ou *de carne levario*. Voyez *Carnisprivium novum et vetus*.

Dominica Chananeæ, le deuxième dimanche de carême.

Dominica de Fontanis, le quatrième dimanche de carême ou dimanche des Fontaines.

Dominica de Lignis orditis. Voyez *Bohordicum*.

Dominica duplex, le dimanche de la Trinité. Voyez *Hebdomada Trinitatis*.

Dominica in Albis, *in Albis depositis*, *post Albas*, la Quasimodo.

Dominica in capite Quadragesimæ, en Béarn *Dimenge cabée*, le dimanche de la Quinquagésime.

Dominica indulgentiæ, le dimanche des Rameaux.

Dominica in Palmis, *in Ramis*, le dimanche des Rameaux.

Dominica in passione Domini, le dimanche de la Passion, le cinquième de carême, ou quelquefois un dimanche quelconque de carême.

Dominica Jerusalem, le quatrième dimanche de carême.

Dominica Lucæ, prima, secunda, etc., chez les Grecs le second dimanche après l'Exaltation de la Sainte-Croix et les dimanches suivants, jusqu'au troisième dimanche de l'Avent inclusivement. A partir du quatrième dimanche de l'Avent, ils interrompaient la lecture de l'évangile de Saint-Luc. Cette lecture était reprise ensuite le deuxième dimanche après l'Épiphanie (*Dominica Lucæ decima quinta* ou *Zachæi*); on la faisait une dernière fois le dimanche suivant (*Dominica Lucæ decima sexta* ou *Publicani et Pharisæi*). A ce dimanche succédaient les dix-septième, dix-huitième et dix-neuvième de Saint-Matthieu. En effet les Grecs avaient assigné à la lecture de chaque évangéliste un certain nombre de dimanches. La lecture de Saint-Matthieu commençait le premier dimanche après la Pentecôte et s'interrompait le dimanche avant l'Exaltation de la Sainte-Croix. Ce dimanche était consacré à la lecture d'un évangile selon Saint-Jean; le dimanche suivant on lisait un évangile selon Saint-Marc; venaient ensuite les dimanches de Saint-Luc qui étaient interrompus pendant quatre semaines à compter du quatrième dimanche de l'Avent. Le quatrième dimanche après l'Épiphanie était le dix-septième de Saint-Matthieu, et non le premier, parce que la Septuagésime était considérée comme le premier dimanche de l'année religieuse des Grecs. Il faut savoir en outre que chez eux le jour de Pâques était regardé comme le dernier jour de la semaine sainte et comme le premier de la semaine suivante. Ils continuaient ensuite ce calcul jusqu'au samedi veille du dernier dimanche après l'Épiphanie; c'est-à-dire que le dimanche était le premier jour de la semaine, et le samedi le septième. Le dernier dimanche après l'Épiphanie formait un jour isolé qui n'appartenait à aucune semaine. A partir du lendemain de ce dimanche, ils considéraient le lundi comme le premier jour de la semaine et le dimanche comme le dernier. Il en résulte que la semaine de la Septuagésime qu'ils nommaient *Prosphonésime* commençait au lundi précédent et finissait au dimanche même de la fête, tandis que la semaine antipascale commençait au dimanche de l'Antipâques, qui est notre dimanche de Quasimodo, et finissait au samedi suivant. Quant à la série des dimanches de Saint-Luc et de Saint-Matthieu, elle pouvait n'être pas rigoureusement fixée d'après les règles données par Baillet. En effet, en suivant son calcul, on ne peut placer que treize dimanches de Saint-Luc depuis le point de départ qu'il indique jusques et y compris le troisième dimanche de l'Avent; on ne voit pas alors pourquoi on appelle quinzième dimanche celui où l'on reprend la lecture des évangiles selon Saint-Luc.

Dominica Mapparum albarum, le second dimanche après Pâques.

Dominica Matthæi prima, secunda, tertia, etc. Voyez *Dominica Lucæ*.

Dominica mediana, le dimanche de la Passion.

Dominica mensis Paschæ. Voyez *Mensis Paschalis*.

Dominica mirabilia Domine, deuxième dimanche après Pâques. (*Nouv. Traité de dipl.*)

Dominica misericordiæ, nom donné avant le XIIe siècle au quatrième dimanche après la Pentecôte.

Dominica nova (Κυριακὴ νέα), chez les Grecs le dimanche de Quasimodo. Voyez *Antipascha*.

Dominica Olivarum, le dimanche des Rameaux.

Dominica Orthodoxiæ, le premier dimanche de carême chez les Grecs.

Dominica Osanna ou *Osannæ*, le dimanche des Rameaux.

Dominica Paralytici, nom donné par les Grecs au dimanche qui répond à notre troisième dimanche après Pâques. Voy. *Antipascha*.

Dominica post Albas. Voyez *Dominica in Albis*.

Dominica post Ascensam ou *Ascensum Domini*, le dimanche dans l'octave de l'Ascension.

Dominica post Focos, post Ignes, le dimanche après les Brandons, ou second dimanche de carême. Voyez *Bohordicum*.

Dominica post sancta Lumina, chez les Grecs le premier dimanche après l'Épiphanie.

Dominica post Strenas, le premier dimanche après le 1er janvier.

Dominica Publicani et Pharisæi, chez les Grecs le troisième dimanche après l'Épiphanie.

Dominica Quadraginta, le dimanche de la Quinquagésime, ainsi nommé du premier répons de matines.

Dominica Quintana, Quintanæ, de Quintanâ ou *Quintana* seul, le premier dimanche de carême.

Dominica Ramispalmarum, le dimanche des Rameaux.

Dominica resurrectio, se prend quelquefois pour chaque dimanche de l'année, et quelquefois pour le jour de Pâques.

Dominica Rogationum, le cinquième dimanche après Pâques.

Dominica rosæ ou *de rosâ* ou *rosata*, le quatrième dimanche de carême, parce que le pape bénit une rose d'or. On nomme aussi *Dominica de rosâ* ou *de rosis* le dimanche dans l'octave de l'Ascension.

Dominica Samaritanæ, nom donné par les Grecs au dimanche qui répond à notre quatrième dimanche après Pâques. Voyez *Antipascha*.

Dominica sancta ou *sancta in Paschâ*, le jour de Pâques.

Dominica σαυρὸ-προσκυνήσεως ou *adorandæ crucis*, le troisième dimanche de carême chez les Grecs.

Dominica de Transfiguratione, le second dimanche de carême.

Dominica S. Trinitatis, le premier dimanche après la Pentecôte.

Dominica trium septimanarum Paschalis ou *Paschæ*, le troisième dimanche après Pâques.

Dominica trium septimanarum Pentecostes, le troisième dimanche après la Pentecôte.

Dominica Tyrophagi, le dimanche de la Quinquagésime chez les Grecs.

Dominica unam Domini, le deuxième dimanche après Pâques.

Dominica vacans ou *vacat*, le dimanche ou les deux dimanches placés entre Noël et l'Épiphanie, dimanches qui n'ont pas d'office propre, et qui correspondent tantôt à une fête, tantôt à une octave. Il ne faut pas les confondre avec d'autres dimanches appelés *Dominicæ vacantes*, qui sont les dimanches après les Quatre-Temps et l'Ordination. On les nommait ainsi parce que l'office du samedi, qui se faisait la nuit, ne laissait pas de temps pour faire l'office propre du dimanche matin.

Dominicæ matris festivitas, l'Annonciation, dans le neuvième concile de Tolède.

Dominicum pour *Dominica*.

Dominicus dies, le jour de Pâques qui est le jour du Seigneur par excellence. (*Dies Dominica* désigne seulement le dimanche.)

Dominus fortitudo, introït et nom du sixième dimanche après la Pentecôte.

Dominus illuminatio mea, introït et nom du quatrième dimanche après la Pentecôte.

Dormitio S. Mariæ, l'Assomption de la sainte Vierge, le 15 août, et, dans quelques calendriers, le 18 janvier.

Dùm clamarem, introït et nom du dixième dimanche après la Pentecôte.

Dùm medium silentium, le dimanche dans l'octave de Noël, et celui d'après la Circoncision, quand il tombe la veille des Rois.

E

Eau changée en vin aux noces de Cana, le 6 janvier. Voyez *Epiphania*.

Ecce Deus adjuvat, introït et nom du neuvième dimanche après la Pentecôte.

Enfant (l') prodigue, le samedi de la seconde semaine de carême.

Epipanti, le 2 février. Voyez *Hypapanti*.

Epiphania, *Theophania*, Épiphanie; en langue vulgaire *Tiphaine*, *Tiphagne*, *Tiephaine*, *Tiephanie*; nommée encore *Apparitio*, *festum Stellæ* : le 6 janvier.

Epularum S. Petri festum. Voyez *S. Petri Epularum*.

Esto mihi, introït du dimanche de la Quinquagésime.

Eutaules ou *Eutalles*, octave.

Evangelismi festum, cinquième dimanche après Pâques.

Exaltatio S. Crucis, le 14 septembre.

Exaudi Domine, introït du dimanche dans l'octave de l'Ascension ou du sixième dimanche après Pâques.

Expectatio B. Mariæ, le 16 ou le 18 décembre, selon les pays. C'est alors que l'on chante les antiennes appelées les *O* de l'Avent. Ces antiennes se chantent jusqu'au 23 décembre inclusivement.

Exurge Domine, introït du dimanche de la Sexagésime.

F

Factus est Dominus, introït et nom du second dimanche après la Pentecôte.

Felicissimus dies, le jour de Pâques.

Femme (la) adultère, le samedi de la troisième semaine de carême.

Feria ad Angelum, le mercredi des Quatre-Temps d'Avent.

Feria calida, la foire chaude, ou la foire de Saint-Jean-Baptiste à Troyes; elle tenait en été.

Feria frigida, la foire froide, ou la foire du 1er octobre au même lieu.

Feria prima, le dimanche.

Feria quarta major ou *magna*, le mercredi saint.

Feria quinta major ou *magna*, le jeudi saint.

Feria secunda major ou *magna*, le lundi saint

Feria sexta major ou *magna*, le vendredi saint.

Feria septima major ou *magna*, le samedi saint.

Feria tertia major ou *magna*, le mardi saint.

Feria magni ou *sancti Scrutinii*, le mercredi de la quatrième semaine de carême.

Festum animarum, apostolorum, architriclini, asinorum, etc. Voyez *Animarum, Apostolorum, Architriclini, Asinorum festum*.

Florum atque Ramorum dies, le dimanche des Rameaux.

Focorum dies. Voyez *Bohordicum*.

Forensis au lieu de *Feria;* ce mot se trouve dans les dates de plusieurs chartes.

G

Gaudete in Domino, introït et nom du troisième dimanche de l'Avent.

Genethliacus dies Constantinopolitanæ urbis, la dédicace de Constantinople, le 11 mai.

Gentien (*fête du Quarel S.*). Voyez *Cornets* (*fête aux*).

Giouli, nom donné par Bède au mois de décembre et au mois de janvier, parce que dans l'année luni-solaire des anciens Anglo-Saxons le solstice d'hiver tombait tantôt dans le mois de décembre, tantôt dans le mois de janvier.

H

Hastæ Christi festum. Voyez *Coronæ Christi*.

Hebdomada authentica, la semaine sainte.

Hebdomada crucis, la semaine sainte.

Hebdomada crucium, la semaine des Croix ou Processions, c'est-à-dire la semaine des Rogations.

Hebdomada duplex. Voyez *Hebdomada Trinitatis*.

Hebdomada expectationis, la semaine d'après l'Ascension ou de l'attente du Saint-Esprit.

Hebdomada indulgentiæ, la semaine sainte.

Hebdomada magna, la semaine sainte.

Hebdomada mediana Quadragesimæ, la quatrième semaine de carême.

Hebdomada muta, la semaine sainte, parce qu'on cesse de sonner les cloches à compter du jeudi saint.

Hebdomada pœnalis ou *pœnosa*, la semaine sainte.

Hebdomada sacra, la semaine avant Pâques, et aussi celle qui précède la Pentecôte.

Hebdomada Trinitatis, la semaine du dimanche de la Trinité, appelée aussi *Hebdomada duplex*, parce qu'elle est en même temps la semaine du premier dimanche après la Pentecôte.

Hebdomadæ Græcæ. Les Grecs commencent leurs semaines tantôt par le dimanche, tantôt par le lundi, en sorte que, suivant l'époque de l'année, un dimanche donne son nom aux six jours qui le précèdent ou aux six jours qui le suivent. Voyez *Dominica Lucæ*. On lit dans Villehardouin que les Français s'emparèrent de Constantinople le *lundi de Pâques flories*. Or, selon notre manière de compter les semaines, ce jour répondait au lendemain du dimanche des Rameaux, et suivant le calcul des Grecs, au lundi qui avait précédé ce dimanche et qui, en 1204, tombait le 12 avril, jour de la prise de Constantinople. Néanmoins les Grecs ne laissent pas d'appeler en tout temps, comme nous, le lundi le second jour de la semaine, le mardi le troisième, etc.

Hebdomas Diacœnesima, la semaine du renouvellement, nom donné par les Grecs à la semaine qui commence le jour de Pâques et qui finit le samedi suivant.

Herbarum festum, l'Assomption de la sainte Vierge.

Huitieve de saint Jean, huitieve de saint Martin, octave de Saint-Jean, octave de Saint-Martin, et ainsi des autres.

Hypapanti, Hypante, Hypantæ, du grec Ὑπαντὴ, en latin *Occursus*, rencontre, fête de la Présentation au temple, où se rencontrèrent Anne et Siméon, le 2 février.

Hypodiaconorum ou *Subdiaconorum festum*, le premier ou le deuxième jour de l'an.

I

Idus, le 15 des mois de mars, mai, juillet et octobre, et le 13 des autres mois. *Caput Iduum*, le jour où on commençait à compter les Ides, c'est-à-dire le VIII des Ides, correspondant au 8 des mois de mars, mai, juillet et octobre, et au 6 des autres mois. Voyez l'explication du tableau P, dans le chapitre précédent.

In excelso throno, introït et nom du premier dimanche après l'Épiphanie.

In voluntate tuâ, introït et nom du vingt et unième dimanche après la Pentecôte.

Inclina aurem tuam, introït et nom du quinzième dimanche après la Pentecôte.

Indictum, la foire du Lendit à Saint-Denis; elle commençait autrefois le mercredi de la seconde semaine de juin.

Instrumentorum Dominicæ passionis festum. Voyez *Coronæ festum*.

Inventio S. Crucis, Invention de la Ste Croix, fête célébrée le 3 mai chez les Latins, et le 6 mars chez les Grecs du moyen âge.

Invocavit me, introït et nom du premier dimanche de carême.

Isti sunt dies, dimanche de la Passion, ainsi nommé du répons de la procession.

J

Jean (S.) de Collaces ou *Décollaces*, la Décollation de saint Jean.

Jeudi, le grand jeudi, le jeudi blanc, le jeudi saint.

Jeudi magnificet, le jeudi de la mi-carême, ainsi nommé du premier mot de la collecte.

Joannes (S.) Albus, fête de Saint-Jean-Baptiste, le 24 juin.

Jol, fête célébrée autrefois dans le Nord au solstice d'hiver; de là le nom de *Jouler Monath*, donné au mois de décembre par les Suédois.

Jours nataux. Voyez *Natales*.

Jovis dies, jeudi. *Jovis absoluti dies*. Voyez *Absolutionis dies*.

Jubilate omnis terra, introït et nom du troisième dimanche après Pâques.

Judica me, introït et nom du dimanche de la Passion.

Jugement dernier, le lundi de la première semaine de carême.

Juignet, juillet.

Justus es Domine, introït et nom du dix-septième dimanche après la Pentecôte.

K

Kalendæ, premier jour du mois chez les Romains. Voyez dans le chapitre précédent ce qui a été dit dans l'explication du tableau P sur les différentes manières de compter les calendes. *Caput Kalendarum*, le jour où l'on commence à compter les calendes. *In capite Kalendarum Septembrium*, le dix-neuvième des calendes de septembre ou le 14 août.

Kalendæ ou *festum Kalendarum*, fête païenne, longtemps célébrée le 1er janvier. Une charte de Marseille semble désigner ainsi le jour de Noël. V. aussi *Calenes*.

L

Lætare, introït et nom du quatrième dimanche de carême.

Lamentationis dies, le jeudi, le vendredi et le samedi saints, jours où l'on chante à matines les lamentations de Jérémie.

Lanceæ Christi festum. Voyez *Coronæ Christi*.

Lardarium, le mardi gras, ainsi appelé au XIIe siècle dans le Limousin.

Lazare (le), le vendredi de la quatrième semaine de carême.

Lendit. Voyez *Indictum*.

Litania major ou *Romana*, les litanies du jour de Saint-Marc, le 25 avril.

Litania minor ou *Gallicana*, les litanies des Rogations.

Luminum festum, la Chandeleur.

Lundi, le grand lundi, le lundi saint.

M

Magnus dies, le jour de Pâques.

Malade de trente-huit ans, le vendredi de la première semaine ou des Quatre-Temps de carême.

Mardi, le grand mardi, le mardi saint.

Maria (S.) ad Nives ou *B. Mariæ de Nive festum*, le 5 août.

Martinus (S.) Calidus ou *S. Martini Bullionis festum*, Saint-Martin le Bouillant, le 4 juillet.

Martror, la Toussaint, fête anciennement consacrée aux martyrs.

Marzache, l'Annonciation, le 25 mars.

Matris Dominicæ festivitas. Voyez *Dominicæ matris festivitas.*

Mauvais Riche (le), le jeudi de la seconde semaine de carême.

Mediana octava. Voyez *Dominica mediana.*

Memento meî, ancien introït du quatrième dimanche de l'Avent.

Mensis intrans, introiens, les seize premiers jours des mois de trente et un jours, et les quinze premiers des mois de trente jours. *Mensis exiens, astans, stans, restans,* les quinze derniers jours du mois. Voyez dans le chapitre précédent l'explication du tableau P.

Mensis fenalis, le mois de juillet.

Mensis magnus, le mois de juin, à cause de la longueur des jours.

Mensis messionum, le mois d'août.

Mensis novarum, le mois d'avril.

Mensis Paschæ ou *Paschalis,* le mois, la quinzaine de Pâques.

Mensis purgatorius, le mois de février.

Mensis undecimus, mensis duodecimus, noms donnés sous la première race, et même dans quelques titres du xe siècle, aux mois de janvier et de février, qui étaient ainsi appelés chez les Romains.

Mercredi, le grand mercredi, le mercredi saint.

Mercredi ens oucien kesms, le mercredi des Cendres, suivant l'explication de Bréquigny qui suppose qu'on doit lire *ens ourant kesms,* c'est-à-dire *en ouvrant karesme.*

Mercredi des Traditions, le mercredi de la troisième semaine de carême, ainsi nommé à cause de l'évangile du jour dans lequel on parle des fausses traditions des Juifs.

Mercoris ou *Mercurinus dies,* le mercredi.

Mesonestime, chez les Grecs la semaine de la mi-carême et en particulier le jeudi de cette semaine, dont le dernier jour correspond à notre quatrième dimanche de carême.

Mesopentecoste, nom donné par les Grecs au dimanche qui correspond à notre quatrième dimanche après Pâques, et aux huit jours qui courent du mercredi précédent au mercredi suivant inclusivement. Voyez *Antipascha.*

Miserere meî Domine, introït et nom du seizième dimanche après la Pentecôte.

Misericordia Domini, introït et nom du second dimanche après Pâques.

Missa, le jour de la fête d'un saint.

Missæ Domini, alleluia, alleluia, alleluia, le dimanche de Quasimodo.

Mysteriorum dies, le jeudi saint en Orient.

N

Natale ou *Nativitas Domini,* la Nativité de N. S. le 25 décembre.

Natale S. Mariæ, fête célébrée autrefois le 1er janvier. C'est la plus ancienne de toutes les fêtes consacrées à la sainte Vierge.

Natale S. Petri de Cathedrâ, la Chaire de saint Pierre à Rome le 18 janvier, ou à Antioche le 22 février.

Natale, Natalis ou *Natalis dies,* le jour de la mort d'un saint, particulièrement d'un martyr; l'anniversaire de l'élévation d'un prince, d'un pape, d'un évêque, etc.

Natales, jours nataux, les principales fêtes de l'année.

Natalis calicis, le jeudi saint.

Natalis S. Joannis Baptistæ, fête de la Décollation de saint Jean, le 29 août.

Natalis S. Mariæ ad Martyres ou *Dedicatio ecclesiæ B. Mariæ ad Martyres,* le 13 mai.

Natalis reliquiarum, le jour de la translation des reliques d'un saint.

Neophytorum dies, les six jours entre le dimanche de Pâques et celui de Quasimodo.

Nonæ, le 7 des mois de mars, mai, juillet et octobre, et le 5 des autres mois. *Caput Nonarum,* le jour où l'on commençait à compter les nones, c'est-à-dire le 2 de chaque mois. Voy. dans le chapitre précédent l'explication du tableau P.

Notre-Dame l'Angevine ou *Septembreche,* la Nativité de la sainte Vierge, 8 septembre.

Notre-Dame Chasse-Mars, fête de l'Annonciation, 25 mars.

Notre-Dame de Pitié. Voyez *Compassion de la sainte Vierge.*

Notre-Dame aux Marteaux, l'Annonciation, le 25 mars.

Nox, l'espace de vingt-quatre heures pris d'un soir à un autre soir. Cette division du temps était encore en usage en France au XIIe siècle. *Nox intempesta,* nom donné par les Romains au temps compris entre l'heure où l'on se couchait et minuit.

Nox sacrata, la veille de Pâques.

16.

O

O de l'Avent. Voyez *Expectatio B. Mariæ.*

Occursûs festum. Voyez *Hypapanti.*

Octava infantium, le dimanche dans l'octave de Pâques.

Octave du grand carême, probablement la semaine de Pâques.

Octogesima, terme employé pour *Septuagesima* dans une chronique de Normandie.

Oculi, introït et nom du troisième dimanche de carême.

Oleries, les antiennes commençant par *O* qui se chantent à partir du 16 ou du 18 décembre. Voyez *Expectatio B. Mariæ.*

Olivarum festum, le dimanche des Rameaux.

Omnes gentes, introït et nom du septième dimanche après la Pentecôte.

Omnia quæ fecisti, introït et nom du vingtième dimanche après la Pentecôte.

Omnis terra, introït et nom du second dimanche après l'Épiphanie.

Omnium Sanctorum festum, la Toussaint, 1er novembre.

Orthodoxiæ festum, le deuxième dimanche de carême chez les Grecs.

Osanna dies, le dimanche des Rameaux.

Ottembre, octobre.

P

Pains, le dimanche des cinq pains, le quatrième de carême.

Palmæ, Palmifera, Palmarum ou *Ramorum dies* ou *festum,* le dimanche des Rameaux.

Pâque, ce mot seul servait autrefois à désigner Noël. Voyez *Pascha* et *Paschalia festa.*

Pâque communiant, Pâque escommunichant, Pâques communiaux ou *les grandes Pâques,* le jour de Pâques.

Pâque charneux, le jour de Pâques.

Pâques neves, le jour où commençait autrefois la nouvelle année, c'est-à-dire le samedi saint après la bénédiction du cierge pascal.

Parasceve, le vendredi saint, et quelquefois le vendredi de chaque semaine.

Pascha, le jour et quelquefois la semaine de Pâques. Ce mot se prend encore pour d'autres fêtes dont le nom s'y trouve ordinairement joint, comme *Pascha Pentecostes* pour la Pentecôte, etc. Voyez *Pâque* et *Paschalia festa.*

Pascha annotinum, l'anniversaire de la Pâque de l'année précédente.

Pascha clausum, le dimanche de l'octave de Pâques ou la Quasimodo. Le dimanche suivant (deuxième après Pâques) s'appelait *Dominica prima post clausum Pascha,* et ainsi des autres.

Pascha competentium, le dimanche des Rameaux.

Pascha florum, floridum, Pâque fleurie, le dimanche des Rameaux.

Pascha medium, le mercredi dans l'octave de Pâques.

Pascha petitum. Voyez *Pascha competentium.*

Pascha primum, le 22 mars, parce que cette fête ne peut tomber plus tôt.

Pascha rosarum, la Pentecôte.

Paschalia festa, les trois solennités de Noël, de Pâques et de la Pentecôte.

Pastor bonus, le second dimanche après Pâques, à cause de l'évangile du bon pasteur.

Pausatio S. Mariæ, l'Assomption, 15 août.

Pécheresse (la) pénitente, le jeudi de la semaine de la Passion.

Peneuse. Voyez *Semaine peneuse.*

Pentecoste, la Pentecôte. Ce mot marque quelquefois, et principalement chez les Grecs, tout le temps pascal, depuis Pâques jusqu'à la Pentecôte.

Pentecostes clausum, le dimanche de la Trinité, ou quelquefois le deuxième après la Pentecôte.

Pentecoste media, le mercredi de la semaine de la Pentecôte chez les Latins.

Penthesis, un des noms de la Purification chez les Grecs.

Petri (S.) Epularum dies ou *festum,* le jour de la Chaire de saint Pierre à Antioche, 22 février, à la différence de *Dies SS. Petri et Pauli,* qui est le 29 juin.

Petrus (S.) in gulâ Augusti, Saint-Pierre aux Liens, aussi nommé *S. Pierre Angoul-Août* et *Angel-Août.*

Pingues dies, les jours gras.

Pœnalis, Pœnosa hebdomada. Voy. *Hebdomada pœnalis.*

Populus Sion, introït et nom du second dimanche de l'Avent.

Præsentatio D. N. J. C., la fête de la Présentation

de Notre-Seigneur au temple, célébrée le 2 février. Voyez *Hypapanti.*

Primitiarum ou *Primitivum festum*, le 1er août, suivant la Chronique anglo-saxonne.

Privicarnium sacerdotum. Voyez *Carniprivium.*

Prosphonesime, nom donné par les Grecs à la Septuagésime et aux six jours qui la précèdent. Voy. *Hebdomadæ Græcæ.* Voyez aussi *Dominica Lucæ prima, secunda*, etc.

Protector noster, introït et nom du quatorzième dimanche après la Pentecôte.

Puerperium, la fête de l'Enfantement, le 26 décembre chez les Grecs et les Moscovites.

Purificatio B. Mariæ. Voyez *Hypapanti.*

Q

Quadragesima, le dimanche de la Quadragésime ou encore le carême qui précède la fête de Pâques, et qu'on appelait aussi *Quadragesima major*, parce qu'autrefois il y avait en outre le carême de la Pentecôte et de Noël, sans compter le carême des apôtres S. Pierre et S. Paul, et celui de l'Assomption, observés par les Grecs. Les Jacobites ont de plus le carême des Ninivites.

Quadragesima intrans, Quaresmentranum. Voyez *Caresmentranus. Quadragesima intrans* désigne aussi le premier dimanche de carême.

Quadraginta. Voyez *Dominica Quadraginta.*

Quadringesima. Voyez *Quadragesima.*

Quarel S. Gentien. Voyez *Cornets* (*fête aux*).

Quasimodo, introït et nom du premier dimanche après Pâques.

Quatre-Temps, nom des jeûnes établis par l'église pour sanctifier les quatre saisons de l'année. Avant le commencement du XIIe siècle, on ne suivait pas à cet égard un usage uniforme. Le jeûne du printemps a d'abord été confondu avec celui du carême, en sorte que les anciens Sacramentaires parlent seulement du jeûne des *Trois-Temps*. Au IXe siècle ces jeûnes étaient fixés en France à la première semaine de mars, à la deuxième de juin, à la troisième de septembre, et pour le mois de décembre à la semaine d'avant Noël. On les appelait jeûnes du premier, du quatrième, du septième et du dixième mois. Grégoire VII voulut ramener à un système uniforme les pratiques suivies dans les différentes églises. Il maintint les trois jours de jeûne qui avaient toujours été fixés au mercredi, au vendredi et au samedi. Il décida que le jeûne du printemps aurait lieu dans la première semaine de carême, et celui de l'été dans la semaine de la Pentecôte. A l'égard des deux autres il maintint les coutumes qui avaient été suivies jusqu'alors. Pour vérifier une date qui se rapporterait à l'époque des jeûnes du printemps et de l'été, il suffit donc de savoir quel jour tombent la Quadragésime et la Pentecôte. (Voy. dans le chapitre précédent le tableau O.) En effet les trois jours de jeûne des Quatre-Temps du printemps correspondent au mercredi, au vendredi et au samedi qui suivent le dimanche de la Quadragésime, et ceux des Quatre-Temps d'été au mercredi, au vendredi et au samedi qui suivent la Pentecôte. Quant aux Quatre-Temps d'automne et d'hiver, ils correspondent successivement à sept dates différentes en raison de la succession des lettres dominicales. Ces dates sont les mêmes pour les mois de septembre et de décembre, excepté quand la lettre dominicale est B. Le 14 septembre répond alors à un mercredi; et la fête de l'Exaltation de la Sainte-Croix, qui est fixe, fait reporter les trois jours de jeûne des Quatre-Temps de septembre au mercredi 21, au vendredi 23 et au samedi 24. Voici, au reste, l'ordre dans lequel se correspondent les lettres dominicales et les dates des Quatre-Temps d'automne et d'hiver.

1°	B et C B.....	21, 23 et 24 septembre.
	B et C B.....	14, 16 et 17 décembre.
2°	C et D C.....	15, 17 et 18 septembre et décembre.
3°	D et E D.....	16, 18 et 19 septembre et décembre.
4°	E et F E.....	17, 19 et 20 septembre et décembre.
5°	F et G F.....	18, 20 et 21 septembre et décembre.
6°	G et A G.....	19, 21 et 22 septembre et décembre.
7°	A et B A.....	20, 22 et 23 septembre et décembre.

Quindana, Quindena, Quinquenna, la quinzaine. *Quindena Paschæ*, la quinzaine de Pâques, c'est-à-dire, suivant l'Art de vérifier les dates, les sept jours qui précèdent Pâques, le jour même de la fête, et les sept jours qui la suivent. Ce mot peut aussi désigner la quinzaine qui commence à la fête de Pâques, de même que *Quindena Pentecostes* désigne la quinzaine de la Pentecôte, commençant à la Pentecôte; *Quindena Nativitatis*, la quinzaine commençant à Noël, etc. Voyez *Tres septimanæ.*

Quinquagesima, ordinairement le dimanche de la Quinquagésime, et quelquefois le temps pascal qui est de cinquante jours.

Quintana, le premier dimanche de carême.

Quintilis mensis, nom du mois de juillet avant la mort de Jules César.

R

Ramifera, *Ramispalma* ou *Ramorum dies, festum*, le dimanche des Rameaux.

Reddite quæ sunt Cæsaris Cæsari, le vingt-deuxième dimanche après la Pentecôte.

Regis (S.) festum, en Hongrie la fête du roi saint Étienne, le 2 septembre.

Relatio pueri Jesu de Ægypto, le 7 janvier.

Reminiscere, introït et nom du second dimanche de carême.

Réoctave, seconde octave d'une fête. Voyez *Tres septimanæ*.

Resaille-Mois, les mois de juin et de juillet.

Respice Domine, introït et nom du treizième dimanche après la Pentecôte.

Respice in me, introït et nom du troisième dimanche après la Pentecôte.

Révélation de saint Michel, le 8 mai.

Roi (le) des dimanches, le dimanche de la Trinité.

Rorate cœli, introït et nom du quatrième dimanche de l'Avent.

Rosæ Dominica, le quatrième dimanche de carême. Ce nom s'applique également au dimanche dans l'octave de l'Ascension.

Rosarum dies, le 6 février chez les Hongrois.

S

Sabbatum, le samedi ordinairement, ou quelquefois la semaine entière.

Sabbatum Acathisti, le samedi de la cinquième semaine de carême chez les Grecs, ou samedi de l'hymne chantée *debout*, en mémoire de la protection miraculeuse que la sainte Vierge avait accordée en 626 à Constantinople, assiégée par les Abares.

Sabbatum duodecim lectionum, les quatre samedis des Quatre-Temps.

Sabbatum luminum, le samedi saint.

Sabbatum magnum, le grand samedi, le samedi saint.

Sabbatum vacans, le samedi avant le dimanche des Rameaux, parce qu'il n'y avait pas d'office à Rome.

Salome (B. Mariæ) festum, autrefois le 22 octobre à Paris.

Salus populi, introït et nom du dix-neuvième dimanche après la Pentecôte.

Samaritaine (la), le vendredi de la mi-carême ou vendredi de la troisième semaine de carême.

Sancti dies, le carême.

Sanctus dies, le dimanche.

Scrutinii dies, les jours des scrutins où l'on examinait les catéchumènes destinés au baptême. Il y avait ordinairement sept scrutins; mais il n'y a que le mercredi de la quatrième semaine de carême qui ait été nommé partout le jour du grand scrutin : *Dies* ou *feria magni Scrutinii*.

Semaine peneuse, la semaine sainte.

Septem fratrum festum, le 7 juillet, dans un calendrier de Metz.

Septimana. Voyez *Hebdomada*.

Septimana communis, la semaine qui commençait au dimanche après la Saint-Michel de septembre. On trouve dans Ludewig (*Reliq. mss. omnis ævi diplomat. ac monum. ined.* t. VII, p. 493) un diplôme ainsi daté : *A.* 1306 *feriâ quartâ in communibus*, ce qui répond au 5 octobre.

Septimana media jejuniorum Paschalium, la troisième semaine de carême.

Septuagesima, le neuvième dimanche et non le soixante et dixième jour avant Pâques.

Septuaginta duorum Christi discipulorum festum, le 15 juillet.

Seval, le mois de juillet.

Sextilis mensis, le mois d'août avant Auguste.

Si iniquitates, introït et nom du vingt-deuxième dimanche après la Pentecôte.

Sicut oculi servorum, introït et nom du lundi après le premier dimanche de carême.

Simeonis (S.) festum, le 2 février.

Solemnitas solemnitatum, le jour de Pâques.

Solis dies, le dimanche, appelé par les astronomes *le jour du Soleil*.

Somertras ou *Sonmartras*, nom du mois de juin dans le pays Messin.

Stellæ festum, le 6 janvier.

Stultorum festum, la fête des Fous, le premier jour de l'an.

Subdiaconorum festum. Voyez *Hypodiaconorum festum*.

Suscepimus Deus, introït et nom du huitième dimanche après la Pentecôte.

Susceptio S. Crucis, à Paris le premier dimanche d'août.

T

Tessaracoste, nom que les Grecs donnent au carême.

Tetrada, le quatrième jour de la semaine, ou le mercredi.

Theophania, la fête de Noël et celle de l'Épiphanie, qui dans les premiers siècles étaient célébrées l'une et l'autre le 6 janvier. Du mot *Theophania* sont venus les noms de *Tiphagne*, *Tiphaine*, *Thiephanie*, etc.

Thore-maneth, ou lune de Thor, nom donné par les Suédois au mois de janvier, et par les Danois au mois de mars.

Traditions (mercredi des). Voy. *Mercredi des Traditions.*

Transfigurationis Dominica, le second dimanche de carême, à cause de l'évangile du jour.

Transfigurationis festum, la Transfiguration, le 6 août.

Translationis Jesu festum, le 6 août, date de la fête de la Transfiguration dans le testament de Rotherham, évêque d'York. Il est probable que le mot *translatio* y a été mis par erreur au lieu de *transfiguratio*.

Tres septimanæ Paschales, Pentecostes, Nativitatis, etc. les trois semaines commençant au jour de Pâques, de la Pentecôte, de Noël, etc. Cette date s'explique par l'usage où l'on était de célébrer jusqu'à trois octaves des grandes fêtes. Quand on n'en célébrait que deux, les deux semaines consacrées à ces deux octaves étaient désignées par le mot *Quindena*.

Trinitatis (S.) festum, le premier et le dernier dimanche après la Pentecôte, qui étaient également désignés par ce nom; mais la première comme la principale de ces deux fêtes s'appelait *Trinitas æstivalis*.

Τρίωδιον, nom donné par les Grecs au dimanche qui précède la Septuagésime; on commençait à chanter ce jour-là l'hymne appelée *Τρίωδιον*, qui durait jusqu'à Pâques.

Tyephaine. Voyez *Epiphania* et *Theophania*.

V

Valletorum festum, *la fête aux Varlès*, le dimanche après la Saint-Denis.

Verdi aoré pour *vendredi adoré*, c'est-à-dire le vendredi saint.

Veuve (la) de Naïm, le jeudi de la quatrième semaine de carême.

Vigilia Horemii, la veille de Saint-Laurent, ou le 9 août.

Viginti dies, les vingt jours depuis Noël jusqu'à l'octave des Rois.

Vignerons (les), le vendredi de la seconde semaine de carême.

Viridium dies, le jeudi saint dans quelques anciens calendriers allemands.

Vocem jucunditatis, introït et nom du cinquième dimanche après Pâques.

W

Witave ou *Witive*, octave. On trouve dans le testament d'Alix, femme de Jean, seigneur de Lille, au XIIIe siècle : *Et vel que les devant dites dix livres soient prises.... us witaves de cheste Chandeleur prochaine à venir.*

CATALOGUE

ALPHABÉTIQUE ET CHRONOLOGIQUE DES SAINTS

DONT LES FÊTES REMPLACENT DANS LES ANCIENS MONUMENTS LA DATE DU JOUR ET DU MOIS.

(La date du siècle ou de l'année désigne l'époque de la mort. La date du jour indique la célébration de la fête.)

ABRÉVIATIONS.

Ab.	Abbé.	Chan.	Chanoine.	Doct.	Docteur.	Patr.	Patriarche.
Abesse.	Abbesse.	Chorév.	Chorévêque.	Év.	Évêque.	Rel.	Religieux ou religieuse.
Ap.	Apôtre.	Comt.	Commencement.	Gr.	Chez les Grecs.	S. Ste.	Saint, sainte.
Apr.	Après.	Congrég.	Congrégation.	Lat.	Chez les Latins.	Siéc.	Siècle.
Arch.	Archevêque.	Déd.	Fête de la dédicace de l'église qui porte le nom du saint dont il s'agit.	M.	Martyr, martyre, martyrs ou martyres.	Tr.	Fête de la translation du saint dont il s'agit.
Archid.	Archidiacre.			Missre.	Missionnaire.	V.	Vers.
Av.	Avant.			Mon.	Monastère.	Vén.	Vénérable.
B.	Bienheureux ou Bienheureuse.	Sous-D.	Sous-diacre.				
Card.	Cardinal.	Dioc.	Diocèse.				

A

S. Abbon, ab. de Fleury.........	1004	13 nov.
SS. Abdon et Sennen, Persans, M. à Rome......................	250	30 juillet.
S. Abraham, ab. de S. Cirgues en Auvergne......................	V. 472	15 juin.
S. Abrosine. Voyez S. Miles.		
S. Acace ou Achate, surnommé Agathange, év. d'Antioche, M.....	250-251	31 mars. (Se confess. 29 mars. Lat.
S. Acaire, év. de Noyon et de Tournay......................	639	27 nov.
S. Achard ou Acaire, Aicadrus, ab. de Quinçay et de Jumiéges......	687	15 sept.
S. Achate. Voy. S. Acace.		
S. Achillée et S. Nérée, M.......	1er ou IIe siècle.	12 mai.
S. Achillée, M. à Valence. Voyez S. Félix.		
S. Adalbert ou Adelbert. Voyez S. Adelbert.		
S. Adalbert, év. de Prague, ap. de Prusse......................	997	23 avril.
S. Adaucte. Voyez S. Félix.		
B. Adélaïde (la), reine d'Italie, puis impératrice d'Allemagne........	999	16 déc.
S. Adelard ou Allard, ab. des deux Corbie......................	826	2 janvier.
S. Adelbert ou Adalbert, ab. de Wurtzbourg, ap. des Ruges, premier arch. de Magdebourg......	981	20 juin.
Adelelmus. Voyez S. Aleaume.		
S. Adjuteur ou Ajoutre, moine de Tiron......................	1131 ou 1132	30 avril.
S. Adon, év. de Vienne...........	875	16 déc.
S. Adrien, M. de Nicomédie.......	305-306	8 sept. Lat. 26 août. Gr.
S. Ægidius. Voyez S. Gilles.		
Ste Afre, M. à Augsbourg, avec sa mère et ses trois servantes......	304	5 août.
S. Afrique, Éfrique, Fric ou Sainto-Frique, év. de Comminges......	VIe siècl.	15 janv. 8 févr. et 1er mai.
Stes Agape, Chionie et Irène, sœurs, M. à Thessalonique...........	304	1er avril. Lat. 16 avril. Gr.
S. Agapet, M. de Palestrine ou Préneste......................	V. 274	18 août.
S. Agapet, pape................	536	20 sept.
S. Agathange, diacre de S. Clément, év. d'Ancyre, M..............	IVe siècl.	23 janvier.
Agathange, surnom de S. Acace.		
Ste Agathe, vierge et M..........	251	5 février.
S. Agathon, pape...............	682	10 janvier.
Agericus. Voyez S. Agri.		
S. Agilbert. Voyez S. Agoard.		
S. Agilbert ou Ailbert, év. de Dorchester et de Paris............	675	11 octobre.
S. Agile ou Aile, 1er ab. de Rebais.	683	30 août.
Agiricus. Voyez S. Agri.		
Agiulfus. Voyez S. Aigulfe.		
S. Agnan, Anianus, év. d'Orléans...	453	17 nov. Tr. 14 juin.
Ste Agnès, vierge et M..... Comt du	IVe siècl.	21 janvier.
Agnoaldus. Voyez S. Cagnou.		
S. Agoard, S. Agilbert et leurs compagnons, M. à Creteil près Paris..	IIIe siéc.	24 juin.
S. Agobart ou Aguebaud, év. de Lyon.........................	840	6 juin.

S. Agri ou Airi, Agericus ou Agiricus, év. de Verdun............ 591 — 1er déc.

S. Agricole. Voy. S. Vital.

S. Aguebaud. Voy. S. Agobart.

Aicadrus. Voy. S. Achard.

S. Aidan, premier ab. et év. de Lindish ou Lindisfar............. 651 — 31 août.

S. Aigulfe, Aou, Aioul ou Aieul, Agiulfus, Aiulfus, Aygulfus, év. de Bourges................. 835 — 22 mai.

S. Ailbert. Voy. S. Agilbert.

S. Aile. Voy. S. Agile.

S. Aioul. Voy. S. Aigulfe.

S. Airi. Voy. S. Agri.

Aiulfus. Voy. S. Aigulfe.

S. Ajoutré. Voy. S. Adjuteur.

S. Alban, premier M. d'Angleterre.. 287 — 22 juin.

S. Alban, M. à Mayence.......... Ve siècle. — 21 juin.

S. Albert, év. de Liége et card., M. à Reims.................... 1192 — 23 nov.

Baillet marque cette fête au 21 novembre.

Le B. Albert le Grand, dominicain, év. de Ratisbonne............. 1282 — 15 nov.

Ste Albine, veuve de Publicola et mère de Ste Mélanie la Jeune.... V. 433. — 31 déc.

Albinus. Voy. S. Aubin.

Le B. Alcuin, ab., précepteur de Charlemagne................ 804 — 19 mai.

Ste Aldegonde, fondatrice de l'abbaye des chanoinesses de Maubeuge..................... 684 — 30 janvier.

S. Aldric ou Audri, ab. de Ferrières, arch. de Sens............... 840-841 — 6 juin et 10 oct.

S. Aldric, év. du Mans.......... 856 — 7 janvier.

S. Aleaume ou Élesme, Adelelmus, moine de la Chaise-Dieu en Auvergne, puis ab. de Saint-Jean de Burgos..................... 1100 — 30 janvier.

S. Alexandre, M. à Lyon. Voyez S. Épipode.

S. Alexandre, év. de Jérusalem, M. 249 — 18 mars. Lat. 22 déc. Gr.

S. Alexandre le Charbonnier, év. de Comane.............. 250-251 — 11 août.

S. Alexandre, év. d'Alexandrie.... 326 — 26 févr. Lat.

S. Alexandre, instituteur des Acémètes..................... 440 — 15 janvier.

S. Alexis, mort à Rome......... Ve siècle. — 17 juill. Lat. 17 mars. Gr.

S. Alire, Illidius, év. de Clermont en Auvergne................ V. 385 — 5 juin.

S. Allard. Voy. S. Adelard.

S. Aloph. Voy. S. Élof.

S. Alphonse. Voy. S. Ildephonse.

S. Alype, év. de Tagaste......... Apr. 430 — 15 août.

S. Amable, curé et patron de Riom (*Amabilis Ricomagensis*)........ 474 — 1er nov. Tr. 19 oct.

S. Amaitre. Voy. S. Amateur.

Ste Amalberge, morte au monastère des Rel. de Maubeuge......... 670 — 10 juillet.

S. Amand, év. de Bordeaux....... Apr. 431 — 18 juin.

S. Amand, missre, év. de Mastricht.. 675 — 6 février.

Amant, Amantius. Voy. S. Chamant.

S. Amarand ou Amaranthe, M. à Albi....................... IIIe siècl. — 7 nov.

S. Amarand, év. d'Albi........... Av. 722

S. Amateur, Amatre ou Amaitre, év. d'Auxerre................... 418 — 1er mai.

Amatus. Voy. S. Amé et S. Amet.

S. Ambrois, év. de Cahors et solitaire....................... 770 — 16 octobre.

S. Ambroise, doct. év. de Milan.... 397 — 7 déc. à Rome. 4 avril à Paris.

Le B. Ambroise Autpert, ab. de S. Vincent en Italie............. 778 — 18 juillet.

Baillet l'inscrit au 19 juillet.

S. Amé, Amatus Sedunensis, év. de Sion, patron de Douay......... 690 — 13 sept. 28 avril et 19 octobre.

S. Amet ou Amé, Amatus, premier ab. de Habenda, depuis Remiremont...................... V. 627 — 13 sept.

S. Ammon, fondateur des Ermites de la montagne de Nitrie....... IVe siècl. — 4 octobre.

S. Amour, diacre dans l'Hasbaye... VIIe siéc. — 8 octobre.

S. Amphiloque, év. d'Icone....... V. 394 — 23 nov.

Anacharius. Voy. S. Aunaire.

S. Anaclet ou S. Clet, pape...... 1er siècl. — 26 avril.

Baillet place cette fête au 13 juillet; elle est aussi placée au 20 avril dans quelques martyrologes. Cette dissidence vient de ce qu'on a vu dans S. Clet et S. Anaclet deux saints différents.

Anargyri. Voy. S. Come et S. Damien.

S. Anastase, Persan, M.......... 628 — 22 janvier.

Ste Anastase, Romaine, M........ 305 — 22 déc. Gr. 25 déc. Lat.

S. Andéol, sous-d. M. en Vivarais. 208 — 1er mai.

S. Andoche, prêtre; S. Thyrse et S. Félix, M. à Saulieu, dioc. d'Autun. 179 — 24 sept.

S. André, ap................... 1er siècl. — 30 nov.

S. André Avellino, patron de la Sicile et de Naples............. 1608 — 10 nov.

S. Andronic. Voy. S. Taraque.

Anemundus. Voy. S. Chaumond.

Ste Angadrême, patronne de Beauvais. 698 — 14 octobre. Tr. 27 mars.

SS. Anges-Gardiens. Autrefois le 1er mars dans plusieurs pays, et chez les Grecs le 8 novemb. Clément X a fixé cette fête au 2 octobre. La fête du 1er mars paraît avoir été établie en Espagne; l'église de Cordoue en célébrait une autre le 10 du même mois.

S. Angilbert, Engelbert ou Englevert, septième ab. de S. Riquier en Ponthieu................ 814 — 18 février.

Saint	Mort	Fête
ANIANUS. Voy. S. AGNAN.		
Ste ANNE, mère de la Ste Vierge....		26 juillet. 28 juill. à Paris Beauvais, etc 25 juill. Gr.
S. ANNON, arch. de Cologne.......	1075	4 déc.
S. ANSBERT, ab. de Fontenelle, ou S. VANDRILLE, év. de Rouen....	V. 695	9 février.
S. ANSCHAIRE, moine de Corbie, ap. de Danemarck et de Suède, 1er arch. de Hambourg, puis év. de Brême.	865	3 février.
S. ANSELME, év. de Lucques.......	1086	18 mars.
S. ANSELME, ab. du Bec, arch. de Cantorbéry................	1109	21 avril.
S. ANTHELME, général des Chartreux, év. de Bellay................	1178	26 juin.
S. ANTHIME, év. de Nicomédie, M..	303	27 avril.
S. ANTOINE, patriarche des Cénobites	356	17 janvier.
S. ANTOINE, moine de Lérins......	520 ou 530	28 déc.
S. ANTOINE DE PADE, de l'ordre de S. François.................	1231	28 mars et 13 juin.
S. ANTONIN, M., patron de la cathédrale de Pamiers............	IVe ou Ve siècle.	2 sept.
S. ANTONIN, arch. de Florence.....	1459	2 mai à Rome. 10 mai à Paris.
S. AOU. Voy. S. AIGULFE.		
S. AOUT, AUGUSTUS, prêtre en Berry.	Fin du VIe siècle.	7 octobre.
APER. Voy. S. ÈVRE.		
S. APHRODISE, premier év. de Béziers.	IIIe siècl.	22 mars.
APOLLINAIRE, premier év. de Ravenne....................	Ier ou IIe siècle.	23 juillet.
S. APOLLINAIRE, év. d'Hiéraples....	Apr. 177	8 janv. Lat.
S. APOLLINAIRE, év. de Valence....	V. 525	5 octobre.
Ste APOLLINE ou APOLLONIE, M.....	249	9 février.
S. AQUILIN, év. d'Évreux.........	695	19 octobre.
S. ARBLAN. Voy. S. ERBLAND.		
S. ARBOGASTE, év. de Strasbourg...	678	21 juillet.
S. ARCHÉLAUS, év. de Cascar en Mésopotamie..................	IIIe siéc.	26 déc.
AREDIUS ou ARIDIUS. Voy. S. YRIEZ. Voy. aussi S. AREG et S. ARIGA.		
S. AREG. Voy. S. ARIGA.		
S. AREG ou AREY, AREGIUS ou ARIDIUS, év. de Nevers............	Apr. 551	16 août.
S. ARIALD, diacre de Milan.......	1066	28 juin.
S. ARIGA ou AREG, ARIGIUS et AREDIUS, év. de Gap.............	604	1er mai.
S. ARNOUL, ARNULFUS, M. au diocèse de Chartres ou de Reims.......	V. 534	18 juillet.
S. ARNOUL, év. de Metz..........	640	16 août. Tr. 18 juillet.
S. ARNOUL, rel. de Vendôme, év. de Gap.......................	V. 1074	19 sept.
S. ARNOUL, moine de S. Médard, év. de Soissons..................	1087	15 août.
S. ARSÈNE, anachorète de Scété....	V. 449	19 juillet.
S. ASAPH, év. au pays de Galles; fin du	VIe siéc.	1er mai.
S. ASCOLE, év. de Thessalonique...	383	30 déc.
S. ATHANASE, év. d'Alexandrie.....	373	18 janv. Lat. 2 mai. Gr. Tr. Lat. 2 mai. Tr. Gr. 9, 27 juin.
S. AUBERT, AUDEBERTUS, AUTPERTUS, év. de Cambray et d'Arras.....	668	13 déc.
Ste AUBIERGE, abse de Faremoutier. Voy. ÉDELBURGE.		
S. AUBIN, ALBINUS, év. d'Angers...	549	1er mars.
S. AUDACTE. Voy. S. FÉLIX.		
S. AUDARD. Voy. S. THODARD.		
Ste AUDE, vierge à Paris.........	VIe siècl.	18 nov.
AUDEBERTUS. Voy. S. AUBERT.		
AUDOENUS. Voy. S. OUEN.		
AUDOMARUS. Voy. S. OMER.		
S. AUDRI. Voy. S. ALDRIC.		
S. AUGURE. Voy. S. FRUCTUEUX.		
S. AUGUSTIN, doct. év. d'Hippone.	430	28 août.
S. AUGUSTIN, év. de Cantorbéry....	607	26 mai. Tr. 6 sept.
AUGUSTUS. Voy. S. AOUT.		
Ste AULAIRE. Voy. Ste EULALIE.		
S. AUNAIRE, AUNARIUS, ANACHARIUS, év. d'Auxerre...............	605	25 sept.
Ste AURE ou AURÉE, abse de S. Martial à Paris..................	666	4 octobre.
S. AURÈLE, év. de Carthage.......	423	20 juillet.
S. AURÉLIEN, év. d'Arles.........	552	16 juin.
S. AUSONE, premier év. d'Angoulême........................	Du IIIe au Ve siècle.	22 mai et 11 juin.
S. AUSPICE, premier év. d'Apt, M. L'Art de vérifier les dates ne donne ni l'époque de sa mort, ni le jour de sa fête. Baillet n'en parle pas.		
Ste AUSTREBERTE, première abse de Pavilly en Normandie.........	703	10 février.
S. AUSTREGISILE, AUSTRILLE ou OUTRILLE, AUSTREGILUS, év. de Bourges................... Baillet indique sa fête au 20 mai, et celle de son ordination ou de sa chaire au 15 février.	624	23 mai.
S. AUSTREMOINE, STREMONIUS, ap. et premier év. d'Auvergne........	IIIe siècl.	1 nov. (Tr. 1er fév. et 25 mai.)
S. AUSTRILLE. Voy. S. AUSTREGISILE.		
Ste AUSTRUDE, abse de S. Jean de Laône.....................	688 ou 707	17 octobre.
AUTPERTUS. Voy. S. AUBERT; voyez aussi le B. AMBROISE.		
S. AUXENCE, solitaire de Chalcédoine	V. 470	15 févr. à Rome. 17 avril à Paris. 14 févr. Gr.
Ste AVAUGOUR. Voy. Ste VALBURGE.		
S. AVENTIN, archid. du Dunois, puis év. de Chartres..............	528	4 février.
S. AVENTIN, solitaire au diocèse de Troyes....................	537 ou 540	4 février.
S. AVIT ou AVI, év. de Vienne.....	525	5 février.
S. AVIT ou AVI, ab. de S. Mesmin...	VIe siècl.	17 juin.
S. AVIT, ab. de Châteaudun......	VIe siècl.	17 juin.
S. AYBERT, prêtre et reclus bénédictin en Hainaut..............	1040	7 avril.

AYGULFUS. Voy. S. AYOU et S. AIGULFE.

S. AYLE ou AGILE. Voy. S. AGILE.

S. AYOU, AYGULFUS, ab. de Lérins. . V. 675 3 sept.

B

S. BABILAS, év. d'Antioche........ 251 {24 janv. Lat. / 4 sept. Gr.}

S. BABOLEIN, premier ab. de S. Maur des Fossés.................. V. 660 26 juin.

S. BACQUE. Voy. S. SERGE.

Ste BADECHILDE. Voy. Ste BATHILDE.

S. BAF. Voy. S. BAVON.

S. BALDOMER. Voy. S. GALMIER.

Ste BARBE, BARBARA, M. à Héliopolis. 306 4 déc.

S. BARNABÉ, ap.............. Ier siècl. 11 juin.

S. BARNARD, BERNHART ou BEREAR, premier ab. d'Ambournay en Bresse, puis arch. de Vienne....... 842 22 janvier.

Baillet marque cette fête au 23 janvier, et indique en outre une Tr. au 23 avril.

S. BARTHÉLEMY, ap............. Ier siècl. {24 août. / 25 août à Rome. / 11 juin. Gr.}

S. BASILE, prêtre d'Ancyre, M..... 362 22 mars.

S. BASILE LE GRAND, év. de Césarée. 379 {31 mars à Paris. / 14 juin à Rome. / 1 et 30 janv Gr.}

S. BASILE, év. d'Aix...... Fin du ve siècl.

L'Art de vérifier les dates n'indique pas le jour de cette fête. Baillet n'en parle pas.

S. BASILIDE, S. CYRIN ou QUIRIN, S. NABOR et S. NAZAIRE ou NAZARE, M. à Rome................. 309 12 juin.

Les Grecs honorent en particulier S. Nazare le 14 octobre.

S. BASILISQUE, soldat, M. à Comane. 306 22 mai.

S. BASLE, BASOLUS, ermite en Champagne..................... 620 26 nov.

Ste BATILDE, BADECHILDE, BAUTOUR ou BAUDOUR, reine de France, puis rel. à Chelles............... 680 {30 janvier. / Tr. 26 février.}

S. BAUDILLE ou BAUDÈLE, M. à Nîmes. {III^e ou IVe siècle.} 20 mai.

Ste BAUDOUR ou BAUTOUR. Voy. Ste BATHILDE.

S. BAVON ou BAF, BAVO, moine de S. Pierre de Gand et patron de la ville...................... {653 ou 657} 1er octobre.

S. BÈDE, dit LE VÉNÉRABLE, relig. anglais..................... 735 27 mai.

Ste BEGGUE, fille de Pepin de Landen, première ab^ss d'Anden-sur-Meuse. 698 1er sept.

S. BÉNÉZET, BÉNÉDET ou BÉNÉDICT, berger fondateur du pont d'Avignon................ 1184 14 avril.

S. BENIGNE, ap. de Bourgogne, M.. 179 {24 nov. 27 févr. / 26 avr. et 3 nov.}

Selon Baillet, les fêtes de ce saint étaient fixées autrefois au 1er novembre, au 2 et au 3 avril, et les fêtes de ses Translations au 17 février, au 26 avril, au 6 juin et au 19 octobre.

S. BENOIT, BENEDICTUS, patriarche des moines d'Occident......... 543 {21 mars. Lat. / 12 mars. Gr. / Tr. 11 juill. en France.}

S. BENOIT BISCOP, ab. en Angleterre. {690 ou 703} 12 janvier.

S. BENOIT, ab. d'Aniane en Languedoc, puis d'Inde ou S. Corneille, près d'Aix-la-Chapelle......... 821 11 février.

Selon Baillet, cette fête se célèbre à Aniane le 11 février; mais elle est plus communément inscrite au 12 dans les martyrologes.

S. BERCAIRE, BERCARIUS et BERERUS, premier ab. de Hautvillers près Reims, puis de Montierender... 696 16 octobre.

S. BEREAR ou BERNARD. Voy. S. BARNARD.

S. BERNARD DE MENTHON, archid. d'Aoste en Piémont, ap. des Alpes. 1008 15 juin.

LE B. BERNARD, premier ab. de Tiron..................... 1117 {14 avril. / Tr. 23 avril.}

S. BERNARD, père de l'église, moine de Cîteaux, fondateur de Clairvaux................... 1153 20 août.

S. BERNARDIN DE SIENNE, réformateur des Cordeliers........... 1444 20 mai.

LE B. BERNON, premier ab. de Cluny. 927 13 janvier.

Ste BERTE, ab^ss de Blangy....... V. 725 4 juillet.

BERTICHRAMNUS. Voy. BERTRAND.

Ste BERTILLE, rel. de Jouarre, première ab^ss de Chelles.......... 692 5 nov.

S. BERTIN, ab. de Sithieu à S. Omer. 709 {5 sept. / Tr. 16 juillet.}

S. BERTOU ou BERTULFE, premier ab. de Renty en Artois........... V. 705 5 février.

S. BERTRAND, BERTICHRAMNUS, BERTRANNUS ou BERTRANDUS, év. du Mans................... V. 623 3 juillet.

S. BERTRAND, év. de Comminges... V. 1126 15 ou 16 oct.

S. BERTULFE. Voy. S. BERTOU.

Ste BEUVE ou BOVE, ab^ss à Reims... V. 673 24 avril.

S. BEUVON ou BOBON, BOBO et BOVUS, né en Provence, mort en pèlerinage près de Pavie............ 986 {2 janv. (22 mai en Lombardie.)}

Ste BIBIANE ou VIVIENNE, M. à Rome. 363 2 déc.

S. BLAISE, év. de Sébaste, M..... V. 316 {3 févr. Lat. / 11 févr. Gr.}

S. BLANCAT, BLANCHARS, BLANCHET ou BLANSÉ. Voy. S. PANCRACE.

Bobo. Voy. S. Beuvon.		
Boëce, consul	524	23 octobre.
S. Bon, Bont ou Bonet, Bonitus, Bonus, Bonifacius, Eusebius, év. de Clermont	710	15 janvier.
S. Bonaventure, général de l'ordre de S. François, card. év. d'Albano.	1274	14 juillet.
S. Boniface, M. Com[t] du	IVe siècl.	14 mai à Rome. 26 mai à Paris.
S. Boniface, pape	422	25 déc.
Baillet marque cette fête au 25 octobre.		
S. Boniface. Voy. S. Bon.		
S. Boniface, ap. de l'Allemagne, év. M. à Dorkum en Frise	754-755	5 juin.
Le B. Boniface, dit de la Cambre, év. de Lausanne, recteur de l'université de Paris	1266	19 février.
Bonitus ou Bonus, S. Bon ou S. Bont. Voy. S. Bon.		
Bovus. Voy. S. Beuvon.		
S. Branchais, Branchet ou Branchs. Voy. S. Pancrace.		
S. Brice, Brictio et Brictius, év. de Tours	444	13 nov.
S. Brieu, Briocus, Briomaclus ou Vriomaclus	Du ve au VIIe siècle.	29, 30 avr. 1er mai. Tr. 28 oct.
Ste Brigitte ou Brigide, veuve	1373	7 et 8 oct.
Briocus ou Briomaclus. Voy. S. Brieu.		
Britta. Voy. Ste Brigitte. Voy. aussi Ste Maure.		
S. Brun. Voy. S. Brunon.		
S. Bruno, instituteur des Chartreux.	1101	6 octobre.
Le B. Brunon, arch. de Cologne	965	11 octobre.
Baillet marque une autre fête célébrée à Tournay le 17 juill.		
S. Brunon ou S. Brun, év. régionnaire, ap. de la Prusse	1009	15 octobre.
S. Brunon, év. de Segni en Italie	1125	18 juillet.
Burgondofara. Voy. Ste Fare.		
S. Burkard ou Burchard, premier év. de Wurtzbourg	V. 753	14 octobre.
Autrefois en Allemagne le jeudi après la Saint-Denis.		

C

Caduindus. Voy. S. Chadoin.		
S. Cagnou, Chagnoaldus, Chainoaldus, Chanulphus, Agnoaldus et Hagnoaldus, év. de Laon	V. 638	6 sept.
S. Caius ou Gaius, pape	296	22 avril.
Cajetanus. Voy. S. Gaëtan.		
S. Calais ou Calès, Carilefus ou Karilefus, ab. du monastère de S. Calais dans le Maine	V. 542	1er juillet.
Caletricus. Voy. S. Caltry.		
S. Calixte, pape, M.	222	14 octobre.
S. Caltry, Caletricus et Chalactericus, év. de Chartres	567	8 octobre.
S. Canut, Kanut ou Knut, Knutus, roi de Danemarck, quatrième du nom	1086	19 janvier.
Baillet marque sa fête au 10 juillet et sa Tr. au 19 avril.		
S. Canut le Jeune, fils d'Éric, roi de Danemarck	1130	7 janvier.
Baillet indique en outre sa Tr. au 25 juin.		
S. Caprais, Caprasius, M. d'Agen	V. 287	20 octobre.
Autrefois, dit Baillet, sa fête paraît avoir été fixée au 6 octobre.		
Carannus. Voy. S. Chéron.		
Carilefus. Voy. S. Calais.		
Le B. Carloman, fils de Charles Martel, moine au Mont-Cassin	754	17 août.
S. Casimir, fils de Casimir III roi de Pologne	1483	4 mars.
S. Cassien, év. d'Autun... Com[t] du	IVe siècl.	5 août.
Cassien, père de l'église, prêtre de Marseille	V. 434	23 juil. Lat. 29 févr. Gr.
S. Cassius ou Cassis et 6266 autres martyrs en Auvergne	V. 266	15 mai.
S. Castor, ab. du monastère de S. Faustin, év. d'Apt	Ve siècl.	20 sept.
Ste Catherine, vierge et M.	IVe siècl.	25 nov.
Ste Catherine de Sienne, rel. du tiers ordre de S. Dominique	1380	29 avril.
Cette fête, qui est la plus ancienne, fut remise par Pie II au premier dimanche de mai, rétablie au 29 avril par Clément VIII, et fixée au 30 par Urbain VIII. Les Dominicains célèbrent en outre d'autres fêtes particulières, une entre autres qui vient le jeudi après la Septuagésime.		
Ste Catherine de Suède	1381	24 mars.
Catianus. Voy. S. Gatien.		
Ste Cécile, vierge et M.... Vers le	IIe siècl.	22 nov.
S. Cedde ou Ceadde, év. de Lindish, puis de Lichfield	672	2 mars.
S. Célerin ou Sérénic de Spolette, diacre, reclus au diocèse de Séez.	V. 669	7 mai.
S. Célestin, pape, premier du nom.	432	6 avril.

Ste Céligne, Cœlinia ou Cilinia, de Meaux................. ve siècl. 21 octobre.
S. Celse ou Sous, M. à Milan. Voy. S. Nazaire.
S. Céolfride, Ceoulfroy ou Ceufrey, ab. de S. Pierre de Wirmouth, puis de S. Paul de Jarrow...................... 716 25 septemb.
S. Céran, Ceraunus ou Ceraunius, év. de Paris......... Comt du viie siècl. 27 septemb.
S. Cerboney, Cerbonius, év. de Populone.................... 568 {10 oct. à Rome. 17 oct. à Paris.
S. Cérin. Voy. S. Nigaise.
S. Césaire, médecin............ 369 25 février.
S. Césaire, père de l'église, év. d'Arles.................... 542 27 août.
S. Ceufrey. Voy. S. Céolfride.
S. Chadoin ou Hardouin, Chadoenus, Caduindus, Clodoenus, Harduinus ou Hadwinus, év. du Mans..................... V. 653 20 août.
S. Chaffre ou Théofroy, Theofredus et Tietfredus, ab. de Carmery en Vélay.......... V. 728 19 octobre.
Chagnoaldus, Chainoaldus ou Chanulphus. Voy. S. Cagnou.
Chalactericus. Voy. S. Caltry.
S. Chamant ou Amant, Amantius, premier év. de Rodez......... ve siècl. 4 novembre.
Chanemundus. Voy. S. Chaumond.
Ste Charité. Voy. Ste Sophie.
Charlemagne, empereur......... 814 {29 janvier. Tr. 28 août.

Baillet marque la fête au 28 janvier, et la Tr. au 27 ou au 28 juillet, à Trèves.

Le B. Charles le Bon, comte de Flandre...................... 1127 2 mars.
S. Charles Borromée, ab. de S. Gratignan, card. arch. de Milan..... 1584 3 novembre.

Cette fête est remise au lendemain.

S. Chaumond, Anemundus, Ennemundus, Chanemundus, Dalphinus ou Dalvinus, év. de Lyon... 659-660 28 septemb.
S. Chef ou Cherf, Theudericus et Thudaricus, ab. de Vienne en Dauphiné.................. V. 575 29 octobre.
S. Chélirs. Voy. S. Hilaire, év. de Mende.
S. Chéron, Carannus, M. au pays Chartrain.................. ve siècl. 28 mai.
Ste Chionie. Voy. Ste Agape.
Chlodesindis. Voy. Ste Glossinde.
Chlodoaldus. Voy. S. Cloud.
Chrandingus. Voy. S. Rouin.
Ste Christine, M. en Toscane..... {iiie ou ive siècle.} 24 juillet.

S. Christophe, Christophorus, M. iiie siècl. {9 mai. Gr. 25 juill. Lat.
Chrodechildis ou Chrotildis. Voy. Ste Clotilde.
S. Chrodegand. Voy. Crodegand.
Chrodingus. Voy. S. Rouin.
S. Chrodobert. Voy. S. Rupert.
S. Cromace, év. d'Aquilée........ 411 2 décembre.
S. Chrysanthe et Ste Darie, M. à Rome..................... iiie siècl. 25 octobre.
S. Chryseuil, M. en Flandre..... 281 7 février.
S. Chrysogone, M. près d'Aquilée.. V. 304 24 novemb.
Cilinia. Voy. Ste Céligne.
S. Clair, M. en Vexin.......... {iiie ou ive siècle.} 4 novembre.
S. Clair ou Clars d'Aquitaine, év. et M..................... {iiie ou ive siècle.} 1er juin.
S. Clair, prêtre en Touraine...... ive siècl. 8 novembre.
S. Clair, Clarus, ab. à Vienne... V. 660 1er janvier.
Ste Claire, mère des religieuses de S. François................ 1253 12 août.
S. Claude, év. de Besançon, ab. de S. Oyant du Mont-Jou......... 581 {6 et 7 juin et 12 janv.
S. Clément I, pape, M........... 100 {17 et 23 nov. Déd. 22 juillet.
S. Clément d'Alexandrie (Titus Flavius Clemens), doct....... Apr. 211 4 décembre.
Clément, surnom de S. Willibrord.
S. Clet. Voy. S. Anaclet.
Clodoenus. Voy. S. Chadoin.
Ste Clotilde, Chrotildis et Chrodechildis, reine de France...... V. 545 3 juin.
S. Clou, Clodulphus, Flondulphus et Hlodulphus, év. de Metz.... 694 8 juin.
S. Cloud, Clodoaldus, prêtre du dioc. de Paris............... 560 7 septembre.
Clunibert. Voy. S. Cunibert.
La B. Colette Boilette de Corbie, réformatrice de l'ordre de Ste Claire................... 1447 6 mars.
S. Colman, M. en Autriche....... 1012 13 octobre.
S. Colomban, fondateur et ab. de Luxeuil..................... 615 {21 novembre. Tr. 31 août.
Ste Colombe, M. à Sens......... 273 {31 décembre. Tr. 17 décemb. Déd. 22 juillet.
S. Come et S. Damien, frères, médecins et M., dits Anargyri à cause de leur désintéressement....... {iiie ou ive siècle.} {27 sept. Lat. 1er juill. Gr.
S. Conrad, év. de Constance...... 976 26 novemb.
S. Constantien, solitaire du Maine. Apr. 561 1er décemb.
S. Contest, év. de Bayeux...Vers le vie siècl. 19 janvier.
S. Convoyon, premier ab. du monastère de Redon............... 868 Tr. 28 déc.
S. Corbinien, 1er év. de Frisingue.. 730 8 septembre.
S. Corentin, premier év. de Cornouailles ou de Quimper..... {ive ou ve siècle.} {1er mai, 5 sept. et 12 déc.
S. Corneille, centurion de Césarée en Palestine................ Ier siècl. {2 fév. Lat. 23 septemb. Gr.
S. Corneille, pape et M......... 252 16 septemb.
S. Cot. Voy. S. Prisque.

Les Quatre Couronnés, frères, M. à Rome	IVe siècl.	8 novembre.
S. Crampas ou Crampace. Voy. S. Pancrace.		
S. Crépin et S. Crépinien, frères, M. à Soissons	287-288	25 octobre.
Ste Crescence. Voy. S. Vit.		
S. Crescent, disciple de S. Paul, év. de Vienne	1er siéc.	27 juin à Rome. 29 déc. en France
S. Crodegand ou Godegrand, Chrodogandus, év. de Metz	766	6 mars.
La Ste Croix. Son Invention le 3 mai, son Exaltation le 14 septembre.		
S. Cucufat, M. à Barcelone	304	25 juillet.
Ste Cunégonde, veuve de l'empereur S. Henry, rel. à Kaffungen près de Cassel	1033	3 mars.
S. Cunibert, Hunibert ou Clunibert, év. de Cologne	663	12 novemb.
S. Cuthbert, év. de Lindisfarn	687	20 mars.
S. Cybar, Eparchius, reclus à Angoulême	581	1er juillet.
S. Cyprien, év. de Carthage, M.	258	14 et 16 sep.
S. Cyprien le Magicien et Ste Justine, M. à Nicomédie	304	26 sept.
S. Cyprien, év. de Toulon	Av. 549	3 octobre.
S. Cyprien ou Sabran, ab. à Périgueux	V. 580	9 décemb.
S. Cyr ou Cyrique, enfant, et Ste Julitte, sa mère, M.	305	15 juill. Gr. 1er juin à Paris, 16 à Rome.
S. Cyran ou Siran, Sigirannus, premier ab. de Lonrey	V. 657	4 décembre.
S. Cyriaque, S. Large et S. Smaragde, M. à Rome... Au comt du	IVe siéc.	8 août.
S. Cyrille, év. de Jérusalem	386	18 mars.
S. Cyrille, patriarche d'Alexandrie, doct.	444	28 janv. Lat. 18 janvier et 9 juin. Gr.
S. Cyrille, moine (frère de S. Methodius), ap. des Bulgares, des Moraves et des Slavons	870	9 mars. Lat. 14 févr. Gr.
La fête du 9 mars est commune aux deux frères.		
S. Cyrin ou Quirin. Voy. S. Basilide.		

D

S. Dace, Datius, év. de Milan	552	14 janvier.
Dado. Voy. S. Ouen.		
S. Dagobert, patron de Stenay	V. 679	23 décembre. Tr. 2 septemb.
S. Damase, pape	384	11 décemb.
S. Dame. Voy. S. Domnole.		
S. Damien. Voy. S. Come.		
Ste Darie. Voy. S. Chrysanthe.		
Datlevertus. Voy. S. Hildebert.		
S. Dauphin, Dalphinus ou Dalvinus. Voy. S. Chaumond.		
S. David, év. de Caërléon ou Ménévie.	V. 544	1er mars.
S. David, M. Voy. S. Romain.		
S. Déel ou Deile, Deicola ou Deicolus. Voy. S. Dielf.		
S. Delphin, év. de Bordeaux	403	23 décemb.
Baillet marque cette fête au 24 décembre.		
Ste Delphine de Provence	1369	26 novemb.
S. Démétrius ou Dimitri, M. à Thessalonique	307	8 octob. Lat. 26 octob. Gr.
S. Denys l'Aréopagite, premier év. d'Athènes et M.	1er siècl.	3 octobre.
S. Denys, ap. des Gaules, év. de Paris, et ses compagnons, M.	IIIe siéc.	9 octobre.
S. Denys, pape	269	26 décemb.
S. Denys, év. de Milan	356	25 mai.
Denys le Chartreux	1471	12 mars.
Deodatus. Voy. S. Dié.		
S. Deseri ou Desir, Desiderius. Voy. S. Didier.		
S. Désiré, év. de Bourges	550	8 mai.
S. Deusdedit, pape	619	8 novembre.
S. Didace ou Diego, de l'ordre de S. François	1463	13 novemb.
S. Didier, nommé aussi S. Dizier, S. Deseri, S. Drezery, S. Desir, Desiderius, év. de Langres, M.	V. 411	23 mai.
S. Didier, Desiderius, év. de Vienne.	608	23 mai. 10 août à Lyon.
S. Didier, vulgairement Gérif, év. de Cahors	654	15 novemb.
S. Dié, Dieudonné ou Deodatus, patron du bourg de S. Dié près Chambord ... Vers le	VIe siéc.	19 juin.
S. Dié, Deodatus, Theodatus, Theudatus, év. de Nevers, ab. de Jointures en Lorraine	679 ou 684	19 juin.
S. Dielf, Deile, Dieu ou Déel, Deicola ou Deicolus, ab. de Lure	V. 625	18 janvier.
S. Dimitri. Voy. S. Démétrius.		
S. Disibod ou Disen, Desibodus, év. régionnaire et ab. de Disemberg, dioc. de Mayence	V. 700	8 septembre ou 8 juillet.
S. Dizier. Voy. S. Didier.		
S. Dodard. Voy. S. Théodart.		
Ste Dode, abbsse à Reims	VIIe siéc.	24 avril.
S. Dominique l'Encuirassé, solitaire d'Italie	1062	14 octobre.
S. Dominique, instituteur des Dominicains	1221	4 août.

S. Domnin, M. à San-Donnino, près Milan........................ 304 9 octobre.

S. Domnole ou Dame, év. du Mans. 583 1er décembre.

S. Donatien et S. Rogatien, dits les Frères Nantais, M.......... { Fin du IIIe siècle. } 24 mai.

S. Donatien, év. de Reims, patron de Bruges.................. IVe siéc. { 24 mai, 30 août et 14 octobre.

Dormants (les Sept). Voy. Sept Dormants.

Ste Dorothée, M. de Césarée en Cappadoce.................. { Comt du IVe siècle. } 6 février.

S. Drausin, Drausius, Drauscio ou Drantio, év. de Soissons....... 674 5 mars.

S. Drezery. Voy. S. Didier.

S. Droctrové ou Drotté, premier ab. de S. Germain des Prés....... V. 580 10 mars.

S. Droon ou Dreux, Drogo, reclus en Hainaut................ 1186 16 avril.

S. Dunstan, arch. de Cantorbéry... 988 19 mai

E

S. Ebbes ou Ebbon, ab. de S. Pierre le Vif, év. de Sens............ 743 { 27 août. Tr. 15 février.

Eberulfus et Ebrulfus. V. S. Évrols et S. Évroul.

Ebremundus. Voy. S. Évremond.

Ste Édilburge ou Aubierge, Edalberga ou Édilburgis, abse de Faremoutier.................. V. 695 7 juillet.

S. Edme, arch. de Cantorbéry..... 1241 { 16 novembre. Tr. 9 juin.

S. Edmond ou Émond, roi d'Angleterre, M.................. 870 { 22 novembre. Tr. 29 avril.

Baillet marque sa fête principale au 20 et non au 22 novembre.

S. Édouard, roi d'Angleterre, M... 978 { 18 mars à Rome. 19 mars à Paris. 1re Tr. 18 fév. 2e Tr. 20 juin.

S. Édouard, roi d'Angleterre, dit le Confesseur.................. 1066 { 5 janvier. Tr. 13 octobre.

S. Éfrique. Voy. S. Afrique.

S. Egbert, prêtre, missre d'Irlande.. 729 24 avril.

S. Égobile. Voy. S. Nigaise.

S. Élesme. Voy. S. Aleaume.

S. Éleusippe. Voy. Jumeaux (les Trois).

S. Éleuthère, pape............ 193 26 mai.

S. Éleuthère, M., compagnon de S. Denys, év. de Paris......... IIIe siéc. 9 octobre.

S. Éleuthère, év. de Tournay..... 532 20 février.

S. Éleuthère, év. d'Auxerre...... 561 16 août.

Eligius. Voy. S. Éloi.

Eliphius. Voy. S. Élop.

Ste Élisabeth, abse de Schonauge, dioc. de Trèves............. 1165 18 juin.

Ste Élisabeth de Hongrie, fondatrice de l'hôpital de Marpourg... 1231 19 nov.

Ste Élisabeth, reine de Portugal... 1336 8 juillet.

S. Elme. Voy. S. Érasme.

S. Élop ou Aloph, Eliphius, M. en Lorraine.................. 362-363 16 octobre.

S. Éloi, Eligius, év. de Noyon et de Tournay.................. 659 1er décemb.

S. Elphége, arch. de Cantorbéry... 1012 19 avril.

S. Elzéar, comte d'Arian, baron d'Ansois.................. 1323 27 sept.

S. Émilien, dit Milhan, curé et solitaire en Espagne............ 574 12 nov.

S. Emméram, Emmeramnus ou Heimeramnus, év. de France, chorév., puis missre de Ratisbonne, M.... 652 22 sept.

Ste Emmérantienne, vierge et M.... 304 22 janvier.

Baillet marque cette fête au 23 janvier.

S. Emméric ou Éméry, Emericus, fils de S. Étienne, roi de Hongrie. 1031 4 novembre.

S. Engelbert ou Englevert. Voyez Angilbert.

S. Engelbert, archev. de Cologne, M. 1225 7 novembre.

Ennemundus. Voy. S. Chaumond.

S. Ennodius, év. de Pavie........ 521 17 juill. à Paris.

Eortius. Voy. S. Euverte.

Eparchius. Voy. S. Cybar.

S. Éphrem, diacre d'Édesse...... 378 { 1er févr. Lat. 28 janv. Gr.

S. Épimaque, M.............. IIIe siéc. { 9 mai. Gr. 10 mai. Lat.

S. Épiphane, év. de Salamine ou Constance en Chypre.......... V. 403 12 mai.

S. Épiphane, év. de Pavie........ 496 21 janvier.

S. Épipode et S. Alexandre, M. à Lyon.................. 178 { 22 avril à Rome. 6 avril à Paris.

S. Érasme ou S. Elme, év. et M. en Campanie.................. { Comt du IVe siècle. { 3 juin. (Dans Baillet 2 juin.)

S. Erbland, Arblan, Erblein, Erblon, Herbaud ou Hermeland, Ermenlandus ou Hermelandus, ab. d'Aindre en Bretagne....... 718 { 26 mars. (à Paris 18 oct.)

(En Bretagne, selon Baillet, le 25 novembre. — Dans les martyrologes le 25 mars.)

S. Éreie. Voy. S. Yriez.

S. Érembert, év. de Toulouse et moine de S. Vandrille en Normandie.................. { 671 ou 675 } 14 mai.

Ste Ergoule. Voy. Ste Gudile.

S. Erme ou Ermin, Ermino et Erminus, év. de Lobes (pays de Liége). 737 { 25 et 26 avril. Tr. 26 octobre.

Ermenlandus. Voy. S. Erbland.

Ste ERMINE ou IRMINE, ab[ss] d'Oeren près Trèves, fille de Dagobert II.. { Com[t] du VIIIe siècl. } 24 décemb.

S. ESCOBILLE. Voy. S. NICAISE.

Ste ESPÉRANCE. Voy. Ste SOPHIE.

S. ÉTIENNE, premier M.......... Ier siècl. { 20 déc. Lat. 27 déc. Gr.
(Invention de son corps en 415, 3 août.)

S. ÉTIENNE I, pape.............. 257 2 août.

S. ÉTIENNE, roi de Hongrie....... 1038 { Autref. 20 août. Aujourd. 2 septemb.

S. ÉTIENNE, fondateur de l'ordre de Grammont................. 1124 8 février.

S. ÉTIENNE, troisième ab. de Cîteaux..................... 1134 17 avril.

S. EUCHAIRE, EUCHARIUS, év. de Trèves.................. { V. le mil. du IIIe siéc. } 8 décembre.

S. EUCHER I, EUCHERIUS, év. de Lyon. { V. 451 ou 454 } 16 novemb.

S. EUCHER II, év. de Lyon........ V. 530 16 juillet.

S. EUCHER DE PROVENCE, aussi év. de Lyon, mais suffragant de la métropole d'Arles............... VIe siéc. 16 novemb.

S. EUCHER, EUCHERIUS, év. d'Orléans...................... 738 20 février.

S. EUFROINE ou EUFROY. Voy. S. EUPHRONE.

EUGENDUS. Voy. S. OYEND.

S. EUGÈNE, M. à Deuil en Parisis... IIIe siéc. 15 novemb.

S. EUGÈNE, év. de Carthage, mort à Vians, territoire d'Albi........ 505 13 juillet.

S. EUGÈNE, év. de Tolède......... 657 13 novemb.

Ste EUGÉNIE, M. à Rome......... 304 25 décemb.

Ste EULALIE, M. à Barcelone sous Dioclétien.................. 12 février.
Elle est aussi appelée Ste AULAIRE, OCCILE, OLACIE, OLAILLE, OLAZIE, etc.

Ste EULALIE, M. à Merida........ 304 10 décemb.

S. EULOGE. Voy. S. FRUCTUEUX.

S. EULOGE, patr. d'Alexandrie..... 607 13 septemb.

S. EULOGE DE CORDOUE, M........ 859 11 mars.

Ste EUPHÉMIE, M. en Chalcédoine.. { De 307 à 311 } { 16 sept. Lat. et Gr. (11 juil. Gr.)

S. EUPHRAISE, EUPHRASIUS, év. de Clermont en Auvergne......... 515 15 mai.

Ste EUPHRASIE, vierge dans la Thébaïde, et sa mère........... V. 410 { 13 mars. Lat. 25 juill. Gr.

S. EUPHRONE, EUFROY, ou EUFROINE, év. de Tours............... 573 4 août.

Ste EUPHROSINE, M. à Terracine sous Domitien, 7 mai. Baillet qui ne parle pas de cette sainte, en cite une autre M. au Ve siècle dont voici les fêtes : 25 septem. Gr. — 11 févr. Lat. — 1er janvier dans divers martyrologes.

Ste EUPSIQUE, M. à Césarée en Cappadoce...................... 362 9 avril.

S. EUSÈBE, pape.............. 310 26 septemb.

S. EUSÈBE, év. de Verceil........ V. 370 { Autref. 1er août. Aujourd'hui 15 décembre.

S. EUSÈBE, prêtre romain, confesseur...................... IVe siéc. 14 août.

Ste EUSÉBIE. Voy. Ste YSOYE.

EUSEBIUS. Voy. S. BON.

S. EUSICE, EUSITIUS, ermite en Berry, ab. de Celles.......... V. 542 { 27 novembre et 28 avril.

S. EUSPICE, premier ab. de Mici près Orléans................ 510 15 décemb.

S. EUSTACHE et ses compagnons, M. IIe siéc. 20 septemb.

S. EUSTASE ou EUSTAISE, ab. de Luxeuil en Franche-Comté........ 625 29 mars.

S. EUSTATHE, év. d'Antioche...... { De 337 à 370 } 20 fév. Gr.
Baillet indique le 21 février. Il parle aussi d'une fête fixée au 5 juin chez les Gr. et au 16 juillet chez les Lat.

S. EUSTOCHE, év. de Tours........ 461 19 septemb.

Ste EUSTOQUIE, vierge, morte à Bethléem.................... 419 28 septemb.

S. EUTROPE, premier év. de Saintes, M.......................... IIIe siéc. 30 avril.

S. EUTROPE, év. d'Orange........ Apr. 475 27 mai.

S. EUTROPE, ab. de Saintes, disciple de S. Martin............... Ve siècl. 7 décembre.

Ste EUTROPE ou EUTROPIE, veuve en Auvergne.................. Ve siècl. 15 septemb.

Ste EUTROPE. Voy. S. NICAISE.

S. EUTYCHIEN, pape............ 283 8 décembre.

S. EUVERTE, EVORTIUS, EVURTIUS et EORTIUS, év. d'Orléans......... { De 340 à 391 } 7 septembre.

S. ÉVARISTE, pape.............. V. 109 20 octobre.

EVERMUNDUS. Voy. S. ÉVREMOND.

S. ÉVODE, YVED ou YVOISE, EVODIUS, év. de Rouen.............. Ve siècl. { 8 octobre dans Baillet. (6 oct. dans l'Art de vérifier les dates.)

EVORTIUS. Voy. S. EUVERTE.

S. ÈVRE, APER, év. de Toul....... { Com[t] du Ve siècle. } 15 septemb.

S. ÉVREMOND, EVERMUNDUS et EBREMUNDUS, ab. de Fontenay-sur-Orne et de Mont-du-Maire, dioc. de Séez........................ V. 720 10 juin.

S. ÉVROLS ou ÉVROUL, EBERULFUS et EBRULFUS, ab. près de Beauvais... VIIe siè. 26 juillet.

S. ÉVROUL, EBRULFUS, premier ab. du monastère d'Ouche ou Évroul, dioc. de Lisieux............ 596 29 décemb.

EVURTIUS. Voy. S. EUVERTE.

S. EXUPÈRE, év. de Toulouse...... V. 409 { 14 juin et 28 septembre.

EXUPERIUS. Voy. S. SPIRE.

F

Saint	Époque	Fête
S. Fabien, pape, M.	250	20 janvier.
Ste Fabiole, Romaine	400	27 décemb.
S. Fale ou Phal, Fidolus, ab. au dioc. de Troyes	V. 561 ou 570	16 mai.
Ste Fare, Burgondofara, première ab^sse^ de Faremoutier	655	7 décembre.
S. Fargeau ou Ferjeu, prêtre, Ferreolus; et S. Fargeon, diacre, Ferrutius ou Ferrutio; M. de Besançon	211-212	16 juin.
S. Faron, év. de Meaux	672	28 octobre.
S. Fauste, ab. de Lérins, év. de Riez	V. 485	16 janvier et 28 septembre.
S. Faustin et S. Jovite, frères et M.	V. 134	15 février.
Fefrus. Voy. S. Fiacre.		
S. Félicien et S. Prime, frères et M. à Rome	286-287	9 juin.
Ste Félicité et ses sept fils, M. à Rome	De 150 à 164	à Paris 10 juil.
A Rome même jour pour les fils, et le 23 novembre pour la mère.		
Ste Félicité, M. à Carthage. Voy. Ste Perpétue.		
S. Félix, M. à Saulieu. Voy. S. Andoche.		
S. Félix, S. Fortunat et S. Achillée, ap. du Valentinois, M. à Valence sur le Rhône	211	23 avril.
S. Félix, prêtre de Nole et confesseur	De 260 à 265	14 janvier.
S. Félix I, pape	274	30 mai.
S. Félix, M. dans le Milanais. Voy. S. Nabor.		
S. Félix et S. Audacte ou Adaucte, M. à Rome	IVe siéc.	30 août.
S. Félix, év. de Trèves	V. 400	26 mars.
S. Félix II, pape	492	25 février.
Baillet cite en outre une ancienne fête qu'on célébrait le 30 décembre.		
S. Félix, év. de Nantes	584	7 juillet.
S. Félix de Valois, collègue de S. Jean de Matha dans l'ordre de la Ste Trinité pour la rédemption des captifs	1212	Autrefois le 4 novembre et aujourd'hui le 20.
S. Ferjeu. Voy. S. Fargeau.		
S. Ferréol, Fargeu ou Forget, M. à Vienne	IVe siéc.	18 septemb.
S. Ferréol, év. d'Uzès	581	18 septemb.
Ferreolus. Voy. S. Fargeau. Voy. aussi S. Ferréol.		
S. Fiacre, Fefrus ou Fiacrius, Irlandais, solitaire au dioc. de Meaux	V. 670	30 août.
S. Fidèle, soldat et M. à Côme	V. 304	28 octobre.
Fides. Voy. Ste Foi.		
Fidolus. Voy. S. Fale.		
S. Filibert, Filibertus, ab. de Rebais, fondateur de Jumiéges	684	20 août.
S. Firmilien, év. de Césarée	269	28 octob. Gr.
S. Firmin, premier év. d'Amiens, M.	V. 287	25 septemb.
S. Firmin le Confès ou confesseur, év. d'Amiens	IVe ou Ve siècle.	1er septemb.
S. Firmin, év. d'Uzès	553	11 octobre.
S. Firmin, év. de Mende		14 janvier.
S. Flavien, patr. d'Antioche	404	21 février.
S. Flavien, patr. de Constantinople	449	18 février.
S. Flobert. Voy. S. Frobert.		
S. Florent, ab. du monastère de Glonne, depuis S. Florent le Vieux, en Anjou	Com^t^ du Ve siècle.	22 septemb.
S. Florentin et S. Hiler ou Hilier, M. en Bourgogne	V. 406	27 septemb.
S. Flou, Flondulphus. Voy. S. Clou.		
S. Flour, Florus, premier év. de Lodève	V. le IVe siècle.	3 novembre.
Ste Foi. Voy. Ste Sophie.		
Ste Foi, Fides, M. à Agen	V. 287	6 octobre.
S. Foignan, Foillanus et Fullanus.	655	31 octobre.
S. Folcuin, Folcuinus, év. de Térouane	855	14 décemb.
S. Forget. Voy. S. Ferréol.		
S. Fortunat. Voy. S. Félix.		
S. Foursi. Voy. S. Fursi.		
S. Frambourd ou Frambaud, Frambaldus, solitaire au Maine	V. 550	16 août.
S. François d'Assise, instituteur des frères Mineurs	1226	4 octobre.
S. François de Paule, instituteur des Minimes	1507	2 avril.
Le B. François d'Estain, doct. en droit à Pavie, chan. de Lyon, év. de Rodez	1529	1er novemb.
S. François Xavier, ap. des Indes.	1552	2 décembre.
S. François de Sales, év. de Genève.	1622	29 janvier.
Ste Françoise, Romaine, institutrice des Collatines	1440	9 mars.
S. Frédéric, év. d'Utrecht, M.	838	18 juillet.
Les Frères Nantais. Voy. S. Donatien et S. Rogatien.		
Les Sept Frères. Voy. Ste Félicité.		
S. Friard, reclus près de Nantes	V. 577 ou 583	1er août.
S. Fric. Voy. S. Afrique.		

S. Frobert ou Flobert, Frodobertus, premier ab. de Moutier-la-Celle.................... 673 8 janvier.

Baillet cite en outre une ancienne fête au 31 décembre et une Tr. au 16 octobre.

S. Frodoald, év. de Mende et M.. 12 septemb.

S. Froiland, év. de Léon........ 1006 5 octobre.

S. Front, Fronto, év. de Périgueux. {IIIe et IVe siècles.} 25 octobre.

S. Fructueux ou San Frutor, év. de Tarragone, M. avec deux de ses diacres Augure et Euloge...... 259 21 janvier.

S. Frumence, ap. d'Éthiopie, év d'Auxume.................. Apr. 356 {27 octob. Lat. 30 nov. Gr. 18déc. Abyssins}

S. Fulbert, év. de Chartres....... 1029 10 avril.

S. Fulcran, év. de Lodève....... 1006 13 février.

S. Fulgence, év. de Ruspe en Afrique........................ 533 1er janvier.

S. Fullanus. Voy. S. Foignan.

S. Fursi ou Foursi, Fursæus, fondateur du monastère de Lagny.. 650 {16 janv. 6, 9 et 15 fév. 4 mars, 17 et 28 sept.}

S. Fuscien, M. près d'Amiens..... {IIIe ou IVe siècle.} 11 décemb.

G

S. Gabriel, archange........... {26 mars et 13 juill. Gr.}

Baillet ne parle pas de la fête du 13 juillet. Mais outre la fête du 26 mars il en cite deux qui sont également particulières à l'église grecque, et qui se célèbrent le 11 juin et le 26 juillet. Il marque au 29 septembre la fête générale chez les Latins, en indiquant d'autres fêtes particulières au 6 et au 7 mai, puis au 18, au 23 et au 24 mars.

S. Gaëtan de Thienne, Cajetanus, instituteur des Théatins....... 1547 7 août.

S. Gaius. Voy. S. Caius.

S. Gal, év. de Clermont en Auvergne. V. 554 1er juillet.

S. Gal, ab. du monastère de ce nom en Suisse................... V. 646 16 octobre.

S. Galactoire, Galactorius ou Galacterius, év. du Béarn....... 507 27 juillet.

S. Galmier, Garmier, Gaumier, Geaumier, Germier, Baldomer ou Waldimer, serrurier, puis sous-d. à Lyon.............. V. 650 27 février.

S. Gan. Voy. S. Godon.

Gangulfus. Voy. S. Gengon.

S. Gatien, Gatianus ou Catianus, év. de Tours............... {V. le IIIe siècle.} 18 décemb.

S. Gaubert, Valbert ou Walbert, Waldebertus, ab. de Luxeuil... 665 2 mai.

S. Gaucher, chan. régulier en Limousin.................... 1130 9 avril.

S. Gaud, Valdus, év. d'Évreux..... 491 31 janvier.

S. Gaudence, év. de Brescia...... 427 25 octobre.

Gaugericus ou Gauricus. Voyez S. Géri.................

S. Gaumier. Voy. S. Galmier.

S. Gautier, ab. de Lesterp en Limousin.................... 1070 11 mai.

S. Gautier, premier ab. de S. Martin de Pontoise.................. 1099 {8 avril. Tr. 4 mai.}

S. Geaumier. Voy. S. Galmier.

S. Gélase I, pape............... 496 21 novemb.

S. Genebaud, premier év. de Laon. V. 549 5 septembre.

S. Genès, comédien, M. à Rome... 303 26 août.

Baillet marque cette fête au 25 août d'après Adon et Usuard. Il annonce en outre qu'on la trouve ailleurs fixée au 24.

S. Genès, Genesius, év. de Clermont en Auvergne............... 662 3 juin.

Genesius. Voy. S. Geniez.

Ste Geneviève, Genovefa, vierge, patronne de Paris........... 512 3 janvier.

S. Gengon, Gengoul, Gengoux ou Golff, Gengulfus, Gangulfus et Wolgangus, assassiné en Bassigny. 760 {9 et 11 mai, 13 octobre.}

S. Geniez, Genesius, notaire d'Arles, M........................ IIIe siéc. 25 août.

S. Genou, Genulfus, premier év. de Cahors.................... {V. le mil. du IIIe siéc.} 8 février.

Baillet qui ne parle pas de cette fête en cite quatre autres célébrées le 17 janvier, le 20 juin, le 13 novembre et le 21 décembre.

S. George, M................ {IIIe ou IVe siècle.} 23 avril.

Ste Georgie ou George, vierge de Clermont.................. {V. la fin du Ve siècle.} 15 février.

Geraldus. Voy. S. Géraud.

S. Gérard ou Géraud, moine de S. Denys, premier ab. de Brogne au comté de Namur.......... 959 3 octobre.

S. Gérard, év. de Toul.......... 994 23 avril.

S. Gérard, év. de Chonad en Hongrie, M.................... 1047 24 septemb.

Le B. Gérard, moine de Clairvaux, frère de S. Bernard........... 1138 13 juin.

S. Géraud, Geraldus, comte et baron d'Aurillac, fondateur de l'abbaye de S. Pierre d'Aurillac, patron de la haute Auvergne..... 909 13 octobre.

S. Géraud, Geraldus, moine de Corbie, ab. de S. Vincent de Laon, puis de S. Médard de Soissons...	1095	5 avril.
Geremarus. Voy. S. Germer.		
S. Géréon et ses trois cent dix-huit compagnons, M. à Cologne......	287	10 octobre.
S. Géri, Gauricus ou Gaugéricus, év. de Cambray..............	619	11 août.
S. Gérif. Voy. S. Didier, év. de Cahors.		
S. Germain, év. d'Auxerre.........	448-449	31 juillet.
S. Germain, év. de Paris.........	576	28 mai.
S. Germain, patr. de Constantinople.	733	12 mai.
S. Germer, Geremarus et Germerius, év. de Toulouse..........	Apr. 560	16 mai.
S. Germer, premier ab. de l'abbaye de ce nom en Beauvoisis.......	658	24 septemb.
S. Germier. Voy. S. Galmier.		
Ste Gertrude, abse de Nivelle.....	659	17 mars.
Ste Gertrude, abse de Rodersdorf (comté de Mansfeld), puis de Heldelfs.....................	1334	15 novemb.
S. Gervais et S. Protais, M. à Milan.	1er siéc.	19 juin.
S. Gezélin ou Scocelin, Getzelinus, Gotzelinus, Joscelinus ou Scotzelinus, solitaire au dioc. de Trèves....................	1136	6 août.
S. Ghislein. Voy. S. Guislin.		
S. Gilbert, premier ab. de Neuffont ou Neuffontaines en Auvergne...	1152	Tr. 3 octob.
S. Gilbert, fondateur de l'ordre de Simpringham en Angleterre....	1190	4 février.
S. Gildard, év. de Rouen........	V. 527	8 juin.
S. Gildas ou Gueda, ab. de Ruis en Bretagne...................	565	29 janvier.
S. Gilles, Ægidius, ab. en Languedoc.....................	V. 550	1er septemb.
Gislenus. Voy. S. Guislin.		
Ste Glossinde ou Glossine, Chlodesindis, abse du monastère de ce nom à Metz.................	V. 610	25 juillet.
Glycerius. Voy. S. Licer.		
S. Goar ou Gower, prêtre et solitaire au dioc. de Trèves........	566, 575 ou 649	6 juillet.
S. Godard ou Gothard, Godehardus, év. d'Hildesheim.........	1038	4 mai.
Ste Godeberte, vierge à Noyon....	V. la fin du VIIe siècle.	11 avril.
S. Godefroy ou Geofroy, bénédictin du Mont-Saint-Quintin lès Péronne, ab. de Nogent, év. d'Amiens...................	1115	8 novembre.
S. Godegrand. Voy. S. Crodegand.		
Ste Godelièvre ou Godeleine, M. au dioc. de Térouane........ ...	1070 ou 1073	18 avril.
Baillet l'inscrit au 6 juillet et parle d'une Tr. au 30 du même mois.		
S. Godon, Gon ou Gan, solitaire...	Fin du VIIe siècle.	26 mai.
S. Golff. Voy. S. Gengon.		
S. Gondon ou Gondulfe, Gondulfus, év. de Maëstricht.........	617	16 juillet. Tr. 10 août.
Gontran ou Gunt-Chramne, roi de Bourgogne.................	593	28 mars.
S. Gordien, M................	IVe siècl.	
Sa fête avec celle de S. Épimaque 9 mai. Gr. — 10 mai. Lat. — Sa mémoire à Paris 22 mars.		
Ste Gorgonie, sœur de S. Grégoire de Nazianze..	371	9 décembre.
S. Gothard. Voy. S. Godard.		
Gotzelinus. Voy. S. Gezelin.		
Ste Goule. Voy. Ste Gudile.		
S. Goumer. Voy. S. Vulmer.		
S. Gower. Voy. S. Goar.		
S. Grat, Gratus, év. de Châlons-sur-Saône..................	652	8 octobre.
S. Grégoire Thaumaturge, év. de Néocésarée.................	270	17 novemb.
S. Grégoire l'Illuminateur, ap. de l'Arménie, M.............	V. 325	30 sept. Gr.
S. Grégoire de Nazianze, év. de cette ville, père du doct. de ce nom.......................	373	1er janvier.
S. Grégoire de Nazianze, fils du précédent; doct., év. de Constantinople...................	389	25 et 30 janv. Gr. 9 mai. Lat.
S. Grégoire, év. de Nysse, frère de S. Basile..................	De 396 à 400	9 mars. Lat. 10 janv. Gr.
S. Grégoire, év. de Langres......	V. 539	4 janvier.
S. Grégoire (Georgius Florentius Gregorius), historien, év. de Tours.....................	595	17 novemb.
S. Grégoire I, le Grand, pape, doct......................	604	12 mars et 3 septembre.
S. Grégoire III, pape..........	741	28 novemb.
S. Grégoire, administrateur de l'évêché d'Utrecht............	776	25 août.
Gualaricus. Voy. S. Valery.		
Ste Gudile, Gudule, Goule ou Ergoule, Gudila, vierge de Brabant.	712	8 janvier.
S. Guedas. Voy. S. Gildas.		
S. Guenau, Guinailus, Guennailus ou Wenialus, ab. de Landevenec en Bretagne..	570	3 novembre.
S. Guenebaud. Voyez S. Wunebaud.		
S. Gui. Voy. S. Vit. Voy. aussi S. Guidon.		
S. Guibert, moine de Gorze, fondateur de l'abbaye de Gemblours..	962	23 mai.
Ste Guiborade. Voy. Ste Wiborade.		
S. Guidof ou Gui, coutre-lai ou bedeau près Bruxelles..........	1112	12 septemb.
S. Guignolé. Voy. S. Guinolé.		

S. GUILLAUME ou S. GUILLEM, moine de Gellone, duc d'Aquitaine....	812-813	28 mai.
LE VÉN. GUILLAUME, ab. de S. Benigne de Dijon..............	1031	1er janvier.
S. GUILLAUME, év. de Roschild.....	1074	2 septembre.
S. GUILLAUME, fondateur des rel. du Mont-Vierge................	1142	25 juin.
S. GUILLAUME, arch. d'York.......	1154	8 juin.
S. GUILLAUME DE MALAVAL, près de Sienne, fondateur des Guillemites.....................	1157	10 février.
S. GUILLAUME, chan. régulier et sous-prieur de Ste Geneviève à Paris, puis ab. d'Eskil en Danemarck...	1203	6 avril.
S. GUILLAUME, arch. de Bourges...	1209	10 janvier.
GUINAILUS. Voy. S. GUENAU.		
S. GUINOLÉ, GUIGNOLÉ, GUINGALOIS, GUNOLO ou VENNOLÉ, WINWALOEUS, premier ab. de Landevenec en basse Bretagne............	529	3 mars.
S. GUISLIN, GISLENUS, ab. en Hainaut.	V. 681	9 octobre.
S. GUNT-CHRAMNE. Voy. S. GONTRAN.		

H

S. HADELIN, ab. de Celles, dioc. de Liége.....................	696	3 février.
HAGNOALDUS. Voy. S. CAGNOU.		
HARDOUIN, HARDUINUS ou HARDWINUS. Voy. S. CHADOIN.		
HARELINDIS. Voy. Ste HERLINDE.		
Ste HEDWIGE ou HAVOYE, duchesse de Silésie et de grande Pologne. ...	1243	15 et 17 oct.
S. HÉGÉSIPPE, historien..........	V. 176	7 avril.
HEIMERAMNUS. Voy. S. EMMERAM.		
Ste HÉLÈNE, mère de Constantin...	327	18 août.
S. HENRI, empereur............ Baillet l'inscrit au 15 juillet.	1024	à Rome 14 juil. à Paris 2 mars.
S. HERBAUD. Voy. S. ERBLAND.		
S. HÉRIBERT, arch. de Cologne....	1021 ou 1022	16 mars.
Ste HERLINDE, HARELINDIS, abse d'Eike, dioc. de Maëstricht........... Voy. Ste RENELLE.	V. 750	12 octobre.
LE B. HERLUIN, fondateur et premier ab. du Bec en Normandie.......	1078	26 août.
S. HERMELAND. Voy. S. ERBLAND.		
S. HERMENIGILDE, M. en Espagne..	585	13 avril.
S. HERMÈS, M. à Rome.........	IIe siéc.	28 août.
S. HIDULFE ou HIDOU, év. de Trèves, puis ab. de Moyen-Moutier......	V. 707	11 juillet.
S. HILAIRE, év. de Poitiers........	368	13 et 14 janvier, 26 juin, 1er octobre et 1er novembre.
S. HILAIRE ou HILIER. Voy. S. FLORENTIN.		
S. HILAIRE, év. d'Arles..........	449	5 mai.
S. HILAIRE, pape, HILARUS....... Baillet marque cette fête au 10 septembre.	468	21 février.
S. HILAIRE ou S. CHELIRS, év. de Mende....................	VIe siéc.	25 octobre.
S. HILARION, instituteur de la vie monastique en Palestine..........	371-372	21 octob. Lat. 28 mars. Gr.
S. HILDEBERT ou HILDEVERT, HILDEBERTUS, ILDEVERTUS et DATLEVERTUS, év. de Meaux............	V. 690	27 mai.
Ste HILDEGARDE, abse du Mont S. Robert au dioc. de Mayence.......	1180	17 septemb.
S. HILDEMAN, moine de Corbie, puis év. de Beauvais..............	844	8 décembre.
S. HILIER. Voy. S. FLORENTIN.		
Ste HILTRUDE, vierge, recluse à Liessies en Hainaut.............	Comt du VIIIe siéc.	27 septemb.
S. HIPPOLYTE, doct., év. et M.....	IIIe siéc.	22 août.
S. HIPPOLYTE, M. à Rome........	259	13 août.
HLODULFUS. Voy. S. CLOU.		
LA B. HOMBELINE ou HUMBELINE, sœur de S. Bernard, rel. de Juilly-sous-Ravière, dioc. de Langres..	1141	21 août.
S. HOMOBON, marchand à Crémone.	1197	13 nov à Rome. 6 juillet à Paris.
S. HONÊT, HONESTUS, prêtre de Toulouse, confesseur ou M........ Le 16 février et le dimanche dans l'octave de S. Denys à l'abbaye d'Hyères.	IIIe siéc.	12 juillet à Toulouse
S. HONORAT, év. d'Arles, fondateur du mon. de Lérins........... Baillet l'inscrit en outre au 16 janvier.	429-430	15 mai et 20 janvier.
S. HONORÉ, arch. de Cantorbéry...	653	30 septemb.
S. HONORÉ, HONORATUS, év. d'Amiens.	VIe ou VIIe siècle.	16 mai.
Ste HONORINE, vierge et M........	IIIe ou IVe siècle.	28 févr. (le 27 dans Baillet.)
S. HOSPICE ou SOSPIS, HOSPITIUS, reclus en Provence........... Baillet l'inscrit au 21 mai et parle d'une fête qui se célèbre à Nice le 15 octobre.	581	à Paris 25 mai.
Ste HOU, HOYLDIS et OTHILDIS, vierge et sœur de Ste LINDRU, Ste PUSINNE et Ste MENEHOUT...........	V. la fin du Ve siéc.	30 avril.
S. HRUOTBERT. Voy. S. RUPERT.		
S. HUBERT, dernier év. de Maëstricht et premier év. de Liége........ Baillet marque cette fête au 3 novembre. Il cite en outre	727, 728, ou 730	5 novembre.

d'autres dates qui sont le 29 avril, le 29 et le 30 mai, le 6 et le 30 septembre et le 20 décembre.		
S. HUGUES, arch. de Rouen.......	730	9 avril.
S. HUGUES, ab. de Cluny, duc de Bourgogne................	1109	29 avril.
S. HUGUES, év. de Grenoble.......	1132	à Paris 11 avril.
Baillet marque cette fête au 1er avril.		
LE VÉN. S. HUGUES DE S. VICTOR...	1141	14 février.
S. HUGUES, év. de Lincoln........	1200	17 novemb.
LA B. HUMBELINE. Voy. HOMBELINE.		
S. HUMBERT, prêtre ou ab. de Marolles en Hainaut............	682	25 mars.
Ste HUNÉGONDE, rel. à Homblières en Vermandois................	690	25 août.
S. HUNIBERT. Voy. S. CUNIBERT.		
S. HYACINTHE, de l'ordre de S. Dominique..................	1257	16 août.

I

LA B. IDE, comtesse de Boulogne-en Picardie, mère de Godefroy de Bouillon...................	1113	13 avril.
Ste IDUBERGE. Voy. Ste ITTE.		
S. IGNACE, dit THÉOPHORE, év. d'Antioche....................	De 107 à 116	29 févr. Gr. 1er févr. Lat.
S. IGNACE, patr. de Constantinople.	877	23 octobre.
S. IGNACE DE LOYOLA, fondateur des Jésuites..................	1556	31 juillet.
ILDEBERTUS. Voy. S. HILDEBERT.		
S. ILDEPHONSE ou ALPHONSE, év. de Tolède....................	667	23 janvier.
ILLIDIUS. Voy. S. ALIRE..........		
S. INNOCENT, pape.............	417	28 juillet.
SS. INNOCENTS, M...............		28 décemb.
S. ION. Voy. S. YON.		
Ste IRÈNE. Voy. Ste AGAPE.		
S. IRÉNÉE, év. de Lyon, père de l'église, M..................	V. 177, 197 ou 202	28 juin. Lat. 23 août. Gr.
Ste IRMINE. Voy. Ste ERMINE.		
S. ISAAC. Voy. S. SAPOR.		
LA B. ISABELLE, sœur de S. Louis, fondatrice du monastère de Longchamps....................	1270	31 août à Longchamps. (12 septembre à Paris.)
S. ISIDORE DE PELOUSE ou DE DAMIETTE, solitaire et père de l'église.....................	Av. 450	4 fév. Gr.
S. ISIDORE, év. de Séville.........	636	4 avril.
S. ISIDORE LE LABOUREUR........	V. 1130	15 mai en Espagne.
Ste ITTE ou IDUBERGE, femme de Pepin de Landen, morte à l'abbaye de Nivelle................	652	17 mars.

J

S. JACQUES LE MAJEUR, ap. et M...	44	25 juill. Lat. 30 avr. Gr.
S. JACQUES LE MINEUR, ap., év. de Jérusalem.................	62	23 octob. Gr. 1er mai. Lat. avec S. PHILIPPE.
S. JACQUES, év. de Nisibe en Perse..	338	15 juill. Lat. 31 octob. Gr. 13 janvier chez les Maronites.
S. JACQUES L'INTERCIS, M. en Perse.	421	27 novemb.
S. JACQUES, solitaire en Berry, Grec de naissance................	V. 865	19 novemb.
S. JANVIER, év. de Bénévent, et ses compagnons, M.............	IVe siéc.	19 septem. Lat. 21 avr. Gr.
SS. JAUMES. Voy. JUMEAUX (LES TROIS).		
S. JEAN-BAPTISTE. (Sa conception, 24 septembre. — Sa sanctification dans le sein d'Élisabeth par la visite de la Ste Vierge, 2 juillet. — Sa nativité, 24 juin. — Sa décollation, 29 août.)		
S. JEAN L'ÉVANGÉLISTE, ap........	99 ou 104	27 décemb. Lat. 8 mai, 10 juill. et 26 sept. Gr.
La fête de sa persécution sous Domitien, appelée S. JEAN DEVANT LA PORTE-LATINE, 6 mai.		
S. JEAN et S. PAUL, M. à Rome....	362-363	26 juin.
S. JEAN CHRYSOSTOME, père et doct. de l'église, év. de Constantinople.	407	30 janv. 13 nov. Gr. (18 sept. à Paris.) Tr. 27 janv. à Rome.
S. JEAN CALYBITE, mort à Constantinople..................	450	15 janv. Gr.
S. JEAN I, pape et M...........	526	18 mai.
Baillet marque sa fête au 27 mai. Il annonce en outre qu'elle est marquée au 28 dans les anciens martyrologes.		
S. JEAN, fondateur et ab. de Réomé, aujourd'hui Moutier S. Jean.....	540	28 janvier.
S. JEAN LE SILENCIAIRE, év. de Colonie en Arménie, puis solitaire..	558	13 mai. Gr.
S. JEAN CLIMAQUE, ab. du Mont-Sina.	605-606	30 mars.
S. JEAN L'AUMONIER, patr. d'Alexandrie......................	616	11 nov. Gr. 23 janv. à Rome. 9 avril à Paris.

Nom	Année	Fête
S. Jean Mosch, auteur du Pré Spirituel, compagnon de S. Sophrone. L'Art de vérifier les dates n'indique pas le jour de sa fête. Baillet ne le met pas au nombre des saints.	620	
S. Jean Damascène, père de l'église.	754 ou 780	8 mai à Paris. 6 mai à Rome. 29 novemb. Gr.
Le B. Jean, ab. de Gorze en Lorraine.	973	27 février.
S. Jean Gualbert, ab. fondateur de Valombreuse..................	1073	12 juillet.
S. Jean de Meda, de l'ordre des Humiliés, fondateur de l'abbaye de Rondenario, près de Côme...	1159	27 septemb.
S. Jean de Matha, fondateur de l'ordre de la Trinité, dit des Mathurins pour la rédemption des captifs..................	1213	8 février.
Le B. Jean de Montmirel, rel. de Cîteaux..................	1217	29 septemb.
S. Jean de Nepomuk ou Népomucène, chan. de Prague.........	1383	19 mai.
S. Jean Capistran, de l'ordre de S. François..................	1456	23 octobre.
S. Jean de Dieu, instituteur des rel. de la Charité..................	1550	8 mars.
S. Jean de la Croix, réformateur des Carmes..................	1591	14 décemb.
La B. Jeanne de France, première femme de Louis XII, institutrice des Annonciades.............	1505	4 février.
S. Jérôme, doct..................	420	30 septemb.
S. Joachim, père de la Ste Vierge..		28 juil. à Paris. 20 mars à Rome. 9 septemb. Gr.
Jodocus. Voy. S. Josse.		
Jonas ou Jonius. Voy. S. Yon.		
Joscelinus. Voy. S. Gezelin.		
S. Joseph, époux de la Ste Vierge..		20 avril à Paris. 19 mars à Rome.
S. Joseph, M. Voy. S. Narsès.		
S. Josse, Judocus ou Jodocus, prêtre en Ponthieu..................	668	13 décemb.
S. Jovite. Voy. S. Faustin.		
S. Jude, ap..................	Ier siècle.	28 octobr. Lat. avec S. Simon. 19 juin. Gr.
Judocus. Voy. S. Josse.		
Ste Julie, M. en Syrie..........	V. 300	7 octobre.
Ste Julie, M. en Corse..........	439	22 mai.
S. Julien, premier év. du Mans....	IIIe ou IVe siècle.	27 janvier.
S. Julien, M. à Brioude en Auvergne..................	IIIe ou IVe siècle.	28 août.
S. Julien, év. de Tolède.........	690	8 mars.
Ste Julienne, M. à Nicomédie.....	308	16 fév. à Rome. 21 mars à Paris.
La B. Julienne du Mont-Cornillon près de Liége..................	1258	5 avril.
Ste Julitte, M. Voy. S. Cyr.		
Les Trois Jumeaux ou SS. Jaumes, M. en Cappadoce (Speusippe, Éleusippe et Méleusippe)..........	IIe ou IIIe siècle.	17 janv. Gr. et Lat.
S. Junien, reclus, abbé de Mairé-l'Évesquault en Poitou..........	587	13 août.
S. Just, M. en Beauvoisis........	Ve siècle.	18 octobre
S. Juste, év. de Lyon..........	Fin du IVe siècle.	2 septemb.
S. Justin le Philosophe, doct. M..	167	13 avr. Lat. 1er juin. Gr.
S. Justin, M. en Parisis.......... Baillet rapporte sa fête au 18 oct. avec celle de S. Just.	V. 407	8 août. Lat. (1er juin en Russie.)
Ste Justine, M. à Nicomédie. Voy. S. Cyprien.		
Ste Justine, M., patronne de Padoue.	Vers le IVe siècle.	7 octobre.
S. Juvénal, év. de Narni dans l'Ombrie.	V. 377	3 mai et 7 août.

K

Nom	Année	Fête
S. Kanut ou Knut. Voy. Canut. Voyez également au C plusieurs noms qui s'écrivent des deux manières.		
Karilefus. Voy. S. Calais.		
S. Kilien ou Kuln, Killanus, Killena, év. irlandais, apôtre de Franconie, M. à Wurtzbourg avec ses deux compagnons Colman et Totnan..	689	8 juillet.

L

Nom	Année	Fête
Lætus. Voy. S. Lié.		
S. Lambert ou Landebert, Lambertus, Landebertus ou Lantbertus, év. de Lyon..................	688	14 avril.
S. Lambert, patron de Liége, év. de Maëstricht, M..................	V. 708	17 septemb.
S. Lambert, év. de Vence........	1154	26 juin. (26 mai à Vence et à Riez)
S. Landebert. Voy. S. Lambert.		
S. Landelin, fondateur et premier ab. de Lobes..................	V. 686	15 juin.
S. Landoald, miss^{re} des Pays-Bas, compagnon de S. Amand......	V. 666	19 mars.
Ste Landrade, vierge, première ab^{ss} de Munster-Bilsen au pays de Liége..................	690	8 juillet.
S. Landri, Landericus, év. de Paris.	V. 660	10 juin.

Le B. Lanfranc, prieur du Bec, ab. de S. Étienne de Caen, arch. de Cantorbéry	1089	24 mars, 24 et 28 mai, 3 juill.
Lanogisilus. Voy. S. Longis ou Longison.		
Lantbertus. Voy. S. Lambert.		
S. Large. Voy. S. Cyriaque.		
Laudus. Voy. S. Lô.		
Launomarus. Voy. S. Lomer.		
S. Laurent, diacre et M. à Rome	258	10 août.
S. Laurent, arch. de Cantorbéry	619	2 février.
S. Laurent, arch. de Dublin, mort à l'abbaye d'Eu	1181	14 novemb.
S. Laurent Justinien, év. de Venise, premier patr. de la ville	1455	5 septembre.
S. Léandre, év. de Séville	V. 596	27 février. 13 mars à Séville. Tr. 6 avril.
S. Lebwin, Leboin, Lidwin et Lifoin, Lebwinus, Liebwinus et Lipwinus, Anglais, ap. de l'Over-Yssel	Av. 800	12 novemb.
Ste Lée, dame romaine	V. 384	22 mars.
S. Léger, Leodegarius, év. d'Autun, M	678	2 octobre.
S. Léobard ou Libard, reclus en Touraine	V. 593	18 janvier.
Leobatius. Voy. S. Leubasse.		
Leobinus. Voy. S. Lubin.		
Ste Léocadie, vierge, M. à Tolède.	304	9 décembre.
S. Léon I, le Grand, pape	461	11 avril à Rome. 10 nov. à Paris. 18 févr. Gr.
La mémoire de ce pape se célébrait aussi à Rome le 28 juin. Voy. Léon II qui suit.		
S. Léon II, pape	683	
Depuis le xvie siècle sa fête a remplacé celle de la mémoire de S. Léon le Grand, qu'on avait célébrée jusqu'alors le 28 juin.		
S. Léon IV, pape	855	17 juillet.
S. Léon IX, pape	1054	19 avril.
S. Léonard ou Liénard, solitaire en Limousin, ab. de Noblac	559	6 novembre.
S. Léonard, ab. de Vandœuvre au Maine	V. 565 ou 570	15 octobre.
S. Léonce, év. de Fréjus	V. 450	1er décemb.
S. Léonce le Jeune, év. de Bordeaux.	V. 564	15 novemb.
Leonegilus ou Leonegisilus. Voyez S. Longis ou Longison.		
S. Léonide, père d'Origène, M.	202-203	22 avril.
S. Léopold III, marquis d'Autriche.	1136	15 novemb.
S. Leu ou Loup, Lupus, év. de Sens.	623	1er septembre. Tr. 23 avril.
S. Leubasse ou Libesse, Leubatius, Leobatius, ab. en Touraine	V. le vie siècle.	18 et 28 juillet.
S. Leufroi, Leutfredus ou Leotfridus, ab. de Madric ou de la Croix S. Ouen en Normandie.	738	21 juin.
S. Lezin, Licinius, év. d'Angers	605 ou 616	13 février.
S. Libard. Voy. S. Léobard.		
S. Libère (Marcellinus Felix Liberius), pape	366	24 septemb.
Baillet cite en outre une fête plus ancienne, marquée au 23 septembre.		
S. Libesse. Voy. S. Leubasse.		
S. Liboire, Liborius, év. du Mans.	ive ou ve siècle.	23 juillet à Aymeries en Hainaut. (9 juin, 12, 13 et 28 mai au Mans.)
S. Libwin. Voy. S. Lebwin.		
S. Licar, Licer ou Lizier, Licerius ou Glycerius, év. de Conserans	V. 548	7 août.
Licinius. Voy. S. Lezin.		
S. Lidoire, Lidorius, Litorius et Lictor, év. de Tours	371	13 septemb.
S. Lié, Lætus, solitaire du Berry, mort à la Motte S. Lié, dioc. d'Orléans	V. 534	5 novembre.
Liebwinus, Voy. S. Lebwin.		
S. Liénard. Voy. S. Léonard.		
S. Lietbert, év. de Cambray et d'Arras	1076	23 juin ou 28 septembre.
S. Lifard, Liphardus ou Liephardus, ab. à Meun-sur-Loire	V. 550	3 juin.
S. Lifoin. Voy. S. Lebwin.		
S. Lin, pape	78	Autrefois 7 octobre et 26 novembre. Aujourd'hui 23 sept.
Ste Lindru, Lutrudis et Lintrudis, vierge et sœur de Ste Hou (Voy. Ste Hou)	V. la fin du ve siècle.	22 septemb.
Lipwinus. Voy. S. Lebwin.		
Litorius. Voy. S. Lidoire.		
S. Livin, év. d'Irlande, missre en Brabant, patron de Gand, M. à Hauthem près d'Alost	656	12 novemb.
S. Lizier. Voy. S. Licer.		
S. Lô, Laudus et Lunus, év. de Coutances	De 363 à 368	21 septemb.
S. Lomer, Launomarus, ab. au dioc. de Chartres	590	19 janvier.
S. Longin ou S. Longis, M., soldat qui perça d'un coup de lance le côté de N. S.	1er siècl.	15 mars.
S. Longis, Longils ou Longison, Leonegilus, Leonegisilus ou Lanogisilus, ab. de Boisselière au Mans, ou de S. Pierre de la Cour ou de la Couture	V. 653	13 janv. et 2 av.
S. Louis, roi de France	1270	25 août.
S. Louis, év. de Toulouse	1297	19 août.
Le B. Louis Aleman, év. de Maguelone, arch. d'Arles, card. légat.	1450	16 septemb.
Le B. Louis de Blois, ab. de Liessies en Hainaut	1566	7 janvier.

S. Loup, Lupus, év. de Bayeux.... Voy. S. Spire, év. de Bayeux.	465	28 mai.
S. Loup, év. de Troyes..........	478	29 juillet.
S. Loup, év. de Lyon..........	Av. 542	25 septemb.
S. Loup, év. de Sens. Voy. S. Leu.		
S. Louvent, Lupentius, ab. de S. Privat en Gévaudan, M......	584 ou 590	22 octobre.
S. Lubin, Leobinus, év. de Chartres....................	556-557	14 mars à Paris. 15 sept. à Rome.
S. Luc, évangéliste............	1er siècl.	18 octob. Lat. 22 avr. Gr.
S. Luce, Lucius, pape..........	253	4 mars.
Ste Luce, M..................	304-305	13 décemb.
S. Lucien, ap. de Beauvais.......	V. 289	8 janvier. Tr. 1er mai.
S. Lucien d'Antioche, M.........	312	Autref. 7 janv. et aujourd'hui 15 oct. Gr.
S. Ludger, premier év. de Munster.	809	26 mars.
S. Lulle, Lullus, év. de Mayence..	786-787	16 octobre.
Lungs. Voy. S. Lô.		
Lupentius. Voy. S. Louvent.		
S. Lupicin, ab. de Lauconne dans le Mont-Jou..................	480	21 mars.
Lupus. Voy. S. Leu et S. Loup.		
Ste Lutgarde, rel. cistercienne en Brabant..................	1246	13 juin à Paris. 16 juin à Rome.
Lutrudis. Voy. Ste Lindru.		

M

S. Macaire d'Égypte ou l'Ancien, ab. dans le désert de Scété......	390-391	15 janv. Lat. 19 janv. Gr.
S. Macaire d'Alexandrie, ab. des Cellules en Égypte...........	394, 395 ou 405	2 janv. Lat. 19 janv. Gr.
S. Macaire, arch. en Arménie, mort à Gand.................. Baillet indique une fête plus solennelle au 9 mai.	1012	10 avril.
S. Macary, Macarius, év. de Comminges..................	ve siècl.	1er mai.
Les Machabées, ou les sept frères, M. de l'ancienne loi..........		1er août.
S. Maclou, Machutes, Machutus, Macliavus et Maclovius. Voy. S. Malo.		
Ste Macre, M. à Fismes, dioc. de Reims..................	V. 287	6 janv. 30 mai et surtout 11 juin.
Ste Macrine, sœur de S. Basile.....	379	19 juillet.
Ste Madeleine, disciple de J. C....	1er siéc.	22 juillet.
S. Madelgaire. Voy. S. Mauger.		
Madelgisilus. Voy. S. Manguille.		
Magenhildis. Voy. Menehout.		
S. Magloire, ab. et év. régionnaire en Bretagne................	575	24 octobre.
Magnobadus. Voy. S. Mainbœuf.		
Ste Mahault. Voy. Ste Mathilde.		
S. Mahout. Voy. S. Malo.		
S. Maïeul, Mayolus, ab. de Cluny.	994	11 mai.
S. Mainbeuf ou Mainbeu, Magnobadus, év. d'Angers............	654	16 octobre.
Mainus. Voy. S. Mein.		
S. Maire. Voy. S. Mari.		
Ste Maixence. Voy. Ste Maxence.		
S. Maixent ou Messant, Maxentius, ab. en Poitou..............	V. 515	26 juin.
S. Malachie, arch. d'Armach en Irlande, M. à Clairvaux.........	1148	3 novembre.
S. Malo, Maclou ou Mahout, Machutes, Machutus, Macliavus et Maclovius, premier év. d'Aleth en Bretagne................	565	15 novemb.
S. Mamert, év. de Vienne, instituteur des Rogations............	V. 476	11 mai.
S. Mammes, Mammas, berger en Cappadoce, M. à Césarée.........	V. 274	17 août. Lat. 2 sept. Gr.
Manechildis. Voy. Ste Menehout.		
S. Manevieu. Voy. S. Ménélé.		
S. Manguille ou Mauguille, Madelgisilus ou Mandelgisilus, solitaire en Picardie............	685	30 mai.
S. Mansui ou Mansu, Mansuetus, premier év. de Toul..........	IIIe siéc.	3 septembre.
S. Manvieu, Manvæus, évêque de Bayeux..................	480	28 mai.
S. Marc, évang., premier év. d'Alexandrie, M...............	62	25 avril. Tr. 31 janvier.
S. Marc et S. Marcellin, frères, M. à Rome.......	IIIe siéc.	18 juin.
S. Marc, pape................	336	7 octobre.
S. Marcel, M. à Châlons-sur-Saône.	V. 179	4 sept.
S. Marcel, pape...............	310	16 janvier.
S. Marcel ou Marceau, évêque de Paris....................	Comt du ve siècle.	3 novembre. Tr. 26 juill.
Ste Marcelle, M. à Alexandrie. Voy. Ste Potamienne.		
Ste Marcelle, dame romaine, veuve....................	409	31 janvier.
S. Marcellin, M. au IIIe siècle. Voy. S. Marc.		
S. Marcellin, pape............	304	26 avril.
S. Marcellin, prêtre, et S. Pierre, exorciste, M. à Rome..........	304	2 juin.
S. Marcellin, év. d'Embrun......	373	20 avril.
Ste Marcelline, vierge et sœur de S. Ambroise................	398	17 juillet.
Ste Marcie, ou Ste Rusticle, Marcia Rusticula, abse de S. Césaire d'Arles..................	623	11 août.

Nom	Époque	Fête
S. Marcoul, ab. de Nanteuil......	558	1er mai.
Ste Marguerite, vierge et M.......		17 juill. Gr. 20 juill. Lat.
Ste Marguerite, reine d'Écosse....	1093	Autrefois 8 juillet. Depuis 1693 10 juin.
La B. Marguerite de Hongrie, vierge, fille du roi Bela IV.....	1271	28 janvier.
S. Mari ou Maire, Marius, premier ab. de Beuvoux en Provence.....	V. 555	27 janvier.
Ste Marie, la Ste Vierge, mère du Sauveur. Sa plus ancienne fête était célébrée le 1er janvier sous le nom de Natale S. Mariæ. (Sa Conception, 8 décembre. — Sa Nativité, 8 septembre. — Sa Présentation au temple, 21 novembre. — L'Annonciation ou Conception du Verbe, 25 mars. — Sa visite à Ste Élisabeth ou Visitation, 2 juillet. — Sa Purification, 2 février. — Enfin sa mort glorieuse sous les noms de Déposition, Sommeil, Repos, Passage, Trépas, aujourd'hui Assomption, 15 août.) Il y a aussi plusieurs fêtes de Marie, observées dans des églises particulières. Ainsi l'Annonciation est célébrée le 18 décembre en Espagne et à Milan. Baillet parle en outre d'une ancienne fête de Marie qui était fixée au 18 janvier.		
Ste Marie de Béthanie, sœur de Marthe et de Lazare..........	1er siéc.	18 mars. Gr. 19 mars en Bourgogne. 19 janv. à Paris.
Baillet cite en outre une fête à Sens le 14 novembre; une à Orléans fixée autrefois au 22 juillet et depuis au 29. L'ordre de Cluny en célèbre aussi une le 1er septembre.		
Ste Marie Égyptienne...........	V. 421 ou 430	à Rome 9 avril. à Paris 29 avril. 1er avr. Gr.
Baillet dit que la fête se célèbre à Paris le 9 avril et le 31 mars en Espagne. Il annonce en outre que dans Usuard elle est marquée au 2 avril.		
La B. Marie d'Oignies, recluse aux Pays-Bas..................	1213	23 juin.
S. Marien ou Marjein, Marianus, solitaire en Berry............	vie siéc.	19 août et 19 septembre.
Ste Marine, vierge en Orient.....	V. 750	18 juin. Tr. 17 juillet.
S. Maron, archimandrite en Syrie, patron des Maronites..........	V. 410	9 févr chez les Maronites. 14 févr. Gr.
S. Mars. Voy. S. Marts.		
Ste Marthe, sœur de Lazare......	1er siéc.	29 juillet.
S. Martial, premier év. de Limoges......................	V. la fin du 1er siècle.	30 juin.
S. Martin, év. de Tours..........	V. 397	11 novemb.
Ordination et Tr. 4 juillet. Retour de ses reliques d'Auxerre à Tours 13 décembre.		
S. Martin, ab. à Saintes, disciple de S. Martin de Tours...........	ve siècl.	7 décembre.
S. Martin, ab. de Dumie, arch. de Brague....................	580	20 mars.
S. Martin, ab. de Vertou en Bretagne.....................	V. 601	24 octobre.
S. Martin, pape, M............	655	14 av. Gr. Tr. 12 nov. Lat.
Ste Martine, vierge romaine, M...	iiie siéc.	30 janvier.
S. Martinien et S. Processe, M. à Rome.....................	1er siècl.	2 juillet.
S. Marts ou Mars, Martius, ab. en Auvergne.................	V. 525 ou 530	13 avril.
S. Masse. Voy. S. Maxime, ab. de Lérins.		
Masse-blanche, nom donné aux 300 M. d'Utique................	258	18 août.
Selon Baillet cette fête qui est marquée au 18 août dans les martyrologes du nom de S. Jérôme, se trouve au 24 août dans ceux d'Adon et d'Usuard.		
S. Materne, év. de Trèves, de Tongres et de Cologne...........	ive siéc.	14 septembre. (19 ou 25 sept. à Liége.) Tr. 18 juillet et 23 octobre à Trèves.
S. Mathias, ap., le 24 février dans les années communes et le 25 dans les années bissextiles.		
La B. Mathilde ou Mahault, reine d'Allemagne..............	968	14 mars.
S. Mathurin, prêtre, confesseur en Gâtinais...................	ive ou ve siècle.	Autref. 6 nov. Aujour. 9 nov.
Usuard marque sa fête au 1er novembre.		
S. Matthieu, ap. et évangéliste...		21 sept. Lat. 9 août. Gr.
S. Mauger ou Madelgaire, nommé aussi S. Vincent de Soignies, fondateur de l'abbaye d'Haumont en Hainaut...................	677	4 juillet.
S. Mauguille. Voy. S. Manguille.		
S. Maur, disciple de S. Benoît....	584	15 janvier.
Ste Maure et Ste Brigitte, Maura et Britta, honorées en Touraine et en Beauvoisis...............	V. le ve siècle.	13 juillet.
Ste Maure, vierge à Troyes.......	850	21 septemb.
S. Maurice et ses compagnons, M. de la légion Thébéenne..........	V. 286	22 septemb.
S. Maurille, Maurilio et Maurilius, év. d'Angers............	V 437	13 septemb.
S. Maurille, moine de Fécamp, puis arch. de Rouen............	1067	9 août et 13 sept.

S. Mauront, ab. de Bruel, patron de Douay	702	5 mai.
S. Mauvis. Voy. S. Ménélé.		
Ste Maxence ou Messence, vierge recluse, près Pont-Sainte-Maxence	V. la fin du ve siècle.	20 et 24 nov. Tr. 12 décemb.
Maxentius. Voy. S. Maixent.		
S. Maxime, év. d'Alexandrie	282	27 décemb.
S. Maxime, M. Voy. S. Tiburce.		
S. Maxime, dit S. Masse, ab. de Lérins, év. de Riez	460	27 novemb.
S. Maxime, év. de Turin	466	25 juin.
S. Maxime, ab. de Constantinople	662-663	13 août.
S. Maximilien, M. à Tébeste en Numidie	295	12 mars.
S. Maximin, év. de Trèves	V. 349	29 mai.
Maximinus. Voy. S. Mesme et S. Mesmin.		
Mayolus. Voy. S. Maieul.		
S. Médard, év. de Noyon et de Tournay	V. 545	8 juin.
S. Médéric. Voy. S. Merry.		
S. Mein ou Mehen, Mainus, Menevennus et Mevennius, ab. de Ghé en Bretagne	vie siéc.	21 juin.
S. Mélaine, Melanius, év. de Rennes	530-531	6 janvier.
Ste Mélanie l'Ancienne, dame romaine, morte à Jérusalem	V. 411	7 janvier.
Ste Mélanie la Jeune, petite-fille de la précédente	V. 439	31 décemb.
S. Melchiade ou Miltiade, pape	314	Autref. 10 janv. Aujour. 10 déc.
S. Mélèce, év. d'Antioche	381	12 février.
S. Méleusippe. Voy. Jumeaux (les Trois).		
S. Mellon, Mellonus, premier év. de Rouen	311	22 octobre.
S. Memmie. Voy. S. Menge.		
Ste Menehout, Manechildis ou Magenhildis, patronne de la ville de ce nom (autrefois *Auxuenna*), sœur de Ste Hou, etc. (Voy. Ste Hou)	V. la fin du ve siècle.	14 octobre.
S. Ménélé, Mauvis ou Manevieu, Meneleus et Menelaus, ab. de Menat en Auvergne	720	22 juillet.
Menevennus. Voy. S. Mein.		
S. Menge ou Memmie, Memmius, premier év. de Châlons-sur-Marne	V. le ive siècle.	5 août.
S. Menne, M. en Phrygie	303-304	11 novemb.
S. Mériadec, év. de Vannes	1302	7 juin.
S. Merre ou Mitry, Mitrius ou Mitrias, M. d'Aix en Provence	ive siéc.	13 novemb.
S. Merry, Medericus, ab. de Saint-Martin d'Autun, mort à Paris. On célèbre aussi deux autres fêtes le 22 janvier et le 2 septembre.	Comt du viiie siècl.	29 août dans Usuard (31 août à Paris.)
S. Mesme, Maximinus, confesseur en Touraine	V. 450	20 août.
S. Mesmin, Maximinus, deuxième ab. de Mici, près Orléans	520	15 décemb.
S. Messant. Voy. S. Maixent.		
Ste Messence. Voy. Ste Maxence.		
S. Méthode, confesseur, patriarche de Constantinople	846	14 juin.
S. Methodius, frère de S. Cyrille, ap. des Bulgares, des Moraves et des Slavons	Apr. 889	9 mars. Lat. 11 mai. Gr.
Mevennius. Voy. S. Mein.		
S. Michel, archange. (Son apparition 8 mai. — Déd. 29 sept. Lat. 8 juin et 6 septemb. Gr.)		
S. Miles ou Mille ou Nil, év. de Suze; S. Abrosine, prêtre; et S. Sina, diacre, M.	341	7 février chez les Cophtes. 22 avr. Lat. 10 nov. Gr.
S. Milhan. Voy. S. Émilien.		
S. Miltiade. Voy. S. Melchiade.		
S. Mitry, Mitrius ou Mitrias. Voy. S. Merre.		
Moderamnus et Moderandus. Voy. S. Moran.		
S. Modeste, M. Voy. S. Vit.	ive siéc.	
S. Modoald, év. de Trèves	640	12 mai.
S. Mommolin, Mummolinus, premier ab. de l'abbaye de Sithieu ou S. Bertin, év. de Noyon et de Tournay	685	16 octobre.
S. Mondolf, év. de Maëstricht	609	16 juillet.
Ste Monegonde, recluse à Tours	vie siéc.	2 juillet.
Ste Monique, mère de S. Augustin	387	4 mai.
S. Moran, Moderamnus et Moderandus, év. de Rennes, puis ab. de Berzetto en Italie	Comt du viiie siècl.	16 mars et 22 octob.

N

S. Nabor, M. à Rome. Voy. S. Basilide.		
S. Nabor et S. Félix, M. à Milan	V. 304	12 juillet.
S. Narcisse, ap. d'Augsbourg, M.	307	5 août.
S. Narsès, Nirsa ou Narsa, év. en Perse; et Joseph, son disciple, M.	343	20 nov. Gr. et Lat.
S. Nazaire et S. Celse ou Sous, M. à Milan	ier siècl.	28 juillet.
S. Nazaire ou Nazare, M. à Rome. Voy. S. Basilide.		
S. Nérée, M. Voy. S. Achillée.		

S. Nicaise, év. de Reims, Ste Eutrope sa sœur et leurs compagnons, M. — ve siècl. — 14 décemb.
S. Nicèce ou Nicet, Nicetius, év. de Trèves — V. 565 — 5 décembre.
S. Nicéphore, M. à Antioche — V. 260 — 9 fév. à Rome. 15 mars à Paris.
S. Nicet. Voy. S. Nicèce.
S. Nicétas, ab. en Bithynie — 824 — 3 avril.
S. Nicolas, év. de Myre — ive siéc. — 6 décembre. Tr. 9 mai.
S. Nicolas I, pape — 867 — 13 novemb.
S. Nicolas de Tolentin, ermite de S. Augustin — 1309 — 10 septemb.
S. Nicon, dit le Métanoïte, mort dans le Péloponèse — 998 — 26 novemb.
S. Nigaise, prêtre; S. Cérin, Quirinus; Escobille ou Égobille, Scubiculus, Scoviculus ou Scubilius;
Ste Pienche, Pientia, M. au Vexin français — IIIe ou IVe siècle. — 11 octobre.
S. Nil, év. de Suze. Voy. S. Miles.
S. Nil l'Ancien, solitaire et prêtre au Mont-Sina — V. 451 — 12 nov. Gr.
S. Nil le Jeune, ab. de divers monastères d'Italie, fondateur de Grotta-Ferrata — 1005 — 26 septemb.
Nirsa. Voy. S. Narsès.
S. Nisier, év. de Lyon — 573 — 2 avril.
S. Nivard, év. de Reims — 670 — 1er septemb.
Ste Nonne, femme de S. Grégoire de Nazianze — 373 — 5 août.
S. Norbert, fondateur de l'ordre de Prémontré, arch. de Magdebourg — 1134 — 6 juin.
Ste Nymphe. Voy. S. Tryphon.

O

Ste Occile. Voy. Ste Eulalie.
Ste Odille, vierge, première abbesse de Hoembourg ou Othilberg près Strasbourg — 720 — 13 décemb.
S. Odilon, ab. de Cluny — 1049 — 2 janvier. Tr. 21 juin.
Baillet indique en outre une fête au 12 avril et une Tr. au 13 novembre.
Odomarcs. Voy. S. Otmar.
S. Odon, chan. de S. Martin de Tours, moine à Baume, ab. de Cluny — 942 — 19 novemb.
Le martyrologe romain et celui des Bénédictins en font aussi mention au 18 octobre.
S. Odon, arch. de Cantorbéry — 961 — 4 juillet.
Ogendus. Voy. S. Oyend.
Ste Olacie, Olaille ou Olacie. Voy. Ste Eulalie.
S. Olaus ou Olaf, roi de Norwége — V. 1030 — 29 juillet.
S. Oldegaire, év. de Tarragone — 1137 — 6 mars.
Ste Olympiade, veuve de Nébride, préfet de Constantinople — V. 410 — 17 décemb. Lat. 25 juill. Gr.
S. Omar. Voy. S. Otmar.
S. Omer, Audomarus, moine de Luxeuil, év. de Térouane — V. 670 — 9 septemb.
Ste Opportune, abbesse de Montreuil, dioc. de Séez — 770 — 22 avril.
S. Optat, év. de Milève en Afrique — V. 370 — 4 juin.
S. Orens ou Orient, Orientius, év. d'Auch — V. 450 — 1er mai.
S. Orsise, supérieur général de la congrégation de Tabenne — 381 — 15 juin.
Othildis. Voy. Ste Hou.
S. Othon, év. de Bamberg, ap. de Poméranie — 1139 — 2 juillet.
S. Otmar ou Omar, Otmarus ou Odomarus, premier ab. de Durgaug ou S. Gall — 759 — 16 novembre. Tr. 25 octobre.
S. Ouen, Dado et Audoenus, év. de Rouen — 686 — 1er février, 20 et 31 mars et surtout le 24 août.
S. Ouflai. Voy. Walfroie.
S. Ours, Ursus, ab. de Sennevières en Touraine — V. 508 — 18 et 28 juillet.
S. Outain. Voy. S. Ultan.
S. Outrille. Voy. S. Austregisile.
S. Oyend ou Oyand, Eugendus ou Ogendus, ab. de S. Condat dans le Mont-Jou — V. 510 — 1er janvier.

P

S. Pabu, Pabutugwaldus. Voyez S. Tugal.
S. Pacien, év. de Barcelone, père de l'église — V. 390 — 9 mars.
S. Pacôme, instituteur des Cénobites — 348-349 — 15 mai. Gr. 14 mai. Lat.
Paduincs. Voy. S. Pavin.
S. Pair ou Patier, Paternus, év. d'Avranches — 565 — 16 avril.
S. Pair, M. Voy. S. Paterne.
S. Palais. Voy. S. Pallade.
S. Palémon, anachorète en Thébaïde — 315 — 11 janv. à Rome. 14 mai à Paris.
S. Pallade ou Palais, év. de Saintes — Apr. 596 — 7 octobre.
S. Pamphile, prêtre de Césarée, M. — 309 — 1er juin à Rome. 12 mars à Paris. 16 févr. Gr.
S. Pancrace, nommé aussi Blancat,

Blanchars, Blanchet, Blansé, Branchais, Branchet, Branchs, Crampas, Crampace, Plancars, Planchais, Planchas, etc., M. à Rome .... 304 12 mai.

S. Pantaléon, médecin et M. de Nicomédie .... V. 305 27 juillet.

S. Pantène, prêtre, doct. de l'église d'Alexandrie, ap. des Indes ..... V. 213 7 juillet.

S. Papias, év. d'Hiéraples en Phrygie. V. 156 22 février.

S. Papoul, Papulus, prêtre et M. près Toulouse .... IIIe siéc. 3 novembre.

S. Pardou, Pardulfus Waractensis, ab. de Guéret .... 737 6 octobre.

S. Parfait, prêtre de Cordoue, M.. 850 18 avril.

S. Parre. Voy. S. Patrocle.

S. Paschase Radbert, ab. de Corbie. V. 865 26 avril.

S. Paterne, év. de Vannes .... V. 555 15 avril.

S. Paterne ou Pair, Paternus, moine de S. Pierre le Vif lès Sens, M. .... 726 12 novemb.

Paternus. Voy. S. Pair ou Patier.

S. Patient, év. de Lyon .... V. 491 11 septemb.

S. Patrice, év. et ap. d'Irlande . .. V. 460 { 17 mars. Tr. 9 juin.

S. Patrocle ou Parre, M. à Troyes. { IIIe ou IVe siècle. } 21 janvier.

S. Patrocle, prêtre, reclus en Berry. 576 19 novemb.

S. Paul, ap. des Gentils, M. (Sa principale fête, avec celle de S. Pierre, 29 juin, jour de son martyre en l'an 66. — Sa commémoration, 30 juin.— Sa conversion, 25 janvier. — Son entrée à Rome 6 juillet. — Déd. 18 novembre.)

S. Paul, 1er év. de Narbonne ..... { V. la fin du 1er siècle. } { 22 mars et 12 décembre.

S. Paul, premier ermite .... 341-342 { 15 janv. Gr. 10 janv. Lat.

S. Paul et S. Jean, M. à Rome .... 362-363 26 juin.

S. Paul, premier év. de Léon en Bretagne .... { 579 ou 583 } 12 mars.

S. Paul, év. de Verdun .... 649 8 février.

Ste Paule, dame romaine, morte au mon. de Bethléem en Palestine.. 404 { 22 juin à Paris. 26 janv. à Rome.

S. Paulin, év. de Trèves .... 358 { 31 août. Tr. 13 mai.

S. Paulin, év. de Nole .... 431 22 juin.

S. Paulin, patr. d'Aquilée .... 802 { Autref. le 11 janv. et aujourd. le 28.

S. Pavin, Paduinus, ab. dans le Maine .... { Vers 580 ou 589 } 15 novemb.

S. Paxent, Paxentius, M. .... { IIIe ou IVe siècle. } 23 sept. à Paris.

Ste Pélagie, comédienne à Antioche, puis pénitente à Jérusalem.. V. 458 { 8 mars à Paris. 8 oct. à Rome.

Le B. Pepin de Landen, maire du palais .... 640 21 février.

S. Pérégrin, premier év. d'Auxerre, M. { Fin du IIIe ou com. du IVe siècle. } 16 mai.

S. Perpétue ou Perpet, év. de Tours .... 497 30 décemb.

Ste Perpétue et Ste Félicité, M. à Carthage .... { 203 ou 205 } 7 mars.

Ste Pétronille ou Perrine, morte à Rome .... Ier siècl. 31 mai.

Ste Pétronille ou Perronelle, femme de S. Gilbert, puis première abse d'Aubeterre .... V. 1150 3 octobre.

S. Phal. Voy. S. Fale.

S. Phébade, Phebadius, év. d'Agen. { Fin du IVe siècle. } 25 avril.

Ste Pherbuthe. Voy. Ste Tharbe.

S. Philastre, év. de Brescia ...... V. 387 18 juillet.

S. Philéas, év. de Thmuis, et S. Philorome, intendant d'Égypte, M. à Alexandrie .... 309-310 4 février.

S. Philippe, ap. .... Ier siéc. 1er mai.

S. Philippe Berruyer, év. d'Orléans, arch. de Bourges .... 1261 9 janvier.

S. Philippe de Néry, fondateur de la congrégation de l'Oratoire en Italie .... 1595 21 mai.

S. Philogone, év. d'Antioche ..... 322-323 20 déc. Gr.

S. Philorome. Voy. S. Philéas.

S. Phocas, jardinier à Sinope dans le Pont, M. .... 303 3 juillet.

Baillet marque cette fête au 14 juillet chez les Lat. et à la date du 23 juillet, du 22 et du 23 septembre chez les Gr. Il indique aussi une autre fête au 5 mars chez les Lat.

S. Piat, Piatus, Piato et Piatonus, ap. de Tournay, M. .... IIIe siéc. 1er et 29 oct.

S. Pie I, pape .... 157 11 juillet.

Ste Pienche, Pientia. Voy. S. Nigaise.

S. Pierre, ap. M. .... Ier siècl.

Sa principale fête avec celle de S. Paul le 29 juin. — Sa chaire à Antioche 22 février. — Sa chaire à Rome, fixée par Paul IV au 18 janv. — S. Pierre aux Liens 1er août Lat. et 16 janv. Gr. — Déd. 18 novembre.

S. Pierre Exorciste, M. Voyez S. Marcellin.

S. Pierre, év. d'Alexandrie, M. .... 311 25 novemb.

Baillet cite aussi les dates du 24 et du 26 novembre.

S. Pierre, év. de Sébaste .... 387 9 janvier.

S. Pierre Chrysologue, év. de Ravenne .... V. 457 2 décembre.

Le B. Pierre de Damien, év. d'Ostie, card. .... 1072 22 février.

Baillet marque sa fête au 23.

S. Pierre, év. de Policastro, fondateur de la congrégation de Cave.. 1123 4 mars.

S. Pierre, arch. de Tarentaise .... 1174 8 mai.

S. Pierre Gonçalès, dominicain,

patron des matelots en Espagne.. 1240 15 avril.
Le Vén. Pierre, ab. de Cluny..... 1256 25 décemb.
S. Pierre Nolasque, fondateur de l'ordre de la Merci pour la rédemption des captifs.............. { 1256 ou 1258 } 31 janvier.
S. Pierre Célestin (Pierre de Mouron), instituteur des Célestins... 1296 19 mai.
Le B. Pierre de Luxembourg, chan. de l'église de Paris, év. de Metz, card....................... 1387 5 juillet.
S. Pierre d'Alcantara, rel. de l'ordre de S. François en Espagne, instituteur de la réforme des Franciscains déchaussés........... 1562 19 octobre.
Le B. Pinien, époux de Ste Mélanie la Jeune.................... V. 435 31 décemb.
S. Pionius, prêtre de Smyrne, M... 250 { 1er févr. Lat. 11 mars. Gr.
S. Pirmin. Voy. S. Pyrmin.
S. Placide, disciple de S. Benoît, et ses compagnons, M........... 541 5 octobre.
S. Plancart, Planchais, Planchas, ou Planchet. Voy. S. Pancrace.
S. Platon, ab. à Constantinople... 813 4 avr. Gr.
S. Polycarpe, disciple de S. Jean l'Évangéliste, év. de Smyrne, M.. Apr. 150 { 26 janv. à Rome. 27 avr. à Paris. 23 févr. Gr.
S. Polyeucte, officier dans l'armée romaine, M. à Mélitène en Arménie......................... 257 { 13 févr. Lat. 9 janv. Gr.
S. Pons ou Ponce, M. à Cémèle ou Cimiez près de Nice........... V. 259 14 mai.
S. Pontien, Pontianus, pape, M... 235 19 novemb.
S. Popon, Poppo, ab. de Stavelo (*Stabulensis*) au pays de Liége... 1048 25 janvier.
S. Porcaire, ab. de Lérins, et ses compagnons, M.............. 731 12 août.
S. Porphyre, év. de Gaza........ 420 26 février.
Portianus. Voy. S. Pourçain.
Ste Potamienne, vierge, et Ste Marcelle, sa mère, M. à Alexandrie. 204-205 28 juin.
S. Potamon, év. d'Héraclée en Égypte et confesseur............... 342 18 mai.
S. Potentien. Voy. S. Sabinien.
S. Pothin, év. de Lyon, et ses quarante-sept compagnons, M...... 177 2 juin.
S. Pourçain, Portianus, ab. en Auvergne..................... V. 540 24 novemb.
Præjectus. Voy. S. Prix.
Ste Praxède, vierge romaine...... IIe siècl. 21 juillet.
S. Prétextat, év. de Rouen, M.... 586 24 février.
S. Prey ou Prict. Voy. S. Prix.
S. Prime. Voy. S. Félicien.
S. Principe, Principius, év. de Soissons...................... Av. 511 25 septemb.
S. Prisque et S. Cot, Priscus et Cottus, M. de l'Auxerrois...... 273-274 26 mai.
Ste Prisque, M............... Ier siècl. 12 janvier.
Baillet marque cette fête au 18 janvier.
S. Privat, év. du Gévaudan, et peut-être de Javoulx, M........... { IVe ou Ve siècle. } 21 août.
S. Prix, Prict ou Prey, Præjectus ou Projectus, év. de Clermont, M. 674 25 janvier.
S. Probe. Voy. S. Taraque.
S. Processe. Voy. S. Martinien.
S. Procope, M. en Palestine...... 303 8 juillet.
Projectus. Voy. S. Prix.
S. Prosper d'Aquitaine, doct..... V. 450 25 juin.
S. Prosper, év. d'Orléans........ V. 464 29 juillet.
S. Protais. Voy. S. Gervais.
S. Prudence ou Prudent, év. de Troyes..................... 861 6 avril.
Ste Prudentienne, vierge romaine.. IIe siècl. 19 mai.
Ste Pulchérie, Ælia Pulcheria, femme de l'empereur Marcien... 453 { 10 sept. Lat. 13 sept. Gr.
Ste Pusinne, vierge et sœur de Ste Hou (Voy. Ste Hou)........ { V. la fin du Ve siècle. } 24 janvier.
S. Pyrmin, ab. réformateur de l'état monastique, mort au mon. de Gamond, dioc. de Metz.......... 758 3 novemb.

Q

S. Quadrat, év. d'Athènes........ V. 150 26 mai.
Les Quarante Martyrs de Cappadoce...................... 320 10 mars.
Les Quatre Couronnés. Voy. Couronnés.
S. Quentin, M. en Vermandois.... 287 31 octobre.
S. Quinibert, curé de Salesches en Hainaut................. IXe siéc. 18 mai.
S. Quiniz, Quinidius ou Quindius, év. de Vaison............... 578 15 février.
S. Quintien, év. de Rodez, puis de Clermont en Auvergne........ 527 14 juin à Rodez.
S. Quirin ou Cyrin, M. Voy. S. Basilide.
Quirinus (S. Cérin). Voy. S. Nigaise.

R.

LE B. RABAN MAUR, RABANUS MAURUS, arch. de Mayence	856	4 février.
S. RADBOD, év. d'Utrecht	918-919	29 novemb.
Ste RADEGONDE, reine de France, fondatrice de l'abbaye de Ste Croix de Poitiers	587	30 janv. à Paris.
Baillet marque sa fête au 13 août et parle d'une Tr. qui se célèbre le 28 février.		
S. RAIMBERT, RAGNOBERTUS. Voyez S. RENOBERT.		
LA B. RAINGARDE, veuve, rel. de Marcigny	1135	24 juin.
S. RAYMOND DE PEGNAFORD, 3e général des Dominicains	1275	Autref. le 7 janv. et aujourd. le 23.
S. RÈGLE, REGULUS. Voy. S. RIEUL.		
REGNOBERTUS. Voy. S. RENOBERT.		
Ste REINE, REGINA, vierge et M. au dioc. d'Autun	IIIe siéc.	17 et 22 mars, 7 septembre.
REINILDIS. Voy. Ste RENELLE.		
S. REMACLE, év. de Maëstricht	De 667 à 671	3 septembre. Tr. 25 juin.
S. REMBERT, év. de Hambourg et de Brême	888	4 février.
S. REMI, REMIGIUS ou REMEDIUS, év. de Reims	533	13 janvier. Tr. 1er octobre.
S. REMI, arch. de Lyon	875	28 octobre.
S. REMIRÉ. Voy. S. ROMARIQUE.		
S. RENÉ, patron d'Angers	Ve siècl.	12 novembre. Tr. 20 août.
Ste RENELLE, RENULA ou REINILDIS, ab^sse d'Eike, dioc. de Maëstricht	V. 750	6 février.
Baillet cite en outre une fête du 22 mars qui est commune à Ste RENELLE et à Ste HERLINDE sa sœur.		
S. RENOBERT ou RAIMBERT, RAGNOBERTUS et REGNOBERTUS, év. de Bayeux	666	23, 25 et 28 mars, 23 avril, 13 juin, 2 sept. 14 et 24 oct. 28 déc., mais surtout le 16 mai.
S. RESPICE. Voy. S. TRYPHON.		
S. RÉTICE, év. d'Autun	IVe siéc.	19 et 25 juillet.
S. RICHARD, év. de Chichester	1253	3 avril.
RICHARIUS. Voy. S. RIQUIER.		
Ste RICTRUDE, ab^sse de Marchiennes en Flandre	680	12 mai. 5 mai à Paris.
S. RIEUL ou S. RÈGLE, REGULUS, premier év. et ap. de Senlis	Fin du 1er siècle.	23 avril, 30 mars, 15 juillet et autrefois le 7 fév.
S. RIGOBERT ou ROBERT, moine d'Orbais, év. de Reims	732	4 janvier.
S. RIGOMER, prêtre du Maine	V. 550	24 août.
S. RIQUIER, RICHARIUS, ab. de Centule dans le Ponthieu	V. 645	26 avr. et 9 oct.
S. ROBERT. Voy. S. RIGOBERT. Voyez aussi S. RUPERT.		
S. ROBERT, premier ab. de la Chaise-Dieu	1067	3 avril à Paris. 24 avril à Rome.
S. ROBERT, fondateur de Molême, ab. de Cîteaux	1110	29 avril.
LE B. ROBERT D'ARBRISSEL, fondateur de l'ordre de Fontevrault	1117	25 février.
S. ROCH, confesseur en Languedoc	1327	16 août.
RODINGUS. Voy. S. ROUIN.		
S. ROGATIEN. Voy. S. DONATIEN.		
S. ROGER, év. de Cannes en Italie	V. 605	30 décemb.
S. ROMAIN, fondateur du mon. du Mont-Jura ou Mont-Jou, ab. de Condat ou S. Oyend, puis de S. Claude	460	28 février.
S. ROMAIN, év. de Rouen	638	23 octobre.
S. ROMAIN et S. DAVID, patrons de Moscovie, M.	1001	24 juillet en Russie.
S. ROMARIQUE, REMIRÉ ou ROMBERT, moine de Luxeuil, fondateur et ab. des deux mon. des rel. et des religieuses de Remiremont	653	8 décembre.
S. ROMBAUT. Voy. S. RUMOLD.		
S. ROMUALD, fondateur des Camaldules	V. 1027	7 fév. et 19 juin.
Ste ROSE DE LIMA, vierge du Pérou	1617	30 août.
S. ROTIRI. Voy. S. RUSTIC.		
S. ROUIN, RODINGUS, CHRANDINGUS et CHRODINGUS, premier ab. de Beaulieu en Argonne	V. 680	17 septemb.
S. RUDBERT. Voy. S. RUPERT.		
S. RUF, premier év. d'Avignon	IIIe siéc.	14 novemb.
S. RUFIN et S. VALÈRE, M. au dioc. de Soissons	V. 287	14 juin.
S. RUMOLD ou ROMBAUT, év. régionnaire dans les Pays-Bas	775	1er juillet.
S. RUPERT, RUDBERT, ROBERT, HRUOTBERT et CHRODOBERT, év. de Saltzbourg	718	27 mars et 24 septembre.
S. RUSTIC, RUSTICLE ou ROTIRI, év. de Clermont en Auvergne	V. 450	24 septemb.
Ste RUSTICLE. Voy. Ste MARCIE.		
S. RUSTIQUE, M., compagnon de S. DENYS, év. de Paris	IIIe siéc.	9 octobre.
S. RUSTIQUE, év. de Narbonne	462	26 octobre.

S

S. Sabas, ab. fondateur de plusieurs mon. en Palestine	531	5 décembre.
S. Sabin, év. d'Assise, M.	303	30 décemb.
Ste Sabine ou Savine. Voy. S. Sabinien de Troyes.		
Ste Sabine, veuve et M. à Rome, sous Adrien	IIe siècl.	29 août et 3 sept.
S. Sabinien ou Savinien, premier év. de Sens, S. Potentien et leurs compagnons, M.	IIIe siéc.	19 oct. à Paris. 31 déc. à Sens.
S. Sabinien seul, 23 août à Sens.		
S. Sabinien, M. dont les reliques sont déposées dans la cathédrale de Troyes, et Ste Sabine ou Savine sa sœur	IIIe siéc.	29 janvier.
Ste Sabine seule, à Rome le 28 août.		
S. Sabinien et ses compagnons, M. à Cordoue	851	7 juin.
S. Sabran. Voy. S. Cyprien.		
Sacerdos. Voy. S. Serdot.		
S. Sadoth. Voy. S. Sciahduste.		
S. Saens ou Sanse, Sidonius, ab. au pays de Caux	689	14 novemb.
S. Saintin, premier év. de Meaux	IIe ou IVe siècle.	22 septemb.
Sainte-Frique. Voy. S. Afrique.		
Ste Salaberge, veuve, abse de S. Jean de Laône	654-655	22 septemb.
S. Salve. Voy. S. Sauve.		
S. Salvi ou Sauge, év. d'Albi	584-585	10 septemb.
Salvien, prêtre de Marseille, père de l'église	Fin du ve siècle.	22 juillet.
S. Samson, év. régionnaire, ab. à Dol et peut-être premier év. de cette ville	V. 564	28 juillet.
S. Sandoux. Voy. S. Sendou.		
S. Sanse. Voy. S. Saens.		
S. Sapor et S. Isaac, év. et M. en Perse avec trois autres chrétiens.	V. 339	30 novemb.
S. Saturnin, premier év. de Toulouse, M.	V. la fin du Ier siéc.	29 novemb.
S. Saturnin, M. à Rome	250	29 novemb.
S. Saturnin, prêtre d'Abitine, M. avec ses compagnons à Carthage.	304	11 février.
S. Satyre, frère de S. Ambroise	379	21 juin.
Baillet ne parle pas de la fête du 21 juin; mais il en cite deux autres au 17 et au 18 sept.		
S. Sauge. Voy. S. Salvi.		
S. Sauve ou Salve, év. d'Amiens	V. 615	28 octobre. Tr. 11 janvier.
Ste Savine. Voyez S. Sabinien de Troyes.		
S. Savinien. Voy. S. Sabinien.		
Ste Scholastique, vierge, sœur de S. Benoît	V. 543	10 février.
S. Sciahduste ou Sadoth, év. de Ctésiphon, et ses compagnons, M.	342	20 févr. Lat. 20 nov. Gr. 23 février chez les Cophtes.
Les Scillitains, ainsi nommés de Scillite leur patrie, M. en Afrique	200	17 juillet.
S. Scocelin, Scotzelinus. Voyez S. Gezelin.		
Scubiculus, Scuviculus ou Scubilius (S. Écobille). Voy. S. Nigaise.		
S. Sébastien, surnommé le défenseur de l'église romaine, M.	304	20 janvier.
Ste Ségolène. Voy. Ste Sigouleine.		
S. Seine, Sequanus, Segonus et Sigo, ab. en Bourgogne	V. 560	19 septemb.
S. Semblin, Sembin ou Similien, Similinus, Similianus, év. de Nantes.	IVe siéc.	16 juin.
S. Sendou ou Sandoux, Sindulfus, prêtre du dioc. de Reims	Fin du VIe siècle.	20 octobre.
S. Sennen. Voy. S. Abdon.		
S. Senoch, ab. en Touraine	579	24 décemb.
Baillet l'inscrit au 24 octobre.		
Les Sept Dormants, M. à Éphèse	IIIe siéc.	27 juill. Lat. 22 octobre et 4 août. Gr.
Les Sept Dormants de Tours, 4 novembre et 26 septembre. L'auteur du Martyrologe de France les dit neveux du grand S. Martin. Les Sept Dormants d'Allemagne paraissent être les mêmes que ceux de Tours.		
Les Sept Frères, fils de Ste Félicité. Voy. Ste Félicité.		
Sequanus. Voy. S. Seine.		
S. Serdot, Sacerdos, év. de Lyon.	V. 552	12 septemb.
S. Sérénic, Serenicus. Voy. S. Célerin.		
S. Serge et S. Bacque, M. en Syrie.	IIIe ou IVe siècle.	7 octobre.
S. Serge I, pape	701	9 septemb.
S. Servais, év. de Tongres	384	13 mai.
S. Sévard ou Siviard, ab. de S. Calais au Maine	*681 ou 728	1er mars.
S. Sévère, év. de Trèves	445	15 octobre.
S. Severin, év. de Cologne	403	23 octobre.
S. Severin, ap. de Bavière et d'Autriche	482	8 janvier.
S. Severin ou Surin, év. de Bordeaux	ve siècl.	23 et 28 oct.
S. Severin, ab. d'Agaune ou de S. Maurice en Valois	508	11 février.

S. Severin, solitaire à Paris....... 555 24 novemb.
Le véritable jour de la fête de ce saint est le 23 novembre, mais on la remet au 24. Elle a été inscrite par erreur au 27 du même mois.

S. Sidoine Apollinaire (Caius Sollius Apollinaris Sidonius), év. d'Auvergne................ V. 483 21 août.
Baillet cite en outre deux fêtes célébrées le 20 septembre et le 11 juillet. C'est par erreur que ce saint est inscrit au 23 août dans plusieurs martyrologes.

Sidonius. Voy. S. Saens.

S. Sigebert, roi d'Austrasie...... 655-656 1er février.

Sigirannus. Voy. S. Cyran.

S. Sigismond ou Simond, roi de Bourgogne................. 524 1er mai.

Sigo. Voy. S. Seine.

Ste Sigouleine ou Ségolène, veuve, abbesse de Troclar en Albigeois..... VIIIe siècl. 24 juillet.

S. Silas ou Silvain, ap., compagnon de S. Paul.................. Ier siècl. 30 juill. Gr. / 13 juill. Lat.

S. Silvère, Silverius, pape...... 538 20 juin.

S. Silvestre, pape.............. 335 31 décemb. Lat. / 2 janv. Gr.

S. Silvestre, év. de Châlons-sur-Saône.................... V. 532 20 novemb.

S. Silvestre Gozzolini, ab. d'Osimo, instituteur des Silvestrins ...... 1267 26 novemb.

S. Silvin, év. apostolique, mort à Auchy en Artois............. 718 15 février.

S. Siméon le Juste qui reçut dans ses bras l'enfant Jésus......... Ier siècl. 3 fév. Gr.
Baillet cite en outre d'autres fêtes célébrées chez les Lat. le 5 janvier, le 2, le 4 et le 9 février, puis le 8 octobre.

S. Siméon ou Simon, év. de Jérusalem, M..................... 107 ou 116 18 févr. Lat. / 27 avr. Gr.

S. Siméon Barsaboé ou le Foulon, év. de Séleucie et de Ctésiphon, M. 341 17 avril.
Baillet place cette fête au 21 avril d'après les martyrologes. Il en indique aussi une au 14 avril chez les Grecs.

S. Siméon Stylite............. 459 5 janv. Lat. / 24 mai. Gr.

S. Siméon Stylite le Jeune....... 596 5 janv. Lat. / 1er septemb. Gr.
Baillet attribue ces fêtes à S. Siméon l'Ancien, et fixe les fêtes de S. Siméon le Jeune au 24 mai chez les Gr. et au 3 septembre chez les Lat.

Siméon Métaphraste, protosecrétaire et patrice à Constantinople..................... V. 976 27 nov. Gr.

S. Similien, Similianus et Similinus. Voy. S. Semblin.

S. Simon et S. Jude, ap.......... Ier siècl. 28 octob. Lat. / S. Jude seul, 10 mai. Gr.

S. Simon. Voy. S. Siméon, év. de Jérusalem.

S. Simon Stock, général des Carmes. 1250 15 août.

S. Simond. Voy. S. Sigismond.

S. Simplice, év. d'Autun......... IVe siècl. 24 juin.

S. Simplice, pape.............. 483 2 mars.

S. Simplicien, év. de Milan....... 400 16 août.

S. Sina. Voy. S. Miles.

Sindulfus. Voy. S. Sendou.

S. Sinice. Voy. S. Sixte.

S. Siran. Voy. S. Cyran.

S. Sirice, pape................ 398 25 novemb.
Baillet marque sa fête au 26 novembre. On la trouve aussi au 22 février.

S. Siviard. Voy. S. Sévard.

S. Sixte ou Xyste, pape......... 127 6 août.

S. Sixte ou Xyste, premr év. de Reims et S. Sinice, premr év. de Soissons, ou évêque des deux diocèses réunis. V. le IIIe siècle. 1er septemb.

S. Smaragde. Voy. S. Cyriaque.

Solemnis, Solemnius ou Solennis. Voy. S. Souleine.

Ste Sophie, mère des Stes Foi, Espérance et Charité, M. avec ses filles sous l'empereur Adrien.... 17 septemb. Gr. / 1er août. Lat. / Ste Sophie seule, 30 sept. à Rome.

S. Sophrone, patr. de Jérusalem... V. 644 11 mars.

S. Sospis. Voy. S. Hospice.

S. Soter, pape................ 177 22 mars.
Baillet marque cette fête au 22 avril.

S. Souleine, Solemnis, Solemnius ou Solennis, év. de Chartres.... V. 511 24 septemb.

S. Sous. Voy. S. Nazaire.

S. Speusippe. Voy. Jumeaux (les Trois).

S. Spire, Exuperius, év. de Bayeux, patron de Corbeil............ Ve siècl. 1er août.
Baillet cite en outre deux fêtes, l'une au 28 avril, l'autre au dimanche dans l'octave de l'Ascension. Ces deux fêtes sont communes à S. Spire et à S. Loup aussi év. de Bayeux.

S. Spiridion, év. de Trimithonte en Chypre................ Peu de temps apr. 347 14 décemb. Lat. / 12 décemb. Gr.

S. Stanislas, év. de Cracovie, M... 1079 7 mai.

Stremonius ou Strimonius. Voyez S. Austremoine.

S. Sturme, premier ab. de Sturme. 779 17 décemb.

S. Suibert. Voy. S. Swidbert.

SULPICE SÉVÈRE, historien ecclés., moine de Marseille	V. 410	29 janvier.
S. SULPICE SÉVÈRE, év. de Bourges	591	29 janvier.
S. SULPICE LE DÉBONNAIRE, PIUS, év. de Bourges	647	17 janvier.
S. SURIN. Voy. S. SEVERIN, év. de Bordeaux.		
Ste SUSANNE, M. à Rome	295	11 août.
S. SWIDBERT ou SUIBERT, év. régionnaire, ap. de la Frise	713	1er mars.
S. SYAGRE, év. d'Autun	600	27 août.
S. SYMMAQUE, pape	514	19 juillet.
LE B. SYMMAQUE (QUINTUS AURELIUS ANICIUS SYMMACHUS), consul, et BOËCE, aussi consul	526	23 octobre.
S. SYMPHORIEN, M. à Autun	179	22 août.
Ste SYMPHOROSE et ses SEPT FILS, M. à Tivoli près de Rome	120 ou 125	18 juillet à Rome. 8 juillet à Paris.

T

SS. TARAQUE, PROBE et ANDRONIC, M. en Cilicie	304	11 octob. Lat. 12 octob. Gr.
Ste TARBULE. Voy. Ste THARBE.		
S. TAURIN, premier év. d'Évreux	IIIe ou IVe siècle.	11 août.
S. TAXIARQUE; c'est un des noms donnés par les Grecs à S. MICHEL.		
Ste THAÏS, pénitente en Égypte	IVe siéc.	8 octobr. Gr.
Ste THARBE (nommée PHERBUTHE ou THARBULLE dans Baillet) et ses compagnes, vierges et M. en Perse. Baillet parle du 4 avril au lieu du 5; il cite en outre le 10 et le 14 avril, le 3 nov. etc.	341	22 avr. Lat. 5 avr. Gr.
S. THÉAU ou TILLON, THILLO, TILLONIUS ou TILMENNUS, disciple de S. Éloi, rel. de Solignac en Limousin	V. 702	7 janvier.
Ste THÈCLE, vierge et M.	1er siéc.	23 sept. Lat. 24 sept. Gr.
THEOBALDUS. Voy. S. THIBAUD.		
S. THÉOCTISTE, archimandrite en Palestine	467	3 septembre.
THEODARDUS. Voy. S. THODART.		
S. THÉODART ou DODART, THEODARDUS, ab. de Stavelo et de Malmédy, év. de Maëstricht	668	10 septemb.
THEODATUS. Voy. S. DIÉ.		
S. THÉODORE D'AMASÉE, dit LE TIRON, M.	306	9 novembre.
S. THÉODORE, év. de Marseille	V. 594	2 janvier.
S. THÉODORE, archev. de Cantorbéry.	690	19 septemb.
S. THÉODORE STUDITE, ab. à Constantinople	826	12 novemb.
LE B. THÉODORET, év. de Cyr en Syrie. Les auteurs de l'Art de vérifier les dates n'indiquent pas le jour de sa fête. Baillet cite un autre saint nommé THÉODORET ou THÉODORIT, martyrisé à Antioche sous Julien l'Apostat, et dont la fête se célébrait le 23 octobre chez les Latins et le 12 mai chez les Grecs.	V. 458	
THEODORICUS. Voy. S. THIERRY.		
S. THÉODOSE, archimandrite en Palestine	529	11 janvier.
S. THÉODOSE. Voy. S. THÉODOTE DE SICÉE.		
S. THÉODOTE LE CABARETIER, M. à Ancyre en Galatie	303	18 mai.
S. THÉODOTE ou THÉODORE DE SICÉE, év. d'Anastasiople	613	22 avr. Gr.
S. THÉODULPHE. Voy. S. THIOU.		
S. THÉOFROY, THEOFREDUS ou TIETFREDUS. Voy. S. CHAFFRE.		
S. THÉOPHANE, ab. de Mégalagre près de la Propontide	818	12 mars.
THÉOPHORE, surnom de S. IGNACE, év. d'Antioche.		
Ste THÉRÈSE, vierge, réformatrice des Carmes déchaussés	1582	15 octobre.
THEUDATUS. Voy. S. DIÉ.		
THEUDERIUS. Voy. S. CHEF.		
S. THIBAUD, THEOBALDUS, prêtre et ermite près de Vicence	1066	1er juillet.
S. THIBAUD, ab. de Vaux de Cernay.	1247	8 ou 9 juill.
S. THIERRY, THEODORICUS, disciple de S. Remi et ab. du Mont-d'Hor près Reims	V. 533	1er juillet.
S. THIERRY, év. d'Orléans	1022	27 janvier.
THILLO. Voy. S. THÉAU.		
S. THIOU ou THÉODULFE, ab. du Mont-d'Hor ou S. Thieri près Reims	V. 590	1er mai.
S. THODART ou AUDARD, THEODARDUS, év. de Narbonne, patron de Montauban	893	1er mai.
S. THOMAS, ap.	Ier siéc.	21 décemb. Lat. 6 octob. Gr.
LE B. THOMAS, prieur de S. Victor à Paris	1133	20 août.
S. THOMAS BECKET, archev. de Cantorbéry, M. En Espagne, quand cette fête tombe un dimanche, on la renvoie au 5 janvier.	1170	29 déc. à Rome. 7 juillet à Paris.

S. Thomas d'Aquin, dit le Docteur Angélique — 1274 — 7 mars à Rome. 18 juillet à Paris.
S. Thomas de Villeneuve, arch. de Valence en Espagne — 1555 — 18 septemb.
Thuodarius. Voy. S. Chef.
S. Thuriau, Thuriannus ou Thuriavus. Voy. S. Turiaf.
S. Thyrse. Voy. S. Andoche.
S. Tibère ou Tiberi et ses compagnons, M. sous Dioclétien et Maximien, à Cesseron ou Cessarion près d'Agde — 10 novemb.
SS. Tiburce, Valérien et Maxime, M — IIe ou IIIe siècle. — 14 avril.
S. Tiburce, M. à Rome — 286 — 11 août.
Tietfredus. Voy. S. Chaffre.
S. Tillon, Tillonius ou Tilmennus. Voy. S. Théau.
S. Timothée, disciple de S. Paul, év. d'Éphèse, M — 97 — 24 janv. à Rome. 31 mars à Paris.
S. Timothée et S. Apollinaire, M. à Reims — IIIe ou IVe siècle. — 23 août.
S. Timothée, M. à Rome — IVe siéc. — 22 août.
S. Torpet, Torpetius. Voy. S. Tropès.

La Toussaint, fête de tous les Saints — 1er novemb.
S. Trivier, Triverius, moine de Térouane — VIe siéc. — 16 janvier.
S. Troien ou Trojan, Trojanus, év. de Saintes — 532 — 30 novemb.
Les Trois Jumeaux. Voy. Jumeaux.
S. Tron ou Truyem, Trudo, prêtre au pays de Liége, fondateur de l'abbaye de S. Tron — 698 — 23 novemb.
S. Tropès ou Torpet, Torpetius, M. à Pise sous Néron — 17 mai.
S. Trophime, premier év. d'Arles — Ier ou IIe siècle. — 29 décembre. Tr. 30 septemb.
S. Truyem, Trudo. Voy. S. Tron.
S. Tryphon et S. Respice, M. de Bithynie au IIIe siècle, et Ste Nymphe, vierge de Sicile — IIIe ou IVe siècle. — 10 novemb.
S. Tugal ou Tugwal (S. Pabu en Bretagne), Tugdwaldus ou Pabutugwaldus, ab. de Tréguier, patron de Tréguier, de Laval et de Château-Landon, év. de Lexobie. — 553 — 30 novemb.
S. Turiaf ou Thuriau, Thuriavus ou Thuriannus, év. en Bretagne — V. 749 — 13 juillet.
S. Tychique, disciple de S. Paul, év. de Colophon — Ier siècl. — 29 avril.

U

S. Ubald, év. de Gubbio en Ombrie — 1160 — 16 mai.
S. Ulric ou Udalric, Udalricus, év. d'Augsbourg — 973 — 4 juillet.
S. Ultan ou Outain, Ultanus, ab. de Fosse, puis de Péronne — V. 680 — 1er mai.
S. Urain, Vrain ou Véran, Uranius ou Veranius, év. de Cavaillon — V. 589 — 11 novembre. Tr. 7 juillet. Déd. à Cavaillon 27 avril.
S. Urbain, pape — 230 — 25 mai.
S. Urbain, év. de Langres — Ve siéc. — 23 janvier.

S. Urbique ou Urbice, év. de Clermont en Auvergne — IIIe ou IVe siècle. — 3 avril.
S. Ursin, premier év. de Bourges — IIe ou IIIe siècle. — Autref. 29 déc. Aujourd. 9 nov.
S. Ursmar, ab. de Lobes, puis év. régionnaire — 713 — 18 avril.
Ste Ursule et ses compagnes, M — IVe ou Ve siècle. — 21 octobre.
Utique (les trois cents martyrs d'). Voy. Masse-Blanche.

V

S. Vaast, Vedastus, év. d'Arras — 540 — 6 février.
S. Valbert. Voy. S. Gaubert.
Ste Valburge, ou Ste Avaugour, Valburgis, première abss de Heidenheim en Bavière — 780 — 25 fév. et 2 mai.
Valdus. Voy. S. Gaud.
S. Valentin, M. à Terni en Italie — 306 — 14 février.
S. Valère, M. Voy. S. Rufin.
S. Valère, év. de Trèves — IIIe siéc. — 29 janvier.
Ste Valère, vierge et M. en Limousin — Apr. le milieu du IIIe siècle. — 9 déc. à Rome. 10 déc. à Paris.
S. Valérien. Voy. S. Tiburce.

S. Valérien, M. à Tournus en Bourgogne — 179 — 15 et 17 septemb. Tr. d'après Baillet, 26 janv.
S. Valery, Walaricus ou Gualaricus, ab. du mon. de ce nom en Picardie — 622 — 12 décemb.
S. Vandrille, Wandregisilus, ab. de Fontenelle en Normandie — 667 — 22 juillet.
S. Vanne, Vitonus, Videnus et Victo, év. de Verdun — 525 — 9 novembre.
Ste Vaudru, Waltrude, Waldetrudis, patronne de Mons — 686 — 9 avril.
Vedastus. Voy. S. Vaast.

S. Venant, Venantius, ab. à Tours. Fin du ve siècle. 13 octobre.

S. Venceslas, M. à Prague....... 923 28 septemb.

S. Vénérand, év. de Clermont en Auvergne.................. V. 423 24 décemb.

S. Vennolé. Voy. S. Guinolé.

S. Véran, Veranus ou Verannius, év. de Vence.............. V. 467 9 ou 10 sept.

S. Véran, Veranius. Voy. S. Urain.

Victo. Voy. S. Vanne.

Ste Victoire, M. à Rome........ 249 23 décemb.

Ste Victoire, M. à Carthage avec S. Saturnin et autres......... 304 11 février.

S. Victor, pape.............. 202 28 juillet.

S. Victor de Marseille et ses compagnons, M............... 303 21 juillet.

S. Victoric et ses compagnons, M. près d'Amiens.............. IIIe ou IVe siècle. 11 décemb.

S. Victorien et ses compagnons, M. en Afrique.................. 484 23 mars.

S. Victrice, év. de Rouen........ V. 408 7 août.

Videnus. Voy. S. Vanne.

S. Vigile, év. de Trente, M...... 405 26 juin.

S. Vigor, év. de Bayeux......... Av. le milieu du VIe siècle. 3 nov. à Bayeux; ailleurs le 1er du même mois.

S. Vilmer ou Villaumer. Voyez S. Vulmer.

S. Vincent, M. à Sarragosse...... 304 22 janvier.

S. Vincent, M. en Agénois....... IIIe ou IVe siècle. 7 juin. Baillet marque cette fête au 9 juin, et en indique en outre une au 6 novembre.

S. Vincent de Lérins............ V. 448 24 mai.

S. Vincent de Soignies. Voy. S. Mauger.

S. Vincent Ferrier, dominicain... 1419 5 avril. 13 mars à Paris.

S. Vindicien, év. d'Arras et de Cambray.................... De 695 à 712 11 mars.

S. Vinebaud, ab. de Saint-Loup de Troyes.................. 620 ou 623 6 avril.

S. Virgile, év. d'Arles.......... 624 10 oct. à Arles. 5 mars à Lérins.

S. Virgile, év. de Saltzbourg, missre.................... 780 ou 785 27 novemb.

S. Vit ou Gui, S. Modeste et Ste Crescence, M............ IVe siècle. 15 juin.

S. Vital, M................. Ier ou IIe siècle. 28 avril.

S. Vital et S. Agricole, M. de Bologne en Italie............... V. 304 4 novembre.

S. Vital, premier ab. de Savigny, dioc. d'Avranches............ 1122 16 septemb.

Vitonus. Voy. S. Vanne.

S. Vivant, solitaire de Poitou, transporté au IXe siècle près de Nuits. V. 400 13 juin.

S. Viventiol, év. de Lyon........ VIe siècle. 12 juillet.

Ste Vivienne. Voy. Ste Bibiane.

S. Voel ou Voué, Vodoalus, Vodalus, Vodoaldus, surnommé Benoît, solitaire à Soissons...... V. 720 4 et 5 février.

S. Vrain. Voy. S. Urain.

Vriomaclus. Voy. S. Brieu.

Vulfilaicus. Voy. S. Walfroie.

S. Vulfran ou Wulfran, év. de Sens, patron d'Abbeville........... 721 20 mars. 29 mars à Paris.

S. Vulmer, Vilmer, Villaumer ou Goumer, Vulmarus, premier ab. de Samer en Boulonnais....... V. 710 20 juillet. Tr. 17 juin.

S. Walbert, Waldebertus. Voyez S. Gaubert.

Waldetrudis. Voy. Ste Vaudru.

S. Waldimer. Voy. S. Galmier.

Walericus. Voy. S. Valery.

S. Walfroie ou Ouflai, Vulfilaicus, diacre, solitaire et stylite au dioc. de Trèves.............. VIe siècle. 21 octobre.

Ste Waltrude. Voy. Ste Vaudru.

Wandregisilus. Voy. S. Vandrille.

S. Wasnon ou Wasnulfe, Irlandais, ap. du Hainaut, patron de Condé. VIIe siècle. 1er octobre.

Wenialus. Voy. S. Guenau.

Ste Wiborade ou Guiborade, vierge de S. Gall en Suisse, martyrisée par les Hongrois............ 925 2 mai.

S. Wigbert, Anglais, missre en Allemagne, premier ab. de Fritzlar. 747 13 août.

S. Wilfrid, év. d'York.......... 709 12 octobre.

S. Willehad, év. de Brême et ap. de Saxe.................... 789 8 novembre.

Willelmus ou Willielmus. Voyez Guillaume.

S. Willibrord, surnommé Clément, ap. de Frise, premier év. d'Utrecht..................... 738 7 novembre.

S. Winoc ou Winoch, Winnocus, ab. de Wormhout en Flandre... V. 717 6 novembre.

Winwaloëus. Voy. S. Guinolé.

S. Wolfgants, év. de Ratisbonne.. 994 31 octobre.

Wolgangus. Voy. S. Gengon.

S. Wulfran. Voy. S. Vulfran.

S. Wunebaud ou Guenebaud, missre en Allemagne, premier ab. de Heidenheim en Bavière.......... 761 18 décemb.

X

S. Xiste ou Xyste. Voy. S. Sixte.

Y

S. Yon ou Ion, Jonius ou Jonas, M. au dioc. de Paris	IIIe siéc.	5 août.
S. Yriez, Yrier ou Éreie, Aredius ou Aridius, chancelier de Théodebert, premier roi d'Austrasie; premier ab. d'Atane en Limousin	591	25 août.
Ste Ysoye ou Eusébie, ab[sse] de Hamaige, dioc. d'Arras	V. 660	16 mars.
S. Yved, Yvoise ou Evode. Voyez S. Évode.		
Yves de Chartres, premier ab. de S. Quentin de Beauvais, puis év. de Chartres	1115-1116	23 décemb.
S. Yves, official et curé en Bretagne, dit l'Avocat des pauvres	1303	19 mai.

Z

S. Zacharie, pape	752	15 mars.
S. Zéphirin, pape	218	26 août.
S. Zozime, pape	418	26 décemb.

DEUXIÈME PARTIE.

STYLE, NOMENCLATURE, FORMULES, ETC.

CHAPITRE PREMIER.

COURTES OBSERVATIONS SUR LES LANGUES VULGAIRES ET L'ALTÉRATION DE LA LANGUE LATINE DANS LES MONUMENTS DU MOYEN AGE.

Parmi les connaissances qui se rattachent à la Paléographie, il n'en est pas peut-être qui offre à la fois plus d'intérêt et d'utilité que la linguistique. Aussi regrettons-nous vivement de ne pouvoir indiquer ici les principes élémentaires de cette science appliquée aux différents langages qui ont été employés en France depuis l'invasion des Barbares. Mais ce travail exigerait un ouvrage spécial, et d'ailleurs il serait au-dessus de nos forces. Nous nous bornerons donc à présenter un petit nombre d'observations générales.

Autrefois le grec et le latin étaient à peu près les seules langues dans lesquelles on dressât les actes publics. L'usage du grec était assez répandu dans le midi de la France, avant l'invasion des Barbares. Du XIe siècle au XIIIe, cette langue ne fut pas moins employée que le latin dans les royaumes de Naples et de Sicile. A Constantinople le latin fut la langue officielle, surtout depuis la translation de l'empire dans cette ville. Mais en 602 le tyran Phocas prescrivit l'usage du grec dans les écoles et dans les tribunaux. Le reste de l'Europe rédigeait les actes en latin. Les Anglo-Saxons furent les premiers à employer concurremment avec le latin leur langue nationale, que l'on rencontre dans les actes depuis le VIIIe siècle jusqu'au XIIIe. On sait que, depuis la conquête des Normands, le français vint se mêler au langage des vaincus, et la lutte de ces deux idiomes est un symbole vivant de l'antipathie qui sépara si longtemps les deux populations. En 1362 Édouard III abandonnant la politique de ses prédécesseurs qui avaient fait du français la langue officielle, en interdit l'usage dans les actes publics, et réhabilita la langue naturelle du pays. Il est donc facile de concevoir qu'antérieurement à cette ordonnance, les actes rédigés en français doivent se rencontrer fréquemment dans les archives d'Angleterre. Aujourd'hui encore les coutumes d'Angleterre sont écrites dans une des langues que parlaient nos pères.

On sait que nous avons eu en France deux langues vulgaires, l'une qui se parlait au Midi et qu'on nomme langue romance, langue romane ou langue d'*oc;* l'autre qui se parlait au Nord et qu'on nomme langue d'*oil*. Les troubadours ont employé la première, et les trouvères la seconde. On pense généralement que la langue romane s'est formée avant l'autre. Cependant l'opinion contraire a été soutenue, en ce sens du moins que nos premières épopées appartiendraient à l'idiome du Nord.

La langue vulgaire du Midi est-elle entièrement d'origine latine? Ne peut-on pas y découvrir quelques éléments grecs et ibériens? Quand on rencontre dans la langue du Nord un mot qu'on peut rapporter indifféremment aux idiomes celtiques et au latin, ne doit-on pas dans certaines circonstances préférer la première origine à la seconde? Ces doutes sont exprimés par M. Michelet, dans son Histoire de France. Ce n'est pas à nous qu'il appartient de les résoudre. Nous n'examinerons pas non plus si le latin a influé directement sur la langue vulgaire du Nord ou seulement par l'intermédiaire de la langue romane. Contentons-nous d'indiquer aux personnes qui voudront s'occuper de la langue romane les savants ouvrages de M. Raynouard, dont la mort récente a excité de vifs et d'universels regrets. Quant à la langue du Nord, elle n'a été jusqu'à ce jour que très-imparfaitement étudiée. On pourra cependant consulter avec fruit le Supplément de Carpentier au Dictionnaire de du Cange, le Glossaire de Roquefort et surtout le Dictionnaire manuscrit de Sainte-Palaye.

On ne connaît pas de plus ancien monument de langue vulgaire que le double serment prêté en 842 par Charles le Chauve et Louis le Germanique. Les Bénédictins citent ensuite une charte donnée en 940 par Adalbéron, évêque de Metz. Au xe siècle, quelques pièces appartenant au Languedoc présentent un mélange de latin et de langue romane. Les monuments de cet idiome deviennent plus communs dans le siècle suivant dont la seconde moitié fournit des actes presque entièrement dépourvus de latin. Les Bénédictins citent comme les monuments les plus anciens de la langue vulgaire du Nord, des chartes de 1133, 1147, 1168 et 1183, 1206, 1215 et 1220. Comme ces actes ne devinrent communs que sous le règne de Philippe le Hardi, on ne devrait pas négliger de publier ceux qu'on pourrait découvrir antérieurement à la seconde moitié du XIIIe siècle. Nous croyons devoir donner ici la copie d'un titre[1] qui remonte à l'année 1118, mais dont le texte a dû être altéré, puisqu'il nous est parvenu par la collation d'un vidimus[2]. Toutefois, comme il est expressément annoncé dans le vidimus du XIVe siècle que ce titre a été copié mot à mot; comme d'ailleurs la collation du vidimus a été écrite avec soin, nous pensons que la publication de cet acte peut avoir son intérêt. Nous donnons et le vidimus et le titre vidimé tels qu'ils se trouvent dans un registre déposé à la section domaniale des Archives du royaume, série T, 201, n° 70. Ce registre intitulé *Collations de plusieurs tiltres,* se termine par la mention suivante : « Colationné aux originaux estans en parchemin. Ce faict rendus « par les notaires gardenotes du roy nostre sire en son chastelet de Paris « soubzsignez l'an mil six cens soixante cinq le vingt sixiesme jour de juillet. » Suivent les signatures des deux notaires. Il ne paraît donc pas qu'on puisse élever de doute sur l'existence du vidimus; et comme le vidimus était en bonne forme et scellé, on doit croire à la réalité de l'acte vidimé. Mais le vidimus a pu donner une copie inexacte du titre vidimé, et de nouvelles erreurs ont pu être commises quand on a transcrit ce vidimus au XVIIe siècle. Tout en reproduisant le texte avec la plus grande exactitude, nous avons indiqué par des renvois celles de ces erreurs qui nous ont paru évidentes.

« Vniuersis has litteras inspecturis Raynaldus miseratione diuinâ sanctæ « Metensis ecclesiæ sedis episcopus salutem in Domino crucifixo Deo nostro. « Nouerint omnes tam præsentes quàm futuri nos literas reuerendi illustris « memoriæ Raynaldi comitis Barrensis infrà scriptas inspexisse et verbo ad « verbum sub hâc formâ legisse :

« Ge Renauldz quenz de Bar et de Monceonz[3] faez conoesant a toz ceauxz « ki orrons et verronz ceez presenz laistrez kue cum suxz lescheoite kue mad-« uenoie de per ma ante madame Mahauz monsigneor Walranz Redon sun mari « reclamoye a forz et volsit il a plains tenre se terre a tanz per li voloir et orde-« nement. . . . . mun trez hauz prinche et tres chierz signeor monsi-« gneor Loyz noble roy de France nos onz conuenanciez per ensemblez ansi et « tel meniere kue veez ci, kue mun chierz vncle monsigneor Walranz ha prin a « creanz et grei ez dis escheoite ceu est a scavoir Fontenais le terre o siens appen-« dices si come el est bonee et deuisee o le chastiau come li se porsiet o le ville. « Item Nantuel li Haudouinz le terre o siens appendices si come el se pourporte

[1] M. Soilly, employé à la section domaniale, a découvert cette pièce et a bien voulu me la communiquer.

[2] Le mot *vidimus* qui désigne un acte collationné sur l'original, tire sa signification de la formule employée ordinairement par ceux qui délivraient cette expédition et qui attestaient avoir *vu* le titre primordial. Le mot *vidimus* est resté dans la langue ainsi que le verbe *vidimer.*

[3] Mouceonz (Mousson).

« et est bonee et deuisee o le chastel o le borg[1] . . . .
« . . . . et o tot ceu feaultez de cheualiers, bacheliers, escuyers,
« borgeoiz et dez homes des vile et fhorz vile. . . . .
« et ne puet il monsigneor Walranz ne sienz heirz per ansi faet et teel conue-
« nance riens reclamers ne oprum[2] ne en futur en vltre ce ne pretenre o
« parsuxz en quelxqonques terres domoines moibles ne choise lescheoite et lhiri-
« taige madame Mahauz fhores kue sauenoie kue ie morisse sens heirz on mun
« heir morist sens heirz monsigneor Walranz on liz siens heirz adoncquez
« resuura lhirritaige et tote lescheoite madame Mahauz a il sens exept dessendera
« lealement sens kue nus otot on en parsons i puet riens reclamerz ne pretenre
« lencontre il monsigneor Walranz Redon ne liz siens heirz. . . . . Et
« por san[3] kue ceu soye ferz[4] choise et staible a toriorz[5] et perennelemens ai
« ge faet sailer cetes laistrez de mun ceiaus. Ceu fu faet el ior sein Berthremieu
« lapostre qant li miliaires nottre signeor coroiens per mil et chens et diz et
« wict ans o moez de marc.

« Nos verò dominus Raynaldus episcopus quod vidimus inspeximus tracta-
« uimus et legimus hoc testamur. Quapropter ad instantiam charissimi domini
« cosini nostri Philippi Herculis comitis Rupis vt veritatis fidele testimonium
« perhibeamur sigillorum nostrorum caractere ac munimine transcriptum hoc
« ut infrà apparet annotari fecimus ac roborauimus. Actum anno incarnati
« Verbi milesimo trecentesimo decimo tertio, in vigiliâ D. Iohannis Baptistæ
« mense Junio.

« Il est sellé d'un sel en oualle de cire verte sur las de soye blanche. »

Nous devons ajouter qu'il existe à la section domaniale un cartulaire du XIVe siècle qui renferme plusieurs actes en langue vulgaire du même pays. Deux de ces titres remontent à l'an 1200, et quiconque les examinerait ne balancerait pas à déclarer qu'ils sont de beaucoup postérieurs à la pièce que nous venons de reproduire.

Dans le XIVe siècle, le latin fut presque réduit aux actes des notaires et aux pièces ecclésiastiques, judiciaires ou législatives; encore trouverait-on plus d'une exception à cette règle, notamment pour les ordonnances et les lettres

[1] Cette lacune existe, ainsi que les autres, sur la collation du XVIIe siècle, sans qu'on ait expliqué si elles étaient figurées sur le vidimus, ou si ce vidimus avait été lui-même altéré par la vétusté.

[2] Le Glossaire de Roquefort traduit le mot *oprum* par *seulement*. Cette signification ne peut convenir ici. En faisant venir ce mot de *prume* (*premier, prochain*) il signifierait *au prochain, prochainement*, quoique d'ailleurs le mot *oprum* paraisse plutôt devoir se traduire ici par *présentement*.

[3] Au lieu de *san* il devait y avoir *ceu*.

[4] Au lieu de *ferz* il pouvait y avoir *ferme*.

[5] Au lieu de *toriorz* il devait y avoir *toziorz*.

royaux. Trois ordonnances successives de 1512, 1529 et 1539 prescrivirent l'usage exclusif de la langue française dans les actes publics et privés : un diplôme latin de François Ier, en date du 10 janvier 1517, prouve que la première de ces ordonnances ne fut pas rigoureusement exécutée.

La langue allemande, si l'on excepte le serment de Louis le Germanique, n'a paru dans les actes que dans le courant du XIIIe siècle, ou du moins les exemples qu'on cite comme les plus anciens sont de 1260, 1264 et 1276. La première charte impériale rédigée en allemand est de 1281 ; mais dès l'an 1320, la langue allemande prévalait au barreau sur la langue latine. Sous Frédéric III, il fut décidé que les notaires ne rédigeraient plus leurs actes en latin.

Ce n'est guère que vers le milieu du XIIIe siècle que la langue vulgaire paraît dans les actes d'Espagne et d'Italie. En Portugal elle était déjà d'un emploi ordinaire à cette époque.

L'étude des deux langues vulgaires qui ont été parlées l'une au midi, l'autre au nord de la France, ne peut pas être séparée d'une connaissance approfondie de la basse latinité ; mais les premiers éléments de ce travail sont encore loin d'être réunis. Les immenses recueils dont nous a dotés l'érudition patiente et consciencieuse des siècles précédents sont malheureusement remplis d'inexactitudes qui altèrent sinon le sens, du moins l'orthographe des textes. Nos anciens monuments ont pu sans doute y gagner en correction; mais, en réhabilitant la science grammaticale de nos pères, on nous a privés des premiers éléments sur lesquels devraient s'appuyer les grammaires modernes. Comme les personnes qui liront cet ouvrage pourront elles-mêmes avoir à publier des textes anciens, qu'il nous soit permis de leur transmettre des observations que nous avons recueillies de la bouche des critiques les plus éclairés. Qu'elles le sachent bien, le premier mérite d'une publication, c'est d'être exacte jusqu'à la minutie; il n'est pas de barbarisme que leur plume doive craindre de transcrire ; aucune faute ne doit être corrigée ; toutes doivent être scrupuleusement copiées. Ne lit-on pas dans la préface de Grégoire de Tours cet aveu plein de bonne foi : « Ista etenim atque his similia « jugiter intuens dici, pro commemoratione præteritorum, ut notitiam adtin- « gerent venientium, et si inculto affatu, nequivi tamen obtegere vel certamina « flagitiosorum, vel vitam rectè viventium; et præsertim his inlicitus stimulis, « quòd à nostris fari plerumque miratus sum quia philosophantem rhetorem « intelligunt pauci, loquentem rusticum multi. »

Faut-il donc le faire plus savant qu'il ne prétend l'être lui-même, et diminuer en quelque sorte l'autorité de ses récits, en laissant croire que le père de nos historiens savait aussi recourir au mensonge des précautions oratoires? Une transcription exacte jusque dans les moindres détails de l'orthographe est un travail pénible sans doute; mais si l'on s'écarte de cette règle absolue, où s'arrêtera-t-on? Si chacun s'arroge le droit de rectifier les textes, que deviendra la vérité du langage, si étroitement liée à la vérité historique? Que l'on s'attache au contraire à reproduire avec fidélité les monuments des siècles passés; qu'un éditeur publie les incorrections d'un diplôme ou d'un manuscrit, comme un historien raconte les erreurs et les superstitions d'un autre âge, et bientôt la science philologique, s'emparant de ces éléments confus, les soumettra au travail de l'analyse et de la classification; elle nous révélera le secret de ces modifications successives, qui préparent peu à peu la transformation complète d'un mot, et qui, par une filiation non interrompue, rattachent les œuvres de nos grands écrivains à ce latin dégénéré, dont l'orthographe et la syntaxe barbares devaient enfanter un jour cette langue claire, correcte, ingénieuse, que les étrangers nous envieront tant que nous ne cesserons pas de la respecter.

Les Bénédictins, qui avaient pris à tâche de réfuter le scepticisme exagéré du P. Germon, entrent dans de longs développements pour prouver que la barbarie du style ne peut être invoquée contre l'authenticité des anciens diplômes. Cette thèse est tellement conforme au bon sens que nous croyons inutile de l'établir par les preuves innombrables que fourniraient au besoin les inscriptions, les manuscrits et les diplômes. Bornons-nous à prévenir qu'en fait les solécismes et les barbarismes les plus grossiers se rencontrent la plupart du temps dans les actes du VIe, du VIIe et du VIIIe siècle. L'influence de Charlemagne amena sans doute une amélioration dans le style; mais combien de monuments même du XIe siècle, surtout dans le midi de la France, sont encore remplis des fautes les plus grossières! De tout temps d'ailleurs l'orthographe a eu ses variations. Quintilien dit que, de son vivant, on écrivait *here* au lieu d'*heri*, et que Tite-Live avait écrit *sebe* et *quase* pour *sibi* et *quasi*. Dans les siècles de la plus pure latinité ne rencontre-t-on pas *maxumus* pour *maximus*, *quotiens* pour *quoties*, etc.? En résumé, les Bénédictins citent les lettres suivantes comme ayant été employées réciproquement les unes pour les autres :

a pour *aa*, *e*, *æ*, *o*.	*g* pour *c*, *ch*, *j*, *k*, *v*.
b pour *f*, *p*, *v*, *w*.	*h* pour *a*, *i*.
c pour *cc*, *g*, *ch*, *q*, *t*.	*i* pour *a*, *e*, *ij*, *æ*, *u*.
d pour *b*, *dd*, *l*, *n*, *r*, *t*, *z*.	*k* pour *c*, *x*.
e pour *a*, *æ*, *ee*, *h*, *i*, *u*.	*m* pour *d*, *n*.
f pour *bf*, *ph*, *v*.	*n* pour *g*, *l*, *m*, *r*.

o pour *a, e, oo, u.*	*t* pour *c, d, s, th.*
p pour *b, ph, v.*	*u* pour *b, e, g, i, o, y.*
q pour *c.*	*x* pour *k, s, ss.*
r pour *d, rr, s.*	*y* pour *e, i, u.*
s pour *d, r, ss, z.*	*z* pour *d, g, j, s.*

Ces substitutions de lettres ne se font pas toujours d'une manière constante dans un même manuscrit ou dans un même diplôme : on trouve à quelques lignes de distance *basileca* et *basilica*, *martheris* et *martyris*, *Dionysii*, *Dionysiæ*, *Dionisiæ* et *Diunensi*, etc. C'est surtout dans les noms propres que les différences d'orthographe sont les plus nombreuses et les plus grandes : on trouvera *Chagno*, *Chæno*, *Haino* et *Chaino*; *Hludowicus*, *Hludovicus*, *Ludowicus* et *Ludovicus*; *Chuni* et *Huni*; *Chilpericus*, *Hilpericus* et *Ilpericus*; *Hrodanus* et *Rhodanus*; *Chrochtichildis* et *Clotildis*. Éginhard est nommé par les différents auteurs *Heinardus*, *Einhardus*, *Agenardus*, *Eginhartus*, *Ainardus*, etc. On pourrait multiplier ces exemples à l'infini. Pour faire comprendre jusqu'où sont allées ces variations d'orthographe, nous nous contenterons de dire, d'après l'auteur de la Bibliothèque germanique, que le nom de la ville et de l'abbaye impériale de Quedlinbourg est écrit, dans les anciens actes, de trente-trois manières différentes. Les imperfections d'orthographe et de style varient d'ailleurs suivant les lieux et les personnes : dans un même siècle on trouve de notables différences entre les actes du nord et ceux du midi de la France, entre un diplôme royal et une convention privée; mais ces incorrections, loin de fournir un argument contre l'antiquité des monuments, peuvent au contraire, dans certaines circonstances, être invoquées pour l'établir. Quand on compare plusieurs manuscrits d'un même ouvrage, on reconnaît que les moins corrects sont souvent les plus anciens.

Parmi les altérations qu'a subies la langue latine, il en est qui ne nuisent pas essentiellement à la clarté du discours. Il est rare par exemple que l'on ne puisse arriver à l'interprétation d'une phrase parce qu'elle renferme un solécisme. Quoique les relations grammaticales contribuent à la clarté du style, quand il est bien constaté qu'un texte ne tient pas compte de ces règles, la construction des mots suffit ordinairement pour rectifier ce qu'il y a d'irrégulier dans leurs désinences. Si l'influence de Charlemagne a ramené quelque pureté dans le style, cependant on ne peut pas douter qu'un grand nombre de locutions vicieuses n'aient survécu à cette réforme. Ainsi, l'on rencontre à chaque instant des chartes commençant par *notum sit* ou *noverint quòd*[1]. L'emploi de *per*

[1] Cette locution qui appartient aujourd'hui à la langue française, est une de celles que les enfants abandonnent le plus difficilement quand on les fait écrire en latin. Cependant la règle du *que retranché* était encore plus méconnue dans le latin du moyen âge qu'elle ne l'est aujourd'hui dans les colléges.

pour *ab*, de *quòd* pour *ut*, de *super* pour *de*, de *dare ad aliquem* pour *dare alicui*, en un mot une foule de locutions qui s'écartent du génie de la langue latine et qui se retrouvent dans la langue française, prouvent assez que nos pères, tout en s'éloignant de la barbarie des premiers siècles, ne cessèrent jamais de transformer le latin et d'en modifier le mécanisme jusqu'au moment où la langue nationale put suffire à leurs besoins.

Si l'économie grammaticale du latin a été dérangée par l'oubli des règles de la syntaxe, les éléments constitutifs de cette langue ont en même temps subi une altération non moins profonde. Pendant qu'on introduisait des mots d'origine étrangère, les mots latins étaient modifiés dans leur orthographe, et, ce qui est encore plus important, détournés de leur signification. Ainsi le mot *templum* n'était guère employé pour désigner les édifices sacrés: on se servait ordinairement de *basilica, ecclesia*. Sous les Mérovingiens, *casa Dei* désigne plutôt un monastère, et *monasterium* ou même *cœnobium*, une église, parce qu'alors ces églises étaient ordinairement desservies par des moines. Après le VIIe siècle, *capella* désigne souvent une église paroissiale. Le mot *prieuré* n'a paru qu'au XIe siècle; on se servait auparavant des mots *cellæ, cellulæ, abbatiolæ, monasteria*. C'est peut-être dans les dialogues de saint Grégoire le Grand qu'une église de village est appelée pour la première fois *parochia*.

On trouve souvent *fundare* pour restaurer; *pagus* pour une ville et son territoire; *castrum* pour une ville fortifiée; *mansus*, en France, ou *massa*, en Italie, pour une ferme, un fonds de terre; *mansio* pour une maison, une famille; *aspicere ad* pour appartenir; *juniores* pour des inférieurs, *seniores* pour des supérieurs (*senior basilica*, cathédrale); *præesse, requiescere videtur* pour *præest, requiescit; dare, donare, concedere* pour *confirmare, reddere; emunitas* ou pour une exemption ou pour un canton indépendant d'une juridiction; *honor* pour un fief noble; *exemplum, exemplar, exemplatio*, dans le Maine, l'Anjou et le Perche, pour des terres défrichées; *toga monachorum*, en Espagne, pour une congrégation de moines; *seu* et *sive* pour *et; et* pour *vel; patrocinia* pour les reliques des saints; *se commendare* pour jurer foi et hommage; *filius donatus* ou *nutritus* pour bâtard[1]. En parcourant ce petit nombre d'exemples, on reconnaîtra qu'il est indispensable de s'aider souvent du dictionnaire de du Cange et de faire une étude sérieuse de ce latin barbare, si l'on ne veut pas tomber dans des méprises continuelles.

[1] Il ne faudrait pas voir dans ces expressions une intention d'euphémisme, car on y substitue souvent les termes beaucoup plus clairs de *filius suæ matris, filius æquivocus, bastardus*. Guillaume le Conquérant dans une donation énonce formellement son surnom. On sait aussi que le comte de Dunois signait *J. Bastard d'Orléans*. Nous ferons observer ici en passant que l'expression de *fils naturel* a été quelquefois employée dans le sens de fils légitime.

CHAPITRE II.

NOMENCLATURE ABRÉGÉE DES ACTES APPARTENANT A LA DIPLOMATIQUE.

Nous n'avons pas cru pouvoir nous dispenser de reproduire, au moins en abrégé, les recherches des Bénédictins sur la nomenclature et l'usage des actes appartenant à la diplomatique. Un double motif nous en faisait un devoir. D'un côté le Nouveau Traité de diplomatique a réparé quelques omissions du dictionnaire de du Cange, et, de l'autre, il nous a paru que la nomenclature d'une science devait nécessairement faire partie d'un traité élémentaire. On serait arrêté à chaque instant, et dans la lecture des ouvrages spéciaux, et dans celle des pièces originales, si l'on n'était pas familiarisé d'avance avec la signification des termes qui s'y représentent le plus fréquemment.

ARTICLE I.

DES LETTRES.

Le mot *lettre,* dans sa signification la plus étendue, désigne toute espèce d'acte; mais on le rencontre souvent joint à un adjectif qui en détermine le sens. Ainsi les lettres *apostoliques* sont celles qui émanent des papes. Il faut remarquer parmi les lettres apostoliques, 1° les lettres *synodiques* [1], par lesquelles les papes signifiaient les décisions d'un concile; 2° les *décrétales,* qui furent originairement des réponses adressées à ceux qui consultaient les papes sur la discipline. Dans la suite, et surtout depuis le milieu du XIe siècle, les décrétales s'étendirent à toutes les matières qui étaient alors du for ecclésiastique. Les premières décrétales datent du IVe siècle. A partir du siècle suivant,

[1] On nomme encore *lettres synodiques* toutes celles qui traitent de la foi. Il y en a qui sont émanées des conciles ou même de simples évêques. Le mot latin *synodale* désigne aussi une lettre renfermant l'énumération des devoirs d'un évêque nouvellement sacré, ou de celui auquel on confiait le gouvernement d'une église vacante.

les papes publièrent aussi des décrets et statuts (*decreta et constituta*)[1]. Les *privilèges* en forme de lettres sont aussi anciens que les décrets. Les lettres ecclésiastiques sont appelées par les Grecs *lettres canoniques*[2], et par les Latins *lettres formées* et quelquefois *forma* ou *formæ*. Elles prenaient leur nom de la *forme* du sceau. Les lettres *régulières* sont les mêmes que les lettres formées. Le concile d'Afrique décida qu'on y marquerait la date de Pâques dans l'année courante, ou au moins dans l'année précédente. Cette indication ne se trouve pas sur les lettres formées qui sont parvenues jusqu'à nous. Le deuxième concile de Châlons décida qu'elles seraient scellées en plomb. Elles n'étaient adressées que d'évêque à évêque; on y mêlait des caractères grecs pour éviter la contrefaçon. Les prêtres et les abbés ne pouvaient écrire aux évêques que de simples lettres, en forme de suppliques (*litteras simplices, deprecatorias*). Il faut ranger parmi les lettres régulières les lettres de recommandation (*commendatoriæ*), pourvu qu'elles soient adressées d'évêque à évêque; car on trouve de ces lettres dans une forme plus simple (*litteræ commendatitiæ*), qui sont écrites à des abbés ou à des évêques, soit par un laïque, soit par un inférieur. Une lettre de recommandation adressée à un laïque s'appelait *indiculum commendatitium*.

Au XIIIe siècle on appelait *litteræ communes* celles qui autorisaient un religieux à changer de monastère. Les lettres d'émancipation (*emancipatoriæ litteræ*) déchargeaient de leurs engagements antérieurs un abbé promu à l'épiscopat ou un religieux élevé à la charge d'abbé.

Les lettres de communion (*communicatoriæ*) s'accordaient à toute personne obligée, par un voyage, à passer dans d'autres diocèses. Pour constater qu'une pénitence avait été accomplie, on délivrait des lettres dites *confessionis* ou *confessoriæ*. L'abus qu'on en fit obligea les évêques à se réserver le droit de les accorder.

Les démissoires (*litteræ dimissoriæ* ou *dimissoriales*) étaient nécessaires à celui

[1] Il ne faut pas confondre avec les décrétales et avec les décrets des papes : 1° l'acte d'élection d'un évêque, qui se nommait proprement *decretale*; 2° la requête (*decretum*) adressée au pape ou au métropolitain pour le prier de sacrer l'évêque élu; 3° les décrets par lesquels des conciles, des légats ou des métropolitains infligeaient ou annulaient une peine disciplinaire; 4° les décrets rendus par les légats pour régler les différends des églises.

Quant aux requêtes adressées pour obtenir le sacre d'un évêque, elles se nommaient aussi *rogatoriæ litteræ*, *indiculus precatorius*, *suggestio*, *suggerenda*, *conquæstio*.

[2] Les *lettres canoniques*, prises comme synonyme de lettres ecclésiastiques, doivent être soigneusement distinguées 1° des lettres canoniques proprement dites, par lesquelles un métropolitain notifiait aux fidèles le sacre d'un évêque nouvellement ordonné; 2° des lettres dites *epistolæ canonicæ*, par lesquelles les comtes des provinces réglaient la répartition des impôts.

qui voulait être promu aux ordres sacrés, ou même à un prêtre qui voulait changer de diocèse. Comme on les présentait en signe de soumission et de respect, on les appelait aussi *apostoli reverentiales* ou *reverendæ* [1]. On nommait aussi quelquefois *démissoires* les actes par lesquels des seigneurs émancipaient leurs serfs pour les rendre habiles à entrer dans les ordres. Ceux qui accomplissaient un pèlerinage étaient munis de lettres de pénitence (*pœnitentiales*).

Les lettres formelles (*formales*) ne diffèrent en rien des lettres circulaires (*encyclicæ*) et se rapprochent beaucoup des lettres dites *tractoriæ*. Ce sont tantôt des passe-ports assurant aide et protection[2], tantôt des lettres de convocation ou d'excuse. On a nommé *tractoriæ* une lettre du pape Zozime contre les erreurs de Pélage. En général on n'a pas établi de différence entre ces lettres et celles dites *tractatoriæ*; cependant, comme un concile se désignait par le nom de *tractatus*, les lettres *tractatoriæ* s'entendent aussi de toute lettre écrite à un concile ou par un concile, et se confondent alors avec les lettres synodiques.

Parmi les différentes lettres, il en est qui se définissent d'elles-mêmes : telles sont les lettres dites *invitatoriæ, vocatoriæ, citatoriæ, citatoriales, requisitoriæ, commonitoriæ, excusatoriæ*. Nous ferons remarquer seulement que ces dernières étaient écrites pour agréer une excuse présentée. Les commonitoires se prennent quelquefois pour des instructions données aux légats des papes, ou pour des sentences d'excommunication. Par des lettres *monitoires*, les papes avertissaient les ordinaires de ne pas conférer certains bénéfices ; par des lettres *préceptoriales*, ils recommandaient de les conférer à certaines personnes. Quand ils voulaient annuler une collation faite contre leur volonté, ils recouraient aux lettres *exécutoires* ou *compulsoires* (*compulsoriæ*[3], du verbe *compellere*, forcer). Les lettres exécutoires désignaient aussi, dans un sens plus général, tous les rescrits des papes dont l'exécution était confiée à des commissaires.

Les lettres de placet (*placeti*) tirent leur nom du mot *placet*, qu'on y apposait en signe d'approbation.

Ce qui distingue les lettres patentes (*litteræ patentes*, *apertæ*, ou simplement *patentæ*) des lettres closes, c'est que les premières, tout en restant ouvertes, étaient revêtues d'un sceau destiné à leur donner un caractère d'authenticité[4],

[1] Les mots *apostoli, libelli dimissorii, litteræ dimissoriæ* désignent aussi des lettres d'appel en matière civile ou ecclésiastique.

[2] Ces lettres donnaient aussi le droit à ceux qui en étaient porteurs d'exiger la nourriture et le logement ; c'est pour cela qu'on les a quelquefois nommées *supplementum publicum*.

[3] Il faut se garder de confondre ces lettres avec celles qui donnent droit de compulser des titres, et qu'on nomme *compulsoriales* ou *compulsatoriæ*.

[4] Les lettres munies du sceau royal, surtout lorsqu'elles étaient exposées publiquement, ont porté le nom de *programma*, qui s'applique à toute sorte de placards.

tandis que les secondes étaient munies d'un véritable cachet nommé contre-scel ou sceau secret, et dont il fallait briser l'empreinte pour prendre lecture de la lettre.

Il ne faut pas confondre les lettres de rémission ou de grâce avec les lettres dites *remissoriales*, par lesquelles on renvoyait devant un juge la décision d'une affaire.

Les mots *absolutoriæ litteræ* désignent tantôt une absolution, tantôt l'acte de rappel d'un ambassadeur.

Les lettres de naturalité se nomment *litteræ allegantiarum* ou *allegationum civitatis et patriæ*.

Les lettres *à pari* ou *à paribus* étaient de véritables circulaires. Elles n'admettaient de différences que dans certains passages qui n'auraient pu convenir également à toutes les personnes auxquelles on les adressait. Ces lettres étaient en usage dès le ve siècle. Il y avait aussi des actes que l'on nommait *apares, appares, apar, apparum, epistolæ uniformes, litteræ consimiles*, parce qu'on en faisait plusieurs exemplaires.

Le titre de *chartæ* ou *litteræ pagenses, paganicæ* ou *parensales* [1] s'appliquait aux actes de vente, de donation, etc.

Les lettres dites *reversales* désignent, ou une *réponse*, ou une lettre par laquelle on s'engage à l'accomplissement de certaines obligations imposées à une charge ou à une terre.

Il ne faut pas confondre les lettres de change (*litteræ cambitoriæ*) avec les contrats d'échange (*epistolæ cambitoriæ*).

ARTICLE II.

DES ÉPÎTRES.

Quoique l'adresse et le salut forment le caractère distinctif des *épîtres*, on rencontre des actes qui n'ont ni adresse ni salut, et qui cependant portent le nom d'épître. Souvent un même titre est qualifié tour à tour épître et charte. Cette confusion de deux termes dont l'acception rigoureuse est si différente, peut s'expliquer par l'usage où on était de rédiger un grand nombre d'actes sous la forme d'épîtres. C'est ainsi qu'il y avait des épîtres de donation, de testament, de cession, d'adoption, de manumission, de sécurité, d'obligation, de quittance, etc. Quand les donations étaient faites en faveur d'une église,

[1] Actes dressés dans les bourgs (*pagi*), par opposition à ceux qui étaient dressés dans le palais. Du Cange croit, par conséquent, qu'il faudrait lire *pagensales* au lieu de *parensales*.

elles s'appelaient *sacrationes* ou *sacra Dei*. Un acte de restitution est nommé par Sidoine Apollinaire *litteræ refusoriæ*. On employait aussi pour qualifier des donations les expressions suivantes : *epistolæ adfatimæ, epistolæ contulitionis* ou *contulationis*, *epistolæ firmitatis*. Les mots *traditio respectualis* ou *convenientia* désignent un acte d'adoption. Un acte de manumission est appelé indifféremment *ingenuitas, manumissio, absolutio*, ou *ingenuitatis, manumissionis, absolutionis, libertatis charta, chartula, titulus, auctoritas, testamentum, libellus, epistola*[1]. Si le serf se rachetait lui-même, son maître lui accordait une charte de rédemption (*redemptionale* ou *chartula redemptionalis*). Par *epistola conculcatoria* il faut entendre l'acte qui déclare libres les enfants nés d'une femme libre et d'un esclave. Le mot *cautio*, outre ses acceptions ordinaires, s'entend aussi de l'engagement que prend un évêque nouvellement élu de conférer gratuitement les sacrements, de ne pas aliéner les biens de son église, d'assister aux vigiles, etc. *Epistola evacuatoria*, ou simplement *evacuatoria*, désignait une quittance qui annulait un titre égaré auquel le débiteur avait satisfait. Les mots *vacuatio, exvacuatio, vacuarium*, signifient une renonciation. *Epistola precaria* est la requête par laquelle on demande une concession. *Epistola præstaria* est l'acte même de concession. Ces titres, qui avaient en général pour objet un bail à long terme ou un usufruit, sont aussi appelés *libellus, libellarium, emphitheosis, tertium genus, exceptionis pagina, precaria, precaria firmitatis, precaturia, precatoria, deprecatura, chartula petitionis, præstaria, præstarium, commendatitia*. Ceux qui tenaient ainsi des biens à titre précaire se nommaient *precarii, emphyteutæ, libellarii* et *chartulati*. Ces deux dernières dénominations s'appliquaient aussi aux esclaves affranchis *per libellum* ou *chartulam*. *Epistola precatoria* s'entend également de toute espèce de supplique. C'est le sens qu'il faut attacher aux mots *supplicatio, petitio, petitoria, placet, conquæstio, suggestio, suggerenda*. Le terme de *rogatoriæ litteræ* a au contraire un sens plus déterminé : il s'entend de l'acte par lequel on sollicitait le pape ou le métropolitain de sacrer un évêque nouvellement élu. On a vu tout à l'heure que cet acte se nommait aussi *decretum*.

On appelait *nuntius* la lettre par laquelle on notifiait la mort du pape à l'exarque de Ravenne.

Epistola collectionis est l'acte par lequel, moyennant une somme d'argent, un homme recevait, à titre d'esclave, un enfant qui avait été exposé[2].

[1] Ajoutons à ces différents termes ceux de *præceptum denariale* et de *charta denarialis*, qui désignent une sorte de manumission dans laquelle on faisait tomber un denier des mains de l'esclave.

[2] Les actes de ce genre se nomment aussi *chartæ de sanguinolento* : en effet, l'épithète *sanguinolentus* convient à un enfant nouveau-né qui vient de sortir du sein de sa mère. Il ne faut pas confondre cet acte avec celui qu'on appelait *lettres de sang*, et par lequel on accordait la grâce d'un meurtrier.

On peut rattacher aux épîtres les réponses faites par les papes, les princes et même par d'autres personnes. C'est ce qu'on nomme *rescriptum, rescriptio, litteræ responsales* ou *responsivæ*. Les mots *visitationis scriptum* au VIIe siècle, et *missaticum* au IXe, se prenaient dans le sens d'*epistola*.

ARTICLE III.

DES CHARTES ET DES DIPLÔMES EN GÉNÉRAL. — DES CHARTES-PARTIES.

§ Ier. DES CHARTES ET DES DIPLÔMES EN GÉNÉRAL.

Le mot *charte* a désigné toute espèce d'actes. Aujourd'hui l'on entend par *charte* et par *diplôme* les titres anciens. Dans les huit ou neuf premiers siècles on employait plutôt les noms de *chartula* ou *chartola* que celui de *charta*. Du XIIe au XIIIe siècle on s'est quelquefois servi des mots *quarta* et *quartula*; on a écrit aussi *karta*. Au VIIIe siècle le mot *charta* seul a signifié un passe-port; mais en général il ne prend un sens déterminé que par les adjectifs auxquels il est joint. C'est ainsi qu'on entend par *charta jurata* ou *sacramentalis* un acte de serment ou de fidélité, ou une promesse garantie par le serment; par *chartæ de mundeburde*, des chartes de protection qu'on appelait également *salvitates*. Les chartes dites *apennes* ou *relationis*, étaient expédiées pour tenir lieu des titres détruits par accident; les princes les confirmaient par des diplômes qui ont été appelés *panchartæ* ou *pantocartæ* dès le IXe siècle. Le mot *pancarte* a aussi un autre sens que nous indiquerons en parlant des bulles. Les mots *traditionis, transfusionis, refusionis, offersionis*, *transfersionis*, *perpetualis transactionis*, *stabilitatis*, *confirmationis*, joints aux mots *charta* ou *chartula*, désignent une donation, de même que *charta confertoria*, *corroboramentum*, *chartæ eleemosynariæ*, *alimonia*[1]. *Traditionis charta* s'entend aussi d'un acte de vente : on a même employé dans ce sens les mots *cessio, largitio* et *donatio*. Au lieu de *charta,* on emploie souvent *testamentum* et *titulus*[2]. Quand on se vendait soi et sa famille, ce qui arrivait surtout dans les temps de famine, on dressait des

[1] On rencontre souvent dans les donations les mots *ambasciare*, *ambasciator*. Il était d'usage de marquer dans ces actes les noms de ceux qui en avaient sollicité l'expédition. De là les formules *ambasciavit et oblinuit Maginarius* ou *Boso comes ambasciator*. Il ne faut pas chercher d'autre étymologie à notre mot *ambassadeur*.

[2] Les mots *andelanc*, *andelangus* et autres qui s'en rapprochent, paraissent signifier une charte qui était remise dans les mains du donataire (*hend*, main, et *langen*, donner).

chartes dites *obnoxiationes*. Dans les pays de droit écrit, on appelle *chartæ rogatæ* les actes que les témoins sont priés de signer.

Le mot *diplôme* signifie proprement un acte plié en deux : en effet, on prenait la précaution de replier le parchemin sur lui-même pour assurer la conservation du sceau. Le terme de *diplôme* tirait donc sa signification primitive d'une circonstance toute physique. Aujourd'hui il est devenu à peu près synonyme du mot *charte;* cependant il est d'usage de désigner de préférence sous le nom de *diplômes* les pièces qui ont de l'importance, soit par leur antiquité, soit par les autorités dont elles émanent. Du reste on ne trouve pas d'acte qui se qualifie *diplôme,* tandis qu'il y en a considérablement qui prennent le titre de *chartes*.

§ II. DES CHARTES-PARTIES.

Il était d'usage autrefois comme aujourd'hui de dresser, dans un contrat synallagmatique, autant d'actes semblables qu'il y avait de parties contractantes : ces chartes se nommaient *chartæ pariclæ, paricolæ, pariculæ.* Bientôt, par surcroît de précaution, l'on traça au milieu d'une feuille des caractères ou des mots qu'on peut comparer aux souches des passe-ports ou des inscriptions de rente, et qui étaient ensuite coupés en ligne droite, ondulée ou dentelée. De là les chartes dites *partitæ*, *undulatæ* et *indentatæ.* C'est en général le mot *cyrographum* qu'on trouve inscrit sur la souche des plus anciennes *chartes parties :* il était quelquefois suivi de traits irréguliers qui achevaient de remplir la ligne, des adjectifs *memoriale* ou *commune,* du nom des parties contractantes, ou de quelques mots qui spécifiaient la nature de l'acte. On s'est servi également de quelques lettres de l'alphabet, surtout au XIVe siècle; mais cet usage remonte au moins à 1061. Enfin on traçait aussi sur la ligne de la souche, soit des images, soit des formules de dévotion, telles que *in nomine Domini, ave Maria, sanctus Dionysius,* etc., ou les mots *charta cyrographata* ou *indentata, endenture, indenture, endent.* La souche se trouve placée le plus souvent dans le haut ou sur le côté de la charte; quand elle était au bas de l'acte, ce qui est plus rare, on plaçait quelquefois le sceau dans le haut de la pièce. Souvent on employait à la fois ces différents modes de division pour obtenir un nombre suffisant d'exemplaires. Les inscriptions étaient en général tracées horizontalement; d'autres fois elles étaient perpendiculaires. On en voit qui sont écrites en encre de couleur; mais ce qui les distingue surtout, c'est la grandeur des traits ou les ornements qui les accompagnent. Il est plus facile de se figurer que de décrire les différentes combinaisons qui peuvent varier l'aspect des chartes-parties. Ces actes sont du reste beaucoup plus rares en France qu'en Angleterre où ils remontent au IXe siècle, tandis qu'on n'en a pas découvert chez nous qui soient antérieurs à 1034. Après les chartes-parties coupées en ligne droite, vinrent les chartes dentelées et ondulées qui, vers la fin du XIVe siècle, ne portaient plus toujours d'inscription à la souche. En effet, la forme irrégulière de la section était un moyen suffisant de vérification. La plus ancienne endenture que Mabillon ait découverte en France, est de 1106. L'usage des chartes-parties se soutint en Angleterre, malgré l'invention des chartes dentelées, au moins jusque vers la fin du XIIIe siècle. Le mot *chirographe* s'appliquait plus spécialement aux premières; mais on l'a employé quelquefois comme nom générique, ainsi que *chartæ communes* [1] et *psallia*. On ne doit pas douter que, dans le principe, les chartes parties et dentelées n'aient été inventées pour suppléer à l'usage des sceaux; c'est là ce qui explique pourquoi elles remontent en Angleterre à une époque aussi ancienne. On ne doit donc pas s'étonner quand on en rencontre qui ne sont pas munies de sceaux; c'est même ce qui arrive non-seulement en Angleterre, mais encore en France pour la presque totalité des chartes-parties antérieures au XIIe siècle.

ARTICLE IV.

BULLES, BREFS ET *MOTUS PROPRII*.

---

§ Ier. DES BULLES.

Le mot *bulle*, avant le XIIIe siècle, ne désignait qu'un sceau; mais, de même que les chartes ont été nommées *sigilla*, à cause du sceau dont elles sont revêtues, le nom de *bulle* a été donné aussi aux lettres des empereurs, de certains prélats, du patriarche de Constantinople, de quelques conciles œcuméniques, et surtout aux lettres des papes. La multiplicité des actes émanés des souverains pontifes, jointe à l'observation de quelques caractères qui, suivant les temps, ont paru être appropriés à quelques-uns de ces actes plutôt qu'à d'autres, engagea les critiques à les distinguer, autant que possible, par des noms différents : on a donc divisé les bulles en *grandes* et *petites*. Énumérons rapidement les caractères distinctifs de ces deux espèces d'actes pontificaux.

[1] Les jurisconsultes anglais appellent chartes *simples*, par opposition aux chartes parties et dentelées, celles dont on ne dressait qu'un exemplaire.

Si les règles indiquées par les Bénédictins n'admettaient pas d'exceptions, une grande bulle se reconnaîtrait dès son début, qui devrait toujours être conçu dans la forme suivante : *N. episcopus, servus servorum Dei....... in perpetuum.* Dans une petite bulle, au contraire, on rencontrerait *salutem et apostolicam benedictionem*, au lieu de *in perpetuum*. Nous citons la formule *in perpetuum*, comme la plus ancienne ; mais elle a aussi été remplacée par des formules équivalentes, telles que *ad perpetuam, ad futuram, ad æternam rei memoriam*, etc., qui avaient pour but d'imprimer aux décisions renfermées dans la bulle un caractère irrévocable. Les deux espèces de formules qui viennent d'être citées ont été trop souvent confondues pour qu'on puisse y trouver un moyen de distinguer entre elles les grandes bulles et les petites. En présentant cette observation, les Bénédictins ont voulu seulement avertir que l'on rencontrait plus ordinairement la formule *in perpetuum* dans les grandes bulles. Mais pour distinguer ces actes, il faut s'attacher surtout à leur conclusion. Prenons pour exemples deux actes de Pascal II. Ses petites bulles se terminent ordinairement par la date du lieu, du jour, du mois et de l'indiction. « Data Laterani, v Non. Martii, indict. IX. » Voici maintenant la conclusion d'une de ses grandes bulles :

« Scriptum per manum Johannis scriniarii regionarii ac notarii sacri « palatii. »

(Cercle et devise.) « Ego, Paschalis, catholicæ ecclesiæ episcopus, subscripsi. » (Monogramme.)

« Datum Romæ, in porticu beati Petri, per manum Johannis sanctæ Ro-« manæ ecclesiæ diaconi cardinalis ac bibliothecarii, v Kalendas Maii, in-« dict. III, incarn. Dominicæ an. MCX, pontificat. autem domini Paschalis « secundi papæ anno XI. »

Donnons quelques explications sur les divers éléments dont se compose cette citation. La formule *scriptum, etc.*, vient immédiatement après le texte de l'acte, ou du moins elle n'en est séparée que par le mot *amen*, répété dans quelques actes jusqu'à trois fois. Cette formule est consacrée, comme on le voit, à faire connaître le nom et les qualités de l'écrivain de la pièce. Avant Pascal II, elle se termine quelquefois par une date préliminaire, mais qui est moins développée que celle de la formule *datum, etc.* Après la formule *scriptum*, on voit sur une autre ligne la souscription *ego, Paschalis, etc.*, précédée d'un cercle et suivie d'un monogramme. Ces deux figures font partie de la souscription du pape [1]. La première se compose de deux cercles concentriques

[1] Le *fac-simile* n° 7 de la planche XII présente un modèle réduit de ces deux figures.

destinés à recevoir une sentence empruntée au texte des Saintes Écritures, et qui servait de devise au pape. Cette devise était écrite en rond, dans la bande circulaire comprise entre la circonférence du cercle intérieur et celle du cercle extérieur. Avant le premier mot, on voit une croix, qui souvent était la seule partie de la souscription qui fût tracée de la main du pape. Dans la bulle de Pascal II, le plus grand des deux cercles a deux pouces de diamètre, et le plus petit n'a que dix-huit lignes. L'aire ou la surface du petit cercle est traversée par deux diamètres perpendiculaires entre eux, qui forment ainsi quatre quartiers où sont écrits les noms des apôtres S. Pierre et S. Paul et le nom du pape. Dans le quartier supérieur, qui est à gauche, on lit sur la première ligne, SCS (*sanctus*), et sur la seconde, PETRVS. Le même arrangement est observé pour l'inscription renfermée dans le quartier supérieur de droite, et qui est ainsi conçue : SCS PAVLVS. Le quartier inférieur de gauche renferme sur la première ligne les deux premières syllabes du mot PASCHALIS, et sur la seconde, les lettres PP (*papa*). Le quartier inférieur de droite renferme, sur la première ligne, la dernière syllabe du mot PASCHALIS, et sur la seconde, le chiffre romain II. Passons à la seconde figure, c'est-à-dire au monogramme qui complète la souscription, et qui est placé à la suite de la formule *ego, Paschalis, etc.* On aura plus tard occasion de parler des monogrammes ; il suffit, quant à présent, de dire qu'on entend par *monogramme* l'assemblage de plusieurs lettres conjointes et entrelacées de manière à ne former qu'un seul caractère dont les divers éléments, s'ils étaient isolés, représenteraient une portion et le plus souvent la totalité des lettres qui entrent dans la composition d'un ou de plusieurs mots. On trouvera, par exemple, sur la planche qui représente les écritures des diplômes carlovingiens le monogramme du mot *Karolus.* Le monogramme qui se trouve en général sur les grandes bulles des papes n'est pas destiné à reproduire leur nom, mais le mot *Benevalete,* qui fut d'abord écrit en toutes lettres, et réduit ensuite en monogramme, au moins à partir du pontificat de Léon IX.

La dernière formule, commençant par *datum,* n'occupe qu'une seule ligne sur la bulle de Pascal II. Il ne faut pas s'en étonner, parce que plusieurs mots sont abrégés dans l'original, et que d'ailleurs le parchemin de cet acte a un pied et demi de largeur. On voit que cette formule, après avoir énoncé la date du lieu, le nom et les titres de celui qui a délivré la pièce, et qu'on est convenu d'appeler *le dataire,* présente en outre la date du jour, du mois, de l'indiction, de l'incarnation et du pontificat.

Il est facile de comprendre maintenant qu'on ne devrait pas balancer à ranger parmi les grandes bulles un acte qui réunirait les trois formules finales qui viennent d'être citées, quand même le début de cet acte renfermerait *salutem et apostolicam benedictionem*, ou toute autre formule, au lieu de *in perpetuum, ad perpetuam rei memoriam*, etc. La réunion de ces trois caractères n'est même pas nécessaire pour qu'un acte appartienne à la classe des grandes bulles. Il peut se faire, par exemple, qu'un acte ne renferme ni la formule *scriptum*, ni la souscription du pape, et que cependant il se distingue évidemment des petites bulles par une date finale où l'on retrouverait le nom du dataire, l'année de l'incarnation et celle du pontificat, ou, suivant les époques, l'année des empereurs d'Orient ou d'Occident, de leur consulat ou postconsulat, et de l'association de leur collègue ou de leur fils à la dignité impériale[1] : d'un autre côté, il y a une époque à partir de laquelle la date du pontificat cesse de devenir un caractère distinctif des grandes bulles. En effet, sans parler des successeurs de Pascal II qui supprimèrent quelquefois dans les petites bulles la date de l'indiction, et qui, dans certains cas, y substituèrent celle du pontificat, Clément III suivit constamment cet usage dont les actes de ses prédécesseurs ne fournissent que de rares exemples. La date du pontificat devient donc, à partir de cette époque, un caractère commun aux grandes et aux petites bulles; et comme le nom du dataire ne fut pas toujours exprimé dans la formule *datum*, les grandes bulles qui ne renferment pas la souscription du pape ne peuvent plus se reconnaître souvent qu'à la date de l'incarnation : or, depuis la fin du XIIIe siècle jusqu'au pontificat d'Eugène IV exclusivement, cette date devient de plus en plus rare dans les actes des papes; en d'autres termes, le nombre des grandes bulles, dans cet intervalle, est extrêmement limité.

Avant d'arriver aux formes nouvelles qui furent adoptées par Eugène IV, disons quelques mots sur les trois classes de grandes bulles signalées par les Bénédictins, c'est-à-dire sur les *bulles pancartes*, les *bulles priviléges* et les *bulles consistoriales*.

On appelle *bulles pancartes* celles qui, en confirmant quelques donations faites à une église, faisaient l'énumération de tout ce qui s'y trouvait compris,

[1] La date de l'année des empereurs fut employée, pour la première fois, par le pape Vigile, et pour la dernière fois, par Benoît IX. Depuis Charlemagne, la date des empereurs d'Occident avait remplacé celle des empereurs d'Orient. Les années de J. C. furent employées, au moins dès le IXe siècle, et peut-être dès le VIIIe ; mais l'usage n'en devint ordinaire que sous Léon IX. Les premiers exemples de la date du pontificat remontent au VIIe siècle : elle devint de plus en plus fréquente jusqu'au milieu du XIe, époque où elle exclut définitivement la date des empereurs. Mais les années du pontificat étaient comptées, tantôt du jour de l'élection, tantôt du jour du couronnement des papes. Ce dernier usage fut plus généralement suivi, surtout jusqu'au commencement du XIIe siècle. Dans la suite, il devint peut-être plus ordinaire, selon les Bénédictins, de compter les années du pontificat du jour de l'élection ; mais cette règle a souffert des exceptions nombreuses.

et quelquefois même ratifiaient les autres possessions de cette église. La plus ancienne que l'on connaisse fut donnée par Grégoire IV, au IXe siècle. Après le milieu du XIIIe, il est difficile de rencontrer des pancartes revêtues de leurs formalités distinctives ; elles sont extrêmement rares dans le siècle suivant, et depuis l'on n'en découvre plus.

Quand les pancartes joignent à un recensement de biens la concession de certains priviléges, elles rentrent dans la classe des *bulles priviléges,* qui ont pour objet, comme leur nom l'indique, d'accorder une faveur spéciale à une église, à une abbaye, etc.

Les *bulles consistoriales* sont ainsi nommées parce qu'elles étaient données en plein consistoire : elles traitaient des intérêts de la religion et du saint-siége.

Quant aux expressions de *bulles entières, demi-bulles* et *bulles défectives,* elles s'appliquent aux sceaux et non aux actes. Les bulles entières sont empreintes des deux côtés, et représentent d'une part les images de S. Pierre et de S. Paul, et d'autre part le nom du pape. Les demi-bulles, qu'on nomme aussi *bullæ defectivæ* ou *blancæ,* et dont les papes se servaient avant d'être consacrés, ne représentent que l'image des SS. apôtres : elles ont du reste la même autorité que les bulles entières. On appelle *plumbator* celui qui attache le sceau de plomb aux bulles. Le nom de *bulle* se prend aussi dans le sens de *schedula,* cédule, et ne signifie rien de plus alors que *buletta,* bulletin, brevet.

Tout en faisant remonter l'origine des grandes bulles au VIIe siècle, les Bénédictins ne prétendent pas que l'usage en eût dès lors fixé les caractères distinctifs; mais ils signalent dans différents actes l'introduction de telle ou telle formule qui a servi de type à celles que l'on rencontre dans les siècles suivants. Pour connaître plus exactement leur origine et leurs progrès, il faut les étudier dans la série des actes pontificaux. Ce qu'il y a de plus essentiel à connaître à cet égard, se trouve consigné dans la liste alphabétique qui termine la seconde partie de cet ouvrage : quant à présent, nous devions nous borner aux observations qui étaient nécessaires pour faire comprendre la distinction des grandes bulles et des petites[1]. Cette distinction ne peut être appliquée que très-rarement, à partir du pontificat d'Eugène IV qui introduisit indistinctement dans toutes les bulles la date de l'incarnation. Toutefois on doit encore donner le nom de grandes bulles au petit nombre d'actes qui réunissent la devise et la signature du pape.

[1] On a donc négligé quelques détails qui, à certaines époques, se rattachent aux bulles des papes, tels que les signatures des cardinaux, les certificats d'affiche et de publication, la souscription des courriers apostoliques, etc. Ces détails se trouveront dans la liste alphabétique des papes.

§ II. DES BREFS.

Si les bulles proprement dites prirent alors un caractère d'uniformité qu'elles ont conservé dans la suite, d'un autre côté, on voit paraître, à la même époque, une nouvelle espèce d'actes qui ont reçu et qui devaient recevoir une dénomination particulière. Nous voulons parler des *brefs*, dont on fait remonter la première origine au XIIIe siècle, mais dont la forme ne fut réellement fixée que vers le milieu du XVe. Dans cet intervalle les rescrits des papes qui à la formule *N. episcopus, servus servorum Dei,* substituent, *N. papa I, II* ou *III*, etc., paraissent avoir servi de type aux brefs proprement dits, dont tous les caractères se trouvent pour la première fois réunis dans un acte de Nicolas V, qui renferme les passages suivants : « Nicolaus papa V, dilectis filiis « salutem et apostolicam benedictionem. — Datum Romæ, apud S. Petrum, « sub annulo piscatoris, die XV Aprilis MCCCCXLVIII, pontificatûs nostri anno II. »

Le nom de *bref* convient donc aux actes pontificaux dont le début énonce le nom du pape, son rang parmi les prédécesseurs du même nom, et la formule *salutem,* etc. Ces mêmes actes, dans le cours du XVe siècle, furent scellés en cire rouge et de l'anneau du pêcheur (*sub annulo piscatoris*), représentant S. Pierre dans sa barque[1] ; tandis que les bulles proprement dites sont toujours scellées en plomb. La date doit indiquer le jour du mois selon notre calendrier, l'année de l'ère chrétienne en chiffres romains et l'année du pontificat.

Outre la signification toute particulière du mot *bref,* employé pour désigner certains rescrits des papes, les termes suivants : *breve, breves, brevicolæ,* s'appliquèrent d'abord à un acte quelconque de peu d'étendue, puis on finit par faire des brefs très-longs. On appelait ainsi les lettres, jussions, mandements, billets, émanés des rois ou des particuliers : il y avait, par exemple, pour les navires, des brefs de sauveté, de sauf-conduit et de victuailles (*breveti salvationis, salvi conductûs*[2], *victualium*). Une prestation de serment se constatait par un *breve sacramenti ;* l'acte par lequel on commençait une procédure s'appelait *breve originale;* pour ordonner une enquête, on délivrait un *breve inquisitionis,* et le gain d'une cause était constaté par le *breve victoriale.* Ce mot s'employait pour une foule d'autres actes qu'il serait trop long d'énumérer.

[1] Ces détails ne se retrouvent plus sur les actes, parce que l'empreinte servait à cacheter le bref et devait être brisée quand on voulait prendre lecture du contenu.

[2] Les sauf-conduits ou passe-ports s'appelaient aussi *litteræ conductitiæ, conductoriæ, conductiales.*

§ III. DES *MOTUS PROPRII.*

Aux bulles et aux brefs vinrent se joindre, à partir du pontificat d'Innocent VIII, des actes connus sous le titre de *motus proprii* qui devinrent très-fréquents dans le XVIe siècle. La clause *motu proprio* se rencontre tantôt à la fin de l'acte seulement, tantôt au commencement et à la fin; mais comme cette clause se trouve aussi quelquefois, soit dans les bulles, soit dans les brefs, on les reconnaît d'une manière plus certaine à l'absence du sceau de plomb et du sceau de cire rouge, qui étaient remplacés par la signature du pape. Le début des *motus proprii* est le même que celui des brefs; mais la date diffère en ce qu'elle marque le jour d'après le calendrier romain, sans faire mention de l'année de J. C. (Voyez d'ailleurs, dans la liste alphabétique, EUGÈNE IV, NICOLAS V et INNOCENT VIII.)

Tels sont les principes généraux d'après lesquels on a essayé de distinguer les différents actes des souverains pontifes : on ne peut se dissimuler qu'ils ne sont pas toujours confirmés par les faits; mais nous avons dû les reproduire pour donner une idée de la signification que les traités de diplomatique attachent à différents termes fondés sur ces distinctions plus ou moins rigoureuses.

ARTICLE V.

DES INDICULES, DES NOTICES, DES LIBELLES ET DES TESTAMENTS.

On entend par *indiculus* ou *indiculum*[1] toute espèce de notification[2] en forme d'épître : c'est pour cela que ces actes sont appelés indifféremment *littera, litterola, apices, suggestio, suggestiuncula, precationes.* Il y a des indicules de papes, de rois, d'évêques, d'abbés et de seigneurs. On n'en cite qu'un modèle entre simples particuliers. Les instructions que le pape Hormisdas remit à ses légats allant à Constantinople portaient le nom d'*indicule.* C'est sous le même titre que le journal des pontifes romains désigne la profession de foi adressée à S. Pierre par un pape nouvellement élu. On ne voit plus d'indicule en forme d'épître après le IXe siècle, ni d'aucune autre nature depuis la fin du XIe.

Les *notices* sont en général des actes par lesquels on transmet aux personnes intéressées la connaissance d'un fait ou d'un droit. Les notices se distinguaient

[1] Ces mots désignent aussi une liste ou un catalogue.

[2] Les indicules se rapprochent donc des épîtres dites *notoriæ* ou *notariæ*, qui ne sont que des notifications.

jusqu'au IXe siècle par leur préambule : *notitia qualiter et quibus*, et par la qualification de *notice* qui était donnée à l'acte dans le texte même ; mais vers la fin du XIe siècle de véritables chartes sont qualifiées notices, et l'on voit aussi des actes de toute espèce s'approprier les formules *notum, noveritis, nosse debetis*, etc. Le caractère le plus constant des notices c'est qu'on y parle à la troisième personne de ceux qui sont parties dans l'acte. On se servait des notices pour suppléer à des titres qui n'existaient plus ou qui n'avaient jamais existé. Celles de ces notices qui ont reçu le nom de *publiques* parce qu'elles étaient dressées devant le magistrat, ont tous les caractères de l'authenticité. Quand des notices renferment une assertion d'un donataire, elles peuvent emprunter leur autorité du caractère du notaire ou du chancelier, de la notoriété des faits dont il est fait mention, de la présence des témoins, de la ratification du donateur, attestée par une croix, ou par des marques d'investiture telles que des couteaux, des anneaux, des bâtons et autres symboles, en un mot de toutes les circonstances qui peuvent indiquer que la fraude n'était pas possible. Les notices sont quelquefois dépourvues de dates. Dans les premiers temps, les notices étaient souvent de véritables sentences rendues par les magistrats qui constataient le refus ou la prestation du serment, l'absence d'une des parties contre laquelle on donnait défaut, la commutation d'une peine, etc. Les notices, qui étaient très-multipliées dans le XIe siècle, cessèrent d'être en usage vers le milieu du siècle suivant.

Le mot *libelle* est au nombre des termes qui ont une signification très-étendue. Il y avait des libelles d'anathème, de pénitence, de confession, de fidélité, de comparution, d'accusation, de répudiation, de dot, etc. Les libelles de dot désignaient également une constitution de dot et la charte de fondation d'une église, qu'on nommait aussi *dotis, donationis, confirmationis scriptura*, ou *testamentum*, *testamenti scriptura*, et même *sponsalitium*.

Le mot *testamentum* ne signifiait pas seulement un acte de dernière volonté ; jusqu'au commencement du XIIe siècle il s'est pris dans le sens très-étendu de *charte* et de *diplôme :* de là les termes *testamentum venditionis, libertatis*, etc. Quant aux testaments proprement dits, on les désignait non-seulement par le mot *testamentum*, mais encore par les termes de *charta legataria, scriptum legale, gadium, vadium, donatio, traditio, divisio, divisionale, brevis codicillus* ou *breve* seul, *breviarium, descriptio, constitutio, ordinatio*. Plusieurs de ces actes s'annonçaient même comme des testaments nuncupatifs, parce qu'au moyen âge on entendait par là un testament écrit sous la dictée du testateur, ou un acte renfermant la substance des dispositions qu'il avait exprimées de vive voix, tandis que chez les Romains un testament nuncupatif consistait dans une déclaration purement orale faite en présence de témoins. Il ne faudrait pas traduire par *testament* les mots *brevia mortuorum* qui étaient en quelque sorte des lettres de *faire part* dans lesquelles les communautés religieuses se transmettaient les noms des membres qu'elles avaient perdus. Ces actes se nommaient aussi *litteræ currentes, breve pro defuncto, liber rotularis, rotulus, rotula, rollus.* Ce que nous avons dit à propos des brefs des papes indique assez que le mot *breve* et ses dérivés, *brevetus, breviculus, brevicellum,* etc. désignent toute espèce d'actes. Il en est de même de *pitacium, pictaciolum, pittatiuncula,* etc.; *ceda, schedula, cedulata,* etc.; de *documentum, monimentum, monumentum, munimen, pagina, memoriale, titulatio, scriptura, conscriptio, apices, evidentiæ, instrumentum, astrumenta, stromentæ, gesta, rationes, ratiocinia,* et même *orthographium, opus* et *opusculum.*

ARTICLE VI.

DES JUGEMENTS ET DES PIÈCES LÉGISLATIVES.

Placitum, qui désignait sous les deux premières races les assemblées où l'on jugeait les procès, s'est appliqué aussi aux jugements eux-mêmes et enfin à toute espèce de convention et de décision. *Judicium, judicatura, decretum,* outre leur acception ordinaire, ont eu aussi le même sens que le mot *testamentum.* Un jugement était désigné par les mots *sententia, definitio* et *arestum* (ἀρεστὸν, arrêt), de même que par les mots *judicius, judicium, judicatum, litteræ, assisia,* etc. Une sentence arbitrale se nommait *laudum,* titre qu'on donnait aussi aux lettres de représailles.

Les noms donnés aux pièces législatives sont aussi nombreux que variés. *Edictum, lex, sacræ litteræ, constitutum, stabilitum* ou *stabilimentum, statutum, statutio, forma, capitulare, capitulatio, ordinatio, ordinantia, pragmatica sanctio, rescriptum, compositio, autoritas, privilegium, immunitas, emunitas, munitas, præceptum, præceptio, jussio, jussorium, jussoriamen, articuli, adnotatio,* s'employaient dans un sens plus ou moins étendu pour désigner les actes de l'autorité souveraine. On sait qu'en Allemagne la collection des constitutions impériales se nomme *recès* de l'Empire. Une énumération complète de ces différents termes nécessiterait à elle seule un ouvrage spécial.

ARTICLE VII.

DES REGISTRES.

Les *registres* forment une source précieuse de matériaux historiques. L'usage de conserver une collection d'actes en les reproduisant soit intégralement, soit par extraits, remonte au temps des empereurs romains : les registres *pouillés* de nos églises tirent leur dénomination de ces livres de cens (*libri censuales*) qui, dès le IVe siècle, étaient appelés *polyptyci,* et qu'on a ensuite successivement désignés par les mots *politicum, pollegaticum, polectium, pulegium, polegium.* Les registres pouillés de Saint-Germain des Prés et de Saint-Remy de Reims[1] remontent au IXe siècle. On y énumère les rentes, corvées et autres redevances des vassaux de ces abbayes. Les *terriers* (*terreria, terrerii, codices* ou *libri, descriptiones, parcellæ, particulæ*), les *aveux et dénombrements* (*professiones, advocationes*), et les *lièves* ou Mémoires de droits seigneuriaux, ont la plus grande analogie avec les registres pouillés. Les livres d'enquêtes ont été appelés *inventaires, répertoires* (*libri inquestarum, inquisitionales articuli, recognitiones, recordum, recordatio*). Les pièces mises en rouleaux, connues chez les Latins sous le nom de *volumen,* ont été appelées au moyen âge *rotulus, rotula* et *rollus* (rôle). Les rôles avaient plus ou moins de longueur, suivant le nombre de feuilles qu'on rattachait successivement pour les composer. Les rôles des gens de guerre, que devaient fournir les seigneurs à leurs souverains, s'appelaient *monstræ, monstra, monstrationes.* Le mot *rotulus* désigne quelquefois un registre, quelquefois une simple charte.

Les registres des tabellions et des notaires se nommaient *cartularia, inbreviaturæ, protocolla.* Les uns renfermaient les actes en entier; les autres n'en donnaient que l'extrait, ou se bornaient à en reproduire les formules. Les journaux ou mémoriaux étaient appelés *diarium, kalendarium, album, memoranda.* Il ne faut pas confondre ce dernier mot avec les livres dits *memoriales,* et qui étaient des nécrologes.

Loin d'avoir épuisé la matière, nous l'avons à peine effleurée; mais les exemples que nous avons cités suffiront du moins pour prouver, comme nous l'avons déjà dit, que la langue du moyen âge présente une double difficulté, soit lorsqu'elle emploie des mots d'origine ou d'orthographe barbare, soit lorsqu'en se servant d'expressions qui appartiennent à la bonne latinité, elle les détourne de leur signification primitive.

[1] Ce polyptyque a disparu avant le grand incendie du dernier siècle, et le savant éditeur du polyptyque d'Irminon l'a fait rechercher vainement à Châlons et à Reims. (Voy. *Polyptyque* de l'abbé Irminon, publié par M. B. Guérard, première livraison, page 288, note *a*.

CHAPITRE III.

VARIATIONS DES FORMES DE STYLE SUIVANT LE RANG DES PERSONNES. — TITRES ET DIGNITÉS. — NOMS DE FAMILLE.

Si nous avons pensé que la nomenclature des principaux actes appartenant à la diplomatique se mêlait trop souvent à l'étude des actes eux-mêmes pour qu'il nous fût possible de la passer entièrement sous silence, il devient également nécessaire d'examiner rapidement quelques formes de style et quelques usages qui se représentent dans la plupart des anciens monuments historiques. Nous n'avons pas la prétention de traiter en quelques pages une matière aussi vaste; mais ces courts aperçus pourront servir à fixer les points sur lesquels doit s'arrêter l'attention des personnes qui se livrent à l'étude de la paléographie.

§ Ier. VARIATIONS DES FORMES DE STYLE SUIVANT LE RANG DES PERSONNES.

Jusqu'au XIe siècle un roi, un prince, un grand seigneur employaient presque toujours la forme *nos volumus, præcipimus*, au lieu de *ego volo, præcipio:* la première personne du singulier n'était guère usitée que dans les signatures ou dans les matières qui se rattachaient plutôt aux personnes qu'à la dignité dont elles étaient revêtues[1]. Dans les allocutions directes des diplômes, on se servait plutôt de *tu* que de *vos;* le contraire avait lieu dans les lettres. Jusqu'à l'interrègne arrivé après Frédéric II, aucun des empereurs d'Allemagne n'avait fait précéder son nom des pronoms *nos* ou *ego,* quoique cet usage fût suivi par quelques comtes. Les rois d'Espagne l'avaient adopté dès le Xe siècle. En Angleterre c'est par Richard Ier, ou, selon Nicolson, par Jean-sans-Terre que le pronom

[1] Il est bien entendu que cette règle admet des exceptions. Contentons-nous de citer un diplôme de 643 commençant ainsi : « Ego, in Dei nomine, « Rotharis rex, vir excellentissimus, septimus de- « cimus rex gentis Langobardorum, etc. » Les diplômes mérovingiens fourniraient aussi des exemples de l'emploi du pronom *ego*, non pas en tête de l'acte, mais immédiatement après le préambule.

nos fut introduit dans les lettres. Mais, pour tout ce qui se rapporte à l'usage du pluriel et du singulier, les bulles des papes fournissent des exemples beaucoup plus nombreux que les actes des princes. Bien que les papes des quatre premiers siècles se soient conformés en général au génie de la langue latine, qui veut qu'on emploie le pronom *tu* en parlant à une seule personne, ils s'écartèrent quelquefois de cet usage en faveur des patriarches et des évêques les plus considérables. Ce qui n'était d'abord qu'une exception devint leur coutume la plus ordinaire au commencement du Vᵉ siècle, à l'égard des empereurs et des impératrices, et vers le commencement du VIᵉ, à l'égard des grands de l'Empire, des patrices, des sénateurs, des exarques, des ducs, des comtes, etc. Le même usage s'établit vers la même époque pour les rois barbares, et quelque temps après à l'égard des évêques. On n'en faisait alors que rarement l'application à des abbés et plus rarement encore aux ecclésiastiques d'un ordre inférieur. Vers la fin du IVᵉ siècle les particuliers en s'adressant aux papes, avaient commencé à se servir du pluriel plus souvent qu'on ne l'avait fait jusqu'alors; mais l'usage n'en devint général que vers la fin du siècle suivant. Du reste cette forme de langage était devenue habituelle au VIᵉ siècle entre personnes du même rang, à plus forte raison quand on s'adressait à des supérieurs. Les empereurs eux-mêmes s'en servaient quelquefois. Mais on ne doit pas s'attendre à trouver de l'uniformité dans l'emploi de ces formules de politesse : non-seulement un pape terminait une lettre écrite d'ailleurs au pluriel par la salutation *Deus te incolumem*, etc., mais on trouve souvent dans le corps d'une pièce les singuliers mêlés au pluriel. On ne devra pas s'étonner non plus qu'au VIIᵉ siècle Vitalien ait tutoyé des évêques, quand il n'employait pas à l'égard des comtes cette forme de langage dont Martin Iᵉʳ s'abstenait quelquefois en écrivant à de simples particuliers. Dans le siècle suivant, les lettres de Grégoire II et de Grégoire III à Charles Martel réunissent les deux formes de langage; et bien que l'emploi du pluriel soit préféré par la plupart des papes de ce siècle, on rencontre plus d'une exception à cet usage. Dans le siècle suivant, où l'on peut en observer les premiers déclins, les Bénédictins pensent que les papes préféraient peut-être le singulier quand ils voulaient censurer ou faire acte d'autorité. Jusqu'à Nicolas Iᵉʳ les papes s'étaient servis du pluriel en parlant aux empereurs et aux rois; son successeur Adrien II commence à s'écarter de cette coutume. Depuis cette époque on rencontre des papes qui s'y conforment ou s'en écartent alternativement. Vers le commencement du XIᵉ siècle, l'emploi du pluriel devient de plus en plus rare. Les papes l'abandonnèrent pour les rois et les empereurs avant d'y renoncer à l'égard des prélats : deux lettres d'Eugène III à Suger, abbé de Saint-Denis, sont peut-être les exemples les plus récents d'un pape qui ait employé le pluriel en s'adressant à une seule personne. A la fin du XIIe siècle cette forme de langage devient un caractère de fausseté dans les rescrits apostoliques.

Les formules de politesse étaient employées dès les premiers temps et sans qu'on y attachât plus d'importance qu'aujourd'hui, puisque Jean VIII donnait le titre de *sainteté* à un prélat qu'il accusait d'audace et de témérité. Les rois, les ecclésiastiques et les nobles se donnaient dans leurs propres diplômes des épithètes fastueuses[1], qui ne feraient pas honneur à leur modestie si l'on ne devait pas en attribuer le tort à la simplicité des chanceliers et des notaires[2]. Les formules de *d'heureuse, de sainte, de glorieuse mémoire,* quoique réservées ordinairement pour les morts, ont été quelquefois appliquées aux vivants.

§ II. TITRES ET DIGNITÉS.

Jusque sous la troisième race, mais particulièrement sous la première, les fils et les filles de rois étaient qualifiés de rois et de reines. Constance, fille de Louis le Gros, prenait le titre de reine en 1161, quoiqu'elle fût mariée à Raymond comte de Toulouse. Le titre de *seigneur, dom* (*domnus, dominus*) était réservé aux rois[3] et aux bienheureux[4] sous les deux premières races. Ce titre passa ensuite aux princes et aux ecclésiastiques. Au XIIe siècle il était souvent donné aux seigneurs qui auparavant avaient plutôt reçu celui de *senior.* Les mots *roi* et *empereur, règne* et *empire,* ont été souvent employés comme synonymes,

[1] On ne trouve pas en général ces titres dans les suscriptions avant la fin du XIIe siècle.

[2] Les anciennes suscriptions des empereurs romains fournissaient une foule d'expressions fastueuses qui ne purent manquer d'être recueillies par la flatterie et la vanité. C'est ainsi qu'au VIIe siècle les rois de Lombardie et d'Espagne prenaient le titre de *Flavius,* à l'imitation des empereurs. Rien de plus ordinaire, dans les actes impériaux comme dans les inscriptions et les médailles, que les épithètes *pius, felix, augustus, divus, deus, beatus, nobilissimus, invictus, victor, triumphator, maximus, clemens, mansuetus,* etc. Bornons-nous à citer pour exemple de ces formules emphatiques le début de l'édit que Galère Maxime rendit en faveur des chrétiens, et dans lequel il commence par énumérer ses noms, ses titres et ceux des princes qui régnaient alors : « Imperator Cæsar Galerius Valerius Maximianus « invictus, augustus, pontifex maximus, Germanicus maximus, Ægyptiacus maximus, Thebai« cus maximus, Sarmaticus maximus, quintùm « Persicus maximus, secundò Carpicus maximus, « sextò Armeniacus maximus, Medicus maximus, « Adiabenicus maximus, tribuniciæ potestatis XX, « imperator XIX, consul VIII, pater patriæ, procon« sul; et imperator Cæsar Flavius Valerius Con« stantinus pius, felix, invictus, augustus, pontifex « maximus, tribuniciæ potestatis V, imperator V, « consul, pater patriæ, proconsul; et imperator « Cæsar Valerianus Licinianus, pius, felix, in« victus, augustus, pontifex maximus, tribuniciæ « potestatis IV, imperator III, consul, pater patriæ, « proconsul : provincialibus suis salutem. »

[3] Ce titre de *dominus* avait été accordé dès le IIe siècle à l'empereur Sévère.

[4] On réunit ensuite pour les bienheureux les titres de *saint* et de *seigneur;* de là : *Monsieur saint Pierre, madame sainte Anne,* etc.

de même que de simples seigneurs ont été qualifiés de rois. Le mot *sire* a été pendant longtemps accordé à tous les nobles : on a de même étendu l'emploi du mot *prince* qui, dans sa signification la plus étroite, convenait seulement aux grands feudataires jouissant de l'autorité suprême. Pendant que de simples gentilshommes prenaient ce titre, les princes du sang étaient simplement appelés *seigneur du sang* ou *du lis*, ou bien *ceux du lignage du roi*. Le fils d'un roi de France prenait le titre de *filius regis Francorum;* c'est à tort d'ailleurs qu'on a supposé que le titre de *dauphin* avait toujours été porté par le fils aîné du roi depuis l'époque de la cession du Dauphiné.

Au VIe siècle on donnait le titre de *duc* aux gouverneurs des provinces; ceux qui avaient le gouvernement des cités portaient celui de *comte*. Ces dignités devinrent héréditaires sous les derniers rois de la seconde race. Au Xe et au XIe siècle on ne distinguait pas les titres de *ducs, marquis, comte, consul, gouverneur, prince, patron*. La prééminence des ducs ne s'établit que plus tard. Quant au titre de *pair*, voici ce qu'en disent les Bénédictins :

« On appelait anciennement *pairs* tous les vassaux qui relevaient immédiate- « ment d'un grand fief, parce qu'ils étaient égaux en dignité. Ainsi tous les « vassaux immédiats du roi étaient autrefois *pairs* ou *barons* de France, car ces « deux termes étaient synonymes. On rapporte la réduction des anciens pairs du « royaume au nombre de douze entre l'an 1202 ou, si l'on veut, 1204, et l'an « 1216. Dans le cours de cette dernière année les évêques d'Auxerre, de « Chartres et de Lizieux furent considérés comme pairs de France, et donnèrent « en cette qualité des lettres scellées de leurs sceaux. Le nom de *pair*, pour « désigner un seigneur égal à celui qui devait être jugé, fut en usage dès le « Xe siècle, comme il paraît par une lettre d'Eudes, comte de Champagne, écrite « l'an 996 au roi Robert. En 1098 Raymond, comte de Toulouse, étant en « différend avec le prince Boémond, offrit de se soumettre au jugement de ses « pairs, savoir de Godefroy de Bouillon, duc de Brabant, du comte de Flandre « et du duc de Normandie, et à celui des évêques et des autres seigneurs. La « justice des comtes et des autres grands seigneurs fut dès lors exercée par leurs « vassaux les plus qualifiés qui s'appelèrent *pairs*. Ce nom fut donné dans la « suite aux échevins des villes et des communes. Il y avait au XIVe siècle des « *pairs de lettres*, à qui seuls appartenait d'ajourner au parlement les pairs de « dignité. En Angleterre, dès le règne d'Alfred le Grand, toute personne accusée « devait être jugée par ses pairs. Aujourd'hui les ducs, les marquis, les comtes, « les vicomtes et les barons sont pairs du royaume et pairs entre eux; de telle « sorte que le dernier des barons est pair du premier duc. Tout le reste du « peuple est rangé dans la classe des communes qui jugent par douze personnes

« de leur ordre. Tous les évêques d'Angleterre sont pairs sans être ni ducs ni « comtes. Le seul titre de leur évêché leur donne séance au parlement. C'est « par le même titre que les évêques de France se disent depuis longtemps « *conseillers du roi dans tous ses conseils*, et qu'ils ont voix délibérative dans les « lits de justice où ils se trouvent, de même que les grands officiers de la « couronne. »

Parmi les titres de dignité qui étaient en usage sous les deux premières races, il faut distinguer les comtes du palais, qu'on nomma d'abord *comites palatii*, puis, au IXe siècle, *comites sacri palatii*, et, dans le XIe au plus tard, *comites palatini*. La succession des comtés fut autorisée par Charles le Chauve, et c'est depuis cette époque surtout qu'on rencontre le titre de *comte* suivi d'un nom de ville ou de canton. Le titre de *comtesse* ne se rencontre pas avant le VIIIe siècle.

Les marquis, *marchenses, marchisii, marchiones,* furent d'abord les gouverneurs des *marches* ou frontières. C'est au XIIe siècle que l'on commença à désigner sous le nom de *consuls* les magistrats municipaux des villes de quelques provinces; mais ce titre était employé aussi comme synonyme de *comte*, et par conséquent les termes de *proconsul* et de *vicomte* doivent être regardés comme équivalents dans les chartes du XIe et du XIIe siècle.

Le mot *baro* désignait en latin des valets du dernier ordre. Nos premières lois entendent par *barons* des hommes sans distinction; cependant, dès le VIe siècle, les grands du royaume de Bourgogne reçoivent le nom de *baro* ou *faro;* du XIe au XIIIe siècle ce titre acquiert une grande importance, et les rois eux-mêmes le portaient quand ils dépendaient comme vassaux d'un autre roi. Quand le mot *baro* désigne ainsi des vassaux immédiats, il a pour synonyme le titre de *boni homines;* mais la baronnie était aussi une seigneurie souveraine après la royauté, et c'est en ce sens que les barons du royaume étaient mis au rang des princes.

Le terme de *miles*, chevalier, vassal, est un de ceux qui se trouvent le plus souvent dans les chartes; depuis le Xe siècle les souverains eux-mêmes ne l'ont pas dédaigné. Du XIIe au XIVe siècle les écuyers sont souvent désignés par les mots *armiger, scutifer, scutarius, vasletus, varletus*. Le terme de *donzel* ou *damoisel* (*domicellus miles*) fut employé dès l'an 1078, suivant les auteurs de l'Histoire généalogique de la maison de France.

Le titre de *bachelier*, que l'on commence à rencontrer dans quelques chartes du XIIIe siècle, désignait les jeunes gentilshommes qui n'avaient pas encore été reçus chevaliers, et les propriétaires des terres sujettes à fournir un chevalier, un demi-chevalier, un tiers, un quart de chevalier. Ces propriétaires, quand ils parvenaient à la chevalerie, prenaient le titre de *chevaliers-bacheliers*. Les théologiens attachèrent ensuite une grande importance au titre de *bachelier*, qui n'a plus aujourd'hui le même éclat dans nos facultés.

L'établissement des communes au XIIe siècle accrut le nombre des justices municipales, dont les magistrats s'appelaient *consuls, maires, échevins* : on désignait le maire par les termes de *major, villicus* et *præpositus*. Les magistrats de la justice du roi furent désignés par les noms de *sénéchal, bailli* (*ballivus* ou *bajulus*) et *prévôt*. Ces noms remplacèrent ceux de *judices publici, patricii, actionarii, scabini*, etc. Les titres des juges employés dans les diverses juridictions féodales sont trop multipliés pour qu'on puisse en faire ici l'énumération [1].

Quand même le véritable sens des titres de dignité que l'on rencontre dans les actes pourrait toujours être fixé avec une rigoureuse précision, un nouveau genre de difficulté se présenterait plus d'une fois quand il s'agirait d'établir quelle est la personne à laquelle ce titre est appliqué. Un acte ou un manuscrit feront mention, par exemple, d'un roi de France portant le nom de *Louis*, sans indiquer d'ailleurs auquel des rois de ce nom cette mention se rattache. Dans les premiers siècles du christianisme, les princes ne marquaient pas le rang qu'ils tenaient parmi leurs prédécesseurs du même nom : on cite comme l'exemple le plus ancien de cet usage un décret de Grégoire III, au VIIIe siècle. Selon Félibien, Charles le Chauve, dans le siècle suivant, aurait également pris le titre de *Charles III*; on voit ensuite le pape Jean appelé *decimus tertius* dans une bulle de 972; puis, au XIe siècle, ces nombres paraissent sur les sceaux des papes : on les rencontre à la même époque dans des chartes d'évêques. Le mot *junior* signifiait anciennement *secundus*, en sorte que *junior* et *secundus* réunis devenaient synonymes de *tertius*. Au XIIe siècle le titre de *junior* fut donné aux princes qui portaient le même nom que leur prédécesseur immédiat. C'est par suite de cet usage que S. Louis est appelé *Ludovicus junior* dans l'épitaphe de Jean son fils, inhumé à Royaumont. Du reste, les titres de *premier, second*, etc. ne paraissent pas avant le XIVe siècle dans les chartes de nos rois, tandis qu'on les trouve dès le Xe siècle dans les actes des empereurs d'Allemagne [2], et au moins dès le XIIe siècle dans ceux des ducs de Normandie, des rois d'Angleterre et des princes normands d'Italie.

[1] Il est souvent question de jugements rendus devant la porte d'une église ou au pied d'un arbre : ces usages s'expliquent facilement; mais la formule *datum inter duos leones* pourrait embarrasser, si l'on ne savait pas que, pour imiter Salomon, les juges ecclésiastiques avaient donné deux lions pour base à leur siége de justice.

[2] Les empereurs romains avaient suivi un autre usage que nous signalerons en passant. Comme, avant la guerre civile de Jules César, le titre d'*imperator* était décerné aux consuls victorieux, les successeurs d'Auguste se dirent empereurs pour la première, la seconde, la troisième fois, etc., suivant le nombre de leurs victoires.

§ III. DES NOMS DE FAMILLE.

Chez les Français qui habitaient au nord de la Loire et sur lesquels l'influence romaine n'agissait pas aussi puissamment, on ne portait en général qu'un nom. A la fin du xe siècle ou au commencement du xie les surnoms se multiplièrent peu à peu; mais cet usage, qui pour les rois remontait à Pepin le Bref, ne devint général pour les particuliers qu'au xiiie siècle. Il ne s'est pas d'ailleurs introduit à la même époque dans les différentes provinces.

En Languedoc, Guillaume III prit, pour la première fois vers l'an 1030, le surnom de *Montpellier* dont il était seigneur; ce fut également au xi siècle que les nobles commencèrent, dans plusieurs diocèses de la Bretagne, à prendre des surnoms qui étaient tirés ou de leurs terres ou de quelques sobriquets; dans les diocèses de Léon et de Cornouailles, on se contenta, jusqu'à la fin du xiie siècle, de distinguer les personnes d'une même famille en ajoutant à leur nom celui de leur père; les surnoms ne devinrent communs en Bourgogne que vers le milieu du xiiie siècle. Ce sont en général les nobles qui, dans les différentes provinces de la France, ont les premiers adopté cet usage; mais il ne se répandit guère parmi les ecclésiastiques et les moines, quoiqu'on puisse opposer à cette règle des exceptions assez anciennes. Les Bénédictins citent un acte du xie siècle dans lequel quatre moines sont désignés par des surnoms. Archambaud de Sully, archevêque de Tours, et Raynaud de Vendôme, évêque de Paris, furent les premiers qui ajoutèrent, l'un en 986, l'autre en 988, leur nom de famille ou surnom à leur nom de baptême. D'un autre côté, on voit encore au xve siècle plusieurs roturiers qui n'ont pas de surnoms. Au xe siècle et surtout au xi les surnoms sont annoncés par les formules *appellatus*, *cognominatus*, *nuncupatus*, *vocatus*, ou *qui vocor*, *qui vocatur*, *qui vocabatur*, etc. L'usage des surnoms remonte à une haute antiquité chez les Danois, les Flamands et les Islandais. On en rencontre quelques exemples au viiie siècle chez les Anglo-Saxons, au xe en Italie, au xie en Espagne. Dès le xiie siècle les surnoms des familles nobles étaient devenus communs en Allemagne; mais il est bon de savoir que les nobles d'un rang inférieur emprun-

C'est ainsi que Galère Maxime prit le titre d'*empereur pour la dix-neuvième fois*. Quant au titre de *César*, après avoir été jusqu'à Néron un nom de famille, il devint un titre de dignité, et passa aux fils des empereurs et à leurs successeurs désignés.

Les rois latins de Jérusalem marquaient leur rang en tenant compte de tous leurs prédécesseurs. Les Bénédictins citent pour exemple le commencement d'une charte du xiiie siècle : « In nomine sancte, etc. Ego Johannes, Dei gratiâ « Latinorum Hierusalem rex decimus et comes « Brennensis, notum facio, etc. »

taient souvent le surnom de leur suzerain. Cet usage, du reste, n'est pas particulier à l'Allemagne; on le retrouve aussi en Écosse et en Italie. Dans le principe, les vassaux croyaient sans doute rendre hommage à leur suzerain en lui empruntant son nom; mais dans la suite la vanité expliqua cette communauté de nom par des relations de parenté; de là vient qu'aujourd'hui il est assez difficile, dit-on, de rencontrer une famille roturière dans certaines contrées de l'Europe.

Puisque les nobles se qualifiaient ordinairement du nom des lieux soumis à leur dépendance, le partage d'une succession, une vente, une acquisition, pouvaient faire prendre des noms nouveaux aux membres d'une même famille et quelquefois à une même personne. Par la même raison les femmes pouvaient n'avoir que des noms de baptême. Quelquefois elles prenaient le nom de leurs maris; au commencement du XIIIe siècle cet usage était consacré pour les veuves de la haute noblesse. Les surnoms deviennent une source de graves difficultés quand la même personne est désignée sous des noms différents. Or c'est un usage dont on rencontre plus d'un exemple. C'est ainsi qu'au XIe siècle on donnait indifféremment les noms de *Eusebius* et de *Bruno* à Eusèbe, évêque d'Angers, et ceux de *Hugo* ou de *Paganus* à Hugue, XXXVIIIe évêque du Mans. Les surnoms s'écrivirent d'abord en interligne au-dessus du nom propre; plus tard on les écrivit à la suite; mais il ne faut pas confondre avec des surnoms les noms dont l'orthographe était altérée. La difficulté d'écrire en latin des noms celtiques ou germains a fait souvent désigner la même personne sous des noms en apparence différents et qui n'étaient que des traductions plus ou moins exactes d'un même mot. C'est ainsi que les mots *Athicus, Adalricus, Ethico, Chadicus*, etc. désignent *Ethich, Edich* ou *Etichin*, duc d'Alsace. Nous avons déjà eu occasion de citer des exemples analogues dans un des chapitres précédents.

La coutume de changer les noms des évêques à leur ordination remonte à une époque fort reculée. En effet D. Martenne en cite plusieurs exemples depuis l'an 696 jusqu'à la fin du XIe siècle. Cet usage, tombé depuis en désuétude chez les évêques, a été conservé par les papes, qui ne l'avaient adopté qu'à une époque plus récente. Le Nouveau Traité de diplomatique cite à cette occasion le passage suivant emprunté au *Journal des Savants* du mois d'octobre 1733 : « Les écrivains sont fort partagés sur la cause du changement de nom « des papes. Fra Paolo l'attribue aux Allemands qui ont été élevés au pontificat, « et dont les noms étaient rudes et mal sonnants aux oreilles italiennes; cou« tume, ajoute-t-il, que les papes ont depuis gardée pour marquer qu'ils « changeaient leurs affections privées en d'autres plus nobles. Platine prétend

« que Sergius II a le premier changé de nom parce qu'il s'appelait Gratien de « Porc. Baronius se moque de cette raison et attribue le changement dont il « s'agit à Sergius III qui, se nommant Pierre, refusa par humilité de porter le « nom du prince des apôtres. Onuphre croit que Jean XII, qui auparavant « s'appelait Octavien, prit le nom de Jean parce que celui d'Octavien lui parut « trop tenir du gentilisme. D'autres prétendent que ce changement de nom « des papes n'a été introduit que pour imiter S. Pierre, qui s'appelait Simon « avant que Notre-Seigneur l'eût appelé Céphas. » « M. Fleury, ajoutent les « Bénédictins, croit que Sergius IV, couronné l'an 1009, est le premier que « l'on trouve avoir changé de nom, soit par respect pour S. Pierre, soit parce « qu'il se nommait *Bucca porci*, bouche de porc, comme Ditmar le témoigne. « D. Mabillon fait remonter le changement de nom jusqu'au pape Adrien III, « qui se nommait Agapit. Au xe siècle Serge III, Jean XII et Jean XIV, « Grégoire V et Silvestre II, changèrent de nom après leur élection. Au siècle « suivant ce changement passa en coutume, du moins après le pontificat de « Benoît IX; depuis ce temps-là, à l'exception de Marcel II qui retint son nom, « tous les papes ont changé le leur. » Outre l'exemple de Marcel II, les auteurs de l'Art de vérifier les dates citent celui d'Adrien VI, qui, en conservant son nom, s'écarta d'un usage établi depuis plusieurs siècles.

CHAPITRE IV.

INVOCATION, SUSCRIPTION, SALUT, PRÉAMBULE. — IMPRÉCATIONS, PEINES PÉCUNIAIRES, SALUTATION.

On sait que les traités de rhétorique distinguent avec soin les différentes parties d'un discours et le but qu'elles se proposent. Les traités de diplomatique ont appliqué aux chartes des distinctions du même genre que nous allons parcourir successivement. En isolant ainsi les différentes parties dans lesquelles peut se décomposer un diplôme, on arrive à en faire une étude plus facile et plus complète. Nous nous occuperons d'abord des formules initiales des chartes, c'est-à-dire de l'*invocation,* de la *suscription* à laquelle se rattache le *salut,* puis du *préambule.* Nous parlerons ensuite de quelques-unes des formules finales, telles que les *imprécations*, les *amendes* et la *salutation*, réservant pour un autre chapitre celles de ces formules qui ont spécialement pour but d'assurer l'authenticité d'un acte.

ARTICLE I.

DES FORMULES INITIALES.

§ Ier. DE L'INVOCATION.

Quoique l'invocation se rencontre quelquefois dans le corps et même à la fin des actes, cependant c'est en tête des chartes qu'on la trouve le plus souvent. L'invocation est tantôt une formule expresse par laquelle ceux qui sont parties dans un acte réclament le témoignage ou la protection de Dieu ou des saints, tantôt c'est un monogramme dont la figure énigmatique représente, d'une manière plus ou moins obscure, quelques-unes des lettres dont se compose l'invocation expresse. Comme exemple d'invocations expresses, on peut citer les formules suivantes[1] : « In nomine Dei, in nomine Domini, in nomine Christi, in

[1] La constitution par laquelle Justinien confirma ses Institutes commence par l'invocation : « In « nomine Domini nostri Jesu Christi. »

« nomine sancti Salvatoris, in nomine Dei æterni et salvatoris nostri Jesu Christi, « in nomine summi et æterni salvatoris Domini nostri Jesu Christi, in nomine « summæ atque eximiæ Trinitatis *ou* sanctæ et individuæ Trinitatis, Patris et Filii « et Spiritûs sancti, nec non B. Mariæ Virginis, *ou* S. Michaelis archangeli, « S. Stephani protomartyris, S. Sepulcri Domini nostri Jesu Christi. » Les formules d'invocation de la sainte Trinité se présentent souvent dans les diplômes des rois d'Espagne sous la forme suivante : « In nomine Domini qui est trinus « et unus Pater et Filius et Spiritus sanctus, » ou bien : « In nomine Patris et Filii et « Spiritûs sancti ab utroque procedentis. » Un diplôme d'Alphonse VI, au XIe siècle, présente une des invocations les plus diffuses qu'on puisse rencontrer : « In « nomine Domini opificis rerum, creantis et regentis, transcendentis, circum- « plectentis, incircumscripti adque invisibilis Dei, Patris scilicet et Filii et Spi- « ritûs sancti, regnantis in eternum et ultrà, cujus regnum, etc. »

Quand au contraire on voulait représenter l'invocation sous une forme abrégée, on employait souvent le monogramme de Jésus-Christ qui se composait des caractères grecs XP suivis des lettres latines S, I, O, M, suivant que l'on voulait exprimer *Christus, Christi, Christo* ou *Christum.* On se servait aussi du X seul ou du X traversé par le P[1]. Quelques copistes ont traduit à tort cette conjonction de lettres par le mot *pax.* Les lettres IHS, IS ou IC doivent se traduire par *Iesus.* L'H est l'*êta* grec ; quant à la lettre C, elle se rencontre souvent pour le Σ, surtout dans les inscriptions. Ces monogrammes sont souvent accompagnés des lettres A et Ω, symboles de l'éternité (*principium et finis*). On se contentait aussi d'exprimer l'invocation par une croix qui était souvent assez mal formée pour que les savants n'y aient vu qu'un Y. Mais parmi les invocations abrégées il n'en est pas qui aient plus embarrassé les antiquaires que celles qui consistent dans les traits entortillés qu'on voit en tête des diplômes de nos premiers rois[2], et dont on trouvera des exemples dans le *fac-simile* des chartes de Clovis II, de Pepin le Bref et de Louis le Débonnaire. Plusieurs savants n'y ont vu que des signes arbitraires. Les Bénédictins y reconnaissent toujours la lettre I, quelquefois des X, des N, et d'autres lettres qui font partie des formules ordinaires. En résumé, ils pensent que si on ne peut toujours les déchiffrer complétement, il est impossible de ne pas voir une invocation cachée dans ces caractères qui ont toujours entre eux assez d'analogie pour qu'on puisse être assuré qu'ils n'étaient pas purement arbitraires. On cessa en

[1] On fait remonter le premier emploi de ce monogramme à Constantin, qui, après l'avoir fait broder sur un étendard, l'employa dans ses diplômes.

[2] Ces invocations sont aussi répétées avant leurs signatures. Les dates renferment souvent une invocation expresse : « In Dei nomine feliciter, amen. »

général d'employer ces invocations depuis le commencement du XIIe siècle : on en trouve cependant quelques exemples jusqu'au XIVe. Quant aux invocations expresses, elles se sont toujours maintenues dans un grand nombre d'actes ecclésiastiques et même dans plusieurs actes séculiers. En effet, quoique ce caractère manque à un grand nombre de chartes royales du XIIIe siècle, on le trouve dans la plupart des diplômes solennels, qui se distinguent d'ailleurs par l'indication des années du règne et de l'ère chrétienne, par l'apposition du sceau et du monogramme, enfin par la présence des grands officiers de la couronne. Dans le XIVe et le XVe siècle les actes notariés commencent ordinairement par des invocations. Il en est de même des testaments. Celui de Marie de Craon en 1317 en fournit un exemple : « En nom dou Pere et dou Fils et dou « saint Esprit, amen. Neus, etc. » Un autre testament de 1382 commence ainsi : « Ou nom de la sainte souveraine et indivise Trinité, le Pere, le Fils et le saint « Esprit, amen. Je Jean Lessile, etc. » L'acte de cession de l'empire de Constantinople, dressé en 1494, commence également par une invocation. (Voy. dans la liste alphabétique des princes souverains, l'article de Charles VIII.) Enfin les manuscrits débutent souvent par ces formules de dévotion, comme le prouve le commencement de l'Histoire de la croisade contre les Albigeois par Guillaume de Tudela :

El nom del Payre e del Filh e del Sant Esperit
Comensa la cansos que maestre W. fit.

§ II. DE LA SUSCRIPTION.

De nos jours on entend par *suscription* l'adresse d'une lettre; mais ce terme désigne en diplomatique cette partie d'un acte qui vient ordinairement après l'invocation et qui renferme le nom et les qualités de celui qui parle, le nom et les qualités de la personne à qui l'acte s'adresse, et les souhaits ou le *salut* qui terminaient souvent cette formule. Des souhaits du même genre se répétaient aussi à la fin de l'acte : on est convenu de donner à ces derniers le nom de *salutation*. Après la suscription, vient le *préambule* qui consiste en général dans le développement d'une vérité morale ou religieuse, ou dans quelques réflexions qui se rattachent plus ou moins à la matière même de l'acte. Comme ces préambules étaient presque toujours des lieux communs, on rencontre souvent la même formule en tête de plusieurs chartes : souvent aussi on les supprimait entièrement; mais on était tellement habitué à entrer en matière par un des mots *itaque, igitur, enim,* qui venaient ordinairement comme conséquence du préambule, que, malgré la suppression de ce préambule, on conservait quelquefois ces particules conjonctives, qui se trouvaient ainsi placées au commencement d'un acte. Le préambule est suivi de l'exposition du fait, puis de la conclusion, et en dernier lieu des formules finales. L'ordre que nous venons d'indiquer pour les différentes parties d'une charte est le plus ordinaire parce qu'il est le plus naturel; mais on rencontrera un grand nombre d'actes dans lesquels il est interverti : il arrive souvent, par exemple, que le préambule renferme ou précède, soit l'invocation, soit la suscription.

Ce n'est qu'au xe siècle que les papes, dans leurs suscriptions, ont suivi presque invariablement l'usage de placer leur nom avant celui des personnes auxquelles ils s'adressent. Dans les siècles antérieurs ils se nommaient tantôt avant, tantôt après. Ces variations ont pu d'abord tenir au hasard; mais il est bien positif que dans la suite il était d'usage de ne pas donner à son nom la première place dans la suscription, à moins qu'on n'écrivît à un inférieur. Ce fait est prouvé par le passage suivant d'une lettre d'Héloïse à Abailard.

« Miror, unice meus, quòd præter consuetudinem epistolarum, imò contra « ipsum ordinem naturalem rerum, in ipsâ fronte salutationis epistolaris me « tibi præponere præsumpsisti, fœminam videlicet viro, uxorem marito, an- « cillam domino, monialem monacho et sacerdoti, diaconissam abbati. Rectus « quippe ordo est et honestus ut, qui ad superiores vel ad pares scribunt, « eorum quibus scribunt nomina suis anteponant. »

Du ve au viie siècle les empereurs se donnèrent ordinairement le premier rang dans les suscriptions des actes qu'ils adressaient aux souverains pontifes. Adrien IV, au xiie siècle, reprocha à l'empereur Frédéric Barberousse d'avoir suivi cet ancien usage.

Depuis la fin du ve siècle la qualification de *fils* fut presque toujours employée par les papes à l'égard des empereurs, des rois[1], des princes, des grands, des ecclésiastiques du second ordre, et même des prêtres, quand ils leur avaient conféré l'ordination, ou qu'ils les regardaient comme faisant partie du clergé romain. Si ces prêtres appartenaient à une autre église, ils les traitaient plutôt de *frères*. Ce dernier titre fut presque toujours en usage pour les évêques. La locution, *votre fraternité*, devenue un peu plus rare au vie siècle, reprit le dessus après le xe et surtout après le xie.

Cette qualification de *fils* à l'égard des souverains fut accompagnée des épithètes de *très-clément*, *très-pieux*, *très-glorieux*, etc. En général, les papes employèrent jusqu'au ixe siècle pour les empereurs la formule suivante, sans y faire de changements notables : « Domino piissimo et serenissimo vi-

[1] Plusieurs évêques les ont qualifiés de la même manière.

« ctori ac triumphatori filio, amatori Dei et Domini nostri Jesu Christi ill.[1] « augusto, etc. » Leur suscription pour les impératrices était ainsi conçue : « Dominæ piissimæ ill. filiæ augustæ. » Pour les rois, les exarques et les patrices, ils employaient les titres suivants : « Domino excellentissimo atque præ- « cellentissimo filio ill. patricio *ou* regi. » Cependant ils refusèrent quelquefois le titre de *fils* aux princes qui n'étaient pas chrétiens.

Le titre de *très-chrétien* avait été, dès le IVe siècle, donné à l'empereur Gratien par saint Ambroise. Il fut, dit-on, accordé à Clovis dans le testament de saint Remi. La même qualification fut donnée à Charles Martel par Grégoire III, puis à Pepin par les papes Étienne et Paul. Accordée communément à nos rois pendant le XIIe siècle, elle leur était devenue propre longtemps avant que Paul II s'obligeât solennellement à la leur réserver.

S. Sirice est peut-être le premier pontife romain qui ait pris la qualification de *pape*. Plusieurs de ses successeurs, au Ve siècle, la firent entrer, quoique rarement, dans leurs suscriptions : mais celle d'*évêque* était plus ordinaire. Dans le siècle suivant, le mot *episcopus* était souvent suivi de quelques additions, telles que *ecclesiæ catholicæ* ou *sanctæ ecclesiæ catholicæ urbis Romæ*. Dans le même siècle S. Grégoire Ier introduisit la célèbre formule *episcopus, servus servorum Dei*, sans l'employer lui-même ordinairement. Elle devint déjà fréquente au VIIe siècle et à peu près uniforme pendant le cours du siècle suivant, surtout dans les priviléges : il en résulta que le titre de *pape* parut plus rarement. Depuis cette époque le nombre des actes pontificaux qui ne renferment pas cette formule devient de moins en moins considérable. A partir du XIIIe siècle on la trouve partout, excepté dans quelques bulles, d'où les brefs proprement dits semblent avoir tiré leur origine, et dont la suscription consistait dans le nom du souverain pontife suivi du mot *papa* et du chiffre qui fixe son rang parmi les papes du même nom. Nous avons indiqué ailleurs la forme qui caractérise ces rescrits apostoliques, et l'époque où elle a été fixée définitivement.

Les actes du VIIe siècle fournissent les suscriptions suivantes : « Domino « sancto et beatissimo patri patrum ill. papæ famulus vester ; Domino sancto « merito apostolico et divinâ benedictione decorato ill. papæ patrum, summæ « sedis præsuli. » Mais tandis que beaucoup d'actes conservaient la formule plus simple de « Domino beatissimo papæ, » d'autres en inventaient de nouvelles,

[1] L'abréviation *ill.* destinée à remplacer l'un des cas du pronom *ille*, a été employée pendant longtemps pour remplacer un nom propre. Dès le IXe siècle on trouve des exemples de la lettre *N* substituée au pronom *ille;* mais ce n'est guère qu'au XIVe siècle que l'usage de cette lettre devint général.

au nombre desquelles se fait remarquer celle qui suit : « Domino meo sanctissimo et ter beatissimo ill. summo pontifici seu universali papæ, etc. » On voit que ces formules attestent déjà l'influence naissante des souverains pontifes. Dans la suite on ne cessa pas de leur prodiguer les titres les plus magnifiques. Cependant il ne faut pas croire que ces formes de langage leur aient toujours été spécialement consacrées : les évêques reçurent pendant longtemps les mêmes qualifications. Nous voyons d'ailleurs que ces prélats, particulièrement jusqu'au milieu du ve siècle, donnèrent souvent aux papes le simple titre de *frère*[1] : il est vrai que, depuis longtemps, ils l'accompagnaient d'épithètes honorifiques. Bientôt ils leur accordèrent les qualifications de *père* ou de *pape*. Les ecclésiastiques du second ordre, en écrivant au pape, l'appelaient *père des pères, pape des pères, prélat du suprême siége apostolique.* Mais les titres de *pape, père des pères, souverain pontife, prêtre suprême, prince des prêtres, évêque des évêques, archevêque,* furent prodigués longtemps à de simples évêques[2]. Leur dignité fut aussi qualifiée de *siége apostolique.* On voit que ces dénominations honorifiques peuvent causer plus d'un malentendu, puisqu'il n'en est pas une seule qui n'ait été aussi donnée aux papes. Il en est de même du titre d'*episcopus urbis Romæ* ou *sanctæ Romanæ ecclesiæ,* qui fut pris par les évêques suffragants de Rome. Adrien Ier restreignit aux primats les titres de *prince des prêtres* ou *des pontifes,* et de *souverain prêtre.* Ceux de *métropolitain* et d'*archevêque*, de *præsul, antistes, prælatus*, ne furent pris qu'au IXe siècle par les archevêques de France, quoiqu'ils eussent été accordés depuis longtemps même à des évêques, notamment par plusieurs papes du IVe siècle. Dans les premiers temps, les évêques prenaient le simple titre d'*episcopus,* souvent même leurs suscriptions ne renferment que leurs noms. La qualification d'*évêque par la grâce du siége apostolique* ne fut guère employée avant la fin du XIIIe siècle; elle remplaça celle d'*évêque par la miséricorde divine* ou *par la grâce de Dieu,* et ne devint ordinaire que dans le cours du XIVe siècle. Parmi les autres titres qui furent pris par les évêques, nous citerons ceux de *sacerdos, presbyter, servus servorum Dei, humilis, indignus* ou *peccator episcopus*[3]. Plusieurs d'entre eux prirent la qualité de *vicaires* des saints titulaires de leurs églises. Au XIe et au XIIe siècle les évêques choisis dans les ordres monastiques conservaient sou-

[1] Ils continuèrent dans la suite, quoique plus rarement, à leur donner cette qualification. Au IXe siècle les papes s'en plaignirent, mais ils ne cessèrent pas d'appeler les évêques leurs *frères* et même leurs *confrères.*

[2] Le titre de *vicaire de S. Pierre,* affecté aux papes pendant six ou sept cents ans, fut étendu aux évêques dans le XIIe siècle. En revanche, celui de *vicaire de J. C.* qu'on avait donné aux évêques, aux abbés et aux rois, sembla, depuis le XIIe siècle, plus particulièrement réservé aux papes.

[3] La suscription *peccator episcopus* est très-ordinaire au VIe et au VIIe siècle.

vent le titre de *frère*. La formule *vocatus episcopus* était employée par les évêques de France avant leur sacre. Au VIIIe siècle le nom d'*évêque* fut donné non-seulement aux chorévêques, mais encore à des abbés et à des prêtres. D'autres expressions pourraient encore donner lieu à des équivoques ; ce sont celles de *sacerdos cardinalis* et de *cardinatus*, qui furent appliquées à des curés, à des prêtres ou à des moines, au moins jusqu'au XIIIe siècle.

Une lettre de S. Boniface, archevêque de Mayence, adressée au pape Zacharie pendant le VIIIe siècle, montre jusqu'où pouvait aller la prolixité des suscriptions : « Reverentissimo patri, dilectissimo domino, cum timore et tremore venerando magistro, apostolici honoris privilegio prædito, pontificatûs infulâ apostolicæ sedis sublimato Zachariæ, Bonifacius exiguus servus vester, licet indignus et ultimus, tamen legatus Germanicus devotissimus, optabilem in Christo immarcescibilis caritatis salutem. » A côté de ces expressions, *exiguus*, etc., dictées par l'humilité chrétienne, il n'est pas rare de rencontrer les qualifications de *très-heureux, révérendissime, vénérable*, etc., prises par les prélats dans la suscription de leurs actes. On trouve les unes et les autres réunies dans la suscription d'une charte de Jean, évêque de Sisteron, en 812 : « Johannes episcopus, servus servorum Dei, in sanctimoniis perspicuus et in omnibus rebus ditissimus, ac peritissimus in omni opere et sermone, coram Deo et hominibus. » C'est ainsi que l'évêque de Clermont, en 945, prend les titres de *præsul eximius et humillimus*. Mais quoiqu'au Xe siècle bien des prélats aient commencé à recevoir comme seigneurs temporels les titres les plus fastueux, tels que ceux de *sérénité*, de *majesté*, etc., cependant la plupart d'entre eux continuèrent à se servir des formules les plus humbles : il en fut de même dans les deux siècles suivants. Ce qui peut caractériser le XIIe siècle, c'est que les invocations sont moins fréquentes. Elles deviennent plus rares encore au XIIIe. Les titres des suscriptions sont moins prolixes et moins fastueux. Les noms propres ne sont ordinairement indiqués que par la lettre initiale. On peut réduire à cinq formes principales, qu'on retrouve à peu près les mêmes dans le XIVe siècle, les débuts des actes ecclésiastiques : 1° une invocation[1] accompagnée de la suscription et de la date; 2° les prénoms *ego* ou *nos*, suivis d'une simple suscription; 3° les formules *notum sit, noverint*, ou plus ordinairement les mots *universis* ou *omnibus*, etc., suivis de *salutem* ou *pateat, notum sit;* 4° les dates suivies de la suscription; 5° un préambule fort court, suivi de la suscription. Au XVe siècle quelques prélats prirent les titres des seigneuries et des châteaux appartenant à leurs églises. Les archevêques de Rouen se qualifièrent *primats de Normandie*, depuis que l'indépendance de

[1] Cette forme est plus rare que les autres.

leur siége eut été décidée à Rome en 1455. Quand les ecclésiastiques dressent eux-mêmes leurs actes, ils emploient des formules différentes de celles qu'on rencontre dans les chartes qu'ils font rédiger par les notaires publics. Les actes ecclésiastiques, passés devant des notaires apostoliques et impériaux, commencent ordinairement par une courte invocation, suivie de la suscription et de la date. Dans le siècle suivant, les formules restent les mêmes. Nous devons faire remarquer seulement que le style de la juridiction ecclésiastique devait avoir plus de fixité, puisque la compilation composée en 1431 par Henri d'Avaugour, archevêque de Bourges, avait été imprimée en 1499, par les soins de l'archevêque Guillaume de Cambray. Une seconde édition de cet ouvrage, revue par le cardinal de Tournon, parut en 1527; et après la réforme du concile provincial de Bourges en 1584, Jean Chenu la publia avec des commentaires, sous le titre de *Stylus jurisdictionis ecclesiasticæ archiepiscopalis*, etc.

Les suscriptions des rois de la première race étaient ordinairement dans la forme suivante: *N. Francorum rex, vir inluster;* cette forme se maintint pendant une partie du règne de Charlemagne. « A commencer par Louis le Débonnaire, « disent les Bénédictins, les empereurs, rois et princes d'Occident ont très-« fréquemment employé à la tête de leurs titres : *Divinâ ordinante, propitiante,* « *annuente, favente* ou *præordinante providentiâ, misericordiâ* ou *clementiâ, imperator* « *augustus, rex* ou *dux,* etc.; ce qui n'empêche pas qu'on ne fît usage des for-« mules *Dei omnipotentis misericordiâ, Dei misericordiâ, Dei clementiâ, divinæ provi-* « *dentiæ clementiâ, gratiâ Dei,* formule qui dans la suite a prévalu en France sur « toutes les autres. Mais, un peu après le milieu du IXe siècle, les empereurs « français, et depuis, les Allemands à leur exemple, affectèrent plus particulière-« ment cette formule : *Divinâ favente clementiâ.* Nos empereurs, à l'imitation de « ceux de Constantinople, prenaient les titres d'*invincibles* et de *pacifiques.* « Quelques-uns de nos rois s'attribuèrent aussi les mêmes qualités : on en vit « y ajouter celles d'*inclytus,* de *gloriosissimus,* de *clementissimus,* de *semper augustus.* »

Avant le XVe siècle on n'attachait aucune idée d'indépendance ou de droit divin à la célèbre formule *par la grâce de Dieu, Dei gratiâ, Dei dono, Dei nutu,* etc. Rois, nobles, ecclésiastiques l'employaient par un sentiment de dévotion et d'humilité chrétienne. Pepin le Bref est le premier de nos rois qui en ait fait usage; mais elle n'a été définitivement adoptée que sous la troisième race. Charles VII l'interdit en 1442 au comte d'Armagnac, obligea en 1449 le duc de Bourgogne à déclarer qu'elle ne portait point préjudice aux droits de la couronne de France, et dans la suite les souverains se l'attribuèrent exclusivement : les évêques toutefois l'ont conservée en y ajoutant souvent *et apo-*

stolicæ sedis gratiâ. Cette dernière formule n'est pas antérieure à la fin du XIIIe siècle.

On cite une suscription du roi Robert, où il prend le titre de *Franciæ rex:* cet exemple est peut-être unique pour cette époque. Le même titre reparaît dans un diplôme de Louis le Gros : il fut également pris par Philippe-Auguste. Au XIIIe siècle *Francorum rex* était employé dans les actes latins, et *roi de France* dans les actes en langue vulgaire : cette distinction peut s'appliquer aux deux siècles suivants; cependant on rencontre *Franciæ rex* dans plusieurs actes latins. Louis XII et François Ier prirent, dans leurs diplômes latins, le titre de *Francorum rex,* qui se maintint encore sur les sceaux de quelques-uns de leurs successeurs.

« A la formule *in perpetuum*, disent les Bénédictins, les anciens rois d'Angleterre joignaient tantôt *Domino nostro J. C.*, tantôt *omnipotente Deo et Domino nostro J. C.;* à quoi ils ajoutaient encore *ac cuncta mundi jura justo moderamine regenti* et autres expressions semblables : venait ensuite leur nom précédé d'*ego.* » Mais le plus souvent ils mettaient en tête leurs noms et ceux des peuples qui leur étaient soumis, ou bien ces noms étaient précédés de *largiente Dei gratiâ, potentiâ regis sæculorum æternique principis* et autres formules analogues. D'ailleurs, pour tout ce qui se rattache aux formules diplomatiques des papes, des empereurs et des rois de France, de Germanie, d'Italie et d'Angleterre, on peut consulter la liste alphabétique de ces princes. Nous devons nous borner ici à indiquer un petit nombre d'exemples des formules qu'on employait dans les diplômes royaux des autres pays.

Citons d'abord quelques-unes des suscriptions que les Bénédictins ont rencontrées dans les diplômes des rois d'Espagne. Au XIe siècle, un diplôme du roi Sanche commence ainsi : « Ad honorem summi et æterni regis Patris et Filii et Spiritûs sancti. Hoc est privilegium quod ego Sancius Ranimiri regis filius, non meis meritis sed solâ Dei omnipotentis miseratione Aragonensium et Montisonis rex, facio ad monasterium S. Salvatoris Legerensis. » Il ne montre pas moins d'humilité dans le corps du diplôme : « Nunc igitur ego, humillimus servorum Dei servus, dono Dei Sancius rex, etc. » On lit en tête d'un diplôme donné, en 1085, par Alphonse VI : « In nomine Domini, qui est trinus et unus, Pater et Filius et Spiritus sanctus. Ego Alphonsus Dei gratiâ totius Hispaniæ imperator. » Le monogramme de J. C., l'alpha et l'oméga, et des croix de diverses formes se trouvent en tête des diplômes des rois d'Espagne, et sont en outre suivis d'invocations formelles, telles que : « In nomine Domini, amen; in nomine Patris et Filii et Spiritûs sancti ab utroque procedentis; in nomine sanctæ et individuæ Trinitatis et beatæ Mariæ. » Alphonse VIII, roi de Castille, prend le même titre dans un diplôme de 1156 : « Ego Adefonsus « Dei gratiâ tocius Hyspaniæ imperator. » Dans la souscription, chacun de ses fils s'intitule *Rex filius imperatoris*. Au XIIIe siècle on trouve souvent le titre de *roi* suivi de l'énumération des pays soumis à l'autorité du prince qui délivre le diplôme : on peut en juger par les exemples suivants : « 1° Notum sit tàm « præsentibus quàm futuris, quòd ego Adelfonsus Dei gratiâ rex Castellæ et To- « leti, dominus Vasconiæ, unà cum uxore meâ Alienor reginâ, etc. ; 2° Jacobus « Dei gratiâ rex Aragoniæ, comes Barchinonæ et dominus Montis Pessulani, « dilectis suis universis baronibus, militibus, etc. ; 3° per presens scriptum tàm « presentibus quàm futuris notum sit ac manifestum, quòd ego Ferrandus Dei « gratiâ rex Castelle et Toleti, Legionis et Galliciæ, unà cum uxore meâ Beatrice « reginâ et cum filiis meis Alfonso, Frederico, Ferrando et Henrico, ex assensu « et beneplacito regine domine Berengarie genitricis mee, facio cartam dona- « tionis, etc. » Dans ce dernier diplôme le monogramme de J. C., accompagné de l'alpha et de l'oméga, est enfermé dans un cercle de deux pouces de diamètre. L'énumération des pays soumis à l'autorité de Henri II est encore plus étendue dans un diplôme en langue vulgaire, daté de l'ère 1406, ce qui revient à l'an 1308 : « Nos don Enrique, por la gracia de Dios rey de Cas- « tiella y de Toledo, de Leon, de Gallizia, de Sevilla, de Cordoua, de Murcia, « de Jahen, de Algarbe, de Algezira, et segnor de Molina, etc. »

Au XIe siècle Duncan, roi d'Écosse, débute par une suscription singulière : « Ego Dunecanus filius regis Malcolumb, constans hereditariæ rex Scotiæ. » Mais en général les rois d'Écosse imitent le style des chartes royales d'Angleterre ; leurs diplômes sont presque toujours sans invocation ; ils s'intitulent *N. rex Scottorum* ou *Dei gratiâ rex Scottorum*.

Jusqu'au XIIIe siècle les diplômes des rois de Sicile sont tantôt en grec, tantôt en latin. Prenons un exemple dans les suscriptions du roi Roger : « Ῥογέριος ἐν Χριστῷ τῷ Θεῷ εὐσεβὴς κραταιὸς Ῥὴξ (Rogerius in Christo Deo « pius potens rex). » Dans plusieurs diplômes il s'intitule : « Ego Rogerius Dei « gratiâ Siciliæ et Italiæ rex, Christianorum adjutor et clypeus, Rogerii primi « comitis hæres et filius, *ou* Rogerius Dei gratiâ Siciliæ, Calabriæ et Apuliæ rex. » Ces formules sont précédées souvent d'une invocation à la suite de laquelle vient quelquefois la date de l'incarnation. Au XIIIe siècle les rois de Sicile, à l'exemple des autres princes, énumèrent dans leurs suscriptions les différents pays sur lesquels s'étend leur souveraineté ; cet usage est suivi dans un diplôme donné en 1281 par le doge de Venise, et qui renferme la suscription suivante : « In Dei nomine, amen. Nos Joannes D. G. Venetiarum, Dalmatiæ « atque Chroatiæ dux, dominus quartæ partis et dimidiæ totius imperii Ro-

« maniæ[1]. » Voici deux suscriptions de Baudouin II, empereur de Constantinople : « 1° Nos Balduinus Dei gratiâ fidelissimus in Christo imperator à Deo coronatus, « Romaniæ moderator, et semper augustus, universis, etc.; 2° Nos Bauduins por « la grace de Deu tres feiaux empereres en Crist, de Deu corones, gouvernerres « de Romanie, et tos tens accroissans, façons a savoir, etc. » Manuel Paléologue, empereur des Grecs, étant à Paris en 1402, adressa à la reine de Suède des lettres patentes qui commencent ainsi : « Manuel in Christo Dei « fidelis imperator et moderator Romeorum, Paleologus et semper augustus, « universis, etc. »

Que les seigneurs aient imité dans leurs chartes les formes de suscription qu'on rencontre dans les diplômes royaux, c'est un fait qu'il est impossible de contester. Ainsi les formules *Dei gratiâ, misericordiâ,* etc., les invocations, les épithètes honorifiques, les termes de *majesté*, de *grandeur*, d'*excellence*, etc. se rencontrent à chaque instant dans leurs actes. Quelquefois même ils prennent le titre de *roi;* ils adoptent aussi ces formes d'humilité inspirées par le christianisme. Au XIe siècle, dans une donation à l'abbaye de Saint-Ouen de Rouen, un gentilhomme s'intitule : *Mainardus peccator et omnium infelicissimus.* Dans le siècle suivant Robert de France se qualifie, *par la patience de Dieu comte de Dreux et de Braine.* Rien de plus ordinaire que de trouver dans la suscription d'un acte la filiation de celui qui l'a fait dresser : *Radolphus Taxo filius Rodulphi Andegavensis, etc.* Quand les chartes sont adressées à des papes, à des évêques ou à d'autres ecclésiastiques, les termes de respect leur sont prodigués. Prenons pour exemple une des formules publiées par Marculfe au VIIe siècle : « Domino sancto et apostolicâ sede colendo domno et in Christo « patri illi episcopo, ille et conjux mea illa, etc. » Les chartes qu'on accordait aux monastères, aux églises ou aux abbayes, renfermaient ordinairement quelques détails sur leur position et sur les motifs qui les recommandaient à la dévotion des fidèles. Une donation faite, au VIIe siècle, à l'abbaye de Moissac présente cette suscription : « Venerabili in Christo patri et domino apostolico « Leotado abbati, vel omni congregationi monasterii Moisiacensis quod infrà « pago Caturcino in honore S. Petri constructum esse videtur. Ego enim Nize- « zius et uxor mea Ermintrudis, etc. » Un seigneur nommé Ermenbert commence ainsi la donation qu'il fait, en 632, à l'abbaye de Saint-Bénigne : « Sacrosanctæ

[1] C'est ce qu'on retrouve encore dans un diplôme de Ladislas, roi de Hongrie, au XIVe siècle : « Ladislaus Dei gratiâ Hungariæ, Jerusalem et Si- « ciliæ, Dalmatiæ, Croatiæ, Ramæ, Serviæ, Ga- « litiæ, Lodomeriæ, Cumarii Bulgariæque rex, « Provinciæ, Forcalquerii ac Pedemontis comes, « R. in Christo patri, etc. » Les diplômes des empereurs d'Allemagne fournissent une foule d'exemples analogues.

« basilicæ, sub oppido Divione constructæ, ubi videlicet beatus Benignus sacer- « dos et martyr gloriosissimus requiescit in corpore. Ego illustris vir Ermen- « bertus ejusque matrona Ermenoara, etc. » Les serments de fidélité prêtés dans le midi de la France avaient une forme particulière; ils étaient adressés au seigneur et débutaient ainsi : « Audi tu, etc., de istâ horâ in antea fidelis ero « tibi, etc. » Les formes ordinaires des suscriptions ne se rencontrent pas non plus dans les actes dressés sous la forme de récit, et dans lesquels aucune des parties ne prend la parole; en voici deux exemples fournis l'un par un échange du VIIe siècle, et l'autre par un contrat de mariage du XIe : « 1° Placuit atque « convenit inter viro illustri Landegisilo, qui ad vicem illustræ matronæ Teudi- « lanæ, etc. 2° In nomine Domini nostri Jesu Christi. Hic est titulus dotis et do- « nationis quod donat vir nobilissimus nomine Bertrandus dilectæ sponsæ vel « uxori suæ nomine Elictæ, etc. » On conçoit aussi que beaucoup d'actes peuvent débuter par l'indication de la date et de quelques autres circonstances, comme dans cette formule de Marculfe : « Anno illo, regnante rege illo, sub die « illo, in civitate illâ, adstante viro illo laudabili defensore, et omni curiâ illius « civitatis, vir magnificus ille prosecutor, etc. » Rien de plus ordinaire aussi que les formules : *noverint omnes, pateat, notum sit, notum* ou *notorium facimus*, etc. Nous terminerons en signalant un usage singulier attesté par Heumann et confirmé par les Bénédictins, c'est que les particuliers mettaient quelquefois à la tête de leurs chartes les formules initiales des diplômes impériaux. En voici un exemple tiré d'une charte de 894 : « In nomine Domini nostri Jesu Christi. « Guido grandi divinâ ordinante providentiâ imperator augustus, anno imperii « ejus Deo propitio IV, sed regnante Lamberto filio ejus imperatore verò III, « sed à tertiâ die Maii per indictione XII. Ideòque ego Adelbertus comes de « Aprutio, etc. »

§ III. DU SALUT.

Les plus anciennes formes de salut dans les actes ecclésiastiques se trouvent dans les épîtres des apôtres. A ces modèles, que la piété chrétienne avait ordinairement imités pendant les trois premiers siècles de l'église, on vit bientôt succéder des formules plus ou moins arbitraires[1] qui ne furent jamais plus multipliées qu'au XIIe siècle. On revint depuis à la formule *salutem* suivie souvent de *in Domino*. Nous devons aussi faire observer qu'au XIIIe siècle les évêques en

[1] Parmi les mots qu'on substituait à *salutem*, Ferrari cite *felicitatem, benedictionem, consolationem, gaudium, servitium, servitutem, obsequium, obedientiam, dilectionem, orationis manus, reverentiam, subjectionem, obedientiæ famulatum, devotionem, charitatis vinculum, pacis osculum, venerationem*, etc.

écrivant au pape lui offraient le salut avec le baisement des pieds. Selon Ferrari cet usage était suivi par les princes depuis le pontificat d'Innocent III.

Les formules de salut ne sont pas aussi variées dans les actes des souverains pontifes que dans ceux des simples ecclésiastiques. Elles ne se rencontrent pas toujours dans les bulles du ve siècle; mais quand elles étaient exprimées, c'était par le mot *salutem*, accompagné ordinairement de *in Domino*. Le mot *benedictionem* paraît quelquefois dans le siècle suivant. Au VIIIe siècle les suscriptions des priviléges finissent habituellement par la formule *in perpetuum*, et très-rarement par *salutem et apostolicam benedictionem*. On cite des saluts très-bizarres, tels que *in roseo Christi sanguine salutem*. Au IXe siècle la formule *in perpetuum* commence à caractériser les priviléges, quoiqu'on y substitue quelquefois *nunc et futuris temporibus*, ou autres locutions du même genre. Si les petites bulles présentent rarement la formule *salutem et apostolicam benedictionem*, elles en offrent souvent d'autres qui s'en rapprochent. Ces variations continuent pendant le siècle suivant jusqu'à ce qu'au XIe siècle on puisse regarder la forme de ce salut comme définitivement arrêtée. La formule *in perpetuum* avait été de plus en plus appropriée aux priviléges pendant le Xe siècle. Cependant quelques décrétales du XIe siècle l'employèrent à la suite de *salutem et apostolicam benedictionem*; mais ces exceptions n'empêchent pas qu'en thèse générale on ne puisse dès lors regarder le salut[1] *in perpetuum* comme un caractère distinctif des priviléges les plus solennels. Au XIIe siècle on y substitue, mais très-rarement, *in perpetuam rei memoriam*. La forme d'abréviation la plus ordinaire pour le mot *perpetuum* consiste à le réduire aux trois lettres P P M. Au XIIIe siècle on fait précéder quelquefois *in perpetuum* dans les bulles consistoriales de *tàm præsentibus quàm futuris*. Cette nouvelle formule tient lieu dans certains cas de l'ancienne, qui est aussi remplacée quelquefois par *ad rei memoriam sempiternam*. Au XIVe siècle, au lieu de la formule *in perpetuum*, qui devint rare, on rencontre ordinairement *ad perpetuam*, ou quelquefois *ad futuram rei memoriam*. On avait déjà employé dès le siècle précédent dans les bulles d'excommunication la clause : *ad certitudinem præsentium et memoriam futurorum*. On continua de l'insérer non-seulement dans la suscription des mêmes actes, mais encore lorsqu'il s'agissait d'affaires litigieuses d'une grande importance. Au XVe siècle la formule *in perpetuum* se rencontre à peine : la suscription des simples lettres apostoliques se termine par *salutem et apostolicam benedictionem*; celle des priviléges, jugements, règlements, etc., par *ad perpetuam* ou *futuram rei memoriam*. Ces trois formules se

[1] La formule *in perpetuam* n'est pas, à proprement parler, un salut; mais il est d'usage de la désigner ainsi, parce qu'elle occupe dans la suscription la place réservée ordinairement au salut.

trouvent indifféremment dans les bulles du siècle suivant. Les brefs et les *motus proprii* les admettent aussi, mais la formule *salutem, etc.* y est beaucoup plus fréquente que *ad futuram, etc.*, et celle-ci moins rare que *ad perpetuam, etc.* Du reste, quoique le commencement de la suscription de ces actes se distingue presque toujours par la forme suivante : *Pius papa quintus,* on en rencontre quelques-uns qui commencent par *Pius episcopus,* en retranchant *quintus.* D'autres brefs, mais en très-petit nombre, s'approprient la formule *episcopus servus, etc.*, qui peut néanmoins être considérée, malgré ces rares exceptions, comme le caractère distinctif des bulles proprement dites.

Le salut qui terminait la suscription dans les actes des laïques se réduisait ordinairement au mot *salutem:* souvent aussi on le supprimait; mais il faudrait entrer dans de grands détails si l'on voulait citer les diverses périphrases qui ont pu être substituées à la forme ordinaire. Quoique le salut termine ordinairement la suscription, quelquefois on le rencontre en tête des chartes. C'est ainsi qu'une confirmation de priviléges accordée, au XIe siècle, à l'abbaye de Saint-Wandrille par Richard II, duc de Normandie, commence par cette formule : *pax ubique hæc elementa legentibus.*

§ IV. DU PRÉAMBULE.

Nous avons déjà dit que la place des préambules n'avait rien de fixe, et qu'ils pouvaient tantôt précéder, tantôt suivre la suscription, ou même en faire partie. Ces préambules pouvaient consister dans des considérations fort insignifiantes, telles que l'avantage de constater sa volonté par écrit. C'est ainsi que débute une charte de 1202 : « Quoniam ea, quæ mentes nostras solent effu- « gere, littera fideliter consuevit conservare, ego Willelmus comes Pontivi, etc. » Dans une charte espagnole du XIe siècle et d'une latinité barbare, les parties déclarent qu'elles agissent avec une entière liberté d'esprit : « Ideò placuit mi- « chi pro bonu pacis et volumptas, nullo quoque gentis imperio nec suadentis « articulo nec pertimescentis metum, sed propria michi accessit volumptas ut « vendere, etc. » Souvent les préambules expriment la crainte de la fin du monde. La formule : « Mundi terminum ruinis crebrescentibus adpropin- « quantem indicia certa manifestant, » fait partie du recueil de Marculfe. La même idée a été souvent reproduite jusqu'au XIe siècle par les formules : « Mundi termino appropinquante, Mundi senio sese impellente ad occasum, « Cernens totum mundum ruere ad occasum atque cunctos mortales magis « subditos peccatorum tenebris quàm veritatis luci, etc. » Il semble inutile d'avertir qu'on doit rencontrer fréquemment des considérations sur la mort (*memor finis meæ dierumque meorum*), sur le salut dans l'autre monde (*pœnas inferni cupiens effugere*). Il en est de même des réflexions sur les avantages de l'aumône, de la piété, de la clémence, des prières qu'un donateur demandait non-seulement pour lui, *pro remedio animæ, ad requiem vel refrigerium animæ, pro retributione animæ*, mais encore pour l'âme de ses ancêtres, de sa femme et de ses enfants. Cette formule se retrouve dans des chartes de princes qui n'étaient pas encore mariés. Quelquefois les préambules étaient purement historiques : « Pipinus dux Anchisi regis filius, sancti Clodulphi fratris inclita « proles, sub majorisdomûs nomine Francorum administrabat principatum « regalem. » Tel est le début d'une donation faite par Pepin d'Héristal au monastère de Saint-Arnoul de Metz. Le début d'une charte du xe siècle fournit un exemple du même genre : « Quædam nobilis matrona Aldeardis nomine, « cognomento Auricia, filium suum Hilionem in monasterio perpetualiter « Domino serviturum obtulit et cum eo quatuor mansos. »

ARTICLE II.

DES FORMULES FINALES.

Les formules finales des chartes étaient trop multipliées pour qu'on essayât de les désigner par des noms particuliers. En effet il faut ranger sous cette dénomination commune non-seulement la salutation, l'annonce du sceau et des signatures, la date, mais une foule de clauses, telles que la dérogation à tout acte contraire, la réserve de certains droits, la prière de coopérer à l'exécution de l'acte, les menaces ou les peines pécuniaires contre ceux qui oseraient y contrevenir, la défense, même aux anges et aux saints, de s'arroger quelque droit sur une donation, les imprécations, les malédictions et les anathèmes lancés même par les laïques, la promesse de ne jamais revenir contre l'engagement pris, le serment par le Tout-Puissant, par les quatre évangiles, par le salut de l'empereur, du pape, par l'âme du chapitre, par l'âme de la ville, etc.

§ I. DES IMPRÉCATIONS ET DES PEINES PÉCUNIAIRES.

Quelques critiques ont contesté l'authenticité des bulles qui renferment des imprécations[1] : ils y ont vu un esprit de haine qui répugne à la charité évangélique ; mais on s'explique facilement que cet usage ait pénétré chez les

[1] L'usage des imprécations dans les bulles remonte au moins à S. Grégoire Ier. Le concile d'Orléans les avait employées dès le milieu du vi^e^ siècle.

chrétiens, puisque la Bible renferme des formules d'imprécations sur lesquelles sont calquées celles des anciens actes. Les païens, d'ailleurs, usaient habituellement de semblables menaces contre les violateurs des sépultures. On a dû par conséquent être porté à les imiter, mais en modifiant la forme des imprécations d'après les croyances du christianisme. S. Boniface, dans sa profession de foi, forma contre lui-même d'affreuses imprécations dans le cas où il tenterait d'en violer les engagements. On peut condamner l'abus et l'esprit de ces menaces; mais il est impossible de s'en faire une arme contre l'authenticité des actes qui les renferment. Il ne faut pas oublier, d'ailleurs, qu'elles étaient conditionnelles, et que les formules *quod absit* et autres semblables étaient ou exprimées ou sous-entendues. Nous n'entreprendrons pas d'énumérer tous les genres de malédictions qui se rencontrent dans ces formules; bornons-nous à dire qu'elles se terminent souvent par les mots *fiat* et *amen*, plus ou moins répétés.

Quoique nos rois aient en général prononcé des peines pécuniaires plutôt que des anathèmes, on trouve cependant quelques exemples d'imprécations dans les diplômes Mérovingiens. Au VIIe siècle elles sont moins fréquentes en France qu'en Espagne et en Angleterre. Elles se multiplièrent ensuite de plus en plus jusqu'à la fin du XIe siècle. L'abus en était alors poussé si loin qu'une réaction ne pouvait manquer de s'opérer : Grégoire VII les supprima dans les bulles, et se contenta de substituer la menace de la séparation du corps et du sang de Jésus-Christ à ces formules où l'on avait accumulé comme à plaisir les images les plus terribles qui se rencontrent dans les livres saints. Après le milieu du XIIe siècle, les imprécations étaient devenues rares dans les actes des laïques : le siècle suivant en fournit les derniers exemples. Dans les actes ecclésiastiques elles ont persisté jusqu'après le milieu du XIVe siècle, quoiqu'elles aient commencé à décroître depuis le commencement du XIe. Urbain II ne rétablit pas dans les bulles les imprécations supprimées par Grégoire VII; mais il menaça de la déposition archevêques, évêques, empereurs, rois, princes, comtes, vicomtes, juges, etc.

Ces clauses comminatoires devinrent bientôt de style. Au XIIe siècle les bulles ordinaires employaient les formules suivantes : « Nulli ergò hominum liceat « hanc paginam nostræ concessionis infringere, vel ei ausu temerario con- « traire..... Si quis autem hoc attemtare præsumpserit, indignationem omni- « potentis Dei et beatorum Petri et Pauli apostolorum ejus se noverit incursu- « rum. » Ces clauses ne se rencontrent pas dans les simples épîtres des papes : c'est ce qui les distingue des bulles ordinaires. Dans les bulles-priviléges ces menaces étaient ainsi conçues : « Si qua ergò in futurum ecclesiastica sæcula-

« risve persona, hanc nostræ constitutionis paginam sciens, contra eam temerè « venire tentaverit, secundò tertiòve commonita, nec reatum suum congruâ sa- « tisfactione correxerit, potestatis honorisque sui careat dignitate, reamque se « divino judicio existere de perpetratâ iniquitate cognoscat, et à sacratissimo « corpore ac sanguine Dei et Domini redemptoris nostri Jesu Christi aliena fiat, « atque in extremo examine districtæ ultioni subjaceat.

« Cunctis autem eidem loco sua jura servantibus sit pax Domini nostri Jesu « Christi, quatenùs et hic fructum bonæ actionis percipiant, et apud districtum « judicem præmia æternæ pacis inveniant. Amen. »

Ces formules peuvent admettre quelques modifications, surtout dans les commencements de ce siècle; mais on reconnaît qu'elles ont servi de type à celles qui ont été employées dans la suite. Au lieu de la clause *si qua, etc.*, il n'était pas rare de trouver dans les siècles précédents[1] : « Statuentes ut nullus « rex, aut dux, etc.; » ou bien: « Si quis..... archiepiscopus, episcopus, impera- « tor aut rex, princeps aut dux, comes, vicecomes, judex, aut ecclesiastica quæli- « bet sæcularisve, etc. » Mais alors ces clauses et autres analogues, au lieu de renfermer une simple menace de déposition, de réprobation et d'anathème, se terminaient par des imprécations terribles dont le passage suivant, extrait d'une bulle de Jean VIII, donnée au concile de Troyes, fournit un exemple remarquable: « Si aliquis adversatus fuerit, tale scelus perpetrantes omnes à communione « Christi corporis ac fraternitatis consortio sive omnium Christianorum collegio « sequestramus, dampnamus et sub omni anathemate excommunicamus. Sint « illi maledicti in civitate, maledicti in agro; maledictus fructus terræ eorum; « sint maledicta interiora eorum et exteriora; cœlum quod super illos est sit « æreum, et terra quam calcant sit ferrea; oratio eorum ante Deum veniat « in peccatum; sicut Dathan et Abyron, eant viventes in infernum; omnes qui « cum illis participaverint, aut cum eis cibum sumpserint, aut cantica eorum « maledicta audire decreverint scientes hanc maledictionem, cum Judâ Sca- « rioth, traditore Christi, participes fiant; aqua eorum putrefiat, vinum eorum « scaturiat, panem eorum rubigo consumat, vestimenta eorum tinea comedat. « Et quid plura? Omnes maledictiones novi ac veteris Testamenti veniant super « illos, usquedùm ad dignam satisfactionem et condignam pœnitentiam matris « ecclesiæ veniant. »

[1] Pendant le xe siècle et le xie ces clauses sont souvent transportées après les dates. Il arrivait encore qu'après avoir été insérées dans le corps de l'acte, elles étaient répétées sous une autre forme après la date ou même après les signatures. Ainsi l'on peut trouver dans le corps d'un privilége les clauses : *statuentes, etc.; si quis autem, etc.; qui verò, etc.*, suivies comme en *post-scriptum* des formules : *decernimus ergò ut nulli, etc.; si quæ igitur, etc.; cunctis autem, etc.*

Les menaces temporelles ont été aussi réunies aux menaces spirituelles. Pascal Ier est le premier qui ait inséré dans une bulle la menace d'une amende. Mais les actes particuliers du VIe siècle, les actes ecclésiastiques et royaux du siècle suivant, avaient déjà fait usage de cette clause comminatoire, qui se multiplia dans les chartes privées au VIIIe siècle et au IXe. Ces menaces qui deviennent plus fréquentes au Xe siècle, dans les diplômes royaux, dominent partout dans le siècle suivant. Pendant le XIIe siècle et le XIIIe, nos rois continuèrent à les employer, quoique moins souvent, et dans la suite elles ne parurent guère que dans les ordonnances des souverains et les sentences de leurs cours. Cependant au XIVe siècle on les retrouve encore dans quelques chartes ecclésiastiques d'Italie.

§ II. DE LA SALUTATION.

La salutation finale, quoique plus ordinaire dans les chartes ecclésiastiques, se rencontre quelquefois dans les diplômes des laïques. Ainsi Mabillon a déchiffré *benevalete et vale* dans les parafes placés près des sceaux de nos anciens rois. Les Bénédictins pensent aussi qu'elle a été exprimée souvent par des notes de Tiron[1]. Les salutations n'ont pas moins varié que les saluts, parce qu'on a souvent substitué au *vale* des Latins des formules de piété inspirées par le christianisme.

Vers le IVe siècle il était souvent d'usage de répéter dans la salutation les titres qui avaient été donnés dans la suscription. Ainsi quand une suscription était ainsi conçue : « Domino verè sancto et beatissimo papæ, etc., » la salutation finale reproduisait ces titres en les accompagnant des vœux ordinaires : « Incolumem te et memorem meî Christus Deus noster tueatur omnipotens, domine « verè sancte et beatissime papa. »

Voici les formules que l'on cite comme ayant été employées le plus ordinairement par les papes du IVe siècle : « 1° Opto te, frater carissime, semper bene-« valere; 2° Deus te incolumem custodiat; 3° Dei omnipotentis clementia te nobis « custodiat; 4° Valete. » La première fut renouvelée au IXe siècle, sous Benoît III, mais avec les modifications suivantes, qu'il réglait d'après le rang des personnes auxquelles il s'adressait : « Optamus gloriam, sanctitatem *ou* frater-« nitatem tuam in Christo benevalere. » La seconde et la troisième, ou d'autres du même genre, n'ont pas cessé d'être employées dans les siècles suivants.

[1] On appelle notes de *Tiron* ou notes *Tironiennes*, un système d'écriture abrégée que l'on peut comparer à notre sténographie, et dont on a attribué l'invention, ou du moins le perfectionnement, à Tiron, affranchi de Cicéron.

Ainsi, au VIIe siècle, la salutation des papes aux empereurs était ainsi conçue : « Piissimorum Dominorum imperium gratia superna custodiat, eique omnium « gentium colla substernat. » Les formules « Vestræ pietatis imperium gratia « superna custodiat, domina filia, *ou* Incolumem serenitatem vestram divina « conservet majestas, » étaient employées pour les impératrices.

Dans les actes ordinaires on rencontre souvent : « Superna gratia vos sospites « custodiat in pace suâ, *ou* Omnipotens Deus ab omni malo vos protegat, et de « vestrâ nos semper faciat salute gaudere. » Au VIIIe siècle on trouve dans des « actes adressés à des rois : « Incolumem excellentiam vestram gratia superna « custodiat. » Enfin Urbain II a formulé sur ce modèle une salutation qu'il adressait à l'archevêque de Tours, à la fin du XIe siècle : « Fraternitatem tuam superna « dignatio per tempora longa conservet incolumem. » La salutation *Benevalete* avait à peu près cessé d'être employée depuis Célestin Ier, excepté dans les bulles-priviléges où elle se maintint toujours, à quelques exceptions près. Elle reparaît au VIIe siècle dans les bulles ordinaires. Mais, après le milieu du XIIe siècle, ces actes deviendraient suspects s'ils renfermaient une salutation affectée aux bulles solennelles. Vers le milieu du Xe siècle *Benevalete* commençait à s'écrire sous une forme abrégée, et dans le siècle suivant il était réduit en monogramme. C'est au moins à partir de cette époque que les papes cessèrent de l'écrire de leur propre main. Les salutations écrites par les papes et les empereurs avaient autrefois tenu lieu de signature. Ces souscriptions autographes sont annoncées dans les anciens livres par les mots *Et aliâ, divâ* ou *sacrâ manu.*

Souvent les formules de salutation ne consistaient que dans le mot *amen;* souvent au contraire elles avaient une certaine étendue. En voici un exemple tiré d'un privilége de Léon VIII accordé au patriarche d'Aquilée : « S. Trinitas « fraternitatem vestram gratiæ suæ protectione circumdet, atque ita in timoris « sui viâ nos dirigat, ut post vitæ hujus amaritudinem ad æternam simul per- « venire dulcedinem mereamur. » On conçoit que les formes de salutation ont dû varier à l'infini dans les actes ecclésiastiques; mais ces formes, au lieu de se rattacher à la nature de l'acte, comme dans certaines bulles des papes, dépendaient uniquement du caprice : nous croyons donc pouvoir les passer sous silence.

D'autres formules finales ont pour but de prévenir les contestations que pourrait soulever l'exécution d'un acte [1]. Rien de plus ordinaire aussi que

[1] C'est ainsi que, sous nos premiers rois, les donations se terminèrent par une sorte de dénombrement conçu dans la forme suivante : *cum terris, domibus, ædificiis, mancipiis, vineis, silvis,*

d'annoncer les moyens qui ont été pris pour en assurer l'authenticité, tels que la présence des témoins, le sceau, etc. Il y a des chartes qui sont revêtues de ces différents caractères de certitude; d'autres n'en réunissent qu'une partie, et cependant il arrive souvent qu'on ne doit pas pour cela en suspecter l'authenticité. Mais, avant de parler des différents usages qui se rattachent à ces formalités, il devient nécessaire de dire un mot des notaires, des chanceliers et des autres officiers publics qui étaient chargés de les accomplir.

aquis, aquarum decursibus, farinariis, peculiis, mobilibus, vel immobilibus, vel reliquis quibuscumque beneficiis, ou *appendiciis, adjacentiis, accolabus.* Certaines parties de ces formules se perpétuèrent pendant plusieurs siècles, d'autres furent renouvelées.

CHAPITRE V.

NOTAIRES, RÉFÉRENDAIRES, CHANCELIERS, ETC. — GRANDS OFFICIERS DE LA COURONNE. — LISTE DES CHANCELIERS DEPUIS PEPIN LE BREF JUSQU'À PHILIPPE IV. — LISTE DES GRANDS OFFICIERS DEPUIS HENRI I JUSQU'À PHILIPPE IV.

L'origine des notaires remonte aux temps de la république romaine; mais dans les siècles suivants leurs titres n'ont pas moins varié que leurs fonctions. Jusqu'au VIIe siècle on les a désignés sous les noms d'*exceptores, actuarii, commentarienses, scriniarii, cornicularii, amanuenses, argentarii, tabularii, tabelliones.* Au Ve siècle on voit paraître une classe de notaires connus sous le nom de *référendaires.* Dès les premiers temps de notre monarchie, le principal d'entre eux (*summus referendarius*) avait, si l'on en croit quelques auteurs, la garde de l'anneau ou sceau royal. On pense que leurs fonctions étaient les mêmes que celles dont s'acquittèrent ensuite les grands chanceliers. Il paraît bien établi que le grand référendaire avait sous ses ordres, pour le suppléer, un certain nombre de référendaires, de même qu'il y eut sous le grand chancelier des chanceliers d'un rang inférieur; mais plusieurs titres prouvent même qu'il y eut en même temps plusieurs grands référendaires et plus tard plusieurs grands chanceliers. Le titre de *référendaire* est souvent remplacé, après le milieu du VIIIe siècle, par celui de *chancelier;* on le retrouve à peine dans quelques titres du siècle suivant; mais, après cette époque, il ne paraît plus dans les diplômes, quoique l'histoire parle encore du référendaire de Philippe Ier. Les chanceliers au contraire, qui avaient commencé après le milieu du VIIIe siècle à souscrire des chartes particulières en faisant mention de leur titre, souscrivirent des diplômes royaux dès le règne de Charlemagne, en prenant le nom de *chancelier.* Dans le siècle suivant ils qualifièrent leurs chefs *summi cancellarii,* et quelquefois *archicancellarii* ou *protocancellarii.* Ces grands chanceliers prirent aussi, au IXe siècle, les titres de *protonotarius* ou *notariorum summus;* les simples chanceliers se contentaient souvent de celui de *notaire.* Le titre d'*archichancelier* se soutint en France jusqu'au XIIe siècle.

Quoique dans les temps les plus anciens plusieurs chartes soient souscrites *ad vicem cancellarii*, la dénomination de *vice-chancelier* ne se rencontre pas avant le XIe siècle; mais celle de *sous-chancelier* est de quelques siècles plus ancienne. Le clergé eut aussi ses chanceliers, et, dès le Xe siècle, la distinction entre les chanceliers et les notaires des évêques était déjà bien établie. Cette dignité se retrouve dans les églises, les chapitres et les abbayes[1].

Les chapelains des rois de France, institués d'abord comme gardiens de la chape de S. Martin et comme directeurs des clercs du palais, ne tardèrent pas à remplir les fonctions de notaire, de secrétaire et de chancelier, parce qu'ils étaient à peu près seuls capables de le faire. On leur a donné les titres d'*abbé*, de *chapelain*, d'*archichapelain*, de *suprême* ou *grand chapelain*, de *primat des chapelains* ou *chef suprême des clercs*, de *gardien, abbé, archevêque* ou *primicier du sacré palais*, de *pasteur de la sainte chapelle*, d'*apocrisiaire*, de *secrétaire* ou *conseiller secret* (*auricularius*), etc. Plusieurs titres prouvent que les fonctions de chancelier, de chapelain et d'archichapelain furent réunies dès le IXe siècle à la cour des rois, et qu'il en fut de même dans la suite chez les seigneurs particuliers. On voit, d'un autre côté, des chartes contresignées par des personnes qui prennent simplement le titre de *clerc*, de *prêtre*, de *moine*, d'*évêque* ou d'*archevêque* : ces ecclésiastiques n'étaient-ils pas réellement revêtus de la charge de chancelier, de notaire ou de chapelain, quoiqu'ils n'en fissent pas mention dans la suscription? Les comtes du palais ou comtes palatins avaient aussi la garde du sceau royal sous la première et la seconde race, et le titre de *præceptor* leur était commun avec les chanceliers. Le sceau ne leur était-il confié qu'en l'absence des chanceliers, ou les chanceliers ne le recevaient-ils qu'en l'absence des comtes palatins? Ces questions, et bien d'autres qui se rattachent à l'histoire des chanceliers, n'ont pas été complétement éclaircies jusqu'à ce jour. Ce serait rendre un véritable service à la diplomatique que d'entreprendre la solution de ce problème dans un traité spécial où l'on pourrait compléter et rectifier les listes données par du Cange[2].

[1] Les chanceliers des chapitres sont appelés *sigilliferi*, *registratores*, et le plus souvent *cancellarii*. Ceux des abbayes prennent les noms de *copiste* (*amanuensis*), de *lecteur*, de *scolastique* ou *écolâtre*.

[2] Il y avait en outre un *office de garde-scel, ordonné en l'absence du grand*. Dès le règne de S. Louis, le premier chambellan gardait le sceau secret en l'absence du grand chambellan, et l'on ne doit pas oublier que sous un même roi, il y avait plusieurs grands chambellans. D'un autre côté, on a qualifié du titre de chancelier des personnages qui remplissaient l'office de la charge pendant la vacance de la chancellerie. Il y aurait donc sur cette matière bien des doutes à éclaircir; mais on ne peut entreprendre de les résoudre ici.

L'existence des notaires ecclésiastiques à Rome est constatée au moins dès le pontificat de Jules Ier au IVe siècle. S. Grégoire le Grand parle souvent des notaires régionnaires[1] et des commissions qu'il leur confiait. Le journal des pontifes romains présente les formules de leur réception ; il paraît qu'il fallait d'abord avoir été notaire sous-régionnaire pour être admis au grade de notaire régionnaire, et qu'entrer dans le clergé ou dans le collége des notaires régionnaires était une seule et même chose. Ce journal annonce également qu'ils devaient apposer leurs souscriptions à certains actes. « Lorsque les papes nouvellement élus, « disent les Bénédictins, faisaient leur profession de foi avant leur sacre, ils la « commençaient par cette invocation : *In nomine Domini Dei salvatoris nostri Jesu* « *Christi;* ils marquaient ensuite l'indiction et le mois et continuaient ainsi : « *Ego ille misericordiâ Dei presbyter et electus futurusque per Dei gratiam humilis* « *apostolicæ sedis antistes, etc.* Cette profession était toujours adressée à S. Pierre ; « ils la terminaient par leur souscription, après avoir déclaré qu'ils avaient « enjoint d'écrire cet acte à un notaire archiviste. Dans une autre profession « de foi, ils énonçaient seulement qu'elle avait été écrite par tel notaire. Ces « professions de foi, et surtout la première, éprouvèrent quelques change- « ments; mais elles n'avaient pas cessé d'être en usage vers le commencement « du XVe siècle. » Que ces notaires concourussent à la confection des actes dès le VIIe siècle, c'est ce que prouvent deux bulles, l'une de Jean V et l'autre de Sergius Ier, citées toutes deux par Mabillon. La date de la bulle de Sergius Ier renferme la mention suivante : *Data* VIII *Kal. April. per manus Johannis bibliothecarii tunc sedis apostolicæ.* Au titre de *bibliothécaire,* remplacé quelquefois par celui de *primicier,* plus rarement par celui de *secondicier,* on vit ordinairement succéder, vers le XIe siècle, le titre de *chancelier.* La date du bibliothécaire, primicier, secondicier, chancelier, sacellaire, nomenclateur, etc., énonce le jour du mois, l'indiction et l'année de l'empire, du consulat ou du postconsulat, à laquelle était quelquefois réunie ou substituée l'année du pontificat du pape. Cette date, commençant par *data* ou *datum,* était souvent précédée d'une première date plus simple énonçant le jour du mois et l'indiction, et commençant par *scriptum, per manum,* etc.[2]; suivait le nom de l'écrivain, qui se qualifiait

[1] Ces notaires furent chargés, dans le principe, de recueillir les actes des martyrs, chacun dans le quartier de Rome qui lui était assigné : de là l'épithète de *régionnaire.* S. Clément Ier, leur fondateur, en avait fixé le nombre à sept; ils furent augmentés dans la suite.

[2] Au Xe siècle la date *scriptum, etc.* ne vient quelquefois qu'après la formule *Data, etc.*, et la salutation *Benevalete* est placée à la fin. Ces doubles formules de date se présentent aussi dans les diplômes de nos rois; et de même qu'on a basé sur cette circonstance une distinction entre les grandes et les petites bulles, on pourrait aussi diviser les chartes royales d'après le même principe. Ainsi on peut dire en thèse générale, que dans les occasions solennelles, les diplômes de

archiviste et notaire régionnaire de la sainte église romaine. Il n'est pas rare, du reste, de trouver des grandes bulles qui renferment l'une de ces deux dates seulement, surtout la plus étendue. Dans une bulle de Benoît VIII les dates du *scriptum* et du *datum* sont à sept mois de distance. Sous Jean XIX on voit un évêque-cardinal paraître, dans la formule d'une de ces dates, comme remplaçant Pérégrin, archevêque de Cologne et bibliothécaire du saint-siége apostolique; dans une autre bulle du même pape la charge de chancelier paraît séparée de celle de bibliothécaire, et l'on peut même croire qu'il y avait alors plusieurs chanceliers, comme on remarqua bientôt après, sous Alexandre II, plusieurs officiers prenant le titre de bibliothécaire. A compter d'Urbain II, on retrancha plus souvent encore la première date commençant par *scriptum, etc.*, et l'on s'en tint à la seconde. Depuis quelque temps, d'ailleurs, les écrivains des bulles n'avaient pas toujours pris la qualité de notaire du sacré palais, et n'avaient annoncé que leur titre d'archiviste; ils faisaient rarement mention de leurs noms et de leurs qualités. D'un autre côté, Jean, diacre-cardinal de la sainte église romaine, data la plupart des bulles d'Urbain II sans se qualifier bibliothécaire ni chancelier. En 1090 le titre de vice-chancelier est pris, pour la première fois peut-être, par un prêtre nommé Hotesculicus. Depuis Gélase III les notaires[1] cessèrent de souscrire leurs noms dans la formule *scriptum, etc.*, et depuis Célestin II les chanceliers ne prirent plus le titre de bibliothécaire. De 1205 à 1213 on rencontre une foule de bulles solennelles, datées par Jean, cardinal-diacre du titre de Ste Marie *in Cosmedin* et chancelier de la sainte église romaine : après lui personne ne prit le titre de chancelier. Plusieurs bulles sont ensuite délivrées, de 1213 à 1214, par Rainauld, acolyte et chapelain du pape; en 1215, par Thomas, sous-diacre et notaire de la sainte église romaine, élu archevêque de Naples, et en 1216, par le même devenu prêtre-cardinal du titre de Ste Sabine. Ces différents titres et d'autres paraissent dans les dates des temps postérieurs; mais celui de vice-chancelier se reproduit plus souvent. Sous Honorius III ces officiers commencent à faire précéder leur nom du titre de *maître* (*ma-*

nos rois renfermaient ordinairement la double date du *scriptum* et du *datum*, le sceau, le monogramme, et, à compter de Philippe Ier surtout, les signatures des grands officiers. Ils réunissaient en outre la date du règne et de l'Incarnation. La liste alphabétique des rois de France fournit d'ailleurs à cet égard des renseignements plus étendus.

[1] On rencontre dans des bulles postérieures : *Datum per manum N. notarii, etc.*; mais là les notaires remplacent évidemment le chancelier, puisque leur nom se trouve après la formule *Datum, etc.*, et non après la date *Scriptum, etc.*, qui n'était plus d'usage. Les archivistes avaient été appelés d'abord *scriniarii*, et quelquefois, pendant le xe siècle et le xie, *scriviarii*. Leur titre ne paraît plus dans les bulles depuis le pontificat de Calixte II.

gister); cet usage devient plus ordinaire à partir du pontificat de Grégoire IX. Les actes prouvent encore qu'il y avait à cette époque plusieurs vice-chanceliers à la fois. Un privilége de Clément VI présente pour la dernière fois dans la date le nom d'un vice-chancelier.

Quant au mot *notarius* en particulier, nous devons avertir que dans les anciens monuments il peut désigner également un écrivain en notes, qui remplissait l'office de nos sténographes; un greffier attaché à une ville, à un tribunal ou à une communauté; un simple secrétaire, et enfin un notaire proprement dit chargé de dresser les actes qui devaient faire foi en justice. Quoique ces notaires proprement dits aient toujours ou presque toujours existé en Italie et dans quelques pays de droit écrit, il n'y en avait qu'un petit nombre en France pendant le xe siècle et le xie; ils s'y multiplièrent peu à peu pendant les deux siècles suivants, parce que les évêques, les seigneurs, les baillis même et les sénéchaux s'attribuaient le droit d'en créer. Philippe le Bel, après leur avoir interdit, en 1300, d'exercer dans la ville et la banlieue de Paris s'ils n'étaient reçus au Châtelet, se réserva, par une ordonnance de 1302, le droit de les créer. « Quant aux notaires établis par autorité apostolique et impériale, « disent les Bénédictins, on les trouve faisant les fonctions d'officiers publics « dès les xie et xiie siècles. Vers la fin du xiiie, ces notaires, qui n'avaient d'abord « été établis par les empereurs et les papes que pour les villes d'Italie de leur « dépendance, se répandirent presque partout. Ils instrumentèrent librement « en France et en Angleterre, fondés, dit M. de Laurière, sur le principe « rapporté par Balde *de Tabellionibus*, n° 32, que ceux qui ont *merum imperium* « pouvant exercer partout ce qui est de la juridiction volontaire, leurs notaires « peuvent aussi partout recevoir des actes entre tous ceux qui veulent bien « avoir recours à eux. Jusqu'au temps d'Édouard II on se servit en Angleterre « des notaires impériaux : ce qui paraissait d'autant plus étrange aux Anglais « que depuis Honorius les empereurs n'avaient jamais eu aucune juridiction « dans ce royaume. Le roi Édouard cassa donc, en 1320, tous ces notaires « impériaux, et défendit d'avoir aucun égard aux actes qu'ils passeraient à « l'avenir. En France, comme les notaires apostoliques et impériaux préjudi- « ciaient aux autres, l'an 1490, Charles VIII défendit à tous laïques de passer « ou recevoir leurs contrats par ces notaires en matières temporelles, *sur peine « de n'être foi adjoutée auxdits instruments, lesquels dorénavant seroient réputés nuls « et de nulle force et vertu*. Henri II donna un édit pour la création de quatre « notaires apostoliques, et Louis XIV en créa dans tous les diocèses de France, « l'an 1691. » (*Nouveau Traité de Dipl.* tom. V, pag. 69.)

Quoiqu'il n'existe pas de travail complet et satisfaisant sur les chanceliers des rois de France, il n'en est pas moins vrai que les listes données par Mabillon et par du Cange fournissent souvent des renseignements très-utiles. Il a donc paru convenable de profiter de leurs recherches et de les combiner ensemble pour former une liste, sinon plus exacte, du moins plus complète. Mais comme ces renseignements, puisés à des sources différentes, se contredisent quelquefois, il était indispensable de distinguer ce qui appartenait à chaque auteur. Celles de ces contradictions qui sont les plus frappantes ont été signalées par de courtes notes rejetées au bas des pages. Il eût été facile de multiplier ces remarques, surtout à l'égard de certains noms propres dont l'orthographe n'est pas la même, et qui cependant ne doivent désigner qu'un même chancelier ou qu'un même notaire; mais comme, en l'absence des titres originaux, ces conjectures ne pouvaient être suffisamment justifiées, il a paru préférable de laisser à chacun le soin de tirer les conséquences qui peuvent être déduites de la comparaison des éléments divers dont se compose cette liste.

Toutefois parmi les difficultés que soulève l'histoire des chanceliers, il en est une qui ne peut être passée sous silence.

On lit dans Mabillon, pag. 123, que S. Louis n'a pas eu de chancelier, et que la formule *vacante cancellariâ* accompagnait toujours la signature de Guarinus, auquel il pense qu'on doit par conséquent donner le titre de vice-chancelier. Les Bénédictins disent également (*Nouv. Tr. de Dipl.* tom. V, pag. 2) que la *chancellerie vaqua toujours pendant le règne de Louis IX.* Cependant du Cange qualifie du titre de chancelier *Guarinus, Allegrinus*, et *Johannes de Curiâ d'Aubergenville.* En ce qui concerne Guarinus, il est impossible de ne pas reconnaître que l'opinion de du Cange doit être préférée : en effet Mabillon avait oublié qu'il donnait, à la page 433 de son ouvrage, le *fac-simile* d'un diplôme daté du mois de février 1226, première année du règne de S. Louis (*regni nostri anno primo*), ce qui revient à l'année 1227. Or ce diplôme se termine ainsi : *Data per manum Guarini Silvanectensis episcopi cancellarii :* Guarinus était donc chancelier au mois de février 1227. Mais, de ce que Mabillon et les Bénédictins se sont trompés en affirmant d'une manière absolue que la chancellerie a vaqué pendant tout le règne de S. Louis, il ne faudrait pas en conclure qu'il serait possible de trouver d'autres actes souscrits également par les deux autres chanceliers qui figurent dans la liste de du Cange. En effet les actes des rois de France ne présenteront bientôt ni la souscription du chancelier, ni même la formule *vacante cancellariâ,* qui a paru, pour la dernière fois peut-être, dans un diplôme cité par les Bénédictins (tom. VI, pag. 26), et qui se termine ainsi :

« Actum in abbatiâ sancti Dionysii in Franciâ, anno incarnati Verbi millesimo trecentesimo tertiodecimo, regni verò nostri vicesimo octavo, mense « Octobri, astantibus in palatio nostro quorum nomina supposita sunt et signa. « Dapifero nullo S. (*signum*) Guidonis Buticularii. S. Ludovici camerarii. « S. Galterii constabularii. Data vacante cancellariâ. (*Signé*) Guy de Beauves. »

Le souscripteur de l'acte n'est indiqué nulle part comme vice-chancelier. On ne peut voir en lui qu'un de ces clercs ou secrétaires qui furent attachés, au moins depuis le XIVe siècle, à la personne des rois de France pour souscrire les actes royaux, et auxquels il semble qu'on peut faire remonter l'origine des secrétaires d'état. A partir de cette époque, le chancelier est chargé, non de signer les diplômes, mais d'y apposer le sceau; et comme il est constaté par plusieurs textes qu'un intervalle plus ou moins considérable pouvait s'écouler entre la souscription d'un acte et l'apposition du sceau, on ne doit pas s'étonner que les chartes ne fassent plus mention du chancelier, qui ne présidait plus à leur rédaction. Si l'on réfléchit d'un autre côté que les signatures réelles deviennent de plus en plus fréquentes et qu'elles suffisent pour attester l'authenticité des actes, on comprendra qu'il n'était plus nécessaire d'appeler comme témoins les grands officiers dont la présence est souvent annoncée dans les diplômes de Henri Ier et de ses successeurs. On peut donc croire aussi que cet acte de 1313 est le dernier auquel soient intervenus le *bouteiller*, le *chambrier* et le *connétable*. Un fait important vient d'ailleurs à l'appui de ces observations, c'est que Philippe IV est le dernier de nos rois qui ait fait usage du monogramme. Or quand on voit que la présence des grands officiers, l'inscription du monogramme et, à défaut de la souscription du chancelier, la formule *vacante cancellariâ* sont des caractères pour ainsi dire unis entre eux, et qui concourent dans les diplômes les plus solennels, doit-on s'étonner que l'abolition des monogrammes ait entraîné celle des anciennes formalités qui les accompagnaient auparavant?

Tout en admettant ces faits, qui paraissent incontestables à l'égard des successeurs de Philippe IV, il ne serait pas prouvé que S. Louis n'a pas eu, comme le dit du Cange, trois chanceliers. Mais n'est-il pas déjà extraordinaire que l'on trouve démenti par une exception un fait annoncé et par Mabillon et par les Bénédictins? Ne peut-on pas supposer que sous le règne de S. Louis les fonctions des chanceliers, en tant que souscripteurs des actes, commençaient à tomber en désuétude, et que les deux successeurs de Guarinus avaient seulement le titre et l'office de *garde du sceau*, de même que Philippus d'Antongny, Nicolaus, et quelques autres que du Cange désigne expressément sous cette dernière qualité? La même hypothèse devrait, ce semble, être admise, jusqu'à preuve contraire, pour les chanceliers de Philippe III et de Philippe IV. En effet, du Cange lui-même indique des vacances de la chancellerie qui correspondent au temps qu'il assigne pour l'exercice des deux premiers chanceliers de Philippe III, et la même circonstance est prouvée, pour deux chanceliers de Philippe IV, par des citations empruntées au Nouveau Traité de Diplomatique. N'en faut-il pas conclure, ou que les officiers cités par du Cange n'avaient pas le titre de chancelier, ou que ce titre désignait déjà des fonctions complétement analogues à celles de garde du sceau? Au reste, comme ces suppositions peuvent être inexactes, il a paru convenable de transcrire la liste de du Cange jusqu'au règne de Philippe IV inclusivement.

La liste des grands officiers qui, à partir de la fin du règne de Henri Ier, assistaient comme témoins à la confection des diplômes les plus solennels, forme le complément naturel de la liste des chanceliers. Cette liste a été dressée, comme celle des chanceliers, d'après du Cange et Mabillon. Elle s'arrête également au règne de Philippe IV. Quoiqu'il existe des diplômes qui annoncent la présence du cuisinier, du précepteur du roi, etc., on a dû se borner à donner la liste des quatre grands officiers de la cour, c'est-à-dire, des bouteillers, des chambriers, des connétables et des sénéchaux. En effet, ce sont là les seuls dignitaires dont le témoignage était habituellement réclamé : les autres n'assistaient que par exception à la confection d'un diplôme. Mais il est bon de faire observer que les actes qui ont été conservés jusqu'à ce jour ne fournissent pas de renseignements complets, même en ce qui concerne les titulaires des quatre grands offices. En effet, leur présence n'est mentionnée que pour les diplômes d'une grande importance, et ces diplômes sont nécessairement peu nombreux. C'est ce qui explique pourquoi les dates de du Cange et celles de Mabillon ne sont pas toutes les mêmes. Ainsi Gilbertus de Garlandâ a rempli la charge de bouteiller de 1114 à 1126, selon du Cange, et selon Mabillon, de 1111 à 1129. Ces deux assertions seraient contradictoires si du Cange avait prétendu prouver que ce bouteiller n'exerçait pas ses fonctions avant 1114 ou après 1126; mais, selon le même auteur, le bouteiller précédent était sorti de charge en 1111, et le successeur de Gilbertus n'y est entré qu'en 1130 : par conséquent Mabillon a pu trouver des actes de 1111 et de 1129 qui n'étaient pas connus de du Cange, et qui donnaient à Gilbertus de Garlandâ le titre de bouteiller. Par la même raison, lorsque Mabillon dit que Wido était chambrier en 1111, il ne contredit pas du Cange qui annonce que cet officier a été en charge de 1106 à 1121. En résumé, toutes les fois que les renseignements puisés à des sources différentes ne sont pas en opposition formelle, on doit présumer qu'ils sont exacts.

Le mot *pincerna* se rencontre quelquefois comme synonyme de *buticularius*, ou du moins le dictionnaire de du Cange les traduit également par *bouteiller*, tout en citant d'ailleurs un texte duquel il résulte qu'il y avait, au sacre de Philippe V, deux officiers revêtus, l'un du titre de *pincerna*, l'autre du titre de *buticularius*. Mais du Cange pense que, dans le principe, ces deux mots étaient réellement synonymes, et il annonce que dans sa liste il n'a établi aucune distinction entre les personnes qui ont porté l'un ou l'autre de ces titres. Le bouteiller, qui avait l'intendance des vins, était aussi chargé de présenter la coupe au roi.

Le chambrier, *camerarius*, avait la garde de la chambre du roi, c'est-à-dire du trésor royal. Il ne faut pas le confondre avec le chambellan, qui était attaché sous ses ordres à la chambre à coucher du roi. La distinction de ces deux offices est clairement indiquée par le passage suivant, qui est emprunté à une ordonnance de Philippe III : « En l'an de l'incarnation nostre Seigneur mil « deus cent soixante et douze, le mercredi empres la decolation saint Jean Bap- « tiste, a Nogent le Rembert, fut ordené par devant le roy, presens monsieur « l'abbé de saint Denis, monsieur Jean d'Acre bouteillier de France, monsieur « Herart chambrier de France, monsieur Mahieu de Mailli chamberlenc de « France, etc. » C'est donc à tort que, dans le Nouveau Traité de Diplomatique, on a traduit *camerarius* par *chambrier* ou *chambellan*.

Le connétable, *comes stabuli, comestabilis, conestabilis, constabularius*, etc., avait la surveillance des écuries du roi.

Le sénéchal, *senescallus, senescalcus, sinischallus*, etc., remplissait à la cour l'office d'un intendant. Il ne paraît pas qu'on l'ait désigné, après le règne de Philippe Ier, autrement que par le titre de *dapifer*. Mais si ce titre prouve qu'il avait la surveillance de ce qu'on a plus tard nommé la *maison-bouche* du roi, il n'en faut pas conclure que ses fonctions étaient restreintes dans ces limites ; il paraît, au contraire, que son autorité était assez grande pour inspirer de l'ombrage. Cette circonstance suffirait pour expliquer la suppression de cette charge sous Philippe-Auguste, en 1191. Toutefois les diplômes continuent à en faire mention au moyen de la formule *dapifero nullo*. Quoique cette formule, depuis l'an 1191, indique nécessairement que cette charge était vacante, il ne faudrait pas toujours y attacher le même sens. En effet, il est assez généralement reconnu que l'absence d'un des grands officiers suffisait pour motiver l'emploi d'une des formules *buticulario, camerario, etc. nullo*. Par la même raison, les mots *vacante cancellariâ* pouvaient, dans certaines occasions, signifier seulement que le chancelier n'était pas présent à la rédaction de l'acte.

LISTE DES CHANCELIERS,

DEPUIS PEPIN LE BREF JUSQU'A PHILIPPE IV*.

ANNÉES DE J. C. et ANNÉES DU RÈGNE**.	NOMS DES CHANCELIERS.
	CHANCELIERS DES CARLOVINGIENS.
	SOUS PEPIN LE BREF.
I.	CHRODINGUS (*Mab.* notarius).
II et IV.	EGIUS, ou (*Mab.* EGUIS notarius).
II, III et IX.	WIDMARUS (*Mab.* notarius).
752.	S. BONIFACIUS archiepiscopus Moguntiacensis, archicancellarius.
754.	FRANCO.
IX.	VOLFARDUS.
XIV.	ADALOLFUS.
I, IX et XV.	BEDDILO ou (*N. Tr. Dipl.* BADDILO). — Notaires : HITHERIUS, (*N. Tr. Dipl.* EGIUS, CHRODINGUS et WIDMARUS).
XVII et XIX.	HITHERIUS. — (*N. Tr. Dipl.* Notaires : EGIUS, CHRODINGUS et WIDMARUS.)
II.	Du Chesne cite en outre EGIDIUS, qui avait le titre de MISSUS, et qui pouvait être un notaire : *Egidius Missus recognovit.*
	SOUS CARLOMAN, FILS DE PEPIN.
I.	MAGINARIUS.
	SOUS CHARLEMAGNE.
I et IV.	LUDEBERTUS ou LUTBERTUS. — Notaires : VITIGAVO et RADO.
De la Ire année à la XXIIIe au moins. (*Mab.* jusqu'à la XIIe au moins.)	HITHERIUS, déjà chancelier sous Pepin. — Notaires : RADO, WIGBALDUS, OPTATUS, WIGBADUS, qui est peut-être le même que WIGBALDUS et (*N. Tr. Dipl.* GILBERT).
	LUTHERIUS. — Notaire : FRADO. Ce sont peut-être les mêmes que HITHERIUS et RADO.
769.	BARTHOLOMÆUS.
De la XIe année à la XLe au moins.	RADO abbas Vedastinus. — Notaires : OPTATUS, WIGBALDUS, GILBERTUS, ERKAMBALDUS, JACOB et WIDOLAÏCUS.
Depuis la XXXe année environ. (*N. Tr. Dipl.* XXIXe.)	ERKEMBALDUS ou ARCHEMBALDUS. — Notaires : GENESIUS, AMALBERTUS, SUAVIUS, (*N. Tr. Dipl.* ALTIFREDUS ou ATIFREDUS, IBBON, le diacre GUIDBERT, puis JACOB dans un diplôme de troisième année de l'empire de Charlemagne).
	ENGELRAMNUS archicapellanus, archiepiscopus Mettensis et cancellarius.
XIIIe année (*Mab.* de l'empire).	HIEREMIAS, depuis archevêque de Sens. — Notaire : WITHERIUS.

* Les articles qui n'appartiennent pas au Glossaire de du Cange sont placés entre parenthèses. Ceux qui ont été fournis par le Supplément de D. Carpentier sont marqués d'un astérisque.

** Les chiffres arabes désignent les années de J. C., et les chiffres romains les années du règne.

ANNÉES DE J. C. et ANNÉES DU RÈGNE.	NOMS DES CHANCELIERS.
788. (*N. Tr. Dipl.* 773 et 775.)	HILDEBALDUS ou HILDEBOLDUS archicapellanus et Coloniensis archiepiscopus. Il mourut en 818. — (*N. Tr. Dipl.* Notaires : LUBERTUS et LUTHERIUS.)
Ire année de l'empire.	LIUTGRADIUS ou LUTWARDUS. — Notaires : INQUIRINUS et HERMISTUS. Mabillon ne pense pas qu'on soit suffisamment autorisé à donner le titre de chancelier à Éginhard et à Autpert. Le Nouveau Traité de Diplomatique indique en outre comme notaire l'abbé RUOTFRIDE, sans dire de quel chancelier il dépendait; enfin il cite, d'après Schannat, trois chanceliers extraordinaires qui sont : THEUDEGARD, CHROTARD et ELDEBERT.
	SOUS LOUIS LE DÉBONNAIRE.
Jusqu'à 837 au moins.	HELIZACAR abbas Centulensis. — Notaires : DURANDUS, ADALULFUS, ARNALDUS, ALBO, (*Mab.* FARAMUNDUS) et (*N. Tr. Dipl.* IBBON).
V.	MILEARDUS. — Notaire : AUDACER.
VI.	LUDOVICUS. — Notaires : ÆNEAS et DURANDUS.
Ve année de l'empire.	REGEMFRIDUS Viennensis archiepiscopus et archicancellarius.
Au moins depuis la VIIe année jusqu'à la XVIIIe de l'empire.	FRIDEGISUS ou FRIDUGISUS. — Notaires : DURANDUS, HIRMINMARIS, SIMEON, ADALULFUS, SIGIBERTUS, MEGINARIUS et (*N. Tr. Dipl.* FARAMOND).
(* 824.)	(* HELIAS archicancellarius, sans doute le même que HELIZACAR. — Notaire : WITHGERUS cancellarius.)
(* 824.)	(* GUMPERTHUS archicapellanus.)
(* 829.)	(* DIBTHMARUS archicapellanus. — Notaire : ALBERTUS cancellarius.)
XVIIIe année, etc.	THEODO, THEUDO ou THEOTO. — Notaires : HIRMINMARIS, MEGINARIUS et (*N. Tr. Dipl.* DURANDUS).
XXIIe année, etc.	HUGO abbas. — Notaires : HIRMINMARIS, MEGINARIUS, GLORIUS, DANIEL, MERCARIUS, qui est peut-être le même que MEGINARIUS, et (*N. Tr. Dipl.* BARTHÉLEMY).
839.	IRMINGERUS. Le Nouveau Traité de Diplomatique indique en outre comme ayant été associés à la dignité de chancelier : DROGON évêque de Metz, HILDUIN archichapelain, et HUMBERT. Ce dernier est peut-être le même que GUMPERTHUS. Le même ouvrage donne aussi la liste suivante des chanceliers et des notaires de Louis le Débonnaire, quand il n'était que roi d'Aquitaine :
	DEODATUS. — Notaire : HILDEGARIUS ou HILDIGARIUS.
	HELISACHAR. — Notaire : ALBON.
	GUIGUE. — Notaire : GODOLELME.
	SOUS PEPIN Ier, ROI D'AQUITAINE, FILS DE LOUIS LE DÉBONNAIRE.
	HILDUINUS, archichapelain sous Louis le Débonnaire. — Notaires : NICOLAUS, JOVIUS et PETRUS subdiaconi.
	ALDRICUS. — Notaires : JOHANNES, SIGEBERTUS et SASBODUS ou (*N. Tr. Dipl.* SAXBODUS) diaconi.

ANNÉES DE J. C. et ANNÉES DU RÈGNE.	NOMS DES CHANCELIERS.
	DODO. — Notaire : ISAAC clericus.
	HERMOLDUS ou ERMOLDUS. — Notaire : ISAAC. Le Nouveau Traité de Diplomatique indique en outre pour chanceliers ÉBFOUIN et ISAAC, et pour notaires DUGISON et ALBERIC.
	SOUS LOTHAIRE, EMPEREUR, FILS DE LOUIS LE DÉBONNAIRE.
	(*N. Tr. Dipl.* WITBAR. — Notaire : MAREDO.)
	(*N. Tr. Dipl.* HERMENFROI. — Notaire : DRUCTEMIR.)
De la XVIIIe année de son règne en Italie jusqu'à la XXVIe au moins.	HILDUINUS abbas San-Germanensis, le même que ci-dessus. — Notaires : RAINALDUS, REMIGIUS, FROTHMUNDUS, DANIEL, RUTMUNDUS et (*N. Tr. Dipl.* ERCAMBOLDUS).
Ire année et années suiv. de son règne *in Franciâ*[1].	AGILMARUS. — Notaires : REMIGIUS, TICHAMDUS, ERCAMBOLDUS, LUITHARUS ou (*N. Tr. Dipl.* LIUTHARD), FIRMANDUS, EICHARDUS, (*N. Tr. Dipl.* DRUCTEMIRUS subdiaconus atque notarius, GEORGE et VEARDE). Le Nouveau Traité de Diplomatique cite aussi un notaire qui remplit les fonctions de chancelier en 834 : *Balsamus notarius recognovi.*
	SOUS LOUIS LE GERMANIQUE, FILS DE LOUIS LE DÉBONNAIRE.
	GRIMALDUS ou GRIMOLDUS, (*N. Tr. Dipl.* archichapelain et archichancelier). — Notaires : OTGARIUS, HEBATHARDUS ou (*N. Tr. Dipl.* NEBARHARDE, ADALLÉODE et ADEBERT).
	RATLAREUS. — Notaires : HUBERTUS et COMEATUS.
	REGINBERTUS et ADALBERTUS, chanceliers ou peut-être notaires.
	LUITBERTUS ou (*N. Tr. Dipl.* LIUTBERTUS) archicapellanus. — Notaires : EBERHARDUS ou (*N. Tr. Dipl.* EBARHARDUS cancellarius, et LUITBRANDUS).
	HUGBERTUS archicapellanus. — Notaire : HEBURKARDUS, le même que EBERHARDUS.
	LUDOVICUS. Les Bénédictins citent en outre deux archichanceliers archevêques de Mayence, CHARLES et RABAN, et quatre chanceliers : 1° GOZBALDE, archichapelain. — Notaire : ADALLÉODE ; 2° WITGAR. — Notaires : ADELBERT ou ADEBERT, ou plutôt HUGBERT, et WALTON ; 3° RADLEICUS ; 4° BALDRICUS. Les notaires qui contresignent pour ces deux derniers sont : COMEAT, DOMINIQUE, ADALLÉODE et ADEBERT.
	SOUS CHARLES LE CHAUVE.
	EBROINUS archicapellanus. Il n'a peut-être pas rempli les fonctions de chancelier.
De la Ire année à la XXVIIe.	LUDOVICUS (*N. Tr. Dipl.* abbé de Saint-Denys). — Notaires : JONAS, ÆNEAS, LUCAS, BARTHOLOMÆUS, RAGENFREDUS, GILLEBERTUS, SIGEBERTUS ou (*N. Tr. Dipl.* SIGEDEBERT), GAUZLENUS, HILDEBOLDUS, SOSLELUS, MEGINARIUS, DEORMARUS, ROTFREDUS, ILDRICUS ou (*Mab.* IDRICUS), ADALGARIUS, FOLCALCUS, ADALSARIUS, GONCHARIUS ou CONCHARIUS, EILIFRIDUS, GAUZELINUS[2], (*BONARDIARUS en 845,) (*N. Tr. Dipl.* FOLCHRICUS, ANSCHARIUS, VAVOLÈME ou BABOLÈME, SOLURRICUS, HENRI, LIFRIDE, FOLCARD et GUILLAUME).

[1] *In Franciâ*, dans la France orientale, c'est-à-dire dans la Germanie. Voyez dans la liste alphabétique des princes, LOTHAIRE et CHARLES LE GROS.

[2] Il est probable que du Cange a cité par inadvertance comme deux notaires différents, GAUZLENUS et GAUZELINUS. Il est probable que ces deux noms désignent, avec une différence d'orthographe, le notaire qui succéda plus tard à l'abbé de S. Denys dans ses fonctions de chancelier.

ANNÉES DE J. C. et ANNÉES DU RÈGNE.	NOMS DES CHANCELIERS.
(* III.)	(* BERTRAUS.) Voy. ci-dessous la note sur BERTRAUS, chancelier de CHARLES, roi de Provence.
(* 860.)	(* TILPINUS summus cancellarius. — Notaire : EYNARDUS.)
XXVII° année, etc.	GAUZELINUS ou GAUZLINUS, ou GOZLENUS, frère et successeur de LUDOVICUS, dont il avait été aussi le notaire. — Notaires : ADALGARIUS, HILDEBOLDUS, MANCIO, GAMMO ou (*N. Tr. Dipl.* ALMO), EBBO, AUDACHER, GARINUS, ADALGRINUS, SIFFREDUS ou (*N. Tr. Dipl.* GIFFREDUS), WLPHRADUS et (*N. Tr. Dipl.* FROTGAIRE ou YROGE). On lit dans le même ouvrage : « Goslin n'étant pas encore revêtu de la dignité de grand chancelier, en fit « quelquefois les fonctions, comme il paraît par un diplôme authentique de 855, signé : « *Jonas ad vicem Goslini recognovit*, et par un autre de 863, signé : *Adalgarius notarius « scripsit ad vicem Gosleni.* » (*N. Tr. Dipl.* Le comte du palais remplissait aussi les fonctions de grand chancelier : *Anscharius notarius jubente comiti palatii scripsit et subscripsit.* Le comte du palais était alors FULCO.)
	(*N. Tr. Dipl.* SOUS PEPIN II, ROI D'AQUITAINE.)
	AUSBERT. — Notaire : BENOIT.
	HILDUIN. — Notaire : JOSEP subdiaconus.
	SOUS LOUIS II, EMPEREUR, FILS DE L'EMPEREUR LOTHAIRE.
	TRACTEMIRUS ou (* DRUCTEMIRUS archinotarius, archicancellarius ou sacri palatii notarius). — Notaires : (*N. Tr. Dipl.* GEORGE, VERIMBOLDE, RAINUS, RABERIUS, PLATON), SIMPERTUS et DRUCTEMIUS. (* DRUCTEMIUS désigne, sous une orthographe différente l'archichancelier TRACTEMIRUS, et par conséquent ne doit pas figurer au nombre des notaires.)
	(*N. Tr. Dipl.* RAGEMFREDUS archicancellarius. — Notaires : TEUDO et ARNOUL.)
	(*N. Tr. Dipl.* REMI. — Notaire : ADELBERT.) Les Bénédictins annoncent en outre que GISELBERT, prêtre et notaire, HÉLIE, diacre, et GAUGIN, chapelain, déclarent dans leurs signatures avoir écrit plusieurs diplômes par l'ordre de l'empereur : *Gislebertus presbyter et notarius ex jussu imperiali scripsi et subscripsi.*
	(*N. Tr. Dipl.* SOUS CHARLES, ROI DE PROVENCE.)
	HEICARD. — Notaire : DEIDONUS.
	BERTRAUS [1]. — Notaire : AURÉLIEN, abbé d'Ainay.
	GRIMLANDUS regiæ dignitatis cancellarius.
	GERARDUS.
	(*N. Tr. Dipl.* SOUS LOTHAIRE, ROI DE LORRAINE, FILS DE L'EMPEREUR LOTHAIRE.)
	ERKAMBOLDUS regiæ dignitatis cancellarius. — Notaires : BENZELIN et ROTMOND.
	GRIMLANDUS. — Notaire : BERLAUD. Le même ouvrage cite en outre deux autres notaires, ERKAMBOLDE et DANIEL, sans dire à quel chancelier ils étaient attachés.

[1] D'après l'auteur du Supplément de du Cange, CHARLES LE CHAUVE aurait eu aussi un chancelier nommé BERTRAUS. Peut-être a-t-on attribué à ce prince un diplôme de CHARLES roi de Provence.

ANNÉES DE J. C. et ANNÉES DU RÈGNE.	NOMS DES CHANCELIERS.
	SOUS LOUIS LE BÈGUE.
I et II.	GAUZLINUS, déjà chancelier sous CHARLES LE CHAUVE. — Notaires : WLPHARDUS, WIGBALDUS et AUDACHER, (*N. Tr. Dipl.* GOSBERT).
	SOUS CARLOMAN, FILS DE LOUIS LE BÈGUE.
	WULFARDUS ou (*N. Tr. Dipl.* WGARD). — Notaires : ALBERTUS et NORBERTUS.
	(*N. Tr. Dipl.* GOSLIN, abbé de Saint-Germain des Prés[1]. — Notaire : NORBERTUS.)
	(*N. Tr. Dipl.* NORBERT remplit quelque temps les fonctions de chancelier après la mort de WLFARD, comme l'atteste cette formule : *Nortbertus notarius post obitum magistri sui Wlfardi jussione regis recognovit.*)
	(*N. Tr. Dipl.* SOUS BOSON, ROI D'ARLES.)
	RADULPHE ou RAOUL. — Notaire : ÉTIENNE.
	AURÉLIEN, archevêque de Lyon. — Notaire : ÉLIBERT.
	ADALGAIRE. — Notaire : ÉTIENNE.
	SOUS CHARLES LE GROS.
	(*N. Tr. Dipl.* HAINARD, abbé de Saint-Michel.)
(*N. Tr. Dipl.* jusqu'en 887.)	LIUTWARDUS episcopus Vercellensis, ou (*N. Tr. Dipl.* LIUTARDUS, qualifié chancelier en 877 et archichancelier en 884). — Notaires: AMALBERTUS (*N. Tr. Dipl.* cancellarius), SEGOÏNUS, SALOMON, INGUIRINUS, ou (*N. Tr. Dipl.* INQUIRINUS, ANSBERT, WALDON, LIUTFRIDE et ARNOUL).
(*N. Tr. Dipl.* à partir de 887.)	LIUTPERTUS ou (*N. Tr. Dipl.* LIUTBERTUS archicapellanus, archiepiscopus Moguntiacensis. — Notaires: AMALBERTUS, SEGOINUS, SALOMON et INGUIRINUS). On lit dans le Nouveau Traité de Diplomatique : « Quelques diplômes de CHARLES « LE GRAS sont contresignés par les notaires AMALGERIUS, JUGENIUS, JURIAPH et AN- « GELUS, noms qui paraissent avoir été altérés par les copistes. »
	SOUS EUDES.
	EBOLUS ou (*EBBO), ou (*N. Tr. Dipl.* EBLO, abbé de Saint-Germain des Prés et de Saint-Denis). — Notaire : TROANNUS ou (* ROHANNUS), (*N. Tr. Dipl.* ROLLON).
	(*N. Tr. Dipl.* ASCHERIC, évêque de Paris.)
	GUALTERIUS ou (*Mab.* GUALTERUS), (*N. Tr. Dipl.* GAUTIER, archevêque de Sens). — Notaire : HERVEUS.
	ADALGARIUS, (*N. Tr. Dipl.* évêque d'Autun). — Notaire : ERNULFUS ou (*N. Tr. Dipl.* ARNOUL). On lit dans les Bénédictins : « ARNEBODE contresigna pour ILDEFRÈDE, référendaire, le « diplôme confirmatif des priviléges accordés au monastère de Juncelle en Berry : « *Arnebodus scripsit ad vicem Ildefredi referendarii et suscripsit.* Il y avait donc encore alors « un référendaire chargé de veiller sur les diplômes. »

[1] GOSLIN le même que GAUZLINUS déjà nommé sous CHARLES LE CHAUVE et LOUIS LE BÈGUE.

ANNÉES DE J. C. et ANNÉES DU RÈGNE.	NOMS DES CHANCELIERS.
	SOUS ARNOUL, ROI DE GERMANIE ET EMPEREUR.
(*N. Tr. Dipl.* de 887 à 898.)	TEOTMARUS archicapellanus et (*N. Tr. Dipl.* archicancellarius). — Notaires : ASDELGUS, ASPERTUS ou (*N. Tr. Dipl.* ASBERT ou ANSBERT, toujours qualifié chancelier ainsi que WICHINGE) ou WICHINDUS.
	(*N. Tr. Dipl.* WICHINGE.)
	(*N. Tr. Dipl.* BARDON, archichancelier.—Notaire : ADALGER, qualifié notaire et chancelier.) Le Nouveau Traité de Diplomatique cite en outre comme ayant contresigné en qualité de notaires les diplômes du roi ARNOUL : 1° THÉOTMAR ; 2° ENGILBERT ou ENGILPERO, qui est quelquefois désigné sous le nom de SIGISBERTUS ; 3° ERNUSTE, qui porte en même temps le titre de notaire et celui de chancelier.
	SOUS CHARLES LE SIMPLE.
Jusqu'en 900.	FULCO Remensis archiepiscopus. — Notaire : HERIVEUS.
Jusqu'en 900.	ERNUSTUS. — Notaire : BENJAMINUS.
	MACHUTUS episcopus. — Notaire : FROGERIUS.
	ANSCHERICUS ou ASKERICUS, (*N. Tr. Dipl.* évêque de Paris).—Notaires : ERNUSTUS, HERVEUS, (*N. Tr. Dipl.* LÉTHALDE, HUGUE, ERLUIN et FROGER). Le chancelier ASKERICUS aurait, suivant Mabillon, succédé à FULCO.
De 900 à 922.	HERVEUS ou HERIVEUS Remensis archiepiscopus, (*N. Tr. Dipl.* summus cancellarius), successeur de Fulco. — Notaires : HUGO (*N. Tr. Dipl.* regiæ dignitatis notarius), et GOSLINUS ou (*Mab.* GOZLINUS).
	(*N. Tr. Dipl.* RATBODE, archevêque de Trèves. — Notaire : GOZLIN.)
(* 922.)	ROGERIUS archiepiscopus Trevirensis. — Notaires : GOSLINUS, RATBAUDUS et HAGANO.
	LUITWARDUS episcopus Vercellensis, après ROGERIUS.
	SOUS ZUENTÉBOLD, ROI DE LORRAINE.
	RATPOTUS ou (*N. Tr. Dipl.* RATPERTUS) archiepiscopus Trevirensis, summus cancellarius. — Notaires : WALDEGERUS ou (*N. Tr. Dipl.* WALGERUS), GOSBERT et FRANCO.
	HERMANNUS ou (*N. Tr. Dipl.* HERIMAN) archicapellanus. — Notaires : EGILBERTUS, (*N. Tr. Dipl.* toujours nommé chancelier), et WALGERUS.
	RUTGERUS archiepiscopus et archicapellanus. — Notaire : WALKEMS.
	SOUS LOUIS IV, ROI DE GERMANIE, FILS D'ARNOUL.
	RATPOTUS, le même que ci-dessus. — Notaires : ERNULDUS et THEODULFUS.
	SOUS LOUIS L'AVEUGLE, EMPEREUR, FILS DE BOSON, ROI D'ARLES.
	RAGENFREDUS. — Notaire : ARNULFUS.
	ALEXANDER archiepiscopus Viennensis. — Notaires : BERNERIUS, GARNERIUS, ELIAS et UBOLDUS.

ANNÉES DE J. C. et ANNÉES DU RÈGNE.	NOMS DES CHANCELIERS.
	(*N. Tr. Dipl.* SOUS RAOUL, ROI DE LA BOURGOGNE TRANSJURANE.)
	IERONIMUS protocancellarius.
	THEODERICUS archiepiscopus Vesontionensis et cancellarius. — Notaire : BERENGARIUS.
	SOUS RAOUL, ROI DE FRANCE, PENDANT LA CAPTIVITÉ DE CHARLES LE SIMPLE.
	ABBO episcopus Suessionensis. — Notaires : RAINALDUS ou (*N. Tr. Dipl.* RAINARD ou AGENARD), HERIBERTUS (*N. Tr. Dipl.* qualifié *regalis cancellarius*), RICHARDUS et ROTBERTUS.
	ANSUSUS ou ANSEGISUS episcopus Tricassinensis. — Notaires : HUGO, RAIMUNDUS et (*N. Tr. Dipl.* GOTEFROI).
	THEODORICUS[1] archiepiscopus. — Notaire : BERENGARIUS.
	(*N. Tr. Dipl.* SOUS HUGUES, COMTE DE PROVENCE ET ROI D'ITALIE.)
	GERLANNUS abbas et archicancellarius. — Notaire : PETRUS.
	SOUS LOUIS D'OUTREMER[2].
	(*N. Tr. Dipl.* ANSUSUS ou ANSEGISUS episcopus Tricassinensis.) — Notaire : ODILO.
De la Ire année à la VIe.	ERICUS ou (*N. Tr. Dipl.* HERICUS) episcopus Langonensis, summus cancellarius. — Notaire : ODILO ou (*N. Tr. Dipl.* OYDILO), et (*Mab.* RORICO).
	HUGO Remensis antistes, (*N. Tr. Dipl.* usurpateur de l'archevêché de Reims). — Notaire : RORICO.
	ARTALDUS archiepiscopus Remensis. — Notaires : GERARDUS, RORICUS ou (*Mab.* ROFICO), ODILO ou (*N. Tr. Dipl.* OYDILO), (* AQUILO et DEDILO, peut-être pour ODILO).
	(* ALEXANDER[3] archicancellarius. — Notaire : HELIAS Dei gratiâ humilis diaconus.)
	(*N. Tr. Dipl.* GÉRONCE, archevêque de Bourges. — Notaire : RORICO[4].)
	(*N. Tr. Dipl.* ACARD. — Notaire : RORICO ou RORICUS, avec le titre de cancellarius.) (*N. Tr. Dipl.* « On lit au-dessus de la signature du roi, dans un diplôme de 939 : « *Ginsiabertus comes recognovit* ; ce qui prouve de nouveau que le comte du palais fai« sait aussi les fonctions de grand chancelier. »)

[1] Ce THEODORICUS n'est-il pas le même que THEODERICUS désigné par les Bénédictins comme chancelier de RAOUL, roi de Bourgogne, et dont le notaire se nommait également BERENGARIUS ? Du Cange aura pu attribuer à RAOUL, roi de France, un diplôme de RAOUL, roi de Bourgogne, dont il n'a pas d'ailleurs indiqué les chanceliers. Mabillon avertit lui-même que cette confusion a eu lieu, sans dire toutefois sur quels chanceliers elle a porté.

[2] (*N. Tr. Dipl.* « LOUIS changeait presque tous les ans d'archichancelier. ») Faut-il admettre alors avec du Cange que ces fonctions aient été remplies par ERICUS pendant les six premières années du règne de LOUIS D'OUTREMER ?

[3] On lit dans le Supplément de du Cange qu'Alexandre exerçait les fonctions d'archichancelier en 924. Cette date, qui ne peut convenir au règne de LOUIS D'OUTREMER, est évidemment une faute d'impression échappée à l'auteur.

[4] Le Supplément de du Cange cite aussi, parmi les chanceliers de LOUIS D'OUTREMER, GERUNCUS archipræsul ; mais il annonce qu'on doit lire plutôt ARTALDUS ou ARTAUDUS.

ANNÉES DE J. C. et ANNÉES DU RÈGNE.	NOMS DES CHANCELIERS.
	(*N. Tr. Dipl.* SOUS CONRAD, ROI D'ARLES.)
	AYMON, évêque de Valence. — Notaire : HENRI.
	BÉROLD. — Notaire : HÉDOLPHE.
	HENRI. — Notaire : GÉRARD.
	REIDULPHE. — Notaire : PARDULPHE.
	VINCENT fait aussi les fonctions de chancelier : « Ego Vincentius recognovi. »
	SOUS LOTHAIRE, FILS DE LOUIS D'OUTREMER.
	ARTALDUS (*N. Tr. Dipl.* archicancellarius regis ou summus cancellarius), le même que sous LOUIS D'OUTREMER. — Notaires : WIDO et GEZO (*N. Tr. Dipl.* humilis quæstor). (*N. Tr. Dipl.* « Après la mort d'ARTAUD, la chancellerie vaqua quelque temps, « pendant lequel RORICON, évêque de Laon, remplit l'office de grand chancelier. »)
Depuis. . . . . jusqu'en 971.	ODOLRICUS ou (*N. Tr. Dipl.* ODALRICUS) archiepiscopus Remensis, successeur d'ARTALDUS. — Notaire : GESO ou (*Mab.* GEZO). ODALRICUS mourut en 971.
Depuis 971.	ADALBERO archiepiscopus Remensis. — Notaires : ADALBERO, ARNULFUS ou ERNULFUS.
	SOUS LOUIS V LE FAINÉANT.
	ADALBERO, le même que ci-dessus.
	CHANCELIERS DES CAPÉTIENS.
	SOUS HUGUES CAPET.
	ADALBERO (*Mab.* le même que sous LOTHAIRE) archicancellarius. — Notaire : REGINOLDUS, depuis évêque de Paris.
	GERBERTUS Remensis archipræsul. — Notaire : RAINOLDUS ou (*N. Tr. Dipl.* REGINOLDUS, le même que sous ADALBERO).
	RENALDUS, RAINALDUS ou REGINOLDUS episcopus Parisiensis.
	ROTGERIUS episcopus Belvacensis, protocancellarius, pendant la huitième année du règne de HUGUES et de ROBERT..
	SOUS ROBERT.
	ABBO episcopus. — Notaire : REGINALDUS ou RAGENARDUS.
	FRANCO cancellarius ou notarius, depuis évêque de Paris, remplit l'office de chancelier pendant les différends qui divisèrent le roi et ARNOUL archevêque de Reims. — Notaire : ROTGERIUS. (*N. Tr. Dipl.* « Dans les souscriptions FRANCON est tantôt qualifié *cancellarius* « *palatii*, et tantôt *diaconus atque chartigraphus*. Gotfroi, moine bénédictin, écrit un di- « plôme *ad vicem Franconis cancellarii, et ipse Franco manu propriâ subscripsit*. Thierri, « diacre, en vérifie un autre *ad vicem Franconis summi cancellarii.* »)
	ARNULFUS archiepiscopus Remensis. — Notaire : BALDUINUS, qui succède ensuite à ARNULFUS.

ANNÉES DE J. C. et ANNÉES DU RÈGNE.	NOMS DES CHANCELIERS.
	BALDUINUS, pendant les dernières années du règne. (*N. Tr. Dipl.* « Il est appelé dans divers « diplômes *notarius, cancellarius palatii, regii palatii, sacri palatii apocrisiarius, subcancellarius, signator.* Un diplôme donné en 1031 en faveur de l'église de Chartres est ainsi « souscrit : EVRARDUS *monachus scripsit ad vicem Balduini signatoris.* »)
	FULBERTUS Carnotensis est cité par du Chesne comme un des chanceliers de ROBERT ; mais du Cange pense, avec Mabillon, que FULBERT était seulement chancelier de l'église de Chartres.
	SOUS HENRI I.
	BALDUINUS, le même que ci-dessus. — Notaires : SIGUINUS, FULCO et WILLELMUS.
	SOUS PHILIPPE I.
1059 et (*N. Tr. Dipl.* 1065).	GERVASIUS archiepiscopus Remensis.
De 1061 à 1067. (*N. Tr. Dipl.* 1060.)	BALDUINUS[1]. — (* 1067. *Ad vicem Balduini* EUSTACHIUS *notarius chartam recognoscit.*) On lit dans du Cange : BALDUINUS *ad vicem Gervasii litteras pro S. Nicasio Remensi recognovit.* D'après Mabillon et les Bénédictins, ce serait au contraire Gervais qui aurait contresigné le même titre *ad vicem Balduini.*
De 1067 à 1071. (*N. Tr. Dipl.* et *Mab.* 1067 et 1071.)	PETRUS abbas S. Germani.
1073 et 1074.	GUILLELMUS.
De 1075 à 1092.	GOFRIDUS, (* GAUFRIDUS ou WOFFREDUS) Parisiensis episcopus, (* cancellarius ou archicancellarius. — Notaire : GILLEBERTUS clericus).
(* 1070,) 1074, 1079, 1080 et (* 1105.)	ROGERIUS Belvacensis antistes. — (*N. Tr. Dipl.* « GISLEBERT souscrit quelquefois pour ce « chancelier. ») (* GISLEBERTUS *regis notarius ad vicem Rogerii cancellarii.* 1070 et 1105.)
1090.	URSIO Silvanectensis præsul.
(*N. Tr. Dipl.* 1091) et 1092.	HUBERTUS ou (*N. Tr. Dipl.* et *Mab.* HUMBERTUS ou IMBERTUS).
1095.	HAMBALDUS ou (*N. Tr. Dipl.* AMBALDUS) vicecancellarius.
1097.	ARNULFUS.
(*N. Tr. Dipl.* 1095) ou 1105.	GISLEBERTUS. (* Le même qui en 1070 et en 1105 souscrit *ad vicem Rogerii cancellarii.*)
De 1106 à 1108.	STEPHANUS ou (*N. Tr. Dipl.* STEPHANUS DE GARLANDA) Silvanectensis episcopus ou (*Mab.* Bellovacensis episcopus).
	SOUS LOUIS LE GROS.
De 1108 à 1116.	STEPHANUS, le même que ci-dessus[2].
(*N. Tr. Dipl.* 1110.)	(*N. Tr. Dipl.* « GUI s'intitule bibliothecarius regis. »)
1° de 1116 à 1125. 2° 1133 et années suivantes.	STEPHANUS DE GARLANDA (*N. Tr. Dipl.* Parisiensis episcopus). Après 1125 la chancellerie a vaqué jusqu'à SIMON.

[1] Ce BAUDOIN n'est pas le même qui remplissait les fonctions de chancelier sous HENRI Ier. Voyez du Chesne, pag. 154. Mabillon ne décide pas cette question.

[2] Du Cange pense qu'il y a eu deux chanceliers du nom d'ÉTIENNE, et que le premier des deux était évêque de Senlis. Mabillon donne à cet ÉTIENNE le surnom de GARLANDA et le titre d'évêque de Beauvais. Quant au second chancelier qui, selon du Cange, aurait seul porté le surnom de GARLANDE, Mabillon présume, sans toutefois l'affirmer, que c'est le même prélat devenu évêque de Paris après avoir été évêque de Beauvais. Le Nouveau Traité de Diplomatique adopte l'opinion de du Cange en ce sens qu'il reconnaît à LOUIS LE GROS deux chanceliers du nom d'ÉTIENNE, mais il donne au premier le titre d'évêque de Beauvais et non de Senlis.

ANNÉES DE J. C. et ANNÉES DU RÈGNE.	NOMS DES CHANCELIERS.
(*N. Tr. Dipl.* 1119.)	(*N. Tr. Dipl.* « On trouve FULCHRADE chancelier, dans un diplôme donné à Reims l'an 1119, « en faveur de l'abbaye de S. Benoît sur Loire. »)
(*1128 et 1131) ou (*N. Tr. Dipl.* de 1125 à 1133).	SIMON (*N. Tr. Dipl.* DE CATIACO, qui avait pris en 1106 le titre de *subcartularius regis*).
(* 1129.)	(* HUGO.)
De 1134 à 1137.	ALGRINUS. (*N. Tr. Dipl.* « Depuis 1134 quelques diplômes substituent ALGRIN à PIERRE[1] et « à SIMON. »)
	SOUS LOUIS LE JEUNE.
De 1137 à 1139 ou (*N. Tr. Dipl.* jusqu'en 1141).	ALGRINUS, le même que ci-dessus. (* Il a aussi souscrit une charte en 1150.)
1139 et 1140.	NATALIS abbas Resbacensis. Le Nouveau Traité de Diplomatique, qui annonce qu'ALGRIN a exercé jusqu'en 1141, ne cite qu'un titre de 1150, comme ayant été souscrit par NOËL ou NATALIS, abbé de Rebais.
De 1140 ou (*N. Tr. Dipl.* 1141) à 1147.	CADURCUS. (* Dans une charte de 1140 il est aussi appelé CATULCUS.)
(* 1142.)	(* LIDERICUS.)
1147.	BARTHOLOMÆUS.
	BALDUINUS, qui accompagna le roi dans son voyage de la terre sainte. (*N. B.* Louis VII partit le 11 juin 1147 et revint en France à la fin de 1149.)
De 1150 à 1153 ou (*Mab.* 1151).	SIMON.
1° De (*1150) ou 1151 à 1169; 2° 1171 et 1172.	HUGO DE CAMPO FLORIDO episcopus Suessionensis. La chancellerie a vaqué : 1° en 1170; 2° de 1173 à 1177, ou (*N. Tr. Dipl.* de 1172 à 1177). D'après le même ouvrage HUGO aurait exercé sans interruption de 1150 à 1172, et il aurait été rétabli en 1175, « puis- « qu'il y a des lettres qui portent cette formule : *Data per manum* HUGONIS *cancellarii et « episcopi Suessionis an.* MCLXXV. » Pendant la vacance le chancelier est remplacé par le notaire PETRUS[2].
(*1154.)	(* ROGERIUS), (*N. Tr. Dipl.* abbé de Saint-Euverte d'Orléans : *Data Tolosa per manum* ROGERII *cancellarii regis et abbatis S. Euvreii Aurelianensis*).
1178 et 1179.	HUGO PUTEOLENSIS. Il y a cependant des lettres de 1179 données par le roi seul. Les Bénédictins parlent d'un titre de 1179 donné *vacante cancellariâ*, et ils ajoutent : « Dans la « même année HUGUES DE PUISEAUX fut nommé chancelier, et il signa, l'an 1180, les chartes « d'affranchissement des serfs d'Orléans par Louis le Jeune et Philippe-Auguste son fils : « *Datum Parisiis anno ab incarnatione Domini* MCLXXX *per manum secundi* HUGONIS *cancellarii.* » Il résulterait de ce passage que HUGUES n'était pas chancelier en 1178. Mais on lit dans du Chesne : « En l'an 1180 le chancelier Hugues de Puyseaux fut restably. » On peut donc croire qu'il exerça en 1178 et au commencement de 1179, puisqu'après une courte interruption il reprit ses fonctions à la fin de 1179 ou en 1180.

[1] Il y avait donc eu un chancelier du nom de PIERRE. Cependant le Nouveau Traité de Diplomatique ne s'explique pas plus à cet égard que Mabillon auquel ce passage est emprunté.

[2] Après HUGO DE CAMPO FLORIDO, du Cange cite pour la seconde fois, mais probablement par erreur, un chancelier nommé BALDUINUS.

ANNÉES DE J. C. et ANNÉES DU RÈGNE.	NOMS DES CHANCELIERS.
	SOUS PHILIPPE-AUGUSTE.
Jusqu'en 1185.	HUGO PUTEOLENSIS, le même que ci-dessus.
(*1180) et 1186.	HUGO DE BETHISY. Après lui la chancellerie vaque jusqu'en 1223. Le chancelier est remplacé d'abord par HUGO D'ATHIES, et (*N. Tr. Dipl.* depuis 1201) par GUARINUS ou (*GARINUS), *frater Hospitalis S. Johannis et episcopus Silvanectensis.* Du Chesne ne parle pas de HUGO DE BETHISY, et il cite GUIDO D'ATHIES au lieu de HUGO D'ATHIES. Il est d'accord avec le Nouveau Traité de Diplomatique et Mabillon, qui ne reconnaissent pas d'autre chancelier à Philippe-Auguste que HUGUES DE PUISEAUX.
	SOUS LOUIS VIII.
Jusqu'en 1226.	GUARINUS ou GARINUS, le même que ci-dessus, mais avec le titre de chancelier.
	SOUS S. LOUIS[1].
	GUARINUS, le même que ci-dessus, exerce au commencement du règne. Il abdiqua en 1227. Après lui la chancellerie vaque.
	PHILIPPUS D'ANTONGNY custos magni sigilli.
Vers 1240.	JOHANNES ALLEGRINUS. (*La chancellerie vaque en 1248.)
1249.	NICOLAUS (*DE CANIS) palatii capellanus, sigilli custos.
1253.	ÆGIDIUS Tyri archiepiscopus. Il avait le sceau en Palestine. (*La chancellerie vaque en 1255.)
	JOHANNES DE CURIA D'AUBERGENVILLE episcopus Ebroicensis. Il était chancelier à l'époque de sa mort en 1256.
1258 et 1260.	RADULPHUS GROSPARMY ou (*Mab.* DE PYRIS) episcopus Ebroicensis et cardinalis, custos sigilli.
	(*N. Tr. Dipl.* « Un diplôme d'octobre 1259 porte la formule *vacante cancellariâ.* »)
1261.	SIMON BRIONENSIS, custos sigilli. Il devint dans la suite pape sous le nom de Martin IV.
(*1269.)	(*PHILIPPUS DE CATURCO.)
	MATTHÆUS VINDOCINENSIS abbas S. Dionysii, et SIMON CLAROMONTENSIS dominus de Nesle. S. Louis, en partant pour la Palestine, en 1270, leur remit le sceau secret.
	SOUS PHILIPPE III[1].
1270 et années suivantes.	PETRUS BARBETTE archiepiscopus Remensis ou (*N. Tr. Dipl.* archidiacre de Chartres, dans un titre de 1271 où il est aussi appelé chancelier). Quoiqu'il ne soit mort qu'en 1300, la chancellerie a vaqué en (*1271), 1273, 1274, (*1277) et 1279.
1279.	HENRICUS DE VEZELIACO archidiaconus Bajocensis. On vient de voir cependant que la chancellerie a vaqué en 1279.
1281 à 1283.	PETRUS CHALLON decanus S. Martini Turonensis. Il a peut-être continué à exercer après 1283. Le Nouveau Traité de Diplomatique, sans lui donner le titre de chancelier, dit qu'il portait le sceau en 1282.

[1] Voyez pour les règnes de S. LOUIS, de PHILIPPE III et de PHILIPPE IV, les observations qui précèdent la liste des chanceliers.

ANNÉES DE J. C. et ANNÉES DU RÈGNE.	NOMS DES CHANCELIERS.
	SOUS PHILIPPE IV[1].
1292.	JOANNES DE VASSONIA. Il perdit les sceaux l'année suivante ; on les lui rendit ensuite. Il les avait eus en 1291. Il mourut en 1300.
1° 1292 ; 2° 1302 à 1304.	STEPHANUS DE SUISIACO archidiaconus Brugensis. Il mourut cardinal en 1311. (Du Cange ne dit pas expressément qu'il ait exercé en 1292 ; mais il le place avant GUILLELMUS DE CRISPEIO, qui ne commence qu'en 1293. Du Chesne lui donne d'ailleurs le titre de chancelier en 1292.)
De 1293 à 1296.	GUILLELMUS DE CRISPEIO archidiaconus Parisiensis ou (*N. Tr. Dipl.* doyen de S. Agnan d'Orléans). Un diplôme du mois de février 1293 vieux style (1294) porte la formule *vacante cancellariâ.* (Voy. *N. Tr. Dipl.* tom. VI, pag. 26.)
1300 à 1302.	PETRUS FLOTTE miles Arvernus.
Jusqu'en 1306.	PETRUS DE MORNAYO episcopus Autissiodorensis.
D'octobre 1306 à janvier 1307.	PETRUS DE BELLA PERTICA episcopus Autissiodorensis.
	PETRUS DE GRESSIBUS, episcopus Autissiodorensis. Il ne remplit que peu de temps les fonctions de chancelier.
1307.	GUILLELMUS DE NOGARETO custos sigilli.
De 1308 à mars 1309.	Le même avec le titre de chancelier.
Du 27 février 1309 au mois d'avril 1313.	ÆGIDIUS AYCELINUS archiepiscopus Narbonensis, deinde Rotomagensis, custos sigilli. On trouve dans cet intervalle la formule *vacante cancellariâ.*
D'avril 1313 à décembre 1314.	PETRUS DE LATILIACO. Un diplôme d'octobre 1313 porte la formule *vacante cancellariâ.* Il est signé GUY DE BEAUVES. (Voy. *N. Tr. Dipl.* tom. VI, pag. 26.)

[1] Voyez pour les règnes de S. LOUIS, de PHILIPPE III et de PHILIPPE IV, les observations qui précèdent la liste des chanceliers.

LISTE DES GRANDS OFFICIERS,

DEPUIS HENRI I JUSQU'A PHILIPPE IV.

ANNÉES de JÉSUS-CHRIST.	NOMS DES GRANDS OFFICIERS.
	I° BUTICULARII ou PINCERNÆ (BOUTEILLERS).
	SOUS HENRI I.
1060.	HUGO.
	SOUS PHILIPPE I.
1062.	ADELARDUS.
1065 et 1067.	ENGENULFUS.
1067 et 1069.	RAINALDUS.
1071 et 1074.	WIDO.
1075 et 1079.	HERVEUS MONMORENCIACUS, mort vers 1094.
1085.	ADELARDUS. (Mabillon n'en parle pas.)
1086.	LANCELINUS. (Mabillon n'en parle pas.)
1106 et 1107.	PAGANUS AURELIANENSIS. (Mabillon n'en parle pas.)
	SOUS LOUIS VI LE GROS.
1108 et 1111.	WIDO SILVANECTENSIS. (Mabillon n'en parle pas.)
De 1114 à 1126 ou (*Mab.* de 1111 à 1129).	GILBERTUS DE GARLANDA ou (*Mab.* GISLEBERTUS).
1130 ou (*Mab.* 1129).	LUDOVICUS SILVANECTENSIS.
De 1131 à 1137. (*Mab.* 1132.)	GUILLELMUS SILVANECTENSIS.
(*Mab.* 1136.)	(*Mab.* GILBERTUS.)
	SOUS LOUIS VII LE JEUNE.
De 1137 à 1147. (*Mab.* jusqu'en 1151.)	GUILLELMUS SILVANECTENSIS, le même que sous Louis VI, selon du Cange[1].
Depuis 1147 ou (*Mab.* depuis 1151).	GUIDO SILVANECTENSIS.
	SOUS PHILIPPE II AUGUSTE.
Jusqu'en 1188.	Le même.
De 1188 à 1221. (*Mab.* jusqu'en 1218 au moins.)	GUIDO, fils du précédent. Il avait été désigné comme successeur de son père, en 1186.
(*Mab.* 1223.)	(*Mab.* Nullus.)

[1] Mabillon ne s'explique pas à cet égard; mais il paraît plus probable que, dans son opinion, GUILLELMUS sous Louis VII n'est pas le même que GUILLELMUS sous Louis VI, puisqu'il place entre eux un bouteiller du nom de GILBERTUS dont du Cange ne parle pas.

ANNÉES de JÉSUS-CHRIST.	NOMS DES GRANDS OFFICIERS.
	SOUS LOUIS VIII.
Depuis 1223.	ROTBERTUS DE CORTENEIO, mort en 1239.
	SOUS LOUIS IX.
Jusqu'en 1239.	Le même.
Avant 1248.	STEPHANUS DE SANCERRE. (Mabillon n'en parle pas.)
Depuis 1258. (*Mab.* 1256.)	JOHANNES DE BRIENNE, dit D'ACRE, mort en 1296.
	SOUS PHILIPPE III.
	Le même.
	SOUS PHILIPPE IV.
Jusqu'en 1296.	Le même.
Depuis 1296.	GUIDO DE CHASTILLON, mort en 1317.
	II° CAMERARII (CHAMBRIERS).
	SOUS HENRI I.
1060.	RAINALDUS.
	SOUS PHILIPPE I.
1065 et 1085. (*Mab.* 1067, 1071, 1075 et 1079.)	WALERANNUS OU GALERANDUS.
1085.	WILLELMUS.
	SOUS LOUIS VI LE GROS.
De 1106 à 1121. (*Mab.* 1111.)	WIDO.
1127 et 1128. (*Mab.* 1129.)	ALBERICUS.
1130.	MANASSES.
1134. (*Mab.* 1135.)	HUGO.
1136.	WIDO, autre que le précédent.
	HUGO. (Voy. un acte de 1137. *Ordonnances des rois de France*, vol. I, pag. 8.)
	SOUS LOUIS VII LE JEUNE.
1139.	MATTHÆUS, mort en 1151 ou 1152. (Mabillon n'en parle pas.)
1152.	[1] ALBERICUS; il vivait encore en 1181. (Mabillon n'en parle pas.)
1160 et 1174. (*Mab.* jusqu'en 1174.)	MATTHÆUS, autre que le précédent selon du Cange. Mabillon l'indique comme le premier chambrier de Louis VII, mais sans fixer l'époque à laquelle il est entré en charge.
1176. (*Mab.* 1179.)	REGINALDUS.

[1] Au lieu de 1152, du Cange porte 1162; mais c'est une faute d'impression, puisque le chambrier suivant a commencé à exercer dès 1160.

30

ANNÉES de JÉSUS-CHRIST.	NOMS DES GRANDS OFFICIERS.
	SOUS PHILIPPE II AUGUSTE.
1186.	RADULPHUS. (Mabillon n'en parle pas.)
1190 et 1207. (*Mab.* jusqu'en 1207 au moins.)	MATTHÆUS, mort avant 1214.
1209.	URSIO. (Mabillon n'en parle pas.)
(*N. Tr. Dipl.* 1209.)	(*N. Tr. Dipl.* BURCHARDUS.)
1206, 1210, 1217. (*Mab.* 1210 et années suivantes.)	BARTHOLOMÆUS DE ROYA.
	SOUS LOUIS VIII.
1226.	Le même.
	SOUS LOUIS IX.
(*Mab.* 1227.)	(*Mab.* BARTHOLOMÆUS.)[1]
	JOHANNES DE BELLO MONTE. (Mabillon n'en parle pas.)
De 1240 à 1248 au moins.	JOHANNES DE NANTOLIO. (Mabillon n'en parle pas.)
(*Mab.* 1256) 1258. (*N. Tr. Dipl.* 1259.)	ALFONSUS DE BRIENNE, mort en 1270. Mabillon ne donne pas de date pour ce chambrier; mais son nom se trouve sur un diplôme de 1255 vieux style (1256). Voy. le *fac-simile* de ce diplôme, *Mab.* pag. 433.
	SOUS PHILIPPE III.
1271.	ERARDUS dominus de Valery, mort en 1277.
(*N. Tr. Dipl.* 1279.)	ROBERTUS dux Burgundiæ.
	SOUS PHILIPPE IV.
1287.	ROBERTUS II dux Burgundiæ. Il vivait encore en 1297.
	JOHANNES II Drocensis comes, mort en 1309.
1312.	LUDOVICUS I dux Borbonius, mort en 1341.
	III° CONSTABULARII ou STABULI COMITES (CONNÉTABLES).
	SOUS HENRI I.
1060.	ALBERICUS.
	SOUS PHILIPPE I.
1067.	BALDRICUS.
(*Mab.* 1069.)	(*Mab.* WALTERUS.)
1071 et 1072.	ADELELMUS.
1079.	ADAMUS.

[1] Ce chambrier est sans doute le même que celui de Louis VIII. Son nom se trouve sur un diplôme de février 1226 vieux style (1227), dont Mabillon donne le *fac-simile* à la page 433 de son ouvrage.

ANNÉES de JÉSUS-CHRIST.	NOMS DES GRANDS OFFICIERS.
1083, 1084. (*Mab.* 1085) et 1086.	THEOBALDUS MONMORENCIACUS.
1107.	GASCIUS ou GASTO DE CALVO MONTE. (Mabillon n'en parle pas.)
	SOUS LOUIS VI LE GROS.
De 1111 à 1137.	HUGO DE CALVO MONTE.
	SOUS LOUIS VII LE JEUNE.
De 1137 à 1138.	Le même.
De 1139 à 1169 (ou *Mab.* à 1159).	MATTHÆUS MONMORENCIACUS.
(*Mab.* 1160.)	(*Mab.* nullus.)
	SIMON NEALPHÆ CASTELLI porte dans son épitaphe le titre de connétable, *stabuli comes;* mais du Cange n'a pas rencontré de diplôme où son nom figurât. (Mabillon n'en parle pas.)
(*Mab.* 1169 et suiv.)	RADULFUS, mort en 1191.
	SOUS PHILIPPE II.
Jusqu'en 1191.	RADULFUS, le même que ci-dessus.
De 1191 à 1218. (*Mab.* 1196.)	DROGO DE MELLO ou (*Mab.* DROCO).
Depuis 1218.	MATTHÆUS MONMORENCIACUS, mort en 1230.
	SOUS LOUIS VIII.
	Le même.
	SOUS LOUIS IX.
Jusqu'en 1230.	Le même.
De 1230 à 1241.	AMALRICUS MONTIS FORTIS, comes Babylone. (Mabillon n'en parle pas.)
De 1241 à 1251.	HUMBERTUS Belli Joci dominus. (Mabillon n'en parle pas.)
De 1251 à 1270.	ÆGIDIUS surnommé FUSCUS.
	SOUS PHILIPPE III.
Jusqu'en 1272 au moins.	Le même.
Jusqu'en 1285.	HUMBERTUS DE BELLO JOCO ou (*N. Tr. Dipl.* IMBERTUS).
	SOUS PHILIPPE IV.
De 1285 à 1302.	RADULFUS comes Claromontensis.
Depuis 1302.	GALCHERIUS ou (*N. Tr. Dipl.* GALTERIUS), mort en 1329.
	IV° DAPIFERI ou SENESCHALLI (SÉNÉCHAUX).
	SOUS HENRI I.
1060.	GUILLELMUS ou (*Mab.* WILLELMUS sinischalcus).

ANNÉES de JÉSUS-CHRIST.	NOMS DES GRANDS OFFICIERS.
	SOUS PHILIPPE I.
1065. (*Mab.* 1067.)	Radulphus dapifer.
1069 et 1070.	Balduinus dapifer ou dapifex.
1071 et 1075.	Fridericus senescalcus.
1078 et 1079.	Robertus dapifer regis.
1080.	Adam dapifer. (Mabillon n'en parle pas.)
1083, 1085, 1086. (*Mab.* 1085, etc.)	Hugo ou, (selon Mabillon et autres, Gervasius dapifer).
1092.	Guido de Monteleherici. (Mabillon n'en parle pas.)
	Paganus de Garlanda dapifer regis Francorum. (Mabillon n'en parle pas.) Il faisait partie de la croisade en 1096.
1107.	Hugo de Rupeforti comes Creciacensis, dapifer. (Mabillon n'en parle pas.)
	SOUS LOUIS VI.
1109, 1110, 1111, 1116 et 1120. (*Mab.* jusqu'en 1120 environ.)	Anselmus ou Ansellus de Garlanda dapifer.
1118 et 1119.	Guillelmus de Garlanda[1] dapifer. (Mabillon n'en parle pas.)
1120, 1122, 1124, 1125 et 1126.	Stephanus de Garlanda dapifer.
1127, 1128 et (*Mab.* 1129).	Nullus.
De 1131 ou 1132 à 1137.	Radulfus. (Mabillon ne cite à l'égard de Radulfus qu'un titre de 1135, et pour l'année suivante il indique un nouveau sénéchal, nommé Ansellus, dont du Cange ne parle pas.)
	SOUS LOUIS VII.
(*Mab.* 1137.)	(*Mab.* nullus.)
De 1137 à 1152 ou (*Mab.* de 1138 à 1151).	Radulfus, le même que ci-dessus selon du Cange[2].
1137, 1138 et 1139.	Nullus[3].
(*Mab.* 1152.)	(*Mab.* nullus.)
De 1153 ou (*Mab.* 1154) à 1180.	Theobaldus comes Blesensis, dapifer regis.
	SOUS PHILIPPE II.
Jusqu'en 1191.	Le même. En 1191 Philippe-Auguste supprima la charge de sénéchal, et l'on ne rencontre plus depuis cette époque que la formule *dapifero nullo*, notamment dans des titres de 1196, 1209, 1224, 1227, 1256, 1279, 1294 et 1313.

[1] Anselme de Garlande a-t-il réellement cessé de remplir la charge de sénéchal en 1118 et 1119? On peut en douter puisqu'il l'occupe de nouveau en 1120. Il est donc possible qu'il n'y ait là qu'une erreur de prénoms, ou que Guillaume de Garlande qui, selon du Cange, était le frère d'Anselme, ait été chargé de le suppléer en son absence.

[2] Mabillon ne s'explique pas à cet égard; mais il paraît plus probable que dans son opinion Radulfus sous Louis VII n'était pas le même que Radulfus sous Louis le Gros, puisqu'il place entre eux un sénéchal du nom d'Ansellus dont du Cange ne parle pas.

[3] Du Cange avertit en cet endroit que la formule *dapifero nullo*, qui se trouve dans des titres de 1137, 1138 et 1139, signifie seulement que Radulfus était absent, et non qu'il avait cessé d'être sénéchal.

CHAPITRE VI.

ANNONCE DU SCEAU, SIGNATURES, TÉMOINS. — DATES DU TEMPS ET DU LIEU.

L'authenticité d'un acte pouvait être garantie par l'apposition du sceau, par la souscription ou la simple présence des parties et des témoins, par le contre-seing de certains officiers publics chargés de rédiger le titre ou de vérifier l'accomplissement des formalités dont il devait être revêtu, enfin par l'indication des dates de temps et de lieu : de là des formules qui annonçaient que l'acte réunissait ces différents caractères de certitude, ou du moins les plus essentiels. Souvent aussi on remplissait ces formalités sans en faire mention. Nous allons indiquer en peu de mots les usages qui ont été suivis à cet égard dans les différents siècles.

ARTICLE I.

ANNONCE DU SCEAU, SIGNATURES, TÉMOINS.

L'annonce du sceau a été omise dans plusieurs diplômes mérovingiens, qui cependant ont été scellés. Elle ne manque au contraire sous la seconde race que dans les pièces peu importantes. Les derniers rois carlovingiens commencèrent à substituer le mot *sigillum*[1] au mot *annulus,* qui avait jusqu'alors servi à désigner le sceau et qui pourtant fut employé quelquefois encore sous le règne de Louis VII. Depuis le XIIIe siècle on rencontre le plus ordinairement la formule suivante : *En témoin de quoi,* ou *afin que ce soit chose ferme et stable à toujours, nous avons fait mettre notre scel à cesdites présentes.* Quoique les diplômes de la troisième race fassent en général mention du sceau, il en est plusieurs où cette formule ne se rencontre pas. Mais on ne peut voir là qu'un oubli qui n'ôte rien à l'authenticité de l'acte.

L'annonce du sceau peut indiquer que le sceau est pendant[2]. Toutefois

[1] Le mot *sigillum* paraît cependant avoir été employé, dès 627, dans un diplôme de Clotaire II, cité par les Bénédictins, tom. V, pag. 666.

[2] « Mandavimus sigillis nostris appensivis muniri. Sigillum nostrum præsentibus est appensum, etc. »

l'abbé de Godwic a trouvé sur une charte, munie d'un sceau plaqué, une formule où le mot *appensio* est employé comme synonyme d'*impressio*. Mais ce n'est là qu'une exception; et quand on rencontre une formule dont les termes indiquent expressément que le sceau est suspendu, on doit regarder comme tout à fait extraordinaire qu'il n'en soit pas ainsi. Il arrive très-souvent aussi que l'annonce du sceau ne renferme à cet égard rien d'explicite. Ainsi les formules *sigillo firmare, confirmare, munire, roborare* et autres semblables, s'appliquent tout aussi bien à des sceaux pendants qu'à des sceaux plaqués. Il n'y a non plus aucun argument à tirer de l'emploi des mots *impressio* et *imprimere*. Quoique le mot *bulla* ait été quelquefois employé pour désigner un sceau de cire, on doit cependant le considérer comme s'appliquant plus ordinairement aux sceaux métalliques. Les doutes sont d'ailleurs presque toujours levés par l'emploi des épithètes *aurea* ou *plumbea*. Roger de Sicile, dans un diplôme grec, annonce sa bulle d'or en termes tout à fait précis : Σφραγισθὲν τῇ διὰ χρυσοῦ βουλλῇ ἡμῶν. Le mot *sigillum* est remplacé quelquefois par des périphrases, telles que *majestatis nostræ typarium, imaginis nostræ impressio*, etc. On peut consulter à cet égard la liste alphabétique des princes. On verra aussi qu'à des formules plus étendues on substituait quelquefois les mots *teste sigillo, datum sub sigillo*.

On s'est servi d'un grand nombre de termes pour désigner les signatures: tels sont *scriptio, scriptura, subscriptio, conscriptio, chirographum, signum, sigillum, signetum, signaculum, signatura, nota, annotatio, nominis annotatio, allegatio, stipulatio, confirmatio, crux, manus, sacramentum propriæ manûs, parafus*. Quelques-uns de ces termes peuvent désigner un acte, un sceau, une convention. Ils peuvent aussi s'appliquer aux monogrammes, qui sont d'ailleurs annoncés dans les chartes par les mots *monogrammate, monogrammâ, nominis anagrammate, charactere, signaculo, annotatione*, ou par *nomine* seul, et le plus souvent par *manu* ou *propriâ manu*. Dans un diplôme de 980 Otton II a employé la formule suivante : « Nostræ majestatis subscripti theorematis connexione. »

On voit que plusieurs de ces formules n'ont pas une signification complétement rigoureuse, et qu'elles peuvent s'interpréter diversement. Il en est de même des verbes *signare, subsignare, designare, firmare, confirmare, subterfirmare, roborare, corroborare*, qui doivent quelquefois se traduire par *signer*. Quant aux formules *cruces facere* ou *depingere, signum sanctæ crucis exprimere, imponere, indere, cum vexillo sanctæ crucis Christi roborare*, elles indiquent toujours des souscriptions consistant dans le signe de la croix[1], ou accompagnées de ce signe en

[1] Souvent ces croix sont tracées sans qu'on ait pris la peine de spécifier celle qui appartient à chaque personne en particulier. C'est ce qui a lieu souvent, au moins pendant la première

forme d'invocation. Il est inutile de dire que le mot *subscribere* est celui qui a été le plus généralement employé et dont la signification est la plus précise.

Les mots *stipulatione subnixâ* annoncent tantôt les signatures, tantôt les cérémonies de la stipulation qui consistait, comme dans le droit romain, en formules d'interrogations, de réponses et de promesses solennelles. Souvent aussi cette stipulation offrait les caractères d'une investiture et s'accomplissait en rompant la paille, en l'attachant à l'acte, en la jetant dans le sein de l'acquéreur ou du donataire. Nous n'entreprendrons pas d'énumérer tous les symboles d'investiture dont on a pu faire usage. En général, on en rencontre peu dans les archives, où la vétusté les a détruits. On pourra d'ailleurs consulter le dictionnaire de du Cange au mot *Investitura.* Qu'il nous suffise de dire que ces symboles étaient souvent arbitraires et n'avaient aucun rapport avec la nature de la chose dont on transférait la propriété; souvent aussi on se contentait d'un signe, d'un geste, et dans le nombre figurent les soufflets et les baisers de paix.

Les formules *manu propriâ firmare, roborare,* n'annoncent pas toujours de véritables signatures : on reconnaît évidemment que les noms des prétendus signataires ont été écrits par la même main que le corps de l'acte. Les exemples en sont très-fréquents depuis le commencement du XIe siècle; mais une charte, citée par Mabillon, explique le véritable sens de la formule *manu corroborare,* en y ajoutant le mot *tangendo.* L'usage où l'on était de confirmer un acte en touchant le parchemin résulte aussi de cette formule : *Præsentibus istis subscriptis ac sibi invicem pellem porrigentibus.* On conçoit d'ailleurs qu'il aurait fallu, dans ces temps d'ignorance, se priver souvent de témoins si l'on n'avait pu faire certifier les actes que par des personnes capables de signer leurs noms.

Quoique les notaires ne prissent pas ordinairement la peine d'avertir quand ils signaient pour les personnes qui n'étaient pas en état de le faire elles-mêmes, cependant on a quelques exemples du contraire. Mais comme la plupart du temps la nature même des formules ne permet pas de distinguer quand il s'agit de signatures originales ou apparentes, il faut s'attacher surtout au caractère de l'écriture, et, suivant qu'on y trouvera de l'uniformité ou de la variété, on

moitié du XIe siècle. Il serait du reste impossible d'assigner aux croix une place fixe. On en trouve en tête des diplômes. Telles sont les croix d'or des rois d'Angleterre avant la conquête. D'autres sont au bas des actes. Le plus souvent elles suivent le mot *signum.* Mais on en trouve aussi qui le précèdent ou qui sont placées à la fois avant et après. Elles peuvent occuper le dessus, le dessous et le milieu de la formule qui annonce la signature. La croix qui servait de signature à Philippe Ier était souvent placée entre la première et la seconde syllabe de son nom. Une signature peut être aussi remplacée par un simple point, par une virgule ou par des signes arbitraires que chacun traçait comme il le pouvait.

pourra en conclure que les souscriptions ont été tracées par les notaires ou par les parties.

Il y a aussi des chartes dont les formules annoncent, non une souscription soit réelle, soit apparente, ou une simple confirmation par l'imposition de la main, mais la présence et l'assentiment des témoins. En effet, l'énumération des témoins tint fort souvent lieu de signatures, comme on le verra tout à l'heure. Souvent aussi le monogramme n'a pas été tracé, quoiqu'il soit annoncé dans le texte; mais cette irrégularité ne doit pas être regardée comme un vice radical, si les autres formalités ont été remplies. En effet, les monogrammes ne sont pas toujours de la même main que le corps de l'acte, et l'on a pu quelquefois négliger une formalité accessoire pour un diplôme auquel l'apposition des signatures et du sceau donnait des caractères suffisants d'authenticité.

En thèse générale, la signature des parties contractantes est la condition indispensable de la validité d'un acte. Mais dans les temps de barbarie et d'ignorance, lorsqu'une foule de personnes sont incapables de souscrire, il est impossible qu'elles ne s'affranchissent pas d'un usage qui les frapperait d'incapacité. Il est donc évident que l'invasion des barbares dut modifier peu à peu les coutumes suivies dans le monde romain. Aussi une dame illustre, nommée *Marie*, déclare, dans une donation de l'an 491, que son ignorance l'oblige à marquer une croix pour tenir lieu de sa souscription, elle prie un ami de souscrire à sa place, et sollicite en outre la signature de quelques personnes distinguées. Dans les deux siècles suivants, on rencontre déjà de nombreux exemples de signatures remplacées par des croix et annoncées par la formule *signum N*, etc. Au VIIIe siècle au plus tard, on voit paraître, parmi des signatures originales qui sont écrites en toutes lettres ou figurées par des croix, des signatures apparentes dont les croix et les noms mis après le mot *signum* ne peuvent être attribués qu'à l'écrivain de la pièce. Au IXe siècle cet usage est devenu tout à fait ordinaire, et, lors même que les formules de signature sont à la première personne, il ne faut pas en conclure qu'elles indiquent une souscription originale. Après s'être accrue progressivement pendant le cours des deux siècles suivants, cette coutume devient au XIIe siècle une loi pour ainsi dire universelle. Sans doute on y rencontre encore de loin en loin des signatures originales, mais elles sont d'autant plus rares que l'usage des sceaux, devenu ordinaire, permettait de donner aux titres, indépendamment de la souscription, un caractère suffisant d'authenticité. Un passage du Nouveau Traité de Diplomatique établit ce fait d'une manière positive : « L'usage le plus ordinaire est de n'annoncer que l'apposition du sceau, sans faire mention ni de témoins ni de

« signatures. En effet, le sceau tient lieu des uns et des autres dans une multi-« tude d'actes dont la validité a toujours été reconnue. La plupart de ceux du « XIIIe siècle, surtout dans la France méridionale, furent passés par le ministère « des notaires publics qui ne les signaient pas ordinairement. Les parties se con-« tentaient, pour l'authenticité, d'y apposer leurs sceaux, et d'en faire mention « à la fin de l'acte, sans nommer ou après avoir nommé les témoins qui y « avaient été présents. »

On a suivi à l'égard des témoins les mêmes usages que pour les parties contractantes. D'abord ils signèrent leurs noms en entier, ils se contentèrent ensuite de tracer une croix, puis ils se déchargèrent de ce soin sur les notaires. Ceux-ci se bornèrent bientôt à énumérer les témoins en faisant précéder chaque nom du mot *signum*, usage qui durait encore dans la seconde moitié du XIIe siècle. Ils en vinrent même à retrancher ce mot et à ne donner que la liste des témoins. Au XIe siècle ces différentes coutumes concoururent en même temps[1]. Les listes de témoins, sans aucune trace de signature soit réelle, soit fictive, se rencontrent encore au commencement du XVe siècle.

Ces divers résultats ont été contestés par plusieurs critiques; mais de nombreux monuments attestent la réalité d'un fait qui n'était que la conséquence nécessaire de l'ignorance des temps. Les inconvénients que devaient entraîner ces formes irrégulières ne tardèrent pas à se faire sentir. Si au XIVe siècle les sceaux tenaient encore lieu de signatures et de témoins dans une multitude d'actes de France et d'Angleterre, dès le milieu du XIIIe siècle on trouve une charte dont les formules finales distinguent avec soin les souscriptions des témoins lettrés et celles que le notaire a faites à la prière et en présence des témoins non lettrés. « Les signatures de la propre main des souscrivants, disent « les Bénédictins, avaient commencé à revenir en usage sur le déclin du « XIIIe siècle; mais elles furent plus fréquentes dans le XIVe sans que l'usage en « fût commun, si ce n'est dans les actes notariés et les pièces ecclésiastiques. » Ils ajoutent plus loin : « Quoique dans le XVe siècle l'apposition des sceaux ait « suffi pour autoriser les actes, on en trouve qui sont signés et scellés. »

Ces indications générales sont confirmées par l'observation même des usages suivis dans les différents pays. Nous allons en dire quelques mots, en rappe-

[1] Nous ne faisons ici qu'indiquer des faits généraux. En effet, l'on pourrait prouver que les simples listes de témoins remontent jusqu'au temps de Justinien, puisque, d'après ses lois, la présence des témoins sans leurs signatures suffit pour la validité des actes. Une donation sur papyrus, de l'an 639, citée par Maffei, et revêtue, il est vrai, de quelques signatures originales, présente ensuite les noms des témoins et leurs qualités annoncés par la formule *notitia testium*, qui se rencontre dans les chartes de plusieurs siècles.

lant que notre liste alphabétique de princes souverains renferme des détails plus circonstanciés.

Les Mérovingiens signaient ordinairement en toutes lettres ; les Carlovingiens ne le firent jamais. Ils se contentèrent de faire des croix et des monogrammes. L'usage des signatures en toutes lettres ne se rétablit qu'au XIVe siècle sous le règne de Philippe le Long. Philippe le Hardi est le dernier roi capétien qui ait fait usage d'un monogramme.

Puisque nous avons dit ailleurs que des chartes sans signatures pouvaient être authentiques, à plus forte raison doit-on reconnaître le même caractère à celles qui sont souscrites par les parties sans être contre-signées par un officier public, ou contre-signées sans être souscrites. Nos rois eux-mêmes ont varié à cet égard, comme l'attestent une foule de diplômes du XIe, du XIIe et du XIIIe siècle. Sous les deux premières races et au commencement de la troisième, les chartes royales de quelque importance étaient souvent signées par des témoins choisis parmi les grands et les prélats. Sous Louis VI, ces témoins, qui ne signaient pas toujours, furent réduits au sénéchal ou maître d'hôtel, au chambrier, au connétable et au chancelier. Cet usage dura, comme on l'a vu dans le chapitre précédent, jusqu'au commencement du XIVe siècle.

Par diplômes contre-signés les Bénédictins n'entendent pas seulement ceux qui, après avoir été revêtus de la signature des parties, recevaient celle d'un officier public qui en attestait l'authenticité; ils désignent ainsi tous les diplômes qui portent la souscription d'un officier public, lors même que cette souscription n'est accompagnée d'aucune autre signature. Dans les diplômes mérovingiens, la formule *obtulit,* contenue dans la souscription de celui qui vérifie un titre, paraît propre aux chartes de donation, de privilége ou de confirmation. La formule *recognovit* paraît, au contraire, caractériser les jugements ou les chartes qui, tout en renfermant une donation, étaient adressées à des officiers royaux chargés de les exécuter. Ces deux formules sont quelquefois accompagnées des mots *rogatus, jussus, annuit et subscripsit*[1]. Le tout est très-souvent indéchiffrable. Depuis le commencement de la seconde race jusqu'au XIIe siècle, la formule *recognovit* entra dans toutes les espèces de chartes royales sans distinction, quoique toutes ne la renferment pas. Quand la vérification ne se faisait pas par l'officier titulaire, la personne qui le remplaçait employait souvent les formules *N. vice, ad vicem* ou *ad vices N. recognovit.* Au Xe siècle le mot *relegi* fut souvent employé au lieu de *recognovi;* on le retrouve encore dans les chartes de Louis le Gros, et au XIIe siècle les chanceliers des évêques et des

[1] Depuis Pepin le Bref on commence à rencontrer *obtuli, recognovi, annui, subscripsi,* au lieu d'*obtulit, recognovit,* etc.

abbés le faisaient entrer ordinairement dans leurs vérifications. Au XIe siècle on commence à rencontrer la formule *data per manum N. cancellarii,* à laquelle on substitua souvent, depuis Louis le Jeune, *data vacante cancellariâ.* On conçoit que les formules de vérification dans les actes particuliers doivent offrir une grande variété. Il suffit de savoir pour cela que, dès le XIVe siècle, les actes de nos rois présentent à cet égard une grande diversité. « Observons, disent les Béné« dictins, qu'à la fin d'un très-grand nombre de lettres royaux, surtout depuis « le milieu de ce siècle, on lit les formules suivantes : « *De mandato consilii.* « *Visa per gentes compotorum. Lecta in sede. Visa, lecta et correcta per dominos* « *magni consilii et parlamenti reg. ad hoc deputatos. Si placet contentor. Vidi le con*« *tentor. Multiplicata. Triplicata. Nihil pro sigillo. Solut. Huc usque. Scriptor, etc.* « *Collatio facta est. Collatio facta fuit cum originali, etc.* »

Il y a tout lieu de croire que les signatures de la princesse Mathilde étaient estampées au moyen d'un sceau. En Angleterre, les croix tracées de la main des rois ou imprimées avec des sceaux succédèrent aux signatures réelles. Souvent aussi les chanceliers souscrivaient pour eux. Puis, dans les siècles plus récents, on en revint aux signatures autographes. Les rois d'Espagne, qui cessèrent aussi de donner des signatures, y substituèrent des cercles ou *roues* qui ont souvent plus de sept pouces de diamètre : on les traçait sur les diplômes importants, appelés par cette raison *los privilegios rodados.* Après le rétablissement des souscriptions manuelles, ils signèrent : *moi le Roi, yo el Rey.* En Allemagne, les signatures manuelles des empereurs succédèrent aux monogrammes vers la fin du XVe siècle. Les papes ont d'abord signé la plupart de leurs lettres par différentes salutations, puis par des sentences et par des croix, enfin en écrivant eux-mêmes leur nom et leurs titres. « Nous avons eu lieu de « nous convaincre par une foule d'originaux, disent les Bénédictins, qu'ils se sont « reposés sur leurs bibliothécaires, notaires, chanceliers, vice-chanceliers, du « soin d'écrire leurs salutations, au moins depuis le Xe siècle ; leurs sentences, « depuis le XIe ; leurs signatures consistant en ces termes : *Ego N. Catholicæ eccle*« *siæ episcopus,* et peut-être de tracer leurs croix mêmes, depuis le XIIe. » C'est au XIVe siècle seulement qu'ils recommencèrent à signer de leur propre main [1].

[1] Ce fut aussi au XIVe siècle qu'on vit s'affermir de plus en plus l'usage, introduit dès le siècle précédent, d'apposer une ou plusieurs signatures sous et sur le repli ou quelquefois même sur le dos des bulles. « Il n'y eut d'abord, disent les Béné« dictins, que le nom et le surnom de celui qui « signait. Le plus souvent, le nom ne fut marqué « que par la première lettre ; mais le surnom fut « écrit tantôt au long, tantôt en abrégé. Dans la « suite ils furent quelquefois accompagnés de ces « mots : *Gratis de mandato domini nostri Papæ.* Les « premiers commencements de cet usage remon« tent au moins au pontificat d'Innocent III. Il se « fortifia considérablement sous Innocent IV, sans

Mais, dans cet intervalle, les papes n'ont-ils jamais écrit eux-mêmes la formule qu'on vient de rapporter? C'est ce qu'il est impossible d'affirmer. Eugène III, par exemple, l'a fait en certains cas. Il ne faudrait pas croire non plus que les papes ne signaient jamais leurs noms dans les siècles où l'on a dit que leurs souscriptions consistaient ordinairement dans de simples salutations écrites de leur main. Les salutations tenaient lieu de signatures au bas des privilèges. Mais, du VIe au VIIIe siècle inclusivement, ils signaient de leur nom divers actes publics, tels que les conciles et les deux professions de foi qu'ils devaient souscrire, l'une avant, l'autre après leur ordination.

Les signatures des évêques des premiers siècles se composaient 1° d'une invocation consistant dans le signe de la croix ou la figure du labarum, 2° de leur nom écrit en entier de leur main, 3° et quelquefois de leurs qualités. Au VIe siècle et au VIIe ils substituaient ou ajoutaient à leurs titres celui de pécheur. Dès le IVe siècle on rencontre aussi les épithètes de *servus Christi, humilis* ou *indignus presbyter,* etc. Enfin ils joignaient quelquefois à leur signature une formule d'approbation, une date, une salutation ou les mots *legi, relegi,* etc., *rogatus, rogetus* ou *rogitus, subscripsi.* Le mot *legimus,* précédé et suivi d'une croix, constituait la signature de Léon, évêque de Ravenne. C'est ainsi que la constitution par laquelle l'empereur Justinien confirme ses Institutes ne porte d'autre souscription que le mot *legi.* Les souscriptions des magistrats romains étaient souvent ainsi conçues.

En parcourant la série des actes qui sont parvenus jusqu'à nous, on rencontre des exemples de coutumes plus ou moins extraordinaires, telles que des signatures en cinabre, avec des encres de diverses couleurs, ou faites avec des plumes qu'on annonçait avoir été trempées dans le sang de Jésus-Christ. On trouve aussi des actes signés par des enfants, des souscriptions écrites en caractères grecs ou des mots grecs écrits en caractères latins.

Ce qui a été dit des diverses positions occupées par les croix peut s'appliquer aux signatures. Quoique la plupart du temps elles soient placées au bas de l'acte, on en trouve quelquefois en tête et plus rarement sur les côtés ou dans le corps des chartes. Les souscriptions qui sont placées au bas des diplômes précèdent ordinairement la date; cependant il y a de nombreux exemples du contraire. Un diplôme de Hugues Capet, que nous avons entre les mains, prouve que les Bénédictins ont posé un principe trop absolu quand ils ont avancé que les Capétiens, jusqu'à Louis le Gros,

« être encore le plus ordinaire. Sous Alexandre IV « il n'était point encore bien établi. Depuis Grégoire X il parut assez commun; mais alors le « nom du souscripteur était souvent placé sur le « repli seulement, et du côté droit par rapport à « celui qui regarde une pièce. »

mettaient constamment leur souscription ou leur monogramme avant les dates.

Quant à l'ordre des signatures entre elles, il était déterminé par la préséance, dont les règles ont varié selon les temps. On trouve cependant des actes que des évêques ont souscrits après des abbés, des archevêques après des évêques. Mais cette circonstance s'explique par l'usage où l'on était de faire apposer des signatures, après un intervalle plus ou moins long, par des personnes qui étaient absentes ou qui même n'étaient pas nées à l'époque de la confection de l'acte. De là des signatures placées avant et après les dates, de là le concours des souscriptions de différents évêques qui ont successivement occupé le même siége, etc. Les Bénédictins prouvent par de nombreux exemples que cette coutume a régné principalement depuis le Ve siècle jusqu'au XIIIe.

ARTICLE II.

DATES DU TEMPS ET DU LIEU.

Parmi les formules des diplômes il n'en est pas qui doivent être plus scrupuleusement vérifiées que la *date*, c'est-à-dire l'indication du temps et du lieu où un acte a été dressé. Ce mot vient évidemment du participe *data* ou *datum*, qu'on employait au féminin ou au neutre suivant qu'on sous-entendait les substantifs *epistola, charta*, etc., ou *edictum, instrumentum, præceptum*, etc. Les Latins avaient fait usage de l'imparfait *dabam;* et dans les temps barbares on forgea les mots *datavi, dataro,* qui toutefois ne se rencontrent que rarement. Les diplômes royaux, et en particulier ceux de Pepin et de Charlemagne, y ont quelquefois substitué *notavi diem*. Les mots *acta, facta, scripta* ont aussi été employés au lieu de *data*. Il est des formules de date qui présentent d'ailleurs la réunion des mots *datum et actum, datum et acceptum, datum et susceptum*. On trouve les dates en tête, dans le corps ou à la fin d'un acte. Les dates finales font corps avec l'acte, ou elles en sont détachées, et alors elles se trouvent soit avant, soit après les souscriptions. Elles étaient précédées, particulièrement dans les temps anciens, de l'invocation *in Dei nomine;* puis on les terminait par le mot *feliciter,* auquel on ajouta souvent *amen,* surtout depuis le commencement du VIIIe siècle. Le règne de Hugues Capet fut à peu près l'époque de l'abolition de l'invocation finale, et le mot *feliciter* disparut bientôt après des dates; mais il s'est toujours maintenu dans les manuscrits, qui se terminent souvent par *explicit feliciter*.

Les dates du temps sont écrites en toutes lettres ou en chiffres, soit romains, soit arabes. Ces différents systèmes d'écriture peuvent se trouver réunis dans une même date. Quant à l'époque où l'on a commencé à faire usage des chiffres arabes, il en sera question plus tard. Dans tous les siècles on rencontre des actes qui ne portent aucune date, d'autres qui sont datés du jour seulement. Il en est aussi qui renferment des formules de dates tellement vagues qu'elles deviennent complétement inutiles quand on n'y a pas joint d'autres indications. Telle est celle du règne de Jésus-Christ (*regnante* ou *imperante Christo*), qu'on trouve dans les actes des martyrs depuis le IIIe siècle, et dans les chartes au moins depuis le VIe jusqu'au XIIe. Cette date, qui n'est souvent qu'une formule de dévotion, désigne aussi quelquefois un interrègne. Quand elle est jointe à la formule *regem expectante*, elle devient en général propre au Xe siècle, où cette manière de dater s'accrédita surtout au midi de la Loire, à l'occasion de l'emprisonnement de Charles le Simple et de l'usurpation de Raoul [1]. Jusqu'à la fin du XIIIe siècle, il faut s'attendre à rencontrer des titres sans date ou datés d'une manière vague. Quant aux dates fausses, ou du moins inexactes, on en rencontre dans tous les temps. Les unes, et c'est le plus grand nombre, tiennent à l'ignorance ou à l'étourderie des notaires; les autres sont des anachronismes tellement grossiers qu'ils décèlent évidemment l'imposture des faussaires. Mais de légères erreurs dans la concordance de l'indiction, des cycles et des autres éléments que l'on combinait pour la fixation d'une date, ne peuvent suffire pour faire rejeter un diplôme [2]. D'ailleurs une foule d'erreurs apparentes trouvent leur explication dans les différents systèmes de chronologie qui étaient simultanément en usage et dont l'explication a été donnée dans la première partie de cet ouvrage.

Nous avons déjà prévenu à cette occasion que les années de l'ère chrétienne étaient annoncées dans les diplômes par des formules diverses auxquelles on avait en général attaché la même signification, malgré la différence bien réelle qui semblait devoir exister entre les années de la *nativité*, de la *circoncision* et de l'*incarnation*. Puisque les termes que l'on rencontre dans les dates des diplômes ne peuvent pas suffire pour indiquer le jour précis auquel était fixé le commen-

[1] Des formules analogues furent employées en Aquitaine, tant qu'on refusa d'y reconnaître Hugues Capet : 1° *Regnante Domino et absente rege terreno ;* 2° *Rege terreno deficiente et Christo regnante ;* 3° *Deo regnante et rege sperante ;* 4° *Regnante Domino nostro Jesu Christo, Franciæ autem contra jus regnum usurpante Ugone rege.*

[2] Il ne sera pas inutile de faire observer en passant que l'accumulation de tous les détails chronologiques qui se rattachent soit au cycle lunaire, soit au cycle solaire, est beaucoup plus rare dans les chartes royales que dans celles des particuliers, où les notaires pouvaient en toute liberté faire étalage de leur érudition.

cement de l'année, il est indispensable de connaître quels sont les usages qui ont été adoptés de préférence selon les temps et selon les pays. Plusieurs auteurs ont donné à ce problème une solution fort simple : ils ont dit que le commencement de l'année était fixé en France au 1er mars sous les Mérovingiens, à Noël sous la seconde race, et à Pâques sous la troisième. Mabillon, du Cange et les Bénédictins ne décident pas avec la même facilité une question qui, après de longues et laborieuses recherches, leur a laissé plus d'un doute. Essayons de résumer ce qu'ils ont dit de plus important à cet égard.

Depuis la réforme du calendrier par Jules César, l'année romaine commençait aux calendes de janvier, c'est-à-dire le 1er de ce mois. Il est donc probable que, dans les pays voisins de l'Italie, le même usage avait été adopté. Toutefois, d'après le témoignage de Bède, les églises des Gaules commençaient l'année le jour de la fête de Pâques, qu'elles ont célébrée le 25 mars jusqu'au concile de Nicée tenu en 325. Un nouvel usage fut introduit au ve siècle par les Francs, qui commençaient l'année le 1er mars. Il paraît cependant que l'ancienne coutume fut suivie concurremment avec la nouvelle et que l'année commençait au 1er mars ou à Pâques. A compter du vie siècle, deux autres systèmes venus d'Italie furent aussi mis en pratique, mais plus rarement que les deux autres : ils consistaient à commencer l'année le 1er janvier, suivant l'usage des Romains, et le 25 décembre, d'après une tradition pieuse qui alors était déjà suivie dans l'église romaine. Toutefois Grégoire de Tours commence plus ordinairement l'année au mois de mars qu'au 25 décembre ou au 1er janvier. On voit donc que, dès les premiers temps de notre histoire, les différentes manières de commencer l'année ont été connues en France. Charlemagne, après ses conquêtes d'Italie, fit prévaloir le système qui était alors adopté de préférence par l'église romaine. Il devint donc plus ordinaire de commencer l'année le 25 décembre. Ce calcul, après avoir été préféré pendant le ixe siècle et une partie du siècle suivant, devint insensiblement plus rare. Il est impossible d'affirmer, et il n'est même pas probable que, pendant le ixe siècle et au commencement du xe, on ait complétement renoncé à commencer l'année soit le 23 de mars, soit le jour de Pâques. Quant à l'époque du 1er janvier, elle fut suivie, quoique plus rarement, sous le règne de Charlemagne, et à vrai dire elle ne cessa jamais d'être employée. Après avoir été d'un usage ordinaire pendant le xe siècle et le xie, elle parut moins fréquemment dans les actes du xiie et du xiiie siècle, et surtout dans ceux des siècles suivants, jusqu'au moment où l'ordonnance de 1563 (vieux style) la remit en vigueur dans toute l'étendue de la France. Nous avons dit que l'époque du 25 mars et celle de Pâques n'avaient probablement pas cessé d'être en usage, même du temps de Charlemagne. Comment supposer en effet qu'on ait entièrement laissé de côté la date de la Conception, choisie par Denys le Petit pour point de départ d'une ère qui venait de succéder en France au système de Victorius? On verra bientôt d'ailleurs que, sous la troisième race, le 25 mars a été considéré dans certaines provinces comme le premier jour de l'année. Il est également impossible de supposer que l'on ait jamais cessé de commencer l'année le jour de Pâques, puisque ce calcul, qui avait été adopté sous la première race, devint de nouveau d'un usage ordinaire au xe siècle, se répandit de plus en plus pendant le siècle suivant, et qu'à partir du XIIe siècle jusqu'à l'ordonnance de 1563 il fut, pour ainsi dire, exclusivement suivi dans presque toutes les parties de la France.

A ces notions générales ajoutons quelques détails particuliers à certaines localités.

En Aquitaine, selon du Cange, le premier jour de l'année a toujours été fixé au 25 mars, sans tenir compte des variations de la fête de Pâques. « Avant « la fin du XIe siècle, disent les Bénédictins, l'usage était déjà reçu en Langue- « doc de ne compter l'année qu'à Pâques; mais il n'était pas si général qu'on ne « trouve plusieurs exemples du contraire. » D'un autre côté, on lit dans du Cange que, d'après un article des statuts publiés en 1289 pour l'église de Rodez, l'année commençait à la fête de l'Annonciation. Le sens naturel de cet article est que cet usage était alors en vigueur. On pourrait donc supposer que les Bénédictins ont confondu l'époque de Pâques et celle de l'Annonciation. Ces statuts étaient communs à l'église de Cahors et à celle de Tulle. On commençait donc l'année le 25 mars dans le Quercy et dans une partie du Limousin : nous disons dans une partie du Limousin; car il résulte d'un texte cité par Mabillon qu'avant 1381 on commençait l'année à Limoges le jour de Pâques, et qu'il fut décidé, à cette époque, qu'on la commencerait le 25 mars. Selon le même auteur, le calcul pisan était suivi dans l'église de Reims au XIVe siècle. Les Bénédictins citent, de leur côté, un acte du siècle suivant, qui confirme le sentiment de Mabillon; mais ils présument que la date est fautive, et que l'église de Reims employait plutôt le calcul florentin. Quoi qu'il en soit, cette église paraît avoir suivi auparavant une autre supputation, puisque Mabillon assure, à l'occasion d'un acte de 989, qu'elle commençait alors l'année au mois de mai.

L'époque du 25 décembre était adoptée de préférence en Bourgogne, selon Fleury, et, selon Dom de Vaines, à Narbonne et dans le pays de Foix. Le Dauphiné paraît avoir également suivi cet usage. Les Bénédictins ne disent pas à quelle époque on peut en faire remonter l'origine dans cette province;

mais il est constaté qu'il subsistait encore au XIVe siècle. Mabillon prouve par un acte de 962 que la même coutume était établie en Auvergne à la fin du Xe siècle.

L'époque du 1er janvier a été suivie, sinon dans le diocèse, du moins par un évêque de Lodève, au XIVe siècle. Elle était adoptée en Picardie pendant les deux siècles précédents. Un acte de 1157 prouve qu'elle était aussi en usage à Dijon, dans le XIIe siècle.

Les exemples fournis à l'appui de la date de Pâques seraient trop longs à rapporter; bornons-nous à dire que le concile de Tours, tenu en 1096, est daté de l'an 1096, *more Gallico,* c'est-à-dire, en commençant l'année à Pâques. Le même calcul fut suivi, l'année suivante, au concile de Saintes. Par conséquent on peut en conclure que, dès la fin du XIe siècle, c'était déjà une coutume nationale.

En Italie, on doit faire remonter au moins au VIe siècle l'usage de commencer l'année le 25 décembre. Cette époque était trop rapprochée du 1er janvier pour qu'on fît difficulté de l'admettre. En thèse générale, elle a prévalu sur toutes les autres, sans cependant exclure jamais l'ancien usage des Romains, ni la date de la Conception mise en vogue par Denys le Petit. Elle n'a jamais été plus généralement employée que pendant le XIIe et le XIIIe siècle; mais alors même les actes pontificaux suivent souvent un autre calcul. Il n'est pas besoin d'ajouter que Pise et Florence suivirent de préférence leurs calculs particuliers, dont l'origine n'est pas d'ailleurs fixée. Il est prouvé qu'à Lucques et à Sienne on employait le calcul pisan pendant le XIIIe, le XIVe et le XVe siècle. Au XVe siècle les ducs de Milan suivaient encore le calcul florentin, quoique l'église de Milan[1] l'eût abandonné dès le XIIe siècle pour dater du 25 décembre.

Depuis Charlemagne, il est constaté que les Allemands ont toujours préféré pour le commencement de l'année la date du 25 décembre. Cette règle n'admet que de rares exceptions, et la plupart sont antérieures au XIe siècle. Toutefois les Bénédictins font observer que, dans quelques provinces limitrophes de la France, on a suivi, jusqu'au XIIIe siècle, la méthode française. Dans le pays de Liége l'année a commencé à Pâques jusqu'en 1334, et depuis lors au 25 décembre. En Flandre, au Xe siècle et au XIe, on datait du jour de Noël, et l'on adopta ensuite l'époque de Pâques. Le diocèse de Trèves commençait l'année le 25 mars, au moins depuis la fin du XIIIe siècle; et les notaires suivaient encore le même usage à la fin du XIVe siècle, quoique le commencement de l'année eût été légalement fixé au 1er janvier.

L'Espagne commençait l'année le 25 décembre; toutefois l'Aragon s'est

[1] Le titre qui indique l'établissement de cette manière de commencer l'année dans l'église de Milan, prouve aussi qu'on y comptait l'indiction du 1er septembre.

écarté de cet usage jusqu'au milieu du XIVe siècle. En 1350 Pierre d'Aragon ordonna que l'année commencerait le 25 décembre ; auparavant elle s'ouvrait probablement le 25 mars plutôt que le jour de Pâques. L'usage d'Espagne était suivi, selon du Cange, dans le royaume de Chypre.

Les Grecs avaient d'abord fixé au 25 mars le commencement des années de l'ère chrétienne, et c'est d'après eux que Denys le Petit avait adopté cette époque; mais ils revinrent ensuite à la date du 1er septembre, qui fut suivie par les Russes jusqu'au règne de Pierre le Grand. Du reste, selon les Bénédictins, les Grecs datèrent rarement de l'Incarnation, si ce n'est depuis le XVe siècle. Leur date favorite était celle du monde, qu'on trouve quelquefois réunie à celle de l'Incarnation dans les diplômes grecs des princes normands de Naples et de Sicile.

Telles sont, en résumé, les indications qui ont été réunies par Mabillon, du Cange et les auteurs du Nouveau Traité de Diplomatique. Bien qu'elles soient loin d'être aussi complètes qu'on pourrait le désirer, elles pourront souvent faciliter l'interprétation des dates, selon les temps et selon les contrées. Il ne faudrait pas cependant s'y attacher invariablement, et supposer que des calculs différents n'ont pas été suivis et dans le même siècle et dans la même province. Quand on réfléchit que ces différentes manières de commencer l'année ont été en usage dès la plus haute antiquité, et qu'elles étaient justifiées par des traditions soit historiques, soit religieuses, il est facile de comprendre que chacun pouvait choisir à son gré parmi des calculs qui alors n'avaient rien d'extraordinaire. On s'étonnera peut-être qu'une question qui intéresse si vivement l'histoire n'ait pas été complétement résolue, et qu'on en soit encore réduit à des probabilités ; mais on doit se rappeler que bien des chartes sont datées d'une manière trop vague pour qu'on puisse savoir dans quel système leurs dates ont été calculées. Parmi les actes qui renferment des notes chronologiques plus détaillées, il faut nécessairement mettre de côté tous ceux qui sont postérieurs à Pâques et antérieurs à Noël : on n'en rencontre donc qu'un très-petit nombre qui puissent prouver directement que les années étaient comptées à partir du 25 décembre ou du 1er janvier, plutôt que du 25 mars ou du jour de Pâques. Cette proportion est encore considérablement réduite quand il s'agit de distinguer entre l'époque du 25 décembre et celle du 1er janvier, puisqu'on est alors renfermé dans une limite de sept jours. Pour la distinction des années commençant le 25 mars ou le jour de Pâques, cette limite est en général un peu moins resserrée ; mais, en résumé, les actes qui fournissent à cet égard des preuves incontestables sont encore bien peu nombreux. Il est donc à désirer que les personnes qui se livrent à l'étude de la paléographie ne manquent jamais de recueillir avec exactitude tous les textes qui pourraient éclaircir par de nouveaux renseignements cette importante question.

La date du lieu n'a pas toujours été aussi rigoureusement exigée que celle du temps. Mais quoiqu'elle n'ait été légalement requise en France que depuis l'ordonnance de 1462, on trouve dans les siècles antérieurs des dates de lieu précisées avec la plus grande exactitude[1]. Nous citerons pour exemple un acte d'Évrard, comte de Chartres, passé en 1076. La date en est ainsi conçue : « Factum est hoc apud Castrum Blesium, intra curiam, retro palatium, prope « turrem, patulo inter caminatas quidem palatii sito, xv kalendas Maii, die « Dominico, post meridianam. » Il ne faut donc pas s'étonner si, au XIIe siècle, on désignait non-seulement la ville, mais le palais, et, dans le siècle suivant, jusqu'à la salle où se dressait le contrat.

On rencontre souvent dans la date du lieu de graves inexactitudes qui cependant peuvent s'interpréter favorablement. Ainsi plusieurs chartes du roi Jean sont datées de Paris, pendant que ce prince était en Angleterre. Cette circonstance s'explique parce qu'un intervalle plus ou moins long s'écoulait entre le jour où des *lettres royaux* passaient au conseil et celui où ces lettres étaient scellées. La date, qu'on laissait en blanc, était remplie le jour de l'apposition du sceau. De là des *alibi* qui au premier coup d'œil semblent constituer un faux, et qui cependant ne peuvent fournir aucun argument sérieux contre l'authenticité d'un acte. On trouve aussi d'anciennes ordonnances qui portent différentes dates, parce qu'on datait les expéditions à mesure qu'on les adressait aux baillis et aux sénéchaux chargés be les exécuter dans les différentes parties du royaume.

Ces deux exemples suffisent pour prouver qu'il ne faut pas prononcer à la légère contre l'authenticité d'un acte. Les Bénédictins, dans leur polémique contre les adversaires de Mabillon, relèvent de nombreuses erreurs échappées à une critique passionnée ou superficielle. Un scepticisme exagéré est pour le moins aussi dangereux qu'une confiance aveugle. Il condamnera sans balancer tous les actes qui s'écarteront des formes consacrées; et cependant il faut reconnaître que si la rédaction des actes dépendait à peu près de la volonté des

[1] La date du lieu avait paru dans les bulles longtemps avant le XIe siècle, mais de loin en loin. Elle fut indiquée ordinairement à partir du milieu du XIe siècle, et cet usage était devenu pour ainsi dire invariable dans le siècle suivant. On sait d'ailleurs que la date du lieu se trouve dans plusieurs diplômes mérovingiens. Le nom du lieu est ordinairement accompagné de l'une des formules *vico publico, villâ publicâ, publicè*. Sous la seconde race on employa plus ordinairement les mots *palatio publico*, mais on se servit aussi du mot *publicè*, que l'on rencontre encore sous les rois de la troisième race. Mabillon a donné une liste des résidences royales dont les noms sont marqués dans les diplômes, aux différentes époques de notre histoire.

notaires, ils étaient libres d'abandonner ou de suivre la route tracée par leurs prédécesseurs, et que par conséquent les exceptions les plus bizarres peuvent se rencontrer dans les actes les plus authentiques. Les recueils que l'on a composés à différentes époques, tels que les formules de Marculfe et autres, n'en sont pas moins très-utiles à consulter, mais il faut se garder d'en tirer des inductions trop exclusives. Les règles les plus générales deviennent fausses quand elles sont appliquées sans discernement, et pour ne pas tomber dans une erreur à laquelle on se laisse trop souvent entraîner, il ne faut pas perdre de vue cette observation judicieuse des Bénédictins : « Tous les usages, disent-« ils, doivent avoir un commencement ; ce serait une étrange manière de rai-« sonner, de regarder comme faux l'exemple qui paraît le plus ancien, sous « prétexte que l'on n'en découvre aucun qui l'ait précédé. » C'est par suite de ce système que plusieurs auteurs ont été jusqu'à condamner en masse toutes les bulles qui, avant le pontificat d'Eugène IV, portent la date de l'Incarnation.

CHAPITRE VII.

OBSERVATIONS PRÉLIMINAIRES, SUIVIES D'UNE LISTE ALPHABÉTIQUE DE PRINCES SOUVERAINS, RENFERMANT DES RENSEIGNEMENTS SUR LES FORMULES ET LES DATES EMPLOYÉES DANS LEURS DIPLOMES.

Les principes généraux de la diplomatique sont sujets à tant d'exceptions, qu'il faudrait, après avoir observé les faits dans leur ensemble, recueillir ensuite jusqu'aux moindres détails et se familiariser avec les coutumes qui caractérisent les individus selon leur rang, leur siècle et leur pays. Les Bénédictins n'ont pas reculé devant cette immense difficulté. Ils ont divisé en trois parties, et présenté siècle par siècle le tableau des caractères généraux et particuliers que l'on rencontre 1° dans les diplômes des papes, 2° dans ceux des autres ecclésiastiques, 3° dans ceux des empereurs, des rois et des autres laïques.

On n'a donné, dans les chapitres précédents, qu'une analyse sommaire et fort incomplète de cette importante partie de leur ouvrage. Mais il a paru qu'un des principaux avantages d'un traité élémentaire était la promptitude et la facilité des recherches. On a donc réuni quelques détails plus circonstanciés dans une liste alphabétique des rois de France et des princes dont l'histoire est le plus intimement liée à la nôtre. Ainsi, toutes les fois qu'il s'agira de résoudre quelque difficulté dans les diplômes d'un roi de France, d'un pape, d'un empereur, d'un roi d'Angleterre[1], on trouvera à l'ordre alphabétique du nom de ce roi, de ce pape ou de cet empereur, des renseignements sur les différentes époques qui peuvent entrer dans les dates de leurs diplômes, et souvent aussi la citation de leurs formules les plus ordinaires.

[1] Si l'on n'a pas compris dans cette liste les rois d'Espagne, de Portugal, etc., c'est qu'on manquait à la fois de temps, d'espace et de renseignements. Quoique les Bénédictins donnent quelques détails sur plusieurs papes antérieurs à Clovis, il a paru plus que suffisant de prendre pour point de départ l'époque de la fondation de la monarchie française. En ce qui concerne l'Angleterre, on a pu négliger sans inconvénient tout ce qui est antérieur à la conquête de l'Heptarchie. Ces divers renseignements se terminent tous au règne de François Ier.

Il ne faudrait pas cependant se servir uniquement de cette liste comme d'une table alphabétique des matières, à laquelle on recourt de temps en temps pour la solution d'une difficulté. Il est indispensable d'y chercher une foule de détails essentiels qui n'ont pas trouvé place dans les chapitres précédents. Or il est inutile d'avertir qu'en étudiant cette compilation, il ne faudra pas tenir compte de l'ordre alphabétique, mais lire la série des articles consacrés aux rois de France, aux papes, etc., dans l'ordre même de leur avénement. Il est facile de comprendre d'ailleurs que l'article consacré à un roi en particulier se réfère souvent à des explications qui ont déjà été données pour les actes de ses prédécesseurs; et bien qu'en général on ait eu soin de l'indiquer par des renvois, il était impossible de recourir sans cesse à ce moyen qui ne pouvait être employé que dans les cas les plus importants. On ne pouvait pas non plus retomber dans des répétitions continuelles et reproduire pour dix règnes différents des détails toujours identiques. Il y a par exemple des abréviations qui se rencontrent continuellement dans les formules des actes, et dont l'interprétation a été donnée une fois pour toutes, quand on a eu occasion d'en rencontrer le premier exemple. Par conséquent, si l'on ne s'astreignait pas d'abord à étudier ce recueil en suivant l'ordre chronologique, non-seulement on ne pourrait arriver à connaître l'ensemble et la succession des faits, mais encore on serait arrêté quand on voudrait le consulter pour des vérifications partielles.

La plupart des citations que renferme ce recueil, ne sont pas malheureusement d'une exactitude complète sous le rapport du style et de l'orthographe. La brièveté du délai accordé pour la rédaction de cet ouvrage, ne nous a pas laissé le temps nécessaire pour la recherche des titres originaux qu'il aurait été possible de retrouver. D'un autre côté, plusieurs des diplômes cités par les Bénédictins sont dispersés ou détruits. Il aurait été d'ailleurs impossible de réunir tous les exemples nécessaires, s'il avait fallu renoncer à puiser dans les recueils imprimés. Plusieurs de ces recueils ont pu exprimer en toutes lettres une date marquée en chiffres romains, et réciproquement. Il n'est pas douteux non plus qu'ils ont souvent négligé de reproduire des fautes d'orthographe et de grammaire. Comme on ne pouvait essayer de rectifier ces inexactitudes, il a fallu les transcrire : on a seulement substitué des chiffres romains dans une foule de dates imprimées en chiffres arabes et qui évidemment ne pouvaient avoir été écrites sous cette forme. Il est inutile d'ajouter qu'on s'est attaché à reproduire exactement l'orthographe de toutes les citations qui ont été copiées sur les originaux.

En parcourant cette liste on verra que quelques articles ne renferment pas d'autres renseignements que les dates de l'avénement et de la mort. Quelquefois on ne trouvera que des indications incomplètes et qui n'éclaircissent pas tous les doutes que peut faire naître la lecture d'un diplôme : il est facile d'en donner la raison. Il y a des règnes dont on n'a conservé aucun monument; il y en a d'autres dont les actes ne fournissent pas les éléments nécessaires pour la solution de certaines difficultés. Souvent, par exemple, on aura vérifié un grand nombre de diplômes sans y trouver une date qui puisse prouver qu'un prince commençait l'année au 25 décembre ou au 1er janvier plutôt qu'à Pâques ou au 25 mars : il était impossible alors de rien affirmer. Il fallait donc s'en référer aux renseignements généraux qui ont été donnés dans le chapitre précédent, et à ceux que pourront fournir les actes des prédécesseurs ou des successeurs immédiats.

Nous avons déjà eu occasion d'avertir que ce recueil présenterait, en ce qui concerne les dates, des détails qu'il n'était guère possible de faire entrer dans des listes chronologiques. Il devient nécessaire, à cette occasion, d'expliquer une contradiction apparente qui pourrait résulter de la comparaison des renseignements fournis par la liste chronologique des papes et de ceux que renferme ce recueil alphabétique. On se rappelle que dans la liste chronologique des papes on a distingué pour leur avénement une double date, celle de l'élection et celle de l'ordination ou consécration. Or on verra que si dans le recueil alphabétique, la première de ces dates répond ordinairement à l'élection, la seconde indique de temps en temps au lieu du sacre soit une *intronisation*, soit un *couronnement*. Que l'intronisation, le sacre et le couronnement soient trois cérémonies différentes, c'est un fait dont il n'est pas possible de douter. On voit, par exemple, dans l'Art de vérifier les dates que Martin V fut élu pape le 11 novembre 1417, intronisé le même jour, consacré et couronné le 21; que Pie III fut élu le 22 septembre 1503, consacré le 1er octobre et couronné le 8, etc. Mais si dans quelques occasions la cérémonie du sacre et celle du couronnement ont été célébrées à des jours différents, la plupart du temps il n'en était pas ainsi, et la date du couronnement était la même que celle de la consécration; comme il serait facile de le prouver par plusieurs passages de l'Art de vérifier les dates. La date de l'intronisation était aussi presque toujours la même que celle de l'élection. Cependant Léon IX, élu en 1048, ne fut intronisé que le 12 février 1049; et comme il date ses actes de cette dernière époque, il est probable qu'il a été couronné et consacré le même jour. Toutefois, comme l'Art de vérifier les dates ne s'explique pas à cet égard, on a dû indiquer la date du 12 février comme celle de l'intronisation seulement. Par la même raison on s'est borné à dire qu'Urbain VI, par exemple, fut élu le 9 avril 1378 et couronné le 18. Mais il est probable qu'il fut consacré le même jour. En effet, il était d'usage de ne pas séparer ces deux cérémonies : ce fait peut être regardé comme à peu près certain lorsque la date du couronnement correspond soit à un dimanche, soit à une fête religieuse, c'est-à-dire à des jours que l'on choisissait de préférence pour la cérémonie de la consécration. Par conséquent, quoiqu'il ne soit pas rigoureusement prouvé que toutes les doubles dates indiquées dans la liste chronologique correspondent, l'une à l'élection, l'autre à la consécration, cependant cette hypothèse doit être considérée comme extrêmement probable. En reproduisant d'ailleurs les termes d'*intronisation*, de *sacre* et de *couronnement*, selon qu'ils se rencontrent dans l'Art de vérifier les dates, nous avons fourni d'avance le moyen de rectifier ce qu'il peut y avoir d'inexact dans la liste chronologique. On verra aussi pour certains papes deux ordinations successives : elles avaient lieu pour ceux qui, avant leur élection, n'étaient pas entrés dans les ordres. Ils étaient d'abord ordonnés prêtres et ensuite évêques.

Terminons par une dernière observation relative aux diplômes des rois d'Angleterre. Les auteurs de l'Art de vérifier les dates ne se bornent pas toujours à éclaircir les points douteux de la chronologie ; ils donnent aussi de temps en temps sur les formules et les usages de la diplomatique des renseignements que nous avons dû recueillir avec soin. Mais nous avons rencontré dans cet ouvrage une observation dont l'exactitude paraît devoir être contestée : « Dans les Actes de Rymer, les diplômes de Henri III, ainsi que ceux de ses « successeurs, ne portent ordinairement que la date du lieu et du jour, non « que cela soit ainsi dans les originaux, mais parce que l'éditeur ayant rangé les « pièces de son recueil dans l'ordre chronologique, se contente de marquer une « seule fois l'année qui est commune à plusieurs d'entre elles. » (*Art de vérifier les dates,* t. I, p. 807.) Le Nouveau Traité de Diplomatique ne renferme rien qui puisse justifier cette assertion, contredite d'ailleurs par un grand nombre de chartes originales déposées aux Archives du royaume.

LISTE ALPHABÉTIQUE

DE PRINCES SOUVERAINS,

RENFERMANT DES RENSEIGNEMENTS SUR LES FORMULES ET LES DATES EMPLOYÉES DANS LEURS DIPLOMES.

N. B. On trouve dans cette liste : 1° les rois de France, d'Aquitaine, de Bourgogne, de Lorraine, de Provence et de Toulouse depuis Clovis jusqu'à François Ier; 2° les papes et les antipapes, depuis S. Simplice jusqu'à Paul III; 3° les rois d'Angleterre, depuis Egbert jusqu'à Édouard VI; 4° les empereurs d'Occident et les rois d'Italie et de Germanie, depuis Charlemagne jusqu'à Charles V. Aux autres renseignements on a joint pour les rois de France la description sommaire de leurs sceaux ou l'indication des planches où ils sont reproduits. Les bulles de plomb les plus remarquables sont aussi décrites à l'article des papes qui les ont employées.

A

ADÉODAT, élu pape le 11 ou le 22 avril 672; meurt le 17 ou le 26 juin 676.—Il est le premier, suivant les auteurs de l'Art de vérifier les dates, qui ait daté des années de son pontificat. Les mêmes auteurs lui attribuent l'emploi de la formule *salutem et apostolicam benedictionem;* mais les Bénédictins ne citent qu'un salut, dont les termes ne sont pas précisément ceux qui ont été adoptés dans la suite; il est ainsi conçu : *salutem à Deo et benedictionem nostram.* Adéodat s'est servi dans les bulles ordinaires de la salutation *benevalete fratres dilectissimi.* Or cette formule n'avait été employée depuis longtemps que dans les priviléges.

ADOLPHE DE NASSAU, fils de Waléran, comte de Nassau, élu roi des Romains le 1er mai 1292, couronné le 1er juillet suivant, déposé le 23 juin 1298, meurt le 2 juillet suivant.—Il se sert à peu près des mêmes formules que Rodolphe de Habsbourg : « Les diplômes « d'Adolphe que nous avons vus, disent les Bénédictins, « ne présentent ni monogramme, ni témoins. » Il date du lieu, du jour du mois, de l'indiction, de l'année du Seigneur et du règne. En voici un exemple : « Da« tum Coloniæ XVII Kal. Octob. indict. V, anno Domini « MCCXCII, regni nostri anno I. »

ADRIEN Ier, élu et ordonné pape le 9 février 772, meurt le 25 décembre 795.—Il date tantôt du règne des empereurs de Constantinople, tantôt de son pontificat, tantôt du règne ou du patriciat de Charlemagne. On trouve dans un de ses actes le premier exemple de la formule : *regnante Dom. Deo, etc.* (Voyez ci-dessous.) Il interdit aux archevêques, autres que les primats, de prendre les titres de primat, *primus, princeps sacerdotum* ou *summus sacerdos.* Malgré ces innovations, ses lettres à Charlemagne présentent les mêmes caractères que celles de Paul Ier pour la suscription, *domno, etc. Adrianus papa,* et la salutation *incolumem, etc.* Elles ne sont pas non plus datées. Avant d'être sacré il fit une profession de foi qui commence ainsi : « Ego Adrianus misericordiâ Dei diaconus et electus, « futurusque per Dei gratiam hujus apostolicæ sedis an« tistes, tibi profiteor, beate Petre, etc. » Deux de ses priviléges présentent la suscription suivante : « Hadria« nus episcopus servus servorum Dei Maginario, etc. in « perpetuum. » Voici comment se terminent ces deux actes. 1° « Benevalete. Data decimo Kalendas Martii, « imperantibus domino nostro augusto Constantino à « Deo coronato magno imperatore, anno ætatis quin« quagesimo tertio et imperii ejus trigesimo tertio, sed « et Leone majore imp. ejus filio anno vigesimo primo. « Indictione decimâ. 2° Scriptum per manum Christo« phori notarii et scriniarii sedis nostræ, in mense Ju« nio, indictione IX. Benevalete. Datum Kal. Julii per « manum Anastasii primicerii, regnante Domino Deo « et Salvatore Jesu Christo, cum Deo Patre omnipo« tente et Spiritu sancto, per infinita sæcula. Anno, Deo « propitio, pontificatûs domini nostri in apostolicâ sa« cratissimâ beati Petri sede XV, indictione IX. » Cette seconde date réunit, comme on le voit, la double formule *scriptum* et *datum;* l'autre au contraire n'en présente qu'une. Il faut aussi remarquer la date de l'âge de l'empereur jointe à celle de son empire. Mabillon a cité une autre singularité fournie par les actes d'Adrien Ier, c'est la formule *in roseo Christi sanguine salutem.*

Adrien II, élu pape et intronisé le 13 ou le 14 novembre 867, est sacré le 13 ou le 14 décembre suivant, et meurt vers la fin de novembre 872. — On peut lui appliquer à peu près tout ce qui a été dit des formules de Nicolas Ier. Toutefois une de ses épîtres renferme non-seulement la salutation *benevale*, mais encore la double date *scriptum* et *datum*, c'est-à-dire qu'elle réunit les formules qui ne se rencontrent ordinairement que dans les bulles les plus solennelles, si ce n'est toutefois qu'au lieu de se terminer par la formule *in perpetuum*, la suscription finit en ces termes : *diebus vitæ tuæ tantummodò*. Dans une bulle de protection adressée à l'abbé de la nouvelle Corbie, l'officier dont la première date fait mention s'intitule *notarius cameræ sacræ Romanæ ecclesiæ;* celui qui est nommé dans la seconde prend le titre de *primicerius defensorum sanctæ sedis apostolicæ*. Les titres de *notaire* et de *primicier*, quoique déjà relatés sous les papes précédents, n'avaient peut-être pas encore été accompagnés des mots *cameræ* et *defensorum*. Adrien II est un des papes du IXe siècle qui s'est servi d'un monogramme.

Adrien III (Agapit), élu pape en mai 884, ordonné vers la fin du même mois, meurt au mois de septembre 885. — Il est le premier qui ait changé de nom à son exaltation. Le bullaire romain ne renferme qu'un acte de ce pape. On y retrouve les formules de suscription et de dates solennelles employées par ses prédécesseurs. L'officier nommé dans la seconde date est un nomenclateur qui prend les mêmes titres que dans un acte cité à l'article de Jean VIII. L'acte n'est pas daté des années du pontificat, mais de l'empire de Charles le Gros.

Adrien IV (Nicolas Breakspear), élu pape le 3 décembre 1154, meurt le 1er septembre 1159. — Il a quelquefois remplacé la formule *in perpetuum* par *salutem et apostolicam benedictionem* dans des bulles revêtues des dates les plus solennelles. Ses écrits commencent souvent par la seule lettre initiale de son nom. Il marquait quelquefois dans sa formule de souscription le rang qu'il occupait parmi les papes du nom d'Adrien : *Ego Adrianus hujus nominis IV catholicæ ecclesiæ episcopus subscripsi.* « Parmi les simples « bulles d'Adrien IV, disent les Bénédictins, nous n'en « avons rencontré qu'un très-petit nombre datées de « son pontificat. » Dans les bulles solennelles il suivait l'usage de ses prédécesseurs, si ce n'est que son chancelier semble affecter quelquefois, selon les Bénédictins, de placer les dates avant les souscriptions. Ces dates font commencer l'année tantôt au 1er janvier, tantôt au 25 mars, et l'indiction au 1er septembre plus souvent qu'au 1er janvier. Adrien IV avait pour devise : *Oculi mei semper ad Dominum.*

Adrien V (Ottoboni), élu pape le 11 juillet 1276, meurt le 16 août suivant, sans avoir été consacré ni ordonné prêtre.

Adrien VI (Adrien Florent), élu pape le 9 janvier 1522, fut couronné le 31 août suivant, et mourut le 24 septembre 1523. Il ne changea pas de nom à son exaltation. — Avant son couronnement, les dates de ses brefs sont conçues dans les termes suivants : « Datum Cæsaraugustæ sub annulo piscatoris die x Maii « MDXXII, suscepti à nobis apostolatûs anno I. » Il comptait les années de son pontificat du jour de son couronnement, comme le prouve la date suivante : « Datum Romæ apud S. Petrum, anno incarnationis Dominicæ millesimo quingentesimo vigesimo tertio, pridie « Kalendas Maii, pontificatûs nostri anno I. » Ce pape n'a point eu de devise, ou du moins les Bénédictins ne la citent pas.

Agapit Ier, ordonné pape le 3 juin 535, meurt le 22 avril 536.

Agapit II, ordonné pape du 5 au 14 mars 946 (et probablement le 8), meurt vers la fin de 955. — Quelques anciens le nomment Agapit le Jeune, pour le distinguer d'Agapit Ier; il prenait l'indiction au mois de septembre : c'est ce que prouve la date suivante citée par les Bénédictins : « Data XVII Kal. Novemb. « per manum Andreæ divini respectûs gratiâ vicarii « sanctæ sedis apostolicæ, anno pontificatûs domini « Agapiti summi pontificis et universalis papæ X, in-« dict. XIV. » « Le titre de *vicaire du saint-siége*, disent les « Bénédictins, appliqué à celui qui expédie les bulles, « est remarquable. » N'y a-t-il pas là une faute de transcription, et n'a-t-on pas écrit *vicarii* au lieu de *scrivarii*? Cette erreur serait encore moins extraordinaire que celle d'un copiste qui a lu, dans une autre bulle de ce pape, *notarii regis* au lieu de *regionarii*. Un notaire d'Agapit a employé, dans deux actes différents, la formule *per indictionem VII* ou *per indictionem supradictam* au lieu de *indictione VII* ou *indictione supradictâ*. Un privilége d'Agapit II marque dans le corps même de l'acte la date de l'Incarnation et de l'indiction : « Quicquid vos, etc. acquisiti fueritis, etc. ex præsenti

« anno incarnationis D. N. Jesu Christi DCCCCLI decimâ « indictione, etc., vobis vestrisque successoribus firma- « mus, etc. » Viennent ensuite les anathèmes et les bénédictions d'usage, puis l'acte se termine par la date suivante : « Scriptum per manus, etc. in mense De- « cembrio in supradicto anno, indictione suprà nomi- « natâ. » Cette manière de dater est extraordinaire en ce qui concerne l'année de l'Incarnation ; mais pour l'indiction, il arrive souvent qu'après l'avoir marquée dans le corps de l'acte on n'en répète pas le chiffre dans les dates.

Agathon, ordonné pape le 27 juin 678 ou le 26 juin 679, *meurt* le 10 janvier 682. — Dans un de ses priviléges, il ne prend pas le titre d'évêque, mais celui de *servus servorum Dei*, suivi de *in Domino salutem.* La salutation finale est ainsi conçue : « Sic vos omnes « cum vestro rege filio nostro carissimo in pace custo- « diat Dei gratia. »

Albert, antipape, élu après la mort de l'antipape Guibert, arrivée à la fin de septembre 1100, est fait prisonnier le jour même de son élection.

Albert Ier d'Autriche, fils de Rodolphe de Habsbourg, élu roi des Romains pour la première fois le 23 juin 1298, pour la seconde fois le 9 août suivant, et couronné le 24 du même mois, reconnu roi des Romains par une bulle du 30 avril 1303, meurt le 1er mai 1308. — Il se sert à peu près des mêmes formules que Rodolphe de Habsbourg : on cite de lui cette suscription, qu'il employa n'étant encore que comte de Habsbourg : « Nos Albertus Dei gratiâ de « Habspurch et de Kyburch comes, lantgravius Alsatie, « illustris Romanorum regis primogenitus et ejusdem « per Austriam et Styriam vicarius generalis, ad uni- « versorum notitiam deferimus, etc. » Les Bénédictins pensaient à tort qu'il ne faisait mention ni des témoins ni du monogramme. Un de ses diplômes de 1298 se termine ainsi : « In cujus rei testimonium et « perpetui roboris firmitatem presentes litteras exinde « conscribi et regie majestatis nostre sigillo jussimus « communiri. Testes sunt venerabiles Gerhardus, etc. » L'énumération des témoins se termine par cette formule : « Et alii fide digni. » On lit ensuite : « Signum « Domini Alberti regis invictissimi. » Et après le monogramme : « Datum in Nuremberch per manus Eber- « hardi de Lapide prepositi ecclesie Wizzemburgen, « aule nostre cancellarii, anno Domini MCC. nonage- « simo octavo, XI Kalend. Decemb. indiccione XII, regni « verò nostri anno primo. » Cette formule de date est celle qu'il emploie ordinairement. Il faut remarquer, en outre, que l'indiction XII ne convient à l'an 1298 qu'en la comptant du 25 septembre ; or il paraît assez probable que cette supputation était suivie dans les actes d'Albert. En effet le Corps diplomatique, auquel la citation de cette date a été empruntée, renferme en outre trois autres diplômes du même prince, datés de l'indiction ; le premier, qui est du jour des nones (5) septembre 1299, porte l'indiction XII ; les deux autres, qui sont du 8 décembre de la même année, portent l'indiction XIII. Le Supplément au Corps diplomatique renferme également deux actes, l'un du 13 des calendes de novembre (20 octobre) 1298, l'autre du 15 des calendes de mars (15 février) 1299, et qui tous deux sont datés de l'indiction XII. On voit que toutes ces dates peuvent se concilier en admettant que l'indiction est comptée du 25 septembre, tandis qu'il faudrait, dans l'hypothèse contraire, supposer que sur six dates il y en a quatre de fausses.

Albert II, dit *le Grave* et *le Magnanime*, duc d'Autriche, fils d'Albert et de Jeanne de Bavière, gendre de l'empereur Sigismond, reçoit la couronne de Hongrie le 1er janvier 1438, est élu roi des Romains le 18 mars suivant, couronné le 30 mai de la même année, devient roi de Bohême le 29 juin suivant, et meurt le 27 octobre 1439. — Voici le commencement d'un de ses diplômes : « In nomine sanctæ et in- « dividuæ Trinitatis, feliciter amen. Albertus Dei gratiâ « Romanorum rex semper augustus, ac Ungariæ, Bohe- « miæ, Dalmaciæ, Croaciæ, etc. rex et dux Austriæ, ad « perpetuam rei memoriam, notum facimus, etc. » Le même acte se termine ainsi : « Presentium sub regio « nostræ majestatis sigillo testimonio litterarum datum « Voratislaviæ, anno Domini millesimo quadringente- « simo nono, die primâ Januarii, regnorum nostrorum « anno primo. R. Joannes Richter. Ad mandatum do- « mini regis, Gaspar S. cancellarius. »

Aldestan ou Athelstan, fils naturel d'Édouard Ier l'Ancien, roi d'Angleterre, succède à son père en 924 et meurt le 27 octobre 940. — Sa signature consiste dans une croix placée en tête de la formule qui lui sert d'annonce : « Ego Æthelstanus florentis Brytaniae mo- « narchiâ praeditus rex hujus indiculi fulcimentum « cum signo sanctae semperque amandae crucis corro- « boravi. » La date précède ordinairement la signature : « Acta est haec praefata donatio anno ab incarna- « tione DCCCCXXXVIII, in quo anno bellum factum est « in loco qui Bruningafeld dicitur, ubi Anglis victoria « data est de caelo. »

Alexandre II (Anselme Badage), couronné pape

le 30 septembre 1061, meurt le 21 avril 1073. — Toutes ses bulles commencent par ces mots : « Alexander episcopus servus servorum Dei. » Quelques-unes sont précédées du monogramme de J. C. Dans la suscription de ses épîtres il retranche quelquefois le mot *episcopus;* on en rencontre même une, dans la Collection des historiens de France, qui commence ainsi : « Alexander Gervasio. » Les saluts, quand ils ne sont pas entièrement supprimés, peuvent se réduire à peu près aux formules suivantes : *In perpetuum; in perpetuum salutem et apostolicam benedictionem; tam præsentibus quàm futuris in perpetuum; salutem et apostolicam benedictionem; perpetuam in Domino salutem.* « Quelques-unes de ses bulles, disent les Bénédictins, renferment encore les deux formules *scriptum, etc., data, etc.,* ou *datum, etc.* D'autres ne conservent plus que la dernière. Les peines d'anathème, etc. y sont ordinairement marquées avec les « clauses *si quis, etc., qui verò, etc.;* il en va de même « par rapport à ses successeurs. C'est sur quoi l'on doit « compter dans la suite sans qu'il soit besoin d'en avertir. Ces clauses ne sont pourtant pas encore tout à fait « conçues dans les termes consacrés au siècle suivant. « Il faut toujours savoir qu'en celui-ci on les plaçait « souvent après les dates. Du nombre des bulles de ce « pape il y en a où le chancelier déclare qu'il ne les « date que comme tenant la place d'Annon, archevêque « de Cologne. (Voy. BENOÎT. VIII.) Mais le plus souvent « il s'en acquitte en qualité de chancelier et de bibliothécaire, sans dire un mot de cet archevêque. Pour « distinguer Alexandre II des autres papes, quelquefois « les dataires lui appliquent l'épithète de *junior* au lieu « de *secundus.* L'omission de la date du lieu devient plus « rare de jour en jour : l'année du pontificat se place « souvent avant celle de l'Incarnation. Il n'est plus guère « de bulles destituées de cette dernière date. Nous parlons toujours des bulles très-solennelles, et non pas « de celles qui le sont moins, bien que très-authentiques. » Voici un exemple d'une de ces dates solennelles : « Data in sacro Lateranensi palatio VI Idus « Maii, per manus Petri S. R. E. subdiaconi et cancellarii, vice domni Annonis Coloniensis archiepiscopi, « anno secundo domni Alexandri papæ, et ab incarnatione Domini nostri Jesu Christi MLXIII, indictione I. » Le même bibliothécaire a pris d'abord le titre d'acolyte, puis celui de sous-diacre, et enfin celui de prêtre. Il résulte de plusieurs bulles d'Alexandre II qu'il commençait l'indiction au 1er septembre, et l'année au 1er janvier; mais il a pu suivre un autre calcul. Ce pape a employé deux cercles : l'un porte une inscription circulaire en lettres capitales et ainsi conçue : DEUS NOSTRUM REFUGIUM ET VIRTUS. Dans l'aire on lit cette autre devise : MAGNUS DOMINUS NOSTER ET MAGNA VIRTUS EJUS. Le nom du pape n'est point marqué sur ce premier cercle. Le second présente une disposition toute différente; il ne renferme qu'une devise qui est ainsi conçue : EXALTAVIT ME DEUS IN VIRTUTE BRACHII SUI. Cette devise est écrite entre les deux lignes concentriques de son cercle, dont l'aire était divisée comme à l'ordinaire en quatre quartiers. Le mot ALEXANDER occupe les deux parties supérieures, et PAPA II les deux autres. Les sceaux d'Alexandre II présentent d'un côté le même arrangement que celui du second cercle qui vient d'être décrit : sur l'autre face on lit les mots ALEXANDRI PAPÆ disposés en rond et précédés d'une croix. Le chiffre II, surmonté d'un trait horizontal, occupe à lui seul le champ. On cite un autre sceau ou une médaille qui porte pour inscription circulaire : QUOD NECTIS NECTAM, QUOD SOLVIS IPSE RESOLVAM. Alexandre II a pris, dans plusieurs souscriptions, le titre d'évêque de Lucques qu'il n'avait pas voulu abandonner en montant sur le saint-siége : « Ego Alexander solius Dei misericordiâ licet indignus S. R. E. præsul et Lucensis « episcopus, in hoc decreto à me facto subscripsi. »

ALEXANDRE III (Roland), élu pape le 7 septembre 1159, est sacré le 20 du même mois, et meurt le 30 août 1181. — Alexandre III n'a rien changé à la forme des bulles solennelles, si ce n'est que le salut *in perpetuum* est remplacé quelquefois par *in perpetuam memoriam* ou *rei memoriam :* on y trouve aussi par exception *salutem et apostolicam benedictionem.* Les Bénédictins doutent que la souscription dont plusieurs de ces actes sont revêtus soit de la main du pape; mais les signatures des cardinaux leur paraissent originales. « Ses simples bulles, disent les « mêmes auteurs, sont à l'ordinaire destituées de toute « signature; elles n'ont et ne doivent avoir d'autres « dates que celle du lieu et du jour du mois : autrement « on aurait quelque raison de les tenir pour suspectes. « Sur environ deux mille que nous avons examinées « avec toute l'attention possible, il ne s'en est trouvé « que deux qui ajoutent l'année du pontificat aux précédentes dates; encore a-t-on grand sujet de croire, « et tous leurs caractères semblent nous l'annoncer, « qu'elles pourraient bien être d'Alexandre IV plutôt « que d'Alexandre III. » Il commençait l'indiction au 1er janvier ou au 1er septembre, et l'année au 25 mars ou à Pâques. Les actes sont datés par des notaires ou par Albert, chancelier, qui devint pape sous le nom de Grégoire VII. Alexandre III avait pour devise : *Vias tuas, Domine, demonstra michi.* Il est le premier qui ait introduit l'usage des *monitoires,* devenus si communs dans les derniers temps. En effet, « jusqu'à « son pontificat, disent les Bénédictins, on ne trouve « point d'exemple qu'on ait obligé ceux qui avaient « connaissance de quelque crime à venir le révéler, « sous peine d'excommunication. »

ALEXANDRE IV (Reinald), élu pape le 12 décembre 1254, est sacré le 20 du même mois, si, comme l'annonce l'Art de vérifier les dates, son pontificat a duré six ans cinq mois et six jours. Suivant Fleury, Alexandre IV aurait été élu le 25 décembre 1254, et sacré le surlendemain : cette opinion est contredite par des témoignages irrécusables, qui fixent au 12 décembre l'élection de ce pape. Il mourut le 25 mai 1261. — Un de ses priviléges prouve qu'il a commencé l'année au 1er janvier ou au 25 décembre; il a pu d'ailleurs s'écarter de ce système. La date d'une de ses bulles commence par *datis* au lieu de *datum*. Il avait pour devise : *Domine, servum tuum suscipe in bonum.* « Ce pape, disent les Bénédictins, donna beau- « coup de priviléges, par lesquels il accordait à diffé- « rents abbés le droit de porter les habits pontificaux; « mais ils étaient ordinairement dans la forme des « simples bulles. » Il a quelquefois employé la formule *ad perpetuam rei memoriam*, sans terminer d'ailleurs par une date solennelle les actes où elle se trouve; d'un autre côté, il a donné plusieurs priviléges revêtus des formes les plus solennelles : la date y précède quelquefois les signatures. Dans la formule de souscription, « Ego Alexander catholicæ ecclesiæ episco- « pus, » il a quelquefois substitué le mot *sedis* à *ecclesiæ*. Ughelli rapporte un de ses priviléges où la formule ordinaire *episcopus, servus, etc.* est remplacée par *papa quartus*. Voici une de ses dates solennelles, où l'on retrouve la qualification de *maître des écoles*, prise par le dataire, comme sous le pontificat d'Innocent IV : « Dat. Neapoli, per manum Guillielmi magistri scho- « larum Parmens. S. R. E. vicecancellarii, v Idus Apr. « indict. XIII, incarn. Dominicæ MCCLV, pontificatûs ve- « rò domini Alexandri papæ IV anno I. » Voy. le sceau d'Alexandre IV, planche U, n° 5.

ALEXANDRE V (Pierre), surnommé *Philarge*, élu pape le 26 juin 1409, et couronné le 7 juillet suivant, ou, selon Muratori, élu le 15 juin 1409, et couronné le 17 du même mois, meurt le 3 mai 1410. — Il avait pour devise : *Exaltavit me Deus in virtute brachii sui.*

ALEXANDRE VI (Rodrigue Borgia), élu pape le 11 et couronné le 26 août 1492, meurt le 18 août 1503.— Il avait pour devise : *Ad Dominum, cùm tribularer, clamavi, et exaudivit me.* Ce pape, selon les auteurs de l'Art de vérifier les dates, commençait l'année au 25 mars, dans ses grandes bulles. Mais cette règle n'est pas sans exception, comme le prouve une bulle datée du VII des ides de janvier 1496 et de la quatrième année de son pontificat. « Nous ne voyons pas, « disent les Bénédictins, qu'Alexandre VI ait suivi les « formules introduites sous Innocent VIII; mais ses « successeurs, non contents de les imiter, enchérirent « encore sur elles. Tout ce qui se rencontre de plus sin- « gulier dans les constitutions d'Alexandre se réduit à « une bulle dont les dates portent *anno Domini* pour « *anno incarnationis Dominicæ*, et peut-être à un bref où « ces mots, *sub annulo piscatoris*, sont supprimés, et à « l'omission de *servus servorum Dei*; dans quelques « bulles, s'il faut s'en rapporter aux collections de « Leibnitz et de Rymer, citées dans le bullaire de « Luxembourg. » On trouve néanmoins, au bas de quelques bulles d'Alexandre VI, des certificats de publication du genre de celui qui a été cité à l'article d'Innocent VIII.

ALFRED LE GRAND, quatrième fils d'Éthelwolf, roi d'Angleterre, succède à son frère Éthelred Ier, en 871, et meurt le 25 octobre 900.

ALPHONSE, roi de Castille, dixième du nom, petit-fils, par sa mère Béatrix, de l'empereur Philippe, élu roi des Romains le 1er avril 1257, ne parut jamais en Allemagne pour faire valoir ses droits.

ANACLET II (Pierre de Léon), antipape, élu le 15 et consacré le 23 février 1130, meurt le 25 janvier 1138. — Il signe tantôt simplement *évêque*, tantôt *évêque de la religion* ou *de l'église catholique*. Un de ses priviléges porte *in omnem perpetuitatem*, au lieu de *in perpetuum*. Il avait pour devise : *Dominus fortitudo plebis suæ.* Quoique les signatures des témoins paraissent seulement dans ses bulles solennelles, on rencontre un de ses actes qui, tout en ne portant que la date des bulles ordinaires, c'est-à-dire le lieu et le jour du mois, renferme sa souscription et celle de deux de ses cardinaux.

S. ANASTASE II, ordonné pape le 24 novembre 496, meurt le 17 novembre 498. — Une lettre qu'il écrivit à Clovis en 497 commence ainsi : « Glorioso et illustri « filio Cludoecho, Anastasius episcopus. » En parlant de lui-même, il dit : *nos volumus, etc.*; mais, en s'adressant à Clovis, il emploie la forme du singulier : « Perge « igitur, gloriose fili, ut Deus omnipotens serenitatem « tuam et regnum protectione cœlesti prosequatur, etc. »

Cette épître, rapportée par Dom Bouquet à l'année 497, ne porte pas de date.

ANASTASE, antipape en 855, ne se maintient que quelques jours contre Benoît III.

ANASTASE III, élu pape à la fin du mois d'août 911, meurt vers le milieu d'octobre 913.

ANASTASE IV (Conrad), élu pape le 9 juillet 1153, meurt le 2 décembre 1154. — Il a remplacé dans quelques priviléges la formule *in perpetuum* par *salutem et apostolicam benedictionem.* Il prenait l'indiction au 1er septembre et au 1er janvier, il commençait l'année au 1er janvier et au 25 mars. Il avait pour devise: *Custodi me, Domine, ut pupillam oculi.*

ARDOUIN ou HARDWIG, marquis d'Ivrée, couronné roi d'Italie le 15 février 1002, conserve ce titre pendant neuf ans, dans plusieurs villes, quoique Henri II ait été lui-même couronné l'an 1004, et fait valoir ses prétentions jusqu'au 29 octobre 1015, époque de sa mort.

ARNOUL, fils naturel de Carloman, roi de Bavière, élu roi de Germanie, à la diète de Tribur, le 11 novembre 887, est reconnu à la même époque roi de Lorraine, passe en Lombardie en janvier 894, se fait couronner empereur par Formose, entre le 15 et le 30 avril 896, et meurt le 29 novembre 899. — Il avait cédé la Lorraine en 895 à son fils Zuentebold. Ses diplômes commencent le plus souvent ainsi: «In «nomine sanctæ et individuæ Trinitatis, Arnolfus di«vinâ favente gratiâ rex.» On cite de lui cette autre suscription: «In nomine Domini nostri et Salvatoris «Jesu Christi, Arnulfus divinâ gratiâ rex.» Il a fait usage de la formule suivante dans un diplôme en faveur du prêtre Amand son médecin: «Et ut hoc «verius credatur ac diligentiùs conservetur, manu «propriâ nostrâ subter hoc confirmavimus, et sigillo «nostro assignari jussimus.» On lui donne dans ses souscriptions le titre d'*invictissimi regis.* Il datait ses diplômes de son règne en Germanie (887), de son premier passage en Lombardie (894), et de son empire (896). Voici quelques exemples de ces différentes dates: «1° Data III Id. Decemb. anno incarn. «Domini DCCCLXXXVII, anno primo regni domni Arnol«phi piissimi regis. 2° Data IV Kal. Martii, anno incarn. «Dom. DCCCXCVI, indict. XIV, anno regni Arnulphi re«gis in Franciâ IX, in Italiâ III. 3° Datum XII. Kal. De«cembris, anno incar. Dom. DCCCXCVI, indictione XIIII, «anno domini Arnolfi VIIII, imperii ejus primo.» On voit que la seconde de ces dates ne fait pas mention des années de l'empire, qui sont cependant marquées dans la troisième.

ATHELSTAN. Voy. ALDESTAN.

B

BENOIT Ier (Bonose), ordonné pape le 3 juin 574, meurt le 30 juillet 578.

BENOIT II, ordonné pape le 26 juin 684, meurt le 7 mai 685. — Les Bénédictins citent de lui la suscription suivante qui est antérieure à son sacre: «Bene«dictus presbyter et in Dei nomine electus S. Sedis «apostolicæ Petro notario regionario, etc.»

BENOIT III, élu pape et intronisé le 17 ou le 18 juillet 855, ordonné le 29 septembre suivant, ou, selon Fleury, dès le 1er de ce mois, meurt le 8 avril 858. — Il prend presque toujours le titre de *servus servorum Dei,* et souvent il ajoute *vicaire de S. Pierre.* Il employa de nouveau l'ancienne salutation: «optamus beatitu«dinem vestram in Christo benevalere.» Dans ses priviléges il ne se servit que de *benevalete* placé avant ou après *scriptum, etc.,* et communément entre deux croix. Quelquefois on rencontre son monogramme également entre deux croix. Il prenait l'indiction au 1er septembre. On a de lui une bulle sur papyrus qui a vingt et un pieds de long sur deux de large; en voici les dates d'après le *fac-simile* donné par Mabillon: «Scriptum per manum «Theodori not. et scriniarii scae (*sanctæ*) Romanae ec«clesiae in mensi Octubrii, indictione quartâ. Beneva«lete. Datum Nonas Octubrias per manum Theophy«lacti secundicerii scæ (*sanctæ*) sedis apostolice, imp. «dn. n. piis aug. (imperante domino nostro piissimo «augusto) Hlotario à Deo coron. magno imp. et P. C. «ejus anno tricesimo nono, sed et Hludouuico novo «imp. ejus filio anno septimo.» On voit que cette date est remplie de solécismes. Il faut remarquer que la formule *datum* est écrite au nom du *secondicier.*

BENOIT IV, élu pape au mois de décembre 900, meurt au commencement d'octobre 903. — Il datait des années de l'empereur régnant, de l'indiction et du jour du mois. Une de ses bulles est datée *anno II post obitum Landeberti.* Or Lambert était mort en octobre 898, et par conséquent Benoît IV aurait dû, dès le premier jour de son pontificat, dater de la troisième année après la mort de Lambert. Mais cet acte porte en outre la date du II des calendes de septembre, indiction III, ce qui revient au 31 août 900; et comme Muratori a prouvé que Jean IX vivait encore au mois de novembre de cette année, il est évident que la bulle dont il s'agit a été faussement attribuée à Benoît IV, ou que les dates en ont été altérées.

Benoit V, élu pape par les Romains après la mort de Jean XII, arrivée le 14 mai 964, et en opposition à Léon VIII, élu par un concile, est fait prisonnier par Othon Ier, le 23 juin 964, abdique aussitôt après, et meurt le 5 juillet 965.

Benoit VI, ordonné pape vers la fin de 972, est mis à mort en 974. (Voyez cependant Benoît VII.)—Il prenait le titre d'*apostolicus* et plus souvent de *servus servorum Dei*, suivi de *in perpetuum*, quand il s'agissait de priviléges. Il a employé pour formules de salut : *perpetuam in Domino salutem* ou *mansuram in Christo felicitatem*. Il ajoutait dans les dates de ses grandes bulles l'année de l'empereur après celle de son pontificat.

Benoit VII, élu pape et intronisé le 28 décembre 974 ou en 975 avant le 25 mars, meurt le 10 juillet 983. — Au titre *episcopus servus servorum Dei*, Benoît VII ajoute *sanctæ Romanæ sedis apostolicus*. La suscription de ses lettres se terminait par une des formules *in Domino salutem*, *perpetuam in Domino salutem* ou *perpetuam salutem*. Un de ses actes commence ainsi : « Dilectissimis nobis in Christo filiis Hordberto, etc. Be« nedictus, divinâ gratiâ præditus, apostolicæ sedis pon« tifex, servus autem servorum Dei, in Domino salutem. » Il est peut-être, avec Grégoire V, le seul pape de son siècle qui ne place pas toujours son nom avant celui des personnes auxquelles il écrit. Une de ses bulles porte seulement la date du jour, une autre omet la date du pontificat et n'exprime que celle de l'empire d'Othon II. Il a daté aussi de l'année de l'Incarnation et en même temps d'une ère qui la précède de 28 ans. « Datum VIII Idus Maias, imperante domino nostro « Ottone....... anno XII, indict. VII, incarn. CMLXXIX, « æra MVII. » Cette ère, suivant les Bénédictins, aurait été employée quelquefois du Xe au XIIe siècle; mais les chronologistes ne donnent à cet égard aucune explication. Benoît VII, suivant les mêmes auteurs, aurait pris quelquefois l'indiction au mois de janvier. Muratori cite cinq chartes desquelles il résulte que son pontificat aurait commencé en 972. M. de S. Marc a supposé alors que Benoît VI n'était pas mort en prison, qu'il avait de nouveau occupé le saint-siége, et qu'on l'avait regardé à tort comme un nouveau pape.

Benoit VIII (Jean) devient pape au plus tard le 6 juillet 1012, et meurt vers la fin de juillet 1024. (Voy. Grégoire, antipape.) — Il prend ordinairement le titre de *servus servorum Dei* ; mais il se qualifie aussi « sanctæ universalis Ecclesiæ præsul ; per divinam « gratiam S. R. Ecclesiæ præsul et episcopus; præsul « apostolicæ sedis. » Dans une épître adressée à Milon, évêque de Vérone, le salut n'est exprimé qu'avec une restriction : *si meremini, apostolicam gratiam et benedictionem*. On rencontre aussi les formules suivantes : *salutem carissimam cum benedictione apostolicâ*, ou *in perpetuum in Domino salutem;* et dans un acte adressé aux évêques de Bourgogne, d'Aquitaine et de Provence : « Salutem et benedictionem ex parte Dei omnipoten« tis et B. Petri apostolorum principis, et meâ qui præ« sulatum, licet indignus, tenere videor apostolicæ se« dis. » On a de lui des confirmations de priviléges qui ne présentent que la date du jour et du mois; d'autres y ajoutent l'indiction. Cependant il a répété la date du mois jusqu'à trois fois dans certains actes. (Voy. Sergius IV.) Enfin il a daté de l'Incarnation et des années de Henri II, comme le prouvent les deux citations suivantes : 1° « Anno ab incarnatione Domini MXXIII, « pontificatûs verò D. Benedicti papæ VIII sedis anno « XII, imperii verò domini Henrici imperatoris Roma« norum X, indict. VI, mense Julii, die XXVIII. Amen. « 2° Data VI Idus Februarii per manus Piligrini Colo« niensis, archiepiscopi et bibliothecarii sanctæ sedis « apostolicæ qui vicem Benedicto commisit episcopo, « anno, Deo propitio, pontificatûs domni Benedicti sum« mi pontificis et universalis octavi papæ XII, imperii « verò domini Heinrici secundi imperatoris augusti X, « indictione VII. » On voit dans cette seconde date que les fonctions de bibliothécaire du S. Siége sont remplies par Piligrin, archevêque de Cologne. Ses deux successeurs Herman et Annon eurent aussi le même titre, et y joignirent celui d'archichancelier. Mais ces trois archevêques de Cologne sont les seuls, selon les Bénédictins, qui aient occupé cette charge à la cour de Rome. Durant leur exercice le titre de chancelier n'en fut pas moins porté par plusieurs cardinaux, qui ont daté plusieurs bulles sans faire mention de ces archevêques, dont il n'est plus question d'ailleurs après la mort d'Alexandre II. Une des bulles de Benoît VIII est remarquable en ce que la date du *scriptum* est antérieure de sept mois à celle du *datum*. Suivant les Bénédictins, ce pape commençait l'indiction tantôt au 1er septembre, et tantôt au 1er janvier.

BENOIT IX (Théophylacte) devient pape en 1033, est chassé en 1038, et rétabli la même année par l'empereur Conrad; chassé de nouveau en 1044, il reparaît au bout de quelques mois, cède le pontificat à Grégoire VI (Jean Gratien), remonte de nouveau sur le S. Siége le 8 novembre 1047, et abdique définitivement le 17 juillet 1048. — Il emploie pour formule de salut, tantôt *salutem et apostolicam benedictionem*, tantôt *in perpetuum* ou *perpetuam in Domino salutem*. Il est le dernier pape qui ait daté de l'année de l'empereur régnant. En voici un exemple cité par les Bénédictins: « Scriptum per manus Stephani protoscriniarii S. Sedis « A. mense Junio, indict. VI. Benevalete. Datum Kalen« dis Julii per manum Bosonis episcopi S. Tiburtinæ « ecclesiæ et bibliothecarii S. S. A., annò ab incarnatione « Domini MXXXVIII, pontificatûs verò domini Benedicti « VIII (il faudrait VIIII) papæ sedente anno VI, imperii « verò D. Conradi imperatoris Romanorum XII, indict. « VI, mense Junii, die XXIX. » Suivant les Bénédictins, la répétition du jour du mois placée à la fin de la formule *datum* ne doit plus reparaître dans la suite. On fera observer d'ailleurs qu'il devrait y avoir *datum III Kalendis Julii* au lieu de *datum Kalendis Julii* qui désigne le 1er juillet et non le 29 juin.

BENOIT X (Jean), antipape, élu par des factieux, le 30 mars 1058, se maintient jusqu'au 18 janvier 1059 environ.

BENOIT XI (Nicolas Bocasin), élu pape le 22 octobre 1303, et couronné le 27 du même mois, meurt le 6 ou le 7 juillet 1304. — Il commençait l'année au 25 décembre ou au 1er janvier. Il avait pour devise: *Illustra faciem tuam super servum tuum.* Les Bénédictins ont rencontré une bulle solennelle de Benoît XI. La suscription de cet acte se termine par ces paroles: *tam præsentibus quàm futuris in perpetuum.* Il est signé du pape et des cardinaux, et daté par Papinien, évêque de Parme et vice-chancelier de la S. E. R.

BENOIT XII (Jacques Fournier), élu le 20 décembre 1334, et couronné le 8 janvier 1335, meurt le 25 avril 1342. — On trouve dans la plupart de ses bulles la formule: *ad perpetuam rei memoriam.* Il avait pour devise: *Benedic, Domine, hæreditati tuæ.* Il a donné vers 1335 une bulle d'indulgences écrite en lettres d'or. Les Bénédictins ont rencontré une bulle de Benoît XII, datée de l'Incarnation, et signée par ce pape et ses cardinaux. Pour la manière de commencer l'année, voyez CLÉMENT V.

BENOIT XIII (Pierre de Lune), élu pape le 28 septembre 1394, ordonné prêtre le 3 octobre suivant, sacré et couronné le 11 du même mois, en opposition à Boniface IX, fut déposé le 5 juin 1409 et ensuite le 26 juillet 1417; il mourut le 1er juin ou le 29 novembre 1424. — Les Bénédictins citent de lui un bref dont la date est ainsi conçue: « Datum apud castrum « prædictum (*castrum Raynaldi*), die XII Martii, sub si« gneto nostro secreto. » Cet acte est adressé en même temps au roi de France, à son conseil et à l'université de Paris. C'est là peut-être l'exemple le plus ancien d'un acte public, qu'un pape ait scellé du sceau secret. En effet l'anneau dont Jean XVI se servit pour sceller une bulle de confirmation ne peut être considéré que comme un sceau public, différent de la bulle de plomb. Quant à Clément IV, il ne paraît pas qu'il ait employé l'anneau du pêcheur pour un acte public. Sur la bulle de plomb de Benoît XIII, au-dessus de *Benedictus*, « on « remarque, disent les Bénédictins, une croix qui ne « s'y trouvait point jusqu'à la fin du XIIe siècle et appa« remment plus tard, mais dont on rencontre beaucoup « d'exemples depuis le commencement du XVe siècle, « si l'on n'en peut pas faire une règle générale. »

BÉRENGER, fils d'Éverard, duc de Frioul et petit-fils de Louis le Débonnaire par sa mère Gisèle, reconnu roi d'Italie par une portion de la noblesse à la fin de février 888, couronné le mois suivant par Anselme, archevêque de Milan, et sacré empereur par Jean X le 25 décembre 915, est assassiné au commencement de mars 924. — La formule initiale de ses diplômes était: « In nomine Domini nostri Jesu Christi Dei « æterni, Berengarius gratiâ Dei rex. » Devenu empereur, il commença ainsi: « In nomine Domini Dei « æterni, Berengarius divinâ favente clementiâ impe« rator augustus. » Le Corps diplomatique renferme un diplôme du même prince, dont voici la suscription et les formules finales: « In honorem Domini nostri Jesu « Christi Dei æterni, Berengarius divinâ favente cle« mentiâ rex.... Ut autem verius credatur et diligentiùs « ab omnibus observetur, manu propriâ roboratum an« nulo nostro subter jussimus sigillari exempla (proba« blement *exemplar*). Signum domini (monogramme) « Berengarii gloriosissimi regis. Martinus, etc. ad vicem « Petri episcopi et archicancellarii recognovi. Data VII « Kal. Maii, anno incarnationis Domini DCCCXCIX, domini « autem Berengarii gloriosissimi regis XII, indictione II. « Actum Papiæ in Dei honorem feliciter. » Les années de son empire se comptent du 25 décembre 915. Il suit quelquefois dans ses diplômes le calcul pisan.

BÉRENGER II, fils d'Adalbert, marquis d'Ivrée, et petit-fils de l'empereur Bérenger par sa mère Gisèle, est élu roi d'Italie conjoinfement avec Adalbert son fils, le 15 décembre 950. Déposé en octobre 961, avec son fils, et fait prisonnier en 964, il meurt en 966.

Bernard, fils naturel de Pepin, placé sur le trône d'Italie par son aïeul Charlemagne au mois d'octobre 812, se révolte en 817 contre Louis le Débonnaire. Vaincu et condamné à perdre la vue, il meurt, trois jours après l'exécution de la sentence, le 17 avril 818.

Bertrand, duc héréditaire de Toulouse et d'Aquitaine. Voy. Boggis.

Boggis, duc héréditaire de Toulouse et d'Aquitaine, fils de Caribert, entra en possession des états de son père avec Bertrand son frère en 637. Il mourut en 688, et Eudes ou Odon succéda en même temps à Boggis son père et à Bertrand son oncle, par la cession du fils de Bertrand, Hubert, depuis évêque de Maëstricht, qui abandonna ses droits héréditaires pour embrasser la vie ecclésiastique. L'Art de vérifier les dates n'indique pas l'époque de la mort de Bertrand.

Boniface II, ordonné pape le 15 octobre 530, meurt le 16 octobre ou le 8 novembre 532.

Boniface III, ordonné pape le 25 février 606 ou le 19 février 607, meurt le 12 novembre 606 ou le 10 novembre 607.

Boniface IV, élu pape le 18 septembre 607 ou le 25 août 608, meurt le 7 mai 614 ou 615. Spelman cite une lettre de Boniface IV datée de l'Incarnation; et quoique cette date soit fautive, il ne la regarde pas comme apocryphe. Ce serait le plus ancien exemple d'une bulle datée des années de J. C.

Boniface V, ordonné pape, selon Fleury, le 29 décembre 617, ou, selon Pagi, le 23 décembre 619, meurt, selon le premier, le 25, ou, selon le second, le 22 octobre 625.

Boniface VI, élu pape après le 15 avril 896, meurt au bout de quinze jours.

Boniface VII (Francon), antipape, élu en 974 pendant la captivité de Benoît VI ou après sa mort, est chassé au bout d'un mois. Il reparaît ensuite au mois de mars 984, et fait enfermer Jean XIV au château de Saint-Ange. Il se maintint jusqu'au mois d'octobre suivant et mourut au mois de mars 985. Depuis qu'il fut remonté sur le saint-siége, les notaires donnèrent deux époques à son pontificat, l'an 974 et l'an 984.

Boniface VIII (Benoît Caïetan), élu pape le 24 décembre 1294, sacré le 2 janvier 1295 et couronné quelques jours après, meurt le 11 octobre 1303. Il commençait l'année à Noël, comme le firent presque tous ses successeurs au XIVe siècle. Il ne datait souvent que de l'année de son pontificat. Il avait pour devise : *Domine Deus in adjutorium meum intende.* « Plusieurs « bulles de Boniface VIII, disent les Bénédictins, ter- « minent leur suscription par la clause *ad perpetuam rei « memoriam.* Une qui finit par le salut ordinaire, *salu- « tem et apostolicam benedictionem,* ne laisse pas d'être re- « vêtue de ces dates : *Datum Anagniæ anno incarnatio- « nis MCCCIII, VIII Idus Junii, pontificatûs nostri « anno IX.* Si l'on envisageait cette bulle et quelques « autres des papes du siècle précédent sur le pied des « plus solennelles, elles nous donneraient lieu de re- « marquer ici : 1° le retranchement de l'indiction, 2° la « transposition du jour du mois après l'année de l'Incar- « nation. Au contraire si l'on les met dans le rang des « simples bulles, comme il semble qu'on doit le faire, « ces papes y auront introduit, quoique très-rarement, « tantôt l'année du Seigneur, tantôt la date de l'Incarna- « tion : ce qui revient au même pour le fond. Quelque « parti qu'on embrasse, s'il faut prendre à la lettre le « terme d'*incarnation*, la bulle dont on vient de citer la « date, contredit la proposition du P. Papebrok, suivant « laquelle Boniface aurait dû commencer l'année au « 25 décembre. Mais peut-être ne faut-il entendre ici « rien autre chose par *incarnation* que la naissance de « J. C., les exemples de pareille acception étant sans « nombre. » En définitive les Bénédictins semblent s'être arrêtés au sentiment du P. Papebrok, qui affirme que Boniface VIII commençait l'année à Noël pour se conformer au style des Aragonnais auxquels il avait donné le royaume de Naples. Les auteurs de l'Art de vérifier les dates ont adopté la même opinion, et ils annoncent en outre que la plupart des papes du XIVe siècle suivirent le même calcul. (Voy. Clément V.) Du reste il n'est pas toujours facile de fournir des preuves à l'appui de cette assertion. En effet les bulles revêtues des formules de date les plus solennelles deviennent de plus en plus rares. Ces formules manquent à des bulles de Boniface VIII, qui cependant ont été dressées dans le consistoire public. Mais quand même le bullaire romain ne renfermerait pas la preuve directe que Boniface VIII a employé des dates solennelles, on en aurait d'ailleurs la certitude, puisque l'on connaît sa devise, et que « ces sortes de sentences ne concou- « rent jamais, disent les Benédictins, qu'avec les so-

« lennités les plus grandes dont les bulles puissent être « susceptibles. » Quoique la formule *ad certitudinem præsentium et memoriam futurorum* soit ordinairement réservée aux bulles d'excommunication, Boniface VIII l'a employée dans la suscription d'un acte par lequel il restitue au roi d'Aragon son royaume d'Aragon et de Valence et le comté de Barcelone. Dans une de ses bulles, au lieu de désigner le jour par le quantième du mois, il se sert des termes suivants : *Actum Laterani die cœnæ Domini, pontificatûs nostri anno IX.* Voy. le sceau de Boniface VIII, planche U, n° 8.

Boniface IX (Pierre ou Perrin Tomacelli), élu pape le 2 novembre 1389, et couronné le 9 du même mois en opposition à Clément VII, meurt le 1er octobre 1404. Il comptait les années de son pontificat du jour de son couronnement. Ce pape est le premier dont la tiare, dans les monuments contemporains, soit ornée d'une triple couronne. — Il avait pour devise : *Ad te levavi animam.* Il a, comme ses prédécesseurs, employé alternativement les formules : « Ad « perpetuam rei memoriam, Ad futuram rei memo« riam, *et* Salutem et apostolicam benedictionem. »

Boson, fils de Théodoric Ier, comte d'Autun, créé duc de Lombardie par Charles le Chauve au mois de février 876, et chassé l'année suivante par Carloman, roi de Bavière, reçut presque aussitôt de Charles le Chauve le titre de roi de Provence. Le 15 octobre 879 il se fit reconnaître comme souverain indépendant. Il mourut au plus tard en avril 887. Ses diplômes commencent ordinairement ainsi : *In nomine sanctæ et individuæ Trinitatis Boso misericordiâ* ou *gratiâ Dei*, ou bien *ipsius misericordiâ*, et quelquefois *divinâ favente clementiâ rex.* Un diplôme accordé en 887 à l'évêque de Maurienne renferme cette formule singulière : « Re« gnante Deo factore omnium, qui cuncta suo disponit « ordine, cujus nutu ac potestate reges regnant, qui « nobis beneficio suæ misericordiæ regni gubernacula, « non nostris intervenientibus meritis, concessit ; Ego « quippe Boso procurante divinâ gratiâ Burgundiorum « Ausonorumque rex, unà cum Ermengarde uxore, etc. » Il compte les années de son règne du 15 octobre 879. Un de ses diplômes, publié par du Chesne, est daté de l'Incarnation : « Anno incarnationis Domini nostri « Jesu Christi DCCCLXXIX, anno primo post obitum Hlu« dovici gloriosissimi regis. » Voici une autre de ses dates : « Datum VI Idus Novembris, indictione XII, anno « I regni domni Bosonis gloriosissimi regis. Actum « Lugduno civitate, in Dei nomine feliciter. Amen. »

C

Calixte II (Guy), élu pape le 1er février 1119, et couronné le 9 du même mois, meurt le 12 ou le 13 décembre 1124. — Il a employé l'invocation suivante : *In nomine Domini omnipotentis nostri J. C. et in nomine sanctissimæ et individuæ Trinitatis ;* mais en général il débute par la formule : *Calixtus episcopus servus servorum Dei.* La suscription se termine tantôt par *in perpetuum* ou *imperpetuum*, tantôt par *salutem et apostolicam benedictionem.* (Voy. Gélase II.) La formule de souscription, qui est presque toujours placée avant la date, est conçue dans les termes suivants : *Ego Calixtus* ou *Calistus catholicæ ecclesiæ* ou *catholicæ sedis et ecclesiæ episcopus subscripsi*, ou *subscribo et confirmo*, ou *confirmavi et subscripsi*, ou *laudavi*, ou *collaudans confirmavi.* Son cercle, qui présente la même disposition que celui de Pascal II, renferme la devise suivante : Firmamentum est Dominus timentibus eum. Les bulles de Calixte II font quelquefois mention des signatures des témoins. « Il est à observer, disent les Bénédictins, « que les cardinaux, prêtres et diacres, souscrivent « non-seulement après le pape et les évêques, mais en« core après les simples abbés.... Ses simples bulles n'a« joutent que, très-rarement l'indiction aux dates du « lieu et du jour du mois. Gervais, archiviste notaire « et régionnaire, apposait encore son nom à quelques « bulles solennelles. Mais, depuis lui, il ne reste pas dans « les bulles la moindre trace des formules particulières « aux archivistes et aux notaires distinguées de celles « des dataires. » Il ne faut pourtant pas en conclure que leur charge fût supprimée, puisque le titre de notaire reparaît fréquemment, dans la formule commençant par *datum.* Peut-être même ne cessèrent-ils que sous Calixte II de marquer leurs noms et leur formule *scriptum*, tout en continuant d'ailleurs de rédiger et d'écrire les pièces. Il est bon de savoir aussi que la formule, *scriptum per manus Gervasii regionarii et notarii sacri palatii*, n'est accompagnée d'aucune note chronologique dans les bulles de Calixte II. Elle est immédiatement suivie de la souscription du pape, après laquelle vient la formule *datum* qui réunit à la date du lieu, du jour, du mois et de l'indiction, celle du pontificat et de l'Incarnation, et quelquefois en outre l'indication du jour de la semaine et de la lune. Gervais prend encore quelquefois le titre d'archiviste, *scriniarius*, qu'on ne retrouvera plus désormais. Il y avait certainement plusieurs cardinaux bibliothécaires, comme le prouvent les dates des priviléges de Calixte II. Du reste le nom de ces officiers n'est pas toujours marqué dans la formule *datum*. — Le calcul pisan est rare dans les bulles de Calixte II : l'année commence ordinairement au 1er janvier. Il a aussi appliqué le calcul pisan à l'indiction, mais en général il la compte à partir du 1er septembre. Il emploie quelquefois pour l'année de l'Incarnation la formule suivante : *Ab incarnatione autem omnipotentis salvatoris nostri Jesu Christi.* — *N. B.* Le dictionnaire de Moreri commence à donner les listes des promotions des cardinaux à partir du pontificat de Calixte II.

Calixte III (Jean de Strume), antipape, élu à la fin de 1168, abjure le schisme le 29 août 1178.

Calixte III (Alphonse Borgia), élu pape le 8 avril 1455 et couronné le 20 du même mois, meurt le 8 août 1458. — Les Bénédictins ne citent pas la devise de ce pape. Suivant les mêmes auteurs, le bullaire de Luxembourg renferme une bulle donnée en 1458 par Calixte III, et dans laquelle ces mots, *incarnationis Dominicæ*, ont été oubliés. La date de l'Incarnation avait donc dans cet acte la même forme que dans les brefs. On trouve dans le bullaire romain, la date suivante où l'année ne commence pas au 1er janvier : « Datum Romæ apud S. Petrum, anno incarnationis « Dominicæ millesimo quadringentesimo quinquagesimo sexto, Kalendis Januarii, pontificatûs nostri « anno secundo. » Cette citation confirme donc l'opinion des auteurs de l'Art de vérifier les dates, qui annoncent que Calixte III commençait l'année au 25 mars.

Canut Ier le Grand, fils de Suénon, règne sur une partie de l'Angleterre concurremment avec Éthelred II et son successeur Edmond II, de 1015 à 1017, devient seul roi à la mort de ce dernier en 1017, et meurt le 12 novembre 1036 ou 1037. — Après un préambule il s'intitule : *Ego Cnut annuente ac favente Dei omnipotentis clementiâ totius gentis Anglorum basileus*, ou *Ego Cnut rex Anglorum cæterarumque gentium persistentium in circuitu*, ou *Ego Cnut rex Angligenæ nationis.* On lit au commencement d'un diplôme de 1018 : *Ego denique imperator Knuto à Christo Rege regum regiminis Anglici in insulâ potitus.* En 1024 il employa cette formule de souscription : ✝ *Ego Cnut rex Anglorum almæ crucis signaculo hanc munificentiam consignavi ;* et dans un diplôme sans date : *Ego Knut rex hanc donationem Christo contuli pro consequendo præmio cœlestis hereditatis.* Dans le diplôme de 1018, où il prend le titre d'empereur, la souscription est ainsi concue : *Ego Knuto gubernator Anglici orbis propriâ manu confirmo.* Viennent ensuite huit autres signatures au nombre desquelles se trouve celle d'Emme, veuve d'Éthelred II, et qui avait épousé Canut l'année précédente. Les signatures sont suivies de la date : *Facta est autem concessio anno Dominicæ incarnationis* MXVIII. Cette formule est d'accord avec ce que disent les Bénédictins sur sa manière de dater ; en effet ils annoncent que ses diplômes renferment l'année de l'Incarnation, jointe quelquefois à l'indiction, mais sans indiquer ni les années de son règne, ni le jour, ni le mois.

Canut II ou Hardi-Canut, fils de Canut Ier, roi de Danemarck et d'Angleterre, succède à la couronne de Danemarck en 1036 ou 1037, et à son frère Harald Ier, comme roi d'Angleterre, en 1040. Il meurt le 8 juin 1042. Canut II était fils d'Emme, seconde femme de Canut Ier et veuve d'Éthelred II ; il était par conséquent frère utérin d'Édouard le Confesseur.

Caribert ou Cherebert, fils de Clotaire Ier, devient roi de Paris en 561, et meurt en 567.

Caribert ou Charibert, fils de Clotaire II, dépouillé d'abord par son frère Dagobert, reçoit de lui, en avril 630, les pays qui composaient le royaume des Wisigoths, et meurt en 631. Le siége de ses états était fixé à Toulouse. Les auteurs de l'Art de vérifier les dates pensent que son royaume comprenait le Toulousain, le Quercy, l'Agénois, le Poitou, le Périgord et la Gascogne.

Carloman, fils de Charles Martel, succède à son père, comme maire du palais en Austrasie, le 22 octobre 741. Le trône d'Austrasie resta vacant, au moins jusqu'à l'avénement de Childéric III, en 742, et peut-être jusqu'en 747 (c'est alors que Carloman quitta le gouvernement pour se retirer dans un monastère); quelques auteurs prétendent même que Childéric III n'a jamais été reconnu en Austrasie. — Une de ses donations commence ainsi : « Iccircò Karlemannus major-« domûs, filius quondam Karoli, etc. » Mabillon a publié un autre diplôme qui commence ainsi : « In no-« mine Domini nostri Jesu Christi, ego Carolomannus « dux et princeps Francorum, anno ab incarnatione « Domini septingentesimo quadragesimo secundo, XI « Kalend. Maii, etc. » La donation que nous avons citée d'abord porte au contraire une date à peu près conforme à celles des diplômes mérovingiens : « Factum « est astipulatione subnixâ in villâ Wasidio publicâ sub « die quod fecit mensis Junius dies VI, regnante Hildrico « rege. » La souscription en est ainsi conçue : « Signum « illustris viri Karlemanni majoris-domûs. Signum il-« luster vir Drogone filio ejus consentiente. Ego Hildra

« dus cancellarius rogatus hoc testamentum scripsi et « subscripsi. » Après les mots « filius quondam Karoli, » il ajoute quelquefois : « cui Dominus regendi curam « committit. » Son nom se trouve aussi écrit *Karolomannus*, et celui de son chancelier *Childradus*.

Carloman, fils de Pepin le Bref, sacré à Saint-Denis le 28 juillet 754, succède à son père comme roi d'Austrasie, le 24 septembre 768, est inauguré à Soissons, plutôt que sacré une seconde fois, le 9 octobre 768, et meurt le 4 décembre 771. — La suscription de ses diplômes renferme souvent *gratiâ Dei* ajouté à *Carolomannus rex Francorum, vir inluster.* Il supprime quelquefois les mots *vir inluster.* Son nom s'écrit aussi *Carlomannus* et *Karolomannus.* En général il a employé les mêmes formules que son père. Sa signature consistait également dans une simple croix. Il l'a annoncée par la formule suivante, dans un diplôme en faveur d'Ailine, abbesse d'Argenteuil : « Et ut haec aucto« ritas firma permaneat, manu nostrâ signaculum « subter decrevimus roborare. Sign. + domno Carolo« manno gloriosissimo regi. » Les années de son règne sont comptées dans ses diplômes du 24 septembre ou du 9 octobre 768. Toutefois l'époque de son sacre, en 754, a été aussi considérée comme le commencement de son règne. C'est ce que prouve un ancien légendaire cité par les Bénédictins, et qui fait concourir la seizième année du règne de Pepin avec la treizième du règne de ses deux fils. — *Sceau :* voy. planche A, n° 7.

Carloman, premier nom de Pepin, fils de Charlemagne. Voy. Pepin.

Carloman, fils de Louis le Germanique, succède à son père comme roi de Bavière, le 28 août 876. Proclamé roi d'Italie en 877, et reconnu en cette qualité par Jean VIII, après la mort de Charles le Chauve, il meurt le 22 mars 880.

Carloman, fils de Louis le Bègue, reconnu d'abord roi de France en commun avec son frère Louis III, après la mort de Louis le Bègue, arrivée le 10 avril 879, conclut, au mois de mars 880, un traité de partage en vertu duquel il obtient les royaumes de Bourgogne et d'Aquitaine, le marquisat de Toulouse, la Septimanie et une portion de la Lorraine. Il réunit toute la monarchie à la mort de Louis III (3 ou 5 août 882), et meurt le 6 décembre 884. — Ses diplômes commencent presque toujours par « in nomine « Domini Dei æterni et Salvatoris nostri Jesu Christi ; » ou quelquefois par « in nomine sanctæ et individuæ « Trinitatis, Karlomannus *ou* Carolomannus gratiâ « Dei rex. » Il emploie en général les mêmes formules que son père. Dans un diplôme de 882, la souscription du notaire est remarquable : « Norbertus notarius « post obitum magistri sui Vulfardi... » Carloman ne paraît pas avoir employé la date de l'Incarnation. Il existe un diplôme de ce prince du mois de janvier 881, qui est daté de la 3ᵉ année de son règne, quoique Louis le Bègue soit mort seulement le 10 avril 879 ; c'est qu'on a compté pour une année complète les neuf mois de 879. Mabillon cite une de ses chartes qui se termine ainsi : « Datum pridie Kal. Decembris « anno II Karolomanni gloriosissimi regis, indictione « XIII. Actum apud Nerundam villam. Theodericus « Comes ambasciavit. » Nous avons expliqué ailleurs le sens des mots *ambasciare* et *ambasciator.* — *Sceau :* plus grand que celui de Louis le Bègue ; du reste, mêmes caractères. Inscription : KARLOMANNVS GRA DI (*gratia Dei*) REX.

Célestin II (Thibaud), antipape, élu vers le 14 décembre 1124, en opposition à Honorius II, renonce aussitôt à ses prétentions.

Célestin II (Guy), élu pape et intronisé le 26 septembre 1143, meurt le 9 mars 1144. — Il avait pour devise : *Fiat pax in virtute tuâ et abundantia in turribus tuis.* Ses petites bulles ne portent que la date du lieu et du jour. Il ajoutait, selon l'usage, dans les grandes bulles, les dates de l'indiction, de l'Incarnation et du pontificat. On y trouve également sa souscription et celle des cardinaux. Il comptait l'indiction au 1ᵉʳ septembre, et quelquefois au 1ᵉʳ janvier. Peut-être ne commençait-il pas toujours l'année au 1ᵉʳ janvier. Sous son pontificat, le titre de bibliothécaire paraît pour la dernière fois dans les dates. Voy. Innocent II.

Célestin III (Hyacinthe Bobocard), élu pape le 30 mars 1191, ordonné prêtre le 13 avril, et consacré pape le lendemain, jour de Pâques 1191, meurt le 8 janvier 1198. — Il avait pour devise : *Perfice gressus meos in semitis tuis.* Dans la 13ᵉ de ses lettres, écrite en 1195, on trouve, pour la première fois peut-être, la formule *ad majorem cautelam.* C'est une forme d'absolution que les canonistes ont nommée *absolution à cautèle.* « La bulle par laquelle il canonisa saint Jean « Gualbert, instituteur de la congrégation de Vallom« breuse, n'est revêtue, disent les Bénédictins, que des « formalités dont on ne se dispensait jamais. Celle qu'il « adressa aux évêques, au clergé et à tous les fidèles du « diocèse d'Hildesheim, pour leur notifier la canonisa« tion de S. Bernward, est pareillement dans la forme

« des brefs ou petites bulles. Elle n'est datée que du « lieu, du jour et du pontificat : *Data Romæ apud* « *S. Petrum VI Idus Januarii, pontificatûs nostri anno* « *secundo.* Il ajouta néanmoins à des dates si simples « celle de l'Incarnation, quand il canonisa S. Ubalde, « évêque d'Eugubio. » Toutefois, quoiqu'il se soit dispensé, dans quelques occasions importantes, d'employer les formes des bulles solennelles, il ne faudrait pas en conclure qu'il n'en a jamais fait usage. On les trouve en effet réunies dans plusieurs bulles de Célestin III. Les dates précèdent quelquefois les signatures des cardinaux et la souscription du pape. Dans cette souscription, il n'y a guère que la petite croix placée entre les deux cercles concentriques qui, selon les Bénédictins, ait été tracée par la main du pape. « Dans ses priviléges, ajoutent les mêmes auteurs, il « unissait quelquefois la formule *in perpetuum* avec « *salutem et apostolicam benedictionem.* La formule *in* « *perpetuum*, toujours abrégée dans ce siècle et les deux « suivants, était précédée, depuis le milieu du XIIe, « lorsque le privilége était accordé à une abbaye, de « ces paroles : *regularem vitam professis;* au lieu qu'au « commencement du XIIe siècle on disait *canonicè* ou « *regulariter promovendis,* ou, selon l'ancienne manière, « *tam præsentibus quàm futuris.* » Selon l'Art de vérifier les dates, il commençait souvent l'année et l'indiction à Pâques. Les Bénédictins ont reconnu aussi qu'il les comptait à partir du 25 mars; et, pour l'indiction en particulier, ils pensent que Célestin III a suivi le calcul pisan. Il résulte d'ailleurs de certains actes qu'il a aussi commencé l'année au 1er janvier, et l'indiction au 1er septembre. Un de ses dataires prenait le titre de notaire, un autre celui de camérier. Gilles s'intitulait seulement diacre-cardinal du titre de S. Nicolas *in carcere Tulliano;* Moyse se qualifiait sous-diacre de la S. E. R. On voit que ces titres variaient beaucoup à cette époque.

Célestin IV (Geoffroy de Castiglione), élu pape à la fin d'octobre 1241, meurt le 17 ou le 18 du mois suivant, avant d'avoir été consacré. — Il avait pour devise : *Miserere meî, Domine, miserere meî.*

Célestin V (Pierre de Mouron), élu pape le 5 juillet 1294, et consacré le 29 août suivant, abdique le 13 déc. de la même année, et meurt le 19 mai 1296. — « Parmi « les bulles de Célestin V, disent les Bénédictins, il s'en « présente une avec la clause *in perpetuum*, qui devrait « régulièrement traîner à sa suite toutes les dates des « bulles les plus solennelles, et cependant elle n'a que « celles des plus communes. Mais une bulle tirée du « Vatican nous offre de plus les dates de l'indiction et « de l'Incarnation : *Datum Aquilæ Kalend. Octobris, in-* « *dictione VII, anno Domini MCCXCIV, pontificatûs anno I.* « Il est évident, à qui fait attention à la durée de ce « pontificat et aux indictions qui lui conviennent, « qu'on les comptait alors du commencement de l'an- « née, et non pas des calendes de septembre. On voit « dans une des bulles de ce saint pape : *Salutem et* « *optatam benedictionem,* au lieu de la formule ordinai- « re. » Il ne paraît pas que Célestin V ait eu une devise.

Charibert. Voy. Caribert.

Charles Martel, fils naturel de Pepin de Héristel, est délivré en 715 de la prison où il était enfermé depuis quelques mois, s'empare de l'autorité en Austrasie, et laisse le trône vacant jusqu'à l'avénement de Thierri IV en 720; puis après la mort de ce roi, au mois d'avril 737, il gouverne la France entière et meurt le 22 octobre 741. — Ses suscriptions sont ordinairement dans la forme suivante : « Ego in Dei nomine illuster *ou* « inluster vir Carolus, Karolus *ou* Karlus major-domûs « *ou* majorim-domûs filius Pippini quondam, etc. » Il a daté des années du règne de Thierri III, puis des années qui s'étaient écoulées depuis la mort de ce prince : « Actum Careciaco villâ in palatio quod ficit mensis « September die XVII annum quintum post deffunctum « Theodericum regem. » Viennent ensuite les souscriptions : plusieurs sont de la main du notaire, et de ce nombre est celle de Charles Martel, ainsi conçue : « Si- « gnum inllustro viro Karlo majorim-domûs qui hanc « epistolam donationis fieri rogavit ✝. » Neuf seigneurs signent également par des mains empruntées dans la forme suivante : *S. Ratberti comitis.* On trouve enfin ces trois signatures originales : « Audoenus capellanus « subscripsit. Ego Theudericus subscripsi. Crothgaugus « jussus hanc epistolam donationis recognovi. » Un diplôme de 726 se termine par deux formules qui méritent d'être citées : « Signum Erkenfridi comitis qui « advocatus fuit episcopi et hanc traditionem manu suâ « cum domino suo suscepit. Aldo clericus jussus à do- « mino meo Karolo scripsi et suscripsi hanc testamenti « chartam in Dei nomine feliciter. » On remarquera que les mots *traditio* et *testamentum* sont employés comme synonymes et désignent l'acte de donation.

Charlemagne (Charles Ier), fils de Pepin le Bref, sacré à Saint-Denis le 28 juillet 754, succède à son père comme roi de Neustrie, de Bourgogne et de Provence, le 24 septembre 768; est inauguré à Noyon, plutôt que sacré une seconde fois, le 9 octobre 768; devient maître de toute la monarchie à la mort de son frère Carloman le 4 décembre 771; est proclamé roi d'Italie du 25 mai au 13 juin 774; prend dès lors le titre de roi des Français et des Lombards, et de patrice des Romains; reçoit la couronne impériale le 25 décembre 800, et meurt le 28 janvier 814. — On trouve quelquefois dans ses diplômes l'invocation *in nomine Patris et Filii et Spiritûs sancti*. Mais elle ne paraît guère que dans ceux de ses actes qui sont postérieurs à son couronnement impérial. Quelques savants ont prétendu que ces formules avaient été ajoutées après coup. Les auteurs du Nouveau Traité de Diplomatique ne partagent pas cette opinion, et l'on ne voit pas en effet pourquoi il faudrait rejeter comme suspectes des formules qui ne sont après tout que la traduction des invocations monogrammatiques placées en tête des diplômes mérovingiens. Il faut remarquer d'ailleurs que sur plus de quatre-vingt-dix chartes citées par Dom Bouquet, il n'y en a pas vingt qui soient postérieures à son couronnement impérial. Or c'est précisément dans ce petit nombre d'actes que se rencontrent, à trois ou quatre exceptions près, tous les exemples d'invocation. En effet il n'y a que deux des diplômes impériaux de Charlemagne cités par Dom Bouquet, qui ne renferment pas l'invocation *in nomine Patris et Filii et Spiritûs sancti*. Au contraire, dans les diplômes royaux, il y en a à peine un sur vingt qui débute par une invocation. Il faut donc reconnaître que depuis le couronnement impérial de Charlemagne il s'était établi dans les formules des actes, un changement analogue à celui qui se remarque dans l'écriture des chartes et des manuscrits. Toutefois les auteurs du Nouveau Traité de Diplomatique n'admettent pas indistinctement toutes les formes d'invocation : ils déclarent même que la formule *in nomine sanctæ et individuæ Trinitatis* ne convient pas aux diplômes de Charlemagne, mais seulement à ceux de Charles le Chauve : mais d'un autre côté ils ne rejettent pas absolument une invocation dans laquelle on retranche les mots *ac individuæ*. Pour justifier une distinction aussi subtile, il faudrait avoir sous les yeux les titres originaux. Charlemagne employa presque toujours la formule *par la grâce de Dieu*, et conserva le titre de *vir inluster* jusqu'à ses conquêtes en Italie. Depuis 774 il lui arriva tantôt d'y ajouter, tantôt d'y substituer ceux de *patrice des Romains, roi des Lombards*. Mais cette qualification d'*homme illustre* ne reparaît plus dans ses actes une fois qu'il a le titre d'*empereur*. Il réunit alors les titres suivants : « Serenissimus Augustus à Deo co« ronatus magnus et pacificus imperator, Romanorum « gubernans imperium, qui et per misericordiam Dei « rex Francorum et Langobardorum. » Il ne prit que très-rarement alors le titre de *patrice*. Souvent il se qualifia seulement *roi* après avoir reçu la couronne impériale, comme aussi il avait pris avant cette époque le titre d'*empereur*. Les savants rejettent les diplômes où il est qualifié roi d'Italie. On ne cite de lui qu'un diplôme renfermant des imprécations ; mais les peines pécuniaires sont moins rares dans ses actes. Les formules ordinaires de sa signature comme roi, sont : *Signum Caroli* ou *Domini Karoli gloriosissimi* ou *illustris regis;* et comme empereur : *Signum Caroli* ou *domini Karoli, piissimi* ou *serenissimi* ou *piissimi ac serenissimi imperatoris*. Charlemagne est le premier qui ait introduit l'usage constant des monogrammes, qui n'ont cessé en France que sous Philippe III. Il n'est fait aucune mention dans ses arrêts de la signature et de l'anneau, qui sont au contraire annoncés dans ses autres diplômes par diverses formules au nombre desquelles nous citerons celles qui suivent : « 1° Et ut hæc auctoritas vel præceptio nos« tra quod nobis postulaverunt circa ipsa casa Dei pro« ficiat et evis et futuris temporibus inconvulsa et firma « debeat permanere manu propriâ subter firmavimus « et anuli nostri impressione signavimus. 2° Et ut hæc « auctoritas nostris et futuris temporibus circa ipso « sancto loco perenniter firma et inviolata permaneat « vel per tempora inlæsa custodiatur atque conservetur « et ab omnibus judicis meliùs credatur propriâ manu « annotatione studuimus adumbrare. (Voy. PEPIN LE « BREF.) 3° Unde duas confirmationes uno tenore con« scriptas fieri jussimus quas et manu propriâ firmavi« mus et de anulo nostro sigillare jussimus. » Le diplôme par lequel il renouvela le testament du patrice Abbon, renferme une formule dont on ne trouve pas ailleurs d'exemple : *Subter plumbum sigillari jussimus*. — Les diplômes de Charlemagne sont datés : 1° de son règne en France, que l'on fait commencer tantôt au 24 septembre ou au 9 octobre 768, tantôt au 4 décembre 771 ou au commencement de 772 ; 2° de son règne en Italie, que l'on fait commencer soit avec l'année 774, soit au mois de mars ou d'avril, soit du 25 mai au 13 juin de cette année; 3° de son empire qui commence au 25 décembre 800 ou en 801 pour ceux qui ouvrent l'année au 25 décembre. On trouve dans quelques diplômes de Charlemagne la date de l'indiction. Les exemples suivants prouvent en outre que Charlemagne a tantôt énoncé et tantôt supprimé les années de son règne en Lombardie et la date du jour : 1° « Data sexto Kal. Julias anno septimo et se« cundo regni nostri. Actum Carisiago palatio publico, « in Dei nomine feliciter. 2° Datum quinto Kalendas « Augustas in anno septimo regni nostri Duria villa in « palacio publico, in Dei nomine feliciter. Amen. 3° Data « in mense Octub. anno XI et quinto regni nostri.

« Actum Goddinga villa, in Dei nomine feliciter. 4° Data « VII Id. Maii anno Christo propitio imperii nostri XIII, « regni verò in Franciâ XLV atque in Italiâ XXXVIIII, « indictione VI. Actum Aquisgrani palatio regio, in Dei « nomine feliciter. Amen. » Plusieurs savants ont avancé que la date de l'Incarnation n'avait pas été employée par Charlemagne, et qu'il fallait rejeter les diplômes où elle se rencontrait. Mabillon et les Bénédictins citent cependant la date suivante, dont l'authenticité ne paraît pas devoir être mise en doute : « Data Kal. « Maias, anno XV et VIIII regni nostri, ab incarna- « tione autem Domini nostri Jesu Christi septingen- « tesimo octogesimo tertio in die ascensionis Dominicæ, « in cujus vigiliis ipsa dulcissima conjux nostra obiit « in anno XII conjunctionis nostræ. Actum Theodone « villa palatio nostro, in Dei nomine feliciter, indict. VI. » Il est facile de concevoir que Charlemagne en employant cette formule inusitée a voulu consacrer d'une manière solennelle le souvenir de son épouse Hildegarde. Aussi Mabillon déclare-t-il qu'en examinant le titre original, il a reconnu qu'on ne pouvait en suspecter l'authenticité. Il pense donc que dans les occasions les plus importantes la date de l'Incarnation a pu être employée même avant le règne de Charles le Gros. — On a publié onze sceaux de Charlemagne, voici les plus remarquables. *Sceaux* de Charlemagne roi : — 1° voy. planche A, n° 8; — 2° voy. planche A, n° 9. — *Sceaux* de Charlemagne empereur : — 1° même description que pour le sceau n° 8 de la planche A, excepté que dans l'inscription le mot *imperatorem* remplace les mots *regem Francorum*. — 2° Bulle de plomb : sur la face, même buste que dans le sceau n° 8 de la planche A; couronne ornée de perles. Inscription : IHV. (*Jesu*) NATE DI (*Dei*) CARLVM DEFENDE POTENTER ; sur le revers, dans le champ, monogramme du mot *Karolus*, inscription : GLORIA SIT XPO (*Christo*) REGI VICTORIA CARLO. Une bulle du même genre a été attribuée à Charles le Chauve. La tête est couronnée de lauriers. L'inscription *gloria sit, etc.* est sur la face, et le revers porte : *Jesu, etc.* — *N. B.* Charlemagne s'est aussi servi dans ses diplômes impériaux du sceau n° 9 de la planche A.

CHARLES II LE CHAUVE, fils de Louis le Débonnaire, reçoit en partage le royaume de Neustrie, au mois de décembre 837; puis celui d'Aquitaine, après la mort de Pepin Ier, arrivée le 13 décembre 838. (Voy. PEPIN II, roi d'Aquitaine.) Il est sacré roi de France le 7 juin 839; succède à son père dans ce royaume, le 20 juin 840; est couronné roi d'une partie de la Lorraine, le 9 septembre 870, un an après la mort de son neveu Lothaire; reçoit la couronne impériale à Rome, le 25 décembre 875; est proclamé roi des Lombards à Pavie, dans une diète tenue en février 876, et meurt le 6 octobre 877. — Avant d'être empereur, il employait souvent la formule suivante : « In nomine sanctæ et indi- « viduæ Trinitatis, Karolus gratiâ Dei rex. » Depuis son couronnement à Rome, il y substitua celle-ci : « In no- « mine, etc. Karolus ejusdem Dei omnipotentis mise- « ricordiâ *ou* gratiâ imperator augustus. » Il se sert, pour l'annonce du monogramme et du sceau, des mêmes formules que son père. Dans son diplôme en faveur de l'église de S. Martin de Tours, après le *signum, etc.* et le monogramme, on voit une souscription en cinabre. Dans un autre diplôme, l'impératrice Judith souscrit en même temps que lui. Louis a également joint sa souscription à celle de son frère Charles le Chauve, notamment dans un privilége en faveur de l'abbaye de Compiègne, où le monogramme de Louis est en encre noire, et celui de Charles en vermillon. Mabillon cite un autre privilége qui porte : « Signum « Karoli gloriosissimi regis. Hoc præceptum fratris mei « Karoli ego Ludovicus rex subscripsi. » — On distingue jusqu'à six époques de son règne, savoir : 837, 838, 839, 840, 870 et 875. Encore faut-il remarquer que les années de son règne en Lorraine se comptent tantôt de la mort de Lothaire, au mois d'août 869, tantôt du 9 septembre 870. Il a daté aussi des années des princes et des comtes d'Italie, du siége de Toulouse en 849, et enfin de la mort de l'abbé Hilduin. Il commençait souvent l'indiction à Noël ou au 1er janvier avec l'année, et plus rarement au 1er septembre. Comme Charles le Chauve a été surnommé *le Grand*, on l'a confondu quelquefois avec Charlemagne. Mais ce qui les distingue, c'est l'invocation de la Trinité, qu'on ne trouve pas dans les chartes de Charlemagne, du moins dans la forme : *In nomine sanctæ et individuæ Trinitatis*. (Voy. CHARLEMAGNE.) Voici trois exemples de ses dates : 1° en 869, « Datum VIII Kal. « Decembris, indictione III, anno regni nostri XXX, et « post successionem Lotharii I, regnante Carolo glorio- « sissimo rege. Actum Gundulphi villâ, in Dei nomine « feliciter. Amen. » 2° En 876 : « Data XVII Kal. Au- « gustas, indictione VIIII, anno XXXVII regnante Ka- « rolo gloriosissimo imperatore, et in successione regni « Lotharii anno VI, imperii autem anno I. Actum Pon- « tioni palatio imperiali, in Dei nomine feliciter. Amen. » 3° En 877 : « Data XII Kal. Julii, anno XXXVII re- « gnante domno Carolo imperiique ejusdem II. Actum « in Compendio palatio imperiali, die XIII post mortem « prædicti abbatis. » Le mot *prædicti* se rapporte à Hilduin, nommé dans l'acte. Pour la date de l'Incarnation, voyez CHARLEMAGNE. — *Sceaux* de Charles le Chauve roi : 1° buste de profil tourné vers la droite ;

chlamyde attachée sur l'épaule gauche; couronne de laurier; cheveux courts; sans barbe. Inscription : KAROLVS GRATIA DI (*Dei*) REX. 2° Même profil; au lieu de couronne, un casque; même inscription. — *N. B.* C'est sans doute un de ces deux sceaux qui a été reproduit d'après une empreinte fort confuse sous le n° 1 de la planche B. 3° Bulle d'or: buste de face; couronne fermée; cheveux courts; barbe apparente; sceptre. Reste d'inscription : AROLV...A...R... au revers sur le champ, une croix accompagnée d'ornements et une inscription circulaire portant: RENOVACIO REGNI FNCO. (*Francorum*). — *Sceaux* de Charles le Chauve empereur : 1° même profil; couronne de laurier; barbe apparente. Inscription: KAROLVS MISERICORDIA DI (*Dei*) IMPERATOR AUG. 2° Bulle de plomb. (Voy. CHARLEMAGNE.) 3° Charles le Chauve empereur a aussi scellé en or un diplôme en faveur de l'église de Compiègne, et un autre en faveur de l'abbaye de Tournus.

CHARLES, fils de Charles le Chauve, roi d'Aquitaine. Voy. PEPIN II.

CHARLES, fils de l'empereur Lothaire Ier, devient roi de Provence en 855, et meurt en 863. Il commence ainsi ses diplômes : « In nomine Domini nostri Jesu « Christi Dei æterni, Carolus divinâ ordinante provi« dentiâ rex, Lotharii quondam piissimi augusti et in« clyti filius. » Le diplôme accordé, en 863, à l'église de Carpentras, présente cette autre formule : « In nomine « omnipotentis Dei et Salvatoris nostri J. C., Carolus « divinæ providentiæ clementiâ rex. » Il a quelquefois annoncé le monogramme et le sceau dans les termes suivants : « Manu propriâ subscribere et anuli nostri « impressione decorari censuimus, *ou* consignari præce« pimus, *ou* manu propriâ subter illam roborantes anuli « nostri impressione insigniri jussimus. » Les souscriptions de ses diplômes sont ainsi conçues : *Signum Karoli regis*, ou bien *Caroli gloriosissimi regis* ou *regis gloriosi*, ou encore *signum piissimi Domini Caroli gloriosi regis*. Vient ensuite : *Deidonus notarius recognovi et subscripsi*, ou *ad vicem Heicardi recognovit;* ou bien *Grimlandus regiæ dignitatis cancellarius recognovit*, ou simplement *Gerardus cancellarius*. — Les années de son règne se comptent tantôt de 855, tantôt de 856. Voici une de ses dates où le commencement de son règne est compté à partir de 856 : « Datum II Idus Julii, anno « Christo propitio regni domni nostri Karoli gloriosis« simi regis V, indictione IX. Actum Mantalâ, in Dei no« mine feliciter. Amen. »

CHARLES LE GROS OU LE GRAS (*Crassus*), petit-fils de Louis le Débonnaire par Louis le Germanique, succède à son père comme roi de Suabe, le 28 août 876; est associé au royaume d'Italie en septembre 879 ; proclamé roi du 6 octobre au 11 novembre de la même année; couronné à Milan le 6 janvier 880; reçoit la couronne impériale en janvier ou février 881; devient roi de Saxe et de Lorraine, à la mort de son frère Louis (20 janvier 882); est nommé roi de France au mois de décembre 884, après la mort de Carloman ; proclamé à la fin du mois suivant, et déposé le 11 novembre 887. Il meurt le 12 janvier 888. — Avant d'être empereur, il commence ainsi ses diplômes : « In nomine sanctæ et individuæ Trinitatis, Carolus « divinâ favente clementiâ rex. » On lit dans un acte cité par Ughelli : *Carolus gratiâ Dei rex*. Devenu empereur, il employa le plus souvent la formule suivante : *In nomine, etc. Carolus divinâ ordinante* ou *favente clementiâ, gratiâ*, ou *providentiâ*, ou simplement *gratiâ Dei*, et quelquefois *ejusdem omnipotentis Dei misericordiâ imperator augustus*. Sur soixante-huit diplômes publiés par Dom Bouquet, six seulement commencent par l'invocation : *In nomine Domini Dei æterni et salvatoris nostri Jesu Christi*, suivie de l'une des formules *divinâ propitiante, ordinante* ou *præveniente clementiâ* ou *providentiâ*. Voici le début d'un acte de Ricarde sa femme : *In nomine sanctæ, etc. Ricardis Dei favente clementiâ imperatrix augusta*. Le diplôme qu'il accorda en 887 à l'église de Langres, se termine ainsi : « Et ut haec nostra concessio firmiorem « per futura tempora in Dei nomine obtineat vigorem « et à fidelibus nostris veriùs certiùsque credatur, manu « propriâ subterfirmavimus et... Signum Caroli gloriosis« simi et serenissimi imperatoris augusti. Amalbertus « notarius ad vicem Liuthwardi archicancellarii recogno« vit. Datum XVIII Kal. Feb. anno incarnationis Domini « nostri Jesu Christi DCCCLXXXVII, indict. IIII, anno « quoque imperii domni et serenissimi Karoli impera« toris in Italiâ regnantis VI, in Orientali Franciâ V, in « Galliâ III. Actum Selenstat palacio feliciter. Amen. » La conjonction *et* qui suit *subterfirmavimus*, prouve assez que le notaire a oublié de compléter la phrase, qui devait se terminer par l'annonce du sceau. Cette annonce est ordinairement exprimée par cette formule: « Anuli « nostri impressione subter jussimus sigillari, *ou* anulo « nostro insigniri jussimus, *ou bien* de anulo nostræ « dignitatis consignari jussimus. » Les dates de ce diplôme ne peuvent se concilier entre elles; mais c'est une de ces erreurs qui se rencontrent quelquefois dans les actes les plus authentiques. Dans un diplôme de 884, il annonce à la fois et le sceau et la bulle : « Manu propriâ nostrâ subter eam firmavimus « et bullâ nostrâ jussimus sigillari ac sigillo nostro cor« roborari. » Un acte de l'année suivante ne renferme que l'annonce de la bulle : « Manu propriâ firmavi« mus et bullâ nostrâ subtersignari jussimus. »—Voici quelques-unes de ses souscriptions : 1° En 877, « Signum Karoli serenissimi regis Liutvardus cancella« rius recognovi. » 2° En 884 : « Signum Caroli serenis« simi augusti. Segoinus notarius ad vicem Liutwardi « archicancellarii recognovi. » 3° En 885 : « Signum Ka« roli gloriosissimi et serenissimi semper augusti. Amal« bertus cancellarius ad vicem Liutwardi archicancella« rii recognovit et subscripsit *ou* recognovi et suscripsi. » Plusieurs signatures lui donnent le titre de très-pieux et d'empereur auguste. — Charles le Gros n'a pas de rang numérique parmi les rois de France qui ont porté le nom de *Charles*. Il est le premier qui ait daté ordinairement ses diplômes de l'année de l'Incarnation. Les différentes époques de son règne qui ont été employées dans les diplômes sont les années 876, 879, 881, 882 et 884. Cette dernière année est pour son règne en France. Cependant l'Art de vérifier les dates avertit que des actes antérieurs à 884 ont été datés en France des années de son règne, probablement parce qu'on le regardait comme tuteur de Carloman. Quant à la date de son couronnement comme empereur, quelques auteurs la fixent au 25 décembre 879, et d'autres au 25 décembre 880 ou 881. On verra aussi par un exemple que nous citons plus bas, qu'il a daté de son règne en Bourgogne.—Voici quelques-unes de ses dates : 1° En 877, « Data Non. Jul. anno incarna« tionis Domini nostri Jesu Christi DCCCLXXVII, indict. X, « anno verò Caroli regis primo. » 2° En 880 : « Data XII « Kal. Apr. an. incar. Dom. DCCCLXXX, indictione XIII, « anno verò regis Karoli in Franciâ IV, in Italiâ I. » 3° En 881 : « Data IV Kal. Martii, anno Christo propitio imperii « domini Caroli præpotentis augusti unctionis suæ pri« mo. » 4° Même année 881 : « Data VIII Kal. Julii, anno V « Karoli post mortem patris sui Ludowici in Franciâ et « Alemanniâ, secundo regni ejus in Burgundiâ, impera« toriæ verò dignitatis et apostolicæ benedictionis pri« mo. » 5° En 883 : « Data III Kal. Augusti, anno incarn. « Dom. DCCCLXXXIII, indict. I, anno verò imperii domini « Karoli in Italiâ III, in Franciâ II. » 6° En 885 : « Datum « VIII Cal. Sept. anno incarn. Dom. DCCCLXXXV, indict. « III, anno imperii piissimi imperatoris Caroli in Italiâ V, « in Franciâ IV, in Galliâ I. »—Dans les premières dates il fait partir son règne du 28 août 876, époque de la mort de son père; dans les deux dernières, il le compte à partir de la mort de son frère, arrivée le 20 janvier 882. Quant à la date de son règne en Bourgogne, on peut l'expliquer par les contestations qui s'élevèrent à la suite de la proclamation de Boson, comme roi de Provence ou de Bourgogne (15 octobre 879). Charles le Gros lui ayant déclaré la guerre, a pu prendre le titre de roi de Bourgogne, pour protester contre cette usurpation, quoique d'ailleurs il n'ait pas réellement régné dans ce pays. Mais ce qu'il importe le plus de fixer, c'est le sens des mots *Francia* et *Gallia*, que l'on ne peut regarder ici comme synonymes, puisque dans la dernière date, l'année 885 concorde avec la IVe année du règne de Charles le Gros *in Franciâ* et la Ire année de son règne *in Galliâ*. Si l'on se reporte aux dates du diplôme qu'il accorda en 887 à l'église de Langres, on verra que la IIIe année du règne *in Galliâ* concorde avec la Ve du règne *in Orientali Franciâ*. Il est donc évident que le mot *Francia*, avec ou sans l'épithète *Orientalis*, désigne la Germanie, tandis que le mot *Gallia* désigne la France proprement dite. En effet, Charles le Gros étant devenu roi de Saxe et de Lorraine le 20 janvier 882, pouvait dater de la Ve année de son règne en Allemagne un acte du 15 janvier (18 des calendes de février) 887; et comme il était devenu roi de France au mois de décembre 884, le 15 janvier 887 concordait avec la IIIe année de son règne en France. De même, le 25 août (8 des calendes de septembre) 885 correspond à la IVe année de son règne, si l'on compte à partir du 20 janvier 882, et à la Ire, si l'on compte à partir du mois de décembre 884. S'il existait des doutes sur cette traduction des mots *Francia Orientalis*, ils seraient levés par un traité conclu en 926 entre Charles le Simple, roi de France, et Henri l'Oiseleur, roi de Germanie. Dans cet acte, Charles le Simple est qualifié roi *Francorum Occidentalium*, et Henri *Francorum Orientalium*. Les mots *Francia* et *Franci* pouvaient donc être employés alors pour désigner la Germanie et les Germains aussi bien que la France et les Français. C'est là ce qui explique pourquoi plusieurs des rois et des empereurs d'Allemagne ont pris le titre de roi des Français et désigné leurs états par le mot *Francia*. — *Sceaux* : 1° Buste de profil, tourné vers la droite, cheveux courts, étendard planté sur un bouclier ovale. Inscription : KAROLVS IMPERATOR. 2° Sceau de médiocre grandeur, représentant seulement la tête de l'empereur. 3° Bulle de plomb. Buste de face, haste et bouclier. Inscription : DN. KAR. IMP. P. F. PP. AVG. (*Dominus Karolus imperator pius felix perpetuus augustus*). Sur le revers, dans le champ, une porte de ville flanquée de deux tourelles et surmontée d'une croix. Inscription : RENOVATIO ROMAN. IMP., et dans le bas, sous la porte : ROMA.

CHARLES III LE SIMPLE, fils posthume de Louis le Bègue, exclu d'abord du trône et reconnu ensuite roi de France par une partie des seigneurs français le 28 janvier 893, conclut avec Eudes, vers le milieu de 896, un traité de partage qui lui assure les pays situés entre la Seine et le Rhin. Devenu seul roi, après la mort d'Eudes, arrivée le 1er ou le 3 janvier 898, il ne paraît pas cependant avoir été reconnu en Bourgogne avant 899, et avant 900 dans l'Aquitaine et la Septimanie. Le 21 novembre 911 ou le 21 janvier 912 il succède à Louis de Germanie comme roi de Lorraine. Robert, frère d'Eudes, et Raoul, duc de Bourgogne, furent élus rois de France, l'un en 922, l'autre en 923. Charles le Simple, vaincu le 15 juin 923 dans le combat où il avait tué le premier de ces deux compétiteurs, est arrêté bientôt après par Herbert, comte de Vermandois. Il recouvra un instant la liberté en 927, mais jeté de nouveau en prison l'année suivante, il mourut le 7 octobre 929. — Selon dom Bouquet, il employait toujours l'invocation suivante : *In nomine sanctæ et individuæ Trinitatis,* venait ensuite : *Karolus divinâ propitiante clementiâ* ou *misericordiâ Dei rex,* ou bien *Carolus Dei gratiâ rex.* Les formules qui suivent prouvent qu'il s'est servi tantôt du mot *annulus,* tantôt du mot *sigillum* : « 1° Et ut hæc nostræ auctoritatis « præceptio firma et inviolabilis æternaliter maneat, pro- « priâ manu subtus confirmantes anulo regiæ dignitatis « nostræ mandavimus insigniri. 2° Et ut hæc nostri pri- « vilegii autoritas per cuncta succedentia tempora fir- « miorem in Dei nomine obtineat perpetue firmitatis vi- « gorem et à nostris successoribus inviolabili tenore ser- « vetur, manu propriâ subtus eam firmavimus et sigilli « nostri impressione jussimus adnotari. » Sa signature est ainsi exprimée : *Signum Karoli gloriosissimi* ou *serenissimi regis.* Le diplôme par lequel il confirme la donation de la reine Frédérune en faveur de l'église de Compiègne, est signé et souscrit en ces termes : *Signum Karoli regis excellentissimi. Gozlinus notarius ad vicem Herivei archiepiscopi summique cancellarii recognovit.* Les notaires ajoutent ordinairement : *et subscripsit.* Ils emploient aussi les termes *scripsit, subnotavit,* et se qualifient notaires royaux : *Hugo regiæ dignitatis notarius ad vicem Herivei archiepiscopi subnotavit,* c'est-à-dire, *datavit.* Ils parlent souvent à la première personne. — On rencontre dans les chartes différentes époques de son règne : 1° le 28 janvier 893 ; 2° le 3 janvier 898, lorsqu'il réunit toute la monarchie, ce qui est exprimé par l'une des formules suivantes : *Anno redintegrante* ou *pleniter regnante,* ou enfin *in successione Odonis ;* 3° 899 et 900, dates de sa reconnaissance en Bourgogne et en Aquitaine ; 4° la fin de 911 ou le 21 janvier 912, date de son avénement au trône de Lorraine, qu'on exprime ainsi : *A largiore* ou *ampliore hæreditate indeptâ.* — Voici quelques-unes de ses dates : 1° En 894, « Datum anno incarnationis Dominicæ « octingentesimo nonagesimo quarto, anno quoque re- « gnante Carolo secundo, indictione duodecimâ, VI Ka- « lendas Octob., actum in Attiniaco. » 2° En 898 : « Data « Kalendas Novembris indictione primâ, anno sexto, re- « gnante Karolo serenissimo rege, et in successione Odo- « nis secundo. Actum apud Viennam in Dei nomine feli- « citer, amen. » 3° En 912 : « Datum Calend. Januarii in- « dict. XIII, anno XIX, regnante Karolo gloriosissimo rege « redintegrante XIIII, largiore verò hereditate indeptâ I, « actum Mettis civitate in Dei nomine feliciter, amen. » Dans la seconde date, il faudrait *Odonis primo* au lieu de *secundo,* et dans la troisième, *indictione XV* au lieu de *XIII.* Les Bénédictins n'ont rencontré la date de l'Incarnation que dans cinq de ses diplômes. — *Sceau :* voy. planche B, n° 3.

Charles IV le Bel, troisième fils de Philippe IV, roi de France, succède à son frère Philippe le Long comme roi de France et de Navarre, le 3 janvier 1322, est sacré à Reims le 21 février suivant, et meurt le 1er février 1328. — Il prit plus souvent le titre de *Rex Francie* que celui de *Rex Francorum.* Voici l'une de ses suscriptions : *Karolus Dei gratiâ Francie et Navarre rex, notum facimus universis nos, etc.* — Charles le Bel omet dans ses diplômes la date du règne et souvent aussi la date du jour : « Donné a Paris l'an de grace mil trois « cent vingt et un, au mois de février ; » et sur le repli : « Chalop. » Le jour est indiqué dans la date suivante : *Datum Parisiis decimâ octavâ die Julii, anno Domini millesimo trecentesimo vigesimo sexto.* — Il annonce le sceau par la formule : *Nostrum fecimus apponi sigillum* ou *sigilli nostri fecimus impressione muniri.* Souvent aussi l'apposition du sceau est passée sous silence. — *Sceau :* Mêmes caractères que le sceau n° 2 de Louis X. Mais on n'y voit pas d'arceau au-dessus de la tête du roi. Le haut du sceptre traverse le cercle de l'inscription entre l'R et l'E du mot REX.

Charles IV, fils de Jean, roi de Bohême, et petit-fils de l'empereur Henri VII, élu roi des Romains le 19 juillet 1346, couronné à Bonn dans le mois de novembre suivant, à Aix-la-Chapelle en 1349, et à Milan le 6 janvier 1355, reçoit la couronne impériale à Rome le 5 avril suivant, se fait couronner roi d'Arles le 4 juin 1365, et meurt le 29 novembre 1378. Il avait succédé à son père comme roi de Bohême le 26 août 1346. Voici le commencement d'un diplôme par lequel il confirme les priviléges de l'abbaye de Quedlimbourg : « In nomine sanctæ et individuæ Tri- « nitatis feliciter, amen. Carolus quartus divinâ favente « clementiâ Romanorum imperator semper Augu- « stus et Bohemiæ rex ad perpetuam rei memoriam. » Dans des chartes moins solennelles il retranche l'invocation et s'intitule : *Romani imperii semper Au-*

gustus. Avant d'être couronné empereur il ne prenait que le titre de roi des Romains et de roi de Bohême. Charles datait ses diplômes, 1° de son règne comme roi des Romains, en y joignant les années de son règne en Bohême qui dataient également de 1346 ; 2° de son couronnement comme empereur (5 avril 1355). Voici la date des lettres d'investiture accordées à l'abbesse de Quedlimbourg : « Datum Tangermundi « an. Domini MCCCLXXVII, indictione XV, VI Idus Maii, « regnorum anno XXXI, imperii verò XXIII. J. R. Wil- « helmus Kortelange. De mandato domini imperato- « ris Nicolaus camicens. Pptus (*præpositus*). » Son diplôme en faveur de la ville de Romans en Dauphiné, présente les formules suivantes : « Signum serenissimi « principis et domini, domini Karoli, quarti Romano- « rum imperatoris invictissimi et gloriosissimi Boemiæ « regis : testes hujus rei sunt, etc. Et alii quàm plures « nostri et imperii sacri principes nobiles et fideles, « præsentium sub bullâ aureâ typario imperialis nostre « majestatis impressâ testimonio litterarum. Datum « Pragæ anno Domini MCCCLXVI, indictione IV, VIII « Kalend. Februar. regnorum nostrorum anno XX, « imperii verò undecimo. — Ego Johannes Dei gratiâ « Columcensis episcopus, regalis capelle Boem. comes, « et sacre imperialis aule cancellarius, vice reverendi in « Christo patris domini Serlati Moguntinensis archie- « piscopi, sacri imperii per Germaniam archichancel- « larii, recognovi. » Voy. à l'article de LOUIS DE BAVIÈRE, un autre exemple de la répétition du mot *domini*.

CHARLES V LE SAGE, fils de Jean II, roi de France, reçoit de son père le titre de lieutenant du royaume, quelque temps avant la bataille de Poitiers, se met en cette qualité à la tête du gouvernement dès la fin du mois de septembre 1356, se fait déclarer majeur et régent de France au mois de mars 1358, succède à son père le 8 avril 1364, est sacré à Reims le 19 mai suivant, et meurt le 16 septembre 1380. — Son nom fut mis à la tête de la plupart des lettres royaux, soit pendant la captivité de son père, soit dans la suite, lorsque Jean fit un voyage à Avignon ou qu'il retourna en Angleterre. Comme lieutenant du roi, il employait la formule suivante : *Charles aisné fils et lieutenant du roy de France, duc de Normandie et dauphin de Viennois.* (Il est le premier qui ait pris le titre de dauphin.) Quand il eut été nommé régent, il s'intitulait : *Charles aisné fils du roy, regent le royaume de France, duc de Normandie, etc.* Ayant succédé à son père, il prit le titre de roi de France dans les actes français et celui de *rex Francorum* dans les diplômes latins. « On remarque, disent les Bénédictins, que « sous le règne de Charles V, surtout depuis 1369, « le préambule de ses lettres est souvent pompeux et « oratoire, et presque toujours un obscur galimatias. » Dans son édit sur la majorité des rois de France, la suscription *Karolus Dei gratiâ, etc.* se termine par *ad perpetuam rei memoriam.* Voici la conclusion de cet acte, dont il existe deux exemplaires, et qui n'est pas moins remarquable par la beauté de l'écriture que par l'importance de la matière : « Ne autem nostra « presens lex vel constitutio deinceps in disceptationis « materiam deducatur, sed, si qua super ipsâ pretende- « retur ignorantia, crassa dici debeat et supina, volu- « mus et decernimus eandem solenniter publicandam « et in archivis cartarum nostrarum ad perpetuam « memoriam, redigendam. Datum in castro nostro ne- « moris Vicenarum, mense Augusti, anno ab incarnat. « Domini millesimo trecentesimo septuagesimo quarto, « regni verò undecimo. Per regem in consilio suo. « P. BLANCHET. Duplicata. » L'enregistrement a été écrit sur un parchemin séparé. Pendant la captivité du roi Jean il scella tantôt du sceau de son père, tantôt du sceau du Châtelet, tantôt de son propre sceau. « Le « régent ayant été informé, disent les Bénédictins, que « plusieurs lettres patentes avaient été scellées de son « sceau secret sans avoir été examinées à la chancellerie, « ordonna que dorénavant aucunes lettres patentes ne « seraient scellées du sceau secret, mais seulement « les lettres closes. » On cite de lui les formules suivantes qui annoncent l'emploi de trois sceaux différents : 1° Pour le grand sceau : « Præsentes litteras si- « gilli magni nostri caractere fecimus communiri. » 2° Pour le sceau du Châtelet : « Sub sigillo Castelletti « nostri Parisius. » 3° Pour le grand sceau delphinal : « Nostri sigilli Delphinatûs munimine fecimus appo- « sitione muniri, » ou « Sigillum nostrum magnum Del- « phinale presentibus duximus apponendum. » Quelques-uns de ses actes sont signés de lui : « Et ut præ- « missa de nostrâ certâ scientiâ processisse noscantur « ac diligentiùs exequantur et debeant inviolabiliter « observari, nos hìc nomen nostrum manu propriâ « duximus subscribendum die et anno quibus suprà. « CHARLES. » — Charles V a fait souvent usage des clauses suivantes : 1° *Ordinacionibus regiis in contrarium factis seu faciendis non obstantibus quibuscunque;* 2° *Salvo in aliis jure nostro et in omnibus quolibet alieno;* 3° *De nostris auctoritate regiâ, certâ scientiâ et gratiâ speciali, certis causis ad hoc nos moventibus;* 4° *Quoniam sic fieri volumus;* 5° *Lecta in concilio, et vult rex quod transeat sub hâc formâ.* Ces clauses se retrouvent dans les actes français, sous la forme suivante : « Sauf en « autres choses nostre droit et l'autrui; de grace spe- « ciale, science certaine et autorité royale; car ainsi le « voulons nous; car ainsi nous plaist et le voulons estre

« fait, etc. » Le jour du mois est tantôt omis, tantôt exprimé dans les diplômes. La date suivante, dans laquelle il prend le titre de *roi dauphin*, indique un acte relatif au Dauphiné : « Datum Parisius, mense Januarii, anno Domini MCCCLXXVI et regni nostri XIII. Per « regem dalphinum, ad relacionem consilii. G. Henne-« quin. » La présence du confesseur est quelquefois annoncée à la fin de ses diplômes : « *Per regem, confessore* « *presente*. Ferricus. » Ses lettres patentes sont quelquefois signées par deux secrétaires : « Donné a Meleun l'an « de grace MCCCLXXIV, et de nostre regne l'onzieme, où « mois de novembre. Par le roy en ses requestes. P. « Briel. Blondel. » La souscription des secrétaires est sur le repli. On a aussi des exemples de date où le millième et les centièmes ne sont pas exprimés. Il avertit à la fin de plusieurs actes que les vidimus qu'on en fera vaudront l'original. *Sceaux* : 1° Comme dauphin, et avant d'être roi, Charles V se servait d'un sceau équestre. Sa cotte est semée de fleurs de lis ainsi que le caparaçon de son cheval, où l'on voit aussi quatre dauphins. Il tient de la main droite son épée nue et de la gauche son écu, où l'on voit, comme sur le caparaçon du cheval, les armes de France et de Dauphiné. Son casque est surmonté d'une fleur de lis. Le sceau a pour légende : Sigillum Karoli primogeniti regis Francor. delphini Viennens. — 2° Devenu roi de France, il eut, outre son grand sceau royal, un grand sceau delphinal où l'on ne voit que son écu aux armes de France et de Dauphiné, autour duquel se trouvent comme autant de supports diverses figures d'animaux. Inscription : Sigillum Caroli Dei gratia Francorum regis et dalphini Vienn. Le contre-scel, qui représente le même écu en petit, a pour légende : Secretum sigillum Caroli, etc. Pour le grand sceau royal de Charles V et le sceau en l'absence du grand, voyez les nos 1 et 2 de la planche H. Charles V avait en outre un cachet dont il se servait pour les lettres qu'il écrivait de sa propre main. « Ce cachet, disent « les Bénédictins, était d'un fin rubis oriental et repré-« sentait la tête d'un roi sans barbe. D. Bernard de « Montfaucon croit qu'il avait servi à quelque prince « d'Orient, et que Charles le Sage ne fit que l'adopter. »

Charles VI le Bien-Aimé, fils de Charles V, roi de France, succède à son père le 16 septembre 1380, est sacré à Reims le 4 novembre suivant, et meurt le 22 octobre 1422. — Il supprime quelquefois le jour du mois dans les dates de ses diplômes. — Pendant la courte minorité du roi, Louis duc d'Anjou, régent, met son nom en tête des lettres royaux. Charles VI employa les mêmes suscriptions que ses prédécesseurs : « Charles, par la grace de Dieu, roy de France ; » *Karolus Dei gratiâ Francorum rex*. Pendant les troubles de la France, les actes qui se faisaient au nom de la reine commençaient par cette formule : « Isabelle, par « la grace de Dieu, reine de France, ayant pour l'oc-« cupation de M. le roy le gouvernement et adminis-« tration du royaume. » — Les lettres patentes expédiées pendant la régence sont datées et souscrites en ces termes : « Donné a Paris, le XIIII jour du mois d'octo-« bre, l'an de grace mil CCC et quatre vins. Par Monsieur « le regent. J. de Remis ; » ou bien : « Donné a Paris, l'an « de grace mil CCC quatre vins, ou mois d'octobre ; sauf « en autres choses le droit de Mons. et l'autrui en « toutes. Par Mons. le regent, le sire de Chasteau Fro-« mont present. Freron. » Voici la date des lettres de Charles VI contre l'apologie du tyrannicide par le docteur Jean Petit : « Datum Parisius XVI die Martii, anno « Domini millesimo quadringentesimo decimo tertio, « regni verò nostri XXXIIII. Sigillatum sigillo nostro in « absentiâ magni ordinato. (Sur le repli) Per regem in « suo magno consilio. Mauregart. Collatio facta est. » Les formules finales de ses lettres patentes font souvent mention des seigneurs présents au conseil : « Per « regem in suo magno consilio, in quo domini duces « Andegavensis, Burgundie et Borbonii, comes Augi « et plures alii erant. J. de Sanctis. » Ou bien : « Par « le roy en son conseil, ouquel estoient messieurs les « ducz d'Anjou, etc.... et plusieurs autres. L. Blan-« chet. » — Depuis le traité de Troyes (21 mai 1420) jusqu'à la mort de Charles VI, le chancelier le Clerc faisait terminer les actes de la chancellerie par ces mots : « Par le roy. A la relation du roi d'Angleterre, « heritier et regent du royaume de France. » Voy. Charles VII. — *Sceaux* : Le sceau royal de Charles VI est représenté sous le n° 4 de la planche H. Il a aussi employé un sceau ordonné en l'absence du grand, ainsi que l'atteste la formule suivante : « In quorum « omnium testimonium sigillum nostrum in absentiâ « magni ordinatum presentibus letteris duximus appo-« nendum. » Le sceau de Charles VI en l'absence du grand est à peu près de la même dimension que le sceau correspondant de Charles V, représenté sous le n° 2 de la planche H ; il porte pour inscription : Sig. regium in absencia magni ordinatum. On y voit aussi un personnage couronné, probablement le roi, tenant le sceptre et la main de justice. La tête de ce personnage, qui est beaucoup plus grand, pénètre dans le cercle de l'inscription. Autour du sceau règne une rosace plus petite : il n'y a pas de dauphins dans le champ ; mais en dessous de l'écusson on voit deux lions sur lesquels reposent les pieds du roi. — Pendant la minorité de Charles VI, Louis duc d'Anjou, régent, avait un sceau particulier qu'il annonçait ainsi : « Et

« pour que ce soit ferme chose et estable, nous avons « fait mettre a ces lettres nostre seel duquel nous « usions paravant nostre regence. » Ou bien : « Quod ut « perpetue firmitatis robur obtineat, nostrum quo ante « susceptum regni regimen utebamur, presentibus « litteris fecimus apponi sigillum. Salvo in aliis jure « regio et nostro, et in omnibus quolibet alieno. »

CHARLES VII LE VICTORIEUX, fils de Charles VI, roi de France, prend le titre de régent du royaume en 1418, succède à son père le 22 octobre 1422, est couronné à Reims le 17 juillet 1429, et meurt le 22 juillet 1461. Il emploie les formules ordinaires de suscription : 1° « Charles, par la grace de Dieu, roi de France, « a tous ceux qui ces presentes lettres verront, salut. » 2° « Carolus Dei gratiâ Francorum rex, universis præ« sentes litteras inspecturis salutem. » Un de ses diplômes, après *Francorum rex*, ajoute *ad perpetuam rei memoriam.*—Voici comment se terminent les lettres pour le rétablissement des cours souveraines à Paris : « En « tesmoing de ce nous avons faict mettre nostre scel a « ces presentes. Donné a Issouldun le VI jour de novem« bre, l'an de grace MCCCCXXXVI, et de nostre regne le « XV. Par le roy en son grand conseil. MALOUE. » L'acte pour le rétablissement des requêtes du palais à Paris est daté des Montils-lez-Tours, « le XV avril, l'an de grace « MCCCCLIII avant Pasques, et de nostre regne le XXXII. » La date suivante prouve qu'il commençait quelquefois l'année au 1er janvier : « Donné a Tours, le XXIV janvier « MCCCCXXXVIII, et de nostre regne le XVI. » En effet cette date aurait correspondu à la 17e année de son règne si l'année avait été prise à Pâques. Les édits publiés en parlement portent : « Lecta et publicata « requirente (consentiente *ou* audito) procuratore gene« rali regis. » —*Sceaux* : voy. planche J, nos 1 et 2. Indépendamment du sceau n° 2, Charles VII en a employé un autre qui porte pour légende : SIGILLUM KAROLI DEI GRACIA FRANCORUM REGIS IN ABSENCIA MAGNI PARISIUS ORDINATUM. Il est de même dimension que le sceau correspondant de Charles V, et il représente avec quelques légères différences le sujet du contre-sceau, n° 1 de la planche J. Nous avons trouvé ce sceau au bas de deux actes : l'un de 1455, l'autre de 1460.

CHARLES VIII, fils de Louis XI, roi de France, succède à son père le 30 août 1483, est déclaré majeur au commencement de 1484, sacré à Reims le 14 mai suivant, et meurt le 7 avril 1498. Il emploie ordinairement la formule suivante : « Charles, « par la grace de Dieu, roy de France, savoir faisons a « tous presents et a venir. » Et dans les actes latins, qui sont fort rares : « Carolus Dei gratiâ Francorum rex. » Il a aussi ajouté après *Francorum rex* la formule *ad perpetuam rei memoriam.* Voici le début de l'acte de cession de l'empire de Constantinople fait à Rome par André Paléologue, despote de Morée, en faveur de Charles VIII : *In nomine omnipotentis Dei ac individuæ Trinitatis. Anno à nativitate Domini nostri Jesu Christi* 1494, *pontificatûs sanctissimi D. N. Alexandri divinâ providentiâ PP. VI, indict. XI, mense Septembris, die Sabati sexto. Pateat omnibus hoc præsens publicum instrumentum inspecturis, etc.* — « Ce fut sans doute « en vertu de cette cession, disent les Bénédictins, que « Charles VIII prit les ornements impériaux et fut « proclamé empereur de Constantinople. » Voici différentes espèces de formules finales qu'on rencontre dans les actes de Charles VIII : 1° « Donné aux Montils « lez Tours le XXII jour de decembre, l'an de grace « MCCCCXCVI, et de nostre regne le XIV. (Sur le repli) « PAR LE ROY. M. le cardinal de Luxembourg, vous, « messire Jean de la Vacquerie, chevallier, et mes« sire Robert Thiboust, presidents en la cour du par« lement, et autres presents. LE MOINE. » 2° « Car tel est « nostre plaisir, nonobstant, etc. Donné a Molins le « XXVIII jour de decembre, l'an de grace mil quatre « cens quatre vingt dix et de nostre regne le huitieme. « PAR LE ROY. Monseigneur le duc de Bourbon, les « comtes de Montpensier, de Vendosme, etc. presens. « PRIMAUDAYE. » 3° « Datum Tolosæ, die XXV mensis Se« ptembris, anno Domini MCCCCLXXXIV, regni verò « nostri secundo. Per consilium. G. DE LA MARCHE. » On a aussi d'autres lettres données à Toulouse le 3 juillet 1484, et dont l'enregistrement est ainsi conçu : « Lecta, publicata et registrata Tolosæ in « parlamento, quintâ die Julii MCCCCLXXXIV. G. DE « LA MARCHE. » Il est constaté que Charles VIII n'était à Toulouse ni le 3 juillet ni le 25 septembre 1484 ; par conséquent ces lettres furent expédiées en son absence dans la chancellerie qui était établie près le parlement de Toulouse. — *Sceaux* : 1° Le roi est assis sous un dais au-dessus duquel sont deux anges les bras étendus. D'une main ils soutiennent le dais, et de l'autre une draperie qui retombe aux deux côtés du trône. Le trône a deux montants perpendiculaires. Le sceptre, plus court que dans les sceaux des rois précédents, traverse obliquement le côté droit du corps, et son extrémité atteint à la hauteur de la moitié de la tête. La main droite, placée un peu plus bas que l'estomac, tient le sceptre ; l'autre, qui est étendue obliquement vers la gauche et qui touche au montant du trône, tient la main de justice. Les pieds du roi reposent sur deux lions. Le champ du sceau est semé de fleurs de lis. Le contre-scel est à peu près semblable à celui de Louis XI. 2° Après la conquête du royaume de Naples, Charles VIII fit faire un sceau qui se distingue surtout en ce qu'il porte la main de justice dans sa droite, et le sceptre, surmonté d'un globe, dans sa gauche; dans le champ, comme sur le contre-scel, on voit les armes de France et de Jérusalem. L'inscription lui donne les titres de roi des Français, de Jérusalem et de Sicile.

CHARLES V, dit CHARLES-QUINT, petit-fils de Maximilien, par Philippe Ier archiduc d'Autriche, devient roi de Castille et d'Aragon le 23 janvier 1516; élu empereur le 28 juin 1519, couronné à Aix-la-Chapelle le 23 octobre 1520, il reçoit à Bologne la couronne de Lombardie le 22 février 1530, et la couronne impériale le 24 du même mois. Il cède les Pays-Bas à son fils le 25 octobre 1555, renonce à tous ses royaumes le 16 janvier 1556, publie cette abdication le 6 février suivant, envoie à son frère Ferdinand, le 7 septembre de la même année, le sceptre et la couronne impériale, entre au monastère de Saint-Just le 24 février 1557, et meurt le 21 septembre 1558.—Ses suscriptions étaient des plus pompeuses. En voici un exemple, tiré d'un rescrit adressé aux juges et aux légistes: « Karulus quinctus « favente Dei clementiâ imperator Romanorum per« petuùm augustus, rex Germaniarum, Hispaniarum, « Siciliarum, Hierosolymorum, Pannoniarum, Dalma« tiæ, Croatiæ, Sardiniæ, Corsicæ, Balearum insula« rum, Canariarum, Indiarum et littoris Oceani domi« nator, exarchus Austriæ, dux Burgundiæ, etc., pius, « felix, inclytus, victor ac triumfator, judicibus et cu« pidis legum studiosis salutem. » Après l'adieu *Valete* vient cette date singulière: « Dat. Augustæ Tiberiæ in « comitiis, anno ab orbe redempto MDXXXII. » Il est le dernier empereur qui ait été couronné en Italie. Mais la date de son couronnement à Bologne ne sert pas de point de départ aux années de son empire, qu'il compte tantôt du 28 juin 1519, tantôt du 23 octobre 1520, Voici trois exemples du premier de ces calculs: 1° « Da« tum in civitate nostrâ imperiali Wormatiâ, die octavâ « mensis Maii, anno Domini millesimo quingentesimo « vigesimo primo, regnorum nostrorum Romani secun« do, cæterorum verò omnium sexto. » 2° « Datum in op« pido nostro Montis Hannoniæ, die secundâ mensis « Oct. anno Domini millesimo quingentesimo vigesi« moprimo, regnorum verò nostrorum videlicet Roma« norum et Hungariæ, etc. tertio, et Hispaniarum, etc. « sexto. CHARLES. (Et sur le repli) Per imperatorem LA« LEMAND. » 3° « Datum in oppido nostro de Tordesillas, « die penultimo mensis Octobris, anno Domini 1524, « regnorum nostrorum videlicet sacri Romani imperii « sexto, Hispaniarum verò et aliorum nono. CAROLUS. « Ad mandatum Cæsareæ et catholicæ majestatis pro« prium. ALFONS. VALDESIUS, cum sigillo Cæsareo ap« penso more solito. » Il faut remarquer dans l'acte du mois d'octobre 1521 la date de son règne en Hongrie, qui est prise à la même époque que celle de son règne comme roi des Romains, mais qui, en général, n'est pas énoncée dans ses diplômes. L'acte de 1524 se termine par l'annonce du sceau, quoiqu'il en eût déjà été fait mention avant la date. L'épithète *Cæsareus*, qui est répétée deux fois, est empruntée au style de la chancellerie germanique. En effet, dès que l'on commença à faire usage de la langue vulgaire en Allemagne, le titre d'empereur fut rendu par le mot *Kayser*, par opposition au mot *Konig*, qui répondait au titre de roi. Deux dates que nous reproduisons d'après les Bénédictins prouveront que Charles-Quint comptait aussi les années de son empire du 23 octobre 1520. 1° « Datum in oppido Bruxellensi ducatûs nostri Bra« bantiæ, sub impressione sigilli nostri, IV Non. Jul. an. « à nativitate Domini suprà sesqui millesimum XLIX, « regnorum nostri imperii XXIX et aliorum omnium « XXXIV. CAROLUS. Ad mandatum Cæsareæ et catho« licæ majestatis proprium. Ut. Anton. Perenot oberu« burger subscr. » 2° « Datum in oppido Bruxellensi « ducatûs nostri Brabantiæ, IX die Febr. anno Domini « MDLIV, imperii nostri XXXIV et regnorum nostrorum « XXXIX. » La formule *suprà sesqui millesimum, etc.* s'éloigne des formes ordinaires. On voit du reste que, dans ces deux derniers exemples comme dans les premiers, son règne en Espagne est compté à partir du 23 janvier 1516. Peut-être même comptait-il l'année 1516 comme une année entière. Dans un de ses diplômes il annonce formellement que le commencement de l'année est pris au 25 décembre: « Ainsi fait, « traitté et conclu en la ville de Madrid au diocese de « Toledo, le dimanche quatorzieme jour du mois de « janvier l'an mille cinq cens vingt six, pris a la nativité « Nostre Seigneur, selon le style d'Espagne. » Les différents calculs qui ont été indiqués ci-dessus ne peuvent cadrer avec un acte du 22 août 1548 qui porte: « Anno imperii nostri 27 et regnorum nostrorum 27. » Les auteurs de l'Art de vérifier les dates citent ce texte sans l'expliquer, et l'histoire ne fournit en effet aucune solution à cette difficulté.

CHÉRÉBERT. Voy. CARIBERT.

CHILDEBERT Ier, fils de Clovis et de Clotilde, succède à son père comme roi de Paris le 27 novembre 511, partage avec Clotaire Ier le royaume d'Orléans en 526, puis celui de Bourgogne en 534, et meurt le 23 décembre 558. Il a reçu le titre de *Catholique*. Voici le commencement et la fin de son diplôme de 558, en faveur du monastère de Saint-Vincent et de Sainte-Croix (depuis Saint-Germain des Prés) : « Childeberthus rex « Francorum, vir inluster, recolendum nobis est et per- « pensandum utiliùs quod hii qui templa Domini Jesu « Christi redificaverint et pro requie, etc....... Datum « quod fecit menso Decembre dies sex anno XLVIII « postquam Childebertus rex regnare cœpit. Ego Valen- « tianus notarius et amanuensis recognovi et subscripsi. « Signum Childeberthi gloriosissimi regis. Amen. » L'apposition de l'anneau est ainsi annoncée dans son précepte pour la dotation du monastère de Saint-Calais : « Et ut hæc auctoritas firmiorem obtineat vigorem « manu propriâ confirmavimus et de anulo nostro sub- « tersigillare jussimus. » Son précepte en faveur du monastère de Sainte-Marie au Mans porte la date suivante : « Datum dies VIII quod facit præsens mensis Junius « anno VII regni nostri, Opatinaco, in Dei nomine feli- « citer. » Cette septième année doit être comptée, selon dom Bouquet, à partir de la mort de Clodomir, dans les états duquel était situé ce monastère. Le même auteur avertit qu'il faut lire *Captunaco* au lieu d'*Opatinaco*.

CHILDEBERT II, fils de Sigebert Ier, devient roi de Metz ou d'Austrasie en 575, sous la tutelle de sa mère Brunehault, succède à son oncle Gontran comme roi de Bourgogne le 28 mars 593, et meurt en 596. « Les titres de *catholique* et de *piété*, disent les Béné- « dictins, sont attribués à Childebert Ier et à Childe- « bert II. » Dom Bouquet cite plusieurs épîtres de ce prince. Celles qui sont adressées à l'empereur Maurice, à des rois ou à des évêques, commencent par *Domino glorioso, gloriosissimo, sancto, etc. Childeberthus rex.* Quand il s'adresse à d'autres personnes, la suscription commence au contraire ainsi : *Childeberthus rex Francorum viro glorioso, etc.* L'empereur en lui répondant place son nom et ses titres avant ceux de Childebert.

CHILDEBERT, fils de Grimoald, maire du palais, est placé par son père sur le trône d'Austrasie, après la mort de Sigebert II en 656, mais au bout de sept mois il est chassé par les Austrasiens.

CHILDEBERT III, fils de Thierry III, succède à son frère Clovis III comme roi de Neustrie et de Bourgogne avant le 23 mars 695, et meurt le 14 avril 711. Voici le commencement et la fin d'un plaid de 703 qui adjuge à l'abbaye de Saint-Germain de Paris le monastère de Limours ou Limoux : « Childeberthus « rex Francorum vir inluster, cùm nos in Dei nomine « Carraciaco villa Grimoaldo majorim domûs nostri « unà cum nostris fidelibus resederimus, etc...... Beffa « recognovit ac rogatus annuit. Datum quod ficit men- « sis Februarius dies XXV, anno VIII rigni nostri, Carra- « ciaco, feliciter. » Ce diplôme commence par une invocation monogrammatique. Dans un autre diplôme de 710 on remarque cette formule de souscription : « Chal- « domiris ad vicem Angylbaldo recognovit. » Ce diplôme fourmille de barbarismes. Il en est de même de la date suivante, copiée textuellement sur un *fac-simile* du Nouveau Traité de Diplomatique : « Datum quod ficit « minsis Abrilis diaes tres, anno tercio rigni nostri, « Conpendio, in Dei nomene feliciter. » Dans un diplôme pour Moutier-la-Celle il annonce ainsi son monogramme et celui de sa mère : « Et ut hæc præceptio « nostra firmior habeatur, nos et præcelsa domna et « genitrix nostra Batildis regina manûs nostræ signacu- « lis subter eam decrevimus adfirmare. » Dans plusieurs actes le mot *signaculis* est remplacé par *subscriptionibus*, et la signature est accompagnée de la formule *Childeberthus rex suscripsi.* Quoique Childebert III ait eu un sceau, il ne paraît pas qu'il l'ait annoncé dans ses diplômes. — *Sceau*: voy. planche A, n° 5.

CHILDÉRIC ou HILDÉRIC, fils de Caribert roi de Toulouse, succède à son père en 631, à l'âge de trois ou quatre ans, et périt peu après de mort violente.

CHILDÉRIC II, second fils de Clovis II, devient roi d'Austrasie en 660, et meurt au mois de septembre 673, ou, selon l'auteur de la Vie de S. Léger, en 674, avant le mois d'avril. — Dans un diplôme de 661 la souscription et l'anneau sont annoncés par la formule suivante : « Quod præceptum decreti nostri, Christo in « omnibus suffragante, ut firmiùs nunc et perenniter « conservetur, conscriptione manûs nostræ infrà studui- « mus roborare et de annulo nostro jussimus sigillari. » La formule suivante est remarquable en ce qu'elle indique un signe quelconque substitué à une signature que Childéric II était alors incapable de tracer : « Ego « dum propter imbecillem ætatem minimè potui sub- « scribere manu propriâ subtersignavi et regina subter- « scripsit. Signum Childerici regis. Blidechildis regina « subscripsi. »

CHILDÉRIC III, fils de Chilpéric II, est placé sur le trône de Neustrie en 742, déposé au mois de mars 752, et meurt en 755. Il n'est pas certain qu'il ait été reconnu en Austrasie, surtout avant la retraite de Carloman en 747. — Ses diplômes débutent par la formule ordinaire : *Childericus rex Francorum vir illuster* ou *inluster*. Le titre d'homme illustre est quelquefois supprimé. Son nom est écrit dans certains actes *Hildericus* ou *Hildricus*. Voici un exemple de ses formules finales : « Et ut hæc auctoritas firmior habeatur et per « futura tempora conservetur, manûs nostræ subscri« ptionibus subter eam decrevimus roborare. Childe« ricus rex subscripsi. Data quod fecit mensis Martius « dies XV, anno XII regni nostri, Carisiaco palatio feli« citer. » Au lieu de *Chilpericus rex subscripsi* on trouve aussi *Signum gloriosi regis Hilderici.*

CHILPÉRIC ou HILPÉRIC, fils aîné de Gondioc ou Gondéric, roi des Bourguignons, associé au trône en 466 au plus tard, succède à son père de 467 à 476, et périt vers 491.

CHILPÉRIC Ier, fils de Clotaire Ier, devient roi de Soissons en novembre 561 ; il partage avec ses deux frères le royaume de Paris en 567, épouse Frédégonde en 568, et meurt en septembre 584.—Grégoire de Tours atteste que Chilpéric Ier a employé dans ses diplômes la menace suivante : *Si quis præcepta nostra contempserit, oculorum evulsione multetur.* Voici le commencement et la fin d'un diplôme de 583, relatif à la reconstruction de l'église de Saint-Lucien de Beauvais, et dont le Nouveau Traité de Diplomatique donne le *fac-simile :* « ✝ Chilpe« ricus rex Francorum vir illuster. Cùm et in hâc vitâ « brevi tempore maneamus et ad mortem ineffugabili« ter properemus, oportet ut voluntatem Deí faciamus, « etc... quod quidem nostræ serenitatis dicretum ut ple« niorem vigorem obtineat anuli nostri impressione asti« pulari fecimus atque manu propriâ subsignantes ro« voravimus. ✝ Signum Chilperici gluriosi regis. Ego « Eltricus Palatinus scriptor recognovi. (Data anno Do« minicæ incarnationis DCVI, indict. VIIII, anno regni « Chilperici XXII.) Actum Rutomagi in generali con« ventu III Nonas Magii mensis. » Les dates de l'Incarnation, de l'indiction et du règne que nous avons mises entre parenthèses sont non-seulement fausses, mais encore visiblement interpolées par une main plus récente. — *Sceau :* Buste de profil tourné vers la droite; couronne qui paraît enrichie de pierreries.

CHILPÉRIC II, appelé auparavant Daniel, fils de Childéric II, succède à Dagobert III, comme roi de Neustrie et de Bourgogne, vers le mois de juillet 715, est déposé en 720, et meurt au mois de décembre de la même année. — Il emploie pour les suscriptions et les dates les mêmes formules que Clovis III. Sa souscription est ordinairement annoncée en ces termes : *manu nostrâ* ou *manûs nostræ suscriptionibus subter eam decrevimus roborare ;* mais pour donner une idée du style de ses diplômes, il est nécessaire de transcrire textuellement une de ses formules d'après un *fac-simile* du Nouveau Traité de Diplomatique : « Et ut haec pre« cepcio firmior habiatur vel per tempora conservitur, « manûs nostre subscripcionibus subter eam decrevi« mus roborare. Chilpricus rex subscripsi. Raganfri« dus optolit et suscripsit. » Ces deux signatures sont précédées d'une invocation monogrammatique. A droite de la seconde est la trace de l'anneau avec les mots *benè valias,* et au bas de l'acte se trouve la date suivante : « Datum pridiae Kalendas Marcias annum « secundum rigni nostri, Conpendio, in Dei nomene « feliciter. » — *Sceau :* voy. planche A, n° 6.

CHRISTOPHE, s'empara du saint-siége vers la fin de novembre 903, et fut chassé au commencement de juin 904. — Voici la suscription et la date d'un privilége qu'il accorda au monastère de Corbie : « Christo« phorus episcopus servus servorum Dei universis epi« scopis Galliarum.... Scriptum per manum Sergii « scriniarii sanctæ Romanæ ecclesiæ, in mense De« cembri, indictione VII, VII Cal. Januarii, imperante « domino nostro piissimo augusto Ludovico à Deo co« ronato imperatore sanctissimo. Valete. » On voit que les dates particulières aux priviléges les plus solennels ont été réunies dans la seule formule *Scriptum, etc.*, tandis que la formule *Data* se trouve supprimée. L'indiction est comptée, dans cette date, suivant l'usage de Rome, à partir du mois de septembre.

CLÉMENT II (Suidger), élu pape et intronisé le 25 décembre 1046, meurt le 9 octobre 1047. — Il affecte la formule *perpetuam in Domino salutem,* et ajoute quelquefois *gratiâ Dei* à *servus servorum Dei.* L'indiction est prise au mois de septembre dans la date suivante, que nous reproduisons d'après les Bénédictins : « Scriptum « hoc privilegium per manus Johannis scriniarii ac no« tarii nostri sacri palatii. Bene valete. Dat. pridie Kal. « Januarias, per manus Petri diaconi bibliothecarii et « cancellarii sanctæ apostolicæ sedis, anno Domini « nostri Jesu Christi MXLVI, domni Clementis secundi « papæ 1°, indict. XV. »

CLÉMENT III (Guibert), antipape, élu le 25 juin 1080, soutient successivement ses prétentions contre Grégoire VII, Victor III, Urbain II et Pascal II, jusqu'à la fin de septembre 1100, époque de sa mort. — Il a employé les formules ordinaires des papes de son siècle. Son nom, comme celui de Grégoire VII, n'est quelquefois désigné que par la lettre initiale. « Il avait fait « graver sur son sceau, disent les Bénédictins, la sen« tence suivante : *Confirma hoc, Deus, quod operatus es « in nobis,* et cette autre : *Verbo Domini cœli firmati sunt,* « auxquelles il ajoutait encore ces mots : *Dominus « noster Jesus Christus.* »

CLÉMENT III (Paul ou Paulin Scolaro), élu pape le 19 et couronné le 20 décembre 1187, meurt le 27 mars 1191. Le traité qu'il fit en 1188, au sujet de Tusculum, est daté de la 44ᵉ année du sénat. Ce corps avait par conséquent été rétabli en 1144, sous Lucius II. — Pendant le premier mois de son pontificat il ajouta dans les petites bulles la date de l'indiction à celle du jour et du mois. Il y substitua ensuite celle de son pontificat. Il prenait l'indiction au 1ᵉʳ septembre, et commençait l'année, tantôt au 25 mars, tantôt au 1ᵉʳ janvier. On trouve dans ses priviléges la devise: *Doce me, Domine, facere voluntatem tuam.*

CLÉMENT IV (Guy Foulquois ou de Foulques, en latin *Guido Fulcodi*), élu pape le 5 février 1265, et couronné le 22 ou le 26 de ce mois, meurt le 29 novembre 1268. — Tout ce qui a été dit à l'article d'Urbain IV, soit pour la devise, soit pour les suscriptions et les dates, s'applique à Clément IV. Ce pape, disent les Bénédictins, « ne s'écarta point des routes que lui « avaient tracées ses prédécesseurs immédiats. Toutes « leurs pratiques furent les siennes. Avant lui déjà, « dans leurs affaires particulières, ils se servaient de « l'anneau du pêcheur. Le fait est constaté par une « lettre de Clément à son neveu. Il se passa toutefois « plus d'un siècle avant que les papes en fissent usage « dans les affaires publiques, et plus de deux avant « qu'ils en fissent mention dans les dates de leurs res« crits. » Les mêmes auteurs citent une date solennelle de ce pape, dans laquelle l'indiction est prise au 1ᵉʳ septembre. Il a quelquefois substitué *Actum, etc.* à *Datum.*

CLÉMENT V (Bertrand de Goth), élu pape le 5 juin 1305 et couronné le 14 novembre suivant, meurt le 20 avril 1314. Il comptait les années de son pontificat du jour de son couronnement. — Il avait pour devise: *Benedicat nos Deus, Deus noster; benedicat nos Deus.* Voici une date analogue à celles qui ont été citées pour quelques papes du XIIIᵉ siècle, et dans laquelle le nom du lieu est spécifié avec de grands détails: *Actum Avenione in domibus fratrum Prædicatorum, videlicet in aulâ inferiori, quâ publica consistoria tenemus.* Le commencement de la bulle qui décharge Philippe le Bel et ses sujets des censures de Boniface VIII est ainsi conçu: *Clemens papa V ad certitudinem præsentium et memoriam futurorum.* On a déjà fait remarquer, à l'article de BONIFACE VIII, que la formule *ad certitudinem, etc.* n'était pas exclusivement réservée aux bulles d'excommunication. Il est probable qu'il commençait l'année à Noël. Voici en effet ce qu'on lit dans le Nouveau Traité de Diplomatique: « Le 23ᵉ canon du concile de Cologne de l'an 1310 donnerait lieu de penser qu'on commen« çait alors l'année, à la cour de Rome, le 25 décembre, « puisqu'en prescrivant d'y renouveler l'année, il dé« clare qu'il ne le fait que sur le modèle de l'église de « Rome. Le P. Échard, dans sa bibliothèque des au« teurs de l'ordre de S. Dominique, p. 650, assure « comme un fait indubitable que pendant tout le « XIVᵉ siècle l'année commençait au 25 décembre dans « la cour romaine séante à Avignon. » Voy. le sceau de Clément V comme seigneur d'Avignon, planche U, n° 9.

CLÉMENT VI (Pierre Roger), élu pape le 7 mai 1342 et couronné le 19 du même mois, jour de la Pentecôte, meurt le 6 décembre 1352. Il datait les années de son pontificat du jour de son couronnement. Il avait pour devise: *In te, Domine, speravi; non confundar in æternum,* ou suivant la liste de Rome: *In honorem quinque vulnerum.* Ce n'est pas lui, comme le présumaient les Bénédictins, qui a introduit la formule *Ad futuram rei memoriam.* Elle avait été employée, dans le siècle précédent, par Urbain IV et Clément IV. Clément VI a d'ailleurs également fait usage des formules *Ad perpetuam rei memoriam* et *Salutem et apostolicam benedictionem.* Les Bénédictins ont rencontré deux de ses bulles terminées par des dates solennelles. Un de ces actes était déposé dans le chartrier de l'abbaye de Jumiéges « Il conserve, disent-ils, tous les caractères des bulles « de cette espèce. La souscription du nom du pape, le « monogramme et la devise, sont de la main de celui « qui écrivit le privilége. Il n'y a que la petite croix « placée entre les deux cercles qui puisse avoir été for« mée par le pape. Du moins n'est-elle pas de la main « de l'écrivain. Les signatures des cardinaux, toujours « en trois colonnes, sont précédées de croix, d'étoiles « ou de quelque lettre de l'alphabet. Cet original est « daté par Pierre, évêque et vice-chancelier de la S. E. R. « C'est le dernier vice-chancelier dont nous ayons « trouvé le nom dans les dates des priviléges. » Pour la manière de commencer l'année, voyez CLÉMENT V. — Les Bénédictins ne pensent pas, comme le P. Papebrock, que Clément VI ait fait mettre sur son sceau une croix chargée de neuf roses et les lettres A Ω. « La « seule chose qui distingue ce sceau, disent-ils, c'est « que deux roses sont placées au-dessus et une autre au« devant de *Clemens*, deux avant PP. VI et autant après. » Les bulles de plomb déposées aux Archives ne portent pas plus de cinq roses. L'une se rapporte à la description des Bénédictins, si ce n'est qu'avant PP. VI il y a une seule rose, et une seule après; dans l'autre on voit une rose au-dessus de *Clemens* et une au-devant; deux autres roses sont disposées comme dans la bulle précédente; une cinquième se trouve au-dessous de PP. VI. Enfin il existe aussi des bulles qui ne portent que trois roses : une au-dessus de *Clemens* et deux au-dessous de PP. VI. Ces bulles de plomb ne justifient d'ailleurs aucune des assertions du P. Papebrock.

CLÉMENT VII (Robert), élu pape le 21 septembre 1378 et couronné le 31 octobre suivant, meurt le 16 septembre 1394. Comme ce pape avait été élu en opposition à Urbain VI, il ne fut pas universellement reconnu; et quoique Gilles de Mugnos, antipape, ait pris le nom de Clément VIII en 1424, Jules de Médicis fut intronisé en 1523, sous le nom de Clément VII.

CLÉMENT VIII (Gilles de Mugnos ou Mugnon), antipape, élu en 1424, renonce au pontificat le 26 juillet 1429.

CLÉMENT VII (Jules de Médicis), élu pape le 19 novembre 1523, et couronné le 25 du même mois, meurt le 26 septembre 1534. — « Quelquefois Clément VII, « disent les Bénédictins, ne prend pas d'autres qua- « lités, dans ses brefs, que celle d'évêque. On en re- « marque pourtant un avec ce titre : *Clemens episcopus* « *servus servorum Dei, ad perpetuam rei memoriam.* Il « paraît qu'en quelques occasions il faisait vérifier ses « *motus proprii* à la chambre apostolique, avant que de « les revêtir de toute son autorité. C'est du moins l'idée « qu'il nous donne par cette formule : *Fiat ut petitur* « *et ad bene placitum cameræ.* Au bas d'une constitution « de la même espèce il appose ces clauses impor- « tantes : *Quòd præsentium sola signatura sufficiat et* « *ubique fidem faciat, et quòd litteræ in formâ brevis,* « *vel aliter, prout eidem Benedicto procuratori videbi-* « *tur et placebit, expediri possent et valeant.* Elles ne « lui sont pas au reste tellement particulières, ces « nouvelles clauses, qu'elles n'aient été, dans la suite, « adoptées par d'autres papes. Dans une bulle où il « confirma à Henri VIII, roi d'Angleterre, le titre de « *défenseur de la foi,* l'on peut remarquer les signatures « de *Ja. Sadolet* et d'*A. de Castillo,* et sur le dos : *Regi-* « *strata apud me Sadoletum.* Rien en cela de singulier. « Mais nous observons sur le plomb une inscription « assez extraordinaire, gravée autour des têtes et de la « légende des apôtres S. Pierre et S. Paul. On y lit donc « au haut : GLORIOSI PRINCIPES TERRÆ; et au bas : S. PAU- « LUS, S. PETRUS. » Cette inscription ne se retrouve pas sur plusieurs sceaux dont Clément VII s'est servi, et qui sont déposés aux Archives du royaume. Sur les uns on voit les armes de Toscane, marquées au-dessous des têtes des apôtres. (Voy. planche U, n° 18.) Les autres bulles ne portent pas d'armoiries; mais ce qu'il y a de plus important à remarquer, c'est que les lettres S. PA. S. PE, ne sont plus disposées verticalement comme elles l'avaient été depuis quelque temps. (Voy. SIXTE IV.) Il y a d'ailleurs des sceaux où les noms des deux apôtres sont écrits en toutes lettres et au-dessus de leur image. La disposition la plus singulière dans l'arrangement de l'inscription est celle-ci : S. PA. PE. S. Les deux S. se trouvent un peu plus bas que PA. et PE. La première est au-dessus de la tête de S. Paul, et la seconde au-dessus de celle de S. Pierre : cette disposition est celle du n° 18 de la planche U. Suivant les auteurs de l'Art de vérifier les dates, Clément VII variait comme Léon X pour la manière de commencer l'année. Ils ajoutent que, sous son pontificat, la chambre apostolique paraît ne pas avoir employé la date de l'indiction. Cela n'est pas complétement exact; cette date, quoique souvent omise, est quelquefois marquée, comme le prouve la citation suivante : « Anno « à nativitate Domini MDXXVIII, indictione primâ, die « verò VIII mensis Decembris, pont. sanctiss. in Christo « patris et D. N. D. (*domini nostri domini*), Clementis « divinâ providentiâ papæ VII anno ejus sexto, præ- « sentes retroscriptæ litteræ publicatæ fuêre in valvis « seu portis basilicæ principis apostolorum de urbe, au- « dientiæ palatii apostolici, cancellariæ apostolicæ, et « acie campi Floræ, per me Joannem Cerrurier SS. D. N. « (*sanctissimi domini nostri*) papæ cursorem. Vianus de « Bellavilla, magister cursorum. » On voit paraître ici la signature du maître des courriers. Il faut remarquer aussi que dans ce certificat l'indiction n'est pas commencée au 1er septembre. Clément VII avait pour devise : *Domine, refugium factus es nobis à generatione et progenie,* ou selon la liste de Rome, *de generatione in generationem.* — *N. B.* Il y a un autre pape du nom de Clément VII et concurrent d'Urbain VI. Jules de Médicis, qui le considérait comme antipape, n'a pas cru devoir prendre le nom de Clément VIII, qui avait été porté par Gilles de Mugnos, en 1424.

CLODOMIR, fils de Clovis et de Clotilde, succède à son père, comme roi d'Orléans, le 27 novembre 511, et meurt en 524.

CLOTAIRE Ier, fils de Clovis et de Clotilde, succède à son père, comme roi de Soissons, le 27 novembre 511, partage avec Childebert Ier le royaume d'Orléans en 526, puis celui de Bourgogne en 534, s'empare du royaume de Metz en 555, de celui de Paris le 23 décembre 558, et meurt le 11 novembre 561. — Voici la suscription d'un diplôme qu'il accorda en 516 à l'abbaye de Moutier S. Jean : « Chlotarius rex Francorum vir illustris, « omnibus episcopis, abbatibus et illustribus viris, « magnificis ducibus, etc. » Suivant Pérard, cité par les Bénédictins, ce diplôme est revêtu d'un monogramme qui n'est pas annoncé dans le corps de l'acte, mais qui est accompagné de la formule : « Signum incliti « regis Chlotarii. Ego Atalus obtuli et suscripsi. » Vient ensuite la date : « Datum sub die VIII Cal. Martii an. V « regni nostri. Actum Suessionis civitatis, in Dei no- « mine feliciter, amen. »

Clotaire II, fils de Chilpéric Ier, devient roi de Soissons, à l'âge de quatre mois, en septembre 584, sous la tutelle de sa mère Frédégonde, succède en 613 à Thierry dans les royaumes d'Austrasie et de Bourgogne, et règne ainsi sur toute la France jusqu'en 628, époque de sa mort. — La souscription et le sceau sont annoncés par la formule suivante, dans un diplôme qu'il accorda en 627 à S. Longis : « Et ut hæc « præceptio firmior habeatur et in omnibus conservetur, « manûs nostræ subscriptionibus subter eam decrevi- « mus roborare et nostro sigillo sigillare. » Cette formule, citée par les Bénédictins, tom. V, pag. 666, peut paraître douteuse à cause du mot *sigillum*. On sait que les Mérovingiens se servaient du mot *annulus*. Dans un autre diplôme la souscription est ainsi conçue : « Chlotacharius in Christi nomine rex hanc præceptio- « nem subscripsi. »

Clotaire ou Clovis II. Voy. Clovis II.

Clotaire III, fils aîné de Clovis II, devient roi de Neustrie et de Bourgogne en septembre 656 ; reconnu également roi d'Austrasie, il règne seul en France jusqu'en 660, époque à laquelle son frère Childéric II est placé sur le trône d'Austrasie. Clotaire III mourut au mois de juillet 670. — Ses suscriptions sont ainsi conçues : « Clotharius, Chlotharius ou Chlotacharius « rex Francorum, vir inluster. » Voici comment se termine un de ses diplômes : « Et ut hæc præceptio fir- « mior habeatur et per tempora conservetur, nos et « præcelsa genitrix nostra Baldechildis regina maxima « nostris signaculis subter eam decernimus adfirmare. « Vidrehadus jussus. Signum gloriosi domni Chlotharii « regis. Signum præcelsæ Baldechildis reginæ. Data sub « die XXIII mensis Decembris, anno V regni nostri, Stir- « piniaco. In Dei nomine feliciter. » Après *Vidrehadus jussus* il devait sans doute y avoir le mot *obtuli*, qui pouvait être écrit en notes tironiennes et qui n'aura pas été déchiffré par les copistes.

Clovis Ier, fils de Childéric Ier, succède à son père en 481, et meurt le 27 novembre 511. Il prenait la qualification de *vir inluster*. Il reçut le titre de *très-chrétien* dans le testament de S. Remy, et celui de *fils de l'église catholique* lui fut donné par le concile d'Orléans. L'empereur Anastase lui conféra en 507 la dignité de *consul honoraire* et de *patrice*. Il reçut en même temps le titre d'*auguste*. Dès ce moment il prit, à l'exemple des empereurs, les marques de la souveraineté, telles que la pourpre, la chlamyde et le diadème. Il disait en parlant de Clotilde : *Crochildis regina mea*. Sous les Mérovingiens, le titre de *reine* était aussi donné aux filles de rois. Son diplôme pour la fondation de l'abbaye de Mici près d'Orléans commence ainsi : « Chlodoveus Francorum rex, vir in- « luster, tibi, venerabilis senex, tuoque Maximino, etc. » Le texte de cet acte se termine par l'invocation de la sainte Trinité : « Sint vobis loco patriæ in perpetuum « possessiones quas donamus in nomine sanctæ, indi- « viduæ, æqualis et consubstantialis Trinitatis. » En voici la souscription : « Ita fiat ut egō Chlodoveus volui, » et plus bas : « Eusebius episcopus confirmavi. » Son diplôme pour l'abbaye de Moutier-Saint-Jean offrait, suivant Pérard, cité par les Bénédictins, un monogramme renfermant la plupart des lettres du mot *Clodoveus*, et accompagné de ces mots : *Signum Clodovei regis Francorum*. La date était ainsi conçue : « Datum « sub die quarto Kalendas Januarias indictione quintâ. « Actum Remis civitate in Dei nomine feliciter. Ego « Anachalus obtuli anno regni Clodovei XVI. » Dom Bouquet pense que l'indiction a été ajoutée après coup. Les auteurs du Nouveau Traité de Diplomatique pensent au contraire que l'ignorance même des Francs les forçait de suivre en tout les usages des Romains.

Clovis II, nommé aussi Clotaire, fils de Dagobert Ier, succède à son père le 19 janvier 638, dans le royaume de Neustrie et de Bourgogne, et meurt après le 5 septembre 656. Son diplôme de 653 porte la suscription suivante : « Chlodovius rex Francorum, vir « inluster, etc. » Il se termine ainsi : « Quam virò au- « ctoritate decrivemus Christum in omnebus nobis « subfragantem ut firmior habeatur et per tempora « conservitur, subscripcionebus manûs nostrae infrà « roborare. Beroaldus optuli. Chlodovius rex (suit le « monogramme) subscripsi. » Après les signatures de près de cinquante témoins, on lit une date ainsi conçue : « Datum sub die X Kal. Jul. anno XVI regni nostri, « Clipiaco in Dei nomine feliciter. » Dans un diplôme de 638 son monogramme et celui de sa mère sont annoncés par la formule suivante : « Ut autem hæc « præceptio nostræ cessionis firmior habeatur, vel per « futura tempora, Deo propitio, inviolabilis conserve- « tur, nos et præcelsa genitrix nostra Nandechildis ma- « nuum nostrarum signaculis adumbravimus. » Ce qui prouve que cette formule annonce les monogrammes, c'est qu'on les retrouve marqués au bas d'un diplôme après la déclaration suivante : « Propriâ subscriptione « inserere non possumus nos et præcelsa genitrix nos- « tra. » C'est donc le mot *subscriptio* qui désigne la signature, et *signaculum* ne doit s'entendre que du monogramme, que l'on pouvait faire tracer à Clovis en lui conduisant la main. — Le sceau de Clovis II est très-petit et indistinct.

Clovis III, nommé aussi Clotaire, fils de Thierry III, succède à son père comme roi de Neustrie et de Bourgogne au printemps de l'année 691, et meurt au mois de mars 695. Ses diplômes commencent ordinairement ainsi : « Chlodoicus, Chlodovius *ou* Chlodoveus « rex Francorum, vir inluster. » Ils sont attestés dans la forme suivante : « N. recognovit *ou* jussus recognovit. » Les dates sont ainsi conçues : « Datum *ou* (datum quod « ficit) mensis Madius, Mensis Junius, dies quinque *ou* « quindecim, etc. » ou bien *sub die Kal. Novembris*, ou encore *pridiæ Kalendas Martius*. Vient ensuite l'année du règne, qui est suivie ordinairement de la date du lieu et de la formule *In Dei nomine feliciter*. Quoiqu'il eût un sceau, il ne paraît pas qu'il l'ait annoncé dans ses diplômes, où l'on se contente de faire quelquefois mention du monogramme. — En voici un exemple : « Et ut hæc auctoritas firmior ha- « beatur, nos et præcelsa genitrice nostra Chrotechildis « regina manûs nostræ signaculis subter eam decre- « vimus confirmare. Signum gloriosi Chlodovei regis. « Signum præcelsæ genitricis nostræ Chrodechildis re- « ginæ. » — *Sceau* : Voy. planche A, n° 3.

Conon, consacré pape le 21 octobre 686, selon Pagi, ou le 20 novembre 687, selon Fleury, meurt le 21 septembre 687 ou le 22 octobre 688.

Conrad Ier, petit-fils par sa mère Glismonde de l'empereur Arnoul, est élu roi de Germanie le 19 octobre 912, et meurt le 23 décembre 918. — Il commence ses diplômes par les formules suivantes : *In nomine sanctæ et individuæ Trinitatis Chuonradus divinâ largiente clementiâ* ou *divinæ largitatis munere*, ou *Dei gratiâ rex*. Voici les formules ordinaires de ses souscriptions : *Signum domni Chuonradi serenissimi, clarissimi* ou *piissimi regis*. Une simple croix remplace quelquefois le monogramme. Son chancelier contresigne ainsi : « Salomon cancellarius ad vicem Pili- « grini archicapellani recognovi. » Les notes de Tiron mises dans le parafe en forme de ruche ajoutent : *et subscripsi*. Voici une de ses dates : « Data III Nonas « Feb. anno ab incarnatione Domini DCCCCXIII, regni « autem domni Chuonradi serenissimi regis anno II. « Actum in ipso monasterio Corbeiâ, in Dei nomine « feliciter. Amen. » Il ajoute ordinairement l'indiction courante.

Conrad, dit le Pacifique, fils de Rodolphe II, roi d'Arles, succède à son père en 937, et meurt le 19 octobre 993. Il prenait le titre de roi des Provences (*Art de vérifier les dates*). Ses diplômes commencent ordinairement par : *In nomine sanctæ et individuæ Trinitatis, Chuonradus* ou *Chunradus nutu omnipotentis Dei*, ou *divino munere largiente*, ou *gratiâ Dei*, ou *divinâ largiente*, ou *præveniente clementiâ serenissimus*, ou *piissimus rex*, ou simplement *rex*. On cite aussi de lui les invocations *In nomine Dei æterni*, *In nomine omnipotentis Dei et Salvatoris Jesu Christi*. Il se sert tantôt du mot *sigillum*, tantôt du mot *annulus*. Voici les formules ordinaires de ses souscriptions : *Signum Conradus rex; signum Chuonradi; Domni* ou *Domini Chuonradi piissimi, serenissimi* ou *invictissimi regis*. La plupart de ses diplômes sont datés de l'an de l'Incarnation, et quelques-uns de la Nativité.

Conrad II le Salique, fils de Henri, duc de Franconie, couronné roi de Germanie le 8 septembre 1024, et roi d'Italie en 1026 d'abord à Milan, puis à Monza, est sacré empereur le 26 mars 1027, couronné roi de Bourgogne le 2 février 1033, et meurt le 4 juin ou peut-être, selon les Bénédictins, le 14 juin 1039. — Il emploie les invocations *In nomine sanctæ et individuæ Trinitatis*, ou *Dei æterni* ou *omnipotentis Dei*, ou *Domini nostri Jesu Christi*. Ses formules comme roi sont : *Conradus divinâ favente clementiâ* ou *providentiâ rex, invictissimus rex* ou *rex pacificus*, ou enfin *Dei gratiâ rex excellentissimus, secundùm voluntatem Dei Salvatoris nostrique liberatoris*. Après son couronnement à Rome, il s'intitule *rex imperator augustus, rex Romanorumque imperator augustus; insuperabilis Romanorum imperator augustus*, ou *semper augustus*. Dans un de ses diplômes il prend le titre de *rex Francorum, Longobardorum, et ad imperium designatus Romanorum*. Mais ce diplôme est regardé comme suspect, parce qu'il est postérieur de plusieurs mois au couronnement de Conrad comme empereur. Toutefois le titre de *rex Francorum et Longobardorum* semble indiquer qu'on n'avait pas encore adopté celui de *rex Romanorum* avec le sens qu'il a dans les diplômes à partir de Henri IV. Nous avons donc cru pouvoir distinguer le couronnement de Conrad comme roi de Germanie et comme roi d'Italie. Voyez d'ailleurs ce qui a été dit sur ce point à l'article de Henri II le Saint. Voyez aussi pour le mot *Francorum*, Charles le Gros.

Conrad emploie ordinairement les formules suivantes pour l'annonce du monogramme et du sceau : « Chartam hanc *ou* præceptum hoc, etc. manu propriâ « corroboratum *ou* corroborantes sigilli nostri *ou* bullæ « nostræ impressione jussimus insigniri. » Dans quelques diplômes il fait en outre mention du monogramme de son fils : « Sigilli nostri impressione in- « signiri jussimus, et ambo nos et filius noster dilectus, « rex videlicet Heinricus, ego, ipso humiliter inter- « veniente, ille, me consentiente atque jubente, uterque « in sui nominis signo *ou* in suo monogrammate manu « propriâ corroboravimus. » Il place son monogramme au milieu de la formule : « Signum Conradi imperatoris « augusti invictissimi, *ou* Domini Conradi Romanorum « imperatoris augusti, *ou* Conradi gloriosissimi impe- « ratoris, etc. » Une simple croix remplace quelquefois le monogramme. — Les époques marquées au commencement de cet article ne peuvent cadrer avec les dates de plusieurs diplômes de cet empereur qu'en comptant quelques mois pour une année entière. Toutefois, le commencement de son règne en Germanie et celui de son empire sont exactement calculés dans la date suivante : « Data XIV Kalend. Septemb. « ind. X, anno Dominicæ incarnationis MXXVII, anno « verò dom. Conradi secundi regnantis III, imperii « autem I. Actum Turegum feliciter. Amen. » A ces deux époques on trouve jointe quelquefois celle du règne de son fils Henri III, qu'il avait fait couronner en 1028.

CONRAD, fils aîné de Henri IV, se soulève contre son père, se fait couronner roi des Romains en 1093, et meurt en juillet 1101.

CONRAD III, duc de Franconie et de la France rhénane, fils de Frédéric de Hohenstauffen, et petit-fils par sa mère Agnès de l'empereur Henri IV, couronné roi des Romains le 29 juin 1128, excommunié par le pape et mis en fuite par Lothaire II, est élu de nouveau après la mort de ce dernier le 10 mars 1138, couronné à Aix-la-Chapelle le 13 du même mois, et meurt le 15 février 1152. Il s'appelle tantôt Conrad II, tantôt Conrad III. Ses diplômes commencent ordinairement ainsi : *C. In nomine sanctæ et individuæ Trinitatis, Cuonradus divinâ favente clementiâ Romanorum rex secundus,* ou *In nomine Domini nostri et SS. individuæ Trinitatis, ego Conradus divinâ favente clementiâ, hujus nominis secundus Romanorum rex augustus,* ou *Conradus divinâ largiente clementiâ rex Romanorum tertius,* ou simplement *Romanorum rex,* ou enfin *Romanorum rex semper augustus.* Voici une de ses formules pour l'annonce du monogramme et du sceau : « Et ut hæc nostra regia traditio in perpetuum « rata et inconvulsa ab omnibus, tam futuris quàm « præsentibus, habeatur, præsentis privilegii nostri au- « ctoritatem subscripto signi nostri charactere, et « Arnoldo cancellario nostro recognoscente, testium « quoque approbatione omni munitionis jure corrobo- « rantes confirmavimus. » Les souscriptions sont disposées comme dans les diplômes de Lothaire II. Elles sont ainsi conçues dans un diplôme dont Godefroy von Bessel a donné le modèle : « Signum domni Cuonradi « Romanorum regis secundi. Ego Arnoldus cancellarius « vice Heinrici Moguntivi archiepiscopi et archican- « cellarii recognovi. » Il emploie ordinairement pour l'annonce des témoins la formule : *Astipulatione regni principum.* On trouve aussi dans un de ses diplômes : « Nomina quarundam excellentium personarum quæ « huic contractui interfuerunt subternotari fecimus. » Dans un diplôme de 1142, un témoin est qualifié *miles Dei,* sans doute parce qu'il s'était croisé. Conrad ne date ses diplômes que des années de son règne, qui commence en 1138, sans faire mention des années de son ordination. Un diplôme de 1139 présente cette formule : « Regnante Conrado, anno ipsius regi- « minis secundo. » Voici une de ses dates : « Actum anno « Dominicæ incarnationis MCXLVII, indict. X, anno ve- « rò domini Cuonradi secundi regis invictissimi VIIII. « Data Frankenewort in Christo feliciter. Amen. » Quoique Conrad n'ait pas été couronné empereur, on cite de lui un acte dans lequel il a pris ce titre. La suscription en est ainsi conçue : « Conradus Dei gratiâ « Romanorum imperator augustus, charissimo fratri « suo Manueli Porphyrogenito Comneno, illustri et glo- « rioso regi Græcorum. » S'il affecte de prendre le titre d'empereur et de n'accorder à l'empereur d'Orient que celui de roi, c'est pour témoigner son mécontentement d'un acte émané de la cour de Constantinople et dans lequel on avait insinué qu'il était vassal de l'empereur d'Orient. Cette exception ne prouve rien contre l'usage qui faisait dépendre le titre d'empereur de la cérémonie du couronnement fait à Rome par le souverain pontife.

CONRAD IV, fils de Frédéric II, couronné roi des Romains en janvier 1237, succède à son père en 1250, et meurt le 21 mai 1254. — Il s'intitule ainsi dans un diplôme de 1242 : « Conradus divi augusti impera- « toris Frederici filius, Dei gratiâ Romanorum in re- « gem electus, semper augustus et heres regni Jeru- « salem, universis præsentes litteras inspecturis fide- « libus suis gratiam suam et omne bonum. »

CONSTANTIN, ordonné pape le 25 mars 708, meurt

le 9 avril 715. — Il a employé la formule : *Salutem et apostolicam benedictionem.* Les Bénédictins regardent comme très-suspect un privilége de ce pape, dont la date commence ainsi : *Scripta est hæc epistola anno gratiæ* DCCIX. En effet la formule de *l'an de grâce* ne paraît pas avoir été employée avant le XIIe siècle.

Constantin, antipape, placé sur le trône pontifical vers le milieu de l'an 767, est déposé le 6 août 768. — Ses épîtres à Pepin commencent, comme celles de Paul Ier, par *Domno, etc. Constantinus papa,* et se terminent par la salutation *Incolumem, etc.* Voy. Paul Ier.

D

Dagobert Ier, fils de Clotaire II, roi d'Austrasie depuis 622, succède à son père et règne sur toute la France en 628, cède à son frère Caribert, en avril 630, les pays qui composaient l'ancien royaume des Wisigoths, s'en empare de nouveau à la mort de Caribert, en 631, et meurt le 19 janvier 638. — Selon Aimoin, Dagobert commence son testament par : *In nomine Trinitatis Domini Dei omnipotentis ;* il prend ordinairement le titre de *vir inluster,* qui cependant ne se retrouve pas dans la suscription d'un diplôme accordé en 632 à l'abbaye de Saint-Denis : « Dagoberchtus rex « Francorum viris inlustribus Wandelbertho duci, « Raganrico domestico et omnibus agentibus præsen- « tibus et futuris.... » Voici comment le même acte se termine : « Et ut.... tempora inviolabolem capeat fir- « metatem manûs nostræ subscriptionebus infrà...... « Dagoberchtus rex subs. Dado optolit (*obtulit*). Datum « dies quindecem anno decimo regni nostri in Dei... « Clipiaco. » Dans un diplôme de 630, il annonce à la fois sa souscription et l'apposition de l'anneau ou du sceau : « Et ut hæc donatio nostræ auctoritatis per suc- « cedentia tempora inviolabilem obtineat firmitatem, « manûs nostræ subscriptione et anuli nostri impres- « sione eam subter decrevimus roborare. » Vient ensuite la signature, puis la date qui est ainsi conçue : « Datum « in mense Octobri, anno octavo regni nostri, in Dei « nomine feliciter. Amen. » Voy. planche A, n° 1, le prétendu sceau de Dagobert Ier.

Dagobert II, fils de Sigebert II, est reconnu roi d'Austrasie avant le mois d'août 674, et meurt le 23 décembre 679. — Voici le commencement et la fin de deux diplômes de ce prince cités par dom Bouquet : 1° « Dagobertus rex Francorum viris illustribus duci- « bus, comitibus, domesticis vel omnibus agentibus, « tam præsentibus quàm futuris.... Et ut hæc præsens « auctoritas firmior sit, manu nostrâ vel annulo nostro « subter eam decrevimus roborari. Data sub die XI « Augusti, anno secundo regni nostri. In Christi nomine « Dagobertus rex. » 2° « Dagobertus rex Francorum « inluster vir.... Et ut hæc præceptio pleniorem obti- « neat Dei nomine nostris et futuris, auxiliante Deo, « temporibus vigorem, manûs nostræ subscriptionibus « super eam decrevimus adfirmare. » On peut remarquer dans le premier exemple l'emploi du mot *vel* comme synonyme de *et,* ce qui se rencontre fréquemment dans les diplômes des premiers siècles. La seconde suscription se termine par *inluster vir* et non par *vir inluster ;* il ne paraît donc pas qu'il faille attacher une grande importance à l'ordre dans lequel ces deux mots sont placés, quoique les Bénédictins aient signalé une distinction à cet égard dans les diplômes de Pepin le Bref comme maire du palais et comme roi. Dans la seconde suscription il devrait y avoir *subter* au lieu de *super ;* il est probable que cette erreur n'existait pas dans l'original.

Dagobert III, fils de Childebert III, succède à son père comme roi de Neustrie et de Bourgogne le 14 avril 711, et meurt le 24 juin 715. — Il débute par la suscription ordinaire : *Dagobertus rex Francorum vir inluster.* Un de ses diplômes, rapporté par dom Bouquet, renferme l'annonce de la signature et du sceau ; mais l'emploi du mot *sigillum,* au lieu de *annulus,* peut faire douter de l'authenticité de cet acte. L'annonce de la signature est conçue dans les termes ordinaires : « Manûs nostræ suscriptionibus subter eam « decrevimus roborare. » Pour la forme des dates, voyez Childebert III.

Damase II (Poppon), intronisé pape le 17 juillet 1048, meurt le 8 août suivant.

Daniel. Voy. Chilpéric II.

S. Deusdedit, ordonné pape, selon Fleury, le 13 novembre 614, et selon Pagi, le 19 octobre 615, meurt, selon le premier, le 3 décembre 617, et selon le second le 8 novembre 618. Les auteurs de l'Art de vérifier les dates pensent que Fleury a raison pour le mois et Pagi pour l'année, en sorte que le pontificat de ce pape aurait duré du 13 novembre 615 au 3 décembre 618. S. Deusdedit est le premier pape dont on ait des bulles scellées en plomb ; mais les Bénédictins pensent qu'on peut faire remonter cet usage jusqu'à S. Grégoire Ier. Sur la face du sceau de Deusdedit on voit l'image du bon pasteur et les lettres A Ω; sur le revers on lit DEVSDEDIT PAPE. Les mêmes auteurs citent de lui la suscription suivante : « Deus- « dedit sanctæ Romanæ ecclesiæ episcopus Gordiano « Hispalensis ecclesiæ coepiscopo et fratri dilectis- « simo. »

Dioscore, antipape, élu et ordonné le 15 octobre 530, meurt le 12 novembre suivant.

Domnus ou Donus Ier, ordonné pape le 2 novembre 676, meurt le 11 avril 678. Pagi avance de quelques mois l'élection de ce pape.

Domnus ou Donus II, élu pape après l'expulsion de Boniface VII, meurt avant le 25 décembre 974.

E

Edgar le Pacifique, second fils d'Edmond Ier, roi d'Angleterre, succède, en 959, à son frère Edwy qu'il venait de dépouiller du royaume de Mercie, et meurt le 18 juillet 975. — Il s'intitule ainsi : « Ego « Edgarus totius Albionis basileus, necnon maritimo- « rum seu insulanorum regum circumhabitantium, « etc. » Dans un diplôme de 963 il prend le titre d'empereur; sa signature consiste dans une croix suivie d'une formule placée après la date et ainsi conçue : « ✝ Ego Eadgar rex Anglorum sub sigillo sanctæ « crucis corroboravi. » Voici une de ses dates : « Anno « Dominicæ incarnationis DCCCCLXII, scripta est carta « his testibus consentientibus quorum inferiùs nomina « notantur. ✝ Edgard rex, etc. »

Edmond Ier, second fils d'Édouard Ier l'Ancien, roi d'Angleterre, succède à son frère Aldestan le 27 octobre 940, et meurt le 26 mai 946. Thoiras place sa mort en 948. — Ses diplômes commencent ainsi : « In nomine « Domini nostri Jesu Christi, ego Edmondus rex Anglo- « rum, cæterarumque gentium gubernator et rector. »

Edmond II Côte-de-Fer, fils aîné d'Éthelred II, roi d'Angleterre, succède à son père en 1016, conclut avec Canut Ier un traité qui assure à chacun d'eux la moitié du royaume, et meurt assassiné en 1017.

Édouard Ier l'Ancien, fils d'Alfred le Grand, roi d'Angleterre, succède à son père le 25 octobre 900, et meurt en 924.

Édouard II le Martyr, fils aîné d'Edgar, roi d'Angleterre, succède à son père le 18 juillet 975, et périt en 978, assassiné par Elfride sa belle-mère.

Édouard III le Confesseur, fils d'Éthelred II, roi d'Angleterre, et d'Emme, seconde femme de Canut Ier, succède à Canut II au mois de juin 1042, est couronné le jour de Pâques, 3 avril 1043, et meurt le 5 janvier 1066. — On cite de lui les formules suivantes : 1° « In nomine sanctæ et individuæ Trinitatis, « ego Eadwardus Ethelredi regis filius, gratiâ Dei An- « glorum rex, futuris post me regibus, etc. » 2° « Ego « Edwardus Regis regum gratiâ rex et Anglorum prin- « ceps. » 3° « Regnante in perpetuo Ihesu Christo « omnium regum principe, ego Eadwardus secundùm « voluntatem ejus monarcha totius Britanniæ. » 4° « In « onomate summi Kyrios omnia jura regnorum guber- « nantis et ab alto cœli fastigio cuncta cernentis, ego « Edowardus totius Albionis, Dei moderamine, guber- « natione basileus, archiepiscopis, episcopis, etc. » Plusieurs de ses diplômes sont scellés sans qu'ils renferment l'annonce du sceau. Souvent il annonce sa signature faite avec une croix. Son diplôme pour la restauration de l'abbaye de Westminster fait mention de la signature et du sceau : « Cartam istam conscribi « et sigillari jussi, et ipse manu meâ signum sanctæ « crucis impressi et idoneos testes annotari præcepi. » Voici quelques-unes de ses formules de souscription : 1° « ✝ Ego Edwardus rex, Deo largiente, Anglorum, si- « gnum venerandæ crucis impressi. » 2° « Ego Edwar- « dus rex totius Brithanniæ telluris hanc meam dona- « tionem sancto Dionysio concessi et signo agiæ crucis « condonavi. » 3° « Ego Eadwardus rex Anglorum præ- « fatam donationem cum titulo sanctæ crucis confir- « mavi et impressione sigilli mei consolidavi. » Il commença par dater de l'année de l'Incarnation, en y ajoutant quelquefois l'indiction; et dans la suite il marqua aussi les années de son règne, ainsi que la date du jour et du mois. Voici quelques exemples de ces différentes formules : 1° « Anno Dominicæ incar- « nationis MLIX scripta est hæc cartula his testibus con- « sentientibus quorum nomina inferiùs carraxari viden- « tur. » 2° « Acta est hæc præfata libertas anno Domin. « incarn. MLXV, indict. IV, his testibus consentientibus « quorum inferiùs recitantur nomina. » 3° « Acta apud « Westmonasterium, v. Kal. Januarii, die SS. Innocen- « tium, anno Dominicæ incarnationis MLXVI, indictione

« tertiâ, anno regni serenissimi Edwardi regis vigesimo « quinto. Swithgarus notarius ad vicem Rembaldi regiæ « dignitatis cancellarii hanc cartam scripsi et subscripsi « in Dei nomine feliciter. Amen. » Dans cette dernière date le commencement de l'année est pris à Noël, et par conséquent l'indiction III peut convenir. Cependant, comme les Bénédictins ont marqué l'indiction IV dans la date précédente, on peut supposer qu'ils ont transposé par erreur les chiffres de l'indiction, et l'on aurait alors l'indiction III pour l'an 1065, et l'indiction IV comptée comme l'année à partir de Noël; quant aux années de son règne, elles ne peuvent cadrer avec l'époque de son avénement qu'en comptant pour une année entière les six derniers mois de 1042, et en supposant qu'Édouard changeait au 25 décembre le chiffre des années de son règne. Dans cette hypothèse, la seconde année de son règne ayant commencé le 25 décembre 1042, la vingt-cinquième pouvait concourir avec la date qui vient d'être citée. Voyez le sceau d'Édouard le Confesseur, planche R, n° 1.

Édouard Ier (ou IV, si l'on tient compte des trois rois saxons du nom d'*Édouard*), dit aux Longues-Jambes, fils et successeur de Henri III, roi d'Angleterre, fut reconnu roi le 20 novembre 1272, quoiqu'il ne fût pas alors en Angleterre. Il ne fut couronné que le 19 août 1274, et mourut le 7 juillet 1307. — Avant d'avoir succédé à son père, il fait usage de cette formule en écrivant au pape Alexandre IV : « Sanctissimo « in Christo patri ac domino A. Dei gratiâ summo pon- « tifici, Edwardus primogenitus et hæres illustris regis « Angliæ, cum reverentiâ debitâ devota pedum oscula. » Son acte de confédération avec le roi des Romains commence ainsi : « Edwardus Dei gratiâ rex Angliæ, « dominus Hiberniæ et dux Aquitaniæ, præsentium « inspectoribus universis salutem. » Dans les actes français il s'intitule : « Edward par la grace de Dieu rey d'En- « gleterre et seigneur d'Irlaunde et duk de Guyenne, a « ses cheirs et feals les barons, etc. saluz. » Des lettres patentes données au Gard en 1279 portent cette suscription : « Edouard par la grace de Dieu roys d'Angle- « terre, seigneur d'Illande, duc d'Aquitaine, quens de « Pontieu et de Montreul, et nous Elienor royne d'An- « gleterre, dam duchesse et comtesse des lieux dessus « dits, a tous chiaux qui ches presentes lettres veront « et oiront salut. » Ses mandements commencent par : « Rex universis præsentes litteras inspecturis salutem. » Dans une lettre à Adolphe de Nassau il emploie la suscription suivante : « A tres haut et tres noble prince A. « par la grace de Dieu roy des Romains touzjours cres- « sant, saluz et tres chieres amitiez. » Celle qui suit se trouve dans une lettre à Charles d'Anjou, roi de Sicile : « A tres excellent et tres puissant prince Challis, « par la grace de Deu, rey de Jerusalem et de Sezille, « du duché de Puille, du prince de Capes, princes de « la Muree, senatour de Rome ; d'Anjou, de Prouvence, « de Fontaquier, de Tonnoire quens, Edward, par icele « mesme grace, roy de Engleterre, etc. salutz et veraie « amour, ove aparaillie volenté a touz se bons pleisirs « fere. » Quand il fait mention du sceau, c'est par une des formules suivantes : « In cujus rei testimonium « præsentem paginam sigilli nostri fecimus patrocinio « communiri, » ou « sigillum nostrum præsentibus est « appensum ; in quorum omnium testimonium huic « scripto sigillum nostrum fecimus apponi. Dat. sub « privato sigillo nostro, apud Burgum reginæ, etc. » Les années du règne d'Édouard Ier se comptent non de son couronnement, mais du 20 novembre 1272. Dans la charte qui fut dressée en son absence pour la publication de la paix, on lit après la formule *Testibus* et les noms des trois régents du royaume, une date ainsi conçue : « Apud Westm. XXIII die Novembris, anno « regni nostri primo. » Un autre acte, également dressé en son absence, est ainsi daté : « Dat. per manum W. « de Merton cancellarii nostri, apud Westm. VII die De- « cembris. » Les actes passés en sa présence finissent ainsi : *Teste rege, apud Wyndesor XII die Septembris*, ou *Teste meipso, apud Westm. XXVII die Aprilis, anno regni nostri tertio*. Il ajoute aussi quelquefois l'année de J. C. dans ses diplômes les plus importants. C'est dans les actes de ce genre que la suscription est quelquefois précédée d'une invocation. Pour les formules *Per ipsum regem, etc.* et *Post conquestum*, voyez Édouard II et Henri VI. Le sceau d'Édouard Ier est reproduit sous le n° 1 de la planche S.

Édouard II (ou V, si l'on tient compte des trois rois saxons du nom d'*Édouard*,) dit de Caernarven, quatrième fils et successeur d'Édouard Ier (ou IV), roi d'Angleterre, est reconnu roi le 8 juillet 1307, couronné le 24 février 1308, déposé le 20 janvier 1327, et assassiné le 21 septembre suivant. Dans l'Art de vérifier les dates, la déposition d'Édouard II est rapportée au 13 janvier. Mais sir Harris Nicolas a trouvé des actes datés de son règne jusqu'au 20 du même mois. Les années du règne de ce prince se comptent du 8 juillet 1307. — Il s'intitule ordinairement : « Edwardus « Dei gratiâ rex Angliæ, dominus Hiberniæ et dux « Aquitaniæ, omnibus ad quos præsentes litteræ perve- « nerint, salutem. » Une lettre qu'il écrit au pape commence ainsi : *Papæ rex devota pedum oscula beatorum.* Voici la suscription d'une autre lettre écrite en 1310 à Philippe le Bel : « Excellentissimo principi domino « et patri karissimo domino Philippo Dei gratiâ regi

« Franciæ illustri Edwardus eâdem gratiâ rex, etc. salu« tem in eo per quem reges regnant et principes domi« nantur, cum honoris et prosperitatis votivæ continuo « incremento. » Ayant perdu son sceau privé, il recommanda de ne pas mettre à exécution jusqu'à nouvel ordre les lettres qui en seraient scellées. Ce mandement commence ainsi : *Rex vicecomiti Eborum salutem;* et finit par ces mots : « Teste rege, apud Bere« wicum super Twedam vicesimo septimo die Junii. « Per ipsum regem. Sub privato sigillo reginæ. » Dans plusieurs de ses actes l'annonce du sceau est ainsi conçue : « In quorum omnium testimonium sigillum « nostrum præsentibus est appensum. » Mais cette annonce, qui manque souvent, est ordinairement remplacée par la formule suivante : *Has litteras nostras fieri fecimus patentes.* Cette formule se trouve cependant réunie à l'annonce du sceau privé dans un acte en langue vulgaire : « En tesmoignance de queu chose « nous avons fait faire cestes noz lettres overtes a durer « jusques a la Chandeleur prechainement a venir. Donné « souz nostre privé seal a Commenok, le XXVIII jour « d'august, l'an de nostre regne premer. » Voici encore quelques-unes des formules de dates qui se rencontrent le plus fréquemment dans les diplômes de ce prince : 1° dans une lettre au pape : « Dat. London. « VIII die Novembris, anno Domini MCCCVII, regni verò « nostri primo. » 2° Dans une lettre au roi de France : « Dat. apud Westmonasterium, quarto die Martii. » 3° Dans un ordre adressé au chapitre d'York : « Teste « rege, apud Eborum, tertio die Septembris. Per ipsum « regem, nunciante Hugone Audithele. » La collection de Rymer présente une foule de mentions analogues qui terminent les actes des rois d'Angleterre à partir du règne d'Édouard Ier. En voici quelques exemples : *Per ipsum regem, Per concilium, Per regem et concilium, Per regem ore tenus, Per propriam personam regis, Per breve* ou *per billam de privato sigillo, Per billam de garderobâ, de receptâ, de scaccario, etc.* On voit donc que les actes étaient rédigés tantôt sur l'avis que transmettait un envoyé du roi, tantôt en la présence du roi lui-même, et sur un ordre reçu de sa bouche (*per regem ore tenus*), ou bien d'après une délibération du conseil, ou encore sur le vu d'instructions écrites qui émanaient du sceau privé, de la garde-robe, etc. Il faut en conclure qu'un grand nombre d'actes étaient rédigés et scellés du sceau royal en l'absence des rois d'Angleterre. Pour la formule *Post conquestum*, voyez HENRI VI. Le sceau d'Édouard II est reproduit sous le n° 2 de la planche S.

ÉDOUARD III (ou VI, si l'on tient compte des trois rois saxons du nom d'*Édouard*), fils et successeur d'Édouard II (ou V), roi d'Angleterre, est proclamé roi le 24 janvier 1327, et couronné le 29 du même mois, suivant sir Harris Nicolas, ou le 2 février d'après l'Art de vérifier les dates; il meurt le 21 juin 1377. — Voici le début de ses lettres de 1337 au duc de Brabant et de Lorraine : « Edwardus Dei gratiâ rex An« gliæ et Franciæ, dominus Hiberniæ, et dux Aquita« niæ, nobili et potenti viro Johanni duci Brabantiæ et « Lotringiæ, consanguineo suo carissimo. Sciatis quòd « cùm attendentes inclitum regnum Franciæ ad nos « fore jure successorio legitimè devolutum...... vos in « regno prædicto locum nostrum tenentem et vicarium « generalem facimus, etc. » Une lettre par laquelle il demande à l'empereur le titre de roi pour le dauphin Humbert, commence ainsi : « Serenissimo principi « Domino Ludowico Dei gratiâ Romanorum imperatori « semper augusto fratri suo carissimo, Edwardus eâdem « gratiâ rex Angliæ et Franciæ et dominus Hiberniæ sa« lutem et imperare feliciter ac magnificè triumphare, « etc. » La salutation finale en est ainsi conçue : « Ves« trum imperiale solium firmet et roboret bonitas in« creata. Dat. apud Westmonasterium, tertio die Mar« tii. » Dans un acte de 1337 l'annonce du sceau est ainsi conçue : « In quorum omnium testimonium et ro« boris firmitatem præsentes conscribi et nostro sigil« lo regio jussimus communiri. » Voici une autre formule qui se trouve dans un acte en forme d'endenture passé entre ce prince et le comte de Namur : « En tesmoignance de quele chose lesditz roi et « counte a cest endenture entrechaungeablement unt « mis leurs seals. » Les années de son règne se comptent du 25 janvier 1327. A partir de 1340 (*acte du 26 janvier 1340*) il ajoute aux années de son règne en Angleterre, celles de son règne en France, qu'il commence au 25 janvier 1340. Il avait pris, dès 1337, le titre de roi de France, que les rois d'Angleterre ont conservé jusqu'à Georges IV. La plupart de ses lettres sont datées du jour du mois seulement. La collection de Rymer renferme des actes de 1338 et 1339 qui, à la formule *Teste rege*, substituent : *Teste custode Angliæ*, ou *Teste Leonello filio regis carissimo, custode Angliæ.* Voici un exemple de la double date de son règne en France et en Angleterre : « Dat. apud Gan« davum octavo Idus Februarii, anno regni nostri Fran« ciæ 1°, Angliæ verò XIV°. » Son acte d'hommage au roi de France pour le duché de Guyenne porte la date suivante : « Ce fut fait a Amiens, chœur de la grande « eglise, l'an de grace MCCCXXIX, le VI jour de juin, « indiction XII, XIII du regime de nostre tres saint pere « le pape Jean XXII, presens et a ce apellez temoins, « reverends peres en Dieu les evesques de Beauvais, etc. » On trouve cette date singulière dans une charte accordée à l'archevêque de Trèves : « Dat. anno Domini « MCCCXXXVIII secundùm stylum et consuetudinem ecclesiæ Anglicanæ et provinciæ Trevirensis, die XVIII « mensis Martii. » D'après ce style, l'année commençait au 25 mars. Pour les formules *Per ipsum regem*, etc., et *Post conquestum*, voyez ÉDOUARD II et HENRI VI. Le sceau dont Édouard III se servait avant son avénement est reproduit sous le n° 4 de la planche S.

ÉDOUARD IV (ou VII, si l'on tient compte des trois rois saxons du nom d'*Édouard*), fils de Richard, duc d'York, et successeur de Henri IV, est proclamé roi d'Angleterre le 4 mars 1461, couronné le 20 juin suivant, et règne sans interruption jusqu'au 9 octobre 1470, époque où Henri VI remonte sur le trône. Édouard IV est de nouveau proclamé roi le 13 avril 1471 et meurt le 9 avril 1483. — Il emploie ordinairement les formules suivantes : *Rex omnibus ad quos præsentes, etc. salutem*; ou *Rex ad perpetuam rei memoriam*, ou bien *Edwardus Dei gratiâ rex Angliæ et Franciæ et dominus Hiberniæ*. Dans les actes français, cette inscription est ainsi conçue : *Edward, par la grace de Dieu, roi d'Angleterre et de France, et seignur d'Irlande, a toutz ceulx, etc.*; quelquefois il supprime son titre de *roi de France*. Les années de son règne se comptent du 4 mars 1461. — Ses actes finissent ordinairement par la formule *Teste rege*, et quelquefois par *Teste meipso*, suivie de la date du lieu et du jour du mois. On trouve aussi : *Dat. per manum nostram apud, etc.* Vient ensuite dans plusieurs actes : *Per ipsum regem et de datâ prædictâ auctoritate parliamenti*; ou bien *Per breve de privato sigillo, etc.* (Voy. ÉDOUARD II.) Il ajoute aussi quelquefois la date de son règne, et dans les actes plus solennels, l'année de J. C. Depuis longtemps l'on rencontre des actes royaux en anglais; mais nous devons citer l'emploi de la langue latine dans un ordre adressé aux vicomtes de Londres pour la proclamation d'une convention relative à une trêve conclue avec la France. Après le préambule adressé à ces officiers et rédigé en latin, vient le texte de la convention en anglais. On lit ensuite à la fin : *Et hoc sub periculo quod incumbit nullatenus omittatis. Teste rege, etc.*

ÉDOUARD V (ou VIII, si l'on tient compte des trois rois saxons du nom d'*Édouard*), fils et successeur d'Édouard IV (ou VII), est proclamé roi le 9 avril 1483 et déposé le 22 juin de la même année. Il emploie les mêmes formules que son père. On se contentera donc de citer la suscription et la date d'un mandement adressé à son chancelier et rédigé en langue vulgaire : « Edward, by the grace of God, king of Ingland and « of Fraunce, and lord of Irland, to the right reverend « fader en God John bishop of Lincoln our chaunceller, « greting... Yeven undre oure prive seall, at oure towre « of London, the second daie of juyn the furst yere of « oure reigne. » Pour la formule *Per ipsum regem, etc.*, voyez ÉDOUARD II.

ÉDOUARD VI (ou IX, si l'on tient compte des trois rois saxons du nom d'*Édouard*) succède à son père Henri VIII, roi d'Angleterre, le 28 janvier 1547, est couronné le 20 février suivant, et meurt le 6 juillet 1553. Suivant l'Art de vérifier les dates, Édouard VI n'aurait été proclamé roi que le 31 janvier 1547. Toutefois les années de son règne se comptent du 28 de ce mois. — Il avait adopté les suscriptions de son père, comme le prouve l'exemple suivant : « Edwarde the sixte, « by the grace of God, kynge of Englande, Fraunce « and Irelande, defendour of the faith and of the church « of England and also of Ireland in earth the supreme « hedde, to all our moste loving faithful and obedient « subjects and to every of theym, gretyng. » Ses diplômes commencent presque tous par le mot *rex*. Quand il se nomme, il s'intitule *Edwardus sextus*. Il ne paraît pas qu'il ait employé le titre de *dominus Hiberniæ*, au lieu duquel on rencontre dans quelques diplômes *Hiberniæ rex*. Il a du reste conservé les formules de ses prédécesseurs pour l'annonce du sceau, la date, etc.

ÉDRED, troisième fils d'Édouard Ier l'Ancien, roi d'Angleterre, succède à son frère Edmond Ier, le 26 mai 946, et meurt en 955. — On cite de lui cette formule singulière : *Pax in summæ Trinitatis nomine, Patris et Filii et Spiritûs sancti, amen. Ego Edredus, rex terrenùs sub imperiali potentiâ regis sæculorum æternique principis, magnæ Britanniæ temporale gerens imperium, universis Christianis tam et præsentibus quàm posteris salutis beneficium in auctore salutis.* « En 948, « disent les Bénédictins, le roi Édred donna à l'abbé « Turquetil le monastère de Croisland, par un acte « solennel qui fut souscrit par deux archevêques, Vuls- « tan d'York et Odon de Cantorbéry, et par quatre « évêques et deux abbés, dont l'un est S. Dunstan. »

EDWY, fils aîné d'Edmond Ier, roi d'Angleterre, succède à son oncle Édred en 955 et meurt en 959.

EGBERT, élu roi par les West-Saxons en 800, achève en 827 la conquête de l'Heptarchie, et meurt en 837.

ETHELBALD, fils aîné d'Éthelwolf, roi d'Angleterre,

devient roi de Westsex en 856, du vivant de son père, et meurt en 860, avant son frère Éthelbert, qui réunit le royaume de Westsex à celui de Kent.

Éthelbert, second fils d'Éthelwolf, roi d'Angleterre, succède à son père, en 858 dans le royaume de Kent, puis en 860 à son frère Éthelbald dans le royaume de Westsex, et meurt en 866.

Éthelred Ier, troisième fils d'Éthelwolf, roi d'Angleterre, succède à son frère Éthelbert en 866, et meurt en 871.

Éthelred II, second fils d'Edgar, roi d'Angleterre, succède à son frère Édouard le Martyr, en 978, est chassé en 1014 par Suénon, roi de Danemarck, remonte sur le trône en 1015, et meurt en 1016. — Il commence ses diplômes tantôt par la date et la suscription, tantôt par le labarum et par un préambule, après lequel il met le pronom *ego*, suivi de son nom et de ses titres. En voici des exemples : « Anno Dominicæ incarnationis millesimo quarto, indictione secundâ, anno verò imperii mei vicesimo quinto Dei disponente providentiâ, ego Adelred totius Albionis monarchiam gubernans, etc. » 2° « Postquam protoplastus invidâ veneniferi serpentis deceptus versutiâ, etc. Ego Æthelred gentis gubernator Angligenæ totiusque insulæ coregulus Britanniæ, etc. » 3° (*Place du chrisme* ou *labarum.*) « Dominante per sæcula infinita omnium dominatore Christo salvatore nostro, universitatisque creatore, Æthelredus gratiâ Dei ejusque misericordiâ rex et rector regni Anglorum et devotus sanctæ ecclesiæ defensor, humilisque adjutor, etc. » Il souscrit avec une croix et dans ces termes : « Ego Æthelredus gratiâ Dei regiæ dignitatis sublimatus honore hoc nostræ libertatis privilegium cum signaculo sanctæ crucis confirmando consignavi ✛. » Il ne date ni du jour ni du mois, mais seulement de l'an de l'Incarnation, en y ajoutant quelquefois l'indiction, et très-rarement les années de son règne. Voici deux de ses dates : 1° « Scripta est hæc cartula anno Dominicæ incarnationis millesimo secundo, hiis unanimi conspirantibus testimonio quorum inferiùs subsequuntur onomata. » 2° « Scripta est hujus libertas privilegii anno ab incarnatione Domini nostri Jesu Christi MIIII, indictione II, horum testimonio sapientûm quorum nomina inferiùs annotata cernuntur. » Il n'est pas fait mention dans ces deux dates des années de son règne; mais dans la première des trois suscriptions qui ont été citées plus haut, Éthelred fait concorder l'an 1004 avec la vingt-cinquième année de son règne. Il résulterait de cet exemple qu'il n'aurait commencé à régner de fait que vers 980, circonstance qui n'aurait rien d'extraordinaire, parce qu'il n'avait que douze ans à l'époque de la mort d'Édouard le Martyr.

Éthelwolf ou Éthelulf, fils d'Egbert, roi d'Angleterre, succède à son père en 837, cède en 856 le royaume de Westsex à son fils Éthelbald, et meurt en 858.

Étienne, élu pape aussitôt après la mort de Zacharie, arrivée le 14 mars 752, meurt trois jours après sans avoir été consacré. Il ne compte point parmi les papes.

Étienne II, élu pape et consacré le 26 mars 752, meurt le 25 avril 757. — Il emploie très-souvent la conclusion *benevale* ou *benevalete*. Il supprime quelquefois le titre d'évêque avant la formule *servus servorum Dei*, qu'il a fait suivre dans un privilége de la qualification suivante : « S. R. E. (*sanctæ Romanæ ecclesiæ*) *apostolicus.* » Il a donné à Pepin les titres de fils, de compère spirituel, de patrice des Romains et de roi très-chrétien. Étant en France, il accorda à l'abbaye de Fulde une bulle de protection ainsi datée : VIII *Kalendas Augustas imperante Pippino glorioso rege, indictione* VII. La citation suivante est remarquable à cause de la date du pontificat : « Scriptum per manum Sergii S. R. E. scriniarii, indictione sextâ, mense Januario. Data Idus Januarii per manum Anastasii primi episcopi diœcesanorum sanctæ sedis apostolicæ, anno, Deo propitio, pontificatûs domini Stephani summi pontificis et universalis papæ in sacratissimâ sede beati Petri apostoli primo. Benevalete. » Il a aussi daté des années de l'empire de Constantin Copronyme et de son fils Léon. Voyez une date analogue, citée à l'article de Zacharie. Le sceau d'Étienne II porte d'un côté STEPHANI, et de l'autre PAPAE. Ces deux mots sont écrits en cercle et accompagnés d'une croix.

Étienne III, élu pape le 5 et consacré le 7 août 768, meurt le 1er février 772. Ses épîtres, publiées par dom Bouquet, présentent des suscriptions à peu près semblables à celles de Paul Ier. Elles sont adressées en commun à Charlemagne et à Bertrade sa mère, ou à Charlemagne et à Carloman. Dom Bouquet en a aussi publié une qui est adressée à Carloman seul. Aucune n'est datée; mais toutes se terminent par une salutation. En voici un exemple : *Incolumem religiositatem vestram atque excellentiam tuam gratia superna custodiat.* Le mot *religiositas* s'adresse à Bertrade et le titre d'*excellence* à Charlemagne.

Étienne IV, élu pape le 11 ou le 12 juin 816, et consacré le 22 du même mois, meurt le 24 janvier 817.— Voici la suscription et les dates d'un privilége publié dans le Bullaire romain : « Stephanus episcopus « servus servorum Dei, dilecto in Domino filio, etc. in « perpetuum.... Scriptum per manus Christophori scri- « niarii in mense Januario, indictione decimâ. Beneva- « lete. Datum decimo Kalendas Februarii per manus « Theodori nomenclatoris sanctæ sedis apostolicæ, im- « perante domino Ludovico piissimo perpetuo augusto « à Deo coronato magno pacifico imperatore, anno ter- « tio, post consulatum anno tertio, indictione decimâ. » Il faut remarquer le titre de *nomenclateur*, qui paraît peut-être pour la première fois.

Étienne V, consacré pape vers la fin de septembre 885, meurt le 7 août 891. Un privilége accordé par Étienne V à l'église de Plaisance, présente des formules de dates analogues à celles qui ont été citées à l'article de Nicolas Ier, d'après la bulle originale déposée aux Archives du royaume, si ce n'est toutefois que dans la date *scriptum*, on lit *indictione suprascriptâ*, parce que l'indiction avait été marquée dans le corps de l'acte.

Étienne VI, consacré pape avant le 20 août 896, meurt avant le 20 août 897, ayant à peine occupé le saint-siége pendant quatorze mois. Il datait du mois, du jour et de l'indiction, sans marquer l'année de son pontificat; mais il a daté du règne des deux empereurs qu'il a successivement reconnus : 1° « Scriptum per manum « Nicolai scriniarii sanctæ Romanæ ecclesiæ in mense « Augusto, indictione XIIII. Benevalete. Datum XIII Kal. « Septembris, per manum Stephani episcopi sanctæ ec- « clesiæ Nepesinæ, arcarii sanctæ ecclesiæ sedis aposto- « licæ, imperante domino piissimo augusto Arnulfo « à Deo coronato magno imperatore, anno primo. » 2° « Scriptum per manum Samuel notarii et scriniarii « sanctæ Romanæ ecclesiæ, indictione XV. Datum X Kal. « Februarias per manum Samuelis notarii et scriniarii « sanctæ Romanæ ecclesiæ, imperante domino nostro « Landeberto piissimo augusto à Deo coronato magno « imperatore, indictione XV. » On peut remarquer dans la première date le titre de trésorier du saint-siége pris par l'évêque de Nepi. La seconde date s'éloigne des formes ordinaires en ce que le même officier est nommé dans le *scriptum* et le *datum*. Il faut aussi faire observer que les années de l'empereur n'y sont pas marquées.

Étienne VII devient pape vers le 1er février, ou selon d'autres, le 3 ou le 4 mars 929, et meurt vers le 12 mars 931.

Étienne VIII devient pape le 19 juillet 939 au plus tard, et meurt vers le commencement de novembre 942. « On attribue à ce pape, disent les Bénédictins, une « bulle remarquable par les traits les plus singuliers. « Elle commence ainsi : *In nomine S. et individuæ Tri- « nitatis et S. Mariæ Virginis, Stephanus sedis apostolicæ « summus episcopus, servus servorum Dei.* A l'ordinaire, « les anathèmes et les bénédictions s'y succèdent tour « à tour. Voici de quelle manière elle est terminée : « *Ego Castorius notarius regionarius S. R. E. corroborante « apostolicâ auctoritate, et S. papâ Stephano suggerente, « recognovi. Signum domini Stephani papæ gloriosi. Data « V Cal. Maii ab incarnatione Dom.... actum Romæ feli- « citer. Amen. Ego Leo S. R. E. archipresbyter, rogante « domino nostro Stephano, subscripsi. Amen.* Suivent « nombre de signatures d'évêques. Cette pièce paraîtra « s'écarter moins de l'usage, quand on l'envisagera « comme le résultat d'un concile. » Le Bullaire romain attribue cet acte à Étienne VII. Comme le chiffre de l'année de l'Incarnation n'y est pas marqué, ce dissentiment n'a rien d'extraordinaire; mais à part cette lacune les formules sont assez inusitées, pour qu'il soit permis de mettre en doute l'authenticité de ce privilége. La collection des Historiens de France en renferme un qui, tout en étant d'ailleurs conforme au style ordinaire, s'en éloigne cependant, parce qu'il renferme l'annonce du sceau. « Ut autem interim in- « violabiliter custodiantur quæ in hoc privilegio scripta « sunt, sigillo nostro subterfirmare jussimus. Beneva- « lete. » Suivent les formules de la double date *Scriptum* et *Datum*. La dernière date ajoute à la formule ordinaire *in sacratissimâ sede B. Petri* les mots *apostolorum primi*.

Étienne IX (Frédéric), élu pape le 2 août 1057 et sacré le lendemain, meurt le 29 mars 1058. — « Sous « Étienne IX, disent les Bénédictins, Grégoire continue « de faire les fonctions de notaire et d'archiviste. Au lieu « de ce dernier titre, il prend quelquefois celui de ca- « mérier. Hombert, évêque de Silva-Candide, et biblio- « thécaire de la S. E. R., n'a de singulier que l'exactitude « à marquer les dates du lieu et de l'Incarnation, quoi- « que sur ce dernier article il faille admettre quelques « exceptions. La première, dès lors, devint d'un usage « ordinaire dans toutes les bulles, et la seconde dans les « priviléges ou pancartes. Le pape Étienne se fit repré- « senter sur son sceau, à genoux en habits pontificaux, « une crosse à la main, paissant ses agneaux. Au milieu « des nues paraît J. C. à mi-corps, lui adressant ces pa- « roles gravées sur le revers : Si diliges me, Petre, « pasce agnos meos. C'est en effet sa sentence telle que « nous l'avons reçue de Rome. »

Étienne, comte de Mortain et de Boulogne, petit-fils, par Adèle sa mère, de Guillaume Ier roi d'Angleterre, succède à son oncle, Henri Beauclerc, est couronné le 26 décembre 1135, et meurt le 25 octobre 1154.— Voici la suscription d'un diplôme sans date, par lequel il confirma les priviléges de l'église de Normandie : « Stephanus Dei gratiâ rex Angliæ et dux Normanniæ H. (*Hugoni*) Rotomagensi archiepiscopo, « episcopis, abbatibus, comitibus, baronibus, vicecomitibus, et omnibus in Normanniâ commorantibus « salutem. » Une donation qu'il fit en 1138 à un monastère d'Angleterre commence par un préambule suivi de cette suscription : *Ego Stephanus Dei gratiâ Anglorum rex, etc.* Le mot *Stephanus* est précédé d'une croix qu'on retrouve ensuite comme un signe d'honneur devant les noms des différentes personnes pour le salut desquelles le roi annonce avoir fait cette donation. Dans un de ses diplômes les témoins sont annoncés par la formule suivante : *Audientibus et collaudantibus omnibus fidelibus meis hic suscriptis.* Voyez d'ailleurs, pour ce qui concerne les souscriptions, l'article de Henri Ier. — Les années du règne d'Étienne se comptent à partir du 26 décembre 1135. Il ajoute quelquefois aux années de l'Incarnation celles de son règne et la mention de quelques prélats contemporains : « Anno ab incarnatione Domini MCXXXVIII, « apud Ela, secundo anno regni mei, in tempore Ed« wardi episcopi Norwicensis et Gausleni prioris Elæ. »

Eudes, Odon, Odoie ou Lude, fils de Boggis, duc héréditaire de Toulouse et d'Aquitaine, succède à son père et à son oncle Bertrand en 688, et meurt en 735. On lui a donné le titre de roi, et plusieurs chartes d'Aquitaine, dressées de son temps, sont datées des années de son règne.

Eudes ou Odon, comte de Paris, fils de Robert le Fort, est élu roi de France à la fin de l'an 887, après la déposition de Charles le Gros. Charles le Simple ayant été reconnu roi par une partie des seigneurs français au commencement de 893, Eudes fut forcé de partager avec lui la monarchie vers le milieu de l'an 896, et il mourut le 1er ou le 3 janvier 898. Eudes avait en partage les pays situés au midi de la Seine.— Il emploie ordinairement l'une des formules suivantes : *In nomine Dei æterni et salvatoris nostri Jesu Christi, Odo misericordiâ, clementiâ* ou *gratiâ Dei*, ou bien *divinâ ordinante clementiâ rex.* Il emploie aussi, mais plus rarement, les deux invocations *In nomine sanctæ et individuæ Trinitatis* et *In nomine Dei summi et æterni regis.* Ses formules, pour l'annonce de la signature et du sceau, sont en général les mêmes que celles de ses prédécesseurs. On trouve cependant dans dom Bouquet un diplôme qui renferme *signum Odonis magnifici regis*, au lieu de *gloriosissimi regis.* Il faut admettre, d'après les diplômes, au moins deux commencements à son règne, l'un de 887, l'autre de 888. Il fut reconnu encore plus tard dans certaines parties de la France, à Nîmes, par exemple, au commencement de 890. Il emploie presque toujours la date de l'Incarnation. Voici une de ses dates où le commencement de son règne est pris de 887 : « Datum mense Junio, anno in« carn. Domini DCCCLXXXVIII, anno secundo Odonis glo« riosissimi, in Dei nomine feliciter. Amen. » Un autre diplôme postérieur de six mois est daté au contraire de la première année de son règne. — *Sceaux :* 1° forme ovale; un pouce trois quarts de hauteur; diadème; pas d'inscription; 2° sceau beaucoup plus grand; tête de profil tournée vers la droite; inscription : ODO GRATIA DEI REX.

S. Eugène Ier, élu pape le 8 septembre 654, meurt le 1er juin 657.

Eugène II, ordonné pape le 14 février ou le 5 juin 824, meurt le 27 août 827. — Le Bullaire romain ne renferme qu'une bulle de ce pape; elle est sans date et commence par la suscription ordinaire : *Eugenius episcopus servus servorum Dei.* Les Bénédictins disent que ses bulles étaient dressées par Agathon, qui s'intitulait notaire et archiviste.

Eugène III (Bernard), élu pape le 27 février 1145, et ordonné le 4 mars suivant, meurt le 7 ou le 8 juillet 1153. — Les Bénédictins n'ont rencontré qu'une seule fois la date de l'indiction ajoutée dans une bulle ordinaire aux dates du lieu et du mois; ils ne connaissaient également qu'une bulle solennelle dont la suscription se terminât par *salutem et apostolicam benedictionem* au lieu de *in perpetuum.* Les dates des bulles solennelles présentent les mêmes caractères que sous les pontificats précédents; on y voit le nom du chancelier, ou quelquefois d'un cardinal qui exerce les fonctions de chancelier sans en prendre le titre. Ces bulles sont aussi datées par de simples écrivains; dans les dates l'année commence tantôt au 1er janvier, tantôt au 25 mars, et l'indiction au 1er janvier plus souvent qu'au 1er septembre. Les dates solennelles sont précédées, suivant l'usage, des signatures originales des cardinaux. Voyez, à l'article de Lucius II, la disposition de ces signatures. Eugène suivait l'usage de ses prédécesseurs pour le monogramme du *Benevalete*, pour la formule de souscription et le cercle qui renfermait pour devise : *Fac mecum, Domine, si-*

gnum in bonum. Voy. la face du sceau d'Eugène III, planche U, n° 3.

Eugène IV (Gabriel Condolmère), élu pape le 3, le 4 ou le 6 mars 1431, et couronné le 11 du même mois, meurt le 23 février 1447. — Le pontificat d'Eugène IV est l'époque d'un changement trop important dans les formules des papes pour que nous ne donnions pas à cet égard des explications un peu étendues. Outre les formules *Salutem et apostolicam benedictionem*, *Ad perpetuam* ou *Ad futuram rei memoriam*, « ce pape, disent les Bénédictins, employait encore celle-ci : *Ad æternam rei memoriam*, qui n'eut « pourtant pas de suite. Sa devise était : *Adjutor et pro-* « *tector meus es tu, Domine, ne derelinquas me, Deus meus;* « la liste de Rome retranche *Deus meus*. Nous trouvons « une de ses bulles où les noms de saint Pierre et de « saint Paul sont placés dans les cercles comme ils « l'étaient anciennement. Jourdain, évêque de Sainte- « Sabine, y signe deux fois, l'une pour le pape et « l'autre pour lui : *Ego Jordan. episcopus Sabin. domino* « *nostro Eugenio aliqualiter impedito et de ipsius mandato,* « *præsentibus præscriptis dominis card., subscripsi. Ego* « *Jordan. episcopus Sabin. nomine proprio subscripsi*. Quel- « ques-uns des cardinaux, au lieu de *subscripsi*, met- « tent *me subscripsi*. » Cette souscription faite au nom du pape, et en son absence, mérite d'être remarquée, mais cette bulle ne s'écarte pas d'ailleurs des formes suivies dans les anciens priviléges. Ces formes furent également observées dans la plus célèbre constitution d'Eugène IV, c'est-à-dire dans le *décret d'union* qui devait servir de monument éternel à la réunion des Grecs et des Latins; cet acte est souscrit en cinabre par l'empereur de Constantinople au bas du texte grec, et au bas du texte latin par le pape. Les signatures des prélats du rite latin sont, comme à l'ordinaire, disposées sur trois colonnes ; on pourrait tout au plus signaler une légère différence dans la disposition des cercles où le nom des apôtres est écrit tout au long; et comme on a vu tout à l'heure qu'Eugène IV a employé dans un autre acte un cercle disposé selon l'usage ordinaire, il faudrait en conclure que, sous ce rapport, on peut rencontrer dans ses bulles quelques variations; quant aux formules accessoires, lorsqu'elles n'étaient pas les mêmes que sous ses prédécesseurs, elles ne s'en éloignaient pas considérablement. On ne s'arrêtera donc pas à citer toutes les mentions relatives à l'enregistrement ou à l'expédition, telles que : « Registrata in camerâ apostolicâ, Dupli- « cata, Gratis de mandato domini nostri papæ, etc. » Passons à des observations plus importantes. « Rien « n'est plus remarquable, disent les Bénédictins, « qu'un certificat portant qu'une bulle fut luë et pu- « bliée dans la chancellerie romaine, en présence, etc. » (Voyez un certificat du même genre à l'article d'Innocent VIII.) « Ce certificat renferme une date qui « mérite d'autant plus d'attention qu'elle n'est pas rare « dans les siècles précédents. Nous en avons rencontré « plusieurs exemples sur notre route; mais comme « nous n'étions pas en état de vérifier par des faits nos « conjectures, nous avions pris le parti de les suppri- « mer. Ici donc, au lieu de compter comme nous fe- « rions le 6, on compte le 5 des ides au 8 de novembre : « *Die octavo Novembris videlicet quinto Idus*. Suivant cette « manière, ou l'on ne mettait pas en ligne de compte « le jour même des ides, nones et calendes, ou l'on n'y « faisait pas entrer celui d'où l'on partait; la même « bulle est signée de plusieurs cardinaux, mais non « pas du pape. Au reste ces attestations ne semblaient « convenir pour lors qu'à quelques bulles extraordi- « naires, dont la plupart étaient souscrites par le pape « et ses cardinaux; encore de celles-ci ne trouve-t-on « que très-peu d'exemples, jusqu'à Innocent VIII, qui « étendit ces sortes de certificats aux simples bulles « proprement dites. » — On sait que sous les prédécesseurs d'Eugène IV les bulles solennelles étaient, sauf un petit nombre d'exceptions, les seules qui portassent la date des années de l'Incarnation. Ce pape, à la représentation de Blondus de Forli, secrétaire du consistoire, décida que cette date serait marquée dans toutes les bulles : et s'il ne suivit pas cette règle dans les lettres ou brefs qu'il scellait du sceau secret, les papes suivants l'étendirent à ces mêmes actes, qui furent scellés de l'anneau du pêcheur. (Voyez Nicolas V.) Donnons un exemple de la suscription et de la date des brefs d'Eugène IV : « Eugenius papa quartus...... « salutem et apostolicam benedictionem. — Datum « Romæ apud S. Laurentium in Damaso, sub annulo « nostro secreto, die XVII mensis Septembris, pontifica- « tûs nostri anno III. » On voit qu'entre la date du lieu et celle du pontificat il se contentait de marquer le jour du mois selon notre calendrier, sans faire mention des calendes, des nones ou des ides. Voici maintenant la date d'un acte scellé avec la bulle de plomb : « Dat. « Rome apud sanctum Petrum anno incarnationis Do- « minice millesimo quadringentesimo quadragesimo « quinto, decimo septimo Kal. Julii, pontificatûs nostri « anno quinto decimo. » Or si l'on compare cette formule, qui sera désormais employée pour les dates des bulles, avec les dates qui furent dans la suite appropriées aux brefs et dont on trouvera un exemple à l'article de Nicolas V, on verra qu'elle se distingue 1° par l'indication du jour du mois selon le calendrier romain, 2° par les mots *incarnationis Dominicæ*. En effet on se borne à indiquer dans les brefs le chiffre de l'année courante, sans employer aucune des formules *anno Domini*, *anno gratiæ*, *anno incarnationis*, etc. « Depuis le rétablissement de l'année de l'Incarnation dans les bulles ordinaires, disent les Bénédictins, on en trouve de signées solennellement par « Eugène; mais elles n'ont point d'autres notes chronologiques qui les distinguent des autres bulles. « Voici l'ordre suivant lequel leurs dates sont disposées : le nom du lieu et souvent du palais où la bulle « fut donnée, l'année de l'Incarnation, le jour des calendes, des nones ou des ides, l'année du pontificat. « Ces dates et cet arrangement ont subsisté sans aucune variation depuis Eugène IV jusqu'à nos jours. « Il faut néanmoins observer en passant que la date du « palais est beaucoup plus ancienne; mais on ne s'astreignait pas à la marquer toujours exactement. » Cette règle admet cependant quelques exceptions. En effet l'on rencontrera quelques bulles qui omettent l'année du pontificat, et qui marquent l'année de l'ère chrétienne dans la même forme que les brefs; il y en a même où cette date n'est pas marquée. Voyez NICOLAS V; voyez aussi, pour ce qui concerne les *motus proprii*, l'article d'INNOCENT VIII. — La date de l'indiction ne paraît pas même dans les bulles les plus solennelles d'Eugène IV. Nous pensons que, pendant le XVe et le XVIe siècle, elle n'a pas non plus été employée par ses successeurs, et qu'elle était exclusivement réservée à la chambre apostolique, qui la marquait dans les certificats de publication. Toutefois nous ne hasardons cette observation qu'avec une extrême réserve, parce que les Bénédictins ne s'expliquent point à cet égard, et que d'ailleurs il est toujours dangereux de poser des règles générales; mais il est du moins bien positif qu'ordinairement la date de l'indiction ne figurera plus dans les bulles. Quant à la manière de commencer l'année, Eugène IV a varié comme ses prédécesseurs; il la comptait tantôt à partir du 25 décembre ou du 1er janvier, tantôt à partir du 25 mars ou quelquefois du jour de Pâques. Cependant il avait ordonné, par une bulle de 1440, que dans toute l'église on commencerait désormais l'année à Noël; mais ni lui ni ses successeurs n'ont été fidèles à cette loi. Les Bénédictins confirment, à cet égard, l'opinion des auteurs de l'Art de vérifier les dates; ils font observer seulement qu'à partir du pontificat d'Eugène IV il fut plus ordinaire, dans les brefs, de commencer l'année à Noël ou au 1er janvier, tandis que les dates des bulles la comptaient de préférence à partir du 25 mars; mais cette règle a souffert de nombreuses exceptions. « Eugène IV, disent les Bénédictins, publia, en 1433, une constitution pour « recommander la célébration de la fête du Saint-Sacrement; il déclare à la fin que les copies authentiques de cette bulle auront la même autorité que « l'original s'il était représenté. Cette déclaration a « passé en formule, et les papes en font encore usage « dans les bulles et les brefs adressés à toute l'église. » Voici dans quels termes elle est conçue : « Verùm quia « difficile est hujus modi litteras singulis exhiberi, volumus et eâdem auctoritate decrevimus quod ipsarum « transumpto, manu publicâ et sigillo alicujus episcopalis vel superioris ecclesiæ curiâ munito, tanquam « præfatis, si originales exhiberentur, litteris plena fides « adhibeatur, et perinde ac si originales litteræ forent « exhibitæ vel ostensæ. Datum, etc. » Voy. la face du sceau d'Eugène IV, planche U, n° 12.

F

S. FÉLIX II ou III, élu pape le 2 mars 483, et ordonné le 6 du même mois, meurt le 24 ou le 25 février 492. Il est le premier qui ait employé l'indiction dans ses lettres; il a aussi introduit l'usage de donner à l'empereur le titre de *fils*.

FÉLIX III ou IV, élu pape le 24 juillet 526, et ordonné vers la fin du mois de septembre suivant, meurt le 18 septembre ou au commencement d'octobre 530.

FÉLIX V (Amédée, duc de Savoie), antipape, élu en opposition à Eugène IV le 5 novembre 1439, consacré et couronné le 24 juillet 1440, renonce au pontificat le 9 avril 1449.

FORMOSE, intronisé pape le 19 ou sur la fin du mois de septembre 891, meurt après le 15 avril 896. Une de ses bulles renferme le dernier exemple connu d'une date prise du postconsulat de l'empereur d'Occident. (Voyez cependant ROMAIN.) Un autre acte daté de l'empire d'Arnoul, et non de son postconsulat, présente, pour la première fois peut-être, le titre de chancelier du saint-siége apostolique. Voyez d'ailleurs pour le style de ces dates ce qui a été dit aux articles d'ÉTIENNE V et de NICOLAS Ier.

FRANÇOIS Ier LE PÈRE DES LETTRES, né de Charles d'Orléans, comte d'Angoulême, et descendant de Charles V par Louis d'Orléans son bisaïeul, succède à Louis XII, roi de France, le 1er janvier 1515, est sacré à Reims le 25 du même mois, et meurt le 31 mars 1547. — Ses actes latins commencent ordinairement par la formule suivante : « Franciscus Dei « gratiâ rex Francorum, dux Mediolani et Genuæ do- « minus. » Dans le diplôme qu'il a donné pour la réforme de la Sainte-Chapelle, il ajoute ensuite *ad perpetuam rei memoriam.* Dans les actes français il ne prend que le titre de roi de France : « François, par la grace « de Dieu, roy de France, a nostre amé et feal cousin le « sieur de la Rochepot, chevalier de nostre ordre, bailly « et concierge de nostre palais royal a Paris, salut et di- « lection. » Un acte de décharge pour la veuve Robertet commence par : « Nous François, par la grace de Dieu, « etc., certifions a tous ceux qu'il appartiendra. » La date est ainsi conçue : « Fait a Paris le XVIII mars MDXXXIII. « FRANÇOIS. » Quelquefois il supprime la date de l'année. L'acte par lequel il promet avec serment d'observer les traités conclus avec l'Angleterre commence ainsi : « Nos Franciscus Dei gratiâ Francorum rex Christia- « nissimus, promittimus, etc. » L'édit qui ôte aux religieux et aux religieuses le droit de succéder renferme les formules suivantes : « François, par la grace de « Dieu, roi de France, daufin de Viennois, comte de « Valentinois et Diois, a tous presens et a venir salut. « Savoir faisons, etc.; avons par edit, statut et ordon- « nance irrevocable de notre certaine science, propre « mouvement, grace speciale, pleine puissance et auto- « rité royale delfinale, statué et ordonné, et par la te- « neur de ces presentes statuons, ordonnons, etc. » Le diplôme par lequel il confirme les priviléges de l'église de Novarre se termine ainsi : « Quoniam sic nobis « placet et fieri volumus : quæ ut firma et stabilia per- « petuis temporibus remaneant, præsentibus sigillum « nostrum duximus apponendum, salvo in cæteris jure « nostro et in omnibus quolibet alieno. Datum Medio- « lani x Januarii MDXVII et regni nostri anno tertio. Per « regem ducem Mediolani, ad relationem vestram. BEN. « BUCCASE. » Et plus bas, dans un angle de la charte : *Visa contentor pro domino Grangi. Gottardus.* Dans cette formule le commencement de l'année est pris au 1er janvier. Il donna à Louise de Savoie, sa mère, le duché d'Anjou et les comtés du Maine et de Beaufort par des lettres patentes datées du 4 février 1514 (*vieux style*), et qui furent scellées de plusieurs sceaux : « Par le roi, « sous le scel de Boisy gran-maître de France et autres « en après. ROBERTET. » Cependant sous son règne l'usage des sceaux a commencé à diminuer, parce qu'un plus grand nombre de personnes étaient en état de signer. Ses édits et lettres patentes qui commencent par *A tous presents et a venir,* et qui contiennent une première loi, sont datés du mois et de l'année, sans marquer le jour, et scellés de cire verte sur des lacs de soie verte et rouge; au contraire les actes qui commencent par *A tous ceux qui ces presentes verront,* sont datés du jour, du mois et de l'année, et scellés en cire jaune avec une queue de parchemin. — *Sceaux :* Inscription : FRANCISCUS DEI GRACIÂ FRANCORUM REX PRIMUS. Le sceau est du reste entièrement semblable au premier sceau de Charles VIII. Le Nouveau Traité de Diplomatique donne le *fac-simile* d'un autre sceau qui présente quelques différences. Le roi, dans la main gauche, porte un bâton royal au lieu d'une main de justice. On voit au-dessus du dais deux têtes d'anges ailés et sans bras, tandis que dans le sceau précédent les deux anges ont les bras étendus; les fleurs de lis du champ ne sont pas non plus disposées de la même manière.

FRÉDÉRIC Ier BARBE-ROUSSE, fils de Frédéric, duc de Souabe, désigné par son oncle Conrad III pour succéder au trône impérial, est élu roi des Romains le 4 mars 1152, couronné le 9 du même mois à Aix-la-Chapelle, reçoit la couronne impériale à Rome le 18 juin 1155, s'y fait couronner de nouveau dans l'église de Saint-Pierre le 1er août 1167, reçoit la couronne du royaume d'Arles le 30 juillet 1178, et meurt le 18 juin 1190. — Avant 1155 il s'intitula simplement *Romanorum rex* ou *rex augustus.* Voici sa formule ordinaire de souscription dans ses diplômes impériaux : « C. In nomine sancte et individue Trinitatis, « Fredericus divinâ favente clementiâ Romanorum im- « perator et semper augustus. » Dans une lettre qu'il adressa à Henri II il s'intitule *Romanus imperator.* Cet acte se termine par une formule de salutation ainsi conçue : « Personam tuam et statum regni tui incolu- « men per longa tempora Deus omnipotens conservare « dignetur. » Il fait souvent mention de ses bulles d'or : « Pro majori autem hujus nostræ confirmationis et « sanctionis auctoritate hanc paginam conscribi et aureâ « bullâ nostrâ jussimus insigniri, pœnâ centum librarum « auri et banni nostri hujus sacræ legis violatores con- « dempnantes, adhibitis idoneis testibus quorum no- « mina sunt hæc, etc. » Pour l'annonce du sceau il emploie aussi les termes de *sigilli, imaginis charactere, impressione, expressione signari, roborari, decorari.* Quand il joint le sceau d'une église au sien, il en fait mention : « Sigillo nostro cum appositione sigilli Aquensis « ecclesiæ præsentem cartulam insigniri præcepimus. » Après l'annonce du sceau on rencontre quelquefois : « Additâ subscriptione testium principum tam clerico- « rum quàm laicorum. » Mais ce mot *subscriptio* indique l'énumération et non la signature des témoins. Ces témoins sont aussi annoncés par d'autres formules, telles que *Hujus rei testes sunt, Idoneos testes qui presentes aderant subternotari fecimus quorum nomina sunt hæc*, etc. « Après le texte de ses diplômes, disent les Bénédictins, « suit la signature impériale en lettres minuscules fleu- « ries : *Signum domini Friderici Romanorum imperatoris* « *augusti*. Immédiatement après cette signature, vient la « date, qui est placée avant la souscription du chance- « lier, écrite en caractères minuscules, semblables à « ceux du texte : *Ego Reinaldus cancellarius vice Arnoldi* « *Moguntinæ sedis archiepiscopi et archicancellarii reco-* « *gnovi*. » Les diplômes contenus dans le recueil intitulé *Corps diplomatique du droit des gens* renferment de nombreuses exceptions à cette règle. La souscription du chancelier y précède presque toujours la date. Voici deux autres formules de signature du même prince : « Signum meî Friderici Romanorum imperatoris invi- « ctissimi. Signum domini Friderici imperatoris Rom. « triumphatoris invictissimi. » On trouve aussi des souscriptions de chancelier qui se terminent par : « Vice Philippi Coloniensis archiepiscopi et Italici re- « gni archicancellarii, » ou « Vice Christiani Moguntinæ « sedis archiepiscopi et Germaniæ archichancellarii. » Selon l'Art de vérifier les dates, l'archevêque de Cologne commença en 1156 à prendre le titre d'archichancelier de l'Italie, et l'archevêque de Mayence prit en 1178 celui d'archichancelier de l'Allemagne. Frédéric est le premier empereur dont les diplômes aient le sceau pendant; souvent il ne fait mention ni des années de son règne, ni de celles de son empire; il date quelquefois de son couronnement à Arles (30 juillet 1178). Cette époque se trouve réunie aux années de son règne, qui se comptent du mois de mars 1152, et à celles de son empire, qui se comptent du 14 juillet 1155, dans un diplôme de 1178, cité par les Bénédictins, et dont la date est ainsi conçue : « Acta « sunt hæc anno Dominicæ incarnationis MCLXXVIII.... « regnante domino Frederico, Romæ imperatore glo- « riosissimo, anno regni ejus XXVII, imperii autem « XXIV feliciter. Datum in palatio Arelatensi III Kal. « Aug. mensis, die Dominico, quo coronatus est in ec- « clesiâ Arelatensi imperator. » On trouve souvent dans ses dates des faits historiques, entre autres la destruction de Milan (26 mars 1162). — Le nom de Frédéric est écrit dans ses diplômes *Fridericus*, *Fredericus* et *Federicus*.

Frédéric II, surnommé Roger, fils de Henri VI, élu roi des Romains vers le milieu de 1196, succède à son père en Sicile en 1197, est proclamé de nouveau roi des Romains peu de temps après la mort de Henri VI; élu pour la troisième fois en 1211 après l'excommunication d'Otton IV, il est couronné roi des Romains pour la première fois le 6 décembre 1212, et pour la seconde fois le 25 juillet 1215; il reçoit la couronne impériale le 22 novembre 1220, devient roi de Jérusalem en 1226, par la cession de Jean de Brienne son beau-père, et meurt le 4 décembre 1250. — Quand il emploie une invocation, c'est ordinairement celle de la sainte Trinité : *In nomine sancte et individue Trinitatis*. Mais il s'est aussi servi de *In nomine Dei æterni et salvatoris nostri Jesu Christi*. On lui a donné le titre d'*homme illustre*. — Dans sa lettre à Louis, roi de France, il s'intitule : « Fridericus Dei gratiâ Roma- « norum imperator præpotentissimus, à Deo coronatus, « magnus et pacificus, victor ac triumphator semper « augustus. » Avant 1220 il se qualifiait ordinairement : *Fridericus Dei gratiâ Romanorum rex semper augustus et rex Sicilie*, ou bien *Fridericus secundus Dei gratiâ, etc. omnibus in perpetuum*, ou encore *Fridericus divinâ favente clementiâ Romanorum rex secundus semper augustus et rex Sicilie*. Après avoir reçu la couronne impériale, il substitua au titre de roi des Romains celui d'*imperator semper augustus* ou *imperator Romanorum semper augustus*. Cependant dès l'an 1212 il se serait dit *élu empereur* si l'on devait regarder comme authentique un diplôme dont voici la suscription : « Fridericus Dei gratiâ in Romanorum imperatorem « electus, rex Sicilie, dominus Apulie et princeps Capue, « universis Christi fidelibus presentes litteras inspecturis « salutem in auctore salutis. » — Ce qui peut rendre ce diplôme suspect, c'est que dans plusieurs actes antérieurs à 1220, on ne retrouve plus ce titre d'*empereur élu*, mais seulement celui de roi des Romains. D'ailleurs les Bénédictins, après avoir cité ce texte d'après Gudenus (*Cod. dip.* p. 420), ajoutent que : « Frédéric « prit seulement le titre de roi des Romains et de Sicile « avant l'an 1220, où il fut couronné empereur à Rome. » (Tom. VI, p. 10.) Cependant on trouve au tome I du Corps diplomatique, page 144, un diplôme du 26 septembre 1212, où Frédéric s'intitule : *Romanorum imperator electus et semper augustus*. Mais ce diplôme porte dans un autre recueil la date du 15 avril. D'un autre côté, dans le même volume du Corps diplomatique, page 161, on ne retrouve plus que le titre de roi des Romains dans un acte du 24 septembre 1220, antérieur de deux mois au couronnement de Frédéric à Rome. Quand même on admettrait l'authenticité de ces deux formules exceptionnelles, il en résulterait du moins que Frédéric prenait seulement le titre d'*empereur élu* et qu'il ne le prenait pas toujours. On devrait donc encore reconnaître que le couronnement à Rome était nécessaire pour conférer toute la plénitude de la dignité impériale. — Les constitutions grecques données par Frédéric II, pour le royaume de Sicile, fournissent la suscription suivante : *Βασιλεὺς Φρεδερίκος, ἀει αὐγευστος, Ἰταλικὸς, Σικελικὸς, Ἱεροσολυμίτης, Ἀρελατένσης, ἐυσεβὴς, ἐυτυχὴς, νικητὴς καὶ τροπαιοῦχος.* Dans les actes ordinaires il se contente de l'annonce du sceau : *Sigillo majestatis nostræ fecimus communiri.* Voici deux exemples de formules plus solennelles : 1° « Ad cujus rei certam in perpetuum evidentiam, præ« sentem paginam inde conscribi jussimus et majesta« tis nostræ sigillo aureo communiri, manuque propriâ « corroborantes idoneos testes subnotari fecimus quo« rum nomina sunt hæc, etc. » 2° « Ad hujus itaque do« nationis et concessionis nostre memoriam et stabilem « firmitatem, presens privilegium fieri fecimus et bullâ « aureâ, typario nostre majestatis impresso, jussimus « communiri. Hujus rei testes sunt, etc. » Dans un acte de 1212, la présence du chancelier et d'autres témoins est annoncée en ces termes : « Acta sunt hec, « presentibus dilectis nostris Cunrado Metense et Spi« rense episcopo imperialis aule cancellario, Lupoldo, « etc..... et aliis quampluribus. » — Dans la charte qu'il accorda en 1223 au monastère d'Hirsauge, son monogramme est accompagné de cette formule : « Signum « domini Friderici secundi Dei gratiâ invictissimi Ro« manum imperatoris semper augusti et regis Sici« liæ. » Mais dans beaucoup d'autres chartes, revêtues de son monogramme, la même mention ne se rencontre pas. Quelquefois, d'ailleurs, il n'appose pas son monogramme. Dans un acte de 1214, Conrad, chancelier, contre-signe pour l'archichancelier du royaume de Bourgogne : « Ego Conradus Spirensis et Metensis « episcopus, imperialis aulæ cancellarius, vice Humberti « Viennensis archiepiscopi et totius regni Burgundiæ « archicancellarii, recognovi. » — On remarque quatre époques dans les diplômes de Frédéric II : 1° son règne en Sicile (fin de 1197) ; 2° son règne comme roi des Romains (fin de 1212) ; 3° son empire (fin de 1220) ; 4° son règne à Jérusalem, que l'abbé de Gotwic fait remonter à 1226, époque de la cession de Jean de Brienne, dont il avait épousé la fille l'année précédente. Frédéric, entré dans Jérusalem le 17 mars 1229, se rendit le lendemain à l'église du Saint-Sépulcre, et, en l'absence d'un évêque, plaça lui-même la couronne sur sa tête. Mais la date de ce couronnement ne paraît pas avoir été employée dans ses diplômes. Les époques qui s'y rencontrent sont réunies dans les deux exemples suivants : 1° « Acta sunt hæc anno Domini nostri « Jesu Christi MCCXIII, indict. I, regnante domino Fri« derico secundo Romanorum rege glorioso et rege Si« ciliæ, anno regni ejus Romani primo, regni verò ejus « Siciliæ XVI. » 2° « Acta sunt hæc anno Dominicæ incar« nationis MCCXXVIII, mense Junio, primæ indictionis, « imperante D. N. Friderico secundo Dei gratiâ glorioso « Romanorum imperatore et Siciliæ rege, anno imperii « ejus octavo, Jerusalem tertio, regni verò Siciliæ XXXI « feliciter. Amen. Datum apud Brundusium. » On a des chartes de cet empereur datées selon le calcul pisan. En voici un exemple rapporté par les Bénédictins : *Datum apud Pisas, anno Dominicæ incarnat.* MCCXLV, *mense Augusti, II indict.* L'indiction II convient en effet à l'année 1244 et non à 1245 ; et comme l'acte est daté de Pise, on doit naturellement supposer qu'on y a suivi le calcul pisan.

FRÉDÉRIC III, duc d'Autriche et landgrave d'Alsace, surnommé LE BEL, fils d'Albert d'Autriche, élu roi des Romains le 19 octobre 1314, couronné le 25 novembre suivant, fait prisonnier par Louis de Bavière, le 28 septembre 1322, recouvre la liberté en 1325, en vertu d'un traité du 5 septembre 1325 qui lui assure le titre de roi en commun avec Louis V, et meurt le 13 janvier 1330. — Voici la suscription, l'annonce des sceaux et la date de la convention qui lui assure le titre de roi en commun avec Louis V : « Nos Ludovicus et « Fridericus Dei gratiâ Romanorum reges semper au« gusti notum facimus, etc. In quorum testimonium da« mus has litteras cum dependentibus nostris sigillis, et « promittimus sub omni obligatione suprà scriptâ quòd « illas velimus renovare et sigillare nostris novis sigillis « quàm primùm illa scripta fuerint. Omnium suprà « scriptarum rerum sunt testes, etc... qui omnes inter« fuerunt. Hæ litteræ datæ sunt Monachii, die Jovis ante « Dominæ nostræ diem cùm nasceretur, anno à Christi « nativitate MCCCXXV, undecimo anno nostri regni. » Il résulte de cette citation qu'en 1325 ces deux princes n'avaient encore qu'un sceau provisoire. Les mots *die Jovis ante diem Dominæ nostræ cùm nasceretur* désignent le jeudi avant la Nativité de Notre-Dame : ce qui correspond au 5 septembre 1325.

FRÉDÉRIC III ou IV, fils d'Ernest, duc d'Autriche, est élu roi des Romains le 2 février 1440, couronné à Aix-la-Chapelle le 17 juin 1442, reçoit à Rome la couronne de fer le 15 mars 1452 et le 19 du même mois la couronne impériale. Il mourut le 19 août 1493. Une donation considérable qu'il fit en 1468, commence ainsi : « In nomine sanctæ et individuæ Trinitatis, « amen. Fridericus divinâ favente clementiâ Romano« rum imperator semper augustus, Hungariæ, Dalmatiæ, « Croatiæ, etc. rex, ac Austriæ, Styriæ, Carinthiæ et « Carniolæ dux, dominus Marchiæ, Sclavoniæ ac Portûs « Maonis, comes in Habspurg, Tyrolis, Pherretis et in « Kyburg, marchio Burgoviæ et landgravius Alsatiæ, ad « futuram rei memoriam. » Pour assurer l'inviolabilité de ce diplôme, il ordonne qu'il soit offert sur les corps de S. Kilien et de ses compagnons, et termine par la menace d'une amende, formule qui se retrouve dans la plupart des diplômes impériaux. Il se disait troisième du nom, sans tenir compte de Frédéric III, compétiteur de Louis de Bavière; c'est ce que prouve la formule suivante, où l'on trouve aussi l'annonce de sa bulle d'or: « Signum serenissimi principis et domini « domini Frederici III imper. semper augusti, Hungariæ, Croatiæ, Dalmatiæ, etc. regis, ac Austriæ, Stiriæ, « etc. ducis, præsentium sub aureâ nostrâ bullâ typario « nostro impressâ testimonio litterarum. » A la fin de plusieurs autres lettres du même prince, on trouve cette formule : *Ad mandatum domini regis, Procopius de Rabenstein cancellarius.* Il n'annonçait pas toujours son monogramme. — Selon les auteurs de l'Art de vérifier les dates, « Frédéric III datait ses diplômes de son « élection à la dignité de roi des Romains, de son couronnement impérial et de son règne en Hongrie. » Cette opinion n'est pas entièrement conforme à celle des Bénédictins, qui indiquent le 30 mars 1440 comme le commencement des années du règne de Frédéric, et qui fixent son couronnement impérial au 17 mars 1451, en avertissant toutefois qu'il comptait les années de son empire de l'an 1452. En consultant les dates des diplômes de ce prince, on reconnaît que les années de son règne se comptaient en effet du 30 mars 1440, quoiqu'il eût été élu le 2 février précédent; mais l'opinion des Bénédictins sur la date des années de son empire est contredite par plusieurs titres, desquels il résulte que Frédéric comptait ses années, non à partir du 1er janvier, mais du 19 mars 1452, date qui paraît bien être celle de son couronnement. Frédéric III a daté aussi de son règne en Hongrie, quoiqu'il n'y ait jamais régné de fait. Il serait impossible de prouver rigoureusement l'époque précise à laquelle il fixait le commencement de ce règne fictif; mais il résulte de la comparaison de plusieurs actes, qu'il en comptait les années à partir de 1459, entre le 18 février et le 25 mars. Or comme dans cet intervalle se trouve placée la date du 19 mars, qui est le point de départ des années de son empire, on peut présumer qu'il avait fixé au même jour le commencement des années de son règne en Hongrie. — En résumé, Frédéric comptait les années de son règne comme roi des Romains du 30 mars 1440, celles de son empire du 19 mars 1452, et celles de son règne en Hongrie probablement du 19 mars 1459. On trouve dans le Corps diplomatique un traité d'alliance, daté du 31 décembre 1475, qui semble contredire ce calcul; mais il faut se rappeler qu'en Allemagne il était d'usage de commencer l'année au 25 décembre. Cet acte appartient donc à l'année 1474, comme le prouve évidemment une ratification de Louis XI, roi de France, en date du 17 avril 1475, date qui ne peut convenir à l'année suivante, puisque Pâques tomba le 14 avril en 1476. Parmi un grand nombre de dates que nous avons vérifiées, il en est une qui ne cadre pas avec les indications qui viennent d'être données. Nous la reproduisons d'après les Bénédictins : « Datum in oppido nostro « Gretz, die Sabbati ante Domnicam *judica* in Quadrage« simâ, anno Domini MCCCCLXVIII, regnorum nostrorum « Romani XXVIII, imperii XVII, Hungariæ verò X. Nos « Fridericus prælibatus præscripta recognoscimus, pro« fitemur et approbamus. Ad mandatum Domini impe« ratoris proprium, Udalricus episcopus Pataviensis « cancellarius. » Comme cette date correspond au 2 avril 1468, la vingt-neuvième année du règne de Frédéric, en qualité de roi des Romains, était commencée depuis le 30 mars; les Bénédictins auraient donc cité un exemple contraire à leur opinion, si l'on ne supposait pas, ce qui est beaucoup plus probable, qu'il y a une faute matérielle dans le chiffre de cette année. Quant aux années de l'empire et à celles du règne en Hongrie, elles sont exactement indiquées.

G

S. Gélase Ier, ordonné pape le 1er mars 492, meurt le 19 novembre 496. — On cite de lui la suscription suivante : « Gelasius Romanæ ecclesiæ episcopus dile« ctissimis in Christi caritate unanimiter complexis « fratribus episcopis, qui in Siciliâ sunt constituti. »

Gélase II (Jean de Gaëte), élu pape le 25 janvier 1118, ordonné prêtre le 9 mars suivant et consacré pape le lendemain, meurt le 29 janvier 1119. — Avant son couronnement il prenait le titre de *Reverentisismus ecclesiæ Romanæ diaconus nunc, disponente Domino, in pontificem electus.* Il avait pour devises *Deus* ou *Dominus in loco sancto suo* et *Confirma hoc, Deus, quod operatus es in nobis.* On cite quelques-unes de ses bulles où il conserve son ancien nom *Johannes Gaietanus.* Il commence quelques bulles par cette invocation : *In nomine Domini.* — Il suivait dans ses dates le calcul pisan, mais en commençant l'année à Pâques. Cette anticipation est prouvée par une bulle qui est datée du 20 décembre 1119, et qui ne peut appartenir qu'à l'année 1118, puisque Gélase II est mort le 29 janvier 1119. Il commençait l'indiction au 1er septembre. — Voici les caractères qui le distinguent de son prédécesseur Pascal II. Il n'employait que la formule *Datum, etc.* Cette formule était précédée d'une souscription conçue dans les mêmes termes que celle de Pascal II, mais à laquelle il ajoutait *Signum manûs meæ Gelasii*, ou *Signum manûs meæ propriæ*, et plus ordinairement *Signum manûs meæ*. Sa devise, au lieu d'être située entre deux cercles, était distribuée au-dessus et au dessous des bras d'une grande croix. « La distinc-« tion des deux formules *In perpetuum* et *Salutem et* « *apostolicam benedictionem*, selon que les bulles étaient « ou n'étaient pas en forme de priviléges, devient tou-« jours, disent les Bénédictins, plus constante et plus « invariable. »

Godomar ou Gondomar, second fils de Gondebaud, roi des Bourguignons, usurpe le trône de son frère Sigismond en 523. Il est dépossédé lui-même en 532 ou 534 par les fils de Clovis.

Gondebaud, fils puîné de Gondioc ou Gondéric, roi des Bourguignons, s'empare du trône vers 491, après avoir mis à mort son frère Chilpéric, et meurt en 516.

Gontran, fils de Clotaire Ier, devient roi d'Orléans et de Bourgogne en 561; il partage avec ses deux frères le royaume de Paris en 567, et meurt le 28 mars 593.—Voici le début et la fin d'un diplôme de ce prince, cité par dom Bouquet: « Divinâ disponente gratiâ « servus servorum Domini Gontramnus rex, regnante « Deo, universis sanctæ matris ecclesiæ filiis salutem. « ..... Hæc autem sic disponimus ut quicumque ea tur-« baverint de vitæ libro deleantur. » On voit qu'il n'est question dans ce diplôme ni de sceau, ni de date, ni de signature. La suscription est d'ailleurs fort singulière; et si l'on ne veut pas suspecter l'authenticité de cet acte, il faut au moins le regarder comme contraire à tout ce que l'on connaît des usages suivis à cette époque.

S. Grégoire Ier, dit le Grand, élu en février 590, ordonné pape le dimanche 3 septembre de la même année, meurt le 12 mars 604. — Son nom précède presque toujours celui des personnes auxquelles il écrit. Il est le premier qui ait employé la formule *Servus servorum Dei*, mais elle ne paraît que dans un très-petit nombre d'actes, et le plus souvent il n'y joint pas le titre d'*episcopus*. Il variait beaucoup la forme de ses salutations, qu'il modifiait selon la qualité des personnes, et qui en général se rattachent au sujet traité dans l'acte à la fin duquel elles sont placées. La date de ses décrétales commence ordinairement par *data* ou *datum*, une fois par *actum*, suivi de *in urbe Româ*. Il a employé, dans la date de quelques lettres, la formule suivante: *Data die N. Kal. N., imperante domino nostro Mauricio Tiberio piissimo augusto anno N., post consulatum ejusdem D. nostri anno N., indictione N.* Toutefois il datait rarement de l'année des empereurs, mais presque toujours de l'indiction, très-souvent du mois, en y ajoutant quelquefois les calendes, les nones et les ides, ou en comptant les jours du mois à notre manière. Que S. Grégoire ait accordé des priviléges, c'est ce que les Bénédictins regardent comme un fait incontestable; mais ils reconnaissent en même temps que les formules de ce pape ont pu être plus ou moins altérées par les copistes. Ces actes renferment des malédictions ou des censures contre ceux qui en violeraient les dispositions, et en même temps des bénédictions pour ceux qui les observeraient fidèlement. Ces formules sont ainsi conçues: *Statuentes nullum regum, nullum antistitum, nullum quâcumque præditum dignitate, etc........ Si quis verò regum, sacerdotum, judicum, personarumque secularium hanc constitutionis nostræ paginam agnoscens, contra eam venire tentaverit, potestatis honorisque sui dignitate careat, reumque divino judicio existere de perpetratâ iniquitate cognoscat.... Et nisi vel ea quæ ab illo malè ablata sunt restituerit, vel digna pœnitentiâ illicitè acta defleverit, à sacratissimo corpore ac sanguine Dei et Domini nostri redemptoris Jesu Christi alienus fiat, atque in æterno examine districtæ ultioni subjaceat. Cunctis autem eidem loco juxta servantibus sit pax Domini nostri Jesu Christi; quatenus et hìc fructum bonæ actionis recipiant et apud districtum judicem præmia æternæ pacis inveniant.* « Cette dernière clause, ajoutent les Bénédic-« tins, était littéralement la même au XIe et surtout « aux XIIe et XIIIe siècles. On peut même dire qu'elle n'a « presque pas varié dans les priviléges des papes. Il « était naturel d'emprunter ces clauses de S. Grégoire, « quand on les fit passer en style. » Un de ses priviléges, qui commence par la formule *Gregorius episcopus, servus servorum Dei, dilectissimo, etc. in perpetuum*, se termine par la salutation *Benevalete* et la date suivante: *Dat. Non.* (IX) *Kal. April. Romæ, per manus Johannis levitæ et S. R. E.* (*sanctæ Romanæ ecclesiæ*) *bibliothecarii.* Plusieurs critiques ont nié l'authenticité de cet acte comme renfermant des formules d'une époque postérieure; mais si l'on n'a pas assez de termes de comparaison pour affirmer que ce style a été réellement suivi par S. Grégoire, il faut reconnaître du moins qu'on n'y trouve rien d'incompatible avec l'époque à laquelle on le fait remonter. Ces formules, il est vrai, paraissent pour la première fois; mais en bonne critique on ne doit pas regarder comme apocryphes toutes les innovations; il suffit de douter, quand on manque de preuves décisives.

S. Grégoire II, ordonné pape le 19 mai 715, meurt le 10 février 731. — Les Bénédictins citent de lui les suscriptions suivantes : « 1° Domino glorioso filio Ca« rolo duci Gregorius papa. » 2° « Reverentissimo et san« ctissimo fratri Bonifacio coepiscopo ad illuminationem « gentis Germaniæ vel circumquaque in umbrâ mortis « morantibus gentibus in errore constitutis ab hâc apo« stolicâ sede directo, Gregorius servus servorum Dei. » 3° « Gregorius papa universis optimatibus et populo pro« vinciarum Germaniæ. » On voit que son nom est placé tantôt au commencement, tantôt à la fin de la suscription. Il a également varié pour l'emploi du singulier et du pluriel.

S. Grégoire III, ordonné pape le 18 mars 731, meurt le 27 ou le 28 novembre 741. — Parmi les titres d'honneur qu'il donne à Charles Martel on remarque celui de *très-chrétien*. Deux épîtres adressées à ce prince commencent ainsi : « Domino excellentis« simo filio Carolo subregulo Gregorius papa. » Les Bénédictins citent un décret fort curieux qui renferme plusieurs formules inconnues aux prédécesseurs de Grégoire III. « Cet acte en forme d'inscription, disent« ils, publié par M. Muratori d'après Margarin, n'est « pas moins curieux qu'intéressant pour la diploma« tique. 1° Il commence par l'invocation de J. C. notre « Sauveur; 2° les solécismes y sont fréquents; 3° Gré« goire s'y nomme lui-même troisième de son nom. » Voici le début de ce décret : « In nomine Domini Dei « salvatoris nostri Jesu Christi, breve facta à me Gre« gorio tertio papae de oblationes que offerre debentur « per singulos dies in ecclesiâ beati Pauli apostoli. » L'acte en entier est écrit en lettres capitales, et les mots sont séparés par des points.

Grégoire IV, ordonné pape à la fin de 827 ou le 5 janvier 828, meurt le 11 ou le 25 janvier 844, ou selon quelques auteurs en 843. — Il emploie comme ses prédécesseurs diverses formules de dates, c'est-à-dire les années de l'empereur d'Occident, celles de son pontificat, l'indiction, le jour du mois, et l'ère chrétienne. (Voyez Léon III.) Il a blâmé les évêques de France de lui avoir donné le titre de *frère;* mais il leur adresse lui-même ce titre dans un décret qui commence ainsi : « Dilectissimis fratribus universis « coepiscopis per Galliam, etc. constitutis Gregorius « episcopus servus servorum Dei. » Ce décret, qui n'est pas daté, se termine par une salutation ainsi conçue : « Deus vos incolumes memores nostrî custodiat fratres « charissimi. » Un de ses archivistes prend dans la date d'un privilége le titre de *prothoscriniarius.* Dans une autre date Grégoire se dit quatrième du nom. Un de ses priviléges présente au lieu du salut *In perpetuum* la formule *Perpetuam in Domino Jesu Christo salutem*. Ce pape avait un monogramme.

Grégoire V (Brunon), devient pape le 3 mai 996, et meurt le 4 février 999. — Dans les épîtres son nom est quelquefois exprimé par l'initiale G, et placé après celui de la personne à laquelle il écrit. On rencontre pour salut dans quelques actes la simple formule *In Domino salutem*. « Sous Grégoire V nous trouvons, « disent les Bénédictins, des bulles dressées par Jean, « qui semble vouloir enchérir sur la qualité de notaire « régionnaire par celle d'*atramentarius S. R. E.* Il eut « pour associés Pierre et Benoît. » Le premier joignit au titre de notaire celui d'écrivain, et il lui est arrivé de réunir dans une seule formule commençant par *scriptum*, et au milieu de laquelle se trouve la salutation *In Christo benevalete*, les notes chronologiques qui sont propres à la première et à la seconde formule. On trouve aussi le *Datum* avant le *Scriptum*, et la salutation *Benevalete* rejetée à la fin de la dernière date. Voici une autre date qui est conçue dans la forme ordinaire (sauf l'absence de la salutation *Benevalete*), et dans laquelle l'indiction est comptée à partir du mois de septembre : « Scriptum per manus Petri no« tarii et scriniarii sanctæ Romanæ ecclesiæ in mense « Septembri et indictione decimâ. Datum III Kal. Octo« bris per manus Johannis episcopi et bibliothecarii « sanctæ sedis apostolicæ, anno donni Gregorii V papæ « primo, imperante donno tertio Otthone à Deo coronato « magno imperatore anno primo. » Dans une autre date, l'année de l'empereur n'est accompagnée d'aucun titre honorifique, tandis qu'on donne à Grégoire V les titres de *pontificis et universalis ecclesiæ papæ*. La bulle de plomb de Grégoire V, dont les Bénédictins donnent le *fac-simile*, porte pour inscription, d'un côté Gregorii, et de l'autre Papae : ces deux mots sont disposés en cercle et précédés d'une croix; le champ du sceau est occupé en outre, sur la face principale par une double croix, et sur le revers par une croix simple.

Grégoire, antipape, chasse vers la fin de l'an 1012 le pape Benoît VIII, qui est rétabli au commencement de l'an 1014 par Henri II, roi des Romains.

Grégoire VI (Jean Gratien), achète le pontificat de

Benoît IX, en mai ou au plus tard en août 1044, et après l'expulsion de l'antipape Silvestre III. Il est déposé à la fin de décembre 1046. — Après la suscription ordinaire, *Gregorius episcopus servus servorum Dei*, il a employé pour formules de salut: « Perpetuam in « Domino salutem, Perpetuam in Domino Jesu Christo « salutem, Salutem et apostolicam benedictionem. » L'écrivain des bulles s'intitule tantôt *primiscrinius*, tantôt *scriniarius* et *notarius*, et il ajoute ensuite en parlant au nom du pape *nostri palatii* ou *nostri Lateranensis palatii*. Dans la formule *Datum*, Pierre, diacre, s'intitule à la fois bibliothécaire et chancelier du sacré palais de Latran ou du saint-siége apostolique. Voyez une date citée à l'article de Clément II.

Grégoire VII (Hildebrand), élu pape le 22 avril 1073, et ordonné le 30 juin suivant, meurt le 25 mai 1085. — Ses demi-bulles commencent ainsi : *Gregorius in Romanum pontificem electus salutem in Christo Jesu*, et plus souvent *in Domino Jesu Christo*. Après son sacre il se servit presque toujours de la formule *Episcopus servus servorum Dei.... salutem et apostolicam benedictionem*, ou dans les priviléges *in perpetuum*. Cependant à la formule *Salutem, etc.* il ajoutait quelquefois *si obedieris*, ou bien il la remplaçait par *Debitæ sollicitudinis exhortationem*, surtout quand il se disposait à lancer une excommunication. Il marquait aussi son mécontentement par la suppression de toute formule de salut. Une de ses épîtres à Guillaume le Conquérant prouve qu'il ne se désignait quelquefois que par la première lettre de son nom. « Nous ne connaissons pas de privilége de ce pape, « disent les Bénédictins, qui réunisse à la fois les deux « formules *Scriptum* et *Datum*; mais l'une et l'autre se « montre encore séparément. Avant lui et sous lui, la « date du jour du mois suivait le mot *data*, à moins « que la date du lieu ne fût exprimée, auquel cas « celle-ci tenait le premier rang. Mais depuis lui le « nom du lieu ne fut plus guère omis, et le jour du « mois, constamment déplacé, fut renvoyé après cette « formule *Per manus* ou *Per manum, etc.* La formule « *Actum, etc.* au lieu de *data* peut être envisagée « comme un caractère particulier à certaines bulles de « Grégoire VII, dans lesquelles il fulmine des sen« tences d'excommunication. Mais il ne s'ensuit pas « qu'elle ne puisse convenir à d'autres. L'année de « l'Incarnation s'y trouve rarement. Plusieurs d'entre « elles n'ont pas plus de solennité que les simples « bulles. Grégoire VII, continuent les mêmes auteurs, « retrancha les malédictions des bulles aussi bien que « les imprécations et les plus terribles anathèmes, se « contentant de séparer du corps et du sang de J. C. les « réfractaires, s'ils ne se corrigeaient pas. Il est le pre« mier, comme l'observe Baronius, qui ait ordonné « que le nom de *pape* ne serait porté que par le seul « évêque de Rome. » Il datait ordinairement du lieu, du jour du mois et de l'indiction, et comptait quelquefois les jours du mois dans l'ordre direct. Il commençait en général l'année au 25 mars, selon le calcul florentin, et quelquefois peut-être selon le calcul pisan. Nous n'avons pas rencontré d'exemple de ce dernier calcul, dont les auteurs de l'Art de vérifier les dates ne parlent que sous forme dubitative; mais il existe des bulles où le commencement de l'année est pris au 1er janvier. Quant à l'indiction, il la commençait presque toujours au 1er septembre; mais il est certain qu'il s'est écarté de ce calcul. Les Bénédictins le prouvent par la date suivante : « Datum x Kal. Apr. « per manum Petri S. E. R. presbyteri cardinalis ac bi« bliothecarii, an. i pont. D. Gregorii VII papæ, an. « mlxxiii, indict. xi. » Le 23 mars 1073 Grégoire VII n'était pas élu; il s'agit donc ici de l'année 1074; et comme cette année a pour indiction xii, il faut en conclure que l'indiction et l'année, dans le système de cette date, ne commençaient qu'au 25 mars. Les mêmes auteurs citent une autre date ainsi conçue : *v Cal. Octob. indictione xv incipiente*. Le mot *incipiente* semble prouver que l'indiction venait de s'ouvrir, et que par conséquent il s'agit de l'indiction impériale commençant au 24 septembre. Il est probable que Grégoire VII a aussi fait usage de l'indiction romaine, qui commence au 1er janvier, et que ses successeurs ont suivie plus ordinairement que les autres. Il avait pour devise : *Miserationes tuæ, Domine, super omnia opera tua;* quand le cercle qui la renferme se trouve tracé sur les actes, il est ordinairement précédé de ces mots : *Signum Gregorii papæ septimi.*

Grégoire VIII (Maurice Bourdin), antipape, élu le 9 mars 1118, est fait prisonnier par Calixte II, et relégué dans un monastère en 1121.

Grégoire VIII (Albert), élu pape le 20 et consacré le 25 octobre 1187, meurt le 17 décembre suivant. — Sur la fin de son pontificat, il a quelquefois ajouté dans les petites bulles la date de l'indiction à celles du lieu et du jour du mois. On en trouve un exemple dans le Bullaire romain : l'indiction y est comptée du 1er septembre. Ce pape avait pour devise : *Dirige me, Domine, in veritate tuâ.*

Grégoire IX (Ugolin), élu pape et intronisé le 19 mars 1227, meurt le 21 août 1241. — Il commençait ordinairement l'année au 25 mars, et l'indiction au

1er septembre. Il a compté aussi, quoique rarement, l'indiction du 25 mars. Il avait pour devise : *Fac mecum, Domine, signum in bonum.* A la formule *In perpetuum* il substitue quelquefois dans les priviléges *Salutem et apostolicam benedictionem.* On attribue à ce pape une bulle dont le début est fort extraordinaire : « Gregorius episcopus servus servorum Dei, ad perpetuam « rei memoriam. Venerabili fratri episcopo....... salu« tem et apostolicam benedictionem. » La formule *Ad perpetuam, etc.* n'était pas ordinaire à cette époque, et d'ailleurs, quand on l'a employée, c'est à la fin de la suscription. Cependant les Bénédictins citent deux autres bulles, l'une d'Innocent IV, la seconde d'Alexandre IV, où cette formule se trouve comme ici dans le corps de la suscription, et séparée du salut par le nom et les titres de la personne à laquelle l'acte est adressé. « Un peu avant Grégoire IX, disent les Béné« dictins, les vice-chanceliers avaient ajouté à leur « titre celui de *maître* ; mais de son temps et après lui « ils furent plus exacts à se donner cette qualité. » Un des vice-chanceliers de Grégoire IX se qualifie en outre *notaire du seigneur pape.* Quand ce pape vidimait d'anciennes chartes, il les insérait mot à mot dans une bulle qu'il terminait ainsi : « Nulli ergo homi« num liceat hanc paginam nostræ annotationis infrin« gere, etc. »

Grégoire X (Théalde ou Thibaud), élu pape le 1er septembre 1271, couronné et consacré le 27 mars 1272, meurt le 10 janvier 1276. Il comptait du jour de son couronnement les années de son pontificat. — Il avait pour devise : *Perfice gressus meos in semitis tuis.* « Au lieu de *pontificatûs nostri anno,* disent les Bénédic« tins, une de ses bulles porte *suscepti à nobis apostola« tûs officii anno.* On peut alléguer une bulle de Gré« goire X en preuve qu'il ne faisait pas toujours com« mencer l'indiction au 1er septembre, si cependant il « le faisait quelquefois. Voici la date d'un autre privi« lége accordé par ce pape à l'abbaye de Cluni : *Datum « apud Urbem veterem per manum Javoni Latacorni S. R. « E. vicecancellarii, III Nonas Maii, indict. I, incarna« tionis Dominicæ MCCLXXIII, pontificatûs verò domini « Gregorii papæ anno II.* Il comptait de plus parmi ses « vice-chanceliers, Lanfranc, archidiacre de Perge. « Après eux les formules de dates particulières aux « bulles solennelles ne nomment presque jamais ceux « qui les expédient. Elles-mêmes deviennent extrême« ment rares. A peine en trouve-t-on quelques-unes « qui soient signées ou marquées de l'indiction. A « l'exemple de son prédécesseur il se sert des formules « *Ad perpetuam memoriam* dans quelques suscriptions, « et d'*Actum, etc.* dans quelques dates. A quoi il ajoute « rarement *palatio nostro, etc.* » La date suivante est remarquable par la précision avec laquelle le lieu est désigné : « Actum Florentiæ, supra littus Arni, juxta « pontem qui vulgariter dicitur Robaconti, IV Idus Ju« lii, pontificatûs nostri anno II. » Voyez la face du sceau de Grégoire X, planche U, n° 6.

Grégoire XI (Pierre Roger), élu pape le 30 décembre 1370, ordonné prêtre le 4 janvier 1371, sacré et couronné le lendemain, meurt le 27 mars 1378. Il ne datait que de l'année de son pontificat. — Il avait pour devise : *Revela, Domine, viam tuam.* « Ce « pape, disent les Bénédictins, fit son testament le « 5 mai 1374. Il commence par l'invocation de la « très-sainte Trinité. Grégoire y prend le titre de *Nos « Gregorius solâ Dei patientiâ servus servorum Dei.* » Dans la suscription d'un de ses actes il substitue les mots *papa XI* à la formule ordinaire *episcopus servus, etc.* Voy. la face du sceau de Grégoire XI, planche U, n° 10.

Grégoire XII (Ange Corrario), élu pape le 30 novembre 1406, et déposé le 5 juin 1409, abdique le 4 juillet 1415, et meurt le 18 octobre 1417. — Il avait pour devise : *In te, Domine, speravi.*

Gui, fils de Gui, duc de Spolette, et d'Adélaïde, fille de Pepin, roi d'Italie, est couronné roi de France à Langres par Geilon, évêque de cette ville, vers le commencement de 888 ; mais il renonce à faire valoir ses prétentions. Vainqueur de Bérenger en 889, il reçoit à Pavie le titre de roi d'Italie, se fait couronner empereur et même roi de France par le pape Étienne V le 21 février 891, et meurt en décembre 894. — Il suivait quelquefois dans ses diplômes le calcul pisan. La date suivante en est un exemple : « Quinto Kalen« das Augusti anno incarnationis Domini DCCCXCII re« gnante domno Widone in Italiâ, anno regni ejus IIII, « imperii I, indictione VIIII. Actum Papiâ. » La neuvième indiction correspond à l'année 891 et non à 892. Par conséquent il anticipait de neuf mois sur le calcul ordinaire.

Guillaume Ier le Bâtard et le Conquérant, duc de Normandie, est couronné roi d'Angleterre le 25 décembre 1066, et meurt le 8 ou le 9 septembre 1087. — Souvent le labarum, qu'il met en tête de plusieurs de ses diplômes, lui tient lieu d'invocation ; souvent aussi il emploie des formules explicites. En voici des exemples : 1° « Regnante in perpetuum Domino nostro « Jesu Christo, illoque regente ac dominante omnibus « elementis, qui etiam incomparabili pietate et magnâ « majestate omnia sustentât, cunctaque prout vult sive

« visibiles sive invisibiles pulcro moderamine disponit « atque dispensat. Quapropter ego Willelmus Deo disponente rex Anglorum, cæterarumque gentium circumquaque persistentium rector ac dux Normannorum, « etc. » 2° « In nomine S. et individuæ Trinitatis, Patris et Filii et Spiritûs sancti. Amen. Willelmus fortissimus immò potentissimus rex omnium regum illorum à quibus eo tempore sceptra regalia sub divo gubernantur, maximum imperium Anglicæ terræ regens, « quod permissione atque voluntate Dei primùm signis « mirabilibusque prodigiis ac deinde magnis viribus « bellisque debellando Anglos tandem adquisitum gubernans, viris tam ecclesiasticis quàm suis comitibus « salutem, etc. » 3° « In nomine Patris et Filii et Spiritûs sancti. Amen. Ego Willelmus Dei gratiâ rex Anglorum hereditario jure factus, etc. » On cite aussi de lui les suscriptions suivantes : « Willelmus rex Anglorum, « princeps Normannorum atque Cynomanensium, archiepiscopis, etc., » ou « Willelmus rex Anglorum, comes Normannorum atque Cinomanensium, Christi fidelibus ubique gentium. » Souvent il se contente du titre de roi d'Angleterre : « Willelmus Dei gratiâ, *ou* « ineffabili Dei providentiâ rex Anglorum, tam clericis « quàm laïcis per Angliam constitutis salutem. » Il omet souvent de faire mention du sceau ; mais il annonce sa signature, qui consiste dans une croix : « Et ut hæc donatio mea firma sit in perpetuum, manu propriâ præsentem cartam signo sanctæ crucis ✝ expressi et confirmavi. » La signature et le sceau sont annoncés dans la formule suivante : « Et ut hæc auctoritas nostris et « futuris temporibus circà ipsum sanctum locum perhenniter firma et inviolata permaneat, manûs nostræ « subscriptione cartam hanc decrevimus roborare et sigilli nostri impressione firmare. » Voici une autre formule de souscription : « Ego Willelmus rex hanc « nostram donationem et corroborationem signo agye « crucis munivi. » Souvent il se dispense de signer et se contente d'indiquer la présence des témoins ; d'un autre côté, la nouvelle édition de Rymer donne le *facsimile* d'un diplôme qui ne renferme aucune annonce de signature et qui est cependant revêtu de la croix de ce prince, accompagnée des mots *Willelmus rex* qu'elle sépare ainsi : *Wille ✝ lmus rex.* — Les années de son règne se comptent en général du 25 décembre 1066. On admet aussi une autre époque, qui est celle de la mort d'Édouard le Confesseur, arrivée le 5 janvier 1066. « Guillaume le Conquérant, disent les Bénédictins, date quelquefois à la manière des rois de France « et des empereurs. Il ajoute les dates de l'épacte, du « concurrent et du cycle lunaire dans la donation qu'il « fit à l'abbaye de Saint-Calais. Il date du règne des rois « de France, et même des empereurs et du pontificat du « pape, quelques diplômes donnés hors du royaume « d'Angleterre. Il fait entrer dans ses dates les événements les plus considérables de son règne, comme le « sacre de la reine Mathilde son épouse, la conquête « et la description de son royaume. Plusieurs de ses « chartes ne portent point d'autres dates que celle-ci : « *Post conquestum, Post descriptionem totius Angliæ.* » Il y a des chartes dont la date renferme les deux formules *Data* et *Actum ;* d'autres commencent par *Actum,* suivi de la date du lieu, ou bien par *Hæc carta facta est et confirmata, Facta est autem hæc redditio,* etc. Nous citerons la formule suivante comme plus remarquable que les autres : « Scripta est hæc cartula anno « ab incarnatione Domini MLXVIII, scilicet secundo anno « regni mei. Peracta verò est hæc donatio die Natalis « Domini, et postmodum in die Pentecostes confirmata quando Mathilda conjux mea in basilicâ S. Petri « Westmonasterii in reginam divino nutu est consecrata. » Voyez le sceau de Guillaume le Conquérant, planche R, n° 2.

Guillaume II le Roux, fils puîné de Guillaume Ier, roi d'Angleterre, succède à son père au préjudice de Robert son frère aîné ; il est couronné le 26 septembre 1087, et meurt le 2 août 1100. — Il commence quelquefois ses diplômes par la date de l'Incarnation. Il emploie ordinairement la suscription suivante « Willelmus rex Angliæ, *ou* rex Anglorum et dux Normanniæ, archiepiscopis, etc. Salutem in Domino. « Sciatis, etc. » La plupart de ses diplômes sont terminés par ces formules : « Testibus Thomâ Eboracensi archiepiscopo et Willelmo filio Osberti, apud Wintoniam. « Teste Eudone dapifero, apud Westmonasterium. » Sa charte pour Saint-Étienne de Caen renferme l'annonce du sceau et de la signature : « Hanc chartam firmavit « rex manu suâ crucem faciens et sigillo suo muniri « præcipiens. Hanc etiam firmavit præcepto regis Wintoniensis episcopus, etc. » Quand il signait, ce qui n'était pas ordinaire, c'était avec une croix. — Ses diplômes ne portent ordinairement que la date du lieu. Les années de son règne se comptent du jour de son couronnement.

Guillaume, comte de Hollande, élu roi des Romains le 29 septembre 1247, couronné le 1er novembre 1248, confirmé par le pape en 1250, après la mort de Frédéric II, meurt le 28 janvier 1256. — Les Bénédictins annoncent qu'il met son monogramme et un verset des psaumes après la date de ses diplômes : « Datum...... anno Domini MCCLII, regni verò nostri « anno quarto feliciter. Amen. Signum domini Willelmi « primi Romanorum regis invictissimi. Spes mea Do-

« minus à juventute meâ : in te confirmatus sum ex « utero : de ventre matris meæ tu es protector meus. » Cependant il s'est quelquefois écarté de cet usage, comme le prouve un autre acte de 1252, dont voici les formules les plus importantes : « Gullielmus Dei gratiâ « Romanorum rex semper augustus, universis imperii « fidelibus hanc paginam inspecturis gratiam suam et « omne bonum..... Ad horum autem omnium et singu- « lorum evidentem memoriam ac robur irrevocabile in « posterum valiturum, hoc præsens privilegium exinde « conscribi et sigillo nostræ celsitudinis jussimus com- « muniri. Testes qui infuerunt sunt hii : venerabilis « P. frater Hugo, tituli sanctæ Sabinensis presbiter cardi- « nalis, etc...... Datum Trajecti Leodensis diocesis, XI « Calend. Junii, anno Domini MCCLII, indict. X, regni « nostri anno quarto. » Il résulte de cette date et de la précédente que Guillaume comptait les années de son règne du 1er novembre 1248.

H.

Harald Ier, fils de Canut Ier, roi de Danemarck et d'Angleterre, succède au trône d'Angleterre le 12 novembre 1036 ou 1037, et meurt en 1040.

Harald II, fils aîné du comte Goodwin, est élu roi d'Angleterre en janvier 1066, et périt à la bataille d'Hastings le 14 octobre suivant.

Hardi-Canut. Voy. Canut II.

Hardwig. Voy. Ardouin.

Henri Ier l'Oiseleur, duc de Saxe, que Conrad Ier, roi de Germanie, avait choisi pour son successeur, reçoit les ornements royaux aussitôt après la mort de Conrad, arrivée le 23 décembre 918. Il est confirmé en 919, ajoute à ses états en 921 ou 923 une partie de la Lorraine, s'empare du reste en 925, et meurt le 2 ou le 4 juillet 936. — Ses diplômes commencent ordinairement ainsi : *In nomine sanctæ et individuæ Trinitatis, Henricus divinâ favente clementiâ humilis Romanorum rex*, ou *divinâ ordinante providentiâ rex*. Il n'a jamais pris dans ses diplômes le titre d'empereur, ni celui de *rex Germaniæ*, mais il s'est intitulé quelquefois *advocatus Romanorum* et *Franciæ Orientalis rex*. (Pour l'explication de *Franciæ Orientalis rex*, voy. Charles le Gros.)—Voici les formules ordinaires de ses souscriptions : *Signum domni Henrici serenissimi*, ou *invictissimi regis*. Le monogramme est placé tantôt après *domni*, tantôt après *Henrici*. Le notaire contre-signe en ces termes : *Simon notarius, ad vicem Herigeri*, ou *Hiltiberti archicapellani, recognovi et subscripsi*. Il omet quelquefois l'indiction dans ses dates.—On compte trois époques différentes de son règne : 919, 923 et 925. Ces trois époques sont indiquées par les Bénédictins. L'Art de vérifier les dates, après avoir parlé d'une cession de la Lorraine, faite par Charles le Simple à Henri l'Oiseleur, après le 15 juin 923, rectifie cette assertion à l'article des Rois de Lorraine, et fait remonter l'époque de l'occupation de la Lorraine par Henri l'Oiseleur au 4 novembre 921, date d'un traité qu'il aurait conclu avec Charles le Simple. Le même ouvrage fait remarquer en outre que l'année courante de son règne et celle où il a commencé à régner ne sont pas toujours comptées dans ses diplômes.

Henri II, dit le Saint et le Boiteux, duc de Bavière, fils du duc Henri le Jeune et arrière-petit-fils de Henri l'Oiseleur, est élu roi de Germanie le 6 juin 1002, couronné le lendemain à Mayence et peu après à Aix-la-Chapelle, proclamé roi de Lombardie le 14 mai 1004 et couronné le lendemain; il est sacré empereur le 14 février 1014, et meurt le 14 juillet 1024.—Il emploie le plus ordinairement l'invocation *In nomine sanctæ et individuæ Trinitatis*, et y substitue quelquefois *In nomine Patris et Filii et Spiritûs sancti*, *In nomine Domini Dei æterni* ou *et salvatoris nostri Jesu Christi*. Avant d'être roi de Lombardie, il s'intitule *Henricus divinâ favente* ou *disponente clementiâ rex*. Depuis son couronnement comme roi de Lombardie, et avant d'être empereur, il emploie les formules suivantes : « Henricus divinâ favente misericordiâ Francorum et « Longobardorum rex; Henricus Francorum pariter- « que Longobardorum divinâ favente clementiâ rex. » (Voy. pour le titre de *Francorum rex*, Charles le Gros.) Parvenu à l'empire l'an 1014, il prit le titre d'empereur des Romains. Il avait déjà pris, et il conserva depuis son couronnement impérial, le titre de roi des Romains, qu'il substituait quelquefois à celui de roi des Lombards. Ses successeurs adoptèrent cette nouvelle formule, mais lui donnèrent un sens tout différent, puisqu'ils s'intitulèrent rois des Romains, en vertu d'une élection ou d'un couronnement fait en Allemagne. On peut regarder cet usage comme établi définitivement à partir du règne de Henri IV. On ne retrouve, dès lors, ni le titre de roi des Lombards, ni celui de roi des Français, qui figurent pour la dernière fois dans un diplôme de Conrad II, dont les Bénédictins suspectent d'ailleurs l'authenticité. Si cette pièce était apocryphe, il paraîtrait probable que Conrad II s'est contenté comme Henri III du titre de *roi* pris absolument, ou peut-être accompagné quelquefois du mot *Romanorum*. Ajoutons, en ce qui concerne Henri le Saint, qu'il s'est intitulé *secundus imperator*, quoique Henri Ier n'ait pas été couronné à Rome. On voit dans le Bullaire du Mont-Cassin une charte datée du 8 janvier 1009 *imperante nemine*, parce qu'alors Henri et Ardouin se disputaient l'empire. Voici ses formules comme empereur : « Henricus Dei omnipotentis dis- « positione Romanorum imperator augustus; Henricus « secundus divinâ favente clementiâ Romanorum, etc.; « Henricus secundus, servus Christi et Romanorum im- « perator semper augustus, secundùm voluntatem Dei « salvatoris nostrique liberatoris. » Il varie beaucoup dans l'annonce du monogramme et du sceau, comme on peut en juger par les formules suivantes : 1° « Nomi- « nis nostri figuram propriâ manu signantes inferiùs « nostro sigillo muniri jussimus. » 2° « Hoc præceptum « inde conscriptum manu propriâ confirmantes atque « corroborantes signi nostri impressione insignivimus. » 3° « Manu propriâ subter eam firmavi annulique impres- « sione assignari jussi. » 4° « Manu propriâ eam roboran- « tes sigillari nostrâ imagine jussimus. » 5° « Hanc nos- « tri præcepti paginam manu propriâ roborantes nostræ « imaginis bullâ insigniri præcipimus. » 6° « Hoc præce- « ptum inde conscriptum manu propriâ firmavimus et « nostro sigillo repercusso insigniri jussimus. » Sa formule ordinaire de souscription fut d'abord : « Signum « domni Henrici regis invictissimi, » et dans la suite: « Signum domni Henrici Romanorum invictissimi « imperatoris augusti, *ou* semper augusti. » Voici deux exemples des souscriptions de ses chanceliers : 1° « Eber- « hardus cancellarius, vice Willigisi archicapellani, re- « cognovit. » 2° « Guntherus cancellarius, vice Aribonis « archicapellani, recognovi. » Son monogramme royal est différent du monogramme impérial. Tous deux sont placés à la fin de la formule *Signum, etc.* — On trouve dans ses diplômes les deux époques du 6 juin 1002 et du 14 février 1014. Après son couronnement à Rome, il joignit la date de son empire à celle de son règne. Ses chanceliers ont varié dans le calcul des années incomplètes et non révolues. Voici une de ses dates : « Dat. III Idus Martii, anno Dominicæ incar- « nationis MIII, anno verò domini Heinrici regnantis « adhuc primo. » Dans un diplôme de 1021, il indique ainsi les années de son règne et de son empire : « Da- « tum V Non. Jul. indictione III, anno Dominicæ incar- « nationis MXXI, anno verò domni Heinrici secundi re- « gnantis XX, imperantis autem VIII. Actum Coloniæ « feliciter. Amen. » Il faudrait *indictione IIII*, au lieu de *III*.

HENRI Ier, fils de Robert II, roi de France, et de Constance, sacré à Reims le 14 mai 1027, succède à son père le 20 juillet 1031, et meurt le 29 août 1060. Dom Bouquet met la mort de Henri Ier au 4 du même mois; mais les auteurs de l'Art de vérifier les dates ont sans doute fixé l'époque du 29 août d'après des documents que dom Bouquet n'avait pas eus entre les mains. — Voici la suscription ordinaire de ses diplômes : *In nomine sanctæ et individuæ Trinitatis, ego Henricus, Heinricus* ou *Hainricus, gratiâ Dei Francorum rex*. Ce style fut suivi par ses successeurs. Après l'invocation de la sainte Trinité, il ajoute quelquefois *Patris et Filii*, ou *Patris videlicet et Filii et Spiritûs sancti*. Parmi ses diplômes les plus remarquables, on peut citer celui qu'il accorda à l'église Saint-Martin des Champs. L'invocation de la sainte Trinité est suivie de ces paroles : *Gloriosæ matris ecclesiæ filii noverint, etc.*; vient ensuite un long préambule qui se termine par cette suscription : *Ego Heinricus Dei gratiâ Francorum rex*. Plusieurs diplômes de ses quatre successeurs immédiats ont été dressés de la même manière. Voici au contraire une suscription qui s'écarte de toutes les formes ordinaires : « In nomine Creatoris et guberna- « toris cunctorum, ego Henricus cunctipotenti Deo su- « pereminente Francigenis imperans et gentibus per « orbem circumquaque diffusis, etc. » Henri parle tantôt au pluriel, tantôt au singulier. Sur la fin de son règne on commença à mentionner dans les lettres royaux les noms des premiers officiers de la couronne, avec ceux du chancelier et des autres grands seigneurs. Un diplôme de 1060 énonce de la manière suivante les noms et les titres de ces grands officiers : « Baldui- « nus cancellarius, Rainaldus camerarius, Albericus « constabularius, Willelmus sinischalcus, Hugo buti- « cularius, Rotbertus cocus. » — Henri Ier s'est aussi servi de l'invocation *In Christi nomine*, ou *In nomine Domini Dei æterni et salvatoris nostri Jesu Christi*. Il a substitué quelquefois à *gratiâ Dei* les formules *Dei miseratione, misericordiâ* ou *clementiâ, propitiâ Divinitate, Divinâ præordinante* ou *favente clementiâ* ou *providentiâ*. Il annonce quelquefois le sceau, le monogramme et la croix formée de sa main : « Et ut « nostræ liberalitatis munificentia omnibus S. matris ec- « clesiæ fidelibus et nostris esset nota, summo studio « et diligentiâ præcepimus exarari et sigilli nostri im- « pressione signari, quatinus quod manu propriâ signo « crucis impresso statuimus esse ratum per curricula « succedentium temporum maneat inconvulsum. » Il fait mention dans un autre diplôme des évêques qui ont prononcé des anathèmes pour en assurer l'inviolabilité : « Idoneorum testium nomina quibus præsen« tibus id actum est et firmatum hìc inferiùs signavi« mus.... jussu regis in præsentiarum omnes episcopi « qui subscripti sunt anathematizaverunt quod rex manu « propriâ firmavit atque sigillo regiæ auctoritatis confir« mari fecit. » Il se sert aussi, mais plus rarement, du mot *annulus*. — Son monogramme est ordinairement accompagné des formules suivantes : *Signum Henrici*, ou *Heinrici Francorum regis*, ou *Francorum regis invictissimi* ou *serenissimi*, etc. Il ajoute quelquefois au monogramme une croix qui est accompagnée de la formule ordinaire. Son chancelier souscrit en ces termes : *Balduinus cancellarius scripsit et suscripsit*, ou *Ego Balduinus cancellarius relegendo subscripsi*. Dans un diplôme de 1052 on lit : « Seguinus Sciolus scripsit, ad « vicem regii cancellarii, XII Cal. Oct. » et dans un acte pour Saint-Médard de Soissons : « Descripta, vice Raino« di cancellarii, jubente Rainaldo abbate. » Voici une de ses dates : « Actum Parisius, anno incarnati Verbi M° L^{mo} « VIII^{vo}, regni verò Henrici gloriosissimi regis XXVIII. » Son règne commence le plus souvent dans les chartes au 14 mai 1027, ou au 20 juillet 1031. Cependant on cite des diplômes qui font concourir l'an 1035 avec la troisième année de son règne, et l'an 1046 avec la douzième. Cette variation s'explique parce qu'il ne fut pas reconnu partout à la même époque, à cause des troubles excités par la reine Constance. Une charte de Bérenger, vicomte de Narbonne, fait concourir le 7 juin 1032 avec la seconde année de son règne; c'est probablement parce que l'on y compte l'année 1031 pour une année complète. Il n'en est pas de même dans l'exemple suivant : « Actum Parisius civita« te, in aulâ regis, anno incarnationis Dominicæ MXLIII, « indict. XI, sub XIII Calend. Junii, anno verò Henrici « regis gloriosi XII. » Mais comme il ne marque pas dans tous ses actes la date du jour, il arrive souvent qu'on ne peut pas savoir s'il a compté comme une année complète les six mois de l'année 1031. Il lui arrive même d'omettre la date de l'année : *Actum castro Meloduno, in curiâ Epiphaniæ*. On rencontrera souvent dans les diplômes de nos rois des dates analogues. En effet, on choisissait l'époque d'une fête pour tenir des *cours* ou des *parlements*, et les actes étaient alors datés *In curiâ Epiphaniæ*, *In parliamento Omnium Sanctorum*, etc. Les dates de Henri Ier sont placées tantôt avant, tantôt après les signatures. On ne peut rien affirmer de positif sur l'époque à laquelle il commençait l'année; mais il est probable qu'il variait à cet égard comme son père : les Bénédictins ne donnent aucun renseignement sur ce point. — Voyez le sceau de Henri Ier, pl. B, n° 6.

Henri III le Noir, fils de Conrad II, élu roi en 1026, couronné le 14 avril 1028, succède à son père comme roi de Germanie ou roi des Romains, le 4 juin 1039, ou peut-être, selon les Bénédictins, le 14 de ce mois, reçoit la couronne impériale le 25 décembre 1046, et meurt le 5 octobre 1056. — Il emploie les invocations *In nomine sanctæ et individuæ Trinitatis*, *In nomine Dei æterni*, etc. Avant 1047 il s'intitule ordinairement *Heinricus* ou *Henricus divinâ favente clementiâ rex*, ou *Dei gratiâ rex servus servorum Dei*, et depuis cette époque, *Romanorum imperator augustus* ou *semper augustus*. Il emploie pour l'annonce du sceau non seulement la formule ordinaire *Sigillo insigniri jussimus*, mais encore : *Sigillo nostro insigi jussimus*; *Aureâ nostræ imaginis bullâ* ou *nostri signi impressione jussimus insigniri*. Outre son monogramme, on en trouve un autre sur plusieurs diplômes qui est formé d'un C et d'une R. Après cette dernière lettre sont trois croix disposées perpendiculairement. Les Bénédictins supposent que ces lettres peuvent indiquer la ratification de Conrad III, l'un de ses successeurs, ou représenter le nom du père de Henri III. Godefroid, abbé de Godweic, présume que ce sont les deux initiales du mot *crux*. — Henri emploie trois dates dans ses diplômes, 1° celle de son ordination (c'est-à-dire de son premier couronnement) en 1208; 2° celle de son règne en 1039; 3° celle de son empire en 1046. Ces trois époques sont relatées dans un diplôme de l'abbaye de Fulde : « Data « VIIII Kalend. Octob. anno Dominicæ incarnationis « MLVI, indict. VIIII, anno autem domini Heinrici tertii « regis, secundi imperatoris, ordinationis XXVIII, regni « verò XVIII, imperii X. » Les Bénédictins et les auteurs de l'Art de vérifier les dates font en outre mention d'une quatrième époque, prise de l'an 1038, à l'occasion de son couronnement à Soleure comme roi de Bourgogne ou d'Arles. Ce fait est prouvé par un diplôme confirmatif des biens de l'abbaye Saint-Benigne de Dijon. La souscription en est remarquable : « Signum domini Heinrici tertii regis invictissimi, se« cundi Romanorum imperatoris augusti, Burgundio« num primi. » Henri se qualifie donc *troisième* du nom comme roi des Romains ou de Germanie, *deuxième* comme empereur, et *premier* comme roi des Bourguignons. Nous n'avons pas rencontré de diplôme où Henri III ait joint au titre de roi un des mots *Francorum* ou *Romanorum* : on ne peut donc pas lui donner le titre de roi de Germanie, plutôt que celui de roi des Romains. Voy. ce qui a été dit à cet égard à l'article de Henri II.

Henri IV, fils de Henri III, élu roi des Romains en 1053, couronné le 17 juillet 1054, succède à son père le 5 octobre 1056, comme roi des Romains et roi d'Arles, reçoit les ornements du patriciat des Romains en 1061, est déposé en Allemagne le 13 mars 1077; mais vainqueur de Rodolphe son compétiteur, il est couronné empereur le 31 mars 1084, et meurt le 7 août 1106. Dès 1059 Henri IV prenait le titre de roi des Romains; il se nomme tantôt Henri III, tantôt Henri IV : c'est une conséquence du système suivi par son père. — Il emploie toujours pour invocation : *In nomine sanctæ et individuæ Trinitatis.* Jusqu'en 1084 il s'intitule *Henricus Dei favente clementiâ* ou *divinâ favente clementiâ rex*, ou *Romanorum rex augustus*, ou *ego Henricus humilis Romanorum rex*, ou *tertius Romanorum rex*, ou enfin *Henricus quartus divinâ, etc.*, *rex secundùm voluntatem Dei salvatoris nostrique liberatoris.* On trouve dans le Supplément au Corps diplomatique un acte dont la suscription, quoique fort singulière, est justifiée par la querelle de Henri IV et de Grégoire VII : « Henricus non usurpativè sed piâ Dei ordinatione rex « Hildebrando non jam apostolico sed falso monacho. » Voici maintenant les suscriptions ordinaires de ses diplômes impériaux : 1° « Henricus divinâ favente cle« mentiâ, Romanorum tertius imperator augustus. » 2° « Respectu divinæ miserationis electus tertius Henri« cus gratiâ Dei Romanorum imperator augustus et pa« tricius. » 3° « Henricus Dei gratiâ Romanorum impe« rator et semper augustus. » L'annonce du sceau varie pour ainsi dire à chaque diplôme de ce prince, mais on n'y trouve pas d'autre terme que *sigillum* et *signum.* Il s'est servi pour un sceau plaqué de la formule : *Sigilli nostri appensione* (au lieu de *impressione*) *jussimus insigniri.* La formule suivante est remarquable : « Et ut noverint omnes præceptum hoc nos« trâ auctoritate firmatum, jussimus imprimi nostræ « majestatis signum, ne excusari possit quisquis, reco« gnitâ imagine, contra quem hoc scriptum est facere « præsumpserit. » Sa souscription est ordinairement conçue en ces termes : *Signum Heinrici,* ou *domini Heinrici quarti regis*, ou *regis humillimi et invictissimi.* Son chancelier se sert de cette formule : « Sigehardus can« cellarius, vice Sigefridi archicancellarii, recognovi. » Ces deux souscriptions, disent les Bénédictins, surtout la dernière, sont écrites en caractères gigantesques. Les noms des témoins sont ainsi indiqués à la fin de ses diplômes : *Testibus præsentibus N. etc.*, ou *Recognoscebant ex principibus N. etc.* Les empereurs précédents se servaient de la formule *Interventu, etc.* Les dates de ses diplômes étaient calculées à partir de l'époque de son ordination en 1054, de celle de son règne en 1056, et de celle de son empire en 1084. Il y a cependant des actes où l'on compte les années de son empire à partir de 1054. Pour concilier les dates de plusieurs de ses diplômes il faut tantôt compter quelques mois pour une année entière, tantôt confondre avec une année révolue les mois d'une année incomplète. Les années de sa vie sont quelquefois marquées dans les dates de ses diplômes. Une charte de 1083 est datée de la prise de Rome. Avant ses différends avec Grégoire VII il lui arrivait de faire mention de ce pape dans ses dates : « Actum Ratisponæ feliciter. Amen. Præsidente Ro« mæ in apostolicâ sede Gregorio VII, qui et Hiltipran« dus. » On cite de lui cette date singulière : « Actum « Spiræ in Christi nomine, ad salutiferam memoriam « Henrici tertii Romanorum imperatoris augusti felici« ter. Amen. » Voici une autre date calculée sur les deux époques de 1054 et 1056, et dans laquelle le chiffre de l'indiction précède ce mot au lieu de le suivre : « Data anno Dominicæ incarnationis MLXVI, IIII indict. « anno autem ordinationis Heinrici quarti regis XIII, « regni X. Actum Goslare. Amen. »

Henri V, ou Charles-Henri, fils de Henri IV, associé à la royauté vers la fin de 1098, couronné le 6 janvier 1099, déclaré roi des Romains le 25 décembre 1102, se révolte contre son père en décembre 1104, prend le titre de roi des Romains en 1105, se fait couronner après avoir détrôné son père le 6 janvier 1106, lui succède comme roi des Romains et roi d'Arles le 7 août suivant, reçoit la couronne impériale le 13 avril 1111, se fait couronner une seconde fois le 2 avril 1116, et meurt le 23 mai 1125. — Henri V avait pris le titre de roi des Romains depuis qu'il avait détrôné son père. Il y substitua celui d'empereur à dater du 13 avril 1111. Il se sert presque toujours de l'invocation *In nomine sanctæ et individuæ Trinitatis.* Avant son sacre impérial, il s'est intitulé constamment *Heinricus divinâ favente clementiâ quintus Romanorum rex.* Depuis il a varié comme ses prédécesseurs du même nom, et s'est dit tantôt quatrième, tantôt cinquième du nom. Il se contente quelquefois du titre de *Romanorum imperator;* d'autres fois il y ajoute *augustus* ou *semper augustus.* On cite aussi de lui cette suscription : « Heinricus Dei misericordiâ Romani re« gni rex et ecclesiarum in eo positarum defensor. » Parmi les nombreuses formules qu'il a employées pour l'annonce du monogramme et du sceau, on peut citer celle qui suit comme une des plus remarquables : « Chartam præsentem nostræ confirmationis testem « scribi jussimus quam, ut infrà videtur, manu nostrâ « corroboratam et sigilli nostri impressione omnis ge« nerationis tam futuræ quàm præsentis notitiæ relin« quimus. » Il se sert aussi des expressions suivantes: *Nostræ majestatis bullâ jussimus communiri.* Dans un diplôme de 1108 on voit immédiatement après le texte la souscription de son chancelier en lettres minuscules et ainsi conçue : « Ego Adalbertus cancellarius, vice « domni Rothardi Moguntini archicancellarii, recogno- « vi. » Vient ensuite en grands caractères la formule au milieu de laquelle se trouve le monogramme de Henri : « Signum domni Heinrici quinti regis Romano- « rum invictissimi. » Les noms des témoins, qu'on écrit en général après le texte, sont ordinairement annoncés par une des formules : « Hi sunt autem testes qui vide- « runt et audierunt ; » ou bien « Huic concessioni præ- « sentes affuerunt. » Quand ils sont nommés dans le texte même, l'annonce est ordinairement conçue de la manière suivante : « Astipulatione præsentium re- « gni principum, » ou bien « Astantibus et collaudanti- « bus, etc. » Il data de son ordination (1099), de son règne (1105 ou 6 janvier 1106), et de son empire (13 avril 1111). Il a aussi daté de la fête de S. Jacques, et de sa convention avec Pascal II, au sujet des investitures : « Data anno Dominicæ incarnationis MCXXIII, « indict. XIII, apud Lovissen, quando dominus impe- « rator annulum et baculum remisit, durante adhuc eo « anno. » Les auteurs de l'Art de vérifier les dates annoncent qu'il s'est quelquefois intitulé *empereur des Allemands* : nous n'avons pas eu occasion de rencontrer cette suscription.

Henri Ier Beau-Clerc et le Lion, troisième fils de Guillaume Ier, roi d'Angleterre, succède à son frère Guillaume II, est couronné le 5 août 1100, et meurt le 1er décembre 1135. — Une donation qu'il fit en 1101 à l'évêque de Norwich commence ainsi : « In no- « mine Patris et Filii et Spiritûs sancti, amen. Dei filius, « amator et redemptor hominum, Jesus Christus adeo « sanctam dilexit ecclesiam ut eam suo sanguine redi- « meret, et suo spiritu insigniret, suæque carnis ali- « mento satiaret, etc. Quod ego Henricus rex filius Wil- « lielmi regis considerans, etc. » Voici quelques autres suscriptions du même prince : 1° « Henricus rex Anglo- « rum et dux Normannorum, archiepiscopis, episcopis, « abbatibus, comitibus, baronibus, justiciariis, viceco- « mitibus, ministris et omnibus fidelibus suis totius An- « gliæ et Normanniæ salutem. Sciatis, etc. » 2° « In no- « mine S. et individuæ Trinitatis, Patris et Filii et Spiri- « tûs sancti, an. ab inc. Domini MCXXI, regni autem mei « XXII, ego Henricus primus Dei gratiâ rex Anglorum « et dux Normannorum, etc. » 3° « Sciant omnes præ- « sentes et futuri quòd ego Henricus rex Anglorum et « dux Normannorum, etc. » C'est surtout dans les actes relatifs à la Normandie qu'il prend le titre de duc des Normands. Il est probable qu'il n'a pas employé cette qualification avant d'avoir remporté sur son frère, Robert II, la victoire de Tinchebray (27 septembre 1106), qui lui assura la possession définitive de la Normandie. On cite de lui cette formule pour l'annonce du sceau et de sa signature, qui consiste dans une croix : « Et ut in æternum permaneat mea donatio, sanctæ « crucis præsente signo eam confirmavi et meæ regiæ « dignitatis sigillo eam confirmavi. » Du reste ces annonces manquent dans la plupart de ses chartes comme dans celles de ses successeurs. Les témoins relatés dans un de ses actes souscrivent par la main du rédacteur dans la forme suivante : *Ego N. confirmavi.* Le mot *confirmavi* est remplacé dans les autres souscriptions par *annui, sanxi, consensi, consentiens subscripsi.* Ordinairement on se contente d'écrire les noms des témoins à la suite du mot *testibus* ou du sigle *T.* Henri Ier s'est servi de la formule *Teste meipso,* qui n'a pas cessé depuis d'être employée par les rois d'Angleterre jusqu'à Henri VIII. On trouve aussi les formules *Teste ipsâ Mathildâ reginâ,* ou *T. G. cancellario.* Souvent les noms des témoins ne sont indiqués que par l'initiale. Ces formes furent suivies par les successeurs de Henri Ier. Les années de son règne se comptent du 5 août 1100. Il date rarement ses chartes et varie d'ailleurs ses formules : 1° « Facta est autem anno Verbi in- « carnati MCXXVII, indictione V, Wintoniæ. » (Il ajoute quelquefois : « Peracta feliciter in Christo. ») 2° « Facta « est igitur hæc donatio anno ab incarn. Domini MCI, « indict. IX, epactâ XVIII, concurrente I, lunâ VI, ter- « tio Nonas Septembris, regnante Domino nostro Jesu « Christo, cui est consubstantialis et coæterna equalitas, « honor et gloria cum Patre in unitate Spiritûs sancti « per omnia sæcula sæculorum. Amen. » Voyez le premier sceau de Henri Ier, pl. R, n° 3.

Henri, fils aîné de Conrad III, couronné roi des Romains en 1147, meurt avant son père en 1150.

Henri II Plantagenet, petit-fils par Mathilde, sa mère, de Henri Beau-Clerc, succède à Étienne, roi d'Angleterre, est couronné le 19 décembre 1154, et meurt le 6 juillet 1189. — Comme il avait épousé le 18 mai 1152 Éléonore, duchesse d'Aquitaine, répudiée par Louis le Jeune, il joignait le titre de duc d'Aquitaine à ceux de roi d'Angleterre, de duc de Normandie et de comte d'Anjou ; après la conquête de l'Irlande, il s'intitula aussi, selon les Bénédictins, *dominus Hyberniæ.* Toutefois la collection de Rymer ne fournit aucun exemple de cette suscription, pas même dans un acte où il annonce aux Irlandais qu'il confie le gouvernement de leur île au fils de son sénéchal. Cet acte commence ainsi : « Henricus « rex Angliæ, dux Normanniæ et Aquitaniæ, et comes

« Andegaviæ, archiepiscopis, episcopis, etc... et omni« bus fidelibus suis Hiberniæ salutem. » Il serait donc possible que Henri II se fût contenté de nommer, dans le salut de ses diplômes, ses sujets d'Irlande sans prendre le titre de *dominus Hiberniæ*, qui ne se trouve pas même sur le sceau de son successeur Richard Ier, mais qui paraît pour la première fois sur celui de Jean-sans-Terre. On rencontre dans les diplômes de Henri II plusieurs exemples d'une formule de salut qui doit être remarquée en ce qu'elle distingue dans ses sujets d'Angleterre les Anglais et les Français : « H. rex Anglie et dux Normannie, etc. omnibus fide« libus suis totius Anglie, Francis et Anglis, salutem. » Après qu'il eut fait couronner le 15 juin 1170 son fils Henri, mort en 1183, il lui est arrivé de s'intituler : *Henricus rex pater regis*. Les Bénédictins annoncent qu'il a quelquefois employé l'invocation : « In « nomine sanctæ et individuæ Trinitatis. » On peut aussi remarquer dans Rymer une suscription où son nom est omis et qui est ainsi conçue : « Rex Anglorum fide« libus suis salutem. » Le rescrit qu'il adressa en 1169 au souverain pontife commence ainsi : « Alexandro « papæ Henricus Dei gratiâ Anglorum rex, dux North« mannorum et Aquitanorum, et comes Andegavorum. » Ce rescrit ne renferme ni salut, ni salutation, parce que c'était alors l'époque des démêlés du roi d'Angleterre avec Thomas Becket et la cour de Rome. Quant aux souscriptions de Henri II, elles sont dans la même forme que celles de Henri Ier. Les années de son règne se comptent du jour de son couronnement. La plupart de ses chartes ne sont datées que du lieu. Dans quelques-unes il marque les années de son règne : « Data « per manum venerabilis patris R. Cicestr. episcopi « cancellarii nostri, apud Westm. secundo die Junii, « anno regni nostri XI. » Il date aussi quelquefois de l'Incarnation, et de temps en temps il y ajoute la date du mois. Le Mémoire des coutumes royales, dressé par son ordre, débute ainsi : « L'an de l'Incarnation de « N. S. 1164, du pontificat d'Alexandre le cinquième, « du très-illustre roi d'Angleterre Henri II le dixième. » (*Nouveau Traité de Dipl.* tom. V, p. 840.)

Henri VI, fils de Frédéric Ier, élu roi des Romains dans les premiers jours de juin 1169, couronné le 8 du même mois, jour de la Pentecôte, suivant l'Art de vérifier les dates, ou, suivant les Bénédictins, le 15 août, jour de l'Assomption, succède à son père le 10 juin 1190, est couronné empereur le 15 avril 1191, roi de Sicile le 23 octobre 1194, et meurt le 28 septembre 1197. — Il s'intitule comme roi : « Henricus « divinâ favente clementiâ Romanorum rex augustus, » ou *semper augustus* ; et comme empereur : « Henricus « Dei gratiâ Romanorum imperator augustus, » ou « Henricus sextus divinâ favente clementiâ Romano« rum imperator semper augustus. » Il ajoutait aussi à ces titres celui de *rex Siciliæ*. La formule suivante pour l'annonce du sceau et du monogramme se rapproche de celles de ses prédécesseurs : « Hanc inde « chartam scribi jussimus et nostro sigillo aureo com« muniri manuque propriâ corroborantes idoneos testes « subnotari fecimus. » Voici au contraire une formule qui s'éloigne de l'usage ordinaire par l'emploi du mot *divalis* : « Præsentem divalem paginam inde conscri« ptam aureo majestatis nostræ sigillo jussimus commu« niri. » Il est le premier des empereurs qui ait ajouté aux années de son règne comme roi des Romains et à celles de son empire les années de son règne en Sicile. Ces différentes dates sont employées dans un diplôme de Constance sa femme, où elle s'intitule « Constantia Romanorum imperatrix et regina Sici« liæ. » Voici la date de ce diplôme : « Datum Panormi, « anno Dominicæ incarnationis MCXCVI, mense Martio, « XIIII indictione, regnante domino nostro Henrico sex« to Romanorum imperatore et rege Siciliæ potentissi« mo, anno regni ejus XXVI (il faudrait XXVII), imperii « quinto, regni verò Siciliæ secundo. » Il mentionnait aussi dans la souscription son titre de roi de Sicile : « Signum domini Henrici VI Romanorum imperatoris « et regis Siciliæ. Ego Conradus Hildensemensis electus « imperialis aulæ cancellarius recognovi. »

Henri, fils de Frédéric II, élu roi des Romains en 1220, couronné en 1222, se révolte contre son père en 1234, est dégradé au mois d'août 1235, et meurt en février 1242. — Il a fait usage des formules *In perpetuum* et *Anno gratiæ*. En voici des exemples : 1° « Hen« ricus Dei gratiâ Romanorum rex semper augustus « omnibus hoc scriptum videntibus in perpetuum. No« verint, etc. Actum apud Aquisgranum, in solemni « nostræ coronationis curiâ, anno Dominicæ incarnatio« nis MCCXXII, mense Maio. » 2° « Datum Frideburgâ, « anno gratiæ MCCXXX, proximâ Dominicâ post festum « Paschæ, IV Kal. Maii, indict. III. » Comme Pâques tomba le 7 avril en 1230, les Bénédictins pensent que le copiste aura mis par erreur *proximâ* au lieu de *tertiâ*. En effet le troisième dimanche après Pâques concorde avec le 28 avril (IV des calendes de mai). On pourrait supposer ici que les mots *festum Paschæ* s'entendent des fêtes de Pâques ; et comme il était d'usage de célébrer plusieurs octaves pour les grandes fêtes, le temps pascal pouvait s'étendre jusqu'au deuxième dimanche après Pâques inclusivement. Le dimanche suivant pouvait, dans cette hypothèse, être appelé *proxima Dominica post festum Paschæ*. Voyez dans la première partie de cet ouvrage le Glossaire des dates, aux mots *Quindena* et *Tres septimanæ*.

Henri III, fils et successeur de Jean-sans-Terre, roi d'Angleterre, est couronné le 28 octobre 1216, et meurt le 16 novembre 1272. — Il emploie les mêmes formules que Jean-sans-Terre. La suscription d'une lettre qu'il adressa en 1219 à Philippe-Auguste est ainsi conçue : « Venerabili domino suo, si placet, « Philippo Dei gratiâ illustri regi Franciæ, devotus « consanguineus suus Henricus eâdem gratiâ rex An-« gliæ, etc. » Il se sert quelquefois de la forme : *Nos Henricus, etc.* Il prend encore les titres de duc de Normandie et de comte d'Anjou, dans des lettres de 1258; mais il les supprime dans son traité de paix avec S. Louis en 1259 et dans ses actes postérieurs, où il conserve seulement les titres de roi d'Angleterre, seigneur d'Irlande et duc d'Aquitaine. Il ne faut pas oublier toutefois qu'un grand nombre d'actes, soit antérieurs, soit postérieurs, commencent simplement par *Rex universis, etc.* Il ne fait presque jamais mention du sceau : « In cujus rei testimonium has « litteras vobis mittimus patentes. » Il l'annonce pourtant dans un traité de paix avec S. Louis : « Quod ut « perpetuæ firmitatis robur obtineat, sigillum nostrum « præsenti paginæ fecimus apponi. » Des lettres de 1261 renferment en outre l'annonce du sceau de son fils Édouard. Les années de son règne se comptent du jour de son couronnement. On rencontre plusieurs actes ainsi datés et dans lesquels on a omis les mots *regni nostri* : « Data per manum prædicti Cicestr. epi-« scopi cancellarii nostri, apud Westm. decimo octavo « die Decembris, anno undecimo. » Ses lettres et ses mandements ne sont souvent datés que du lieu et du jour du mois : « Teste rege, apud Radying, xxx die Ja-« nuarii. » La formule *Teste rege* est souvent exprimée dans les lettres patentes des rois d'Angleterre par les deux sigles *T. R.* Henri III emploie aussi la formule *Teste meipso.* Mais la plupart du temps ses actes ne sont attestés que par son grand justicier : « Teste « Huberto de Burgo justiciario nostro, apud Westmo-« nasterium, octavo die Novembris, anno regni nostri « octavo, » ou « Teste, etc. apud Westm. ix die Novem-« bris, anno septimo. » D'autres actes sont attestés par plusieurs témoins. Terminons par un exemple de l'emploi des années de J. C. qui se rencontrent très-rarement dans les diplômes de Henri III : « Data apud « Westm. die Lunæ proximâ post festum apostolorum « Petri et Pauli, mense Julii, anno millesimo ducente-« simo sexagesimo (lundi 5 juillet 1260). »

Henri VII de Luxembourg, fils aîné de Henri III, comte de Luxembourg, élu roi des Romains 1° à Rentz le 15 novembre 1308, 2° à Francfort le 27 du même mois, couronné le 6 janvier 1309, reçoit la couronne d'Italie à Milan le 6 janvier 1311, la couronne impériale à Rome le 29 juin 1312, et meurt le 24 août 1313. — Voici l'une de ses formules de suscription : « Nos Heinricus Dei gratiâ Rom. rex semper augustus « ad universorum notitiam volumus pervenire quòd, « etc. » Quelquefois il supprime *nos.* Dans un diplôme de 1311, cité par les Bénédictins, d'après Ughelli, il s'intitule : « Heinricus septimus Dei gratiâ Romanorum « imperator semper augustus. » Nous avons déjà dit qu'il ne faut admettre ces formes exceptionnelles qu'avec une extrême réserve, et que le titre d'empereur pris avant le couronnement à Rome est en général suspect; dans un diplôme de 1310 il annonce l'apposition du sceau par la formule suivante : « In cujus rei « testimonium presentes litteras conscribi fecimus et « majestatis nostræ sigillo jussimus communiri. » Les Bénédictins citent de lui les dates suivantes : 1° « Dat. « Spiræ II Nonas Martii, an. Domini MCCCIX, regni verò « nostri anno primo. » 2° « Actum et datum Thuregi, in « domo fratrum Minorum, presentibus venerabilibus, « etc. (suit l'énumération d'un grand nombre de person-« nages présents), Kalendis Maii, anno Domini MCCCX, « regni verò nostri anno secundo. » 3° « Signum domini « Henrici.... gloriosissimi et invictissimi imperatoris. « Datum et actum, etc. anno Dominicæ nativitatis « MCCCXI, IV Non. Februar. indict. IX, regni verò nostri « anno III. » Cette dernière date est celle du diplôme cité par Ughelli et dont la suscription donne à Henri VII le titre d'empereur, qui se retrouve également dans l'annonce du monogramme; mais il paraît singulier qu'après avoir pris ce titre Henri VII date simplement des années de son *règne.* C'est un motif de plus pour suspecter l'authenticité d'une citation qui est d'ailleurs en opposition avec ceux des diplômes de ce prince dont le Corps diplomatique donne le texte. La distinction des années du règne et de l'empire est au contraire établie dans la date suivante : « Actum Pisis in præsentiâ nostrorum principum et ba-« ronum ac populi multitudine copiosâ, VII Calend. « Maii, regni nostri anno quinto, imperii verò anno « primo. » Dans cet acte, qui se rapporte à l'année 1313, Henri VII s'intitule : « Dei gratiâ Romanorum impe-« rator et semper augustus. »

Henri IV, petit-fils d'Édouard III (ou VI), par Jean, duc de Lancastre, troisième fils de ce prince, succède à Richard II, roi d'Angleterre, le 30 septembre 1399, est sacré le 13 octobre suivant, et meurt le 20 mars 1413. — Il commence ainsi une lettre adressée à Jean, roi de Portugal : « Serenissimo ac « amantissimo in Christo principi Johanni Dei gratiâ « Portugalliæ et Algarbii regi, fratri nostro carissimo, « Henricus eâdem gratiâ rex Angliæ et Franciæ ac do- « minus Hiberniæ, salutem in eo qui est omnium vera « salus, ac fraternæ dilectionis continuum incremen- « tum. » Une lettre qu'il écrivit en 1411 au roi de Navarre présente cette suscription : « A tres haut et « tres puissant prince Charles, par la grace de Dieu, « roy de Navarre et counte d'Evreux, nostre tres cher et « tres amé cousin, Henri, par ycelle mesme grace, roy « d'Engleterre et de France et seigneur d'Irlande, sa- « lut et encroissement de vraye dilection. » Une de ses lettres commence par ces mots : *De par le roy, reverentz peres en Dieu, etc.* Voici dans quels termes lui écrivait la reine de Castille : « Tres haut et tres puissant « prince syre Henry, par la grace de Dieu, roy d'An- « gleterre et de France et seigneur d'Irlande, mi tres « chier et tres amee et oveque tout mon coer tres « entierement voluz frere seigneur. Jeo sans fortuna « roigne de Castelle et de Leon, miere del roy et sa « tutora, etc. » Voici la formule finale de sa lettre à Charles, roi de Navarre : « En accomplissement de quele « chose, grant merit de Dieu et de nous especiau- « ment bon gree doit reporter vostre magnificence « royale, laquele nostre seigneur J. C. avoir vuille tous- « jours en sa seinte garde. Donné sous nostre privé seal « a nostre paloys de Westmonster, le XVIII de decembre, « l'an de nostre regne treizisme. » Sa lettre au roi de Portugal se termine ainsi : « Serenissime princeps frater- « que carissime, vobis ad vota succedant dies prosperi et « longævi. In cujus rei testimonium has litteras nostras « fecimus, nostrique nominis appositione roboravimus, « et sigilli nostri magni appensione muniri mandavi- « mus. Dat. in manerio nostro de Eltham, sub magni si- « gilli nostri testimonio, vicesimo septimo die Decem- « bris, anno ab incarnatione Domini secundùm cursum « et stilum ecclesiæ Anglicanæ millesimo quadringente- « simo quinto, et regnorum nostrorum anno septimo. « Per ipsum regem. » Comme l'année commençait, en Portugal, au 25 décembre, il fallait annoncer que la date avait été calculée selon l'usage d'Angleterre. (Pour les formules *Per breve, etc.* et *Post conquestum,* voyez ÉDOUARD II et HENRI VI.) Dans les actes ordinaires il suivait les formules de ses prédécesseurs, et le laconisme de la chancellerie d'Angleterre contraste avec la prolixité des formes suivies par les notaires apostoliques. Voici le commencement d'un de ces actes, qui est rapporté dans Rymer : « In Dei nomine, amen. Per « præsens publicum instrumentum cunctis appareat « evidenter quòd anno ab incarnatione Domini mille- « simo quadringentesimo secundo, indictione decimâ, « pontificatûs sanctissimi in Christo patris et domini « nostri domini Bonifacii divinâ providentiâ papæ noni « anno tertio decimo, et mensis Maii die octavâ, in ca- « merâ serenissimi in Christo principis et domini nos- « tri domini Henrici Dei gratiâ regis Angliæ et Franciæ « illustris, infra castrum suum sive turrim civitatis suæ « Londoniæ situata, coram eodem domino nostro rege, « ibidem personaliter existente, constitutus personali- « ter, etc. » Les mêmes dates sont rappelées à la fin de l'acte, puis après la formule *Dat. etc.* qui renferme, outre la date du jour où l'acte fut terminé, celle du règne de Henri IV. Elles reparaissent pour la quatrième fois dans une sorte de *post-scriptum* où le notaire atteste sa présence et celle des témoins; le tout se termine par l'approbation des interlignes, renvois, etc. Les années du règne de Henri IV se comptent du 30 septembre 1399. Voyez le second sceau de Henri IV, pl. T, n°s 1 et 2.

HENRI V (de Montmouth), fils et successeur de Henri IV, roi d'Angleterre, est proclamé roi le 21 mars 1413, couronné le 9 avril suivant, et meurt le 31 août 1422. — La lettre qu'il écrivit en 1417 à Charles de France porte la suscription suivante : « Henricus « Dei gratiâ rex Franciæ et Angliæ et dominus Hiberniæ « serenissimo principi et adversario suo Karolo co- « gnato nostro de Franciâ exhibitionem justitiæ et juris « in eo qui justitiam diligit. » Il donna, au château de Rouen, des lettres patentes qui commencent ainsi : « Henricus Dei gratiâ rex Angliæ, hæres et regens regni « Franciæ, et dominus Hiberniæ, omnibus ad quos præ- « sentes litteræ pervenerint salutem. » Cette suscription est ainsi conçue dans les actes français : « Henri, par la « grace de Dieu, roy d'Engleterre, heritier et regent du « royaulme de France et seigneur d'Irlande, as tresorer « et chamberleins de nostre eschequer saluz. » Dans ses vidimus des diplômes des rois de France, il emploie la formule suivante : « Inspeximus literas patentes in- « clitæ recordationis domini N. quondam Francorum, » ou « Franciæ regis, progenitoris nostri, factas in hæc « verba, etc. » Ses lettres adressées au bailli de Caen se terminent ainsi : « Car ainsi le voulons et nous plaist « estre fait, et le avons ordonné de grace especiale par « ces presentes, nonobstant quelconques autres mande- « mens, etc. Donné soubz nostre grand seal a nostre « cité de Bayeux, le XII jour d'avril, l'an de nostre regne « sixiesme. Par mesme le roy. » Voici une autre formule finale qui prouve que ces mots *teste meipso* tenaient lieu de signature et peut-être de sceau dans les lettres patentes des rois d'Angleterre : « In cujus rei testi- « monium has litteras nostras fieri fecimus patentes : « Teste meipso, apud castrum nostrum Rothomagi,

« quinto die Januarii, anno regni nostri octavo. » Pour les formules *Per ipsum regem, etc.* et *Post conquestum*, voyez Édouard II et Henri VI. Les années de son règne se comptent du 21 mars 1413. Henri V a employé jusqu'au traité de Troyes (21 mai 1420) le sceau représenté sous les nos 1 et 2 de la planche T.

Henri VI, fils et successeur de Henri V, roi d'Angleterre, est proclamé roi le 1er septembre 1422, couronné le 6 novembre 1429, déposé le 4 mars 1461. Il remonte sur le trône en octobre 1470, et meurt au mois de mai 1471. Le premier acte rendu en son nom après qu'il eut été replacé sur le trône est du 9 octobre 1470, le dernier est du 27 mars 1471. Toutefois son règne peut être considéré comme ayant duré jusqu'à la bataille de Barnet (14 avril 1471). — Voici la formule initiale des lettres patentes par lesquelles il établit Louis de Luxembourg chancelier de France : « Henricus Dei gratiâ Francorum et Angliæ rex universis præsentes litteras inspecturis salutem. » Dans un acte de 1440 il s'intitule : « Henricus Dei gratiâ rex « Angliæ et Franciæ et dominus Hiberniæ omnibus ad « quos præsentes litteræ, etc. » Une lettre qu'il écrivit en 1443 au pape Eugène IV commence ainsi : « Rex « sanctissimo in Christo patri et domino domino Euge- « nio divinâ providentiâ sacrosanctæ Romanæ ac uni- « versalis ecclesiæ summo pontifici Henricus Dei gratiâ « rex Angliæ et Franciæ et dominus Hiberniæ devota « pedum oscula beatorum. » La date est ainsi conçue : « Dat. in palatio nostro Westmonasteriensi, xxiv die « Maii. Per breve de privato sigillo. » (Voyez pour cette formule, et d'autres formules analogues, l'article d'Édouard II.) Les lettres par lesquelles il commet Louis de Luxembourg au gouvernement de la France en l'absence du duc de Bedfort se terminent ainsi : « En tesmoing de ce nous avons faict mettre nostre « scel a ces presentes. Donné a Calais le xxix jour du « mois de may, l'an de grace mccccxxxiii et de nostre « regne le xi. Par le roy, a la relation de monsieur le « gouverneur et regent de France, duc de Bedfort. J. de « Rivel. » Les années de son règne se comptent du 1er septembre 1422. Suivant les Bénédictins, on les aurait aussi calculées dans les actes particuliers du jour de son couronnement. Voici l'exemple sur lequel ils appuient cette opinion (tom. VI, pag. 98) : « Quarto « die Octobris, anno regni metuendissimi domini nos- « tri regis Henrici sexti, post conquestum Angliæ vice- « simo septimo. » Or les mots *post conquestum* signifient, selon les Bénédictins, *depuis le couronnement.* Mais comme l'année de l'Incarnation n'est pas marquée dans cet acte, on pourrait prétendre aussi qu'ils signifient *depuis l'avénement;* et c'est ainsi que les Bénédictins avaient d'abord interprété cette date dans leur premier volume, page 384. Dans leur dernier volume, au contraire, ils disent que le mot *conquestus* signifie le couronnement : ils ajoutent cependant que cette date de Henri VI revient à 1448, tandis qu'elle répondrait à 1456 si l'on comptait à partir du 6 novembre 1429, date du couronnement de ce prince. Mais des textes positifs prouvent quel est le véritable sens des mots *post conquestum.* On lit en effet dans le livre rouge de l'Échiquier : « Anno Domini mccccxxii. Item data regis « Henrici VIti à conquestu mutatur singulis annis in « festo sancti Egidii, accidente primo die Septembris. » Les mots *à conquestu* se rapportent évidemment au mot *sexti* (*sixième du nom depuis la conquête*), et par conséquent cette formule ne se rattache pas au calcul des années du règne. La première édition de l'Art de vérifier les dates présente à cet égard la même explication ; mais les auteurs de cet ouvrage ont pensé à tort que les rois qui s'étaient dits *troisième, quatrième, cinquième après la conquête* étaient seulement ceux qui avaient eu des prédécesseurs du même nom avant Guillaume le Conquérant. Cette formule a été, il est vrai, employée pour la première fois à l'occasion d'Edouard Ier ou IV, mais elle a été ensuite appliquée, quoique sans nécessité, aux rois du nom de *Richard* et de *Henri.* A partir du 9 octobre 1470, Henri VI employa dans quelques-uns de ses actes une nouvelle formule de date. En voici un exemple : « Teste meipso, « apud Westmonasterium, nono die Octobris, anno ab « inchoatione regni nostri quadragesimo nono, et re- « adeptionis nostræ regiæ potestatis anno primo. »

Henri VII (Tudor), comte de Richemond, descendant d'Édouard III (ou VI), par Marguerite sa mère, successeur de Richard III, est proclamé roi d'Angleterre le 22 août 1485, et couronné le 13 octobre suivant (*Art de vérifier les dates*), ou le 30 de ce mois (*Sir Harris Nicolas*); il meurt le 21 avril 1509. — Il emploie ordinairement les formules suivantes : *Rex omnibus ad quos, etc. salutem,* ou *Henricus Dei gratiâ rex Angliæ et Franciæ et dominus Hiberniæ universis et singulis ad quorum notitias præsentes literæ pervenerint salutem,* ou *omnibus ad quos, etc.* Cette suscription est ainsi conçue en français : « Henry par la grace de Dieu « roy d'Angleterre et de France, seigneur d'Irland, a « tous ceux qui ces presentes lettres verront, salut. » L'acte qui renferme cette suscription est ainsi daté : « Donné en nostre manoir de Grene Wiche, le premier « jour de may l'an de grace mille quatre cens quatre « vins et dix sept, et de nostre reigne le douziesme. » Voici une autre de ses dates en latin : « In cujus rei « testimonium has litteras nostras fieri fecimus paten-

« tes sub magno sigillo nostro, apud Westmonaste-« rium, secundo die mensis Julii, anno Domini mil-« lesimo quadringentesimo octuagesimo sexto, et « regni nostri primo. » Ses actes moins solennels se terminent par *Teste rege* suivi de la date du lieu et du jour du mois. Pour les formules *Per ipsum regem, etc.*, ou *Post conquestum*, voyez ÉDOUARD II et HENRI VI. Quoique Henri VII n'ait été proclamé roi que le 22 août 1485, le livre rouge de l'Échiquier fixe au 21 août le commencement des années de son règne.

HENRI VIII, fils et successeur de Henri VII, est proclamé roi d'Angleterre le 22 avril 1509, couronné le 22 juin suivant, et meurt le 28 janvier 1547. Avant le règne de Henri VIII on appelait le roi d'Angleterre *Votre Grâce*; il se fit donner d'abord le titre d'*Altesse*, puis celui de *Majesté*. — Henri VIII, après avoir employé le style de ses prédécesseurs, ordonna en 1535 qu'on fît usage dans les actes royaux de la formule suivante : « Henricus octavus Dei gratiâ Angliæ et « Franciæ rex, fidei defensor et dominus Hiberniæ, et « in terrâ supremum caput Anglicanæ ecclesiæ, » ou « ecclesiæ Anglicanæ et Hibernicæ sub Christo supre-« mum caput. » Ce style passa dans les actes particuliers, comme l'atteste la date d'une charte dentelée, donnée par le chevalier Roger Touneshend : « Datum « XXVIII die Aprilis, anno regni Henrici octavi Dei gra-« tiâ Angliæ et Franciæ regis, fidei defensoris, domini « Hiberniæ et in terrâ supremi capitis Anglicanæ ec-« clesiæ vicesimo nono. » Le testament de Henri VIII commence par l'invocation suivante : « In the name « of God and of the glorious and blessed Virgin, our « lady sainct Mary, and all the holy company of hea-« ven. » Vient ensuite la suscription : « We Henry, by « the grace of God, king of England, Fraunce and Ire-« lande, defendeur of the faith, and in erth ymediately « under God supreme hed of the church of England « and Ireland, of that name th'eight, etc. » Les années de son règne se comptent du 22 avril 1509. Pour les formules *Per ipsum regem, etc.* et *Post conquestum*, voyez ÉDOUARD II et HENRI VI.

HERMAN, duc de Souabe, essaye vainement de disputer le trône de Germanie à Henri le Saint, élu en 1002.

HERMAN DE LUXEMBOURG, comte de Salm, élu roi des Romains le 9 août 1081, et couronné le 26 décembre suivant, renonce à ses prétentions en 1088, et meurt quelque temps après.

HILDÉRIC et HILPÉRIC. Voy. CHILDÉRIC et CHILPÉRIC.

HONORIUS Ier, ordonné pape le 27 octobre 625, meurt le 12 octobre 638. — Les Bénédictins citent de lui un privilége accordé au monastère de Bobio et qui commence par la suscription suivante : « Honorius « episcopus, servus servorum Dei, fratri Bertulfo abbati « presbytero. » Il se termine par la salutation *Benevalete*. Les mêmes auteurs donnent le *fac-simile* d'un sceau de plomb qui porte d'un côté HONORII et de l'autre le mot PAPAE précédé d'une croix.

HONORIUS II (Cadalus ou Cadalous), antipape, élu le 28 octobre 1061, est déposé le 27 octobre 1062.

HONORIUS II (Lambert), élu pape et intronisé le 21 décembre 1124, meurt le 14 février 1130. Il avait été élu une première fois vers le 14 décembre 1124, en même temps que Calixte II (Thibaud), qui se démit immédiatement. Honorius II voulut néanmoins être soumis à une seconde élection. — Il a pour devise : *Oculi Domini super justos*. Ses priviléges sont souvent signés de lui et de ses cardinaux. Il s'est servi de la formule *In perpetuum* pour de simples bulles. Il ne paraît pas avoir employé le calcul pisan ; ou du moins, dans les actes que renferme le Bullaire romain, le commencement de l'année est toujours pris au 1er janvier. Les Bénédictins disent qu'il comptait aussi l'indiction de la même époque. « Quelques-uns de ses « priviléges, ajoutent les mêmes auteurs, sont expédiés « par Ranier, vice-camérier. Nous ne connaissons pas « d'exemple plus ancien de bulles dont les dates fassent « mention de cette dignité. Il paraît qu'elle était con-« fondue avec celle de vice-chancelier. » La date d'une de ses bulles commence ainsi : « Datum per manum « Almerici S. R. S. (*sanctæ Romanæ sedis*) et universalis « curiæ cancellarii, etc. » Les mots *universalis curiæ* sont aussi d'un usage peu ordinaire. Les Bénédictins ont vérifié que le nom de ce chancelier était écrit de plus de treize manières différentes. Voici les variantes les plus remarquables : *Haimericus, Albericus, Americus, Alimericus, Armeracus* et *Immericus*. — Les Bénédictins reproduisent à l'occasion d'Honorius II une remarque importante pour la distinction des bulles ordinaires et des simples lettres, dont la suscription et les dates présentent presque toujours les mêmes caractères. Une lettre ne peut renfermer les menaces d'excommunication et les promesses de bénédiction qui ne conviennent qu'à des pièces juridiques, qu'à de véritables bulles. Ces formules fournissent par conséquent le moyen de ne pas confondre avec des lettres les bulles ordinaires qui, sous Honorius et ses successeurs, ne sont guère datées, jusqu'au pontificat d'Eugène IV, que du lieu et du jour du mois. Quelques bulles ordinaires portent sans doute la date de l'Incarnation, mais ce sont là de rares exceptions. Voyez d'ailleurs Eugène IV. Un cercle d'Honorius II, représenté dans le Bullaire romain, ne porte pas d'autre inscription que sa devise, disposée entre les deux lignes concentriques. Peut-être cependant a-t-il employé des cercles disposés comme celui de Pascal II.

Honorius III (Cencio Savelli), élu pape le 18 et sacré le 24 juillet 1216, meurt le 18 mars 1227. — Il commence l'année plus souvent au 25 mars qu'à Pâques, et l'indiction plus souvent au 1er septembre qu'au 1er janvier. Il a pour devise : *Perfice gressus meos in semitis tuis.* « Les dates du lieu, du jour du mois « et de l'année du pontificat dans les bulles ordinaires, « disent les Bénédictins, doivent absolument, au moins « depuis le commencement de sa papauté, être regardées « comme invariables. Ce qui n'empêche pas qu'on ne « trouve quelques exemples, mais très-rares, de l'année « de l'Incarnation à la suite de la date du pontificat, sous « cette forme : *Et anno Domini MCCXXI*. Au lieu de « *pontificatûs nostri anno*, la date d'une de ses petites « bulles porte : *Pontificatûs autem domini Honorii « papæ III, anno, etc.* » Ses bulles solennelles ont conservé les formes qu'elles avaient reçues depuis longtemps. Un dataire prend quelquefois le titre de vice-camérier, et plus ordinairement celui de vice-chancelier. D'autres qualifications se rencontrent aussi. Voyez à cet égard Innocent III.

Honorius IV (Jacques Savelli), élu pape le 2 avril 1285 et consacré le 4 ou le 6 mai suivant, meurt le 3 avril 1287. — Il avait pour devise : *Pars mea Deus in sæcula.* Il s'est rapproché de Martin IV par l'emploi de cette formule : *Sub anno Dominicæ incarnationis MCCLXXXV*; mais ce n'est là qu'une exception. « Dans ses bulles consistoriales, disent les Bénédic« tins, il ne signait de sa propre main qu'en traçant « la petite croix posée au haut des cercles. Mais ses « cardinaux souscrivaient leurs noms en entier. Les « croix dont ils étaient précédés étaient accompagnées « de divers caractères et diversement figurées. Les « deux angles supérieurs de quelques-unes étaient rem« plis par ces mots, *Jésus-Christ,* en lettres grecques, « IC. XC. Au lieu d'une croix, un cardinal emploie un « triple triangle. Un des priviléges d'Honoré IV sur « lequel nous faisons ces remarques est de l'an 1286. « Il avait été expédié par maître Pierre de Milan, vice« chancelier de la S. E. R., qui comptait les années du « pontificat d'Honoré du jour de son couronnement. » Dans plusieurs dates solennelles publiées par le Bullaire romain, l'indiction commence au 1er septembre. Il était depuis longtemps d'usage d'écrire dans ces dates le nom du pape en gros caractères. Voyez la face du sceau d'Honorius IV, pl. U, n° 7.

Hormisdas, élu pape le 26 juillet 514 et consacré le lendemain, meurt le 6 août 523. — C'est de lui que sont les plus anciens priviléges que l'on connaisse. Dans les suscriptions il place son nom avant celui de l'empereur. Il date ses rescrits d'un seul consul, suivant l'usage qui s'était établi depuis la fin du pontificat de Gélase Ier. Voici l'une de ses suscriptions : « Hormisda episcopus Avito episcopo et universis « episcopis provinciæ Viennensis vel sub tuâ diœcesi « consistentibus. »

Hugues, comte de Provence, fils de Thibaut, comte d'Arles, proclamé roi d'Italie en 926, couronné le 21 juillet de la même année, associe en mai 931 son fils Lothaire au trône d'Italie, est forcé d'abdiquer en 945, et meurt le 22 ou le 24 avril 947. — Après l'association de son fils Lothaire, il employa la formule suivante : « In nomine Domini nostri Jesu « Christi regis æterni, Hugo et Lotharius gratiâ Dei re« ges. » Son diplôme en faveur du monastère de S. Chef est signé et contre-signé en ces termes : « Sigillum do« mini Hugonis invictissimi regis. Petrus notarius ad « vicem Gerlanni abbatis (Bobiensis) et archicancel« larii recognovi et subscripsi. » — Muratori dit avoir trouvé une grande confusion dans les dates de ses diplômes, à cause du mélange du calcul pisan et du calcul florentin. Il employait le plus souvent la date de l'Incarnation et quelquefois celle de la Nativité. — Les diplômes qu'il accordait en commun avec son fils sont munis de sceaux qui représentent le buste du père à gauche et celui du fils à droite. Ils tiennent chacun un sceptre surmonté d'une fleur de lis. Leurs couronnes sont également ornées de trois fleurs de lis. Sur le *fac-simile* donné par les Bénédictins on lit : HVGO ET LOTHARIVS PIISSIMI.....

Hugues Capet, duc de France, comte de Paris et d'Orléans, fils de Hugues le Grand, est élu roi de France à la fin de mai 987, sacré à Reims le 3 juillet suivant, et meurt le 24 octobre 996. — Il employait les invocations suivantes : *In nomine sanctæ et individuæ Trinitatis, In nomine Domini Dei æterni et salvatoris nostri Jesu Christi, In Dei nomine, In nomine Domini et creatoris nostri Jesu Christi, In Christi nomine.* Venait ensuite une des suscriptions : *Hugo gratiâ Dei rex, Hugo Francorum rex, Hugo mediatoris Dei et hominum propitiante misericordiâ* ou *divinâ ordinante, prœordinante clementiâ,* ou *opitu-*

lante divinâ gratiâ, ou enfin *omnipotentis Dei disponente gratiâ rex.* Quand il eut associé son fils à la couronne, il mit quelquefois après l'invocation : *Hugo et gloriosissimus filius suus Robertus Francorum reges,* ou bien *Hugo atque Robertus gratiâ Dei reges inclyti.* Nous avons rencontré aussi un diplôme autographe, signé de Hugues et de Robert, mais dont la suscription est seulement au nom de Hugues Capet. Plusieurs diplômes publiés par dom Bouquet présentent le même caractère. — Il a employé tantôt le mot *sigillum,* tantôt le mot *annulus :* 1° « Ut autem hoc nostræ auctoritatis « præceptum firmum et stabile permaneat, manu nos« trâ ego filiusque noster Robertus rex subterfirmavi« mus sigilloque nostro corroboravimus. » 2° « Hanc « itaque auctoritatem, ut pleniorem in Dei nomine « obtineat vigorem, et à fidelibus sanctæ Dei ecclesiæ et « nostris, et ut verius credatur et diligentiùs conserve« tur, manu propriâ subterfirmavimus et anuli nostri « impressione signari jussimus. » Dans son diplôme pour S. Martin de Tours on lit : *Et de bullâ nostrâ insigniri jussimus.* Ses signatures varient fort souvent. Contentons-nous de citer les formules suivantes : 1° « Signum domni Hugonis gloriosissimi regis Fran« corum, qui hoc præceptum fieri jussit, fidelibusque « suis firmare præcepit. » 2° « Signum Hugonis glorio« sissimi regis, anno secundo regnante Hugone rege. » 3° « Signum Ugonis gloriosissimi regis » joint à : *Signum domni Roberti regis inclyti* ou *signum Roberti regis filii sui.* Il faisait quelquefois signer ses diplômes par ses officiers et par plusieurs évêques, archevêques et seigneurs. — Parmi les souscriptions du chancelier il en est une qui s'éloigne de la forme ordinaire: « Ego Ragenoldus cancellarius, ad vicem Adalbe« ronis archiepiscopi summi cancellarii, recognovi et « subterfirmavi. » Le mot *subterfirmavi* peut avoir été employé au lieu de *subscripsi,* ou plutôt, au lieu de *sigillavi.* En effet le mot *sigillavi* se rencontre après *relegi* dans la souscription d'un notaire de Robert. Voyez ROBERT II. — Les années de son règne se comptent du 3 juillet 987 ; cependant il ne fut pas reconnu de suite dans l'Aquitaine et le Languedoc. La plupart de ses diplômes sont datés de son règne et de celui de son fils, qu'il s'était associé dès l'an 988. Il commence l'indiction au mois de septembre, et emploie souvent la date de l'Incarnation. Voici quelques-unes de ces dates : 1° « Actum Compendio palatio, « anno Dominicæ incarnationis DCCCCXCI. Data XVII « Kal. Octobris, anno V imperii Hugonis regis, et Ro« berti filii ejus consortis in regno anno IV. » 2° « Actum « Parisius civitate publicè, anno Dominicæ incarnat. « DCCCCXCIII, indictione VI, anno VII regnante glorio« sissimo rege Hugone et inclito filio ejus Roberto. » 3° « Datum V Idus Octob. anno regum Hugonis atque « Roberti VIII. Actum in Dei nomine in monasterio « S. Dionysii feliciter. » La date suivante prouve qu'il commençait l'année à Pâques ou au 25 mars : « Actum « Compendio palatio, anno incarnationis Dominicæ « DCCCCLXXXVII, indictione primâ, regnantibus glorio« sissimis regibus Hugone ac Roberto filio ejus, anno « primo. » — *Sceau :* Buste de face; dans la main gauche un globe, dans la droite une main de justice; cheveux courts; barbe longue; inscription : HUGO DEI MISERICORDIA FRANCOR. RE. Voyez le *fac-simile* donné par les Bénédictins, tom. IV, pag. 125.

HUGUES, fils aîné de Robert II, roi de France, et de Constance, associé au trône et couronné le 9 juin 1017, meurt avant son père, le 17 septembre 1025. Voy. ROBERT II.

HUNALD ou HUNOLD, fils d'Eudes, duc d'Aquitaine, succède à son père en 735, abdique en 745, vit dans un monastère jusqu'en 768; et après une tentative infructueuse pour rentrer en possession de ses états au moment où son fils Waifre venait de périr, il est fait prisonnier par Charlemagne, passe au bout de quelques années en Italie, et périt en 774 au siége de Pavie.

I.

INNOCENT II (Grégoire Papi), élu pape le 15 et consacré le 23 février 1130, meurt le 24 septembre 1143. —Les Bénédictins citent deux actes dont l'un fait concourir le salut des bulles ordinaires (*Salutem et apostolicam benedictionem*) avec une date solennelle, tandis que l'autre réunit la formule *In perpetuum* aux dates des bulles ordinaires. Innocent II n'a introduit que de légers changements dans les formules; ainsi une de ses dates commence par : *Datum et latum per manus;* sa suscription, dans une bulle consistoriale, se termine par ces mots : *in perpetuam rei memoriam;* enfin un de ses rescrits débute, à peu de chose près, comme les brefs des derniers temps : « Innocentius papa se« cundus R. Remensi, H. Senonensi, H. Turonensi ar« chiepiscopis et eorum suffraganeis episcopis. » Mais ce ne sont que des exceptions. En général on retrouve dans ses actes la formule ordinaire de souscription placée entre le *Benevalete,* sous la forme de monogramme, et le cercle disposé comme celui de Pascal II et portant pour devise : *Adjuva nos, Deus, salutaris noster.* Viennent ensuite les signatures des témoins et la formule *Datum,* dressée jusqu'en 1141 par le chancelier qui avait exercé sous Honorius II, puis par Gérard, prêtre et cardinal, qu'on retrouve sous Célestin II. Gérard est le dernier dataire qui ait pris le titre de bibliothécaire, si souvent employé depuis cinq siècles. Voyez à l'article d'HONORIUS II ce qui a été dit au sujet des bulles ordinaires. Innocent II commençait l'année, tantôt au 1er janvier, tantôt au 25 mars, mais rarement selon le calcul pisan. Il comptait le commencement de son pontificat à partir du jour de son élection, et non de son sacre, ce qui est contraire à l'usage ordinaire ; il prenait l'indiction au 1er septembre, au 1er janvier, et peut-être même à Pâques. Les Bénédictins présument que le premier de ces calculs était plus employé que le second ; quant au dernier calcul, ils citent un exemple qui ne prouve pas réellement que l'indiction était comptée à partir de Pâques, mais que le 13 mars 1138 il marquait encore l'indiction de l'année précédente.

INNOCENT III (Landon ou Lando Sitino), antipape, élu le 29 septembre 1178, après l'abjuration de Calixte III (Jean de Strume), est emprisonné en 1180.

INNOCENT III (Lothaire), élu pape le 8 janvier 1198, ordonné prêtre le 21 février suivant et consacré le lendemain, meurt le 16 ou le 17 juillet 1216. — Les bulles d'Innocent III conservent en général une grande uniformité. « Ce que nous y avons rencontré « de plus remarquable, disent les Bénédictins, c'est « qu'après la date ordinaire d'une de ses bulles, on « ajoute : *feliciter admodum.* » Il supprime souvent dans les dates les deux premiers mots de la formule *pontificatûs nostri anno.* Au lieu de l'année du pontificat, quelques-unes de ses bulles portent celle de l'Incarnation et d'autres l'indiction; mais cela est rare. Il ouvre ordinairement l'année au 25 mars; peut-être même l'a-t-il quelquefois commencée à Pâques; il prend l'indiction plus souvent au 1er septembre qu'au 1er janvier. Pendant l'année 1207, on a mis constamment par erreur dans ses bulles la IXe indiction au lieu de la Xe. Les titres pris par ses dataires sont très-variés ; tantôt ils se contentent d'annoncer qu'ils sont acolytes ou sous-diacres, diacres ou prêtres, cardinaux, chapelains, archevêques, etc.; tantôt ils se qualifient en outre écrivains, notaires, vice-chanceliers. « Depuis 1205 jusqu'en 1213, disent « les Bénédictins, il se trouve une foule de priviléges « datés par Jean, cardinal diacre du titre de Sainte-Marie « *in Cosmedin* et chancelier de la S. E. R. C'est le der« nier de ceux qui, dans les dates des bulles, se qua« lifient chanceliers... On voit quelquefois sur le repli « des petites bulles d'Innocent, des caractères ou des « traits qui désignent vraisemblablement le nom de « leur écrivain; nous en avons remarqué plusieurs « exemples sur des originaux, et entre autres sur un « du chartrier de l'abbaye de Jumiéges, où l'on lit « distinctement *Guillelmus,* quoique ce nom soit un « peu abrégé. » On ne rencontre qu'un petit nombre de ses bulles qui soient signées de lui et de ses cardinaux ; quand le cercle est marqué, il renferme la devise suivante : *Fac mecum signum in bonum.* On sait qu'Innocent III décida que ses demi-bulles, c'est-à-dire les actes délivrés dans l'intervalle de son élection et de son sacre, auraient la même autorité que ses bulles entières; on a dit aussi que le mot *demi-bulle* s'appliquait au sceau de plomb qui, avant le sacre, n'avait qu'une empreinte, celle des têtes de saint Pierre et de saint Paul. On trouve dans une bulle d'Innocent III la formule : *Salvâ sedis apostolicæ auctoritate.* Voyez la face du sceau d'Innocent III, pl. U, n° 4.

INNOCENT IV (Sinibalde de Fiesque), élu pape le 24 ou plutôt le 25 juin 1243, et consacré le 28 ou le 29 du même mois, meurt le 7 décembre 1254. — Il avait pour devise : *Notas fac mihi, Domine, vias vitæ ;* des imprimés portent : *Notas mihi fac, etc.* Quand il voulait disposer d'un bénéfice au préjudice des évêques, des abbés, etc., il insérait dans sa bulle la clause : « Nonobstant tout droit de patronage et autres « priviléges contraires, » connue sous le nom de clause *non obstantibus.* Il a pu varier pour le commencement de l'année et de l'indiction; mais il a certainement pris pour point de départ, dans plusieurs de ses actes, le 25 mars et peut-être le jour de Pâques. Les Bénédictins décrivent une bulle solennelle qu'ils ont vue dans les archives de Saint-Ouen et qui réunit, selon l'usage, le cercle, la souscription du pape, le monogramme du *Benevalete* et les signatures des cardinaux rangées sur trois colonnes. Ces signatures sont originales ; mais celle du pape est de la main de l'écrivain de la pièce. Innocent III aurait tout au plus marqué la petite croix qui se trouve entre les deux cercles concentriques, et qui sépare le commencement et la fin de la devise circulaire. Dans le siècle précédent, cette croix, intérieure aux deux cercles concentriques, était isolée de la grande croix formée par les deux diamètres perpendiculaires destinés à partager l'aire du cercle en quatre quartiers égaux. Ici le diamètre vertical est prolongé, dans sa partie supérieure, jusqu'à la circonférence du grand cercle; ce prolongement est coupé à angles droits par une petite ligne horizontale qui suffirait pour former la croix intérieure aux deux circonférences; mais cette croix est elle-même coupée par une croix de Saint-André qui lui donne presque la forme d'une étoile. La même disposition se retrouve dans une bulle d'Honorius III. Voici la date de la bulle d'Innocent IV : « Dat. Laterani, per manum fratris « Jacobi episcopi Bononiensis S. R. E. vice cancella- « rii, tertio Nonas Junii, indictione II, Dominicæ incar- « nationis MCCXLIV, pontificatûs verò domni Innocentii « papæ IV anno primo. » Un des dataires de ce pape ajoute au titre de vice-chancelier celui de *magister scholarum*. « Nous avons sous les yeux, disent les Bé- « nédictins, une bulle originale du même pape, au « revers de laquelle, tout au haut, on lit : *Guarnerius* « *dni P.* (*domini papæ*) *subdiaconus*. C'est sans doute la « signature de celui qui scella ou délivra la pièce « donnée par Marin, vice-chancelier de la S. E. R. »

INNOCENT V (Pierre de Tarentaise), élu pape le 21 et couronné le 23 février 1276, meurt le 22 juin suivant. — Il avait pour devise : *Oculi mei semper ad Dominum.*

INNOCENT VI (Étienne d'Albert), élu pape le 18 décembre 1352 et couronné le 30 du même mois, meurt le 12 septembre 1362. — Il avait pour devise : *Fac mecum, Domine, signum in bonum;* il a presque toujours employé la formule *Ad perpetuam rei memoriam;* quelquefois il y substitue *Ad futuram rei memoriam* ou *Salutem et apostolicam benedictionem.*

INNOCENT VII (Cosmat de Meliorati), élu pape le 17 octobre 1404, et couronné le 2 ou le 11 novembre suivant, meurt le 6 novembre 1406. — Il ne paraît pas que ce pape ait fait usage d'une devise, ou du moins elle n'est pas citée par les Bénédictins.

INNOCENT VIII (Jean-Baptiste Cibo), élu pape le 29 août 1484 et couronné le 12 septembre suivant, meurt le 25 juillet 1492. Suivant les auteurs de l'Art de vérifier les dates, il commençait l'année tantôt au 1er janvier, tantôt au 25 mars. — Il avait pour devise : *Ego in innocentiâ meâ ingressus sum.* « On vit naître sous « lui, disent les Bénédictins, plusieurs singularités en « fait de rescrits apostoliques. Mais il n'en parut point « de plus importantes qu'un nouveau genre de consti- « tution sous le titre de *motus proprii*, qu'il ne faut pas « confondre avec celles qui portent seulement la clause « du *motu proprio*. Elles devinrent d'un usage très-fré- « quent dans le XVIe siècle. Leur suscription commence « comme celle des brefs *sub annulo piscatoris*. (Voy. « NICOLAS V.) Les rescrits d'Innocent VIII qui débutent « par *motu proprio* diffèrent un peu de ceux de ses suc- « cesseurs. Il a d'autres *motus proprii*, qui ne commen- « cent pas mais qui finissent par *motu proprio*. Voici « des exemples de ces deux sortes de constitutions : « *Innocentius papa octavus, ad perpetuam rei memoriam.* « *Cùm sicut, etc.* La signature du pape se trouve à la « fin de la pièce avec cette formule : *Placet et ita motu* « *proprio mandamus. Datum Romæ apud S. Petrum, XV* « *Kal. Septembris, anno I.* Telles étaient ces constitutions « lorsqu'elles ne commençaient pas par *motu proprio*. « Au contraire, lorsqu'elles commençaient par ces pa- « roles, elles s'appropriaient les formules suivantes : « *Innocentius episcopus, motu proprio et ex certâ scientiâ,* « *etc..... Datum Romæ, apud S. Petrum, Idibus Julii, an-* « *no V. Placet et motu proprio mandamus.* Ici était la « place de la signature du pape. Elle tenait lieu dans « ces constitutions des sceaux de plomb et de cire « rouge, réservés pour les bulles et brefs. » Ainsi donc, le sceau de plomb qui caractérise les bulles, l'empreinte en cire rouge de l'anneau du pêcheur qui caractérise les brefs, manquent également aux *motus proprii*. On voit d'ailleurs que leurs dates peuvent aussi servir à les distinguer, puisqu'elles expriment seulement le jour du mois selon le calendrier romain et l'année du pontificat, en supprimant pour l'ordinaire les deux mots *pontificatûs nostri*. Or cette formule de dates ne convient ni aux bulles, ni aux brefs. (Voyez pour les dates des bulles EUGÈNE IV, et pour celles des brefs, NICOLAS V.) Ce double caractère résultant de l'absence d'un sceau, et de la formule de la date, est d'autant plus important à observer, que la clause *motu proprio* se rencontre, soit dans les bulles, soit dans les brefs, sans que pour cela ces actes doivent être confondus avec les *motus proprii*. Les Bénédictins annoncent par exemple que dès l'an 1253 Innocent IV s'était servi de cette formule. Il est certain aussi qu'elle a été employée par Boniface IX et Benoît XIII. Dans la suite elle souleva plus d'une fois l'opposition du parlement de Paris contre la cour de Rome. Innocent VIII a du reste confondu souvent les formules caractéristiques des bulles, des brefs et des *motus proprii*. Ainsi dans plusieurs brefs le chiffre de l'année de l'ère chrétienne est accompagné de la formule *anno Domini;* un autre bref débute par la suscription des bulles *Innocentius servus servorum Dei;* un acte commençant par *Innocentius papa VIII* se termine par la date des bulles, etc. etc. Il serait inutile de pousser plus loin ces remarques, et d'avertir que les actes des successeurs d'Innocent VIII fourniraient des exceptions analogues. Le Bullaire romain renferme une bulle dont la date est suivie de la souscription du pape, conçue dans les termes suivants : « Ego Innocentius, catholi« cæ ecclesiæ episcopus, manu propriâ subscripsi. » Viennent ensuite les signatures des cardinaux, et, à leur tête, celle du vice-chancelier ; toutes se terminent par la formule *manu propriâ subscripsi*. On trouve quelquefois après la date de ses bulles : *Placet, publicetur et describatur*. Viennent ensuite les certificats d'affiche, de publication et de lecture dont il a déjà été question à l'article d'EUGÈNE IV, et qui furent fréquemment employés par Innocent VIII et ses successeurs. Nous en citerons un exemple : « Anno à nativitate Domini « millesimo quadringentesimo octuagesimo octavo, in« dictione sextâ, pontificatûs domini Innocentii papæ « octavi anno quarto, literæ suprà scriptæ affixæ et pu« blicatæ fuerunt in valvis audientiæ et acie campi Flo« ræ, die XIV Januarii, per Fernandum del Porro S.D.N. « (*sanctissimi domini nostri*) papæ cursorem. Lecta Romæ, « in cancellariâ apostolicâ, die Sabbati XIX Januarii, « anno MCCCCLXXXVII. » Il faut remarquer, 1° que le certificat du courrier apostolique renferme la date de l'indiction, qui cependant ne paraît plus dans la date des bulles ; 2° que dans ce certificat le commencement de l'année est compté à partir du 1er janvier, tandis que dans celui de la chancellerie il est compté, comme il l'avait été dans la date de la bulle, à partir du 25 mars : ces calculs, en apparence contradictoires, se rencontrent assez fréquemment.

J

S. JEAN Ier, élu pape le 13 août 523, meurt le 18 mai 526. — Il date ses rescrits de deux consuls, quoique les successeurs de Gélase Ier ne les aient ordinairement datés que d'un seul. Quelques auteurs pensent qu'il a introduit l'usage de sceller en plomb ; mais il paraît probable qu'on lui a attribué par erreur des actes rendus par un autre pape du même nom que lui.

JEAN II, surnommé MERCURE, ordonné pape le 22 janvier 533, meurt le 27 mai 535.

JEAN III, surnommé CATELIN, consacré pape le 18 juillet 560, meurt le 13 juillet ou le 25 octobre 573.

JEAN IV, ordonné pape le 24 décembre 640, meurt le 11 octobre 642. — Dans un de ses rescrits il se donne l'épithète de *servus* sans ajouter *servorum Dei ;* mais un privilége accordé à l'abbaye de Remiremont présente la suscription suivante : « Dilectissimis fratribus uni« versis episcopis per Galliam constitutis Johannes epi« scopus, servus servorum Dei. » A la fin d'une longue formule imprécatoire se trouve la salutation *Benevalete*. La bulle de plomb qui pendait à cet acte portait d'un côté JOHANNIS, et de l'autre PAPAE. Après avoir été élu pape, et avant son ordination, il écrivit, en commun avec l'archiprêtre et le primicier, une épître qui commence ainsi : « Hilarius archipresbyter servans « locum sedis apostolicæ, Joannes diaconus et in Dei « nomine electus, item Joannes primicerius et servans « locum sedis apostolicæ. »

JEAN V, ordonné pape le 23 juillet 685 ou le 10 juin 686, meurt le 1er août 686 ou le 7 août 687. — Il existe une bulle datée de l'année de son pontificat, formule qu'on avait prétendu ne s'être établie qu'au XIe siècle. Cet acte, qui présente en outre le premier exemple de la formule *Salutem et apostolicam benedictionem,* mérite d'être connu dans ses parties les plus importantes : « Johannes episcopus, servus servo« rum Dei, dilecto filio Vulferanno abbati Divionensis « monasterii ejusque successoribus salutem et apostoli« cam benedictionem. » Après une formule d'imprécation vient la date suivante : « Data per manus Johannis « bibliothecarii, pontificatûs domini Johannis pape an« no primo, mense nono, in sacratissimâ beati Petri « apostoli sede, indictione VI. Ego Johannes sanctæ « catholicæ ecclesiæ episcopus subscripsi. » L'indiction VI ne peut convenir à la première année du pontificat de Jean V ; et Mabillon pense que c'est une erreur de l'écrivain. Quoique l'original de cette bulle sur papyrus existât du temps de ce savant auteur ; il annonce qu'il n'a pu lui-même en prendre connaissance. Les lignes qui sont gravées dans son ouvrage ont donc été reproduites d'après un *fac-simile* dont il n'a pu vérifier l'exactitude. D'un autre côté, on lui avait rapporté que l'acte était illisible dans plusieurs endroits ; et comme les caractères de son *fac-simile* présentent des traces de surcharge, il est probable que cette écriture aura été repassée il y a plusieurs siècles par quelque main maladroite, et qu'alors le chiffre de l'indiction aura été dénaturé. Les mêmes traces de surcharge se retrouvent sur un privilége de Sergius Ier conservé dans le même monastère, et dont Mabillon reproduit également quelques lignes. Autant qu'on peut en juger d'après un *fac-simile* fort imparfait, ces deux diplômes auraient été restaurés, ou plutôt détériorés, par un écrivain de la fin du XIIe siècle; et comme dès le siècle précédent il est fait mention de la bulle de Jean V par un chroniqueur du monastère de S. Bénigne de Dijon, l'authenticité de ces deux diplômes ne paraîtrait pas devoir être contestée. Ils sont d'ailleurs scellés de deux bulles de plomb. La bulle de Jean V porte d'un côté JOHANNIS, écrit en rond, et de l'autre le mot PAPAE, partagé en deux lignes. Chacune de ces inscriptions est accompagnée d'une croix.

JEAN VI, ordonné pape le 28 octobre 701, meurt le 9 janvier 705.

JEAN VII, ordonné pape le 1er mars 705, meurt le 17 octobre 707. — Voici la date d'une de ses bulles, citée par les Bénédictins : « Benevalete. Data pridie « Kalendas Julii, imperante domino nostro piissimo « perpetuo augusto Tiberio anno VIII, post consulatum « ejus anno VI, sed et Theodosio atque Constantino, etc. »

JEAN VIII, ordonné pape le 14 décembre 872, meurt le 15 décembre 882. — Il substituait quelquefois à la formule *In perpetuum* les mots : *Nunc et futuris temporibus*. Il a pris le titre de pape universel dans les dates de ses bulles solennelles. Il datait du lieu, de l'Incarnation, de son pontificat et de l'empire. Il marquait quelquefois les jours du mois suivant notre calendrier. Quoique ses épîtres ne portent ordinairement, comme celles de ses prédécesseurs, que la date du mois et l'indiction, on en trouve qui sont datées en outre de l'Incarnation ou de l'empereur régnant. Ces actes commencent ordinairement par *Joannes episcopus;* ces deux mots sont quelquefois suivis, mais rarement, de la formule *episcopus servus servorum Dei*. Outre les formules employées par ses prédécesseurs, on trouve dans un privilége de 877 une annonce du sceau, c'est-à-dire une formule qui paraît peut-être pour la première fois dans les bulles; elle est ainsi conçue : « Et ut certius appareat hoc nostrum « privilegium et inconcussum permaneat, sigillo nos- « tro jussimus insigniri. » Après cette annonce vient la date, qui est suivie de la souscription de trois évêques, et l'acte se termine par une autre formule également inusitée : « Leo humilis scriniarius et not. S. R. E. « et cum jussione reverendissimi Do. Johannis papæ « scripsi et aliis roborandum protuli. » Le sceau de plomb annoncé dans l'acte porte l'image du pape et pour légende JOHANNES PAPA. Ce sont deux nouveautés de plus ajoutées à celles qu'on vient de signaler. En effet, Jean VIII s'est écarté de l'exemple de ses prédécesseurs, d'une part en prenant un sceau marqué à son image, et de l'autre, en écrivant son nom au nominatif au lieu de le mettre au génitif. Cependant les Bénédictins ne révoquent pas en doute l'authenticité de cet acte. Les mêmes auteurs citent deux autres formules de date qui sont plus conformes au style suivi par les prédécesseurs de Jean VIII. La première s'en éloigne cependant en ajoutant à la date de l'empire de Charles le Chauve celle de son couronnement. L'indiction y est comptée comme à l'ordinaire du mois de septembre. Dans le second exemple on trouve la date du pontificat, mais précédée de la formule *regnante imperatore Domino Jesu Christo*. Son successeur, Marin Ier, a employé la formule *regnante in perpetuum;* il est probable qu'un copiste aura mal lu ces deux derniers mots, et aura substitué par erreur *imperatore*. L'officier nommé dans cette date ajoute au titre de nomenclateur, qui avait déjà paru sous Étienne IV, ceux de *missus et apocrisiarius sanctæ sedis apostolicæ*

JEAN IX, ordonné pape vers le 17 juillet 898, meurt le 30 novembre 900. — « Ce pape, disent les « Bénédictins, accorda un privilége écrit par Serge et « délivré par Anastase, primicier défenseur du saint- « siége. Il est muni des dates ordinaires, excepté de « celles de l'empereur. Il adressa de plus une lettre à « son très-saint confrère l'archevêque de Ravenne. Elle « n'a point d'autre date que celle-ci : *Datum VIII Kal.* « *April. per manus Zachariæ, anno V*. » Les Bénédictins ne donnent aucune explication sur cette date, qui ne peut se rapporter ni au pontificat de Jean IX, ni à l'avénement d'Arnoul à l'empire. Les épîtres de Jean IX, citées dans la Collection des historiens de France, ne renferment que la date du mois et de l'indiction.

JEAN X, intronisé pape vers la fin d'avril 914, meurt à la fin de mai ou au commencement de juin 928. — Voici la suscription d'une bulle adressée par ce pape à Raoul, roi de France : « Johannes episcopus, « servus servorum Dei, dilecto filio Rodulfo, glorioso « regi Francorum, necnon reverendissimo et sanctis- « simo confratri nostro Widoni, sanctæ Lugdunensis « ecclesiæ archiepiscopo, atque reverendissimis epi- « scopis Stateo et Bernoni, comitibus Hugoni et Gisle- « berto. » Cette bulle n'est pas datée. Le Bullaire romain renferme un privilége daté du pontificat et de l'indiction. Dans la formule *Datum, etc.* Jean X reçoit les titres de *domini Johannis summi pontificis et universalis papæ decimi*. Si l'on regarde comme exactes les notes chronologiques de ce privilége, qui est daté de la septième année du pontificat, du mois de septembre et de l'indiction VIII, il faut en conclure que Jean X ne commençait pas l'indiction le 1er septembre, mais le 24 de ce mois au plus tôt; en effet la septième année du pontificat de Jean X courait au mois de septembre 920, et, selon l'usage de la cour de Rome, il aurait fallu commencer à compter l'indiction IX dès le 1er de ce mois. La première formule de date annonce que l'acte a été dressé par Jean, cardinal et chancelier *vice Petri diaconi.* Cette mention n'est pas d'un usage ordinaire.

JEAN XI, ordonné pape le 20 mars 931, meurt au commencement de janvier 936. — Son privilége en faveur de l'abbaye de S. Cyprien de Poitiers présente des formules peu ordinaires : « In nomine Dei Patris, « ego Johannes papa notificamus, etc..... Et ut hoc « privilegium libentissimè à nobis factum firmiorem « obtineat vigorem, manibus propriis firmavimus et in « verbo Dei viris religiosis et consulibus Romæ robo- « rari fecimus. S. Johannis papæ, qui hoc privilegium « fieri jussit. » L'invocation, la suscription, l'annonce des signatures et l'absence de toute date, tout s'éloigne de la forme ordinaire des priviléges. Il est donc permis de révoquer en doute l'authenticité de cet acte, d'autant plus qu'un autre privilége, rapporté aussi dans la collection de dom Bouquet, prouve que Jean XI n'avait pas rejeté le style adopté par ses prédécesseurs. (Voyez cependant, à l'article d'ÉTIENNE VIII, un exemple analogue à celui qui vient d'être cité.) Voici maintenant les formules du second privilége: *Joannes episcopus, servus servorum Dei, Aymoni, etc., in perpetuum...... Scriptum per manum Andreæ, scriniarii sanctæ Romanæ ecclesiæ, in mense Januario, indictione VI. Datum verò VI Idus Januarii, per manum Gregorii Deo amabilis sacellarii sanctæ sedis apostolicæ, anno III* (il faudrait *anno II*) *pontificatûs domini nostri Johannis summi pontificis et universalis XI papæ in sacratissima sede beatorum apostolorum.* « La qualité de « sacellaire et l'épithète *Deo amabilis,* disent les Bé- « nédictins, sont visiblement dans le goût des Grecs. « Supposé donc qu'il n'y ait point d'affectation ici, l'on « en pourra conclure que ce pape admettait parmi les « principales dignités du clergé romain des Grecs de « nation. »

JEAN XII (Octavien), élu pape à la fin de l'an 955, consacré au plus tard en janvier 956, et déposé au mois de novembre 963, meurt le 14 mai 964. — La suscription d'une bulle de ce pape adressée à Dunstan, archevêque de Cantorbéry, renferme cette formule de salut : « Vitæ perpetuæ permanendam in « Christo salutem. » Il réunit dans un de ses priviléges la date du pontificat et celle de l'empire, qui est énoncée en ces termes : « Imperii domni piissimi « augusti Ottonis à Deo coronati magni imperatoris « anno I. » Cette date avait été exprimée à peu près dans les mêmes termes sous les papes contemporains des empereurs carlovingiens. Mais peut-être n'avaient-ils jamais marqué dans le même acte les années du pontificat et celles de l'empire. Les Bénédictins citent une date de Jean XII où, dans leur opinion, l'indiction ne peut être prise du mois de septembre. Mais cette preuve peut être contestée en ce sens que si l'on compte les années du pontificat à partir de l'élection, l'acte se rapportera au mois de décembre 956 et non à l'année 957. Le texte de cette date n'est pas d'ailleurs complet; il vaut donc mieux supposer que Jean XII a suivi pour l'indiction le calcul de ses prédécesseurs.

JEAN XIII, surnommé POULE-BLANCHE, intronisé pape le 1er octobre 965, meurt le 5 ou le 6 septembre 972. — « Outre que la formule *servus servorum Dei,* « disent les Bénédictins, était sujette à quelques va- « riations dans les bulles de Jean XIII, et qu'il y ajou- « tait quelquefois le titre d'*episcopus Romanæ urbis,* elle « était suivie tantôt de *salutem in Christo et visitationem,* « tantôt de *Christianam salutem et apostolicam benedi- « ctionem,* tantôt de *bravium æternæ remunerationis,* « tantôt d'*apostolicæ gratiam benedictionis et gloriam « æternæ beatitudinis,* et plus souvent encore, surtout « à la tête des priviléges, de *perpetuam salutem.* Quel- « quefois il omettait toute espèce de salut. » Quelque variées que soient ces formules, on pourrait encore en citer plusieurs autres. Ainsi, quoiqu'il ait terminé par les mots *perpetuam salutem* la suscription de plusieurs priviléges, il s'est aussi servi de la formule ordinaire *In perpetuum.* Mais parmi les formes nouvelles qu'il a introduites, il faut remarquer dans la suscription, ou du moins dans le préambule de quelques actes, la mention du rang qu'il tient parmi les papes de son nom. En voici deux exemples : 1° « Joannes episcopus, « servus servorum Dei. Cùm ego Joannes S. et R. E. « XIII papa residerem, etc. » 2° « Noverit cunctorum « notitia fidelium quòd ego Johannes XIII conditoris « clementiâ S. R. S. existens indignus papa, etc. » Il a du reste, comme ses prédécesseurs, continué à marquer dans les dates qu'il était treizième du nom. Quelquefois dans la date du pontificat on substitue aux titres de *souverain pontife* et de *pape universel,* ceux de *très-saint* et *très-religieux pape* ou seulement *très-saint.* L'année des empereurs, au contraire, ne renferme souvent aucune épithète honorifique : « Imperii Ottonis majoris « XI, junioris ou minoris verò V. » D'un autre côté il a lui-même employé une formule aussi modeste : *Anno pontificatûs nostri.* Voici une de ses dates solennelles où l'on trouve réunies les années du pontificat, de l'empire et de l'Incarnation : « Scriptum per manum « Stephani notarii et regionarii sanctæ Romanæ ecclesiæ, « in mense Septembr. et indictione quartâ decimâ. Be- « nevalete. Data III die Kalend. Octobris, per manum « Widonis episcopi et bibliothecarii sanctæ sedis apo- « stolicæ, anno pontificatûs domini Joannis summi pon- « tificis et universalis tertii decimi præsidentis in sacra- « tissimâ sede B. Petri apostoli quinto, imperii domini « Ottonis majoris nono, minoris tertio; anno denique « incarnationis Domini nostri Jesu Christi DCCCCLXX. » La date d'une bulle accordée à Mathilde, abbesse de Quedlimbourg, mérite aussi d'être citée : « Anno Deo « propitio pontificatûs domini Johannis summi pon- « tificis et universalis tertii decimi provisoris S. Roma- « næ ecclesiæ nostræ undecimo, ejusdem piissimi PP. « an. III, august. Ottone à Deo coronato magno impe- « ratore anno sexto monarchiam Romani imperii felici- « ter gubernante, indictione X. » L'auteur de la Bibliothèque germanique fait remarquer, à l'occasion de cette date, que Jean XIII avait été sans doute proviseur de l'église romaine sous les pontificats précédents : le proviseur est celui qui a soin du temporel d'une église. « Il y a des bulles, disent les Bénédictins, où Jean XIII « souscrit ainsi : *Ego Joannes S. catholicæ et aposto-* « *licæ Romanæ E. XIII papa in hoc privilegio à no-* « *bis promulgato manu propriâ subscripsi.* L'empereur « signe après, ensuite vingt-trois évêques, puis trois « prêtres, trois diacres et un sous-diacre de la S. E. R. « La date du bibliothécaire est placée après ces signa- « tures. »

Jean XIV (Pierre), devient pape en novembre 983, et meurt le 20 août 984. — « Une bulle de Jean XIV « dont la suscription se termine par *in perpetuum* est « écrite, disent les Bénédictins, par Léon, notaire ré- « gionnaire de la sainte église romaine, et datée par « Jean, évêque et bibliothécaire du saint-siége aposto- « lique. L'indiction ne peut être comptée du mois de « septembre. La date de l'empereur cède entièrement « la place à celle du pontificat. »

Jean XV, élu après la mort de Jean XIV, ne compte point parmi les papes. Il meurt avant le mois de juillet 985.

Jean XVI ou XV, devient pape au mois de juillet 985, et meurt en 996 avant le mois de mai. — « Les « formules de salut employées par ce pape, disent les « Bénédictins, se rapprochent toujours de plus en plus « de *salutem et apostolicam benedictionem.* Ici c'est : *sa-* « *lutem in Domino ac apostolicam benedictionem ;* là : « *carissimam salutem et apostolicam benedictionem ;* ail- « leurs : *omnimodam salutem et apostolicam benedictio-* « *nem.* Malmesburi et Spelman rapportent une bulle « de ce pape dont voici le commencement : *Johannes* « *XV S. R. E. papa omnibus fidelibus salutem. Nove-* « *rint omnes sanctæ matris ecclesiæ fidelis et nostri* « *utriusque ordinis per clymata sæculi dilatati, etc.* » Ce pape se disait donc *quinzième* et non *seizième* du nom, parce qu'il ne tenait pas compte de son prédécesseur immédiat. Sa bulle pour la canonisation de S. Udalric, évêque d'Augsbourg, est le premier acte authentique de ce genre qui ait été fait par un pape. Elle se termine ainsi : « Scriptum per manum Stephani « notarii regionarii et scriniarii sanctæ Romanæ eccle- « siæ, in mense Februario, indictione sextâ, anno no- « ningentesimo nonagesimo tertio. Ego Joannes S. Ro- « manæ catholicæ et apostolicæ ecclesiæ episcopus huic « decreto à nobis promulgato consensi et subscripsi. » Viennent ensuite les signatures de cinq évêques et de neuf cardinaux; elles se terminent par le mot *consensi.* Quatre diacres souscrivent après les cardinaux, sans exprimer leur consentement; mais on lit, après la dernière suscription : *Hi omnes consenserunt et subscripserunt.* Cette mention est suivie de la seconde formule de date : « Dat. III Nonas Februarii, per manum « Joannis episcopi S. Nepesinæ ecclesiæ et bibliotheca- « rii sanctæ sedis apostolicæ, anno pontificatûs domini « nostri Joannis sanctissimi XV papæ octavo, mense « dicto et indictione sextâ. » Selon les Bénédictins, Jean XVI aurait scellé de son anneau la confirmation du décret rendu au concile de Mayence en faveur des moines de Corvey : c'est là une circonstance tout exceptionnelle. Au XIIIe siècle Clément IV scella en cire et de l'anneau du pêcheur une lettre particulière; puis, au commencement du XVe siècle, Benoît XIII scella d'un petit sceau ou sceau secret un acte public; mais ce n'est guère que dans le courant du même siècle que l'anneau du pêcheur fut ordinairement employé.

Jean XVII (Philagathe), antipape, élu en mai 997, s'enfuit de Rome en février 998.

Jean XVII (Siccon ou Secco), élu pape le 9 juin 1003 et sacré le 13 du même mois, meurt le 31 octobre suivant.

Jean XVIII (Phasian), ordonné pape le 26 décembre 1003, abdique vers la fin de mai 1009, et meurt le 18 juillet suivant. — Il retranche quelquefois *episcopus* au titre *servus servorum Dei,* ou se qualifie simplement *Johannes gratiâ Dei Romanæ sedis episcopus.* Il exprime souvent le salut de la manière suivante : *Salutem ca-*

rissimam cum benedictione apostolicâ. Un de ses actes est daté par Pierre, *abbé et chancelier du sacré palais de Latran.* « MM. de Sainte-Marthe ont publié, disent les « Bénédictins, une bulle où Jean XVIII s'intitule ainsi : « *Johannes sanctæ catholicæ et apostolicæ ecclesiæ apostoli-* « *cus præsul.* On n'y trouve point le *scriptum per ma-* « *nus;* mais elle est ainsi datée par Ingilon : *Datum* « *IV Non. Decembris, per manus Ingilonis scriniarii sa-* « *cræ apostolicæ sedis, anno III pontificatûs domini Jo-* « *hannis octavi decimi pontificis summi et universalis* « *papæ in sacratissimâ sede B. Petri apostoli, indict. V.* » On voit que dans cette date l'indiction est comptée à partir du 1er septembre. Il ne paraît pas qu'il ait daté des années de Henri II, qui ne fut sacré empereur qu'en 1014, mais qui régnait depuis l'an 1002.

Jean XIX (Romain), élu au mois d'août 1024, meurt vers la fin du mois de mai 1033. Les auteurs de l'Art de vérifier les dates ne pensent pas, comme Mansi, qu'on puisse placer son élection entre le 11 avril et le 6 juin 1025. — Il met quelquefois, comme un petit nombre de ses prédécesseurs, le monogramme de J. C. en tête de ses bulles. L'exemple suivant prouve qu'il a aussi employé l'invocation de la sainte Trinité : « In no- « mine sanctæ et individuæ Trinitatis, Patris et Filii et « Spiritûs sancti. Ego Johannes divinâ providentiâ XIX « papa Romanus. » Mais il emploie en général la suscription ordinaire : *Johannes episcopus servus servorum Dei.* Il remplace quelquefois la formule *Salutem et apostolicam benedictionem* par celles qui suivent : *Salutem beatissimam, Perpetuam salutem* ou *Salutem clarissimam cum benedictione apostolicâ.* Il donne aux évêques le titre de *fils,* et aux patriarches celui de *frère.* Il ne signe pas tous ses priviléges; mais ils sont revêtus de la souscription des cardinaux. Viennent ensuite les signatures des évêques et enfin celles des prêtres, des diacres et des sous-diacres, qui ne gardent plus aucun ordre hiérarchique. La conclusion d'une bulle de Jean XIX mérite d'être remarquée, 1° pour les termes dans lesquels il annonce sa souscription et l'apposition de sa bulle, 2° pour la formule même de la souscription, 3° pour la réunion des deux mots *datum* et *scriptum* en tête d'une seule date : « Ut autem verius « credatur et ab omnibus conservetur perpetualiter, « nostris propriis articulis confirmavimus hoc privile- « gium, insuper nostram papalem bullam subter im- « poni jussimus. Joannes divinâ præeunte clementiâ « S. catholicæ E. apostolicus præsul. Datum et scriptum « per manus Petri cancellarii sacri Lateranensis palatii, « in mense Madio, indict. v. » Mabillon a cité au contraire (*Museum Ital.* t. II, p. 157) une bulle qui est triplement datée : « Scriptum per manum Gregorii no- « tarii regionarii atque scriniarii S. R. E., in mense De- « cembris, indictione suprà scriptâ x. » Suivent les signatures de seize cardinaux, puis les deux dernières dates, qui sont ainsi conçues : « Datum XVI Kal. Ja- « nuarii, per manum Bosonis episcopi S. Tiburtinæ ec- « clesiæ et bibliothecarii S. apostolicæ sedis. Datum pri- « die Kal. Januarii, per manus Benedicti episcopi Por- « tuensis et vice Peregrini Coloniensis archiepiscopi et « bibliothecarii S. A. S. » Les Bénédictins ne connaissaient pas d'autre exemple d'une triple formule de date. Ils font d'ailleurs remarquer comme une chose tout à fait extraordinaire que deux bibliothécaires datent tous deux la même bulle, l'un en personne, et l'autre par son substitut. Dans une autre bulle, on voit un cardinal prendre le titre de chancelier, tout en annonçant qu'il remplit les fonctions d'un autre cardinal, chancelier comme lui. (Voyez aussi à l'article de Benoît VIII ce qui concerne les fonctions des archevêques de Cologne.) Dans une bulle de Jean XIX, citée par les Bénédictins, l'indiction est prise au mois de septembre.

Jean-sans-Terre, cinquième fils de Henri II, roi d'Angleterre, succède à son frère Richard Ier, est couronné le 27 mai 1199, jour de l'Ascension, et meurt le 19 octobre 1216. — Plusieurs de ses actes commencent par : *Ego Johannes Dei gratiâ rex, etc.* Il supprime son nom dans les mandements qu'il adresse à ses sujets : « Rex comitibus, baronibus, militibus et om- « nibus fidelibus suis per regnum Angliæ constitutis, « salutem. Sciatis, etc. » En général, ses chartes commencent ainsi : « Johannes Dei gratiâ rex Angliæ, do- « minus Hyberniæ, dux Normanniæ et Aquitaniæ, co- « mes Andegaviæ, archiepiscopis, etc. » Voici la formule qui sert d'annonce pour sa bulle d'or dans l'acte par lequel il fait hommage et prête serment comme vassal au pape Innocent III, après avoir remis sa couronne entre les mains du légat apostolique : « De quibus ne « possit in posterum aliquid dubitari, ad majorem secu- « ritatem prædictæ obligationis et concessionis nostræ « præsentem cartam fieri fecimus et aureâ bullâ nostrâ « signari, ac pro censu hujus præsentis et primi anni « mille marcas sterlingorum per manum prædicti legati « ecclesiæ Romanæ persolvimus. » Mais dans les actes ordinaires la date du sceau est presque toujours omise. — Un de ses actes, après la formule *Testibus,* donne l'indication des noms de douze témoins, parmi lesquels onze ne sont désignés que par la lettre initiale. Vient ensuite la date : « Datum per manus ma- « gistri Ricardi de Marisco, cancellarii nostri, xv die Ja- « nuarii, apud novum templum London. anno regni « nostri XVI. » Dans sa trêve conclue avec Philippe-Auguste les noms des témoins se trouvent entre l'*Actum* et le *Datum*. La plupart de ses actes énoncent un seul témoin, puis les dates du lieu et du mois, auxquelles il ajoute souvent l'année du règne. Il emploie aussi la formule *Teste me ipso*. On cite de lui cette date historique : « Datum per manum Hug. de Well. apud Bec« cum, vicesimâ die Aprilis, an. regni nostri quarto, « quo comes Robertus Sagiensis fecit nobis proditionem « apud Alenconium. » Voici une de ses dates les plus solennelles : « Datum per manus magistri Riccardi de « Marisco, archidiaconi Richemundiæ et Northumbr. « apud S. Paulum Londoniensem, terciâ die Oct. anno « ab incarn. MCCXIII, regni verò nostri anno XV. » Jean-sans-Terre, comme ses prédécesseurs, compte les années de son règne du jour de son couronnement, et non du jour de la mort de son prédécesseur. Or comme il avait été couronné le jour de l'Ascension, il réglait les années de son règne sur le retour de cette fête, qui correspond en 1200 au 18 mai, en 1201 au 3 mai, en 1202 au 23 mai, en 1203 au 15 mai, en 1204 au 3 juin, en 1205 au 19 mai, en 1206 au 11 mai, en 1207 au 31 mai, en 1208 au 15 mai, en 1209 au 7 mai, en 1210 au 27 mai, en 1211 au 12 mai, en 1212 au 3 mai, en 1213 au 23 mai, en 1214 au 8 mai, en 1215 au 28 mai, et en 1216 au 19 mai. (*Chronol. of Hist. by Sir Harris Nicolas. London*, 1833.)

JEAN XX ou XXI (Pierre), élu pape le 13 et couronné le 20 septembre 1276, meurt le 16 ou le 17 mai 1277. — Une bulle adressée par ce pape au roi d'Angleterre renferme le salut suivant : *Salutem et æternam benedictionem*. Il a aussi employé la formule *Ad perpetuam rei memoriam*. « Le P. Papebrok, disent les « Bénédictins, rapporte, d'après Ciaconius, augmenté « par Oldoin, cette devise de Jean XX, dit XXI, tenue « pour suspecte : *Dirige, Domine Deus meus, in con-* « *spectu tuo viam meam.* » Cette devise se trouvait cependant au nombre de celles que les Bénédictins avaient reçues d'Italie. Quant à la disposition du cercle de Jean XXI, voyez MARTIN IV.

JEAN XXII (Jacques d'Euse), élu pape le 7 août 1316 et couronné le 5 septembre suivant, meurt le 4 octobre 1334. — Il avait pour devise : *Dominus mihi adjutor*. Une de ses bulles, qui renferme la formule *In perpetuum*, n'est revêtue que des dates ordinaires. Les mêmes dates se retrouvent dans un grand nombre de bulles où la formule *Ad perpetuam rei memoriam* est employée au lieu de *Salutem et apostolicam benedictionem*. « Nous avons entre les mains, disent les Béné« dictins, des bulles en original de Jean XXII qui se « distinguent des précédentes par des caractères nou« veaux. Outre qu'elles sont numérotées, ce qui ne « leur est pas particulier, un ou deux et même quel« quefois trois officiers de la cour du pape mettent leurs « signatures sans paraphe, l'un sur le repli, à l'ex« trémité droite, l'autre sous le repli, à l'extrémité « gauche, le troisième sur le dos de la bulle. Ces signa« tures ne consistent que dans des noms et des sur« noms. Les premiers ne paraissent ordinairement « marqués que par leur première lettre, et les seconds « ne sont que rarement écrits tout au long et sans « abrégé..... Ne fût-ce que par leur situation, ces signa« tures doivent être regardées comme étrangères aux « bulles. Nous ne nous engagerons donc pas à faire « d'ennuyeuses listes de personnes qui n'annoncent ni « leurs titres, ni leurs qualités, et dont il faudrait sou« vent deviner les noms. Il nous suffira d'observer que « cet usage fut suivi depuis le pontificat de Jean XXII, « après s'être affermi par différents degrés depuis plus « d'un siècle. » Pour la manière de commencer l'année, voyez CLÉMENT V.

JEAN Ier, fils de Louis X, roi de France, né le 15 novembre 1316, et mort le 19 du même mois. — Le P. Daniel affirme qu'il porte le titre de roi dans quelques pièces du Trésor des chartes. Nous n'avons pu découvrir une seule de ces pièces.

JEAN II LE BON, fils de Philippe VI, roi de France, succède à son père, le 22 août 1350, et se fait sacrer à Reims le 26 septembre suivant. Fait prisonnier par les Anglais à la bataille de Poitiers (19 septembre 1356), il recouvre la liberté le 25 octobre 1360, se constitue de nouveau prisonnier en 1364 et meurt le 8 avril de la même année. Dans ses lettres écrites en français, il s'intitule roi de France : « Jehan, par la « grace de Dieu, roy de France, savoir faisons, etc. » Dans ses actes latins il prend le titre de roi des Français : *Johannes Dei gratiâ Francorum rex*. Il s'est servi dans quelques suscriptions de la formule *Ad perpetuam rei memoriam*. N'étant encore que duc de Normandie, il s'intitula, dans des lettres de 1345 : « Jehan aisné fils et lieutenant du roi de France, duc « de Normandie et de Guienne, comte de Poitiers, « d'Anjou et du Maine. » Pendant sa captivité, c'est-à-dire depuis le 19 septembre 1356 jusqu'au 25 octobre 1360, on mit en tête de la plupart des lettres royaux le nom de son fils aîné Charles, d'abord comme lieutenant du roi, et ensuite comme régent. Il omet quelquefois dans ses diplômes le jour du mois, le millième et le centième de l'ère chrétienne. Voici un exemple de cette omission, duquel il résulte aussi que des lettres royaux pouvaient porter deux dates, l'une pour le jour où elles passaient au conseil, et l'autre pour le jour où elles étaient scellées : « Datum Parisius, anno « Domini MCCCL, mense Novembris. Sigillata sigillo « Castelleti, in absenciâ magni, decimâ octavâ die Au« gusti, anno LI, auditâ relacione domini episcopi Lau« dunensis. Aliàs signata. Per regem, ad relacionem « concilii in quo eratis, vos et dominus Laudunensis. P. « BLANCHET. Correcta in cancellariâ. CLAVEL. » Pour la formule *In quo eratis, etc.* voyez PHILIPPE VI. Deux chartes données à Villeneuve près Avignon, et datées l'une du 31 mars 1362, l'autre du samedi saint de Pâques, après la bénédiction du cierge, le 1er d'avril de l'an 1363, prouvent que l'année commençait le samedi saint, après la bénédiction du cierge pascal. Après la date de plusieurs chartes, on constate la présence de l'aumônier ou du sous-aumônier : *Per regem, presente elemosinario* ou *subelemosinario.* Voici une de ses dates solennelles : « Datum et actum apud sanc« tum Dionysium in Franciâ, anno incarnati Verbi mil« lesimo trecentesimo quinquagesimo tertio, regni verò « nostri anno quarto, mense Octobris. Et ego Petrus can« cellarius, archiepiscopus Rothomagensis, presentes li« teras legi et relegi, et hic manu propriâ me subscripsi « in testimonium veritatis. Cancell. » Cette souscription du chancelier est une exception à l'usage ordinaire.— *Sceaux :* 1° Le roi Jean s'est d'abord servi du sceau qu'il avait eu comme duc de Normandie : il l'annonce par la même formule que Philippe V. En voici la légende : S. IOHIS PRIMOGEITI (*sigillum Johannis primogeniti*) REGIS FRACOR. (*Francorum*) DUCIS NORMANOR. (*Normannorum*) COITIS (*comitis*) ANDEGAUIE ET CENOMAN. (*Cenomani*). Il tient d'une main un écu fleurdelisé, et de l'autre une épée nue : Son cheval, couvert d'un caparaçon fleurdelisé, a sur la tête un griffon qui surmonte aussi le casque du prince. 2° Voyez le sceau royal, planche G, n° 4. Au revers est l'écu de France semé de treize fleurs de lis. 3° Jean II a scellé du sceau du Châtelet et du sceau secret en l'absence du grand. Voyez le sceau secret, planche G, n° 6. 4° Un autre sceau secret porte pour légende *sigillum secretum* en minuscule gothique : dans le champ sont les sigles I. R. F., *Johannes rex Francorum.* 5° On voit sur un acte de 1363 une empreinte plaquée, représentant un buste de femme.

JEAN XXIII (Balthasar Cossa), élu pape le 17 mai 1410, ordonné prêtre le 24 du même mois, consacré et couronné le lendemain, fut déposé le 29 mai 1415 ; il abdiqua le 13 mai 1419, et mourut le 22 novembre suivant. — Il paraît qu'il n'a pas fait usage d'une devise, car elle n'est pas citée par les Bénédictins.

JOSSE DE LUXEMBOURG, marquis de Moravie, élu roi des Romains le 1er octobre 1410, meurt le 8 janvier 1411. — Voici deux de ses suscriptions, citées par les Bénédictins, mais qui sont antérieures à son élection : 1° « Jodocus Dei gratiâ marchio Brandembur« gensis, S. R. I. (*sacri Romani imperii*) archicamerarius, « marchio et dominus Moraviæ, notum facimus, etc. » 2° « In nomine sanctæ et individuæ Trinitatis. Amen. « Nos Jodocus Dei gratiâ marchio Brandemburgensis, « marchio et dominus Moraviæ, ad universorum noti« tiam cupimus pervenire quòd, etc. »

JULES II (Julien de la Rovère), élu pape et intronisé le 1er novembre 1503, couronné le 19 du même mois, meurt le 21 février 1513. — Il avait pour devise : *Dominus mihi adjutor, non timebo quod faciat mihi homo.* Plusieurs de ses bulles portent la suscription *Ad perpetuam rei memoriam sacro approbante concilio* et la date *In publicâ sessione.* « Sur le sceau de plomb « des bulles de Jules, disent les Bénédictins, les têtes « des apôtres sont entourées de glands, au lieu des « points qui ont coutume de les environner. Au-des« sous de la grande croix, du même côté, sont gravés « trois glands. (Voy. le revers de cette bulle, planche U, « n° 16.) Tous ces glands, qui sont les armes du pape, « ont leurs écailles. » Ils sont également marqués sur la face principale du sceau, dont l'inscription est ainsi conçue : * IV * — LIVS * — PAPA — * II. * (La division des lignes est indiquée par les tirets, et la position des glands par celle des astérisques.) Les mêmes auteurs annoncent que ce pape remit en honneur toutes les formules établies par Innocent VIII et négligées sous Alexandre VI. La prolixité des certificats de publication augmente encore sous le pontificat de Jules II. Il commençait plus souvent l'année au 1er janvier qu'au 25 mars.

L

LAMBERT, fils de Gui, associé à l'empire en 891, couronné en février 892, succède à son père en décembre 894, et meurt en octobre 898. — Il paraît avoir suivi le calcul pisan dans un diplôme cité par Muratori et daté de l'an 899 de l'Incarnation, VI de son empire, indiction I. Au contraire il a suivi le calcul ordinaire dans un acte qui se trouve au premier volume du Corps diplomatique et dont nous reproduisons la suscription et les formules finales : « In « nomine S. et individuæ Trinitatis. Lambertus divinâ

« favente clementiâ, imperator augustus... Et ut verius « credatur et diligentiùs ab omnibus observetur, manu « propriâ subsignavimus, nostroque annulo jussimus « insigniri. Signum domini Lamberti serenissimi impe- « ratoris augusti. Andreas notarius, ad vicem Armolonis « archicancellarii, recognovi et consubscripsi. Data « anno incarnationis Domini DCCCXCVIII, domini quoque « Lamberti piissimi imperatoris VII, decimo secundo « Kal. Junii, indictione primâ. Actum Ravennæ, in Dei « nomine feliciter. Amen. »

Landon, devient pape le 16 octobre 913 ou avant le 5 février 914, et meurt le 26 avril suivant.

Laurent, archiprêtre et antipape, est ordonné en opposition à Symmaque le 22 novembre 498.

S. Léon II, élu pape le 16 avril 682, et ordonné le 17 août, ou, selon Fleury, le 19 octobre suivant, meurt le 3 juillet 683, ou, selon Fleury, en juin 684. Il prenait l'indiction au 24 septembre.

Léon III, élu pape le 26 et sacré le 27 décembre 795, meurt le 11 juin 816. — Ses lettres à Charlemagne ont pour suscription : « Domino piissimo et se- « renissimo victori ac triumphatori filio amatori Dei ac « Domini nostri Jesu Christi Carolo Augusto, Leo epi- « scopus, servus servorum Dei. » Leur conclusion est ainsi conçue : « Piissimum Domini imperium gratia « superna custodiat, eique omnium gentium colla « substernat. » Il indique dans un de ses priviléges le rang qu'il tient parmi les papes du même nom. Les simples lettres de Léon n'ont pas ordinairement de date, ou ne portent que celle du jour et du mois, précédée du mot *absoluta*. En voici un exemple : *Absolut. prid. Kalend. Januar.* Ses priviléges ne sont plus datés des années de l'empereur de Constantinople, mais tantôt de son pontificat, tantôt de l'empire ou même du règne de Charlemagne; ces deux dates sont quelquefois réunies; quelquefois aussi on trouve l'année de l'Incarnation ou seulement le jour du mois et l'indiction. Donnons-en quelques exemples : 1° « Data VI « Kalend. Junii, anno domini Leonis in sacratissimâ B. « Petri sede III, seu domno Karolo excellentissimo rege « Francorum et Langobardorum atque patricio Roma- « norum, à quo capta fuit Italia, anno XXV, indict. VI. » 2° « Datum per manum Benedicti notarii et scriniarii « S. R. E. in mense Martio, indict. II. Benevalete. Da- « tum XII Kal. April. per manum Eustachii primicerii « S. sedis apostolicæ, imperante nostro domino Carolo « piissimo augusto à Deo coronato magno et pacifico « imperatore anno III, indict. XI. » 3° « Dat. Romæ, in « monasterio S. Anastasii, per manus Joannis bibliothe- « carii et card. nostræ R. E. VII Kal. Decemb. an. Domini « DCCCXV, indict. IX, pontific. verò D. Leonis divinâ pro- « videntiâ papæ III anno XX. » Les Bénédictins, tout en citant cette dernière date, qui est d'ailleurs exacte, ne regardent pas la bulle comme exempte de soupçon. Léon III avait un monogramme qui est annoncé dans les formules finales d'un privilége accordé à l'église de Cantorbéry : « Ad cujus firmitatem manibus nostris « subscripsimus, illudque nomine nostro signari manda- « vimus. Quam etiam à Sergio scriniario scribi præcepi- « mus mense Januario. Data decimo quinto Kalend. Fe- « bruarii, per manum primicerii Eustathii sanctæ sedis « apostolicæ, imperante domino Carolo piissimo con- « sule augusto, à Deo coronato magno pacificoque im- « peratore, an. secundo post consulatum ejusdem domi- « ni, indictione decimâ. » L'acte le plus remarquable de Léon III est un privilége qu'il donna en commun avec Charlemagne, et qui fut gravé sur une table de bronze doré. La suscription *Leo episcopus servus, etc.* est précédée de l'invocation *In nomine Domini Dei et salvatoris nostri Christi*, et se termine par *in perpetuum.* Les violateurs de ce privilége sont menacés de l'anathème par le pape, et par Charlemagne d'une amende de cinquante livres d'or. La souscription de l'écrivain est ainsi conçue : « Anastasius scriniarius S. R. E., de « mandato domini Leonis papæ tertii et D. Caroli magni « et pii regis, hanc paginam æream exauratam complevi « et absolvi. » L'une des dates qui viennent d'être citées prouve que Léon III commençait l'indiction au mois de septembre.

Léon IV, élu pape le 27 ou le 28 janvier 847, et ordonné le 11 avril 849, meurt le 17 juillet 855. — Il emploie généralement la suscription ordinaire : *Leo episcopus servus servorum Dei*, suivie de *salutem.* Cette suscription est terminée dans un de ses actes par la formule *Æternæ vitæ beatitudinem.* En écrivant à S. Prudence de Troyes il se sert de deux salutations qui, ordinairement, ne sont pas réunies. « Sanctitatem « tuam Deus incolumem custodiat, frater. Benevale. » Cependant la salutation *Benevalete* se trouve dans ses priviléges ainsi que le salut *In perpetuum;* mais il résulte de la citation précédente que le mot *benevale* pouvait aussi terminer de simples épîtres. Doni a publié le texte d'un autographe sur papyrus dont les Bénédictins ont cité les formules finales, qui sont ainsi conçues : « Quod præceptum confirmationis à nobis fa- « ctum scrivendum præcepimus. Stephanus, scriniarius « sedis nostræ, in mense Septembrio, die quintâ, indi- « ctione quartâ decimâ. Benevalete. » A droite du mot *benevalete*, qui est partagé en deux lignes, se trouve le monogramme du pape; ce monogramme est disposé de manière à pouvoir être lu de gauche à droite et de droite à gauche. Vient ensuite la seconde date : « Scriptum « pridias Kalendas Septembrias (il faudrait *octobrias*), « per manum Tiberii primicerii sanctæ sedis aposto-« licae, imp. D. nostro piissimo perpetuo augusto Hlo-« tario, à Deo coronato magno imperatore, anno trice-« simo tertio, et P. C. ejus anno tricesimo tercio, « sed et Hludovico nobo imp. ejus filio anno... » Les nombreux solécismes que renferme cette citation méritent d'être remarqués; l'indiction y est prise au mois de septembre. Dans la date commençant par *scriptum*, et qui est nécessairement postérieure à celle qui précède le monogramme, il y a une erreur manifeste qui n'existe sans doute pas dans l'autographe. Les Bénédictins auront imprimé une seconde fois le mois de septembre au lieu du mois d'octobre. Si cette contradiction avait existé dans l'acte, elle n'aurait pas échappé à leur attention. Les années de Lothaire sont calculées dans cette date à partir de 718 : Muratori annonce en effet que cet usage était suivi à Rome. (Voyez la fin de l'article de LOTHAIRE Ier.) Léon IV a aussi daté de son pontificat, et il a indiqué son rang parmi les papes de son nom.

LÉON V, ordonné pape le 28 octobre 903, et emprisonné au plus tard vers la fin du mois suivant, meurt le 6 décembre 903.

LÉON VI, devient pape vers la fin de juin 928, et meurt le 3 février 929.

LÉON VII, ordonné pape avant le 9 janvier 936, meurt avant le 18 juillet 939. Il est appelé Léon VI dans plusieurs catalogues. — Une de ses bulles est datée du règne de Louis d'Outremer; cette circonstance s'explique parce qu'elle était adressée à Hugues, abbé de S. Martin de Tours; ce pape suivait d'ailleurs le style ordinaire. Il employait la suscription *Leo episcopus servus servorum Dei*, et la terminait dans ses priviléges par la formule *In perpetuum*. Voici une de ses dates solennelles : « Scriptum per manum Theodori « notarii et subdiaconi S. R. E. in mense Januario, in-« dict. XI. Benevalete. Datum V Idus Januarii, per ma-« num Nicolai primicerii summæ apostolicæ sedis, anno « Deo propitio pontificatûs domini nostri Leonis pontifi-« cis et universalis VII papæ in sacratissimâ sede B. « Petri apostoli III, in mense et indict. suprascriptis. »

LÉON VIII, élu pape le 22 novembre 963 et ordonné le 6 décembre suivant, meurt le 17 mars ou au commencement d'avril 965. — Les Bénédictins citent un privilége adressé par ce pape au patriarche d'Aquilée, qu'il qualifie de *révérendissime et très-saint confrère*. Cette bulle, dont la suscription ne renferme pas de salut, est conçue dans la forme des simples épîtres. « On n'y remarque point, disent-ils, de me-« naces d'excommunication ni d'anathème; elle finit « tout simplement par cette salutation : *S. Trinitas « fraternitatem vestram gratiæ suæ protectione circumdet, « atque ita in timoris sui viâ nos dirigat, ut post vitæ hujus « amaritudinem ad æternam simul pervenire dulcedinem « mereamur.* La date, qui ne porte aucun nom de bi-« bliothécaire ni d'archiviste, est conçue en ces termes : « *Datum in sanctissimâ æde Petri apostoli, Idibus Decem-« bris, an. pontificatûs Leonis I, imperante Othone anno II.* « Bzovius rapporte une bulle de Léon VIII, en faveur « de l'abbaye de Notre-Dame des Hermites, au dio-« cèse de Constance, dont la date est remarquable par « sa singularité : *Scriptum autem per manum Petri « notarii et scriniarii sanctæ Romanæ sedis, in mense « Novembrio, IV Idus Novembris. Lectum III Idus No-« vembris, assidente domino Leone papâ in sede suâ juxta « altare sancti Petri, coram domino Ottone imperatore « filioque ejus Ottone, atque imperatrice Adelheide et « venerabilibus prædictis fratribus, necnon multis aliis « principibus tam Romanis quàm Teutonicis, et con-« firmatum per manum domini Leonis papæ octavi, in « ordine autem CXXXVI, anno ab incarnatione Domini « DCCCCLXIII, indictione VII, feliciter. Amen.* » Il est bon de faire observer que le chiffre des années de J. C. n'est pas exact. En effet le III des ides, c'est-à-dire le 11 novembre 963, Léon VIII n'était pas encore élu; et d'ailleurs un auteur du XIe siècle, Herman Contract, fait mention de cette bulle comme ayant été donnée en 964.

S. LÉON IX (Brunon), élu pape à Worms à la fin de 1048, reconnu par les Romains le 2 février 1049, et intronisé le 12 du même mois, meurt le 19 avril 1054. — Il ajoute quelquefois au titre d'*évêque serviteur des serviteurs de Dieu*, celui de *vicaire de S. Pierre*; ou bien il s'intitule, mais rarement, *par la grâce de Dieu, pape du S. Siége apostolique*. Un de ses priviléges présente encore une autre suscription précédée d'une invocation : « In nomine sanctæ et individuæ Trinita-« tis, Patris et Filii et Spiritûs sancti, ego Dei clemen-« tiâ Leo humillimus papa volo, etc. » Outre le salut ordinaire, *Salutem et apostolicam benedictionem*, et la formule *In perpetuum*, il emploie tour à tour *Perpetuam benedictionem et salutem*, ou *Salutem in perpetuum*, ou *Salutem* seulement, ou encore la formule *In perpetuum* suivie de *æternam* ou *perpetuam in Domino salutem, etc.* Le pontificat de Léon IX est l'époque de plus d'un changement dans les bulles. On voit la salutation *Benevalete* prendre définitivement la forme d'un monogramme près duquel paraissent les cercles concentriques destinés à recevoir entre leur double circonférence la devise adoptée par le pape. Celle de Léon IX est ainsi conçue : *Misericordiâ Domini plena est terra.* Quelques bulles néanmoins portent *gloriâ* au lieu de *misericordiâ*. L'aire du cercle intérieur est partagée en quatre parties égales, où l'on inscrivit dans la suite, savoir, dans les deux divisions supérieures, les noms des apôtres S. Pierre et S. Paul, et en dessous le nom du pontife régnant. (Voyez le cercle de Pascal II, planche XII, n° 7.) Mais dans le cercle de Léon chacune des lettres de l'inscription Leo P. (*Leo papa*) occupe une des quatre divisions du cercle. « Sa signa- « ture, disent les Bénédictins, ne consiste quelquefois « qu'en ces deux mots : *Leo papa*. La simple légende « du pape n'occupa plus ordinairement les deux côtés « des sceaux de plomb. » En effet, Léon IX employa un sceau dont le premier côté représente la tête des deux apôtres. Mais il a eu plus tard un autre sceau dont les deux côtés sont occupés par la légende. Il emploie quelquefois pour attaches des courroies au lieu de chanvre. La date de ses bulles commence presque toujours par *datum*, suivi dans certains cas du mot *actum*, et plus rarement du mot *scriptum*, sans qu'il y ait pour cela une double formule de date. On ne cite, en effet, qu'un seul privilége où le nom du notaire soit exprimé. Au contraire la formule commençant par *datum*, et renfermant le nom du bibliothécaire ou du chancelier, se rencontre fréquemment. Quelques historiens ont supposé à tort que Léon IX avait donné à Herman, archevêque de Cologne, la charge d'archichancelier du saint-siége. (Voy. Benoît VIII.) Léon IX se contenta de la lui confirmer en 1052. Frédéric, diacre, suppléait cet archevêque : « Data per manus F. diaconi bibliothecarii et cancel- « larii S. Romanæ catholicæ et apostolicæ ecclesiæ, vice « domini H. Coloniensis archiepiscopi et archicancella- « rii, anno Dom. incarnationis MLII, anno pontificatûs « D. Leonis noni papæ IV, VIII Id. Nov. Actum Tibu- « ri feliciter. » Comme il serait trop long de justifier par des exemples les différentes manières de dater employées par Léon IX, contentons-nous d'avertir qu'il datait quelquefois du lieu, le plus ordinairement du jour du mois, du pontificat et de l'indiction en la commençant plus souvent au 1er septembre qu'au 1er janvier. Il a employé plus fréquemment que ses prédécesseurs la date de l'Incarnation, mais dans ses bulles solennelles seulement. Les années de son pontificat se comptent à partir du 12 février 1049. Il y a joint dans un acte celles de son épiscopat de Toul : « Anno apostolatûs domni Leonis papæ secundo, epi- « scopatûs Tullensis XXVI. » Le mot *apostolatus* au lieu de *pontificatus* n'est pas ordinaire. Cependant quelques papes l'ont employé dans les actes donnés entre leur élection et leur sacre.

Léon X (Jean de Médicis), élu pape le 11 mars 1513, ordonné prêtre et sacré le 19 du même mois, meurt le 1er décembre 1521.—A l'exemple de Jules II, il a terminé la suscription de plusieurs bulles par les mots *sacro approbante concilio*, et il a fait entrer dans leurs dates la formule *In publicâ sessione*. Dans un de ses brefs il place son nom après celui d'un archevêque auquel il écrit. Souvent ses constitutions s'éloignent du style ordinaire et se terminent par la date des brefs après avoir commencé par la suscription des bulles. « Il y eut des constitutions de ce pape, disent les Bé- « nédictins, publiées et affichées aux portes de la chan- « cellerie ; on n'exprima plus le temps qu'elles y de- « meuraient, si ce n'est en termes généraux. Les dates « des bulles consistoriales de Léon X suivent immédia- « tement la clause *Si quis, etc.* Venait après la signature « de Léon X, séparée de celles des cardinaux ; elle était « à l'ordinaire conçue en ces termes : *Ego Leo X eccle- « siæ catholicæ episcopus subscripsi.* Ensuite était placée « la figure circulaire avec cette devise : *Ad Dominum « cùm tribularer clamavi, et exaudivit me.* Les souscrip- « tions des cardinaux étaient mises au-dessous des « cercles. Au pied de la grande croix placée entre les « têtes de S. Pierre et de S. Paul, le sceau de Léon X « représentait les armes de Toscane. » (Voy. le *fac-simile* du sceau de Léon X, pl. U, n° 17.) On lit dans l'Art de vérifier les dates : « Léon, dans ses lettres, date le « commencement de son pontificat avant son couron- « nement. Il suit quelquefois le calcul florentin. Il « compte aussi quelquefois les jours comme nous dans « l'ordre direct. » Nous n'avons pas rencontré d'acte qui nous permît de vérifier la première de ces assertions. Quant à la seconde, elle est justifiée par plusieurs bulles. En effet, les Bénédictins en signalent une qui est datée de Florence et qui commence l'année au 25 mars ; le Bullaire en renferme d'autres où le même calcul est suivi, quoiqu'elles soient datées de Rome. Mais en général il commençait l'année au 1er janvier. On ne peut pas douter non plus que Léon X n'ait compté les jours dans l'ordre direct ; mais a-t-il suivi cette méthode dans les dates de ses bulles ou seulement dans les brefs ? C'est ce que ne disent pas les auteurs de l'Art de vérifier les dates ; cependant comme la date du jour, selon notre calendrier, n'aurait rien de remarquable dans les brefs, il est probable qu'ils ont voulu signaler quelques-uns de ces actes dont il a été parlé plus haut, et qui réunissent la suscription des bulles à la date des brefs. La date de l'indiction, que nous n'avons pas rencontrée dans le corps des bulles de Léon X, est au contraire employée, suivant l'usage, dans les certificats de publication. Les actes qui sont suivis de ces certificats renferment ordinairement une clause qui prescrit l'affiche et la publication. Cette clause précède les formules *Nulli ergo hominum, etc.*, *Si quis autem, etc.*, après lesquelles vient la date de la bulle qui est quelquefois antérieure de plusieurs mois à celle des certificats.

LOTHAIRE Ier, fils aîné de Louis le Débonnaire, associé à l'empire le 31 juillet 817, roi de Lombardie avant le mois de mars ou à la fin de mai 820, couronné empereur par le pape Pascal Ier le jour de Pâques, 5 avril 823, succède à son père le 20 juin 840, et meurt le 28 ou le 29 septembre 855. — Jusqu'à la déposition de son père, en 833, ses diplômes commencent ainsi : « In nomine Domini nostri Jesu Christi « Dei æterni, Hlotharius augustus invictissimi domini « imperatoris Ludowici filius. » Depuis il adopta la formule suivante : « In nomine, etc., Hlotharius divinâ « ordinante providentiâ imperator augustus. » Il emploie pour l'annonce du monogramme et du sceau les mêmes formules que son père. Mais plusieurs de ses diplômes ne sont souscrits que par un notaire vice-chancelier : *Balsamus notarius recognovi*, *Eichardus ad vicem Agilmari recognovi et subscripsi*, ou *Dructemirus subdiaconus atque notarius ad vicem Agilmari recognovi.* D'autres actes ne portent aucune signature. Ceux qui sont signés et contre-signés présentent les formules suivantes : *Signum Hlotharii gloriosissimi* ou *serenissimi augusti* ou *imperatoris. Ego Ercamboldus notarius, ad vicem Agilmari, recognovi et subscripsi*; ou bien à la troisième personne : *Daniel notarius, ad vicem Hilduini, recognovit,* ou *recognovit et subscripsit.* — Son diplôme en faveur du monastère de S. Mihiel porte une double date qui concourt ordinairement dans ceux de ses actes qui sont postérieurs à la mort de son père : « Data XIII Kalendas Ja« nuarii, anno Christo propitio imperii domni Lotharii « pii imperatoris in Italiâ XXI, in Franciâ I, indictione III. « Actum Gundulphi villâ, palatio regio, in Dei nomine « feliciter. Amen. » (Voy. pour l'explication du mot *Francia* CHARLES LE GROS, et pour la date de l'Incarnation, CHARLEMAGNE.) On trouve dans les diplômes de Lothaire quatre époques de son règne, c'est-à-dire 817, 820, 823 et 840. Il date aussi de 822, époque à laquelle il fut envoyé dans le royaume de Lombardie. Enfin Muratori fait remarquer qu'à Rome les années de son empire se comptaient à partir de 817, et dans le reste de l'Italie à partir de 818 seulement : un exemple de l'un de ces calculs est rapporté à l'article de LÉON IV. — Voyez le sceau de Lothaire Ier, planche A, n° 12.

LOTHAIRE, fils de l'empereur Lothaire Ier, devient roi de Lorraine le 22 septembre 855, et meurt le 8 août 869. — Ses diplômes commencent ordinairement par la formule suivante : « In nomine omnipotentis Dei et « salvatoris nostri Jesu Christi, Lotharius divinâ præve« niente clementiâ rex. » Il compte les années de son règne du 22 septembre 855. Un diplôme qu'il a accordé à l'église de Toul est scellé d'un anneau qui le représente la tête tournée vers la droite; en voici la légende : ✠ XPE (*Christe*) ADIVVA HLOTHARIVM. Il porte la date suivante : « Data VIII Id. Aug. anno Christo pro« pitio domni Hlotharii gloriosi regis III, indictione VI. « Actum Mettis civitate, in Dei nomine feliciter. Amen. » Il s'est servi une fois de cette formule : « Et ut hæc « concessionis authoritas firmior in posterum habeatur, « subter manu nostrâ confirmavimus et anuli nostri im« pressione signavimus. » Dans les souscriptions de ses diplômes, le chancelier prend souvent le titre de *regiæ dignitatis cancellarius* ou *archicancellarius.* Les formules de souscription de Lothaire sont à peu près les mêmes que celles de Charles, roi de Provence.

LOTHAIRE, fils de Hugues, comte de Provence et roi d'Italie, associé au trône d'Italie à la fin de mai 931, élu de nouveau après l'abdication de son père en 945, meurt le 22 novembre 950. Voy. HUGUES, comte de Provence et roi d'Italie.

LOTHAIRE, fils de Louis d'Outremer, associé au royaume de France par son père en 952, lui succède le 10 septembre 954, est couronné le 12 novembre suivant, et meurt le 2 mars 986. — Ses diplômes commencent ordinairement ainsi : « In nomine sanctæ et « individuæ Trinitatis, Lotharius gratiâ Dei rex, notum « sit, etc. » Il emploie aussi après la même invocation les formules suivantes : *Lotharius divinâ propitiante* ou *annuente clementiâ Francorum rex.* Après l'association de son fils Louis à la royauté, leurs noms sont réunis dans la suscription de la manière suivante : *Lotharius genitor genitusque Ludovicus.* On rencontre aussi, mais dans un seul diplôme, la formule suivante : « In nomine « Domini Dei et salvatoris nostri Jesu Christi, Lotharius « et Ludovicus divinâ ordinante providentiâ reges au« gusti. » Il emploie quelquefois le mot *sigillum* au lieu de *signum* : *Sigillum Lotharii regis excellentissimi.* Ses formules ordinaires sont : *Signum Domini Lotharii regis; Signum Lotharii Francorum regis gloriosi* ou *gloriosissimi Francorum regis.* Dans un diplôme de 954, la signature et le contre-seing sont ainsi exprimés : « Signum Lotharii bonæ indolis regis gloriosissimi. Ego « Wido cancellarius, ad vicem Artoldi archicancellarii « regis. » Le notaire du grand chancelier prend le titre d'*humble questeur* dans un diplôme de 959. La signature de Lothaire et le contre-seing du chancelier sont quelquefois placés après les dates. La plupart des chartes marquent le commencement du règne de Lothaire au 12 novembre 954, d'autres au 10 septembre 954. Enfin on rencontre trois autres époques qui sont les années 950, 951 et 955. Voici une de ses dates où le commencement de son règne est pris du 10 septembre 954 : « Datum II Id. Octob. regnante domno « Lothario anno IX, indict. V. Actum circa castellum « Victæræi feliciter. » La date suivante prouve qu'il a commencé l'année au 25 mars ou à Pâques : « Actum « Lauduni publicè regali palatio, Cal. Januarii, an. Do« mini DCCCCLIV, indict. XIII, anno primo regnante Lo« thario rege. » En effet l'indiction XIII concorde avec le 1er janvier 955. — *Sceau* : Forme ronde (les sceaux de ses prédécesseurs étaient de forme ovale). Buste de face ; chlamyde attachée sur l'épaule droite ; dans la main gauche, un sceptre en forme de massue ; dans la droite, un bâton terminé par un fer assez semblable à une fleur de lis. Couronne fermée ; cheveux courts ; barbe apparente. Inscription : LOTHARIVS REX FRANCO. Une croix sépare le mot *Lotharius* du mot *rex*. C'est le premier exemple de cette disposition. Voyez le *Nouv. Traité de Dipl.* tom. IV, pag. 124.

LOTHAIRE II, duc de Saxe, fils de Gebhart, comte de Querfurt et de Suplembourg, élu roi des Romains le 30 août 1125, couronné le 13 septembre suivant, reçoit la couronne impériale le 4 juin 1133, et meurt le 4 décembre 1137. — Les auteurs ont défiguré l'orthographe de son nom jusqu'à le nommer *Luderus, Leudo, Leutherius, Eleutherius;* mais dans ses diplômes il est appelé *Lotharius.* Il y prend les titres de *tertius Romanorum rex* et de *tertius Romanorum imperator augustus,* quoiqu'il n'y ait avant lui d'autre empereur du nom de *Lothaire* que le fils de Louis le Débonnaire. Quelquefois il se contente du titre de roi, sans rien y ajouter. On l'a qualifié roi des Romains avant son couronnement. Ses diplômes impériaux commencent ainsi : « C. In nomine sanctæ et individuæ Trinita« tis, Lotharius divinâ favente clementiâ tertius Roma« norum imperator augustus. » Voici quelques-unes de ses formules pour l'annonce du monogramme et du sceau : 1° « Hanc paginam regalis characteris nostri « impressione signari præcepimus, atque hujus rei te« stium nomina subtersignari non minùs tutum quàm « necessarium fore arbitrati sumus. » 2° « Ut autem hæc « charta ab omnibus firma et inviolabilis permaneat, « nostri eam sigilli impressione jussimus insigniri, ita « tamen nisi legali judicio hæc omnia superiùs præta« xata à nobis aliter diffiniantur. » 3° « Et ut hoc ratum « inconvulsumque in omnia tempora maneat, hoc « præceptum et manu propriâ signavimus et aureâ « bullâ insigniri fecimus. » L'annonce du monogramme est en lettres longues et serrées : « Signum domni « Lotharii tertii Romanorum imperatoris invictissimi. » Après l'espace occupé par le monogramme, on voit la souscription du chancelier, écrite en mêmes caractères : « Ego Ekehardus, vice Adelberti archicancellarii « et Moguntini archiepiscopi, recognovi. » Tantôt il ne fait mention que des années complètes, tantôt il y ajoute les années commencées. Il compte les années de son règne du 13 septembre 1125, celles de son empire du 4 juin 1133. En voici un exemple : « Data an« no incarn. Dominicæ MCXXXIII, XI Kal. Sept. indict. « XI, anno verò regni regis Lotharii VIII, imperii primo. « Actum in Frisingensi ecclesiâ feliciter. Amen. » Il désigne aussi les années de son règne par la formule suivante : *Anno ordinationis domini Lotharii regis.* Les noms des témoins s'écrivent tantôt avant, tantôt après la souscription, ou même après la date, et dans l'ordre suivant : les ecclésiastiques d'abord, puis les laïques selon leur rang, et enfin les officiers et les domestiques (*ministeriales et servi*). On sait que les témoins étaient souvent amenés par l'oreille ; cette circonstance est relatée dans un diplôme de 1129 : « De ministeriali« bus quoque per aurem attracti, Ernestus, etc. »

LOUIS Ier LE DÉBONNAIRE, fils de Charlemagne, nommé roi d'Aquitaine à sa naissance, sacré le 15 avril 781, associé à l'empire au mois d'août 813, succède à son père le 28 janvier 814 ; fait prisonnier à la fin de juin 833, déposé quelque temps après et rétabli le 1er mars 834, il meurt le 20 juin 840. — Ses formules initiales comme roi d'Aquitaine, sont : 1° « In nomine Do« mini nostri Jesu Christi, Ludovicus divinâ ordinante « providentiâ rex serenissimus Aquitaniæ. » 2° « Ludo« vicus gratiâ Dei rex Aquitanorum. » 3° « Hlodoicus gra« tiâ Dei rex Aquitanorum, in Christi nomine. » Il datait du règne de Charlemagne et du sien. Devenu empereur, il commença ainsi ses diplômes : *In nomine Domini Dei et salvatoris nostri Jesu Christi, Hludowicus divinâ ordinante* ou *propitiante providentiâ* ou *clementiâ imperator augustus.* Il se servit du mot *repropitiante,* après son rétablissement en 834. Depuis son élévation à l'empire, il ne prit jamais le titre de roi des Français. Les diplômes qu'il donna conjointement avec son fils Lothaire portent pour suscription : « In nomine, etc. « Hludowicus et Hlotharius divinâ, etc. imperatores

« augusti. » Ils sont à la fois souscrits par ces deux princes. Ses formules pour l'annonce du monogramme et de l'anneau se réduisent à ces expressions : *Manu nostrâ* ou *propriâ subterfirmavimus*, ou *subter eam decrevimus adsignare* ou *adsignari et de anulo nostro subtersigillare*, ou bien *anuli nostri impressione adsignari jussimus*. La souscription de ses diplômes est dans la forme suivante : *Signum Hludowici serenissimi imperatoris* ou *augusti. Helisachar recognovi* ou *recognovit ac suscripsit*, ou bien encore *Durandus diaconus, ad vicem Helisacar, recognovi*. Plusieurs diplômes ne portent cependant ni signature, ni contre-seing. L'impression de l'anneau suppléait à ces formalités. Un diplôme qu'il donna comme roi d'Aquitaine se termine ainsi : « Et « ut hæc præceptio firmiorem habeatur et meliùs con- « servetur, subter eam decrevimus affirmare. » Viennent ensuite dix-sept souscriptions dont les noms sont au nominatif, au datif ou à l'ablatif, puis le monogramme accompagné de la formule : *Sig. Ludovici gloriosissimi regis*. Au-dessous du monogramme est la date : « Actum Jogundiaco palatio nostro. Data III Non. Aug. « anno XXVI Caroli gloriosissimi regis, et anno XIIII « regni nostri. » Cette date est suivie de la souscription du vice-chancelier : *Ego Hildigarius, ad vicem Deodati, subs.*, avec parafe. Les dates de Louis le Débonnaire sont précédées d'une invocation en forme de monogramme : « Data VIII Idus Novembris, anno Christo « propitio VIII° imperii domni Hludowici serenissimi « augusti, indictione XV. Actum Theodonisvillâ palatio « regio, in Dei nomine feliciter. Amen. » Voici les dates de deux actes qu'il donna en commun avec Lothaire : 1° « Data V Kal. Mart. anno Christo propitio XV imperii « domni Hludowici et Hlotharii VI, piissimis augustis, « indict. VI. Actum Aquis... » 2° « Data IIII Id. Novemb. « anno Christo propitio imperii domni Hludowici sere- « nissimi augusti XIIII, domni verò Hlotharii VI°, indi- « ctione VI°. Actum Carisiago, palatio regio, in Dei no- « mine feliciter. Amen. » (Pour la date de l'Incarnation, voyez CHARLEMAGNE.) Mabillon pense que c'est sous le règne de Louis le Débonnaire que les écrivains ont commencé à se servir de plumes au lieu de roseaux. On trouve trois époques dans les chartes de Louis le Débonnaire : celle de son sacre comme roi d'Aquitaine, Pâques 781 ; celle de son association à l'empire, septembre 813 (cette époque admise par l'Art de vérifier les dates, ne l'est point dans le Nouveau Traité de Diplomatique) ; et celle de son avénement après la mort de Charlemagne, 28 janvier 814. Il employait l'indiction qui commence au 1er septembre et celle qui commence au 1er janvier. — *Sceaux* : 1° Voy. planche A, nos 10 et 11. 2° Bulle d'or : Buste de face ; chlamyde attachée sur l'épaule droite ; couronne fermée ; cheveux courts ; barbe apparente sceptre et bouclier à gauche. Inscription : DN. (*Dominus*) HLVDOVVICVS IMP. Au revers on lit dans le champ l'inscription suivante, entourée d'une couronne de laurier : RENOVATIO REGNI FRANC.

LOUIS LE GERMANIQUE, troisième fils de Louis le Débonnaire, nommé roi de Bavière en 817, prend possession de ce royaume en 826 ; obtient la Germanie en 833, à l'époque de la déposition de son père ; lui succède dans une portion de ses états le 20 juin 840 ; reçoit le royaume de Germanie en 843, dans un nouveau partage fait avec ses frères ; s'empare d'une partie du royaume de Lorraine au mois d'août 870, un an après la mort de son neveu Lothaire, fils de l'empereur Lothaire Ier ; la restitue en 872 à son neveu l'empereur Louis II ; en hérite à la mort de ce dernier, en août 875, et meurt le 28 août 876. — Il employa la formule suivante depuis la fin de 825 jusqu'en 833 : *In nomine Domini nostri Jesu Christi Dei omnipotentis, Hludowicus divinâ favente* ou *largiente gratiâ rex Bajoariorum*. Devenu roi de Germanie en 833, il y substitua : *In nomine sanctæ et individuæ Trinitatis, Hludowicus divinâ favente gratiâ* ou *clementiâ rex*. Voici deux de ses souscriptions : 1° « Signum domni Hludo- « wici serenissimi regis. Hebarhardus cancellarius, ad vi- « cem Liutberti archicapellani, recognovi et subscripsi. » 2° « Signum domni Hludovici piissimi regis. Liutbran- « dus, ad vicem Liutberti, recognovi. » Il datait ses diplômes suivant quatre époques : 1° Fin de 825, 2° 833 ou 834, 3° 838 ou 839, 4° 840. A l'une de ces dates, celle de 838, on trouve jointe dans l'exemple suivant l'époque de son avénement en Lorraine (on verra que l'indiction y est calculée à partir du 25 décembre) : « Data VII Kal. Decemb. anno XXXVIII regni Hlu- « dovici serenissimi regis in Orientali parte, et adeptio- « nis regni Hlotharii VI, indictione VIIII. Actum Mettis, « in Dei nomine feliciter. Amen. » Dans la date suivante son règne est compté à partir du mois de juin 833, ou du commencement de 834 : « Data III Cal. April. « anno regni Christo propitio XXIII Hludovici sere- « nissimi regis in Orientali Franciâ, indictione IIII. « Actum Franchenfurt, palatio regio, in Dei nomine « feliciter. Amen. »

LOUIS II, fils de l'empereur Lothaire Ier, déclaré roi d'Italie et couronné par le pape Sergius le 15 juin 844, associé à l'empire en 849 entre le 19 mai et le 30 octobre, sacré par Léon IV le 2 décembre 850, succède à l'empire le 28 ou le 29 septembre 855, est couronné roi de Lorraine le jour de la Pentecôte (18 mai 872) ; et meurt le 12 août 875. — Du vivant de son père, il commençait ainsi ses diplômes : « In no-

« mine Domini nostri Jesu Christi Dei æterni, Ludovi-« cus gratiâ Dei imperator augustus, invictissimi do-« mini Lotharii imperatoris filius. » Depuis la mort de son père en 855, il supprimait les mots *invictissimi, etc.*, et substituait quelquefois à *gratiâ Dei*, la formule *divinâ ordinante providentiâ*. Il emploie pour l'annonce du monogramme et du sceau les formules de ses prédécesseurs. Les signatures sont ainsi exprimées dans un diplôme de 858 : « Signum Hludovici serenis-« simi augusti. Teudo notarius, ad vicem Ragamfredi « archicancellarii, recognovit. » Voici une de ses dates : « Datum Viennæ urbi, VII Kal. Novemb. anno imperii V « domini nostri Hludovici serenissimi augusti, in Dei « nomine feliciter. Amen. » (26 octobre 859.)—Il datait ses diplômes suivant quatre époques : 844, 849, 850 et 855. Les Bénédictins fixent son couronnement par Sergius au 15 juin 844, et son sacre au 2 décembre 849, tandis que l'Art de vérifier les dates indique pour la première de ces époques le 25 juin 844, et pour la seconde le 2 décembre 850. La date du 15 juin paraît préférable, parce qu'elle correspond à un dimanche.

LOUIS II LE BÈGUE, fils de Charles le Chauve, couronné roi d'Aquitaine en 867, réunit ce royaume à la couronne de France, en succédant à son père comme roi de France et d'une portion de la Lorraine le 6 octobre 877; il est couronné pour la première fois en cette qualité le 8 décembre suivant, et pour la seconde fois par le pape Jean VIII le 7 septembre 878; il meurt le 10 avril 879.—Ses diplômes commencent le plus ordinairement ainsi : « In nomine Domini Dei æterni et sal-« vatoris nostri Jesu Christi, Hludovicus misericordiâ « Dei rex. » On cite aussi deux diplômes qui commencent l'un par : *In nomine sanctæ et individuæ Trinitatis, Ludovicus superni regis præordinante clementiâ rex Francorum*, et l'autre par : *In nomine sanctæ, etc. Hludowicus misericordiâ Dei rex Francorum.* — Ses diplômes se terminent ordinairement par des formules analogues à celle qui suit : « Et, ut hæc nostræ confirmationis « auctoritas pleniorem in Dei nomine per futura tem-« pora obtineat firmitatis vigorem, eam manu nostrâ « subterfirmare decrevimus et anuli nostri impres-« sione signari jussimus. Signum Hludovici gloriosis-« simi regis. Vulfardus notarius relegit, » ou « ad vicem « Gozleni recognovit. Data tertio Kal. Aprilis, indict. XI, « anno primo regnante Hludovico gloriosissimo rege. « Actum, etc. » Dom Bouquet a publié un diplôme de ce prince où le mot *annulus* est remplacé par *bulla*. Les deux dates qui suivent sont citées dans le Nouveau Traité de Diplomatique : 1° « Datum II Kal. Junii, indictione XI, « anno I regni domni Hludowici regis. Actum Turonis « civitate, in Dei nomine feliciter. Amen. » 2° « Data V « Idus Decemb. indictione XI, anno secundo unctionis « Hludowici in regno Franciæ. Actum Compendio pa-« latio, in Dei nomine feliciter. Amen. » Il compte les années de son règne en France, à partir du 6 octobre 877. La date de l'Incarnation ne paraît pas avoir été employée par ce prince. Il ne fut pas reconnu de suite en Languedoc, où plusieurs actes sont datés de la deuxième année après la mort de Charles le Chauve. *Sceaux* : 1° Buste de profil tourné vers la droite; couronne de laurier; cheveux courts. Inscription HLVDOWICVS GRATIA DI (*Dei*) REX. (Voy. *Nouv. Traité de Dipl.* tom. IV, p. 120; et Mabillon, *De re Dipl.* p. 408.) 2° Mabillon cite en outre un sceau dont la légende est ainsi conçue : HLVDOVVICVS MIA (*misericordia*) DI (*Dei*) REX. C'est probablement un de ces deux sceaux qui est reproduit sous le n° 2 de la planche B.

LOUIS, dit LE GERMANIQUE, comme son père, auquel il succède le 28 août 876 dans le royaume de Saxe et dans une partie de la Lorraine, devient roi de Bavière à la mort de son frère Carloman, arrivée le 22 mars 880, et meurt le 20 janvier 882. — Il avait aussi été compétiteur de Pepin II, roi d'Aquitaine. (Voy. PEPIN II.) Ce prince a employé la date de l'Incarnation. Pour l'annonce du sceau et du monogramme il a fait usage des formules de ses prédécesseurs. Voici la date d'un privilége qu'il accorda en 878 au monastère de Morbac : « Data Idibus Septembris, anno Domi-« nicæ incarnationis DCCCLXXVIII, indictione XIII, anno « II regni Hludovici serenissimi regis. Actum Marsâ in « colloquio duorum fratrum, in Dei nomine feliciter. « Amen. » Selon le calcul ordinaire, l'année 878 a pour indiction XI.

LOUIS III, fils de Louis le Bègue, reconnu d'abord roi de France en commun avec son frère Carloman, après la mort de Louis le Bègue, arrivée le 10 avril 879, conclut au mois de mars 880 un traité de partage, en vertu duquel il obtient les pays qui dependaient de la Neustrie et de l'ancien royaume d'Austrasie, en deçà de la Meuse. Il meurt le 3 ou le 5 août 882.

LOUIS III L'AVEUGLE, fils de Boson, roi de Provence, reconnu roi trois ans après la mort de son père en 890, proclamé roi d'Italie en 900, couronné empereur le 12 février 901, meurt en 929. Il a daté de son empire jusqu'à sa mort, quoiqu'il en ait été définitivement dépossédé en 905.—Les auteurs du Nouveau Traité de Diplomatique ne s'accordent pas avec l'Art de vérifier les dates, sur l'époque de sa mort.

« Cet empereur changea sur la fin de sa vie la manière « de dater ses diplômes. D'un côté, il paraît certain « qu'il ne vécut pas au delà de 924, et de l'autre, qu'il « data plusieurs diplômes de la 32ᵉ et 33ᵉ année de son « règne. » (*Nouv. Traité de Diplom.* tom. V, pag. 749.) Il faut seulement conclure de cette citation qu'il ne datait pas toujours des années de son empire; mais comme l'Art de vérifier les dates cite deux diplômes de ce prince datés, l'un du v des calendes de décembre, l'autre du VIII des calendes de janvier, et tous deux de la 27ᵉ année de son empire, ce qui revient à l'an de J. C. 928, il ne paraît pas qu'on puisse admettre l'opinion des auteurs du Nouveau Traité de Diplomatique. La plupart de ses actes sont datés des années de l'Incarnation, et plusieurs, des années de la Nativité. On trouve des chartes particulières de Provence qui ne font aucune mention de son règne, et qui marquent seulement les années qui se sont écoulées depuis la mort de Boson, ou depuis celle de Charles le Gros.

Louis IV, fils d'Arnoul, succède à son père comme roi de Germanie, le 29 novembre 899. Au commencement de l'année suivante il est reconnu solennellement, et peu de temps après proclamé roi de Lorraine à Thionville par des seigneurs mécontents du gouvernement de son frère naturel, Zuentibolde, qui périt le 13 août 900, avec les deux tiers de son armée. Louis IV mourut le 21 novembre 911 ou le 21 janvier 912. — Mabillon cite comme une singularité la double date qui se trouve dans un diplôme accordé par Zuentibolde à l'abbaye de Saint-Mihiel, la première année de son règne. Au-dessus de cette date et dans un espace qui était resté libre, se trouve le monogramme de Louis IV et la date suivante : « Data XVI Kal. « Sept. anno incarn. Domini DCCCCVIII, ind. XI, anno au- « tem Domini Hludowici VIIII. Actum Franconofurt. » Cette addition exprime le consentement donné par Louis IV aux dispositions que renfermait ce diplôme.

Louis IV d'Outremer, fils de Charles le Simple, est couronné roi de France le 19 juin 936, et meurt le 10 septembre 954. — Il employa pour formules: *In nomine sanctæ* ou *summæ et individuæ Trinitatis, Ludovicus, superni regis præordinante* ou *disponente clementiâ*, ou bien *divinâ propitiante clementiâ* ou *misericordiâ, auxiliante divinâ clementiâ*, ou *divinâ annuente gratiâ, rex Francorum*, ou *Francorum rex*, ou simplement *Dei gratiâ rex*. Un diplôme de 939 renferme cette formule remarquable : « In nomine sanctæ, « etc. Ludovicus pacificus, augustus et invictus, gratiâ « Dei rex. » On trouve aussi l'invocation : « In nomi- « ne Domini Dei et salvatoris nostri Jesu Christi, Ludo- « vicus divinâ ordinante providentiâ rex. » Les Bénédictins n'ont rencontré qu'un diplôme où il se soit servi du mot *sigillum*. Sa formule ordinaire est : *De annulo nostro subtersigillari duximus*, ou *annuli nostri imagine corroborari jussimus, etc.* Voici les formules ordinaires de ses souscriptions : *Signum Ludovici regis*, ou *gloriosi, gloriosissimi regis; signum domini* ou *domni Ludovici gloriosi*, ou *serenissimi regis*. Ses chanceliers varient leurs formules : « Odilo notarius, ad vicem Hei- « rici episcopi summique cancellarii, recognovit; Oy- « dilo notarius, ad vicem Artaldi archiepiscopi, relegit « et subnotavit; Rorigus cancellarius, ad vicem Acardi, « recognovit. » Les Bénédictins n'ont rencontré que quatre de ses diplômes qui fussent datés de l'Incarnation. En voici un exemple : « Actum Pictavis civitate, Nonas « Januarii, anno incarnationis Dominicæ DCCCCXLII, in- « dict. XV, anno autem VI regnante Ludovico glorioso « rege Francorum, in Dei nomine. Amen. » Dans cette date, le commencement de l'année est pris au 1ᵉʳ janvier. Les années de son règne se comptent ordinairement du 19 juin 936, mais quelquefois aussi du 7 octobre 929, date de la mort de son père, ou de la mort de Raoul (14 ou 15 janvier 936), ou de l'année 937, ou enfin de 938. Ce dernier calcul se trouve dans plusieurs chartes du Mâconnais. Louis IV commençait souvent l'année au 25 mars ou à Pâques. — *Sceaux* : Buste de profil tourné vers la gauche; couronne radiale; reste d'inscription.... ICVZ GRATIA DI (*Dei*) REX. »

Louis V le Fainéant, fils de Lothaire, associé au royaume de France par son père le 8 juin 978, ou, selon les Bénédictins, en 979, lui succède le 2 mars 986, et meurt le 21 mai 987. — On compte son règne du 8 juin 978 ou du 2 mars 986. La date de 979 est appuyée sur deux diplômes qu'il accorda, l'un à l'abbaye de Saint-Benoît sur Loire, et l'autre à l'église d'Orléans. Ils sont datés de l'an de l'Incarnation 979, du premier et du second jour de son sacre : « Primâ « die ordinationis ipsius gloriosissimi regis; Secundo die « regiæ ordinationis, etc. » Ces deux diplômes sont les seuls que cite dom Bouquet; l'un renferme l'invocation de la sainte Trinité, et l'autre commence ainsi : « In nomine Domini Dei æterni et salvatoris nostri « Jesu Christi, Ludovicus misericordiâ Dei rex. » Dans le premier il s'intitule : « Ludovicus, divinâ propitiante « clementiâ, Francorum rex. » Le mot *Francorum* n'est pas répété dans la formule *Signum, etc.*; il est au contraire employé à la fin du diplôme dont la suscription ne le renferme pas : « Signum domni Hludovici glorio- « sissimi regis Francorum. » On lit ensuite : « Ego Ar- « nulfus, ad vicem domni Adalberonis archiepiscopi at-

« que archicancellarii, recognovi. » Les deux actes se terminent par la date.

Louis VI, Thibaut, le Gros ou le Batailleur, fils de Philippe Ier, roi de France, associé à la royauté en 1098 ou 1099, succède à son père le 29 juillet 1108, est sacré à Orléans le 3 août suivant, et meurt le 1er août 1137. — Ses diplômes débutent généralement ainsi : « In nomine S. et individuæ Trinitatis, Patris « et Filii et Spiritûs sancti. Amen. Ego Ludovicus Dei « gratiâ Francorum rex ; » ou bien « In nomine Patris « et Filii et Spiritûs sancti. Amen. Ego igitur Ludovicus « Dei gratiâ rex Francorum. » Dans un diplôme de S. Martin des Champs l'invocation de la sainte Trinité est suivie d'un préambule qui se termine par cette suscription : « Hâc igitur ratione, spe et devotione, ego « Dei gratiâ Francorum rex Ludovicus. » Il a aussi employé d'autres invocations telles que : *in Christi nomine, in nomine Domini, in nomine Dei omnipotentis Patris, etc.*, et *in nomine Dei et salvatoris nostri Jesu Christi.* L'invocation manque dans quelques-uns de ses diplômes. A la formule *Dei gratiâ* il a quelquefois substitué *Divinâ ordinante providentiâ, Divinâ propitiante* ou *Dei dispensante misericordiâ*, ou bien *Dei miserante providentiâ.* Au lieu de la formule *rex Francorum*, on rencontre dans quelques diplômes *in regem Francorum sublimatus, Francorum imperator augustus.* Il a aussi pris le titre d'*humble roi.* Louis le Gros et son fils Philippe, dans un acte donné en commun, ont employé la suscription suivante : « Ludovi« cus et Philippus filius ejus divinâ ordinante provi« dentiâ reges Francorum. » Avant la mort de son père, quand il n'était qu'associé à la royauté, il s'intitulait *Ludovicus Francorum rex designatus* ou *Ludovicus regius filius, Dei gratiâ Francorum rex designatus.* Mais après la mort de son père, Louis VI a encore pris le titre de fils du roi Philippe dans un acte de 1113 cité par Doublet et Mabillon : « In nomine Patris et Filii et Spi« ritûs sancti. Amen. Ludovicus Philippi regis filius, Dei « gratiâ rex Francorum, omnibus archiepiscopis, etc. » Dans un diplôme publié par Mabillon, le monogramme et le sceau sont annoncés après la date et les signatures des grands officiers : « Quod ut in poste« rum vigorem haberet, nostri nominis charactere et « sigillo signari et corroborari præcepimus. » Cette annonce est ainsi conçue dans un diplôme concernant la saisie des meubles sur les débiteurs forains : « Quod « ne valeat oblivione deleri, scripto commendari præci« pimus, et, ne possit à posteris infirmari, sigilli nostri « auctoritate et nostri nominis caractere subterfirmavi« mus. » Dans un diplôme en faveur de l'abbaye de Saint-Denys il annonce à la fois le seing royal, l'approbation des seigneurs, le sceau et le monogramme : « Ut « igitur hoc decretum à nobis promulgatum pleniorem « obtineat vigorem, nostrâ manu subter apposito signo « roboravimus, atque fidelibus nostris præsentibus ro« borandum tradidimus nostræque imaginis sigillo insu« per assignari jussimus. — Quod ne valeat oblivione de« leri, scripto commendavimus et, ne possit à posteris « infringi, sigilli auctoritate et nominis nostri caracte« re subterfirmavimus. » Ces mots *nominis nostri, etc.* se trouvent dans un acte de Louis le Gros où il n'y a pas de monogramme. On rencontre encore le monogramme de Louis le Gros, accompagné de la formule : *Signum Lugdovici regis.* Quelquefois aussi il est placé dans le corps du diplôme et intercalé dans l'annonce : *et charactere nostri nominis, etc.* On le trouve aussi en tête ou au milieu de la formule : *Data per manus Stephani cancellarii.* Sous ses successeurs, il est placé dans le corps de cette formule ou de celle qui la remplace : *Data vacante cancellariâ.* Quand les diplômes de Louis le Gros n'ont pas de monogramme, on y trouve quelquefois son nom écrit par le chancelier et accompagné d'une croix faite de la main du roi. Voici les formules ordinaires de ses chanceliers : *Stephanus cancellarius*, ou *regiæ majestatis, dignitatis cancellarius relegendo subscripsit*, ou *relegi et subscripsi* ; et plus souvent : *Data per manus* ou *manum Stephani* ou *domni Stephani cancellarii.* Cette dernière formule, empruntée à la chancellerie apostolique, prévalut sous les successeurs de Louis VI. Quoiqu'il ait réduit à quatre les grands officiers dont les noms devaient être inscrits au bas des diplômes, il y a des actes qui renferment les noms de plusieurs autres témoins : souvent au contraire il n'existe aucune de ces signatures apparentes. La présence des grands officiers est annoncée en général par la formule : *Adstantibus, etc.* (Voy. Philippe Ier.) Les années du règne de Louis le Gros sont comptées de 1099 ou de la fin de 1098, dans les actes antérieurs à la mort de Philippe Ier ; mais depuis cette époque, il ne paraît pas qu'on les ait calculées autrement qu'à partir du 3 août 1108. Depuis 1115, il joignit souvent aux années de son règne celles du règne de sa femme Alix ou Adélaïde : il data aussi du règne de son fils Philippe, à partir du 14 avril 1129, et du règne de son second fils Louis, à partir du 25 octobre 1131. L'époque de son sacre est expressément indiquée dans plusieurs diplômes : « Actum Aure« lianis, in palatio publicè, anno incarnati Verbi MCXI, « anno verò consecrationis nostræ IV. » Voici d'autres formules de dates où le mot *consecratio* ne se retrouve pas, et qui pourraient avoir été calculées à partir du 29 juillet 1108, si les auteurs ne s'accordaient pas à dire que cette époque n'a pas été employée dans ses diplômes : « Actum Parisius, anno incarnati « Verbi MCXVII, regni nostri IX, Adelaïdis reginæ III. » 2° « Actum apud S. Germanum de Pratis, in præ« sentiâ, etc. Datum autem et confirmatum Remis, in « solemni curiâ Paschæ, in unctione domni Philippi « gloriosissimi regis, anno incarnati Verbi MCXXIX, « indictione VII, anno regni domni et serenissimi re« gis Francorum Chludovici XX (*il faudrait* XXI), Phi« lippi autem filii ejus primo, in Dei nomine feliciter. « Amen. » 3° « Actum Parisius publicè, anno incarnati « Verbi MCXXXII, regni nostri XXIIII, regnante Ludo« vico filio nostro anno II. » Souvent, dans ces dates, l'assentiment de ses fils est exprimé : *Concedente Philippo filio nostro, annuente Ludovico filio nostro* ou *Ludovico juniore filio nostro in regem sublimato anno III.* On trouve quelquefois sous son règne *auctum* au lieu d'*actum*. L'usage de l'indiction commence à devenir rare dans les lettres royaux. Il est probable qu'il commençait l'année tantôt au 1er janvier, tantôt à Pâques. — *Sceau* de Louis le Gros, désigné roi : Il est de profil, à cheval, sans selle ni étriers ; la tête couverte d'un bonnet pointu, et un étendard dans la main gauche. Inscription : SIGILLVM LODOVICI DESIGNATI REGIS. Le sceau dont Louis le Gros s'est servi à dater de son avénement est reproduit sous le n° 1 de la planche C ; il est tantôt plaqué, tantôt suspendu.

LOUIS VII LE JEUNE, second fils de Louis VI, roi de France, sacré à Reims le 25 octobre 1131 par le pape Innocent II, succède à son père le 1er août 1137, est couronné duc d'Aquitaine le 8 du même mois, et roi de France le 25 décembre suivant. Il meurt le 18 septembre 1180.—Du vivant de son père, il prit ordinairement pour titre : *Regis filius, Dei gratiâ Francorum rex designatus*. Une de ses chartes commence ainsi : « In nomine, etc. Ego Ludovicus « junior, magni Ludovici filius, Dei gratiâ rex Fran« corum et dux Aquitanorum. » Quoique son divorce ait été prononcé le 18 mars 1152, et qu'au mois de mai suivant, Éléonore eût épousé Henri Plantagenet, Louis VII prit encore dans ses suscriptions le titre de *dux Aquitanorum* pendant l'année 1153 et pendant une portion de l'année suivante. Cela résulte de deux chartes de 1153, munies d'un sceau dont le revers représente ce prince avec le titre de duc d'Aquitaine. Dans une charte de 1154, non scellée, il prend encore le même titre, qui ne se retrouve plus dans une autre charte datée aussi de 1154 et munie d'un sceau qui n'a qu'une empreinte. En général Louis VII a employé la plupart des formules initiales de son père, sans en excepter celle de *Francorum imperator augustus*, qu'on trouve dans un diplôme de 1155. C'est lui qui a introduit la formule : *Vacante cancellariâ*. Dans un de ses diplômes il s'est servi du mot *annulus* pour annoncer le sceau ; mais il emploie ordinairement la formule suivante : « Ut hæc intacta et illibata in sem« piternum permaneant, sigilli nostri impressione et « nominis nostri caractere corroboravimus. » Dans un diplôme de 1153, le monogramme n'est point annoncé avec le sceau : « Quod ut ratum sit in « posterum et inconcussum, scripto commendari et « sigillo nostro muniri præcepimus. » Quand un des grands officiers n'est pas présent à l'expédition d'un acte, on l'indique par la formule : *Dapifero, Buticulario, Camerario* ou *Constabulario nullo*. Cependant on trouve aussi dans les actes de 1153 qui ont été cités plus haut : *Sine dapifero tunc erat domus nostra*. (Pour les souscriptions, voyez LOUIS VI.) Dans une de ses dates Louis VII relate le consentement de sa mère (*annuente matre nostrâ reginâ*) : il s'agissait du domaine de Compiègne qu'elle avait eu en douaire. Un diplôme de 1155 est daté du mercredi des Cendres 9 février, et l'année y est prise du 1er janvier ; mais il est probable qu'elle a été aussi calculée à partir de Pâques dans plusieurs actes de Louis VII. Il a aussi daté de la naissance de son fils : « Actum publicè Pa« risius, anno Dominicæ incarnationis MCLXVI, regni « nostri XXVIII, jam nato filio nostro Philippo, astan« tibus, etc. » L'usage de l'indiction dans les lettres royaux fut entièrement aboli sous Louis le Jeune, qui, selon les Bénédictins, ajouta quelquefois aux années de l'Incarnation l'épacte et les concurrents. Nous n'avons pas rencontré d'exemples de ces dates. Il omettait aussi, la plupart du temps, la date du jour et du mois. Le commencement de son règne se prend 1° du 25 octobre 1131 ; 2° de l'an 1135, quand son père, malade, lui résigna le gouvernement ; 3° du 1er août 1137 ; 4° de juillet 1133 ; (on ne peut expliquer cette dernière époque). Il existe un diplôme où Louis VII a pris le titre de roi de France au lieu de celui de roi des Français. – *Sceau* : Voy. planche C, nos 2 et 3.—Dans le cours de l'année 1154 Louis VII a cessé de faire usage du contre-sceau équestre où il est représenté comme duc d'Aquitaine ; et depuis cette époque jusqu'en 1173 inclusivement, les sceaux suspendus à celles de ses chartes qui existent aux Archives du royaume ne portent qu'une empreinte. Il en est de même d'un sceau pendant à une charte de 1174 ; mais une autre charte de la même année porte un sceau dont le revers représente un personnage debout, tenant un arc bandé ; les Bénédictins avaient trouvé la même image au revers d'un sceau pendant à une charte de 1179. Ce contre-sceau était sans doute une pierre antique autour de laquelle on avait ajouté l'inscription suivante : LVDOVICVS REX. Quant à la face principale du sceau de Louis VII, elle est toujours restée la même. « Plusieurs savants, di« sent les Bénédictins, citent des sceaux de ce prince « sur lesquels paraît un écu semé de fleurs de lis, ce « qui ne peut s'entendre que d'une empreinte gravée « sur la même cire au revers du grand sceau. » Les auteurs du Nouveau Traité de Diplomatique n'avaient jamais rencontré de sceau ou de contre-sceau qui pût justifier cette opinion, et tout porte à croire qu'elle a été avancée sans aucun fondement. — Louis VII est le seul de nos rois qui ait eu un sceau de cire à double empreinte d'égale grandeur ; et c'est lui qui le premier a fait usage du contre-scel ou sceau secret. Tous les sceaux de ce prince sont pendants.

LOUIS VIII LE LION, fils de Philippe II, roi de France, succède à son père le 14 juillet 1223, est sacré à Reims le 6 ou le 8 août suivant, et meurt le 8 novembre 1226. — Louis VIII est le premier des Capétiens qui n'ait pas été sacré avant la mort de son père. Étant comte d'Artois il confirma les priviléges de la ville de Saint-Omer par des lettres de 1211 où il s'intitule : *Ludovicus domini regis Francorum primogenitus.* Ses diplômes importants commencent ordinairement ainsi : « In nomine sancte et individue « Trinitatis. Amen. Ludovicus Dei gratiâ Francorum « rex. Noverint universi, etc. » Dans les actes moins solennels il supprime l'invocation. Il prend le titre de *Franciæ rex* dans une ordonnance de 1223. Celle qu'il rendit au sujet des Juifs annonce les témoins et l'apposition des sceaux : « Quod juraverunt tenendum « illi quorum nomina subscribuntur, Guillelmus, etc. « In cujus rei testimonium et confirmationem, præsen« tibus litteris sigillum nostrum fecimus apponi, et « comites barones et alii prænominati sigilla sua duxe« runt apponenda. » Les Bénédictins citent cet acte comme le plus ancien diplôme royal auquel les seigneurs aient apposé leurs sceaux. Voici deux autres formules dont l'une ne renferme que l'annonce du sceau royal ; l'autre y joint celle du monogramme : 1° « Quod ut perpetuum robur obtineat, presentem « paginam sigilli nostri auctoritate fecimus communi« ri. » 2° « Ut autem hæc omnia stabilitatis robur obti« neant, presentem paginam sigilli nostri auctoritate « et regii nominis charactere inferiùs adnotato preci« pimus communiri. » Les chartes de ce prince sont datées de l'Incarnation et non des a nnéesde son règne, à l'exception de celle qu'il donna en 1224 pour la réforme des mauvaises coutumes de Bourges, et dont la date est ainsi conçue : « Actum Parisius, anno Do« minicæ incarnationis MCCXXIV, regni verò nostri anno « secundo, astantibus in palatio, etc. » Son ordonnance sur les Juifs est datée du jour et du mois : « Factum « Parisius, anno Domini MCCXXIII, mense Novembri, die « Mercurii in octabis Omnium Sanctorum. » Le 8 novembre 1223 correspond en effet à un mercredi. Lorsqu'il assiégeait la Rochelle en 1224, il a ajouté dans quelques actes *in obsidione Rupellæ.* Pour la manière de commencer l'année, voyez PHILIPPE-AUGUSTE. — *Sceau :* Voy. planche D, n° 1.

LOUIS IX (SAINT LOUIS), fils de Louis VIII, roi de France, succède à son père le 8 novembre 1226, sous la tutelle de la reine Blanche sa mère, est sacré le 29 du même mois, déclaré majeur le 25 avril 1236, et meurt le 25 août 1270. — Ses diplômes commencent ordinairement ainsi : « In nomine sancte « et individue Trinitatis. Amen. Ludovicus Dei gratiâ « Francorum rex. Noverint universi presentes pariter « et futuri quòd, etc. » Il parle presque toujours au pluriel : *Notum facimus quòd nos, etc.* Dans ses lettres d'avril 1250 il prend le titre de *rex Franciæ,* précédé de l'invocation *in nomine Domini, etc.* Mais souvent il supprime l'invocation, et quelquefois même le mot *Francorum,* comme dans l'exemple suivant : *Ludovicus Dei gratiâ rex universis, etc.* La formule initiale de ses Établissements est ainsi conçue : « Loeys roix de France « par la grace de Dieu, a tous bons chrestiens habi« tans el royaume et en la seignorie de France, et a « tous autres qui y sont presens et a venir, salut en « nostre Seingnieur. » La pragmatique sanction porte cette formule initiale : *Ludovicus Dei gratiâ Francorum rex, ad perpetuam rei memoriam.* Il annonce le sceau et le monogramme dans les mêmes termes que Louis VIII ; mais la plupart du temps il ne fait mention que du sceau, et cette mention ne se trouve même pas dans tous ses actes. En général elle est ainsi conçue : « In cujus rei testimonium, sigillum nos« trum presentibus litteris duximus apponendum. » Son ordonnance contre les hérétiques de Languedoc ne porte ni les signatures des grands officiers, ni la date de son règne : *Actum anno gratie millesimo ducentesimo vicesimo octavo, mense Aprilis.* Son ordonnance contre les Juifs ajoute la date du lieu : *Actum apud Meledunum anno Domini MCCXXXIII, mense Decembri.* Voici un exemple d'une date plus solennelle et qui par conséquent se rencontre plus rarement : « Datum « Parisius, anno Dominice incarn. MCC vicesimo sexto, « mense Februarii, regni nostri anno primo, astanti« bus in palatio nostro quorum nomina supposita sunt « et signa. Dapifero nullo. Signum Roberti buticu« larii. Signum Bartholomei camerarii. Signum Ma« thei constabularii. Data per manum Garini (*mono-*

« *gramme*) Silvanectensis episcopi cancellarii. » On voit par cette dernière date qu'il commençait l'année à Pâques ; c'est ce qu'il faut toujours se rappeler, si l'on veut éviter de fréquents anachronismes dans ses actes et dans ceux de ses successeurs. La date du jour est rarement marquée dans ses diplômes; mais les exemples suivants donneront une idée de quelques-unes des formules qui servaient à l'exprimer : 1° « Actum apud « Vicenas anno Domini MCCL, octavo mensis Aprilis. » 2° « Facta fuit hec ordinatio Carnoti, an. Domini mil-« lesimo ducentesimo sexagesimo secundo, circa me-« diam Quadragesimam cui faciendæ interfuerant jurati « Clemens de Visiliac, etc. » 3° « Datum in castris « apud Aquas mortuas, in crastino B. Johannis Bapti-« stæ. » — *Sceaux* : 1° Deux sceaux déposés aux Archives du royaume offrent peu de différences : ils sont reproduits sous les nos 2 et 3 de la planche D. 2° Un troisième sceau gravé dans le Nouveau Traité de Diplomatique se distingue des deux précédents parce que le manteau est sans bordure et que les cheveux du roi ne sont pas bouclés. Le même ouvrage représente un autre sceau où l'on retrouve la bordure des deux premiers sceaux; mais le trônc a pour appui des têtes d'animaux beaucoup plus grosses. De l'extrémité du bâton royal sortent à droite et à gauche deux feuilles surmontées par la partie supérieure d'une fleur de lis. Les contre-scels de ces deux sceaux portent une fleur de lis fleuronnée. Il serait possible cependant que les différences qui viennent d'être indiquées n'existassent que sur les gravures fort imparfaites du Nouveau Traité de Diplomatique. 3° Le sceau que S. Louis adopta pendant sa dernière croisade est représenté sous le n° 4 de la planche D. — Outre son contre-scel ordinaire, il avait plusieurs petits sceaux, entre autres un anneau d'or semé de fleurs de lis, orné de son image et sur lequel étaient gravées les lettres S. L. (*sigillum Ludovici*). Quand il passa en Orient, il se servit d'un anneau représentant son buste placé entre deux fleurs de lis et appuyé sur un croissant de lune. Sa main tient une épée nue. Voy. Nouveau Traité de Diplomatique, tom. IV, p. 135 et 136.

Louis X le Hutin, fils de Philippe IV, roi de France, succède à sa mère comme roi de Navarre en 1304, est sacré à Pampelune en 1307, devient roi de France à la mort de son père le 29 novembre 1314, est sacré à Reims le 24 août 1315, et meurt le 5 ou le 8 juin 1316. — Dans ses actes latins on rencontre les suscriptions suivantes : *Ludovicus Dei gratiâ Francie et Navarre rex*, ou plus ordinairement *Francorum et Navarre rex*. Quelquefois aussi on ne trouve que *Francorum rex*. Dans les actes écrits en français il s'intitule : *Loys par la grace de Dieu, roy, roys* ou *rois de France et de Navarre*. Avant de monter sur le trône, et comme tuteur de l'héritière du royaume de Navarre, il employait les formules suivantes : *Ludovicus regis Francorum primogenitus Dei gratiâ Navarre rex, Campanie Brieque comes;* ou bien : *Nous ainsné fils dou roy de France, roy de Navarre, de Champagne et de Brie comte palatin.* — Au mois d'avril 1315, il se servait encore du sceau qu'il avait avant la mort de son père, et il l'annonce en ces termes : « Presentibus litteris « nostrum fecimus apponi sigillum quo ante susce-« ptum regni regimen Francie utebamur, anno Do-« mini MCCCXV. » Dans un autre acte du même mois, on lit également : « Actum apud Vicenas decimo nono « die Aprilis, sub sigillo quo ante susceptum, etc. » Cette explication est conçue en d'autres termes dans la date suivante : « Datum apud Vincen. sub sigillo quo vi-« vente genitore nostro utebamur, decimo nono die « mensis Martii, anno MCCCXIV. » Cette date prouve que Louis X commençait, comme ses prédécesseurs, l'année à Pâques. — Ses diplômes sont datés du lieu, du jour, du mois et de l'année, sans signature ni monogramme. — *Sceaux :* Louis X s'est servi d'abord du sceau qu'il employait du vivant de son père. Il en existe en outre deux qui sont reproduits sous les nos 1 et 2 de la planche F. — Quoique les Bénédictins n'aient décrit que le sceau provisoire de Louis X, ils avaient cependant soupçonné qu'il avait dû être remplacé par un autre. (*Nouv. Traité de Dipl.* tom. VI, p. 57.) A la fin de 1314, cette substitution n'avait pas encore eu lieu : cela résulte de quelques-unes des dates qui viennent d'être citées plus haut. On lit d'ailleurs sur le repli d'un acte daté du mois de décembre 1314 : *Collacio est facta. Rescripta est propter novum sigillum.* (Archives du royaume, J. 163.)

Louis V de Bavière, fils de Louis le Sévère, duc de Bavière, et petit-fils par sa mère Mathilde de Rodolphe de Habsbourg, élu roi des Romains le 20 octobre 1314, couronné le 26 novembre suivant à Aix-la-Chapelle et le 31 mai 1327 à Milan, reçoit la couronne impériale à Rome le 17 janvier 1328 des mains des évêques de Venise et d'Aleria, se fait couronner de nouveau le 22 mai suivant par l'antipape Nicolas V, et meurt le 21 octobre 1347. Il avait abdiqué en 1333, mais cet acte fut annulé par l'opposition des états d'Allemagne. Voy. à l'article de Frédéric III la mention d'un traité de Louis V avec ce prince. — Louis de Bavière se disait quelquefois IVe du nom. Ses chartes royales commencent ordinairement ainsi : *Ludovicus* ou *nos Ludovicus Dei gra-*

tiâ Romanorum rex semper augustus. Voici la suscription d'un de ses diplômes impériaux : *Ludowicus quartus Dei gratiâ Romanorum imperator semper augustus.* « Dans les pouvoirs qu'il donna à ses ambassa« deurs, disent les Bénédictins, Louis de Bavière prit « le titre d'empereur avant que d'avoir été couronné à « Rome. Le pape Jean XXII en marqua tout son « mécontentement. » Cette circonstance établit d'une manière positive, qu'en prenant ce titre au lieu de celui de roi des Romains, ce prince s'était écarté de l'usage suivi par ses prédécesseurs. — Il a employé pour l'annonce du sceau une formule que nous avons citée à l'article de Henri VII de Luxembourg. Il se sert aussi des termes suivants : « In cujus rei testi« monium, præsentes tibi dirigimus et tradimus appen« sione sigilli regii communitas. » — Plusieurs de ses actes ne sont pas signés, mais simplement datés de la manière suivante : « Datum in castris prope Lan« doviam, VI Kalend. Septembris, regni nostri anno « secundo. » — Dans l'intervalle de ses deux couronnements impériaux, il devait naturellement compter les années de son empire du 17 janvier 1328, comme dans la date suivante : « Datum Romæ apud sanctum « Petrum XV die mensis Februarii, indictione undecimâ, « anno Dominicæ incarnationis millesimo trecentesimo « vigesimo octavo, regni nostri anno decimo quarto, « imperii verò primo. » Il résulte de plusieurs actes postérieurs au 22 mai 1328, qu'il se servit encore dans la suite du même calcul. En effet, un acte du 1er février 1337 est daté de la vingt-troisième année de son règne et de la dixième de son empire. Dans les deux exemples précédents il y a *treize* de différence entre le chiffre des années de son règne et celui des années de son empire. Mais les auteurs de l'Art de vérifier les dates ont eu tort d'affirmer que cette proportion était toujours la même, puisque dans tout acte postérieur au 26 novembre et antérieur au 27 janvier, les années du règne doivent surpasser de *quatorze* celles de l'empire. En voici un exemple : « Datum Mo« naci quartâ die mensis Januarii, anno Domini millesi« mo trecentesimo tricesimo octavo, regni nostri anno « vicesimo quarto, imperii verò decimo. » Quant aux années de son règne, la date suivante prouve qu'elles se comptaient du 26 novembre et non du 20 octobre 1314 : « Dat. Monachii proximâ die Jovis post Marti« nalia, anno à Christo nato millesimo trecentesimo tri« gesimo octavo, regni nostri vigesimo quarto et im« perii undecimo. » Le premier jeudi après la Saint-Martin correspond en 1338 au 12 novembre. Or si Louis V avait compté les années de son règne du 20 octobre 1314, il aurait dû dater de la vingt-cinquième et non de la vingt-quatrième année de son règne. — L'Art de vérifier les dates fait remarquer que Louis V désignait quelquefois les années de l'Incarnation par les mots, *anno Christianæ libertatis*, et qu'il est le seul empereur dont le sceau porte deux aigles. Voy. à l'article de Frédéric III une citation qui prouve que Louis V a eu pendant longtemps un sceau provisoire. — Un acte daté du lendemain de la Saint-Barthélemy (25 août) 1332 contient les formules suivantes pour l'annonce de sa bulle d'or et de son monogramme : « In ejus rei testimonium et evidentiam, « præsentes conscribi majestatisque nostræ bullâ aureâ « in robur præmissorum omnium jussimus commu« niri. Datum, etc. Signum invictissimi domini do« mini Ludowici quarti, Dei gratiâ Romanorum impe« ratoris semper augusti. » La répétition du mot *domini* se rencontre à cette époque dans les actes solennels. (Voy. Charles IV, empereur.)

Louis XI, fils de Charles VII, roi de France, succède à son père le 22 juillet 1461, est sacré à Reims le 15 août suivant, et meurt le 30 août 1483. C'est sous le règne de Louis XI que le titre de *roi très-chrétien* est devenu la qualification propre des rois de France. On commença aussi à leur donner le titre de *majesté*. En 1470 des imprimeurs de Mayence viennent pour la première fois exercer leur art à Paris. — Des lettres qu'il adressa au pape commencent ainsi : *Ludovicus Dei graciâ Francorum rex tibi amantissimo et beatissimo patri nostro Pio papæ II obedientiam filialem et plenos devotionis affectus.* Il emploie dans les actes français la formule : *Loys par la grace de Dieu roy de France;* et dans les actes latins : *Ludovicus Dei gratiâ Francorum rex.* Dans un de ses diplômes il ajoute ensuite *ad perpetuam rei memoriam.* — Voici différentes espèces de formules finales qu'on rencontre dans les actes de Louis XI : 1° « Et pour ce que « de nos presentes l'en aura a faire en plusieurs lieux, « nous voulons que au vidimus d'icelles faict soubs « scel royal pleine foi soit adjoustee comme a ce pre« sent original. En tesmoing de ce, nous avons fait « mettre nostre scel a cesdictes presentes. Donné a « Paris le VIIIe jour de mars, l'an de grace MCCCCLXIV « et de nostre regne le IVe. *Sic signatum supra plicam :* « Par le roy, le comte de Comminge, l'amiral M. Jean-« Baptiste et autres presens. Le Prevost. *Collatio facta « est cum originali.* » (Il est inutile d'avertir que les formules *Sic signatum supra plicam* et *Collatio facta est, etc.* ne peuvent appartenir qu'à une copie.) 2° « Car « ainsi le voulons et nous plaist qu'il soit faict. Donné a « Paris le XIIe jour de novembre l'an de grace MCCCCLXV « et de nostre regne le cinquiesme. Par le roy en son « conseil. Rolant. » 3° « Et afin que ce soit chose ferme

« et estable a tousjours, nous avons signé cesdites « presentes de nostre main et a icelles fait mettre nostre « seel, sauf en autres choses nostre droit et l'autruy en « toutes. Donné au Plesseys du Parc lez Tours ou moys « de decembre l'an de grace mil cccc quatre vingt et « deux et de nostre regne le vingt et deux. Loys. » (Sur le repli :) « Par le roy. Robert. Visa. » La lettre qu'il écrivit à Pie II est ainsi datée : « Datum Turonis sub « magno sigillo nostro, die xxvii mensis Novembris, « anno mcccclxi et regni nostri i. Per regem in suo « consilio. Venoni Solloit. » Le roi ayant été averti en 1481 que l'on contrefaisait sa signature, il fut décidé que les lettres de finances signées de sa main seraient contre-signées par un secrétaire. La même précaution fut prise pour les lettres missives et pour les lettres closes ; il fut arrêté qu'elles seraient en outre scellées du sceau secret. — *Sceau :* Le trône n'a plus pour appui des têtes d'animaux, mais les pieds du roi reposent toujours sur deux lions. La niche gothique est remplacée par un dais drapé qui n'a pas de support ; les deux bras du roi sont presque pendants. Le sceptre, terminé par une espèce de losange, est ainsi que la main de justice à peu près perpendiculaire. Le champ du sceau est semé de fleurs de lis. En voici l'inscription : Lvdovicvs Dei gracia Francorvm rex. Au contre-scel deux anges agenouillés soutiennent l'écu de France.

Louis XII le Père du peuple, fils de Charles, duc d'Orléans, et arrière-petit-fils de Charles V par Louis d'Orléans son aïeul, succède à Charles VIII, roi de France, le 7 avril 1498, est sacré à Reims le 27 mai suivant, et meurt le 1er janvier 1515. — Quand il était duc d'Orléans, il intitulait ainsi ses lettres patentes : « Loys duc d'Orleans, de Milan et de Vallois, « comte de Parme et de Beaumont, seigneur d'Ast et « de Coucy, et de la terre et seigneurie de Villiers le « Chastel, savoir faisons a tous presens et a venir, etc. » Devenu roi, il se servit de la formule ordinaire : *Loys par la grace de Dieu roy de France, etc.* Voici la suscription des lettres patentes par lesquelles il donna plein pouvoir à ses envoyés de conclure alliance avec les Suisses : « Loys par la grace de Dieu roy de France, « de Sicile et de Jerusalem, duc de Milan, a tous ceulx « qui ces presentes lettres verront, salut. » Il prend le titre de seigneur de Gênes dans des lettres patentes de 1511 : « Ludovicus Dei gratiâ Francorum rex, « Mediolanique dux et Januæ dominus, universis « præsentes litteras inspecturis salutem. » Louis XII signait quelquefois de sa main ses lettres patentes. Dans les copies on relatait ainsi l'existence de la signature et du contre-seing : « *Sic signatum sub plicâ :* « Loys, *et super plicam :* Robertet. » Il annonce par la formule suivante sa souscription au bas de lettres accordées à la ville de Bologne en Italie : « In quorum « omnium fidem et robur, præsentes litteras manu nos- « trâ subscripsimus et sigilli nostri appensione mu- « niri jussimus. Datum Romaniæ die ultimâ mensis Ju- « nii, anno Domini millesimo quingentesimo decimo « primo et regni nostri decimo quarto. Loys. — Rober- « tet. » Il confirma les priviléges accordés à l'abbaye de S. Denys par six de ses prédécesseurs; et comme les six chartes avaient été collées et rejointes, il apposa son contre-scel aux points de réunion ; le sceau fut attaché aux lettres de confirmation, qui se terminent ainsi : « Quod ut firmum et stabile perpetuis duret tempori- « bus, has sex concolatas et simul junctas sub contra- « sigillo nostro ab utroque fine junctarum apposito « sigilli nostri magni munimine roborari fecimus, « jure nostro in cæteris et quolibet alieno in omnibus « semper salvo. Datum apud eundem sanctum Dionys. « mense Julii, anno Domini mccccxcviii et regni nostri « primo. » *Sceaux :* 1° Voy. planche K, nos 1 et 2. 2° Les Bénédictins ont publié aussi un autre sceau pendant à un diplôme où il prend les titres de roi des Français, de Naples et de Jérusalem. Dans ce qui reste de l'inscription on lit : Lvdovicvs Dei gra. Fr....... Neapoli. D'un côté le champ du sceau est semé de fleurs de lis ; de l'autre, il est aux armes de Jérusalem. Le roi tient un globe dans la main gauche et un sceptre dans la droite. Le contre-scel renferme les écus de France et de Jérusalem couronnés. Ce sceau présente, comme on le voit, plus d'un rapport avec celui qui est reproduit sur le n° 2 de la planche K, mais il est d'une plus grande dimension si la gravure du Nouveau Traité de Diplomatique est exacte. En outre l'inscription ne renferme pas le titre de duc de Milan, et le contre-sceau porte lui-même une inscription qui n'existe pas au revers du sceau n° 2 de la planche K. Cette inscription, qui est sans doute la même que celle de la face principale, est ainsi conçue : Lvdovicvs Dei gra (*Gracia*) Francor. Iervsalem et Neapoli rex. 3° Avant de monter sur le trône, Louis XII avait un sceau dont le champ était rempli par un écusson écartelé aux armes d'Orléans et de Milan. Ce sceau n'a pas tout à fait deux pouces de diamètre ; en voici l'inscription : Sigillvm Lvdovici dvcis Avrelian. Mediolani et Valesie.

Lucius II (Gérard), élu et couronné pape le 12 mars 1144, meurt le 25 février 1145. — Il avait pour devise : *Ostende nobis, Domine, misericordiam tuam.* Il commençait l'année, 1° au 25 mars suivant le calcul florentin, 2° au 1er janvier et peut-être au

25 décembre. Il a suivi le calcul florentin même pour l'indiction, mais en général il la comptait à partir du 1er septembre. « Parmi ses bulles plus ou moins « solennelles, rien de plus singulier, disent les Béné- « dictins, que la formule *In perpetuam rei memoriam* « qui termine un de ses priviléges. Il fait expédier « ceux-ci par Baron, qui se dit quelquefois sous-diacre « de la S. E. R. Dans une bulle originale de Fécam, « signée des cardinaux, la colonne des diacres est ter- « minée par cette souscription : *Ego Guido in Romanâ* « *ecclesiâ altaris minister indignus subscripsi*. On ne peut « guère douter que ce ne soit un cardinal diacre. » Il y a dans cette citation un passage qui a besoin d'être expliqué. Il faut savoir que les souscriptions étaient disposées dans les bulles sur trois colonnes. Celle du centre était réservée au pape et aux évêques; à gauche étaient les cardinaux prêtres, et à droite les cardinaux diacres. Les évêques ne prenaient pas dans ce siècle le titre de cardinal.

Lucius III (Ubalde), élu pape le 1er septembre 1181 et ordonné le 6 du même mois, meurt le 24 novembre 1185. — Il commençait l'indiction tantôt au 1er janvier, tantôt au 1er septembre, et l'année qresque toujours au 25 mars. On trouve dans ses bulles solennelles la devise : *Adjuva nos Deus salutaris noster*. Il a aussi substitué dans l'un de ces actes à la formule *In perpetuum* celle qui est plus appropriée aux bulles ordinaires, *Salutem et apostolicam benedictionem*. Les noms propres ne sont souvent désignés à cette époque que par la lettre initiale.

Lude. Voy. Eudes, fils de Boggis, duc héréditaire de Toulouse et d'Aquitaine.

M

Marin Ier ou Martin II, ordonné pape sur la fin de décembre 882, meurt au mois de mai 884. — Il datait ordinairement ses grandes bulles de l'année de son pontificat ou de celle de l'empereur, et de l'indiction qu'il prenait tantôt au mois de septembre, tantôt au mois de janvier. La date du pontificat est précédée dans un acte de la formule : *Regnante in perpetuum Domino Deo nostro*. Dans une autre date, le bibliothécaire s'intitule : *missus sanctæ sedis apostolicæ*. Son nom est écrit *Marinus* dans les suscriptions de ses actes. A l'exemple de Jean VIII, il a pris dans les dates solennelles le titre de *pape universel*.

Marin II ou Martin III devient pape au plus tard le 11 novembre 942, et meurt vers le 25 janvier 946. —Les Bénédictins citent quatre priviléges de ce pape : tous renferment les formules ordinaires. Nous ferons seulement observer que son nom y est écrit *Marinus* et non *Martinus*. Une des dates renferme d'ailleurs le passage suivant : *Anno pontificatûs domini Marini summi pontificis II*. Le nom de *Marin II* doit donc être préféré à celui de *Martin III*.

S. Martin Ier, ordonné pape le 5 juillet 649, est emprisonné le 19 juin 653, et meurt le 16 septembre 655. — Les Bénédictins citent de lui les deux suscriptions suivantes : 1° « Martinus Theodoro sincerâ « affectione dilecto ; » 2° « Martinus servus servorum « Dei, atque per gratiam ejus episcopus S. catholicæ « atque apostolicæ ecclesiæ urbis Romæ. » On trouve aussi dans quelques-unes de ses suscriptions : *Martinus episcopus, servus servorum Dei*, ou *Martinus servus servorum Dei, sanctæ ejus et apostolicæ Romanæ ecclesiæ episcopus*. Il s'est même intitulé : *le dernier serviteur des serviteurs de Dieu*.

Martin II et III. Voy. Marin Ier et II.

Martin IV (Simon de Brion), élu pape le 22 février 1281, couronné et consacré le 23 mars suivant, meurt le 28 mars 1285.—Il avait pour devise : *Portio mea, Domine, sit in terrâ viventium*. Dans ses figures circulaires, *S. Petrus* est placé au-dessus de *S. Paulus* : il imitait en cela Jean XXI. Anciennement ces deux inscriptions étaient sur une même ligne. « Lorsqu'il fulmine quelque bulle contre des têtes « couronnées, il se sert à l'ordinaire de la formule : « *Ad certitudinem præsentium et memoriam futurorum*. « Deux fois il frappa d'excommunication le roi d'Ara- « gon et de Sicile, et deux fois il marqua ses bulles « par des traits singuliers que nous ne croyons pas « devoir laisser en oubli. Au lieu du jour du mois, « l'une est datée de la fête de l'Ascension, l'autre de « la Dédicace de la basilique du prince des apôtres. « Avec la date du pontificat, l'une des deux réunit « celle de l'indiction et de l'Incarnation sous cette « forme : *Sub anno Domini MCCLXXXII, indict. XI*. « Une autre bulle contre le même prince, rappelant « la précédente, est terminée par cette date : *Actum* « *apud Urbem veterem, in plateâ dictæ majoris eccle-* « *siæ, XII Cal. April. pontificatûs nostri anno II*, « *an. MCCLXXXIII, indict. undecimâ*. » Dans cette seconde date, l'année du pontificat est comptée à partir du couronnement, et l'année de l'Incarnation à partir du 1er janvier. L'indiction XI convient à l'an 1283, et par conséquent, elle est calculée dans la première date à partir du 1er septembre. Les Bénédictins, après avoir cité ces deux dates, avertissent que les formules extraordinaires qu'elles renferment n'ont été employées que par exception, et que dans la plupart de ses actes, Martin IV a suivi l'usage de ses prédécesseurs. Le véritable nom de ce pape serait *Martin II*, mais sa bulle de plomb porte pour inscription : MARTINVS PP. IIII.

MARTIN V (Othon Colonne), élu pape et intronisé le 11 novembre 1417, ordonné prêtre le 20 du même mois, consacré et couronné le lendemain, meurt le 21 février 1431.—Il avait pour devise : *Averte mala inimicis meis, et in veritate tuâ disperde illos.* On voit pour la première fois, au bas d'une de ses bulles : *Gratis de mandato domini nostri papæ.* Avant d'être sacré, au lieu de s'intituler seulement *évêque élu*, il donna une bulle dont la suscription est ainsi conçue : « Martinus « episcopus, servus servorum Dei...... salutem et « apostolicam benedictionem. » La bulle de plomb suspendue à cet acte portait, selon l'usage, une seule empreinte ; il était d'ailleurs daté dans la forme des demi-bulles : « Datum Constantiæ Moguntinæ pro- « vinciæ, III Idus Novembris, suscepti à nobis aposto- « latûs officii anno I. » Les Bénédictins représentent deux sceaux de ce pape : l'un (voy. planche U, n° 11) est dans la forme ordinaire ; l'autre, qui est d'une plus petite dimension, porte sur la face l'inscription suivante : MARTINO V, surmontée d'une croix ; le revers porte également une croix au-dessous de laquelle est une aigle aux ailes déployées. Les Bénédictins ne disent pas si ce dernier sceau était le sceau secret de Martin V ; mais cela paraît probable.

MAXIMILIEN Ier, fils de l'empereur Frédéric IV, élu roi des Romains le 16 février 1486, couronné le 9 avril suivant, succède à son père le 19 août 1493, et meurt le 12 janvier 1519.—Maximilien rétablit dans ses diplômes le titre de *roi de Germanie*, tombé en désuétude depuis si longtemps. Selon les auteurs de l'Art de vérifier les dates, il y introduisit aussi, à l'exemple des empereurs païens, celui de *pontifex maximus*. En 1508 il enjoignit aux états de l'empire de lui accorder le titre d'*empereur élu*, qui lui fut confirmé la même année par une bulle de Jules II. Mais avant cette époque, il avait substitué plus d'une fois le titre d'*imperator Romanorum* à celui de *roi des Romains*. Cette dernière qualification ne fut plus affectée, après son règne, qu'aux héritiers présomptifs de l'empire, et ses successeurs prirent dès leur avénement le titre d'empereur. Toutefois Charles V s'est contenté de celui d'*empereur élu*, avant son couronnement impérial. On lit, en tête des diplômes de Maximilien, les suscriptions suivantes : *Maximilianus divinâ favente clementiâ Romanorum rex semper augustus*, ou *electus Romanorum imperator semper augustus*, ou bien *Romanorum imperator augustus ;* ou enfin, *Maximilianus primus Romanorum imperator.* Vient ensuite l'énumération de ses autres titres : « Rex Germaniæ et Hungariæ, Dalmatiæ, « Croatiæ, etc., archidux Austriæ, dux Burgundiæ, « Lotharingiæ, Brabantiæ, Stiriæ, Carinthiæ, Carniolæ, « Limburgiæ, Lucemburgiæ et Gheldriæ; lantgravius « Alsatiæ, princeps Sueviæ, palatinus in Hapsburg et « Hanoniæ, princeps et comes Burgundiæ, Flandriæ, « Tirolis, Goritiæ, Arthesii, Hollandiæ, Zelandiæ, « Ferretis, Kiburgi et Dusburgii, marchio sacri Ro- « mani imperii super Anasum et Burgoviæ, dominus « Frisiæ, Marchiæ, Sclavoniæ, Mechliniæ, Portûs- « Naonis et Salinarum. » — Voici le commencement et la fin d'une lettre qu'il écrivit à Philippe Ier, roi de Castille : « Maximilianus Dei gratiâ Romanorum im- « perator et rex Hungariæ illustrissimo principi Phi- « lippo Castiliæ, Legionis et Granatæ regi....... Datum « anno post natum Christum 1505. » — Il supprima dans les diplômes l'usage du monogramme, et y substitua, en 1486, celui de la souscription, qui s'annonçait ainsi : *Maximilianus manu propriâ.* La formule *Ad mandatum Cæsareæ majestatis proprium Jac. de Baunissis*, annonçait la souscription d'un secrétaire, faite par son ordre. Ses actes allemands portent souvent des signatures en latin. Il emploie ordinairement pour l'annonce du sceau la formule suivante : *Harum testimonio litterarum sigilli nostri appensione munitarum* ou *roboratarum.* — La plupart des diplômes de Maximilien, lors même qu'il prend dans la suscription le titre d'empereur, sont datés de son règne comme roi des Romains qu'il comptait à partir du 16 février 1486; cependant il lui arrive, quoique rarement, de compter l'année 1486 comme une année complète. Parmi un grand nombre de diplômes que nous avons consultés, un seul porte la date des années de son empire; et cette date ne cadre avec l'époque de son avénement qu'en comptant l'année 1493 comme une année complète. Au contraire il joint habituellement aux années de son règne comme roi des Romains celles de son règne en Hongrie, qu'il compte de l'an 1490, époque à laquelle il tenta inutilement d'être élu successeur de Mathias Corvin. Tantôt il semble compter ce règne du 6 avril 1490, date de la mort de Mathias; tantôt il compte l'année 1490 comme une année complète.

N

Nicolas Ier, consacré pape et intronisé le 24 avril 858, meurt le 13 novembre 867. — Il prenait ordinairement le titre d'*episcopus servus servorum Dei;* quelquefois il se contentait de celui d'évêque. Une de ses épîtres, publiée par dom Bouquet, commence par son nom seul ; d'autres ne présentent pas de suscription. Voici le début du privilége accordé à l'abbaye de Saint-Calais : « Nicolaus Romanæ sedis episcopus « Galliarum episcopis universis et principibus sempi- « ternam in Domino nostro Jesu Christo salutem. » Plusieurs de ses épîtres ne sont pas datées et se terminent par des salutations dont les formules sont trop variées pour qu'on puisse les citer; toutefois ces formules se rapprochent assez souvent des expressions suivantes : *Optamus gloriam, excellentiam* ou *serenitatem vestram in Christo benevalere.* Celles de ses épîtres qui sont datées marquent l'indiction et le jour du mois selon le calendrier romain ou quelquefois dans la forme suivante : *Data mense Septembrio, die XXV.* Dans les actes solennels il marque l'année de son pontificat ou celle de l'empereur d'Occident. Voici un exemple de l'une et de l'autre formule : 1° « Scriptum per manus Leonis notarii regionarii et « scriniarii S. R. E. in mense Maio, indictione XII. « Datum Kalendis Junii, per manus Tiberii primicerii « S. sedis apostolicæ, imperante domino Nicolao piissi- « mo papâ, anno pontificatûs ejus V, indictione XII. » 2° « Scriptum per manum Sophronii notarii regionarii « et scriniarii sanctae Rom. ecclesiae in mense Aprile, « ind. undecimâ. Benevalete. Dat. IIII Kal. Maias, per « manum Tiberii primicerii sanctae sedis apostolicae, « imperante domino nostro piissimo perpetuo augusto « Hludovvico à Deo coronato magno pacifico impe- « ratore anno quarto decimo, et P. C. ejus anno quar- « to decimo, indictione undecimâ. » Cette seconde date est empruntée à une bulle sur papyrus déposée aux Archives du royaume. Quelques portions de mots ont disparu ; mais il est facile de les suppléer. Nicolas Ier est un des papes du IXe siècle qui ont eu un monogramme. — Voyez le sceau de ce pape, planche U, n° 1.

Nicolas II (Gérard), élu pape le 28 décembre 1058, et couronné le 18 janvier 1059, meurt le 21 ou le 22 juillet 1061. — Il substitue quelquefois *Nunc et venturis temporibus* ou *Tum præsentibus quàm futuris* à la formule *In perpetuum.* Ses diverses devises sont : 1° *Magnus Dominus noster et magna virtus ejus;* 2° *Deus noster refugium et virtus;* 3° *Confirma hoc, Deus, quod operatus es in nobis.* Cette dernière devise est disposée autour d'un cercle gravé par les Bénédictins et dont l'aire est partagée, suivant l'usage, en quatre portions égales, au moyen de deux diamètres perpendiculaires qui représentent une croix. Les deux divisions inférieures renferment les mots PETRVS et PAVLVS ; les deux autres n'ont pas d'inscription. « Depuis Nicolas II, disent les Bénédic- « tins, la formule des dates particulières aux bulles « priviléges devint presque uniforme. Voici quel en « était l'arrangement : le lieu, le jour du mois, l'année « du Seigneur ou de l'Incarnation, celle du pontificat » « et l'indiction. Nous disons l'année *du Seigneur,* parce « que c'était l'expression qu'on employait d'ordinaire. « Ce ne fut que sous le successeur de Nicolas qu'on « usa invariablement du terme d'*Incarnation* dans les « dates. » Dans plusieurs de ses bulles l'annee commence au 1er janvier. D'autres, qui sont datées de Florence, la font ouvrir au 25 mars. C'était se conformer à l'usage des lieux. Voici une date où le commencement de l'année est pris au 25 mars, tandis que l'indiction y est comptée, sinon du 1er septembre, au moins du 1er janvier : « Data Florentiæ VI Idus Janua- « rii, anno ab incarnatione MLIX, per manus Homberti « sanctæ ecclesiæ Silvæ Candidæ episcopi et apostolicæ « sedis bibliothecarii, anno primo pontificatûs domini « Nicolaï papæ secundi, indictione XIII. » On remarquera d'ailleurs que dans cette date, qui correspond au 8 janvier 1060, l'année du pontificat n'est pas comptée du jour de l'élection, mais de celui du couronnement. Nicolas II a employé la double formule de date : « Scriptum per manus Octaviani scriniarii « S. R. E. notarii, mense Martio et indictione XII. Be- « nevalete. Datum Spoleti VI Nonas Martii, anno Jesu « Christi MLIX, per manus Humberti, etc. anno I pon- « tificatûs domini papæ Nicolaï secundi, indictione « XII. » On voit que dans cette date l'année commence au 1er janvier. Les lettres de Nicolas II citées dans la Collection des historiens de France ne portent aucune date.

Nicolas III (Jean Gaëtan), élu pape le 25 novembre 1277, ordonné prêtre et consacré avant le 25 décembre suivant, se fait couronner le 26, et meurt le 22 août 1280. — Il avait pour devise : *Miserere meî, Domine, miserere meî.* A l'exemple de ses prédécesseurs, il a substitué quelquefois à *Salutem et apostoli-*

cam benedictionem la formule *Ad perpetuam rei memoriam.*

Nicolas IV (Jérôme), élu pape le 15 février 1288, et couronné le 22 ou le 25 du même mois, meurt le 4 avril 1292. — Il avait pour devise : *Illumina faciem tuam super servum tuum.* Il commençait l'année à Pâques. « Deux bulles très-solennelles de Nicolas IV, « disent les Bénédictins, sont signées de lui et de ses « cardinaux. La première porte : *tam præsentibus quàm « futuris regularem vitam professis;* mais elle n'y ajoute « point *in perpetuum.* La seconde réunit ces formules, « aussi bien qu'une troisième dont la date est ainsi con- « çue : *Datum Reate per manum magistri Joannis de- « cani Bajocensis, sanctæ Romanæ ecclesiæ vicecancel- « larii, III Nonas Septemb. indict. I, incarn. Dominicæ « anno MCCLXXXVIII, pontificatûs verò domni Nico- « lai PP. IV anno I.* » On voit que dans cette date l'indiction ne commence pas au 1er septembre. Une bulle de ce pape, terminée par une date solennelle, substitue dans la suscription *ad perpetuam rei memoriam* à la formule *In perpetuum.*

Nicolas V (Pierre de Corbières), antipape, élu le 12 mai 1328, couronné le 22 du même mois, abjure le .... 1330 à Pise, et renouvelle son abjuration le 25 août de la même année à Avignon, puis le 6 septembre suivant, dans un consistoire particulier.

Nicolas V (Thomas de Sarzane), élu pape le 6 mars 1447, et couronné le 18 du même mois, meurt le 24 mars 1455. — Il avait pour devise : *Paratum cor meum, Deus.* On cite de lui un bref qui réunit, pour la première fois peut-être, les formules que ces actes ont conservées depuis pour la suscription et pour la date : « Nicolaus papa V dilectis filiis salutem et apostolicam « benedictionem. — Datum Romæ apud S. Petrum sub « annulo piscatoris, die XV Aprilis MCCCCXLVIII, pontifi- « catûs nostri anno II. » — Les Bénédictins ne citent pas d'exemple plus ancien d'un acte public qui ait été scellé par un pape de l'anneau du pêcheur. (Voyez du reste les articles d'Eugène IV et de Benoît XIII.) Quoique Nicolas V ait suivi ordinairement les formules d'Eugène IV, on cite de lui une constitution qui n'est pas datée de l'année de l'Incarnation : *Datum apud Urbem veterem IX Calend. Septembris, pontificatûs nostri anno IV.* « Nicolas, disent les auteurs de l'Art de vérifier « les dates, commençait l'année au 25 mars. Ainsi l'on « ne doit pas être surpris de voir quelques-unes de ses « bulles datées de 1446. » On trouve néanmoins dans le Bullaire romain, une date où le commencement de l'année ne peut être fixé qu'au 1er janvier : « Datum « Romæ apud sanctum Petrum, anno incarnationis « Dominicæ millesimo quadringentesimo quinquagesi- « mo secundo, XIV Kalendas Aprilis, pontificatûs nostri « anno VI. » En effet, le XIV des calendes d'avril ou le 19 mars 1453 répondrait à la septième année du pontificat de Nicolas V, et non à la sixième. Ce pape variait donc, comme son prédécesseur, pour le commencement de l'année.

O

Odoie. Voy. Eudes, fils de Boggis.

Odon. Voy. Eudes.

Otton Ier, dit le Grand, fils de Henri l'Oiseleur, élu roi de Germanie en juillet 936 (le 2, suivant les Bénédictins), est proclamé roi d'Italie au commencement d'octobre 950; consent à laisser régner Bérenger II, puis le dépose en octobre 961, est élu de nouveau le mois suivant, reçoit la couronne impériale le 2 février 962, et meurt le 7 mai 973. — Ses formules ordinaires sont : *In nomine sanctæ et individuæ Trinitatis Otto Dei favente clementiâ*, ou *Dei gratiâ, divinâ clementiâ*, ou *divinâ favente, opitulante, propitiante, præveniente, auxiliante, annuente* ou *concedente clementiâ rex.* Les Bénédictins parlent de deux diplômes, l'un de 952, l'autre de 961, où il se serait qualifié d'*empereur* et d'*auguste.* Ces deux actes seraient en opposition avec l'usage généralement suivi et avec d'autres actes d'Otton Ier. Mais depuis son couronnement impérial, il prit toujours le titre d'*imperator augustus*, ou d'*imperator* seulement. Or comme les Bénédictins affirment qu'avant cette époque il datait seulement des années de son règne, il est peu probable qu'il ait réellement pris le titre d'empereur antérieurement au 2 février 962. — Les rois de Germanie ont souvent désigné leur royaume sous le nom de *France orientale.* (Voy. Charles le Gros.) De là cette date d'Otton Ier : « Anno regni do- « mini Ottonis in Italiâ primo, in Franciâ XVI. » Dans un diplôme de 951 il s'intitule aussi *roi des Français et des Lombards.* Il se sert tantôt du mot *sigillum*, tantôt du mot *annulus.* — Voici les formules ordinaires de ses souscriptions : *Signum domni Ottonis invictissimi*, ou *serenissimi regis*, ou *imperatoris invictissimi augusti. Signum domini Ottonis magni et invictissimi imperatoris nostri. Poppo cancellarius, ad vicem Fridugisi archicapellani, subnotavi et subscripsi.* Il date presque toujours de l'Incarnation ; en voici deux exemples : 1° « Data « v Idus Septembris, anno Incarn. Domini nostri Jesu « Christi DCCCCLII, indictione x, anno regni Ottonis serenissimi regis XVII. Actum in loco Paterborn. Amen. » 2° « Data x Kalend. Junii, anno Domin. incarnat. « DCCCCLXV, indict. VIII, anno autem regni domini Otto« nis XXX, imperii verò IV. Actum Ingelheim in palatio, « in Dei nomine. Amen. » Un diplôme cité par Muratori est daté selon le calcul florentin. Les années de son règne, dans ses diplômes, se prennent tantôt du commencement de 936, tantôt du mois de juillet de cette année ; depuis 951 il y joignait ordinairement la date de son règne en Italie, et depuis 962, celle de son empire. Il ne tenait souvent compte que des années complètes de son empire.

Otton II le Roux, fils d'Otton Ier, désigné roi de Germanie et couronné roi de Lorraine le 26 mai 961, élu roi d'Italie vers la fin de 962, couronné empereur le 25 décembre 967, succède à son père le 7 mai 973, et meurt le 7 décembre 983. — Il employait les invocations suivantes : *In nomine sanctæ et individuæ Trinitatis,* ou *Patris et Filii et Spiritûs sancti*, ou *Domini nostri Jesu Christi æterni,* ou *Dei æterni et salvatoris nostri Jesu Christi* ou *summi Dei, etc.* Depuis 961 jusqu'en 967 il prend toujours le titre de roi. Mais à partir de son couronnement il emploie ordinairement les formules suivantes : *Otto imperator,* ou *Otto junior senioris divinâ annuente clementiâ coimperator augustus.* Après la mort de son père il substitua toujours le titre d'*imperator* à celui de *coimperator,* comme dans l'exemple suivant : *Otto divinâ dictante clementiâ imperator augustus.* Il se sert tantôt du mot *sigillum*, tantôt du mot *annulus.* Les formules de ses suscriptions varient beaucoup : *Signum domini Ottonis invictissimi regis,* ou *magni et invictissimi regis,* ou bien *serenissimi, invictissimi, piissimi et invictissimi, magni et invictissimi imperatoris augusti,* ou encore *Signum domini Ottonis secundi imperatoris et semper augusti.* Ses chanceliers contre-signent ainsi : *Hildiboldus* ou *Bildiboldus episcopus et cancellarius, vice Willigisi archicapellani, notavi* ou *recognovi.* Voici une de ses dates : « Data VI Kal. « Octob. anno Dominicæ incarnationis DCCCCLXXXII, « indict. XI, anno verò regni secundi Ottonis XXII, im« perii autem XV. Actum Capuæ feliciter, in Dei no« mine. Amen. » Ici l'indiction est prise au mois de septembre. — Les diplômes d'Otton II s'accordent avec les historiens sur le commencement de son règne et de son empire. Toutefois Muratori cite, sans pouvoir les expliquer, deux actes de 983 qui feraient remonter à 957 le règne de ce prince.

Otton III, fils d'Otton II, désigné roi à Vérone en 983, couronné le 25 décembre de la même année à Aix-la-Chapelle, est sacré empereur le 21 ou le 31 mai 996, reçoit à Milan, vers la fin de l'automne de la même année, la couronne d'Italie, qui lui avait déjà été donnée à Monza l'année précédente, et meurt le 23 janvier 1002. — Il employait des formules très-variées : *In nomine sanctæ et individuæ Trinitatis,* ou *in Dei nomine et individuæ Trinitatis,* ou encore *in nomine omnipotentis Dei et salvatoris nostri Jesu Christi, Otto divinâ favente clementiâ rex* ou *pius rex.* Depuis son couronnement il prit le titre d'empereur, mais il ajoutait à son nom diverses épithètes, telles que *tertius, Romanus, Saxonicus, Italicus, servus populorum, aliorum, apostolorum* ou *Jesu Christi,* qui étaient souvent accompagnées de l'une des formules *dono Dei, secundùm Dei salvatoris nostrique liberatoris voluntatem* ou *secundùm voluntatem Dei salvatoris.* La suscription se terminait par *Romani orbis* ou *Romanorum imperator augustus* ou par *imperator Romanorum,* ou simplement par *imperator augustus.* — Voici les formules ordinaires de ses souscriptions, 1° comme roi : *Signum domini Ottonis, signum domini Ottonis regis gloriosi,* ou *gloriosissimi Ottonis magni, et Deo disponente invictissimi regis;* 2° comme empereur : *Signum domni Ottonis Cæsaris invicti* ou *invictissimi* ou *gloriosissimi imperatoris augusti* ou *augustissimi. Robertus cancellarius, ad vicem Heriberti archicapellani, recognovi.* Voici deux de ses dates : 1° « Data pridie Idus Decembris, anno Dominicæ in« carnationis DCCCCXCIII, indict. VI, anno tertii Ottonis « regnantis decimo. Actum, etc. » 2° « Data XVI Kal. « Augusti, anno Dom. incarn. DCCCCXCVII, indict. X, « anno autem tertii Ottonis regnantis XIIII, imperii « verò primo. Actum, etc. » — En Italie on a daté jusqu'en 990 du règne de Théophanie, mère d'Otton III ; et on faisait remonter ce règne à 972, époque du mariage de Théophanie avec Otton II. C'est ce qu'établissent les Bénédictins, contrairement à l'opinion de Mabillon, qui avait supposé qu'elle comptait les années de son empire à partir de la mort de son mari.

Otton IV, comte de Poitou, troisième fils de Henri le Lion, duc de Brunswick, élu roi des Romains et couronné à Aix-la-Chapelle le 4 juillet 1198, proclamé de nouveau après la mort de Philippe de Souabe, le 4 juillet 1208, reçoit la couronne impériale le 27 septembre ou le 4 octobre 1209, et meurt le 19 mai 1218. — Un diplôme qu'il accorda en 1198 à l'abbaye de Werden commence ainsi : « C. In no« mine sancte et individue Trinitatis. Otto divinâ fa« vente clementiâ Romanorum rex et semper augustus

« universis regni fidelibus in perpetuum. » Après avoir été couronné à Rome il s'intitula : *Otto quartus Dei gratiâ* ou *divinâ favente clementiâ Romanorum imperator et semper augustus.* — Dans la date de quelques diplômes impériaux il fait mention du pape régnant. Ses dates sont quelquefois disposées d'une manière singulière; l'*acta* est séparé du *data* par le monogramme et la formule qui l'annonce : « Signum domni Ottonis quarti Romanorum regis invictissimi. » Cette citation est tirée d'un diplôme de 1198. Voici maintenant comment se termine un de ses diplômes impériaux : *Testes autem hujus rei sunt : Wolfigerus, etc.* L'énumération des noms et des qualités de plusieurs témoins se termine par cette formule : *Et alii quàm plures.* Vient ensuite l'annonce du monogramme : « Signum domini Othonis quarti Romanorum imperatoris invictissimi. Ego Corradus Spirensis « episcopus, imperialis aulæ cancellarius, vice domini « Theodorici Colonien. archiepiscopi et totius Italiæ « archicancellarii, recognovi. Acta sunt autem hæc « anno Dominicæ incarn. MCCIX, regnante domino « Othone quarto Romanorum imperatore glorioso, « anno regni ejus XII, imperii verò ejus primo. Datum « apud castrum S. Miniatis per manus Gualteri imperialis protonotarii, tertio Kal. Novembr. indict. XIII. » Quelquefois aussi il se contente du *datum* : « Datum « apud Spiram anno Domini MCCIX, indict. XII, sexto « Kal. Julii. » — Les diplômes d'Otton IV antérieurs à la mort de Philippe sont munis seulement d'une empreinte de la croix : ce n'est qu'après sa seconde élection qu'il a commencé à se servir du sceau royal. Il compte les années de son règne à partir de 1198, et celles de son empire à partir de 1209 seulement, c'est-à-dire de son couronnement impérial.

P

PASCAL, archidiacre, est élu pape en 687 (entre le 21 septembre et le 15 décembre) concurremment avec l'archiprêtre Théodore. Cette double élection est annulée par celle de Sergius Ier qui fut ordonné le 15 décembre 687. Selon Fleury, l'élection de Pascal aurait eu lieu en 688.

PASCAL Ier, ordonné pape le 25 janvier 817, meurt le 11 mai 824. — Il a daté de l'empire, du patriciat et du post-consulat de Louis le Débonnaire, ainsi que des années de Lothaire, associé à l'empire en 817. Une de ses bulles est datée non-seulement de l'indiction et du jour du mois, mais de la seconde férie des octaves de Pâques, de l'année de l'Incarnation et de celle de son pontificat. Après quoi on ajoute *qui in numero pontificum centesimus habetur.* Sur un *fac-simile* donné par les Bénédictins le nom de ce pape est écrit *Paschales* et non *Paschalis.* Dans la première date, commençant par *scriptum, etc.*, Timothée prend non-seulement le titre d'archiviste (*scriniarius*), mais encore celui de notaire. C'est le bibliothécaire qui paraît dans la seconde date. Un privilége du 1er février 817 est daté au contraire par le nomenclateur. La suscription et les dates de cet acte sont en tout semblables à celles qui sont rapportées à l'article d'ÉTIENNE V. Les Bénédictins citent Pascal Ier comme un des papes du IXe siècle qui avaient un monogramme. Son sceau présente d'un côté PASCHALIS écrit en trois lignes, et de l'autre PAPAE écrit en deux lignes. On voit deux croix sur la première face et une sur la seconde.

PASCAL II (Rainier), élu pape le 13 août 1099 et sacré le lendemain, meurt le 18 ou le 21 janvier 1118. — Pascal II a employé l'invocation « In nomine « Domini Dei et salvatoris nostri J. C. Domini æterni ; » mais il débute presque toujours par son nom, désigné quelquefois par la lettre initiale et suivi de la formule *episcopus servus servorum Dei.* La suscription se termine par *salutem et apostolicam benedictionem* ou par *in perpetuum*, et quelquefois par *in posterum*, que l'on écrivait souvent *imposterum.* Nous avons eu occasion d'avertir que la formule *salutem, etc.*, quoique préférée dans les bulles ordinaires, s'employait aussi dans les actes les plus solennels. On rencontre dans plusieurs bulles de Pascal II la formule : *Ego Paschalis catholicæ ecclesiæ episcopus ss*, c'est-à-dire *subscripsi.* Les Bénédictins ont donné un *fac-simile* dans lequel se trouve cette formule, et ils annoncent que la souscription paraît être de la main du pape. Sans aucun doute les caractères de cette souscription ne sont pas les mêmes que ceux de la pièce. Ainsi les *a* dans la pièce ont à peu près la forme d'un ω, ce qui est dans les diplômes un des caractères auxquels on reconnaît l'écriture *lombardique;* dans la souscription, au contraire, ils ont la forme suivante — a. Mais cette circonstance ne suffit pas pour décider la question. En effet, la seconde formule de date commençant par *datum*, présente les mêmes caractères que la souscription de Pascal II : il serait donc possible que cette souscription fût de la main du bibliothécaire, qui était chargé d'écrire la seconde formule de date. Ce qu'il y a de sûr, c'est que les papes se sont bornés quelquefois à tracer la double *ss* qui signifie *suscripsi*, en y joignant une espèce de parafe, ou bien à former la croix qui accompagne la devise inscrite entre les deux cercles concentriques. La formule de souscription se trouve entre les deux dates dans le modèle fourni par les Bénédictins : c'est là sa place ordinaire. Mais on la rencontre aussi après la formule *Datum, etc.* A droite de la souscription est le monogramme du *Benevalete ;* à gauche est un cercle semblable à celui qui est reproduit sous le n° 7 de la planche XII. Quand on consulte un recueil des bulles de ce pape, on ne peut pas s'empêcher de reconnaître que la double formule *Scriptum* et *Datum* se rencontre beaucoup plus souvent que les Bénédictins ne l'annoncent. Il en est de même de la réunion des dates du pontificat et de l'Incarnation qui concourent dans un grand nombre de bulles importantes. On y trouve aussi quelquefois des signatures de témoins. Ces actes renferment des menaces et des bénédictions qui désormais furent exprimées dans les termes que Pascal II avait adoptés : « Si qua sanè ecclesiastica sæcularisve persona, hanc « nostræ constitutionis paginam sciens, contra eam « temerè venire tentaverit, secundò tertiòve commo« nita, si non satisfactione congruâ emendaverit, po« testatis honorisque sui careat dignitate, reamque se « divino judicio existere de perpetratâ iniquitate co« gnoscat et à sacratissimo corpore ac sanguine Dei « ac Domini nostri J. C. aliena fiat, atque in extremo « examine districtæ ultioni subjaceat. Cunctis autem « eidem loco justa servantibus sit pax Domini nostri « J. C. » Les bulles ordinaires de Pascal II sont datées du lieu, du jour du mois et de l'indiction ; cependant la date du lieu manque dans quelques-unes. On a déjà dit qu'il marquait en outre dans les bulles solennelles l'année de l'Incarnation et celle du pontificat. L'année est comptée de temps en temps à partir du 25 décembre et du 1er janvier, mais le plus souvent à partir du 25 mars, selon le calcul pisan, et quelquefois aussi selon le calcul florentin. On trouve de plus un autre calcul d'après lequel Pascal II anticipait d'une année entière sur la supputation ordinaire. « Il y a « deux bulles de ce pape, disent les Bénédictins, par « lesquelles il demeure pour constant qu'en 1102, au « 21 de mars, et même au 14 de février, son chancelier « datait déjà de 1103. » Or pour ceux même qui suivaient le calcul pisan, l'année 1103 n'aurait commencé qu'au 25 mars. Les Bénédictins supposent que le chancelier aura voulu, tout en adoptant le calcul pisan, reporter le commencement de l'année au 1er janvier ; cette anticipation ne faisait pas dans la réalité une différence de trois mois complets avec ce calcul, qui était alors le plus généralement suivi. Que cette explication paraisse ou non satisfaisante, il n'en est pas moins vrai que l'indiction x et la troisième année du pontificat sont marquées dans ces deux chartes concurremment avec l'année 1103, et que ce double caractère convient seulement à l'année 1102. Mabillon déclare d'ailleurs avoir rencontré plusieurs autres bulles datées dans le même système. Selon Mabillon et les Bénédictins, Pascal II a aussi varié pour le calcul de l'indiction, qu'il comptait ordinairement à partir du 1er septembre, mais quelquefois aussi à partir du 1er janvier, et même du 25 mars, selon le calcul pisan. Enfin il résulte d'une bulle datée du 18 avril 1100 et de la deuxième année du pontificat de Pascal II, que ce pape a aussi compté comme une année complète les cinq derniers mois de l'année de son avénement.—Voyez le sceau de Pascal II, planche U, n° 2.

Pascal III (Gui de Crême), antipape, élu le 20 ou le 22 avril 1164, meurt le 20 septembre 1168.

S. Paul Ier, ordonné pape le 29 mai 757, meurt le 28 juin 767. — Les lettres qu'il adresse à Pepin commencent ordinairement ainsi : « Domino excel« lentissimo filio Pippino, regi Francorum et patricio « Romanorum, Paulus, etc. » Ces actes se terminent par *Benevalete*, et plus communément par la formule : *Incolumem excellentiam vestram gratia superna custodiat*, à laquelle il ajoute quelquefois : *excellentissime fili.* Parmi les épîtres citées par dom Bouquet, on n'en trouve aucune qui soit datée ; mais d'autres actes marquent les années de l'empire de Constantin Copronyme et de son fils Léon. (Voy. Étienne II et Zacharie.) Avant d'être sacré, il s'est intitulé : *Paulus diaconus, et in Dei nomine electus sanctæ sedis apostolicæ ;* dans la suite, il prit les titres de *Paulus papa*, *Paulus servus servorum Dei*, et *Paulus episcopus, servus servorum Dei.* Il emploie cette dernière formule dans une bulle où son nom précède celui de Pepin. Un diplôme dont la suscription se termine par *in perpetuum*, renferme la formule suivante pour l'annonce de la signature : « Paulus episcopus sanctæ catholicæ « et apostolicæ Romanæ ecclesiæ huic constituto à no« bis facto subscripsi. » Le pape S. Paul est le premier dont le sceau présente d'un côté les images de S. Pierre et de S. Paul. Une autre particularité qu'il faut aussi remarquer, c'est que le nom de ce pape est écrit en grec sur le côté opposé : ce nom est au génitif, selon l'usage qui était alors le plus généralement suivi.

Paul II (Pierre Barbo), élu pape le 31 août 1464, et couronné le 16 septembre suivant, meurt le 28 juillet 1471. — Il avait pour devise : *Benefac, Domine, bonis et rectis corde.* Selon les auteurs de l'Art de vérifier les dates, il commençait l'année tantôt au 1er janvier, tantôt au 25 mars. Une de ses bulles substitue la date de la *naissance* du Seigneur à celle de son *incarnation.* — Voyez le sceau de Paul II, planche U, n° 14.

Paul III (Alexandre Farnèse), élu pape le 13 octobre et couronné le 7 novembre 1534, meurt le 10 novembre 1549. — Il avait pour devise : *Confirma hoc, Deus, quod operatus es in nobis.* « Nous observons, disent les Bénédictins, dans un *motus proprius* « du temps de Paul III, la formule *visa,* suivie des « signatures du doyen et d'un autre membre de la « chambre apostolique. » — Voyez la face du sceau de Paul III, planche U, n° 19. Pour l'inscription du nom des apôtres, il a repris l'arrangement adopté par Sixte IV, et que Clément VII avait abandonné. (Voyez le revers du sceau de Sixte IV, planche U, n° 15.) Même dans ses bulles, Paul III commençait plus ordinairement l'année au 1er janvier qu'au 25 mars. On trouve l'indiction marquée dans les certificats de publication.

Pélage Ier, consacré pape le 16 avril 555, meurt le 1er mars 560. — En écrivant à un évêque, il emploie la suscription et la salutation ordinaires : « Dilectis- « simo fratri Sapaudo Pelagius..... Deus te incolu- « mem custodiat, frater carissime. » La suscription est ainsi conçue dans une épître à Childebert Ier : « Do- « mino filio gloriosissimo atque præcellentissimo regi « Pelagius episcopus. » Cette épître, qui ne renferme pas de salutation, se termine par la date et la souscription suivantes : « Data III Idus Decembres, anno « XV P. C. Basilii V. C., per Rufinum legatum. Pe- « lagius, misericordiâ Dei episcopus ecclesiæ catho- « licæ urbis Romæ, exemplari epistolæ nostræ sus- « cripsi. » Une autre épître adressée au même roi, et qui ne renferme pas de date, se termine par une salutation ainsi conçue : « Perincolumem excellentiam « vestram Deus noster custodiat, domine fili glorio- « sissime atque præcellentissime. »

Pélage II, consacré pape le 30 novembre 578, meurt le 8 février 590. — En s'adressant au roi Childebert, il s'est servi de la formule : *vestra Christianitas.* Il date tantôt de l'année de l'empereur et de l'indiction réunies, tantôt de l'une ou de l'autre séparément. Une épître citée par dom Bouquet présente la suscription suivante : « Dilectissimo fratri Aunario « Pelagius urbis Romæ episcopus. » Cet acte se termine ainsi : « Deus te incolumem custodiat, carissime fra- « ter. Datum III Nonas Octobres, imperante domno « Tiberio Constantinopoli aug. anno VII. »

Pepin de Héristel, maire du palais en Austrasie, laisse le trône vacant depuis le 23 décembre 679 jusqu'à sa mort, arrivée le 16 décembre 714. — Un de ses diplômes débute par un préambule sur la fragilité des choses humaines et la nécessité de l'aumône. Vient ensuite la suscription, qui est ainsi conçue : « Idcirco ego in Dei nomine inluster vir Pippinus « filius Ansgisili quondam, necnon et illustris ma- « trona mea Plectrudis filia Hugoberti quondam, « cogitantes, etc. » Dans un autre diplôme, on retrouve la même suscription, mais le nom de Plectrude y est écrit *Blittrudis.* Il date en général du jour du mois et de l'année du règne de Thierri III, puis de Childebert III. Dom Bouquet n'a pas publié de diplôme de Pepin qui corresponde au règne de Clovis III. Ceux que renferme cette collection ne présentent pas l'annonce du sceau. Voici comment se termine un de ces actes : « Actum Gamundias pu- « blicè, sub die III Idus Maias, anno XII regni domni « nostri Childeberti gloriosi regis. Pippinus et Ple- « ctrudis, Droda, etc. » Suivent les noms de neuf autres témoins, puis la formule du notaire : « Ramin- « gius jussus à Pippino et Plectrude scripsi et Har- « doino. » On voit que la signature du notaire est la seule qui puisse être considérée comme originale.

Pepin le Bref, fils de Charles Martel, succède à son père, comme maire du palais en Neustrie, le 22 octobre 741 ; il laisse le trône vacant jusqu'à l'avénement de Childéric III, en 742 ; succède en 747 à son frère Carloman, comme maire du palais en Austrasie ; fait déposer Childéric III, et se fait proclamer roi au mois de mars 752 ; est sacré peu de jours après son élection, par S. Boniface, archevêque de Mayence, puis le 28 juillet 754, par le pape Étienne II, et meurt le 24 septembre 768. — Il substitua la formule *vir inluster,* quand il monta sur le trône, à celle d'*inluster vir,* qu'il avait employée comme maire du palais. Cette règle n'est cependant pas sans exception, puisqu'on cite de lui un diplôme accordé la première année de son règne, et dont la suscription est ainsi conçue : « Dominis sanctis et apostolicis ac venerabilibus in « Christo patribus omnibus episcopis et abbatibus, « comitibus, domesticis, centenariis vel omnibus « agentis nostris tam presentis quàm futuris inluster « vir Pippinus. » (Voy. aussi Dagobert II.) Mais en général ses suscriptions sont ainsi conçues : *Pippinus rex Francorum vir inluster;* ou bien : *Pippinus gratiâ*

Dei rex Francorum vir inluster omnibus episcopis, abbatibus, etc. Quelquefois il supprime les mots *vir inluster.* La date du plaid qu'il donna comme maire du palais, la neuvième année du règne de Chilpéric, est remarquable par la répétition du nombre *neuf,* qui, après avoir été écrit en toutes lettres, est exprimé en chiffres romains. (Voy. le *fac-simile* de cette date, planche XI, n° 4.) On trouve un exemple d'une répétition analogue dans une épître de Wademerus et de son épouse Ercamberta. La date en est ainsi conçue : « Hactum « Prisciniaco villâ publicè, quod fecit mensus Agustus « dies xx viginti in anno decimo x, regnante, etc. » Le privilége qu'il accorda en 743, comme maire du palais, à l'église de S. Vincent de Mâcon, commence ainsi : « In Dei nomine. Pippinus major-domûs regni nostri « augere credimus monimentum si beneficia oppor- « tuna locis ecclesiarum benevolâ deliberatione conce- « dimus. » Dans une donation à l'abbaye de S. Denys, l'annonce de sa signature est ainsi conçue : *Quam præceptionem, ut firmior habeatur, subter eam decrevimus adfirmare.* A gauche et en dessous on lit : *Signum* ✝ *Pippini glorississimi regis;* sur la même ligne se trouve, à plus de six pouces de distance, l'invocation *in Christi nomine,* sous forme de monogramme, suivie de la souscription : *Hitherius recognovi et subscripsi.* (Dans un autre diplôme l'invocation est écrite en toutes lettres : *In Dei nomine Bradilo recognovit et subscripsit.*) Après le parafe du chancelier est l'empreinte de l'anneau, qui n'est pas annoncée dans le texte, et qui est accompagnée de caractères signifiant : *Benevaleas.* Au bas de la charte on lit cette date, dont tous les mots sont séparés par un espace considérable : « Data in mense Septem- « brio, anno XVII regni nostri. Actum in monasterio S. « Dyonisii feliciter. » Voici deux autres dates du même roi : 1° « Datum quod fecit mense Maio die XXIII, anno « II regni ipsius gloriosi regis. Actum Virmeriâ pala- « tio publico, in Dei nomine feliciter. » 2° « Acta mense « Aug. die XIII, anno XI regnante Pippino glorioso rege. « Actum Trisgodios villâ publicâ, in Dei nomine feli- « citer. » On cite aussi de lui deux autres formules de signature : 1° « Signum ✝ inlustris viri domni et glo- « riosissimi Pippini regis. » 2° « Signum gloriosissimo « domno Pippino rege. » Quoique en général les arrêts ou plaids (*placita*) ne soient pas signés par les rois, Pepin en rendit un en 759, en faveur de l'abbaye de S. Denys, au bas duquel est le seing royal, c'est-à-dire la croix, placée après le mot *signum.* — Pepin a aussi employé pour l'annonce de la signature une formule qui reparaît sous Charlemagne : *Propriâ manu annotatione,* ou simplement *propriâ manu studuimus adumbrare.* Ce qu'il y a de remarquable, c'est que les deux diplômes où se trouve cette annonce d'une forme nouvelle sont datés du 23 septembre et de la dix-septième année de son règne, c'est-à-dire de la veille de sa mort. Cette circonstance suffirait pour expliquer l'emploi du mot *studuimus,* qui indique assez que Pepin ne pouvait tracer qu'avec peine la croix qui lui servait de signature. Les notaires de Charlemagne auront dans la suite copié cette formule sans discernement. Quoiqu'on ait des diplômes de Pepin qui sont revêtus du sceau sans en renfermer l'annonce, cependant l'empreinte de l'anneau est mentionnée dans plusieurs actes par l'une des formules suivantes : *De anulo nostro sigillavimus, sigillare jussimus, impressione signari jussimus,* ou *de anolo nostro subtersigillare decrevimus.* — Suivant les auteurs de l'Art de vérifier les dates, les diplômes assignent plusieurs époques au commencement du règne de Pepin; celle de son élection en 752, et celle de son sacre en 754. Il y a aussi des chartes qui font remonter son règne à 750 et même à 749. Les auteurs du Nouveau Traité de Diplomatique n'admettent pas d'autre époque que celle de 752. — *Sceau* de Pepin maire du palais : Voyez planche A, n° 4. — *Sceaux* de Pepin roi : 1° Tête de Bacchus Indien, vue de face, barbue, couronnée de pampres; sans inscription. 2° Buste de profil tourné vers la droite, tête sans barbe, cheveux courts, chlamyde attachée sur l'épaule droite; inscription : ✝ PIPPINVS IMPERATOR. 3° Buste de profil tourné vers la droite; cheveux courts ceints d'un ruban, barbe apparente, chlamyde attachée sur l'épaule droite. Reste d'inscription : XPE (*Christe*) PROTEGE PIPPINVM REGEM FRANCORVM.

PEPIN, nommé CARLOMAN à sa naissance, fils de Charlemagne et d'Hildegarde, sacré roi d'Italie le 15 avril 781, meurt le 8 juillet 810.

PEPIN Ier, fils de Louis le Débonnaire, commence à régner en Aquitaine l'an 814; il y est reconnu solennellement en 817, et meurt le 13 décembre 838. —Jusqu'en 831 il employa pour formule : *Pippinus gratiâ Dei rex Aquitanorum.* Dans la suite il y substitua presque toujours : *Pippinus, ordinante, annuente* ou *præveniente divinæ majestatis gratiâ, Aquitanorum rex;* mais les citations suivantes prouvent que cet usage était soumis à plus d'une exception : *In nomine sanctæ et individuæ Trinitatis, Pippinus gratiâ Dei rex Aquitanorum* (diplôme de 836). *In nomine sanctæ, etc., Pippinus divinâ ordinante providentiâ rex universis fidelibus* (diplôme de 838, accordé au monastère de Joncelle). *Regnante Domino nostro Jesu Christo vero Deo et proprio filio Dei in perpetuum, ego Pippinus gratiâ Dei rex Aquitanorum* (diplôme de 838, en faveur de l'abbaye de Solignac). — Il joint les années de l'empire de Louis le Débonnaire avec celles de son règne, qu'il compte des premiers jours de décembre 814. Il emploie, pour l'annonce du monogramme et du sceau, les mêmes formules que son père. Ses diplômes sont ordinairement souscrits dans la forme suivante : « Signum Pippini regis. Saxbodus diaconus, ad vicem Aldrici, recognovi. » Ses diplômes antérieurs à 834 ne sont point datés de l'indiction. Voici deux exemples de ses dates : 1° en 818 : « Datum VI Kalendas Julii, anno V post decessum domni Karoli serenissimi augusti, et IIII anno regni nostri, in Castillione castro quod est super fluvium Dordoniæ, in Dei nomine feliciter. Amen. » 2° En 835 : « Datum VIII Kalendas Decembris, indictione XIIII, anno XXI regnante domino Hludowico imperatore, XXI regni nostri. Actum in Nerisio, in Dei nomine feliciter. Amen. » L'indiction XIV ne convient à l'an 835 qu'en la comptant du 1er septembre. — *Sceau :* Visage tourné vers la droite; reste d'inscription : XPE (*Christe*) CONSERVA PIPPINVM REGEM. « Ce sceau, disent les Bénédictins, est de cire blanche mêlée de poils assez raides. »

PEPIN II, fils de Pepin Ier, roi d'Aquitaine, succède à son père en 839, mais ne règne paisiblement qu'en 845, à la suite du traité de Saint-Benoît sur Loire, en vertu duquel une portion de ses états fut attribuée à son compétiteur Charles le Chauve. Depuis cette époque il fut à plusieurs reprises dépossédé et rétabli; en sorte que l'Aquitaine eut pour rois : de 848 à 850, Charles le Chauve; de 850 à 852, Pepin; de 852 à 853, Charles le Chauve; en 854, Louis, fils de Louis roi de Germanie, et Pepin; en 855, Charles, fils de Charles le Chauve, qui fut ensuite deux fois remplacé par Pepin et deux fois rétabli. Enfin, en 865, Pepin fut livré à Charles le Chauve, et peu de temps après il mourut en prison. A partir de cette époque le fils de Charles le Chauve règne sans compétiteur et meurt le 29 septembre 866. — Les diplômes de Pepin II commencent par trois formules différentes : 1° « Pippinus, gratiâ præveniente, ordinante *ou* opitulante divinæ majestatis, Aquitanorum rex. » 2° « Pippinus Dei gratiâ Aquitanorum rex. » 3° « In nomine Dei et salvatoris nostri Jesu Christi, Pippinus divinâ ordinante providentiâ rex Aquitanorum. » Sa signature est quelquefois accompagnée de la date : « Signum Pippini præcellentissimi regis anno regnante VIII, indict. VIII. » Dans son diplôme en faveur de l'église de Saint-Étienne de Limoges la souscription est ainsi conçue : « Signum Pippini præcellentissimi regis. Josep subdiaconus, ad vicem Hilduini, recognovi. » La confusion résultant des changements continuels qu'avaient amenés les querelles de tous les compétiteurs au trône d'Aquitaine, explique assez pourquoi plusieurs actes sont datés des années qui s'étaient écoulées depuis la mort de Louis le Débonnaire.

PHILIPPE, antipape, est élu en 768, après la déposition de l'antipape Constantin.

PHILIPPE Ier, fils de Henri Ier, roi de France, sacré le 23 mai 1059, succède à son père le 4 ou le 29 août 1060 (voy. HENRI Ier), et règne, 1° sous la tutelle de sa mère jusqu'en 1062, 2° sous celle de Baudouin V, comte de Flandre, jusqu'au 1er septembre 1067. Il meurt le 29 juillet 1108. — L'invocation de la sainte Trinité est la plus ordinaire dans ses diplômes. Il y ajoute quelquefois les noms des Trois Personnes : « In nomine S. et individuæ Trinitatis, videlicet, Patris et Filii et Spiritûs sancti. Amen. Ego Philippus gratiâ Dei Francorum rex. » Un diplôme de la bibliothèque de Cluny commence par *in nomine Patris, etc.* On cite aussi cette suscription : « Eterni regis miserante gratiâ à quo extat omnis potestas, per quem dignitas viget regia, ego Philippus, Francorum tenens gubernacula, cunctis quos Christi gignit virgo mater æcclesia. » Ses diplômes les plus importants sont signés de ses principaux ministres ou officiers et de plusieurs évêques ou seigneurs. Dans celui qu'il donna lors de la dédicace de l'église de Saint-Martin, on voit après sa signature celles de Hugues son frère, de Baudouin, comte de Flandre, d'un archevêque, de sept évêques, de deux archidiacres de Paris, de six ou sept dignitaires de différentes églises, d'autant de seigneurs et enfin des grands officiers, savoir : « Radulphus siniscalcus, Walerannus camerarius, Baldricus constabularius, Engenulfus buticularius, Adam pincerna, Guido Marescalcus, Drogo pincerna, Engelramus pædagogus regis, Petrus cancellarius, Eustachius capellanus, Gaufridus subcapellanus. » Le diplôme ajoute encore une douzaine de noms de seigneurs et d'ecclésiastiques et se termine par les souscriptions de deux légats du S. Siége. Le précepteur, *pædagogus*, est appelé dans d'autres diplômes *custos* ou *magister regis.* Dans la confirmation d'une donation faite à l'abbaye de Marmoutier on trouve aussi parmi les officiers un gouverneur du roi sous le titre d'*æquilibrator regis.* Du reste tous les diplômes de Philippe ne sont pas attestés par ses grands officiers; il y en a même où le chancelier n'est pas nommé. Quand ce prince confirmait des actes particuliers, il y apposait une croix, et le notaire ajoutait la formule *signum, etc.* Ordinairement aussi il faisait apposer le sceau. Il traçait une ou plusieurs croix au-dessous de son monogramme, qu'il plaçait après le mot *serenissimi* dans la formule : « Signum Philippi « serenissimi ac gloriosissimi regis Francorum. » On rencontre aussi son monogramme dans le corps des actes. C'est ainsi qu'il est placé dans un diplôme de 1101 dont les formules finales et les dates sont assez remarquables pour mériter d'être citées : « Porro ut « regiæ majestatis dispensatio rata, fixa et inconvulsa « infinite permaneret, litteratorio memoriali præcepi« mus æternari, sigillo et caractere (*monogramme*) « nostri nominis honestari, testibus corroborari, suique « temporis notâ assignari. Anno incarnati Verbi MC, « epactâ XVIII, indictione et concurrentibus VII. Data « Parisius VI Kl. Mar. lunâ XXII, anno regni nostri « XLIII. » Dans cette date le commencement de l'année est pris à Pâques. En effet ce n'est qu'en comptant l'année du sacre de Philippe Iᵉʳ pour une année complète que l'an 1101 peut correspondre à la 43ᵉ année de son règne. L'épacte XVIII ne convient qu'à l'année 1101; il en est de même du 22ᵉ jour de la lune, correspondant au 24 février (sixième jour des calendes de mars). Toutefois le chiffre des concurrents est celui de l'année 1100; mais cette erreur peut s'expliquer, parce que l'année 1101 n'était pas considérée comme ouverte. Quant à l'indiction VII, elle ne peut convenir à l'année 1101 qu'en s'écartant du calcul ordinaire. (Voy. les tableaux H et J, pages 94 et 95.) Il appelle son monogramme *caractère* (nostrum character impressimus). Il annonce le sceau de la manière suivante : *Sigilli nostri impressione insigniri jussimus* ou *bullis nostris subinsigniri jussimus*. La charte de fondation de l'abbaye de S. Vincent de Senlis annonce à la fois la croix faite de la main du roi, le monogramme et le sceau : « Crucis signum digito meo impressi, ac charactere « nominis mei imprimere jussi, meoque sigillo robo« ravi. » Il fait aussi mention de la souscription des témoins qui peuvent avoir été appelés : « Ut ergo, etc. « ego Philippus puer, rex Francorum, anno incarna« tionis Dominicæ millesimo sexagesimo sexto, in« dict. IIII, regni verò mei anno quinto, manu propriâ « firmavi, et sigilli regii impressione firmare jussi, « et signatam manibus multorum præsentium regis « Francorum fidelium corroborandam tradi præcepi. « Signum piissimi regis Francorum Philippi. Signum « Balduini comitis nobilissimi. Signum, etc. » Toutefois la citation qu'on vient de lire s'éloigne des formes ordinaires : en examinant l'acte dans son entier, il est facile de reconnaître que c'est une espèce de *vidimus* en forme de récit dans lequel on rappelle un acte plus ancien dont on cite les dates et les signatures. Ce *vidimus* lui-même n'est pas daté, ou du moins la date n'en a pas été transcrite dans le chartulaire de S. Médard d'où Mabillon l'a tiré. Mais l'annonce des témoins dans les diplômes solennels de Philippe Iᵉʳ est ordinairement conçue dans la forme suivante : *Adstantibus de palatio* ou *in palatio nostro quorum nomina subtitulata sunt et signa. S. Hugonis, etc.* Après l'énumération des grands officiers et la souscription du grand chancelier, on lit dans un diplôme de 1106 : « Interfuerunt in testimonio veritatis Bar« tholomeus de Fulchosio, etc. » Un autre diplôme renferme en outre l'annonce de l'excommunication prononcée par les évêques présents contre ceux qui tenteraient de violer les dispositions de cet acte. — Dans les signatures d'un de ses diplômes on lit : *S. Roberti*, et au-dessus en interligne, *regis fratris; S. Walteri*, et au-dessus, *archidiaconi, etc.* En effet, c'était l'usage au XIᵉ et au XIIᵉ siècle d'écrire en interligne au-dessus des noms des témoins leurs qualités et leurs surnoms. Voici quelques-unes des formules de souscription employées par les chanceliers de Philippe : 1° « Balduinus cancellarius subscripsit. » 2° « Signum Balduini cancellarii qui hanc cartam « scripsit. » 3° « Petrus regiæ dignitatis cancellarius re« legit et sigillavit. » 4° « Gislebertus regis clericus, ad « vicem Gosfridi cancellarii Parisiorum episcop., rele« gendo subscripsi. » 5° « Eustachius notarius, ad vi« cem Balduini, recognovi. » 6° « ✝ Ursio Silvanectensis « episcopus ac regiæ majestatis cancellarius. » Un de ses diplômes est daté de son *empire en France* : « Anno « ab incarnatione MLXXVI, anno XVI imperii ejusdem « Philippi in Franciâ. » Il emploie quelquefois dans ses dates des faits historiques : « Actum in obsidione regum « Philippi Francorum regis et Willelmi Anglorum regis « circa Gerboredum, anno incarnati Verbi MLXXVIII. » — Les chartes assignent pour commencement de son règne les époques suivantes : 23 mai 1059, 4 ou 29 août 1060, l'an 1061, l'an 1063 et le 1ᵉʳ septembre 1067. A compter de 1098 ou 1099 on joint aux années de son règne celles de Louis son fils, et quelquefois le règne du fils est seul employé pour la date. — Voyez le sceau de Philippe Iᵉʳ, planche B, n° 7.

Philippe, fils aîné de Louis VI, roi de France, né le 29 août 1116, associé à la couronne et sacré à Reims le jour de Pâques 14 avril 1129, meurt avant son père le 13 octobre 1131. (Voy. Louis VI.) Quoique Philippe ne soit pas ordinairement compté au nombre des rois de France, on l'y a cependant quelquefois compris : de là vient que Philippe III, fils de S. Louis, a été désigné sous le nom de Philippe IV dans l'ancienne inscription d'un reliquaire.

Philippe II Auguste, fils de Louis VII, roi de

France, sacré à Reims le 1er novembre 1179, couronné à Saint-Denys le 29 mai 1180, succède à son père le 18 septembre suivant, et meurt le 14 juillet 1223. — Ses diplômes commencent par la formule : *Philippus Dei gratiâ Francorum rex*, précédée quelquefois de l'invocation : *In nomine S. et individuæ Trinitatis*, après laquelle vient le plus souvent le mot *amen*. Dans son ordonnance sur le patronage des églises, il a pris le titre de *rex Franciæ*. Après la suscription vient le salut : *Omnibus, etc. salutem et dilectionem*, ou la formule : *Noverint universi præsentes pariter et futuri quòd nos, etc.* Il y a des ordonnances qui n'ont pas de suscription : « Hæc est constitutio quam « fecit dominus rex; Hoc est stabilimentum quod rex « facit, etc. » Ses lettres sur les priviléges des clercs débutent ainsi : « Majori Senonensi et aliis majoribus « et communiis. Mandantes vobis præcipimus, etc. » Dans ses lettres de 1204, par lesquelles il donne en fief héréditaire à Guillaume des Roches la sénéchaussée d'Anjou, de Touraine et du Maine, l'annonce du sceau et du monogramme est ainsi conçue : « Quod « ut perpetuum robur obtineat, præsentem paginam « sigilli nostri auctoritate et regii nominis charactere « inferiùs notato confirmamus. » Cette formule est celle qu'il emploie le plus ordinairement. Dans la confirmation du partage des biens de Guillaume des Roches entre ses filles, il ajoute : *salvo jure et servitio nostro*. Ces formules restrictives sont plus explicites dans son ordonnance sur les croisés : « Salvis jure et consuetu- « dinibus sanctæ ecclesiæ, et similiter salvis jure et « consuetudinibus regni Franciæ, et auctoritate sacro- « sanctæ Romanæ ecclesiæ per omnia salvâ. » Ces réserves sont d'ailleurs exprimées au nom du légat et des évêques français plutôt qu'au nom du roi. Il est le premier des Capétiens qui n'ait fait ni sacrer ni désigner roi son fils. Plusieurs de ses diplômes ne renferment ni la date du règne, ni le monogramme, ni les noms des grands officiers. Il omet d'ailleurs presque toujours la date du mois et surtout celle du jour. Depuis l'an 1191, on ne trouve plus parmi les officiers de la couronne le grand sénéchal, dont la charge resta vacante après la mort de Thibaut, comte de Blois et de Chartres. Voici un exemple qui constatera la vacance de cette charge, et qui fera connaître les formules des diplômes solennels de Philippe-Auguste : « Actum apud Compendium, anno ab in- « carnatione Domini M° C° nonagesimo sexto, regni « nostri decimo octavo, astantibus in palatio nostro « quorum nomina supposita sunt et signa. Dapifero « nullo. S. Guidonis buticularii. S. Mathei camerarii. « S. Droconis constabularii. Data vacante cancellariâ. » Le monogramme est placé avant ce dernier mot. Ses lettres pour l'établissement de la commune de Péronne portent deux dates, la première de 1207, la seconde de 1209, époque où il confirma cet acte. Les chartes fixent pour commencement de son règne les trois époques de son sacre, de son couronnement et de la mort de son père. Comme il marquait rarement dans une même date l'année du règne, l'année de J. C. et la date du jour, il est difficile de prouver directement qu'il commençait l'année à Pâques; mais il a dû nécessairement se servir d'un calcul dont on trouve déjà des exemples sous ses prédécesseurs, et qui a été constamment suivi par S. Louis. — Voyez le sceau de Philippe-Auguste, planche C, n° 5. « Les ar- « chives de l'abbaye de S. Ouen de Rouen nous ont « fourni, disent les Bénédictins, un autre sceau de « Philippe-Auguste, dont le contre-scel représente un « épervier étendant ses ailes. Ce sceau en cire verte « pend par des fils de soie verte et rouge non tressés « à une charte ainsi datée : *Actum Parisius, anno in- « carnati Verbi MC, nonagesimo illo anno quo iter arri- « puimus Jerosolimitanum*. Gilles-André de la Roque « fait connaître deux autres contre-scels du même « prince. L'un est marqué d'une croix fleurdelisée aux « quatre croisillons, et l'autre porte une croix fleu- « ronnée accompagnée de quatre fleurs de lis. Ces « contre-scels ont tout l'air d'être d'un autre Philippe. « Quoi qu'il en soit, la diversité des contre-scels d'un « même prince vient de ce qu'ayant plusieurs cachets « ou anneaux, il imprimait tantôt l'un et tantôt l'autre « au revers de son grand sceau. »

PHILIPPE DE SUABE, cinquième fils de l'empereur Frédéric Ier, créé marquis de Toscane en 1195 et duc de Suabe en 1197, est élu roi des Romains le 6 mars 1198, et couronné la même année, à Mayence, dans l'octave de Pâques (du 30 mars au 5 avril); élu et couronné de nouveau le 6 janvier 1205, il meurt le 23 juin 1208. — Il s'intitule : *Philippus Dei gratiâ* ou *Philippus secundus divinâ favente clementiâ Romanorum rex et semper augustus*. Les Bénédictins pensent qu'il prit le titre de Philippe II, comme étant un des successeurs de Philippe déclaré empereur par l'armée romaine, le 14 mars 244. Voici comment se termine un de ses diplômes : « Ad cujus rei certam imposterum « notitiam, hanc ducalem paginam exinde conscribi « jussimus, et majestatis nostræ bullâ aureâ insigniri. « Testes hii sunt Amedeus, etc. » L'énumération des noms et des qualités des témoins se termine par cette formule : *et alii complures*. On lit ensuite : « Signum « domini Philippi secundi Romanorum regis invictis- « simi. Acta sunt hæc anno Dominicæ incarnationis « millesimo CCVII, indict. decimâ, regnante domino

« Philippo secundo Romanorum rege glorioso, anno « regni ejus decimo. Datum apud Basileam, Kal. « Junii. » La date de son traité avec Philippe-Auguste se termine ainsi : *per manum Conradi, imperialis aulæ protonotarii.* Il semble résulter d'un passage de cet acte, que Philippe de Suabe n'avait pas alors (1198) de sceau : « Quando Deo volente coronati fueri« mus in imperatorem, has conventiones regi Franciæ « renovabimus et sigillo nostro confirmabimus. Nos « autem in manu Nevelon. venerabilis Suessionensis « episcopi, fiduciavimus quòd omnia prædicta bonâ « fide observabimus. » L'annonce du sceau se trouve au contraire dans un diplôme de 1204 : *sigilli nostri charactere jussimus communiri.*

PHILIPPE III LE HARDI ou CŒUR-DE-LION, fils de S. Louis, roi de France, succède à son père le 25 août 1270, est sacré à Reims le 15 ou le 31 août 1271, et meurt le 5 octobre 1285. — L'invocation *In nomine sancte et individue Trinitatis* était encore en usage à la tête de ses diplômes les plus solennels, mais on ne la trouve pas dans ses autres actes. Il prend toujours, dans ses actes latins, le titre de *rex Francorum*, excepté dans le diplôme par lequel il confirme les priviléges des bourgeois de Rouen, et qui commence ainsi : « Philippus Dei gratiâ Francie rex notum « facimus universis tam præsentibus quàm futuris. » Au contraire, dans les actes en langue vulgaire, il prend plutôt le titre de roi de France : « Philippes par « la grace de Dieu roy de France, a tous ceux qui « verront ces lettres, salut, etc. » Dans les chartes solennelles, les signatures des grands officiers sont réduites à trois, comme sous Philippe-Auguste. (Voy. l'exemple qui a été cité à l'article de ce prince.) Ces chartes renferment la date du règne, qui est ordinairement supprimée dans les autres actes. Voici quelques dates moins solennelles : 1° « Actum in « castris juxta Cartaginem, die Jovis post festum « S. Remigii, anno Domini MCCLXX. » 2° « Factum fuit « hoc statutum Parisius, in parlamento Assumptionis « Beate Marie Virginis, anno Domini millesimo du« centesimo septuagesimo quarto. » 3° « Premissa ordi« natio facta Parisiis in parlamento Omnium Sancto« rum, post Nativitatem Domini, anno millesimo du« centesimo septuagesimo quinto. » Cette dernière date peut être interprétée de deux façons : on peut entendre que le parlement de la Toussaint s'était prolongé jusqu'après la fête de Noël, par conséquent les mots *post Nativitatem Domini* se rapporteront à *premissa ordinatio facta ;* ou bien il faut les réunir au mot *anno* et traduire : « l'an de la Nativité de Notre-Seigneur 1275. » C'est probablement à cause de ce double sens que l'acte auquel appartient cette date est rapporté dans quelques collections au parlement de Noël. Il y aurait un motif qui pourrait faire préférer la première interprétation, c'est que le parlement de la Toussaint ne commençait pas immédiatement le jour de cette fête. (Voy. une des dates citées à l'article de Philippe IV.) Il emploie ordinairement, pour l'annonce du monogramme et du sceau, la même formule que Louis VIII. Souvent il se contente de l'annonce du sceau : *In cujus rei testimonium, ad robur et firmitatem prædictorum, præsentes litteras fecimus sigilli nostri impressione muniri;* ou bien : *Quod ut firmum et stabile perseveret, præsentibus litteris fecimus apponi sigillum, salvo in aliis jure nostro et quolibet alieno.* La formule *salvo, etc.* est ainsi conçue dans un acte en langue vulgaire : *sauve autruy droiture.* (Voy. PHILIPPE, fils aîné de Louis VI.) — *Sceaux :* 1° Voyez planche E, n°s 1 et 2. 2° En partant pour l'Arragon, Philippe III laissa aux régents un sceau représentant la couronne de France placée au milieu d'une rosace : la rosace est plus ornée et la couronne plus petite que dans le sceau n° 4 de la planche D, mais la disposition est la même. La légende de ce sceau est ainsi conçue : S. (*sigillum*) PHI. (*Philippi*) DEI GRA. (*gracia*) REG (*regis*) FRANC. (*Francorum*) AD REGIMEN REGNI DIMISSU (*dimissum*). Le contre-scel ne porte que trois fleurs de lis. « C'est le premier exemple que nous ayons, disent les « Bénédictins, de trois fleurs de lis seules dans l'écu de « France imprimé au revers du sceau royal. » La Normandie a été gouvernée jusqu'à Charles V comme une souveraineté particulière qui avait une grande chancellerie et un sceau. Dom Pommeraye en a publié un de Philippe le Hardi, qui présente, selon les Bénédictins, de grandes différences pour le sceptre et le manteau royal avec le sceau reproduit sous le n° 2 de la planche E; mais peut-être est-il le même que le sceau précédent, dont les Bénédictins ne paraissent pas avoir eu connaissance. (Voyez aussi l'article de PHILIPPE IV.)

PHILIPPE IV LE BEL, fils de Philippe III, roi de France, succède à son père le 5 octobre 1285, est sacré à Reims le 6 janvier 1286, et meurt le 29 novembre 1314. — Il met comme Philippe III à la tête de ses diplômes les plus solennels l'invocation : « In « nomine sancte et individue Trinitatis, amen. » Vient ensuite la formule : « Philippus Dei gratiâ Francorum « rex notum facimus universis tam presentibus quàm « futuris quòd nos, etc. » Son ordonnance sur les guerres privées porte pour suscription : *Philippus Dei gratiâ Francie rex.* Toutes celles qui sont en français commencent ainsi : *Philippe par la grace de Dieu roys* ou *roy de France*. Ses diplômes sont les derniers dont la souscription fasse mention des grands officiers de la couronne. Mais cette mention est supprimée, comme sous ses prédécesseurs, dans les titres les moins solennels. Quand il rendait quelques actes qui devaient avoir leur exécution dans la Champagne et dans la Brie, il mentionnait le consentement de sa *chère compagne Jeanne de Navarre*. Cette princesse donnait son approbation à la fin de la charte, en s'intitulant : « Nos Joanna Dei gratiâ Francie *ou* Francorum et Na« varre regina, Campanie Brieque comitissa pala« tina. » Philippe le Bel est le dernier roi qui ait fait usage du monogramme. Il a employé quelquefois la formule *par la plénitude de la puissance royale*, dont il ne paraît pas qu'on se soit servi avant lui. Dans ses lettres accordées au duc de Bretagne en 1296 on trouve la formule : « De nostre grace especial, sauf en « toutes choses autrui droit. » La clause *non obstantibus appellationibus* est renfermée dans une ordonnance de 1298, qui porte que les juges séculiers seront chargés de punir les hérétiques condamnés par les évêques. Voici deux exemples de ses dates les plus solennelles : 1° « Presentem paginam sigilli auctoritate et regii no« minis charactere inferiùs annotato precipimus con« firmari. Actum Parisiis anno Dominice incarnationis « MCCXCIII, mense Februario, regni verò nostri anno « nono. Astantibus in palatio nostro quorum nomina « supposita sunt et signa. Dapifero nullo. Signum, etc. « Data vacante (*monogramme*) cancellariâ. » 2° « Quod « ut perpetue stabilitatis robur obtineat, presentem « paginam sigilli nostri impressione regiique cara« ctere nominis inferiùs designato fecimus communiri. « Actum in abbatiâ S. Dionysii in Franciâ, anno in« carnati Verbi millesimo trecentesimo tertio decimo, « regni verò nostri vicesimo octavo, mense Octobri. « Astantibus, etc. Data vacante (*monogramme*) cancel« lariâ. *Signé* Guy de Beauves. » Voici d'autres dates moins solennelles, telles qu'on les rencontre dans un très-grand nombre d'actes qui ne renferment ni le monogramme, ni l'énumération des grands officiers : 1° « Actum Paris. in parlamento quod incepit in tribus « ebdomadis post festum Omnium Sanctorum, an. « Domini millesimo ducentesimo nonagesimo primo. » 2° « Datum anno Domini millesimo nonagesimo octavo, « in octavis Nativitatis beate Marie Virginis, presen« tibus ad hoc archiepiscopo Narbonensi, Altissio« dorensi, Constantiensi et Carcassonensi episcopis. » 3° « Actum in abbatiâ Longi Campi, die Jovis post « Brandones, anno Domini millesimo ducentesimo « nonagesimo nono. » 4° « Actum Parisius, die Martis « post Dominicam quâ cantatur *Judica me*, anno Do« mini millesimo trecentesimo. » Les dates tirées d'une fête religieuse sont très-fréquentes sous son règne : un de ses mandements est daté du *jeudy devant feste S. Loys*.— *Sceaux* : 1° Voyez planche E, n° 4. 2° Philippe IV s'est servi au commencement de son règne (lettres du 18 octobre 1285) du sceau qu'il employait avant d'être roi. 3° Selon les Bénédictins, il avait aussi pour la Normandie un sceau différent de celui qui est reproduit dans la planche E; mais nous n'avons pas rencontré ce grand sceau de Normandie; et comme les Bénédictins n'en parlent que d'après une gravure, il est probable qu'ils ont été trompés par un dessin inexact du sceau de Philippe IV. (Voyez aussi l'article de Philippe III.)

Philippe V le Long, second fils de Philippe IV, roi de France, est nommé régent des royaumes de France et de Navarre vers la mi-juillet 1316 et au plus tard le 17 de ce mois, succède comme roi de France le 19 novembre 1316 au fils de Louis X, Jean Ier, qui vécut seulement du 15 au 19 novembre 1316, est couronné à Reims le 6 janvier 1317, devient roi de Navarre par un traité conclu le 27 mars 1318 et meurt le 3 janvier 1322. — Après la mort de Louis le Hutin il s'intitula : « Philippus regis Fran« corum filius, regens regna Francie et Navarre dile« ctis, etc. Salutem et dilectionem. » Devenu roi, il prit plus souvent le titre de *rex Francie* que de *rex Francorum*. Dès le commencement de son règne, et avant son traité de 1318, il s'intitula roi de Navarre comme tuteur de l'héritière de ce royaume. Un acte du Trésor des chartes, antérieur à sa nomination comme régent, renferme les formules suivantes : « Philippus, filius regius Franc., germanus primus in« clite recordacionis domini nostri carissimi domini « Ludovici quondam Dei graciâ regis Franc. et Navarre. « .... Dat. Lugduni sub sigillo quo ante dilecti do« mini nostri obitum utebamur XVIIe die Junii, anno « Domini M° CCC° sexto decimo. » A la fin des lettres par lesquelles il confirme les priviléges des peuples de Languedoc, on lit : *per regem in consilio in cerâ viridi*. Peut-être ne trouverait on pas d'exemple plus ancien d'une formule annonçant qu'un acte a été rendu par ordre du roi, et indiquant en outre la couleur de la cire du sceau. Plusieurs ordonnances sont signées par un secrétaire : « Actum et datum apud Boscum « Vicenarum anno Domini millesimo trecentesimo « decimo nono, mense Junii. Per dominum regem, J. « de Templo. » Après la date de l'ordonnance contre les incendies on ajoute : « Triplicata rescripta pro« pter additionem clausule de non diruendis domi« bus. Alias signata per dominum regem. Mordret. « Per dominos regem et reginam. Julianus. » On avait donc repris l'usage des signatures réelles dans les diplômes royaux. Philippe le Long datait du lieu, du jour, du mois et de l'année, en ajoutant *devant Pasques* lorsque cela était nécessaire pour préciser la date. — Le sceau royal de Philippe V offre de grands rapports avec celui de Philippe VI qui est reproduit sous le n° 1 de la planche G. La différence la plus remarquable est dans la position de la main droite, qui dans le sceau de Philippe VI est élevée au-dessus de la tête d'un des lions du trône, en sorte que la direction de l'avant-bras est à peu près horizontale, tandis que dans le sceau de Philippe V l'avant-bras descend obliquement et la main droite saisit le sceptre à la hauteur du cou du lion. La forme du pavillon présente aussi quelques différences. Le haut du sceptre de Philippe V n'atteint pas jusqu'à l'inscription, dont le cercle est traversé par celui de Philippe VI. Philippe V s'est en outre servi du sceau équestre, qu'il employait avant d'être roi. Il l'annonçait à peu près dans les mêmes termes que Louis le Hutin : « In cujus « rei testimonium presentibus litteris quo ante dicto- « rum regnorum susceptum regimen utebamur feci- « mus apponi sigillum. » Du reste, il n'est fait aucune mention du sceau dans la plupart des actes de ce prince. Dans quelques occasions il se servait du sceau secret pour sceller ses ordonnances : « Et pour « que nos ordenances dessusdittes et devisees soient « perpetuellement fermes et estables, nous avons fait « mettre nostre scel de nostre secret en ces presentes « lettres, l'an de grace mil trois cens vingt ou mois de « fevrier. »

PHILIPPE VI DE VALOIS, fils de Charles, comte de Valois, troisième fils de Philippe III, nommé régent du royaume de France à la mort de Charles le Bel, le 1er février 1328, fut proclamé roi le 1er avril suivant, quand la veuve de Charles le Bel fut accouchée d'une fille; sacré à Reims le 29 mai de la même année, il mourut le 22 août 1350.—Les lettres par lesquelles il délègue le prévôt de Paris en qualité de conservateur de l'Université, portent la suscription suivante : « Philippus « Dei gratiâ Francorum rex præposito nostro Parisiensi « aut ejus locum tenenti salutem. » Un mandement qu'il adressa à la chambre des comptes, en 1348, commence ainsi : « Phelippes par la grace de Dieu, roy de France, « a nos amés et feaulx les gens de nos comptes a Paris, « salut et dilection; savoir vous faisons, etc. » — Il omet quelquefois le jour du mois dans ses diplômes, et les termine souvent ainsi : *Par le roy, a la relacion de son grand conseil, ou vous etiez;* ou bien : *Ad relacionem domini, ad relacionem vestram.* « Ces mots, disent les Béné- « dictins, s'adressent au chancelier. » Nous ne pensons pas que cela soit constamment vrai. Nous citerons, par exemple, un acte de Jean II, en date du mois de juin 1353, et à la fin duquel on lit : « Per regem ad rela- « tionem consilii, in quo vos dominus Cabil. episcopus « eratis J. ROYER. » (*Ordonn. des rois de Fr.* vol. II, pag. 523.) Il est évident que la formule *in quo, etc.* s'adresse ici à l'évêque de Châlons; or à cette époque le chancelier était Pierre de la Forest, archevêque de Rouen. Il paraît donc probable que cette formule pouvait être adressée non-seulement au chancelier, mais encore à l'un ou à plusieurs des membres du conseil du roi. C'est ce que confirment plusieurs formules analogues à celle qui vient d'être citée. — *Sceaux :* 1° Philippe VI a commencé par se servir du sceau qu'il employait avant d'être monté sur le trône : « Quod ut « firmum et stabile permaneat in futurum, sigillum « nostrum, quo antequam etiam regnum ad nos deve- « nisset utebamur, fecimus presentibus hiis apponi. « Datum Parisius anno Domini millesimo trecentesimo « vicesimo octavo. » Comme Pâques n'est tombé en 1329 que le 23 avril, on pourrait douter si cet acte appartient au mois d'avril 1328 ou 1329; mais il résulte de plusieurs titres, que dès le mois de juin 1328 ce sceau provisoire n'était plus employé : « In cujus « rei testimonium presentibus litteris nostrum fecimus « apponi sigillum ; » l'acte précédent ne peut donc appartenir qu'au mois d'avril de la première année du règne de Philippe VI. 2° Le grand sceau est reproduit sous le n° 1 de la planche G : au revers est l'écu semé de fleurs de lis sans nombre et entouré d'une rosace. 3° Dans le cours de l'année 1340 au plus tard, Philippe VI employa un autre sceau qui servait en l'absence du grand : « Donné a Paris, le second jour de « juing, l'an de grace MCCCXL, sous nostre nouvel scel, « en l'absence de nostre grant. » 4° Il a scellé aussi du sceau du Châtelet : « Donné a Paris, l'an de grace « MCCCXLVIII, sous le scel de nostre chatelet de Paris, « en l'absence de nostre grant. » 5° Il avait un sceau secret à peu près semblable à celui qui est représenté sous le n° 6 de la planche G : « Donné a la Ferté « Milon le derrenier jour du moys de novembre mil « trois cens quarante et six soubz le seel de nostre « secret. » (*Archives du royaume, K. 44.*) C'est probablement le même sceau qui est annoncé dans le second volume des Ordonnances des rois de France par la formule suivante : « Sous nostre petit scel en l'absence « du grand. » 6° Enfin une citation empruntée au même volume (p. 235) semble prouver que Philippe VI a scellé d'un sceau particulier l'ordonnance relative à la vente des biens des débiteurs, en exécution des mandements des foires de Champagne : « Quod ut fir- « mum et stabile permaneat in futurum, presentibus

« literis sigillum nostrum pro diebus Trecensibus ordi-« natum duximus apponendum. Actum Trecis in die-« bus, etc. » (En ce qui concerne les *Jours de Troyes*, voyez du Cange au mot *Dies*.)

Pie II (Æneas Silvius Piccolomini), élu pape le 19 ou le 27 août 1458, et couronné le 3 septembre suivant, meurt le 16 août 1464. — Il avait pour devise : *Protector noster aspice, Deus, et respice in faciem Christi tui.* Selon les auteurs de l'Art de vérifier les dates, il commençait l'année tantôt à Noël ou au 1er janvier, tantôt au 25 mars.—Pie II a donné des brefs dans la forme de celui qui a été cité à l'article de Nicolas V : « Ce pape et ses successeurs, Paul II, Sixte IV, « Innocent VIII, s'y attachèrent, disent les Bénédictins, « d'une manière si ferme, peu s'en faut que nous « n'ajoutions et si invariable, qu'elle n'éprouva plus « depuis de changements durables. Tous ces papes « firent expédier grand nombre de brefs. » Dans une lettre adressée à Charles VII, roi de France, Pie II déclare que le titre de *très-chrétien* appartient à ce prince par droit d'héritage. Cependant ce titre ne devint une formule invariable dans les bulles et dans les brefs apostoliques que sous le pontificat de Paul II. (*Nouveau Traité de Diplomatique*, tom. V, p. 318.) Il est bien entendu cependant qu'il avait été employé longtemps auparavant. — Voyez la face du sceau de Pie II, planche U, n° 13.

Pie III (François Piccolomini), élu pape le 22 septembre 1503, ordonné prêtre le 30, consacré le 1er octobre et couronné le 8, meurt le 18 du même mois. — Il avait pour devise : *Dominus mihi adjutor.*

Pierre, archiprêtre, est élu pape après la mort de Jean V, concurremment avec un autre prêtre, Théodore. Cette double élection est annulée par celle de Conon, qui est consacré, selon Pagi, le 21 octobre 686. Selon Fleury, l'élection de Pierre aurait eu lieu en 687.

R

Raoul. Voy. Rodolphe.

Richard Ier Cœur-de-Lion, troisième fils et successeur de Henri II, roi d'Angleterre, est couronné le 3 septembre 1189, et meurt le 6 avril 1199. — Ses chartes commencent ordinairement ainsi : « Ricardus « Dei gratiâ rex Angliæ, dux Normanniæ et Aquitaniæ, « comes Pictaviæ et Andegaviæ, archiepiscopis, epi-« scopis, abbatibus, comitibus, vicecomitibus, baro-« nibus, justiciariis, senescallis, et omnibus ballivis et « fidelibus suis salutem. Sciatis, etc. » Selon les Bénédictins, il substitue quelquefois aux titres de duc de Normandie et d'Aquitaine, ceux de *dux Normannorum et Æduanorum*. (Pour les souscriptions, voy. Henri Ier.) Ceux de ses diplômes qui sont datés réunissent ordinairement la date du lieu, du mois et de l'année du règne. Ses lettres relatives à un échange avec l'archevêque de Rouen y ajoutent l'année de l'Incarnation : « Datum per manum Eustachii electi Heliensis, tunc « agentis vices cancellarii apud Rothomagum, anno ab « incarnatione Domini millesimo centesimo nonage-« simo septimo, xvi die Octobris, anno regni nostri ix. » Dans une charte de 1190, qui confirme les priviléges de S. Sever-Cap, il ajoute à ces différentes dates les indications suivantes : « Indictione viii, concurrente « vii, epactâ xii, anno quo reges profecti sunt Jeroso-« lymam. » La formule *teste meipso* entre aussi dans les dates de Richard : « Datum teste meipso per manus « magistri Eustachii, etc. » Les années de son règne se comptent du jour de son couronnement.

Richard, deuxième fils de Jean, roi d'Angleterre, élu roi des Romains le 13 janvier 1257, et couronné le 17 mai suivant, meurt le 12 avril 1271. — La lettre par laquelle il annonce son couronnement à son neveu, Édouard, fils de Henri III, roi d'Angleterre, renferme la suscription et la date suivantes : « Ricardus Dei gra-« tiâ Romanorum rex semper augustus, Edwardo « illustris regis Angliæ primogenito, carissimo nepoti « suo, salutem et felices ad vota successus..... Data « Aquisgrani decimâ octavâ die Maii, anno regni nos-« tri primo. » Urbain IV lui donnait le titre de roi des Romains *élu*.

Richard II, petit-fils et successeur d'Édouard III (ou VI), roi d'Angleterre, est reconnu roi le 22 juin 1377, couronné le 16 juillet suivant, et déposé le 29 septembre 1399 ; il meurt en 1400. Les années de son règne se comptent du 22 juin 1377. — Les formules de Richard II sont les mêmes que celles de ses prédécesseurs. Presque tous ses actes commencent par *rex universis, etc.* ou *roy a touz ceux, etc.* Voici une suscription plus solennelle : « Sanctissimo in « Christo patri et domino Urbano, divinâ providentiâ « sacrosanctæ Romanæ ac universalis ecclesiæ summo « pontifici, vester filius Christianissimus Ricardus, « Dei gratiâ rex Angliæ et Franciæ et dominus Hiber- « niæ, devota pedum oscula. » Le pape, dans une bulle qu'il lui adresse l'année suivante (1379), ne lui donne que le titre de roi d'Angleterre. L'annonce du sceau : *In cujus rei testimonium, etc.* est exprimée ainsi dans les actes en langue vulgaire : « En tesmoignance « de ceo nous avons fait mettre nostre grand seel a « cestes presentes. » On trouve aussi la date jointe à cette annonce : « Don. par tesmoignance de nostre « grant seal a nostre palays de Westmonstier le XVI « jour de januer. Par le roi et son conseil. » Sa lettre au pape dont la suscription vient d'être citée renferme la date suivante : « Dat. in palatio nostro West. octavo « die Februarii, anno gratiæ millesimo trescentesimo « septuagesimo octavo, et regnorum nostrorum secun- « do. » On voit que dans cet exemple le commencement de l'année est pris au 1er janvier, quoiqu'en Angleterre on la commençât ordinairement au 25 mars. Pour les formules *Per ipsum regem, etc.* et *Post conquestum*, voyez ÉDOUARD II et HENRI VI.

RICHARD III, duc de Glocester, oncle et successeur d'Édouard V, proclamé roi d'Angleterre le 26 juin 1483 et couronné le 6 juillet suivant, meurt le 22 août 1485. — Dans une lettre qu'il écrivit à Sixte IV en 1484 ses titres ne sont placés qu'après la date. La suscription en est ainsi conçue : « Beatissime pater « post humillimam commendationem et devotissima « pedum oscula beatorum. » Voici comment se termine cette lettre : « Deus optimus maximus valere et sal- « vere jubeat pientissimam sanctitatem vestram. Ex « civitate nostrâ London. pridie Kalend. Aprilis, anno « Domini millesimo quadringentesimo octogesimo « quarto. Excellentissimæ vestræ sanctitatis devotissi- « mus filius Ricardus, Dei gratiâ rex Angliæ et Fran- « ciæ et dominus Hiberniæ. » Il employait d'ailleurs les mêmes formules qu'Édouard IV. Dans les actes où il se dit *troisième* du nom il ajoute quelquefois l'ancienne formule *Post conquestum Angliæ*. (Voyez HENRI VI. Voy. aussi ÉDOUARD II pour la formule *Per ipsum regem, etc.*) Quoique l'Art de vérifier les dates fixe au 22 juin la proclamation de Richard comme roi d'Angleterre, il est certain que les années de son règne se comptaient du 26 juin 1483.

ROBERT Ier, duc de France, frère du roi Eudes, est élu roi de France le 29 juin 922, et périt le 15 juin 923 dans une bataille livrée à Charles le Simple. — Voici les formules initiales et finales d'un de ses diplômes qui, selon dom Bouquet, avait été attribué par erreur à Robert fils de Hugues Capet : « In nomine « sanctæ et individuæ Trinitatis. Rotbertus graciâ Dei « rex..... Hanc nostram auctoritatem et confirmationem « in Dei nomine manu propriâ subterfirmavimus et « de anulo nostro sigillari jussimus. Signum Rotberti « regis Francorum gloriosissimi. Reginaldus notarius, « vice Abbonis episcopi summique cancellarii, recogno- « vit et subscripsit. Data octavo Calend. Februarii, in- « dictione XI, anno primo regnante Rotberto rege glo- « rioso. Actum monasterio sancti Dionysii, in Dei no- « mine feliciter. Amen. »

ROBERT II, fils de Hugues Capet, roi de France, couronné, 1° à Orléans le 30 décembre 987, ou le 1er janvier 988, 2° à Reims en 990 ou 991, succède à son père le 24 octobre 996, et meurt le 20 juillet 1031. — Voici les formules initiales qu'il emploie le plus fréquemment : *In nomine sanctæ et individuæ Trinitatis* ou *Domini Dei æterni et salvatoris nostri J. C. Rotbertus, Rodbertus* ou *Robertus gratiâ*, ou *misericordiâ Dei*, ou *gratiâ et benignitate redemptoris Jesu*, ou *divinâ providente, miserante, favente, ordinante, propitiante, repropitiante clementiâ rex Francorum.* Après l'invocation de la Ste Trinité il ajoute dans un diplôme *et unicæ Deitatis.* On rencontre aussi ces quatre formules extraordinaires : 1° « In nomine summi et « æterni regis Domini J. C. omnium redemptoris, Ro- « bertus Dei gratiâ rex. » 2° « In nomine Jesu benigni « omni ex corde supplici suo miserantis, Robertus « divinâ misericordiâ rex. » 3° « Consistentis in unitate « Deitatis summæ et incomprehensibilis Trinitatis in « nomine, Robertus Fr. rex augustus, disponente præ- « libatæ Divinitatis clementiâ. » 4° « In nomine sanctæ, « etc. Patris et Filii, etc. Ego Rotbertus gratiâ Dei « Francorum rex et Constantia divino nutu regina. » Il n'est pas ordinaire que la suscription d'un diplôme réunisse au nom du roi celui de la reine Constance. Au titre de roi il joint aussi de temps en temps *et augustus, semper augustus, gloriosus, serenissimus* ou *clementissimus.* Après qu'il eut associé au trône en 1017 son fils Hugues, les deux noms parurent jusqu'en 1025 dans plusieurs suscriptions : *In nomine sanctæ, etc. Robertus et Hugo filius suus gratiâ Dei Francorum reges, omnibus sub nostro imperio militantibus pacem et salutem,* ou *Rotbertus necnon Hugo filius ejus uno eodemque tempore, divinâ miserante clementiâ, reges Francorum.* Ce dernier acte, publié par D. Bouquet, n'est daté que du règne de Robert. Ce prince est le premier de nos rois qui en commençant ses diplômes se soit servi du pronom *ego.* Il emploie tantôt le mot *sigillum,* tantôt le mot *annulus :* 1° « Ut autem hæc altitudinis « nostræ confirmatio seu præceptio meliorem semper « obtineat firmitatem, manu nostrâ eam subterfirma-« vimus et anuli nostri impressione sigillari jussi-« mus. » 2° « Et ut nostræ auctoritas confirmationis « inviolabilem atque inconvulsam obtineat firmitatem, « anuli ac monogrammatis nostri signo illam decre-« vimus insigniri. » 3° « Et ut verius credatur, dili-« gentiùs ab omnibus observetur, manu propriâ corro-« borantes sigillo nostro subtus insigniri jussimus. » Quelquefois il ne fait mention ni de l'anneau ni du sceau : « Et ut hæc firma permaneant, propriâ manu « subterfirmavi fidelibusque meis roboranda tradidi. » On trouve dans ses actes tantôt sa signature et celle du chancelier, tantôt l'une des deux seulement. Souvent la signature de plusieurs témoins est jointe à celle du roi. Dans un diplôme la signature, ou plutôt l'énumération de ces témoins, est précédée des mots *nomina testium.* Quant à la signature du roi, elle est accompagnée ordinairement de l'une des formules : *Signum Roberti regis* ou *regis inclyti*, ou *regis Francorum gloriosissimi*, ou *gloriosissimi regis Francorum.* Dans un diplôme en faveur du monastère de Cluny, après la formule *S. Roberti regis*, on trouve : *qui hanc scribi jussit scriptamque firmavit.* Souvent au contraire cette signature ou ce monogramme ne sont annoncés par aucune formule. Son diplôme pour le monastère de Coulombe est revêtu de la signature et d'une formule d'excommunication du pape Benoît IX. C'était l'usage d'envoyer à Rome les chartes les plus importantes, pour que l'assentiment du souverain pontife et ses menaces d'excommunication contre leurs violateurs en accrussent l'autorité. Voici quelques-unes des formules employées par les chanceliers du roi Robert ou leurs remplaçants : 1° « Franco cancellarius sacri « palatii subscripsit et notavit. » 2° « S. Matris Dei « Mariæ Remensis ecclesiæ Franco levita regisque Ro-« berti à commentariis relegit. » 3° « Franco diaconus « atque chartigraphus relegit et sigillavit. » 4° « Bal-« duinus *ou* Baldoinus cancellarius relegendo *ou* per-« legendo subscripsi *ou* subscripsit. » 5° « Balduinus « sacri palatii apocrisiarius postulatus recognovi et « subscripsi. » Il serait trop long de citer les différentes formules de dates qui justifient les six ou sept commencements assignés au règne de Robert. Contentons-nous de dire qu'il a quelquefois substitué *anno incarnati Verbi* à la formule *anno Dominicæ incarnationis.* Quant à la date suivante, elle mérite d'être remarquée à cause du fait historique qu'elle renferme : « Actum « Aurelianis publicè, anno incarnationis Domini mille-« simo vigesimo secundo, regni Rotberti regis XXVII « et indictione V, quando Stephanus hæresiarches et « complices ejus damnati sunt et arsi sunt Aurelianis. » Ce qui distingue encore ce diplôme, c'est qu'il est revêtu de la signature de Robert et de ses trois fils : « Sig. « Rotberti regis. Signum Hugonis regis filii Rotberti. « Sign. Henrici filii Rotberti regis. Sign. Rotberti filii « Rotberti regis. » Parmi les divers commencements de son règne, le plus ordinaire est fixé au 24 octobre 996 ; les autres correspondent aux années 987, 988, 989, 990, 991 et 997. Souvent les années de l'indiction sont difficiles à concilier avec celles de l'Incarnation dans les chartes de son règne. Il faut se rappeler d'ailleurs que les computistes ayant cru apercevoir des défauts dans le calcul de Denys le Petit, tentèrent d'y remédier en anticipant d'un, de deux, ou de trois ans sur l'ère vulgaire. On commençait d'ailleurs l'année tantôt au 1er janvier, tantôt au 25 mars ou à Pâques. —*Sceau :* Voyez planche B, n° 4.

Robert, comte palatin du Rhin, fils aîné de Robert le Tenace et de Béatrix de Sicile, élu roi des Romains le 21 août 1400, et couronné à Cologne le 6 janvier 1401, meurt le 18 mai 1410. — Ses diplômes commencent ainsi : « Rupertus Dei gratiâ « Romanorum rex semper augustus. » La citation suivante prouve qu'il comptait les années de son règne de l'époque de son élection, en 1400 : « Datum Augs-« purg, tertiâ feriâ post festum Nativitatis beatæ Mariæ « Virginis gloriosæ, anno Domini MCCCCI, regni verò « nostri anno secundo. » Le troisième jour après la Nativité de la sainte Vierge correspond au 11 septembre. Un de ses diplômes, dont la suscription se termine par la formule *ad perpetuam rei memoriam* qui alors était souvent employée, réunit l'annonce du sceau et la date dans une phrase assez obscure, dont la chancellerie germanique faisait fréquemment usage : « Harum sub regiæ nostræ majestatis sigilli appensione « testimonio litterarum, datum Moguntiæ die quartâ « mensis Julii, etc.... Ego Rabanus episcopus Spiren-« sis, regalis aulæ cancellarius, vice reverendissimi « in Christo patris domini Joannis archiepiscopi « Moguntini per Germaniam archicancellarii, reco-« gnovi. »

Rodolphe Ier ou Raoul, fils de Conrad le Jeune, comte d'Auxerre, se fait proclamer roi de la Bourgogne Transjurane en 888 et y règne paisiblement jusqu'à sa mort, arrivée le 25 octobre 911 ou 912.

Rodolphe II, roi de la Bourgogne Transjurane, succède à son père Rodolphe Ier en 911 ou 912 ; il est couronné roi d'Italie à la fin de 922, abandonne ce royaume en 926, devient roi d'Arles en 933 par la réunion des royaumes de Provence et de Bourgogne Transjurane, en vertu de son traité avec Hugues, comte de Provence et roi d'Italie, et meurt en 937. — Voici les formules ordinaires de ses souscriptions : *Signum Rodulfi* ou *domni Rodulfi piissimi regis* ou *regis piissimi. Jeronimus protocancellarius recognovit et subscripsit*, ou *Berengarius notarius, ad vicem Theoderici archiepiscopi (Vesontionensis) et cancellarii, recognovit.* La plupart de ses diplômes sont datés de l'an de l'Incarnation, et quelques-uns de la Nativité.

Rodolphe ou Raoul, duc de Bourgogne, fils de Richard le Justicier, est élu roi de France et couronné à Soissons le 13 juillet 923. Il fait un traité en 928 avec Charles le Simple, alors sorti de prison, et à la mort de ce roi (7 octobre 929) il réunit toute la monarchie. Cependant le Languedoc ne le reconnaît qu'en 932. Rodolphe meurt le 14 ou le 15 janvier 936. — Il employa les formules initiales suivantes : *In nomine sanctæ et individuæ Trinitatis, Rodulfus supernâ regente pietate, misericordiâ Dei* ou *ejusdem Dei omnipotentis gratiâ et misericordiâ rex,* ou *divinâ clementiâ, divinâ propitiante clementiâ, divinâ ordinante providentiâ rex Francorum*, ou *Francorum rex*, ou simplement *gratiâ Dei rex*, ou enfin *gratiâ Dei Francorum et Aquitanorum atque Burgundionum rex pius, invictus ac semper augustus.* Un privilége en faveur de l'église du Puy commence par l'invocation : *In nomine Dei et salvatoris nostri Jesu Christi.* Il reprit quelquefois le titre de *vir inluster.* Ses diplômes font le plus souvent mention de l'*anneau*, quelquefois du *sceau* et rarement de la *bulle.* Dans un acte de 925 en faveur de l'abbaye de S. Amand, l'annonce de la souscription et de l'anneau est exprimée en vers :

Utque hoc præceptum firmum per sæcula duret,
Et credant homines cuncti per tempora mundi,
Subsignante manu propriâ firmatio patet, (*paret?*)
Atque anulus nostrum pinxit suppressus agalma.

Sa signature est annoncée par : *Signum Rodulphi regis gloriosi*, ou plus souvent *gloriosissimi*, et quelquefois *serenissimi*. Un diplôme de 928 renferme cette formule : « Signum gloriosissimi atque præcellentissimi « regis Rodulphi qui hoc regale præceptum propriâ « manu firmavit. » Le chancelier subalterne contresigne en ces termes : « Ego Heribertus regalis can- « cellarius, ad vicem Abbonis episcopi, scripsi. » Raynard, notaire du grand chancelier, se sert du mot *dictavit.* Les Bénédictins n'ont rencontré la date de l'Incarnation que dans trois de ses diplômes. Voici une autre date que les mêmes auteurs ont citée, en avertissant que les années de son règne y sont comptées à partir du commencement de 923; mais il faut pour cela changer le chiffre de l'indiction : *Actum Arciaco villâ supra fluvium Ararim, III Kal. Junii, indictione XIII* (il faudrait *XIIII*), *anno IV regnante domno Rodulfo rege gloriosissimo.* — Il y eut après sa mort un interrègne jusqu'au couronnement de Louis d'Outremer (19 juin 936). Dans cet intervalle on data *depuis la mort de Raoul, J. C. régnant et dans l'attente d'un roi.* Les années de son règne se comptent tantôt du 13 juillet, tantôt du commencement de 923.

Rodolphe III, dit le Fainéant, fils aîné de Conrad le Pacifique, roi d'Arles, succède à son père en 993 et meurt le 6 septembre 1032. En 1016, se voyant au moment d'être déposé par ses sujets, il avait résigné sa couronne à l'empereur Henri II. Mais ses sujets lui ayant de nouveau juré obéissance, il obtint l'annulation de son traité. En 1024, pour apaiser de nouvelles révoltes, il choisit pour héritier Conrad le Salique, qui lui succéda en 1033.

Rodolphe, duc de Suabe, beau-frère de Henri IV, élu roi des Romains le 15 mars 1077, et couronné le 26 du même mois, est blessé mortellement le 15 octobre 1080, et meurt quelque temps après.

Rodolphe Ier de Habsbourg, dit le Clément, landgrave d'Alsace, fils d'Albert le Sage, comte de Habsbourg, élu roi des Romains le 29 septembre 1273, couronné le 24 octobre suivant, reconnu par Grégoire X en 1274, et proclamé en Italie la même année, meurt le 15 juillet ou le 30 septembre 1291. — Il emploie la suscription suivante : « Rudolphus « Dei gratiâ Romanorum rex semper augustus, uni- « versis imperii Romani fidelibus presentes litteras « inspecturis graciam suam et omne bonum. » Il met quelquefois en tête de ses diplômes l'invocation : *In nomine sanctæ et individuæ Trinitatis.* « De son « temps, disent les Bénédictins, les diplômes des em- « pereurs et des princes ont commencé à être écrits en « langue allemande. On en a un exemple de 1281. » Spener affirme au contraire qu'aucun acte de Rodolphe n'est en allemand. Ce prince fait quelquefois mention de son chancelier dans la date. Il n'exprime pas toujours l'indiction et les années de son règne. Voici quelques-unes de ses dates : 1° « Datum Hage- « noæ, per manum cancellarii nostri Ottonis .... an. « Domini MCCLXXIV, IV Kal. Martii, indict. II, regni « nostri anno primo. » 2° « Datum Maguntiæ XVI Kl. « Januarii, anno Domini MCCLXXXI, regni verò nostri « nono. » Le monogramme manque à beaucoup de ses diplômes. Il annonce ordinairement les témoins et les sceaux par ces formules : *Testes sunt hi, etc.*, *sigilla præsentibus sunt appensa.* Le plus souvent il ne fait pas mention des témoins, et se contente d'annoncer son propre sceau dans les termes suivants : *Sigilli nostri munimine roborari* ou *majestatis nostræ sigillo communiri fecimus.* Voici un exemple de ses formules les plus solennelles : « Testes hujus « rei sunt Eberhard, etc..... et alii quamplures. In « cujus concessionis nostræ testimonium et perpetuam « firmitatem, prædicto Burggravio præsentes literas « dari et bullâ nostrâ aureâ typario regiæ majestatis « impressâ jussimus communiri. Signum serenissimi « domini Rudolphi Romanorum regis invictissimi. « Actum et datum anno Domini millesimo ducente- « simo octuagesimo primo, regni nostri octavo. Datum « Gemundiæ pridie Nonas Septembris (per manum) « magistri Gottfridi Pataviensis præpositi, regalis cu- « riæ protonotarii. » Les mots *per manum* sont omis dans le recueil auquel cette citation est empruntée.

Romain, devient pape avant le 20 août 897, et meurt au plus tard vers la fin du mois de novembre suivant. — Un privilége, qui présente la suscription ordinaire : *Romanus episcopus servus servorum Dei, etc., in perpetuum,* renferme une date dans laquelle les années du pontificat sont marquées après celles de l'empire : « Imperante domino nostro piissimo augusto « Lamberto à Deo coronato magno imperatore anno « VI, et pontificatûs anno VI, indictione primâ. » Les années de l'empire de Lambert, qui avait été associé à son père en 891 et couronné en février 892, sont exactement marquées. Il en est de même de l'indiction, qui est comptée, selon l'usage de Rome, à partir du mois de septembre, et qui doit avoir pour chiffre I au lieu de XV dans un acte daté des ides d'octobre ; mais la sixième année du pontificat est une erreur grossière, et Pagi pense avec raison qu'un copiste aura lu *pontificatus* au lieu de *post consulatum.* Cette erreur est d'autant plus probable que les mots *post consulatum* sont ordinairement écrits en abrégé. S'il en était ainsi, ce serait Romain et non Formose qui aurait daté le dernier du post-consulat de l'empereur d'Occident.

S

Sabinien, ordonné pape le 1er ou le 13 septembre 604, meurt le 19 février 605 ou le 22 février 606.

Sergius Ier, ordonné pape le 15 décembre 687, ou, selon Fleury, le 22 novembre 688, meurt le 8 septembre 701. — Il prend dans une de ses bulles le titre suivant : *Sergius gratiâ Dei pontifex Romanus.* On trouve dans cet acte la formule : *salutem et apostolicam benedictionem.* En voici la salutation finale et les dates : « Benevalete. Data VIII Kal. April. per manus Jo- « hannis bibliothecarii tunc S. Sedis apostolicæ, anno « pontificatûs domni Sergii, universalis papæ, in sa- « cratissimâ sede beati Petri X, indict. II. » Cet exemple prouve qu'on avait à tort reculé jusqu'au XIe siècle les premiers exemples de la date du pontificat. L'original de cet acte était déposé du temps de Mabillon à l'abbaye de Saint-Bénigne de Dijon. Il était scellé d'une bulle en plomb qui porte d'un côté Sergii, écrit en cercle, et de l'autre, le mot papae partagé en deux lignes : au centre du cercle formé par le mot *Sergii*, se trouve le *chrisme* ou monogramme de Jésus-Christ, composé non-seulement du X et du P, mais peut-être aussi des lettres I et H, c'est-à-dire des initiales de Χριστος et de Ιησυς. Le même monogramme se retrouve au revers du sceau, mais seulement avec les deux lettres X et P. (*Nouveau Traité de Dipl.* vol. V, pag. 141.) L'indiction marquée dans la date ne peut convenir à la dixième année du pontificat de Sergius. Voy. à l'article de Jean V l'explication donnée à cet égard.

Sergius II, ordonné pape le 27 janvier ou le 10 février 844, meurt le 27 janvier 847. — On cite de lui une épître sans suscription et sans date. Elle se termine par la salutation suivante : *Deus vos incolumes custodiat, fratres. Amen.*

Sergius III, élu pape en 904 et ordonné en 905, meurt au mois d'août 911. Il avait été antipape sous le pontificat de Jean IX et peut-être aussi sous celui de Formose. — Un privilége qu'il accorda à *son très-cher et très-saint frère Hildebrand* se termine par la date suivante : « Scriptum per manus Melchisedech « protonotarii sanctæ sedis apostolicæ, in mense Maio, « indictione suprascriptâ VIII. Dat. Kal. Junii, per « manus Theophilati cancellarii sanctæ sedis aposto- « licæ, anno Deo propitio pontificatûs domini Ser- « gii summi pontificis et universalis tertii papæ in

« sacratissimâ sede B. Petri apostoli tertio, in mense « et indictione supradictâ VIII. » Cette date ne peut s'accorder avec aucun des systèmes de chronologie qui ont été proposés pour le pontificat de Sergius, à moins qu'on ne veuille faire rapporter *tertio* à *mense*, comme dans le Bullaire romain. On aurait alors, au lieu de la troisième année du pontificat, le troisième mois de l'année du pontificat. (Voyez un exemple analogue dans l'article de SERGIUS IV.) Ce pape, dans une autre bulle, s'est intitulé : *Sergius venerabilis papa, servus servorum Dei.* Melchisedech y prend le titre de *protoscrinarius*, et Théodore celui d'archichancelier, en appelant Sergius *universalis orbis papa.*

SERGIUS IV, élu pape entre le 17 juin et le 24 août 1009, meurt avant le 6 juillet 1012.—Il n'a pas toujours joint le mot *episcopus* à la formule *servus servorum Dei.* On ne cite pas de bulle dans laquelle ce pape ait daté des années de Henri II, qui ne fut sacré empereur qu'en 1014. Il prenait l'indiction au 1er septembre, comme le prouvent plusieurs bulles datées du mois de novembre et de l'indiction X, dates qui ne peuvent convenir au mois de novembre 1012, puisqu'on est certain qu'il était mort avant cette époque. Cependant le Bullaire romain place ces bulles après celles qui sont datées de la même indiction et des mois de mars et de juin, ce qui est une erreur évidente. Une de ses bulles est remarquable par la triple indication de la date du jour et du mois : « Scriptum per manus Johannis scrinarii S. Romanæ « ecclesiæ, in mense Junio, indictione X. Dat. XV. Kal. « Julii, per manum Gregorii episcopi et bibliothecarii « S. Sedis apostolicæ, anno Deo propitio pontificatûs « D. Sergii IV papæ, in sacratissimâ sede B. Petri apo- « stoli III, indict. X, mense Junio, die sextâ decimâ. » Dans une autre date on trouve le chiffre X servant à désigner le mois de décembre et l'indiction : *in mense et indictione X*. Il y a dans le Bullaire romain *decimâ*, mais il est probable que l'original portait le chiffre X. Quoi qu'il en soit, le chiffre X ou le mot *decima* désigne le dixième mois et l'indiction X.

SEVERIN, consacré pape le 28 ou le 29 mai 640, meurt le 1er août suivant.

SIGEBERT Ier, fils de Clotaire Ier, devient roi de Metz en novembre 561, épouse Brunehaut en 566, partage avec ses deux frères le royaume de Paris en 567, est reconnu roi de Neustrie en 575, et aussitôt après meurt assassiné par deux domestiques de Frédégonde.—Voici le commencement et la fin de la lettre qui lui fut adressée par les évêques réunis au quatrième concile de Paris : « Domino gloriosissimo atque « sanctæ ecclesiæ catholicæ filio, Sigisberto regi, Sa- « paudus, Philippus, etc. episcopi........ Annis « multis gloriam regni vestri potentia divina cum « omni felicitate conservet, domne gloriosissime et « præcellentissime domne. » Suivent les signatures des évêques, puis la date qui est ainsi conçue : « Data « epistola sub die III Iduum Septembrium, anno XII « regnum domnorum nostrorum, Parisius. »

SIGEBERT II, fils de Dagobert Ier, établi roi d'Austrasie par son père vers 632 ou 633, lui succède dans ce royaume le 19 janvier 638, et meurt le 1er février 656.

SIGISMOND, fils aîné de Gondebaud, roi des Bourguignons, succède à son père en 516, est dépossédé par son frère Godomar ou Gondomar en 523, et périt en 524. Les auteurs de l'Art de vérifier les dates ne partagent pas l'opinion de D. Plancher, qui pensait que Sigismond avait été associé à la couronne dès l'an 513 ou au commencement de 514.

SIGISMOND, fils de l'empereur Charles IV, margrave de Brandebourg en 1373, roi de Hongrie le 10 juin 1386, élu roi des Romains, pour la première fois le 20 septembre 1410, et pour la deuxième fois le 21 juin 1411, reçoit la couronne d'argent à Aix-la-Chapelle le 8 novembre 1414, succède à la couronne de Bohême après la mort de son frère Wenceslas (16 août 1419), reçoit la couronne de fer à Milan le 25 novembre 1431, celle d'or à Rome le 31 mai 1433, et meurt le 9 décembre 1437. — Voici la suscription d'un privilége qu'il accorda à l'abbesse de Quedlimbourg : « Sigismundus Dei gratiâ Romanorum imperator semper augustus, ac Hungariæ, « Bohemiæ, Croatiæ, Dalmatiæ, etc. rex, etc., vene- « rabili Annæ, abbatissæ secularis ecclesiæ S. Servatii « in oppido Quedlinburgensi, principi devotæ nostræ « dilectæ, gratiam Cæsaream. » Au lieu de ces derniers mots, un diplôme de 1418 porte : *gratiam regiam et omne bonum.* On cite de lui un diplôme de 1416 commençant par l'invocation *In nomine sanctæ et individuæ Trinitatis.* Dans son privilége en faveur de l'abbesse de Quedlinbourg, il menace de son indignation et d'une amende de mille marcs d'or fin quiconque s'opposerait au témoignage de cet acte revêtu du sceau de la majesté impériale : *præsentium sub nostræ imperialis majestatis sigillo testimonio litterarum.* Sigismond datait ses diplômes de son règne en Hongrie, de son élection comme roi des Romains en 1410, de son règne en Bohême (1419), et de son empire (1433).

Ces différentes époques, et même celle de son couronnement à Aix-la-Chapelle, se retrouvent dans les deux dates suivantes : 1° « Datum Noviomagi Coloniensis « diœcesis, anno Domini MCCCCXVI, die XVII Novem- « bris, regnorum nostrorum Hungariæ anno XXX, Ro- « manorum electionis septimo, coronationis verò ter- « tio. » 2° « Datum Pragæ, an. Domini MCCCCXXXVII, « die X mensis Maii, regnorum nostrorum an. Hun- « gariæ LI, Romanorum XXVII, Bohemiæ XVII, imperii « verò IV. » On voit que dans la première de ces dates, 17 novembre 1416, il compte seulement la trentième année de son règne en Hongrie, quoique la trente et unième eût commencé le 10 juin 1416. Le même calcul se retrouve dans plusieurs diplômes de ce prince. Il faut en conclure qu'il ne tenait pas compte du temps qui s'était écoulé en 1386 depuis l'époque de son couronnement, et qu'il calculait son règne en Hongrie à partir du commencement de l'année 1387 seulement.

Silvère, ordonné pape le 8 juin 536, exilé le 17 novembre 537, meurt le 20 juin 538.

Silvestre II (Gerbert), intronisé pape le 2 avril 999, meurt le 11 mai 1003. — Quoique Silvestre II emploie en général le style ordinaire, voici deux suscriptions qui s'en éloignent assez pour mériter d'être citées : 1° « Silvester summus et universalis papa et « B. Petri vicarius, servus servorum Dei...... veram in « Domino Jesu dilectionem ac mutuam fraternæ chari- « tatis unanimitatem. » 2° « In nomine Trinitatis indi- « viduæ et æternæ, Silvester papa, servus servorum « Dei. Clareat cunctis ad præsens in vitâ degentibus « et in posterum nascituris, etc. » Ce dernier acte est ainsi daté : « Datum Romæ, anno Dominicæ incarn. « DCCCCLXXXXIX. » Il marque du reste dans ses bulles les années de l'empereur Otton III, auquel il donne le titre de *Pacifique*. Un de ses actes renferme une singularité remarquable. Après la salutation *benevalete*, on lit : « Silvester qui Gerbertus papa. » La suscription de cet acte est ainsi conçue : « Silvester papa Emmæ « comitissæ Pictavensium. Innotuisti, etc. »

Silvestre III (Jean), antipape, placé sur le saint-siége au commencement de l'année 1044, est chassé au bout de trois mois par Benoît IX qu'il avait remplacé.

Silvestre IV (Maginufe), antipape, élu en 1106 après la mort de l'antipape Théodoric, est chassé le lendemain de son élection.

S. Simplice, consacré pape le 25 février 468, meurt le 27 février 483. — Il prend fréquemment le titre d'évêque et quelquefois celui de pape. Le patriarche Acace en lui écrivant parle au pluriel, et S. Simplice ne se sert que du singulier.

Sisinnius, devient pape le 18 janvier 708 et meurt le 7 février suivant.

Sixte IV (François d'Albescola), élu pape le 9 août 1471 et couronné le 25 du même mois, meurt le 13 août 1484. — Il avait pour devise : *Auxilium meum à Domino qui fecit cœlum et terram.* Suivant les auteurs de l'Art de vérifier les dates, il commençait l'année tantôt au 1er janvier, tantôt au 25 mars. — Voyez le revers du sceau de Sixte IV, planche U, n° 15.

Suénon ou Sweyn, roi de Danemarck, s'empare de Londres en 1014, et règne sur l'Angleterre jusqu'en 1015, époque de sa mort.

Symmaque, ordonné pape le 22 novembre 498, meurt le 19 juillet 514. — Une de ses épîtres commence ainsi : « Symmachus episcopus ecclesiæ ca- « tholicæ urbis Romæ salutem. » Quelques-uns de ses prédécesseurs avaient pris simplement le titre d'évêques de la ville de Rome. Dans une de ses lettres il a remplacé le nom des consuls par l'indiction. Il se servait du pluriel en écrivant à de simples patrices, quoiqu'il n'employât que le singulier pour un archevêque de Milan, qu'il qualifiait d'ailleurs de *pontife*, d'*archevêque* et d'*antistes maximus*. Ennade, évêque de Pavie, donnait à Symmaque dans ses lettres le nom de pape. Dom Bouquet cite deux épîtres de ce souverain pontife dans lesquelles il ne prend aucun titre : « Dilectissimo fratri Cæsario Symmachus. » Toutes deux renferment la même forme de salutation (*Deus vos incolumes custodiat fratres carissimi* ou *Deus te incolumem, etc.*) ; elles sont datées du jour du mois et du consul : « Data Idibus, Probo V. C. (*viro clarissimo*) « consule ; Data III Idus Junias, Fl. senatore V. C. con- « sule. »

T

Théodebalde. Voy. Thibaud.

Théodebert Ier, fils de Thierri Ier, succède à son père dans le royaume de Metz en 534, et meurt en 548. — Il porte sur une médaille d'or les titres suivants : « Dominus noster Theodebertus augustus. » Voici la suscription d'une lettre qu'il écrivit à l'empereur Justinien : « Domino illustri inclito ac triumphatori semper augusto Justiniano imperatori Theodebertus rex. »

Théodebert II, fils de Childebert II, devient roi de Metz ou d'Austrasie en 596, est dépouillé par son frère en 612, et meurt en 613. — Les lettres du pape S. Grégoire Ier adressées à ce prince, et publiées par dom Bouquet, commencent ainsi : « Gregorius Theodeberto regi Francorum. » Dans le corps de la lettre le pape lui donne le titre d'*excellentia vestra*.

Théodore Ier, consacré pape le 24 novembre 642 ou le 8 décembre suivant, meurt le 13 mai 649. — Un concile de trois provinces d'Afrique s'adresse à lui dans ces termes : « Domino beatissimo apostolico culmine sublimato patri patrum Theodoro papæ et summo omnium præsulum pontifici. » Selon les Bénédictins, cet acte est le plus ancien où le pape soit nommé souverain pontife. Les mêmes auteurs ont fait graver sa bulle de plomb sur laquelle on lit d'un côté Theodori et de l'autre papae. Ce sceau porte en outre deux croix, l'une en dessus du mot *Theodori*, l'autre en dessous du mot *papæ*. Son privilége pour le monastère de Bobio, dans lequel Pagi soupçonne que la date de l'Incarnation a été ajoutée après coup, réunit les formules suivantes : 1° *Suscription :* « Theodorus episcopus servus servorum Dei in perpetuum. » 2° *Salutation :* « Benevalete. » 3° *Date :* « Data IV Nonas Maii imperii domini piissimi augusti Constantini anno II, consulatûs I, indictione I. » Un exemplaire de cette bulle porte en outre *anno Domini DCXLIII ;* mais les Bénédictins ne voient pas là une interpolation.

Théodore, prêtre, est élu pape après la mort de Jean V, concurremment avec l'archiprêtre Pierre. Cette double élection est annulée par celle de Conon qui est consacré, selon Pagi, le 21 octobre 686. Selon Fleury, l'élection de Théodore aurait eu lieu en 687.

Théodore, archiprêtre, est élu pape en 687 (entre le 21 septembre et le 15 décembre) concurremment avec l'archidiacre Pascal. Cette double élection est annulée par celle de Sergius Ier, qui fut ordonné le 15 décembre 687. Selon Fleury, l'élection de Théodore aurait eu lieu en 688.

Théodore II, ordonné pape en 898, meurt au bout de vingt jours, avant le mois de juin.

Théodoric ou Thierri. Voy. Thierri.

Théodoric, antipape, élu à la fin de 1100, après l'emprisonnement de l'antipape Albert, est fait prisonnier au bout de trois mois et demi, au commencement de 1101, et meurt vers 1106.

Théophylacte, antipape, se soutient pendant quelques mois en 757, en opposition à Paul Ier.

Thibaud ou Théodebalde, fils de Théodebert Ier, succède à son père dans le royaume de Metz, en 548, et meurt en 555.

Thierri Ier ou Théodoric, né de Clovis et d'une concubine avant le mariage de Clovis avec Clotilde, succède à son père dans le royaume de Metz le 27 novembre 511, et meurt en 534.

Thierri II ou Théodoric, fils de Childebert II, devient roi d'Orléans et de Bourgogne en 596, dépouille en 612 son frère Théodebert II du royaume d'Austrasie, et meurt en 613. — Les formules des lettres que lui adressa le pape S. Grégoire Ier sont les mêmes que pour Théodebert II.

Thierri III, troisième fils de Clovis II, succède en Neustrie à son frère Clotaire III vers le mois de juillet 670 ; quelque temps après il est détrôné et enfermé au monastère de Saint-Denys ; replacé sur le trône en 673, il meurt au printemps de l'an 691. — Il souscrit de la manière suivante un diplôme de 678 : « In Christi nomene Theudericus rex subscripsi. » On lit ensuite : « Droctoaldus jussus optulit. Datum quod ficit minsis September dies XII, anno V rigni nostri, Marlaco in Dei nomine, feliciter. » Dans la suscription d'un plaid de la même année il supprime le titre de *vir inluster*. Cet acte se termine ainsi : « Et ut

« hæc auctoritas firmior habiatur, manûs nostræ sub« scriptionebus subter eam decrevimus roborare. In « Christi nomene, etc. Aghlibertus recognovit. Datum « medio mense September, annum V rigni, etc. » Plusieurs savants pensent qu'on a compté quelquefois les années de son règne à partir de 673, époque où il fut replacé sur le trône.—*Sceau :* Voyez planche A, n° 2.

THIERRI IV, dit DE CHELLES, fils de Dagobert III, succède en 720 à Chilpéric II, roi de Neustrie et de Bourgogne, et meurt au mois d'avril 737. Il paraît avoir aussi régné sur l'Austrasie. — Il emploie la suscription ordinaire : *Theudericus, Theodericus* ou *Theodoricus rex Francorum vir inluster.* Son diplôme de 723 en faveur de l'abbaye de Saint-Denys est ainsi daté : « Data « ipsâ die Kal. Martias, anno III rigni nostri, Valencia« nis in Dei nomine, feliciter. Amen. » Les Bénédictins suspectent avec raison un diplôme qui renferme l'invocation de la sainte Trinité, la formule *diviná favente clementiâ rex,* les dates de l'Incarnation et de l'indiction, c'est-à-dire des caractères qui ne concourent que dans les actes des siècles suivants. Pour les formules de souscription, voyez CHILPÉRIC II, DAGOBERT III, etc.

U

URBAIN II (Otton ou Odon), élu pape le 12 mars 1088, consacré le même jour qui était un dimanche, meurt le 29 juillet 1099. — Il emploie la suscription ordinaire *episcopus servus servorum Dei,* terminée par une des deux formules *in perpetuum* ou *salutem et apostolicam benedictionem.* La première est préférée dans les grandes bulles, et la seconde dans les bulles ordinaires. Quelquefois elles sont réunies dans un même acte. Urbain II y a aussi substitué la formule *ad perpetuam rei memoriam* qui paraît pour la première fois peut-être et qui ne fut que peu ou point employée dans le siècle suivant. La formule *scriptum, etc.* est en général remplacée dans les dates par *datum, etc.* Toutefois la date d'un privilége de 1097 commence ainsi : *Scriptum Albani et datum, etc.* Une autre bulle de la même année présente une double formule de date, commençant l'une par *actum,* et la seconde par *datum;* mais cela s'explique par une circonstance particulière : l'acte fut dressé dans un lieu et délivré dans un autre. La suppression de la première formule empêche presque toujours les notaires de marquer leurs noms ; on ne trouve donc en général que celui du chancelier ou bibliothécaire. Jean, prêtre et cardinal, a daté plusieurs bulles sans prendre ni l'une ni l'autre de ces qualités. Pendant la première année du pontificat d'Urbain II, il s'intitulait *prosignator* ou *præsignator domini Urbani II papæ.* En 1090 on voit paraître pour la première fois peut-être le titre de vice-chancelier, pris par le prêtre Hotesculicus. Quoiqu'il n'y ait pas de règle fixe pour l'arrangement des dates solennelles, on trouve ordinairement l'indication du lieu en tête, puis le jour du mois, l'indiction, l'année de l'Incarnation et enfin celle du pontificat. — Urbain II commençait l'année tantôt au 1er janvier, tantôt au 25 mars, en suivant quelquefois le calcul pisan au lieu du calcul florentin. « Quant aux indictions, disent « les Bénédictins, nous en avons trouvé plus de cinq « qui ne peuvent se compter que du 1er janvier, et une « seule qui ne saurait être déplacée du 1er septembre. » Nous avons déjà dit qu'il avait daté une bulle de l'an de l'incarnation de Notre Seigneur 1098 *selon Denys,* et 1121 *selon le calcul plus certain de l'Évangile.* Ce calcul se retrouve non-seulement dans les actes, mais encore dans les historiens de cette époque. — Urbain II avait pour devises : *Benedictus Deus et pater domini nostri J. C.* et *Dominus Deus meus in te speravi.* A la salutation *benevalete* réduite en monogramme, il a quelquefois ajouté des formules analogues à celles de ses prédécesseurs : *Fraternitatem tuam superna dignatio per tempora longa conservet incolumem.* « On conserve dans l'abbaye de Chezal-Benoît, « disent les Bénédictins, une bulle originale d'Urbain II « qui ne porte point d'autre signature que celle du « cercle, autour duquel on lit, *legimus firmavimus,* et « dans le centre partagé par une croix, *sanctus Petrus,* « *sanctus Paulus.* On n'y voit ni le nom, ni la devise « du pape. » Le sceau de plomb attaché à cet acte avec des fils de soie jaune et rouge porte d'un côté S. PETRVS, S. PAVLVS, et de l'autre VRBANVS II PP. Ce sceau n'est pas le seul dont ce pape ait fait usage. — Urbain II ne rétablit pas les formules d'imprécations, mais il menace de la déposition dans les termes les plus énergiques archevêques, évêques, empereurs, rois, etc. — C'est de la bulle publiée par Urbain II, pour la première croisade, que les bulles dites *cruciatæ* tirent leur origine.

URBAIN III (Hubert Crivelli), élu pape le 25 novembre 1185 et couronné le 1er décembre, meurt le 19 octobre 1187. — Il avait pour devise : *Ad te,*

Domine, levavi animam meam. Les souscriptions de ses priviléges sont placées plus souvent après qu'avant les dates. Il commençait l'année et l'indiction au 25 mars ou à Pâques, et datait son pontificat du jour de son élection. Il a aussi compté l'indiction à partir du 1er janvier, et probablement du 1er septembre. — « La signature d'une bulle originale de Fécam, disent « les Bénédictins, paraît plutôt de la main de l'écri« vain que de celle du pape. Les croix et les parafes « des cardinaux, c'est-à-dire leur *subscripsi*, qui dégé« nère visiblement en parafe, sont de leur propre « main. »

Urbain IV (Jacques Pantaléon), surnommé de Court-Palais, élu pape le 29 août 1261, et couronné le 4 septembre suivant, meurt le 2 octobre 1264. — Il avait pour devise : *Fac mecum, Domine, signum in bonum.* Il a substitué quelquefois *papa IV* à la formule *episcopus servus, etc.* On trouve aussi dans plusieurs de ses suscriptions, au lieu de *salutem et apostolicam benedictionem*, les formules *ad futuram*, ou *ad perpetuam rei memoriam, ad certitudinem præsentium et memoriam futurorum*, sans que pour cela les actes se terminent par une date solennelle. La formule *ad certitudinem, etc.* est propre aux bulles d'excommunication. Les Bénédictins ne font d'ailleurs aucune remarque sur les formules de ce pape, qui a probablement suivi les usages de ses prédécesseurs.

Urbain V (Guillaume), élu pape au mois de septembre 1362, sacré et couronné le 6 novembre suivant, meurt le 19 décembre 1370. — Sous son pontificat, les signatures postiches sont accompagnées de ces paroles : *De mandato domini nostri papæ.* « Mais cette « formule, disent les Bénédictins, quoique dans la suite « très-fréquente, ne fut pas toujours observée. » Voici ce qu'ajoutent les mêmes auteurs, au sujet du sceau de ce pape : « Urbain V, dit le P. Papebrok, scella ses « bulles du sceau de ses armes, disposées elles-mêmes « en forme de croix, au milieu d'une couronne de « feuilles de chêne. C'est sur quoi nous ne sommes « point en état de le contredire; quoique la chose pa« raisse difficile à croire, si l'on entend qu'il supprima « ou les têtes des apôtres ou son nom, pour y substi« tuer ses armes. » Les bulles de plomb déposées aux Archives du royaume justifient l'opinion des Bénédictins et ne s'accordent en rien avec celle du P. Papebrok.

Urbain VI (Barthélemy Prignano), élu pape le 9 avril 1378 et couronné le 18 du même mois, meurt le 18 octobre 1389. — Il avait pour devise : *Exurge, Domine; judica causam meam.* Il a remplacé quelquefois *Ad perpetuam rei memoriam* et *Salutem et apostolicam benedictionem*, par la formule : *Ad futuram rei memoriam.* Les Bénédictins donnent le *fac-simile* de sa bulle de plomb, où ses armoiries figurent en dessous de l'inscription : Urbanus pp. VI. C'est probablement le premier exemple de cet usage. Voyez cependant Urbain V.

V

Valentin, devient pape vers le mois d'août 827, et meurt vers le 10 octobre de la même année.

Victor II (Gébéhard), élu pape au mois de mars 1055 et intronisé le 13 avril suivant, meurt le 28 juillet 1057. — Il retranche quelquefois les deux premiers mots de la formule *salutem et apostolicam benedictionem.* On suppose qu'il avait pour devise : *Ipse est pax nostra;* mais cette devise ne paraît pas dans son cercle, autour duquel est disposée l'inscription suivante : Victoris II scæ (*sanctæ*) Romanæ et apostolicæ sedis papæ. Le champ du cercle est divisé par une croix en quatre parties égales. Les deux divisions supérieures contiennent le nom de Jésus-Christ, IHC.. XPC; dans les deux divisions inférieures on lit : Petrvs..... Pavlvs. Il a, comme Léon IX, employé la salutation *benevalete*, sous la forme d'un monogramme; mais ses bulles s'écartent d'ailleurs des formes introduites par ce pape. On y trouve la double date *scriptum* et *datum.* C'est quelquefois après les dates que sont placées les clauses renfermant des menaces d'anathème ou des promesses de bénédiction. Cette disposition n'est pas d'ailleurs particulière aux bulles de Victor II; on en trouve avant lui plusieurs exemples. Ce pape a employé plusieurs sceaux, et, dans le nombre, il y en a un qui porte la date de l'Incarnation et de son pontificat : *Anno MLV. Pont. I.*

Victor III (Didier), élu pape le 24 mai 1086 et consacré le 9 mai 1087, meurt le 16 septembre suivant.

Victor IV (Grégoire), antipape, élu vers le 15 mars 1138, abdique presque aussitôt.

Victor V (Octavien), antipape, élu le 7 septembre 1159 et consacré le 4 octobre suivant, meurt le 20 ou le 22 avril 1164. — Selon les Bénédictins, les bulles de cet antipape sont à peu près revêtues des mêmes caractères que celles d'Alexandre III.

Vigile, ordonné pape le 22 novembre 537, meurt le 10 janvier 555. — Le titre d'une lettre circulaire de Vigile porte : *Vigilius episcopus ecclesiæ catholicæ*, et la souscription : *Vigilius episcopus sanctæ ecclesiæ catholicæ urbis Romæ;* mais en général ses épîtres commencent ainsi : *Dilectissimo fratri N. Vigilius.* Il appelle Justinien *son seigneur, son fils, très-sérénissime et très-chrétien empereur.* — Il est le premier pape qui ait daté d'après le consulat de Basile, formule qui a été en usage jusqu'en 567. Il est aussi le premier qui ait daté de l'année des empereurs. Les dates du post-consulat de Basile sont ainsi conçues : *Data XV Calend. Novembres, iterùm P. C.* (post consulatum) *Basilii V. C.* Le mot *iterùm* désigne la seconde année du post-consulat. Dans une épître datée de la quatrième, on trouve : *IV. P. C.;* et dans une autre, qui est de la cinquième année : *quinquies P. C.* Voici la date qui renferme les années de l'empire de Justinien : *Data III Calend. Maias, imperante domino nostro Justiniano PP.* (perpetuo) *augusto anno XXIV, P. C. Basilii V. C. anno IX.* Ses salutations sont conçues dans la forme ordinaire : *Deus te incolumem custodiat, frater carissime.* Les mots *frater carissime*, ou *fratres carissimi*, sont souvent désignés par les sigles *F. C.*

Vitalien, ordonné pape le 30 juillet 657, meurt le 27 janvier 672. — Sa bulle de plomb, dont les Bénédictins donnent le *fac-simile*, porte sur chaque face deux croix entre lesquelles on lit, d'un côté Vitaliani, et de l'autre papae.

W

Wenceslas, fils de l'empereur Charles IV, roi de Bohême en 1363, élu roi des Romains le 10 juin 1376, succède à son père le 29 novembre 1378; déposé comme roi des Romains le 20 août 1400, il joint néanmoins ce titre à celui de roi de Bohême jusqu'à sa mort, arrivée le 16 août 1419. — Ses diplômes commencent ordinairement ainsi : « Wenzlaus « Dei gratiâ Romanorum rex semper augustus et Boemiæ rex : notum facimus tenore præsentium univer« sis, etc. » Après le mot *rex*, il ajoute quelquefois : *ad perpetuam rei memoriam.* — Voici une de ses dates : « Datum Prage, anno Domini MCCCLXXIX, indictione II, « V Kalend. Aprilis, regnorum nostrorum anno Boemie « XVI, Romanorum verò III. » On voit qu'il compte les années de son règne, non de la mort de son père, mais de l'époque de son élection.

Waifre, fils de Hunald, règne sur toute l'Aquitaine, avec le titre de duc héréditaire, après l'abdication de son père en 745, et périt le 2 juin 768.

Z

Zacharie, ordonné pape le 30 novembre 741, meurt le 14 mars 752. — Il est peut-être le premier qui ait fait usage d'un *cercle;* ou du moins il a pu donner l'idée de ces figures qui, dans la suite, ont été adoptées par les papes. (Voyez l'article de Pascal II.) On trouve en effet, sur la copie d'un de ses priviléges, les noms des apôtres, surmontés du monogramme de Jésus-Christ en caractères grecs : IC. XC. Une de ses bulles renferme la suscription suivante : « Zacharias divinâ gratiâ præditus, aposto« licæ sedis pontifex, servus autem servorum Dei, in « Domino salutem dicit. » Il exprime aussi le salut par les mots *perpetuam salutem.* Ses actes sont en général datés de l'indiction et des années de l'empereur régnant. En voici deux exemples : 1° « Data Nonis « Novembris, imperante domno piissimo augusto « Artavasdo à Deo coronato magno imperatore anno « III, P. C. ejus anno III, sed et Nicephoro magno « imperatore ejus filio anno III, indict. XIII. » 2° « Da« ta Kalendis Maii, imperante domino piissimo au« gusto Constantino à Deo coronato magno pacifico « imperatore anno XXIX, P. C. ejus anno VII, in« dict. I. » Le premier de ces actes est daté du règne d'Artavasde ou Artabase, qui avait profité de l'absence de son beau-frère Constantin Copronyme pour se faire proclamer empereur. Il s'était associé son fils Nicéphore, dont la date fait aussi mention. Le second est daté du règne de Cōnstantin, et les années de ce prince sont comptées du 31 mars 720, époque où il avait été proclamé auguste. Les années du post-consulat sont au contraire calculées à partir du mois de juin 741, c'est-à-dire de l'avénement définitif de Constantin. (Voy. 1re partie, chap. 1.) Le sceau de ce pape porte d'un côté ZACHARIAE, et de l'autre le mot PAPAE surmonté d'une croix. Le mot *Zachariæ* est divisé en trois lignes, et *papæ* en forme deux.

ZIZIME, antipape, ordonné en 824, abdique peu de temps après.

ZUENTIBOLDE, fils naturel d'Arnoul, empereur, reçoit de son père le royaume de Lorraine avant le mois de juin 895, et meurt le 13 août 900.—Il mettait en tête de ses diplômes : *In nomine sanctæ et individuæ*, ou *inseparabilis Trinitatis, Zuentiboldus, annuente supernâ clementiâ*, ou *divinâ adjuvante, procurante*, ou *providente clementiâ*, ou bien *divinâ favente gratiâ, rex*. Son nom n'est pas toujours écrit de même dans la suscription et dans les formules finales de ses diplômes. On rencontre alternativement *Zuenteboldus, Zuentiboldus, Zuentebolchus, Zuentebulchus*, etc. Après l'annonce du monogramme : *Signum domni Zuenteboldi, Zuentebolchi, etc. piissimi* ou *gloriosissimi regis*, vient le contreseing du chancelier ou du notaire : *Valger* ou *Waldegerus* ou *Walgerus notarius ad vicem Ratperti* ou *Ratpoti archiepiscopi summique cancellarii recognovit*. Il a employé dans une date la formule *anno Domini* au lieu de *incarnationis Dominicæ*. Son diplôme pour le monastère de Stavelo renferme la date suivante: *II Kal. Junii, anno incarnat. Dom. DCCCXCV, indictione XIII.*

TROISIÈME PARTIE.

PALÉOGRAPHIE PROPREMENT DITE.

CHAPITRE PREMIER.

SUBSTANCES DESTINÉES A RECEVOIR L'ÉCRITURE. — ENCRES ET COULEURS. — INSTRUMENTS DE L'ÉCRIVAIN.

ARTICLE PREMIER.

DES SUBSTANCES DESTINÉES A RECEVOIR L'ÉCRITURE, ET EN PARTICULIER DU PAPYRUS, DU PARCHEMIN ET DU PAPIER.

« Les peaux des quadrupèdes différemment préparées, celles des poissons, « les intestins des serpents et autres animaux, le linge, la soie, les feuilles, le « bois, l'écorce, la bourre des plantes et leur moelle, les os, l'ivoire, les pierres « communes et précieuses, les métaux, le verre, la cire, la craie, le plâtre, etc. « ont fourni, disent les Bénédictins, la matière sur laquelle autrefois on écri- « vait, ou sur laquelle on écrit encore. » Mais si les anciens employaient souvent les matières lapidaires ou métalliques pour graver leurs actes, on ne cite depuis l'invasion des barbares que de rares exemples de cet usage, et les seules substances que l'on rencontre généralement dans les archives ou les bibliothèques sont le papyrus ou *papier d'Égypte,* le parchemin, le vélin, le papier de coton et le papier de chiffe. Cependant on possède encore des tablettes d'ivoire connues en général sous le nom de *diptyques*, parce qu'elles sont rarement composées de plus de deux feuilles. Celles qui en ont davantage prennent le nom de *polyptyques*. On conserve à la Bibliothèque du Roi et aux Archives du royaume des tables de cire, mais elles ne remontent qu'au XIVe siècle ou environ. Les Bénédictins citent aussi quelques actes écrits, soit sur des bâtons, soit sur le manche ou la lame d'un couteau. Mais ce sont là des exceptions plus curieuses qu'utiles à connaître. Les actes sur papyrus, au contraire, se sont conservés en assez grand nombre pour qu'il soit nécessaire d'en parler avec quelques détails.

Le papyrus est une espèce de roseau dont la tige est recouverte par une enveloppe membraneuse. Comme la substance de ces enveloppes n'est pas très-serrée, on était obligé de superposer deux de ces membranes transversalement: par ce moyen les fibres, en se coupant à angle droit, imitaient l'aspect d'un tissu, et formaient en même temps une matière plus compacte, et plus propre à recevoir l'écriture.

Il est inutile de donner ici des détails sur la manière de préparer le papyrus et d'amener l'adhésion plus ou moins complète de la couche inférieure et de la couche supérieure. Ce qu'il importe de savoir, c'est que ce roseau s'élève au moins de deux coudées au-dessus de l'eau; un témoin oculaire porte même son élévation à six ou sept coudées. Il en résulte que les actes sur papyrus peuvent avoir une grande dimension. Parmi ceux qui ont été écrits sur cette substance, le plus ancien que l'on connaisse a deux aunes de long. Maffei signale cette pièce comme la plus précieuse de toutes celles qu'il a eues entre les mains; les Bénédictins la font remonter à l'an 445 au plus tard, et Mabillon, qui avait visité les plus célèbres archives de l'Europe, a déclaré qu'elle était d'une antiquité supérieure à celle de tous les actes authentiques qu'il eût jamais vus. Parmi les papyrus qui existent aux Archives du royaume, on peut citer deux testaments, l'un d'une dame nommée Ermentrude, l'autre d'un magnat français dont la femme est nommée Chamnetrude. Le premier de ces diplômes a quatre pieds et demi, et le second quatre pieds neuf pouces de hauteur. Comme ils sont tous deux mutilés, ils devaient probablement avoir plus de cinq pieds. La Bibliothèque du Roi possède des papyrus d'une dimension au moins égale; aussi ne doit-on pas douter que cette substance n'ait été d'un usage très-fréquent pour tous les actes d'une grande étendue. Il est même prouvé que pour les chartes elle a été employée de préférence au parchemin jusque vers la fin du VIIe siècle. En effet, la plupart des diplômes antérieurs au VIIIe siecle qui se sont conservés jusqu'à nous, sont écrits sur papyrus, et cependant cette substance fragile est beaucoup plus exposée à se détruire que le parchemin. On s'en est servi en Italie jusqu'au milieu du XIe siècle; mais en France on en avait à peu près abandonné l'usage dès le VIIIe. Les diplômes sur papyrus sont en général d'une mauvaise conservation, parce qu'on avait autrefois la mauvaise habitude de les rouler: or comme il arrive souvent que des parcelles de papyrus se soulèvent, on risquait en les développant de détacher quelques fibres dans toute leur longueur. Le seul moyen de conserver ces précieux monuments est de les encadrer, ou tout au moins de les étendre en les fixant sur un carton. Quoiqu'il soit prouvé que l'on pouvait obtenir du papyrus d'une grande blancheur, cette substance, telle qu'on la rencontre dans les archives et les bibliothèques, est en général d'un jaune clair; et comme l'encre en vieillissant tend à se rapprocher de cette couleur, surtout quand elle est exposée à la lumière, il est préférable de préserver les actes sur papyrus, non-seulement de l'action directe des rayons solaires, mais encore de la lumière diffuse. Il ne paraît pas que l'on ait employé aussi fréquemment le papyrus pour les manuscrits que pour les diplômes. On peut citer cependant quelques fragments de S. Avit, déposés à la Bibliothèque du Roi. Le même établissement possède un manuscrit de S. Augustin, également sur papyrus; quoiqu'il soit incomplet, il est d'une admirable conservation. Cela tient sans doute à ce que chaque cahier de papyrus a été dès l'origine placé entre une double feuille de parchemin qui fait elle-même partie du manuscrit, et sur laquelle sont écrites les deux premières et les deux dernières pages de chaque cahier. Mabillon cite dans sa Diplomatique un autre manuscrit pour lequel on avait pris les mêmes précautions. (Voyez la notice relative au manuscrit qui a fourni le *fac-simile* n° 5 de la planche II.)

On a souvent, et mal à propos, donné au papyrus le nom de *papier d'écorce*. Maffei, qui a relevé plus d'une erreur de ce genre, pense que l'on n'a peut-être jamais écrit d'acte sur l'écorce, en tous cas que ces actes ne se sont pas conservés, et que très-certainement si l'écorce brute a pu être employée à cet usage, on ne s'en est jamais servi pour fabriquer du papier. Les Bénédictins, qui n'admettent aucune de ces propositions, citent un ancien manuscrit de Saint-Germain des Prés, dans lequel se trouvent cinq feuillets composés, à leur avis, de papier d'écorce. Montfaucon partage cette opinion. Mabillon, au contraire, a jugé que ces feuillets étaient en papyrus. On peut voir ce manuscrit à la Bibliothèque du Roi, où il est aujourd'hui déposé; mais la question qu'il soulève est plutôt du ressort de la botanique que de la paléographie. Toutefois, comme la couche supérieure de certains feuillets laisse apercevoir sous quelques lacunes les traces de plusieurs écritures d'un caractère différent, il paraît probable que ce sont des fragments d'anciens papyrus qu'on aura grossièrement collés les uns sur les autres pour les employer de nouveau. Quelques personnes ont douté qu'il y eût des *palimpsestes* sur papyrus, c'est-à-dire des actes écrits sur des feuilles de papyrus qui auraient auparavant reçu une écriture plus ancienne. Le manuscrit qui vient d'être cité semble déjà prouver qu'on a tenté d'appliquer au papyrus un procédé dont on s'est fréquemment servi pour le parchemin. Mais il existe aux Archives du royaume plusieurs diplômes sur papyrus qui ne laissent aucun doute à cet égard. Il est facile d'apercevoir, dans l'intervalle des lignes de quelques-uns de ces actes, la trace de lignes plus anciennes et qui ont une direction à peu près parallèle à celle de la seconde écriture. Ces doubles lignes sont quelquefois assez rapprochées pour se confondre, et alors il devient difficile de distinguer l'ancienne écriture; mais souvent elles sont complétement isolées, et par un examen attentif on arrive à reconnaître les vestiges des caractères primitifs dans toute l'étendue de l'acte. Parmi ces palimpsestes, il en est un dont l'ancienne écriture se distingue plus facilement encore, parce que les anciennes lignes coupent à angle droit la direction des lignes nouvelles. Cet acte est peut-être le seul où l'on déchiffrerait quelques mots, si la composition chimique de l'encre permettait d'employer avec succès quelqu'une des liqueurs qui font revivre les anciennes écritures.

Eumène, roi de Pergame, a été cité comme l'inventeur du parchemin; mais il paraît probable que l'usage d'écrire sur la peau de mouton remontait à une plus haute antiquité, et qu'on a seulement perfectionné sous son règne la manière de la préparer. Cette hypothèse suffit pour expliquer le nom de *pergamenum* donné à cette substance. Les plus anciens manuscrits que l'on connaisse sont en parchemin; mais il n'en est pas de même pour les actes, ou du moins les Bénédictins ne pensaient pas qu'il y eût des chartes sur parchemin qui fussent antérieures au VIe siècle; la plus ancienne de celles qui existent aux Archives du royaume ne remonte qu'à l'an 671. On pourrait citer ici un titre qui porte une date beaucoup plus reculée et que les Bénédictins ont défendu contre les attaques de Launoy et du P. Germon; mais quelque respect que nous ayons pour l'avis des savants auteurs du Nouveau Traité de Diplomatique, il nous est impossible de faire remonter à l'an 558 le diplôme de Childebert en faveur du monastère de Saint-Vincent et de Sainte-Croix, depuis Saint-Germain des Prés. On ne peut y voir, à notre avis, qu'un renouvellement de l'acte primitif dont le texte a pu sans doute être conservé, mais dont l'écriture n'est pas antérieure au IXe siècle. En admettant d'ailleurs que cet acte soit original, il n'en serait pas moins prouvé qu'en fait les diplômes sur parchemin sont encore très-rares au VIIe siècle; la charte de Childebert ne serait donc qu'une exception à la règle générale. En tous cas, un diplôme sur parchemin qui remonterait à la première moitié du VIIe siècle, devrait être considéré comme une singularité remarquable et soumis par conséquent à un examen scrupuleux.

Il n'y a aucune espèce de règle à donner sur les dimensions des chartes.

On en trouve qui ne sont pas plus grandes qu'une carte à jouer; d'autres, au contraire, couvrent une feuille de parchemin dans toute l'étendue qu'elle peut avoir. Quand la longueur des actes ne permettait pas de les écrire sur une seule feuille de parchemin, on formait, en cousant plusieurs peaux, des rouleaux qui avaient quelquefois une longueur prodigieuse : on peut citer pour exemple le rouleau de l'enquête contre les Templiers, qui existe aux Archives du royaume, et qui a plus de soixante et dix pieds de long. Aux points de réunion des différentes feuilles dont se compose ce rouleau, se trouvent deux, trois ou quelquefois quatre signatures, en forme d'estampilles, dont une portion seulement est marquée sur chaque feuille, afin que le rapprochement de la portion correspondante puisse servir de point de rapport; ces feuilles sont d'ailleurs cousues les unes à la suite des autres. Souvent, par surcroît de précaution, on avait soin de sceller une ou plusieurs bandes de parchemin qui réunissaient entre elles les feuilles du rouleau. Dans des pièces d'une aussi grande étendue, il n'est pas rare de rencontrer des alinéa ; mais il n'en existe pas dans les chartes ordinaires, si ce n'est pour les signatures et les dates. Lorsqu'on ne voulait pas, pour compléter un acte, ajouter une seconde feuille de parchemin, on en écrivait la fin sur le verso de la feuille dont le recto avait été rempli. Ces actes, que l'on appelle *opisthographes*, se rencontrent rarement [1], parce qu'en général on avait soin de choisir une feuille de parchemin assez étendue pour que la totalité de l'acte pût tenir sur le recto. Il n'existe pas d'actes opisthographes sur papyrus; mais dans les manuscrits les feuilles de papyrus sont, comme celles de parchemin, écrites sur le recto et sur le verso.

La peau de mouton, préparée en parchemin, peut avoir une blancheur éclatante, ou être d'un jaune sale. Ces deux couleurs et les teintes intermédiaires, dépendent ou de la qualité de la substance ou du mode de fabrication. Ce serait donc une erreur que de prendre pour un signe de vétusté, une teinte jaune plus ou moins foncée. S'il fallait, au contraire, juger de l'antiquité d'un titre par l'aspect seul du parchemin, on pourrait dire que la blancheur jointe à la finesse indiquerait en général qu'il est antérieur au XIIe siècle. On a aussi essayé de communiquer au parchemin une blancheur factice, mais cette préparation avait l'inconvénient de nuire à la conservation de l'écriture. Des essais du même genre paraissent avoir eu lieu pour lui donner une couleur de safran; mais les auteurs ne s'accordent pas sur ce point. Quant

[1] Il ne faut pas considérer comme opisthographes les parchemins dont le revers présente une courte notice de l'acte. Ces sommaires se rencontrent sur presque toutes les chartes, et il n'est pas inutile de faire observer en passant qu'ils renferment souvent des erreurs quand ils sont d'une écriture beaucoup plus récente que celle du titre original.

aux parchemins pourprés, on en fabriquait du temps même de Pline. Vers la fin du IVe siècle, les moines s'occupèrent de cet art, qui fut pendant longtemps cultivé avec succès, comme l'attestent plusieurs manuscrits précieux où brillent les reflets les plus éclatants du rouge, du bleu et du violet. Vers la fin du IXe siècle, le secret de cette préparation paraît s'être en partie perdu. Les parchemins pourprés n'ont plus qu'une teinte obscure et rembrunie. Les vélins[1] teints en pourpre étaient en général destinés à recevoir des lettres d'or ou d'argent, et devaient avoir un très-grand prix. On sait d'ailleurs que le parchemin était fort rare, même à son état naturel. De là cette funeste habitude de racler les anciens titres pour en écrire de nouveaux. Il paraît que le moyen âge ne fit en cela qu'imiter l'exemple des Romains. On peut quelquefois sans doute arriver à découvrir quelques vestiges de l'écriture primitive, mais ce déchiffrement offre presque toujours de grandes difficultés.

Quoique l'invention du papier de chiffe paraisse remonter au XIIIe siècle, il ne fut d'un usage ordinaire que dans le courant du siècle suivant. Le plus ancien titre sur papier de chiffe que Mabillon ait rencontré, est une lettre de Joinville à Louis X. Ce papier ne doit pas être confondu avec le papier de coton (*charta bombicina, bombacina, cuttunea* ou *Damascena*). Celui-ci est plus épais, plus lisse, et laisse ordinairement paraître vers la tranche des parcelles de coton. Cette substance se voit même à son état naturel et comme en flocons dans des registres qui ont souffert de l'humidité. Le papier de coton était certainement en usage chez les Orientaux dès le IXe siècle, et les auteurs du Nouveau Traité de Diplomatique ne paraissent pas éloignés de croire qu'on l'employait déjà cinq cents ans auparavant. Du reste, il n'eut jamais autant de cours chez les Latins que chez les Grecs. Toutefois, les relations commerciales l'avaient introduit à Venise, à Naples et en Sicile. Montfaucon parle de plusieurs manuscrits en papier de coton, qui remontent au Xe siècle. Selon le même auteur, les chartes les plus anciennes qui aient été écrites sur cette substance, sont du commencement du XIIe siècle. Il est inutile de faire remarquer que, malgré la découverte du papier de coton et du papier de chiffe, le parchemin continua d'être en usage pour la transcription des actes qui avaient quelque importance et dont on voulait assurer plus longtemps la conservation. De nos jours encore on emploie le parchemin pour les expéditions de quelques contrats de mariage et d'un petit nombre de contrats de vente.

[1] On emploie souvent comme synonymes les mots *vélin* et *parchemin*, parce que ces deux substances servaient au même usage; mais on sait que le vélin proprement dit se fabrique avec la peau de veau, et le parchemin avec la peau de mouton.

ARTICLE II.

DES ENCRES, DES COULEURS, DES LETTRES ORNÉES ET DES PEINTURES.

L'encre noire est celle qu'on employait le plus généralement dans les manuscrits, et surtout dans les diplômes. En thèse générale, la teinte de l'encre doit pâlir avec le temps; mais on tomberait dans de fréquentes méprises si l'on s'attachait à cette circonstance comme à une preuve décisive. Il y a des titres fort récents, où l'encre a pris une teinte pâle et jaunâtre; tandis qu'elle conserve toute sa vivacité dans des actes très-anciens. Souvent même ces différences de teinte se rencontrent dans le corps d'un même acte et dans un même mot. Cela tient à ce que la plume de l'écrivain, n'étant pas toujours également chargée d'encre, déposait des couches de matière colorante d'une épaisseur inégale, et sur lesquelles l'action de l'air, de l'humidité et de la lumière devait être plus ou moins sensible. Les différences de teinte dans les écritures qui n'ont pas été tracées par la même main s'expliquent surtout par la différence dans la qualité des encres, et quelquefois aussi par des circonstances accidentelles qui ont pu multiplier, pour certains actes, les causes d'altération.

Nous avons dit que l'encre noire était employée plus généralement encore dans les diplômes que dans les manuscrits. En effet, l'on trouve à peine quelques chartes qui soient écrites en encre de couleur. Il existe à Orléans une charte de Philippe Ier, en encre verte; mais la croix qui servait de signature au roi est tracée en noir. On sait que les empereurs grecs avaient coutume de signer en rouge des diplômes dont le texte était d'ailleurs écrit en encre noire : Charles le Chauve, à leur exemple, a donné quelques signatures en cinabre. On rencontre aussi des actes dont les lettres initiales sont rouges, vertes ou bleues. Parmi les diplômes remarquables par des lettres à ornements, on peut citer les deux exemplaires de l'ordonnance de 1374 sur la majorité des rois de France. Ces deux actes, qui font partie du Trésor des chartes, sont admirablement conservés. La première ligne est tout entière en lettres ornées et coloriées avec autant de recherche que d'élégance. Enfin on trouve aussi en Italie, en Allemagne et en Angleterre, des diplômes en lettres d'or; mais, à part ces exceptions peu nombreuses, on peut regarder les encres métalliques et les encres de couleur comme étrangères aux diplômes. On les prodiguait au contraire avec une telle magnificence dans les manuscrits, qu'il n'est pas extraordinaire de voir une lettre occuper une page entière. Ce travail n'était pas en général confié au copiste. En effet, l'on voit beaucoup de manuscrits dont les lettres initiales sont restées en blanc; ailleurs, ce sont des titres ou des vignettes, dont le trait seul est marqué. Il n'existe qu'un petit nombre de manuscrits qui soient tout entiers en lettres d'or, comme les heures de Charles le Chauve; mais souvent cette encre précieuse a été employée pour tracer les premières pages, les titres, les initiales des alinéa ou les passages remarquables. Il peut arriver alors que le vélin soit teint en pourpre dans ces différentes parties. L'encre d'or a été particulièrement employée du VIIIe au Xe siècle, et surtout dans les missels et les livres saints. Pour assurer la régularité de ces caractères, on traçait à chaque ligne deux raies blanches, qui fixaient la hauteur des lettres. Dans les manuscrits ordinaires on se contentait d'une seule ligne horizontale, sur laquelle s'appuyait la base de l'écriture. Les lettres d'or, qui avaient été rarement employées du XIe au XIIIe siècle, reprirent faveur dans les trois siècles suivants. Mais alors, au lieu d'encre métallique, on appliquait ordinairement sur le vélin des feuilles d'or, qui servaient aussi pour les ornements. Cet usage remonte au moins jusqu'au XIe siècle.

L'encre d'argent s'employait peut-être plus fréquemment que l'encre d'or sur les vélins pourprés. Les lettres argentées laissent souvent paraître, en s'effaçant, un fond vert sur lequel on découvre à peine quelques traces du métal. Quelquefois elles paraissent noires, soit que l'application de l'encre métallique ait altéré la couleur du vélin pourpré, soit qu'on ait essayé de retracer à l'encre les caractères qui s'effaçaient, soit que la couleur noire ait été employée comme le vert et le rouge, pour servir de base aux écritures métalliques. Ce qu'il y a de sûr, c'est que les Anglo-Saxons peignaient souvent sur un fond noir leurs lettres historiées. Et d'ailleurs la nature des vernis et des encres a pu donner lieu à quelques-unes de ces réactions chimiques qui transforment complétement les couleurs. Le vermillon ou cinabre a été beaucoup plus employé que les encres métalliques, pour distinguer les titres, les initiales, les tables ou les passages remarquables des manuscrits. Cette couleur a quelquefois l'inconvénient de se détacher et de maculer la page opposée. Selon les Bénédictins, un manuscrit dont les quatre ou cinq premières lignes sont en onciale rouge appartient ordinairement au Ve ou au VIe siècle, tandis que, dans les manuscrits du VIIe et du VIIIe siècle, on écrivait plutôt en rouge les titres que les premières lignes de l'ouvrage.

Ce serait ici l'occasion de parler des lettres ornées qui se rencontrent si fréquemment dans les manuscrits; mais pour traiter clairement ce sujet il aurait fallu mettre sous les yeux du lecteur des modèles, dont la reproduction aurait entraîné des dépenses considérables. Il règne en effet une grande diversité dans ces caractères, dont la forme variait suivant le goût du siècle et les caprices du dessinateur. Ces formes étaient si multipliées au moyen âge, qu'on a senti le besoin de leur appliquer une nomenclature spéciale. Nous renverrons au traité de Tory sur l'*Art et science de la vraie proportion des lettres* les personnes qui seraient curieuses de connaître ce qu'on entendait par *cadeaux, lettres de forme, lettres goffes, lourdes, impériales* ou *bullatiques, lettres de cour* ou *de cours, lettres torneures,* etc. Un fait digne de remarque, c'est qu'une bulle de Grégoire IX renferme un de ces termes techniques : il y est question de lettres *tondues* (*litteræ tonsæ*), c'est-à-dire de lettres qui n'étaient pas hérissées de ces *poils* ou traits superflus dont les écrivains surchargeaient certains caractères des bulles et diplômes impériaux. Parmi les lettres ornées, il est facile de distinguer celles que les Bénédictins appellent lettres en marqueterie. En effet, leurs couleurs sont disposées par compartiments, et de manière à représenter une mosaïque. On ne peut voir dans ces lettres qu'une imitation de quelques inscriptions monumentales où l'on s'est attaché à composer des caractères avec des fragments de pierres de différentes couleurs. Ce genre d'ornements a été surtout employé du VIIe au IXe siècle dans les manuscrits du nord de l'Italie, où règne une écriture qu'on est convenu d'appeler *lombardique,* parce que les caractères qui la distinguent ont commencé à paraître du temps des Lombards. Les jambages massifs des lettres de marqueterie représentent souvent des animaux. Les manuscrits lombardiques ne sont pas d'ailleurs les seuls qui admettent dans la composition des lettres ornées la représentation des objets naturels. Ce genre d'ornements calligraphiques était si fréquemment employé, que les Bénédictins, tout en s'interdisant de rien emprunter aux manuscrits qui n'étaient pas antérieurs au Xe siècle, ont pu reproduire une collection à peu près complète d'alphabets à figures d'hommes, de quadrupèdes, d'oiseaux, de poissons, de serpents et de fleurs. Dans les manuscrits du VIIe, du VIIIe et du IXe siècle, ces figures servaient à composer le corps même de la lettre; mais dans la suite on les employait plutôt comme des ornements accessoires qui se rattachaient aux caractères, sans en former les contours. On ne doit pas s'étonner que les dessinateurs aient souvent sacrifié la forme des lettres au désir d'y faire entrer ces ornements divers. Les écritures à ornements présentent donc des singularités de tout genre. C'est là qu'on rencontre surtout des caractères d'inégale grandeur, des lettres enclavées ou bizarrement conjointes. Quand les lettres initiales sont d'une grande simplicité et que par leur grandeur elles ne s'éloignent pas beaucoup des caractères qui composent le texte, le manuscrit qui présente ces caractères peut être rapporté au Ve ou au VIe siècle, si d'ailleurs son écriture ne dément pas cette supposition. Il arrive même souvent que, dans les manuscrits d'une belle antiquité, les lettres initiales des alinéa ne dépassent pas le texte, en sorte que les grandes lettres ne paraissent guère qu'au commencement des pages.

Est-il nécessaire de faire remarquer que les lettres coloriées fournissent à l'artiste et à l'antiquaire une source inépuisable d'observations curieuses, soit que la mode dans ses caprices leur emprunte des modèles de parure et d'ameublement, soit que le savant lise dans leurs ornements symboliques l'histoire cachée des mœurs d'un autre âge? Quand même on se bornerait à étudier ces monuments sous le rapport de la paléographie, ils fourniraient encore des éléments précieux pour cette science. « Il n'est peut-être point de « caractère plus facile à saisir ni plus propre à déterminer l'âge des manus- « crits, disent les Bénédictins, que celui qui résulte de la forme et du génie « de leurs lettres historiées répondant à nos lettres grises[1]. En général, leur « rareté dans leurs manuscrits où d'ailleurs on ne s'est point négligé sur l'élé- « gance, est en proportion avec leur antiquité. Si ce caractère n'était pas « démenti par aucun autre, on pourrait estimer du ve siècle ou du vi[e] au moins, « tout manuscrit où l'on n'en découvrirait aucune. Du reste, on ne prétend pas « fixer au dernier l'origine des lettres historiées : on ne saurait même presque « douter qu'elle ne soit bien plus ancienne. En effet, le vi[e] siècle n'était pas « un temps fort propre à faire éclore des nouveautés si recherchées. Ces « lettres sont appelées *capitulaires* parce qu'elles étaient placées au commen- « cement des chapitres et des livres. Les lettres en broderie commencent à « relever les manuscrits du vi[e] siècle. Au viie, elles deviennent plus fréquentes « et remplissent quelquefois la dernière page d'un livre. Aux lettres brodées, en « France, succéda la mode des lettres en treillis ou à mailles. Leur massif « commença d'abord par recevoir des chaînettes. Bientôt elles se multiplièrent « au point de produire des lettres tressées et entrelacées. Le règne de ce ca- « ractère désigne les viiie et ixe siècles. Les arabesques parurent sur les lettres « historiées dès le viiie. Leur faveur s'accrut dans la suite : leur crédit se soutint « au moins jusqu'au xiie; mais depuis le xe ce fut avec un dépérissement sen- « sible du goût.... Les lettres historiées anglo-saxonnes se distinguent des autres « parce qu'elles aboutissent en têtes et en queues de serpents; parce qu'elles « sont bordées de points; parce qu'elles paraissent dans leurs massifs garnies « de perles; parce qu'elles portent sur un fond, soit rouge, bleu, jaune, soit « mi-parti ou écartelé de ces couleurs. Ces lettres grises, terminées en têtes ou « en queues de serpents, de dragons, de monstres, ou les représentant dans

[1] On entend par *lettres grises* les lettres initiales dont la dimension est plus grande que celle des lettres du texte; c'est un terme générique qui désigne toute espèce de grandes lettres.

« leurs massifs, ont été moins imitées des autres nations que les précédentes. « Les treillages et les entortillements ont souvent lieu dans ces formes de « lettres. Les lettres fleuronnées ou fleuries, constamment employées dans les « manuscrits, ont passé de là dans les imprimés. Leur variété presque infinie « ouvrait sans doute un vaste champ à l'imagination des peintres de manus« crits. Aussi se donnèrent-ils carrière en ce genre. Aux VIIIe et IXe siècles, ils « diversifièrent prodigieusement leurs lettres historiées. Souvent les couleurs « les plus vives et les plus tranchantes y contrastèrent. Rien dans la nature « dont ces lettres n'aient emprunté la forme. Mais, après l'avoir pour ainsi « dire épuisée, à force de vouloir raffiner les enlumineurs et les peintres tom« bèrent dans le ridicule et dans l'extravagant. Toutefois, avant le XIIIe siècle, « ils s'en préservèrent en quelque sorte, si l'on compare leurs productions de « l'imagination la plus égarée avec celles des siècles suivants. On ne vit plus « alors ces lettres garnies que de têtes déplacées avec des nez monstrueux, ou « bien elles se chargèrent de lignes de diverses couleurs, en barbes, en gerbes, « en chevelures bouclées par les extrémités. Souvent leurs extensions postiches « ne se bornèrent pas, soit à remonter au haut, soit à descendre au bas de la « page, mais se replièrent encore le long des marges supérieures et inférieures. « Cependant le corps de la lettre proprement dite n'avait ordinairement guère « plus d'un pouce de diamètre. Les extensions chevelues affectaient des cou« leurs opposées à celles du fond de la lettre. Deux filets voisins soutenaient « souvent leur alternative de couleur autant de fois qu'ils étaient répétés. Dans « leurs intervalles, d'autres petites lignes, qui ne tenaient à rien, se trouvaient « placées. Souvent elles étaient en vis ou en volute. Quand les filigranes « n'avaient pas lieu, les échappements des lettres, presque en forme d'antennes, « ne laissaient pas d'occuper autant ou plus de terrain, lors même qu'on leur « donnait pour fond des feuilles d'or. En un mot, tout ce qu'un goût dépravé « peut produire de plus absurde, tout ce qu'un cerveau frénétique peut en« fanter de chimères, fut presque l'unique apanage des lettres historiées « des XIIIe, XIVe et XVe siècles. Cependant c'est au XVe qu'on commence un peu « à se réconcilier avec la belle nature. On en découvre même quelques « faibles préludes dès le XIVe. Ces filigranes et ces échappements de lettres « historiées donnèrent lieu à des vignettes, à des rinceaux où l'on vit « naître des fleurs et des fruits. Les enlumineurs s'exercèrent d'abord beau« coup sur les fraises, et c'est peut-être en quoi ils réussirent le mieux. Leurs « dessins, au reste, étaient des pièces mal assorties. S'ils s'avisaient d'orner les « manuscrits de portraits, leurs personnages étaient roides et sans vie. Mais « peu à peu leurs miniatures devinrent plus douces, plus finies et plus natu-

« relles. Les vignettes et les peintures furent détachées des lettres. Les por-
« traits, devenus un peu plus animés sur la fin du XVe et le commencement
« du XVIe siècle, ne servirent plus que d'ornements isolés, et les vignettes, de
« cadres et de bordures. Les rinceaux de feuillage y paraissent souvent sur un
« fond d'argent, et les fleurs sur fond d'or. Des oiseaux, des dragons, des rep-
« tiles, etc., faisaient quelquefois un effet assez gracieux dans ces cadres et ces
« bordures, quoique la nature n'y fût pas encore tout à fait copiée dans sa
« beauté. Les lettres initiales étaient souvent elles-mêmes décorées de plantes,
« garnies de feuilles, de fleurs et de fruits. »

Quoique les auteurs du Nouveau Traité de Diplomatique aient jugé avec une excessive sévérité les productions de certains siècles du moyen âge, on voit cependant qu'ils ont considéré cette étude comme intimement liée à la paléographie. Aussi est-il à désirer que, dans un siècle où l'on recherche avec tant de curiosité tous les monuments des temps passés, on arrive à en faire une étude sérieuse et méthodique. M. le comte de Bastard a commencé la publication d'un magnifique recueil dans lequel seront reproduites les peintures des manuscrits les plus curieux qui existent en Europe. Tout fait espérer que cette riche collection réunira de nombreux éléments à l'aide desquels on pourra suivre les progrès de l'art dans chaque siècle et dans chaque contrée. Il est impossible, en effet, que le dessin, le coloris, la nature des ornements n'aient pas varié comme l'écriture, suivant les temps et suivant les peuples. Les ornements des manuscrits peuvent donc être soumis à des règles d'appréciation qui viendront compléter ou corroborer les observations purement paléographiques; et puisqu'il nous était impossible de résoudre cette question, nous avons cru du moins devoir en signaler l'importance.

ARTICLE III.

DES INSTRUMENTS DE L'ÉCRIVAIN.

Puisque les copistes appelaient la peinture à leur aide pour orner les manuscrits de l'éclat des couleurs les plus riches et les plus variées, on ne doit pas s'étonner qu'ils aient, de leur côté, surveillé avec soin tous les détails d'exécution qui les concernaient particulièrement. Ils négligeaient rarement, par exemple, d'assurer à leur écriture la régularité convenable, en limitant d'une manière uniforme la longueur et l'intervalle des lignes. S'il n'y a pas de manuscrits dans lesquels on trouve l'exactitude pour ainsi dire mathématique à laquelle nous ont habitués les procédés ingénieux de la typographie, il est bien positif du moins que les anciens copistes ont atteint un degré de perfection qui fait honneur à leur patience et à leur habileté. Nous avons déjà dit que dans les manuscrits en lettres d'or chaque ligne était souvent comprise entre deux raies blanches dont l'écartement fixait la hauteur des caractères, et que dans les autres manuscrits on se contentait ordinairement de tracer une seule raie sur laquelle s'appuyait la base de l'écriture. Pour espacer également ces raies, l'écrivain se servait d'un compas à l'aide duquel il perçait dans le parchemin des trous qui fixaient la position de la règle. Les raies horizontales qu'il traçait par ce moyen, étaient rencontrées perpendiculairement par des raies verticales tirées du haut en bas de la page, et qui, en limitant le commencement et la fin de chaque ligne, réservaient une marge dans la partie gauche de la page et une autre dans la partie droite. Chacune de ces marges peut aussi être indiquée par deux raies verticales rapprochées l'une de l'autre, et il arrive souvent qu'à la fin des lignes, l'écriture au lieu de s'arrêter à la première verticale, s'étend jusqu'à la seconde. Il est inutile de faire remarquer que dans les manuscrits disposés sur deux ou sur trois colonnes, chaque colonne est comprise entre deux verticales. On conçoit que tous les écrivains ne s'attachaient pas également à renfermer leur écriture dans les limites qu'ils avaient eux-mêmes tracées; mais ce qu'il importe de savoir, c'est que la comparaison des moyens dont on s'est servi pour tracer les raies des manuscrits, fournit quelques moyens d'apprécier l'âge auquel ils appartiennent.

Jusqu'au XIIIe siècle, on les a tracées avec la pointe du *style*. Cependant on s'est servi du crayon ou de la mine de plomb dès le XIe siècle; cet usage, devenu ordinaire au XIIe, convient surtout aux deux siècles suivants. Dans les manuscrits plus récents, l'écriture s'appuie souvent sur des lignes rouges.

Selon les Bénédictins, les raies blanches tracées horizontalement sur toute la largeur de la feuille indiqueraient un manuscrit remontant au moins au VIIe siècle; mais s'il n'y avait que les deux premières et les deux dernières qui occupassent cette étendue, on ne pourrait regarder le manuscrit comme antérieur au XIe siècle. Comme les raies tracées avec la pointe du style entamaient souvent le parchemin et avaient l'inconvénient de lui faire boire l'encre, plusieurs écrivains avaient la précaution de maintenir leur écriture un peu au-dessus de ces raies. Dans les diplômes, qui ne sont presque toujours écrits que d'un seul côté, on évitait quelquefois cet inconvénient en rayant le revers du parchemin; la pointe du style produisait alors sur le côté opposé une légère saillie qui suffisait pour guider l'écrivain. Les Bénédictins ont remarqué que, dans les manuscrits antérieurs au VIIIe siècle, les points perçants marqués avec les pointes du compas étaient souvent recouverts par le texte, tandis qu'en général ils se trouvent sur la marge; ils ont même disparu dans beaucoup de manuscrits qui ont été rognés de trop près par le relieur. Lorsqu'il existe dans la marge supérieure ou inférieure d'un manuscrit des points autres que ceux qui fixent la direction des raies verticales destinées à limiter les marges, il y a de fortes présomptions que l'on a employé pour ce manuscrit un parchemin palimpseste. Il faut alors examiner avec soin s'il n'existe pas de traces d'une écriture plus ancienne dont les lignes, comme l'indique la position des points, devraient croiser celles de la dernière écriture.

Une longue discussion sur les instruments qui étaient employés par les copistes serait plus curieuse qu'utile pour l'appréciation des anciennes écritures. On peut se rendre compte, d'après ce qui précède, de l'emploi de la règle, du compas et du style. Peut-être distinguait-on le style qui servait pour les tablettes de cire, d'un instrument analogue qui aurait été employé seulement pour rayer le parchemin, et qu'on trouve désigné sous le nom de *subula*. Les Bénédictins semblent croire que cet instrument était non-seulement pointu, mais encore tranchant, parce qu'ils ont trouvé dans certains manuscrits le parchemin entièrement divisé dans toute l'étendue d'une ligne. L'usage de l'encrier, de l'écritoire, du pupitre, du canif, de la pierre à aiguiser et de la boîte à poudre ne nécessite aucune explication : les Bénédictins font seulement observer que certaines écritoires étaient façonnées de manière à tenir lieu de règle. D. Montfaucon parle en outre d'une fiole pleine de quelque liqueur propre à détremper l'encre trop épaisse, et d'une autre qui contenait le vermillon dont on se servait pour écrire les titres des livres et des chapitres. Quand les copistes s'apercevaient d'une erreur avant que l'encre fût séchée, ils l'effaçaient avec une éponge; mais lorsque ce moyen ne pouvait plus être employé, ils tiraient une barre comme on le fait aujourd'hui (voy. le dernier mot du premier *fac-simile* de la planche II), ou bien ils marquaient des points en dessous des lettres à effacer (voy. le dernier mot du quatrième *fac-simile* de la planche VII). Il est inutile de parler des ciseaux qui servaient à rogner les inégalités du parchemin, ou d'indiquer les matières qui pouvaient être employées pour en aplanir les aspérités. Nous terminerons en reproduisant un passage du Nouveau Traité de Diplomatique sur les roseaux, les plumes et les pinceaux.

« La canne, le *calamus* ou le roseau *arundo, juncus,* disent les Bénédictins, « fut l'instrument ordinaire des écritures faites avec des liqueurs, longtemps « avant qu'on se servît de plumes. David compare sa langue au *calamus* d'un « écrivain qui écrit rapidement. Ce *calamus* est interprété *jonc* par Aquila. L'É- « gypte fournissait beaucoup de ces joncs ou roseaux.

« *Dat chartis habiles calamos Memphitica tellus,* dit Martial. Perse décrit les « défauts du *calamus,* qu'il qualifie *nodosa arundo.* Les Grecs des bas siècles con- « tinuèrent de se servir de cannes, qu'ils tiraient de la Perse..... Du temps de « Pline, on donnait la préférence au *calamus* d'Égypte..... Les plumes d'oies; « de cygnes, de paons, de grues et d'autres oiseaux sont en Occident, depuis « bien des siècles, presque les seuls instruments immédiats de l'écriture qui « se fait sur le parchemin ou sur le papier. Mais à quel temps en doit-on faire « remonter l'origine? Il est assez naturel d'inférer d'un texte de l'Anonyme « publié par Adrien de Valois, qu'on écrivait avec des plumes dès le ve siècle. « Théodoric, roi des Ostrogoths, se servait, selon cet ancien auteur, que l'on « dit être contemporain, d'une plume pour souscrire les quatre premières « lettres de son nom. On cite un vers de Juvénal, qui ferait remonter jusqu'à « son temps l'usage des plumes à écrire, si l'on ne leur appliquait pas une « métaphore tirée des ailes des oiseaux, et que ce poëte semble avoir en- « tendue dans un sens fort différent de celui de nos plumes. *La plume à écrire* « (*Antiq. expl.* tom. III, part. II, liv. v, chap. 6) *ne peut être guère moins an-* « *cienne que Juvénal, au jugement d'un savant moderne, puisqu'Isidore, qui,* « *comme chacun sait, ne parle ordinairement que des anciens usages, dit que les* « *instruments des écrivains étaient la canne et la plume, que la canne était tirée* « *d'un arbre et la plume d'un oiseau, et qu'on la fendait en deux pour écrire.* « S. Isidore n'aura pas sans doute été tellement occupé des anciens usages, « qu'il n'ait eu égard à ceux de son temps. Celui de la plume était donc déjà « tout commun au VIIe siècle, et celui de la canne n'était pas encore passé. « Suivant Browerus, on se servait de la canne ou du *calamus* pour les lettres « majuscules, et de la plume pour les petits caractères. S'il nous était permis « ici de recourir à des conjectures fondées sur les traits de l'écriture courante, « nous donnerions les diplômes mérovingiens aux *calamus,* ainsi que les chartes « romaines dont l'antiquité remonte encore plus haut. Au VIIIe siècle, la plume « et la canne auraient en France écrit tour à tour les diplômes. Mais la plume « aurait insensiblement pris le dessus. Au siècle suivant, le roseau n'aurait « presque plus été admis à écrire le corps des actes émanés de la puissance « royale, quoiqu'il ne fût pas exclu des signatures, et que les bulles des « papes et les actes synodaux le préférassent encore à la plume. L'abbé de « Godwic observe fort judicieusement, qu'au défaut de textes clairs des auteurs « sur l'antiquité des plumes, on peut s'en tenir aux peintures des anciens ma- « nuscrits. D. Mabillon en cite deux, l'une de l'abbaye de Hauvilliers, du temps « de Louis le Débonnaire; et l'autre de l'abbaye de Saint-Amand, du xe siècle. La « première nous offre les portraits des évangélistes tenant des plumes à la main;

« la seconde représente dans la même attitude Baudemond, ancien écrivain de « la vie de S. Amand. Il ne s'ensuit pas qu'aux IXe et Xe siècles l'usage des cannes « fût totalement aboli, mais bien qu'on se servait de plumes même pour écrire « les manuscrits. Après tout, quand les cannes n'auraient plus été employées « dans les manuscrits, on n'en pourrait rien conclure par rapport aux diplô- « mes. Comme on remarque dans ces derniers des traits nets et dégagés qui « semblent caractériser la plume, on en observe d'autres obscurs et grossiers, « qui paraissent nous annoncer le *calamus*. Supposé que la canne fût encore « alors de quelque usage en France pour transcrire les manuscrits, au Xe « siècle, Pierre le Vénérable ne connaissait plus que celui de la plume. On « n'avait ordinairement recours au pinceau que pour former des lettres en or « ou en cinabre. Les Chinois n'ont point encore aujourd'hui d'autre plume. « C'est avec le pinceau trempé dans l'encre de la Chine, qu'ils peignent leurs « caractères. Les empereurs grecs se sont servis du pinceau pour souscrire; « mais on ne peut douter qu'ils n'aient aussi usé de plumes, soit ordinaires, « soit de quelque métal, quand on a vu quelques-unes de leurs signatures. « Γραφὶς pouvant également signifier le *calamus* et le pinceau, *on ne sait* si l'em- « pereur Justin employait l'un ou l'autre dans ses monogrammes. On pourrait « dire la même chose de ceux de quelques-uns de nos rois. Au jugement de « quelques gens de lettres, l'écriture des livres de linge, si célèbre chez les « Romains, n'était pas peinte avec le *calamus*, mais avec le pinceau. » (*Nouv. Tr. de Dipl.* tom. I, p. 536-539.)

CHAPITRE II.

ORIGINE ET DIVISION DES ÉCRITURES EMPLOYÉES EN EUROPE DEPUIS L'INVASION DES BARBARES; DISTINCTION DE DEUX PÉRIODES. — CARACTÈRES DISTINCTIFS DES ÉCRITURES EMPLOYÉES EN FRANCE PENDANT CES DEUX PÉRIODES. — RÉSUMÉ.

ARTICLE PREMIER.

ORIGINE ET DIVISION DES ÉCRITURES EMPLOYÉES EN EUROPE DEPUIS L'INVASION DES BARBARES. — DISTINCTION DE DEUX PÉRIODES.

On a élevé plus d'un système sur l'origine des écritures qui ont eu cours en Europe depuis l'invasion des barbares. D'une part on a prétendu que les Goths et les Lombards en Italie, les Francs dans les Gaules, les Saxons en Angleterre, les Wisigoths en Espagne, avaient substitué leurs écritures nationales aux caractères employés par les Romains. D'autres auteurs ont pensé, au contraire, que les barbares avaient adopté l'écriture romaine, et qu'il était impossible de méconnaître, malgré quelques différences de détail, l'unité d'origine dans toutes les écritures des nations qui appartiennent au rite latin. Ce n'est pas dans un ouvrage élémentaire qu'on peut essayer de discuter les diverses théories qui se rattachent à ce problème scientifique. Contentons-nous d'invoquer l'autorité des savants auteurs du Nouveau Traité de Diplomatique, pour justifier l'hypothèse qui fait descendre de l'écriture romaine, comme d'une source commune, les caractères employés en Europe depuis l'invasion des barbares. Les adversaires de cette opinion se sont trop préoccupés de quelques différences qui peuvent distinguer les écritures des peuples modernes. On n'a jamais prétendu prouver l'uniformité parfaite de tous les détails, mais les rapports incontestables qui rattachent à l'alphabet romain tous les caractères employés par les peuples modernes. Que si en s'éloignant des premiers temps de l'invasion quelque variété se manifeste dans les écritures nationales, si chaque peuple, selon son génie et ses habitudes, introduit quelques modifications de détails dans la forme de certaines lettres de l'alphabet latin, ce résultat loin de détruire l'opinion des Bénédictins, doit être considéré comme une des conséquences qui en découlent nécessairement. Et d'ailleurs, si on contestait les rapports de filiation qui rattachent les caractères des peuples modernes à l'écriture romaine, comment expliquer qu'un enfant sortant de nos écoles puisse nommer sans hésitation les différentes lettres dont se compose une inscription en belles capitales du siècle d'Auguste? Quelques auteurs reconnaissent ce fait, mais ils prétendent qu'en empruntant aux Romains leur écriture capitale, les barbares ont inventé le caractère cursif; il est inutile de combattre une hypothèse qui se réfute d'elle-même, et qui aujourd'hui ne trouve plus de défenseurs parmi les savants.

Puisque deux opinions aussi opposées ont été soutenues à propos d'une question fondamentale, que le simple bon sens semblerait pouvoir résoudre sans le secours même de la science, on doit bien s'attendre à rencontrer plus d'une contradiction dans les théories secondaires qui ont été proposées pour réduire en système les nombreux éléments de la diplomatique. Ces contradictions se rencontrent chez ceux même qui admettent l'hypothèse des Bénédictins sur l'origine des écritures modernes. L'imprimerie, en fixant d'une manière invariable la forme propre à chacun des caractères qu'elle emploie, permettrait aujourd'hui de décrire avec une rigoureuse exactitude les différences spécifiques qui les distinguent. On conçoit au contraire que l'ignorance ou le caprice des copistes devait multiplier autrefois les altérations des types généralement admis; et comme le hasard n'a pas fait parvenir jusqu'à nous un traité de calligraphie dans lequel on exposât les règles de cet art telles qu'elles ont dû être fixées chez les Romains, on éprouve de grandes difficultés pour établir une classification rigoureuse des différentes écritures. On s'est accordé généralement à les diviser en trois classes, la majuscule, la minuscule et la cursive. Quoique la première ait été employée surtout dans les inscriptions lapidaires et métalliques, la seconde dans les ouvrages littéraires, et la troisième dans les actes, cependant cet usage n'a pas été assez constamment suivi pour servir de base à une distinction systématique et rigoureuse. Il en résulte que, pour trouver des règles précises et invariables, il faut s'attacher exclusivement à la forme des lettres, c'est-à-dire aux éléments constitutifs de chaque écriture. Mais comme, à partir du XIIIe siècle, il s'opéra un changement remarquable dont le résultat fut d'altérer sensiblement la figure des caractères romains, il est indispensable de ne pas confondre cette période nouvelle, qui correspond au règne de l'écriture gothique, avec les temps où l'on s'attachait à suivre plus exactement les formes de l'alphabet romain. On commencera donc par décrire les caractères distinctifs des différentes écritures qui ont été employées pendant la première période, c'est-à-dire jusqu'à la fin du XIIe siècle; on reprendra ensuite le même examen pendant la période gothique, c'est-à-dire depuis le XIIIe siècle jusqu'au commencement du XVIe. Pendant la première période, les formes de l'alphabet romain sont plus fidèlement conservées; pendant la seconde, les copistes, sans renoncer à l'emploi de l'alphabet latin, en dénaturent l'aspect soit en modifiant les contours des lettres, soit en les surchargeant de traits superflus. Quoique cette division n'ait pas été adoptée par les Bénédictins, elle est cependant indiquée dans plusieurs passages du Nouveau Traité de Diplomatique. Nous ne renonçons pas d'ailleurs à leur emprunter les termes d'écritures *mérovingienne, carlovingienne* et *capétienne,* lorsque nous aurons besoin de désigner les caractères qui conviennent spécialement à telle ou telle période de notre histoire; mais nous avons pensé que dans un ouvrage élémentaire il fallait éviter la multiplicité des subdivisions, et présenter les faits sous leur aspect le plus simple et le plus général.

ARTICLE II.

CARACTÈRES DISTINCTIFS DES ÉCRITURES EMPLOYÉES EN FRANCE PENDANT LA PREMIÈRE PÉRIODE.

Quand on examine les manuscrits et les diplômes antérieurs au XIIIe siècle, on arrive à reconnaître cinq genres d'écriture: la capitale, l'onciale, la minuscule, la cursive et l'écriture mixte. Les deux premiers genres, c'est-à-dire la capitale et l'onciale, ne sont qu'une subdivision de la majuscule. Quant à l'écriture mixte, elle se rattache, comme l'indique son nom, à toutes les classes d'écriture, parce qu'elle emprunte et mélange les éléments caractéristiques de la majuscule, de la minuscule et de la cursive.

§ I. DE L'ÉCRITURE CAPITALE.

« L'écriture capitale, disent les Bénédictins, n'est autre que la majuscule « telle qu'elle se voit aujourd'hui dans les frontispices et les titres des livres. » Cela ne signifie pas sans doute que l'écriture capitale présente toujours la régularité pour ainsi dire mathématique de nos caractères d'imprimerie; mais elle atteint souvent à cette perfection dans un grand nombre de monuments antérieurs à l'invasion des barbares, en sorte qu'un alphabet capital emprunté à certaines inscriptions du siècle d'Auguste serait en tout conforme aux caractères qui ont été adoptés par la typographie. L'écriture capitale qui s'éloigne de cette régularité et dont les lettres, tout en conservant la forme qui leur est propre, perdent cependant de leur élégance, est ordinairement désignée sous le nom de *capitale rustique.* La capitale parfaitement régulière se rencontre rarement dans les manuscrits; la capitale rustique y est au contraire fréquemment employée; mais, sauf quelques exceptions dont il est inutile de s'occuper maintenant, cette écriture ne paraît que dans les titres des chapitres, et en général dans les passages sur lesquels l'attention du lecteur doit se fixer plus particulièrement. Le *fac-simile* n° 1 de la planche II, et le *fac-simile* n° 9 de la planche IV, présentent des modèles de capitale rustique.

De toutes les écritures latines, la capitale est celle qui remonte à la plus haute antiquité. D'une part, les autres genres d'écriture ne paraissent sur les monuments, soit gravés, soit écrits, que plusieurs siècles après la capitale; de l'autre, l'alphabet capital est celui qui présente le plus d'analogie avec l'écriture des Grecs, auxquels il est bien reconnu que les Romains ont emprunté leurs lettres. Il existe, par exemple, une conformité parfaite entre les alphabets de ces deux peuples pour les lettres A, B, E, I, M, N, O, T et Z; on retrouverait la même conformité pour d'autres lettres dont la valeur n'est pas exactement la même dans les deux langues; et si l'histoire des premières transformations de l'alphabet latin n'était pas étrangère au plan de cet ouvrage, elle fournirait l'explication des différences qui peuvent exister entre le Γ, le Δ, le Π, le Σ, etc., et les lettres correspondantes de l'alphabet latin. Au reste, comme il est bien reconnu par tous les auteurs qui ont écrit sur la diplomatique, que l'écriture capitale a précédé toutes les autres, nous n'insisterons pas davantage sur cette question.

Quand on compare dans un livre les caractères employés pour les titres avec ceux qui servent pour le corps du texte, on reconnaît que les lettres capitales se distinguent presque toutes par des formes plus majestueuses; mais en même temps il est impossible de ne pas s'apercevoir que ces lettres sont souvent plus compliquées et par conséquent d'un usage moins prompt et moins facile. C'est là ce qui explique l'origine des autres genres d'écriture. En examinant une à une les lettres caractéristiques de l'onciale, de la minuscule et de la cursive, on verra que, tout en se distinguant des lettres qui leur correspondent dans l'alphabet capital, elles s'y rattachent cependant par des points de ressemblance qu'il est impossible de méconnaître. Pour étudier ces rapports dans tous leurs détails et les décrire avec précision, il est indispensable de donner des noms aux différentes parties dont se compose la figure de chaque lettre. Une fois que cette nomenclature sera fixée pour les lettres capitales, on pourra l'employer à décrire les caractères des autres genres d'écriture.

L'A capital se compose de deux montants écartés à leur base, unis à leur sommet, et partagés par une traverse horizontale.

Les lignes verticales et les lignes convexes, qui entrent dans la composition de certaines lettres, ont été désignées dans plusieurs ouvrages, les unes sous le nom de *haste* (*hasta*), les autres sous le nom de *panse;* ce dernier mot existe dans le langage ordinaire (panse d'*a*). On distinguera donc dans le B la haste et la double panse qui s'y rattache.

On trouve dans le C une panse terminée par deux crochets.

Le D se compose d'une haste et d'une panse qui enveloppe la haste dans toute sa longueur.

On distingue dans l'E une haste à laquelle se rattachent trois lignes horizontales que l'on nommera *barres;* ce mot est employé dans le langage ordinaire pour désigner la ligne horizontale qui rencontre la haste du *t*.

Il y aura, par la même raison, dans l'F une haste et deux barres.

Le G se compose comme le C d'une panse terminée par deux crochets; mais le crochet inférieur du G, au lieu d'être pointu, est coupé carrément ou *tranché*.

L'H se compose de deux hastes et d'une traverse.

On ne trouve dans l'I qu'une haste.

On distinguera dans le K, indépendamment de la haste, les deux *branches*, c'est-à-dire les deux lignes qui partent du centre de cette haste.

Il y a dans la lettre L une haste et une barre.

L'M se compose de deux traits verticaux réunis entre eux par une traverse brisée. Nous conserverons aux deux premiers traits la dénomination ordinaire de *jambages*.

Par la même raison, nous distinguerons dans l'N deux jambages réunis par une traverse oblique.

L'O est formé par la réunion d'une double panse.

Le P se compose d'une haste, désignée ordinairement sous le nom de *queue*, et d'une panse qui en enveloppe la moitié supérieure.

Il faut distinguer dans le Q une double panse en forme de cercle et la queue qui s'y rattache.

On désignera aussi sous le nom de *queue* la ligne qui distingue l'R du P et qui part du point où la haste est rencontrée par la partie inférieure de la panse.

L'S se compose de deux panses arrondies, l'une à droite, l'autre à gauche, et terminées chacune par un crochet.

Le T renferme une haste et une barre.

L'U renferme deux jambages, qui s'arrondissent dans leur partie inférieure pour se réunir en forme de panse.

Le V présente deux montants réunis à leur base et séparés à leur sommet.

L'X est formé par deux traverses qui se croisent obliquement.

L'Y se compose d'une haste surmontée de branches.

On distingue dans le Z deux barres horizontales, réunies entre elles par une traverse oblique.

§ II. DE L'ÉCRITURE ONCIALE.

Avant de constater les rapports de filiation qui unissent l'écriture onciale à la capitale, il est nécessaire de fixer d'une manière précise le sens du mot *oncial*. Pris dans son acception rigoureuse, il devrait désigner des caractères d'un pouce de hauteur. En effet, chez les Romains, l'*once* était la douzième partie de l'*as*, et par extension la douzième partie du pied, qui était l'unité de longueur. C'est pour cela que plusieurs critiques ont nommé *onciale* toute écriture majuscule ou minuscule de forme assez allongée pour avoir un pouce de haut. Le mot *oncial* a été employé par S. Jérôme dans un passage dont David Casley avait à tort contesté l'exactitude; mais le sens de ce passage n'est pas assez précis pour qu'on puisse affirmer que S. Jérôme ait voulu désigner une écriture distincte de la capitale, ou simplement des caractères d'une grande dimension. Quoi qu'il en soit, on est convenu de donner le nom d'*onciale* à une écriture dont les lettres ont presque toujours beaucoup moins d'un pouce de hauteur; par conséquent l'étymologie du mot n'entre pour rien dans l'acception toute conventionnelle qui lui a été attribuée. Par *onciale* on entend une écriture majuscule qui affecte souvent les contours arrondis et qui se distingue de la capitale par la forme des lettres A, D, E, G, H, M, Q, T, V. C'est ce que l'on peut vérifier en examinant la forme de ces neuf lettres dans le *fac-simile* n° 1 de la planche I. Cet alphabet a été reproduit d'après un psautier écrit en lettres d'or et d'argent, sur vélin pourpré, et remarquable par l'extrême régularité de l'écriture onciale, qui s'y trouve employée sans mélange. S'il est un monument qui présente dans toute leur pureté les formes caractéristiques de cette écriture, c'est sans contredit ce précieux psautier, qui a été exécuté avec autant de soin que de magnificence. Cependant il ne faudrait pas s'attendre à retrouver dans toute espèce d'écriture onciale le portrait exact des lettres de ce manuscrit, parce que les écrivains pouvaient, selon leurs habitudes, modifier quelques détails accessoires, sans altérer dans son ensemble la forme caractéristique de chaque lettre. Cela posé, passons à l'examen de cet alphabet.

Nous retrouvons dans l'A oncial les mêmes éléments que dans l'A capital, mais disposés d'une autre manière. Dans l'A oncial le montant de droite est plus long que le montant de gauche qu'il dépasse sensiblement, et la traverse, dont la direction est devenue oblique, réunit l'extrémité inférieure du montant de gauche avec le corps du montant de droite.

Il est facile de rattacher la forme du D oncial à celle du D capital, quoique ces deux lettres diffèrent sensiblement. Supposons que l'extrémité supérieure de la panse du D capital se prolonge vers la gauche, un peu plus loin que la haste, et qu'en même temps cette haste s'arrondisse vers la gauche, de manière à compléter le cercle commencé par la panse, nous obtiendrons une lettre à peu près semblable à celle du D oncial de notre alphabet, et parfaitement conforme à la figure que la même lettre affecte dans beaucoup de manuscrits. On peut s'en convaincre en examinant, par exemple, les deux D que renferme la seconde ligne du *fac-simile* n° 3 de la planche V. Comme le nom de *haste* ne convient plus à la ligne convexe qui forme la gauche du D oncial, on dira que cette lettre se compose d'une double panse et d'un trait excédant, qui résulte du prolongement de la partie supérieure de la panse droite. Ce trait sera nommé la *tête* de la lettre.

On voit dans l'E oncial, comme dans le D, les lignes courbes substituées aux lignes droites. La haste s'est arrondie pour se confondre avec les barres supérieure et inférieure; la barre intermédiaire s'est allongée; le trait qui en réunit l'extrémité avec la partie supérieure de la lettre doit être considéré comme accidentel, ou du moins la partie supérieure de l'E oncial se termine plus ordinairement par un crochet qui ne rejoint pas la barre intermédiaire, en sorte que cette lettre ressemble à un C capital dont la panse serait rencontrée par une barre qui se dirigerait horizontalement entre les deux crochets. C'est en effet l'aspect que présente l'E oncial dans le *fac-simile* n° 2 de la planche II. On distinguera donc dans l'E oncial, la barre, la panse et ses prolongements qui se courbent souvent en forme de crochets.

Le G oncial se distingue du G capital par le crochet inférieur qui n'est pas tranché. Ce crochet sert de point de départ à un trait qui se prolonge souvent plus bas que dans notre modèle. (Voy. la première et la dernière ligne du *fac-simile* n° 4 de la planche II.) Ce trait se nomme la *queue* du G.

On ne retrouve plus que la haste gauche dans l'H onciale. La partie supérieure de la haste droite a disparu, et la partie inférieure s'est arrondie ainsi que la traverse; ces deux traits, en se réunissant, forment une panse ouverte par le bas.

Tous les éléments de l'M capitale se sont arrondis pour former l'M onciale, dans laquelle on trouve trois traits principaux que l'on désignera, suivant l'usage ordinaire, sous le nom de *jambages*. Les deux jambages extrêmes se recourbent vers le jambage intermédiaire, auquel ils ne se réunissent que par leur partie supérieure; mais la distance qui les sépare dans le bas est souvent moins considérable. (Voy. les trois dernières lignes du *fac-simile* n° 4 de la planche II.)

On ne retrouve plus qu'une panse dans le Q oncial; il se distingue d'ailleurs par la direction et la longueur de la queue, qui dépasse par le bas le corps de la lettre, après avoir pris naissance à l'extrémité supérieure de la panse.

Le T oncial se distingue ici du T capital par la courbure de la partie inférieure de la haste; mais souvent ce trait se recourbe à la fois dans le haut et dans le bas, souvent au contraire il reste complétement droit, de sorte que le T d'un manuscrit oncial se confond quelquefois avec le T capital. (Voy. la seconde ligne du *fac-simile* n° 4 de la planche II.)

On sait que les lettres U et V, qui ont aujourd'hui une valeur distincte, ont été pendant longtemps confondues, même dans la typographie. Quoique le V fût plus souvent employé que l'U dans les inscriptions en capitale, cependant la forme de l'U se retrouve sur des monuments qui renferment d'ailleurs toutes les autres lettres de l'alphabet capital : on peut donc considérer l'U comme se rattachant à cet alphabet; mais les extrémités inférieures de l'U oncial ne se confondent pas dans une même courbe, et tandis que le premier jambage s'arrondit vers le second, celui-ci se prolonge plus ou moins en dessous du point de rencontre. Cette espèce d'U a été aussi employée dans la capitale rustique. (Voy. le *fac-simile* n° 1 de la planche II.)

§ III. DE L'ÉCRITURE MINUSCULE.

1° De l'écriture minuscule des manuscrits.

Quoique les lettres caractéristiques de l'onciale fussent en général d'un emploi plus prompt et plus facile que les lettres correspondantes de l'alphabet capital, on sentit cependant le besoin d'y introduire de nouveaux changements et en même temps de simplifier quelques-unes des lettres qui étaient restées communes aux deux écritures. De ces nouvelles modifications naquit l'écriture minuscule.

En examinant l'alphabet minuscule qui forme le *fac-simile* n° 2 de la planche I, on reconnaît, d'une part, que les lettres *c, i, o, p, x, y* et *z* ressemblent à peu près aux lettres correspondantes de la capitale et de l'onciale; de l'autre, que les lettres *h, q, t* et *u* ont conservé dans l'alphabet minuscule les formes qu'elles avaient reçues dans l'alphabet oncial. Les différences de l'alphabet minuscule, par rapport à l'alphabet oncial, ne portent donc que sur les lettres *a, b, d, e, f, g, l, m, n, r* et *s*.

On retrouve dans l'*a* minuscule le montant principal de l'A oncial; mais le montant gauche et la traverse se sont arrondis à leur point de rencontre pour former une panse. Cette forme de l'*a* minuscule se rapproche beaucoup de l'A oncial tel qu'on le rencontre dans un grand nombre de manuscrits. On peut s'en convaincre en examinant la forme de l'A oncial dans le 5ᵉ *fac-simile* de la planche II. Notre alphabet minuscule présente deux autres formes d'*a*, qui se rapprochent de l'*a* italique; on les a reproduits d'après le manuscrit auquel cet alphabet a été emprunté pour constater que ces *a*, qui appartiennent, comme on le verra plus tard, à l'écriture cursive, se trouvent mêlés souvent à l'écriture minuscule.

Le *b* minuscule supprime la panse supérieure du B oncial et capital, mais en conservant la portion de la haste qui était enveloppée par la panse supérieure.

Quoique le *d* minuscule ne diffère pas moins, au premier coup d'œil, du D capital que du D oncial, cependant c'est au D capital qu'il faut en rattacher l'origine. Le *d* minuscule se compose comme le D capital d'une haste et d'une panse. La prolongation de la haste du *d* minuscule ne constitue qu'une différence légère, qui ne détruit pas l'analogie des deux lettres. Quant au changement de position de la panse, il s'explique par l'usage où l'on était autrefois, après avoir terminé une ligne, de recommencer la ligne suivante dans le sens contraire; en effet, comme l'écriture allait alternativement de gauche à droite et de droite à gauche[1], il en résultait que dans les lignes dirigées de droite à gauche, la position des lettres était celle qu'auraient les caractères d'un de nos livres réfléchis par un miroir, et que le D se présentait sous l'aspect suivant, Ɑ. Il est bien positif d'ailleurs que cette lettre se trouve renversée de cette manière dans plusieurs inscriptions.

Le prolongement supérieur de la panse de l'E oncial, en s'abaissant jusqu'à la barre, forme l'*e* minuscule.

[1] On est convenu de donner à cette écriture le nom grec de *boustrophédon*. « Cette expression, « disent les Bénédictins, caractérise parfaitement « bien une écriture dont le propre est d'imiter « l'action du laboureur qui, après avoir tracé son « premier sillon, en forme un autre à côté et « poursuit de la sorte son travail jusqu'à ce qu'il « ait achevé la ligne. »

L'*f* minuscule se distingue par l'arrondissement du point de rencontre de la haste et de la barre supérieure.

Le *g* minuscule diffère du G oncial, 1° par le prolongement et la forme de la queue, qui se courbe en remontant vers la gauche; 2° par l'ouverture qui existe à gauche, dans le bas de la panse. On voit d'ailleurs que la panse du *g* minuscule, au lieu d'être ouverte vers la droite, se trouve complétement fermée par le prolongement de la partie supérieure de la queue. Enfin on remarque dans le *g* minuscule une petite barre, qui part du haut de la lettre en se dirigeant vers la droite, et qui n'existe pas dans le G oncial. Si l'ouverture qu'on voit à gauche de la queue, dans la panse du *g* minuscule, n'est pas un caractère constant de cette lettre (voy. la première ligne du *fac-simile* n° 4 de la planche V), les autres différences qu'on a signalées le distinguent assez du G oncial pour qu'on soit autorisé à le faire dériver d'un autre *g* qui appartient à l'écriture mixte, et dont le 2e *fac-simile* de la planche III fournit un modèle. (Voy. la quatrième lettre de la dernière ligne de ce *fac-simile.*) Or ce *g*, dont les rapports avec le *g* minuscule sont trop frappants pour qu'il soit nécessaire de les indiquer, se rapproche de la forme sous laquelle on rencontre souvent le Γ grec. On le retrouve d'ailleurs dans les monuments les plus anciens de l'écriture cursive, à laquelle l'écriture mixte et la minuscule l'auront emprunté.

Ce qui distingue la lettre *l* dans l'écriture minuscule, c'est la courbure de la haste et de la barre à leur point de rencontre.

Les rapports de l'M onciale et de l'*m* minuscule sont faciles à saisir. Elles renferment l'une et l'autre trois jambages; mais dans l'*m* minuscule le haut du premier jambage se prolonge au-dessus du point où le second jambage vient le rejoindre, en sorte que ces deux parties sont parfaitement distinctes. C'est là que gît la différence qui sépare essentiellement l'*m* minuscule de l'M onciale. Quoique le bas du dernier jambage de l'*m* minuscule se recourbe habituellement vers la droite, comme dans notre modèle, cependant ce caractère n'est pas constant. (Voy. l'*m* du mot *eum* à la fin de la première ligne du *fac-simile* n° 3 de la planche V.)

La traverse qui forme le caractère distinctif de l'N capitale et onciale n'existe pas dans l'*n* minuscule : c'est le second jambage qui vient se réunir au premier en se recourbant vers la gauche.

La panse et la queue de l'R onciale sont remplacées dans l'*r* minuscule par un trait qui prend naissance un peu en dessous du sommet de la haste, et qui se recourbe en s'avançant vers la droite. Nous donnerons à ce trait le nom de *crochet,* qui cependant ne peut guère convenir qu'à une des formes sous lesquelles se présente cette portion de l'*r* minuscule. Il ne faudra donc attacher à cette expression qu'une valeur purement conventionnelle. Ainsi, en comparant les deux *r* de notre modèle, on pourrait distinguer dans la seconde un simple crochet, et dans la première un crochet ondulé qui se prolonge en se relevant. On verra que ce crochet, dans l'écriture mixte, se recourbe souvent de manière à prendre, pour ainsi dire, la forme d'un jambage. (Voy. dans le premier *fac-simile* de la planche IV, les deux *r* du mot *quapropter*, qui est en tête de la première ligne.)

On trouve dans l'*s* minuscule une haste dont la partie supérieure se termine en forme de crochet. Une portion du côté gauche de la haste présente un renflement peu apparent dans notre modèle, mais qui est souvent caractérisé d'une manière très-sensible. (Voy. les quatre *s* du mot *gloriosissimis*, dans la première ligne du *fac-simile* n° 1 de la planche V.) On désignera ce renflement sous le nom de *saillie*.

2° De l'écriture minuscule diplomatique.

L'alphabet qui vient d'être examiné appartient à la minuscule des manuscrits; mais les diplômes, surtout à partir du XIe siècle et du XIIe, renferment une autre espèce de minuscule, qui se distingue de la première par le prolongement des hastes et des queues. Si ces traits excédants sont quelquefois peu sensibles, comme on peut le remarquer dans le 2e *fac-simile* de la planche XIV, on verra, en examinant les autres modèles de la même planche, qu'ils prennent souvent assez de développement pour qu'on puisse les considérer comme un caractère spécifique. Quand la minuscule diplomatique est pure de tout mélange, on n'y trouve pas d'autres lettres que celles qui appartiennent à l'alphabet minuscule; mais il arrive souvent qu'elle emprunte quelques caractères à la cursive, sans toutefois cesser de se rattacher dans son ensemble au genre minuscule. C'est ainsi, par exemple, que nous donnerons le titre de *minuscule diplomatique* aux écritures qui sont reproduites dans les trois derniers *fac-simile* de la planche XIII, parce que la distinction des lettres s'y trouve presque toujours observée : cette circonstance, qui influe sensiblement sur l'aspect général de ces écritures, suffit pour les rattacher plus particulièrement au genre minuscule, lors même qu'elles se servent de temps en temps de quelques-unes des lettres qui appartiennent à l'alphabet cursif, ou qu'elles donnent aux signes d'abréviation une forme compliquée qu'ils n'ont jamais dans les manuscrits.

§ IV. DE L'ÉCRITURE CURSIVE.

Si nous avions voulu suivre l'ordre chronologique dans la description des écritures, la cursive aurait été placée au moins sur le même rang que l'onciale. « M. le marquis Maffei, disent les Bénédictins, frappé de la nécessité « où l'on était à Rome d'écrire beaucoup et promptement, ne peut com-« prendre que les savants aient pu refuser aux Romains le caractère cursif, « et qu'ils en aient gratifié libéralement les barbares destructeurs de l'empire.

« Comment, dit-il, n'a-t-on jamais considéré qu'il était absolument impos-« sible aux Romains d'expédier tant d'affaires dans un si grand nombre de « tribunaux, avec un caractère aussi lent, aussi tardif, aussi peiné que la ma-« juscule ? Combien de lettres fallait-il quelquefois expédier à la hâte, comme « le dit Symmaque? Il était donc naturel et même inévitable, dans l'exercice « perpétuel d'écrire et souvent de le faire avec rapidité, d'aller d'abord en di-« minuant les lettres, puis d'en disposer la figure de façon à être formée d'un « seul trait de plume, ensuite de la lier d'une manière continue sans lever la « main. Nous savons le très-grand nombre d'écrivains de profession qui étaient « à Rome, puisque chaque magistrat avait les siens. Nous savons en combien « de classes et par combien de dénominations on les distinguait; combien d'es-« pèces d'instruments et d'actes ils dressaient tous les jours; et nous croirions « que des hommes si occupés, qui devaient écrire ou dicter quelquefois de « longs discours et quantité de lettres, s'en seraient tirés avec le caractère ma-« juscule ! Car il ne faut pas seulement considérer la grandeur des caractères, « mais encore la nécessité de n'en pouvoir former aucun sans en détacher la « plume ou le *calamus*, et de plus, sans faire, par exemple, un A ou un E de « trois ou quatre pièces. Quel est l'employé dans les grands bureaux ou dans « les greffes de judicature qui pourrait suffire au travail, s'il fallait seulement « tout écrire en caractère d'imprimerie? Il est donc indubitable que, même à « Rome, le petit caractère et le cursif étaient en usage.

« On peut ajouter qu'il n'est pas vraisemblable que les auteurs romains, dans « la chaleur de la composition, n'aient pas su éviter les lenteurs de l'écriture « majuscule. *Tardior stylus*, dit Quintilien, *cogitationem moratur.* L'auteur blâme « en cet endroit le peu de soin que la plupart des gens de condition appor-« taient à écrire bien et proprement. *Non est aliena res, quæ ferè ab honestis negligi « solet, cura bene ac velociter scribendi.* » (*Nouv. Tr. de Dipl.* tom. III, pag. 405 et 406.)

Ces raisonnements, qu'il serait difficile de réfuter, sont d'ailleurs confirmés par des preuves directes et incontestables. En effet, Maffei a publié dans son Histoire diplomatique cinq diplômes du VIe siècle, en écriture cursive. « Si « quelqu'un s'avisait, disent les Bénédictins, de les attribuer aux Goths, cette « ressource lui serait aussitôt enlevée (*Veron. illustr.* col. 331) par un fameux « papier d'Égypte de la même écriture et du même caractère; car on y dé- « couvre certainement, dit le savant Italien [1], qu'il fut écrit peu après l'an 444, « c'est-à-dire cinquante ans avant l'arrivée de Théodoric, premier roi des « Goths en Italie, sous l'empire de Valentinien III. Le docte Italien observe « que trois de ces pièces, destituées de note certaine de temps, donnent de « grands indices qu'elles sont encore plus anciennes. » Et d'ailleurs, quand on étudie les monuments les plus anciens de l'écriture cursive, loin d'attribuer aux barbares l'invention de ces caractères, on est forcé de reconnaître qu'une écriture aussi hardie dans ses formes, aussi ingénieuse dans ses combinaisons, devait avoir été pratiquée et perfectionnée pendant plusieurs siècles. Aussi trouve-t-on plusieurs caractères cursifs dans l'épitaphe de Gaudence, datée du consulat d'Ursus et de Polemius, c'est-à-dire de l'an 338 de Jésus-Christ; et quoique l'on ne possède pas des modèles de cursive antérieurs à l'ère chrétienne, on ne peut guère douter que ce caractère ne fût dès lors connu et employé par les Romains. En un mot, l'origine de l'écriture cursive remonte au temps même où les progrès de la société romaine nécessitèrent la transcription fréquente des actes publics et particuliers.

Dans cette hypothèse, il serait permis de douter si l'écriture onciale a précédé l'écriture cursive; mais cette question, qu'il serait difficile d'ailleurs de résoudre par des arguments directs, n'est pas de celles qui doivent être traitées dans un ouvrage élémentaire. En ce qui concerne la minuscule, on peut s'appuyer sur de fortes présomptions pour affirmer qu'elle est postérieure à la cursive. On a déjà vu que la minuscule ne se rattachait souvent à la capitale que par l'intermédiaire de l'onciale dont elle a emprunté les caractères les moins compliqués, tels que l'*h* et le *q*, tandis qu'elle a adopté pour quelques autres des formes plus simples ou plus faciles à tracer, comme pour l'*a* et pour l'*e*. Mais il y a dans l'alphabet minuscule des lettres, telles que le *d* et le *g*, que l'on rattache difficilement à l'alphabet oncial, et qui d'un autre côté se retrouvent sous la même forme dans les plus anciens monuments d'écriture cursive. Ce n'est pas tout : quoique l'écriture minuscule soit en général distincte dans ses éléments, et qu'elle évite de modifier la forme des lettres par des liaisons accessoires, elle a pendant longtemps emprunté à la cursive des combinaisons de lettres au nombre desquelles on peut citer celles de l'*e* et du

[1] Maffei.

t, qu'elle s'est définitivement appropriées et auxquelles on a dû donner place parmi les caractères de l'alphabet minuscule. (Voy. dans la planche I le dernier caractère de l'alphabet n° 2.) Il est vrai qu'on trouve, avant le VIIIe siècle, des manuscrits qui ne sont ni en capitale, ni en onciale, ni en cursive; mais on est forcé de reconnaître que l'écriture qui règne dans ces manuscrits n'a encore rien de fixe, qu'elle mélange toutes les formes de caractères, et que tout en se rapprochant de la minuscule, elle en diffère encore dans plusieurs de ses éléments. La cursive, au contraire, paraît avec toutes les lettres qui la caractérisent dans plusieurs diplômes du VIIe siècle et même dès le siècle précédent.

Malgré ces considérations, il a paru qu'il valait mieux, après avoir terminé l'examen de la capitale et de l'onciale, s'occuper de la minuscule, dont les caractères sont plus nets, plus arrêtés, et par conséquent plus propres à fixer le sens précis des termes de convention auxquels il faut recourir pour désigner les éléments de chaque lettre. D'ailleurs, comme la minuscule a emprunté la plupart des lettres de la cursive en les dégageant de quelques traits superflus, on pourra plus facilement saisir la forme réelle de ces lettres, si l'on se reporte aux types plus réguliers de l'alphabet minuscule.

La planche XI présente, sous les nos 5, 6 et 7, trois alphabets cursifs, l'un du VIIe, l'autre du VIIIe et le dernier du IXe siècle. C'est à l'aide de ces trois modèles qu'on va essayer d'analyser les formes de l'écriture cursive dans le petit nombre d'éléments qui la séparent essentiellement de la minuscule.

Si l'on fait abstraction du développement excessif que prennent dans deux de ces alphabets les hastes des lettres *b, d, h* et *l*, on reconnaîtra qu'elles ne diffèrent pas essentiellement des lettres correspondantes de l'alphabet minuscule. On devra aussi regarder comme à peu près communes à l'une et à l'autre écriture les formes des lettres *f, g, i, m, n, p, q, r, s, u, x*. Enfin il ne faut pas non plus s'attacher aux lettres *k* et *y* qui se trouvent dans le dernier des trois alphabets pour distinguer la cursive de la minuscule; mais on trouvera des différences tout à fait caractéristiques dans les formes des lettres *a, c, e, o* et *t*.

L'*a* cursif se rapproche alternativement de deux caractères employés aujourd'hui par la typographie, l'*a* et l'*u* italiques. Aussi, bien qu'on puisse retrouver dans cette lettre une panse soit fermée, soit ouverte, et un montant qui s'y rattache, cependant ces deux éléments ont une forme tout à fait différente de celle qui les caractérise dans l'*a* minuscule. Nous avons déjà eu occasion d'avertir que ces deux lettres (a *a*) étaient quelquefois employées concurremment dans des manuscrits en minuscule : à plus forte raison doit-on s'attendre à rencontrer l'*a* cursif dans la minuscule diplomatique, et dans les écritures mixtes qui ont précédé la formation définitive de la minuscule.

La panse du *c* s'allonge considérablement dans l'écriture cursive; quelquefois même elle se brise et se termine par une boucle dans sa partie supérieure. L'*e* cursif présente souvent les mêmes caractères, en sorte qu'il n'est pas toujours facile de le distinguer du *c* [1].

L'*o* cursif se distingue de l'*o* minuscule par un ou deux traits qui partent du sommet de la lettre, et qui lui servent souvent de liaison avec une lettre voisine, mais qui se rencontrent même dans les *o* complétement isolés.

Le *t* cursif se distingue par l'inflexion de la barre qui se recourbe pour se réunir à la haste.

Tels sont les principaux signes qui distinguent la cursive de la minuscule proprement dite; mais comme on peut en retrouver quelques-uns dans la minuscule diplomatique, il faut surtout s'attacher au caractère le plus général comme le plus essentiel de la cursive. Ce qu'il y a en effet de plus important et de plus facile à constater, c'est que dans la minuscule les lettres sont mieux proportionnées, plus régulières, et qu'elles peuvent avoir des points de contact sans cesser d'être distinctes; tandis que dans la cursive elles se tiennent et s'enlacent de telle sorte qu'il est toujours difficile de fixer le point qui leur sert de limite. Il en résulte qu'un alphabet cursif peut représenter tout au plus la forme générale des lettres, mais que, pour reconnaître les changements auxquels chaque caractère doit se plier pour s'unir plus facilement à ceux qui le précèdent ou qui le suivent, il faut étudier l'écriture cursive dans son ensemble et se rendre compte des transformations produites par la combinaison des divers éléments dont elle se compose. Quant à présent, il suffisait de donner quelques indications générales qui pussent servir à distinguer la cursive de la minuscule. On pourra faire l'application de ces principes élémentaires en comparant par exemple le *fac-simile* n° 10 de la planche IV avec le *fac-simile* n° 4 de la planche XI. Quoiqu'on retrouve encore dans le premier de ces deux modèles quelques restes de cursive, cependant il sera facile de reconnaître que, vu dans son ensemble, il appartient à l'écriture minuscule; le second modèle, au contraire, présentera tous les caractères de l'écriture cursive.

[1] Nous devons avertir que dans le premier et le troisième alphabet, l'*e* cursif devrait être complété par une barre qui prend ordinairement naissance au bas de la boucle formée par le crochet supérieur. Cette barre prend des directions diverses suivant la forme de la lettre à laquelle elle doit s'unir. Le même trait manque aussi à la lettre *f* dans les trois alphabets. La forme de ces deux lettres sera d'ailleurs examinée avec plus de détails quand il sera question du déchiffrement de l'écriture cursive.

§ V. DE L'ÉCRITURE MIXTE.

L'écriture mixte, que l'on rencontre dans un grand nombre de manuscrits antérieurs au IXe siècle, a été désignée par les Bénédictins sous le nom de *demi-onciale*. Les deux premiers *fac-simile* de la planche III appartiennent à ce genre d'écriture. Examinons rapidement les lettres caractéristiques qu'ils renferment, et nous verrons qu'elles appartiennent tantôt à la majuscule, tantôt à la minuscule, tantôt à la cursive. Les trois premières lettres du mot *Felix* (voy. la troisième ligne du *fac-simile* n° 1), appartiennent à l'écriture majuscule. Trois lignes plus bas, on trouve une N majuscule dans le mot *Anasthasius*. Le même mot renferme trois *a* cursifs et trois *s* qui appartiennent également à la minuscule et à la cursive. Si l'on considère dans leur ensemble les deux premiers modèles de la planche III, on n'hésitera pas sans doute à déclarer qu'ils se rapprochent de la minuscule, tandis qu'ils diffèrent beaucoup de la cursive et plus encore de la majuscule. Nous n'ignorons pas que le nom de *minuscule* a été souvent appliqué à des écritures du genre de celle que nous examinons; mais il nous paraît préférable de la distinguer sous le nom d'*écriture mixte*, puisque tout en présentant l'aspect général de la minuscule, elle réunit un assez grand nombre d'éléments qui appartiennent, soit à la majuscule, soit à la cursive. Nous avons déjà eu occasion d'avertir que l'on rencontre ordinairement dans l'écriture mixte une forme de *g* qui se trouve dans les plus anciens monuments d'écriture cursive. Le *fac-simile* n° 2 de la planche III en fournit deux exemples. (Voy. la septième lettre de la première ligne et la quatrième de la dernière.) Mais ce *g* se trouve aussi mêlé avec celui de l'alphabet oncial. (Voy. dans la planche IV, la première ligne et la troisième du *fac-simile* n° 1.) Il en est de même pour l'E oncial et l'*e* minuscule. (Voy. la troisième ligne du même *fac-simile*.) Un caractère assez constant de l'écriture mixte, c'est de conserver à l'F une forme qui la rattache à l'alphabet majuscule (voy. le dernier mot du même *fac-simile*), et de recourber le crochet de l'*r* de manière à ce qu'il prenne l'aspect d'un jambage (voy. le premier mot du même *fac-simile*). Cette forme du crochet de l'*r* peut être regardée comme antérieure au VIIIe siècle. Quelquefois la même lettre paraît sous la forme majuscule. (Voy. la dernière syllabe du *fac-simile* n° 5 de la planche IV.) L'écriture mixte emprunte aussi l'*e* cursif. (Voy. dans le *fac-simile* n° 2 de la planche III, la syllabe *den* du mot *credentes*, qui termine la première ligne; voy. aussi le mot *est* dans la deuxième ligne du *fac-simile* n° 6 de la planche IV.) Ces exemples ne sont pas les seuls qu'on pourrait citer; mais ils doivent suffire pour faire comprendre que la distinction de l'écriture mixte, comparée aux autres genres d'écriture, repose sur le mélange des caractères qui appartiennent à des alphabets essentiellement distincts. Toutefois ce principe ne doit pas être appliqué sans discernement. Il ne faudrait pas donner le nom d'écriture mixte à celle qui, au milieu d'un grand nombre de caractères de même nature, introduirait de loin en loin, et comme par exception, une lettre appartenant à un autre genre. Si l'on suivait une pareille méthode, on ne trouverait plus guère que des écritures mixtes, et à force de vouloir distinguer, on tomberait dans la confusion. En un mot, quand le mélange des lettres caractéristiques de chaque écriture est purement accidentel, il est évident que l'on ne doit pas en tenir compte.

ARTICLE III.

CARACTÈRES DISTINCTIFS DES ÉCRITURES EMPLOYÉES EN FRANCE PENDANT LA SECONDE PÉRIODE.

En fixant au XIIIe siècle le commencement de la période gothique, on n'a pas eu la prétention d'indiquer une date rigoureuse et invariable. Il ne s'agit point en effet d'une révolution totale et instantanée, mais de changements partiels et successifs, qui ont amené par degrés la métamorphose complète de l'écriture. Comme nous ne devions pas étudier ici les moindres détails de cette transformation, mais en constater les principaux résultats, il suffisait d'indiquer le siècle où l'écriture gothique commence à se manifester d'une manière évidente. Si la généralité des faits s'accorde avec cette indication, peu importe que des exceptions accidentelles viennent la contredire, et que l'on reconnaisse quelques formes gothiques dans une écriture du XIIe siècle, ou bien que parmi les manuscrits des siècles suivants on en trouve un petit nombre qui conservent des formes plus anciennes. On ne devra pas s'étonner non plus si, au moment où la transition s'opère, il devient difficile et en quelque sorte impossible de rattacher une écriture à la première période plutôt qu'à la seconde : il se présente toujours des cas douteux dans l'application des règles les plus précises. Bornons-nous, quant à présent, à comparer les formes que nous avons déjà étudiées avec celles d'une écriture gothique complétement caractérisée.

§ I. DE LA MAJUSCULE GOTHIQUE.

Les formes de la majuscule gothique sont trop arbitraires pour qu'on puisse y retrouver la distinction de la capitale et de l'onciale. Si on examine l'alphabet majuscule renfermé dans le *fac-simile* n° 3 de la planche X, on reconnaîtra, il est vrai, que les lettres E, H, M et U se rattachent à la forme onciale; mais en revanche, les lettres A, D, G et Q dériveraient plutôt de l'alphabet capital, tandis que l'N appartiendrait à l'alphabet minuscule. Si le mélange de ces différents caractères était particulier au manuscrit qui a fourni cet alphabet, on ne devrait pas renoncer à maintenir la distinction des deux genres de majuscule; mais la confusion ne ferait que s'accroître, si l'on voulait relever les formes de toutes les grandes lettres qui se rencontrent dans les manuscrits de la période gothique. Que l'on examine par exemple les lettres majuscules qui commencent les lignes des *fac-simile* 6, 7 et 8 de la planche VII, on trouvera en tête de la seconde ligne du 6e *fac-simile* un E qui dérive de l'alphabet minuscule, et un D oncial au commencement de la huitième ligne, tandis que dans le modèle de la planche X l'E aurait la forme onciale et le D la forme capitale. Si l'on passe au *fac-simile* suivant, on trouvera au commencement de la quatrième ligne un U qui au lieu d'appartenir à l'alphabet oncial, se rapprochera plutôt de la figure du V capital. L'A qui est en tête du 8e *fac-simile* se rattache évidemment à l'alphabet minuscule; et le D qui commence la seconde ligne n'appartient pas plus à l'onciale qu'à la capitale. En poursuivant cet examen, on trouverait partout la même confusion des formes qui, pendant la première période, servaient à distinguer les différents genres d'écriture. Ce fait une fois constaté, il resterait à décrire les éléments qui entrent dans la formation des lettres de la majuscule gothique. Mais quelle figure assigner à ces caractères? N'a-t-on pas vu, par exemple, que l'A dérivait tantôt de l'alphabet capital, tantôt de l'alphabet minuscule? N'a-t-on pas reconnu des variations analogues dans les formes du D, de l'E et de l'U? Si l'on voulait parcourir les autres lettres de l'alphabet, y trouverait-on plus de fixité? Non sans doute; et ce fait s'explique par les habitudes des écrivains de la période gothique. Au lieu d'employer, comme on le faisait autrefois, l'écriture majuscule pour distinguer les titres ou les passages remarquables d'un manuscrit, ils se contentaient en général de varier la couleur de l'encre ou d'augmenter la hauteur des caractères (voy. par exemple les deux mots qui terminent le *fac-simile* n° 4 de la planche IX)[1]; mais ces caractères appartenaient par leur forme au même alphabet que le corps du texte, et les lettres majuscules n'étaient employées que comme lettres initiales. C'est là ce qui explique

[1] Il n'est pas rare de rencontrer dès le XIe siècle, dans les titres des manuscrits, un mélange de lettres capitales, onciales et minuscules. (Voyez le titre du *fac-simile* n° 4 de la planche VI.) Dans le siècle suivant, on se contentait souvent d'écrire ces titres en caractères minuscules d'une plus grande dimension que ceux du texte. (Voyez dans la même planche le titre du 5e *fac-simile*.)

pourquoi la forme et les dimensions de ces lettres admettaient tant de différences, pourquoi surtout elles sont surchargées de traits inutiles et accessoires, que les écrivains variaient suivant leur goût et leurs caprices. En considérant l'alphabet majuscule de la planche X, on reconnaît bien vite que la complication et l'inégalité des formes n'auraient pas permis de tracer un corps d'écriture avec de pareils caractères [1]. Si on avait voulu réunir une collection même incomplète de majuscules gothiques, il aurait fallu augmenter considérablement le nombre des planches; mais la science y aurait moins gagné que la curiosité. On n'essayera donc pas de suivre cette écriture dans ses innombrables transformations; il suffira sans doute d'avertir qu'elle se distingue par la diversité des formes, par le renflement exagéré de certaines portions des lettres, ou par les traits accessoires qui en défigurent souvent l'aspect. C'est ce que l'on peut vérifier dans l'alphabet de la planche X. Le trait qui rencontre le haut des deux montants de l'A, et celui qui tranche le bas du montant de droite, ont tous deux plus de développement que la traverse. Le montant de gauche, qui se prolonge beaucoup trop bas, présente dans la partie moyenne un renflement considérable qui contraste avec la maigreur des parties extrêmes. La haste du B est restreinte à des proportions d'autant plus petites, que les deux panses prennent plus de développement et qu'elle est dépassée à gauche par deux traits tout à fait superflus. La ligne courbe qui rencontre les deux crochets du C, et qui en ferme complétement l'ouverture, donne à cette lettre une forme presque semblable à celle d'un *q* minuscule ou oncial. On peut appliquer au D les mêmes observations qu'au B, et il faudrait répéter pour l'E ce qui vient d'être dit pour le C. L'F est défigurée par le développement excessif du trait qui tranche le pied de sa haste, et plus encore par la ligne qui descend du haut de la barre supérieure : cette ligne, qui rencontre l'extrémité de l'autre barre, pourrait faire confondre la lettre avec une H ou avec un A du genre de celui qui est en tête de l'alphabet. L'examen des autres lettres fournirait des remarques analogues. Dans le premier *fac-simile* de la même planche, on trouverait des lettres majuscules d'une forme plus simple et plus élégante, et qui cependant renferment toutes des traits superflus. En vérifiant une à une les majuscules gothiques reproduites dans les planches VII, VIII, IX, X, XV, XVI et XVII, on reconnaîtra presque partout des contours irréguliers ou des ornements parasites : ce double caractère est tellement facile à saisir,

[1] On ne prétend pas nier que la majuscule gothique ait été employée dans les inscriptions; mais alors les traits excédants qui l'accompagnent presque toujours dans les manuscrits étaient considérablement réduits. Il existe d'ailleurs, à compter du XIVe siècle, un très-grand nombre d'inscriptions dont les caractères appartiennent en entier à la minuscule gothique.

qu'il n'est pas nécessaire d'entrer à cet égard dans de plus longs développements.

§ II. DE LA MINUSCULE GOTHIQUE.

Ce qu'il y a de plus frappant dans la minuscule gothique, c'est que la plupart des lignes droites et des lignes courbes sont remplacées par des lignes brisées. Cette tendance se manifeste surtout dans les lettres *i*, *m*, *n* et *u*, dont la tête incline vers la gauche et le pied vers la droite, tandis que la partie moyenne conserve la direction verticale. C'est ce que l'on peut vérifier sur le *fac-simile* n° 3 de la planche X. L'*o* et les caractères qui comme le *b*, le *g*, le *p* et le *q* avaient auparavant dans certaines parties la forme ronde ou ovale, furent pour ainsi dire taillés à facettes; en un mot, on vit poindre de tous côtés des saillies anguleuses qui donnèrent à l'écriture un aspect tout nouveau. Quoique ces formes anguleuses n'aient point paru en même temps dans toutes les lettres de l'alphabet, et qu'on les trouve d'abord moins franchement caractérisées qu'elles ne l'ont été dans la suite, cependant il est toujours facile au premier coup d'œil de distinguer la minuscule gothique de celle qui appartient à la première période. On ne confondra point, par exemple, l'écriture de la planche VIII avec celles qui sont reproduites dans la planche V. Il arrive souvent aux écrivains gothiques de réunir les parties extrêmes de deux lettres voisines, surtout lorsque ces lettres renferment une panse. C'est ce que l'on peut vérifier sur la planche VIII, notamment dans les syllabes *bos*, *hos* et *dos* qui terminent les lignes 7, 8, 9, 18 et 24. La brisure pour ainsi dire uniforme des jambages ne permet pas toujours de distinguer l'*n* ou l'*m* de l'*u* suivi ou précédé d'un *i*, quand cette dernière lettre n'est pas surmontée d'un accent. L'écriture gothique se fait remarquer aussi par le contraste qui résulte de la finesse des liaisons comparée à l'épaisseur du corps des caractères. A ces observations générales ajoutons quelques remarques spéciales sur certaines lettres qui affectent une forme tout à fait caractéristique.

Le premier et le troisième *fac-simile* de la planche X présentent deux formes d'*a* minuscule qui sont particulières à l'écriture gothique. Dans le premier *fac-simile*, la partie supérieure du montant se recourbe vers la panse, qu'elle rencontre en formant pour ainsi dire un second montant qui est quelquefois légèrement brisé dans sa partie moyenne. (Voy. par exemple l'*a* du second mot de la 2e ligne.) Souvent aussi ce montant, tracé comme d'un seul jet, paraît indépendant du montant de droite. (Voy. l'*a* de la première syllabe de la 4e ligne.) Alors la ligne horizontale et supérieure de la panse prend tout à fait l'aspect d'une traverse. C'est ce que l'on voit encore dans l'*a* du mot *latine* qui commence la 2e ligne du troisième *fac-simile*. En se reportant dans la même ligne à l'*a* initial du mot *angulum*, on ne verra plus qu'un montant, mais on trouvera, indépendamment de la panse ordinaire, une panse supérieure formée par un trait qui se recourbe en partant de la tête de la lettre, et qui vient se réunir à peu près à la partie moyenne du montant. Outre l'*a* à double montant et l'*a* à double panse, la minuscule gothique emploie aussi l'*a* de forme ordinaire. (Voy. dans le troisième *fac-simile*, l'*a* initial du second mot de la 7e ligne.)

Le crochet supérieur du *c* minuscule prend presque toujours dans l'écriture gothique l'aspect d'une barre qui part du sommet de la lettre en se dirigeant horizontalement de gauche à droite. (Voy. dans la 2e ligne du premier *fac-simile* de la planche X, le *c* du mot *escripte*.) Sous cet aspect nouveau, cette lettre est souvent très-difficile à distinguer du *t*, qui ne conserve pas toujours dans la minuscule gothique la partie gauche de sa barre. On pourra s'en convaincre en comparant les deux *c* et le *t* du mot *Occidentalem* qui termine la 2e ligne du troisième *fac-simile* de la planche X. Toutefois ces deux lettres diffèrent souvent, d'une part, lorsque la barre du *c* au lieu de se diriger horizontalement, s'incline un peu de haut en bas; de l'autre, lorsque la haste du *t* s'élève sensiblement au-dessus de la barre : ces deux caractères concourent dans le mot *pontificale* (5e ligne du même *fac-simile*).

La minuscule gothique n'emploie jamais que le *d* de forme onciale. (Voy. dans le premier *fac-simile* de la planche X, le *d* initial de la 6e ligne.) Au reste, dès la fin de la première période, ce *d* est souvent substitué à celui de l'alphabet minuscule.

Un caractère assez constant de l'*h* minuscule dans l'écriture gothique, c'est le prolongement de la partie inférieure de la panse, qui descend beaucoup plus bas que le pied de la haste; mais vers la fin de la première période, la forme de cette lettre s'était déjà modifiée dans le même sens.

Quoique l'écriture gothique ait conservé l'*s* de l'alphabet minuscule, elle y substitue presque toujours l'S de forme capitale, mais seulement à la fin des mots[1]; ainsi, dans le troisième *fac-simile* de la planche X, les deux premiers mots de la 6e ligne (*episcopus Antisidyorensis*) se terminent l'un et l'autre par une

[1] Quand l'S de forme capitale est employée au commencement des mots, elle rentre dans la classe des grandes lettres initiales; les écritures minuscules des plus anciens manuscrits en fourniraient de nombreux exemples; mais ce n'est qu'à la fin de la première période que cette lettre, employée comme finale, affecte la forme capitale dans l'écriture minuscule : comme cette modification n'est devenue constante que dans le cours de la seconde période, on a pu l'indiquer comme un des caractères qui conviennent plus spécialement à la minuscule gothique.

S capitale, tandis que cette lettre conserve dans le corps du mot la forme minuscule. L'*s* finale se rencontre aussi sous une forme évidemment dérivée de l'S capitale, mais qui cependant doit en être distinguée. Elle offre alors l'aspect d'un B capital qui arrondit les extrémités de sa haste à leur point de rencontre avec les panses. (Voy. dans la 3e et la 4e ligne du premier *fac-simile* de la planche X l'*s* finale des mots *es*, *evangiles*, *les* et *sacremens*.)

Enfin il arrive souvent aux écrivains gothiques d'employer au commencement des mots le *v* au lieu de l'*u*, sans qu'ils reconnaissent d'ailleurs aucune différence dans la valeur de ces deux lettres.

Les diplômes de la période gothique présentent quelquefois, comme ceux de la première période, une minuscule qui se distingue de celle des manuscrits, soit par le prolongement des hastes, soit par le développement ou la complication des signes abréviatifs; mais cette minuscule fit bientôt place à la cursive gothique, dont on va donner une courte description.

§ III. DE LA CURSIVE GOTHIQUE.

La plupart des caractères qui constituent la cursive, telle qu'elle a été décrite dans la première partie de ce chapitre, disparaissent peu à peu pendant le cours du xe siècle, et l'on ne rencontre plus guère que de la minuscule diplomatique dans les actes des deux siècles suivants. Il ne faut donc pas s'étonner que l'écriture de la plupart des diplômes du XIIIe siècle appartienne encore au genre minuscule. Cependant on rencontre déjà dans quelques titres une nouvelle cursive parfaitement caractérisée, et dont le quatrième *fac-simile* de la planche XVI reproduit un modèle. Si l'on compare ce *fac-simile* avec celui qui le précède, on reconnaîtra une grande analogie dans la forme de la plupart des éléments de l'alphabet, mais en même temps il sera impossible de ne pas être frappé de la différence qui existe dans l'ensemble de ces deux modèles. Dans le *fac-simile* n° 3, l'écriture, tout en se rapprochant de la cursive par les traits excédants ou le prolongement des hastes, tient cependant de la minuscule en ce que les lettres sont presque toujours distinctes et placées les unes à côté des autres, plutôt que liées entre elles. Au contraire, dans le *fac-simile* n° 4, les liaisons de lettres sont fréquentes, et l'écrivain qui a copié cet acte s'attachait évidemment à tracer plusieurs caractères sans lever la main. C'est par ce motif qu'il boucle les hastes des lettres *b, h, l,* comme on le fait généralement aujourd'hui dans l'écriture courante. Cette boucle paraît aussi dans la queue du *p* (voy. le mot *expedire* qui termine le *fac-simile*); dans quelques *s* initiales (voy. le mot *sine* à la fin de la 1re ligne); quelquefois même dans l'*i*, mais seulement lorsque cette lettre étant placée au commencement des mots, prend la forme du *j* de notre écriture actuelle (voy. le mot *in* vers la fin de la 1re ligne). Ce trait se retrouve habituellement dans le *q* et lui donne un aspect à peu près semblable à celui de notre *g* cursif. (Voy. le mot *quod* qui est le troisième de la 1re ligne, et que représentent les lettres *q d* surmontées d'une abréviation.) Dans le même mot, le *d* se termine par une boucle supérieure qui le distingue du *d* de la minuscule gothique. Les lettres *f* et *s*, en prolongeant leur partie inférieure aussi bas que les queues des lettres *q* et *p*, prennent un aspect tout différent de celui qu'elles conservent dans la minuscule gothique : on verra que ces deux lettres ainsi prolongées se rencontrent dans l'écriture mixte de la période gothique. La cursive gothique emploie aussi à la fin des mots une *s* dont la forme est dérivée de l'alphabet capital. Ce rapport n'est pas toujours facile à saisir, à cause de la réunion du crochet inférieur de l'*s* avec la panse supérieure, et de la direction nouvelle de la partie de la lettre où s'opère la réunion des deux panses. Mais on reconnaîtra qu'il ne faut pas chercher d'autre origine à l'*s* finale de la cursive gothique, si l'on veut suivre pas à pas ses transformations successives. Il suffira pour cela de comparer entre elles les *s* finales dont nous donnons ci-après l'indication : 1° planche XVI, deuxième *fac-simile*, dans le premier mot de la 3e ligne (*genitoris*); 2° même planche, troisième *fac-simile*, dans le quatrième mot de la 2e ligne (*querelis*); 3° quatrième *fac-simile*, dans le septième mot de la 2e ligne (*acquisitis*); 4° planche XVII, dans le troisième mot du *fac-simile* n° 2 (*députés*); 5° enfin, même planche, dans le troisième mot du *fac-simile* n° 6 (*autres*). Il est évident que la première *s* est de forme capitale, et que les altérations successives qui ont fini par donner à cette lettre un aspect tout à fait différent sont liées entre elles par des analogies tellement frappantes, que l'on ne peut nier la filiation qui rattache la dernière *s* de la planche XVII à la première de la planche XVI. Cette *s* est la même qui, dans la minuscule gothique des manuscrits, offre, comme on l'a dit plus haut, l'aspect d'un B capital arrondi au point de rencontre des extrémités de la haste avec les panses.

Après avoir employé les *a* de la minuscule gothique, qui sont à double panse ou à double montant, la cursive gothique est revenue à l'ancienne forme de l'*a* cursif. Le mélange de ces différentes figures ne permet donc pas, en général, de s'attacher à cette lettre comme à un signe distinctif de la cursive gothique. Toutefois l'*a* à double montant subit dans la cursive une modification légère en apparence et qui cependant mérite d'être signalée. En observant la forme de cette lettre dans le quatrième *fac-simile* de la planche XVI, on remarquera que la traverse se dirige obliquement en partant du pied du montant gauche, et qu'au lieu de se borner à rejoindre le montant de droite, elle se réunit quelquefois à la lettre suivante. (Voy. par exemple le mot *sciant,* qui est le cinquième de la 1re ligne.) La traverse de l'*a* à double montant, transformée ainsi en liaison, devient un caractère propre de la cursive gothique. Au reste, l'aspect de la cursive gothique est assez différent de la minuscule pour que l'on n'insiste pas sur tous les détails qui peuvent servir à distinguer ces deux écritures. Bornons-nous, en terminant, à signaler un fait dont le quatrième *fac-simile* de la planche XVI fournit plusieurs exemples, c'est que dans la cursive gothique les abréviations se rattachent souvent à une des lettres du mot qu'elles doivent compléter, tandis que dans la minuscule les signes abréviatifs sont isolés et indépendants. Ainsi dans la 1re ligne du *fac-simile* n° 4 de la planche XVI, les mots *omnes, quia, omnibus, inter* et *nostro* sont complétés par des abréviations liées à l'une des lettres de ces mots. Il en résulte que ces abréviations sont indiquées par des traits plus étendus, et dont la forme est plus variable. Les abréviations de la cursive gothique finiront même, comme on le verra plus tard, par devenir tellement arbitraires que leur figure n'aura plus aucune espèce de rapport avec leur signification.

§ IV. DE L'ÉCRITURE MIXTE GOTHIQUE.

On rencontre pendant la période gothique, soit dans les chartes, soit dans les manuscrits, une écriture aussi distincte et aussi régulière que la minuscule, mais qui, en même temps, emprunte à l'alphabet cursif un certain nombre de caractères : cette écriture, qui ne doit être confondue ni avec la minuscule, ni avec la cursive, sera désignée sous le nom d'*écriture mixte.* Le dernier *fac-simile* de la planche IX, le cinquième et le huitième de la planche X, enfin le troisième et le huitième de la planche XVII, appartiennent à l'écriture mixte.

Parmi ces différents modèles, le dernier *fac-simile* de la planche XVII est le seul qui présente des *a* à double panse; on ne trouve dans les autres que des *a* italiques, c'est-à-dire appartenant essentiellement à la cursive. Si les queues des *s* et des *f* sont moins prolongées dans ce même *fac-simile* que dans les autres, elles le sont cependant assez pour altérer la forme que ces lettres conservent dans la minuscule. On peut remarquer d'ailleurs que les hastes des *b,* des *h* et des *l* sont bouclées dans ce *fac-simile* comme dans la cursive, et que la tête du *d* se termine également par une boucle.

Quoique le cinquième *fac-simile* de la planche X ne présente pas toujours ces boucles, on peut voir qu'elles sont souvent caractérisées d'une manière sensible, et que d'ailleurs ce *fac-simile* se rattache à la cursive non-seulement par les queues des *s* et des *f*, mais encore par l'*a* italique. Enfin la tête du *d*, en se repliant sur elle-même pour former une espèce de triangle, s'éloigne essentiellement de la minuscule des manuscrits.

Dans les trois autres modèles, c'est-à-dire dans le dernier *fac-simile* de la planche IX, dans le huitième de la planche X, et dans le troisième de la planche XVII, on trouve à la fois l'*a* italique, les *f* et les *s* à queue, les *b*, les *h* et les *l* à boucle. Enfin le *d* bouclé ou replié sur lui-même dans sa partie supérieure est employé dans deux de ces modèles; et quoique cette lettre paraisse habituellement sous une autre forme dans le huitième *fac-simile* de la planche X, cependant on en trouve encore un exemple à la cinquième ligne dans le *d* initial du mot *die*.

En résumé, l'écriture mixte de la période gothique tient de la cursive par la forme des lettres *a, b, d, f, h, l* et *s*, et de la minuscule par la régularité des caractères et l'absence des liaisons. On aurait pu sans doute la rattacher à l'un ou à l'autre genre, et lui donner par exemple le nom de *cursive distincte,* de même qu'on a trouvé dans les chartes de la première période une écriture qui, à la rigueur, constituerait un genre particulier, et qu'on n'a cependant considérée que comme une espèce de minuscule. Mais si la minuscule des diplômes diffère de celle des manuscrits par le développement des hastes et des traits excédants, elle s'y rattache essentiellement et par la forme des lettres et par l'absence des liaisons, tandis que l'écriture mixte de la période gothique tient à la minuscule et à la cursive par des rapports également essentiels.

RÉSUMÉ.

On ne prétend pas qu'il soit impossible d'indiquer une division moins imparfaite que celle qui vient d'être exposée; mais il est douteux qu'on puisse en trouver une à l'aide de laquelle il soit toujours facile de classer certaines écritures, dont les caractères distinctifs ne sont pas nettement prononcés. Il peut arriver quelquefois que la minuscule des diplômes diffère à peine de celle des manuscrits; quelquefois au contraire elle renfermera des traces de cursive. Ces deux nuances ne sont pas les seules que présente la minuscule diplomatique; et si on essaye d'appliquer un nom particulier à toutes les variétés d'une même écriture au lieu de les réunir sous une dénomination commune, à force de subdiviser on tombera peut-être dans une confusion encore plus dangereuse. Cet inconvénient doit être évité, surtout dans un livre élémentaire. Nous avons cru par conséquent ne devoir distinguer dans la chronologie des écritures que deux périodes; et dans chacune de ces périodes nous avons restreint, autant que possible, le nombre des classes, des genres et des espèces. Il ne sera pas sans utilité de présenter ici le résultat des distinctions qui ont été posées.

Les écritures se divisent, savoir :

PENDANT LA PREMIÈRE PÉRIODE.			PENDANT LA SECONDE PÉRIODE.		
EN TROIS CLASSES.	EN CINQ GENRES.	EN SIX ESPÈCES.	EN TROIS CLASSES.	EN QUATRE GENRES.	EN CINQ ESPÈCES.
Majuscule....	Capitale......	Capitale.	Majuscule....	Majuscule....	Majuscule.
	Onciale......	Onciale.			
Minuscule....	Minuscule....	Minuscule propremt dite.	Minuscule....	Minuscule....	Minuscule propremt dite.
		Minuscule diplomatique.			Minuscule diplomatique.
Cursive......	Cursive......	Cursive.	Cursive......	Cursive......	Cursive.
"	Écriture mixte.	Écriture mixte.	"	Écriture mixte.	Écriture mixte.

Pour mieux saisir ces distinctions, il est nécessaire de voir comment elles peuvent être appliquées aux différentes écritures qui sont reproduites dans la série des planches de *fac-simile*. C'est ce que l'on peut vérifier en consultant les observations qui accompagnent chaque planche.

CHAPITRE III.

DES DIFFÉRENTS SYSTÈMES D'ABRÉVIATIONS.

Avant de passer au déchiffrement des écritures reproduites dans la série des planches jointes à cet ouvrage, il est indispensable de s'occuper des systèmes d'abréviations qui ont été employés le plus ordinairement dans les inscriptions, dans les manuscrits et dans les diplômes. En effet, pour bien déchiffrer, c'est-à-dire pour trouver la traduction fidèle d'une ancienne écriture, il ne suffit pas de se familiariser avec les nombreuses transformations de l'alphabet et de pouvoir reconnaître une à une les lettres gravées sur un monument ou tracées sur un parchemin. On n'obtiendrait souvent par ce moyen que des portions de mots ou des caractères isolés dont il serait difficile ou même impossible de trouver l'interprétation, si l'on ne pouvait s'aider de quelques règles pour combler ces lacunes et rétablir les lettres qui sont ou complétement supprimées, ou remplacées par des signes abréviatifs.

L'exposition complète de ces règles ne pourrait être déduite que d'un traité approfondi sur les sigles, les notes tironiennes, les abréviations proprement dites, les lettres conjointes, monogrammatiques et enclavées; mais il était impossible de songer à remplir un cadre aussi vaste. On s'est donc borné à parcourir en peu de mots ces différents sujets, et quelquefois même à signaler, sans les résoudre, des difficultés dont l'explication aurait exigé de trop longs développements, et qui d'ailleurs ne se rattachaient pas à la paléographie élémentaire.

ARTICLE I.

DES SIGLES.

Le mot *sigle* paraît venir de *sigilla*, diminutif de *signa*, ou suivant quelques personnes, de l'adjectif *singuli*. Les sigles sont des lettres choisies parmi celles qui composent un mot pour exprimer ce mot tout entier. Les sigles *simples* sont ceux qui désignent chaque mot par une seule lettre, comme *N. P. nobilissimus puer;* les sigles composés ajoutent à la lettre initiale une ou plusieurs lettres qu'ils prennent au commencement, dans le corps, ou à la fin du mot, comme *AM. amicus, COL. coloni, BR. bonorum, DCRM. Decuriorum, EE. esse, FS. fratres.*

Les sigles ont été surtout en usage dans les inscriptions; mais on les a aussi employés dans les manuscrits et dans les diplômes. Dans le Virgile d'Asper, les vers ne sont souvent désignés que par des sigles; il en est de même de certains passages de l'Écriture sainte dans plusieurs manuscrits théologiques, et de quelques aphorismes philosophiques dans des manuscrits du genre de celui qui a fourni le *fac-simile* n° 2 de la planche VII. (Voy. la première ligne du dernier alinéa.)

« Dans les diplômes, on écrivait quelquefois, disent les Bénédictins, *militare* « *cingulum* par *M. C.* On n'avait pas oublié, au XIe siècle, cette manière d'abré- « ger l'écriture. Le fameux terrier d'Angleterre, dressé par ordre de Guillaume « le Conquérant, en est une preuve. Ce manuscrit en deux volumes, que les « Anglais appellent *Domesday book,* fut écrit en lettres antiques et en sigles. « Ces sigles, néanmoins, n'y sont pas à beaucoup près aussi fréquents que dans « le Virgile d'Asper. On s'en servait encore pour distinguer les livres, pour mar- « quer le nombre des chapitres et des cahiers des manuscrits[1]. On exprimait « aussi la valeur des poids, par différentes lettres des alphabets grec et latin. « L'ancien usage des seules lettres initiales, pour marquer les noms propres, « s'est toujours maintenu..... Que cet usage ait été pratiqué dans les actes et les « chartes de toute espèce, c'est une vérité certaine, attestée par une multitude « de monuments et d'auteurs de tout pays..... Ces sigles ont été souvent mal « interprétés par les copistes, qui se sont donné la liberté d'écrire les noms « propres tout au long. Le nom d'*Ives* ou de *Josceran* n'étant écrit que par la « lettre initiale dans deux épîtres d'Ives de Chartres, un écrivain téméraire a « rendu ce sigle par *Jean,* archevêque de Lyon. Dans les lettres IV et V d'É- « tienne, évêque de Tournai, où les manuscrits ne marquent qu'un P., le « Masson qui les a données au public, a imprimé *Petro* au lieu de *Pontio,* « comme l'a remarqué M. Baluze, d'après le P. du Moulinet. Ces méprises « des éditeurs et des copistes, dans l'explication des noms laissés en blanc, « ou marqués par leur lettre initiale, ont non-seulement jeté beaucoup de con- « fusion dans l'histoire, mais elles ont encore donné occasion d'accuser de

[1] Le nombre des cahiers est marqué ordinairement au bas de la première ou de la dernière page de chaque cahier, sous la forme suivante: Q. I, Q. II, etc., c'est-à-dire *quaternio primus, quaternio secundus,* etc. Nous avons aussi observé que dans les Bibles on indiquait le nombre des versets de chaque livre par les sigles *h. v. n.* (*Habet versus numero.....*), suivis des chiffres romains qui exprimaient le nombre de ces versets.

« supposition des pièces très-sincères et très-authentiques, où l'on a substitué « un nom pour un autre. »

L'usage des sigles paraît avoir été connu des Hébreux. « C'est de ce genre « d'abréviations hébraïques, disent les mêmes auteurs, qu'on entend ordinai-« rement ces paroles de David : *Ma langue sera comme la plume d'un écrivain qui « écrit avec rapidité*[1]. Les Grecs ayant reçu leur écriture des Phéniciens Hébreux, « on ne peut guère douter qu'ils n'en aient aussi tiré leurs abréviations par « sigles. » Des Grecs cet usage passa chez les Romains; et depuis lors il n'a pas cessé d'être mis en pratique. Toutefois, l'obscurité que présente souvent l'écriture en sigles détermina Justinien à en interdire l'usage dans les livres de droit, lors même qu'il s'agissait de désigner les noms des jurisconsultes, les titres et les nombres des livres. Puisque cette langue énigmatique présentait de si graves inconvénients même pour les contemporains, on ne doit pas s'étonner que de nos jours l'interprétation des sigles anciens exige des connaissances aussi profondes que variées sur les coutumes de chaque siècle et de chaque contrée. Le seul conseil que l'on puisse donner à cet égard, c'est de rechercher avec soin toutes les circonstances accessoires qui peuvent aider à la solution du problème. Il est facile de comprendre, par exemple, que certaines interprétations conviendraient plutôt à une inscription funéraire qu'à une médaille, et réciproquement. S'il est possible de connaître le temps et le lieu auxquels se rattache une inscription, il faudra tenir compte de ces données qui fourniront presque toujours des indications précieuses. Mais, pour en profiter plus sûrement, il est indispensable avant tout d'étudier les recueils de sigles et de se familiariser avec certaines formules qui se représentent souvent, telles que : S. P. Q. R. *Senatus populusque Romanus,* A. D. K. *Ante diem Kalendas,* A. P. V. C. *Anno post urbem conditam*, etc. Nous avons dû nous borner à quelques indications essentielles sur une matière fort difficile et qui exigerait à elle seule un ouvrage entier[2]. On trouvera ci-après une liste alphabétique des mots pour lesquels chaque lettre est le plus ordinairement employée. Cette liste n'est pas complète, mais elle est suffisamment étendue pour donner une idée de la variété des interprétations dont une lettre est susceptible. Les éléments de ce dictionnaire sont dispersés dans les différents recueils que renferme un ouvrage de Jean Nicolaï, intitulé *Tractatus de siglis veterum.* Pour ne pas augmenter inutilement cette nomenclature, on s'est borné, la plupart du temps, à donner

[1] « Lingua mea calamus scribæ velociter scri-« bentis. » Ps. XLIV. 2.

[2] En effet, il faudrait énumérer une foule de sigles qui étaient usités dans les différentes professions pour désigner des termes techniques. Les personnes qui voudront se faire une idée de ces abréviations toutes spéciales, pourront consulter l'ouvrage de Jean Nicolaï.

les nominatifs singuliers des substantifs, les infinitifs des verbes et le masculin des adjectifs; il ne faut donc pas oublier que si l'on voit, par exemple, au nombre des significations de l'A le mot *annus*, on doit sous-entendre les autres cas de ce substantif, soit au singulier, soit au pluriel, de même que les cas et les genres de l'adjectif *amantissimus* et les divers modes et temps du verbe *apponere*, etc.

LISTE ALPHABÉTIQUE DES SIGNIFICATIONS LES PLUS ORDINAIRES QUE PEUVENT AVOIR LES LETTRES INITIALES DANS LES SIGLES ANCIENS ET MODERNES.

A

Ab.
Abesto.
Abi.
Actiacus.
Actio.
Actus.
Ad.
Ædilis.
Ædilitius.
Ælia.
Ærarium.
Æs.
Ager.
Ago.
Agrippa.
Agrippina.
Aio.
Ala.
Albus.
Alius.
Alter.
Amantissimus.
Ambo.
Amen.
Amicus.
Amnis.
Anima.
Animus.
Annius.
Annus.
Ante.
Antiochia.
Antonius.
Apollo.
Apponere.
Apud.
Aqua.
Aratrum.
Arbitratus.
Arbitrium.
Argentum.
Aristoteles.
Artificialis.
Ascia.
Assignatus.
Assis.
At.
Auctor.
Auctoritas.
Augusta.
Augustalis.
Augustus.
Aulus.
Aurelius.
Aurum.
Auspicium.
Aut.
Auxilium.
Avis.
Avus.

B

Balbius.
Balbus.
Bartholomæus.
Bavaria.
Beatus.
Bene.
Benedictio.
Beneficiarius.
Bergomates.
Berna *pour* verna.
Biga.
Bir *pour* vir.
Bivus *pour* vivus.
Bixit *pour* vixit.
Boëthius.
Bona, orum.
Bononia.
Bonus.
Brutus.
Burgravius.

C

Cæsar.
Cæsareus.
Cæsus.
Caius.
Calator.
Calphurnius.
Calumnia.
Caput.
Carina.
Carissimus.
Carus.
Cato.
Causa.
Cavere.
Cedere.
Censere.
Census.
Centesimus.
Centonarius.
Centum.
Certus.
Choragiarius.
Christus.
Cicero.
Circa.
Circulus.
Citerior.
Civis.
Civitas.
Clam.
Clarissimus.
Claudia.
Claudius.
Cocceius.
Cœpit.
Cognitio.
Cognitus.
Cohors.
Collegium.
Colonia.
Colonus.
Comes.
Committere.
Communis.
Comprobatus.
Concedere.
Concordia.
Condere.

Conjux.
Conscripti.
Consecrare.
Consensus, ûs.
Consilium.
Constans.
Constantinopolis.
Constituere.
Constitutor.
Consul.
Consularis.
Consulatus, ûs.
Consulere.
Consultum.
Contra.
Contractus.
Conventum.
Copia.
Cornelius.
Corona.
Corpus.
Creditor.
Crucifixus.
Cudere.
Cujus.
Cultus.
Cum.
Curare.
Curator.
Curia.
Curiatus.
Custos[1].

D

Dacus.
Damnatus.
Dare.
Datius.
De.
Dea.
Decedere.
Decembris.
Decennalis.
Decernere.
Decimus.
Decius.
Decretum.
Decuria.
Decurio.
Dedicare.
Defunctus.
Delatus.
Delegatus.
Depositus.
Deus.
Devotus.
Dicare.
Dicere.
Dictio.
Dies.
Dignitas.
Dignus.
Dimidius.
Diminutus.
Diutius.
Dividere.
Divinus.
Divus.
Doctor.
Dolus.
Domesticus.
Dominicus.
Dominus.
Domus.
Donare.
Donum.
Dos, dotis.
Drusus.
Dubius.
Dulcis.
Dux.
Dynasta[2].

E

Ædilis.
Ætas.
Ea.
Editus.
Effector.
Effectus.
Egregius.
Ejusdem.
Electus.
Emere.
Emmanuel.
Ennius.
Eorum.
Erbonius.
Ergo.
Erigere.
Erit, erunt.
Esse, est, esto.
Et.
Etiam.
Ex.
Exactor.
Exactus.
Exemplum.
Exercitus.
Exprimere.
Extimare.
Exterus.

F

Faber.
Fabrè.
Fabrica.
Fabricare.
Facere.
Fames.
Familia.
Fatum.
Februarius.
Felicitas.
Feliciter.
Felix.
Femina.
Ferire.
Ferrum.
Fidelis.
Fideliter.
Fides.
Fiducia.
Fieri.
Filia.
Filius.
Finalis.
Finis.
Fiscus.
Flaccus.
Flamen.
Flaminius.
Flamma.
Flare.
Flator.
Flavius.
Florentissimus.
Fœcundus.
Fortissimus.
Fortuna.
Forum.
Francia.
Frater.
Fraus.
Frigus.
Frons.
Fructus.
Fugere.
Functus.
Fundare.
Fundus.
Furnus[3].

[1] Les sigles renversés désignent ordinairement des femmes, et quelquefois des substantifs ou des adjectifs féminins : le ɔ peut signifier, par exemple, *Caia*, *Centuria*, *Controversia*, etc. Mais comme le même caractère exprime souvent les syllabes *con* ou *com* au commencement d'un mot, il en résulte que ƆL doit se traduire par *conlibertus* et Ɔꓶ par *conliberta*. Nous n'avons pas besoin d'avertir que, malgré cet emploi spécial des sigles renversés, les noms de femmes, et surtout les substantifs ou les adjectifs féminins, peuvent aussi être désignés par des sigles ordinaires.

[2] Le ɑ renversé est quelquefois employé pour *Diva*.

[3] La lettre ʁ renversée s'emploie au lieu du V : on la trouve aussi pour *Filia*.

G

Gades.
Gaia.
Gaius.
Gallia.
Gaudium.
Gellius.
Gemere.
Geminus.
Genius.
Genus.
Gerere.
Gloriosus.
Gratia.
Gratis.
Gratus.
Guillelmus.

H

Habere.
Hæc.
Hæreditarius.
Hæreditas.
Hæres.
Hammo.
Hanc.
Hercules.
Hic.
Hispania.
Hoc.
Homo.
Honestus.
Honor.
Hora.
Hostis.
Huic.
Hujus.
Humanitas
Hunc

I

Idæa.
Idem.
Ille.
Illustris.
Immortalis.
Immunis.
Impensa.
Imperator.
Imperium.
Implere.
In.
Incomparabilis.
Inferi.
Inferius.
Infra.
Injustus.
Instituere.
Inter.
Intra.
Invictus.
Ita.
Item.
Jacere.
Januarius.
Jesus.
Jovis.
Jubere.
Judæi.
Judex.
Judicare.
Judicium.
Julia.
Julius.
Junior.
Junius.
Juno.
Jus.
Jussus, ûs.
Justus.
Juventus.

K

Kæso *pour* Cæso.
Kaius *pour* Caius.
Kalendæ.
Kalumnia *pour* Calumnia.
Kandidatus *pour* Candidatus.
Kaput *pour* Caput.
Kardo *pour* Cardo.
Karissimus *pour* Carissimus.
Karolus.
Karthago *pour* Carthago.
Karus *pour* Carus.
Kasa *pour* Casa.
Kastra *pour* Castra.
Kensus *pour* Census.
Kondemnare *pour* Condemnare.
Konradus *pour* Conradus.
Kyrie[1].

L

Lacerare.
Lacertus.
Lacrymæ.
Lanuvinus.
Lapis.
Lares.
Largius.
Latinus.
Latitudo.
Laudes.
Laurentes.
Lavinienses.
Legare.
Legio.
Legitimè.
Lelius.
Levis.
Lex.
Libens.
Libenter.
Liber.
Liberi.
Liberta.
Libertas.
Libertus.
Libra.
Librarius.
Licet.
Limes.
Liquet.
Lis.
Livius.
Locus.
Lolius.
Longè.
Longùm.
Lubens.
Lucius.
Lucrum.
Lucus.
Ludus.
Lugdunum.
Lustrum.
Lycia[2].

[1] Le ꓘ renversé est quelquefois employé pour *Kaia* (*Caia*).

[2] La lettre ⅃ renversée est quelquefois employée pour *Liberta*.

M

Macedonia.
Macedonicus.
Magdeburgum.
Magister.
Magnus.
Maius.
Majestas.
Maledictum.
Malum.
Malus.
Mandare.
Manes.
Manius.
Manus.
Marchio.
Marcus.
Maria.
Maritus.
Marius.
Marmoreus.
Mas, maris.
Mater.
Matrimonium.
Matrona.
Maximus.
Mea.
Mecum.
Mediolanensis.
Meminisse.
Memmius.
Memor.
Memoria.
Mensa.
Mensis.
Mercurialis.
Merens.
Meritus.
Metuere.
Meus.
Mi.
Miles.
Miliare.
Militare.
Militaris.
Militia.
Mille.
Millia.
Minerva.
Minicia.
Minus.
Mithra.
Mitto.
Modus.
Mœrens.
Mœstissimus.
Mœstus.
Moneta.
Monitus, ûs.
Mons.
Monumentum.
Mordax.
Mori.
Mors.
Mortuus.
Mulier.
Multus.
Municeps.
Municipium.
Munire.
Munus.
Mutius.
Mysia [1].

N

Narbonensis.
Natio.
Natus.
Nauta.
Nazarenus.
Negare.
Nepos.
Neptis.
Neptunus.
Neque.
Nero.
Nobilis.
Nomen.
Non.
Nonæ.
Norvegia.
Noster.
Notarius.
Notus.
Novembris.
Novus.
Nox.
Numen.
Numerare.
Numerarius.
Numercius.
Numerius.
Numerus.
Numisma.
Nummus.
Nunc.
Nuptiæ.

O [2]

Obire.
Occidere.
Olla.
Olympius.
Omnipotens.
Omnis.
Opertus.
Oportet.
Optimus.
Optius.
Opus.
Ordo.
Oriens.
Orientalis.
Ossa.
Ossuarius.

P

Pactum.
Pacuvius.
Padus.
Palatinus.
Palatium.
Pallas.
Pannonia.
Pannonicus.
Parentes.
Parthicus.
Passus, ûs.
Pater.
Paternus.
Patratus.
Patria.
Patriciatus.
Patricius.
Patrius.
Patronus.
Patruus.
Pax.
Pecunia.
Penates.
Per.
Percussus.
Perfectissimus.
Perficere.
Perindinum.
Permissu.
Perpetuus.
Persona.
Pes.

[1] L'ꟽ renversée est employée quelquefois pour *Marca* et *Mulier*.

[2] La lettre O tient quelquefois lieu d'un point (.)

Pessimus.
Petere.
Pietas.
Pius.
Placet.
Plebs.
Plurimus.
Plus.
Pollens.
Pompeius.
Pondo.
Pondus.
Ponere.
Pontifex.
Pontificium.
Populus.
Portio.
Posse.
Possessio.
Possessor.
Post.
Posteri.
Postulare.
Potentia.
Potestas.
Prædium.
Præesse.
Præfectus.
Præses.
Præstans.
Præstò.
Prætor.
Prætorium.
Prætorius.
Pretium.
Pridie.
Primus.
Princeps.
Priscus.
Privatus.
Pro.
Probare.
Procurator.
Profectus.
Professio.
Professor.
Promissor.
Promitto.
Propitius.
Proprius.
Providentissimus.
Provincia.
Prudens.
Publicè.
Publicus.
Publius.
Puella.
Puer.
Punitus.
Pupillus.

Q

Quadratus.
Quæ.
Quæsitus.
Quæstor.
Quàm.
Quando.
Quanti.
Quantus.
Quare.
Quartus.
Que.
Quem.
Qui.
Quiescere.
Quietus.
Quinque.
Quinquennalis.
Quinquennalitium.
Quintilis.
Quintilius.
Quintius.
Quintus.
Quirinalis.
Quondam [1].

R

Ratio.
Ravennates.
Recipere.
Rectè.
Rector.
Rectus.
Reddo.
Reditus, ûs.
Reficere.
Regestus.
Regina.
Regio, onis.
Regius.
Regnum.
Rejicere.
Religiosus.
Relinquere.
Remittere.
Remuneratio.
Repetundæ.
Requiescere.
Res.
Respondere.
Respublica.
Restituere.
Resurgere.
Resurrectio.
Retrò.
Rex.
Ripa.
Rogare.
Roma.
Romanus.
Rostra.
Rudera.
Rudis.
Ruere.
Rus.
Rusticus.
Rutilius.

S [2]

Sacellum.
Sacer.
Sacerdos.
Sacra.
Sacramentum.
Salus.
Sanctus.
Sassinates.
Satis.
Saxum.
Scilicet.
Scrinium.
Scriptum.
Se.
Secundùm.
Secundus.
Sedare.
Sedes.
Semis.
Semper.
Sempiternus.
Sempronianus.
Senatus.
Senilis.
Senium.
Sententia.
Sepelire.
Sepulcrum.
Sepultura.
Sequi.
Series.
Serva.
Servare.
Servus.
Severus.
Sextilis.
Si.
Sibi.
Sic.
Siculus.
Sicut.
Sigillum.
Signare.
Signum.
Silesia.
Sine.
Singuli.
Sistere.

[1] La syllabe *cu* s'écrivait quelquefois *qu*, en sorte que le sigle Q peut signifier *cura* (*qura*).

[2] La lettre S, ou du moins un signe qui s'en rapproche beaucoup, tient lieu de point (.) dans la légende de quelques sceaux gothiques.

Sit.
Situs.
Sive.
Socius.
Solemnis.
Solus.
Solutus.
Solvere.
Somniator.
Somnium.
Sospita.
Spectabilis.
Spiritus.
Sponsio.
Statuere.
Stipendium.
Sub.
Sublatus.
Sulpicius.
Summa.
Summus.
Sumptus, ûs.
Sunt.
Super.
Superior.
Supra.
Suscipere.
Suus.

T [1]

Tarraco.
Tatius.
Taurus.
Tempus.
Ter.
Tergum.
Terminus.
Terra.
Tertiùm.
Tertius.
Testamentum.
Tiberanius.
Tibi.
Titulus.
Titus.
Togatus.
Tonans.
Tonsus.
Treviris.
Tribunus.
Tribus, ûs.
Tunc.
Turma.
Tutela.
Tutelaris.
Tutor.
Tùtus.
Tuus.

V

Ultrix.
Universi.
Urbanus.
Urbs.
Urdinarius *pour* ordinarius.
Ut.
Uti, or.
Uterque.
Uxor.
Valens.
Valentia.
Valere.
Valeria.
Valerius.
Validus.
Ve.
Velle.
Venire.
Venus.
Verbum.
Verna.
Verò.
Versùs.
Verùm.
Verus.
Vesta.
Vestalis.
Vester.
Vetare.
Veteranus.
Vetus.
Via.
Vice.
Victor.
Victoria.
Victrix.
Videri.
Vidua.
Viennensis.
Vigilantissimus.
Viginti.
Vincere.
Vir.
Vires.
Virgo.
Visus, ûs.
Vita.
Viterbium.
Vivens.
Vivere.
Vivus.
Vobis.
Volens.
Volerus.
Voluntas.
Volusus.
Vopiscus.
Votivus.
Votum.
Vovere.

X

Christus. (La lettre X est employée ici avec la valeur qu'elle a dans l'alphabet grec : elle tient lieu du *c* et de l'*h*.)

Après avoir donné l'interprétation de chaque lettre employée isolément, on aurait pu présenter celle des lettres initiales employées deux à deux, ou trois à trois, comme AM pour *amabilis, amen, amicus;* CVR pour *curator, curavit, curio;* mais ce recueil aurait été beaucoup trop étendu, et d'ailleurs l'interprétation des lettres doubles et triples est beaucoup plus facile que celle des lettres isolées.

Il y a au contraire des sigles composés de plusieurs lettres, qui présentent

[1] La lettre T tient quelquefois lieu d'un point (.).

plus de difficulté: c'est lorsque la lettre initiale est suivie d'une ou plusieurs lettres prises à distance dans le corps ou à la fin d'un mot. On en donne ici quelques exemples. En général, dans les sigles de cette espèce, les points ne sont employés que pour séparer les lettres qui appartiennent à des mots différents; mais cette règle n'est pas toujours observée, et alors les difficultés deviennent souvent insurmontables.

SIGNIFICATIONS DE QUELQUES SIGLES COMPOSÉS D'UNE INITIALE SUIVIE D'UNE OU PLUSIEURS LETTRES PRISES DANS LE CORPS OU A LA FIN D'UN MOT.

AA. Augusta.
ACON. *ou* AN. Actionem.
ADP. Adoptivus.
AT. Autem.

BF. Beneficium *ou* beneficiarius.
BR. Bonorum.
BRT. Britannicus.

CC. Circum.
CL. Colonia.
Ɔ⅂. Conliberta.
ƆL. Conlibertus.
CM. Comes.
CMPRBR. Comparaberunt *pour* comparaverunt.
CNS. Censor.
CONSP. Constantinopolis.
COS. Consul *ou* consularis.
CR. Contractum.
CS. Caius *ou* consiliarius.

DCRM. Decurionum.
DD. Dedicavit.
DL. Delego.
DN. Dominus.
DT. Duntaxat.

EE. Esse.
EG. Erga.

FL. Filius.
FR. Forum.

GN. Genius.
GS. Gessit.

HR. Hæres.

IA. Intra.
ID. Interdùm.
IM. Ipsarum.

KL. Kalendæ.

LC. Lucrum.
LG. Legem *ou* legio.
LN. Lugdunum.

MD. Mediolanum.
MFN. Manifestus.
MM. Memoria.
MR. Mœrens.
MRT. Merenti.
MS. Majestas *ou* menses.

PP. Perpetuus, populus *ou* præpositus.
PQ. Postquam.
PRCOS. Proconsul.
PRPR. Proprætor.
PRS. Præses.
PS. Plebiscitum.
PV. Prout.

QAM. *ou* QVM. Quemadmodum.
QQ. Quoque *ou* quinquennalitius.
QS. Quasi.

RG. Regis.
RP. Respublica.

SC. Senatusconsultum.
SN. Senatus.
SS. Sestertius *ou* suprascriptus.

TCE. Thessalonicæ.
TM. *ou* TT. Testamentum, testimonium.
TP. Tempus.

VG. Virgo.

Souvent on voit des sigles dans lesquels une même lettre est doublée. Cette circonstance indique en général que le mot doit être mis au pluriel. Si c'est un nom propre, il désigne tantôt deux, tantôt plusieurs personnes. Si, au lieu d'être seulement doublée, une lettre se trouve triplée, quadruplée, etc., alors on doit en conclure qu'il s'agit de trois, de quatre personnes, et ainsi de suite.

EXEMPLES DE SIGLES DONT UNE LETTRE EST DOUBLÉE OU TRIPLÉE POUR INDIQUER QUE LE MOT DOIT ÊTRE MIS AU PLURIEL OU QU'IL DÉSIGNE DEUX OU TROIS PERSONNES.

AA. Augusti duo *ou* plures.
AVGG. Augusti duo *ou* plures.
AVGGG. Augusti tres.

CAESS. Cæsares duo *ou* plures.
CAESSS. Cæsares tres.
CENSS. Censores.
COSS. Consules.
CSS. Consiliarii.

DD. Dedicamus *ou* dedicaverunt.
DD. Devoti.
DD. Dii.
DD. Domini.
DNN. Domini.
DD. NN. Domini nostri duo *ou* plures.
DDD. NNN. Domini nostri tres.
DESS. Designati.

FF. Filii duo *ou* plures.
HH. Hispaniæ duæ.
HH. Hæredes.
HOSS. Hostes.
IMPP. Imperatores duo *ou* plures.
IMPPP. Imperatores tres.

LL. SS. Libertis *ou* libertabus suis.
LL. L. Luciorum duorum libertus.

MMM. L. Marcorum trium libertus.
MAXX. Maximi.

NN. Numerii duo *ou* plures.
NN. Nostri, nostrorum.
NOBB. Nobiles.

PP. Pedes.
PP. Principes.
PP. Provinciæ.
PP. C. Patres conscripti.
PPP. Publii tres.
PROCC. Proconsules.
PRR. Prætores.
PRSS. Præsides.
PSS. Plebiscita.

QQ. Quinquennales.
QVAESS. Quæstores.

SS. Sacerdotes.
SS. Sunt.

TT. *ou* T. T. Titi duo *ou* plures.

VV. Viri *ou* vivi.
VVV. Viri tres.
VICC. Victores.

Il y a des lettres redoublées qui désignent non le pluriel, mais un superlatif. On a cru devoir réunir ici les sigles de cette nature, qui se rencontrent dans l'ouvrage de Nicolaï.

BB. (Bene bene *ou* bonus bonus), *c'est-à-dire* optimè *ou* optimus.
CC. Clarissimus.
FF. Felicissimus, florentissimus *ou* fortissimus.
KK. Karissimus.
LL. Libentissimè.
MM. Meritissimus.
PP. Piissimus.
SS. Sanctissimus.

On rencontre aussi des lettres redoublées qu'on doit traduire comme si elles étaient simples : PP. *pondo* ou *posuit*. Au XIIIe siècle on écrivait souvent deux XX pour signifier *Christus*.

Les lettres employées comme chiffres doivent aussi donner lieu à une observation particulière : il faut savoir qu'elles désignent indifféremment les nombres ordinaux ou cardinaux, et les adverbes numéraux. En voici quelques exemples :

I. Semel, primus *ou* unus.
II. Bis, iterum, secundus, iteratus, duo *ou* bini.
III. Tertiùm, ter, tertius *ou* tres.
IIII. Quartùm, quater, quartus *ou* quatuor.
V. Quintùm, quinquies, quintus *ou* quinque.
VI. Sextùm, sexies, sextus *ou* sex [1].

[1] La lettre S après un nombre signifie ordinairement *semis*. Ex. : VI. S. *Sex et semis;* XXII. S. *Viginti duo et semis.*

Il en serait de même des nombres VII, VIII, etc. Tous ces nombres, suivis de la lettre V, désignent les mots *duumvir, triumvir,* etc.

II. V. Duumvir.
III. V. Triumvir.
IIII. V. Quartumvir *ou* Quatuorvir.
IIII. VIRAL. Quatuorviralis.
II II II. V. *ou* III III V. *ou* VI. V. Sextumvir *ou* sexvir.
VII. V. Septemvir.
VIII. V. Octumvir.
X. V. Decemvir.
XV. V. Quindecimvir.
C. V. Centumvir.

Quant aux sigles des monnaies, il était impossible de songer à en aplanir les difficultés. Nous ne pouvons que renvoyer aux ouvrages spéciaux qui ont traité de cette matière. Une des principales difficultés résulte des lettres employées tantôt comme marque du monétaire, tantôt comme signe chronologique, et qui sont placées avant ou après le nom de la ville où la pièce a été frappée. En voici quelques exemples :

ANTA. Antiochiæ. A, marque du monétaire, *ou* première année du règne.
ANTB. Antiochiæ. B, marque du monétaire, *ou* deuxième année du règne.
ANTT. Antiochiæ. T, marque du monétaire *ou* troisième (*tertius*) année du règne.
ANTE. Antiochiæ. E, marque du monétaire *ou* cinquième année du règne.
ANTH. Antiochiæ. H, marque du monétaire *ou* huitième année du règne.
ANTP. Antiochiæ. P, marque du monétaire *ou* percussa.
ANTPS. Antiochiæ pecunia signata.
ANTOB. Antiochiæ obsignata.
ARG. P. X. Argenti pondo decem.
KONOB. Constantinopoli obsignata.
KONSA. Constantinopoli. A, marque du monétaire.
KRTS. Carthagine signata.
KYZB. Cyzici. B, marque du monétaire.
LVGPS. Lugduni pecunia signata.
PEQ. Pequnia *pour* pecunia.
ROMB. Romæ percussa. B est mis pour P.
THEVP. Thessalonicâ urbe percussa.
PAQ. Percussa Aquileiæ.
PAR. *ou* PARL. Percussa Arelate.
PCON. Percussa Constantinopoli.
PLN. Percussa Lugduni.
PROM. Percussa Romæ.
SA. Signata Antiochiæ.
SCON. Signata Constantinopoli.
SMAN. Signata moneta Antiochiæ.
SMANT. Signata moneta Antiochiæ. T, marque du monétaire.
SMK. Signata moneta Carthagine.
SMKE. Signata moneta Carthagine. E, marque du monétaire.
SMNKAB. Signata moneta Carthagine. B, marque du monétaire.

Enfin, nous avons transcrit d'après l'ouvrage de J. Nicolaï une liste de sigles tirés des épitaphes chrétiennes, parce que c'est le genre d'inscriptions qu'on peut avoir le plus souvent occasion de rencontrer. On verra, en parcourant cette liste, que si les inscriptions se composent souvent de sigles *simples,* il y en a aussi qui renferment des sigles *composés,* dans lesquels peu de lettres ont été supprimées, et dont l'interprétation ne présente plus de difficultés sérieuses. Quoiqu'on ne rencontre pas dans le recueil suivant des mots entiers insérés au milieu des sigles, cet usage était quelquefois suivi, comme dans cette légende, citée par les Bénédictins : TI. CAESAR. DIVI. AUG. F. AUG. *Tiberius Cæsar divi Augusti filius augustus.* Dans ces sortes d'inscriptions il arrive souvent qu'il n'y a pas de point après les mots exprimés en toutes lettres.

SIGLES DES ÉPITAPHES CHRÉTIENNES.

A. A. A. Ave, amice; abi.
A. E. C. Anno Emmanuelis Christi.
AER. PUB. H. M. P. C. Ære publico hoc monumentum poni curavit.
A. P. C. N. Anno post Christum natum.
A. R. Anno resurrectionis.
A. D. R. Anno Dominicæ resurrectionis.
AED. FIDISS. Ædilis fidissimus.
A. V. I. S. P. A. Anima vivat in sempiternâ pace. Amen.
A. Q. I. C. Anima quiescat in Christo.
D. ANNUN. B. M. V. O. Die annunciationis beatæ Mariæ virginis obiit.
AD. D. NICOL. ARCHID. Ad divum Nicolaï archidiaconus.
ASS. Assessor.
AV. E. OSS. Q. PR. VIAT. Ave et ossa quieta precare viator.
A. R. I. M. D. Anima requiescat in manu Dei.
ACAD. PROF. Academiæ professor.
ART. PHIL. ET. MED. D. Artis philosophicæ et medicinæ doctor.
ACOL. Acoluthus.
AA. VV. CC. CONS. S. S. Augustalibus viris clarissimis consulibus supra scriptis.

B. *ou* BIX. Bixit *pour* vixit.
B. AN. G. D. IXX. Vixit annos quinque, dies IXX. (Le G, qui d'abord valait 6, a été aussi employé pour 5 ; quant au chiffre IXX, il signifie plutôt 19 que 21.)
B. M. Bene merenti, bene merito, *ou* beatæ memoriæ.
BENER. Beneriæ *pour* veneriæ.
B. Q. DULC. M. M. Bene quiescas, dulcissime mi marite.
B. Q. I. P. Bene quiescas in pace.
BIBAT. Bibatis *pour* vivatis.

CESQ. I. P. Cesquit *pour* quiescit in pace.
C. Q. Cum quo *ou* quâ.
C. L. P. Cum lacrymis posuerunt.
C. O. B. Q. Cum omnibus bonis quiesce.
CL. V. Clarissimus vir.
C. P. Curavit poni.
C. H. L. S. E. Corpus hoc loco sepultum est.
C. V. A. Cum vixisset annos.
C. T. S. L. Cives tui sistunt lacrymis.
C. R. S. Christo resurrecto sacrum.
COS. Consul.
C. SE. H. S. H. IMPOS. Cujus sepulcro hæredes saxum hoc imposuerunt.
COJUG. Conjugis *ou autres cas.*
C. F. Curavit fieri.
CONS. ORD. Consul ordinarius.

D. T. O. M. SP. Q. ASCEN. S. Deo ter optimo maximo speique ascensionis sacrum.
DE. S. OPT. M. De se optimè merito.
DOC. C. C. Docuit Christum crucifixum.
D. ET. M. IMM. Deo et meo Immanueli.
D. *ou* DE. *ou* DP. Depositus.
D. G. Dies quinque.
D. I. P. Dormit *ou* decessit in pace.
DORMIT. F. I. P. D. Dormitorium fecit in pace Domini.

ECCL. Ecclesia.
E. EV. Ex evocato.
EX PP. E. CL. Ex patribus et clericis.
EXV. DE. Exuvias deposuit.
EXP. GLO. R. Expectans gloriam resurrectionis.
ET D. P. M. V. Et dies plùs minùs quinque.
E. V. Ex voto.
EX TM. Ex testamento.

F. F. Fieri fecit.
FF. Filii.
F. Filius.
FRS. *ou* FS. Fratres.

H. L. S. E. Hoc loco situs est.
H. Hæres.
H. M. P. C. Hoc monumentum poni curavit.
H. M. PP. Hoc monumentum posuerunt.
H. M. P. C. Q. V. A. L. Hoc monumentum posuit conjuxque vidua animo lubens.
H. L. S. S. O. Hoc loco sita sunt ossa.
H. S. E. Hic sepultus est.

H. M. P. CC. Hoc monumentum posuerunt carissimi.
HO. PO. Hora postmeridiana.
H. M. C. T. Hodie mihi, cras tibi.
H. M. F. C. G. Hoc monumentum fieri curaverunt gementes.
H. S. P. M. M. Hoc saxum posuit maritus mœstissimus.
H. M. Honesta matrona.

INDICT. Indictione.
I. P. S. E. P. S. In pace sibi et patri suo.
INL. Inlustris.
I. M. O. D. In manu omnipotentis Dei.
I. V. D. Juris utriusque doctor.
I. M. Æ. E. I. In manibus æterni Emmanuelis jaceo.
I. N. R. I. Jesus Nazarenus rex Judæorum.

L. M. Locus monumenti.
L. S. Locus sepulcri[1].
L. H. S. C. P. S. Locum hujus sepulcri curavit pecuniâ suâ.
L. M. Q. P. C. Lubens meritoque poni curavit.
MAT. Mater.
MART. Maritus.
MED. LIC. Medicinæ licentiatus.
MED. D. ET. P. P. Medicinæ doctor et professor publicus.
M. Æ. P. Monumentum æternum posuit.
M. M. Memento mori.
M. E. S. I. B. G. Memoria ejus sit in benedictione gloriosa.
MR. F. S. C. Mœrens fecit suæ conjugi.
MOEST. VID. SVPERST. P. C. Mœsta vidua superstes poni curavit.
M. O. C. V. Matrimonium optimâ cum virgine.
M. V. L. SVPER. ORB. H. TRIST. MOER. PP. Mater, uxor, liberi, superstites orbitatem hanc tristissimam mœrentes posuerunt.

N. P. C. Notarius publicus Cæsareus.
NOT. ECCL. ROM. Notarius ecclesiæ Romanæ.
NEP. SVP. Nepotes superstites.

ORAS. G. Oras (*horas*) quinque.

P. M. Piis manibus *ou* piæ memoriæ.
PIET. V. Pietas vera.
P. S. H. M. P. H. L. C. Patri suo hoc monumentum posuerunt hujus liberi carissimi.
P. C. P. C. Pii cives poni curaverunt *ou* pia conjux poni curavit.
P. M. LX. Plùs minùs 60.
PREB. Presbyteri.
PLD. Placidius.

Q. C. P. R. B. R. Quem COMPARABERUNT *pour* comparaverunt.
Q. V. ANN. XLG. Quæ vixit annos 45.
Q. I. P. Quiescat in pace.
Q. M. O. Qui mortem obiit.

RDVS. PR. Reverendus puer.
R. I. P. A. Requiescat in pace anima *ou* Amen.
REG. Regionarius.

S. D. V. ID. IAN. Sub die quintâ Idus Januarii.
S. R. I. ARCHM. Sacri Romani imperii archimarschallus.
SVP. CVR. EL. ASS. Supremæ curiæ electoralis assessor.
S. H. L. R. Sub hoc lapide requiescit.
S. H. S. Q. Sub hoc saxo quiescit.
SS. THEOL. D. P. P. Sacrosanctæ theologiæ doctor professor publicus.
S. T. T. L. Sit tibi terra levis.
S. T. T. C. Sit tibi terra cara.
SP. M. C. E. Spes mea Christus est.
S. M. A. C. Sit meum auxilium Christus.
S. S. S. A. S. S. S. Sit sepulcrum sacrum à sacrosancto Spiritu.

TT. Titulus.
TVM. Tumulus.

V. ID. FEB. Quinto Idus Februarii.
V. C. Viri consulares *ou* clarissimi.
VIX. AN. IV. M. X. Vixit annos quatuor, menses decem.
V. E. L. R. Vidua et liberi relicti.
V. F. Vivus fecit.
V. I. Vir illustris.
V. S. Vir spectabilis.

XPM. Christum.

[1] Les lettres L. S., dans les copies d'actes, désignent ordinairement la place du sceau : *locus sigilli*.

ARTICLE II.

DES NOTES TIRONIENNES.

Les courtes indications qui viennent d'être données sur la nature des sigles et sur leur usage suffisent pour faire comprendre que ce genre d'abréviation ne pouvait être employé que dans un petit nombre de cas, et que d'ailleurs il devait donner lieu à de fréquentes équivoques. Sans renoncer à se servir des sigles, les Romains sentirent donc le besoin d'imaginer une écriture, sinon plus abrégée, du moins plus complète, et qui pût remplir l'office de notre sténographie. Cette écriture est désignée en général sous le nom de *notes tironiennes,* parce que Tullius Tiro, affranchi de Cicéron, passe pour avoir fait de nombreuses additions aux onze cents premières notes inventées par Ennius, et surtout pour avoir indiqué le premier la méthode la plus convenable d'employer ces signes abréviatifs à recueillir les discours que l'on prononçait en public. Des additions successives avaient porté le nombre de ces notes à cinq mille, lorsqu'au commencement du IIIe siècle, saint Cyprien, évêque de Carthage, étendit encore ce recueil en y ajoutant les signes qui convenaient à l'usage particulier des chrétiens. Il est bien constaté qu'à l'époque de la conjuration de Catilina la réponse de Caton à Jules César fut recueillie en notes tironiennes par l'ordre de Cicéron, et qu'avant les premiers essais d'Ennius, Xénophon, disciple de Socrate, avait fait usage d'une écriture abrégée à laquelle les Bénédictins rapportent l'origine des notes tironiennes. Ils justifient leur opinion par la présence de plusieurs caractères purement grecs dans cette sténographie des Romains.

« Les notes tironiennes, disent-ils, furent d'un usage très-étendu en Occi-« dent. Les empereurs, comme les derniers de leurs sujets, s'en servaient. On « les enseignait dans les écoles publiques, comme nous l'apprend le poëte « Prudence dans les vers faits à la louange de saint Cassien, célèbre martyr « du IVe siècle :

> Præfuerat studiis puerilibus, et grege multo
>   Septus, magister litterarum sederat,
> Verba notis brevibus comprendere multa peritus,
>   Raptimque punctis dicta præpetibus sequi.

« On écrivait en notes les discours, les testaments et les autres actes publics[1] « avant de les mettre au net. Saint Augustin nous fait connaître lui-même que « ses auditeurs recueillaient en notes ce qu'il disait en chaire. Les évêques

[1] Cette circonstance explique la véritable étymologie du mot *notaire*.

« avaient à leur service des écrivains instruits de cette tachygraphie. On en a « une preuve certaine dans la lettre qu'Évode écrivit en 415 à saint Augustin, « et qui est la deux cent cinquante-huitième parmi celles de ce saint docteur de « l'Église. *J'avais auprès de moi,* dit Évode, *un jeune homme, fils d'Armenus, prêtre « de Melone...... Il avait été auprès de l'homme de lettres du proconsul, et il écrivait « sous lui..... Assidu au travail, il écrivait très-vite en notes.* Saint Genès d'Arles « et saint Épiphane de Pavie exercèrent cet art avec distinction dans leur « jeunesse. Le premier paraît avoir été un de ces excepteurs ou greffiers pu- « blics dont la fonction était d'écrire en notes les interrogatoires des crimi- « nels et les sentences des juges. »

Quoique cette sorte d'écriture abrégée fût à la mode, elle n'était ni assez commune ni assez sûre pour qu'on pût se passer de l'écriture ordinaire. Lorsque les notaires avaient écrit à mesure que l'on parlait, il fallait ensuite transcrire tout ce qu'ils avaient écrit ou noté, afin que l'on pût s'en servir dans les affaires publiques. C'est ce que l'on voit dans les actes de la grande conférence tenue à Carthage le vendredi, deuxième de juin de l'an 411, où les Donatistes demandèrent qu'on transcrivît les actes de la conférence précédente écrits en notes.

Cependant les notes vulgairement appelées *tironiennes,* furent employées à transcrire des livres entiers, tels que les psautiers de Strasbourg, dont parle Trithème; celui de la Bibliothèque du Roi, estimé du xe siècle; celui de l'abbaye Saint-Germain des Prés, beaucoup plus ancien, et celui de Saint-Remi de Reims. Au IXe siècle, saint Anschaire, moine de Corbie au diocèse d'Amiens, apôtre de Danemarck, premier archevêque de Hambourg et ensuite archevêque de Brême, écrivit de sa propre main plusieurs gros volumes en notes. Eckhard le jeune, chapelain de l'empereur Otton Ier, donna des preuves de son habileté dans l'art de la tachygraphie, en écrivant en notes les conférences des Ottons touchant l'élection de l'abbé de Notker.

Ces exemples, et d'autres que rapportent les Bénédictins, prouvent que pendant les premiers siècles de l'ère chrétienne on avait continué à faire usage des notes tironiennes. Mais cette écriture cessa d'être employée en France vers la fin du IXe siècle, et en Allemagne vers la fin du siècle suivant. Aussi quoiqu'on en trouve encore quelques exemples au XIIIe siècle, dans les privilèges des rois d'Espagne, il est exact de dire, en thèse générale, que l'usage de cette sténographie fut abandonné au moment où les abréviations proprement dites se sont multipliées dans l'écriture ordinaire, c'est-à-dire au xe siècle [1]. Cette

[1] Il est bon de faire observer aussi que c'est précisément lorsque les notes tironiennes tombaient en désuétude qu'on a vu paraître dans les manuscrits quelques-uns des signes dont elles

assertion ne sera pas contredite, si l'on rencontre au xe siècle des notes tironiennes dans les signatures de quelques-unes de nos chartes privées, ou en Allemagne dans celles des diplômes impériaux. En effet, les Bénédictins présument avec beaucoup de raison qu'au moment où l'art d'écrire en notes commençait à tomber, ceux qui avaient conservé le secret de cette sténographie durent en user, comme d'une espèce de chiffre qui devenait une garantie contre les faussaires. Cette conjecture est d'autant plus probable que l'origine de l'écriture secrète ou *cryptographie* remonte à une haute antiquité, et qu'elle n'a pas depuis cessé d'être en usage. En effet, sans parler des chiffres de Jules César et d'Auguste, le concile de Nicée eut recours à des caractères secrets, et Raban, abbé de Fulde et archevêque de Mayence, donne deux exemples d'un chiffre dont les Bénédictins ont trouvé la clef[1]. Il ne faut donc pas s'étonner que l'on ait employé au même usage les notes tironiennes, qui avaient le double avantage de dérober le sens d'une annotation et de la traduire sous la forme la plus abrégée.

Pour donner une explication suffisante des notes tironiennes, il aurait fallu consacrer plusieurs planches à la reproduction de cette écriture, dont les com-

avaient fait usage pour représenter certaines syllabes ou certains mots. En effet, c'est aux notes tironiennes que les copistes empruntèrent, par exemple, le signe du mot *et* (⁊), et ceux qui servaient à représenter les initiales *com, con* (ɔ), et les finales *us* et *ur* (ꝰ).

[1] Les personnes qui consulteraient un manuscrit de Raban, seront bien aises de connaître le résultat des recherches des Bénédictins. « Dans « le premier exemple, disent-ils, on supprime les « cinq voyelles A, E, I, O, U, et on leur substitue « un certain nombre de points ainsi disposés :

« .NC.P.T V:RS::S B::N.F:C.. :RCH.

« GL::R.::S.Q: M:RT.R.S — L'I est repré« senté par un point, l'A par deux, l'E par trois, « l'O par quatre et le V par cinq. Ces points ont « été mal rendus par les copistes ou les éditeurs « de Raban qui n'ont point entendu ce chiffre, « dont voici l'explication : INCIPIT VERSUS BO« NIFACII ARCHI. GLORIOSIQUE MARTY« RIS. Dans le second exemple, on substitue la « lettre suivante à chaque voyelle, que le pre« mier chiffre remplace par des points. Les con« sonnes B, F, K, P, X tiennent lieu des voyelles « et ne laissent pas de conserver leur propre va« leur. Voici le chiffre dont Raban fait honneur « aux anciens sans l'expliquer :

« KBRXS. XPP. FPRTKS. TKRP.
« KNSTBR. SBFFKRP. BRCKTFNENS.
« SCFPTRP. RFGNK. XT. DFCXS. BXRF.
« FELICITER. A.

« C'est-à-dire : *Karus XPO (Christo) fortis tiro,* « *instar saffiro arcitenens sceptro regni ut decus auro.* « *Feliciter. Amen.* La première lettre est un vrai « K. Le second mot est XPO, ancienne abréviation « de *Christo.* L'éditeur de Raban a oublié le T dans « le cinquième mot. Le sixième peut être lu *safeiro* « ou *saffiro;* car il n'y a point de *ph.* Au dernier E « du mot suivant, on aurait dû mettre une F. Nous « ne savons si c'est exprès ou par mégarde qu'on a « mis un véritable E. A l'antépénultième mot, les « copistes auront probablement mis une F pour « un P. Le chiffre ne s'étend point aux mots sui« vants. Après ces éclaircissements, il n'est pas dif« ficile d'y trouver cette espèce de vers :

« CARUS CHRISTO, FORTIS TIRO,
« INSTAR SAPHIRO ARCITENENS
« SCEPTRO REGNI UT DECUS AURO
« FELICITER. AMEN. »

binaisons sont aussi nombreuses que variées. Il ne suffit pas, en effet, de connaître la forme que chaque lettre de l'alphabet affecte ordinairement, lorsqu'elle est employée comme signe dominant ou primitif. La même lettre, employée comme signe auxiliaire, prendra une foule d'aspects nouveaux. Les Bénédictins qui ont consacré un chapitre entier au déchiffrement des notes tironiennes, et qui ont accompagné leur texte d'une planche fort étendue, déclarent qu'ils ont à peine exposé les premiers éléments de cette science, et que les bornes de leur ouvrage ne leur ont pas permis d'entreprendre un travail complet sur cette branche de la paléographie. Il était donc impossible d'aborder cette question dans un ouvrage où l'on devait s'attacher surtout à résoudre les difficultés qui se présentent le plus ordinairement. Or il est bien reconnu que si les notes tironiennes ont servi quelquefois à tracer quelques remarques sommaires, il est extrêmement rare qu'elles occupent toute l'étendue d'un diplôme ou d'un manuscrit. L'étude de cette sténographie offre donc plus d'intérêt pour la science que d'utilité dans la pratique; par conséquent ce n'est pas dans un ouvrage élémentaire, mais dans un traité spécial, que l'on peut en présenter l'explication. On devait se borner ici à dire quelques mots sur l'origine, l'usage et la durée de cette écriture. Les personnes qui voudraient l'étudier pourront consulter, indépendamment de la Diplomatique de Mabillon et de celle des Bénédictins, l'ouvrage de Dom P. Carpentier, intitulé *Alphabetum Tironianum seu notas Tironis explicandi methodus*, et un traité publié récemment par V. F. Kopp (*Palæographia critica aut tachigraphia veterum exposita et illustrata*, Manhemii, 1817, 2 vol. in-4° et tab. in-fol.).

ARTICLE III.

DES ABRÉVIATIONS PROPREMENT DITES.

« La manière la plus commune d'abréger l'écriture chez les anciens, disent « les auteurs du Nouveau Traité de Diplomatique, est celle où l'on conserve « une partie des lettres qui expriment les mots, en même temps qu'on subs- « titue certains signes à celles qu'on supprime. » Ce système, qui est le plus ordinaire, est aussi le plus commode, sinon pour l'écrivain, du moins pour le lecteur. En effet, le déchiffrement des sigles consiste moins dans une méthode rigoureuse que dans une série de conjectures plus ou moins probables, à l'aide desquelles on peut rétablir les lettres qui sont nécessaires pour compléter chaque mot en particulier et le sens général d'une phrase. Il en résulte que le nombre des interprétations doit augmenter en proportion du nombre de lettres supprimées; ainsi, le sigle TTM. peut signifier *testamentum* ou *testimonium;* mais si on le réduit aux lettres TM., il pourra se traduire aussi par *tamen;* et si on n'exprime que le T initial, il pourra s'appliquer aux mots *testis*, *titulus*, et à une foule d'autres qu'il est inutile d'énumérer. Les notes tironiennes n'avaient pas entièrement remédié à ces équivoques, parce qu'en exprimant un plus grand nombre de lettres que les sigles, elles en retranchaient souvent quelques-unes sans les remplacer par d'autres caractères. Dans les abréviations, au contraire, on s'attache autant que possible à diminuer le travail de l'écrivain, sans rendre celui du lecteur trop pénible et trop incertain. Le nombre des lettres conservées suffit le plus souvent pour déterminer avec précision celles qui doivent être suppléées; mais ce qui distingue surtout les abréviations des notes tironiennes, c'est que, dans les abréviations, les écrivains conservent aux différents éléments de l'alphabet leur forme habituelle, qui est presque toujours profondément altérée dans les notes tironiennes.

Dans les plus anciens manuscrits, les signes abréviatifs sont extrêmement rares; à l'exception de quelques sigles consacrés par l'usage, on n'y trouve guère que la ligne droite, ou courbée en forme d'accent circonflexe grec, pour tenir lieu de l'M ou de l'N. Le *point* a été employé aussi dès la plus haute antiquité, comme signe d'abréviation; aussi, dans le Virgile de Médicis, on trouve Q. pour *que*. En thèse générale, on peut regarder comme très-ancien un manuscrit qui ne renferme que les abréviations suivantes:

dm̃ſ *pour* Dominus.
dōñ *pour* Dominum[1].
dſ̃ *pour* Deus.
ſp̃ſ *pour* Spiritus.
ſc̃ſ *pour* Sanctus.

IHS XPS *pour* Jesus Christus[2].
b. ou b; *pour* bus.
q. ou q; *pour* que.
.e. ou ÷ *pour* est.
ñ *pour* noster.

Plusieurs manuscrits du VIIe siècle offrent déjà un bon nombre d'abréviations; elles se multiplièrent ensuite progressivement jusqu'au XIIIe siècle: les écrivains en firent alors un tel abus que la lecture des manuscrits présente souvent les plus grandes difficultés. Cette habitude ne fut pas abandonnée pendant les deux siècles suivants, en sorte que l'imprimerie, dans ses premiers essais, reproduisit les signes abréviatifs qui depuis si longtemps avaient été en

[1] Dñs pour *Dominus*, et Dñm *ou* Dñum pour *Dominum*, ne sont pas d'une égale antiquité.

[2] Pour comprendre ces abréviations, qui se rencontrent si fréquemment, il faut savoir que les caractères grecs y sont mêlés aux lettres latines. L'H et le P sont l'η et le ρ des Grecs. Les caractères I H S signifient donc Ἰησοῦς, et non pas *Jesus hominum salvator*, comme plusieurs personnes l'ont pensé. Quant à la substitution du P grec à notre R, on la retrouve sans cesse, non-seulement dans le mot *Christus*, mais encore dans ses dérivés *christianus*, *Christophoras*. Christophe Colomb se servait du P grec dans sa signature.

usage dans les manuscrits. La difficulté réelle que présente la lecture de ces vieilles éditions peut expliquer pourquoi elles sont devenues si rares.

Si les manuscrits du ve siècle et du vi^e^ renferment peu d'abréviations, il n'en est pas de même du petit nombre de diplômes qui remontent à cette haute antiquité. Les chartes de Ravenne, par exemple, sont remplies de mots abrégés; comme on suivait sans doute dans ces actes les habitudes des siècles précédents, il est permis de supposer que les Romains, dans leur écriture cursive, faisaient un fréquent usage des signes abréviatifs. Ces caractères, qui paraissent rarement dans les diplômes des Mérovingiens et des Carlovingiens, se multiplièrent dans ceux de la troisième race, surtout pour les noms propres. Heineccius a également prouvé qu'on en faisait souvent usage dans les inscriptions des bulles de plomb et des sceaux de divers pays. Il suffit de jeter un coup d'œil sur la série des planches où sont reproduites les écritures diplomatiques pour reconnaître que la forme des abréviations y est tout autre que dans les manuscrits. « Sous la première race de nos rois, disent les Béné-« dictins, elles avaient communément la forme d'un accent circonflexe ou d'un « *c* de ces temps-là, c'est-à-dire de deux *c* l'un sur l'autre, semblables à certains « *c* de l'écriture courante. (Voy. dans la pl. XI, le *c* des alphabets n° 5 et n° 6.) « Mais ces figures étaient tantôt placées obliquement, tantôt perpendiculaire-« ment, et tantôt horizontalement, ce qui les fait paraître plus différentes entre « elles qu'elles ne le sont en effet. Sous la seconde race, ces figures ne furent « pas complétement abolies, mais elles se transformèrent en d'autres, appro-« chant de nos &, de nos 3, de nos 8 et de nos *s* d'écriture courante, mais qui « paraissent quelquefois fort différentes d'elles-mêmes, par les diverses situa-« tions qu'on leur donne. Il y a bon nombre de semblables abréviations dans « le diplôme de Charles le Simple, donné en 908, en faveur de l'abbaye de la « Grasse, et gardé à la Bibliothèque du Roi. Nous en avons remarqué neuf ou « dix par ligne, dans une charte originale accordée l'an 988 à l'abbaye de « Sainte-Colombe de Sens par Hugues Capet. Ces abréviations se soutinrent « en Allemagne à peu près sur le même pied jusqu'au xiiie siècle; mais en « France, dès la moitié du xie, elles commencèrent à être si chargées de traits « qu'on a quelquefois de la peine à les reconnaître. Les plus simples prirent « la forme d'un 3, ou d'un ξ grec assez mal fait et diversement placé. Cepen-« dant quelques-unes des anciennes mains se maintenaient encore. Au xiiie « siècle, en Allemagne, on leur fit prendre la figure du 2 arabe. Elle ne pré-« valut pourtant pas sur les anciennes abréviations, qui se sentirent fort de la « décadence de l'écriture. En France, on revint à l'accent circonflexe ou à un « trait approchant du 7. C'était d'ailleurs une note de Tiron, qui s'est con-

« servée en tout lieu et en tout temps dans les diplômes, pour signifier *et.* »

L'abus des abréviations avait été porté si loin, pendant le XIIIe siècle, que Philippe le Bel tenta d'y remédier dans son ordonnance de juillet 1304, relative aux tabellions et aux notaires. L'article III était ainsi conçu : « Quòd notas « suas faciant intelligibiliter et non apponant abbreviationes, obligationes, « renunciationes consimiles, non intelligibiles, maximè ubi esset propter abre- « viationes de facili periculum. » L'obscurité qui doit nécessairement résulter du nombre excessif des abréviations s'accrut encore, pendant le XVe siècle et le XVIe, de toutes les difficultés que peut présenter l'écriture la plus confuse et la plus irrégulière. On rencontre alors dans une multitude d'actes un griffonnage pour ainsi dire illisible, et dont le 7e *fac-simile* de la planche XVII fournit un échantillon. Il n'y a pas de théorie qui puisse guider dans le déchiffrement d'une écriture aussi irrégulière, ou du moins, pour en tirer quelque chose, il faut joindre à la connaissance des règles beaucoup de patience et d'habitude.

Un recueil complet des différentes formes d'abréviations qui se présentent, soit dans les manuscrits, soit dans les diplômes, aurait exigé un nombre considérable de planches; les Bénédictins eux-mêmes ont dû se contenter de reproduire quelques-unes des plus anciennes et des plus singulières. En effet, ils auraient été entraînés beaucoup trop loin, s'ils avaient voulu transporter dans un Traité général sur la Diplomatique des détails qui ne peuvent être donnés que dans des ouvrages spéciaux. Les abréviations publiées par Baringius, dans son livre intitulé *Clavis diplomatica,* remplissent 18 pages in-4°, quoiqu'elles ne remontent pas plus haut que le XIIIe siècle. « Celles des chartes « d'Écosse, disent les Bénédictins, occupent 40 pages in-f°, dans le Trésor « choisi des Diplômes et des Médailles, publié par M. Anderson. Ce beau re- « cueil d'abréviations, représentées suivant l'ordre alphabétique, ne commence « qu'à la fin du XIe siècle. Mais on n'a rien de plus étendu ni de plus parfait « en ce genre que le Lexicon diplomatique de M. Walter, où sont renfermées « 225 planches d'abréviations expliquées. Le savant diplomatiste a marqué le « siècle où chacune d'elles était en usage, en commençant au VIIIe siècle, et « en finissant au XVIe. » Tout en reconnaissant qu'ils ne pouvaient traiter d'une manière complète une matière aussi vaste, les Bénédictins n'ont pas voulu se borner à reproduire le petit nombre de signes abréviatifs que renferme une des subdivisions de leur LXe planche; ils ont essayé de figurer, à l'aide des caractères typographiques, un alphabet des abréviations les plus récentes employées dans les manuscrits et dans les titres. A la fin du siècle dernier, on a entrepris en Angleterre de publier le *Domesday book* tout entier avec des caractères spéciaux destinés à reproduire autant que possible l'aspect des abréviations que renferme l'original. La Commission des archives d'Angleterre continue, d'après le même système, une série de publications relatives à l'histoire de son pays. On serait tenté de croire d'abord qu'il est impossible, avec des caractères d'une forme régulière et invariable, de préparer au déchiffrement des écritures qui, sous la plume des différents copistes, doivent nécessairement prendre des aspects toujours nouveaux. Mais il ne faut pas confondre ce qui tient aux habitudes particulières de l'individu, à l'élégance ou à la régularité de sa main, avec les formes générales et pour ainsi dire abstraites qui ont dû lui servir de type et qu'il a rendues avec plus ou moins d'exactitude. Ainsi, qu'une écriture soit fine ou massive, régulière ou confuse, élégante ou grossière, elle pourra cependant conserver le même type, et pour chacune des lettres de l'alphabet, et pour les signes accessoires qui s'y rattachent. C'est sous ce point de vue qu'il peut être utile d'exécuter un recueil d'abréviations avec des caractères typographiques. Il ne faudrait pas sans doute y chercher le *fac-simile* de telle ou telle écriture en particulier, mais seulement une imitation approximative qui, en négligeant les différences de détail, reproduit ce qu'il y a d'essentiel dans la forme de chaque caractère. Il est bon de faire observer d'ailleurs que si la lecture des abréviations présente de grandes difficultés, ce n'est pas seulement lorsqu'il s'agit de déterminer d'après la forme d'un signe la valeur qu'il représente. En effet, lorsque la valeur d'un signe est spéciale, et qu'au lieu d'indiquer une suppression de lettres en général, il représente nécessairement telle ou telle syllabe, telle ou telle terminaison, il suffit en quelque sorte de constater l'identité de ce caractère conventionnel pour en trouver l'interprétation. Mais il y a des signes dont la valeur est essentiellement variable, et qui, sans changer de forme, remplaceront tantôt une voyelle, tantôt une consonne; ou qui, après avoir tenu lieu d'une seule lettre, pourront en représenter deux, trois et même davantage. Les difficultés qui arrêtent dans ce genre de déchiffrement sont à peu près indépendantes de la forme du signe, puisque cette forme peut tout au plus indiquer aux lecteurs qu'il s'agit d'un signe qui n'a pas de valeur spéciale; ou, en d'autres termes, qu'ils doivent chercher indistinctement parmi les différentes lettres de l'alphabet celles qui peuvent compléter le sens. Il est facile de concevoir que si l'on fait choix dans un manuscrit de quelques passages renfermant des mots abrégés de cette manière, c'est-à-dire des mots dans lesquels une ou plusieurs lettres sont retranchées et remplacées par des signes d'une valeur variable, on pourra reproduire, à l'aide de la typographie, les éléments qui sont réellement essentiels dans ce problème paléographique, et qui consistent dans une série de mots incomplets dont certaines lettres sont remplacées par un signe à peu près arbitraire. Que dans certains manuscrits ce signe prenne tantôt la forme de l'accent circonflexe des Grecs, tantôt celle d'une ligne droite, tantôt celle d'une courbe du genre de celles que l'on place au-dessus des syllabes brèves dans les ouvrages de prosodie; que dans les diplômes, au contraire, il ressemble tantôt à un ξ grec, tantôt à certains chiffres arabes, ou qu'il se compose de traits plus ou moins bizarres, plus ou moins compliqués; ces variations accidentelles ne changeront rien au fond de la difficulté : en choisissant parmi les différentes formes sous lesquelles on rencontre cette abréviation celle qui paraît la plus ordinaire, ou qui s'accorde le mieux avec l'ensemble des procédés typographiques, on pourra transporter dans les livres imprimés une imitation suffisamment exacte des signes abréviatifs, et familiariser le lecteur avec une des principales difficultés qui arrêtent dans le déchiffrement des anciennes écritures.

M. le Directeur de l'Imprimerie royale a bien voulu prescrire, dans l'intérêt de cet ouvrage, la gravure et la fonte d'une collection de caractères destinés à reproduire les abréviations qui se rencontrent le plus ordinairement dans les manuscrits. M. Marcellin Legrand, chargé de l'exécution de ce travail, a conservé à ces caractères la régularité qu'exige la typographie, tout en imitant avec autant d'habileté que d'exactitude les modèles qu'il avait sous les yeux. La création de ce corps de caractères était d'une utilité évidente pour un ouvrage de paléographie; mais si l'essai qui vient d'être tenté obtient l'approbation des personnes qui ont approfondi cette science, elles penseront sans doute que l'emploi des signes abréviatifs dans la typographie peut avoir de grands avantages dans la publication des textes originaux. Il peut y avoir de l'inconvénient sans doute, et cette critique a été adressée à la Commission des archives d'Angleterre, à transporter dans toute l'étendue d'un ouvrage les difficultés paléographiques des anciennes écritures. En effet, un livre imprimé en entier avec des caractères abréviatifs sera indéchiffrable pour un grand nombre de personnes. Mais si l'on se borne à faire usage de ces caractères pour reproduire les passages les plus difficiles, un éditeur consciencieux pourra, tout en proposant l'interprétation qui lui paraîtra la plus convenable, mettre sous les yeux des hommes spéciaux, dans des notes rejetées au bas des pages, les éléments du problème qu'il a résolu à sa manière. Si cette précaution n'avait pas été négligée dans la publication de la plupart des textes originaux, n'aurait-on pas fourni le moyen de corriger dès le principe une foule d'erreurs que des réimpressions successives ont perpétuées jusqu'à nos jours?

La Commission des archives d'Angleterre a pris le type de ses caractères abréviatifs dans l'écriture diplomatique, ou du moins on y trouve beaucoup d'abréviations qui tiennent essentiellement à ce genre d'écriture. Ce choix aura été probablement déterminé par la nature des originaux qui devaient être publiés et dont il fallait donner la représentation la plus exacte possible. Comme nous étions libre de choisir entre la minuscule et la cursive, nous avons dû préférer les abréviations dont la forme s'accordait le mieux avec celle des caractères typographiques; c'était d'ailleurs se conformer à la méthode suivie dans les plus belles éditions du XVe siècle. On a évité ainsi les difficultés qu'aurait présentées la reproduction des abréviations cursives. Leurs traits, toujours plus compliqués et souvent moins distincts, viennent se rattacher à un grand nombre de lettres par des liaisons dont l'étendue et l'irrégularité contrastent avec l'ensemble des formes typographiques. L'écriture cursive présente d'ailleurs beaucoup plus de diversité que la minuscule, par cela seul qu'elle est moins régulière. En effet, il y a mille manières de mal copier un modèle; il n'y en a qu'une seule de le copier exactement. Or la minuscule qui est une écriture posée, distincte, devait nécessairement reproduire les formes des différents caractères avec plus d'exactitude que l'écriture courante et liée que l'on rencontre habituellement dans les diplômes. Enfin, quand on examine les diplômes du XVe et du XVIe siècle, on reconnaît que plusieurs signes abréviatifs, qui avaient eu d'abord une forme et une valeur spéciales, ont fini par dégénérer dans la cursive gothique en traits confus et complétement arbitraires. En résumé, les abréviations de l'écriture minuscule devaient être préférées, 1° parce que leur forme s'accorde mieux avec celle des caractères typographiques; 2° parce que chaque abréviation en particulier se présente habituellement sous le même aspect; 3° parce que les formes spéciales qui distinguent entre eux des signes de différente valeur sont rarement confondues.

Quoique les formes des abréviations soient beaucoup plus constantes dans la minuscule que dans la cursive, cependant il y a des signes qui, tout en ayant la même valeur, présentent dans leur aspect de légères différences. Ainsi, la suppression d'une ou plusieurs lettres s'indique par l'un des signes ¯ ˆ ˘ ˉ. Pour ne pas multiplier inutilement le nombre des caractères, on s'est borné à reproduire le dernier. Dans des cas analogues, on a dû faire un choix entre des formes qui peuvent se distinguer par de légères nuances, mais dont la signification est d'ailleurs identique. En un mot, on ne s'est pas proposé de reproduire les diversités accidentelles qui caractérisent la manière de chaque écrivain, mais l'aspect ordinaire, et en quelque sorte la *moyenne* des formes qui étaient généralement employées.

Pour faciliter la lecture des abréviations, nous avons pensé qu'il serait utile de donner une liste de celles qui se rencontrent le plus ordinairement ou qui présentent le plus de difficulté. Après avoir étudié cette liste, on pourra entreprendre la lecture de quelques passages empruntés à des manuscrits du XIIIe siècle. Mais il est nécessaire d'abord d'expliquer la valeur de chacun des signes qui peuvent se combiner avec les lettres de l'alphabet.

Quoique dans certains manuscrits d'une haute antiquité, l'*m* finale soit remplacée par une ligne droite tirée à la suite du mot de la manière suivante : *meoru-*, cependant il est vrai de dire en thèse générale, que cette ligne est tracée, non à côté, mais au-dessus de la dernière lettre, en sorte que le mot *meorum* s'écrit habituellement *meorū*. Nous avons déjà dit que les signes ‾ ˆ ˘ ˙ avaient la même valeur et qu'ils étaient employés indistinctement. Il en est de même de toutes les formes intermédiaires qui peuvent se rattacher à chacun d'eux en particulier. Ainsi la ligne droite et horizontale peut commencer ou se terminer par une légère courbure, les signes ˘ et ˆ peuvent être inclinés de différentes manières, sans qu'on doive pour cela y attacher une valeur différente ; ces variations sont purement accidentelles et tiennent à l'incertitude de la plume. Le signe ˉ prend quelquefois la direction verticale ˈ tout en conservant la même signification ; mais il y a un grand nombre de manuscrits dans lesquels il désigne alors plus spécialement les lettres *er, re, ier, eur*.

ainsi on écrira	plutôt que	pour les mots
úıtaſ	ũıtaſ	*veritas.*
unıúſalıſ	unıũſalıſ	*universalis.*
dıúſuſ	dıũſuſ	*diversus.*
gńa ou gná	gña ou gnã	*genera.*
ćſcıt	c̃ſcıt	*crescit.*
donń	donñ	*donner.*
preḿ	prem̃	*premier.*
port́	port̄	*porteur.*

En examinant les différentes abréviations qui viennent d'être reproduites pour le mot *genera*, on remarquera que le signe abréviatif est placé tantôt au-dessus de l'*n*, tantôt au-dessus de l'*a*, en sorte qu'il représente dans l'une ou l'autre position l'*e* qui précède l'*n* et les lettres *er* qui la suivent. Il faut en conclure qu'une abréviation rattachée à une lettre indique la suppression d'une ou de plusieurs lettres, dont la place n'est pas rigoureusement fixée par celle du signe abréviatif ; toutefois ce signe remplace plus ordinairement, comme dans les mots *veritas, universalis, diversus, crescit,* des lettres qui doivent suivre celle au-dessus de laquelle il est placé.

Les signes ˈ et ˉ ne sont superposés ordinairement qu'aux lettres basses, c'est-à-dire à celles qui ne dépassent pas la hauteur de l'*m* et de l'*n*. En effet, s'il avait fallu les placer au-dessus des lettres *b*, *d*, *h*, *l*, ils auraient pu souvent se confondre avec les queues de certaines lettres de la ligne supérieure. Pour éviter cet inconvénient, les écrivains ont tranché la haste de ces lettres par une ligne tantôt courbe, tantôt droite, mais dont la valeur est aussi variable que celle des signes ' et ‾. On rencontre par exemple :

bu̇iter pour *breviter*,	qđ pour *quod*,	catħca pour *cathegorica*,
ſb̄tum pour *subjectum*,	conſiđare pour *considerare*,	ſimł pour *simul*,
ſb̄a pour *substantia*,	ħ pour *hæc*,	tał pour *talis*,
eađ pour *eadem*,	ħedeſ pour *heredes*,	pła pour *plura*.

Quoiqu'on employât dans les manuscrits une *s* de forme allongée (ſ), on la rencontre cependant surmontée du signe ‾; mais souvent aussi on tranchait le corps de la lettre par une ligne courbe[1]. La lettre *f* se combinait quelquefois avec le signe ' et avec une ligne courbe, analogue à celle qui tranche le corps de l'*s*; mais on n'en rencontre que très-peu d'exemples. Quant au *t*, il s'alliait aux mêmes signes que les lettres basses, parce qu'il a eu longtemps la forme du *τ* grec. Le *p* et le *q* peuvent être surmontés comme toutes les lettres basses des signes ‾ et '; mais en outre leur queue est souvent traversée par des lignes droites ou courbes, du genre de celles qui se rattachent à la haste des lettres *b*, *d*, *h* et *l*. De cette double combinaison résultent les abréviations suivantes :

p̄ ou p' qui signifient *pre*, *præ*, *pud*, etc.	q̄ qui signifie ordinairement *quæ*;
p qui signifie *per*, *par* et *por*;	q' qui signifie ordinairement *quam*;
p qui signifie *pro*[2];	q qui signifie ordinairement *quod*.

On a déjà vu que les signes abréviatifs ‾ et ', ainsi que les lignes rencontrant les hastes des lettres *b*, *d*, *h*, *l*, n'avaient pas de valeur fixe, et qu'ils pouvaient successivement représenter des lettres ou des syllabes complétement différentes. Si parmi les caractères de l'alphabet il y en a qui, accompagnés de l'un de ces signes, peuvent se traduire d'une manière à peu près invariable par tel ou tel mot particulier, cependant il n'en est pas moins vrai de dire, en

[1] Les signes ſ̄ et ſ ne peuvent pas être considérés comme ayant la même valeur. Le premier remplace ordinairement les lettres *um*, *un*; ainsi on écrivait diuerſ̄ pour *diversum*, ſ̄ pour *sunt*. Le second désigne à lui seul le mot *secundum*, la syllabe *ser*, etc.; mais il ne paraît pas qu'on l'ait employé pour *sum* ou *sun*. Dans la langue vulgaire, il désigne aussi les finales *ses*, *sant*, *seur*, etc.

[2] Il est important de ne pas confondre les deux abréviations p et p. Elles ont quelquefois des points de ressemblance quand la ligne courbe du signe p, au lieu d'être en quelque sorte le prolongement de la panse, occupe la même position que dans le signe p; mais ces variations, qui tiennent aux habitudes des copistes, n'empêcheront pas de distinguer ces deux signes qui offrent toujours quelque différence, lors même qu'ils s'éloignent de leur forme habituelle et régulière.

thèse générale, que la valeur de ces abréviations est plus ou moins arbitraire, et qu'elles sont susceptibles d'admettre plusieurs interprétations différentes. Mais, à côté de ces abréviations variables, on en rencontre d'autres qui sont fixes et qui représentent une lettre, une syllabe, ou même certains mots particuliers. Ces abréviations consistent tantôt dans des lettres superposées où conjointes à des lettres ordinaires ou à des lettres abréviatives, tantôt dans des signes spéciaux, employés isolément ou combinés avec divers éléments de l'alphabet. Citons les principaux exemples de ces différentes abréviations :

1° Superposition de l'*a* : gtia *gratia*, ptum *pratum*, q *qua*, q *quam*; g *erga*, p *præterea*, etc *et cætera*.

2° Superposition de l'*i* : cmen *crimen*, pus *prius*, ta *tria*, s *sibi*, t *tibi*, u *ubi*, g *igitur*. L'*i* surmonté du signe ~ peut être superposé : pcipium *principium*.

3° Superposition de l'*o* : ret *retro*, inspicere *introspicere*, g *ergo*, m *modo*, q *quo*, u *vero*, x *Christo*.

4° Conjonction du *b* et du signe p : compare *comprobare*.

5° Conjonction du *q* et du signe đ : q *quod*.

6° Conjonction du *d* avec le signe q : d *quid*.

7° Conjonction des signes q et đ ; q *quidem*.

8° Combinaison de l'*e* et du *t* cursifs : & *et*, ten& *tenet*. De là : & qui signifie *etiam*, et quelquefois *ent*, *eret*, ou *eter* : ten& *tenent* ou *teneret*; &nus *eternus*.

9° Syllabe finale *ram* représentée par l'*r* tranchée (ꝵ) ; meoꝵ *meorum*, quoꝵ *quorum*. Le même signe se rencontre quelquefois pour les finales *ram*, *ras*, *res*, *ris* : coꝵ *coram*, libꝵ *libras*, antecessoꝵ *antecessoris* ou *antecessores*. L'R capitale tranchée (℟) signifie *responsorium* dans les missels, *respondeo* dans plusieurs manuscrits de philosophie, et *rex*, *regis*, etc. dans les actes.

10° Point placé au-dessus de l'*h* et de l'*u* : ḣ *hoc*, u̇ *ut*.

11° Point placé après le *b* et le *q* : itaq. *itaque*, plurib. *pluribus*.

12° Point placé avant et après l'*i* et l'*s* : .i. *id est*, .s. *scilicet*.

13° Point-virgule représentant les finales *ed*, *et*, *ue* et *us* : s; *sed*, quilib; *quilibet*, neq; *neque*, plurib; *pluribus*.

14° Autre signe plus récent, dérivé de celui qui précède, et représentant les mêmes finales : ꝫ *sed*, quilibꝫ *quilibet*, neqꝫ *neque*, pluribꝫ *pluribus*. Le même signe représente aussi l'*m* finale, surtout à compter du XIVe siècle : dominuꝫ *dominum*. Dans la langue vulgaire il remplace quelquefois la finale *ment*. Enfin il est employé pour figurer le *z*, et dans ce cas il cesse d'être un signe abréviatif.

15° Signe particulier lié au *q* : qꝛ *quia*.

16° Signe particulier représentant les lettres *ur* : crit *currit*, tenet *tenetur*. Le même signe dans la langue vulgaire représente les finales *eur*, *our* : seign *seigneur*, p *pour*.

17° Signe particulier représentant les syllabes initiales *com* et *con* : ꝯmendat *commendat*, ꝯtra *contra*. Au lieu du signe ꝯ on trouve souvent un *c* renversé : ɔmendat *commendat*.

18° Même signe (ꝯ), employé dans le corps ou à la fin des mots pour représenter les lettres *us* : rtica *rustica*, pluribꝰ *pluribus*. Placé au-dessus du *p* ce signe représente souvent le mot *post*, qui s'écrivait tantôt p, tantôt pt. Quelquefois la finale *us* est désignée aussi par le *c* renversé, ou du

55.

moins par un signe qui s'en rapproche beaucoup. Voyez l'abréviation finale du mot *prædictus*. (Pl. VI, n° 3, 2ᵉ colonne, 2ᵉ ligne.)

19° Signes particuliers représentant les mots *enim, est, et* : ꞥ *enim*, ÷ *est*, ⁊ *et*. Le signe ⁊ modifié de la manière suivante ⁊ signifie *etiam*. Il s'emploie aussi en composition comme & et & : ten⁊ *tenet*, ten⁊ *tenent* ou *teneret*.

20° A ces différents signes il faut ajouter l'*e* à cédille qui remplace l'*æ* : quę *quæ*. La cédille est quelquefois réunie à la lettre *q*, quand cette lettre est surmontée d'une abréviation; en sorte que le mot *quæ* pouvait s'abréger des deux manières suivantes (q̃ et q̃); mais la première abréviation peut se traduire par *que* ou *quæ*, et la seconde par *quæ* seulement.

Il est indispensable de présenter quelques remarques sommaires sur les abréviations qui viennent d'être citées.

La forme de l'*a* superposé (ᵃ) est toute différente de celle qui lui était ordinairement donnée dans le corps des mots. On peut la rattacher à un *a* cursif d'une haute antiquité, et qui se rapprochait beaucoup de l'*u*. (Voy. l'*a* initial du mot *agustas*, qui se trouve dans la troisième planche, en tête de la dernière ligne du *fac-simile* n° 3.) La liaison qui termine l'*a* initial du mot *agustas* se relève au niveau de l'extrémité supérieure des deux jambages; et si elle était plus fortement marquée, la lettre présenterait à peu près l'aspect d'un *ω* grec. Le rapport qui existe entre ce caractère de l'alphabet grec et certains *a* cursifs deviendra évident si l'on examine les *a* des mots *aeterni* et *condempnatum* dans le *fac-simile* n° 6 de la planche XII; il ne faut donc pas s'étonner que l'*a* se rencontre sous cette forme dans les abréviations des chartes et des manuscrits. On le retrouve figuré de la même manière dans les premières éditions du xvᵉ siècle. Il ne faudrait pas croire cependant que cette lettre a toujours été tracée de la même manière. D'un côté, l'*a* superposé conserve quelquefois la forme minuscule; de l'autre, le signe ᵃ subit souvent des altérations plus ou moins considérables, dont on trouvera quelques exemples en vérifiant dans la série des *fac-simile* les indications suivantes : 1° Pl. VI, n° 5, première moitié de la 2ᵉ ligne, abréviation du mot *aqua;* 2° Pl. VII, n° 9, en tête de la 1ʳᵉ ligne, abréviation du mot *præterea;* 3° Pl. IX, n° 3, deuxième colonne, 3ᵉ ligne, abréviation du mot *antequam;* même colonne, 5ᵉ ligne, abréviation du mot *forma;* 4° Pl. X, n° 5, fin de la 7ᵉ ligne, abréviation du mot *antiphona*. L'*a* était le seul caractère qui changeât de forme quand il servait de signe abréviatif; l'*i* et l'*o* qui étaient souvent employés de la même manière, l'*e*, l'*u*, le *c*, l'*s*, etc. qui étaient, quoique plus rarement, superposés à d'autres lettres, conservaient leur figure ordinaire; mais comme la superposition de ces caractères, surtout celle des voyelles, entraînait ordinairement la suppression d'une ou de plusieurs lettres, les abréviations qui en résultent peuvent encore présenter quelque difficulté. On a dû cependant ranger ces abréviations parmi celles qui ont une valeur spéciale, parce que la lettre superposée entre nécessairement dans la composition de la syllabe ou du mot abrégé[1]. C'est ce que l'on peut vérifier en parcourant les exemples rapportés ci-dessus. Quand la superposition d'une lettre n'entraîne pas la suppression d'une autre lettre, le déchiffrement ne peut offrir aucune difficulté. Quelquefois, par exemple, surtout quand l'espace manquait à la fin d'une ligne, le copiste superposait la dernière lettre d'un mot ou d'une syllabe, et il écrivait les mots *diversus, impos-sibile*, diversu^{s}, impo^{s}-sibile. Enfin de même que l'on abrége aujourd'hui les mots *Monsieur, Madame,* sous la forme suivante, M^{r}, Mme, on rencontre aussi dans les manuscrits des abréviations telles que vigi^{a}, incar^{ne}, m^{o}, pour *vigilia, incarnatione, millesimo.*

Il y a des combinaisons de lettres qui peuvent être considérées comme de véritables abréviations, en ce sens qu'elles dispensent de répéter deux fois des traits qui peuvent servir à un double usage; ainsi dans le *b* et le *p* conjoints on ne trouve qu'une seule panse qui se rattache à la haste du *b* et à la queue du *p;* il en est de même dans la conjonction du *d* et du *q*. Il y en a d'autres, au contraire, qui se bornent à entrelacer deux lettres sans supprimer aucun des traits qui les composent : telle est la liaison de l'*e* et du *t*, qui a été longtemps employée dans l'imprimerie, et qui réunit l'*e* cursif à un *t* d'une forme particulière, semblable à celui qui termine la première ligne du *fac-simile* n° 1 de la planche XII. Si on examine le mot *et* dans le passage suivant de la même ligne : *unde et ipsas commutaciones*, etc., on verra qu'il renferme tous les éléments du signe rapporté ci-dessus. Quoiqu'il doive être question plus tard des conjonctions de lettres, il était nécessaire de citer ici celles qui se combinent avec les abréviations proprement dites. Le *b* conjoint avec l'abréviation du mot *pro* ne peut être traduit que d'une manière. Quant aux abréviations combinées avec le *q* et le *d* conjoints, si elles ne conservent pas dans tous les manuscrits le sens que nous leur avons assigné, cette interprétation est au moins la plus ordinaire.

Pour représenter l'abréviation de la finale *rum*, il a fallu choisir entre deux signes différents, que l'on trouvera reproduits dans la cinquième colonne de la planche I. (Voy. les deux premiers signes de la 16e ligne.) On voit en effet que si la syllabe *rum* est indiquée dans les deux cas par l'*r* tranchée, cette lettre se présente sous deux formes essentiellement distinctes. Le premier signe conserve à l'*r* son aspect ordinaire, et cependant il est beaucoup plus rare que le second, dans lequel on trouve une forme d'*r* qui était souvent employée après la lettre *o*. (Voy. le *fac-simile* n° 2 de la planche V.) Cette

[1] On trouve quelquefois le signe ᵕ au lieu du signe ' pour représenter *er, re*, etc.; mais ce n'est que dans les chartes, ou dans des manuscrits trop négligés pour que les formes spéciales des abréviations y soient observées.

forme d'*r*, qui était presque toujours préférée pour exprimer l'abréviation de la finale *rum*, est une R capitale, dont on a retranché la haste.

En voyant quelques exemples d'abréviations spéciales indiquées par le point, il ne faut pas oublier que de tous les signes abréviatifs le point est peut-être celui qui en général a la valeur la plus arbitraire. On doit se rappeler en effet qu'il était ordinairement placé après les sigles simples. On l'employait de même lorsqu'un mot était désigné par quelques-unes des lettres qui le composent; ainsi, les mots *homines*, *hominum*, *hominibus*, pouvaient s'écrire *homin*.; par conséquent cette abréviation admettait plusieurs interprétations. Il ne faut donc considérer le point comme une abréviation spéciale que dans les exemples qui ont été expressément indiqués, c'est-à-dire : 1° quand il est superposé à l'*h* et à l'*u*; 2° quand il est placé après le *b* et le *q*; 3° quand il est placé avant et après les lettres *i* et *s*. Encore est-il bon de faire observer qu'indépendamment de cette signification spéciale de l'*i* et de l'*s*, placés entre deux points et représentant *id est* et *scilicet*, on trouve ces deux lettres employées de la même manière, mais comme sigles initiaux d'expressions toutes différentes. Ainsi, dans la planche VII (*fac-simile* n° 3, 1re ligne), on trouve après les mots *Petri Abaelardi*, un *i* placé entre deux points et signifiant *iunioris*; trois lignes plus haut, dans le *fac-simile* précédent, l'*s* placée entre deux points doit se traduire par *significativa*. Il faut en conclure que le point placé avant et après une lettre indique, en thèse générale, l'emploi de cette lettre comme sigle [1], et que si quelques-uns de ces sigles sont rangés au nombre des abréviations qui ont une valeur spéciale, c'est parce qu'ils désignent presque toujours les mêmes syllabes ou les mêmes mots.

Le point et la virgule réunis peuvent être au contraire considérés comme des abréviations proprement dites, ou du moins il ne paraît pas qu'ils aient été employés pour désigner d'autres finales que celles qui ont été indiquées ci-dessus. Il en est de même du signe que nous avons dit être dérivé du point et de la virgule. Il n'est pas rare, surtout à compter du XIIIe siècle, de remarquer l'emploi simultané de ces deux signes dans un même manuscrit. (Voy. la syllabe finale des mots *neque* et *quoque*, planche VII, n° 2, lignes 12 et 14.)

Le signe particulier lié au *q*, pour désigner le mot *quia*, n'a pas en général

[1] Il arrive souvent que le point est seulement placé après le sigle; mais souvent aussi on le plaçait avant et après. Dans l'avant-dernière ligne du *fac-simile* n° 2 de la planche VII, le mot *Aristoteles* est désigné par un *a* placé entre deux points; et comme on retrouve dans un autre passage ce mot exprimé de la même manière, quoique l'*a* placé entre deux points soit au commencement d'une ligne, il faut voir dans le premier point non un signe de ponctuation, mais une partie essentielle du sigle.

varié sensiblement dans sa forme : on le trouvera cependant rendu avec une légère différence dans la 7e ligne du *fac-simile* n° 3 de la planche VII. En général il ne s'éloigne pas beaucoup de l'aspect de l'*r* qui était employée dans l'abréviation de la syllabe *rum*.

Le signe qui exprime les lettres *ur* se présente sous des formes très-variées ; on pourra s'en convaincre en vérifiant, dans la série des planches, les indications suivantes : 1° Pl. VI, n° 5, 5e ligne, abréviation finale du mot *vocabitur ;* 2° même planche, n° 7, 7e ligne, abréviation finale du mot *incipiatur ;* 3° Pl. VII, n° 1, 2e colonne, 4e ligne, première abréviation du mot *duraturum ;* 4° même *fac-simile,* 3e colonne, 3e ligne, abréviation du mot *paritura ;* 5° même planche, n° 2, 7e ligne, abréviations finales des mots *consequeretur* et *subtraheretur ;* 6° même planche, n° 6, 3e ligne, abréviation finale du mot *signatur ;* 7° même planche, n° 9, 1re ligne, abréviation finale du mot *remittitur*. En comparant toutes ces formes, on reconnaît que la plupart diffèrent entre elles, et qu'aucune d'elles ne se rapporte exactement au type que nous avons adopté. Cependant le choix de ce signe n'a pas été arbitraire ; on le rencontre exactement sous la même forme dans plusieurs manuscrits ; or comme il était impossible de reproduire toutes les figures qui lui ont été substituées, on devait naturellement lui accorder la préférence, à cause de sa simplicité.

Les autres signes abréviatifs n'ont pas subi d'altération importante. Ceux qui remplacent les syllabes *com*, *con* et *us* ont toujours ressemblé au chiffre 9 ou au *c* renversé. L'abréviation du mot *enim* est souvent ouverte par le bas ; et au lieu de ressembler à un *u* dont les jambages sont traversés par un trait horizontal, elle prend l'aspect d'une *n* du genre de celle qu'on remarque dans le mot *generibus,* en tête du *fac-simile* n° 4 de la planche VII. Il est même probable que c'est là l'origine de cette abréviation, dans laquelle il était naturel de faire entrer une des lettres qui composent le mot *enim*. Quoi qu'il en soit, les deux formes sous lesquelles on rencontre ce signe ont entre elles beaucoup d'analogie, et ne peuvent donner lieu à aucune méprise. Il en est de même des légères variations qu'on peut remarquer dans le signe abréviatif du mot *est,* et qui consistent dans la substitution de la virgule au point, ou d'une ligne droite à la ligne ondulée. Enfin, l'abréviation du mot *et* n'admet pas non plus de différences assez importantes pour qu'il soit nécessaire de les signaler.

En vérifiant le petit nombre d'indications qui ont été données sur les transformations de quelques-uns des signes abréviatifs, on a pu remarquer qu'en s'éloignant de son type régulier, un signe arrivait quelquefois à se confondre avec une abréviation d'une valeur toute différente. Ainsi, dans la première ligne du *fac-simile* n° 9 de la planche VII, l'abréviation du mot *remittitur* se rapproche beaucoup de la forme habituelle de l'*a* superposé. Mais en même temps, si l'on a observé de quelle manière cet *a* se trouve figuré dans le même *fac-simile* (voy. le mot *prœterea*, 1re colonne, 1re ligne; le mot *tradat*, 2e colonne, 3e ligne; et dans la ligne suivante le mot *traducent*), on a pu s'assurer que l'écrivain, tout en s'écartant des types réguliers, avait cependant conservé à ces deux signes une forme spéciale qui permet de les distinguer. Un grand nombre de monuments originaux donnent lieu à des remarques analogues. Il est donc indispensable, quand on entreprend le déchiffrement d'un acte ou d'un manuscrit, de se familiariser d'abord avec les habitudes de l'écrivain. Quelque irrégulière que soit une écriture, on peut toujours lire à la première vue un certain nombre de mots. Ces premiers éléments une fois connus, il faut les étudier avec soin, les soumettre à une analyse rigoureuse, examiner quelles sont les lettres ou les abréviations dont la forme est altérée; puis, en modifiant l'application des règles générales d'après ces observations particulières, on arrivera presque toujours à résoudre des difficultés qui au premier coup d'œil semblaient insurmontables. Il est bien rare que par l'examen préliminaire des habitudes d'un écrivain l'on n'arrive pas à reconnaître s'il confondait les formes de tous les signes abréviatifs ou de quelques-uns d'entre eux seulement. Nous avons rencontré, par exemple, une charte dans laquelle l'abréviation de l'*a* superposé était employée tantôt selon sa valeur ordinaire, tantôt pour remplacer d'autres lettres que l'*a;* mais cette exception et d'autres du même genre ne peuvent plus causer de méprises, quand on a pris soin d'abord de les constater par un examen attentif de l'acte ou du manuscrit qui les renferme. La liste suivante, dans laquelle chaque signe conserve sa forme et sa valeur spéciales, ne renferme donc pas la solution des difficultés exceptionnelles, mais seulement une série d'abréviations présentées sous leur aspect le plus régulier[1]. Nous espérons qu'en l'étudiant avec soin on pourra se familiariser avec les combinaisons les plus ordinaires des signes abréviatifs, et en même temps suppléer à ce qu'il y a d'incomplet dans les courtes observations qui viennent d'être présentées.

[1] On a profité pour former cette liste de plusieurs recueils d'abréviations; mais elle renferme d'ailleurs de nombreux exemples tirés d'un certain nombre de chartes et de manuscrits. On remarquera que l'*s* finale n'a pas ordinairement la même forme dans les mots latins que dans les mots en langue vulgaire. Cette distinction est fondée sur ce que les abréviations latines ont été presque toutes empruntées à des monuments antérieurs à la seconde moitié du XIIIe siècle, tandis que celles de la langue vulgaire appartiennent à l'écriture gothique. Il était donc naturel de conserver à l'*s* finale la forme sous laquelle on la rencontrait dans les originaux; mais il ne faut pas oublier que cette distinction n'est pas rigoureuse, et que, suivant les siècles, on rencontrera tour à tour l'abréviation du mot *dicimus*, par exemple, sous l'une des deux formes dıı̃ſ *et* dıı̃s.

LISTE D'ABRÉVIATIONS.

Abbas : abb̃
Abbati : abb̃i
Abbatiæ : abb̃ę
Ablativo : ablı̃o
Absentia : abñia
Absolutione : ab̃ne
Absque : abſ
Acceperunt : accepũt
Accidens : accıdñs
Accidentales : ac̃leſ
Accipitur : accıpr̃
Accusativum : accm̃
Achatius : ach̃
Acriter : ac̃t
Action : aõn
Adhærere : adheré
Adhibere : adhr̃e.
Adhuc : adh̃
Adjutricem : adıutcẽ
Adque (atque) : adq. adq;
Adversitatis : adúſıt
Adversum : adũſ, adúſ
Adversus : adũſ
Advocate : aduõe
Æ : ę
Æquali : ęq̃lı
Æqualis : ęq̃l
Æque : ęq̃
Æquivocatione : ęq̇uocõe
Æternæ : &nę
Æternum : ętnũ
Affectum : affcm̃
Affirmativam : affr̃ã, affã
Agendum : agñd̃
Agent *ou* ageret : ag&
Agit : ag̃
Aggregavit : aggaũ, aggaú
Agreable : agable
Agustus (augustus) : ag̃
Alberti : alb̃ı
Albertus : alb̃i
Alia : al̃
Aliæ : al̃
Alias : alſ
Alicujus : ac9
Aliis : alſ
Alio modo : a°°
Alioquin : alıoq̇n
Aliqua : alıq̃
Aliquas : aq̃ſ
Aliquid : alıq̇, a'd
Aliquod : alıqđ, a°d
Aliter : al̃r, al̃r
Alleluia : al̃la
Alteri : al̃ı, altı̃
Alterius : al̃i
Alterum : altm̃
Ambitus : ãbıt̃
Ambulatio : ãbl̃o
Amen : am̃
Amende : am̃de
Ammonuerunt : ãmonuer̃
Amodo : am̃
Angelis : ãgl̃ıs
Angelo : añlo
Angelus : angl̃ſ
Angleterre : angl̃
Angulares : ãgl̃areſ
Angulariter : ãgl̃rıt̃
Anima : aı̃a, aã
Animadvertendum : aı̃adútēd̃
Animæ : aı̃ę
Animal : aı̃al, ãl, al̃
Animalis : ãl̃
Animam : aı̃ã
Animatum : aı̃at̃
Animi : aı̃
Anni : ãnı
Anno : a°, añ
Annos : añſ
Annum : a^{m}, ãnũ
Annus : ãñ, ã, a.
Annuus : ãnů
Ante : añ
Antea : aña
Antedictæ : añdc̃ę
Antequam : añquã, añq̃
Antichristos : antıxp̃oſ
Antiphona : antıpho^{m}, añ, ã, á
Apostoli : apl̃ı
Apostolica : apl̃ıca
Apostolorum : apl̃o2̷, apl̃o2̷
Apostolus : apl̃ſ
Apparenter : appaēt
Apparet : ap̃et, ap&, ap9, app9, a9
Appartenant : appteñ
Appellation : app^{on}
Appellatione : app̃ne, appl̃lone
Appert : appt
Apprehendite : apph̃ēdıte
Approver (approuver) : appú
Après : ap̃ſ
Aprilis : ap̃l̃
Apud : ap̃d, ap̃
Aqua : aq̃
Aquæ : aq̃
Aquam : aq̃
Aquarum : aq̃2̷
Arbitror : arbıt̃r
Archiepiscopis : ar̃epı̃ſ, aı̃epı̃ſ
Archiepiscopus : ar̃ep̃c ar̃ep̃c
Argumentationum : argum̃tõnũ
Arpent : arp̃
Arrester : arreſt'
Ascension : aſceñ
Assensu : aſſũ, aſſu
Assumptionem : aſũtıõē
Atque : atq;
Atrio : ao
Attamen : atm̃
Attemprement (arrangement) : attemp̃m̃t
Attenditur : atēdr̃
Attribuere : atbuere
Attributum : atbut̃
Auctoritate : auc̃te
Augmentum : augm̃t
Augusti : aug̃ı
Augustus : aug̃ſ, aug̃
Aut : ã, a^{t}
Autem : aũ, ã
Autres : auts

Avecques : auecq̃s
Aventure : auen̄te
Averte : aúte

Babtismo (baptismo) : bb̄mo
Bailli : baƚƚ
Baptistæ : bapt̂
Baptiste : bapt̄
Baptizo : bapto
Bartholomæus : b̄th̄luſ
Beate : btē, b̄e
Beati : btī, b̄ı, bī
Beatitudine : b̄tı[ne]
Beatus : btſ
Bene : bn̄
Benedicite : bēđ
Benedictionem : ben̄
Benefactorum : bn̄fc̄oꝝ
Benefice : b̄nfice
Beneficio : bn̄fic̄
Beneficium : bn̄ficiū
Bernardi : b̄nardi, Bńardı
Bien : bn̄
Biens : bn̄s
Bituricensis : bıt̄ıcen̄
Bonorum : b̄oꝝ, bn̄oꝝ, bꝝ
Bonum : bō
Bonus : bōꝰ
Bourgeois : bourǵ
Bourjois (bourgeois) : bōıoıs
Breve : br̄e, b̄ue
Brevi : br̄ı, b̄uı
Brevia : br̄ıa, b̄uıa
Breviter : b̄uıt, b[r]
Brevius : búıꝰ

Cadaver : cadaú
Cæteræ : cīę, ctę
Cæterarum : ctār̄
Cæterorum : ctōꝝ
Cæteros : ctōſ
Camerarii : cameraꝝ
Cancellarius : canc̄
Canonici : can̄
Capituli : capłı
Capitulo : capō
Cartam : c̄rtā
Castra : caſt[ra]

Castrum : caſtr̄
Cathegoricarum : catħar̄
Causa : cā, c̈
Causarum : c̄aꝝ
Causas : cāſ
Cause : cāe
Certa : ćta
Certain : ćtaın
Certum : ćt̄
Cervus : cerů
Cestassavoir (c'est à savoir) : ceſtaſſ
Ceus (ceux) : ceꝰ
Chacun : chun, chū, chn
Chandeleur : chandeł
Chartre : chre
Chere : ch
Cheval : chāl
Chevalier : chłr, chłr, chr
Chevaliers : chrs
Choses : chſ
Chretienne : xp̄ıenne
Christe : xp̄e
Christi : xp̄ı, x[i]
Christianissimi : xp̄ıaīſſımı
Christianissimus : xp̄ıaīſſım̄
Christo : xp̄o, x̊
Christoforus (Christophorus) : xp̄ofor̄
Christum : xp̄m
Christus : xp̄ſ, xp̄c
Cicero : cıćo
Circa : ċca, cc̈
Circonvention : ċconuentōn
Circulum : ċclm
Circum : ċc̄
Circumquaque : ċcūq̈
Circumscribere : ċc̄ſċb̄e
Circumscribit : ċc̄ſċbī
Citra : cıẗ
Civitas : cīt[as]
Civitatum : cītat̄
Clericus : cłıcuſ, cłc̄ſ
Cognitio : cog̃tıo
Cognovimus : cog̃uımꝰ
Collector : cołł
Comes : com̄, com[s]
Commandements : cōmādꝫ
Comme : cōme, ꝯme, cōe, ꝯ[e]

Comment : ꝯm̄t
Commissis : coīſſ
Communa : cōa
Communi : coī, ꝯī
Communia : ꝯīa
Communiter : ꝯīt
Comparare : ꝯp̱are
Comparet : ꝯp̱ꝫ
Comparoir : ꝯp̱oır
Componunt : ꝯpnī
Comporte : cōp̱te
Compos : ꝯpo[s]
Compositio : cōpō, ꝯpō
Compositionem : ꝯpm̄, c̄pōē
Compositionibus : c̄poīb
Compositum : c̄poīt
Comprehendunt : c̄p̄hn̄dī
Comprehensio : c̄p̄hn̄ſıo
Comprehensum : c̄p̄hn̄ſ
Comprobavit : ꝯꝓaū
Concessus : conc̄
Concilium : cōcılıū
Concipit : c̄cıp̄
Conclusio : c̄cło
Conclusione : cōclu[oe], c̄cłoē
Conclusionum : c̄cłon̄
Condamnons : ꝯđ
Condempnati : ꝯdēpn̄
Confesser : cōfeſſ
Confirmer : cōfm̉er
Conformare : cōfor̈e
Confunduntur : c̄fūdūt̄
Conjunctum : c̄ıūct
Conjungitur : cōıūgr̄
Conscientia : ꝯſcıā
Conscriptam : ꝯſc̄ptā
Consequatur : c̄ſeq̈t̄
Consequens : c̄ſ
Consequi : c̄ſeq̄
Consequitur : c̄ſeqr̄
Conservet : ꝯſuet
Consideravit : ꝯſıđaū
Consignificat : c̄ſıg̃cat
Consilium : con̄ſ, ꝯſ
Consimilibus : ꝯſılıb
Conspectu : ꝯſpc̄u
Constat : ꝯſtat
Constitutionem : conſ̄t

Constitutioni : ꝯſtoī
Consule : cof
Consulibus : coff, coñſſ
Contemptu : ꝯ[tu]
Contenant : ꝯteñ
Contendere : ĉtēđe
Contineri : cōtıni̅
Contingit : cōtıḡ, ĉtıḡ
Continuo : ꝯtō
Contra : cont͛, cōt͛, ĉt͛, ꝯt͛, ɔt͛, ꝯ[w], cō, ĉ, ꝯ.
Contracta : ꝯt͛ća
Contradictione : ꝯt͛dĉoē
Contrahunt : ĉt͛ht
Contrapositionem : ĉt͛pōē
Contrariæ : ꝯt͛rıę, ꝯt͛ıę
Contrariorum : ꝯt͛rıoꝝ
Contrarium : ĉt͛rıū
Contre : cont, ꝯt, cōt[e]
Contristando : ꝯtſtādo
Controversia : ꝯtúsıa
Contulimus : ꝯtuli
Conturbentur : ꝯt͛bēt
Convenance : conueń
Convenienter : ꝯuenıēt
Convenit : ĉueñ, ꝯueñ
Conventu : ꝯ[tu]
Conversatus : ꝯúſat
Convertantur : ꝯútāt
Convertendum : ĉūtēdū
Converti : cōūtı
Convertitur : cōūtıt
Convincent *ou* convinceret : ꝯuīc&
Copulantur : copłāt
Copulativum : copłtm̄
Coram : coꝝ
Corporelment (*corporellement*) : corpelm̄t
Corporis : corpıs
Crastino : ĉ͛io
Creavit : ćauıt
Crediderunt : credıđūt
Creditur : ćdr̄
Criee : ćee
Crimen : ćım̄
Crisma : ćſma
Cujus : cuı, ĉı, ĉ, cuı
Cujusdam : ĉđ

Cum : cū, ĉ, ꝯ, ɔ
Cuniculum : cunıcł
Cur : ĉ
Curavit : curaū
Currentem : ĉrētē
Currere : ĉré
Currit : ĉıt
Cursum : ĉſū
Custodire : ĉtodıre

Dans : đ
Dativus : daıſ
Datum : dat
David : đđ, đđ
De : đ
Debet : dt, dı
Decembris : decemƀ
Decernentes : deĉnētı
Decernons : deĉnōs
Decet : dec⁊
Declaration : decłon
Decretum : decr̄
Dedit : đđ
Defenderem : đfenđē
Defuncto : đfūto
Defunctus : đfūt
Dei : Dı, đı, dı
Deinde : deıñ, đıñ
Demonstrat : đmōſt͛t
Denarius : đ
Denier : deń, đ
Deniers : deńs
Deo : Do, đo, dō
Deprecativam : đpcatā
Derechief (*derechef*) : derecħ
Derelinquas : đelīq͛ſ
Describere : đſĉbé
Describitur : đſĉbr̄
Desiderant : deſıđāt
Desiderativam : đſıđatā
Dessus : deſſꝯ : deſſ
Dessusdite : deſſđ, defđ
Determinandum : đtıāđū
Determinantur : đtıāt
Determinare : detıar, đtıare
Determinavit : đtıaū
Detorquetur : đtorq͛t
Detrimentum : đtrım̄t

Deum : Dm, đm, đm̄
Deus : đuſ, dſ, Dꝯ
Devers : deús
Diabolus : dıa[lus]
Diaconi : dıaĉ
Dicendum : dıcēđ
Dicere : đre
Diceretur : dıĉet
Dicimus : dm̄ſ, Dꝯ
Dicitur : dr̄
Dicta : dĉa
Dictæ : dtę, dĉę
Dicte (*dite*) : dĉe, đ
Dictarum : dĉaꝝ
Dicto : dĉo
Dictorum : dĉoꝝ
Dictos : dĉof
Dictum : dıct
Dictus : dĉſ
Dicunt : dıct
Dicuntur : dnr̄
Die : đ
Dies : đ
Differentia : dıffrā, dr̄ıa, dīa
Differentiam : dıffrā
Differentiarum : dıffrār̄
Diffinitio : dıffō
Diffinitione : dıffoē
Diffinitionem : dıffōē
Dilecti : dılcı
Dilectissimi : dılmı
Dilectum : dılcm
Diligemment : dılıġ
Dimidium : dımıđ, dı
Dioceseos : dıoĉ
Discedunt : dıscdt
Discretio : dıſĉtıo
Discretione : dısĉtıoē, dısĉıoe
Discretionem : dısĉtıōē
Discretus : dısĉt, dıſĉt
Disputabitur : dısputabr̄
Distrahitur : đſtrah[r]
Dite : đte, đ
Diversis : dıúß
Diversus : dıūſ
Divina : dīa
Divino : dīo
Divisio : dıuō

Divisiones : dıuoēſ
Divisionum : dıuōñ
Dixerit : dıxīt, dıẋıt
Dixit : dıẋ
Dolium : doł
Domine : dñe
Domini : dñı, dñı
Dominica : dñca
Dominicus : dñıċ
Dominium : dñıū, dıñuꝫ
Domino : dño, đno, dō
Dominum : dñm
Dominus : dñs, dñſ, dñꝫ, doꝰ, dūs
Donner : donń
Dubitatur : dū
Dupliciter : duplr̄
Duraturum : duratū
Dyocese : dyoć
Dyonisium : dyoñ

Earum : eaꝝ
Ebdomada : ebđa
Ecclesia : eccła, eccā
Ecclesiæ : ecclę, eccē
Ecclesiam : eccłaꝫ, ecclam
Ecclesiasticus : eccāſtıċ
Eciam (etiam) : eč
È converso : e ꝯúſo
Effectu : effču, effū
Effectus : effčſ
Ejus : ei, eꝰ
Elementum : eleṁt
Elemosina : ełıa, eła
Elemosinarius : elari
Elemosinis : elıſ
Emendentur : eṁdent̄
Emergente : eṁgēte
Enchierement (enchère) : encheṁt
Enchieri (enchéri) : enchı
Enim : enī, eñ, ēm, ē, ñ, ꝶ
Ensuivant : enſ
Enteriner : entıner
Enumeratio : enúatıo
Enuntiativam : eñtıatā
Enuntient : eñtıēt
Envers : enús, enú
Episcopatum : ep̄atū
Episcopi : ep̄ı

Episcopis : ep̄ıſ
Episcopo : ep̄o
Episcopum : ep̄m
Episcopus : ep̄ſ, ep̄c
Epistola : epła
Equus : eqꝰ
Ergo : ğ
Eris : eīſ
Erit : er̄, eit
Erunt : er̄
Eschequier (échiquier) : eſcher
Escript (écrit) : eſcr̄
Especial (spécial) : eſpāl
Esse : ėė, ēē, eē
Essent : ēēt
Est : ē, ÷
Est : ē
Et : ⁊, &
Et : ⁊, &
Et cætera : ⁊c̄, ⁊c̄
Etenim : ⁊enī, ⁊ē
Etiam : ⁊ıā, ⁊̄, &
Eum : eū, ēm
Evangelio : euā°
Evangelista : euāgł
Excepter : except
Excepto : eẋ
Excommunicata : excōīa
Execution : exōn
Exemplo : eẋ
Exhibere : exhr̄e
Exiens : ex̄ns
Exigeret : exiğ&
Existens : ex̄nſ
Existentibus : exñtıḃ
Existere : exıſtė
Explicit : explċ
Expressement : exp̄ſſeṁ
Extinguere : extınğe
Extra : ex̄, eẋ

Facere : faće, fr̄e
Facit : fač
Facta : fca
Factam : fcam
Facto : fco
Factum : fcm
Factus : fcſ

Falsa : fla
Famulus : famłſ
Favere : faúe
Februarii : feƀ
Fecit : ſeč
Femina : feīa
Feminis : femıꝫ
Feodum : feođ
Ferè : fé
Feria : feīa, frā, fia
Feriata : fiata
Fermier : fṁer
Festo : fō
Festum : fm̄
Fidelis : fideł
Fieri : fi, fı
Figura : fiğa
Figurativa : fiğata
Filius : fił, ff, fı
Finaliter : fiālıt
Fit : f
Forma : foꝛ
Forterece (forteresse) : fortece
Fourfaiture (forfaiture) : fourfaıte
Frater : frat̄, fr̄, F
Fratres : fr̄eſ, fr̄ſ
Fratri : fr̄ı
Fratribus : fr̄ıḃ, fr̄ıbꝫ
Fratris : fr̄ıſ
Fratrum : fr̄m
Frere : fr̄e
Froment : froṁ
Fructum : frc̄m
Frumentum : fr̄m
Frustra : fr̄tra, fr̄t
Fuerit : fuıt
Fuit : fu
Futurum : fut̄m, futm

Garrant : garr̄
Gaudio : gaů
Gaufridus : gauf
Genera : gña
General : ğñal
Generalis : gnāł
Generetur : gñet̄
Generibus : gñıḃ, gñıb; gñıbꝫ
Generum : gñū

Genitivo : gn͞to
Genitivus : gnı͞ſ
Genuit : geñ
Genus : ġ
Gerimus : ġıṁ
Geritur : geı͞ŧ
Gloria : gła
Gloriam : głaȝ
Gloriosum : głoſū
Gouvernement : gouúnem̄t
Grace : g̈ce
Grammaticorum : g̈matıcoꝝ
Grans (grands) : g̈ns
Gratia : gr͞a, grā
Gratiam : gr͞am, gr͞ın
Gratiarum : gr̈arū
Gratias : gr͞aſ
Gratiosa : gr͞oſa
Gravamen : g̈uam̄
Grave : g̈ue
Gravem : g̈uē
Gregem : g̈gē
Gregorius : g̈ġ
Gressus : gſẛ
Guerre : g̈re
Guillaume : guıłł
Guillelmus : guıłłſ

Habeant : hāī
Habeat : hát
Habemus : hm̄ſ
Habent : hn̄t
Habentibus : hn̄tıḃ
Habere : hr͞e, hr̈e, ħre
Haberet : hr͞&
Habes : ħeſ
Habet : hı͞, ħȝ
Habitare : ħıtare
Habitent : ħıtent
Habitu : ħıtu
Habituros : hı͞ı͞ſ
Habuit : hu͞ıt
Hæc : ħ
Hæredes : ħeđ
Hæres : ħeſ
Harum : har͞
Herbergamentum : ħb̄gam̄tū
Herberjage (logement) : ħb̄ıage
Heritage : ħıtage
Hic : ħ
Hic lege : ħ ł
Hinc : hᶜ
Hoc : ħ
Hoirs : ħs
Homagiúm : homaġ
Homerum : hom̄ū
Hominum : hoīm, hoīū
Homo : hō
Honorabiles : honʷ
Hons (homme) : hōſ
Hora : hoā, hoʷ
Huc : hᶜ
Huic : hᵉ
Hujus : huī, hī, ḣ
Hujusmodi : huīmōı, hmoī, hoī.
Hunc : hc̄

Ibidem : ıbım̄, ıb̄
Idem : ıđ, ıdeȝ
Ideo : ıō
Id est : ɨ
Idus : ıđ
Igitur : ıgı͞t, ıgī, ıġ, ġ, g̃
Igne : ıgᵉ
Illa : ıʷ
Illis : ıłł
Illud : ıłd, ıđ
Immediate : ım̄eᵗᵉ
Imperativam : īpatā
Imperator : ımpr, ımpr͞, ıp̄r
Imperatori : īp̄rı
Imperatrix : ımpr͞x
Imperfectus : ıpfeꝯ
Imperpetuum (in perpetuum) : ımpp
Impositio : īpō
Impositum : īpoī͞
Impossibile : īpȯſ
Imposterum (in posterum) : īṗerū
Imprimitur : īp̄mıī
Impropria : īp̄ā
Inanimatum : īaīat
Incarnacionem : īcr̈nacōnē
Incipit : ınc̄p, īcıp̄
Incircumscriptus : īc̄c̄ſc̄pī
Incomprehensibilis : īc̄p̄hn̄ſıbıł
Inconvulsa : īɔwlſa
Inculpantes : īcłpāteſ
Incumbere : īc̄bė
Inde : ıñ
Indeterminatum : ıñtīaī
Indictio : ındc̄o
Indictione : ındcōe
Inest : ī÷
Inferentia : īfr͞a
Inferentiam : īfr͞ā
Inferius : ınfīus
Informare : ınforr͞e
Infra : īfra, ıʷ
Inhærere : īhr͞e
Iniquitas : īıq̈ſ
Inquit : īq̇t, ınq̇, īq
Insigni : īſıġ
Insignia : īſıġa
Insint : īſıī
Inspicit : īſpıc̄
Instrumenta : ınſtr͞a
Instrumentum : ınſtrm̄
Insuper : ınſup, ınſp̄r
Insunt : īſ̄
Integraliter : ītg̈lıt
Intellectum : ıntłłcm
Intelligeret : ıntellıg&
Inter : ınī, īt., īī
Interdictio : ıntdcō
Interdictum : ītdc̄m
Interdictus : ītdc̄ſ
Interes (intérêts) : ıntes
Interesse : ınteē, ītēe
Interest : ıt÷
Interest (intérêt) : ınteſt
Interim : ītm
Interitus : ītīī
Interjacent : ītıac&
Interjectiones : ītıeꝯıoñ
Interpositum : ītpoīī
Interpretationem : ītp̄tōē
Interpretatur : ītptaī
Intra : īt͞
Intrabunt : ınt͞bt
Intro : īt͞
Introducunt : īt͞duc̄t
Introeuntes : īt͞eūteſ
Invenitur : īuēıī

Inventum : ĩuētũ, ĩuēt
Ipsam : ıp̄am
Ipse : ıp̄e
Ipsi : ıp̄ı
Ipsis : ıp̄ı'
Ipsius : ıp̄ıus, ıp̄i
Ipsos : ıp̄oȝ
Ipsum : ıpſ̄, ıp̄m, ıp̄
Irrationale : ırrōal, ırr̄
Israel : ıſrl
Ita : ıt̄, ı"
Itaque : ıtaq., ıtaq;, ıtaqꝫ, ıq̄ꝫ
Item : ıt̄m, ıt̄, ı̄m
Iter : ıt
Iterum : ıtm

Jam : ıā
Jamdictum : ıādc̄m
Jehan : ıeh̄, Jeh̄
Jehrusalem (Jérusalem) : ıehrl̄m
Jerosolymitana : ırl̄tana
Jerusalem : Irl̄m, ıhrȝ
Jesu : Ih̄u, ıh̄u
Jesus : Ih̄ſ, ıh̄c
Johannes : Ioh̄eſ, ıoh̄
Johanni : Ioh̄ı
Jour : ıō
Jungitur : ıūgr̄
Jura : ı̄a
Juraverunt : ı̄auer̄t
Jurisdiction : ıur̄dc̄on
Jusques : ıuſq̄ſ
Justum : ı̄t
Justus : ı̄t
Juxta : ıux̄, ı̄ta

Kalendæ : kal̄, kl̄
Kalendarum : kl̄drm
Kalendas : kl̄
Karactere : karac̄tē
Karissimi : km̄ı
Karissimum : kr̄m
Katerine : katıne

Lapis : lap̄
Latratus : lat̄t
Latroni : latnı
Laudibus : laud̄, lb̄

Lectio : l̄co, lc̄, lć
Lege : l̄
Legere : leg̊e
Legimus : legi
Legitime : lıt̄me, l̄me
Legitimi : lēı
Leritage (l'héritage) : lıtage
Lettre : lr̄e
Leur : le"
Lever : leú
Libenter : l̄r
Liber : lıb̄
Libere : lıbé
Libet : lt̄, lȝ
Libra : l̄
Libres (livres tournois) : lb̄r t̄
Licentia : lın̄ıa, lın̄a, l̄ıa, lıc̄
Licet : lıc&, lıc⁊, lıcȝ, l;
Ligius : lıg̊
Litteræ : lr̄ę
Litteram : lr̄aȝ
Litteras : lr̄aſ
Litteris : l̄rıſ
Livre : l̄
Locuntur (loquuntur) : loc̄t
Loquetur : loq:t̄
Loquimur : loq̄m̄
Ludovicus : Lud̄
Luna : l̄

Macerata : mac̄ata
Magdalene (Madeleine) : magdal̄
Magis : mağ
Magister : mağr, mğr, mr̄
Magno : mağ
Magnum : magnū, mağ̄
Magnus : m̄gnꝰ
Male : mal̄
Malo : m̄lo
Mane : m̄ne
Maniere : manıé, man̄e
Marca : mr̄, m̄, m̄
Marchia : m̄ch̄
Marchio : m̄rch̄
Marchioni : m̄rchı
Margarita : marğ
Marguerite : marg̊te
Maria : mā

Martyr : mr̄
Martyrem : mr̄em
Martyris : mar̄ıſ, mr̄ıſ, m̄rıſ
Martyrum : mar̄
Mater : mr̄
Materia : matıa, m̄
Materiam : matıā, mām
Mathæi : math̄ı
Matrimonio : mr̄io
Matris : mat̄ſ
Membra : mb"
Memor : mēor
Memorandum : memoꝝ
Memoria : meōıa
Mens : m̄ſ
Menses : mēſ, men̄ſ
Mensis : m̄ſ, m̄
Mensura : m̄ſura
Mente : m̄te
Merci : m̄cı
Mercredi : m̄credı
Mere : m̄e
Mereamur : m̄eam̄
Meretrix : métx̊
Messire : meſ
Mestier : meſt'
Meus : m̄ſ
Michel : mıch̄
Mihi : m̄
Miles : mıl̄
Millesimo : mılıo, mıl̄, m̄
Misericordia : m̄ıa
Misericordialiter : mıſóıt
Misericordiam : mıam, mıaȝ
Misericors (miséricordieux) : miſıcorſ
Modo : mod̄, mō, m̄
Modos : m̄ſ
Modum : m̄ū
Momentum : mom̄t
Monasterii : m̄oꝝ
Monasterium : m̄on", mon̄
Monnoie : moń
Monsieur : monſ
Mortalis : m.
Moult : ml̄t
Moustier (monastère) : mouſt'
Mulier : mlıer, ml̄r

Multitudine : mltu^no
Multo : mlto
Multum : mlt̄
Mundi : m̄dı

Nam : nā, n̄
Namque : nāq.
Nativitas : natītas, nat
Natura : nata, natā
Naturaliter : natlr̄
Naturam : natā
Nec : n^c, nʒ
Necessaria : nc̄cia, nccia
Necessario : neċo
Necessarium : neċm
Necesse : nc̄ce
Necessitas : neċaſ
Necessitatem : neċatē
Necnon : n^c n̄
Negabis : negab̄
Negatio : negō
Negatione : negoē
Negationem : negōē
Negationis : negoīſ
Negativam : negā
Negaverat : negaūat
Negligentia : neglia
Negotio : nego
Nemini : ṅ
Neque : neq., neq;, neqʒ
Nequeunt : neq̄ūt
Nequit : neqt
Neutri : neut
Nichil (nihil) : nıch̄
Nichilominus (nihilominus) : nıcho'
Nihilominus : ṅo'
Niger : nıḡ
Nigra : nıḡ
Nisi : ṅ
Nobis : nob̄, nobʒ
Nobiscum : nob̄c̄, nobʒc̄
Nocturno : n°
Nomen : noṁ
Nomina : noīa
Nominantur : noīāt̄
Nominativi : noīatı
Nominativo : nīo
Nominativos : nīoſ
Nomine : noṁ, nōe
Nominibus : noīb
Nominum : noīū
Non : n̄
Nonas : nón
Nondum : n̄dū
Nonnisi : n̄ṅ
Nonnunquam : n̄n̄q
Noster : nr̄, ńr
Nostra : nrā, nr̄
Nostræ : nr̄ę, nīę
Nostram : naṁ, nr̄ā
Nostrarum : nr̄ꝝ
Nostre Seigneur : nof
Nostri : nr̄ı, n̄
Nostris : nr̄ıſ, nūs
Nostro : nr̄o
Nostrorum : nr̄oꝝ
Nostros : nr̄oſ
Nostrum : nr̄m
Notaire : not
Notandum : notād
Notarii : norıı
Notarius : norıuſ, notſ, not
Nostre : nr̄e
Notum : not
Nous : no'
Novissimo : nouıſſo
Nulla : nlla
Numeri : nūı, nuī
Numero : nuō
Numerum : nūm, numū
Numerus : nūſ, numů
Nunc : nc̄
Nunquam : n̄q

Obedientia : obēıa
Obedientiæ : obedıę
Obiit : ob̄
Obliquus : oblıq'
Obolus : ob̄, ō
Occasione : occon̄
Occasionem : occonē
Octava : octa
Octobri : octob̄
Oculi : ocı
Oculis : ocul
Officiis : offiīs
Officio : offó
Omelia : omel, olīa
Omne : oē
Omnem : ōē
Omnes : ōſ
Omni : oī
Omnibus : oīb, oīb;, oībʒ
Omnino : oīo
Omnipotens : omp̄ſ
Omnium : oīū
Onere : oné
Oportet : op^t
Opponit : opoīt
Opportuna : optuā, opp^a
Oppositio : opō
Oppositionis : opoīſ
Oppositum : o^m
Oratio : or̄o
Orationem : orōem, orōē
Orationum : orōn̄
Ordinationibus : ord^bus
Ordinis : ordīſ, or̄nıſ
Orleans : orl, orl
Ostendere : oſtn̄de
Ostenditur : oſtn̄dr̄, ōndé
Ostensum : oñſū
Oster (ôter) : oſt'
Overtement(ouvertement): oúteṁt

Paieront : paıer̄t
Papa : p̄p̄
Papali : p̄plı
Par : p
Pardevers : pdeús
Pardonnent : pdonū
Parentela : pntela
Parisiensis : pıſ
Parisis : par̄
Parisius : pıſī, par̄
Pariter : pıt
Parlement : plemt
Parroisses : proıſſ
Pars (parts) : ps
Part : pt
Partem : ptem
Pater : pat, pr̄, p̄r
Paterentur : patent̄

Paterna : pr̃na
Patet : pꝫ
Patrem : pr̃m
Patres : pr̃eſ
Patri : pr̃i, pri
Patriam : pr̃iā
Patriarchæ : path̃ę
Patris : pr̃iſ, pı̃ſ
Patronaige (patronage) : paĩnaige
Patroni : pr̃oni
Patruis : pũiſ
Peccati : pc̃c̃i
Peccatorum : pcc̃oꝝ
Peccatum : pcc̃m
Pecunia : pec̃ia
Pentecoste : pēt
Penthecoste : pethc[te]
Per : ꝑ
Perches : ꝑch̃
Percurrere : ꝑc̃ré
Pere : pe
Perfecte : ꝑſc̃e
Perhibere : ꝑhr̃e
Periculo : ꝑiclo
Perierunt : ꝑier̃
Perpetuellement : ꝑptuelm̃t
Perpetuum : ꝑp̃m
Perquiramus : ꝑq̃ram̃
Perquirere : ꝑq̃ré
Personaliter constitutus : ꝑ ꝯ
Personarum : ꝑ[n]ꝝ
Personas : ꝑ[as]
Personne : ꝑſõe
Pescherie : peſch̃e
Petri : pet
Philippe : Ph̃e
Philippus : Ph̃
Philosophorum : ph̃or̃
Pictavensis : pict̃
Placita : pl̃ia
Plæraque : plaq;
Pleniter : pleĩt
Plenté (quantité) : plēte
Pluralis : pl̃al
Pluralitas : pl̃alitas
Plurimum : pl̃imū
Pluseurs, plusors (plusieurs) : plufs, pluf

Poitiers : poits
Pontificatus : ponĩ
Populi : ppl̃i
Populo : ppl̃o, pl̃o
Populum : ppl̃m
Populus : ppl̃ſ
Porteur : port
Positionem : põc̃
Positum : poĩt
Possent : poſſ&
Possession : poſſon
Posset : poſſ&
Possibile : pꝯle, póſ
Possit : pĩ
Possunt : poſſ̃
Post : ṗt, ṗ, pꝯt
Postconsulatum : pc̃
Postea : ṗea
Posteriora : ṗtiora
Posterius : pꝯteiꝯ, ṗti
Postfacto : ṗtſc̃o
Postmodum : ṗtmodū, ṗm̃
Postquam : ṗq
Postremo : pꝯtmo
Poterit : potıt, potıt
Poterunt : potũt
Potest : potĩ, p[t]
Potestas : ptãſ
Potestate : ptāte, pſtate
Potestatibus : ptatibꝫ
Pour : p̃
Pourpris (enclos) : pourṗs, p̃pris
Pourvea (pourvu) : p̃ueu
Præ : p̃, ṗ
Præbet : p̃bꝫ
Præcepit : p̃cep̃, p̃cep[t]
Prædicantur : p̃dñr
Prædicari : p̃drĩ
Prædicati : p̃dt̃i
Prædicatum : p̃dt̃
Prædicta : p̃dc̃a
Prædicto : p̃dĩo
Prædictorum : p̃dictoꝝ, p̃dc̃oꝝ
Prædictus : p̃dc̃ſ, p̃d
Præmisisset : p̃miſiſſ;
Præmissis : p̃iſſ
Præpositus : p̃poĩt, p̃p̃ſ
Præsbiter : p̃ſb̃r, p̃b̃r, prę̃ſb̃t

Præsbitero : p̃ſbr̃o, pb̃ro
Præsbiterum : pb̃m
Præscriptis : p̃ſc̃ptiſ
Præsens : p̃ſēſ, pñſ
Præsentandum : pñtādū
Præsente : pñte
Præsentes : pñteſ, pñtſ
Præsenti : pñti
Præsentia : pñtia
Præsentibus : pñtibꝯ
Præsertim : p̃ſtim
Præstiturum : p̃ſtitũ
Præter : prę̃t, p̃t
Præterea : p̃̃
Præterito : p̃to
Præteritum : p̃tĩt
Pravè : p̃ue
Precum : p̃c̃
Predecesseurs : ṗdeceſſ
Prelat : ṗlat
Premier : ṗmier
Prendre : ṗndre
Presence : pñce
Presens : pñs
Presentes : p̃ſent
Prestre (prêtre) : p̃ſt
Pretiosissimo : p̃iſſimo
Preudes hommes (prud'hommes) : ṗudes hõmes
Prevos (prévôt) : ṗuos
Priere : ṗere
Prima : ṗma, ṗa
Primitiva : ṗmita
Primo : p°, 1°
Primus : ṗm̃, ĩ
Principio : p̃cipio, pño
Prions : ṗons, ṗõs
Prior : ṗor
Pris (prix) : ṗs
Prisiee (prisée) : ṗſiee
Prius : ṗuſ, ṗꝯ, ṗ[s]
Privatio : ṗuõ
Privé : ṗue
Privileges : ṗuileǵ
Privilegii : ṗuiĺi
Probare : ꝓare
Procer : pc̃
Procerum : pćum

Prochain : pch̄
Procreare : pćare
Procuratore : pcurē
Procurer : pcur̄
Procureurs : pcur̄s
Prodes hommes (*prud'hommes*) : pdes hōmes
Produxit : pdux̄
Proeve (*preuve*) : peue
Profectibus : pfcīb;
Profit : pfit
Profiteri : pfitı
Prohibere : phr̄e
Proinde : pıñ
Prolecta : pl̄ca
Prometons (*promettons*) : pmetōs
Promiserunt : pmıſunt
Pronominibus : pnoīb;
Propheta : pph̄a
Prophetam : pph̄ā
Prophetarum : pph̄a℞
Proponit : poīt
Proposee : ppoſee
Propositio : po
Propositionem : pōē
Propositionum : pōñ
Propositum : poīt
Propre : ppe
Propres : pp̄s
Propria : pa
Proprietas : petas
Proprieté : ppete
Proprium : pū
Proprius : puſ
Propter : pt̄, pp, pp̄tr
Prorsus : prſ̄
Prosperè : pſpe
Prosternit : pſtūıt
Prothomartyris : pthom̄rıſ
Prouchenement (*prochainement*) : proucheñ
Prout : put
Proverbium : pū
Proximo : px̊
Psalmus : pſ̄
Publicè : pu[ce]
Puero : púo
Puissant : puıſſ̄

Punctum : pūt̄

Qua : q̄̄
Quadragesima : xl[a]
Quæ : q̄, q̃
Quædam : q̄đ
Quælibet : q̄lıb&, q̄lıb⁊, q̄lıb;, q̄l;
Quæstio : qō̄
Quæstionem : qōꝫ
Quæsumus : qſ̄
Qualis : q̄̄l
Qualiter : q̄̄lr̄
Qualitercunque : q̄̄lrc̄q;
Quam : qm̄̄, q̄̄ꝫ, q̄̄, q, Q
Quamplurimi : qpl̄ı
Quamvis : q̄̄uıs, quıſ
Quando : qñ
Quandoque : qñq., qñqꝫ, qñꝫ
Quanquam : q̄̄q̄̄, qq
Quanque (*quelque que, autant que*) : q̄̄nqꝫ
Quant : q̄̄nt, q̄̄t
Quantitas : qt̄ıtas
Quantitativa : qt̄ıtatā
Quantus : qt̄
Quapropter : q̄̄pt̄, q̄̄pp
Quare : q̄̄r̄, qr̄
Quarterium : q̄̄rtıū
Quartier : q̄̄rtıer, q̄̄rt
Quartum : q̄̄rt̄
Quarum : q̄̄r̄
Quas : q̄̄ſ
Quasi : q̄̄ı, qı.
Quasimodo : q̄ımodo
Quatenus : q̄̄te', qtñſ, q̄̄t̄
Quatre : q̄̄tre
Quatuor : q̄̄tuor
Que : q̄
Que : q., q̄, q;, qꝫ
Queant : q̄āt
Quel : q̄l, Ql̄
Quelconque : quelcōqꝫ, q̄lcōq̄
Quelque : q̄lqꝫ
Quem : quē
Quemadmodum : quēadmodū, quēadm̄ū, q̊admū
Qui : q̊
Quia : q̊a, qꝛ, qa

Quibus : q̊b, q̊b;, q̊bꝫ
Quibuscumque : q̊bc̄q.
Quibusdam : q̊bđ, q̊b;đ
Quicquam : q̊cq̄̄
Quicté (*quitté*) : q̊cte
Quid : q̊d q̄,
Quidam : q̊dā, q̊d
Quidem : q̊đe, q̄, q
Quiex (*quels*) : q̊ex
Qu'il : q̊l
Quin : q̊n
Quinto : q̄ınto
Quintus : q̊nt̄
Quippe : q̊pe
Quo : q̊
Quod : q̄, qđ
Quodam : q̊dā
Quodammodo : q̊dām̄, q̊đū
Quoddam : q̊dā, qđđ
Quodlibet : qđlꝫ
Quolibet : q̊lıbꝫ, q̊lꝫ
Quomodo : q̊m̄
Quomodolibet : q̊q̊m̄lꝫ
Quondam : q̊nđ, qm̄
Quoniam : qm̄
Quoque : q̊;, q̊., q̊ꝫ, q̊q
Quoquomodo : q̊q̊m̄
Quorum : q̊℞
Quorumdam : q̊r̄dā
Quos : q̊ſ, q̊ꝫ
Quot : q̊t, qt̄
Quotcunque : qt̄c̄q;

Rachetum (*rachat*) : rach̄
Rantiers (*rentiers*) : rant̄s
Ratio : rō, r̄o
Rationabiliter : rōābl̄r
Rationale : roāle, r.
Rationalis : roāl̄
Ratione : rōe
Rationem : rōē
Redigi : r̄dıgı
Regina : rña
Registrata : r[ta]
Regnavit : reg̃uıt
Regni : reḡ
Relatio : rel̄o
Relegi : rel̄

Religieux, religieuses : relıġ
Relinquit : relīq̧
Reliqua : relq̃
Reliquerunt : relıq̃ȓ
Reliquis : rl̄
Renonçant : renōċ
Repertus : rep̄t
Requerons : req̃rons
Require : ℞
Rerum : reȓ, ȓȓ
Reservé : refue
Respondebit : ȓb[t]
Respondentes : ℞ndētef
Respondeo : ℞o
Respondere : ŕndé
Respondet : rn̄dꝫ
Respondit : ℞nd[t]
Responsa : rn̄fa
Responsione : ℞nōe
Responso : rn̄fo
Responsorium : rp̄, ℞
Retinere : retıńe
Retorneroit (*retourneroit*) : retornóıt
Retroscriptus : r[tus]
Reverent : reúent
Rex : ℞
Robert : Rob̄t
Rotbertus : Rotb̄i
Rotulo : ro[lo]
Rubrica : ℞
Rursus : ȓſ

Sabbati : ſb̄b̄ı
Sabbato : fabb̄o
Sacramenta : facm̄ta
Sacramentum : facȓm
Sacrement : facrm̄t
Sacri : faċ
Sacrum : facꝝ
Sæculi : fclı
Sæculo : fcl̄o
Sæculum : fcl̄m
Sainte : ſt̄e
Salut : Sl̄t
Salutem : fal̄t, falm̄, fal̄, ꝟ
Sancta : fc̄a, ꝟ
Sanctæ : fc̄ę
Sanctam : fc̄am, ſt̄aꝫ
Sancti : fc̄ı
Sanctissima : fc̄ıſſīa
Sancto : fc̄o, ꝫo
Sanctorum : sc̄oꝝ
Sanctum : fc̄m
Sanctus : fc̄ſ
Sapientia : sap̄
Sans : ſꝫ
Scientia : fcīa
Scilicet : ꝟ, ſꝫ, ſt̄
Scripserat : fcrıpfat
Scriptitare : fc̀ptıtare
Scriptorum : fc̀ptoꝝ
Scriptum : fc̀pt̄
Scriptura : fc̀pt̄a
Secunda : fcd̄a, ꝟa
Secundo : ꝟo
Secundum : fcdm̄, fcd̄m, fcd̄ꝫ, fcd̄, ꝟm, ꝟ, ſꝫ, ꝫm
Secundus : fcd̄ſ
Secuntur (sequuntur), fec̄t
Sed : ſ;, ſꝫ
Sedere : fed̄e
Sedit : fed̄
Segregatim : feḡgatī
Seigneur : feıgñ, ſ[r], ꝟ
Seigneurie : ſ[r]ıe
Seipsam : feıpāꝫ
Semiduplum : feīd̄
Semper : fēp, ꝑ
Sempiternum : fēpıtnū
Senescallia : fen[a]
Seneschal : fen[al]
Sententia : ſñıa
Sententiam : ſñıaꝫ
Sententias : ſñıaꝫ
Separavit : fepaū
Septiers (*setiers*) : fepts, fets
Septuagesime : LXX
Sequitur : feqȓ
Serrement (*serment*) : fremēt, ꝟemēt
Serjanterie (*office de sergent*) : ꝟiantıe
Serjanz (*sergents*) : ꝟiāz.
Serment : ꝟm̄t
Sero : ꝟo
Seroient : ꝟoıēt
Seront : ꝟont
Serra : ꝟra
Servanda : ꝟuāda
Servicia : ꝟuıc̄
Servientes : ſúıentef
Servus : ꝟuuſ
Sextaria : ſext
Sibi : ſ[i]
Sic : ſ[c]
Sicut : ſıc̄
Sigillum : ſıḡ, S
Significant : ſıḡt
Significare : ſıḡre
Significat : ſıḡt
Significatio : ſıgō
Significationis : ſıgoīſ
Significativas : ſıḡcataſ
Significet : ſıḡc&
Signum : S
Siliginis : ſılıġ
Sillaba : ſıl̄la
Sillabarum : ſıl̄laȓ
Sillogismorum : ſıl̄loꝝ
Silvanectensis : ſıluañ
Similis : ſıl̄ıſ
Similiter : ſıl̄r, ſıl̄ȓ
Simpliciter : ſīplȓ
Simul : ſıml̄, ſml̄, ſıl̄
Sine : ſıñ, ſñ
Singulares : ſıngl̄eſ
Sire : ꝟe
Sive : ſī, ſū
Solet : ſolꝫ
Solidos : ſol̄, ꝟ
Solis : ſol̄
Sols : ꝟ
Soffissamment (*suffisamment*) : ſoffiſꝟ
Specialis : ſpāl̄
Specialiter : ſpālȓ
Speciem : ſpēm, ſpē
Specierum : ſpēȓ
Species : ſpēſ
Spirituali : ſpuali
Spiritum : ſp̄m
Spiritus : ſp̄ſ, ſp̄c
Stephani : ſtephī, ſteph̄ı

Stragem : ſtḡe
Strata : ſtt̄a
Stupra : ſtup̄
Sub : ſb̄
Subjectione : ſub̄tioē
Subjectum : ſub̄tū, ſub̄t̄
Subjicitur : ſubr̄
Subscripsi : ſubf, ſūı, ſub̄
Subsidium : ſubſ̄
Substantia : ſub̄a
Substantiales : ſub̄al̄
Substantialis : ſub̄al̄
Substantialiter : ſub̄alr̄
Substantiarum : ſub̄ar̄
Substantivè : ſub̄até
Substantivi : ſub̄āt̄ı, ſub̄atı, ſub̄tı
Substantivum : ſub̄atıuū
Subtilement : ſubtıl̄m̄t
Subtrahitur : ſub̄t̄ı̆
Subtus : ſ̄bı̄
Successeur : ſucceſſ
Successoribus : ſucceſſ
Suffisant : ſuffıſ
Sum : ſū, ſ̄
Sumptum : ſūtū, ſūt̄
Sunt : ſt̄, ſ̄
Super : ſup, ſr̄
Superbit : ſr̄bıt
Superius : ſup̄ı
Superstes : ſupſteſ
Supra : ſup̄
Suprascripti : ſtı̄
Suprascriptus : ſtúſ
Supremus : ſupm̄
Susceptionem : ſ̊ceptıōē
Suscipere : ſ̊cıpe
Suscipit : ſ̊cıp̄
Susdit : ſ̊dıt
Sussistant (subsistant) : ſ̊ſıſtāt
Sustentamentum : ſ̊tētam̄t
Sustentatur : ſ̊tētat̄

Tamen : tam̄, tn̄, tm̄
Tandem : tn̄
Tanquam : tāq
Tantum : tāt̄, tm̄
Tantumdem : tm̄dē, tm̄đ
Tantus : tāt̄
Tempora : t̄pa, tpa, t̄pra
Tempore : tēpe, tpr, t̄pr̄, t̄ó
Temporibus : tpıb̊, tpıb
Temporis : tpıſ
Temporum : tp̄ꝝ, tpm, tpū
Tempus : t̄p̊, tp̄ſ
Tenements (possessions) : teñ
Tenementum : teñ
Tenet : t
Tenus : teṅ
Ter : t̄
Tergo : t̄go
Terme : t̄me
Terminos : tıōſ
Terminum : tm̄ñ
Terminus : t̄m̄, t̄ſ
Ternarium : tñarıū
Terra : t̄ra, tr̄a
Terræ : t̄rę, tr̄ę
Terram : t̄rā
Terre : t̄re
Terrouer (terroir) : t̄rouer
Tertius : tı̄
Tesmoing : teſm̄
Testament : teſtam̄t
Testamento : teſtō
Testimonio : teſtı̄o
Testimonium : teſtıō[m]
Theobaldus : th̄
Theodosius : th̄odſ
Thesauriarus : theſ
Tholetano : tholo.
Tholosa : thol̄a
Tibi : t̄
Totidem : totıd
Totum : tot̄
Totus : tot̄, to'
Touchant : touch̄
Tournois : tourñ, t̄, t
Tractatum : t̄ctat̄
Tractatus : t̄ctat̄
Tradens : t̄dēſ
Transcript : t̄nſcrıpt
Transiens : t̄nſıenſ
Transitus : t̄nſıt̄
Transpositio : t̄nſpō
Transvehendum : t̄nſuēdū
Transversis : t̄ſūſıſ
Travers : traús, t̄ús
Tres : t̄ſ
Tresor : t̄ſor
Tresorier : treſor̄
Tria : t̄a
Tribus : t̄b̊
Trinité : t̄nıte
Tum : tū
Tunc : tc̄
Turba : t̄ba
Turris : t̄r̄

Uberius : ub̄ı
Ubi : ů, ū
Ubicunque : ůc̄q;, ů
Ubilibet : ubılı
Ubique : ůq;, ůq
Ulterius : ult̄ı
Ultimus : ul̄ı
Unde : uñ
Uniuscujusque : uniċq;
Universalem : ūlém
Universalis : unıūſal̄.
Universaliter : unıūſalr̄
Uns : ūſ
Usque : ůq;, uſq̧
Usquequo : uſqꝓq̊, uſq̄q̊
Ut : ů, ū
Utraque : ut̄q;
Uxor : ux̊
Uxore : ux̄e

Vacatio : uac̄
Vadia : uađ
Valenchiennes (Valenciennes) : valench̄
Vel : ul̄, l̄
Venant : veñ
Venerabilis : ueṅabl̄ıſ
Venerandi : úañ
Venerando : ueṅando
Veraciter : ueracıt
Verba : ūba
Verbis : ūb̄, úb̄
Verbum : ūbū
Veritas : ūıtas, ůıtas
Verité : uite

Vero : ů
Veros : ůſ
Versus : úſ̄, úſ9
Vertu : útu
Verum : ūū, uū, ūm
Vesperas : ueſ̄, uſ̄
Vespres : ueſp̄s
Vester : uř
Vestra : uřa
Vestræ : uřę
Vestri : uři
Vestris : uřiſ
Veteres : uetēſ, uetēſ

Vicecomes : uic̄
Videatur : uıđaī
Videlicet : uıdł, uıdȝ, uȝ
Videmur : uıđm̄
Videntur : uıdnř
Videretur : uıđeī
Videtur : uıdř
Vigilia : uıgīa, vıgı
Vinculum : uīcl̄m
Virtus : úī
Visum : uıſ̄
Vivere : uıúe
Vixerimus : uıẋımus

Vocativum : uocīm
Volunt : uolī
Vous : uo'
Vulnere : wlńe

Willelmo : wl̄lo
Willelmus : wıl̄lſ, wıll

Yeme (*hieme*) : yēe
Ymnus : ẏmn̄, y9
Ypotheticis : ypótıſ, yp̄cıſ, ıp̄cıſ

Zodiaci : zo^ci^

Après avoir étudié dans la liste qui précède la forme et la valeur des abréviations qui se rencontrent le plus ordinairement, on doit pouvoir réussir à déchiffrer quelques passages dans lesquels on retrouvera, sinon les mêmes mots, du moins les mêmes combinaisons. Nous avons cru devoir choisir de préférence des exemples empruntés à des manuscrits dont quelques échantillons se trouvent reproduits dans les planches qui sont jointes à cet ouvrage. Les deux premiers morceaux, qui sont extraits du manuscrit 1310 de Saint-Germain, sont gravés en partie dans la planche VII, sous les n°s 3 et 4. En comparant ces *fac-simile* avec les caractères spéciaux qui les reproduisent, on pourra se faire une idée exacte du degré d'imitation auquel il était possible d'atteindre, sans s'éloigner des habitudes de la typographie. On remarquera par exemple que les signes abréviatifs ne sont pas toujours placés par les écrivains au-dessus de la lettre qu'ils affectent; mais qu'ils occupent souvent une position intermédiaire, en sorte qu'ils pourraient se rattacher tantôt à la lettre qui précède, tantôt à celle qui suit. Si nous avions voulu tenir compte de ces variations accidentelles, il aurait fallu augmenter, dans une proportion considérable, le nombre des caractères typographiques. Il a paru également inutile de reproduire les ratures ou les surcharges du genre de celles qu'on peut observer dans le mot *quinque* (6e ligne du *fac-simile* n° 3), et dans le mot *sed* (dernière ligne du *fac-simile* n° 4); mais nous nous sommes attachés à copier la ponctuation[1] souvent fautive des manuscrits, et nous avons même figuré les *exponctions*, c'est-à-dire les points placés au-dessous de certaines lettres pour indiquer qu'elles doivent être considérées comme nulles. (Voy. le mot *dissentiunt*, qui termine le *fac-simile* n° 4). Il n'eût pas été impossible de confondre

[1] Cette ponctuation consiste surtout dans l'emploi du *point* dont la valeur est très-variable, et auquel on substitue quelquefois le signe suivant (ˀ).

dans l'impression, comme dans l'original, des mots qui devraient être distincts, et de séparer entre elles des syllabes qui devraient être réunies. Ces incorrections, qui sont fréquentes dans les anciennes écritures, augmentent beaucoup, sans doute, la difficulté du déchiffrement; mais peut-être y avait-il plus d'inconvénients que d'avantages à les transporter dans la typographie. Nous avons dû aussi modifier la position et la dimension de certains signes abréviatifs, pour ne pas accroître les nombreuses difficultés du travail des compositeurs. Il est inutile de faire observer qu'il a fallu conserver à chaque caractère sa forme actuelle[1], et qu'il était impossible, à moins de prétendre à toute l'exactitude d'un *fac-simile*, de reproduire certaines lettres onciales et cursives que la minuscule employait de temps en temps. Aux lettres onciales, employées comme grandes lettres au commencement de certains mots, on a substitué, pour rendre l'intention de l'écrivain, des lettres capitales qui n'indiquent pas toujours, comme on le verra, le commencement d'une phrase, parce que cette distinction n'était pas exactement observée dans les manuscrits. On s'est conformé à l'original pour la manière d'écrire les noms propres, c'est-à-dire que la plupart commencent par une lettre minuscule. Dans la traduction qui est placée en regard, on s'est attaché au contraire à rectifier la ponctuation et l'emploi des grandes lettres, d'après les usages de la typographie; mais comme cette traduction était destinée à donner l'interprétation exacte des abréviations, il a fallu y conserver les fautes d'orthographe et les erreurs matérielles, en se bornant à les signaler dans des notes rejetées au bas des pages. Pour ne pas multiplier ces renvois à l'infini, on ne s'est pas occupé de rectifier tout ce qui tenait aux habitudes du temps, comme par exemple *edicio* pour *editio*, *apellamus* pour *appellamus*, etc. Par la même raison, on a imprimé avec l'*e* simple tous les mots qui, dans le manuscrit, ne renferment pas l'*e* à cédille[2].

Le dernier morceau est emprunté au manuscrit qui a fourni le *fac-simile* n° 2 de la planche VII. S'il ne présente aucun intérêt sous le rapport du sens, il a du moins l'avantage de réunir une assez grande quantité d'abréviations pour préparer d'une manière utile au déchiffrement des textes originaux.

[1] Il faut excepter toutefois la lettre *s* à laquelle on a donné la forme suivante (ſ), que l'imprimerie employait encore pendant le siècle dernier. On s'est aussi conformé aux originaux en conservant la distinction de l'*ı* sans point et de l'*í* accentué.

[2] Comme l'emploi de l'*æ* ou de l'*ę* à cédille est extrêmement rare dans les manuscrits auxquels ces extraits ont été empruntés, nous avons cru devoir imprimer aussi par un *e* simple les syllabes abrégées dans lesquelles aucune de ces deux orthographes n'était exprimée. En effet, il est plus naturel de décider ces cas douteux d'après la généralité des exemples analogues que fournit un manuscrit. Cette méthode nous semblerait devoir être adoptée même pour la publication d'un texte, et nous avons cru pouvoir la suivre avec d'autant moins d'inconvénient qu'il suffira de consulter les caractères abréviatifs placés en regard de la transcription pour rectifier ce qu'il y a d'hypothétique dans l'orthographe de tel ou tel mot.

EXTRAITS
DU MANUSCRIT DE SAINT-GERMAIN, N° 1310.

1°. FOLIO 42 RECTO, COLONNE II. (PL. VII, N° 4.)

DE GENERIBUS et speciebus diversi diversa sentiunt. Alii namque voces solas genera et species universales et singulares esse affirmant, in rebus verò nichil horum assignant. Alii verò res generales et speciales universales et singulares esse dicunt; sed et ipsi inter se diversa sentiunt[1]. Quidam enim dicunt singularia individua esse[2] et species, et genera subalterna et generalissima, alio et alio modo atenta[3]. Alii verò quasdam essentias universales fingunt quas in singulis individuis totas essentialiter esse credunt. Harum ergo si qua rationabiliter stare possit discuciamus, et primùm hanc sententiam inquiramus cujus hec est positio : Homo quedam species est, res una essentialiter, cui adveniunt forme quedam et efficiunt Socratem ; illam eamdem essentialiter eodem modo informant forme fatientes[4] Platonem et cetera individua hominis; nec aliquid est in Socrate, preter illas formas informantes illam materiam ad faciendum Socratem, quin illud idus[5] eodem tempore in Platone informatum sit formis Platonis. Et hec intelligunt de singulis speciebus ad individua, et de generibus ad species. Quod si ita est, quis potest solvere quin Socrates eodem tempore Rome sit et Athenis? Ubi enim Socrates est, et homo universalis ibi est, secundùm totam suam quantitatem informatus socracitate. Quicquid enim res universalis suscipit, totâ suî quantitate retinet. Si ergo res universalis, tota socracitate affecta, eodem tempore et Rome est in Platone tota impossibile est quin ibi etiam eodem tempore sit socracitas, quæ totam illam essentiam continebat. Ubicumque autem socracitas est in homine, ibi Socrates est; Socrates enim homo socraticus est. Quid contra hoc dicere possit rationabile ingenium non habet.

DE GENERIBUS ⁊ ſpéb;. dıúſı dıúſa ſentıuī alíí
nāq; uoceſ ſolaſ. gná. ⁊ ſpēſ. unıúſaleſ. ⁊
ſıngłeſ. eé affirmāt. ī reb; ů nıch̄ hoꝝ
aſſıgnant. Alíí uō reſ gn̄aleſ ⁊ ſp̄aleſ unıúſaleſ
⁊ ſīgłareſ ée dıcūt. S; ⁊ ıpſı īī ſe dıúſa ḍịſſētrūt.
Q'dā enī dıcūt ſīgłarıa īdıuıdua éé ị & ſpéſ
⁊ gn̄a ſubalt̄na. ⁊ gn̄alıſſıma. alıo ⁊ alıo
m̊. atenta. Alíí uō q̄̈ſdā éēntıaſ unıúſale[s]
fīgūt q̄̈ſ ī ſīgłıſ īdıuıduıſ totaſ eéntıalr̄
eé credī. Haꝝ ğ. ſı q̄̈ rōabılıī ſtare poſſıt
dicucıam̄. ⁊ ꝑmū hāc ſentētıā īq̄ram̄.
Cui h̄ ē poſıtıo. Hō q̄dā ſp̄eſ ÷ reſ una
eéntıalıī. cuı aduenıūt forme q̄dā ⁊ efficıūt
ſoc̈tē. ıllam eād̄ éentıalıī. eod̄ m̊ ∵
īformāt forme fatıēteſ platonē ⁊c̄. īdıuıdua
hoīſ. Nec alıq̇d ē ī ſo. p̄t ıllaſ formaſ
īformanteſ ıḷlā matrıā ad facıēdū ſoc̈tē ∵
q̇n ılld̄ ıd eod̄ tp̄re ī platōe īformatū
ſıt formıſ platonıſ. ⁊ h̄ ītellıgī de ſīgłıſ
ſp̄eb; ad īdıuıdua. ⁊ d̄ gn̄ıb; ad ſp̄eſ. Qd̄ ſı ıta
÷ ∵ q̇ſ poī ſoluē. q̇n ſo. eod̄ tp̄re rome
ſıt. ⁊ athenıſ ∵ Vbı enī ſo. ē. ⁊ hó unıúſalıſ
ıbı ē ſecd̄m totā ſuā q̄̈ntıtatē īformaī
ſoc̈cıtate. Quıcq̇d ꝧ reſ unıúſalıſ ſ̄cıpıt. tota ſuı
q̄̈ntıtate retınet. Sı ğ reſ unıúſalıſ tota ſoc̈cıtate
affecta eod̄ tp̄re ⁊ rome ÷ ī platone tota ∵
īpoſ. ē. q̇n ıḅı ꝯ eod̄ tēp̄e. ſıt ſoc̈cıtaſ
q̄ totā ıllā eéntıā ꝯtınebat. V̇cq; aū
ſoc̈cıtaſ ē ī hoīe ∵ ıbı ſoc̈teſ ÷. So. enī
hō ſoc̈tıc̄ ē. Q'd ꝯ̈ h̄ dıće poſſıt. roābıle
īgenıū n̄ hī.

[1] La suppression des trois premières lettres du mot *dissentiant* est indiquée par les points placés au-dessous de ces lettres.

[2] Le point placé au-dessous de l'*i* qui vient après le mot *esse* indique la suppression de cette lettre.

[3] Lisez *attenta*.

[4] Lisez *facientes*.

[5] Lisez *idem*.

2°. FOLIO 29 RECTO, COLONNE I. (PL. VII, N° 3.)

Petri Abaelardi junioris palatini summi peripateci edicio super Porfirium incipit.

Intentio Porfirii, frater, est in hoc opere tractare de sex vocibus, id est de genere, et de specie, et de differentiâ, et de propriâ[1], et de actidenti[2], et de individuo, et de significatis eorum. Et cùm intendat tractare de istis sex vocibus, et etiam tractat, tamen non proponit nisi de quinque tantum. Ideo non ponit de individuâ[3], quia individuum continetur sub unoquoque, et in significatione, et in predicamentali ordine. Nam quemadmodum genera et species propriè ponuntur in predicamento, eodem modo indua[4] ipsorum. Et de omnibus istis intndit[5] tractare, rogatu cujusdam sui amici, scilicet Chrysaorii, qui legerat vel legere intendebat[6], in quibus quasdam difficiles esse sententias noverat, aut per se aut per alium, quas per se intelligere non poterât. Unde rogavit Porfirium suum amicum ut faceret sibi quoddam ut troductorium[7] opus ad ipsa[8] cathegorias Aristotelis. Et quia ipse Porfirius noverat intelligentiam Aristotelis et ipsum tractatum, considerans nullas voces magis esse necessarias ad cathegorias quam istas sex voces, quoniam ex istis sex vocibus constituuntur predicamenta, cùm[9] ideo preelegit tractare de istis sex vocibus. Hujus operis sunt materia istæ sex voces et earum significata. Finis ipse categorie scientiæ inveniendi[10] supponitur iste tractatus, quia hic docemur invenire rationes sufficientes ad probandas quaslibet questiones factas de istis sex vocibus et de significatis earum. Et cùm talis sit intentio, secundùm modum operis non titulavit[11] librum suum : *sic incipiunt isagoge Porfirii, id est introductiones ducentes lectorem in cathegorias.* Sed in prologo plus facti[12], et ostendit materiam de quâ tractet, et quo modo tractet, scilicet introductoriè, et cui hic[13] faciat, et quanta sit utilitas, et quas sentntias[14] apponat, et quas pretermittat, et quas[15] imitetur actores[16].

Petrı Abaelardı ⁊ p. S. ꝑ. edıcıo
ſuꝑ porfi. ĩcıp̄.
Intn̄tıo. Por. F'. ÷ ın hoç ope tractare de ſex
uocıb; ⁊ de gnē. & de spē. & de dıffrā.
& de proprıa. & de actıdn̄tı. & de ındıuıduo. & de
ſıgc̄atıſ eoꝝ. Et cum ıntn̄dat tractare de ıſtıſ
ſex uocıb; & & tractat tn̄ non propon̄ n̄
de quiq; tantū. Idō non pon̄ de ındıuıdua
ꝗ ındıuıduū contınetur ſub unoq̊q; & ın
ſıḡcatıoē & ın p̄dıcam̄talı ordıne. Nam
quēadmodū gnā & ſpēſ proprıe ponunt̃.
ın p̄dıcam̄to eod̄ modo ındua ıpſoꝝ. Et
de omīb; ıſtıſ ıntndıt tractare rogatu cuidam
ſuı amıcı ſcl̄. C. quı leg̊at l' leg̊e
ıntn̄debat. ın q̄b; q̊ſdam dıfficıleſ eē
ſentn̄tıaſ noúat aut ꝑ ſe aut ꝑ alıū quaſ
ꝑ ſe ıntellıgē non pot̃at. Vnde rogauıt .P.
ſuū amıc̄ ut fac̓& ſıbı q̄dā ut troductorıū
op̊ ad ıpſa cath̃rıaſ .A. Et ꝗ ıpſe .P.
noúat ıntellıgentıā .A. & ıpſum tractatū
consıd̄āſ nullaſ uoceſ mag̃ eē neceſſarıaſ ad
cathegorıaſ quam ıſtaſ ſex uoce ſqm̄ ex ıſtıſ ſex
uocıb; conſtıtuuntur p̄dıcam̄ta c̄ ıdō p̄eleg̃
tractare de ıſtıſ ſex uocıb;. Hui̊ opıſ ſunt mat̃ıa
ıſtę ſex uoceſ & eaꝝ ſıgnıficata Fınıſ ıpſe categorıe
ſcıentıę ınuenıendı ſupponıtur ıſte t̃ctatuſ
ꝗ hıc docem̄ ınuenıre ratıoēſ ſufficıenteſ ad
probandaſ quaſlıb& queſtıoneſ factaſ de ıſtıſ ſex
uocıb; et de ſıgc̄atıſ ear̃ & cum tal̄ ſıt ıntn̄tıo
ſ; modū opıſ non tıtulauıt lıbrū ſuū
ſıc ıncıpıunt ıſagoge .P ⁊ ıntroductıoneſ
ducenteſ lectorē ın cathegorıaſ S; ın prologo
pluſ factı & oſtn̄dıt mat̃ıā de qua tract& & quo
m̊ tract& ſcl̄ ıntroductorıe & cuı hıc facıat &
quanta ſıt utılıtaſ & quaſ ſentntıaſ apponat
& quaſ p̃t̃mıttat & quaſ ımıtetur actoreſ.

[1] Lisez *proprio*.
[2] Lisez *accidenti*.
[3] Lisez *individuo*.
[4] Lisez *individua*.
[5] Lisez *intendit*.
[6] Ajoutez *categorias*.
[7] Lisez *introductorium*.
[8] Lisez *ipsas*.
[9] Supprimez *cùm*.
[10] Lisez *categoricæ scienciæ inveniendæ*.
[11] Lisez *operis intitulavit*.
[12] Lisez *facit*.
[13] Lisez *hoc*.
[14] Lisez *sententias*.
[15] Lisez *quos*.
[16] Lisez *auctores*.

EXTRAIT
DU MANUSCRIT DE SAINT-VICTOR
N° 844, FOLIO 137 RECTO.

Cathegoricarum igitur propositionum partibus seu membris quibus ipse componantur diligenter pertractatis, specierum quoque differentias exequamur. Quas quidem considerare possumus secundùm enuntiationem predicati, vel acceptionem subjecti, aut secundùm ipsorum multiplicitatem, vel totius enuntiationis, sive secundùm temporum verbi diversitatem. Ad predicati verò enuntiationem pertinet quòd propositiones, ipsum affirmando vel negando enuntiantes, affirmative dicuntur vel negative, quòdque alie ipsum simpliciter, alie cum aliquo modo predicant; unde alias simplices, alias modales appellamus. Ad subjectum verò illud refertur quòd alie universales, alie particulares, alie indefinite aut singulares nominantur. Ad multiplicitatem verò terminorum illud attinet quòd alie une sunt, alie multiplices. Ad diversitatem verò temporum quòd aliæ de presenti, alie de preterito, alie de futuro proponuntur. Nunc verò in singulis immoremur. Ac priùs de affirmatione et negatione, que primæ sunt propositionis species, disputemus.

DE AFFIRMATIONE ET NEGATIONE.

Est autem affirmatio enunciatio affirmativa ut : *omnis homo est animal, quidam homo est animal ;* negatio verò enuntiatio negativa, ut : *quidam homo non est animal, nullus homo est animal.* Habet autem omnis affirmatio unam tantùm propriam negationem secundùm contraditionis[1] opositionem. Alia autem est contradictionis opositio, alia contrarietatis. Que enim invicem sunt contrarie propositiones, opositione contrarietatis sibi maximè adversantur, veluti iste : *omnis homo justus est, nullus homo justus est.* Que vero contradictoriæ sunt, atque inter se verum falsumque semper dividentes, contradictionis opositione sibi repugnant, ut : *omnis homo justus est, non omnis homo justus est ;* et rursus : *nullus homo justus est, quidam homo justus est ;* sic etiam singulares : *Socrates est justus, non est Socrates justus.* Que autem invicem contrariæ propositiones vel contradictorie, que etiam subalterne vel subcontrarie dicantur, aut quas ad invicem inferentias vel differentias qualesque conversiones habeant, in his introductionibus diligentiùs patefecimus quas ad tenerorum[2] dialecticorum eruditionem conscripsimus. Nec in his

Cathicar̄ ḡ pōn̄ partıb; ſeu m̄brıſ
q̇b; ıpſe côpōnāt̄ dılıḡeт p̄t̄ctatıſ ꝟ ſpēr̄
q̊; dıffrāſ exeq̄m̄. Quaſ ꝗ c̄ſıđare
possum̄ ꝼ en̄tıatıōē p̄dıcatı ł
acceptıōē ſub̄tı aut ꝼ ıpſor̄
multıplıcıtatem ł totıuſ en̄tıatıoīſ ſıue ꝼ
tp̄ū ūbı dıūſıtatē. Ad p̄dıcatı ů en̄tıatıōē
p̄tınet ꝙ poēſ ıpſū affirmando ł negando
en̄tıâteſ affrē dnr̄ ł negatē. Qđq;
alıe ıpſ̄ ſıplr̄ al̄ c̄ alıq̊ m̄ p̄dıcāt.
un̄ alıaſ ſıplıceſ alıaſ modaleſ apellam̄. Ad ſub̄t
ů ıllđ refert̄ ꝙ al̄ unıūſaleſ al̄ partıcl̄areſ
al̄ ın̄fınıte aut ſıgl̄areſ nomınāt̄. Ad multıplıcıtatē
ů t̄ıor̄ ıllđ attınet ꝙ alıe ůne ſ̄ al̄
multıplıceſ. Ad dıūſıtatē ů tp̄ū ꝟ ꝗ alıę de
p̄ſētı al̄ đ p̄tīto al̄ đ fuťo ꝑpon̄t̄. Nc̄
ů ı ſıgl̄ıſ ımorem̄. Ac p̄ʼ đ affoē ⁊
negoē q̄ p̄mę ſ̄ poīſ ſpēſ dıſputem̄

De affirmōe ⁊ negōe.

Ē. aū affō en̄cıatıo affirmatıua. V̌ oīſ hō ÷
āl q̇đ hō ÷ āl. negō ů en̄tıatıo
negā ū q̇đ hō n̄ ÷ āl nulluſ hō ÷ āl.
Hī aū oīſ affrō unā tm̄ p̄ā
negōē ꝼ c̄t̄dıtıoīs opōē. Alıa
aū ÷ c̄t̄dıctıoīſ opō al̄ c̄t̄rıetatıſ. Q̄
ıı ıuıcē ſ̄ c̄t̄rıe poēſ opoē
c̄t̄rıetatıſ ſ̀ maxıme adūſāt̄. Velutı ıſte oīſ hō
ıī ÷ null̄ hō ıī ÷ Q̄ ů c̄t̄dıctorıę ſī
atq; ıī ſe ūū falſūq; ſēp dıuıdn̄teſ ꝟ
c̄t̄dıctıoīſ opoē ſ̀ repugnāt. V̇ oīſ hō ıī
÷ n̄ oīſ hō ıī ÷ et r̄ſuſ null̄ hō ıī ÷
q̇đ hō ıī ÷ Sıc ꝭ ſıgl̄areſ ſo ÷ ıī
n̄ ÷ ſo ıī. Que aū ıuıcē c̄t̄rıę
poēſ ł c̄t̄dıctorıe q̄ ꝭ subalt̄ne ł
ſubc̄t̄rıe dıcāt̄ aut q̈ſ adıuıcē ıfrāſ ł
dıffrāſ q̈leſq; c̄ūſıoēſ han̄t ꝟ ı bıſ
ıntđuctıoīb; dılıgn̄tı pateſecım̄ q̈ſ ad tén̄oꝝ
dıalectıcoꝝ erudıtıōē c̄ſc̀pſım̄. Nec ı hıſ

[1] Lisez *contradictionis*.

[2] Il y a une faute évidente dans le manuscrit, où l'on trouve tén̄oꝝ au lieu de tén̄oꝝ ; le signe abréviatif placé au-dessus de l'*n* suffit pour exprimer les lettres *er* qui complètent le mot *tenerorum*.

rursus nobis immemorandum[1] est, sed ad altiora tractatum transferamus, atque affirmationum et negationum proprietates subtiliùs distingamus[2]. Cùm enim singulare subjectum ponitur, unam tantùm negationem vel affirmationem una acceptio subjecti facit; cùm autem universale subicitur, multas affirmationes vel negationes subjecti variatio secundùm signa tenet. Ejus namque affirmationis que dicit: *omnis homo justus est*, cùm ea videtur negatio que ait : *nullus homo justus est*, tùm illa que proponit *quidam homo justus non est*, vel : *non omnis homo justus est*. Ejus quoque negationis : *nullus homo justus est*, duæ videntur affirmationes vel et : *omnis homo justus est*, vel : *quidam homo justus est*; cùmque eidem affirmationi vel negationi duæ sint oposite, que videlicet simul cum eâ vere esse non possint, altera contradictionis[3] opositione quàm longissimè ab eâ recedit, altera verò contrarietatis[4] opositione, ut quod ea proponebat tantùm perimit ac simpliciter ei contradicit. Cùm enim huic propositioni : *omnis homo justus est* hec contrariè oponatur : *nullus homo justus est*, illa verò contradictoriè : *non omnis homo justus est*, atque utraque ipsius sententiam perimât, hec quidem : *non omnis homo justus est*, simpliciter priori contradicit; illa verò : *nullus homo justus est*, plùs facit, que non tantùm ostendit non omni homini justum convenire, verùm etiam ab omni removeri.

UNDE MAGIS OPOSITE SINT CONTRARIÆ QUAM CONTRADICTORIÆ.

Meritò ergo hec tanquam contraria priori oponitur[5] que ei maximè est adversa. Ea namque oposita contraria diffiniunt que primâ fronte sibi oponuntur, hoc est, que maximè sibi repugnant, velut album et nigrum, que nullo modo eidem simul inesse possunt. Plùs autem adversa est, hoc est oposita : *nullus homo justus est*, ei que est : *omnis homo justus est*, quàm *non omnis homo justus est*. Magis enim consentit ei *non omnis homo justus est* quàm *nullus homo justus est*; hec enim propter unum vera est si justiciâ careat, illa verò non nisi omnes careant. Faciliùs autem uno non existente justo contingere posset quod universalis affirmatio dicit, quàm nullis existentibus justis. Unde manifestum est universalem negationem magis adversari universali affirmationi quàm particularem negationem; quippe hec omnibus aufert quod illa omnibus atribuit. Quòd autem dicitur particularis nec secum in falsitate posse pati universalem, sed, si hec falsa sit, illam necessariò veram, hoc ad opositionem non pertinet contrarietatis, imo ad dividentiam contradictionis. Quòd enim falsæ non possunt simul esse[6], ea que dicunt, ad

rurſ nob̄ ımemorād̄ ÷ ſ; ad altıora t̃ctatū
t̃nſferam̄ atq; affōñ ⁊ negoñ
ꝑtatef ſubtılı dıſtıngam̄. C̄ ꝯ ſıgl̄are
ſub̄tū poı̄t unā tm̄ negōē ł
affōem una acceptıo ſub̄tı fač. C̄ aū
unıūſal̄ ſubıcıt̄ multaſ affōeſ ł negoēſ
ſub̄tı uarıatıo ꝭ ſıgna tenet. Eı̄ nāq;
affoīſ q̄ dıč oīſ hō ıı̄ ÷ č ea uıdr̄
negō q̄ aıt null̄ hō ıı̄ ÷ tū ılla q̄ poı̄t
q̄đ hō ıı̄ ñ ÷ ł ñ oīſ hō ıı̄ ÷. Eı̄
q̄; negoīſ null̄ hō ıı̄ ÷ duę uıdnr̄
affoēſ ł ⁊ oīſ hō ıı̄ ÷ ł q̄đ hō
ıı̄ ÷. C̄q; eıđ affoī ł negoī duę ſıt̄
opōıte q̄ uıdł ſımł č ea ūe eē ñ poſſıt ⁊
alta c̄t̃dıctıoīſ opoe q longıſſıme ab ea
receđ altā ū c̄t̃rıētatıſ opoē ut ꝗ
ea ponebat tm̄ ꝑımıt. ac ſıplr̄ eı c̄t̃dıč.
Cū ꝯ huıc poī oīſ hō ıı̄ ÷ h̄ c̄t̃rıe
oponat̄ null̄ hō ıı̄ ÷ ılla ū c̄t̃dıctorıe ñ
oīſ hō ıı̄ ÷ atq; ut̃q; ıpſı ſētn̄tıā
ꝑımat h̄ q̄đ ñ oīſ hō ıı̄ ÷ ſıplr̄
ꝑorı c̄t̃dıč ılla ū null̄ hō ıtuſ ÷ pl̄ fač.
q̄ ñ tm̄ oſtēdıt ñ oī hoī ıı̄
c̄uenıre ūū ꝭ ab oī remoūı
Vñ magıſ opoīte ſıt cōtrarıę q cōt̃dıctorıę.
Mīto ꝯ h̄ tāq c̄t̃rıa ꝑorı opoīt̄ q̄ eı
maxıme ÷ adūſa. Ea nāq; opoīta c̄t̃rıa dıffınıūt
q̄ ꝑma frōte ſ̄ oponūt̄. h̄ ÷ q̄ maxıme ſ̄
repugnāt. uelut albū ⁊ nıgrū q̄ nullo m̄ eıđ
ſımł ıeē poſſ̄t. Pluſ aū adūſa ÷ h̄ ÷
opoīta null̄ hō ıı̄ ÷ eı q̄ ÷ oīſ hō ıı̄ ÷
q ñ oīſ hō ıı̄ ÷ Mag̃ ꝯ c̄ſētıt eı
ñ oīſ hō ıı̄ ÷ q null̄ hō ıı̄ ÷ h̄ ꝯ
ꝑꝑ unū uā ÷ ſı ıtıcıa careat ılla ū ñ ñ oīſ
careāt. Facıl̄ı aū uno ñ exıſtn̄te ıto c̄tıḡe
poſſ; q̄đ unıūſal̄ affō dıč. q null̄
exıſtn̄tıb; ıtıſ. Vñ manıfeſt̄ ÷ unıūſalē
negōē mag̃ adūſarı unıūſalı affoī q
partıclarē negōē. q̄pe h̄ oīb; aufert q̄đ
ılla oīb; atbuıt. Qđ aū dr̄ partıclarıſ
nec ſecū ī falſıtate poſſe patı unıūſalē ⁊ ſ; ſı h̄
falſa ſıt ıllā neċo uerā h̄ ad opōē ñ
ptın⁊ c̄t̃rıetatıſ ⁊ ımo ad dıuıdentıā c̄t̃dıctıoīſ.
Qđ ꝯ falſę ñ poſſ̄t ſımł eē ea q̄ dıcł ad

[1] Lisez *immorandum*.
[2] Lisez *distinguamus*.
[3] Lisez *contrarietatis*.
[4] Lisez *contradictionis*.
[5] L'abréviation du mot *opponitur* n'est pas régulière; le t devrait être surmonté du signe ᵛ.
[6] Ajoutez *id est quod non possunt simul non esse*.

immediationem potiùs attinet quàm ad contrarietatem. Quòd autem vere non possunt simul esse, id est, quòd non possunt simul esse ea que dicunt, id solùm ad opositionem pertinet vel contrarietatem. Nulla enim contraria ex naturâ contrariorum destructa se ponunt, sed omnia posita sese mutuò auferunt. Quod tàm in complexis quàm in incomplexis licet inspicere. Quòd itaque simul abesse non possunt opositionem non exigit, sed dividentiam, seu immediationem. Immediatio autem oppositionem non exigit. Sunt enim multa immediatorum non oposita, sicut infinitum speciei et finitum nomen generis, sicut non homo et animal. Nec in his etiam ubi immediatio compositionem incumbit, immediatio opositionem facit majorem; quod ex albo et non albo et nigro perpenditur. Non enim tantùm adversa sunt album et non album, quamvis nec simul absint, quantùm album et nigrum, que simul abesse contingit. Que enim non alba sunt non est necesse contrarium albi dicere, id est, nigrum, sed crocea esse possunt, vel alterius coloris. Quòd itaque quelibet simul esse non possunt, ad opositionem pertinet; quòd autem simul abesse nequeunt, ad immediationem. Unde, etsi subcontrarie simul abesse non possint, non tamen oportere[1] videntur, eo videlicet quòd simul possint adesse in contingenti. Sed materia propositionum sicut earum dividentes abesse universales scilicet affirmativa et negativa[2]. Quas ex maximâ opositione, ut ostensum est, contrarias convenit appellari, ceteras verò contradictorias. Ex his itaque manifestum est ei que dicit : *omnis homo justus est*, magis repugnare : *nullus homo justus est;* quàm : *non omnis homo justus est.* Unde meritò ab universali affirmative[3] illa contrariò ponitur[4] que universalis est negativa; hec verò contradictoria, que particularis dicitur. Eadem enim hec : *non omnis homo justus est*, cum eâ videtur quæ proponit : *quidam homo justus non est*, atque pro unâ et eâdem utramque Boethius accipit, cùm tamen earum sententia diversa apareat his qui eam perspicatiùs inspiciunt. Multùm enim refert ad sententiam enuntiationis cùm preposita negativa particula totam exigit et destruit affirmationem, et cùm eadem interposita terminorum separationem facit. Quod quidem ex ypotheticis quoque enunciationibus ostenditur. Non enim eadem est sententia istarum : *si est homo non est justus*, et : *non si est homo est justus.* Illa namque demonstrat hominis positionem non pati justum, hec verò non necessariò exigere justum; quod verum est, illud autem falsum. Et hec quidem, que negatione premissâ totam ypotheticam perimit,

īmedıatıōē potī attın& q ad c̄t͛ rıetatē.
Qđ auī uē n̄ poſſ̄ ſımł eē ÷ ꝗ̄ n̄
poſſ̄ ſımł eē ea q̄ dıcī ıd ſolū ad opōē
ꝑtın& ł c̄t͛ rıetatē. nulla ꝧ c̄t͛ rıa ex natā
c̄t͛ rıoꝝ đſtructa ſe ponī. ſ; oīa poītа ſeſe
mutuo auſeꝛ̄. Qđ tā ı c̄plexıſ q ī
īcōplexıſ lıc⁊ īſpıċe. Qđ ıtaq; ſımł abeē n̄
poſſ̄ opōē n̄ exıḡ. ſ; dıuıdn̄tıā ſeu
īmedıatıōē. īmedıatıo aū opōē n̄ exıḡ.
Sī ꝧ młta īmedıatoꝛ̄ n̄ opoīta ſıc̄ īſınıī
ſpēı ⁊ ſınıī nom̄ gn̄ıſ ſıc̄ n̄ hō ⁊ āl.
Nec ī hıſ ꝰ ů īmedıatıo cōpōem īcūbıt ⸴
īmedıatıo opōē ſac̄ maıorē ꝗ ex albo ⁊ n̄
albo ⁊ nıgro ꝑpendꝛ̄. N̄ ꝧ tm̄ adūſa ſ̄
albū ⁊ n̄ albū quıſ nec ſımł abſīt qī
albū ⁊ nıgꝛ̄ q̄ ſımł abeē c̄tīḡ. Q̄ ꝧ n̄
alba ſī n̄ ÷ neceē c̄t͛ rıū albı dꝛ̄e ÷
nıgꝛ̄. S; crocea eē poſſ̄ ł alīı coloꝛıſ. Qđ
ıtaq; q̄lıb⁊ ſımł eē n̄ poſſ̄ ad opōē
ꝑtın&. Qđ aū ſımł abeē neq̄ūt ad
īmedıatıōē. Vn̄ ⁊ſı ſubc̄t͛ rıe ſımł abeē n̄
poſſıī n̄ tn̄ oporte uıdn̄r eo uıdł ꝗ̄
ſımł poſſıī adeē ı c̄tıgētı. ſ; matıa
ꝑōn̄ ſıc̄ eaꝛ̄ dıuıdn̄teſ abeē unıūſaleſ
ſ affrā ⁊ neġ. Q͛ſ ex maxıma opoē
ū oſtn̄ſ̄ ÷ c̄t͛ rıaſ c̄uenıt appelları cīaſ û
c̄t͛ dıctorıaſ. Ex hıſ ıtaq; manıfeſt̄ ÷ eı q̄ dıc̄
oīſ hō iī ÷ maḡ repugnare nulł hō iī ÷
q̄ n̄ oīſ hō iī ÷ Vn̄ mīto ab unıūſalī
affrē ılla c̄t͛ rıo poīī q̄ unıūſał ÷
negā. h̄ û c̄t͛ dıctorıa q̄ partıclarıſ dꝛ̄.
Eađ ꝧ h̄ n̄ oīſ hō iī ÷ c̄ ea uıdꝛ̄
q̄ ꝑpoīt q̇dā hō iī n̄ .ē. atq; ꝑ una ⁊
eađ utrâq; b. accıp̄ c̄ tn̄ eaꝛ̄ ſētētıa
dıūſa apeat hıſ q̇ eā ꝑſpıcatī īſpıcıût. Mulī
ꝧ refert ad ſētētıā en̄tıatıoīſ c̄ p̄poīta
negā partıcła totā exıgıt ⁊ đſtruıt affōē ⁊
c̄ eađ īt̄poīta tıoꝝ ſepatıōē ſac̄. Qđ
ꝗ̄ ex ẏṕcıſ q̊; en̄cıatıoīb oſtn̄dꝛ̄.
n̄ ꝧ eađ ÷ ſētn̄tıa ıſtaꝛ̄. ſı ÷ hō n̄ ÷
iī ⁊ n̄ ſı ÷ hō ÷ iī. Illa nāq; đmōſtī
hoīſ pōē n̄ patı iī h̄ û n̄ necō
exıġe iī ꝗ ūū ÷ ıllud aū falſ̄ ⁊ h̄
ꝗ̄ q̄ negōē p̄mıſſa totā ypócá ꝑımıt

[1] Lisez *oppositæ*.

[2] Ce passage ne présente aucun sens : M. Cousin en a fait la remarque dans son édition d'Abaylard; mais il n'a pas essayé de compléter ou de corriger le texte.

[3] Lisez *affirmativâ*.

[4] L'abréviation du mot *ponitur* n'est pas régulière; le *t* devrait être surmonté du signe ˜.

hanc scilicet : *si est homo est justus*, ejus propria negatio dicitur ac rectè dividens que scilicet nec vera simul cum eâ nec falsa esse potest, quippe ejus sensum simpliciter destruit. Illa verò simul esse falsa potest, nunquam autem simul vera. Unde potiùs contraria ei videtur quàm contradictoria. Sic quoque in cathegoricis propositionibus ea tantùm propria contradictio ac rectè dividens cuilibet affirmationi videtur quam, negatione propositâ[1], totam ejus sententiam destruit, ut ejus que est : *omnis homo est homo*, ea que est : *non omnis homo est homo*, non ea que est : *quidam homo non est homo*. Hec enim fortasse simul erit falsa cum eâ. Re enim hominis prorsus non existente, neque ea vera est que ait : *omnis homo est homo*, nec ea que proponit : *quidam homo non est homo*, hoc est : *quedam res que est animal rationale mortale non est animal rationale mortale*. Hominis enim nomen non nisi ex presentiâ animalis rationalitate et mortalitate informati impositum fuit. Qui ergo hanc dicit id proponit quòd est animal rationalitate et mortalitate informatum. Non[2] igitur : *quidam homo non est homo*, id est : *quedam res que est animal rationale mortale non est animal rationale mortale*, vel *animal* simpliciter, semper falsa est. Est enim omnino impossibile quod ipsa dicit, nec ullo tempore contingere potest, nec ejus exemplum natura patitur. Quo enim tempore in aliquo ostendere possemus quòd id quod est homo non est homo, quippe ipsum simul esse hominem et non esse non contingit? Quod enim in negatione non clauditur sed quando eam ponitur quasi permanens constituitur[3]. Cùm autem : *quidam homo non est homo*, semper falsa sit, atque : *omnis homo est homo*, homine non existente, patet simul easdem falsas esse. Unde nec rectè dividentes dici poterunt. Sic quoque, homine destructo, et que ait : *omnis homo albus est albus*, falsa est, et quæ dicit : *quidam homo albus non est albus*, hoc est : *quidam homo qui est informatus albedine non est ipsâ informatus, imo caret eâ*. Remocioni namque predicati determinatio subjecti in quâ predicatum ipsum subjecto relinquitur quod in ipso subjecto non invenitur falsam facit enunciationem[4]. Sicut et istam subjecti determinatio impedit : *homo rudibilis est animal*, quæ fortasse, determinatione subtractâ, vera remaneret. Patet itaque ei que dicit : *omnis homo est homo*, vel : *omnis homo albus est homo albus*, eam tanquam rectam dividentem opponi que, negatione positâ[5], totum ejus sensum extinguit, hoc modo : *non omnis homo est homo*, *non omnis homo albus est albus* ; non eam scilicet que negationem interponit ad predicatum disjungendum à subjecto. Aliud autem est res à se invicem

hāc ſ ſı ÷ hō ÷ iī ei ꝓa neġo
dr̄ ac recte dıuıdñſ q̄ ſ nec ūa ſımł c̄ ea nec
falſa eē poī q̄pe ei ſēſ ſıplr̄ đſtruıt. Illa
uō ſımł eė falſa poī ñq aū ſımł uā.
Vñ potī c̄ſrıa eı uıdr̄ q c̄tdıctoria. Sıc
q̊; ī cathcıſ poīb; ea tm̄ ꝓa
c̄tdıctıo ac recte dıuıdñſ cuılıbꝫ affoī uıdr̄
q negōē poīta totā ei ſētñtıā đſtruıt
ú ei q̄ ÷ oīſ hō ÷ hō ea q̄ ÷ ñ oīſ
hō ÷ hō ñ ea q̄ ÷ q̇đ hō ñ ÷ hō.
ħ ꝥ fortaſſe ſımł erıt falſa c̄ ea. Re ꝥ hoīſ
prˢ ñ exıſtñte neq; ea uā ÷ q̄ aıt oīſ hō
÷ hō nec ea q̄ poñ q̇đ hō ñ ÷ hō
ħ ÷ q̄dā reſ q̄ ÷ āl. r. m. ñ
÷ āl r. m. Hoīſ ꝥ nom̄ ññ
ex p̄ſētıa ālıſ ro. ⁊ m. īformatı
īpōıt fuıt. Q' ǵ hāc dıc̄ ıd poñ đ ÷ āl
r. ⁊ m. īformaī. Ñ ǵ q̇đ
hō ñ ÷ hō ꝥ queđ reſ q̄ ÷ āl. r.
m. ñ ÷ āl r. m. ł āl
ſıplr̄ ÷ ſēp falſa ÷ Ē ꝥ oīo īpoſſıbıł
q̊d ıpſa dıc̄ nec ullo tpr c̄tıġe poī. Nec
ei exēplū natā patıī. Quo ꝥ tpr ī alıq̊
oſtñđe poſſem̄ đ ıd q̊d ÷ hō ñ ÷ hō ~
q̄pe ıpſ ſımł eē hoīē ⁊ ñ eē ñ
c̄tıġ. Qđ ꝥ ī negoē ñ claudr̄. ſ;
qñ eā poīī q̄ſı ꝑmanēſ c̄ſtıtuıī.
C̄ aū q̇đ hō ñ ÷ hō ſēp falſa
ſıt atq; oīſ hō ÷ hō hoīe ñ exıſtñte
pat& ſımł eāđe falſaſ. Vñ nec recte
dıuıdñteſ dıcı poīūt. Sıc q̊; hoīe đſtructo
⁊ q̄ aıt oīſ hō alb; ē. alb; falſa. ē. ⁊ q̄
dıc̄ q̇đ hō alb; ñ. ē. alb; ħ ÷ q̇đ hō
q̊ ÷ īformał albedıne ñ ÷ ıpſa īformał ımo caret
ea. Remocıōī nāq; p̄đtı đtıatıo ſubtı ī q̊
p̄đī ıpſ ſubto relıq̊ī q ī ıpſo ſubto
ñ īuenıī. falſā fac̄ eñcıatıōē. Sıc̄ ⁊ ıſtā
ſubtı đtıatıo īpeđ hō rudıbıł ÷ āl
q̄ fortaſſe đtıatıōe ſubtcta uā remanet. Pat&
ıtaq; eı q̄ dıc̄ oīſ hō ÷ hō ł oīſ hō alb;
ē. hō alb; eā tāq; rectā dıuıdñtē opoī q̄
negōe poīta toī ei ſēſ extıġ h m̄
ñ oīſ hō ÷ hō. ñ oīſ hō alb; ē. alb; ñ
eā ſ q̊ negōē ıntpoīt ad p̄đī
dıſıūgēđ a ſubto. Alıud aū ÷ reſ a ſe ıuıcē

[1] Lisez *quam, negatione prepositâ, totam*, etc.
[2] Supprimez *non*.
[3] Cette phrase ne présente aucun sens.

[4] Ce passage est fort obscur ; on remarquera aussi que le mot *determinati* n'est pas abrégé régulièrement. (V. l'abréviation de ce mot dans la phrase suivante.)
[5] Lisez *prepositâ*.

disjungere, aliud ostendere nisi[1] sibi eas convenire. Qui enim de eis ut de disjunctis ab invicem agit, eas tanquam existens[2] accipit; qui autem ut non de convenientibus sibi non magis earum existentiam quàm non existentiam innuit, sed non[3] solùm quòd non sibi inhereant proponit. Aliam itaque vim negatio habet preposita, aliam interpoita[4]. Unde et que dicit : *omnis homo non est albus*, non eadem videtur cum eâ : *non omnis homo est albus;* et que proponit : *quidam homo non est albus*, non eadem est cum eâ : *non quidam homo est albus*. Qui enim dicit : *omnis homo non est albus*, ab omni homine albedinem removet, ac si universalem faciat remotionem dicens omnem carere albedine. Qui autem universalis affirmationis sensum extinguit, id solùm demonstrat quòd non omni conveniat, non etiam quòd ab omni separata sit. Illa enim vera est, etsi unus albus non sit. Ea quoque que ait simpliciter : *quidam homo non est albus*, albedinem à quodam removet; qui verò proponit : *non quidam homo est albus*, sensumque particularis affirmative tollit, in contradictoriam ejus incidit, universalem scilicet negativam, ac si diceret nullum esse album. Qui enim, negatione prepositâ, sensum propositionis extinguit, ipsam profectò falsam esse ostendit. Si autem falsa sit : *quidam homo est albus*, vera ipsius contradictoria relinquitur : *nullus homo est albus*. Tantumdem ergo proponit : *non quidam homo est albus*, quantùm : *nullus homo est albus*, et meritò. Quòd enim dicitur : *nullus homo*, talis est qualis etiam *ullus homo;* et qui negat quemdam hominem esse album, omnia quoque ejus accidentia perimit, id est, et Socratem esse album denegat, et Platonem, et quemcumque alium. Quantò enim ad plura vel predicatio vel consecutio se habuerit, tantò plura in ipsis perimuntur. Unde et qui dicit : *Socrates non est quidam homo*, cùm unusquisque quidam sit, omnem hominem aufert ac si diceret : *non est homo*. Qui verò ipsum non omnem esse proponit, nullum excludit, quippe nullus est omnis. Sed fortasse dicitur hec remotio, in quâ *omnis* ponitur, major esse quàm ea in quâ *quidam*, quippe hinc *quidam*, ibi *omnis* excluditur. At si vocum remotionem magis quàm rerum pensemus, ibi quidem *quidam homo* ista vox, hìc verò *omnis homo* ponitur atque negatione removetur.
Si verò rei designate remotionem pensemus, cùm quidam homo ad unumquemque hominem predicationem predicationem[5] habeat homo verò ad nullum, hìc in *quodam* homine unusquisque aufertur, nullus verò in *omnis*. Qui verò dicit *quidam* removeri, si sensum negationis hìc accipiat quòd non sit *quidam*, omnes exclusit; si verò quòd

dıſıūğe alıud oſtn̄đe ṅ ſ̉ eaſ c̄uenıre. Q'
ꝋ đ eıſ ů đ dıſıūc̄tıſ ab ı̄uıcē ağ eaſ tāq
exıſtn̄ſ accıp̄ q̇ aū ů n̄ đ cōuenıētıb; ſ̉
n̄ mağ ear̄ exıſtn̄tıā q n̄ exıſtn̄tıā ı̄nuıt.
ſ; n̄ ſolū ꝗ n̄ ſ̉ ı̄h̄eāt poı̄t. Alıā
ıtaq; uı̄ negō hı̄ p̄oı̄ta alıā ıntpoıta.
Vn̄ ⁊ q̄ dıc̄ oı̄ſ hō n̄ ÷ alb̊ n̄ eađ
uıdr̄ c̄ ea n̄ oı̄ſ hō ÷ alb; ⁊ q̄ pon̄
q̇đ hō n̄ ÷ alb; n̄ eađ ÷ c̄ ea n̄ q̇dā
hō ÷ alb; Quı ꝋ dıc̄ oı̄ſ hō n̄ ÷ alb; ab
oı̄ hoı̄e albedınē remou& ac ſı unıūſalē facıat
remotıōē dıcēſ ōē carere albedıne. Q' aū
unıūſal̄ affoı̄ſ ſēſ̄ extı̄ğ ıd.ſolū
đmōſtrat ꝗ n̄ oı̄ c̄uenıat n̄ ꝰ ꝗ ab
oı̄ ſepata ſıt. Illa ꝋ uā ÷ ⁊ſı un̊ alb; n̄ ſıt
ea q̊; q̄ aıt ſı̄plr̄ q̇đ hō n̄ ÷ alb;
albedınē a q̊dā remouet q̇ ů pon̄ n̄
q̇đ hō ÷ alb; ſēſ̄q; partıc̄larıſ affrē
tollıt ı̄ cōt̄dıc̄torıā eı̊ ı̄cıdıt unıūſalē ꝭ
neğā ac ſı dr̄& nullū eē albū. Q' ꝋ
negōe p̄poı̄ta ſēſū poı̄ſ extı̄ğ ıpſā
pfecto falſā eē oſtn̄đ. Sı aū falſa ſıt q̇đ hō
÷ alb; uā ıpſı̄ c̄t̄dıc̄torıa relıq̇t̄ null̊ hō
÷ albū tm̄đ ğ pon̄ n̄ q̇đ hō ÷
alb; qt̄ null̊ hō ÷ alb; ⁊ mı̄to. Qđ
ꝋ dr̄ null̊ hō tal̄ ÷ q̄̈t ꝰ ull̊ hō
⁊ q̇ negat q̇dā hōıē eē albū oı̄a
q̊; eı̊ accıđntıa pımıt ꝉ ⁊ ſo. eē albū
đnegat ⁊ platonē ⁊ q̊c̄q; alıū. Q̧to ꝋ ad
pl̄a l̄ p̄dıcō l̄ c̄ſecutıo ſe h̊ıt ꝟ tanto pl̄a
ı̄ ıpſıſ pımūt̄. Vn̄ ⁊ q̇ dıc̄ ſo n̄ ÷ q̇đ
hō cū un̊q̇ſq; q̇đ ſıt ōē hoı̄ē
aufert ac ſı dr̄& n̄ ÷ hō. Quı ů ıpſ̄ n̄ ōē
eē poı̄t nullū excludıt q̇pe null̊ ÷ oı̄ſ. S;
fortaſſe dr̄ h̄ remotıo ı̄ q̄̈ oı̄ſ poı̄t maıor
eē q ea ı̄ q̄̈ q̇đ. q̇pe hı̄c q̇đ ıbı
oı̄ſ excludr̄. At ſı uoc̄ remotıōē mağ q
rer̄ pēsem̄ ıbı q̄̇ q̇đ hō ıſta uox h̄
ů oı̄ſ hō poı̄t atq; negōe remouet̄.
Sı ů reı đſıgnate remotıōē pēſem̄ c̄ q̇đ
hō ad unūq̊q; hoı̄ē p̄dıcōē
p̄dıcōē hāt hō ů ad nullū h̄ ı̄
q̊đ hoı̄e un̊q̇ſq; auferṫ ꝟ null̊ ů ı̄ oı̄ſ.
Q' ů dıc̄ q̇đ remoủı ſı ſēſū negoı̄ſ h̄
accıpıat q̄̇ n̄ ſıt q̇đ ꝟ ōſ excluſıt. ſı ů ꝗ

[1] Lisez *non*.
[2] Lisez *existentes*.
[3] Supprimez *non*.
[4] Lisez *interposita*.
[5] Le mot *prædicationem* est répété par erreur.

non sit *omnis*, neminem. Si verò affirmativas easdem intelligat, cùm scilicet aut *quidam* removetur vel *omnis*, hoc est, separatus ac diversus, nichil ad expositionem negationum in negatione[1]. Itaque quantò plura in predicato continentur, tantò in ipso excluduntur, omnia scilicet que ab ipso clauduntur. Nam sicut in affirmatione unum ex omnibus atribuitur, ita in negatione unum removetur, veluti si dicatur: *Socrates est homo*, talem tanquam aliquis homo non esse dicatur[2]. Si verò ipsum non esse hominem dicamus, *omnis* ab ipso removeremus. Unde cùm ex uno affirmatio inferatur, ex uno tamen negatio non potest monstrari. Si quis enim hic homo fuerit, homo est; sed si non sit hic homo, non est homo. Quod itaque in affirmatione circa aliquem predicatur, in negatione circa omnes removetur, sensu tamen predicate dictionis eodem in utrâque remanente. Cùm enim affirmatio dicere videatur quòd sit aliquis hominum, negatio idem aufert quòd videlicet non sit aliquis. In quo scilicet unusquisque, cùm aliquis sit, excluditur. Manifestum est autem ex suprapositis omni affirmationi eam in contradictionem rectè oponi negationem tanquam propriam dividentem que, negatione prepositâ, totam ejus sententiam perimit. Unde ei que est: *Socrates est homo*, ea que est: *non Socrates est homo*, non ea que dicit: *Socrates non est homo*; et ei que est: *omnis homo est homo*, ea que est: *non omnis homo est homo*, non ea que est: *quidam homo non est homo*; ejus verò que est: *quidam homo est homo*, ea quæ est: *non quidam homo est homo*, non ea que est: *nullus homo est homo*. Que verò remotive sunt negationes nichil probibet eas quoque alias, que earum destructive sunt, negationes habere tanquam proprias dividentes; ut eam que dicit: *Socrates non est homo*, ea que proponit: *non Socrates non est homo*, quòd id quidem destruit quod prima proponebat, ac si scilicet eam falsam esse ostenderet. Sic quoque et ejus que est: *quidam homo non est homo*, ea est propria negatio destructiva: *non quidam homo est homo*, que quidem dicit non esse in re quod prima dicebat, id est quòd homo à quodam homine disjungatur. Sic quoque et in ipotheticis propositionibus his negativis que separative sunt alie que earum destructive sint negationes aplicantur, ut ei que est: *si est homo non est lapis*, ea que est: *si non est homo non est lapis*, que scilicet ejus totam sententiam denegat ac .....[3] falsam esse diceremus, ostendentes quidem non esse in re quod ipsa dicit. Nec solùm autem his negationibus, quas separatas[4] diximus, destructive ac recte negationes possunt aptari, verùm etiam fortasse his que destructive sunt, que scilicet totam earum sententiam

ñ ſıt oīſ ꝩ nemınē. Sı ů affrāſ eaſđ
ītellıgat c̄ ꝭ aut q̇đ remoueť ł oīſ ħ
÷ ſepaꝉ ac dıūſuſ nıcħ ad expōē negōn̄
ī negoē. ıtaq; q̈nᵗᵒ pł̇a ī p̄dıcato c̄tınēť
tāto ī ıpſo excludūť oīa ꝭ q̄ ab ıpſo
claudūť. Nā ſıc̄ ī affoē un̄ ex oīb;
aťbuıť ıta ī negoē unū remoueť. Velutı ſı dıcať
ſo. ē. hō talē tāq̧ alıq̇ſ hō ñ eē
dıcať. Sı ů ıpſū ñ eē hoīē dıcam̄ oīſ
ab ıpſo remoůem̄ Vñ c̄ ex uno affō
īferať ex uno tñ neġō ñ poť moſtr̄ı. Sı q̇ſ
ꝫ ħ hō fůıt hō ÷ S; ſı ñ ſıt ħ hō ñ
÷ hō. Qđ ıtaq; ī affoē ċca alıq̇
p̄dr̄ ī negoē ċca ōſ remoueť ſēſu tñ
p̄dıcate dıctıoīſ eođ ī uťq; remanēte. Cū ꝫ
affō drē uıđať ꝗ ſıt alıq̇ſ hōıū ꝩ negō
ıđ aufert ꝗ uıdł ñ ſıt alıq̇ſ. In q̊ ꝭ
uñq̇ſq; c̄ alıq̇ſ ſıt excludr̄. Manıfeſtū ÷
autē ex ſup̈poſıtıſ oī affōı eā ī
c̈tdıctīoē recte opoī negōē tāq̧ p̄ā
dıuıdñtē q̄ negōe p̄poıta totā eı ſētñtıā
p̧ımıt. V̄ eı q̄ ÷ ſo ÷ hō ea q̄ ÷ ñ
ſo ÷ hō. ñ ea q̄ dıc̄ ſo ñ ÷ hō ⁊
eı q̄ ÷ oīſ hō ÷ hō ea q̄ ÷ ñ oīſ hō ÷
hō ñ ea q̄ ÷ q̇đ hō ñ ÷ hō eı ů
q̄ ÷ q̇đa hō ÷ hō ea q̄ ÷ ñ q̇đ hō
÷ hō ñ ea q̄ ÷ nullꝰ hō ÷ hō. Q̄ ů
remotıue ſī negoēſ nıcħ p̧hıb& eaſ q̊; alıaſ
q̄ ear̄ đſtructıue ſī negoēſ hr̄e tāq̧
p̧aſ dıuıdñteſ. V̄ eā q̄ dıc̄ ſo ñ ÷ hō ea
q̄ p̧oñ ñ ſo. ñ ÷ hō ꝗ ıd ꝗ
đſtruıt ꝗ p̧ma p̧onebat. ac ſı ꝭ eā falſā eē
oſtñđet. Sıc q̊; ⁊ eı q̄ ÷ q̇đ hō ñ ÷
hō ea ÷ p̧a neġō đſtructıua ñ q̇đ hō
÷ hō q̄ ꝗ dıc̄ ñ eē ī re ꝗ p̧ma dıcebat
ꝉ ꝗ hō a q̊đ hoīe dıſıūgať. Sıc q̊;
⁊ ī ıp̄cıſ p̧oīb; hıſ negaťıſ q̄ ſep̧atıue
ſ̄ alıe q̄ ear̄ đſtructıue ſıī negoēſ aplıcāť
ut eı q̄ ÷ ſı ÷ hō ñ ÷ lap̄ ꝩ ea q̄ ÷ ſı ñ ÷
hō ñ ÷ lap̄ q̄ ꝭ eı totā ſētētıā
đnegat ac ſūſā falſā eē dr̄em̄. oſtñdūteſ
ꝗ ñ eē ī re q̊d ıpſa dıc̄. Nec ſolū aū hıſ
negoīb; q̈ſ ſep̧ataſ dıxım̄ đſtructıue ac
recte negōeſ poſſ̄ aptarı ūū ꝰ fortāſe hıſ
q̄ đſtuctıue ſī q̄ ꝭ totā ear̄ ſētētıā

[1] Ce passage est fort obscur.

[2] Lisez *tale esse tanquam aliquis homo dicatur*.

[3] Le sens exigerait : *ac si ipsam falsam*, etc. On pourrait supposer qu'il faut lire *si isa* au lieu de *susa*; la première abréviation appartiendrait à l'i initial du second mot, et tiendrait lieu du *p*.

[4] Lisez *separativas*.

extinguant ac falsificent, veluti cùm dicitur : *non non omnis homo est animal*, ac si apertè diceretur non esse in re quòd negativa illa dicit : *non omnis homo est animal*. Sed hujus modi quidem negatio eo quòd universali affirmationi que ait : *omnis homo est animal*, equipolleat, in sensu potiùs affirmativa videtur. Qui enim unam dividentium aufert, alteram constituere videtur. Sed licet quamdam ad ipsam habeat equipollentiam in sensu, tamen maximam habet differentiam, cùm hec scilicet in affirmatione, illa verò in negatione proponatur ; ac si sese semper commitari videntur, non tamen mutuam ad se inferentiam custodiunt. Omnis itaque propositio propriam videtur habere negationem que sensum ejus simpliciter destruit, ac, prepositâ negatione, perimit, ut ei que dicit : *omnis homo est albus*, ea oponatur negatio que ait : *non omnis homo est albus ;* vel ei que dicit : *quidam homo est albus*, *nullus homo est albus*, que eadem est cum istâ : *non quidam homo est albus ;* et ei que est : *homo est albus non homo est albus ; Socrates est albus, non Socrates est albus.* Proprie ergo ille sunt negationes que affirmationis sententiam simpliciter auferunt, ut scilicet non plùs aut minùs in eis denegetur quàm affirmatio proponebat. Cùm enim de eodem subjecto universali diversis modis enunciato multæ fiant affirmationes et negationes, hoc modo : *omnis homo est albus*. *nullus est albus, quidam est albus, quidam non est albus*, vel : *non omnis est albus ;* ejus que est : *omnis homo est albus*. ea sola propria est et recta negatio[1] simpliciter id aufert quod illa dicebat, hoc modo : *non omnis homo est albus*, non illa scilicet que ab omnibus albedinem removet quibus illa albedinem atribuebat, que scilicet ait : *nullus homo est albus*. Plùs enim hec negat quàm recta negatio, que scilicet non solùm negat quod affirmatio proponebat, hoc est, non solùm ostendit non omne[2] esse album, imo nullum esse, in quo major negatio proponitur. Illa enim, uno quoque non existente albo, vera est ; ista autem, non nisi omnes albedine careant. Plus itaque in istâ quàm in illâ denegatur, ac plus ista tollit quàm ea, que sensum affirmationis simpliciter perimit, hoc modo : *non omnis homo est albus*. Unde ea sola est : *non omnis homo est albus*, propriè dividens et recta negatio ejus que dicebat : *non omnis homo est albus*, non ea que est : *nullus homo est albus*, que et simul cum eâ falsa potest esse, plusque denegat quàm illa proponebat ; vel ea etiam, ut quibusdam placet, separativa particularis que dicit : *quidam homo non est albus*, que etiam, ut ostensum est, simul falsa esse poterit. Unde subtiliùs Aristoteles negationem universalem quàm Boethius distinxit. Hic enim *non omnis homo est albus* rectè semper

[1] Ajoutez *quæ*.

extīgāt ac falſıficēt. Velutı c̄ dr̄ n̄ n̄
oīſ hō ÷ āl ac ſı apte dr̄eī n̄ eē ī re
ꝗ negā ılla dıc̄ n̄ oīſ hō ÷ āl. S;
h̄ moī ꝗ negō eo ꝗ unıūſalı affoī
ꝗ aıt oīſ hō ÷ āl eqpolleat ī ſēſu potī
affrā uıdr̄. Qⁱ ꝰ unā dıuıdn̄tıū aufert
altā c̄ſtıtuere uıdr̄. S; lıc& qđ ad ıpſā
hāt eqpollētıā ī ſēſu tn̄ maxımā hī
dıffrā. c̄ h̄ f ī affōe ılla ū ī
negoē poāī. ac ſı ſeſe ſēp cōmıtarı
uıdnr̄ n̄ tn̄ mutuā ad ſe īfrā
c̄todıūt. Oīſ ıtaq; pō p̄ā uıdr̄
hr̄e negoē ꝗ ſēſ eī ſıplr̄ deſtruıt
ac p̄poıta negoē pımıt. Vt eı ꝗ dıc̄ oīſ
hō ē. alb; ea opōaī negō ꝗ aıt n̄ oīs hō
÷ alb ł eı ꝗ dıc̄ qđ hō ÷ alb; nulł hō ÷
alb ꝗ eađ ÷ c̄ ıſta n̄ qđ hō ÷ alb; ⁊
eı ꝗ ÷ hō ÷ alb; n̄ hō ÷ alb; ſo ÷ alb;
n̄ ſo ÷ alb. p̄e ğ ılle ſ̄ negoēſ ꝗ
affoīſ ſētētıā ſıplr̄ aufer̄. ū f
n̄ pł aut mın̄ ī eıſ đnegeī q affō
ponebat. C̄ ꝰ eođ ſubto unıūſalı
dıūſıſ moīſ ēn̄cıato mlt̨ fıāt affoēſ ⁊
negōeſ h̄ m̄ oīſ hō ÷ alb; nulł ÷ alb;
qđ ÷ alb; qđ n̄ ÷ alb ł n̄ oīſ ÷
alb ꝟ eī ꝗ ÷ oīſ hō ÷ alb; ea ſola p̄a ÷
⁊ recta negō ſıplr̄ ıd aufert ꝗ ılla dıcebat h̄
m̄ n̄ oīſ hō ÷ alb; n̄ ılla f ꝗ ab
oīb; albedınē remouet qb; ılla albedınē atbuebat
ꝗ f aıt nulł hō ÷ alb; pł ꝰ h̄
negat q recta negō ꝗ f n̄ ſolū negat ꝗ
affō ponebat h̄ ÷ n̄ ſolū oſtn̄đ n̄
oē eē albū ımo nullū eē. In ꝗ maıor negō
poıī. Illa ꝰ uno ꝗ; n̄ exıſtn̄te albo uā
÷ ıſta aū n̄ n̄ ōſ albedıne careāt pł ıtaq;
ī ıſta q ī ılla đnegaī ac pł ıſta tollıt q ea ꝗ
ſēſū affoīſ ſıplr̄ pımıt h̄ m̄ n̄ oīſ
hō ÷ alb. Vn̄ ea ſola ÷ n̄ oīſ hō ÷ alb;
p̄e dıuıdn̄ſ ⁊ recta negō eī ꝗ dıcebat n̄ oīſ
hō ÷ alb; n̄ ea ꝗ ÷ nulł hō ÷ alb; ꝗ
⁊ ſımł c̄ ea falſa poī eē plq; denegat q ılla
ponebat ꝟ ł ea ꝰ ú qb;đ plac⁊. ſepatıua
partıclarıſ ꝗ dıc̄ qđ hō n̄ ÷ alb ꝗ ꝰ
ú oſtn̄ſ ÷ ſımł falſa eē potıt. Vn̄ ſubtılı.
a. negōē unıūſał q. b.
dıſtıx̄. H̄ ꝰ n̄ oīſ hō ÷ alb; recte ſēp

[2] Lisez *omnem*.

oponit; Boethius autem *quidam homo non est albus*, particularem negatione separativam, quam eamdem esse cum eâ que destructiva falsò, ut ostensum est, arbitratur, cùm scilicet aliquando simul falsa cum universali reperiatur particularis, ut supra docuimus. Dividentium autem affirmationis et negationis que[1] una vera sit, aliam necesse est falsam esse, et cùm falsa sit, veram, sive scilicet res ipsa sit de quâ agitur, sive non sit, sicut in opositione affirmationis et negationis Aristoteles docuit. Sive enim Socrates sit, sive non sit, semper in re est quod una dividentium dicit, et non est in re quod altera proponit, harum scilicet : *Socrates est, non Socrates est*. Cùm enim ipse est, vera est affirmatio et falsa negatio; cùm autem non est, è converso. Fortasse tamen oponitur, postquàm Socrates perierit, nec veram nec falsam esse : *non Socrates est Socrates*, cùm videlicet propositionis amitat proprietatem pro subjectâ voce, que jam significativa non est sive etiam predicativa. Si enim, destructo Socrate, ipsius nomen priorem et propriam impositionem retineat, que in ipso tanquam existente facta est, profectò, ipso quoque destructus[2] Socrates dicitur; unde etiam homo, quippe ipsius nomen ut homini tali quod ante fuit[3]. At verò quòd non est homo dici non potest. Si enim quòd non est homo diceretur, equivocatio ad non existentem rem transferatur; jam non erat posite affirmationis, que falsa erat, negatio quâ de existente agebatur, nec jam etiam veram[4] que, vocis impositione mutatâ, idem à se removet, tanquam hoc cadaver à se ipso disjungeret. Oportet itaque Socratis nomen tam in affirmatione quàm in negatione in eâdem significatione accipi, in designatione scilicet ejus que[5] periit tanquam existentis; alioquin non esse[6] opositio contradictionis, nisi scilicet in eodem sensu acceptis. Unde ipse Aristoteles in primo Peri ermenias, cùm contradictionem affirmationis et negationis describeret, ait : « Sit hec contradictio, affirmatio « et negatio oposite; dico autem oponi ejusdem de eodem; « non autem equivocè, et quecumque etiam talium « determinavimus contra argumentorum sophisticas « importunitates. » Ac si apertè diceret : si contradictionem dividentium propositionum proponere velis, oportet utrisque[7] propositionis terminos in eodem sensu accipi, omni videlicet genere sophismatis excluso. Sex autem sophismatum genera Aristotelem in sophisticis elenchis suis posuisse Boethius in secundâ editione Peri erminias commemorat, que quidem omnia contradictionis

opoı̄t. b. aū q̇đ hō n̄ ÷ alb;
partıclarē negōe ſepatıuā,q eāđ eē
c̄ ea q̄ đſtructıua falſo ú oſtn̄ſ ÷ arbıt̃.
c̄ ſ alıqn̄ ſımł falſa cū unıūſalı
repıat̃ partıclarıſ ú ſup̄ docuım̄: dıuıdn̄tıū
aū affoı̄ſ ⁊ negoı̄ſ q̄ una uā ſıt alıā
neceē ÷ falſā eē ⁊ c̄ falſa ſıt ūā ſıue ſ reſ
ıpſa ſıt đ q̄ agr̄ ſıue n̄ ſıt ſıc̄ ı̄ opoē
affoı̄ſ ⁊ negoı̄ſ. a. docuıt. Sıue ɇ
ſo ſıt ſıue n̄ ſıt ſēp ı̄ re ÷ ꝗ una
dıuıdūtıū dıc̄ ⁊ n̄ ÷ ı̄ re ꝗ alta poı̄t.
har̄ ſ ſo ÷ n̄ ſo ÷ C̄ ɇ ıpſe
÷ uā ÷ affō ⁊ falſa negō. Cū aū n̄ ÷
e c̄uſo. Fortaſſe tn̄ opoı̄t p̄q ſo.
pıerıt nec ūā nec falſā eē n̄ ſo ÷ ſo.
cū uıdł poı̄ſ amıtat ꝓetatē ꝑ ſubta
uoce q̄ ıā ſıḡcat̄a n̄ ÷ ſıue ꝰ p̄dıcatā. Sı
ɇ đſtructo ſo. ıpſı̄ nom̄ ꝓorē ⁊ ꝓā
ı̄pōē retıneat q̄ ı̄ ıpſo tāq exıſtn̄te facta
÷ pfecto ıpſo q̊; đſtruct' ſo dr̄. Vn̄
ꝰ hō q̇pe ıpſı̄ nom̄ ū hoı̄ talı ꝗ an̄
fuıt. At û ꝗ n̄ ÷ hō dıcı n̄ poı̄. Sı ɇ
ꝗ n̄ ÷ hō dret̄ eq̇uoc̄o ad n̄
exıſtn̄tē rē t̄nſferat̄ ıā n̄ erat poı̄te
affoı̄ſ q̄ falſa erat. negō q̄ de exıſtn̄te
agebat̄ nec ıā ꝰ ūā q̄ uocıſ ı̄poē
mutata ıđ a ſe remouet tāq h̄ cadaū a ſe ıpſo
dıſıūg&. Oport& ıtaq; ſo. nom̄ tā ın
affoē q ı̄ negōe ı̄ eađ ſıgōe
accıpı ı̄ đſıgnōe ſ eı̄ q̄ pıít tāq
exıſtn̄tıſ, alıoq̄ n̄ eē opō c̄t̄dıctıoı̄ſ n̄
ſ ı̄ eođ ſēſu acceptıſ. Vn̄ ıpſe. a. ı̄
ꝓmo pı ermenıaſ c̄ c̄t̄dıctıōē affoı̄ſ ⁊
negoı̄ſ đſc̄bet aıt : Sıt h̄ c̄t̄dıctıo affō
⁊ ne. opoı̄te dıco aū opoı̄ eıđ đ eođ
n̄ aū eq̇uoce ⁊ q̄c̄q; eı̄a talıū
đt̄auım̄ c̄t̄ argum̄toꝝ ſophıſtıcaſ
ı̄portunıtateſ. ac ſı apte dr̄& ſı c̄t̄dıctıōē
dıuıdn̄tıū poñ ppoñe uelıſ ꝰ oport&
utſq; poı̄ſ t̄ıoſ ı̄ eođ ſēſu accıpı
omı̄ uıdł gńe ſophıſmatıſ excluſo. Sex aū
ſophıſmatū gńa. a. ı̄ ſophıſtıcıſ elēchıſ ſuıſ
poſuıſſe. b. ı̄ ſa edıtıōe pı ermenıaſ
cōmemorat q̄ ꝗ oı̄a c̄t̄dıctıoı̄ſ

[1] Lisez *cùm*.
[2] Lisez *destructo*.
[3] M. Cousin pense qu'on pourrait lire : *quippe ipsius nomen, ut hominis, tale quod ante fuit*.
[4] Lisez *vera*.
[5] Lisez *qui*.
[6] Lisez *esset*.
[7] Lisez *utriusque*.

opositionem impediunt. Hec autem ipsam dixit
equivocationem, univocationem, diversam partem,
diversum tempus, diversum relatum, diversum modum.
Deficit autem opositio contradictionis terminis equivocè
sumptis, cùm scilicet : *Alexander rapuit Helenam, Alexander
non rapuit.* Utraque enim vera est, affirmatio quod[1] de
filiâ Priami, negatio verò de rege magno Macedonum.
Sepe enim, voce in diversis acceptâ, de quibus univocè
dicitur contradictio perit; ut si quis dicat Socratem esse
hominem, hominisque nomen circa inferiora intelligat,
verum proponit. Quòd si ad speciem illam hominis quam
fingunt puram per abstractionem accidentium ipsum
nomen referat, vera quoque erit negatio : *Socrates non est
homo.* Nam et Socrates aliquod est de individuis hominis,
et illa species que homo est verè denegatur esse; de utroque
autem homine tam de simplici quàm individuo
univocè nomen hominis dicitur cum eâ scilicet
diffinitione que est : *animal rationale mortale.* Univocationem
non dicunt cùm circa eamdem rem vox accipitur, sed
identitatem. Sicut enim equivocè ad multa dicitur, ita
univocè; unde Socratis nomen, si commune non sit, neque
equivocè neque univocè dicitur. Diverse partis acceptio
contradictionem impedit, veluti si oculus et albus esse
dicatur propter hanc partem, et non esse albus propter
illam, vere utreque erunt. Sed et diversum tempus
contradictionem potest perimere; veluti si dicatur : *iste
legit ac non legit*, ibique *legit* preterite temporis
designativum, hìc verò presentis accipiatur. In diverso
quoque relatu contradictio falsa dicitur, veluti si dicatur :
Achises pater, et intelligatur Enee respectu, verum est; atque
idem non esse pater intelligatur respectu Priami, hoc quoque
verum est. Diversus quoque modus enunciationis
contradictionem auferre dicitur. Si enim dicatur : *rusticus est
episcopus*, et id secundùm potentiam sumatur, verum est; si
verò non esse episcopus, et ad actum negatio referatur, hec
quoque vera est. Aparet autem ex suprapositis
determinationibus Aristotelem contradictionem
affirmationis et negationis non[2] secundùm sententiam
quàm secundùm constitutionis materiam demonstrasse.
Si enim sententiam in rebus ipsis acciperet, dixit[3] idem
in negatione de eodem auferri quod in affirmatione
proponebatur, remque eamdem ab eâdem re dixisset
removeri. Equivocationis exclusio, que ad voces pertinet
inutilis videretur[4]. Que enim eamdem rem ab eâdem aufert
negationis sententiam tenet, et si quandoque in
constitutione deficiat, veluti cùm dicitur : *Socrates est*

opōē īpedıūt h̄ aū ıpſā dıx̄
eq̄uōē unıuocōē dıūſā partē.
dıūſū tp̄ſ. dıūſ relat̄ dıūſ mōū.
Dfic̄ aū opō c̄t̄dıc̄tıoīſ t̄mīſ eq̄uoce
ſūtıſ. c̄ ꝭ alexāder rapuıt helenā alexād̄
n̄ rapuıt. uᵗ̄q; ꝑ uā ÷ affō q̄ d̄
filıa p̄amı negō û de rege magno macedoꝝ.
Sepe ꝑ uoce ī dıūſıſ accepta d̄ q̄b; unıuoce
dr̄ c̄t̄dıc̄tıo pıt. Vt ſı q̄ſ dıcat ſo eē
hōıē hoīſq; noıñ ċca īferıora ītellıgat ꝟ
ūū poñ. Qd̄ ſı ad ſp̄ē ıllā hoīſ q
fingt̄ purā p abſtᵘc̄tıōē accıdn̄tıū ıp̄ſ
noıñ referat uā q̄; erıt negō ſo n̄ ÷
hō. Nā ꝛ ſo alıq̄ ÷ d̄ īdıuıduıſ hoīſ
ꝛ ılla ſp̄ēſ q hō ÷ uē d̄negat̄ eē d̄ uᵗ̄q;
aū hoīe tā d̄ ſīplıcı q ıdıuıduo
unıuoce noıñ hoīſ dr̄ c̄ ea ꝭ
dıffoē q̄ ÷ āl. r. m. Vnıuocōē
n̄ dıct̄ c̄ ċca eād̄ rē uox accıp̄r. ſ;
ıd̄tıtatē. Sıc̄ ꝑ eq̄uoc̄ ad multa dr̄ ıta
unıuoc̄. Vñ ſo. noıñ ſı c̄mune n̄ ſıt neq;
eq̄uoc̄. neq; unıuoc̄ dr̄. Dıūſe partıſ acceptıo
c̄t̄dıc̄tıōē īpedıt uelutı ſı oc̄luſ ꝛ alb; eē
dıcat̄ pp hāc partē ꝛ n̄ eē alb; pp
ıllā ꝟ uē uᵗ̄q; er̄. S; ꝛ dıūſ tp̄ſ
c̄t̄dıc̄tıōē pot̄ p̄ımē. Velutı ſı dıcat̄ ıſte
leg̓ ac n̄ leg̓ ıbıq; leg̓ p̄ıtı tpıſ
d̄ſıgnatīm h̄ û p̄ſētıſ accıpıat̄. In dıūſo
q̄; relatu c̄t̄dıc̄tıo falſa dr̄ ueltı ſı dıcat̄
achıſeſ pat̄ ꝛ ītellıgat̄ enee reſpec̄tu ūū ÷ atq;
ıdē n̄ eē pat̄ ītellıgatur reſpec̄tu p̄amı h̄ q̄;
ūū ÷ dıūſuſ q̄; mūſ eñcıatıoīſ
c̄t̄dıc̄tıōē auferre dr̄. Sı ꝑ dıcat̄ r̄tıc̄ ÷
ep̄ſ ꝛ ıd ꝭ potētıā ſumat̄ ūū ÷. Sı
û n̄ eē ep̄ſ ꝛ ad ac̄t̄ negō referat̄ h̄
q̄; uā ÷ apar& aū ex ſup̄poītıſ
d̄tıatıoīb a. c̄t̄dıc̄tıōē
affoīſ ꝛ ne n̄ ꝭ ſētētıā
q ꝭ c̄ſtıtutıoīſ matıā d̄mōſtᵘſſe.
Sı ꝑ ſētn̄tıā ī reb; ıpſıſ accıp& dıx̄ ıd̄
ī negōe d̄ eod̄ auferrı q̄ ī affoē
ponebat̄ rēq; eād̄ ab ead̄ re dıxıſſ;
remoúı ꝟ eq̄uocōīſ excluſıo q̄ ad uoceſ ptınꝛ
ıutıl̄ uıd̄et̄. Q̄ ꝑ eād̄ rē ab ead̄ aufert
negoīſ ſētn̄tıā tenet ꝛſı qn̄q; ī
c̄ſtıtutıōe d̄fıcıat lutı c̄ dr̄ ſo÷

[1] Lisez *quidem*.
[2] Ajoutez : *tam*.
[3] Lisez *dixisset*.
[4] Lisez *videtur*.

ensis, non est Socrates mucro; Socrates est homo, non Socrates est animal rationale mortale. Hæ enim contradictionem in sensu custodiunt sed non in voce proponunt, cùm vocum materiam permutent. Quia verò Aristoteles non solùm sententiam contradictionis, verùm etiam constitutionem demonstrare intendit, que in eorumdem terminorum voce consistit, rectè postquam eosdem terminos negationem habere dixit secundùm prolationem, cetera secundùm sententiam determinanda videdeatur [1]. At verò illa sophismatum genera de diverso modo vel diverso relatu, que Boethius annumerat, his qui rationem bene perspiciunt inutiliter adjuncta videntur. Diversum autem enunciandi modum in eo intellexit quòd ait: *ovum est animal, ovum non est animal,* ad potentiam hoc, ad actum [2] referens. Nam in affirmatione, ut veritatem conservet, *est* verbi significationem secundùm potentiam sumit: quod tamen nec in actoritate [3] inveni, nec ratio tenet. Si enim substantivè non ponitur [4] quod subditur animal, scilicet predicatum non copulabit. Quòd si est animal totum nomen, non nisi ea que jam animata sunt continet, ovum verò non erit aliquod horum que jam animata sunt. Ista quoque negatio : *Eneas non est pater,* non potest simpliciter ostendere ipsum non esse patrem vel Priami, vel alicujus alterius, sed omnino eum esse patrem denegare, atque omnem qui in patris nomine continetur excludere. Nec qui dicit ipsum esse patrem, cujus sit pater non [5] monstrat, sed simpliciter quòd sit pater enuntiat. Non enim demonstratio fit ejus cujus pater est, cùm nomen ejus reticetur. At licet, secundùm rei veritatem, determinationes hujus modi non essent aponende, propter importunitates tamen sophistarum fuerant tangende, qui non tam rationem quàm opinionem usumque sectantur. Unde et ipse Aristoteles : « Que nos, « inquit, determinamus contra sophisticas argumentorum « importunitates. » Est itaque recta ac propria tam voce quàm sensu negatio, que negatio preposita proposite enuntiationi sententiam ejus extinguit. Cùm autem sententia eadem perimitur, vocum significatio non mutatur; in his autem recta contradictio continetur. Ex his itaque manifestum est subtiliùs Aristotelem considerasse negationem universalis affirmationis quàm Boethium. Illi enim que ait : *omnis homo justus est,* particularem illam separativam que ait : *quidam homo non est justus,* Boethius opponit, cùm tamen utreque [6],

ẽſıſ n̄ ÷ ſo. muĉ. ſo ÷ hō n̄ ſo
÷ āl. r. m. Hę ₔ c̄ͭdıcc̄ᵭōē ī
ſēſu c̄todıūt ſ; n̄ ın uoce pont̄ c̄ uoc̄
matıā p̄mut&. ꝗa ů. a. n̄ ſolū
ſētn̄tıā c̄ͭdıc̄ᵭoıſ̄ ūū ꝯ c̄ſtıtutıōē
đmōſt̄re ītn̄dıt ꝗ ī eoꝝđ tıoꝝ uoce
c̄ſıſtıt. rec̄te p̄q eōđ tınoſ negōē
hr̄e dıx̄ ꝭ platıōē ceta ꝭ
ſētn̄tıā đtıāda uıdeđat̄. At ů ılla
ſophıſmat̄ gn̄a đ dıūſo m̄ ł dıūſo relatu
ꝗ. b. ān̄uat hıſ ꝗ rōē bn̄ p̄ſpıcıūt
ınutılıt̄ adıūc̄ta uıdn̄r dıūſ̄ aū
en̄cıādı mōū ī eo ītellex̄ ꝗ aıt ouū
eſt āl ouū n̄ ÷ āl ad potētıā h̄ ad
ac̄t referēſ. Nā ī affoē ū ůıtatem
c̄ſeru& ÷ ūbı ſıgōē ꝭ potētıā
ſumıt ꝗ tn̄ nec ī ac̄torıtate ıuenı nec
rō ten&. Sı ₔ ſub̄atē n̄ pon̄t ꝗ ſubdr̄
āl ꝭ p̄dıcat̄ n̄ cop̄labıt. Qđ ſı ÷
āl tot̄ nom̄ n̄ n̄ ea ꝗ ıā aīata ſ̄.
c̄tın& ouū ů n̄ ernt alıꝗ hor̄ ꝗ ıā
aīata ſ̄. Iſta ꝗ; negō eneaſ n̄ ÷ pat̄
n̄ pot̄ ſıplr̄ oſtn̄đe ıpſū n̄ eē patrē
ł p̄amı ł alıc̄ altı. ſ; oīo eū eē patrē
đnegare atq; ōē ꝗ ī patrıſ noīe c̄tıne̅t
excluđe. Nec ꝗ dıc̄ ıpſ̄ eē patrē c̄ ſıt
pat̄ n̄ mōſt̄. ſ; ſıplr̄ ꝗ ſıt pat
en̄tıat. n̄ ₔ đmōſtᵭo ſıt eı c̄ pat
÷ c̄ nom̄ eı retıce̅t. At lıc& ꝭ reı
ůıtatē đtıatıōeſ h̄ moī n̄ éét
aponēde p̄p īportunıtateſ tn̄ ſophıſtarū
fuerāt tāgēde ꝗ n̄ tā rōē q opınıōē
uſ̄q; ſec̄tāt̄. Vn̄ ꝯ ıpſe. a. ꝗ noſ
īꝗ đtıam c̄ͭ ſophıſtıcaſ argum̄toꝝ
īportunıtateſ. Ē. ıtaq; rec̄ta ac p̄a tā
uoce ꝗ ſēſu negō ꝗ negō p̄poīta
poīte en̄tıatıoī ſētn̄tıā eı extīḡ.
c̄ aū ſētn̄tıa eađ p̄ımıt̄ uoc̄
ſıgō n̄ mutat̄. In hıſ aut̄ rec̄ta c̄ͭdıc̄ᵭo
c̄tıne&ʳ. Ex hıſ ıtaq; manıfeſt ÷ ſubtılı
a. c̄ſıđaſſe negōē unıūſał affoīł
q. b. Illı ₔ ꝗ aıt oīſ hō ıt̄
÷ partıc̄lare ıllā ſepatıuā ꝗ aıt ꝗđ
hō n̄ ÷ ıt̄. b. opoīt c̄ tn̄ utreq;

[1] Le manuscrit renferme ici une faute évidente : au lieu de *videdeatur*, que le copiste a mis pour *videatur*, le sens exigerait *judicavit*.

[2] Ajoutez *illud*.

[3] Lisez *auctoritate*.

[4] L'abréviation du mot *ponitur* n'est pas régulière, au lieu de l'*n* il devrait y avoir un *i*.

[5] Supprimez *non*.

[6] Lisez *utraque*.

ut ostensum est, falsas simul esse contingat. Aristoteles
autem eam assignat que dicit : *non omnis homo justus*
est, que nunquam simul vera est vel falsa, sed semper
invicem ita verum et falsum dividunt quòd, quotiens
hec vera est, illa falsa est, et e converso, sive scilicet res
earum sint, sive non sint. Cùm tamen res non sunt, non
videntur orationis constitutionem habere, cùm jam
parcium significatio perierit, ut supra quoque docuimus.
Sed si eis constitutionis proprietas quandoque deficiat,
divisio sensûs nunquam deest; semper enim alterum
erit quod dicitur, alterum non erit. Omni enim tempore
constat esse, vel id quod *omnis homo justus est* proponit,
vel quod *non omnis homo justus est* dicit, ac similiter
non esse; unde rectam contradictionem faciunt. Querent
autem fortasse de hujus modi negatione : *non omnis*
homo justus est, cùm particularis sententiam non teneat,
ejus scilicet que ait : *quidam homo non est justus*, que sit
propositio dicenda. Nos verò nec particularem eam propriè,
nec universalem dicimus negativam, sed propriam
universalis negationem. Non itaque necesse est eas que
destructorie sunt ac proprie negationes sub eâ divisione
cathegoricarum cadere quam Boethius per universalis
ac particulæ[1] modum ac.........[2] proponit, in quâ tamen
omnes conclusit cathegoricas, opinans, ut ostensum est,
non omnis homo justus est particularem sententiam
habere ejus scilicet : *quidam homo justus non est*. Quoniam
autem signa quantitatis subjectis oposita[3] vel subtracta
multas faciunt differentias affirmationum et negationum,
cùm videlicet alias universales, alias particulares vel
modales esse secundùm ea contingat, oportet eorum officia
subtiliùs distinguere et quam in positione[4] vim
significationis et locum obtineant considerare.

ū oſtn̄ſ ÷ falſaſ ſiml̄ eē c̄tīgat. a.
aū eā aſſignat q̄ dic̄ n̄ oīſ hō iſ
÷ q̄ n̄q ſiml̄ uā ÷ l̄ falſa. ſ; ſēp
īuicē ita ūū ⁊ falſ̄ diuidī q̄ q̄tiēſ
h̄ uā ÷ illa falſa ÷ ⁊ e c̄ūſo ſiue ꝼ reſ
ear̄ ſiī ſiue n̄ ſiī. C̄ tn̄ reſ n̄ ſī n̄
uidnr̄ orōiſ c̄ſtitutiōē hr̄e c̄ iā
parciū ſigō ꝑierit ú ſup̄ q̄; documi.
S; ſi eiſ c̄ſtitutioīſ ꝓetaſ qn̄q; d̄ficiat
diuō ſcl̄ſ n̄q d̄÷ Sēp ꝫ altm̄
erit ꝗ dr̄ altm̄ n̄ erit. Oī ꝫ tpr̄
c̄ſtat eē l̄ id ꝗ oīſ hō iſ ÷ poīt
l̄ ꝗ n̄ oīſ hō iſ. ē. dic̄ ac ſimilr̄
n̄ eē. Vn̄ rectā c̄ṫdictiōē faciūt. Q̄r&
aut̄ fortāſe d̄ h̄ moī negoē n̄ oīſ
hō iſ ÷ c̄ particl̄ariſ sētn̄tiā n̄ teneat
ei ꝼ q̄ ait q̇d̄ hō n̄ ÷ iſ q̄ ſit
pō dicēda. Noſ ů nec particl̄arē eā ꝓe
nec uniūſalē dm̄ſ negatā ꝟ ſ; ꝓā
uniūſal̄ negōē. N̄ itaq; neceē ÷ eaſ q̄
d̄ſtructorie ſ̄ ac ꝓe negoēſ ſub ea diuoē
cathcar̄ cad̄e q. b. p uniūſal̄
ac particl̄æ. m̄. ac ſm. poīt i q̄ tn̄
ōſ c̄cluſit cathcaſ opināſ ū oſtn̄ſ ÷
n̄ oīſ hō iſ ÷ particl̄arē ſētn̄tiā
hr̄e ei ꝼ q̇d̄ hō iſ n̄ ÷ Qm̄
aū ſigna q̄titatiſ ſubti opoita l̄ ſubt̄cta
multaſ faciuī diffr̄aſ affōn̄ ⁊ negōn̄
c̄ uidl̄ aliaſ uniūſaleſ aliaſ par. l̄.
m. eē ꝼ ea c̄tīgat ꝟ oportet eoꝝ officia
ſubtili diſtīgé ⁊ q i pōe ui
ſigoīſ ⁊ loc̄ obtineāt c̄ſid̄are.

[1] Lisez *particularis*.
[2] Le manuscrit renferme *sm* ou *sin*; les lettres *sm* pourraient se traduire par *sententiam* : M. Cousin signale cette difficulté sans la résoudre.
[3] Lisez *apposita*.
[4] Lisez *propositione*.

ARTICLE IV.

DES LETTRES CONJOINTES, MONOGRAMMATIQUES ET ENCLAVÉES.

Les lettres conjointes abrégent l'écriture en faisant servir à un double usage quelques-uns des traits qui les composent. Ainsi dans la conjonction des lettres Æ, c'est une seule et même ligne qui forme un des montants de l'A et la haste de l'E. Toutes les fois que des conjonctions de lettres résultent comme dans l'Æ de la rencontre de deux lignes droites, qui se confondent dans toute leur étendue, il est facile d'isoler par la pensée les deux lettres et d'en retrouver la forme exacte et complète. Il ne peut donc pas y avoir de difficulté dans les combinaisons qui résultent de la conjonction de l'A avec les lettres B, D, F, L, M, N, P, R et V, puisque le rapprochement de la partie droite de l'A et de la partie gauche de ces différentes lettres pouvait s'opérer sans altérer leur aspect ordinaire. La conjonction de l'A et de l'M pouvait cependant se faire autrement que par le rapprochement de ces deux lettres. Ainsi dans le mot FIRMATI, qui fait partie de la devise du cercle gravé au bas de la planche XII, l'A est réuni à l'M, de manière à ce que ses deux montants soient représentés l'un par la partie droite de la traverse, l'autre par le second jambage de l'M. Une combinaison analogue produit, au lieu de la syllabe MA, la syllabe AM, lorsque l'A vient se confondre avec le premier jambage et la partie gauche de la traverse de l'M. La conjonction de l'A et de l'M peut résulter aussi d'une simple barre horizontale, tirée entre les deux lignes dont se compose la traverse brisée de l'M. Comme cette traverse a l'aspect d'un V, en tirant cette ligne on en formait un V renversé : ces changements de position se rencontrent fréquemment dans les conjonctions de lettres. Une planche entière n'aurait pas suffi, si l'on avait voulu reproduire les différentes figures qui résultent de la conjonction des lettres de l'alphabet, combinées entre elles deux à deux et quelquefois même trois à trois. Mais comme ces sortes d'abréviations n'offrent pas en général de grandes difficultés, nous avons cru devoir nous contenter de signaler ici un petit nombre d'exemples empruntés à la série des *fac-simile* joints à cet ouvrage. En voici l'indication :

1° U et S, dans le mot *singultibus*, Pl. II, n° 1, fin de la dernière ligne;

2° N et T, dans le mot *substantia*, Pl. III, n° 2, fin de la 4° ligne, et dans les mots *regnante* et *redintegrante*, Pl. XII, n° 4, 1re ligne;

3° O et N, dans le mot *repeticione*, Pl. IV, n° 2, 5e ligne; dans le mot *ostentationis*, Pl. V, n° 2, 1re ligne, et dans le mot *Aaron*, Pl. VI, n° 5, 2e ligne;

4° U et T, dans le mot *aut*; Pl. IV, n° 6, 2° et 4° lignes;

5° T et R, dans le mot *matre*, Pl. IV, n° 8, 3° ligne, et dans le mot *petrum*, Pl. IV, n° 9, 8° ligne;

6° U et D, dans le sigle des mots *vere dignum*, Pl. V, n° 3, 3° ligne;

7° N et E, dans le mot *nomine*, Pl. XI, n° 2, dernière ligne;

8° V, E et R, dans le mot *verbo*, Pl. XII, n° 7; (Voy. aussi la fin de la devise du cercle qui renferme la conjonction des lettres M et A, dont il a été question tout à l'heure);

9° P et S, dans l'abréviation du mot *episcopus*, Pl. XII, n° 7; (Voy. la souscription placée entre le cercle et le monogramme).

Dans la conjonction de l'N avec le T, de l'U avec le T, du T avec l'R et de l'N avec l'E, chaque lettre conserve sa forme ordinaire; au contraire, il est facile de voir que, dans la conjonction de l'U avec l'S, de l'O avec l'N, et du P avec l'S, la forme de l'S a été modifiée ainsi que celle de l'N et du P, sans qu'il soit cependant difficile de reconnaître ces différentes lettres. Parmi les exemples qui ont été cités, la conjonction des lettres V, E, R, dans le mot *verbo*, est la seule dont le déchiffrement présente quelque difficulté, parce que la forme de l'E y est fortement altérée; mais le sens suffit pour lever toute incertitude. Dans la conjonction des lettres qui représente les mots *vere dignum*, la difficulté ne consiste pas à reconnaître les deux lettres U et D, mais à en fixer le sens. L'emploi de ce sigle était pour ainsi dire passé en usage dans les missels, où les deux premiers mots de la *préface* étaient indiqués par les lettres U et D conjointes, ou par un V dans l'intérieur duquel on plaçait un D capital ou oncial. Quand les conjonctions de lettres ne se compliquent pas de la difficulté que présentent naturellement les sigles et les abréviations proprement dites, il est rare qu'on n'arrive pas à les déchiffrer promptement. Toutefois il y a des combinaisons qui peuvent occasionner quelque méprise. On pourrait par exemple prendre pour un Æ la réunion de l'A avec un C de forme carrée, qui ne diffère de l'E que par l'absence de la barre moyenne. Lorsque l'on supprimait la traverse de l'A, cette lettre, conjointe avec le V, présentait l'aspect d'une N; la même combinaison pouvait résulter de la réunion d'un A sans traverse avec l'I. Il est un autre genre de difficulté que peuvent présenter certaines conjonctions de lettres, et qui porte non sur la nature des éléments combinés par l'écrivain, mais sur l'ordre qu'il faut leur assigner. On peut rencontrer par exemple un E et un T dont les hastes se confondent de manière à ce que la partie gauche de la barre du T semble être le prolongement de la barre supérieure de l'E; il est bon de savoir que ces lettres ainsi combinées désignent aussi bien la syllabe ET que la syllabe TE. Ce genre d'incertitude est une des principales difficultés que présentent les monogrammes.

Un monogramme est l'assemblage de plusieurs lettres conjointes et entrelacées de manière à ne former qu'un seul caractère dont les éléments, s'ils étaient isolés, représenteraient, soit une portion, soit la totalité des lettres qui entrent dans la composition d'un ou de plusieurs mots[1]. Prenons pour exemple le monogramme de Charles le Chauve, reproduit dans le *fac-simile* n° 3 de la planche XII. Il est facile de reconnaître, au premier coup d'œil, les lettres KRLS. Au-dessous de l'R se trouve une losange qui forme les trois autres lettres du mot *Karolus,* c'est-à-dire l'A, l'O et le V. La moitié supérieure de la losange forme la lettre A, et la moitié inférieure la lettre V; la même figure, dans son ensemble, représente un O de forme anguleuse et tel d'ail-

[1] La rareté des monuments diplomatiques antérieurs au VIIe siècle, ne permet pas de décider à quelle époque les monogrammes ont commencé à paraître dans les chartes; mais comme ils étaient employés dans les médailles longtemps avant l'ère chrétienne, il est permis de supposer que les monogrammes qu'on rencontre dans les diplômes du VIIe siècle ont pu être précédés par d'autres. Toutefois ils ne furent employés sous la première race que par des rois mineurs qui, arrivés à la majorité, conservèrent l'habitude de signer en monogramme. L'emploi des monogrammes, consacré par Charlemagne, devint ordinaire chez les empereurs, les rois de France, de Germanie, de Lorraine, de Bourgogne et d'Italie. Les Capétiens y renoncèrent au commencement du XIVe siècle, et les empereurs environ cinquante ans plus tard. Les rois d'Espagne et les princes Lombards se servirent aussi des monogrammes. Au XIe siècle, les princes de Capoue usèrent de ce privilége que Charlemagne avait déjà accordé aux ducs de Bénévent, et que s'attribuèrent aussi, surtout du XIe au XIIe siècle, non-seulement les évêques et les abbés, mais encore leurs notaires ou leurs chanceliers. Plusieurs papes du IXe siècle signèrent en traçant le monogramme de leur nom. Tels sont Léon III, Pascal Ier, Grégoire IV, Benoît III, Nicolas Ier, Adrien II. Cet usage ne fut pas adopté par leurs successeurs. Ceux-ci, après le Xe siècle, réduisirent en monogramme la salutation *Benevalete.*

Les monogrammes de nos rois ne renfermaient en général que leurs noms. Cependant certains rois de la première race et, parmi ceux de la troisième, Eudes et Hugues Capet, y ajoutèrent quelquefois le mot *rex.* La charte de 993, dont quelques lignes sont reproduites dans le *fac-simile* n° 2 de la planche XIII, renferme aussi un monogramme de Robert, où le mot *rex* se trouve exprimé. Depuis Henri II, les empereurs d'Allemagne joignirent dans leurs monogrammes aux lettres de leur nom quelques-unes de celles qui composent la formule *gratiâ Dei imperator augustus,* ou quelquefois *imperator Romanorum.* Aussi ces monogrammes sont-ils très-difficiles à déchiffrer. Les monogrammes des Mérovingiens tiennent beaucoup de l'écriture cursive. A partir de la seconde race, ils prirent la forme de l'onciale et de la capitale.

On s'est demandé si ces monogrammes étaient tracés par les rois ou par leurs chanceliers. Cette question est résolue par le texte de la charte, quand les monogrammes sont annoncés par la formule *nominis caractere corroborari jussimus,* ou par une phrase dans laquelle entre le mot *jussimus* ou un équivalent. Au contraire, quand l'annonce du monogramme indique que le prince s'est chargé de le tracer lui-même, on doit penser que ce monogramme est son ouvrage, à moins qu'il ne s'agisse d'une charte postérieure à la fin du XIe siècle; car, à partir de cette époque, les grands chanceliers, ou ceux qui les remplaçaient, furent chargés de ce soin. La conformité de plusieurs monogrammes d'un même roi, peut s'expliquer par l'emploi de caractères à jour dans lesquels la plume s'engageait sans pouvoir dévier. On peut supposer aussi que ce sont des empreintes du genre de celles qu'on obtient avec des griffes. Quelques textes viennent à l'appui de ces suppositions sans les justifier complétement.

leurs qu'on le rencontre dans plusieurs inscriptions ou dans les titres de certains manuscrits[1]. Si l'ordre dans lequel ces lettres doivent se lire n'était pas déterminé d'avance par la nature même de l'acte et la formule qui les accompagne, il est évident que la manière dont elles sont disposées pourrait se prêter à plusieurs autres combinaisons. Il en est de même dans le monogramme qui termine le *fac-simile* n° 7 de la même planche. En effet, il est facile d'y trouver toutes les lettres du mot *benevalete,* lorsqu'on sait d'avance que ce mot doit y être représenté; mais si le sens du monogramme était inconnu, on serait arrêté longtemps avant d'arriver à fixer la nature et surtout la disposition des lettres qu'il renferme. Au reste, le sens du monogramme étant une fois fixé, il y a encore plusieurs manières de le lire. Le B et l'E forment les extrémités du premier jambage de la lettre N, à laquelle se rattachent toutes les autres lettres; l'E qui termine ce premier jambage sert de nouveau pour la seconde syllabe du mot *benevalete.* La traverse et le second jambage de l'N servent à former le V, et la syllabe *va* se trouve complétée par l'A qui se rattache au bas de la traverse de l'N. Le second jambage de l'N et les traits qui s'y rattachent peuvent fournir les syllabes *lete.* Et d'abord, il est facile de reconnaître le T qui surmonte ce jambage; la haste du T sert à former celle de la lettre L, dont la barre horizontale se dirige de droite à gauche, de sorte que, pour voir cette lettre dans sa position naturelle, il faut la regarder dans un miroir. La partie droite de la barre du T, et les deux barres qui se rattachent, l'une à la partie moyenne, l'autre à l'extrémité inférieure du second jambage de l'N, forment avec ce jambage la lettre E, qui complète avec les lettres L et T les deux dernières syllabes du mot *benevalete.* On pourrait aussi ne pas tenir compte du trait qui part du second jambage de l'N en se dirigeant vers la gauche, ou du moins n'y voir que l'indication du point auquel le bas de la haste du T rencontre le haut du second jambage de l'N. Dans ce cas la lettre L pourrait se prendre, soit dans le premier jambage, soit dans le second, et alors elle aurait sa position naturelle. Si on la rattachait au premier jambage, l'E qui a servi pour les deux premières syllabes servirait encore pour la troisième, et celui qui dépend du second jambage ne figurerait que dans la syllabe finale. Puisqu'il y a plusieurs manières de lire un monogramme dont le sens est connu d'avance, il ne faut pas s'étonner que les savants ne s'accordent pas sur le déchiffrement des monogrammes dont le sens est tout à fait inconnu. Mabillon a vu dans quelques-unes des lettres monogrammatiques du tableau représenté au frontispice de la belle Bible de l'abbaye de Saint-Paul de

[1] On pourrait aussi trouver l'O dans la petite losange qui est formée dans l'intérieur de la grande par la traverse brisée de l'A.

Rome les mots *Carolus rex;* les autres lettres lui ont paru inintelligibles. Eckhart a proposé l'interprétation suivante : *Carolomannus rex Bajoariæ.* Un anonyme croit qu'il faut lire : *Carolum regem nostrum, Ludovicum, Hlotarium fratres* (ou *ejus,* s'il y a un E au lieu d'une F) *Christus servet mundo.* Les auteurs du Nouveau Traité de Diplomatique rejettent ces différentes versions et disent qu'il faut y substituer : *Carolus nostri mundi Christianus rex Hildegardis.* Ce qu'il y a de difficile dans ce monogramme, ce n'est pas de reconnaître les lettres qui le composent; on y trouve de suite les caractères suivants : C R S N M X R L E H I auxquels on peut ajouter un O formé par une losange placée au centre du monogramme. Cette losange peut aussi fournir, comme dans le *fac-simile* n° 3 de la planche XII, les lettres A et V; enfin comme une des deux R peut servir à représenter un P, et que les lettres H et I sont conjointes de manière à fournir aussi les éléments d'un T, on trouverait dans ces différents caractères de quoi former : *Carolus in Xpisti* (*Christi*) *nomine hìc imperat.* Il serait d'ailleurs possible de composer avec les mêmes éléments plusieurs autres combinaisons. La planche XI renferme un monogramme qui a soulevé aussi de longues discussions; mais il sera plus facile d'en faire comprendre l'explication quand on traitera du déchiffrement des écritures cursives[1].

Les lettres conjointes que l'on rencontre dans les plus anciens manuscrits ne se trouvent ordinairement qu'à la fin des lignes. Les écrivains ne les employaient guère que pour ne pas être obligés de reporter la fin d'un mot au commencement de la ligne suivante. Aussi étaient-elles d'un usage plus ordinaire dans la transcription des ouvrages de poésie où chaque vers ne devait occuper qu'une ligne. On atteignait le même résultat au moyen des lettres enclavées. Ces lettres, comme l'indique leur nom, étaient renfermées dans d'autres lettres d'une plus grande dimension. Elles étaient employées surtout dans les inscriptions et dans les titres de certains manuscrits. On rencontre fréquemment, par exemple, le mot *incipit* écrit de manière à n'occuper que la place des lettres INCPT, parce que l'*i* de la seconde syllabe est placé dans l'intérieur du C, et l'*i* de la troisième au-dessous ou dans l'intérieur de la panse du P. Les lettres à panse, telles que le C, le D, l'O, etc., devaient naturellement être préférées pour ces sortes de combinaisons. Aux lettres conjointes et enclavées se rattachent naturellement les lettres superposées, dont les abréviations ordinaires ont fourni quelques exemples, et les lettres entrelacées à peu près

[1] Nous avons cru pouvoir nous dispenser de faire représenter la série des monogrammes que l'on rencontre dans les diplômes des rois de France, parce que l'interprétation de ces monogrammes est fixée par le texte même des actes qui les renferment, et que d'ailleurs ils se trouvent reproduits dans le Glossaire de du Cange au mot *Monogramma.*

de la même manière que dans les chiffres modernes. Ces lettres peuvent se distinguer des lettres conjointes, parce qu'on n'y trouve aucun trait qui soit employé à un double usage, et qu'elles servent seulement à diminuer l'espace que devrait occuper un mot.

Nous avons cru devoir nous borner à ces courtes indications en ce qui concerne les lettres conjointes et enclavées : les difficultés qui s'y rattachent ne se rencontrent point assez fréquemment pour qu'il soit nécessaire d'en présenter la solution complète dans un ouvrage élémentaire.

CHAPITRE IV.

DÉCHIFFREMENT DES ÉCRITURES ; MOYEN D'EN FIXER L'AGE.

Ce chapitre se divise en deux sections : l'une est consacrée aux écritures de la première période, et l'autre aux écritures de la période gothique. Les différentes espèces d'écritures qui ont été employées pendant le cours de chaque période forment autant d'articles particuliers qui sont subdivisés en paragraphes, lorsqu'il y a lieu de distinguer les modèles reproduits d'après les manuscrits, les sceaux ou les diplômes. Chaque espèce d'écriture est soumise en outre à un double examen : on essaie d'abord de résoudre les difficultés qu'elle peut présenter sous le rapport du *déchiffrement,* et ensuite d'indiquer les signes qui peuvent servir à en fixer l'*âge*. Pour ne pas augmenter les divisions déjà fort nombreuses de ce chapitre, on a rattaché à la capitale l'examen des *fac-simile* dans lesquels cette écriture se trouve mélangée avec des lettres de forme onciale ou minuscule. Parmi les *fac-simile* dont il est question dans ce chapitre, quelques-uns sont empruntés à des écritures d'Angleterre ou d'Italie; mais nous n'avons pas cru devoir les distinguer de notre écriture nationale, parce qu'une partie de ces modèles appartient à l'écriture capitale, que l'on peut considérer comme à peu près identique chez tous les peuples de l'Europe qui ont adopté l'alphabet romain: les autres sont en caractères gothiques; et dès le XIIIe siècle, ces caractères ont régné exclusivement [1] dans les écritures nationales, soit minuscules, soit cursives.

Nous sommes entrés souvent dans de longs développements pour faciliter le déchiffrement des *fac-simile;* mais comme un ouvrage élémentaire s'adresse aux personnes qui n'ont pas encore acquis la moindre expérience des anciennes écritures, peut-être y avait-il moins d'inconvénient à donner quelques explications minutieuses qu'à risquer d'omettre celles qui pourraient aider un certain nombre de lecteurs. Toutefois nous avons cru inutile de nous étendre longuement sur les abréviations qui ont déjà été indiquées dans le chapitre précédent : la transcription placée en regard des *fac-simile* doit suffire d'ailleurs

[1] Il faut excepter, bien entendu, l'écriture romaine *renouvelée* qui parut d'abord en Italie.

pour résoudre la plupart des difficultés secondaires. Comme les empreintes des sceaux ne sont pas toujours bien conservées, il a paru préférable d'en faciliter le déchiffrement par un mode de transcription qui pût jusqu'à un certain point en indiquer tous les détails : les *grandes capitales* correspondent aux lettres qui existent sur la légende ; les *petites capitales*, aux lettres abrégées ; le caractère employé habituellement dans le corps d'un livre, sert à exprimer les passages effacés ou détruits qu'il a été possible de rétablir d'après des originaux mieux conservés. Les lettres *i*, *j*, *u* et *v* sont transcrites sous la forme qu'elles ont dans les légendes, c'est-à-dire qu'elles sont employées tantôt comme voyelles, tantôt comme consonnes [1].

Les observations qui précèdent chaque planche, renvoient à des notices dans lesquelles on trouvera quelques détails sur les monuments auxquels sont empruntés les différents *fac-simile*. Ces détails sont souvent relatifs à l'âge de l'écriture; par conséquent ils servent de complément aux observations que fournit l'examen de chacun des *fac-simile*. Il est d'autant plus nécessaire d'y recourir que les règles sur l'âge des anciennes écritures n'ont pas toujours toute la précision désirable. Aussi est-il fort difficile, en les expliquant, de ne pas employer des expressions à la fois trop vagues et trop absolues. Quand on énumère, par exemple, les signes qui caractérisent l'écriture du *XIIIe siècle*, on embrasse sous le rapport de la durée une période fort étendue; d'un autre côté, on semble viser à une précision ridicule, puisque l'on établit une distinction entre les écritures du XIIIe siècle et celles de l'an 1200 ou de l'an 1301. Il est impossible cependant d'éviter cet inconvénient toutes les fois que l'on veut signaler certains faits qui concourent habituellement pendant le XIIIe siècle, et qui, en thèse générale, n'existent ni au XIIe ni au XIVe. Lorsque nous indiquons un certain nombre de lettres comme ayant été employées à telle ou telle époque, il ne faudrait pas non plus en conclure que toutes ces lettres doivent concourir dans un même manuscrit ou dans un même diplôme : la remarque peut être exacte en soi, sans être justifiée dans tous ses détails par chaque monument en particulier. Il y a d'autres exceptions qui tiennent à l'emploi de certaines lettres dont l'usage pouvait être tombé en désuétude ou n'être pas encore généralement admis; dans ce cas, il faut s'attacher surtout à remarquer si ces caractères exceptionnels reparaissent fréquemment dans l'écriture : nous n'avons pas besoin d'avertir que nos observations à cet égard s'appliquent seulement au *fac-simile*. Ainsi, quand nous disons que telle lettre est

[1] Quoique cette double valeur des lettres *i*, *j*, *u* et *v* ne doive pas être considérée comme une difficulté réelle, cependant il est important de s'y habituer pour ne pas être arrêté dans le déchiffrement des anciennes écritures.

employée une, deux ou trois fois seulement, elle peut se retrouver sans doute dans le reste du manuscrit ou du diplôme; mais le calcul présenté n'en est pas moins exact si cette lettre, toute proportion gardée, n'est pas du nombre de celles dont l'écrivain faisait un usage habituel. Nous terminerons par une dernière observation : c'est que les règles propres à l'écriture des sceaux peuvent devenir fausses si on les applique à celle des manuscrits ou des diplômes, et réciproquement; il ne faudrait donc point étendre à la capitale des sceaux, ce qui a été dit de celle des manuscrits, etc. Lorsque ces inductions nous ont paru pouvoir être admises, nous l'avons formellement exprimé.

PREMIÈRE SECTION.

ÉCRITURES DE LA PREMIÈRE PÉRIODE.

ARTICLE PREMIER.

DE L'ÉCRITURE CAPITALE.

§ I. DE L'ÉCRITURE CAPITALE DES MANUSCRITS ET DES DIPLÔMES.

1° Déchiffrement.

Le déchiffrement de l'écriture capitale, soit dans les manuscrits, soit dans les diplômes, ne présente en général que peu de difficulté. Quand ce caractère ne servait que pour tracer les titres ou les passages les plus remarquables, l'écrivain devait naturellement s'attacher à le former régulièrement; mais, alors même qu'il était employé dans toute l'étendue d'un manuscrit, il conservait toujours plus de pureté que les autres genres d'écriture.

Il n'y a guère que l'indistinction des mots qui puisse arrêter dans la lecture des quatre lignes empruntées au manuscrit de *S. Prudence.* (Pl. II, n° 1.) Comme difficultés secondaires, on peut faire remarquer les E, dont les barres sont peu proportionnées, les A sans traverse, la distinction complète des lettres composant la diphthongue Æ, dans les mots *aestuantibus* et *tertiae;* enfin, l'aspect singulier de l'H, qui se confond avec le K : cette forme extraordinaire se retrouve dans toute l'étendue du manuscrit. Ce *fac-simile* ne renferme pas d'abréviations, et en effet elles sont extrêmement rares dans ce précieux monument; il faut même que l'espace manque à l'écrivain pour qu'il emploie des conjonctions de lettres du genre de celle qui termine le quatrième vers. L'écriture du S. Prudence est celle que les auteurs désignent généralement sous le nom de *capitale rustique,* parce qu'elle s'éloigne de l'élégance à laquelle la belle capitale atteint souvent dans les inscriptions lapidaires et surtout dans les médailles.

La première ligne du *fac-simile* n° 5 de la même planche est aussi en capitale, sauf l'*h* du mot *Therasia*, qui appartient à l'alphabet oncial, c'est-à-dire à l'écriture qui règne dans le corps du manuscrit. C'est seulement pour les titres que l'écrivain a fait usage de la capitale; mais ce caractère est moins libre et moins hardi que dans le S. Prudence. Le premier A du mot *Therasia* est d'une forme peu ordinaire; au contraire, on trouvera souvent des G semblables à celui du mot *Augustini,* c'est-à-dire dont le crochet inférieur, au lieu d'être tranché, se recourbe intérieurement: tel est, par exemple, dans le *fac-simile* n° 2 de la planche XI (3ᵉ ligne, *signature en capitale*), le G du mot *Eligius.* Si l'on compare d'ailleurs cette écriture avec celle du S. Augustin, on reconnaîtra que les extrémités des lettres affectent les mêmes saillies, quoique les traits en forme de fourche soient moins caractérisés dans la signature de S. Éloi. Ces deux modèles ne présentent que des abréviations consacrées par un usage fort ancien, savoir: dans le S. Augustin, le mot *incipit*[1], et dans la signature de S. Éloi, les mots *Christi, episcopus* et *subscripsi :* l'abréviation de ce dernier mot se prolonge pour se réunir aux traits du parafe[2].

Le même genre d'écriture se retrouve encore dans le sixième *fac-simile* de la planche IV (3ᵉ ligne). On remarque dans le mot *de* un E dont la barre moyenne est, contre l'ordinaire, beaucoup plus prolongée que les deux barres extrêmes.

La dernière ligne du *fac-simile* suivant présente une écriture capitale dont les jambages sont à la fois plus massifs et plus nettement tracés. On peut y

[1] Nous ne parlons pas de l'abréviation du mot *Augustini,* qu'il était naturel de reproduire souvent dans un manuscrit renfermant les ouvrages de S. Augustin. Cette abréviation est d'ailleurs très-ancienne, sinon pour le mot *Augustinus,* du moins pour son radical *Augustus.*

[2] Indépendamment des lettres S U B, on pourrait peut-être trouver les trois lettres suivantes du mot *subscripsi.* Le signe abréviatif qui s'étend au-dessus des trois premières lettres, se boucle un peu à droite du B, et redescend jusqu'au parafe inférieur, en décrivant une courbe qui, rattachée à la boucle supérieure, présente quelque analogie avec la forme d'une S. A droite de cette S on pourrait voir un *c* cursif dont la panse est composée de deux arcs de cercle. Si la forme de cette seconde lettre est très-irrégulière, il est impossible de ne pas reconnaître un peu plus loin une R capitale. Dans cette hypothèse, le signe abréviatif qui surmonte les lettres *sub,* tiendrait lieu seulement des quatre lettres finales du mot *subscripsi.*

remarquer les A sans traverse, les traits excédants de l'F et de l'N, le développement de la haste et de la barre de la lettre T, et surtout l'abréviation du mot *Deo,* dont la forme est tout à fait extraordinaire; on serait tenté de croire que le copiste n'a pas voulu tracer un simple signe abréviatif, mais qu'il a représenté un E couché au-dessus des lettres DO.

Le même copiste a écrit sur une marge la note reproduite sous le n° 9 de la planche IV. L'espace fort restreint qu'il avait à sa disposition l'a souvent forcé à couper les mots d'une manière bizarre. Dans le mot *rex,* et surtout dans le mot *Karolus,* l'R se rapproche de la forme du K, parce que la partie supérieure de la panse se prolonge en trait excédant au lieu de se recourber vers la haste: c'est de la même manière qu'est formée la panse du P, excepté dans le mot *baptizatus.* Il faut remarquer aussi la direction oblique de la barre supérieure de l'F, dans les mots *fuit* et *filius.* Enfin, on pourra voir que dans ce dernier mot la barre de la lettre L descend obliquement au-dessous de la ligne.

Dans la planche V, la première ligne du troisième *fac-simile* appartient encore à l'écriture capitale : on y trouve, indépendamment des formes de lettres qui ont déjà été signalées, un *y* surmonté d'un point; c'est un signe accessoire qui accompagne ordinairement cette lettre, surtout depuis le VIIe siècle, mais dont les premiers exemples remontent peut-être au Ve. L'abréviation du mot *gloriæ* est la seule qui puisse embarrasser: le trait qui surmonte la lettre *l,* tient lieu des trois lettres suivantes.

La cinquième ligne du premier *fac-simile* de la planche VI ne présente aucune difficulté.

Dans le *fac-simile* suivant, la capitale et la minuscule sont employées alternativement. Il faut remarquer dans les passages écrits en capitale, qui sont les seuls dont on ait à s'occuper maintenant, les abréviations RP, pour *responsorium,* PS pour *psalmus,* AN et A pour *antiphona.* Ces abréviations et d'autres du même genre, qui sont très-fréquentes dans les livres de liturgie, présenteraient souvent de grandes difficultés, si l'on ne se familiarisait pas avec les termes qui désignent les différentes parties des offices religieux. Il est inutile de signaler l'abréviation DNI pour *Domini,* qui est une des plus généralement employées. Le déchiffrement de ce *fac-simile* est d'ailleurs très-facile.

Il en est de même des deux premières lignes du *fac-simile* suivant, où l'on fera observer seulement l'emploi de la cédille au-dessous de l'E capital, pour désigner la diphthongue *æ* dans le mot *quæ.*

La ligne qui sert de titre au quatrième *fac-simile* de la même planche, se fait remarquer par le mélange de la capitale, de l'onciale et de la minuscule;

ainsi, dans le mot *genealogia*, le second G est oncial; il en est de même de l'*e* et de l'*m* du mot *regum;* enfin, l'*a* du mot *Francorum* est minuscule.

La confusion de ces trois écritures est portée encore plus loin dans le deuxième *fac-simile* de la planche VII. Les deux V des mots *posteriorum* et *primus* sont les seules lettres qui appartiennent exclusivement à la capitale; les *m* de ces deux mots, et le *d* d'*Abœlardi*, sont de forme onciale; d'autres lettres (B, L, N, R, S) sont communes à ces deux écritures; mais dans certains mots on trouve aussi les lettres *l*, *n*, *r*, *s* sous la forme minuscule, et c'est à cette dernière écriture qu'appartiennent exclusivement les *a* et les *e*. Enfin, il faut rattacher aux deux alphabets oncial et minuscule la lettre *t*, dont la haste s'arrondit par le bas. Quant aux lettres *c*, *i*, *o*, *p*, *x* et *y*, elles sont communes à la majuscule et à la minuscule. Cette confusion des trois alphabets une fois constatée, on remarquera aussi une altération sensible dans la forme de plusieurs lettres : ainsi, dans le mot *Palatini*, l'extrémité inférieure des deux jambages de l'N se recourbe intérieurement par le bas, et la traverse horizontale est placée plus bas qu'à l'ordinaire; les deux montants de la lettre V, dans les mots *posteriorum* et *primus*, sont contournés au lieu d'être en ligne droite; dans les mêmes mots, les deux premiers jambages de l'*m* onciale ont pris en se confondant l'aspect de l'*o*, et l'S finale de *primus* est aplatie et allongée d'une manière bizarre. Malgré ces irrégularités et d'autres qu'il serait trop long de signaler, le déchiffrement de ces deux lignes ne présente pas de difficulté réelle. L'abréviation de la syllabe *per* est représentée sous sa forme ordinaire; celle de la syllabe *rum* n'est pas moins facile à reconnaître, quoiqu'elle ne soit pas formée aussi régulièrement dans la première ligne que dans la seconde.

Les deux premiers mots du quatrième *fac-simile* de la planche VII, fournissent un dernier exemple d'écriture capitale, où l'on retrouve, sinon la confusion des différents genres d'écriture, du moins la même irrégularité dans les formes [1].

2° Age.

Si l'on est rarement arrêté dans le déchiffrement de la capitale des manuscrits ou des diplômes, rien en revanche de plus difficile que de fixer l'âge de cette écriture. Après y avoir longuement réfléchi, nous avons pensé qu'il nous était impossible de profiter des savantes recherches entreprises par les Bénédictins sur les transformations successives de chacune des lettres de l'alphabet. A l'appui des observations qu'ils ont recueillies, il aurait fallu joindre des *fac-*

[1] On a signalé dans la notice du manuscrit auquel est emprunté ce *fac-simile*, l'omission du D initial dont la place est restée en blanc, parce qu'il devait être enluminé.

simile en assez grand nombre pour compléter l'histoire de chaque lettre, et par conséquent sortir des bornes d'un ouvrage élémentaire. Nous ne pouvions pas d'ailleurs nous contenter de faire reproduire les gravures presque toujours inexactes que renferme leur ouvrage; il eût été nécessaire de rechercher dans les originaux les éléments épars de ces alphabets chronologiques et de les coordonner entre eux pour ne rien omettre d'important et pour éviter les répétitions inutiles; or ce travail préliminaire exigeait trop de temps pour qu'il fût possible de l'entreprendre. Nous avons dû, par conséquent, nous borner à présenter le petit nombre d'observations qui peuvent être rendues intelligibles par l'examen des modèles reproduits dans cet ouvrage.

Il y a une règle générale sur l'âge des manuscrits qui sont, comme le S. Prudence, tout entiers en lettres capitales; c'est qu'ils ne peuvent être postérieurs au VIIIe siècle. Lorsque dans ces manuscrits les mots ne sont pas séparés par des intervalles, ou que les séparations paraissent seulement dans les endroits où le sens exige un repos, on peut les faire remonter au moins jusqu'au commencement du VIIe siècle [1]. A ce double caractère, le manuscrit de S. Prudence en joint encore un autre, c'est l'extrême rareté des abréviations. On peut aussi remarquer que l'écriture en est libre et hardie, ce qui prouve qu'elle remonte à une époque où il était ordinaire d'employer la capitale dans les manuscrits. La partie inférieure de la panse du P, dans le mot *pellitur*, est loin de rejoindre la haste; dans les M, le premier jambage et la seconde moitié de la traverse ne sont que faiblement indiqués, en comparaison des deux autres traits correspondants : or cette conformation du P et de l'M est un des caractères qui se rencontrent dans l'écriture capitale antérieure au VIe siècle. Il ne sera pas inutile non plus de faire observer que la panse supérieure du B et celle de l'R sont quelquefois tracées de la même manière que celle du P. Dans sa Diplomatique, Mabillon n'a pas balancé à classer le S. Prudence au nombre des monuments antérieurs au VIe siècle. Il existe d'ailleurs un rapport frappant entre plusieurs caractères de ce manuscrit et ceux des *fac-simile* que ce savant auteur et les Bénédictins ont empruntés au manuscrit 3867 de la Bibliothèque du Vatican [2]. Dans les deux manuscrits les mots ne sont pas séparés, les Y ne sont pas pointés, la haste de la lettre L dépasse sensiblement le sommet des lignes, les A n'ont pas de traverse [3], et ce qui est plus important, les deux écri-

[1] Il ne faut pas en conclure que les manuscrits dans lesquels les mots sont quelquefois séparés ne peuvent être antérieurs au VIIe siècle; en effet, les Bénédictins font remonter au Ve siècle les premiers commencements de cet usage.

[2] Ce manuscrit, renfermant les œuvres de Virgile, a été considéré par plusieurs auteurs comme antérieur au IVe siècle.

[3] Nous indiquons cette conformation des lettres L et A, non comme signes chronologiques, mais comme preuves du rapport qui existe entre ces deux manuscrits.

tures présentent dans leur aspect général une grande conformité. Nous croyons devoir faire observer à cette occasion que pour bien apprécier l'âge d'une charte ou d'un manuscrit il ne suffit pas d'étudier les lettres une à une; il faut aussi examiner l'écriture dans son ensemble, et s'habituer à saisir ces rapports généraux qui unissent entre eux les monuments d'un même âge. Il résulte de la couleur de l'encre, de la teinte et de la qualité du parchemin, de l'écartement des lignes, de la proportion des lettres et d'autres circonstances qu'il serait difficile d'analyser, une impression générale que la vérification des détails vient rarement démentir.

Le manuscrit de S. Augustin peut être considéré comme postérieur au S. Prudence par cela seul qu'il renferme des titres en capitale mêlés à un texte en onciale. On peut aussi faire observer qu'il existe entre certains mots des séparations qui sont, il est vrai, moins fréquentes dans le corps du texte que dans les titres; mais ce qui doit surtout fixer la date de cette capitale, ce sont les traits excédants qui se rattachent aux extrémités de plusieurs lettres et qui souvent se divisent en forme de fourche. Des traits de cette nature déforment presque toujours la capitale pendant le règne des Mérovingiens; nous avons déjà dit qu'on les trouvait, quoique moins prononcés, dans la souscription de S. Éloi. Dans le titre *de amitis* (Pl. IV, n° 6), ils sont encore moins caractérisés. Cette modification est remarquable, parce qu'au IXe siècle l'écriture capitale ne doit plus conserver ces traits bizarres et irréguliers. Les abréviations des mots *incipit* et *Augustini*, sont marquées par deux lignes droites, tranchées par un trait à chaque extrémité : au sentiment des Bénédictins, c'est un signe d'une haute antiquité. On le retrouve, il est vrai, dans le troisième *fac-simile* de la planche V; mais ce modèle est tiré d'un manuscrit de luxe, et l'on doit toujours s'attendre à rencontrer dans les ouvrages de ce genre, surtout dans les missels, les Bibles et les évangiles, des traits empruntés à des siècles plus anciens. Quoique les P du S. Augustin approchent plus de se fermer que ceux du S. Prudence, cependant leur panse est encore ouverte. L'élévation de la haste de la lettre L est aussi un caractère commun à ces deux manuscrits.

Le septième et le neuvième *fac-simile* de la planche IV sont tirés du même manuscrit. On y remarque des T dont la haste est très-prolongée, ce qui devient rare après le VIIIe siècle; d'un autre côté, plusieurs N du *fac-simile* n° 9 ont une traverse qui naît au-dessous de l'extrémité supérieure du premier jambage et qui vient aboutir au-dessus de l'extrémité inférieure du second. Ces N se rencontrent fréquemment à partir du IXe siècle, et finissent par se rapprocher de la forme d'une H capitale [1]. La réunion de ces circonstances pourrait déjà faire conjecturer que cette écriture appartient au VIIIe ou au IXe siècle. Cette appréciation serait d'ailleurs confirmée par l'ensemble de cette capitale, où l'on retrouve encore trace des habitudes qui caractérisent l'écriture mérovingienne. Au contraire, dans le troisième *fac-simile* de la planche V, les lettres sont plus nettes et plus déliées; on peut remarquer surtout qu'il y a plus de régularité dans les traits qui servent à trancher leurs extrémités. Quoique le manuscrit des évangiles de Charlemagne ait date certaine, nous n'oserions pas affirmer que la forme particulière qu'affecte la panse de l'R et du P est un signe qui convient à la capitale de la fin du VIIIe siècle; en effet, on la retrouve dans l'écriture allongée de quelques diplômes du Xe siècle; et par conséquent il ne serait pas impossible de la rencontrer dans des manuscrits du même temps.

On trouvera dans le premier *fac-simile* de la planche VI les caractères généraux qui distinguent la capitale carlovingienne, c'est-à-dire des traits purs et déliés. Indépendamment des nombreux rapports qui rattachent cette écriture à celle de la 1re ligne du troisième *fac-simile* de la planche V, nous ferons remarquer les traits fins qui tranchent les extrémités supérieures des lettres L, I et A, la forme de la panse du P qui fait saillie au-dessus de la haste, et le montant gauche de l'A, qui s'arrondit dans sa partie inférieure et affecte la même forme que le montant de l'*a* minuscule.

Dans le deuxième *fac-simile* de la même planche, les P et les A conservent les mêmes caractères; l'A du mot *ponat* approche beaucoup de la forme minuscule; les N offrent de grands rapports avec l'H capitale; la courbure du premier jambage de l'N, dans le mot *tunc*, n'est pas moins à remarquer. Tantôt le crochet supérieur du C affecte la direction horizontale comme dans le mot *incenso*, tantôt il s'effile à son extrémité et tend à se relever comme dans les mots *recludantur*, *tunc* et *canentes*.

Si l'on passe au *fac-simile* suivant, on verra que les rapports de l'A capital avec la forme minuscule augmentent de plus en plus, et qu'il est même impossible de les distinguer dans la seconde ligne. La courbure du premier jambage de l'N devient habituelle; le même trait n'est pas moins contourné dans la lettre M; la barre inférieure de l'E n'est plus qu'une prolongation de la haste; le crochet supérieur du C est à peine indiqué; en un mot les formes de l'écriture capitale sont altérées dans la plupart des lettres.

Cette altération est plus sensible encore dans le quatrième *fac-simile* de la

[1] Nous ne prétendons pas que dans les siècles antérieurs, la même lettre ne se rencontre jamais sous la forme de l'H capitale; le seul fait que nous ayons voulu constater, c'est qu'à partir du IXe siècle la ressemblance de ces deux lettres devient plus fréquente.

même planche; mais ce qui caractérise surtout l'âge de cette écriture, c'est le mélange des lettres capitales onciales et minuscules, mélange qui doit s'accroître dans les siècles suivants. Au XIIIe siècle, il est presque toujours porté jusqu'à la confusion, comme le prouvent les deux premières lignes du second *fac-simile* de la planche VII; ou bien, à défaut de cet indice, on rencontre, comme dans les deux premiers mots du quatrième *fac-simile*, des lettres complétement irrégulières et d'un aspect tellement bizarre, qu'il est impossible de ne pas reconnaître qu'elles appartiennent au temps où la majuscule gothique a remplacé les dernières imitations de la capitale romaine.

§ II. DE L'ÉCRITURE CAPITALE DES SCEAUX.

1° Déchiffrement.

Le troisième sceau de la planche A présente un fragment de légende où l'on remarque une S formée à contre-sens : il faut recevoir l'image de cette lettre dans une glace pour la voir dans sa position naturelle.

Le C initial du nom de Childebert III (Pl. A, n° 5) paraît être de forme ronde, quoique la même lettre, dans le mot *Francorum,* soit certainement carrée, c'est-à-dire semblable à un E, dont la barre intermédiaire serait supprimée. La lecture de ce fragment de légende ne présente d'ailleurs d'autre difficulté que la réduplication des syllabes *corum* causée probablement par le déplacement de la matrice du sceau.

Pour déchiffrer les cinq lettres initiales du mot *Francorum* dans le sceau de Chilpéric II (Pl. A, n° 6), il faut non-seulement les présenter devant une glace, mais encore avoir soin de les renverser ou, en d'autres termes, de les tourner de manière à ce qu'elles soient placées au-dessous de la tête du roi, par rapport à l'œil du lecteur.

Le premier sceau de Charlemagne (Pl. A, n° 8) présente l'abréviation ordinaire du mot *Christe* (XPE); il est facile de lire le mot *Carolum* et la première syllabe du mot *regem;* mais les lettres *ge* qui servent à exprimer la seconde syllabe ne paraissent que d'une manière imparfaite : il en est de même du mot *protege* et des quatre premières lettres du mot *Francorum,* qui est abrégé d'une manière peu usitée (*Francr*). La forme de l'N pourrait embarrasser, quand même elle serait plus nettement indiquée; en effet le premier jambage descend plus bas que le second, qui lui-même prend une direction oblique et forme avec la traverse un V dont la base est supérieure à celle des autres lettres de la légende.

Dans la légende du sceau de Louis le Débonnaire (Pl. A, n°s 10 et 11), on retrouve l'abréviation du mot *Christe* et la suppression de l'*m* finale d'*imperatorem*. Cette légende peut se lire complétement, parce que la courte lacune que présente le sceau n° 10 peut être suppléée à l'aide du sceau suivant.

Une portion de la légende du sceau de Lothaire Ier (Pl. A, n° 12) est entièrement effacée, et plusieurs des lettres qui subsistent encore ne paraissent qu'imparfaitement; cependant on arrive à reconnaître les cinq dernières lettres du mot *adjuva* et les huit premières du mot *Hlotarium*.

Dans la bulle de Nicolas Ier (Pl. U, n° 1) la barre de la lettre L n'est indiquée que par un trait qui en marque l'extrémité, mais qui ne paraît pas se rattacher à la haste; la traverse de l'A descend obliquement de gauche à droite, et les deux montants, au lieu de se réunir à leur sommet, sont tronqués et séparés comme par un triangle, dont la pointe se dirige vers la traverse. Les autres lettres sont d'une forme ordinaire.

Les légendes des sceaux de Charles le Simple et de Robert (Pl. B, n°s 3 et 4) sont plutôt confuses que difficiles : elles ne renferment que des abréviations fort simples, celles des mots *Dei* et *Francorum*. Dans le sceau de Robert, les E sont de forme onciale.

La légende du sceau de l'abbaye de Saint-Denys (Pl. P, n° 4) renferme deux C ronds et un C carré.

Dans le sceau de l'abbaye de Saint-Germain (Pl. O, n° 3) l'*m* finale du mot *sigillum* est supprimée et le mot *sancti* est abrégé sous la forme usitée (*sci*). Quoique cette légende soit en partie effacée, on peut y distinguer deux C carrés et deux *e* de forme onciale.

Il faut remarquer dans le sceau de Henri Ier (Pl. B, n° 6) deux conjonctions de lettres, celle de l'H et de l'E dans le mot *Heinricus*, et dans le mot *Francorum* celle de l'N avec un C carré : le *c* affecte naturellement cette figure quand il est conjoint avec une lettre terminée par une ligne droite. L'abréviation finale de *Heinricus* est remarquable; quoiqu'elle ne soit pas très-bien marquée, on reconnaît le signe qui remplace habituellement les lettres *us*. Les mots *Dei*, *gratia* et *Francorum* sont aussi abrégés dans la forme ordinaire.

Les deux faces du sceau d'Édouard le Confesseur (Pl. R, n° 1) présentent la même légende, si ce n'est que du côté où le roi tient une boule au lieu d'une épée, l'*m* finale du mot *Anglorum* est supprimée et remplacée par le trait qui tranche le montant gauche de la lettre V. Les E et les M sont de forme onciale.

Les abréviations du sceau de Philippe Ier (Pl. B, n° 7) sont les mêmes que dans le sceau de Henri Ier. On y trouve aussi la conjonction de l'N et du C carré. On peut remarquer en outre que la suppression de l'*e* dans le mot *Dei* est indiquée par le trait supérieur qui rencontre la panse du D.

Le sceau de Guillaume le Conquérant (Pl. R, n° 2) présente un mélange de lettres de différentes natures. Sur la face, c'est-à-dire sur le côté où il est représenté à cheval, le mot *hoc* se compose d'une *h* onciale, d'un O en losange et d'un C carré; l'O en losange est encore employé dans la première syllabe du mot *Normannorum*, mais il est rond dans la troisième syllabe : le même mot renferme un A, dont le sommet est tranché par une ligne droite. Quoique les deux dernières lettres de cette légende (*si*) soient presque entièrement effacées, on peut reconnaître que l'S est aussi de forme carrée, et qu'elle ressemble à un Z dont la traverse descendrait de gauche à droite, et non de droite à gauche. Ces deux lettres peuvent représenter la conjonction *si;* mais il nous semble préférable pour le sens de les considérer comme les initiales du mot *signo*, quoique pour la mesure du vers il faille se contenter de prononcer *si*, en faisant élider cette syllabe devant le mot *hoc*, qui commence le vers suivant. Au revers on trouve, indépendamment de l'O en losange et du C carré, un G également carré, une S en forme de Z à la fin du mot *fatearis*, et un *e* oncial dans la dernière syllabe du mot suivant.

La bulle de plomb de Pascal II (Pl. U, n° 2) renferme des abréviations que l'on rencontre sur la plupart des bulles de plomb de ses successeurs : le mot *papa* est représenté par deux P surmontés d'une barre, et le mot *sanctus* par une S tranchée dans sa partie moyenne; enfin les initiales PA et PE expriment les noms des deux apôtres (*Paulus, Petrus*).

La légende du sceau de Henri Ier, roi d'Angleterre (Pl. R, n° 3), ne présente pas de difficulté, quoiqu'on y remarque, indépendamment de quelques lacunes, des portions de mots faiblement indiquées : on fera seulement observer qu'il ne faut pas prendre pour un jambage de lettre l'extrémité de la lance du roi, qui sépare les deux dernières lettres du mot *Anglorum*. Lorsque les ornements du sceau entrent ainsi dans le cercle de la légende, ils peuvent causer de la confusion.

On retrouve dans le sceau de Louis VI (Pl. C, n° 1) quelques détails qui ont déjà été signalés dans les sceaux de ses deux prédécesseurs, c'est-à-dire la conjonction de l'N et du C carré et les abréviations des mots *Dei* et *gratia* (*Di* et *gra*); mais il faut remarquer en outre dans le mot *Francorum* la conjonction de l'O avec la panse et le haut de la queue de l'R. L'*m* onciale qui termine ce mot est grossièrement formée; ses deux derniers jambages ont la même dirction que la haste de l'R du mot *rex* et semblent former avec ce trait une *m* minuscule; dans ce même mot les barres de l'E ne sont que faiblement indiquées et se confondent avec les extrémités de l'X; enfin l'altération de l'empreinte ne permet pas de distinguer nettement les initiales du mot *Francorum*.

On voit dans le sceau de la commune de Noyon (Pl. P, n° 15) le mot *sigillum* représenté par une S tranchée; cette abréviation est d'un usage très-fréquent. Ce mot est le seul qui soit suivi d'un point, les autres ne sont même pas séparés par un intervalle. Le reste de la légende ne renferme pas d'abréviations, et la lecture en serait facile si l'empreinte, d'ailleurs un peu confuse, n'était pas altérée par quelques brisures. Il existe aux Archives du Royaume un sceau sur lequel il est facile de reconnaître que l'*e* du mot *et* est de forme onciale.

Le sceau de la commune de Beauvais (Pl. P, n° 11) ne renferme ni lettres onciales, ni abréviations, ni séparations de mots; il serait aussi très-facile d'en lire l'inscription, si l'empreinte n'était pas altérée.

La légende du sceau de l'abbaye de Saint-Victor (Pl. O, n° 2) est incomplète et faiblement marquée, mais elle ne renferme pas d'abréviations; les mots sont distingués non-seulement par des intervalles, mais encore par des points: l'*m* et l'*e* sont de forme onciale; le sommet des A est tranché par une ligne droite.

Le sceau de Louis le Jeune présente sur la face principale (Pl. C, n° 2) les mêmes abréviations que celui de son père, mais on n'y trouve pas de lettres conjointes : seulement le crochet supérieur du C se confond dans le mot *Ludovicus* avec le haut du premier montant de la lettre V. Au revers (Pl. C, n° 3) il faut remarquer l'*m* du mot *Aquitanorum,* qui est onciale, mais dont les deux premiers jambages se réunissent pour former un O[1]; cette lettre est séparée de celle qui la précède par le haut de l'épée du roi.

La bulle de plomb d'Eugène III (Pl. U, n° 3) présente un *e* oncial qui approche beaucoup de la forme gothique; le signe abréviatif placé au-dessus des lettres PP présente une courbure qui s'est maintenue jusqu'au milieu du XVe siècle.

Le sceau de la reine Constance (Pl. B, n° 5) renferme deux C de forme carrée; la parfaite conservation de ce modèle permet de lire la légende sans la moindre difficulté. Il n'en est pas de même de celle du sceau de la troisième femme de Louis VII (Pl. C, n° 4); cependant, malgré l'imperfection de l'empreinte, on reconnaît que les mots ne sont pas séparés, que les E sont tantôt de forme onciale, tantôt de forme capitale, enfin que le mot *gratia* est le seul qui soit abrégé.

La légende du sceau de Maurice de Sully (Pl. O, n° 1) est tout entière en

[1] La même forme de lettre existe sur l'autre face, et le dernier jambage est mieux marqué.

capitale; la lacune qui existe à la fin devait être remplie sans doute par l'abréviation du mot *episcopi* (EPI).

On trouve dans le sceau de Roger, évêque de Laon (Pl. P, n° 7), des N en forme d'H; le premier E est capital; les deux autres sont de forme onciale. Le sceau de Philippe de Dreux, évêque de Beauvais (Pl. P, n° 9), renferme aussi un E capital et un *e* oncial.

La bulle de plomb d'Innocent III (Pl. U, n° 4) se lit sans la moindre difficulté; l'*e*, sans être fermé, s'écarte des formes de la belle onciale, par les traits qui tranchent l'extrémité des crochets, traits que l'on peut observer aussi dans les lettres C, T et S.

Le sceau de Guillaume de Seillenay (Pl. O, n° 4) présente une des abréviations les plus ordinaires du mot *sigillum;* les lettres *um* sont remplacées par la barre qui tranche la seconde L. Le même signe abréviatif indique la suppression de la lettre *i* et des lettres *el*, dans le mot *Willelmi*. L'*e* du mot *Parisiensis* est marqué imparfaitement; mais l'on reconnaît dans le mot suivant que cette lettre n'est pas complétement fermée.

Quoique le sommet de plusieurs lettres soit détruit dans le sceau n° 4 de la planche Q, la légende ne présente aucune difficulté; les lettres sont de forme capitale, et les mots sont séparés par neuf points disposés à peu près en forme de carré.

On retrouve l'ancienne abréviation du mot *papa*, dans les bulles de plomb d'Eugène IV (Pl. U, n° 12), et de Paul II (Pl. U, n° 14); mais dans celles de Pie II (Pl. U, n° 13), de Léon X (Pl. U, n° 17), et de Paul III (Pl. U, n° 19), ce mot est marqué en toutes lettres. On ne peut être arrêté par aucune difficulté dans la lecture de ces légendes.

Les revers des bulles de plomb représentés sous les n°s 14, 15, 16 et 17 de la planche U, se font remarquer par une disposition nouvelle des lettres S. PA, S. PE, (*Sanctus Paulus, Sanctus Petrus*), qui sont placées les unes au-dessous des autres, en se répondant deux à deux. Sur le revers n° 14, on trouve pour le nom de S. Paul, PAV au lieu de PA; et pour le nom de S. Pierre, PET au lieu de PE. L'addition de ces deux lettres fixe le sens des légendes qui renferment seulement PA et PE, légendes dans lesquelles plusieurs personnes avaient voulu voir quatre sigles détachés répondant aux mots *Paulus Apostolus*, *Petrus Episcopus*. La disposition verticale de cette légende est moins extraordinaire encore que celle qui a été employée sur le revers de la bulle de plomb de Clément VII (Pl. U, n° 18); en effet, l'ordre des lettres oblige à lire : *Sanctus Paulus, Petrus Sanctus.*

Le sceau de Louis XII (Pl. K, n° 1) ne renferme pas d'abréviations; mais les lettres C I sont conjointes dans les mots *gracia* et *duodecimus;* ce dernier mot renferme aussi un *d* gothique conjoint avec un E capital. Les autres *e* sont de forme onciale, ainsi que le *d* de *Ludovicus.*

Le sceau suivant renferme l'abréviation ordinaire du mot *gracia ;* le signe abréviatif est nettement indiqué au-dessus de l'R. Tous les *d* sont de forme onciale; il en est de même de l'*e,* dans les mots *et, rex, Mediolani,* et dans la première syllabe du mot *Hierusalem.* Il faut remarquer la forme massive des points qui servent à distinguer les mots. La devise placée au revers, au-dessous du second écusson, ne présente de difficulté que par la finesse des caractères. Le sens de cette devise est que la gloire (*los*) s'acquiert par l'accroissement du mérite.

La médaille reproduite sous le n° 6 de la planche O, présente des lettres chargées de saillies bizarres qui altèrent la forme des caractères sans les rendre cependant trop difficiles à déchiffrer. La légende de la face principale renferme trois abréviations indiquées par les traits qui surmontent les lettres A et V dans le mot *Francorum,* et la lettre I dans le mot *Christianissimi.* Le commencement de ce dernier mot est écrit avec les caractères grecs X et P, qui étaient encore employés pour le mot *Christus* et ses dérivés.

2° Age.

L'imperfection de la gravure est un des signes qui caractérisent les sceaux mérovingiens. On a vu que dans une des légendes (Pl. A, n° 3), la lettre S était formée à contre-sens, et que dans l'autre (Pl. A, n° 6), toutes les lettres étaient renversées. Cette circonstance prouve que les graveurs ne savaient pas toujours calculer la position que les lettres devaient avoir sur la matrice, pour que l'empreinte les reproduisît sous leur aspect naturel.

La forme de l'O, dans le sceau n° 3, doit être remarquée; cette lettre, au lieu de s'arrondir dans sa partie supérieure, se termine en pointe, et il semble même que les deux traits se croisent à leur rencontre. Or on aura occasion de voir, dans les diplômes mérovingiens, des *o* à sommet anguleux et qui de plus se terminent par un ou deux traits excédants. Ce type a été évidemment imité par l'ouvrier qui a gravé le sceau de Clovis III. Cette lettre présente encore le même caractère dans le sceau de Childebert III (Pl. A, n° 5). On y remarque en outre un C de forme carrée, ainsi que dans la légende suivante. Cette dernière forme de lettre est en général considérée comme ancienne; mais on a pu voir qu'elle a été employée dans le sceau de Louis VI et dans celui de Constance, femme de Louis le Jeune: on l'a rencontrée aussi dans les sceaux des abbayes de Saint-Denys et de Saint-Germain des Prés. Il ne faudrait donc pas s'attacher exclusivement à ce caractère, pour reporter une inscription au temps des Mérovingiens.

Les formes des lettres sont beaucoup plus régulières dans le sceau de Charlemagne (Pl. A, n° 8); mais les mots ne sont point séparés, et l'on ne remarque ni signe abréviatif, ni ponctuation, pour distinguer ceux dans lesquels certaines lettres sont supprimées. Si les lettres XPE forment une abréviation proprement dite, il n'en est pas de même des lettres FRANCR, que l'on doit considérer moins comme une abréviation du mot *Francorum*[1], que comme un sigle composé.

Si le premier modèle du sceau de Louis le Débonnaire présente moins de lacunes, le second (Pl. A, n° 11) rend mieux l'aspect de l'écriture, qui est fine et déliée; c'est un genre de gravure que l'on peut considérer comme convenant aux premiers temps des Carlovingiens, quoiqu'il soit possible d'en rencontrer quelques exemples dans un petit nombre de sceaux du XIe siècle. Les mots sont réunis dans cette légende comme dans celle du sceau de Charlemagne; il faut aussi remarquer la séparation parfaite du double V, dont les branches ne sont ordinairement croisées qu'après le Xe siècle; toutefois les Bénédictins ont trouvé le W conjoint sur une monnaie de Louis le Débonnaire.

La légende du sceau de Lothaire (Pl. A, n° 12) est trop confuse pour qu'on puisse y remarquer autre chose que la séparation de la dernière syllabe du mot *adjuva*. On rencontre souvent dans les manuscrits contemporains des mots mal séparés.

Les A que l'on remarque sur les deux côtés de la bulle de plomb de Nicolas Ier (Pl. U, n° 1), sont signalés par les Bénédictins comme ne pouvant être postérieurs au IXe siècle. Cette légende fournit encore un autre caractère d'antiquité, mais qui est moins précis que le précédent, c'est la séparation des deux lettres composant la diphthongue Æ.

Le sceau de Charles le Simple (Pl. B, n° 3) ne présente pas d'autres caractères chronologiques que l'indistinction des mots et la régularité de la forme des lettres.

Quoique l'*e* oncial figure sur les médailles latines dès le IIIe siècle (*Nouv. Tr. de Dipl.* tome II, p. 175), cependant l'E capital fut toujours employé de préférence dans les inscriptions; mais, dans le cours du XIe siècle, on voit se multiplier sur les sceaux les *e* de forme onciale, qui dégénèrent bientôt en *e* gothiques. C'est à l'alphabet oncial, qu'appartiennent les *e* du sceau de Ro-

[1] Suivant les auteurs du Nouveau Traité de Diplomatique, l'N de ce mot, qui présente l'aspect d'un V précédé d'une haste, se rencontre depuis le VIIIe jusqu'au Xe siècle.

bert II (Pl. B, n° 4). Les mots de cette légende ne sont pas séparés; mais on y découvre deux abréviations.

Les sceaux de Henri Ier et de Philippe Ier (Pl. B, n°s 6 et 7) renferment chacun trois abréviations, entre autres celle de la finale *us*, représentée sous la forme d'une apostrophe; le trait qui indique la suppression de l'*e* du mot *Dei* est nettement indiqué dans le sceau de Philippe Ier; et dans celui de Henri Ier, on distingue le signe abréviatif placé au-dessus de l'R du mot *gratia*. Il est probable qu'un demi-siècle auparavant on ne trouverait pas beaucoup d'exemples analogues, et que les suppressions de lettres ne seraient pas indiquées par des signes abréviatifs.

L'indistinction des mots, l'absence des abréviations, l'emploi des lettres capitales sans mélange d'onciales, permettent de faire remonter le sceau de l'abbaye de Saint-Denys (Pl. P, n° 4), au commencement du XIe siècle, quoique l'acte le plus ancien auquel nous l'ayons vu attaché ne soit que de la seconde moitié du siècle suivant. Il ne sera pas inutile de faire observer à cette occasion que les sceaux d'abbayes, de villes et de communautés sont souvent beaucoup plus anciens que les actes qu'ils accompagnent : par respect pour les traditions, on devait naturellement les conserver le plus longtemps possible.

On peut assigner au sceau de Saint-Germain des Prés (Pl. O, n° 3), à peu près la même date qu'à celui de l'abbaye de Saint-Denys. L'abréviation du mot *sancti* n'est pas moins ancienne que celle de l'*m* finale de *sigillum*. Le sceau de Robert II présente d'ailleurs pour cette dernière abréviation un exemple analogue dans le mot *Francorum*, et l'on y trouve aussi des *e* de forme onciale. Enfin, on remarquera que le sceau de S. Germain des Prés renferme deux C carrés; c'est un caractère que les Bénédictins ne regardent pas comme postérieur au XIe siècle. L'emploi de cette forme de lettre dans le sceau de la reine Constance (Pl. B, n° 5), peut être considéré comme exceptionnel; il sera d'ailleurs facile de prouver que cette légende est postérieure à celle du sceau qui nous occupe en ce moment.

L'indistinction des mots et la séparation du double V pourraient faire regarder le sceau d'Édouard le Confesseur (Pl. R, n° 1), comme plus ancien qu'il ne l'est réellement; mais le trait qui tranche la lettre V, pour indiquer la suppression de l'*m* finale du mot *Anglorum*, et la réunion en forme d'O des deux premiers jambages de l'*m* onciale, qui termine le mot *sigillum*[1], sont des caractères qui ne conviendraient pas à un sceau du Xe siècle.

L'indistinction des mots et la séparation du double V concourent sur le

[1] Ces deux remarques ne s'appliquent qu'à l'un des côtés du sceau; sur l'autre côté, le mot *Anglorum* n'est pas abrégé, et les *m* onciales ont une forme plus pure.

sceau de Guillaume le Conquérant (Pl. R, n° 2), avec l'emploi de plusieurs lettres de forme carrée. La réunion de ces caractères est loin d'être habituelle, même dans les sceaux du siècle précédent; mais il est probable qu'en accumulant ainsi les formes carrées, on aura voulu imiter le style de l'écriture anglo-saxonne, quoique Guillaume le Conquérant l'ait remplacée dans les actes par l'écriture française. Le G du mot *signo* n'est pas d'ailleurs du nombre des lettres que l'on rencontre dans l'ancienne capitale : tel est du moins le sentiment des Bénédictins (tome II, p. 321); d'un autre côté, les formes onciales paraissent dans la lettre *h* sur la face principale et sur le revers, dans l'*e* de la troisième syllabe du mot *eündem*. On croit devoir faire observer enfin que la dernière lettre de ce mot se trouve séparée de la précédente par l'épée du roi; peut-être serait-il difficile de trouver au xe siècle un sceau dont les ornements pénètrent ainsi dans le cercle de l'inscription.

Le sceau de Henri Ier, roi d'Angleterre (Pl. R, n° 3), conserve, malgré l'altération de l'empreinte, la trace des points qui servent à distinguer les mots; sur le revers, le premier et le second mot sont séparés par un intervalle sensible; l'N du mot *Anglorum* approche de la forme de l'H; la panse de l'R enveloppe la plus grande partie de la haste : cette dernière lettre présente sur le premier côté un aspect différent, mais qui n'est pas moins caractéristique; on peut remarquer en effet que la queue, au lieu de se courber une seconde fois pour se diriger vers la lettre suivante, tend plutôt à revenir sur elle-même et à présenter l'aspect d'une ligne convexe; enfin, dans le mot *Henricus*, l'extrémité des crochets du C se prolonge assez pour fermer presque entièrement la partie antérieure de la lettre.

Les bulles de plomb reproduites sous les n°s 2, 3 et 4 de la planche U, donneront lieu à une observation analogue. En effet, les extrémités de plusieurs lettres sont tranchées par des traits verticaux qui se prononcent et se multiplient à mesure que l'on approche de la période gothique : on peut vérifier cette remarque dans la première bulle, sur les lettres C et S; dans la seconde, sur les lettres G, E, S; et dans la dernière, non-seulement sur les lettres C, E, T, S, mais encore sur le signe abréviatif qui surmonte les lettres PP.

Les mots sont indistincts dans le sceau de Louis le Gros (Pl. C, n° 1), mais l'écriture est trop massive pour que l'on soit tenté d'en reculer la date; on peut remarquer d'ailleurs dans la lettre V un signe qui ne peut convenir à la capitale que dans les temps voisins de la période gothique; c'est que les montants de cette lettre sont plus larges dans le haut que dans le bas.

La formation des communes de Noyon et de Beauvais concorde avec le règne de Louis le Gros; et si on examine les sceaux de ces deux villes, on verra que les caractères de l'écriture permettent de leur donner la même date. Celui de Noyon (Pl. P, n° 15) ne renferme que des lettres capitales; le premier mot, qui est abrégé, est le seul qui soit suivi d'un point; les autres sont indistincts. Malgré l'altération de l'empreinte, on reconnaît que le sceau de la ville de Beauvais (Pl. P, n° 14) présente une écriture capitale de forme massive, et dont tous les mots sont indistincts.

Dans le sceau de l'abbaye de Saint-Victor (Pl. O, n° 2), les mots sont distingués par des points; mais le sceau de Henri Ier, roi d'Angleterre, prouve que cet usage existait dès l'an 1100 [1]; on peut remarquer d'ailleurs que l'*e* oncial du mot *Parisiensis* ne tend point à se fermer. Dans le même mot, on voit une N qui approche de la forme de l'H; et à la fin du mot *sigillum*, une *m* onciale dont les deux premiers jambages présentent l'aspect d'un O. Cette dernière lettre s'est déjà rencontrée dans le sceau d'Édouard le Confesseur; mais elle convient mieux au XIIe siècle qu'au précédent. Aussi la trouve-t-on beaucoup plus caractérisée dans le sceau de Louis le Jeune (Pl. C, nos 2 et 3). Il faut remarquer aussi dans cette dernière légende la forme des R, dont la queue affecte une forme convexe et verticale, qui donne à la lettre l'aspect d'un B dont la panse inférieure serait ouverte par le bas, ou, comme dans le mot *gratia*, l'aspect d'un A dont le sommet serait tronqué. Lors même que la queue de l'R se recourbe vers la lettre suivante, il est facile de voir que ce trait est beaucoup moins prononcé que dans les siècles précédents. Ces différents caractères annoncent l'approche de la période gothique.

Si les C carrés doivent être considérés en général comme antérieurs au XIe siècle, il faut remarquer que dans le sceau de la reine Constance (Pl. B, n° 5), leurs barres sont tranchées par des traits saillants et massifs qui reparaissent aux extrémités de la plupart des lettres, et qui en dénaturent tellement la forme qu'on ne peut s'empêcher de reconnaître dans cette légende tous les signes qui annoncent la décadence de l'écriture capitale. Le renflement de la lettre V dans sa partie supérieure est un caractère particulier qui vient confirmer cette observation générale.

L'altération de l'empreinte du sceau de la reine Adèle (Pl. C, n° 4), ne permet guère d'observer que l'indistinction des mots et le mélange de l'onciale et de la capitale; cependant, le G du mot *sigillum* est remarquable par l'angle

[1] On n'entend pas limiter à cette époque l'usage des points dans les inscriptions proprement dites: il est bien constaté qu'ils ont été employés même avant l'ère chrétienne; mais il faut reconnaître aussi qu'avant le XIIe siècle il est rare d'en rencontrer sur les légendes des sceaux. Ajoutons cependant que cette observation s'applique surtout aux points qui servent uniquement à séparer les mots, et non à ceux qui sont placés après une abréviation ou à la fin d'une légende.

droit que forme son crochet inférieur pour rentrer dans la panse dont il atteint le contour; dans les siècles antérieurs, cet angle n'existerait pas; d'un autre côté le crochet ne se prolongerait pas assez pour rencontrer la panse.

Le G se distingue dans le sceau de Maurice de Sully (Pl. O, n° 1), par un autre caractère qui ne conviendrait pas davantage aux siècles antérieurs : si le crochet inférieur ne forme pas d'angle pour rentrer dans la panse, on peut voir qu'il se recourbe sur lui-même pour redescendre vers le bas de la lettre, en sorte que ce G présente l'aspect d'une spirale qui se développe à partir de l'extrémité du crochet inférieur, pour former ensuite et la panse et le crochet supérieur dont le prolongement s'abaisse jusqu'à fermer l'ouverture ordinaire de la lettre. On trouve les mêmes caractères sur les deux sceaux de Roger de Rosoy et de Philippe de Dreux (Pl. P, n°s 7 et 9); les traits qui rattachent d'ailleurs ces deux sceaux à la dernière partie du XIIe siècle sont, pour le premier, des N tout à fait semblables à des H; et pour le second, le renflement très-prononcé de la haste de la lettre L dans sa partie supérieure : on peut aussi remarquer que, dans ce dernier sceau, l'*e* et le *c* du mot *episcopi* sont presque entièrement fermés.

Le sceau de Guillaume de Seillenay (Pl. O, n° 4) appartient au commencement du XIIIe siècle; et cette date se trouve justifiée par la forme générale des lettres, qui sont en même temps courtes et massives. On peut remarquer en outre l'aplatissement des panses de l'S, les traits fortement prononcés qui tranchent les crochets de cette lettre, l'abaissement et la saillie du crochet supérieur du G, la longueur des signes abréviatifs qui tranchent la lettre L dans les mots *sigillum* et *Willelmi*, le rapprochement des deux montants parallèles du double V; enfin, le développement de la panse de l'R, qui enveloppe presque toute la longueur de la haste.

On serait tenté de faire remonter au XIIe siècle le sceau du conseil du comté d'Artois (Pl. Q, n° 4), si l'on ne consultait que la forme élancée des lettres qui d'ailleurs appartiennent toutes à l'écriture capitale; mais on peut signaler dans cette légende quelques détails empruntés à l'écriture gothique : le rapprochement du *c* et de l'*o* dans le mot *consilii*, le renflement de la partie inférieure de l'*i* dans le mot suivant; ce caractère est encore plus fortement prononcé dans le bas de la haste du second T de ce mot, et il est indiqué d'une manière sensible dans la panse du C du mot *consilii*. Ces détails, qui ne modifient pas la forme générale des lettres, ont cependant leur importance, parce que la majuscule gothique présente toujours un contraste remarquable entre la finesse et l'épaisseur des traits d'une même lettre. Quoique la lettre R du mot *Arthesii* soit incomplète, on voit cependant que par le bas elle présente l'aspect d'un B; on remarque aussi dans le même mot une S dont les panses ne sont pas aplaties, mais dont les crochets sont tranchés par des traits qui rencontrent le corps de la lettre, en suivant la même direction; de sorte que, si l'on fait abstraction de leur saillie extérieure, cette S présentera tout à fait l'aspect d'un 8 : on verra souvent, dans l'écriture gothique, des S dont les crochets sont tranchés par une même ligne droite qui se dirige de l'un à l'autre, en traversant le corps de la lettre.

Quand on est arrivé au milieu du XIIIe siècle, il est difficile de trouver des sceaux dont les légendes ne renferment pas des lettres gothiques nettement caractérisées; et quoique ces légendes se rattachent par certains détails à l'écriture capitale, le mélange d'un petit nombre de caractères gothiques doit suffire pour les ranger parmi les monuments de la seconde période. Il faut donc passer au temps de la renaissance, pour retrouver l'ancienne capitale; et bien que les limites chronologiques de cet ouvrage excluent cette période nouvelle, il était cependant nécessaire d'en fixer, par un petit nombre d'exemples, la date et les caractères. Tout le monde sait que la France a été devancée par l'Italie, dans cette réforme. La première bulle de plomb sur laquelle on rencontre la capitale romaine, est celle d'Eugène IV (Pl. U, n° 12); on trouverait peut-être quelques restes des habitudes gothiques dans le renflement des montants de la lettre V, et dans l'aplatissement des panses de l'S.

Les cinq modèles suivants n'atteignent pas encore à une régularité parfaite; mais la bulle de Léon X (Pl. U, n° 17), et celle de Paul III (Pl. U, n° 19), se font remarquer par une pureté de formes qui atteste tous les progrès de l'art.

Le sceau de Louis XII (Pl. K, n° 1) se rattache encore à l'écriture gothique par un grand nombre de détails; il renferme en outre deux lettres qui ne peuvent appartenir à la capitale (le second D du mot *duodecimus*, et le D initial du mot *Dei*, dont la haste est dépassée par les extrémités de la panse); mais il est facile de reconnaître que plusieurs lettres sont étrangères à la majuscule gothique, et que cette légende indique dans son ensemble un retour vers les formes de l'écriture romaine.

Si le sceau suivant ne renferme plus de lettres purement gothiques, on peut voir que tous les *d* et plusieurs *e* appartiennent encore à l'alphabet oncial. C'est sur le sceau de Henri II que les formes capitales ont été pour la première fois employées sans mélange.

ARTICLE II.

DE L'ÉCRITURE ONCIALE[1].

1° Déchiffrement.

La principale difficulté que présente le *fac-simile* n° 2 de la seconde planche est l'indistinction des mots; il faut remarquer aussi les F et les T dont les barres sont peu prononcées : cette dernière lettre aurait souvent l'aspect d'un I, si dans l'impression de la gravure on avait pu imiter la pâleur de l'encre du manuscrit original. On voit au-dessus de la troisième ligne un *i*, et au-dessus de la septième un *e*, qui ont été ajoutés pour compléter les mots *mansissent* et *esse.* La sixième ligne renferme deux abréviations : *dmi* pour *Domini* et *antixpos* pour *antichristos ;* on n'a pas oublié sans doute que l'X et le P sont des caractères grecs qu'il était d'usage d'employer dans les abréviations du mot *Christus* et de ses dérivés. Une troisième abréviation se présente dans la dernière ligne : c'est le *q* suivi d'un point pour désigner la syllabe *que,* dans la conjonction *adque* (*atque*).

Bien que la traverse du T soit plus prononcée dans le *fac-simile* suivant (Pl. II, n° 3), cette lettre se confond encore avec l'I sur le manuscrit original, dont l'encre est très-pâle; la même confusion existerait pour la lettre L, dont la barre est à peine sensible, si le sommet de la haste ne dépassait sensiblement les autres lettres. On remarquera que la traverse de l'N se rapproche souvent de la direction horizontale, mais en rencontrant toujours l'extrémité inférieure du second jambage. La queue de l'R est souvent peu prononcée, et sa haste ne dépasse pas moins le bas des lignes que celle des lettres *p* et *q*. Enfin, il importe de faire observer que le *d* et le *b* appartiennent à l'alphabet minuscule.

Le *S. Prosper,* qui a fourni le *fac-simile* n° 4 de la planche II, est aussi du nombre des manuscrits dans lesquels il est souvent difficile de ne pas confondre l'I et le T, à moins que la haste de cette dernière lettre ne dépasse le haut des lignes, comme dans le mot qui termine le second vers. Cette écriture ne peut d'ailleurs présenter la moindre difficulté : on fera observer seulement que la première ligne se termine par une *s* minuscule, et que le dernier mot de la

[1] Les personnes qui ne seraient pas familiarisées avec les formes onciales devront les étudier dans l'alphabet n° 1 de la Ire planche, avant de commencer le déchiffrement des *fac-simile* dont il va être question; leur attention doit surtout se fixer sur les lettres *a, d, e, g* et *m*, qui s'éloignent plus sensiblement que les autres des formes qu'on emploie aujourd'hui.

troisième commence par un *e* à cédille que le défaut d'espace a fait employer pour représenter la diphthongue Æ, dont les deux lettres sont ordinairement séparées, comme dans le premier mot du vers suivant.

La forme des lettres *a, l, t,* doit être remarquée dans le *fac-simile* n° 5 de la même planche. La panse de l'*a* s'allonge en s'arrondissant vers la gauche et tient à peine au montant de la lettre qui, sous cette forme, appartiendrait moins à l'onciale qu'à la minuscule. La lettre L, en recourbant l'extrémité de sa barre, prend l'aspect d'une *h* minuscule dont la panse serait peu prononcée. Enfin, le T se fait remarquer par un trait horizontal qui part du pied de la haste, en se dirigeant vers la droite, et qui souvent ne se prolonge pas moins que la partie correspondante de la barre. L'abréviation des mots *cum* et *Domino* (*dno*) ne présente aucune difficulté. Il en est de même des trois abréviations que renferme le *fac-simile* n° 4 de la planche III, c'est-à-dire du *c* renversé, qui remplace la première syllabe du mot *convincitur,* et des mots *est* et *esse,* représentés l'un par un *e,* l'autre par deux *e* surmontés d'un signe semblable à l'accent circonflexe des Grecs.

Dans le *fac-simile* n° 6 de la même planche, les abréviations de la première ligne et celles des mots *constitutionem* et *relegi* (2e ligne), n'ont rien d'extraordinaire. En effet, les unes (*Christi* et *episcopus*) remontent aux premiers siècles de l'ère chrétienne; les autres ne consistent que dans la suppression de quelques-unes des lettres finales des mots *nomine, constitutionem* et *relegi* (c'est un genre d'abréviation encore plus ancien, et qui n'a jamais cessé d'être en usage); mais il n'en est pas de même des lettres *nam* et *sui,* employées pour représenter les mots *nostram* et *subscripsi :* on se sert plus ordinairement pour le premier mot, des lettres *nram* ou *nra,* en superposant un ou deux signes abréviatifs; et pour le second mot, on rencontrera plus souvent *subs,* ou seulement l'*s* initiale.

Sauf quelques T dont la barre est peu prononcée, le *fac-simile* qui termine la planche III ne présente d'autre difficulté que l'indistinction des mots.

Le *fac-simile* n° 2 de la planche IV a été pris sur un feuillet dont le parchemin est troué: c'est de là que vient la lacune qui existe dans la seconde, la troisième et la quatrième ligne. Ce modèle renferme une *m* minuscule (voy. au commencement de la troisième ligne le mot *permaneat*), et des *e* qui s'éloignent de la forme onciale, lorsque leur crochet supérieur vient se confondre avec la barre. On fera aussi remarquer dans la cinquième ligne l'*i* qui a été ajouté après coup pour remplacer l'*e* du mot *alequa,* et la conjonction de l'*o* et de l'*n* dans le mot *repeticione.*

La première ligne du *fac-simile* n° 6, et les trois premières lignes du *fac-simile* n° 7 de la planche IV, se lisent sans difficulté.

Le mot *sanctorum*, dans la première ligne du *fac-simile* suivant, est abrégé d'une manière peu usitée, en ce sens qu'aucun signe n'indique la suppression des deux lettres finales : indépendamment du trait superposé à l'O, il devrait y en avoir un autre pour trancher la queue de l'R conjointe. Les autres abréviations sont dans la forme ordinaire; mais il faut remarquer la conjonction du T et de l'R dans le mot *matre*, l'Y pointé dans le mot *Xysti*, l'A initial d'*Adsumptio*, dont le montant gauche et la traverse sont excessivement prolongés; enfin les deux E à cédille substitués à la diphthongue *æ*.

Les deux premières lignes de la seconde colonne du *fac-simile* n° 1 de la planche V, sont en écriture onciale : on y voit deux N en forme d'H, et l'abréviation ordinaire du mot *Deo*. Le mot *mortalis* est suivi d'un signe qui se rencontre dans beaucoup de manuscrits, et qui était employé pour désigner les divisions importantes, ou au moins les *alinéa* : ce signe est souvent représenté sous la forme d'une potence.

L'écriture onciale de la seconde ligne du *fac-simile* n° 3, est remarquable par sa netteté; elle ne présente donc d'autre difficulté que les abréviations KL pour *Kalendas*, IAN pour *Januarii*, et M pour *Mensis*. Celle du mot *Decembris* n'a pas besoin d'être expliquée : il en est de même de celle du mot *liber*, dans la dernière ligne de la planche V.

2° Age.

L'âge de l'écriture onciale n'est pas moins difficile à fixer que celui de l'écriture capitale; aussi sommes-nous heureux de pouvoir donner quelque autorité aux principes généraux qui peuvent aider la solution de ce problème, en les empruntant aux savants auteurs du Nouveau Traité de Diplomatique.

« Les manuscrits qui sont en onciale, s'ils ne font point partie de l'écriture « sainte, s'ils ne sont point à l'usage des offices divins, s'ils n'ont point été « faits pour quelques princes, seront au moins du VIIIe siècle. Mais, quelque « livre que ce soit, entièrement en onciale, sera jugé antérieur à la fin du Xe « siècle. Cette règle est applicable même aux manuscrits grecs. Un manuscrit « en onciale, dont les titres[1] des livres répétés au haut de chaque page, et ceux

[1] « Les titres en pure onciale, mais plus petite « que le texte même, donnent un excellent indice « de la plus haute antiquité. Cet indice est vérifié « par les manuscrits 152, 2630, 107 de la Bibliothèque du Roi, par le S. Cyprien de Saint-Germain des Prés, par le Virgile d'Asper de la même « abbaye. Les titres des pages en capitale peuvent « convenir aux plus anciens manuscrits où l'on « emploie le même caractère. Des manuscrits des « VIIe et VIIIe siècles, soit en onciale, soit en demi-onciale, soit en quelque autre sorte d'écriture, « ne seront point constants à marquer le titre au « haut des pages, ou bien le genre de l'écriture variera; ou s'ils usent constamment d'onciale, elle « ne sera pas beaucoup plus petite que le texte. Ces « variations augmenteront encore aux siècles suivants. Les ornements qui relèvent les titres de « chaque page commencent vers le VIIIe siècle. »

« des livres placés tant à la fin qu'au commencement de chaque traité, et les « lettres initiales des *alinea* paraissent sans ornements, appartient à la plus « haute antiquité. Les manuscrits néanmoins dont les titres des traités seraient « en capitale rustique ou négligée, pourraient être du même âge. Lorsque la « capitale commence à se mêler avec l'onciale dans les titres, et que les initiales « des *alinea* sont souvent en capitale, quoique M. Maffei nous donne ce caractère « pour un signe de la plus haute antiquité, nous le regardons au contraire « comme un indice d'un âge plus récent. Il est ordinaire au IXe siècle, dans les « manuscrits même en minuscule, et fréquent dès le VIIIe. Nous ne pourrions « néanmoins regarder cet indice comme absolument incompatible avec quel- « ques-uns des plus anciens manuscrits, sans les rabaisser considérablement au- « dessous de l'âge que leur ont assigné les plus savants hommes. Mais nous ju- « geons beaucoup plus favorablement du mélange de ces quatre minuscules : « *e, l, m, t,* avec l'onciale. Nous ne les avons jamais rencontrées à la fois dans « des manuscrits en onciale qui ne fussent antérieurs au VIIe siècle. L'onciale à « jambages tortus à traits brisés ou détachés [1], et d'ailleurs soutenue du concert « des autres indices également avantageux, se fera pour l'ordinaire déclarer du « Ve siècle. Seule elle n'exclurait pas le VIe, ni peut-être même totalement le « VIIe, mais sa fin et les suivants. La petite onciale, d'une élégante simplicité, « sans bases ni sommets, anguleuse dans ses contours, à queues plutôt termi- « nées par des demi-pleins que par des déliés [2], s'annonce au coup d'œil pour « tout ce qu'on peut imaginer de plus ancien en fait de manuscrits. L'onciale « demi-tranchée sent le VIIe siècle, ou le commencement du VIIIe, sans exclusion « des précédents. Elle est déjà quelquefois pleinement tranchée aux Ve et VIe. « Alors ces traits sont souvent si massifs qu'ils semblent doubles ou triples [3]. « C'est apparemment sur leur modèle qu'on réforma l'onciale aux VIIIe et IXe « siècles. L'air de celle-ci est pourtant plus vif, le tour plus recherché et la « coupe plus nette [4]. Faute d'avoir bien saisi cette disparité, sur les rapports gé- « néraux de ressemblance peut-être serait-on quelquefois tenté de rabaisser au

[1] Dans un autre passage de leur ouvrage, les Bénédictins appliquent cette définition à la portion du manuscrit 936 de Saint-Germain des Prés, d'après lequel a été reproduit le *fac-simile* n° 4 de la planche III.

[2] C'est à peu près dans les mêmes termes que les Bénédictins dépeignent ailleurs l'écriture du Saint-Cyprien, dont un passage est reproduit dans le *fac-simile* n° 2 de la planche II.

[3] Les sommets et les bases de plusieurs lettres du manuscrit de Saint-Prosper (Pl. II, n° 4), sont souvent tranchés par des traits nettement indiqués. Les Bénédictins font aussi remarquer (tome III, page 159) que cette écriture est à double trait, c'est-à-dire que les traits des lettres ont une épaisseur double de celle que l'on remarque dans d'autres manuscrits; c'est dans ce sens qu'ils appellent onciale à triples traits une écriture du genre de celle qui a fourni l'alphabet n° 1 de la première planche.

[4] Voyez la deuxième ligne du *fac-simile* n° 3 de la planche V.

« IXe siècle ces écritures du VIe. Mais le plus léger examen des autres carac- « tères remettra sur les voies. » (*Nouv. Traité de Dipl.* tome II, pages 401 et suivantes.)

Résumons en peu de mots ces règles fondamentales. Si l'on excepte les saintes écritures, les ouvrages de liturgie, et les livres de luxe copiés pour quelque prince, on peut poser en principe que l'écriture onciale a cessé avant le IXe siècle d'être habituellement employée dans toute l'étendue d'un manuscrit. Parmi les différentes espèces d'onciale, celle dont les formes libres et courantes n'excluent pas une élégante simplicité (Pl. II, n° 2), appartient aux temps les plus reculés. Du Ve siècle au commencement du VIIe, l'onciale est tantôt plus négligée (Pl. III, n° 4), tantôt plus correcte, mais aussi tracée avec moins de liberté (Pl. II, n° 4) : ce dernier genre d'écriture se rencontre ordinairement jusqu'au commencement du VIIIe siècle. Quand le travail de l'écrivain est poussé jusqu'à la recherche (Pl. V, n° 3, 2e ligne), on approche du temps où l'usage de l'onciale sera bientôt abandonné. C'est sans doute parce que le mélange de quelques lettres minuscules ne peut guère être observé dans une onciale tracée avec une certaine recherche, que les Bénédictins l'ont signalé comme un des caractères auxquels on peut reconnaître les manuscrits antérieurs au VIIe siècle ; mais sur les quatre lettres qu'ils indiquent, il y en a une dont la forme est à peu près la même dans l'onciale et dans la minuscule ; quant à l'*e*, ils n'ont pas voulu sans doute parler de la substitution constante de l'*e* minuscule à l'*e* oncial, mais de l'emploi alternatif de ces deux formes, tel qu'on peut l'observer dans le *fac-simile* n° 2 de la planche IV, où l'on trouve aussi une *m* minuscule, et des *l* qui sont plutôt minuscules qu'onciales, en ce sens que la barre en est peu prononcée, et qu'au lieu d'être indépendante de la haste, elle résulte plutôt du prolongement de ce trait, arrondi dans sa partie inférieure. Entendu de cette manière en ce qui concerne l'*e* minuscule, ce principe pourrait encore recevoir une fausse application, si l'on supposait que de l'emploi fréquent de l'*e* minuscule il résulte un caractère d'antiquité qui permet de faire remonter la date d'un manuscrit en onciale au Ve siècle, ou même au commencement du VIe. En effet, nous avons vainement cherché cette forme de lettre dans ceux des manuscrits, soit en onciale, soit en écriture mixte, qui sont antérieurs à la seconde moitié du VIe siècle [1]. Il en résulte que

[1] On ne parle pas ici des *e* de forme onciale qui peuvent être fermés, soit par un trait accessoire, comme l'*e* de l'alphabet n° 1 de la première planche, soit par l'abaissement accidentel de la partie supérieure de la lettre ; il ne faut pas confondre des exceptions involontaires et par conséquent fort rares, avec des formes de lettres qui annoncent à la fois les intentions et les habitudes de l'écrivain.

si le mélange de l'*e* minuscule dans une onciale négligée exclut, sinon le commencement, du moins la fin du VIIe siècle, il pourrait annoncer les temps voisins du IXe dans une onciale tracée avec une certaine attention, parce qu'alors l'emploi de l'*e* minuscule était devenu fréquent, et que les écrivains pouvaient être entraînés à confondre deux formes qui d'ailleurs présentent une grande analogie : ce fait est confirmé par le *fac-simile* n° 8 de la planche IV, dont les quatre dernières lignes renferment des *e* minuscules.

Ces principes généraux une fois posés, passons à l'examen particulier des différents modèles d'écriture onciale.

Les mots ne sont pas séparés dans le *fac-simile* n° 2 de la planche II. On y trouve deux points; mais l'un vient après le mot *antichristos* qui est abrégé, l'autre sert de signe abréviatif dans le mot *adque*. On se rappelle que l'abréviation du mot *Domini*, sous la forme suivante (*dmi*), est considérée par les Bénédictins comme un signe de haute antiquité. Il faut remarquer en outre que l'Æ n'est pas conjoint; que le bas de la panse du P ne rejoint pas la haste; qu'il en est de même de la panse supérieure du B et de celle de plusieurs R. Quoique l'A oncial soit réduit à de petites proportions, la traverse et le montant gauche de cette lettre forment toujours à leur point de rencontre un angle assez nettement indiqué pour que ces deux traits réunis ne présentent pas l'aspect de la panse d'un *a* minuscule (a). Les jambages de l'M onciale, loin de se courber et de tendre à se réunir en forme d'O, conservent une direction presque verticale, en sorte que leurs extrémités inférieures sont séparées par une distance notable : on verra cette distance se réduire de plus en plus à mesure qu'on se rapprochera des temps modernes.

Si le bas du premier jambage de l'M onciale se courbe vers la droite dans le *fac-simile* n° 3, le second et le troisième conservent dans leur partie inférieure une direction presque verticale, et restent peut-être plus éloignés que dans le S. Cyprien. La panse du P et de l'R ne rejoignent pas la haste, et l'A conserve bien la forme onciale. Quant à l'emploi du *d* et du *b* minuscule, on ne doit en tirer aucune induction contre l'antiquité de ce manuscrit. En effet, le *b* minuscule n'est pas rare, selon les Bénédictins, sur les monnaies latines du Ve siècle et du VIe : on le trouve même sur une inscription qui remonte à l'an 338, et cet exemple n'est pas le plus ancien que l'on connaisse. Les mêmes auteurs affirment que ces deux lettres minuscules sont de beaucoup antérieures aux manuscrits les plus anciens dans lesquels on les rencontre. « Au VIe siècle, « disent-ils, et probablement plus tôt, on voit des *d* minuscules dont la panse « est plus ample de beaucoup qu'elle ne le fut dans la suite. » Tel est sans contredit le caractère que la panse du *d* et celle du *b* présentent dans notre manuscrit.

L'*s* minuscule qui termine la première ligne du *fac-simile* suivant, ne doit rien faire préjuger contre l'antiquité du S. Prosper, puisque cette forme de lettre a été employée au moins dès le IVe siècle. (*Nouv. Tr. de Dipl.* tome II, page 264.) Si la panse du P n'est pas ouverte par le bas, celle de l'R rencontre rarement la haste. Le bas des deux jambages extrêmes de l'M onciale ne conserve plus la direction verticale, mais le jambage du milieu, au lieu de se recourber vers le premier, incline plutôt vers le troisième. L'A est sans doute moins ancien que dans les deux *fac-simile* précédents, mais il est encore loin de se confondre avec la forme minuscule; l'indistinction des mots est constante, les barres des lettres L et T sont souvent peu prononcées; enfin, les panses du P et du Q ont beaucoup d'ampleur et ne rejoignent la haste que par des déliés d'une extrême finesse.

Les M du S. Augustin (Pl. II, n° 5, lignes 2-7), ne sont pas plus anciennes que celles du S. Prosper; et si la panse du P reste un peu ouverte par le bas, la forme de l'A est à peu près minuscule; la partie supérieure de l'E se recourbe fortement et descend fort près de la barre : quelquefois même elle la rejoint tout à fait. Nous ne croyons pas que la réunion de ces deux caractères puisse convenir à un manuscrit du commencement du VIe siècle.

Le *fac-simile* n° 4 de la planche III peut être considéré comme ayant date certaine. (Voy. la Notice XV.) La partie supérieure de l'E, tout en se recourbant assez près de la barre, n'arrive pas cependant jusqu'à la rencontrer; l'arrondissement du bas des jambages de l'M n'est pas toujours très-prononcé, la panse du P reste ouverte par le bas; celle du Q a de l'ampleur, et celle de l'R ne rejoint pas toujours la haste, enfin l'A se rapproche moins de la forme minuscule que dans le S. Augustin. Si l'on ajoute à ces différents caractères ceux qui résultent de la forme négligée de l'écriture et de l'indistinction des mots qui ne sont séparés que de loin en loin par des signes de ponctuation placés à la fin des membres de phrase, on reconnaît que tout s'accorde pour vérifier les arguments fournis et par la disposition matérielle et par plusieurs passages d'un des manuscrits les plus anciens et les plus authentiques qui se soient conservés jusqu'à nos jours.

Dans le *fac-simile* n° 6 de la planche III, les mots sont séparés, ponctués et souvent abrégés; mais il faut remarquer que ces deux lignes sont la transcription d'une signature dont l'écrivain a voulu reproduire non-seulement le sens, mais les détails matériels. Il ne faut donc juger ce modèle que par la forme des lettres; on y retrouve alors à peu près les mêmes caractères que dans celui qui précède.

Dans le dernier *fac-simile* de la planche III, les mots ne sont pas séparés, la barre des T est souvent peu prolongée, la forme de l'A n'est pas minuscule; mais le bas des jambages de l'M s'arrondit plus souvent; et quelquefois les deux premiers arrivent presque à se rencontrer; le haut de l'E se recourbe sensiblement vers la barre, et souvent il s'en rapproche beaucoup : ces deux traits sont même entièrement réunis dans le dernier mot de la troisième ligne.

Aux observations qui ont été présentées plus haut, sur la nature de quelques-unes des lettres du *fac-simile* n° 2 de la planche IV, on peut ajouter que la forme des A est à peu près minuscule. Peut-être aussi ne rencontrerait-on pas, au commencement du VIe siècle, des C dont le crochet, au lieu de rejoindre la panse par une ligne courbe, formerait au point de rencontre un angle semblable à celui qui dénature l'aspect ordinaire de la partie supérieure de cette lettre dans le mot *spaciis*, et surtout dans les mots *contra* et *consurgat* : cet angle se retrouve aussi jusqu'à un certain point dans la partie correspondante de quelques S, notamment dans celle du mot *sub*.

On se bornera à faire observer, en ce qui concerne le titre *de patruis* (Pl. IV, n° 6), qu'il renferme un *a* minuscule; et que l'emploi du D capital au commencement d'une ligne en onciale, est un des caractères qui, selon les Bénédictins, se rencontrent fréquemment dans les manuscrits du VIIIe et du IXe siècle.

La forme minuscule de l'*a*, l'arrondissement et le rapprochement du bas des jambages de l'M, sont des caractères communs aux *fac-simile* n°s 7 et 8 de la planche IV; mais ce qu'il y a de plus important à signaler, c'est que la seconde ligne du *fac-simile* n° 8 renferme quatre mots en minuscule; c'est un mélange qui ne serait pas observé au VIIe siècle.

L'*a* minuscule n'est pas moins caractérisé dans le *fac-simile* n° 1 de la planche V (2e colonne, lig. 1 et 2); cette écriture renferme des N à jambages écartés qui deviennent fort ordinaires au IXe siècle. On peut voir d'ailleurs que l'indistinction des mots n'existe pas plus ici que dans les deux *fac-simile* précédents.

La multiplicité des abréviations, jointe à l'élégance recherchée de l'écriture, ne permettrait pas de se tromper sur l'âge de l'onciale qui forme la deuxième ligne du *fac-simile* n° 3 de la même planche. On peut remarquer aussi la finesse des jambages, celle des traits qui tranchent les extrémités de plusieurs lettres, et l'arrondissement bien caractérisé des M dans leur partie inférieure. Si par certains détails cette écriture semble présenter quelque analogie avec celle qui a fourni l'alphabet n° 1 de la première planche, il est facile de reconnaître que ces deux types, vus dans leur ensemble, ne peuvent jamais être confondus.

On fera remarquer, dans la dernière ligne de la planche V, un *e* minuscule, une M arrondie et fermée par le bas, des traits qui tranchent les extrémités de plusieurs lettres : la réunion de ces caractères justifie la date assignée à ce *fac-simile.*

ARTICLE III.

DE L'ÉCRITURE MIXTE.

1° Déchiffrement.

Le *fac-simile* n° 1 de la planche III renferme quatre abréviations plusieurs fois répétées, et qui ne présentent d'ailleurs aucune difficulté (*sedit*, *annos*, *menses* et *dies* ou *diem*). La seule forme de lettre qui puisse embarrasser est celle de l'*r*, dont le crochet prend pour ainsi dire l'aspect d'un jambage. On trouve aussi dans quelques-uns des chiffres romains un signe qui se rapproche de la forme d'un G oncial et qui sert à exprimer le nombre VI : il en sera question plus tard, quand on parlera des chiffres romains; bornons-nous à faire remarquer qu'il est employé pour exprimer le nombre des jours dans la première ligne, et celui des années, dans la seconde et dans la quatrième.

Le *fac-simile* suivant est tiré du même manuscrit, mais il présente plus de difficulté, à cause de l'indistinction des mots. Il faut remarquer aussi l'*æ* complétement séparé; la forme particulière que le *g* affecte dans l'écriture mixte; et, à côté des *r* dont il vient d'être question tout à l'heure, des *s* qu'on serait tenté de prendre pour des *r*. (Voy. par exemple dans la première ligne l'*s* finale du mot *salus.*) La seconde syllabe du dernier mot de la même ligne renferme un *e* d'une forme particulière et qu'on ne doit rattacher ni à l'écriture onciale ni à la minuscule, mais à la cursive : il dépasse sensiblement le sommet des autres lettres, et ressemble à une *l* bouclée dont la haste serait courbée vers la droite. Lorsque l'*a* est formé à peu près comme notre *a* italique, on ne risque pas de le confondre avec l'*u*; mais il n'en est pas de même lorsque cette lettre, au lieu de s'arrondir dans sa partie supérieure, est fermée horizontalement par un trait d'une grande finesse, comme dans le premier mot de la troisième ligne : ce trait, qui est à peine sensible sur le *fac-simile,* paraît moins encore sur le manuscrit, à cause de la pâleur de l'encre. Il faut remarquer que plusieurs lettres sont unies entre elles, quoiqu'elles appartiennent à des mots différents : ainsi, dans la seconde ligne, la barre de la lettre finale du mot *et* vient rejoindre la lettre initiale du mot *filio,* et immédiatement après se trouve un autre *t* qui s'unit avec l'*s* du mot *spiritui*. Du reste, ces liaisons laissent aux lettres leur forme ordinaire, si ce n'est toutefois dans le mot *credentes,* où la barre[1] de l'*e* allongé dont on a parlé plus haut s'écarte de la direction horizontale, pour rejoindre le premier jambage de l'*n*. La conjonction de l'N et du T dans le dernier mot, n'a rien que d'ordinaire; le signe abréviatif qui remplace l'*m* finale de ce mot est accompagné de deux points; les autres abréviations ne présentent pas de difficulté.

Les détails dans lesquels on vient d'entrer dispensent de toute observation sur le premier *fac-simile* de la planche IV.

Les mots commencent à être séparés dans le quatrième *fac-simile* de la même planche; mais on y rencontre plusieurs lettres dont la forme pourrait embarrasser. Tel est, par exemple, dans la dernière syllabe du premier mot, un *t* qui présente à peu près l'aspect d'un *a* minuscule dont le montant se recourberait dans sa partie supérieure et se rabattrait sur la panse. Pour retrouver les éléments d'un *t* ordinaire dans cette figure qui, au premier coup d'œil, en diffère si complétement, il faut la comparer avec le *t* initial de la troisième ligne, et supposer qu'on incline ce *t* de telle sorte que la barre prenne la direction oblique affectée ordinairement par le montant de l'*a* minuscule. Par suite de cette inclinaison la haste perdra elle-même sa position verticale, et la courbure que l'on remarque à son extrémité inférieure représentera la panse de l'*a* minuscule. La position du *t* initial de la troisième ligne étant ainsi modifiée, si l'on prolonge jusqu'à la haste la courbure de l'extrémité gauche de la barre, et que d'un autre côté l'on continue jusqu'à l'extrémité droite de cette barre la courbure de la partie inférieure de la haste, il n'existera plus de différence notable entre le *t* du mot *platiis* et celui du mot *circumite.* Il faut s'habituer à ces changements de position dans la barre et dans la haste du *t;* car il n'y a pas de lettre, surtout dans l'ancienne cursive, qui se transforme aussi souvent : le même *fac-simile* en fournira la preuve. La seconde ligne commence par une liaison des lettres *et* (&) qui a été pendant longtemps conservée par la typographie, et dont le déchiffrement ne peut par conséquent présenter aucune difficulté; mais il est important de décomposer les éléments de ce signe et d'isoler les deux lettres qui le composent. On y verra d'abord un *e* allongé, presque semblable à celui qui se trouve à la fin de la ligne précédente, dans la dernière syllabe du mot *Hierusalem.* En retranchant cette lettre du signe qui nous occupe, il restera deux traits dont l'un se confond avec la barre de l'*e* et descend obliquement jusqu'au niveau de la partie inférieure de cette lettre : ce trait n'est rien autre chose que la barre du *t* renversée vers le bas de la ligne.

[1] On verra plus tard que la barre est un trait aussi indispensable à l'*e* cursif qu'à l'*e* oncial ou capital : l'absence de la barre est à peu près le seul signe qui permette de distinguer le *c* de l'*e* cursif.

Par suite de ce changement de position, le second trait, qui forme la haste, se trouve, contre l'ordinaire, placé au-dessus de la barre; en sorte que pour voir cette lettre sous son aspect habituel, il faut la regarder à l'envers. Dans la ligne suivante, le *t* final du mot *faciat* occupe encore la même position; et quoique sa haste soit prolongée outre mesure et contournée d'une manière bizarre, on retrouve encore ce qu'il y a d'essentiel dans la forme de cette lettre, quand on l'examine en la renversant. Quand le premier *t* que nous avons décrit, c'est-à-dire celui qui offre quelques rapports avec l'*a* minuscule, se trouve suivi d'un *i*, cette dernière lettre n'est indiquée que par le prolongement de la barre qui descend alors au-dessous de la ligne; c'est ce que l'on peut voir dans les mots *inveniatis* et *propitius*. Une combinaison analogue a lieu entre l'*i* et l'*e* allongé, dans le mot *ejus*, qui se trouve dans la première partie de la troisième ligne et à la fin de la dernière. Indépendamment de toute liaison avec les lettres voisines, l'*i* final du mot *qui*, et l'*i* initial des mots *in*, *inveniatis* et *judicium*, dépassent le niveau de la ligne, l'un par le bas, les autres par le haut. L'*r* se présente sous une forme nouvelle dans les mots *circumite*, *Hierusalem* et *virum*: le crochet de cette lettre s'élève au-dessus de la ligne, en formant un angle dont le côté droit va rejoindre la lettre suivante. Enfin, nous ferons remarquer le second *a* du mot *faciat*, qui est entièrement ouvert par le haut et qui présente l'aspect d'un *u* incliné vers la droite; les autres *a*[1], sans s'éloigner beaucoup de la forme de l'*a* italique, en diffèrent cependant par le crochet qui termine le haut du montant et qui donne à cette lettre l'aspect de deux *c* réunis[2].

La note reproduite sous le n° 5 de la planche IV ne présente d'autre difficulté que l'indistinction des mots.

Il faut remarquer, dans le *fac-simile* suivant (2e et 4e lignes), des *a* ouverts par le haut, des *e* allongés dont la panse est quelquefois brisée en deux parties et dont la barre est tantôt oblique, tantôt horizontale, suivant qu'elle va rejoindre une *s* ou un *p*. Le *g* tend déjà vers la forme minuscule, tandis que l'*r* de la première syllabe des mots *propatruus* et *proavus* appartient plutôt à la cursive: le trait excédant de l'*o*, dans ce dernier mot, le rattache aussi à la même écriture. Enfin, on trouve deux conjonctions de lettres, celle de l'U et du T, dans l'avant-dernier mot de la seconde ligne, et celle de l'*u* et de l'*s*, dans le troisième mot de la quatrième[3].

[1] Il n'est pas question de celui qui termine la seconde ligne et qui appartient à l'alphabet minuscule.

[2] Il ne faut pas prendre pour des abréviations les traits marqués au-dessus de la seconde ligne, après le mot *considerate*, et au-dessus de la quatrième, après le mot *fidem;* ce sont des signes de ponctuation qui servent à séparer les membres de phrase.

[3] On retrouve aussi dans l'avant-dernier mot de la quatrième ligne, un second exemple de la conjonction de l'U et du T.

2° Age.

On convient généralement que l'écriture mixte a cessé d'être employée au IXe siècle; mais il n'est pas facile d'en fixer l'origine. Il faut savoir d'abord que cette écriture a été qualifiée de *minuscule* par plusieurs écrivains; par conséquent, on ne devra pas s'étonner s'il est question dans certains ouvrages d'une écriture minuscule antérieure de plusieurs siècles au règne de Charlemagne. Les Bénédictins ont repoussé cette confusion de mots; et pour constater qu'ils distinguaient cette écriture de la minuscule, ils l'ont appelée *mixte*, ou *demi-onciale*. Quoiqu'ils emploient plus habituellement cette dernière dénomination, nous avons cru devoir préférer le nom d'*écriture mixte* à celui de *demi-onciale*, qui semblerait indiquer que, sauf la différence de hauteur, les caractères de ce genre d'écriture sont les mêmes que ceux de l'onciale, tandis que l'écriture mixte compose son alphabet d'un petit nombre de lettres qui lui sont propres, et de celles qu'elle emprunte, non-seulement à l'onciale, mais encore à la cursive. Il est facile de comprendre que du moment où les progrès de la littérature romaine amenèrent la transcription fréquente d'un certain nombre d'ouvrages littéraires, il devint nécessaire de simplifier les formes de l'écriture capitale, pour abréger le travail des copistes. Cette hypothèse suffit pour expliquer l'origine de l'écriture onciale; mais comme la majuscule onciale ne répondait qu'imparfaitement au but qu'on s'était proposé, on dut arriver bientôt à lui faire subir une double modification, c'est-à-dire à diminuer la hauteur des traits, et en même temps à choisir dans l'écriture cursive quelques lettres d'une forme plus simple. Ces différents caractères se trouvent réunis dans l'écriture mixte, au commencement du VIe siècle. Toutefois, les Bénédictins ne semblent pas éloignés de croire que dans le principe elle n'a différé de l'onciale que par sa hauteur et non par sa forme. Cette hypothèse, sur laquelle d'ailleurs ils n'insistent pas, n'a rien qui contredise l'opinion que nous venons d'émettre sur l'origine de l'écriture mixte; mais il reste à examiner si l'on doit admettre avec les savants auteurs du Nouveau Traité de Diplomatique que cette écriture ait emprunté quelques-unes de ses lettres à la minuscule. Que certaines lettres minuscules, étrangères à l'alphabet cursif, paraissent dans l'écriture mixte vers la fin du VIe siècle, ou au commencement du siècle suivant, c'est un fait incontestable, mais duquel on n'est pas obligé de conclure qu'il ait existé avant l'écriture mixte une minuscule plus ou moins semblable à celle qui paraît dans la plupart des manuscrits du IXe siècle. Nous pourrions dire que les Bénédictins, en parlant de cette ancienne minuscule, ont voulu seulement désigner une écriture plus fine que la capitale, sans rien préjuger sur la forme des éléments alphabétiques; mais si plusieurs passages du Nouveau Traité de Diplomatique peuvent se prêter à cette interprétation, il en est d'autres qui la contredisent formellement; et il y aurait peu de franchise à en déguiser le sens, pour faire passer sous l'autorité des Bénédictins une opinion qu'ils ont déjà combattue et que nous ne devons renouveler qu'avec une extrême réserve et sous notre responsabilité personnelle.

Ce qui, à notre avis, doit surtout faire douter de l'existence d'une ancienne minuscule, c'est qu'il est difficile de s'expliquer par quels motifs on l'aurait abandonnée pour se servir de l'écriture mixte. En effet, cette minuscule étant moins pénible à tracer que l'onciale, plus nette et plus distincte que la cursive, aurait rempli toutes les conditions nécessaires pour la transcription des ouvrages de littérature. D'un autre côté, si l'on examine la forme des lettres employées par l'écriture mixte au commencement du VIe siècle, on reconnaît que les deux caractères qui distinguent essentiellement l'alphabet minuscule de l'onciale et de la cursive, c'est-à-dire l'*a* et l'*e*, se présentent toujours l'un sous la forme cursive, l'autre sous la forme onciale. Comment expliquer l'exclusion constante de ces deux figures (a e) si elles avaient été réellement en usage? et d'un autre côté, comment distinguer l'ancienne minuscule de l'écriture mixte, si dans cette minuscule les *a* étaient de forme cursive et les *e* de forme onciale? Sera-ce par la forme de l'*f* et du *g*? Mais on répétera pour ces deux lettres ce qui a été dit pour les deux autres, c'est qu'elles auraient quelquefois paru dans l'écriture mixte sous la forme minuscule, si cette forme avait réellement existé. Dira-t-on que l'existence de la minuscule est prouvée par des textes? Sans doute il existe des textes qui parlent d'une écriture autre que la majuscule et la cursive; mais comme dans les premières années du VIe siècle on ne trouve, indépendamment de la majuscule et de la cursive, que de l'écriture mixte, il est permis de croire que c'est à l'écriture mixte qu'il faut appliquer tous les textes sur lesquels s'appuient les Bénédictins pour prouver l'existence de la minuscule. Il est bon de faire observer d'ailleurs qu'en fait, lorsqu'ils produisent des modèles d'ancienne minuscule, on y retrouve presque toujours les formes de l'écriture mixte. Nous devons déclarer cependant qu'on a découvert depuis la publication du Nouveau Traité de Diplomatique un manuscrit fort curieux [1] dont Fumagalli a fait graver, dans ses Institutions Diplomatiques, un *fac-simile* malheureusement fort court et d'une exécution très-imparfaite. Si ce manuscrit est aussi ancien qu'on le suppose, il ferait remonter au VIIe siècle l'emploi de la minuscule proprement dite; mais il faudrait avoir l'original entre les mains,

[1] C'est grâce à l'obligeance de M. Guérard que nous pouvons signaler ce fait important.

pour apprécier sûrement la nature et l'âge de l'écriture qu'il renferme. Quoi qu'il en soit, on doit tenir pour constant que plusieurs auteurs ont appliqué le nom de *minuscule* à une écriture qui, d'après les Bénédictins, n'aurait dû être désignée que sous le titre d'écriture *mixte* ou *demi-onciale*. Quant à l'opinion des Bénédictins qui, indépendamment de l'écriture mixte, reconnaissent une minuscule dont l'existence serait antérieure à l'invasion des Barbares, nous pensons qu'elle ne repose pas sur des preuves assez positives, et qu'il est préférable, jusqu'à preuve contraire, de ne pas faire remonter les premiers exemples de la minuscule au delà du VIIIe siècle, à moins toutefois que l'on ne veuille changer les définitions adoptées et réunir sous une dénomination commune la demi-onciale et la minuscule.

Comme les deux premiers *fac-simile* de la planche III reproduisent une seule et même écriture, on examinera en même temps les caractères chronologiques qu'ils renferment. La seule différence qui pourrait les distinguer serait la séparation des mots dans la liste des papes; mais il est inutile de faire observer que cette liste est disposée en forme de tableau, et que c'est dans le corps même du manuscrit qu'il faut rechercher quelles étaient les habitudes réelles de l'écrivain. Or on voit que dans le *fac-simile* n° 2 il n'existe aucun intervalle entre les mots. L'emploi constant de l'*e* oncial est un caractère qui ne permettrait pas de rabaisser cette écriture jusqu'à la fin du VIe siècle. On doit signaler aussi le trait horizontal qui ferme le haut de l'*a* cursif, l'ouverture du bas de la panse du *p*, la rondeur et la finesse du crochet supérieur du *c*, le développement libre et prolongé du crochet de l'*r*, et en général le mouvement facile et régulier de toute cette écriture. Nous ne parlons pas de l'*f* et du *g*, qui conservent toujours la forme que l'on a indiquée ailleurs comme pouvant caractériser l'écriture mixte.

Ces deux lettres se retrouvent dans le *fac-simile* n° 1 de la planche IV; mais le G oncial est substitué à l'autre dans la première ligne. L'*a* cursif n'a plus la forme ancienne qui a été décrite tout à l'heure : il est plutôt arrondi que tranché par une ligne droite dans sa partie supérieure. L'*e* minuscule remplace souvent l'*e* oncial; mais l'ampleur de la panse du *q* et surtout la forme de l'*r* annoncent une écriture qui ne peut être rabaissée jusqu'à la fin du VIIe siècle. On doit tenir compte aussi de l'indistinction des mots et de la forme des abréviations qui présentent l'aspect d'une *s* couchée dont les panses seraient peu prononcées. En général, cette écriture est moins libre et moins hardie que la précédente : peut-être aussi devrait-on remarquer que les *l* s'éloignent beaucoup plus de la forme majuscule que dans les deux modèles de la planche III, où les barres descendent souvent au-dessous de la ligne pour se développer plus librement. Le trait oblique qui se rattache à l'*e* final du mot *adtendere* (fin de la première ligne), n'est qu'un signe de ponctuation ajouté après coup par un correcteur : on en retrouve un autre qui se rattache de même à la première lettre du mot *planè* (commencement de la troisième ligne).

Le crochet de l'*r* minuscule ne descend plus aussi bas et ne présente plus l'aspect d'un jambage dans la note reproduite sous le n° 5 de la planche IV; on n'y trouve plus d'*e* oncial, la panse du *q* est moins développée, et le crochet de l'*s* s'élève assez haut pour qu'on ne soit plus tenté de confondre cette lettre avec l'*r* minuscule. Du reste, quand on compare ce *fac-simile* avec celui qui est placé au commencement de la même planche, et avec les deux premiers de la planche précédente, on reconnaît que ces écritures ont dans leur ensemble une grande analogie; on pourra aussi vérifier plus tard qu'elles s'éloignent des habitudes de la cursive mérovingienne, et que par la régularité des courbes et des lignes droites elles se rattachent plutôt aux deux modèles de cursive reproduits, l'un sous le n° 3 de la planche III, l'autre sous le n° 1 de la planche XI. Au contraire, le quatrième *fac-simile* de la planche IV, vu dans son ensemble, présente des traits contournés et irréguliers qui ne sont pas sans analogie avec le modèle représenté sous le numéro précédent. Indépendamment de ces rapports généraux, on peut noter comme des points de ressemblance qui rattachent cette écriture à la cursive mérovingienne, d'un côté la forme du *t* dans les mots *circumite, aspicite, considerate, inveniatis* et *propitius;* de l'autre, l'*r* à crochet anguleux et excédant, tel qu'on le trouve dans les mots *circumite, Hierusalem* et *virum.* Si les mots de ce *fac-simile* commencent à être séparés, si l'*a* s'y montre une fois sous la forme minuscule (fin de la seconde ligne), d'un autre côté la séparation de l'*æ,* la forme massive des lettres, et surtout l'emploi fréquent des liaisons de lettres cursives permettent de faire remonter ce manuscrit à la fin du VIIe ou au commencement du VIIIe siècle.

On remarque dans le *fac-simile* n° 6 une écriture plus correcte et plus déliée, mais qui se rattache aussi à la cursive par la liaison des lettres *ro,* dans les mots *propatruus* et *proavus,* et par la forme de l'*e* dans les mots *est, nepus* et *neptis.* Ces différents caractères ne se rencontrent plus ordinairement à la fin du VIIIe siècle, quoiqu'ils n'aient été entièrement exclus des manuscrits que dans le cours du XIe. Les conjonctions de lettres sont aussi plus fréquentes que dans la minuscule carlovingienne, où l'on ne trouverait que par exception des *a* cursifs ouverts par le haut; les mots, quoique plus souvent séparés que dans le *fac-simile* précédent, se confondent encore quelquefois; enfin, la forme du *g,* tout en se rapprochant de la minuscule, ne cesse pas d'appartenir à l'écriture mixte.

ARTICLE IV.

DE L'ÉCRITURE MINUSCULE.

---

§ I. DE L'ÉCRITURE MINUSCULE PROPREMENT DITE.

1° Déchiffrement.

La seconde ligne du *fac-simile* n° 8 de la planche IV renferme quatre mots en minuscule; les deux premiers sont abrégés, mais dans la forme ordinaire; les deux autres peuvent donner lieu à une observation qui ne doit pas être perdue de vue: c'est que pour distinguer l'*s* de l'*r*, dans certaines écritures, il faut s'attacher moins à l'élévation du crochet qu'à sa forme. Le crochet de l'*s* s'arrête après s'être courbé une première fois, tandis que celui de l'*r* se recourbe de nouveau pour se relever: c'est ce que l'on distinguera parfaitement, si l'on compare, dans la première ligne du *fac-simile* n° 10 de la même planche, l'*s* finale du mot *opus*, avec l'*r* de la première syllabe du mot *Franchorum*. Quelquefois sans doute la différence qui vient d'être signalée peut ne pas être aussi fortement caractérisée; mais il sera presque toujours possible de la reconnaître, ou du moins quand elle cessera entièrement, d'autres signes permettront de ne pas confondre ces deux lettres.

Le *fac-simile* n° 10 renferme deux sortes d'*e*, l'*e* minuscule qui est facile à reconnaître, et l'*e* allongé, qui participe à la fois de la cursive et de l'onciale. Au lieu du *c* ordinaire, on peut remarquer au commencement du mot *Carlus*, dans la seconde ligne, un *c* à panse brisée qui est emprunté à l'alphabet cursif. Les deux points et la virgule qui suivent le mot *Carlus* se retrouvent à la fin de chaque vers, et par conséquent ils ne doivent pas être considérés comme des signes de ponctuation qui soient en rapport avec le sens. Indépendamment de l'*a* minuscule, on trouve dans la troisième ligne, à la fin du mot *egregia*, un *a* cursif composé d'un double *c*, et dont la forme pourrait embarrasser dans d'autres passages. Il faut remarquer, dans la cinquième ligne, la liaison de l'*s* et de l'*a*, au commencement du mot *salvifico*: elle se représente encore au commencement du mot *saecla*, dans la cinquième ligne de la seconde colonne. Deux lignes plus bas, on trouve un exemple de l'emploi du signe & dans le corps d'un mot: c'est un usage qui a duré longtemps dans la minuscule, et avec lequel il faut se familiariser. Nous ne voyons rien d'ailleurs qui puisse arrêter dans le déchiffrement de ce *fac-simile,* dont presque tous les mots sont séparés et dont l'écriture est nettement tracée.

Le *fac-simile* n° 1 de la planche V donnera lieu d'abord à deux observations générales : d'une part, cette écriture emprunte quelquefois les lettres *a, e, r,* à l'alphabet cursif; et de l'autre, le prolongement de la haste de l'*s* suffit presque toujours pour la distinguer de l'*r*[1]. Dans la troisième ligne, la première lettre numérale du chiffre romain VIII a plutôt la forme de l'*u* que celle du *v*; c'est ce que l'on peut remarquer aussi à la fin de la seconde ligne de la colonne suivante. A la suite du chiffre VIII, se trouve l'abréviation du mot *consulibus*, qui se distingue de celle du mot *consule* par l'addition d'une seconde *s* : il ne faut pas oublier qu'au lieu de *conss.*, il pourrait y avoir seulement *coss.;* cette dernière abréviation est même plus généralement employée que l'autre. Dans la ligne suivante, il faut observer l'*r* cursive du mot *Carthagine,* et sa liaison avec le *t.* Cette *r* cursive est liée dans la même ligne avec le signe &[2]: en se reportant aux explications qui ont été données dans l'article précédent, on arrivera facilement à décomposer ce signe complexe, pour isoler les trois lettres *r, e, t.* Il faut remarquer dans la dixième ligne la forme de l'*y* du mot *synodo:* sans le point qui surmonte cette lettre, il serait souvent facile de la confondre dans plusieurs manuscrits, soit avec l'*r*, soit avec le *v.* Le mot *ita*, qui commence la cinquième ligne de la seconde colonne, peut embarrasser au premier coup d'œil, parce que la première moitié de l'*a* cursif fait corps avec le *t*, tandis que la seconde moitié présente l'aspect d'un *c*. La liaison de l'*e* et de l'*x* dans le mot *exire* (septième ligne de la seconde colonne) présente quelques rapports avec le signe &; mais elle en diffère surtout par le trait fin qui se prolonge au-dessous de la ligne, et qui complète la seconde traverse de l'*x*. La distinction des mots est assez généralement observée dans ce manuscrit; mais on est souvent trompé par des séparations fautives. Nous ne croyons pas devoir parler des abréviations, qui sont toutes dans la forme ordinaire.

Le *fac-simile* suivant présente encore le mélange des *a* cursifs et minuscules; mais l'*e* cursif ne s'y trouve plus que dans le signe &. En revanche, on voit paraître une nouvelle forme d'*r*, qui n'est employée qu'après les *o*, et qui ne

[1] On n'indique pas comme une difficulté la liaison de l'*s* et du *t* qui se présentera continuellement dans la minuscule, et qui était encore employée par la typographie dans le siècle dernier. Il en est de même de la liaison du *c* avec le *t*.

[2] Les liaisons de l'*r* cursive avec la lettre suivante se rencontrent fréquemment dans la minuscule ; ici, par exemple, elle n'est pas seulement liée avec le *t* et le signe &, elle s'unit aussi à l'*s* dans le mot *universali*, et à l'*e* dans le mot *corpore ;* quelques-unes de ces liaisons se trouvent même plusieurs fois répétées.

diffère pas beaucoup du chiffre 2. Cette lettre est dérivée de l'R capitale, dont elle reproduit la panse et la queue, mais en donnant à ce dernier trait une direction horizontale qu'il avait quelquefois dans les siècles précédents[1]. La conjonction de l'*o* et de l'*n*, dans le mot *ostentationis* (première ligne), a déjà été indiquée dans le chapitre précédent; quant aux abréviations[2], elles ne présentent aucune difficulté, et l'on ne peut guère être arrêté que par l'indistinction de quelques mots dans le déchiffrement de cette écriture qui est parfaitement régulière. Nous nous bornerons à faire remarquer la forme des signes de ponctuation placés après les mots *oratio*, *speciem* et *faciat*.

Les trois mots qui suivent la ligne d'écriture capitale placée en tête du *fac-simile* n° 3, ont été ajoutés pour donner un exemple d'un *e* allongé qui, par sa forme bizarre, diffère beaucoup de l'*e* cursif, quoiqu'il en soit évidemment dérivé. Au-dessous de ces trois mots se trouve l'abréviation des mots *Jesus Christus*, représentée en entier par des caractères grecs. En effet, le *c* qui suit les lettres *ιn* et *χρ* n'est autre que le *sigma* auquel les Grecs donnaient la forme du *c*. La ligne suivante commence par la conjonction des lettres U et D, tranchées par un signe abréviatif dans la partie qui leur est commune. Ce sont les initiales des mots *Verè Dignum*, qui forment, comme on sait, le commencement de la *préface* de la messe. Cette conjonction de lettres serait fort difficile à interpréter, si les mots qui la suivent n'en fixaient la signification; aussi est-il bon de savoir que dans un grand nombre de missels on supprime, à la suite de cette conjonction de lettres, tout ce qui forme le début ordinaire de la *préface*. Souvent aussi l'U et le D conjoints sont remplacés par un *d* oncial placé entre les montants d'un V capital. Malgré l'indistinction de quelques mots, ce fragment de la *préface*, qui ne renferme que des abréviations consacrées par l'usage, doit se lire sans difficulté. Dans la ligne suivante, le signe abréviatif qui remplace les deux dernières lettres du mot *percepimus*, et qui est placé au-dessus du second jambage de l'*m*, ne doit pas être confondu avec une sorte de *point-virgule* renversé, qui se trouve marqué au-dessus de la ligne entre cette *m* et la lettre initiale du mot *quæ* : ce *point-virgule* renversé n'est qu'un signe de ponctuation semblable à celui qui est placé dans la même ligne au-dessus du mot *et*, immédiatement après le mot *precibus*, dont la dernière syllabe est représentée sous la forme ordinaire (*b;*). Cette ligne se termine par une abréviation qui se rencontre fréquemment dans les missels, mais qui ne laisse pas que d'être embarrassante, puisqu'elle ne conserve que la première et

[1] Voyez l'R du mot *repeticione* (planche IV, n° 2, cinquième ligne).

[2] Il y a dans la seconde ligne une grave incorrection; en effet, le sens exigerait *motum* au lieu de *motu* : l'*u* final devrait donc être surmonté d'un signe abréviatif.

la dernière lettre du mot *quæsumus.* On doit être familiarisé avec l'emploi de la cédille au-dessous de l'*e*, pour désigner la diphthongue *æ;* mais il faut remarquer dans la dernière ligne l'emploi de cette cédille au-dessous du signe &, qui est lui-même surmonté d'un signe abréviatif destiné à remplacer les lettres *er;* la lettre *n* et l'*e* à cédille qui viennent ensuite, complètent le mot *æternæ,* que l'on ne trouverait pas souvent abrégé sous cette forme. Le mot *subsidium* devrait être suivi de la formule ordinaire : *per Christum Dominum nostrum;* mais il est très-ordinaire dans les missels de n'indiquer cette formule que par le premier mot.

On trouve, dans la seconde ligne du *fac-simile* n° 4, la liaison des deux lettres *ct* sous une forme qui n'est pas la plus ordinaire, mais qui n'a rien d'embarrassant. Dans la troisième ligne, il faut remarquer les points qui ont été ajoutés pour distinguer entre eux les mots *à se rivulum;* la liaison de l'*e* cursif avec l'*x*, dans le mot *extra;* enfin, dans le mot *cujus,* le signe abréviatif qui est placé au-dessus de l'*i*, mais qui n'est pas le signe spécial par lequel on indique presque toujours la suppression des lettres *us.*

Le *fac-simile* n° 1 de la planche VI renferme deux *y* pointés de forme toute différente : celui du mot *Moyses* pourrait embarrasser, si l'on n'avait pas eu occasion d'en rencontrer un à peu près semblable dans le premier *fac-simile* de la planche précédente. Le trait oblique placé au-dessus de l'*o* du dernier mot de la seconde ligne est un accent tonique, et non un signe abréviatif. Quoique ces accents ne soient pas très-communs, cependant les manuscrits n'ont presque jamais cessé d'en faire usage. (Voy. *Nouv. Tr. de Dipl.* tome II, page 209, note 1; et tome III, pages 479-482.) Il faut remarquer dans la quatrième ligne la forme bizarre de l'*n* du mot *Dominus,* dont la traverse est prolongée outre mesure, et dans une direction tout à fait horizontale.

Le *fac-simile* suivant ne présente aucune difficulté. — Celui qui porte le n° 3 de la planche VI renferme plusieurs *a* en forme d'*u*, qui se rencontrent quatre fois dans la diphthongue *æ.* La même forme de lettre se retrouve dans le mot *ecclesiam* (quatrième ligne de la première colonne). Il faut remarquer, dans la même ligne, la forme singulière de l'*r* cursive qui est liée au *t* du mot *portari :* il existe à gauche de cette *r* une légère saillie qui peut seule servir à distinguer sa haste du trait qui forme la première moitié de son crochet. Dans les deux premières lignes de la seconde colonne, la syllabe initiale des mots *prædixi* et *prædictus* est complétement séparée des deux dernières. L'abréviation des lettres *us* (fin de la deuxième ligne de la même colonne), s'éloigne de la forme d'un 9, pour prendre celle d'une apostrophe ou d'un petit *c* renversé. Le mot *vir,* qui commence la ligne suivante, renferme une *r* dont la haste, extrêmement prolongée et recourbée par le bas, présente l'aspect de l'*y* tel qu'il est figuré dans plusieurs manuscrits : d'autres *r*, sans être aussi prolongées par le bas, pourraient donner lieu à la même observation. Enfin, on remarquera dans le second mot de la dernière ligne un *e* allongé, dérivé de l'*e* cursif, mais qui n'en diffère pas moins que celui dont il a été question dans le troisième *fac-simile* de la planche précédente.

Les abréviations commencent à se multiplier dans le *fac-simile* n° 4 de la planche VI, et l'on peut remarquer aussi après le mot *defuncto* (deuxième et cinquième lignes), un signe de ponctuation qui, dans certains cas, pourrait se confondre avec une abréviation. Dans la seconde ligne, le trait qui remplace les deux dernières lettres du mot *Francorum* n'est que le prolongement de la queue de l'*r*, dont il est ordinairement détaché dans les manuscrits; dans les diplômes, au contraire, cette liaison se rencontre fréquemment. Les abréviations des syllabes *per* et *pro* sont parfaitement distinctes; il en est de même de toutes celles que l'on rencontre dans ce *fac-simile* : on les déchiffrera donc facilement, si l'on se rappelle les explications qui ont été données dans le chapitre précédent. Une seule lettre doit être signalée, à cause de sa forme bizarre : c'est le Q du mot *Qui*[1] (dernière ligne), dont la queue dépasse à sa naissance le niveau de la ligne et se prolonge dans une direction plutôt verticale qu'horizontale.

Le *fac-simile* suivant commence par le mot *amen*, écrit en capitales grecques d'une forme bizarre. Ces lettres ne sont guère employées dans le corps du texte, si ce n'est pour écrire le mot *amen* à la fin de quelques articles; mais le copiste s'en est servi dans une note qui se trouve sur la dernière page et dans laquelle est consignée la date de la transcription de l'ouvrage. On trouve dans la seconde ligne l'*e* à cédille, employé par erreur au commencement du mot *etiam;* la conjonction de l'O et de l'N à la fin du mot *Aaron;* la lettre *q* tranchée par un trait, pour exprimer le mot *quam;* et la même lettre surmontée, dans le mot *aqua*, du signe abréviatif qui correspond spécialement à la lettre *a*. Il faut remarquer la forme du *t* initial des mots *templo* et *texto* : la barre, qui descend de gauche à droite, ne diffère en rien de la tête du *d* de forme onciale qui se rencontre dans certains manuscrits en minuscule gothique; en sorte que les deux lettres *te* présentent le même aspect que le mot *de* dans plusieurs passages du *fac-simile* de la planche VIII, notamment dans les lignes 4, 6 et 7. Les deux premières lettres du mot *clausa* prennent en se réunissant la forme d'un *d*. Le Q du mot *qui* se rapproche de la forme que l'on donne aujourd'hui

[1] C'est à partir de ce mot que commence une nouvelle écriture dont la date ne doit pas être éloignée de l'année 1060.

à cette lettre dans l'écriture courante, quand elle est employée comme *grande lettre*, au commencement d'une phrase ou d'un nom propre. Le *g* surmonté de l'*o*, pour exprimer le mot *ergo*, est une des abréviations qui ont été indiquées dans le chapitre précédent: il en est de même de plusieurs autres abréviations que l'on rencontre dans ce *fac-simile*. Nous nous bornerons à signaler la forme du signe qui remplace les lettres *ur*, dans le mot *vocabitur*, qui se trouve vers la fin de la dernière ligne. Le mot *accipiet*, dans la même ligne, se termine par le signe &, dont la forme est sensiblement altérée. Ce mot est suivi d'un signe de ponctuation dont il a été déjà question, et qui se compose d'un point surmonté d'une ligne courbe : il importe d'autant plus, comme on l'a déjà dit, de ne pas le confondre avec les abréviations, qu'il sépare souvent dans certains manuscrits des mots qui, d'après le sens, ne devraient être distingués par aucun signe de ponctuation; c'est ainsi que dans la première ligne il a été placé sans nécessité entre les mots *templo* et *floruit*.

Le *fac-simile* n° 6 de la même planche reproduit une écriture d'une netteté remarquable et qui ne peut donner lieu à aucune difficulté; mais il renferme une abréviation qui doit être signalée comme s'éloignant de l'usage ordinaire, et qui, après avoir été employée dans la première ligne, est répétée dans la dernière. On voit en effet que dans les mots *quia* et *quid*, le *q* tranché est employé pour exprimer *qui*, tandis qu'il représente ordinairement le mot *quam*. Comme le manuscrit est d'une régularité remarquable, on doit en conclure que les écrivains étaient libres, jusqu'à un certain point, de modifier la valeur de certains signes abréviatifs. Il est donc important, quand on commence le déchiffrement d'un manuscrit, de vérifier sur des mots qui ne peuvent pas présenter d'équivoque, quel est le système suivi par le copiste. Tous les *d* de cette écriture sont de forme onciale; quoique cette lettre combinée avec un signe abréviatif s'éloigne de l'aspect que présente le même signe combiné avec un *d* minuscule, il n'est pas moins facile de reconnaître l'abréviation du mot *quod*, dans la quatrième et la cinquième ligne de ce *fac-simile*, que dans la première ligne de la seconde colonne du *fac-simile* n° 3. La sixième ligne se termine par le mot *popule*, dans lequel on a employé à tort un *e* à cédille : c'est une irrégularité qui se présentera souvent, et que nous nous abstiendrons de signaler dans la suite. Le signe de ponctuation placé à la fin de la ligne suivante, est un point d'interrogation qui, s'il était redressé, ne différerait pas beaucoup de celui qu'on emploie aujourd'hui. Enfin, nous ferons remarquer que plusieurs lignes sont terminées par des traits d'union.

On voit paraître, dans le dernier *fac-simile* de la planche VI, des *i* accentués: cet accent, qui n'a pas d'autre valeur que notre point, se rencontrera fréquemment dans les siècles suivants. Il faut remarquer dans la première ligne l'abréviation du mot *luna*, qui est représenté par une *l* tranchée. Le nombre d'or XIX est exprimé au commencement de la seconde ligne sous une forme qui est très-ordinaire dans les anciens manuscrits; c'est-à-dire qu'au lieu de IX, on trouve un V suivi de quatre I. Le G est une lettre dominicale. Le K tranché, qui doit se traduire par le mot *Kalendis*, appartient à cette ligne et non à la première. Vient ensuite l'indication de la fête correspondant au 1er juillet, jour des Kalendes, et dans laquelle le mot *octavæ* se termine à tort par un *e* simple [1]. Ces deux premières lignes peuvent donner une idée de la disposition des calendriers dans les anciens manuscrits. A l'indication du nombre de jours composant le mois solaire et le mois lunaire, on joignait quelquefois une sorte de devise qui exprimait les occupations les plus ordinaires de chaque mois, ou les influences favorables ou funestes que lui attribuaient les rêveries des astrologues: dans quelques manuscrits la série de ces devises compose un certain nombre de vers latins. Cette écriture se fait remarquer par le mélange des *d* de forme onciale et minuscule, par l'altération du signe &, qu'on pourrait prendre pour un *æ* (neuvième ligne), par la réunion en forme d'O des deux premiers jambages de l'M onciale (première et huitième lignes), et par la substitution assez fréquente de la forme capitale à la forme minuscule dans les *s* qui terminent les mots. Il serait trop long de parcourir une à une les nombreuses abréviations que renferme ce *fac-simile;* mais on doit faire observer que le signe abréviatif qui surmonte l'*o* du mot *nonas* dans la cinquième ligne serait plus convenablement placé au-dessus de l'*n* finale : il faut donc s'habituer à rectifier des erreurs de ce genre, qui, dans un travail rapide, devaient quelquefois échapper à l'écrivain. Nous avons déjà eu occasion d'avertir que le signe 9, placé au-dessus du *p*, désignait ordinairement les lettres *ost*, au lieu des lettres *us* : c'est en effet de cette manière qu'est indiqué le mot *post*, dans la cinquième ligne du *fac-simile*. On pourra aussi remarquer dans le mot *incipiatur* (septième ligne), une des formes sous lesquelles se rencontre le signe abréviatif qui tient lieu des lettres *ur*.

On trouve, dans la première ligne du *fac-simile* n° 1 de la planche VII, un *p* tranché qui signifie *por* au lieu de *per*, dans le mot *tempore*. Le chiffre XII, dans la ligne suivante, est surmonté de la syllabe finale du mot *duodecim*, exprimée par un *c* et un *i* au-dessus duquel est une abréviation qui tient lieu de l'*m*. L'*u* du mot *oculis* (quatrième ligne) est remplacé par le trait qui tranche la lettre *l*, et l'*s* finale est ajoutée au-dessus de l'*i;* ces superpositions de lettres sont ordinaires, quand l'espace manque à la fin d'une ligne. On voit dans la

[1] On sait que cet usage vicieux était déjà fort répandu au XIIe siècle.

cinquième ligne, après le mot *hominum,* le mot *et* représenté par une abréviation qui a été indiquée dans le chapitre précédent, mais dont la forme n'est pas très-régulière; celle de la syllabe *per,* dans le mot *acceperunt* (septième ligne), est faiblement indiquée. Quoique cette écriture soit négligée, il est facile de reconnaître la différence qui distingue les deux signes abréviatifs placés au commencement de la huitième ligne, l'un au-dessus du *t*, pour remplacer les lettres *ur,* l'autre au-dessus de l'*u*, pour remplacer l'*m* finale du mot *duraturum.* La même ligne se termine par le mot *virgo,* dont la première syllabe est représentée par un *v* surmonté d'un *i*. Au commencement de la neuvième ligne est une *h* pointée, signe habituel du mot *hoc.* Le mot suivant se termine par une *s* capitale de forme irrégulière. L'*e* du mot *eternum* est surmonté d'un trait qui pourrait être pris pour une abréviation, mais qui dans la réalité forme un signe de ponctuation avec le point placé dans le corps de la ligne. Le signe abréviatif combiné avec le *d* de forme onciale, dans l'abréviation du mot *quod* (quatrième ligne), et dans celle du mot *crediderunt* (dixième ligne), est formé par le prolongement de la panse; mais ce n'est plus le même signe qui est employé à la fin de la dixième ligne, pour exprimer la seconde syllabe du mot *videbatur.* Avec un peu d'attention on arrive à reconnaître que la tête du *d* forme la panse d'un *e* minuscule dont le crochet et la barre sont nettement indiqués. Il ne faut pas voir là une abréviation, mais une véritable conjonction de lettres. L'écrivain s'est servi de la même combinaison pour exprimer le mot *de* dans la sixième et la onzième ligne. C'est le seul exemple que nous ayons rencontré, d'une conjonction de lettres de cette nature.

Le *fac-simile* n° 2 de la planche VII doit être étudié avec le plus grand soin, parce qu'il renferme un assez grand nombre d'abréviations, et que les formes de l'écriture, sans être négligées, présentent cependant des difficultés dont l'examen attentif ne peut manquer de familiariser le lecteur avec le déchiffrement des originaux. — *Troisième ligne.* Le crochet du *c* forme souvent un trait détaché qui arrête le prolongement de la partie supérieure de la panse : c'est ce que l'on peut remarquer dans le *c* du mot *acusationis.* Quelques mots plus loin se trouve un *d* minuscule dont la panse est brisée de la même manière, et qui par conséquent présente l'aspect d'un *c* et d'une *l* réunis. Il faut remarquer dans le mot *scriptitantem,* l'abréviation de la première syllabe et la confusion qui résulte du rapprochement des lettres *tit* : en effet, on ne peut distinguer après le *p* que trois jambages surmontés d'une barre commune; en sorte que l'*i* pourrait être un *t* et le *t* un *i*. La même remarque s'applique au mot *excogitaverunt :* le trait horizontal qui part de la tête du *g* va rejoindre la barre du *t* en passant au-dessus de l'*i*; d'où il résulte que le *g* paraît être suivi de deux *t*. Il manque une abréviation au mot précédent : le sens exigerait *novissimè*, au lieu de *novisse*. — *Quatrième ligne*. Le mot *atinent* est écrit par un seul *t* et se termine par le signe &, surmonté d'une abréviation qui remplace l'*n*. Vient ensuite l'abréviation ordinaire du mot *christiano*. Le *t* initial de *tractare* est surmonté du signe spécial par lequel on représente l'*a* superposé. Dans le mot *hanc* l'abréviation qui remplace l'*n* est placée au-dessus du *c*, tandis qu'elle devrait être au-dessus de l'*a*. La conjonction *autem* est abrégée dans la forme ordinaire, c'est-à-dire que le signe superposé à l'*u* tient lieu de la seconde syllabe. — *Cinquième ligne*. Deux *u* surmontés du même signe représentent la conjonction *verùm*, dans la cinquième ligne. Il faut s'attendre à rencontrer dans les mots terminés par *atio*, une seule abréviation qui tient lieu des trois lettres *ati* : ainsi, dans le mot *argumentationum*, le premier signe abréviatif doit se traduire par *en*, le second par *ati*, et le troisième par *m*. On trouve dans la même ligne l'*u* surmonté d'un *o*, et l'*m* surmontée d'un *i*, pour exprimer les mots *verò* et *mihi*. L'*e* final de *mirabile* est remplacé par le trait qui tranche la lettre *l* et qui souvent tient lieu des lettres *es* ou *is*. La ligne ondulée et accompagnée de deux points, l'un supérieur et l'autre inférieur, représente le mot *est*; et l'*n* surmontée d'une abréviation tient lieu de la négation *non*, qui a été répétée par erreur. — *Sixième ligne*. Le mot *quod* est abrégé de deux manières : on le trouve d'abord représenté par un *q* conjoint avec un *d* minuscule dont la haste est tranchée par un trait oblique; dans le second exemple, ces deux lettres sont séparées, et la seconde a la forme onciale. La suppression des lettres *er*, dans le mot *legere*, est indiquée par le trait vertical qui, dans ce cas, est souvent préféré au trait horizontal; cependant ce dernier signe remplace les mêmes lettres dans le mot *interitus*. Les deux points qui suivent le mot *concessum* se rattachent au signe qui est placé un peu au-dessus de la ligne, et qui correspond tantôt à notre point d'exclamation, tantôt à notre point d'interrogation[1]. Après le mot *neque*, dont les deux dernières lettres sont remplacées suivant l'usage par le *point-virgule*, on voit le signe ordinaire du mot *enim*, c'est-à-dire deux lignes verticales tranchées par un trait horizontal. — *Septième ligne*. Le signe abréviatif qui remplace les lettres *ur* n'a pas la même forme dans le mot *consequeretur* que dans le mot *sustraheretur*; dans ce dernier mot, l'*a* superposé n'a pas son aspect ordinaire, parce qu'il se confond avec la haste de l'*h*. Le premier *u* du mot *adversum* devrait être surmonté d'une abréviation qui a été oubliée dans le manuscrit. — *Huitième ligne*. Le signe qui remplace les lettres *ur*, dans le mot *confitentur*, se présente encore sous une forme nou-

[1] Ce signe de ponctuation est exclamatif dans la sixième ligne après le mot *concessum*, et interrogatif dans la seizième, après le mot *posset*.

velle; à peine diffère-t-il du point exclamatif que l'on a rencontré dans la sixième ligne. On voit ensuite le mot *est* représenté par un *e* surmonté d'une abréviation. Le signe abréviatif du mot *veritate* serait plus régulièrement placé au-dessus de la première lettre. Il faut remarquer le mot *comprehensio*, dans lequel un grand nombre de lettres sont supprimées, mais qui d'ailleurs est abrégé régulièrement. — *Neuvième ligne*. On trouve ici l'abréviation ordinaire du mot *hec*, c'est-à-dire une *h* dont la haste est tranchée par un trait. Le *v* est substitué à l'*u*, dans le mot *veritas*, tandis que le mot *veritati* commence par un *u* : on aura souvent occasion de remarquer dans la suite l'emploi alternatif de ces deux lettres, et l'on pourra reconnaître que la première paraît en général comme grande lettre, tantôt avec la valeur de l'*u* voyelle, tantôt avec celle du *v* consonne : dans la onzième ligne, par exemple, le mot *ut* est écrit *Vt*, parce qu'il est au commencement d'une phrase [1]. — *Dixième ligne*. La lettre *l*, tranchée par un trait oblique, et l'*s* suivie d'un *point-virgule*, ou surmontée d'un *i*, sont les abréviations qui ont été indiquées comme représentant les mots *vel*, *sed* et *sibi*. La onzième ligne se termine par le mot *justus*, dont la première syllabe est représentée par un *i* surmonté d'un 9. — *Douzième ligne*. Les deux *s* du mot *necesse* sont représentées chacune par un signe abréviatif : c'est quelquefois de la même manière qu'est abrégé le mot *esse*; mais souvent aussi on se contente de superposer une seule abréviation à l'un des deux *e*. (Voyez par exemple le mot *deesse* dans la ligne précédente.) La conjonction *nisi* est indiquée, selon l'usage, par une *n* surmontée d'un *i*. — *Treizième ligne*. Le mot *quod* est représenté par un *q* dont la queue est doublement tranchée par un trait qui se replie sur lui-même : cette abréviation diffère de celle qui a été reproduite dans les signes typographiques d'après d'autres manuscrits. — *Quatorzième ligne*. On doit reconnaître ici l'abréviation du mot *quoque*, telle qu'elle a été indiquée dans le chapitre précédent : elle consiste dans un *q* surmonté d'un *o* et suivi du signe qui après le *q* désigne souvent les deux lettres *ue*. — *Quinzième ligne*. Le mot *crimen* est représenté par un *c* et une *m* surmontés, l'un d'un *i*, l'autre d'un signe abréviatif. On trouve dans le mot *obsequiis* un *i* accentué. — La seizième ligne réunit deux abréviations différentes du mot *quoque*, celle qu'on a déjà rencontrée dans une des lignes précédentes; et en second lieu le *q* surmonté de l'*o* et suivi du *point-virgule*. Les trois lignes suivantes ne renferment rien qui puisse donner lieu à des observations particulières. — *Vingtième*

[1] Dans la suite on a employé de préférence le *v* non-seulement comme grande lettre, mais encore comme lettre initiale, en lui conservant sa double valeur de voyelle et de consonne; par la même raison, l'on a continué à se servir de l'*u* pour représenter la consonne *v* quand elle n'était pas au commencement d'un mot. Cet usage s'est longtemps conservé dans la typographie.

ligne. Les sigles *s.*, *a.*, *p.*, etc., sont suffisamment expliqués par la transcription placée en regard du *fac-simile*. Il faut remarquer les abréviations des mots *temporis* et *tempus*, où les lettres *em-or*, *em-u*, sont représentées par un seul signe. Le mot *significativa* pourrait se traduire par *significatam*, si l'abréviation était placée au-dessus de l'*a*, au lieu d'être au-dessus du *t*; mais comme ces déplacements des signes abréviatifs ne sont pas sans exemple, c'est surtout le sens qu'il faut consulter pour savoir si l'écrivain a voulu exprimer *significativa* ou *significatam*. Cette remarque s'applique à d'autres mots dont la désinence est la même, *demonstrativa* et *demonstratam*, *adjectiva* et *adjectam*, etc. On retrouve ici l'abréviation qui a été indiquée pour le mot *quidem*, c'est-à-dire un *q* et un *d* conjoints, tranchés par un trait oblique au-dessus et au-dessous de leur panse commune. — *Vingt et unième ligne*. L'*u* du mot *copulatione* est remplacé par le trait qui tranche la haste de la lettre *l*. Le mot *significationis* a souvent une abréviation de plus, placée au-dessus du *g*, pour exprimer les syllabes *nificati*; dans ce cas, la seconde abréviation remplace seulement l'*n* de la dernière syllabe. Le mot *Aristoteles* est un des noms propres qui est souvent représenté dans ce manuscrit par la lettre initiale. Les abréviations des mots *nomine*, *etiam* et *postquam* ont été indiquées dans le chapitre précédent. — *Vingt-deuxième ligne*. Les mots *que*, *de*, tels qu'ils sont représentés, pourraient se traduire par *quedam*: ils sont répétés deux fois dans la ligne; l'écrivain, qui avait d'abord exprimé le mot *que* par un *q* ordinaire surmonté d'un signe abréviatif, ajoute ensuite à cette lettre une cédille pour représenter la diphthongue *æ*; il est donc plus régulier de traduire la première abréviation par *que*, et la seconde par *quæ*. On peut remarquer qu'il n'y a pas de différence entre l'abréviation du mot *dicuntur*, et celle des trois dernières syllabes du mot *predicantur*. Si l'on ne consultait que l'analogie, on devrait lire *predicuntur*; mais le sens ne laisse aucun doute à cet égard.

La première ligne du *fac-simile* n° 3 ne donnera lieu à aucune observation: les sigles qu'elle renferme sont expliqués par la transcription placée en regard de la planche VII. L'abréviation du mot *frater* est la seule qui soit à noter dans la seconde ligne. On trouve, au commencement de la troisième, les mots *id est*, exprimés, selon l'usage, par un *i* placé entre deux points. Il faut remarquer combien le signe & s'éloigne de son ancienne forme dans cette ligne et dans la ligne suivante; cependant il est facile de le reconnaître; mais, à la fin de la cinquième ligne, il ressemble tellement à un *o* conjoint avec un *e* qu'on pourrait lire *omne* au lieu d'*etiam*. Dans la ligne suivante, le mot *quinque* est surchargé: le copiste avait d'abord écrit *quibus*, et par conséquent il ne faut pas tenir compte de la haste du *b*, qui devrait être effacée. La septième ligne renferme l'abréviation qui a été indiquée dans le chapitre précédent pour le mot *quia*. Le signe & se représente dans la dernière ligne sous la forme de l'ɔ et de l'*e* conjoints.

Il faut remarquer, dans la quatrième ligne du *fac-simile* suivant, l'abréviation du mot *verò*, dont l'*u* ressemble à une *n*, et la forme irrégulière de l'*r* tranchée qui exprime la dernière syllabe du mot *horum*. Dans la dernière ligne le mot *sed* est surchargé : le copiste, qui avait d'abord écrit *si*, a rajouté un *point-virgule* au-dessus de l'*i* qu'il aurait dû effacer. Les points ajoutés au-dessous des trois premières lettres du mot *dissentiunt* annoncent qu'on doit les considérer comme effacées. L'emploi de ces points dispensait de raturer en entier les mots qui pouvaient renfermer des fautes d'orthographe : il suffisait de marquer un point au-dessous de la lettre vicieuse et d'écrire au-dessus celle qui devait la remplacer.

L'extrême finesse de l'écriture reproduite dans le *fac-simile* n° 5 de la planche VII nous oblige à entrer dans les détails les plus minutieux sur chaque mot en particulier.—*Première ligne. Nullus :* le signe des lettres *us* se rattache à la seconde *l*. *Homo :* l'*o* final est surmonté d'un trait qui remplace les lettres *om*. *Est :* la ligne moyenne, qui est peu prolongée, diffère à peine des deux points entre lesquels elle est placée. *Justus :* l'*i* est surmonté du signe ꝯ; le même signe superposé au *t* se rattache à la barre de cette lettre. *Jam :* le signe qui remplace l'*m* se rattache à la tête de l'*a*. *Erunt :* les trois dernières lettres sont remplacées par le signe qui est au-dessus de l'*r*. *Vere :* l'*u* est surmonté de l'*e* final dont la superposition indique la suppression des deux autres lettres. *Insimul :* l'*n* est remplacée par le signe placé au-dessus de l'*i*, le long de la courbure de l'*s*; le trait qui tranche la haste de la lettre *l* indique la suppression de l'*u*. *Omnis :* le trait placé au-dessus de l'*i* tient lieu des lettres *mn*. *Homo est justus :* même explication que ci-dessus. *Et :* ce mot est représenté par un des signes ordinaires. *Nullus homo est justus :* même explication que ci-dessus. *Que :* le signe qui tient lieu des lettres *ue* rencontre le haut de la lettre *q*. *Sunt :* les lettres *unt* sont remplacées par le signe qui est au-dessus de l'*s* à gauche. *Contrariæ :* la première syllabe est exprimée par un *c* renversé ; la seconde par un *t* surmonté du signe qui représente l'*a* superposé; un *e* à cédille termine la dernière syllabe. *Et :* même explication que ci-dessus. *Ideo :* le signe qui est au-dessus de l'*o* tient lieu des lettres *de*. *Ut :* le *t* est remplacé par le signe superposé à l'*u*. *Ostendat :* l'*s* et le *t* liés sont suivis d'une *n* surmontée d'un signe qui remplace l'*e*; après l'*n*, on remarque un trait d'union; la dernière syllabe est au commencement de la ligne suivante. —*Deuxième ligne. Quare :* la première syllabe est exprimée par le *q* et l'*a* superposé, la seconde par l'*r* surmontée d'un signe abréviatif. *Angulares :* l'*n* est remplacée par le signe abréviatif qui se trouve au-dessus de l'*a* vers la droite; le trait qui tranche la haste de la lettre *l* tient lieu de l'*u;* l'*s* finale, dont la forme est peu régulière, est plus élevée que les autres lettres. *Universales :* la troisième syllabe est représentée par l'*u* surmonté d'un signe abréviatif; les finales *es* sont remplacées par le trait qui tranche la haste de la lettre *l. Non :* le signe qui surmonte l'*n* initiale, remplace les lettres *on. Possint :* l'*n* est représentée par le signe superposé au *t. Simul :* même explication que pour la fin du mot *insimul,* dans la première ligne. *Esse :* la suppression des deux *s* est indiquée par le signe placé au-dessus de l'*e* final à droite. *Vere :* même explication que dans la première ligne. *Repetit :* ce mot ne présente pas de difficulté; les traits qui le précèdent forment un signe de ponctuation. *De :* la suppression de l'*e* est indiquée par le trait qui tranche la haste du *d. Contrariis :* les deux *i* sont accentués; quant aux deux premières syllabes, elles sont écrites comme celles du mot *contrariæ,* dans la ligne précédente. *Quod :* ce mot est représenté par un *q* conjoint à un *d* dont la haste est tranchée par un signe abréviatif. *Non :* même explication que ci-dessus. *Sint :* le trait qui se rattache au bas de l'*s* dépend de la ligne suivante; l'*n* est remplacée par le signe qui surmonte le *t. Simul vere :* même explication que ci-dessus. — *Troisième ligne. Que :* la queue de la lettre initiale, en se recourbant sur elle-même, forme un signe abréviatif qui tient lieu des finales *ue;* cette abréviation exprime plus ordinairement le mot *quam. Scilicet :* ce mot est représenté par une *s* placée entre deux points. *Est :* le point inférieur se confond avec la ligne moyenne; ces deux signes réunis offrent l'aspect d'un *c,* mais l'abréviation est la même que dans la première ligne. *Causa :* ce mot ne présente pas de difficulté. *Quare :* même observation que dans la ligne précédente. *Ille :* ce mot ne présente pas de difficulté. *Angulares :* même observation que dans la ligne précédente. *Insimul :* même observation que dans la première ligne. *Nequeunt :* les lettres *ue,* dans la seconde syllabe, sont remplacées par le premier signe abréviatif; le second signe tient lieu de l'*n. Recipere :* le signe qui tranche la queue du *p* remplace les lettres *er. Veritatem :* le signe placé au-dessus de l'*i* tient lieu des lettres *er;* celui qui est au-dessus de l'*e* indique la suppression de l'*m* finale. *Continuo :* la première syllabe est exprimée par un 9 d'une grande dimension; le signe placé au-dessus de l'*o* tient lieu des lettres *inu;* ce mot est suivi d'un *point-virgule* et d'un point. *Non :* les lettres *on* sont remplacées par le signe qui est au-dessus de l'*n* à gauche et qui rejoint le bas d'une *s* de la ligne supérieure. *Solum :* le trait superposé à l'*u* remplace l'*m* finale. *Sciendum :* l'*n* est remplacée par le signe qui surmonte l'*e;* celui qui tranche la haste du *d* tient lieu des lettres *um. Est :* l'abréviation ordinaire de ce mot est défigurée par la réunion de la barre avec le point supérieur. — *Quatrième ligne. Illud :* l'*u* est remplacé par le trait qui tranche la haste du *d*. *Quod* : même explication que dans la seconde ligne. *Premissum* : la première syllabe, qui est séparée des deux autres, est exprimée par le *p* surmonté d'un signe abréviatif; l'*m* finale est remplacée par le signe superposé à l'*u*. *Est* : même observation que dans la première ligne. *De* : même observation que dans la seconde ligne. *Propositionibus* : il n'y a que les lettres *poïb* qui soient écrites : les deux premières lettres et la ligne courbe qui tranche la queue du *p* correspondent aux syllabes *propositio* ; le trait superposé à l'*o* remplace l'*n* ; enfin la désinence *us* est exprimée par le signe 9, qui est irrégulièrement formé et qui se rattache à la panse du *b*. *Sed* : ce mot est rendu par une *s* suivie du signe qui équivaut au *point-virgule*. *Etiam* : le trait qui devrait surmonter l'abréviation ordinaire du mot *et* semble plutôt se rattacher à l'*a* du mot *aliud*, sur lequel il n'y a pas d'ailleurs de remarque à présenter. *Quod* : même observation que dans la seconde ligne. *Illa* : ce mot ne présente pas de difficulté. *Que* : les lettres *ue* sont remplacées par le trait superposé à la lettre *q*. *Est* : même observation que dans la première ligne. *Nullum* : le trait superposé au second *u* remplace l'*m* finale. *Animal* : les lettres *nm* sont exprimées par le signe qui surmonte le second *a*. *Est* : même observation que dans la première ligne. *Justum* : le signe 9, superposé à l'*i*, se confond avec le *t*; le trait qui surmonte l'*u* remplace l'*m* finale. *Est contraria ei que est* : le mot *ei* ne présente pas de difficulté; les autres se sont déjà rencontrés. *Omne* : le signe superposé à l'*e* remplace les lettres *mn*. *Animal* : le trait qui tranche la haste de la lettre *l* tient lieu des quatre lettres précédentes. — *Cinquième ligne. Est justum et* : ces mots se sont déjà rencontrés. *Quoniam* : l'*m* est surmontée d'un trait qui se confond presque avec la haste de l'*h* du mot suivant et qui remplace les lettres *uonia*. *Hoc* : ce mot est rendu comme à l'ordinaire par une *h* dont la panse est surmontée d'un point; mais cette *h* ressemble beaucoup à un *b*. *Est scilicet quod sunt contrarie* : ces mots se sont déjà rencontrés. *Manifestum* : le signe qui remplace les finales *um* se confond avec le haut de l'*s* et du *t* liés. *Est quoniam* : ces mots se sont déjà rencontrés. *He* : ce mot ne présente pas de difficulté. *Nunquam* : l'*n* initiale ressemble à un *u*; le signe qui la surmonte complète la première syllabe; la seconde est représentée par un *q* dont la queue est tranchée par un trait oblique. *Erunt* : le signe superposé au *t* remplace les lettres *un*. *Vere* : le second jambage de l'*u* se confond avec le bas de l'*e* superposé. *Et* : ce mot s'est déjà rencontré. *Quia in* : l'abréviation régulière du mot *quia* va rejoindre l'*i* du mot *in*; cette lettre se confond en outre avec le trait superposé qui remplace l'*n*. *Diversis* : les lettres *er* sont exprimées par le signe qui est superposé à l'*u*. *Temporibus* : le signe superposé au *t* remplace les lettres *em*; celui qui tranche la queue du *p* n'aurait pas dû être marqué, puisque les lettres *or* ne sont pas supprimées; les lettres *us* sont remplacées par le signe 9, qui se rattache à la panse du *b*. — *Sixième ligne. Potuerunt:* les deux dernières syllabes sont écrites comme le mot *erunt*, dans la première ligne. *Esse vere :* ces deux mots, et le signe de ponctuation qui vient ensuite, se sont déjà rencontrés. *Ut:* le trait superposé à l'*u* tient lieu du *t*. *Omnis homo est justus :* même explication que dans la première ligne. *Fuit :* ce mot ne présente pas de difficulté. *Vera:* l'*a* minuscule superposé à l'*u*, indique la suppression des lettres *er*. *In :* l'abréviation qui surmonte l'*i* ne diffère pas d'un accent. *Aureo:* ce mot ne présente pas de difficulté. *Seculo :* l'*u* est remplacé par le trait qui tranche la haste de la lettre *l*; la réunion de cette lettre avec le *c* qui la précède, offre l'aspect d'un *d* minuscule. *Falsa verò in ferreo seculo:* ces mots ne présentent pas de difficulté; l'abréviation de *verò* est dans la forme ordinaire. *Addit:* la tête du second *d* oncial est tranchée par un trait qui tient lieu des finales *it*. *Simul:* ce mot s'est déjà présenté. — *Septième ligne. Id est:* ces deux mots sont exprimés, selon l'usage, par un *i* entre deux points. *In:* ce mot s'est déjà rencontré. *Eodem:* les deux dernières lettres sont remplacées par le trait qui tranche la tête du *d* oncial. *Tempore:* la première syllabe est exprimée par le signe abréviatif qui surmonte le *t*; celui qui tranche la queue du *p* correspond aux lettres *or*. *Et quia:* ces abréviations se sont déjà rencontrées. *Subjectum :* le trait qui tranche la haste du *b* remplace les lettres *ject*; le signe superposé à l'*u* tient lieu de l'*m* finale. *Possit:* ce mot ne présente pas de difficulté. *Diversis :* même explication que dans la cinquième ligne. *Modis :* le *d* est remplacé par le signe qui est superposé à l'*i* et qui se confond avec la tête de l'*s*. *Accipi :* le premier *i* se confond avec le *p*. *Et :* cette abréviation s'est déjà présentée, ainsi que celles des mots *esse, vere, omnis* et *homo*. Restent les mots *ita, possint, ut* et *ista :* le premier et le dernier sont écrits en toutes lettres et ne présentent pas de difficulté; dans le mot *possint*, les trois lettres finales sont remplacées par le signe qui se trouve à droite et au-dessus de la seconde *s*; enfin, le *t* du mot *ut* est rendu par le signe abréviatif placé au-dessus du plus court des deux montants de la lettre V.

Le modèle de minuscule renouvelée qui est reproduit sous le n° 9 de la planche X est remarquable par la pureté des formes, surtout dans la première ligne. Sauf le *v* du mot *venir* (deuxième ligne), qui se rattache à la cursive gothique, et les *r* en forme de *z* des mots *colere* et *citrine* (troisième ligne), cette écriture se lit aussi facilement qu'un imprimé.

2e Age.

Il est généralement reconnu que les écritures minuscules se ressemblent beaucoup, depuis le IXe siècle jusqu'au XIe; quelques auteurs ont même affirmé qu'il était impossible de les distinguer entre elles : de ce nombre est l'abbé Desfontaines, qui prétendait s'appuyer du témoignage de Mabillon. Laissons aux Bénédictins le soin de réfuter cette erreur.

« Nous ne prétendons point, disent-ils, donner un démenti à l'abbé Desfon-« taines; mais il nous aurait fait un grand plaisir s'il nous avait appris en quel « endroit de la Diplomatique D. Mabillon a parlé de la sorte. En supposant le « critique en règle, notre Bénédictin n'aura pu avoir en vue que le caractère « minuscule très-usité durant les siècles IX, X et XI. En effet, sa forme paraît « d'abord assez semblable; mais, quand on l'examine de plus près, on y dé-« couvre bien des différences. Il faut encore ajouter que, parmi les espèces de « minuscules, il s'en trouve une petite et serrée, dont il est plus difficile de « dire auquel des trois siècles mentionnés elle doit appartenir. On peut néan-« moins saisir bien des disparités propres à faire ce discernement. Au IXe siècle « les conjonctions [1] des lettres *ra, re*, sont encore assez fréquentes. On n'en voit « plus au X[e][2], à l'exception de *ct* et de *st*. Les jambages supérieurs des *b, h, k, l*, « se trouvent encore assez souvent au IXe, formés en battants [3] dans beaucoup « de manuscrits : dans ceux du Xe ils sont rares; dans ceux du XIe, ils se termi-« nent ordinairement en pointes rabattues, et quelquefois en fourche [4]. Les *s* « et les *f*, au IXe, se divisent communément en deux branches, dont la plus « courte [5] s'élève en haut du côté gauche. Aux deux siècles suivants cette bran-

[1] Le terme de *conjonctions de lettres* ne doit pas être pris dans son acception rigoureuse. Les Bénédictins veulent parler des *liaisons* du genre de celles qui ont été signalées dans le premier *fac-simile* de la planche V. Voy., par exemple, les mots *mortalem, peccaret* et *corpore*, lignes 4, 5 et 7 de la seconde colonne.

[2] Cette observation est exacte en thèse générale, mais elle admet quelques exceptions même au XIe siècle; ainsi l'*r* et le *t* sont liés dans le mot *portari*. (Planche VI, n° 3, première colonne, quatrième ligne.)

[3] Par *jambages supérieurs* il faut entendre le haut de la haste des lettres *b, h, k, l*; souvent l'extrémité supérieure de cette haste est plus forte que le milieu, et présente un renflement que l'on peut observer dans le premier *fac-simile* de la planche V; c'est ce que les Bénédictins appellent des jambages supérieurs *formés en battants*. Ce qu'ils disent des lettres *b, h, k, l*, doit être aussi appliqué à la lettre *d*.

[4] Les hastes terminées en fourche sont fréquentes dans le *fac-simile* n° 4 de la planche VI; voyez, par exemple, les lettres *l* et *d* du mot *Hludovico*, deuxième ligne.

[5] Nous avons désigné sous le nom de *saillie* ce que les Bénédictins appellent ici la plus courte branche de ces lettres. Si l'on compare la direction de la saillie de l'*s* dans le mot *gloriosissimis* (planche V, n° 1, premier mot), et dans les mots *misit, Moyses, Seon* (planche VI, n° 1, deuxième ligne), on comprendra facilement la distinction indiquée par les auteurs du Nouveau Traité de Diplomatique.

« che est presque toujours abaissée et ne manque guère, au XIe, d'être en angle « aigu, dont l'ouverture regarde presque vers le pied de la lettre. Au IXe siècle « on rencontre nombre d'*a* encore ouverts en dessus. Ils ne paraissent plus « guère même fermés aux Xe et XIe [1]. Plusieurs manuscrits du dernier ont beau- « coup de *t* dont la haste traverse la tête; tandis que ceux des deux précédents « gardent bien plus régulièrement la figure d'une S[2] couchée et renversée « sur le haut d'un *c* qui lui sert d'appui. Au IXe, les pieds des *m* et des *n* sont « souvent tournés en pointes obliques vers la gauche. Cette observation n'est « presque point applicable aux siècles postérieurs; et quand elle l'est, ordinai- « rement ce caractère se soutient mal. On peut faire beaucoup d'autres remar- « ques semblables sur la différence de la minuscule de ces trois siècles. Mais, « qu'importe que leur minuscule puisse être confondue, si les manuscrits por- « tent d'autres indices qui les feront sûrement reconnaître? Or on y réussira « sans peine, avec le secours des titres, des lettres historiées ou grises, des « écritures majuscules et de grand nombre d'autres caractères, qui ne permet- « tront pas que les manuscrits de ces trois siècles puissent être confondus. Par « exemple, les abréviations, quoique assez fréquentes en quelques manuscrits « dès le IXe, proportion gardée, le sont moins qu'au Xe : au XIe, elles se multi- « plient encore davantage. Les accents se montrent au XIe, souvent sur les deux « *ii*, ce qui n'arrive presque jamais durant les deux précédents. La majuscule « du XIe renferme communément un si grand mélange de capitale et d'onciale, « qu'il semble qu'on ne savait plus les distinguer: leur figure devient d'ailleurs « fort hétéroclite. » (*Nouv. Tr. de Dipl.* tome II, p. 404 et 405.)

L'examen des différents modèles d'écriture minuscule pourra fournir le moyen de vérifier ces principes généraux, et de les compléter par quelques observations de détail.

Un des caractères qui peuvent servir à fixer l'âge du dernier *fac-simile* de la planche IV, c'est le mélange des *e* de forme onciale et minuscule, et l'emploi de plusieurs *a* cursifs ouverts par le haut. Ce mélange de quelques lettres étran-

[1] Ce principe, qui n'est pas posé d'une manière absolue, doit être considéré comme exact, malgré les exceptions que renferment quelques manuscrits du genre de celui qui a fourni le *fac-simile* n° 3 de la planche VI.

[2] Les Bénédictins ont représenté ici une ligne ondulée qui offre quelque rapport avec une S dont les courbes seraient considérablement diminuées; mais leur intention était de désigner des *t* dont la barre ondule à peu près comme l'accent circonflexe des Grecs; telle est, par exemple, la barre du *t* du mot *sunt* (planche V, n° 1, neuvième ligne); cette barre ondulée surmonte une haste qui représente à peu près la courbure d'un *c*. Nous ne pensons pas cependant qu'il faille attacher trop d'importance à leur observation; le *fac-simile* n° 3 de la même planche renferme plusieurs *t* dont la barre est tout à fait en ligne droite, tandis que cette lettre se rencontre souvent avec une barre ondulée dans le *fac-simile* n° 4 de la planche VI.

gères ne doit pas empêcher de considérer ce modèle comme appartenant au genre minuscule, parce qu'on reconnaît, en l'examinant dans son ensemble, qu'il réunit tous les caractères qui constituent cette écriture. Les lettres qui ont été signalées, et auxquelles on peut ajouter le *c*[1] cursif du mot *Carlus* (deuxième ligne), doivent être considérées comme exceptionnelles, parce que dans la plupart des mots elles se montrent sous la forme qui caractérise l'alphabet minuscule; mais l'emploi de ces lettres dans un manuscrit qui appartient à ce genre d'écriture doit toujours être observé avec le plus grand soin. En effet, on peut en conclure que le manuscrit, selon toutes les probabilités, remonte à la fin du VIIIe siècle, c'est-à-dire à une époque de transition où les copistes, par un reste d'habitude, devaient encore mêler à la minuscule quelques formes imitées de la majuscule ou de la cursive. Indépendamment de ce mélange dans la forme des lettres *a*, *c*, *e*, le dernier *fac-simile* de la planche IV se fait remarquer par la séparation de la diphthongue *æ*, par le renflement très-prononcé de la partie supérieure des lettres *b*, *d*, *h*, *l*, et par le peu d'élévation des *s*, qui souvent ne dépassent pas le niveau des lignes. Nous croyons aussi devoir faire observer que la panse de certains *a* est très-allongée, et que par conséquent cette lettre se rattache, quoique indirectement, à l'écriture onciale. (Voy. les mots *Hildgarda*, *caelorum* et *annus*.)

La plupart des caractères qui viennent d'être signalés se retrouvent[2] dans le premier *fac-simile* de la planche V. On peut y remarquer en outre la liaison de l'*e* cursif avec l'*n* et l'*x*, dans les mots *Carthaginiensi* et *exire;* celle de l'*r* cursive avec le *t* et l'*e*, dans les deux mots qui viennent d'être cités, et avec l'*s*, dans le mot *universali;* enfin, l'emploi fréquent dans le corps des mots du signe &, qui est aussi lié avec l'*r* cursive : ces liaisons cursives ne seraient pas aussi multipliées à la fin du IXe siècle. Si l'on compare la forme des deux *e* minuscules du mot *baselicae* (cinquième ligne), on reconnaîtra que le premier diffère du second par une sorte de brisure qui existe dans le centre de la panse, et que par conséquent cet *e* se rattache par ce caractère à l'alphabet cursif; d'un autre côté, la tête de cette lettre excède sensiblement le haut de la ligne, dans les mots *Aurelius*, *indite*, et dans plusieurs autres : cette saillie est encore un des caractères de l'*e* cursif. Lorsque ces deux modifications se rencontrent

[1] Cette forme de lettre ne se trouverait peut-être pas dans les manuscrits du IXe siècle; c'est un caractère chronologique auquel nous pensons qu'on peut se fier pour faire remonter au VIIIe siècle un manuscrit en minuscule, à moins cependant qu'il ne s'agisse d'un manuscrit en minuscule lombardique.

[2] Il faut en excepter l'*e* oncial, le *c* cursif, et l'*s*, qui excède beaucoup plus le haut et le bas des lignes. La diphthongue *æ* se trouve remplacée par l'*e* simple dans le mot *indite*, mais ce n'est que par exception; la plupart du temps elle est exprimée sans conjonction de lettres, comme dans les mots *ecclesiae* et *naturae*.

fréquemment dans les *e* minuscules, on peut faire remonter le manuscrit à la fin du VIIIe siècle ou au commencement du IXe, pourvu d'ailleurs qu'il réunisse les autres caractères qui conviennent à cette époque. En effet, cette circonstance semble indiquer que l'emploi de l'*e* minuscule n'était pas encore habituel.

L'écriture du *fac-simile* n° 2 de la planche V est remarquable par sa pureté. Les hastes des lettres *b, d, l,* sont renflées dans leur partie supérieure; l'*a* cursif se mêle souvent à l'*a* minuscule, dont la panse toujours fort allongée et quelquefois aiguë se rapproche encore de la forme onciale; le premier jambage de l'*n* et les deux premiers de l'*m* se terminent par des traits fins qui se dirigent vers la gauche; les mots ne sont pas toujours séparés; les abréviations ne sont pas très-nombreuses; le mot *ostentationis* renferme un *o* et une *n* conjoints; enfin, dans le mot *consulere,* l'N est de forme capitale[1]. La réunion de ces caractères doit faire regarder comme authentique la date qui est marquée à la fin de ce manuscrit.

Le renflement des hastes n'est plus caractérisé aussi fortement dans le *fac-simile* suivant; mais il est encore sensible. La panse des *a* est souvent allongée; plusieurs mots ne sont point séparés; d'un autre côté, les crochets de quelques *r,* en se prolongeant vers la droite, reculent assez la lettre suivante pour qu'il en résulte une séparation sensible : c'est ce que l'on peut remarquer dans les mots *aeterne* et *nostrum* (*nrm*). Le crochet supérieur du *c* est toujours parfaitement arrondi et résulte du prolongement du corps de la lettre; la panse du *d* s'étend vers la gauche; celle du *q* est plutôt plate que courbe dans sa partie supérieure; celle de l'*e* présente quelquefois des traces de brisure qui sont il est vrai faiblement caractérisées, mais que l'on peut reconnaître dans le mot *per* (cinquième ligne)[2]. En général, ce manuscrit renferme peu d'abréviations; c'est par exception qu'elles sont aussi nombreuses dans les lignes 6 et 7, où le copiste s'est attaché, on ne sait pourquoi, à resserrer son écriture. Aussi voit-on, dans ces deux lignes, l'*e* à cédille remplacer l'*ae* qui se rencontre deux fois dans les trois lignes précédentes.

Dans le dernier *fac-simile* de la planche V, dont l'écriture est beaucoup moins soignée, nous retrouvons le renflement de la partie supérieure des hastes, la liaison de l'*r* cursive avec le *t* dans le mot *refert,* et celle de l'*e* cursif avec l'*x,* dans le mot *extra.* Le prolongement des panses de l'*a* et du *d* n'est plus habituel, quoiqu'on en retrouve quelques exemples; le crochet du *c* n'est plus

[1] Si l'N capitale n'était employée qu'accidentellement, il ne faudrait pas en tenir compte; mais elle se représente très-fréquemment dans cet ancien manuscrit.

[2] Cette observation se rattache à ce qui a été dit tout à l'heure sur certains *e* du premier *fac-simile* de la planche V, dans lesquels on trouve quelques traces de la forme cursive.

parfaitement arrondi[1] (voy. les mots *sic* et *duci*); mais le bas des premiers jambages de l'*m* et de l'*n* incline presque toujours vers la gauche; les mots ne sont pas tous séparés, et le crochet de l'*r* se développe librement vers la droite, quand il n'a pas la forme cursive.

Différents caractères permettraient de faire remonter jusqu'au IXe siècle l'écriture reproduite dans le premier *fac-simile* de la planche VI. En effet, la panse des *a* est presque toujours étroite et allongée; l'*r* cursive se lie au *t*, dans le mot *mortiferos;* le crochet de l'*r* minuscule s'étend assez loin vers la droite, celui du *c* s'arrondit presque toujours avec régularité, le bas des jambages de l'*m* et de l'*n* se dirige souvent vers la gauche, et le haut de plusieurs hastes n'est pas moins renflé que dans plusieurs *fac-simile* de la planche précédente. Mais d'un autre côté ces hastes, au lieu de s'arrondir à leur extrémité, sont souvent tranchées par un trait. (Voy. les mots *populus, colubres, desertum, ad, diverticula, Chanaan, jubet* et *dividi.*) Il faut remarquer aussi que le crochet de l'*e* est quelquefois séparé de la panse, que le signe & à la fin du mot *jubet* est assez altéré pour qu'on ne puisse plus y retrouver la forme de l'*e* cursif qui entre dans sa composition, que la panse de l'*h* du mot *Chanaan* descend au-dessous de la ligne et plus bas que le pied de la haste, que les mots *Dominus* et *dividi* renferment chacun un *d* de forme onciale, enfin que dans plusieurs mots, tels que *eis* et *Dominus* (première ligne), la saillie de l'*s* minuscule commence à former un angle en se dirigeant vers le pied de la lettre.

Cette direction de la saillie de l'*s* et du trait correspondant de l'*f* devient ordinaire dans le *fac-simile* suivant; l'altération du signe & n'est pas moins sensible, la panse de l'*a* embrasse quelquefois la presque totalité du montant (voy. les mots *exultabunt, laudate, accepistis*); il y a peu de hastes renflées dans leur partie supérieure, plusieurs se terminent par des pointes rabattues (voy. les mots *filii, exultabunt, caelis*); les crochets du *c* et de l'*e* sont quelquefois séparés de la panse (voy. dans la 3e ligne les mots *sancti, laudate, de, caelis*); le premier jambage de l'*n* se recourbe de temps en temps vers la gauche (voy. les mots *exultabunt* et *Dominum* dans la troisième ligne); enfin le bas de la seconde traverse de l'*x* n'est pas tracé dans la même direction que le haut (voy. le mot *pax* dans la première ligne). Toutefois cette écriture appartient encore par ses caractères généraux à la minuscule carlovingienne. Les lettres sont espacées, plutôt larges et basses qu'étroites et allongées; l'arrondissement des contours est rarement altéré, et le crochet de l'*r* continue à se développer vers la droite[2].

[1] Cette forme du *c* n'est pas sans exemple dans des temps plus anciens, mais elle devient plus ordinaire à la fin du IXe siècle.

[2] La séparation de la diphthongue *ae* est encore un des caractères qui rattachent cette écriture à l'ancienne minuscule.

Le manuscrit d'après lequel a été reproduit le *fac-simile* n° 3 de la planche VI est un de ceux qui prouvent que la paléographie n'admet pas de règles absolues. En thèse générale, il est vrai de dire qu'on peut faire remonter au commencement du IXe siecle un manuscrit dans lequel l'*a* cursif ouvert par le haut est souvent mélangé à l'*a* minuscule, surtout si l'on voit concourir avec ce caractère la distinction fréquente de la diphthongue *ae*, l'emploi de quelques *c* cursifs et la liaison de l'*r* cursive avec la lettre suivante. Toutes ces circonstances se trouvent cependant réunies dans une écriture qui a date certaine et qui n'appartient qu'au commencement du XIe siècle. Mais, d'un autre côté, l'aspect général de ces lettres étroites et rapprochées contraste avec les intervalles qui séparent les mots, et l'on peut dire qu'il suffit de jeter un coup d'œil sur ce *fac-simile* pour reconnaître qu'il ne peut appartenir au IXe siècle. En l'examinant de plus près, on remarque des *e* dont le crochet se sépare souvent de la panse, et dont la barre atteint rarement jusqu'à la courbure intérieure de la lettre. La panse de l'*a* monte souvent jusqu'à l'extrémité supérieure du montant, celle de l'*h* descend plus bas que le pied de la haste, le *d* minuscule, dont la panse n'est jamais développée, est remplacé par le *d* oncial dans le mot *domus*, et la haste de l'*r* descend toujours au-dessous des lignes [1]. On doit aussi remarquer que la haste du *t* dépasse quelquefois la barre, que le montant de l'*a* minuscule cesse souvent d'être oblique pour prendre une direction parallèle à celle des jambages des *u* et des *n*, enfin que des formes anguleuses sont substituées dans plusieurs lettres aux contours arrondis qui caractérisent la minuscule carlovingienne. (Voy. par exemple le bas de la panse du *p* dans le mot *scriptis*, le bas du second *i* et le haut des jambages de l'*m* dans le mot *invenimus*, la rencontre du pied de la haste avec la panse du *b* dans le mot *debuissent*, le crochet de l'*r* [2] dans les mots *facere*, *clero*, etc.)

Le *fac-simile* n° 4 de la planche VI est beaucoup plus facile à juger que le précédent. Les formes étroites et anguleuses des lettres sont nettement caractérisées, les hastes des lettres *b, d, h, l* se terminent presque toutes par des traits fourchus; la direction du montant de l'*a* est verticale comme dans le *fac-simile* précédent; on retrouve les mêmes habitudes dans la manière de former l'*e* et l'*r;* quelquefois le bas de la panse de l'*h* se prolonge beaucoup au-dessous de la ligne; le pied du premier jambage de l'*n* se recourbe souvent vers la droite, et le bas de la haste de l'*s* présente de temps en temps une saillie dans la

[1] Les premiers exemples de cette forme de l'*r* remontent au IXe siècle; mais, selon les Bénédictins, ils ne deviennent fréquents qu'au Xe et au XIe siècle.

[2] Il faut aussi remarquer que ce trait ne s'étend presque pas vers la droite; c'est ce que l'on ne pourrait guère rencontrer dans la minuscule du IXe siècle, ni même dans celle qui appartient à la première moitié du siècle suivant.

même direction. (Voy. les mots *ducis; genuit* et *ejus* dans la 3e, la 4e et la 6e ligne.) Ces saillies anguleuses, qui partent du pied des lettres pour se diriger vers la droite, sont plus nombreuses et plus caractérisées dans la seconde écriture qui complète la sixième ligne de ce *fac-simile :* on les retrouve au bas des lettres *m, n, r, s.* Le crochet de l'*r* n'est plus ondulé : au lieu de se prolonger vers la droite en se relevant, il s'arrête après s'être courbé une première fois; ou bien s'il se rattache à la lettre suivante, c'est seulement par une liaison accessoire.

Au XIIe siècle il devient ordinaire de substituer dans les titres des manuscrits la grosse minuscule aux formes de l'onciale et de la capitale qui tombaient en désuétude. L'emploi du *d* oncial dans le titre du *fac-simile* n° 5 de la planche VI n'empêche pas cette écriture d'appartenir au genre minuscule, parce que le *d* oncial était alors d'un usage fréquent et dans la minuscule des manuscrits et dans celle des diplômes. Dans les quatre lignes suivantes, tout annonce l'approche des formes gothiques : les hastes se terminent par des traits fourchus, le haut des jambages de l'*u* et de l'*i* se brise vers la gauche, tandis que le pied des jambages de l'*m* et de l'*n* est tranché par des traits dirigés vers la droite; il en est de même du bas de la haste de l'*s* et de l'*r;* cette saillie, qui est fort développée dans cette dernière lettre, se prolonge souvent jusqu'à la lettre suivante. (Voy. les mots *Aaron, plurimis, gravidavit,* etc.) Il faut remarquer aussi la forme de la panse de l'*a* qui embrasse la presque totalité du montant; la direction verticale de ce dernier trait; l'altération du signe & (voy. le mot *accipiet*); les formes étroites, allongées, anguleuses, qui se caractérisent de plus en plus; la confusion des lettres voisines qui arrivent quelquefois à se toucher (voy. le *p* et le *t* du mot *corruptione* et les deux *p* du mot *prophetarum*); la direction oblique de la barre du *t* qui descend de gauche à droite dans les mots *templo, tecto,* etc. La plupart de ces détails et d'autres qu'il serait trop long de signaler se retrouveront dans la minuscule gothique, et par conséquent il importe d'en suivre le progrès jusqu'au moment où la transformation de la minuscule pourra être considérée comme accomplie.

L'écriture reproduite dans le *fac-simile* suivant n'emploie déjà plus que le *d* oncial, et à la fin des mots elle substitue l'*s* capitale à l'*s* minuscule. Elle se rattache en outre aux habitudes de l'écriture gothique par le renflement d'un grand nombre de traits, tels que les jambages de l'*m* et de l'*n* qui sont beaucoup plus larges dans le haut que dans le bas. Mais, d'un autre côté, le pied de ces jambages est tranché, comme le bas des *s* minuscules, des *f* et des *r*, par des traits dont la saillie est égale à droite et à gauche, tandis que dans la minuscule gothique cette saillie se dirige constamment vers la gauche. Ce *fac-simile* renferme d'ailleurs beaucoup de formes arrondies, et les grandes lettres des mots *consideremus*, *dicit* et *popule* diffèrent sensiblement de celles que l'on trouvera dans les manuscrits en minuscule gothique.

Le dernier *fac-simile* de la planche VI réunit tous les caractères que l'on rencontre ordinairement dans cette époque de transition qui touche à la période gothique. Le *d* est de forme tantôt onciale, tantôt minuscule; l'*s* finale est tantôt minuscule, tantôt capitale; les titres sont en minuscule un peu plus forte que le corps du texte (voyez les mots *de adventu, de bissexto*); les *m* employées comme grandes lettres sont de forme onciale, et les deux premiers jambages se réunissent sous l'aspect d'un O; les doubles *i* sont accentués; la barre des *t* est un peu dépassée par la haste; le *c* et l'*e* commencent à paraître formés de la réunion de plusieurs lignes droites; le prolongement de la panse de l'*h* descend plus bas que le pied de la haste; le signe & n'a plus son ancienne forme et présente l'aspect d'un *œ;* le haut des hastes est terminé par des fourches, et le bas des lettres *f, m, n, r, s,* par des traits fins qui montent vers la droite.

Dans le premier *fac-simile* de la planche VII le *d* est toujours de forme onciale; le *v* est quelquefois employé au lieu de l'*u* au commencement des mots; les deux formes d'*s* concourent à la fin des mots; il en est de même de la plupart des caractères qui ont été signalés dans le modèle précédent. On doit remarquer cependant que les traits qui partent du pied des jambages de l'*m*, de l'*n*, etc., forment à leur point de départ un angle plus aigu et qu'ils se prolongent beaucoup plus loin.

Le *fac-simile* n° 2 de la planche VII n'emploie que l'*s* minuscule à la fin des mots; mais il mélange le *d* minuscule et le *d* oncial, et substitue quelquefois le *v* à l'*u* au commencement des mots; il donnerait lieu d'ailleurs à toutes les remarques que l'on a déjà présentées plusieurs fois sur les traits qui partent du pied des lettres *m, n, r* et *s.* Si l'on veut avoir une idée du développement que prennent ces traits accessoires, il faut examiner le mot *permissum* (sixième ligne), où ils remplissent les intervalles qui séparent les jambages de l'*m*, puis l'*m* et l'*i*, l'*i* et l'*s*, etc. En étudiant cette écriture on verra que les formes anguleuses dominent, que les lettres tendent à se rapprocher pour se confondre, et que les abréviations deviennent de plus en plus nombreuses. On peut remarquer dans le mot *scientia* (quatorzième ligne) un *c* qui se confondrait avec le *t* si le trait horizontal qui forme le crochet dépassait un peu la panse vers la gauche : cette forme de *c* devient ordinaire au XIIIe siècle, et concourt souvent avec des *a* dont le montant se termine moins par une courbure que par un trait droit qui est fortement indiqué dans le mot *scientias* (dix-septième ligne). Enfin le crochet de l'*e* présente souvent dans sa partie extérieure une concavité dont les extrémités se terminent par des traits fins. (Voy. dans la troisième ligne les mots *me, de, arte.*) Nous pourrions multiplier ces remarques; mais, en se reportant à ce qui a été dit sur les *fac-simile* précédents, on reconnaîtra facilement que cette écriture réunit la plupart des traits qui annoncent les approches de la période gothique. Il en est de même des trois modèles reproduits sous les n°s 3, 4 et 5 de la planche VII, et sur lesquels on peut par conséquent s'abstenir de présenter des observations particulières.

Le dernier *fac-simile* de la planche X reproduit une écriture semblable à celle des manuscrits italiens du XVe siècle. Ces beaux caractères n'ont guère été reproduits en France que depuis le commencement du XVIe siècle et dans un petit nombre de manuscrits[1]. Il est inutile de faire remarquer les rapports qui existent entre cette écriture et nos caractères typographiques. Nous ne pensons pas non plus qu'il soit nécessaire d'indiquer les formes de lettres qui peuvent distinguer cette minuscule renouvelée de celle du IXe siècle. Ces détails seraient peut-être difficiles à expliquer; mais il est certainement facile de les saisir au premier coup d'œil. Bornons-nous à indiquer le *t* comme une des lettres dont la forme présente les différences les mieux caractérisées.

§ II. DE L'ÉCRITURE MINUSCULE DIPLOMATIQUE.

1° Déchiffrement.

Le *fac-simile* n° 3 de la planche XII présente des *a* en forme d'*u*, mais que l'on ne confondra pas avec cette dernière lettre, si l'on remarque la direction des traits qui sont beaucoup plus obliques dans l'*a* que dans l'*u* : cette différence est sensible dans le mot *autem* (première ligne), où les deux lettres sont rapprochées. La barre du *t* se recourbe vers la gauche, et redescend quelquefois près du pied de la haste. (Voy. le mot *obtineat* à la fin de la même ligne.) Le prolongement excessif des hastes n'altère pas dans leur forme essentielle les lettres *b, h, l;* mais la haste du *d*, en descendant au-dessous de la ligne, s'éloigne doublement des habitudes de la minuscule. La liaison du *c* et du *t*, dans le mot *auctoritatis*, n'a rien d'extraordinaire que le développement du trait qui unit les deux lettres. L'*o* conserve en général quelques restes de la forme cursive, et présente l'aspect d'un 6 irrégulièrement formé. La panse du

[1] Il est probable cependant que ces caractères ont été employés dès le XVe siècle dans quelques manuscrits du midi de la France. Un sceau d'Eustache, archevêque d'Arles (Arch. du Royaume, J. 340, *acte de* 1479), prouve que l'Italie exerçait déjà son influence et sur la forme des lettres et sur les ornements, qui appartiennent en entier au style de la renaissance.

p, au lieu de s'arrondir dans le haut, s'élève en formant une saillie aiguë ou bouclée. Le *c* est de forme cursive ; mais l'*e* se rattache plutôt à l'alphabet minuscule. Il faut remarquer la position des signes abréviatifs, qui sont toujours placés fort au-dessus du haut de la ligne et formés par des traits d'une grande longueur.

Le *fac-simile* suivant commence par le mot *datum,* où l'on peut remarquer la différence qui a été indiquée plus haut dans la direction des traits de l'*a* et de l'*u.* Entre ces deux lettres est un *t* renversé, du genre de celui qui termine le signe & dans l'écriture minuscule : l'*m* finale est remplacée par une abréviation de forme très-compliquée, qui se trouve à peu près au-dessus de la lettre *u.* Le chiffre romain V est suivi de l'abréviation ordinaire du mot *kalendas,* c'est-à-dire d'un *k* et d'une *l* tranchés par un signe abréviatif. Viennent ensuite les trois premières lettres du mot *junias,* dans lesquelles il n'y a de remarquable que l'N capitale, dont le premier jambage descend beaucoup plus bas que le second : une abréviation du même genre que celle qui remplace l'*m* finale du mot *datum* tient lieu des lettres *ias.* Le mot *indictione* renferme un *d* oncial, un *c* et un *t* liés par un trait de forme bizarre, une N capitale semblable à celle du mot précédent, et un *e* oncial dont la panse est à peine arrondie. Le mot *quinta* est représenté par la lettre initiale et par le chiffre romain V qui la surmonte : il arrivait quelquefois d'exprimer les dates en toutes lettres, et de les répéter ensuite en chiffres ; cette double indication pour le mot *quinta* n'a donc rien d'extraordinaire, d'autant plus que la lettre *q,* employée seule, pourrait se traduire aussi bien par *quarta.* On remarque au commencement des mots *regnante, rege, redintegrante,* une *r* dont la haste est excessivement prolongée ; la haste du *d,* dans ce dernier mot, se termine par une boucle qui n'est pas ordinaire, et qui donnerait presque à la lettre l'aspect d'un *a* minuscule semblable à celui du mot *amen.* La lettre *g* est facile à reconnaître, malgré la petitesse de la panse ; mais l'*r* et l'*a* sont d'une forme peu régulière ; vient ensuite la conjonction de l'N et du T, que l'on retrouve à la fin du mot *regnante :* dans l'un et dans l'autre mot, la traverse de l'*N* est horizontale, la haste du T se prolonge très-haut, et la barre, au lieu d'être en ligne droite, est irrégulièrement contournée. La ligne suivante ne présente pas de difficulté : les abréviations des mots *Dei* et *feliciter* sont très-simples ; celle du mot *actum* est la même que dans le premier mot de la ligne précédente. Peut-être cependant faut-il faire observer les *i* allongés des mots *indepta* et *in,* et l'*a* initial du mot *Attiniaco,* dont le montant se prolonge assez haut pour que la lettre se rapproche de la forme d'un *d.*

Il n'y a pas grande différence entre l'*f* du mot *firmitatem* et l'*s* du mot *immu-*

nitatis, dans la première ligne du *fac-similé* n° 2 de la planche XIII : pour distinguer ces deux lettres, il suffit de remarquer que l'*f* est liée à la lettre suivante par un trait qui tient lieu de la barre, bien que ce trait ne soit ici que le prolongement de l'*i*. Il est d'ailleurs plus sensible dans les mots *firmavi*, *filio*, *firmare* (troisième ligne); tandis qu'il n'en existe aucune trace après l'*s* dans les mots *ipsa*, *causa* (deuxième ligne), *subter* (troisième ligne), *inpressione*, *signavi* et *persona* (quatrième ligne). L'*e* appartient tantôt à la minuscule, comme dans le mot *rei*, tantôt il se rattache à la cursive, comme dans les mots & et *nostre* (première ligne). Il faut remarquer dans le mot *notitiam* la liaison de la barre du *t* avec l'*i* suivant, et la courbure très-prononcée de la haste, qui, dans la seconde syllabe du mot, reste tout à fait détachée de la barre. Le mot *hoc* se termine par un *c* cursif dont la partie supérieure est extrêmement développée : cette lettre se rencontre d'ailleurs de temps en temps sous la forme minuscule. La première ligne se termine par l'abréviation ordinaire du mot *nostre*. — *Deuxième ligne*. Au lieu de l'*e* simple qui termine le mot précédent, on voit l'*e* à cédille dans les mots *præceptum* et *prædicto*. L'abréviation de la syllabe *pro* est représentée régulièrement dans les mots *pro* et *propria* : en effet, le signe abréviatif est formé par le prolongement de la panse du *p*, tandis qu'il est complétement détaché de cette panse dans le mot *persona* (fin de la quatrième ligne). Le mot *feci* offre un nouvel exemple de la différence qui existe entre l'*f* et l'*s*. Le signe &, qui vient ensuite, est formé peu régulièrement, mais il est facile de le reconnaître. — La troisième ligne ne renferme que deux abréviations extrêmement simples : elle se termine par le mot *feci* dont les deux dernières lettres sont assez rapprochées pour ressembler à un *a* cursif. — *Quatrième ligne*. Les quatre premiers mots de cette ligne sont mal séparés (*etanu—limeiin—pressione*). La forme de l'*r* qui se lie à l'*e* de la syllabe *pres* est remarquable. Le mot suivant renferme un *g* dont la queue est surchargée de traits inutiles, et un *a* minuscule dont le montant ne se prolonge pas moins que la haste d'un *d*. L'*a* du mot *nulla* est de forme cursive : il ressemble à un *u* presque entièrement fermé par un trait horizontal qui prendrait naissance dans le haut du premier jambage. Les abréviations des syllabes *quam* et *us*, dans les mots *unquam* et *ulterius*, sont parfaitement régulières. — *Cinquième ligne*. Il en est de même des abréviations des mots *episcopus* et *abbas*. Le *d* du mot *dux* est de forme onciale. Tous les mots de cette ligne sont séparés par des points qui ont la même valeur que notre virgule. — La sixième ligne commence par une des abréviations usitées pour le mot *vel*, c'est-à-dire, par un *u* suivi d'une *l* tranchée par une ligne droite. Le mot *exactor* se termine par l'espèce d'*r* qui est souvent employée de préférence après la lettre *o*. — *Septième ligne*. Quoique le signe abréviatif, qui remplace les deux dernières lettres du mot *temporibus*, n'ait pas une forme très-régulière, on peut cependant y reconnaître un point et une virgule réunis par une liaison.

L'écriture du *fac-simile* suivant est remarquable par le prolongement excessif des hastes : c'est là ce qui donne un aspect bizarre au P initial du premier mot, dont la panse est beaucoup trop petite, comparée à la longueur démesurée de la haste. Le trait recourbé qui se rattache à la gauche de cette haste représente l'abréviation de la syllabe *pro*, qu'on retrouve figurée de la même manière dans le mot *procerum* : nous avons déjà eu occasion d'avertir que, dans les écritures où ce signe ne se rattache pas à la panse du *p*, sa forme courbe suffit pour le distinguer de la ligne droite qui se combine avec la même lettre pour représenter la syllabe *per*. Le prolongement de la tête du *d* oncial, celui des hastes dans les lettres *s*, *l*, *f* et *b*, les boucles à traits rabattus qui les terminent souvent (voy. le mot *abbas*), le développement des montants du V (voy. le mot *Vivianus*), n'altèrent pas assez la forme des lettres pour les rendre difficiles. On serait plutôt arrêté dans la lecture de ce diplôme par les signes abréviatifs, qui sont toujours placés à une grande distance des lettres auxquelles ils se rattachent. Leur forme, qui est en général très-compliquée, change sans aucune nécessité, selon le caprice de l'écrivain. (Comparez les abréviations des mots *sancte*, *Dei*, *filiorum* et *Francorum*.) Cependant le signe de l'*a* superposé conserve à peu près sa forme habituelle dans le mot *qualiter*. Après avoir écrit le mot *sanctæ* par un *e* simple, le copiste emploie l'*e* à cédille à la fin du mot *ecclesiæ*, et il commence ce mot par un *æ* séparé : cette faute d'orthographe dans la première syllabe du mot *ecclesia* se rencontre fréquemment.

Les hastes ne sont pas moins développées dans le dernier *fac-simile* de la planche XIII, et la forme des traits rabattus qui s'y rattachent est beaucoup plus compliquée que dans le modèle précédent. Cette écriture ne renferme en général[1] que des *a* cursifs, plus souvent ouverts que fermés par le haut. Les deux traits qui forment cette lettre se distinguent des jambages de l'*u* par leur direction oblique ; ils sont d'ailleurs beaucoup plus fins à leur extrémité supérieure. Le *c* a toujours la forme cursive ; l'*e*, au contraire, est ordinairement minuscule. (Voy. cependant le mot *evidens* qui commence par un *e* cursif.) L'*s* minuscule est souvent remplacée par une *s* qui se rattache à la forme capitale, et qu'on retrouve soit au commencement, soit au milieu, soit à la fin des mots. (Voy. dans la seconde ligne les mots *sigilli*, *impressione* et *nominis*.) Le mot *signa* (troisième ligne) commence par une *s* minuscule à laquelle se rat-

[1] Le mot *subjuncta* (troisième ligne) est le seul qui renferme un *a* minuscule.

tache un trait qui rejoint la lettre suivante; mais cette liaison accidentelle diffère complétement de celle qu'on remarque dans les mots *firmavimus* et *firmare* (deuxième ligne). La panse de certains *p* renferme une brisure qui n'altère pas d'ailleurs d'une manière sensible la forme de la lettre. (Voy. le *p* initial des mots *precepti* et *precepimus.*) Il est également facile de reconnaître la forme essentielle de l'*r*, malgré le prolongement et la courbure de la partie inférieure de la haste (voy. le mot *signare* dans la troisième ligne); mais le même prolongement fait ressembler le second *i* du mot *hiis* à la queue d'un *y* dont l'*i* précédent formerait le premier jambage : ces deux lettres sont d'ailleurs suffisamment distinguées par les accents qui les surmontent. L'abréviation du mot *et* consiste dans une ligne qui se recourbe trois fois sur elle-même; ce signe est employé dans la première ligne après le mot *voluntatis*, dans la seconde après les mots *firmavimus* et *impressione*, dans la troisième avant le mot *signare* et après le mot *nomina.* Il est inutile de faire observer que la forme des signes abréviatifs est presque toujours arbitraire : il faut en excepter cependant ceux qui sont employés dans les mots *propria, firmavimus* et *quorum.* La première syllabe du mot *propria* est représentée comme dans le *facsimile* précédent, et sous une forme qui se rencontre souvent; le signe placé au-dessus du second *p* ne devrait pas être considéré comme un *i* dans une écriture moins surchargée de traits superflus; mais comme il est beaucoup moins compliqué que les autres abréviations, on ne peut guère douter que le copiste n'ait voulu tracer un *i* accompagné d'une liaison : c'est ainsi que dans le mot *firmavimus*, un trait courbe se rattache à la queue du signe 9 qui remplace les lettres *us.* Quant à l'abréviation de la dernière syllabe du mot *quorum*, elle ne différerait pas de la forme ordinaire, si le haut du trait qui tranche la queue de l'*r* n'était pas terminé par une boucle.

L'écriture reproduite dans le premier *fac-simile* de la planche XIV ne diffère de la minuscule des manuscrits que par la forme de quelques signes abréviatifs et le prolongement des hastes qui est surtout remarquable dans les *f* et les *s*. — *Première ligne.* Le signe & présente à peu près l'aspect d'un *œ*. Le nom de la reine (*Bertrada*) est désigné par la lettre initiale seulement. Le signe abréviatif qui tient lieu de l'*m* finale du mot *prefatam* a la même forme que celui qui remplace les lettres *ost* dans le mot *nostro.* On le retrouve d'ailleurs dans les lignes suivantes, excepté toutefois dans le mot *omni* (seconde moitié de la deuxième ligne), où la suppression de l'*n* est indiquée par un trait semblable à ceux qu'on emploie dans les manuscrits. — *Deuxième ligne.* Le mot *qui* est abrégé selon l'usage, au moyen de la superposition de l'*i*. L'*s* et le *t* du mot *substancia* sont réunis par une liaison d'une forme un peu compliquée, et qui prendra encore plus de développement au XIIe siècle. — *Troisième ligne.* La finale *rum* est abrégée régulièrement dans les mots *successorum* et *nostrorum;* toutefois il faut remarquer que, dans le premier mot, la queue de l'*r* se lie avec le signe abréviatif. Le mot *Mariæ* renferme une R capitale, et se termine par un *e* à cédille. Il est assez ordinaire, dans les chartes, de réunir les deux mots *in perpetuum,* et d'écrire comme ici : *imperpetuum.* — La dernière ligne se termine par l'abréviation régulière des finales *us.*

Le *fac-simile* suivant diffère à peine de la minuscule proprement dite ; peut-être cependant les hastes des lettres *l* et *f* seraient-elles un peu moins élevées dans un manuscrit.

Le développement excessif des hastes, des montants de l'*a* et de quelques autres traits donne un aspect bizarre à l'écriture reproduite dans le *fac-simile* n° 3 de la planche XIV. Ce fragment ne forme aucun sens, parce qu'il reproduit les commencements de trois lignes différentes. Il n'y a que la forme du signe & qui puisse embarrasser. (Voy. ce signe après les mots *utilitati* et *quatenus.*) Quant aux abréviations, elles sont tracées avec autant d'exactitude que de simplicité. (Voy. l'abréviation de la syllabe *per* dans le mot *opere,* celle des syllabes *qua* et *nus* dans le mot *quatenus,* et celle de la syllabe *mus* dans le dernier mot du *fac-simile.*)

L'écriture reproduite dans le *fac-simile* n° 4 de la même planche se fait remarquer par le prolongement excessif des hastes et par la maigreur des traits. La forme des *r,* des *s* et du signe &, qui termine la ligne, est surtout extraordinaire. La ligne courbe qui complète avec le *p* la première syllabe du mot *prophetiam* est tout à fait isolée de cette lettre, à laquelle on la trouve ordinairement réunie. La lecture de ce *fac-simile* ne présente d'ailleurs aucune difficulté.

Le dernier *fac-simile* de la planche XIV commence par un *e* d'une forme singulière, dont la panse s'allonge en ligne droite et se termine par une boucle semblable à celle de l'*e* minuscule. Le Q initial du mot *quia* n'est pas moins bizarre par la disproportion qui existe entre l'exiguïté des panses et le prolongement excessif de la queue. Le mot *Dei* est abrégé régulièrement; mais il faut remarquer que l'*i* descend au-dessous de la ligne, parce que cette lettre termine le mot. Les signes abréviatifs qui complètent les mots *gratia, omnipotentis, regnum,* etc., ont la même forme que dans le *fac-simile* n° 1, qui présente aussi dans le mot *successorum* la même abréviation que les mots *Francorum* et *Aquitanorum.* La conjonction *et* est exprimée par l'un des signes qui ont été indiqués dans le chapitre précédent; mais on voit que cette abréviation présente ici, par le prolongement de sa haste, plus de rapport avec la figure du chiffre 7. En comparant dans la seconde ligne l'abréviation du mot *per* et celle de la première syllabe du mot *proficere*, on reconnaîtra qu'il est facile de les distinguer entre elles, quoique la ligne courbe qui se rattache au *p* initial de la syllabe *pro* ne soit pas formée par le prolongement de la panse.

Le premier *fac-simile* de la planche XV fournit un exemple remarquable de ces ornements accessoires que les écrivains rattachaient à certaines lettres, en particulier aux *c*, aux *f* et aux *s*, et qui servaient souvent à établir des intervalles considérables entre les différentes parties d'un même mot. (Voy. les mots *pos—t*, *predecessor—is*, *tes—tes*, *aff—uerunt*, etc.) Si l'on fait abstraction de ces traits superflus, les lettres ne s'éloignent pas de leur forme ordinaire. Il faut remarquer cependant les initiales des mots *Goslenus*, *Evardus*, *Terricus*, *Actum*, *Guillelmi* et *Mathæi*. Le signe abréviatif qui complète le mot *episcopi* (première ligne) ne diffère des abréviations du *fac-simile* précédent que par l'addition d'un point et d'une virgule allongée ; ces deux signes sont réunis en un seul trait et sous une forme un peu différente, au-dessus du mot *nostri* (sixième ligne). On peut remarquer aussi l'abréviation ordinaire du mot *signum*, c'est-à-dire, une S capitale, tranchée par un trait oblique. Les cinq dernières lettres du mot *laudunensis* (quatrième ligne) sont remplacées par la ligne courbe superposée à l'N. On retrouve des *e* à cédille dans les mots *piæ* et *nostræ* (première et deuxième lignes), et des *i* accentués dans les mots *Dionisii*, *buticularii* et *constabularii* (troisième et septième lignes).

2° Age.

L'*a* cursif s'est maintenu beaucoup plus tard dans la minuscule des diplômes que dans celle des manuscrits. Aussi voit-on qu'il est employé sans mélange d'*a* minuscules dans l'écriture reproduite sous le n° 3 de la planche XII. Le *c* à panse brisée, l'*o* à peu près semblable à un 6, le *t* dont la barre se recourbe à gauche vers le pied de la haste, sont encore des caractères qui se rattachent aux habitudes de l'écriture cursive, et que l'on rencontre dans ce modèle. Quand ces différentes formes de lettres concourent dans la minuscule diplomatique avec des *r* et des *s* dont la haste ne dépasse point le bas de la ligne, on peut faire remonter au IXe siècle l'âge du diplôme qui réunit tous ces indices. Nous ferons observer d'ailleurs que, dans notre *fac-simile*, la panse des *e* présente encore trace de la brisure qui caractérise l'*e* cursif. L'angle aigu qui surmonte la panse des *p* est un des signes que les Bénédictins considèrent comme appartenant au IXe siècle : il en est de même de ces hastes qui s'élèvent au-dessus des lignes, et qui, après s'être courbées, se terminent par des déliés d'une extrême finesse.

Dans le *fac-simile* n° 4 de la planche XII, l'*a* minuscule est souvent substitué à l'*a* cursif, les hastes de l'*r* et de l'*s* descendent presque toujours au-dessous des lignes, le *d* oncial paraît dans le mot *indictione*, la brisure de la panse de l'*e* est moins fréquente, le *c* et l'*o* n'ont plus la forme cursive, et la barre du *t* ne se recourbe plus comme dans le *fac-simile* précédent. Mais il est important de faire observer que ce *fac-simile* reproduit l'écriture de la date, tandis que le corps du diplôme est tout entier en écriture cursive. Les observations qui ont été présentées n'en subsistent pas moins, parce que la date du diplôme auquel est emprunté le *fac-simile* n° 3 ne diffère en rien du fragment que nous avons reproduit : seulement il faut se souvenir que dans les diplômes on changeait souvent de caractères pour écrire les dates, et qu'on employait de préférence une cursive plus distincte, ou même la minuscule diplomatique. Pour juger d'ailleurs l'âge de l'écriture reproduite dans le *fac-simile* n° 4, on devra remarquer que beaucoup de hastes sont renflées dans leur partie supérieure, que les premiers jambages de l'*m* et de l'*n* minuscules inclinent vers la gauche, et que l'N capitale est assez souvent substituée dans le corps des mots à l'*n* minuscule. (Voy. les mots *junias, indictione, anno, nomine* et *amen.*)

Le *fac-simile* n° 2 de la planche XIII renferme une minuscule beaucoup plus caractérisée. Toutefois le *c* cursif à panse brisée y est employé plus souvent que le *c* minuscule; la même brisure est souvent marquée dans la panse de l'*e*, et l'*r* du mot *impressione* (quatrième ligne) est aussi de forme cursive. Mais l'*a* cursif ne paraît que dans le mot *nulla*, et si l'on tient compte de la force du corps de l'écriture, on reconnaîtra que les hastes sont comparativement moins prolongées que dans le *fac-simile* précédent. L'emploi de l'*r* sous la forme du chiffre 2 (voy. le mot *exactor*) ne commence guère dans la minuscule diplomatique avant le milieu du xe siècle. Nous ferons aussi remarquer que les hastes de plusieurs *s* se terminent dans leur partie supérieure par des boucles dont l'extrémité se dirige vers le côté gauche de la lettre. (Voy. à la fin de la cinquième ligne le mot *thelonearius*, et à la fin de la dernière, les mots *nostris* et *futuris.*)

L'écriture reproduite dans le *fac-simile* n° 3 n'est postérieure que de quelques années à celle que l'on vient d'examiner; et si elle rappelle d'abord, par ses traits fins et élancés, les formes de la minuscule diplomatique des Carlovingiens, on y retrouve, en l'examinant de plus près, des détails qui permettent de rectifier cette première impression. Les boucles qui se rattachent à l'extrémité des hastes de l'*s* et du *b*, dans les mots *Vivianus* et *abbas*, annoncent déjà un temps voisin du XIe siècle. Il en est de même du signe & représenté sous une forme à peu près semblable à celle d'un *æ*. Les *d* des mots *proinde* et *Dei* sont de forme onciale, et dans le reste du diplôme ils sont aussi nombreux au moins que les *d* minuscules. Les *r* dont la haste dépasse le bas des lignes ne sont pas moins multipliées que les autres; et dans ces dernières, le pied de la haste donne naissance à un trait fin [1] qui se dirige vers la droite. (Voy. le mot *noverit*.) Des traits analogues se remarquent dans le bas du premier jambage de quelques *n* et à l'extrémité inférieure d'un petit nombre d'*f* et d'*s*. (Voyez l'*f* du mot *futurorum*, l'*n* et l'*s* du mot *Vivianus*.) On peut remarquer enfin que tous les *a* sont de forme minuscule, et que la barre des *e* n'atteint pas ordinairement jusqu'à la courbure intérieure de la panse.

Le *fac-simile* n° 4 de la planche XIII fournit un des exemples les plus récents de l'emploi de l'*a* cursif et du *c* à panse brisée; mais les boucles qui terminent le haut des *s* et des *f* en se repliant plusieurs fois sur elles-mêmes, ne datent guère que du XIe siècle. Il faut s'attendre à rencontrer des écritures qui, par certains caractères, sembleraient appartenir à des temps plus anciens, mais qui fournissent aussi le moyen de rectifier les erreurs où l'on serait entraîné, si l'on voulait appliquer sans discernement des règles sujettes à un certain nombre d'exceptions. Essayons d'indiquer quelles sont les lettres qui peuvent prouver que cette écriture appartient au XIe siècle. Le pied de la haste de l'*h* se replie et donne naissance à un trait qui se dirige vers la droite, tandis que la panse se prolonge au-dessous du bas de la ligne; le bas des premiers jambages de l'*m* et de l'*n* se replie constamment vers la droite; la barre de plusieurs *t* est un peu dépassée par le sommet de la haste; l'*s* capitale paraît à la fin de plusieurs mots; les *i* doubles sont accentués; enfin les queues de plusieurs lettres sont fortement inclinées vers la gauche, et se terminent par des traits fins et recourbés qu'on remarque également dans un grand nombre de signes abréviatifs. Peut-être aussi devrait-on tenir compte de la forme de l'abréviation du mot *et*. Quant aux *c* à panse brisée, ce n'est pas avant le Xe siècle qu'ils se terminent par une boucle semblable à celle que l'on remarque dans le *c* du mot *precepimus*.

L'écriture reproduite dans le premier *fac-simile* de la planche XIV ne diffère de la minuscule des manuscrits que par les boucles des *f* et des *s*, et le prolongement des hastes de quelques lettres. On ne rencontre plus, à partir de la fin du XIe siècle, des lettres de forme cursive, ni des liaisons autres que celles du *c* et de l'*s* avec le *t*. Le haut des jambages de l'*u* qui s'incline souvent vers la

[1] Ce trait se retrouve dans les *r* prolongées des mots *filiorum* et *qualiter*; en sorte que la queue de l'*r* semblerait avoir été ajoutée après coup. On trouve, en effet, dans le diplôme, plusieurs *r* dont la queue tremblée ne fait pas suite à la direction naturelle de la haste, qui elle-même se termine en formant vers la droite une saillie nettement caractérisée.

gauche, le bas des jambages de l'*m* et de l'*n* qui se replie vers la droite, l'emploi du *d* de forme onciale, la saillie supérieure de la haste du *t*, le défaut de rondeur dans le crochet supérieur du *c*, tels sont les caractères principaux qui peuvent servir à fixer l'âge de cette écriture. En général on peut appliquer à ce *fac-simile*, et surtout au *fac-simile* suivant, les règles qui ont été exposées pour la minuscule des manuscrits.

Le *fac-simile* n° 3 renferme des *a* d'une forme extraordinaire, et que nous avons rencontrés dans plusieurs chartes du commencement du XIIe siècle. Si le *d* minuscule[1] est employé ici de préférence au *d* oncial, on voit d'un autre côté l'S capitale substituée à l'*s* minuscule à la fin du mot *deprecantes*. Les premiers jambages de l'*m* et de l'*n* sont tranchés à leur base comme dans le sixième *fac-simile* de la planche VI : c'est ainsi que dans les écritures les plus différentes en apparence on trouve des rapports qui trahissent les habitudes d'un même siècle. Pour ne pas tomber dans des répétitions inutiles en examinant les différents caractères qui peuvent prouver que cette écriture appartient au XIIe siècle, nous nous contenterons de faire observer que les crochets du C capital de la première ligne sont tranchés par des traits fins et prolongés qui annoncent les approches de la période gothique pendant laquelle l'ouverture du C majuscule est complétement fermée. Le renflement exagéré de certaines portions des lettres de la majuscule gothique semble aussi être annoncé par l'addition des deux ronds que l'on remarque dans l'intérieur du C.

Ces points massifs se voient dans le Q initial du *fac-simile* suivant : le renflement de la panse et les saillies irrégulières qui se rattachent à la queue de cette lettre ne sont pas moins caractéristiques. Bien que les formes de cette écriture soient tout à fait exceptionnelles, il est facile de reconnaître que les lettres sont étroites et rapprochées, et que les saillies anguleuses remplacent souvent les contours arrondis, notamment dans les crochets de l'*r* et du *c*. La panse de l'*h* se prolonge au-dessous de la ligne ; le pied des jambages de l'*m* et de l'*n* se replie vers la droite ; le *d* oncial est employé concurremment avec le *d* minuscule, et le montant de l'*a* se rapproche presque toujours de la direction verticale.

Le *fac-simile* n° 5 ne renferme que des *d* minuscules, mais dans le reste du diplôme on substitue souvent à cette lettre le *d* oncial ; et quoique les mots *Ludovicus* et *omnipotentis* se terminent par une S capitale, on trouve souvent dans le même acte une *s* minuscule à la fin des mots. On pourrait trouver dans le siècle précédent des lettres initiales aussi bizarres que celles des mots *ego* et

[1] Les formes anguleuses de la panse de ces *d* sont assez caractérisées pour qu'on reconnaisse à peu près le siècle auquel ils appartiennent.

quia, mais au XIIe siècle elles se rencontrent beaucoup plus souvent. Indépendamment des indices que peuvent fournir les formes extraordinaires des lettres majuscules, on reconnaîtrait dans cette écriture étroite, allongée et souvent anguleuse, les caractères qui concourent dans la minuscule des manuscrits appartenant au même siècle.

Le premier *fac-simile* de la planche XV se fait remarquer par les lignes fourchues qui terminent la plupart des hastes montantes, et par la complication des traits qui se rattachent au sommet de plusieurs lettres. Le concours de ces deux caractères suffit pour faire reconnaître la minuscule diplomatique du XIIe siècle. On doit aussi remarquer les intervalles considérables qui séparent les lettres ou les syllabes de certains mots, la forme étroite et allongée de la plupart des grandes lettres, l'emploi du *d* oncial, la substitution fréquente de l'S capitale à l'*s* minuscule, soit à la fin des mots, soit à la fin des portions de mots qui se trouvent isolées par un intervalle considérable. (Voyez dans la première ligne le mot *post,* dans la quatrième le mot *noster,* et dans la dernière le mot *constabularii.*)

ARTICLE V.

DE L'ÉCRITURE CURSIVE DES MANUSCRITS ET DES DIPLOMES.

1° Déchiffrement.

Quoique les alphabets reproduits dans la planche XI ne donnent qu'une idée fort incomplète des nombreuses modifications par lesquelles l'écriture cursive altère sans cesse la forme essentielle de chaque lettre, il est indispensable d'étudier avec soin les types représentés dans ces trois alphabets avant d'entreprendre le déchiffrement d'un texte où la combinaison de ces éléments divers ne permettrait plus d'en saisir les différences caractéristiques. Comme on s'est borné, dans ces alphabets, à représenter chaque lettre en faisant abstraction des traits accessoires qui la réunissent aux lettres voisines, ou des changements qui tendent à faciliter cette combinaison, il est facile de comprendre que la même lettre se présentera successivement sous des formes plus ou moins diverses que l'on serait tenté de considérer comme des variétés de cette lettre, si l'on ne connaissait pas d'avance quelle est la figure de chaque caractère quand il est employé isolément. Cette connaissance préliminaire préparera d'ailleurs à l'intelligence des observations minutieuses par lesquelles on va essayer de faciliter le déchiffrement d'une écriture qui diffère considérablement de la nôtre, et qui ne présente pas toujours d'analogie avec celles dont il a été question jusqu'à présent.

Nous commencerons par le déchiffrement de la cursive des manuscrits, qui est moins difficile, en général, que celle des diplômes.

Le troisième *fac-simile* de la planche III reproduit une cursive pleine d'élégance et de netteté[1]. Le signe abréviatif qui surmonte l'*s* du mot *Deus* indique la suppression des lettres *eu*. Les deux premiers mots de la ligne suivante ne présentent pas de difficulté; il faut remarquer seulement la liaison qui unit le second *o* et l'*m* du mot *incolomis*. Le mot *custodiat* renferme un *a* ouvert qui ne diffère pas beaucoup de l'*u*. Le mot *fratres* est exprimé par l'F initiale, surmontée d'un signe abréviatif. On retrouvera souvent dans des siècles plus récents l'abréviation employée ici pour le mot *karissimi*, dont on n'exprime que la première lettre et la dernière syllabe. Il est facile de reconnaître le *d* initial du mot *datum;* cette lettre est suivie de l'*a* et du *t* liés ensemble : l'*a* est, comme celui du mot *custodiat*, ouvert par le haut, mais il est placé au-dessus de la ligne et renversé, de telle sorte que sa base est tournée vers la haste du *d;* le second jambage de cet *a* est indiqué par un trait fin qui descend obliquement, et va rejoindre la barre du *t* qui est lui-même renversé, et dont la haste se recourbe pour se diriger horizontalement vers le mot suivant[2]. Le signe abréviatif qui est placé au-dessus de la barre du *t* tient lieu des lettres *um*. Les mots *post consulatum* sont exprimés par les sigles *p.c.* surmontés d'une abréviation qui leur est commune. Le mot *Opilionis* ne présente pas de difficulté; la forme des *o* n'est pas altérée par les deux liaisons qui les unissent avec les lettres suivantes. Nous ferons observer dans le mot *quinto* l'ouverture de la panse de la lettre initiale; au-dessus de cette lettre est un signe abréviatif qui remplace l'*u*, et qui va rejoindre le haut de l'*i*. La barre du *t* s'étend jusqu'à l'*o*, et sert à former le côté droit de cette lettre, dont la partie gauche se prolonge sous forme de liaison jusqu'à la lettre initiale du mot *kalendas*. Il faut remarquer dans ce mot l'*a* ouvert par le haut: le signe abréviatif qui tranche la barre de la lettre *l* remplace la fin du mot. On retrouve dans le mot *agustas* deux *a* ouverts par le haut; le second se lie d'un côté à l'extrémité de la barre du *t*, et de l'autre à la saillie de l'*s*. La même liaison se représente dans la première syllabe du mot *pascha;* mais l'*a* est élevé un peu au-dessus des autres lettres,

[1] La plupart des lettres ont la même forme que dans le *fac-simile* précédent; mais le corps de l'écriture est plus penché, et quoique les liaisons n'y soient pas très-multipliées, cependant on en remarque quelques-unes qui appartiennent essentiellement à la cursive. (Voyez, par exemple, les mots *datum*, *pascha*, *Anthimio* et *maias*.)

[2] Cette liaison de l'*a* et du *t* ressemble beaucoup à celle que l'on a rencontrée dans le mot *faciat* (planche IV, n° 4, troisième ligne).

réduit à de plus petites proportions et légèrement incliné vers la droite. Dans la première syllabe du mot *Valentiano*, l'*a* ouvert par le haut se distingue à peine de l'*u;* il se lie à la lettre *l*, dont la barre fait corps avec le bas de la panse d'un *e* cursif allongé ; la barre de cet *e* rejoint elle-même le premier jambage de l'*n* : la liaison de la barre du *t* avec le haut de l'*i*, et celle de l'*a* suivant avec l'*n*, ne présentent pas de difficulté; l'*o* final se termine par un trait excédant. Ce trait, plus prolongé dans le mot *octies*, va rejoindre le bas de la panse du *c*, qui se recourbe et redescend pour former la haste du *t;* la barre de cette lettre se joint à l'*i;* vient ensuite un *e* à panse brisée qui se lie à la saillie de l'*s*. La conjonction *et* est rendue par la liaison ordinaire de l'*e* cursif et du *t* renversé. On retrouve dans le mot *Anthimio* un *a* ouvert et placé au-dessus de la ligne auquel se rattache le premier jambage de l'*n;* le reste du mot ne présente pas de difficulté. Les trois premières lettres du mot *octavo* sont liées de la même manière que dans le mot *octies*. Le mot *kalendas* est abrégé comme dans la ligne précédente. L'*m* du mot *maias* est suivie d'un *a* ouvert qui se joint à un *i* dont la tête et la queue dépassent le niveau de la ligne ; cet *i* est suivi d'un petit *a* ouvert incliné vers la droite, et dont le second jambage va rejoindre la saillie de l'*s*. Le trait fin qui se trouve au-dessous du crochet de l'*s* est un signe de ponctuation analogue à celui qu'on remarque après le mot *agustas*.

Le *fac-simile* n° 5 de la planche III commence par le mot *data*, dont la dernière lettre est remplacée par le trait allongé qui prend naissance près du *t*, et qui s'étend au-dessus du mot suivant; le premier *a* est ouvert, incliné vers la droite et superposé au *t*, dont il forme la haste par le prolongement de son second jambage. Le *c* initial de *constitutio* est à panse brisée; il se développe de bas en haut, puis se recourbe dans sa partie supérieure, et se prolonge pour former l'*o*, en commençant par le côté droit de cette lettre sur laquelle s'appuie la courbure supérieure du premier jambage de l'*n*. La haste du *t* n'est que le prolongement du crochet de l'*s*, et la barre, qui prend naissance au pied de la haste, se relève en s'arrondissant, et va se boucler avec la tête de l'*i;* dans la syllabe *tu*, la haste prend à peu près la forme et la position d'un *c* ordinaire dont la panse, dans sa partie moyenne, sert d'appui à la barre ; ce dernier trait se relève en s'arrondissant, puis il redescend, rencontre le haut de la haste, et forme, en se prolongeant jusqu'au bas de la ligne, le premier jambage de l'*u;* le *t* suivant est tracé de la même manière, si ce n'est que le prolongement de la barre s'abaisse au-dessous de la ligne : c'est ce prolongement qui forme la lettre *i;* le mot se termine par un *o* à trait excédant. On retrouve dans le mot *diae* un *a* ouvert, incliné et placé au-dessus de la ligne; le second trait de cet *a* se prolonge en formant un angle, et va rejoindre le bas de la panse de l'*e*. Le *t* initial du mot *tertio* ressemble au second *t* du mot *constitutio;* mais le prolongement de la barre n'est ici qu'une liaison qui va rejoindre le bas de la panse de l'*e;* cette panse se termine par une boucle à laquelle se rattache un trait qui sert en même temps à former la barre de l'*e* et la haste de l'*r;* le crochet de cette dernière lettre, en s'abaissant, forme la haste du *t;* au-dessous de cette haste commence la barre, qui se relève en s'arrondissant et va rejoindre le haut de l'*i*. En comparant les formes et les positions diverses des *t* qui se sont rencontrés jusqu'à présent dans ce *fac-simile,* on reconnaît que cette lettre est une de celles qui se modifient le plus fréquemment pour se combiner avec les lettres voisines. Le mot *iduum* ne présente pas de difficulté; le signe abréviatif placé à droite de la haste du *d* tient lieu de l'*u* supprimé. Dans le premier *e* du mot *septembrium* les deux traits qui forment la panse brisée sont complétement séparés; à l'extrémité du trait supérieur se rattache la barre de l'*e,* qui se confond avec la haste du *p*. On retrouve dans la seconde syllabe un *t* incliné vers la droite et semblable à ceux que l'on a déjà rencontrés : ce *t,* en se prolongeant, se lie au bas de la panse de l'*e,* dont la barre donne naissance au premier jambage de l'*m*. L'*i* de la syllabe *bri* est formé par le prolongement du crochet de l'*r,* et l'*u* de la dernière syllabe est remplacé par le signe abréviatif qui surmonte ces deux lettres. La seconde syllabe du mot *anno* est supprimée : dans la syllabe initiale, un *a* ouvert est superposé à l'*n* dont il rejoint le premier jambage. Les Bénédictins ont fait remarquer que le chiffre suivant pouvait se traduire par XII ou par XLI; mais le sens leur a fait préférer la première interprétation. Ce qui doit lever toute espèce de doute à cet égard, c'est que le premier trait qui suit l'X ne présente aucune trace de barre à sa base : on ne peut donc pas y voir une *l* mais un *i* allongé, semblable à l'*i* initial du mot *indictione* dans la ligne suivante; le premier *fac-simile* de la planche III prouve d'ailleurs qu'il était d'usage de prolonger cette lettre numérale quand elle était suivie d'un ou de plusieurs *i*. Le crochet de l'*r* du mot *regnum* va rejoindre la panse de l'*e* dont la barre se lie au *g* suivant : la tête de ce *g* est elle-même liée au premier jambage de la lettre *n,* au-dessus de laquelle est le signe abréviatif qui tient lieu de l'*u*. Le premier mot de la ligne suivante ne présente pas de difficulté. Le crochet de l'*s* du mot *nostrorum* forme, en se prolongeant, la haste du *t,* dont la barre s'arrondit en cercle et s'unit à droite avec la haste de l'*r;* le crochet de cette lettre, après s'être bouclé, se lie à la partie droite de l'*o,* dont le côté gauche se prolonge en s'arrondissant jusqu'à la haste de l'*r* de la dernière syllabe; l'*u* est remplacé par le signe abréviatif superposé à l'*m* finale dont le premier jambage se rattache à la lettre précédente[1]. Dans le mot *indictione* le crochet supérieur du *c* forme en s'abaissant la haste du *t;* la barre prend naissance au pied de cette haste et s'arrondit pour aller rejoindre la tête de l'*i*. On remarque ensuite un *o* dont le trait excédant est très-prolongé. L'*e* final est à panse brisée; de la brisure de la panse part un trait qui sert de barre à l'*e*, et qui va rejoindre la saillie de l'*s* du mot *sexta*. La barre de l'*e* suivant descend obliquement jusqu'au bas de la ligne et se relève en formant une des traverses de l'*x;* la seconde traverse, très-recourbée dans sa partie supérieure, va s'unir à la haste du *t;* la barre du *t* prend naissance au bas de la haste et s'arrondit pour se prolonger ensuite jusqu'à la tête du premier jambage d'un *a* ouvert, qui lui-même se lie à la haste du *p* suivant. L'*a* du mot *Parisius* est ouvert, placé dans le haut de la ligne et lié à la haste de l'*r* dont le crochet se boucle et s'unit à la lettre *i*. L'*u*, presque fermé par le haut, offre l'aspect d'un *a* ordinaire.

La ligne reproduite au bas de la planche II présentera moins de difficulté. Dans le mot *non* le trait excédant de l'*o* s'unit à la seconde *n*. La barre qui se rattache à la tête du *g*, dans le mot *fulgore*, va rejoindre le trait excédant par lequel l'*o* s'unit à la haste de l'*r*. Le crochet de cette dernière lettre, après s'être bouclé, s'unit à la partie inférieure de l'*e* final, qui est à panse brisée. Le trait qui part de cette brisure en se dirigeant vers la droite, et qui forme la barre de l'*e*, se modifie de plus d'une manière lorsqu'il doit se joindre à une autre lettre : ainsi dans le mot *sed* il descend et se recourbe pour former la panse du *d;* mais dans le mot *mentis*, au lieu de se rattacher à la panse de la lettre, il part de l'extrémité du crochet qui s'est replié en forme de boucle. Il est important de bien distinguer ces trois formes de l'*e* cursif; nous avons cru devoir les signaler dans cette écriture qui est plus distincte que la précédente; mais en se reportant au *fac-simile* n° 5 de

[1] On est souvent embarrassé dans l'écriture cursive pour distinguer les *s* et les *r;* en comparant la forme de ces lettres dans le mot *nostrorum*, on reconnaît que le crochet de l'*s* s'abaisse et se réunit à la haste du *t* sans former auparavant une boucle comme celle qui existe à l'extrémité du crochet de l'*r*, soit dans la seconde, soit dans la troisième syllabe. Cette boucle est le signe auquel on reconnaîtra l'*r* cursive liée à la lettre suivante. Quelquefois le crochet de l'*r*, au lieu de se boucler, se brise et forme un angle aigu qui suffit également pour le distinguer de l'*s* dont la tête est toujours arrondie. Quand l'*r* et l'*s* sont isolées et que la forme naturelle de leurs crochets ne se modifie pas pour s'unir à une autre lettre, il arrive presque toujours que le crochet de l'*r* renferme une double ondulation et que son extrémité se relève vers la ligne supérieure, tandis que le crochet de l'*s* est simple et tourné vers le bas de la ligne. (Voyez l'alphabet n° 5 de la planche XI.) Si cette distinction n'a pas toujours été observée dans la minuscule, c'est que les formes de ces deux lettres avaient subi des modifications telles qu'on n'était plus exposé à les confondre.

la planche III, on verra dans les mots *diae, indictione* et *sexta* les trois modifications qui viennent d'être indiquées. Le mot *diadematis* renferme deux *a* ouverts par le haut, inclinés vers la droite et placés au-dessus de la ligne; le premier se rattache à la panse du *d* qui est ouverte par le haut; le second à la barre d'un *t* renversé dont la haste se dirige obliquement vers la tête de l'*i*. La barre de l'*e* du mot *sed* va rejoindre la panse du *d* qui est ouverte par le haut. Les deux mots suivants ne présentent pas de difficulté. On trouve dans le mot *discerneris* deux *e* à panse brisée, dont la barre se rattache à la haste de l'*r* qui les suit : les crochets de ces deux *r* se bouclent de la même manière, et se lient en se prolongeant aux lettres *n* et *i*.

Le *fac-simile* n° 3 de la planche IV commence par deux abréviations qui précèdent souvent les corrections marginales que l'on rencontre dans les manuscrits, ce sont les initiales des mots *hìc lege,* tranchées toutes deux par un signe abréviatif: quelquefois au lieu d'une *l* on trouve un *d* qui désigne le mot *dic*. La conjonction *et* est exprimée par la liaison bien connue de l'*e* cursif et du *t* renversé. Dans le mot *quia,* la lettre initiale dont la panse est ouverte par le haut, présente l'aspect d'un *y;* l'*a* final, qui n'est pas complétement fermé, ressemble à deux *c* rapprochés. La syllabe *quo* se compose d'un *q* à panse ouverte et d'un *o* surmonté de deux traits excédants dont l'un se prolonge beaucoup plus que l'autre, et forme en se recourbant un signe abréviatif qui tient lieu de l'*u*. — *Deuxième ligne.* Dans la dernière partie du mot *quotiens* la barre du *t* se boucle avec la tête de l'*i*, et celle de l'*e* cursif forme en se prolongeant le premier jambage de l'*n*. L'*e* du mot *de* touche à l'*r* du mot *relegione*. Le crochet de cette dernière lettre se boucle et se réunit à la panse de l'*e* suivant, dont la barre se lie à la haste de la lettre *l*. Le second *e,* dont la panse repose dans sa partie inférieure sur la barre de la lettre *l,* va rejoindre la tête du *g* qui est lui-même joint avec l'*i*. Cette ligne se termine par un *o* à trait excédant. — *Troisième ligne.* La syllabe *ne* ne présente pas de difficulté. On remarque dans le mot *agitur* un *a* ouvert, incliné vers la droite et superposé au *g,* avec lequel il se réunit : ce *g* est à peu près semblable à ceux que l'on rencontre dans l'écriture mixte; sa barre supérieure se rattache à la tête de l'*i*. La barre du *t* prend naissance au bas de la haste et va rejoindre le prèmier jambage d'un *u* incliné, plus petit qu'à l'ordinaire, et dont le second jambage descend beaucoup plus bas que le premier. Le mot *episcopus* est représenté, selon l'usage, par les lettres *eps;* le signe abréviatif qui remplace les autres lettres longe le bas de la queue d'un *g* qui appartient à la ligne supérieure. En comparant l'*r* du mot *agitur* et l'*s* du mot *episcopus,* on y trouvera la différence qui a été signalée plus haut. — *Quatrième ligne.* Le crochet supérieur du *c* du mot *convenit* s'unit en se prolongeant au côté droit de l'*o*, dont le côté gauche va rejoindre le premier jambage de l'*n*. L'*e* et l'*n* sont liés comme dans le mot *quotiens*. Le *t* final, qui est séparé des lettres précédentes, va s'unir avec la lettre initiale du mot *judicare*. — *Cinquième ligne*. Le *c* bouclé qui commence cette ligne se distingue des *e* de même forme par l'absence de la barre [1]. On retrouve ici un *a* ouvert placé dans le haut de la ligne et dont le second jambage forme en se prolongeant la haste de l'*r*. Le mot *si* ne présente pas de difficulté. Dans la syllabe *quan* il faut remarquer un *q* à panse ouverte et un *a* fermé placé au-dessus de la ligne, et lié avec l'*n*. — *Sixième ligne*. L'*o* de la syllabe *do* se termine par deux traits excédants, dont l'un touche la haste du *d* et l'autre va rejoindre l'*n* du mot *inter* en traversant l'*i*. Le *t* et l'*e* sont liés à peu près de la même manière que dans le premier mot du quatrième *fac-simile* de la même planche : on peut se reporter aux explications qui ont été données sur la liaison de ces deux lettres. La haste de l'*r* finale se lie à la barre de l'*e* qui la précède, et le crochet se brise en angle aigu pour rejoindre la panse du *d* suivant : à cette panse, qui est ouverte par le haut, se rattache une haste qui monte obliquement de droite à gauche. A droite et au-dessus de l'*u* se trouve un *a* presque fermé dont le second jambage se rattache à la saillie de l'*s*. — *Septième ligne*. La barre du premier *e* va rejoindre le bas de la panse du *c*; la barre de la lettre *l* s'unit de la même manière à l'*e* suivant, dont la barre se rattache à la saillie de l'*s*. L'*i* est suivi d'un *a* et d'une *s* liés comme dans la ligne précédente. De la boucle de l'*f* du mot *fuerit* part un trait qui forme en se prolongeant le premier jambage de l'*u* : ce trait constitue la barre de la lettre. En se reportant aux trois alphabets de la planche XI on verra que la barre des *f* n'y est pas indiquée; il aurait été difficile de la représenter exactement, parce que la direction de ce trait varie selon la forme de la lettre suivante à laquelle il se réunit toujours. C'est seulement lorsque la cursive est peu liée que la barre de l'*f* est placée comme dans la minuscule, mais en général ce trait part de la boucle formée par le crochet dans la partie supérieure de la lettre. — *Huitième ligne*. La syllabe *rit* ne présente pas de difficulté. Le côté droit de l'*o* du mot *orta* se prolonge en trait excédant, et le côté gauche va rejoindre la haste de l'*r* dont le crochet se boucle et s'unit ensuite à la haste du *t* : la barre, qui prend naissance au pied de la haste, va se lier à un *a* ou-

[1] Cette barre doit toujours être considérée comme faisant partie de l'*e*, quand même elle entrerait dans la composition d'une autre lettre. Ainsi, dans la seconde ligne, l'*e* du mot *de* n'a pas d'autre barre que la tête de la haste de l'*r* qui le suit. Ce trait n'appartient pas exclusivement à l'*r*; et si au lieu de *ere* il y avait *cre*, la haste de l'*r* ne serait pas en contact avec la boucle du *c*. Cette barre a été omise par erreur dans les *e* des alphabets qui portent les n°s 5 et 7 de la planche XI.

vert et incliné dont le second jambage rencontre le bas du *c* du mot *contencio;* le crochet supérieur de cette lettre s'unit à l'*o*, et le côté gauche de l'*o* va rejoindre le premier jambage de l'*n*. Le *t* et l'*e* de la syllabe *ten* sont liés comme dans la sixième ligne. (Voy. le mot *inter.*) — *Neuvième ligne.* On retrouve ici un *c* bouclé à panse brisée, uni à la lettre suivante par son crochet inférieur. Le *q* du mot *usque* est à panse ouverte, et sa queue, en se repliant sur elle-même, forme un signe abréviatif qui tient lieu des lettres *ue*. Le second trait de l'*a* ouvert du mot *ad* sert à former la panse du *d :* ces deux lettres ne sont donc pas seulement liées, mais conjointes. Les syllabes *sino* qui terminent cette ligne, la syllabe *dum* qui commence la ligne suivante, et le mot *vel* qui vient ensuite, ne présentent pas de difficulté. Quant au mot *ante,* il renferme des liaisons de lettres qui se sont déjà présentées. (Voy. dans la cinquième ligne la liaison des lettres *an*, et dans la sixième celle des lettres *te.*) — *Onzième ligne.* L'*m* du mot *metropolim* se lie au bas de la panse de l'*e*, dont la barre va rejoindre la haste du *t*. La barre de cette dernière lettre part du pied de la haste et se lie au corps de l'*r*, dont le crochet, après s'être bouclé, forme en se prolongeant le côté droit de l'*o*. Le côté gauche de l'*o* s'élève obliquement vers la droite, se boucle et redescend de gauche à droite pour former la panse du *p*, ouverte dans sa partie supérieure et bouclée par le bas avec la queue qui complète la lettre. Le reste du mot se lit sans difficulté, ainsi que le premier mot de la ligne suivante. Les cinq premières lettres du mot *eclesiastica* sont liées entre elles : la barre de l'*e* s'unit avec le *c*, dont le crochet supérieur se confond avec la haste de la lettre *l;* sur l'extrémité droite de la barre de cette *l*, repose le bas du second *e* dont la panse n'est pas arrondie dans sa partie inférieure, et dont la barre va rejoindre la saillie de l'*s*. Après un *i* qui est isolé des lettres voisines, on remarque un *a* et une *s* liés comme à la fin de la sixième ligne : le crochet de l'*s* forme en se prolongeant la haste du *t*, dont la barre va se boucler avec l'*i*. — *Treizième ligne.* Le *c* bouclé et à panse brisée est suivi d'un *a* ouvert et incliné qui complète le mot *eclesiastica.* Le second trait de cet *a* forme en se prolongeant la panse du premier *d* du mot *deducatur;* la panse du second se lie au prolongement de la barre de l'*e*. Les lettres *uc* qui sont isolées sont suivies d'un *a* incliné, et superposé au *t* dont il rejoint la haste; la barre du *t* va rencontrer le premier jambage d'un *u* incliné, à peu près semblable à celui du mot *agitur*, dans la troisième ligne.

Le premier *fac-simile* de la planche XI reproduit une écriture cursive beaucoup plus hardie dans ses liaisons que celles qui ont été examinées jusqu'à présent. Comme elle se rapproche par ses formes des monuments les plus anciens qui aient été conservés jusqu'à nos jours, il est permis de supposer qu'elle reproduit assez fidèlement l'aspect de l'ancienne cursive romaine. Le crochet de l'*r* du mot *rogatus* se boucle, et forme par son prolongement le côté droit de l'*o*, dont le côté gauche se lie au corps du *g*. Du sommet de la courbe qui unit l'*o* et le *g* s'élève un trait convexe vers la gauche, et qui, s'il était interrompu un peu au-dessous de sa courbure supérieure, présenterait l'aspect d'un *c* ou d'un cercle incomplet; cette portion de cercle, qu'il faut isoler par la pensée, constitue la panse du *g*[1]. Le même trait, en descendant de gauche à droite, forme le premier côté d'un *a* ouvert, qu'il complète en se relevant vers la droite. Arrivé à ce point, il redescend obliquement en suivant la direction du côté droit de l'*a* dont il dépasse un peu la partie inférieure, et change de direction pour former un arc de cercle dont la base repose sur le bas de la ligne ; cet arc constitue la haste d'un *t* renversé, fortement penché vers la droite. La barre du *t* prend naissance un peu au-dessus du milieu de la courbe qui forme la haste, et après s'être arrondie en demi-cercle, elle vient traverser la partie droite de la haste dont l'extrémité la dépasse. A partir de sa courbure supérieure, la barre du *t* sert à former le jambage gauche de l'*u;* le second jambage, qui est la continuation du même trait, se replie sur lui-même, et forme une boucle étroite et allongée dont l'extrémité inférieure dépasse un peu la base de la lettre. Dans son ensemble cette lettre ressemble plutôt à un *v* qu'à un *u*. L'*s* qui termine le mot est complétement isolée des lettres précédentes et ne présente pas de difficulté. Elle est suivie d'un *a* ouvert tout à fait semblable à un *u*, et dont le second jambage donne naissance à une liaison qui va rejoindre dans le haut de la ligne la saillie de l'*s* du mot *suprascripto*. Il n'y a d'exprimé dans ce mot que les lettres *ssto*. Le crochet de l'*s* initiale se lie à la saillie de la seconde, qui s'élève beaucoup plus haut. Au-dessus du crochet de la première *s* commence une ligne courbe qui s'arrondit en demi-cercle, et qui se lie à la haste du *t* dont la barre rejoint l'*o* final; ce demi-cercle lié à la haste du *t* est un signe abréviatif qui indique la suppression des lettres *upra-crip*. La panse du *g* du mot *Gratiano* s'unit à la haste de l'*r*, dont le crochet va rejoindre le côté gauche d'un *a* ouvert et incliné vers la droite. Le bas du côté droit de cet *a* se prolonge horizontalement pour former la barre d'un *t* renversé. La haste de ce *t* s'élève obliquement vers la droite, et après avoir dépassé le corps de l'*i* revient sur

[1] En se reportant au *g* du mot *signum*, on retrouvera la même courbe qui rejoint le premier jambage de l'*n;* mais la panse de ce *g* est ouverte du côté droit comme dans le mot *rogatus*, et quoique sa position soit différente, sa forme est à peu près la même. La différence de ces deux *g* consiste donc en ce que dans le mot *rogatus* la panse est superposée au trait qui, dans le mot *signum*, la longe obliquement, et qui arriverait à la fermer s'il était continué un peu plus loin. Cette panse est complétement fermée dans le *g* du mot *Gratiano;* par conséquent, ce dernier *g* s'éloigne beaucoup moins que les deux autres de la forme ordinaire.

la gauche, et se boucle avec la tête de cette lettre qui dépasse de beaucoup le haut de la ligne. Vient ensuite un *a* ouvert qui se lie avec l'*n*, et un *o* isolé. Les mots *viro religioso* sont indiqués par les initiales *u r* surmontées d'un signe abréviatif qui leur est commun. Les cinq premières lettres du mot *subdiacono* sont détachées les unes des autres et faciles à distinguer. L'*i* est suivi d'un *a* ouvert et incliné dont le côté droit se prolonge horizontalement à partir de son extrémité inférieure, et forme un long trait qui, après s'être bouclé, descend verticalement au-dessous de la ligne. La boucle et le trait vertical qui s'y rattache tiennent lieu des lettres *ono*. La lettre *c* se trouve entre l'*a* et cette abréviation finale; arrondie et terminée en crochet dans sa partie supérieure, elle rencontre dans le bas la ligne et dépasse un peu le prolongement horizontal de l'*a* ouvert; la partie de ce prolongement qui est comprise entre le point de rencontre et la boucle de l'abréviation finale, sert à compléter le *c* qui dans la cursive n'est pas toujours arrondi par le bas[1]. La haste du *t* initial du mot *tutore* présente l'aspect d'un *o* incliné vers la droite et tronqué. Le côté gauche de cette haste est un peu dépassé par une des extrémités de la barre qui, après s'être recourbée, redescend de gauche à droite, et sert à former le premier jambage d'un *u* semblable à celui du mot *rogatus*. La haste du second *t* forme à sa base un angle aigu dont l'ouverture est tournée vers la droite; la barre se confond en se prolongeant avec le côté droit de l'*o*, dont le côté gauche va rejoindre la haste de l'*r*. Le crochet de cette lettre, après s'être bouclé, va traverser le bas d'un *e* à panse brisée par le bas, et à partir du point de rencontre il sert à compléter cet *e*. La boucle supérieure de l'*e* est fort étroite, et se lie à la barre qui rejoint la saillie de l'*s* initiale du mot *suprascripti*, abrégé de la même manière que le mot *suprascripto*. On y retrouve en effet les deux *ss* et le signe abréviatif qui, après s'être arrondi en demi-cercle, se lie à la haste du *t*; mais la barre de cette lettre est formée d'une autre manière : elle repose à gauche sur le niveau inférieur de la ligne, s'élève en s'arrondissant jusqu'au niveau supérieur; puis, en s'abaissant vers la droite, elle traverse le corps de la haste, en rencontre l'extrémité inférieure, et, à partir de ce point, se prolonge au-dessous de la ligne pour former l'*i* final. Le mot *popilli* ne présente pas de difficulté; il faut remarquer seulement que le bas de la seconde *l* est un peu détaché du reste de la lettre, et qu'en se prolongeant ce trait va se boucler avec la tête de l'*i*, dont la partie inférieure dépasse de beaucoup le bas

[1] Comme cette forme anguleuse de la partie inférieure de la panse se représente assez fréquemment, soit dans le *c*, soit dans l'*e* cursif, il est indispensable, pour ne pas retomber continuellement dans les mêmes explications, de désigner ces deux espèces de lettres par un nom particulier; on les appellera donc à l'avenir des *c* ou des *e à panse brisée par le bas*.

de la ligne. La forme de la lettre initiale du mot *qui* est extraordinaire en ce que la panse est éloignée de la queue, à laquelle elle se rattache par un trait excédant prolongé vers la droite. Les lettres *ui* et l'*m* du mot *me* sont isolées et faciles à reconnaître. La panse de l'*e* est tellement allongée, que cette lettre présente l'aspect d'une *l;* la boucle, au lieu de se trouver par devant, est rejetée en arrière de la panse qu'elle traverse pour former la barre dont le prolongement s'unit à la panse du *p* du mot *praesente.* Cette panse, qui reste ouverte par le haut, se boucle dans sa partie inférieure avec la queue de la lettre. Le crochet de l'*r* se brise pour rejoindre, par un prolongement horizontal, le haut du premier jambage d'un *a* ouvert et incliné vers la droite. Le second jambage, beaucoup plus court que le premier, se brise dans le bas de la ligne et se prolonge horizontalement. La panse de l'*e,* brisée par le bas, s'appuie sur cette ligne horizontale qui, à partir du point de rencontre, sert à le compléter. La boucle de l'*e* se lie à la barre qui rejoint la saillie de l'*s* dont le crochet, après avoir traversé la panse du second *e,* qui est aussi brisée par le bas, atteint le niveau inférieur de la ligne et s'arrête près du premier jambage de l'*n.* Ce prolongement contourné du crochet de l'*s* est rencontré et dépassé par la panse de l'*e.* Il résulte de ce qui a été dit pour l'*e* précédent, que la partie du prolongement qui est comprise entre ce point de rencontre et le premier jambage de l'*n* sert à compléter le bas de l'*e.* L'union de la boucle de l'*e* avec la barre, et celle de la barre avec le haut du premier jambage de l'*n,* ne présentent pas de difficulté. L'*e* final, qui est de même forme que les deux autres, est complété par le prolongement de la barre du *t.* La boucle de l'*e* est fort étroite, et se lie à la barre qui va rejoindre la saillie de l'*s* du mot *signum.* La liaison du *g* et de l'*n* de ce mot a déjà été expliquée; les autres lettres sont isolées et faciles à distinguer. Le mot *fecit* doit se lire sans peine; l'*e* et le *c* sont à panse brisée par le bas, et ces deux lettres sont complétées, l'une par la barre de l'*f,* l'autre par la barre de l'*e* qui est prolongée jusqu'à la tête de l'*i.* Quant au *t* final, il ressemble à celui du mot *praesente,* et il se lie de la même manière avec l'*e* suivant qui appartient ici au mot *et.* La barre de l'*e* en se prolongeant de gauche à droite, décrit un arc de cercle qui repose sur le bas de la ligne et forme la haste du *t.* La barre de ce *t* s'élève du milieu de l'arc de cercle; après s'être recourbée, elle en rencontre l'extrémité droite, puis elle traverse un *e* à panse brisée par le bas, et se prolonge un peu au delà d'une longue courbe liée à la boucle de cet *e* qui appartient au mot *ei;* cette longue courbe forme à la fois la barre de l'*e* et de l'*i* final. On voit par conséquent que la lettre finale du mot *fecit,* et celles qui composent les mots *et ei*, sont unies entre elles par des liaisons successives. Le crochet de l'*r* du mot *relectum* se boucle, et par son prolongement sert à compléter un *e* à panse brisée par le bas. Le haut de l'*e* se termine par un crochet et non par une boucle; sa barre, après s'être prolongée au delà de la haste de la lettre *l*, retourne vers la gauche pour en atteindre le sommet avec lequel elle se boucle. Le prolongement horizontal de la barre de la lettre *l* sert à compléter le second *e* qui est aussi à panse brisée par le bas, et dont la barre complète également un *c* de même nature. Le crochet supérieur du *c* redescend jusqu'au bas de la ligne, et forme la haste du *t* qui s'unit avec l'*u* suivant comme dans le mot *tutore*. L'*m* finale est isolée et se distingue facilement. On reconnaît sans peine dans le mot *est* la liaison de la barre de l'*e* avec la saillie de l'*s*, et le prolongement du crochet de cette lettre qui descend jusqu'au bas de la ligne pour former la haste du *t*. La barre de ce *t* forme par son prolongement la haste du *t* suivant, dont la barre sert à compléter un *e* à panse brisée par le bas; ces deux lettres (*te*) appartiennent au mot *testis*. La liaison de l'*e* avec l'*s* et de l'*s* avec le *t* est la même que dans le mot *est;* mais la barre de ce *t*, après avoir dépassé la haste, descend et se prolonge beaucoup au-dessous de la ligne pour former l'*i*. L'*s* finale du mot *testis* est isolée de l'*i*, mais elle rejoint la saillie de l'*s* initiale du mot *suscribsi;* le bas de cette *s* est indiqué par des points, parce qu'il manque dans l'original. Les lettres *usc* sont faciles à reconnaître. Le crochet de l'*r* forme une boucle très-étroite et à peu près insensible pour rejoindre l'*i* suivant. Les lettres *bsi*, qui sont isolées, se lisent sans difficulté.

Le second *fac-simile* de la planche XI commence par une invocation monogrammatique de forme très-compliquée. Comme la suscription *Chlodovius*, etc. est en écriture allongée, il n'en sera question que dans l'article suivant. Les deux *o* du mot *oportit* se terminent par des traits excédants : le *p* qui les sépare ne se lie ni à l'un ni à l'autre. Le prolongement du côté gauche du second *o* s'unit avec la haste de l'*r*, dont le crochet forme à son extrémité supérieure un angle aigu et va rejoindre la haste du *t;* le côté droit de la barre se boucle avec l'*i*. Le *t* final est isolé. Les deux premières lettres du mot *climenciae* présentent, par leur rapprochement, l'aspect d'un *d;* mais il sera facile de ne les pas confondre si l'on remarque la saillie que présente la panse du *c* dans sa partie supérieure : le *d* du mot *illud* n'a pas cette saillie; d'ailleurs, sa haste se prolonge beaucoup plus bas que la panse. La diphthongue finale est rendue par un *a* ouvert superposé à l'*e*, auquel il se rattache par son second jambage. Le crochet de l'*r* du mot *princepali* se boucle et redescend pour se joindre à l'*i;* dans la seconde syllabe le *c* est en contact avec la panse de l'*e* par l'extrémité de ses deux crochets; l'*a* présente l'aspect de deux *c* très-rapprochés. La haste du *t* du mot *inter* est arrondie comme un *c :* la courbure supérieure donne naissance à la barre, qui, après s'être élevée obliquement de droite à gauche, se recourbe, et descend de gauche à droite pour se confondre avec la panse de l'*e*. Le crochet de l'*r* se rattache à la panse d'un *c* bouclé par le haut et appartenant au mot *citeras,* dont la seconde lettre n'est indiquée que par des points, parce qu'elle est effacée dans l'original. Il est facile de reconnaître le *t,* l'*e* et l'*r;* le crochet de cette dernière lettre se rattache à un *a* offrant l'aspect de deux *c* tellement rapprochés que leurs panses sont, pour ainsi dire, confondues : le crochet supérieur du second jambage de cet *a* se rattache à la saillie de l'*s*. Le *t* et l'*i* du mot *peticiones* sont liés de même que dans le mot *oportit.* En comparant la forme du premier *e* et celle du *c* on verra, comme nous avons déjà eu occasion de le faire observer, que l'*e* se reconnaît surtout à sa barre; ce trait, qui souvent se lie avec la lettre suivante, n'existe pas dans le *c*. L'*u* du mot *illud* est presque fermé par le haut. Le mot *quae* se termine par un *a* et un *e* liés de la même manière que dans le mot *climenciae.* La barre de l'*e* va rejoindre le *p* du mot *pro,* dont l'*o* s'unit par le prolongement de son côté gauche à la saillie de l'*s* du mot *salute :* le *t* et l'*e* de ce mot sont liés de la même manière que dans le mot *inter.* Le haut du *c* du mot *adscribetur* s'unit avec la haste de l'*r,* dont le crochet se boucle avec la tête de l'*i*. Le *b* est isolé et facile à reconnaître. La panse de l'*e* se brise en deux parties inégales, et la barre de cette lettre se lie avec le *t* comme dans le mot *peticiones.* Le crochet de l'*r* finale se distingue de celui de l'*s* en se relevant vers le haut de la ligne. Le mot *vel* ne présente pas de difficulté. L'*o* du mot *pro* est extrêmement petit, mais il atteint le haut de la ligne par un trait excédant qui se recourbe pour aller rejoindre la haste du *t* du mot *timore.* Ce *t* est lié à l'*i* comme dans le mot *oportit.* Le troisième jambage de l'*m* est indiqué par des points, parce qu'il est détruit dans l'original. La liaison de l'*o* avec l'*r* est la même que dans le mot *oportit.* Les mots *divini* et *nomenis* se lisent sans difficulté : il faut remarquer seulement que dans ce dernier mot le haut du jambage de la seconde *n* sert à former la barre de l'*e*. Dans le mot *postolatur* le crochet de l'*s* se lie avec la haste du *t;* et si l'on compare cette liaison avec celle de l'*r* et du *t* dans le mot *oportit,* on reconnaîtra qu'il est presque toujours possible, comme nous l'avons dit plus haut, de distinguer l'*r* de l'*s*, dont le crochet forme une courbe régulière pour redescendre jusqu'à la lettre avec laquelle il s'unit. Les lettres *l* et *i* qui terminent le mot *placabeli,* présentent, par leur rapprochement, l'aspect d'un *b;* mais, pour ne pas s'y tromper, il suffit de remarquer que dans la syllabe précédente la panse du *b* se recourbe intérieurement. Les quatre mots suivants : *audito suscipere et ad,* ne présentent pas de difficulté. La dernière lettre du mot *effectum* est la seule qui soit isolée; les quatre premières s'unissent par leur barre à la lettre suivante; le crochet du *c* rejoint la haste du *t*, dont la barre rencontre le haut du premier jambage de l'*u*. Dans le mot *perducere*, le crochet de l'*r* de la première syllabe se boucle, et forme ensuite la panse du *d* qui est ouverte par le haut. Quoique la liaison du *c* avec l'*e* soit à peu près la même que celle de l'*e* avec l'*r*, cependant il y a dans celle de l'*e* une légère brisure qui sert à indiquer que la boucle change de direction pour former la barre : en se reportant d'ailleurs à la liaison du *c* et de l'*r*, dans le mot *adscribetur*, on verra que le crochet supérieur du *c* à panse brisée rejoint la haste de l'*r* par une courbe parfaite. Le mot *ut* se lit sans difficulté. Le prolongement de la barre de l'*f* sert à former l'*i* du mot *fiat* : l'*a* est ouvert, fortement penché vers la droite et superposé au *t*, dont il rejoint la haste par le prolongement de son second jambage. Rien ne peut arrêter dans la lecture des deux mots *in mercide*. Le crochet supérieur du *c* forme, par son prolongement, le premier *o* du mot *conjunccio*. L'*i* suivant est aussi allongé que la haste d'un *d*. Les lettres *un* sont suivies d'un *c* à crochet qui s'unit à un *c* bouclé par le haut. Les mots *dum pro quiete* se lisent sans difficulté; il faut remarquer seulement que l'*e* final de ce dernier mot est remplacé par le signe abréviatif qui surmonte le *t*. La haste de l'*r* de la première syllabe du mot *servorum* est très-prolongée par le bas, et le crochet de cette lettre, après s'être bouclé, sert à former le premier jambage du *v* : l'*u* de la dernière syllabe est remplacé par le signe abréviatif qui est superposé à l'*m*. Un signe de même nature tient lieu de l'*e* du mot *Dei*. Les deux mots suivants se lisent sans difficulté; on remarquera seulement que l'*a* du mot *congruencia* semble former un *d* par la réunion de son côté droit avec la première lettre du mot *locis*, d'autant plus que cette *l* dépasse le bas de la ligne comme les hastes des autres *d*, et que d'ailleurs elle est entièrement isolée de la lettre suivante. Le reste de cette ligne peut se lire facilement à l'aide des explications qui précèdent et des points de comparaison que fournissent les liaisons de lettres que l'on a déjà rencontrées. Cependant le mot *igetur* renferme un *e* composé de deux parties tout à fait isolées; le bas de la lettre est formé par le prolongement du trait qui part de la tête du *g*, et cette partie inférieure, quoique très-rapprochée de l'autre, ne la rencontre pas : on aura occasion de remarquer des *e* de cette nature dans d'autres *fac-simile*. — *Troisième ligne renfermant les signatures.* La première signature est précédée d'une invocation monogrammatique d'une forme peu compliquée. L'*a* du mot *Aectherius* est ouvert par le haut, incliné vers la droite, placé au-dessus des autres lettres, et lié au bas de la panse de l'*e* par le prolongement de son côté droit. La barre de l'*e* sert à former le bas et peut-être[1] la totalité d'un *c*, dont l'ouverture est tournée vers la gauche et dont la panse est adossée vers la droite à la courbure de la barre du *t* suivant. L'*h* est isolée et facile à reconnaître. La barre du second *e* s'unit à la haste de l'*r*, dont le crochet se boucle et forme, en se prolongeant, un *i* qui descend de beaucoup au-dessous de la ligne. L'*u* est remplacé par le signe abréviatif qui s'étend au-dessus des lettres *eris*. Le *p* du mot *peccator* est isolé. La barre de l'*e* forme, en se prolongeant, le bas d'un *c* dont l'ouverture est aussi tournée vers la gauche et dont le crochet supérieur est recourbé intérieurement. Le trait qui a servi à tracer ce crochet complète la partie supérieure de la panse en rencontrant le prolongement de la barre de l'*e*; puis il descend un peu plus bas, et va compléter, en s'étendant vers la droite, le bas du second *c*, qui est dans la position ordinaire. La moitié supérieure de la panse du second *c*, quoique très-rapprochée de l'autre moitié, ne la rencontre pas : cette moitié supérieure se recourbe, et forme un crochet qui est assez prolongé pour servir en même temps de premier jambage à un *a* ouvert. Le bas du premier jambage de cet *a* se brise en angle aigu pour aller rejoindre le haut du second jambage, qui, en descendant obliquement vers la droite, va former la haste du *t*. Les lettres *or* sont remplacées par un trait oblique, placé au-dessus de la ligne. Le *c* du mot *consentiens* commence beaucoup plus bas que le niveau inférieur de la ligne, et forme, par le prolongement de son crochet supérieur, le côté droit de l'*o*, dont le côté gauche va rejoindre le premier jambage de l'*n*. La syllabe *sen* ne présente pas de difficulté. Le prolongement horizontal du second jambage de l'*n* sert à former la barre d'un *t* renversé dont la haste s'élève en se recourbant vers la droite. L'*i* suivant ressemble à une *s* dont la saillie serait supprimée. La dernière syllabe ne renferme rien de difficile. L'*s* initiale du mot *subscripsit* est très-allongée; elle est suivie d'un *u* qui ressemble à une S capitale un peu inclinée vers la gauche : cette forme d'*u* se rencontre fréquemment dans la cursive mérovingienne. La panse du *b* se boucle intérieurement; puis, en se prolongeant, elle rejoint les traits d'un parafe[2] irrégulier dans lequel on distingue le *t* final du mot *subscripsit* entouré de quatre points. Après le *t* se trouvent d'autres traits qui imitent la forme ordinaire des invocations monogramma-

[1] On peut croire aussi que le trait qui forme le crochet supérieur et la moitié de la panse du *c* s'est prolongé vers la droite en traversant le bas de la haste du *t*; mais la position du *c* reste toujours la même, c'est-à-dire que l'ouverture de cette lettre est tournée vers la gauche.

[2] Ces parafes s'élargissent souvent de haut en bas, et présentent l'aspect d'un cône ou d'une *ruche;* les Bénédictins ont adopté cette dernière expression. Une portion du parafe qui suit la signature de saint Éloi est en forme de ruche ; mais on en rencontre qui sont d'une dimension beaucoup plus grande, et dont les traits sont aussi beaucoup plus compliqués.

tiques. La signature de saint Éloi a été examinée dans la première partie de ce chapitre; nous allons passer à celle qui termine la ligne, et nous nous occuperons ensuite de la souscription et du monogramme du roi. Il est facile de distinguer l'invocation monogrammatique et les deux premières lettres du mot *Ragenobertus*. Le *g* est très-irrégulier; sa panse se confond en partie avec celle de l'*e*, dont la barre rejoint le premier jambage de l'*n*. Au cercle de l'*o*, qui est très-petit, se rattachent deux traits excédants dont l'un remonte vers le haut du second jambage de l'*n*, tandis que l'autre s'unit avec la haste du *b*. L'*e* et l'*r*, quoique rapprochés et confondus, sont faciles à reconnaître; la syllabe *tus* ne présente pas non plus de difficulté. Il n'y a que les quatre premières lettres du mot *subscripsit* qui soient nettement indiquées; celles qui composent la première syllabe sont recouvertes par le trait supérieur du parafe; l'*s* de la seconde syllabe traverse les trois traits inférieurs et se termine par une boucle fort large, tranchée vers la droite par un trait qu'on peut considérer soit comme une abréviation, soit comme la barre du *t* final, dont la haste serait figurée par la courbure inférieure de la boucle de l'*s*. A droite de la boucle de l'*s* est une autre boucle un peu moins grande et présentant, avec le trait vertical qui s'y rattache, la forme ordinaire des invocations monogrammatiques. — Nous arrivons au monogramme de Clovis II, dont le déchiffrement présente de graves difficultés. Quant à l'annonce du monogramme *Chlodovius — rex subscripsi*, elle peut se lire sans peine : le *c* et l'*h* sont les seules lettres qui soient liées, et la suppression des deux dernières syllabes du mot *subscripsi* est clairement indiquée par le signe abréviatif qui tranche le prolongement de la boucle du *b*. Mais le monogramme compris entre le mot *Chlodovius* et les mots *rex subscripsi* a donné lieu aux interprétations les plus opposées. « Dom Mabillon, disent les Béné-« dictins, voulant déchiffrer la charte de Clovis II qui confirme le privilége « d'exemption accordé au monastère de Saint-Denys par saint Landry, demeura « court au monogramme qui accompagne la signature du roi. Il conjectura « seulement que ce pouvait être la souscription de Sigebert, roi d'Austrasie. « Le P. Germon ne manqua pas de profiter de cette simple conjecture, et d'en « conclure que le diplôme expédié dans l'assemblée de Clichy est évidemment « faux, puisque les historiens, disait-il, font mourir Sigebert un an avant cette « assemblée. Pour lever cette difficulté il n'y a qu'à lire ce monogramme « comme il doit être lu. On y lit clairement *Chlodoviqs rex Francorum*. Le carac-« tère initial est le C conjoint avec l'L et le D qui tient de la figure de l'O, et « paraît avoir un double usage comme cela est ordinaire dans les écritures « monogrammatiques. Le caractère supérieur, conjoint avec la tête du C ini-« tial, est visiblement un U cursif suivi d'un I, et, peut-être, de l'abréviation

« 9, dont on aura allongé la queue en ligne perpendiculaire. Si l'on prend « cette figure pour un *q*, ce qui semble assez naturel, nous dirons qu'on l'a « substitué au *c*, et qu'il emporte l'*u* avec soi. L's est placée sur la ligne qui « traverse le monogramme, et qui aboutit à une lettre dont le jambage sert « à former un carré. Ce dernier caractère a tout l'air d'une F qu'on aura ou- « blié de trancher, et d'un I qui signifiera *inluster*. Ainsi, ces caractères : « *Cldovi⁹* ou *Cldoviqs*, signifient *Chlodovius* ou *Chlodovicus;* mais il n'est pas pos- « sible d'y découvrir *Sigebertus.* » On ne doit pas hésiter à préférer l'opinion des auteurs du Nouveau Traité de Diplomatique à celle de Mabillon; le monogramme est bien celui de Clovis II; mais n'est-il pas possible de le déchiffrer d'une autre manière, et d'y trouver toutes les lettres qui composent le nom du roi? Le trait courbe qui termine à gauche le haut du monogramme, et qui ensuite descend verticalement, se brise en formant un angle obtus, et s'arrête au-dessus de l'R capitale du mot *Rex;* ce trait, pris dans son ensemble, forme un *c* arrondi par le haut et carré par le bas; on retrouve dans cette lettre une légère saillie placée à la hauteur du crochet de l'*s* du mot *Chlodovius*, et qui existe souvent dans le *c* cursif. (Voyez le *c* initial du mot *climenciae*, et le *c* du mot suivant.) La ligne horizontale qui traverse le monogramme, et sur le milieu de laquelle est placée une S capitale, serait la barre d'une H dont les deux hastes seraient représentées par les deux traits verticaux qui servent d'encadrement à l'ensemble du monogramme. La moitié inférieure de la première haste de cette H formerait la haste d'une L dont la barre se développe de gauche à droite au-dessous de l'R du mot *Rex;* en d'autres termes, la lettre L commencerait à partir du trait saillant qui forme le bas du *c* et qui s'arrête au-dessus de l'R du mot *Rex*. Nous prendrions l'*o* à l'extrémité supérieure de la seconde haste de l'H, c'est-à-dire dans la portion du monogramme où les Bénédictins pensent qu'il existe un 9 ou un *q*. Un peu avant l'extrémité droite de la traverse de l'H commence un trait vertical qui descend parallèlement à la partie inférieure de la seconde haste, et qui se termine en se courbant un peu vers la droite; ce trait formerait la haste d'un *d* dont la panse résulterait de la courbure des deux extrémités de l'*x* du mot *Rex*. L'*u* serait formé par les deux traits placés au-dessus de l'*s*, et le second trait servirait à exprimer l'*i*. Enfin l'S qui est placée sur la traverse de l'H compléterait[1] le mot *Chlodovius*. Cette interprétation peut être contestée; mais quand Mabillon s'est trompé, toutes les erreurs sont excusables.

[1] Nous avons indiqué un seul *o* et un seul *u;* mais on sait que dans les monogrammes une lettre qui n'est tracée qu'une seule fois sert à plusieurs usages. Quant aux mots *Francorum vir inluster*, nous ne pensons pas qu'il soit possible de les retrouver dans ce monogramme.

Le *fac-simile* n° 3 de la planche XI commence par les deux dernières syllabes du mot *omnebus*. L'*n*, qui est de forme capitale, et l'*e* bouclé, dont la barre se lie à la haste du *b*, ne présentent pas de difficulté. On retrouve après le *b* un *u* en forme d'S capitale, et semblable à celui que l'on a rencontré dans la première signature du *fac-simile* précédent, au mot *subscripsit*. Le côté gauche de l'*o* du mot *potestatem*, en descendant obliquement de gauche à droite, forme la barre d'un *t* renversé, dont la haste se recourbe et s'unit à la panse de l'*e* suivant. Cet *e*, de forme minuscule, étend sa barre jusqu'à la saillie de l'*s*, dont le crochet redescend pour s'unir à la haste du second *t*. La barre de ce *t* prend naissance au pied de la haste, et rencontre le bas du premier jambage d'un *a* ouvert et incliné vers la droite ; le second jambage de cet *a* se brise et se prolonge horizontalement pour former la barre du *t* renversé. La barre du *t* s'unit avec l'*e* suivant, comme dans la seconde syllabe du mot ; mais la forme de l'*e* n'est pas la même, et sa barre se courbe pour s'unir au premier jambage de l'*m* finale. Cette lettre est suivie de deux traits en forme d'*s* qui se retrouvent à la fin de chaque phrase, et qui correspondent au signe employé de nos jours pour la distinction des paragraphes. Le *b* initial du mot *basilecae* est carré par le bas ; sa panse est très-développée. Les lettres *asil* sont faciles à reconnaître. L'*e* suivant est de forme minuscule ; il complète, par le prolongement de sa barre, le *c* qui est à panse brisée par le bas. Vient ensuite un *a* ouvert, incliné vers la droite, et dont le second trait se brise en angle aigu pour rejoindre le bas de l'*e* final. Le mot *sancti*, qui avait été oublié par l'écrivain, est rendu par les lettres *sci* placées au-dessus de la ligne et surmontées d'une abréviation qui traverse la haste du *d* suivant. Une autre abréviation traverse la haste du *d* qui appartient au mot *Dionisi*, et remplace l'*n* supprimée dans le mot *domni*. Le crochet de l'*r* du mot *Parisius* se boucle et se prolonge au-dessous de la ligne pour former la lettre *i*. La dernière syllabe renferme un *u* en forme d'S. Le mot *ubi* est suivi d'un *i* appartenant au mot *ipse*, et qui s'élève aussi haut que la haste du *b* précédent. Le crochet de l'*s* rejoint le sommet d'un *e* bouclé qui s'unit à une panse de *d* ouverte par le haut. Le mot *domnus*, dont ce *d* fait partie, renferme un *u* en forme d'S. — *Deuxième ligne*. La ligne précédente se termine par une *s* bouclée dans sa partie supérieure, et qui, par la manière dont cette boucle est formée, se distingue au premier coup d'œil de l'*r* du mot *requiiscit* dont le crochet se boucle aussi, mais dans le sens opposé. Le crochet supérieur de l'*e* s'unit à la panse ouverte de la lettre *q*. La barre du *t* final se prolonge jusqu'au premier jambage de l'*u* du mot *villare*. Le *c* du mot *cognomenante* commence au-dessous de la ligne ; après avoir interrompu par une boucle le développement de sa panse, il la complète, et rejoint par l'abaissement de son crochet supérieur un *o* écrasé, dont le côté droit est en contact avec le prolongement de la queue du *g*. Au crochet supérieur du *c* se rattache un trait qui, après s'être courbé dans la même direction que la panse du *g*, forme une queue contournée et repliée sur elle-même. Du haut de la panse du *g* part une ligne qui rejoint le premier jambage de l'*n*. Les lettres *omen* ne présentent pas de difficulté. Au-dessus de l'N capitale est un *a* ouvert dont le premier jambage se termine par un trait excédant recourbé de haut en bas vers la droite; le second jambage s'allonge pour rejoindre l'*n* suivante. Le mot se termine par une liaison des lettres *te* semblable à celles que l'on a déjà vues dans d'autres *fac-simile*. La seconde partie de la barre du *t* du mot *Turiliaco* sert à former le premier jambage de l'*u*. Les lettres *ri* sont liées comme dans le mot *Parisius*. Les lettres *li* présentent le même aspect que dans le mot *placabeli*. (Voyez ce qui a été dit dans le *fac-simile* précédent.) Vient ensuite un *a* ouvert, semblable à celui du mot *potestatem*, et qui rejoint le bas du *c* dont le crochet supérieur s'unit au côté gauche de l'*o*; le côté droit de cette lettre se prolonge au-dessous de la courbure du *c*. Un peu au-dessus du point où le *c* rencontre l'*o*, se trouve une liaison qui va rejoindre l'*i* allongé du mot *in*. Dans le mot *pago*, le trait qui part de la tête du *g* se recourbe et va s'unir au côté gauche de l'*o*, dont le côté droit se termine par un trait excédant qui se rapproche du *g*. L'*u* du mot *Vilcassino* se rattache par une liaison au mot précédent. L'*u* du mot *super* est en forme d'S; le trait qui traverse la queue du *p* tient lieu des deux dernières lettres. L'*f* du mot *fluvium* est tranchée par une barre recourbée qui, contre l'ordinaire, est indépendante de la tête de la lettre. Au dernier jambage de l'*m* finale se rattachent des traits qui n'ont aucune signification. — *Troisième ligne*. L'*r* et l'*i* du mot *Tritine* sont liés comme dans le mot *Parisius*. On retrouve dans les deux mots suivants des *u* en forme d'S, et dans le mot *mancipeis* la même liaison de l'*a* et de l'*n* que dans le mot *cognomenante*. Il n'y a rien à remarquer dans les cinq mots suivants : on reconnaîtra facilement la liaison de l'*r* et de l'*i* dans le mot *agris*, et l'*u* en forme d'S dans le mot *pascuis*. Le trait qui tranche le prolongement du crochet de l'*r* dans le mot *aquarum* tient lieu des lettres *um*. — *Quatrième ligne*. La barre du premier *e* du mot *decursebus* sert à compléter le *c* dont la panse est brisée par le bas. Toute cette ligne peut se lire facilement; nous ferons remarquer seulement les *u* en forme d'S des mots *decursebus*, *cum*, *suo*, *possedendum* et *relinquo;* l'*i* allongé du mot *jure;* la liaison déjà connue du *t* et de l'*e* dans le mot *termeno;* le mot *et*, où l'on voit un *t* renversé dont la haste s'unit au *p* du mot suivant; enfin l'ouverture de la panse du premier *d* du mot *possedendum*. Ce *fac-simile* se termine par deux traits en forme d'S capitales et semblables à ceux qui précèdent le mot *baselicae.*

Les explications trop minutieuses peut-être à l'aide desquelles on a essayé de faciliter le déchiffrement des *fac-simile* qui précèdent, auront sans doute familiarisé le lecteur avec les combinaisons les plus ordinaires de l'écriture cursive : il devient donc inutile désormais d'entrer dans les mêmes détails, et l'on se contentera d'indiquer les principales difficultés qui se présenteront à l'avenir.

Le *fac-simile* n° 4 de la planche XI commence par une invocation monogrammatique. La suppression des deux dernières lettres du mot *inluster* est indiquée par le signe abréviatif qui surmonte le *t,* dont la haste dépasse sensiblement la barre. Le bas du second jambage de l'*n* du mot *Pippinus* se prolonge horizontalement vers la droite, et retourne ensuite vers la gauche pour s'unir au signe 9 dont la queue, en se prolongeant, s'éloigne de sa direction ordinaire. La même abréviation se retrouve à la fin du mot *majoremdomus* dont la dernière partie est effacée dans l'original. Le crochet supérieur du *c* s'unit avec le côté droit de l'*o* dans la dernière syllabe des mots *Attiniaco* et *publico.* Le crochet de l'*r* de la dernière syllabe du mot *universorum* ne se boucle pas avant de s'unir à l'*u* en forme d'S, mais il se brise et le rejoint par un trait horizontal qui diffère de la courbure du crochet de l'*s* précédente. Le *c* du mot *causas,* qui est à panse brisée par le bas, s'unit par son crochet supérieur à un *a* ouvert. La panse de l'*e* du mot *audiendum* est composée de deux arcs de cercle inégaux : du haut de l'arc supérieur part un trait presque vertical qui sert d'abord à indiquer la boucle, et qui se brise ensuite pour former la barre et rejoindre le premier jambage de l'*n,* en suivant une direction plus oblique. On voit que la boucle de cet *e* reste ouverte par le bas. Celle du mot *recta* est au contraire complétement fermée; mais elle est isolée de la partie inférieure de la panse qui est formée par la continuation du crochet de l'*r.* Le mot *termenandum* renferme deux *e* de même nature; mais celui de la seconde syllabe est plus irrégulier, parce que le dernier jambage de l'*m* et son prolongement horizontal servent à former la seconde moitié de la panse qui est brisée par le bas. — *Deuxième ligne.* Le *b* du mot *ibi* se rattache à l'*i* final sans que le contour de sa panse soit en contact avec cette lettre ; il y a donc une différence facile à saisir entre la liaison des lettres *bi* et celle des lettres *li.* (Voyez le mot *publico* dans la ligne précédente.) Les deux dernières lettres de la conjonction *que* sont remplacées par le trait courbe qui tranche la queue de la lettre *q* en longeant le bas de la panse. Les *e* du mot *veniens* sont de même forme que celui du mot *audiendum.* La barre qui part du bas de la boucle de l'*f* du mot *Ful-*

radus se réunit à un *u* en forme d'S[1]. L'*a* final du mot *abba* est ouvert par le haut. Le crochet de l'*r* du mot *monastherio* se boucle pour s'unir à la tête de l'*i*, à laquelle se rattache aussi le prolongement du côté droit de l'*o*. Au-dessus des lettres *sci* on voit un signe abréviatif en forme de 7 qui remplace les autres lettres du mot *sancti*. L'*n* du mot *domnus* se rattache au même signe abréviatif que celle du mot *Pippinus*. (Voyez la ligne précédente.) Le crochet supérieur du *c* du mot *corpore* s'unit au côté droit de l'*o*, dont le côté gauche rejoint la haste de l'*r*. La panse du *p*, ouverte par le haut, est liée au prolongement du crochet de l'*r*. Le *c* du mot *advocato* est carré par le haut, et s'unit à un *a* ouvert. L'*r* du mot *Ragane* se joint à l'*a* par une liaison qui n'offre ni boucle, ni angle, ni brisure : cette lettre ressemble donc à une *s;* mais cette inexactitude n'existe pas dans l'original, où la liaison des deux lettres est formée à peu près comme dans la ligne suivante[2]. Le signe abréviatif qui surmonte l'*m* du mot *nomine* indique la suppression des lettres *in*. Le premier *e* du mot *legitemo*, quoique formé irrégulièrement, est facile à reconnaître. Cette ligne se termine par la syllabe *ter* abrégée comme dans le mot *inluster*. (Voyez la 1re ligne.) — *Troisième ligne.* Les *e* des mots *eo*, *agentis*, *monastherii*, *res*, et le second *e* du mot *retenebat*, sont de même nature que ceux qui ont été remarqués à la fin de la première ligne, dans les mots *audiendum*, *recta* et *termenandum*. Cette ligne renferme deux abréviations : celle du mot *sancti*, qui s'est déjà présentée dans la ligne précédente, et celle du mot *qui*, dont les deux dernières lettres sont remplacées par le trait qui traverse la queue de la lettre *q*. — *Quatrième ligne.* L'*r* de la seconde syllabe du mot *Curbrius* ressemble à un *y*. Le mot *Chairebaldus* est suivi du signe & que l'on retrouve aussi à la fin de la ligne : quoique ces deux signes ne soient pas entièrement semblables, tous deux se composent de la liaison de l'*e* cursif avec un *t* renversé. La seconde *l* du mot *Aillerta* s'unit dans sa partie inférieure avec une boucle qui forme le bas de la panse de l'*e;* le haut de l'*e* se lie à l'*r* comme dans le mot *termenandum*. (Voyez la fin de la 1re ligne.) L'abréviation du mot *per* ne se distingue en rien de celle qui est employée ordinairement pour le mot *pro*. Le crochet de l'*r* et l'*u* du mot *eorum* se réunissent en formant un angle qui est plus prononcé dans l'original. Les lettres *men* sont liées dans le mot *testamentum* de même

[1] Nous conservons ici le terme dont nous nous sommes servis d'abord, quoique cet *u* s'éloigne par ses formes anguleuses de la forme d'une S; mais il est facile de voir qu'il est de même nature que ceux auxquels nous avons donné ce nom dans les deux *fac-simile* précédents.

[2] Quoique M. Jacobs ait exécuté ses gravures avec autant de soin que d'habileté, et que nous ayons ensuite revu les épreuves avec la plus grande attention, quelques erreurs nous ont échappé; nous les signalons dans le corps de l'ouvrage à mesure que l'occasion s'en présente. Nous croyons pouvoir affirmer que ces erreurs sont peu nombreuses et peu importantes.

que dans le mot *termenandum* ; l'*u* est remplacé par le signe abréviatif qui est superposé à l'*m*. Un *a* ouvert, qui s'élève un peu au-dessus de la ligne, forme par le prolongement de son côté droit la panse du *d* dans le mot *ad*. L'abréviation du mot *sancti* est la même que dans les deux lignes précédentes. L'*a* du mot *condonarunt* est ouvert et placé au-dessus de la ligne ; son premier jambage est beaucoup plus élevé que le second, qui descend jusqu'à la haste de l'*r*, dont le crochet se lie avec un *u* en forme d'S ; le prolongement du second jambage de la dernière *n* sert à former la barre d'un *t* renversé, dont la haste s'élève assez haut et se recourbe vers la gauche. Le crochet de l'*s* du mot *sed* se recourbe et prend l'aspect du second jambage d'une *n* : il forme ainsi le bas de l'*e*, dont la moitié supérieure ressemble à quelques-uns des *a* ouverts que l'on a rencontrés dans les *fac-simile* précédents ; de sorte que, si l'on faisait abstraction du bas de cet *e*, le haut de la lettre, uni comme il l'est à la panse du *d*, pourrait se traduire par *ad*. Le mot *legitemus* se termine par la même abréviation que les mots *Pippinus* et *domnus*. (Voyez la 1re et la 2e ligne.) Le crochet de l'*s* du mot *presente* se recourbe comme dans le mot *sed*, en prenant l'aspect d'un jambage d'*n* ; le haut de l'*e* s'unit à l'*n* comme dans le mot *testamentum*. — *Cinquième ligne*. On retrouve dans le mot *datum* un *u* en forme d'S, et dans la première syllabe du mot *mensis* les mêmes liaisons de lettres que dans la troisième syllabe du mot *testamentum*. L'*e* et l'*s* du mot *dies* sont placés au-dessus de la ligne. Le mot *nono*, dont les deux syllabes sont séparées, est suivi du nombre *neuf*, exprimé par trois I précédés d'un chiffre qui vaut *six*, et que l'on a déjà rencontré dans le premier *fac-simile* de la planche III. La première syllabe du mot *Childerico* est très-éloignée des trois autres. Comme les écrivains s'attachaient souvent dans les dates à remplir à peu près toute l'étendue de la ligne, ils étaient obligés de ménager entre les mots, ou même entre les syllabes, des intervalles plus ou moins considérables. (Voyez les dates qui terminent les deux premiers *fac-simile* de la planche suivante.)

Les lettres sont beaucoup moins liées, et leur forme est par conséquent plus constante dans le premier *fac-simile* de la planche XII ; cette écriture ne donnera donc lieu qu'à un petit nombre d'observations. Le mot *archipresbiter* commence par un *a* ouvert, dont le second jambage rejoint par sa partie supérieure la haste de l'*r* ; le haut du crochet de l'*r* se termine par un angle aigu qui se représentera presque toujours dans le reste du *fac-simile*. Dans la troisième syllabe du mot, le crochet de l'*r* est formé de la même manière et se lie à un *e*, dont la partie inférieure se recourbe vers la gauche pour simplifier cette liaison ; le mot se termine par les lettres *bt* surmontées d'un signe abréviatif qui tient lieu de l'*i*, de l'*e* et de l'*r*. La barre de l'*f* du mot *Eufi-*

mia part du bas de la boucle et sert à former l'*i*, en se prolongeant dans une direction presque verticale[1]. Le crochet de l'*r* du mot *monasterio* rejoint un *i* qui descend beaucoup au-dessous de la ligne. La liaison des lettres *re* dans le mot *superiore* est la même que dans le mot *archipresbiter*. Il n'y a pas de séparation entre les mots *que est constructus*. Après les mots *in honore*, on trouve l'abréviation ordinaire du mot *sancti*. Dans le mot *infra*, le crochet de l'*r* s'unit avec le premier jambage d'un *a* ouvert, et, dans le mot *muro*, avec le côté droit d'un *o* dont le côté gauche se termine par un trait excédant. Le côté droit de l'*o* initial du mot *oportunitate* décrit, en se prolongeant, un cercle presque complet qui sert à former la panse du *p*; le bas de cette panse se rattache par une boucle à la queue de la lettre. La liaison du *t* et de l'*e* de la syllabe finale a déjà été rencontrée sous la même forme : elle se retrouve un peu plus loin dans le mot *inter*. La panse du *p* du mot *partium* se termine par un angle aigu très-élevé. L'*r* et l'*e* du mot *res* sont liés comme dans le mot *archipresbiter*. La syllabe *li*, dans le mot *aliquas*, pourrait au premier coup d'œil se prendre pour la liaison d'un *b* et d'un *i*; mais on a déjà eu occasion de faire remarquer, dans un des *fac-simile* précédents, que la panse du *b* ne se met pas en contact avec le corps de l'*i*; si l'on examine le second mot de la ligne suivante (*ubi*), on verra que la liaison du *b* et de l'*i* présente un aspect tout différent. Le crochet supérieur du *c* du mot *commutasse* va rejoindre le côté gauche de l'*o*, dont le côté droit s'unit par un trait excédant avec le premier jambage de l'*m*. Dans le mot *commutacionis*, le *c* initial commence au-dessous de la ligne, et forme le côté droit de l'*o* par le prolongement de son crochet supérieur. La saillie de l'*s* du mot *manibus* s'étend et se recourbe jusqu'au bas de la haste du *b*; la suppression de l'*u* est indiquée par le signe abréviatif qui surmonte l'*s*. Le prolongement horizontal du bas du second jambage de l'*n* du mot *presenti* sert à former la barre d'un *t* renversé; ces deux lettres sont liées de la même manière à la fin du mot *ostendiderunt*. — *Deuxième ligne*. La liaison de l'*m* du mot *cognovimus* avec le signe 9, qui tient lieu des lettres *us*, est la même que dans le *fac-simile* n° 4 de la planche XI. On retrouve dans le mot *qualiter* la liaison déjà connue du *t* et de l'*e* : elle se représentera à peu près sous la même forme à la fin du mot *abbate*. Dans le mot *dedit*, la partie supérieure de la panse du premier *d* traverse la haste et va rejoindre le bas de l'*e*; cette liaison forme, avec la panse, une boucle qui donne à la partie inférieure de l'*e* l'aspect d'un *o*. La barre

[1] L'*a* final du mot *Eufimia* présente l'aspect d'un *i* et d'un *c*; cette lettre, qui se représentera presque toujours sous la même forme, peut embarrasser lorsqu'elle est liée avec les lettres voisines : c'est ce qui arrive par exemple dans le mot *oportunitate*.

du *t* du mot *abbatissa* descend au-dessous de la ligne, et sert à former la lettre *i*. La barre de l'*f* du mot *Folrado* part du bas de la boucle et s'unit au côté droit de l'*o*. L'*e* du mot *Dei* est remplacé par le signe abréviatif qui tranche la haste du *d*. La brisure de la panse du *c* est indiquée dans le mot *locella* par une saillie qui se recourbe vers la gauche jusqu'à la tête de l'*o*, tandis que la partie supérieure de la panse et le crochet qui s'y rattache sont à peine indiqués. La seconde syllabe du mot *super* est abrégée régulièrement. Le dernier *u* du mot *fluvium* est surmonté d'un trait vertical qui tient lieu de l'*m* finale. Le second jambage de l'*n* du mot *sunt* se lie avec un *t* renversé. L'*f* et l'*i* du mot *Filicione* sont réunis comme dans le mot *Eufimia*. On retrouve dans le mot *quantumcumque* la liaison de l'*n* et du *t* renversé; le trait bouclé avec la queue de la lettre *q* tient lieu des lettres *ue*. — *Troisième ligne*. Il est facile de reconnaître que l'écriture renferme ici moins de liaisons que dans les deux lignes précédentes; en général, on verra que la date des diplômes carlovingiens se rapproche souvent de la minuscule diplomatique. Toutefois la liaison de l'*e* et de l'*n* dans le mot *mense*, celles de l'*r* et de l'*e*, du *t* et de l'*i*, du *c* et de l'*o*, du *c* et de l'*i*, dans les mots *regni*, *palatio*, *publico* et *feliciter*, doivent faire considérer cette ligne comme appartenant plutôt à l'écriture cursive. On y trouve cinq signes abréviatifs : le premier remplace les lettres *ri* dans le mot *octobri*; le second, les lettres *ost* dans le mot *nostri*; le troisième, l'*m* finale du mot *actum*; le quatrième, l'*e* du mot *Dei*; et le cinquième, les lettres *ine* du mot *nomine*. Le déchiffrement de cette ligne ne présente pas d'ailleurs de difficulté; nous ferons seulement observer que le premier I du chiffre XIIII présente l'aspect d'un V mal formé.

La première ligne du *fac-simile* n° 2 de la planche XII est en écriture allongée; elle sera donc réservée pour l'article suivant. — *Deuxième ligne*. L'abréviation du mot *nostris* commence par une N capitale; ces N se rencontreront souvent dans ce *fac-simile*. La barre de l'*f* du mot *confirmamus* se combine avec l'*i*, comme dans le diplôme précédent. Dans le mot *edictis*, le *d* s'ouvre par le haut, et se recourbe vers la gauche pour s'unir à la barre de l'*e* initial. Le premier *i* du mot *imperialem* s'élève aussi haut que la lettre *l*; il en est de même dans les mots *in*, *jure*, *idcirco*, *industria* et *innotuit*. Le prolongement de la barre de l'*e* initial du mot *exercemus* sert à former l'une des traverses de l'*x*. Le signe & se trouve employé dans le corps du mot *consuetudinem*, mais la haste du *t* renversé ne rencontre que l'extrémité de la barre. La panse du *d*, dans le mot *postmodum*, est ouverte par le haut comme dans le mot *edictis*, pour s'unir au prolongement du côté gauche de l'*o*. La liaison de l'*r* et de l'*e* dans le mot *jure* est la même que dans le premier mot du *fac-simile* précédent. Le haut du premier jambage de l'N capitale du mot *mansurum* est rejoint par le côté droit d'un *a* ouvert placé au-dessus de la ligne. La liaison de l'*i* avec la panse ouverte du *d* dans le mot *idcirco* présente l'aspect d'une *h*. La suppression des lettres *ost* dans le mot *nostrorum* est indiquée par le signe bouclé qui est placé au-dessus de la ligne. On retrouve dans la première syllabe du mot *praesentium* un *e* dont la partie inférieure se recourbe vers la gauche pour s'unir à la lettre précédente; cet *e* a la même forme que celui du mot *jure*. L'*i* final du mot *monasterii* se prolonge au-dessous de la ligne. Le crochet de l'*s* du mot *sancti* descend jusqu'à la panse du *c*; la suppression des lettres *ant* est indiquée par le signe abréviatif qui est placé au-dessus de la ligne. Le mot *Dyonisii* renferme un *y* en forme de *v* et surmonté d'un point. Le prolongement du côté gauche de l'*o* du mot *nobis* se brise et traverse la haste du *b* pour aller rejoindre la tête de l'*i* suivant. — La troisième ligne commence par un *a* ouvert et allongé; la brisure supérieure du second jambage de cette lettre est rencontrée par la saillie d'un *c* très-élevé, dont le crochet supérieur redescend jusqu'au bas de la ligne pour former la haste du *t* suivant. L'*a* initial, dans les mots *Attiniaco* et *anno*, est le même que dans le mot *actum*. Le *c* du mot *Attiniaco* se brise dans sa partie supérieure pour rejoindre le côté droit de l'*o*. Le second *a* du mot *palatio* s'unit à un jambage très-court qui fait la haste du *t* suivant; la boucle allongée qui surmonte ce jambage appartient à la barre, et cette barre, en descendant au-dessous de la ligne, sert à former la lettre *i*. L'*r* du mot *regio* présente l'aspect d'une *n*, parce que son crochet, après s'être brisé, descend jusqu'au bas de la ligne pour s'unir à un *e* dont la partie inférieure se recourbe vers la gauche. Les lettres *ost* (dans le mot *nostri*), *erato* (dans le mot *imperatoris*), et l'*m* finale du mot *datum*, sont remplacées par des signes abréviatifs placés au-dessus de la ligne. Les mots *kalendas*, *februarii* et *Dei* sont exprimés par les lettres *kl*, *febr* et *di*; la suppression des autres lettres est indiquée par les traits qui tranchent les hastes des lettres *l*, *b* et *d*. Le mot *secunda* est exprimé par les chiffres romains II, surmontés du signe par lequel on représente habituellement l'*a* superposé. La date se termine par une note tironienne placée à une assez grande distance du mot *feliciter*, et qui signifie *amen*. Cette note se compose des deux lettres *a* et *m*. L'*a* présente à peu près l'aspect d'une *h* dont la haste s'unit par son extrémité inférieure avec le côté gauche de la courbe qui forme la panse; au côté droit de cette courbe se rattache le premier jambage d'une M capitale. Ce jambage est indiqué par un délié très-fin qui s'élève de gauche à droite; la première moitié de la traverse est indiquée par un trait plein qui descend de gauche à droite, et la seconde moitié par un délié qui est à peu près parallèle au premier jambage; le second jambage, qui est beaucoup plus long que le premier, est formé par un trait plein. La lettre M représente à elle seule la syllabe *men* [1].

Le *fac-simile* n° 5 de la planche XII ne renferme que peu de lettres d'une forme nouvelle. La courbure des jambages de l'*a* ouvert, dont le sommet se dirige vers la droite, présente une différence sensible avec la direction verticale des jambages de l'*u;* ces deux traits sont d'ailleurs plus écartés dans cette dernière lettre. (Voyez la première syllabe du mot *quapropter.*) La barre du *t* n'est pas toujours tracée d'un seul trait de plume; il est facile de voir que dans les mots *quapropter* et *atque,* ainsi que dans la seconde syllabe du mot *statuimus,* le côté gauche de la barre se rattache à la haste par une boucle, et que le côté droit est tracé après coup sous la forme d'un crochet d'*r* minuscule; cette barre est au contraire tracée d'un seul trait de plume dans les mots *praecepta* et *noscuntur.* La brisure de la panse du *c* est très-caractérisée, et la partie supérieure de cette panse est beaucoup plus développée que l'autre moitié; la barre qui se rattache à la boucle de l'*e* sert toujours à distinguer ces deux lettres. (Comparez le *c* et l'*e* des mots *confirmamus* et *eis.*) Les syllabes *pro* et *per* sont abrégées régulièrement, c'est-à-dire que dans le premier cas le signe abréviatif qui tranche la queue du *p* se rattache à la panse, et que dans le second cas il en est complétement isolé. (Voyez d'une part le mot *quapropter,* et de l'autre les deux prépositions *per.*) On remarque au-dessus de la ligne quatre signes abréviatifs d'une forme compliquée, et qui tiennent lieu des lettres *er, ost, m* et *ræ* dans les mots *quapropter, nostra, dudum* et *præcepta.* Enfin la dernière syllabe du mot *atque* est représentée, selon l'usage, par la lettre *q* suivie d'un *point-virgule.*

Nous avons vainement cherché dans les diplômes de la fin du xe siècle une écriture cursive semblable à celle qui est reproduite sous le n° 1 de la planche XIII, d'après un modèle fourni par le Nouveau Traité de Diplomatique. Il n'est pas permis de douter que cette écriture ne soit tout à fait exceptionnelle, puisque dès la fin du siècle précédent la minuscule se rencontre déjà dans un grand nombre de diplômes; mais il était important de constater que l'ancienne cursive existait encore à cette époque. Ce *fac-simile* commence par un *i* très-allongé dont la base, au lieu de s'arrondir comme celle de la lettre *l,* est tranchée par un trait horizontal. La panse de l'*e* initial du mot *eisdem* est brisée

[1] Le point qui suit la lettre M est indépendant de la note tironienne. En effet, si l'on veut examiner l'invocation monogrammatique placée en tête de la première ligne du *fac-simile*, on verra que cette invocation est composée de deux figures : la plus petite des deux, qui est au-dessous et à droite de l'autre, se rattache au caractère initial de la même note tironienne, c'est-à-dire à la haste de l'*a* en forme d'*h;* mais l'M de la note tironienne n'est plus suivie d'un point, comme à la fin de la date.

en deux parties inégales; le crochet supérieur forme une boucle à laquelle se rattache la barre qui s'unit avec l'*i*. Le corps de l'*i* est rencontré par le prolongement de la saillie de l'*s* dont la base se replie vers la droite, et dont le crochet, après s'être bouclé, se prolonge vers la gauche, pour former une seconde boucle plus petite que la première. Le bas de la haste du *d* se replie vers la droite. L'*e* suivant présente l'aspect d'un 8, et on le retrouve sous cette forme dans la première syllabe du mot *degentium*. Le *g* est dérivé de celui que l'on a rencontré dans l'écriture mixte. Le côté gauche de l'*o* du mot *opem* se prolonge pour rejoindre la haste d'un *p* dont la panse est ouverte par le haut [1]. L'*e* suivant est en forme de 8. Le côté gauche de l'*o* du mot *nostrae* va rejoindre la saillie d'une *s* dont la haste est brisée en deux parties; le haut de la lettre se termine par deux boucles, comme dans le mot *eisdem*. Le *t* est isolé des deux lettres voisines. La haste de l'*r*, qui prend naissance près de la barre du *t*, se courbe en arc de cercle, et se replie ensuite vers la droite dans sa partie inférieure; le crochet de cette lettre forme un angle composé de deux courbes; la plus longue de ces deux courbes longe la panse d'un *e* en forme de 8, et s'unit un peu plus bas avec le premier côté d'un *a* ouvert et incliné vers la droite. La barre de l'*e* en forme de 8 du mot *nostrae* rejoint le haut d'un *c* bouclé, dont la panse est brisée en deux parties inégales. Cette lettre, qui appartient au mot *celsitudinis*, est suivie d'un *e* un peu plus petit, mais formé de la même manière, et qui se distingue cependant par sa barre, dont le prolongement va rejoindre la saillie de l'*s*. Entre ces deux lettres est une *l* régulièrement formée. La haste de l'*s* est brisée en deux parties comme dans le mot précédent; la partie supérieure se termine par un crochet bouclé, et l'autre partie se replie vers la droite. Le mot *celsitudinis* se termine par une *s* à peu près semblable, mais dont le crochet supérieur, après s'être bouclé, se

[1] Nous avons longtemps balancé avant de substituer *opem* au mot *orem* (*aurem*) indiqué par les Bénédictins; mais il nous a paru que le trait dans lequel nous voyons la panse d'un *p* ne pouvait être considéré comme formant à lui seul le crochet d'une *r*. En effet, dans les mots *nostrae, regium, procul* et *exercemus*, le crochet de l'*r*, après s'être élevé, redescend pour s'unir à la lettre suivante, et forme ainsi un angle dont il n'existerait ici qu'un seul côté. Le *fac-simile* des Bénédictins, dont nous n'avons reproduit qu'un fragment, renferme plusieurs *p* exactement semblables à celui-ci, et dont la haste ne dépasse point le bas de la ligne. Cette forme de lettre était donc employée par l'écrivain du diplôme en même temps que les *p* à panse fermée et à queue excédante. Mais le motif qui nous a surtout déterminés, c'est qu'en substituant *opem* à *orem* on fait disparaître un barbarisme d'un diplôme qui est d'ailleurs écrit correctement. Enfin le mot *opem* s'accorde mieux peut-être avec le sens général de la phrase, qui est ainsi conçue: « Si utilitatibus locorum divinis cultibus « mancipatorum servorumque Dei necessitatibus « in eisdem degentium opem nostrae celsitudi- « nis impendimus, regium procul dubio exerce- « mus munus, ac per hoc ad aeternam beatitudi- « nem capessendam omnino venturos nos minimè « dubitamus. »

prolonge et se recourbe au-dessus des deux lettres précédentes. La réunion de l'*i* allongé et du premier jambage de l'*m* au commencement du mot *impendimus*, présente l'aspect d'une *h*. La panse du *p* est ouverte par le haut et s'élève au-dessus de la ligne. Cette lettre est suivie d'un *e* à panse brisée, dont la barre s'unit avec le haut du premier jambage de l'*n*. La saillie de l'*s* finale rejoint le second jambage de l'*u* précédent, et se rattache à la partie inférieure de la haste qui se sépare en deux branches inégales; la partie supérieure se termine par un crochet qui ne se boucle pas entièrement. Le mot *impendimus* est séparé du mot suivant par un point qui a la valeur de notre virgule. La haste de l'*r* du mot *regium* se sépare en deux branches inégales comme celle de la lettre précédente; le crochet forme un angle aigu dont le côté droit vient se confondre avec le bas de l'*e*. La barre de l'*e*, rattachée à la partie antérieure de la boucle, rejoint le *g*, qui est lui-même réuni par une barre avec la tête de l'*i* suivant. Le second côté de l'angle formé par le crochet de l'*r* du mot *procul* s'unit à la partie gauche de l'*o*. Le mot *dubio* se termine par un *o* qui présente l'aspect d'un 6. L'extrémité supérieure de ce 6 donne naissance à un trait qui descend vers la droite pour former le bas de l'*e* initial du mot *exercemus*. La barre de cet *e* s'unit à une des traverses de l'*x*. Le haut de la seconde traverse se brise, et descend jusqu'au bas de la ligne pour former la partie inférieure d'un *e* qui, après s'être recourbé vers la gauche, se ferme en boucle; le haut de cette boucle est en contact avec la barre qui rejoint la haste de l'*r*; la partie supérieure de l'*e* prend naissance un peu au-dessous de la brisure de la seconde traverse de l'*x*. Le second côté de l'angle résultant de la brisure du crochet de l'*r* forme la panse ou plutôt la haste d'un *c* carré; à cette haste se rattachent les crochets supérieur et inférieur. Le milieu de la haste du *c* est rencontré par un arc de cercle dont la partie supérieure est unie avec une courbe plus petite, au-dessous de laquelle se trouve une barre qui rejoint le premier jambage de l'*m*; ces différents traits forment la lettre *e*. Pour retrouver dans leur combinaison les éléments ordinaires de cette lettre, il faut se rappeler que l'on a déjà rencontré des *e* dont la partie inférieure se recourbe vers la gauche pour s'unir à la lettre précédente (voyez l'*e* de la seconde syllabe du mot *archipresbiter*, dans le *fac-simile* n° 1 de la planche précédente); c'est là ce qui explique la direction de l'arc de cercle dont la partie inférieure rejoint le corps du *c*, et qui, s'il était tourné dans le sens contraire, rendrait à la panse de l'*e* son aspect ordinaire. La courbe qui est unie à la partie supérieure de cet arc de cercle forme la boucle qui termine souvent le haut de l'*e*; enfin la barre de l'*e* se rattache comme à l'ordinaire à cette boucle supérieure. La syllabe finale du mot *exercemus* ne présente pas de difficulté.

Les deux dernières lettres du mot *munus* sont remplacées par le signe abréviatif qui est au-dessus de la ligne; mais au lieu de *mun* on lirait plutôt *num;* il est probable que le graveur employé par les Bénédictins aura isolé par erreur le troisième jambage de l'*m* initiale, et qu'il aura omis la liaison qui devait unir les jambages de l'*u*. Le mot *ac* se compose d'un *a* ouvert et d'un *c* à panse brisée dont la partie supérieure est terminée par une boucle. Le mot *per* est représenté par un *p* dont la queue est tranchée par un signe abréviatif composé de deux lignes brisées. L'*o* du mot *hoc* présente l'aspect d'un 6 dont la tête se recourbe et redescend pour former la haste d'un *c* carré à peu près semblable à celui du mot *exercemus*.

2° Age.

« Les écritures courantes ou cursives des anciens, disent les auteurs du Nou« veau Traité de Diplomatique, sont celles que nous appelons aujourd'hui « usuelles, expéditives, coulées. Mais il faut observer, surtout à l'égard des « plus vieilles, qu'autre est souvent la figure de leurs lettres lorsqu'elles sont « isolées et détachées de leurs voisines; autre, lorsqu'elles sont liées avec elles « du côté droit; autre, lorsqu'elles le sont du côté gauche; autre enfin, lors« qu'elles le sont à la fois avec les caractères qui les précèdent et qui les sui« vent. » Si cette diversité dans la forme des lettres ne se remarque pas dans le troisième *fac-simile* de la planche III, c'est que la cursive des manuscrits n'était pas toujours aussi liée que celle des diplômes. On ne trouve en effet dans ce modèle que des lettres réduites à des dimensions beaucoup plus petites que celles de la cursive ordinaire ; cependant il se rattache à cette espèce d'écriture par plusieurs liaisons, et par la forme d'un certain nombre de caractères, tels que l'*a* ouvert, le *c* à panse brisée par le bas, l'*e* à boucle allongée, le *g* dérivé du *gamma* grec, et le *t* renversé. Si l'on compare cette écriture dans son ensemble avec celle des deux premiers *fac-simile* de la planche XI, on reconnaîtra de suite qu'elle offre beaucoup plus d'analogie avec la première par ses formes régulièrement arrondies et inclinées vers la droite. La boucle allongée que forme la haste du *d* dans le mot *datum*, la distinction de la haste et de la barre de la lettre *l* dans les mots *kalendas* et *Valentiano*, sont encore des caractères que l'on retrouve dans le premier *fac-simile* de la planche XI. (Voyez les lettres *d* et *l* dans les mots *subdiacono* et *relectum*.) Quant aux formes de lettres qui distinguent la cursive des manuscrits de celle des diplômes, il faut leur appliquer les règles qui ont été exposées pour l'écriture mixte.

Il suffit de jeter les yeux sur le premier *fac-simile* de la planche XI pour reconnaître qu'il justifie pleinement l'observation des Bénédictins sur les changements nombreux que les combinaisons de l'écriture cursive amènent dans la forme d'une même lettre : ainsi, l'aspect des lettres *a, g, r, t,* dans le mot *rogatus,* est tout autre que dans le mot *Gratiano;* et si l'on voulait pousser plus loin cette comparaison, l'on verrait se manifester dans presque toutes les lettres des différences non moins caractéristiques. L'examen du même *fac-simile* donnera lieu à une observation qui n'est pas moins importante, c'est que les liaisons servent à unir, non-seulement les lettres d'un même mot, mais souvent aussi celles qui appartiennent à des mots différents. (Voyez les mots *à* et *suprascripto, tutore* et *suprascripti, me* et *praesente,* etc.) Enfin, il ne faut pas oublier que les traits de cette écriture, comme on l'a déjà dit plus haut, sont régulièrement arrondis et penchés vers la droite. A ces observations générales, joignons quelques remarques particulières sur la forme de certaines lettres. Les hastes des lettres *b, d, l,* forment des boucles allongées; le crochet de l'*e* et celui de l'*f* se bouclent aussi avec le corps de la lettre pour rejoindre la barre, et cette boucle est plus allongée que dans l'écriture mérovingienne; on doit remarquer encore que la queue de l'*f* descend beaucoup au-dessous de la ligne. Lorsque le *c* n'est pas modifié par la lettre précédente, sa panse s'arrondit pour se réunir au crochet inférieur, comme dans le mot *suscribsi;* mais souvent le bas de cette lettre est formé par un trait qui se rattache à la lettre précédente, et que le bas de la panse rencontre en formant un angle, comme dans les mots *subdiacono, fecit* et *relectum;* le même trait sert aussi à former le bas de plusieurs *e.* Le *g* ne se distingue pas seulement par sa partie supérieure : il faut aussi remarquer la forme de la queue qui se termine par une courbe largement développée. La forme de la lettre *q* dans le mot *qui* (c'est-à-dire l'intervalle qui sépare la panse et la queue) est un des caractères que les Bénédictins signalent comme annonçant une haute antiquité dans l'écriture cursive. Le crochet de l'*r,* dans l'écriture mérovingienne, n'est souvent que le prolongement de la haste : ici, au contraire, ces deux traits s'écartent comme les branches d'un Y ou comme celles d'un V. Enfin les transformations de la lettre *t* sont beaucoup plus nombreuses et beaucoup plus variées : cette remarque des Bénédictins peut s'appliquer aussi à d'autres lettres, et l'on peut en déduire ce principe général, que dans la cursive romaine les liaisons de lettres sont à la fois plus hardies et moins pénibles, parce qu'elles sont plus habilement préparées.

Quoique le *fac-simile* n° 5 de la planche III reproduise une écriture à peu près contemporaine de celle qui vient d'être examinée, il existe entre ces deux modèles une grande différence. Toutefois, il ne faudrait pas en conclure qu'au

VIe siècle la cursive romaine ne s'était pas conservée en France comme en Italie. Le *fac-simile* n° 3 de la même planche suffirait déjà pour prouver le contraire; mais, indépendamment de cette cursive peu liée, nous aurions pu emprunter au feuillet 177 du même manuscrit deux lignes d'une cursive tout à fait analogue à celle de la charte de *Pleine sécurité :* ce fait, qui d'ailleurs s'accorde avec l'opinion des Bénédictins, autorise à penser que la cursive mérovingienne a remplacé une écriture qui ne différait en rien de la cursive d'Italie; et par conséquent l'on peut considérer la charte de Ravenne comme renfermant une écriture dont il existerait en France de nombreux monuments, si le temps n'avait pas détruit ceux de nos diplômes qui sont antérieurs au VIIe siècle. Le *fac-simile* n° 5 de la planche III renferme d'ailleurs plusieurs caractères dans lesquels se sont conservées les traditions de la cursive romaine. Si les hastes ne sont pas bouclées, on y distingue du moins un double trait qui produit un renflement très-sensible; elles sont toutes inclinées vers la droite, et la plupart des lettres s'éloignent encore de la direction verticale. La haste et le crochet de l'*r* sont presque toujours séparés; la panse de plusieurs *e* est brisée par le bas; la queue du *g* ne remonte pas jusqu'au niveau de la ligne; les formes du *t* varient fréquemment; la haste du *d* ne descend pas au-dessous de la panse; enfin, à côté de quelques lettres dont les contours sont brisés comme ceux du *c* dans le mot *constitutio* et du premier *e* dans le mot *septembrium*, on trouve des mots entiers (*diae, tertio, damnorum, nostrorum*) tracés avec aisance et unis par des liaisons pleines de hardiesse, comme celles qui joignent entre elles les quatre dernières lettres du mot *sexta*.

Le *fac-simile* n° 6 de la planche II ne diffère de la cursive mérovingienne que par un petit nombre de lettres. On peut remarquer la distinction assez sensible qui existe entre la haste et la barre de la lettre *l* dans le mot *fulgore*, et la boucle allongée de l'*e* du mot *mentis ;* mais ces caractères ne sont pas constants, surtout pour cette dernière lettre. La direction des hastes et du corps de l'écriture est devenue verticale, et les contours de la plupart des lettres sont brisés ou irréguliers. Cette écriture nous paraît donc postérieure à celle qui vient d'être examinée. Toutefois l'écartement des deux parties de l'*r* est assez prononcé pour distinguer cette écriture de la plupart[1] de celles que l'on rencontre au milieu du VIIe siècle. Enfin, si l'on ne voit ici qu'un petit nombre de liaisons de lettres, il faut remarquer que cette écriture, qui est empruntée au corps d'un manuscrit, devait être plus régulière et plus posée, parce qu'elle n'a pas servi seulement à transcrire une date comme dans

[1] On verra plus tard que ce caractère n'est pas un indice auquel on puisse absolument se fier, et qu'il se rencontre, quoique rarement, dans des écritures plus récentes.

le *fac-simile* qui vient d'être examiné, ou une note marginale comme dans celui dont il va être question.

L'écriture reproduite sous le n°.3 de la planche IV présente toutes les habitudes de la cursive mérovingienne mêlées encore à quelques restes de cursive romaine. Ainsi on y rencontre quelques *c* dont la panse est formée par une seule courbe, des *e* qui à ce caractère d'antiquité joignent une boucle étroite et allongée, des *l* à barre horizontale, et des *r* dont la haste et le crochet sont écartés; mais, d'un autre côté, la panse du *c* et celle de l'*e* sont souvent brisées dans leur partie moyenne, la haste du *d* se prolonge presque toujours au-dessous de la ligne, la queue du *g* se brise plutôt qu'elle ne s'arrondit, et plusieurs *r* confondent leur haste et leur crochet. Si quelques lettres sont inclinées vers la droite, on en remarquera un grand nombre dont la direction est tout à fait verticale, et quelques-unes même dont les hastes montent obliquement de droite à gauche. Ce *fac-simile* renferme d'ailleurs deux caractères qui appartiennent à la cursive mérovingienne : le premier est l'*u* en forme d'S, dont le jambage gauche est plus élevé que l'autre, et qui est employé dans la dernière syllabe des mots *agitur* et *deducatur;* le second est la liaison du *t* et de l'*e* sous une forme assez semblable à celle de l'*a* et de l'*e* (æ), liaison que l'on trouve dans les mots *inter, contencio* et *ante.*

Les différences qui distinguent la cursive mérovingienne de la cursive romaine deviennent de plus en plus évidentes dans le *fac-simile* n° 2 de la planche XI. A peine y trouve-t-on une seule lettre dont les contours soient régulièrement arrondis; tous les traits sont péniblement tracés; les lignes droites sont tremblées ou interrompues par des brisures; le corps de l'écriture est vertical ou incliné vers la gauche; il n'y a que les hastes des lettres *b, d, i, l,* qui abandonnent cette direction dans leur partie supérieure pour incliner vers la droite. L'examen particulier de la plupart des lettres montrera des différences non moins caractéristiques. Parmi les *a* placés au-dessus de la ligne, un petit nombre seulement conservent, comme celui du mot *fiat,* quelques rapports avec la forme de l'*u :* les *a* placés dans le corps de la ligne sont presque tous fermés et composés de deux *c.* On ne voit plus de boucles allongées dans la partie supérieure des lettres *b, d, e, f, l.* Les panses des *c* et des *e* sont presque toutes composées de deux arcs de cercle; la haste du *d* descend beaucoup plus bas que la panse, et la queue de l'*f,* au contraire, ne dépasse que faiblement le niveau inférieur de la ligne; celle du *g,* après s'être courbée dans sa partie inférieure, remonte en suivant la même direction jusqu'à la hauteur de la panse; les *o* se terminent par deux traits excédants lors même qu'ils ne sont liés qu'à une des deux lettres voisines; la queue de la lettre *q* n'est plus éloignée de la panse; le crochet de l'*r* est presque toujours formé par le prolongement de la haste; enfin, la forme des *t* est beaucoup moins variée.

Le *fac-simile* n° 3 de la planche XI s'éloignerait moins, sous certains rapports, de la cursive romaine. Les hastes des lettres *b, d, i, l,* sont quelquefois bouclées; la panse de quelques *c* est brisée par le bas; la forme des *t* se modifie assez souvent; la haste et le crochet de plusieurs *r* s'écartent comme les deux branches d'un *v* ou d'un *y;* enfin le corps des lettres a plus de largeur que dans la plupart des diplômes mérovingiens. Mais il faut remarquer, d'un autre côté, que les *a* renfermés dans le corps de la ligne sont presque toujours fermés par le haut, et composés de deux *c* rapprochés; que la boucle des *e* est large et ronde au lieu d'être étroite et allongée; que leur panse est souvent composée de deux arcs de cercle; que la haste du *d* descend souvent plus bas que la panse; que la barre de l'*f* ne prend pas naissance dans le haut de la lettre[1]; que la queue du *g* se replie et remonte jusqu'à la hauteur de la panse; que le second jambage de l'*m* n'est pas aussi allongé que les deux autres; que l'N capitale est souvent substituée à l'*n* cursive; que le haut de plusieurs *c* et de plusieurs *s* se termine par des boucles à traits excédants; que la queue de la plupart des *s* se prolonge de beaucoup au-dessous de la ligne; que les *u* en forme d'*s* sont assez multipliés; que la plupart des jambages ont une direction verticale; enfin, que plusieurs mots sont séparés par des intervalles ou même par des points[2].

La forme des *t* ne varie presque pas dans le *fac-simile* n° 4 de la planche XI; les syllabes d'un même mot sont souvent séparées par des intervalles sensibles; le corps de l'écriture est étroit et vertical; enfin les liaisons deviennent beaucoup plus rares, et les lettres, réduites à de plus petites proportions, semblent déjà se régulariser et tendre vers la minuscule diplomatique. On rencontre souvent dans la cursive du VIIe et du VIIIe siècle des *b* dont la panse est placée plutôt à gauche qu'à droite de la haste, et qui semblent, par conséquent, se rapprocher de la forme du *d:* tels sont plusieurs *b* que l'on trouve dans ce *fac-simile,* notamment celui du mot *ubi,* et ceux de la première syllabe des mots *abba* et *abbatissa* (2e ligne). On voit au commencement de la même ligne, dans le mot *veniens,* des *e* d'une forme singulière, et dont la

[1] La barre de l'*f* ne se rattache pas non plus à la tête de la lettre dans le dernier *fac-simile* de la planche II; mais ce fait n'a pas la même importance dans un manuscrit où l'on devait simplifier quelques-unes des liaisons de la cursive.

[2] Indépendamment de l'abréviation du mot *sancti* qui est fort ancienne, on en trouve deux autres: celles des syllabes *per* et *rum*, qui ne se rencontreraient peut-être pas dans la cursive du commencement du VIIe siècle.

boucle allongée descend de gauche à droite, c'est-à-dire dans une direction tout opposée à celle des *e* de la cursive romaine. Ceux dont la panse est séparée en deux parties, comme dans le mot *termenandum,* à la fin de la ligne précédente, ne se rencontreraient pas dans les écritures du VIIe siècle. On voit d'ailleurs que les abréviations commencent à se multiplier; que la haste de quelques *r* se prolonge aussi bas que la queue des *p,* que celle du *t* s'élève souvent au-dessus de la barre. L'arc de cercle qui forme la partie inférieure de la panse de plusieurs *c* est en général moins développé que l'autre : c'est un caractère qui devient assez fréquent dans la cursive carlovingienne. La panse du *b,* au lieu de se recourber intérieurement comme dans les deux *fac-simile* précédents, se prolonge obliquement jusqu'à ce qu'elle rencontre la haste, et là elle donne naissance à une liaison que l'on peut remarquer dans les mots *abba* et *abbatissa,* déjà cités; une liaison analogue réunit la haste du *d* avec la lettre suivante dans les mots *domni* et *domnus* (2e ligne), *Dionisii* et *condonarunt* (3e ligne) : ces liaisons, que l'on ne trouverait peut-être pas dans l'ancienne cursive mérovingienne, deviennent fort ordinaires dans la cursive carlovingienne. Mais on ne trouverait plus au IXe siècle les *u* en forme d'*s* qui sont encore si fréquemment employés dans la charte de Pepin le Bref : cette lettre est donc une de celles que l'on peut regarder comme propres à la cursive mérovingienne, car on ne la rencontre guère que du VIIe au VIIIe siècle. Il en est de même des *g* dont la queue se replie dans sa partie inférieure, et remonte ensuite jusqu'à la hauteur de la panse, surtout lorsque les deux moitiés de la queue du *g* suivent les mêmes contours et se rapprochent assez pour être près de se confondre. Nous n'insisterons pas sur les autres caractères qui sont communs au second et au quatrième *fac-simile* de la planche XI, tels que le prolongement inférieur de la haste du *d,* les *o* à traits excédants, les *a* inclinés vers la droite et placés au-dessus de la ligne [1], les *r* dont le crochet est formé par la continuation de la haste : qu'il nous suffise d'avoir montré que ces deux écritures ont entre elles des rapports incontestables, et d'avoir en même temps indiqué dans la plus récente quelques traits qui la rattachent à la cursive carlovingienne.

Si le *fac-simile* qui vient d'être examiné semble déjà se rapprocher de la minuscule diplomatique, cette tendance est beaucoup plus prononcée dans le premier *fac-simile* de la planche XII, dont un grand nombre de lettres sont complétement isolées; celles même qui sont liées entre elles conservent presque toutes leur forme régulière, ou du moins elles ne subissent plus que des modifications peu importantes; enfin, la séparation presque constante des

[1] En thèse générale, ces *a* doivent être regardés comme antérieurs au IXe siècle.

mots est encore un caractère qui annonce les temps voisins du IXe siècle. On remarque dans ce *fac-simile* trois formes d'*a* cursifs qui sont réunies dans le mot *abbatissa* (2e ligne) : l'*a* final est formé par la réunion de deux *c*, et semblable à ceux que renferme le *fac-simile* n° 2 de la planche XI; l'*a* initial est ouvert par le haut, et se compose d'un jambage suivi d'un *c;* l'*a* de la seconde syllabe est ouvert par le haut et composé de deux jambages. Cette dernière forme d'*a* semblerait plus ancienne que les deux autres, puisqu'elle se rapproche davantage des *a* en forme d'*u* que renferme le premier *fac-simile* de la planche XI; mais il faut remarquer que, dans la seconde syllabe du mot *abbatissa,* cet *a* est plutôt formé de deux arcs de cercle que de deux lignes droites; dans la réalité, cette forme de lettre a persisté plus tard que les deux autres et dans la minuscule et dans la cursive. A l'*a* en forme d'*u* composé de deux lignes droites a succédé l'*a* composé de deux *c;* vient ensuite celui qui est formé par la réunion d'un jambage courbe et d'un *c;* puis enfin, celui qui se compose de deux jambages courbes. Nous avons déjà dit que, dans l'écriture carlovingienne, la haste du *b* donnait naissance à une liaison qui rejoint la lettre suivante : ce caractère se remarque par exemple dans les mots *archipresbiter, abbatissa, bonorum, manibus, roboratas* (1re ligne), *ubi* et *abbate* (2e ligne); une liaison analogue se rattache à la haste du *d* dans les mots *dedit* et *Folrado* (2e ligne). Il faut aussi remarquer la courbure régulière des deux arcs de cercle qui composent la panse de plusieurs *c*, et le développement de l'arc de cercle supérieur qui a souvent plus d'ampleur que l'autre. Les *e* dont la partie inférieure se recourbe vers la gauche, comme dans le mot *archipresbiter,* paraissent étrangers à la cursive mérovingienne. On doit surtout faire attention à la forme du *g,* dont la queue s'arrondit au lieu de se replier sur elle-même et de se composer de deux traits rapprochés. Le mot *cognovimus,* dans la seconde ligne, se termine par une abréviation qui existe aussi dans le *fac-simile* n° 4 de la planche précédente, et qui ne se rencontrerait peut-être ni au VIIe ni au IXe siècle. Dans la cursive mérovingienne, les *o* se terminent ordinairement par deux traits excédants; ici, au contraire, on ne trouvera dans la plupart des *o* qu'un seul trait excédant qui résulte du prolongement de l'une des deux panses; souvent même, cette lettre est formée comme dans l'écriture minuscule. Le haut de la panse de plusieurs *p* se termine par un angle plus aigu et plus élevé que dans la plupart des *p* de la planche précédente. La barre d'un grand nombre de *t* conserve dans sa partie supérieure la direction horizontale, au lieu de s'incliner obliquement, tantôt à droite, tantôt à gauche. Peut-être ne trouverait-on pas dans les diplômes du VIIe siècle le signe & qui se rencontre deux fois dans ce *fac-simile*, et qui existe aussi dans le *fac-simile* n° 4 de la planche XI.

Les lettres sont encore plus régulières [1] et les liaisons plus rares dans le *fac-simile* n° 2 de la planche XII. Quelques traits particuliers le distinguent d'ailleurs du *fac-simile* précédent; l'N majuscule y est employée plus souvent peut-être que l'*n* cursive; les hastes des lettres décrivent presque toujours des courbes fortement caractérisées; tous les mots sont isolés; les déliés sont tracés avec une finesse et une netteté qui caractérisent essentiellement le IXe siècle; le signe & est employé dans le corps du mot *consuetudinem;* le haut de la panse du *d* s'ouvre et se recourbe vers la gauche pour s'unir à la lettre précédente dans les mots *edictis, postmodum* et *idcirco*. Ces deux écritures ont d'ailleurs un caractère si différent qu'il est impossible de les confondre.

Nous nous bornerons aussi à indiquer les traits principaux qui caractérisent l'écriture reproduite sous le n° 5 de la même planche. On doit remarquer d'abord la forme compliquée et le nombre toujours croissant des abréviations; les lignes tremblées qui servent à tracer la panse de quelques *p*, la brisure de la barre de plusieurs *t*, et la boucle qui termine la queue du *g*. L'*e* minuscule est souvent substitué à l'*e* cursif; quand la forme minuscule est préférée pour l'*r*, son crochet ne conserve pas le même développement que dans la date du *fac-simile* n° 2 de la même planche. Enfin les hastes, au lieu d'être composées d'un double trait, s'effilent à leur extrémité supérieure et se terminent en pointe.

Il est probable que l'on rencontrera rarement une écriture cursive semblable à celle qui est reproduite en tête de la planche XIII; mais il serait facile de la reconnaître aux boucles qui terminent le haut de l'*s*, à la courbure de l'angle formé par le crochet de l'*r*, au double trait qui se remarque dans le bas de l'*s* et de l'*r* des mots *impendimus* et *regium*, et peut-être aussi aux *e* en forme de 8, si toutefois cette figure extraordinaire n'est pas une exception que l'on doive expliquer par les habitudes particulières de l'écrivain.

[1] On remarquera, par exemple, que le haut et le bas des lettres sont parfaitement alignés; cette recherche était inconnue dans les diplômes du VIIIe siècle; la ligne de la date est la seule dont la direction soit irrégulière. L'écartement des lignes est beaucoup plus grand que dans le *fac-simile* précédent; on peut voir aussi qu'il y a une différence plus sensible entre la longueur des queues et celle des hastes, dont le développement est devenu considérable.

ARTICLE IV.

DE L'ÉCRITURE ALLONGÉE.

1° Déchiffrement.

La première ligne du *fac-simile* n° 2 de la planche XI commence par un *c* de forme irrégulière, mais qui offre dans sa partie supérieure quelque analogie avec le *c* initial du mot *congruencia* (voyez la ligne suivante); en effet la courbe qui complète le haut de la panse est beaucoup moins développée que celle qui se rattache au bas de la lettre, elle est d'ailleurs placée beaucoup plus à droite; il en est de même dans les mots *adscribetur* et *perducere*. Dans le mot *Chlodovius*, la courbe supérieure, au lieu de se terminer à droite par un crochet recourbé vers le bas de la ligne, se relève un peu avant de rencontrer la haste de l'*h;* la courbe inférieure descend plus bas que le pied de cette haste, et se brise ensuite pour remonter vers la droite. La forme des lettres *h* et *l* n'a rien d'irrégulier; le haut des hastes de ces deux lettres n'a pu être indiqué que par des points, parce qu'il est recouvert par le repli du parchemin sur lequel on a collé le papyrus. Vient ensuite un *o* allongé dont les contours sont irréguliers, et qui se termine par deux traits excédants. La seconde syllabe et la troisième ne présentent pas de difficulté. L'*u* de la syllabe finale est d'une forme très-étroite; il est suivi d'une *s* sans crochet[1], qui diffère à peine de l'*i* de la syllabe précédente. Le crochet de l'*r* du mot *rex,* formé par le prolongement de la haste, se termine par un angle aigu peu élevé, et dont le côté droit s'unit à la panse de l'*e*. La boucle de l'*e* donne naissance à la barre qui va rejoindre le bas d'une des traverses de l'*x*. La haste de l'*f* du mot *Francorum* est très-allongée et descend jusqu'à la ligne inférieure; elle se termine dans le haut par une boucle de petite dimension, à laquelle se rattache la barre qui rejoint la haste de l'*r;* cette haste est dans toute sa longueur parallèle à celle de l'*f* et descend aussi jusqu'à la ligne inférieure. Le crochet de l'*r,* en se prolongeant obliquement vers la droite, s'unit au premier jambage d'un *a* ouvert et incliné, dont le second côté descend jusqu'au bas de la ligne, et rejoint le premier jambage de l'*n* en donnant à cette lettre l'aspect d'une *h*. Le second jambage de l'*n* se prolonge horizontalement vers la droite, et rencontre

[1] Il est possible que ce crochet n'ait pas été omis par l'écrivain; dans ce cas il aurait été indiqué par une courbe d'une petite dimension, dont il ne reste aujourd'hui aucune trace; toutefois, comme il y a plutôt une altération qu'une lacune dans cette partie du diplôme, nous n'avons pas cru devoir figurer par des points un trait accessoire qui donnerait sans doute à la lettre une forme plus régulière, mais qui peut-être n'a jamais existé dans l'original.

le bas de la panse d'un *c* dont le crochet supérieur se termine par une boucle. Les deux signes abréviatifs placés au-dessus du *c* indiquent la suppression des quatre dernières lettres du mot. Entre les deux jambages, et dans le haut de la lettre initiale du mot *vir*, on remarque un signe abréviatif qui tient lieu de l'*i* et de l'*r*. L'*i* du mot *inluster* est parallèle au second jambage de la lettre initiale du mot *vir*, mais il descend jusqu'à la ligne inférieure et sépare les deux syllabes du mot *fiat*. La lettre *n*, qui ne présente pas de difficulté, est suivie de traits compliqués dans lesquels on peut tout au plus distinguer une *l* de forme irrégulière, qui se boucle un peu au-dessous du bas de la ligne pour remonter ensuite à la hauteur de l'*n*, et se rattacher à une espèce d'invocation monogrammatique [1] dont le prolongement, après avoir traversé trois fois le bas de l'*i* du mot *inluster*, rencontre la boucle de l'*f* du mot *fiat*, la haste du *t* du mot *ut*, et s'arrête au bas du second jambage de l'*u*.

La première ligne du second *fac-simile* de la planche XI commence par un *i*, auquel se rattache le prolongement du premier jambage d'une N capitale, dont la traverse se rapproche de la direction horizontale. L'*n* initiale du mot *nomine* appartient à l'alphabet minuscule ou cursif. La panse de l'*o* est oblongue, inclinée vers la gauche, et n'atteint que le milieu de la ligne; mais le prolongement de son côté gauche va s'unir au premier jambage de l'*m*. Cette *m* et les deux lettres suivantes ne présentent pas d'autre difficulté que l'extrême longueur des jambages; c'est en général ce qui arrête dans le déchiffrement de l'écriture allongée. En effet, la plupart des lettres reprendraient leur aspect ordinaire si elles étaient raccourcies de moitié; il y en a même quelques-unes que l'on déchiffre sans difficulté lorsque l'on en cache la moitié ou même les trois quarts. Le second jambage de l'*n* de la dernière syllabe du mot *nomine* s'étend un peu vers la droite pour rejoindre le bas de l'*e*, dont la panse allongée, sous la forme d'un jambage, se termine dans sa partie supérieure par une petite boucle à laquelle se rattache la barre. Il n'y a que la première et les deux dernières lettres du mot *Domini* qui soient exprimées; les trois autres sont remplacées par le signe abréviatif qui est au-dessus de la ligne. L'*e* du mot *Dei* est aussi remplacé par le trait qui tranche la haste du *d*. La panse de l'*e* du mot *et* se compose de deux courbes inégales; la courbe supérieure se termine par une boucle étroite au-dessous de laquelle se trouve la barre qui s'arrondit

[1] L'ensemble de ces traits pourrait être pris sans doute pour un signe abréviatif qui représenterait les deux dernières syllabes du mot *inluster*, mais comme on y retrouve aussi la forme ordinaire des invocations monogrammatiques, et que d'ailleurs ces invocations semblent être ajoutées à la suite de la signature d'*Aectherius* et de celle de *Ragenobertus*, on est amené naturellement à supposer que l'invocation monogrammatique, après avoir été tracée au commencement des signatures et des suscriptions, pouvait encore se répéter à la fin.

et va rejoindre la haste du *t*. Les deux *s* du mot *salvatoris* paraîtront régulièrement formées, si l'on fait abstraction de la longueur de la haste. Les deux *a* se composent de deux courbes très-rapprochées; tous deux sont ouverts par le haut, et le sommet du second côté se brise pour former un crochet semblable à ceux que l'on remarque dans le bas de la lettre. La lettre *l* ne diffère de l'*i* du mot *in* que par la courbure du pied de la haste; il faut s'attacher à ce caractère pour distinguer les *l* des *i* placés au commencement des mots. Le *t* et l'*o* ont la même forme que dans les mots *et* et *nomine*. L'*r* se distingue de l'*s* par la double courbure de son crochet, dont l'extrémité se relève vers le haut de la ligne. Le mot *nostri* commence par une N capitale; l'*r* et l'*i* sont formés et réunis comme dans le mot précédent; les lettres *ost* sont remplacées par le signe abréviatif qui est au-dessus de la ligne. Un signe de même nature tient lieu de l'*s* du mot *Jesu* dans lequel la lettre *h* est employée, selon l'usage, pour représenter l'η grec. Les caractères grecs X et P suivis d'un *i* et surmontés d'un signe abréviatif expriment le mot *Christi;* les deux traverses de la lettre X, au lieu de s'écarter dans leur partie inférieure, se réunissent sous la forme d'un *o*, dont le côté gauche s'unit au prolongement de la panse de la lettre P; cette panse, ouverte par le haut, dépasse le sommet de la haste, qui s'arrête vers le milieu de la ligne. Il faut remarquer dans le mot *Hludovvicus* la forme étroite de l'*o*, qui est réduit à des proportions encore plus petites que dans le mot *salvatoris;* le trait excédant de cette lettre s'arrête près de l'extrémité supérieure du premier jambage du *v*, qui a la forme d'un *u*. Le *c*, dont la panse est composée de deux courbes, se termine dans sa partie supérieure par une boucle. L'*s* finale est la même que dans le mot *salvatoris*. Le mot *divina* ne présente pas de difficulté. Le crochet de l'*r* initiale du mot *repropitiante* forme un angle aigu dont le second côté descend jusqu'au bas de la ligne, et rejoint un *e* qui se recourbe vers la gauche dans sa partie inférieure: on a déjà rencontré cette liaison de l'*r* et de l'*e* dans le premier mot du *fac-simile* n° 1 de la planche XI. La barre de cet *e* est indiquée par un trait fin qui part de la boucle et rencontre le haut de la haste du *p*. La panse de cette dernière lettre se termine dans sa partie supérieure par un angle aigu semblable à celui que forme le crochet de l'*r* qui la suit; le second côté de cet angle s'unit avec l'*o*, dont la partie gauche se prolonge et rejoint le haut de la panse du *p* suivant, qui a la même forme que dans le mot *Christi*. Le *t* de la quatrième syllabe du mot *repropitiante* unit l'extrémité droite de sa barre avec le haut de l'*i* suivant. Le second côté de l'*a* ouvert rejoint le premier jambage de l'N, qui est de forme capitale. Après cette N se trouve un *t* qui présente l'aspect d'un *o* dont le côté droit se prolongerait jusqu'au niveau supérieur de la ligne, et se replierait ensuite de gauche à droite pour rejoindre au bas de la ligne un *e* qui se recourbe vers la gauche dans sa partie inférieure : la courbe qui correspond au côté gauche de l'*o* forme la haste du *t;* le trait qui se rattache immédiatement au bas de cette haste n'est pas celui qui en rencontre l'extrémité supérieure, mais celui qui dans toute sa longueur est le plus rapproché du corps de l'*e;* arrivé dans le haut de la ligne, il se replie vers la gauche et s'unit dès ce moment à la barre du *t;* cette barre, après avoir rencontré la tête de la haste, va rejoindre le bas de l'*e* final. Le mot *clementia* ne présente pas de difficulté. L'*i* du mot *imperator* se distingue d'une *l* en ce qu'il ne se recourbe pas dans sa partie inférieure. Le premier jambage de l'*a* ouvert qui appartient à la troisième syllabe du même mot, au lieu de se courber vers la droite dans sa partie supérieure, se dirige vers la gauche pour s'unir au second côté de l'angle formé par le crochet de l'*r*. La barre du *t* se lie au prolongement du côté droit de l'*o*, dont le côté gauche va rejoindre la haste de l'*r* finale. Le côté droit de l'*a* du mot *augustus* s'unit avec le haut du premier jambage de l'*u;* la première *s* s'élève au-dessus de la ligne, parce qu'elle doit s'unir avec la haste du *t* par le prolongement de son crochet. L'*s* initiale du mot *si* offre, dans sa partie supérieure, une courbe largement développée. Les deux mots suivants ne présentent pas de difficulté ; mais il faut remarquer le trait fin qui unit la tête de l'*e* avec le haut de l'*n* dans le mot *enim,* et le haut de l'*a* dans le mot *ea;* ces deux traits forment la barre de l'*e,* et servent à distinguer cette lettre d'un *c* semblable à celui du mot *Hludovvicus.* Le second jambage de l'*a* ouvert du mot *quae* s'unit avec l'*e* dont la partie inférieure se recourbe vers la gauche. L'*f* du mot *fideles* se boucle dans sa partie supérieure ; le prolongement de cette boucle, après avoir traversé la haste, sert à former la barre qui s'unit à l'*i* suivant. Le mot *imperii* ne présente pas de difficulté, et le mot *nostri* est abrégé comme le commencement de la ligne. Le *p* du mot *pro* est remarquable par le développement de la panse, qui dépasse le haut de la ligne en formant un angle aigu, tandis que la partie inférieure de la haste excède à peine le bas de la panse. Le crochet de l'*r* s'unit avec le prolongement du côté gauche de l'*o*. La barre de l'*e* du mot *eorum* rencontre le prolongement du côté gauche de l'*o* au point où il se courbe pour s'unir à la haste de l'*r;* le crochet de cette *r* forme un angle dont le second côté se confond avec le premier jambage de l'*u*. La forme et la liaison des lettres *op*, dans le mot *oportunitatibus*, sont les mêmes que dans le mot *repropitiante;* le second *o* s'unit à l'*r*, comme dans le mot *eorum*, et le second côté de l'angle formé par le crochet de l'*r* se confond avec la haste du *t*, dont la barre rencontre le premier jambage de l'*u*. La syllabe *ni* ne présente pas de difficulté. L'extrémité droite de la barre des deux *t* suivants s'unit, savoir : dans la syllabe *ta* avec le haut du premier jambage de l'*a* ouvert, et dans la syllabe *ti* avec la tête de l'*i*. La panse du *b* de la syllabe *bus* forme dans le bas de la ligne une boucle très-étroite; de la haste de cette lettre part, à la hauteur du niveau supérieur de la ligne, un trait qui rejoint le haut du premier jambage de l'*u*. Les trois derniers mots ne présentent pas de difficulté.

La dernière ligne du *fac-simile* n° 4 de la planche XII renferme une écriture plus étroite et plus élevée que celle qui vient d'être examinée. La panse du *g* du mot *signum* est à peine indiquée, tandis que la queue est développée outre mesure. Pour lire sans difficulté la seconde syllabe de ce mot, il suffit de ne laisser paraître qu'une petite portion du haut des lettres. Un trait oblique ferme l'ouverture de l'*a* du mot *Karoli,* et ne permet pas de le confondre avec un *u ;* le crochet de l'*r* s'unit avec le prolongement du côté gauche de l'*o*. Le monogramme est suivi du mot *gloriosissimi,* dont les deux *o* prolongent leur côté gauche pour s'unir l'un à la haste de l'*r,* l'autre à la saillie de l'*s*. Le *p* du mot *imperatoris* est remarquable par le développement de la panse dont le sommet forme un angle aigu, et par le raccourcissement de la haste, qui n'excède point le bas de la ligne. Le côté gauche de la barre du *t* du mot *augusti* traverse la haste comme dans le *fac-simile* précédent, mais il se prolonge beaucoup plus bas.

2° Age.

« Le P. Papebroc, jésuite, a prétendu, disent les Bénédictins, que la pre« mière ligne des chartes de nos rois Mérovingiens ne fut jamais écrite en lettres « hautes et allongées qu'il décore des noms de *majuscules* et d'*onciales*. S'il faut « l'en croire, ces fausses majuscules caractérisent uniquement les diplômes de « la seconde race. Dom Mabillon n'a pas eu de peine à faire voir la fausseté de « cette règle. En effet il est peu de diplômes mérovingiens dont la première « ligne et la souscription royale ne soient en grandes lettres. Les référendaires « et les notaires imitaient en cela les Romains, dont les actes commençaient « et finissaient par des écritures gigantesques. La charte de *Pleine sécurité* et « les actes de Ravenne des ve et vi[e] siècles constatent cet usage. Dans quelques « diplômes de Dagobert, on voit seulement le nom de ce prince et sa signa« ture en lettres allongées. Celles de la signature de Clotaire II sont pareille« ment plus grandes que le texte. Sous la première race de nos rois, la ligne « en lettres allongées n'est pas à beaucoup près aussi serrée que sous la seconde. « L'écriture des plaids est un peu différente de celle des préceptes. Les lettres « diminuent insensiblement dans la première ligne des chartes d'échange

« et des plaids mérovingiens. Ordinairement elles ne sont pas plus grandes « que celles du texte dans les diplômes de Pepin et de Carloman. Tantôt la « première ligne allongée des diplômes mérovingiens n'est pas portée jusqu'au « bout du parchemin, et alors elle ne contient presque que le nom du roi et « son éloge ainsi exprimés : *Chlodovicus rex Francorum vir inluster.* Dans ces titres « on sépare non-seulement les mots, mais encore les syllabes. Tantôt la pre- « mière ligne est portée jusqu'au bout du parchemin. En ce cas elle ajoute au « nom du roi ceux des personnes à qui la pièce est adressée, par exemple : « *Theudericus rex Francorum viris inlustribus Audoberchto et Roccon. patriciis et omni- « bus ducis seu comitibus vel actorebus publicis.* Ici, dans l'original, nulle distinc- « tion de mots. On trouve quelquefois la première ligne jointe au texte, mais « le plus souvent elle en est séparée depuis Dagobert jusqu'à Charlemagne. « En un mot les écritures allongées ne remplissaient pas sous les Mérovingiens « toute la première ligne, et le reste demeurait en blanc. Il y a pourtant des « chartes, comme quelques-unes de Thierri, de Childebert III, etc., où elles « occupent toute l'étendue de cette première ligne. (*Nouv. Tr. de Dipl. t. III,* « p. 644 et 645.) La première ligne des diplômes carlovingiens, surtout depuis « Louis le Débonnaire, remplit toute l'étendue du parchemin. Ses lettres allon- « gées deviennent plus hautes et plus serrées après Charlemagne. Les noms du « roi et du chancelier sont en caractères un peu moins grands. Dans une charte « de Louis le Débonnaire, datée de la XIXe année de son empire, et gardée à la « Bibliothèque du Roi, nous avons remarqué que l'écriture allongée de la si- « gnature de l'empereur a près d'un pouce de haut, sans parler des lettres « excédantes, qui sont beaucoup plus longues. La première ligne est un peu « moins haute, et celle du notaire, la plus petite, n'a qu'un demi-pouce d'é- « lévation. Dom Mabillon, dans la XXIIIe planche de sa Diplomatique, donne « un modèle d'une charte totalement écrite en lettres allongées, à l'exception « de la date. Il est à observer que la caroline s'est conservée plus longtemps « dans l'écriture oblongue de la première ligne et des signatures du roi et des « chanceliers que dans le texte des diplômes. (*Ibid.* pag. 665.) »

Bien que l'écriture allongée ne soit employée la plupart du temps que dans les suscriptions et les signatures des diplômes royaux, cependant il existe des chartes particulières où elle a été adoptée pour tracer l'invocation. On serait tenté de croire que cette espèce d'écriture a dû moins varier que les autres; mais si l'on voulait en décrire toutes les transformations, il faudrait l'envisager successivement comme cursive, comme minuscule et comme capitale. En effet elle se présente sous ces différents aspects depuis le Ve siècle jusqu'au XIIIe. Mais comme ces caractères bizarres n'occupent presque jamais qu'une ou deux lignes dans un diplôme, nous nous bornerons à indiquer quelques-uns des traits qui peuvent servir à en fixer l'âge.

Les trois modèles reproduits dans les planches XI et XII doivent être considérés comme se rattachant à l'écriture cursive, quoique les liaisons y soient beaucoup moins fréquentes et beaucoup moins compliquées que dans la cursive allongée des diplômes du ve et du vi[e] siècle. Le caractère le plus saillant qui distingue cette écriture dans les diplômes mérovingiens est la séparation des syllabes et la largeur du corps des lettres. Les Bénédictins font observer en outre que la tête de l'*f* dépasse rarement le haut de la ligne. On voit aussi que les *o* se terminent par deux traits excédants, et que le sommet de la panse atteint le niveau supérieur de la ligne. La forme de l'*u* n'est pas moins caractéristique par le crochet qui se rattache à l'extrémité supérieure du premier jambage, et la forme évasée de la lettre, qui se rétrécit à sa base d'une manière sensible. Des abréviations analogues à celles des mots *Francorum* et *inluster* ne se rencontreraient pas non plus dans les diplômes carlovingiens.

Dans le *fac-simile* n° 2 de la planche XII, les lettres *e, c, s* et *p* ne dépassent le haut de la ligne que lorsqu'elles sont employées comme initiales; c'est un des caractères que les Bénédictins regardent comme appartenant plus particulièrement à l'écriture allongée de la première moitié du ixe siècle. On voit que la panse des *o* n'occupe souvent que le tiers de la hauteur de la ligne, et que cette lettre se termine par un seul trait excédant toutes les fois qu'elle ne s'unit pas en même temps à la lettre qui la précède et à celle qui la suit. Les trois jambages de l'*m* sont égaux en longueur; au viiie siècle, celui du milieu était ordinairement plus court que les deux autres. La lettre N est la seule qui prenne la forme capitale, il en est de même dans le corps du diplôme; on peut donc regarder comme exact ce principe des Bénédictins, qui font remarquer que l'écriture allongée est presque toujours semblable pour la forme à celle du corps de la pièce. Toutefois, pour que cette remarque ne soit pas trop absolue, il convient de ne pas l'étendre au delà du xe siècle. En effet, lorsque les lettres capitales viennent se mêler aux lettres cursives et minuscules, on ne trouverait pas toujours dans un diplôme toutes les formes que l'écriture allongée emprunte à l'alphabet capital, ou du moins il faudrait les chercher dans les grandes lettres initiales et non dans le corps des mots.

Le *fac-simile* n° 3 de la planche XII présente, dans la ligne de la souscription, des lettres à peu près semblables à celles du modèle précédent. Cependant les *a* diffèrent par le trait oblique qui ferme leur ouverture; et ce trait, suivant les Bénédictins, n'a commencé à paraître que vers la fin du ixe siècle. On peut aussi remarquer que la tête des *s* dépasse un peu le haut de la ligne. Mais ce qui distingue surtout cette écriture, ce sont les hastes des lettres *k* et *l* qui se terminent par un délié fin et hardi; les deux premières lettres du mot *Jesu* (*Ihu*), dans le *fac-simile* précédent, sont les seules qui offrent à peu près le même caractère; les hastes des autres lettres sont évidemment formées par un double trait; et l'écrivain, au lieu de les tracer d'un seul jet, avait soin, lorsqu'il en avait atteint l'extrémité supérieure, de ramener sa plume jusqu'au corps de la lettre en lui faisant suivre la même direction.

Quoique nous n'ayons pas reproduit des modèles d'écriture allongée postérieurs au IXe siècle, nous essayerons en peu de mots d'indiquer les caractères les plus saillants qui peuvent servir à en fixer l'âge. Au commencement du Xe siècle, le crochet de l'*r* forme habituellement un angle aigu qui s'élève considérablement au-dessus de la ligne, et dont le second côté va rejoindre la lettre suivante. On rencontre aussi des *p* dont la panse se recourbe intérieurement dans sa partie moyenne, et présente à peu près l'aspect d'un 3. Ces lignes brisées ou tremblées deviennent de plus en plus fréquentes dans le cours du Xe siècle, et finissent par former plusieurs zigzags. A la fin du Xe siècle, on trouve encore des *a* ouverts; mais le haut de leurs jambages est beaucoup plus courbé vers la gauche, et se termine par des traits effilés. La barre de l'*f* commence alors à partir du corps de la lettre et non de la boucle supérieure. La haste du *d* devient perpendiculaire, et son sommet incline même vers la gauche. Le diplôme de Hugues Capet dont nous avons reproduit un fragment dans le *fac-simile* n° 2 de la planche XIII, commence par une écriture allongée qui ne pourrait être considérée comme cursive. Les *a* sont minuscules, et leur panse embrasse à peine la dixième partie du montant. Le *c* ne se compose plus que d'une seule courbe très-allongée; le D est capital, mais sa panse est étroite et aplatie contre la haste; l'*e* est tantôt capital, tantôt minuscule: quand il est minuscule, sa boucle n'a pas plus de développement que la panse de l'*a*. Les lettres F, G, R[1], T, U appartiennent à l'alphabet capital, mais leur forme est très-étroite; le crochet inférieur du G se replie dans l'intérieur de la panse; la panse de l'R est quelquefois ouverte par le haut, et alors elle se prolonge au-dessus de la ligne. L'*s* est tantôt cursive, tantôt capitale : dans le premier cas elle dépasse le haut de la ligne, et se termine par une boucle à trait excédant; dans le second, ses courbes sont tellement aplaties, qu'on les distingue à peine d'un *i* dont la haste serait un peu ondulée. La double panse de l'*o* occupe toute la hauteur de la ligne; celle du P au contraire n'embrasse plus qu'une faible partie de la haste. Ce changement

[1] Dans la souscription d'un diplôme de Louis V, l'R capitale se trouve déjà substituée une fois à l'*r* cursive.

dans la forme des lettres était important à signaler ; mais en même temps nous devons avertir qu'il existait encore une écriture allongée dont toutes les lettres étaient de forme cursive; ainsi le diplôme auquel est emprunté le *fac-simile* n° 1 de la planche XIII commence par une ligne dont l'écriture est, sauf la dimension, entièrement conforme à celle du corps de l'acte. Sous Robert, l'A [1] capital sans traverse est souvent substitué à l'*a* minuscule. Les lettres D, E, M paraissent souvent sous la forme onciale. Dans les diplômes de Henri Ier les mêmes formes de lettres se combinent souvent avec des traits accessoires, des boucles multipliées, des lignes tremblées, et en général avec tout ce qui caractérise la minuscule diplomatique du XIe siècle. On trouve des N à double traverse, des abréviations de forme très-compliquée, et des *f* dont la tête dépasse de beaucoup le haut de la ligne. Sous Philippe Ier ces traits excédants disparaissent, et toutes les lettres sont contenues dans les limites de la ligne. Pendant le règne de Louis VI, l'écriture allongée ne sert plus en général que pour l'invocation. Il y a quelques-uns de ses diplômes dont l'écriture allongée se compose de lettres capitales d'une forme irrégulière sans doute, mais librement développées; il y en a d'autres au contraire où cette écriture est plus maigre, plus étroite, plus élancée que jamais. Sous Louis VII le contraste devient encore plus frappant, parce qu'on rencontre tantôt une majuscule gothique [2] massive et arrondie, tantôt des lettres qui ont souvent plus d'un pouce de hauteur, et dont les panses et les jambages sont à peine séparés par une demi-ligne. A compter du XIIIe siècle, l'usage de commencer les actes par une ligne d'écriture allongée tomba de plus en plus en désuétude, mais il ne fut jamais complétement aboli. Dans les siècles suivants on se contentait presque toujours de prolonger les hastes montantes de la première ligne.

[1] Dans le diplôme de Hugues Capet, cette forme de lettre avait déjà été employée dans la diphthongue Æ.

[2] Nous avons déjà eu occasion d'avertir que la majuscule gothique ne s'employait guère que dans les légendes des sceaux, et que cette écriture était remplacée dans les manuscrits par une minuscule un peu plus élevée; mais nous n'avons pas prétendu que cette règle fût sans exception. L'invocation de quelques diplômes de saint Louis est aussi en majuscule gothique; l'un des exemplaires de l'ordonnance de Charles V, sur la majorité des rois de France, commence également par des lettres majuscules. On pourrait citer quelques faits analogues, et les diplômes en fourniraient sans doute plus que les manuscrits, parce que les copistes s'attachaient beaucoup plus que les notaires à ménager le parchemin. Cependant la formule finale d'un manuscrit, *explicit*, etc., s'écrivait quelquefois en majuscule gothique.

DEUXIÈME SECTION.

ÉCRITURES DE LA SECONDE PÉRIODE.

ARTICLE PREMIER.

DE LA MAJUSCULE GOTHIQUE.

§ Ier. DE LA MAJUSCULE GOTHIQUE DES MANUSCRITS ET DES DIPLÔMES.

« Si le caractère capital gothique, disent les Bénédictins, est très-fréquent « dans les inscriptions lapidaires et métalliques, il est si rare dans les manus- « crits des XIIIe, XIVe et XVe siècles, qu'il ne nous a pas été possible d'en décou- « vrir un grand nombre de modèles. Les titres de presque tous les manuscrits « en gothique moderne de Saint-Germain des Prés et des Blancs-Manteaux, « que nous avons feuilletés, n'offrent que des écritures minuscules, plus « grandes à la vérité, mais de même forme que celles du texte en minuscule. « On dirait que, à l'exception des lettres initiales, l'écriture capitale aurait été « bannie des manuscrits depuis le commencement du XIIIe siècle jusqu'au der- « nier renouvellement des lettres. » Les modèles reproduits par les Bénédictins sont extraits de deux manuscrits, mais ils n'appartiennent pas au corps du texte. Le premier servait d'inscription à une peinture placée au frontispice d'un manuscrit de Sainte-Radegonde de Poitiers; les deux autres accompagnaient des miniatures ornant des Heures sur vélin de la bibliothèque des Blancs-Manteaux. L'alphabet reproduit dans le *fac-simile* n° 3 de la planche X suffit pour donner une idée générale de la majuscule gothique. Si l'on avait voulu recueillir çà et là quelques titres de manuscrits, la première ligne de quelques diplômes, ou composer des alphabets de lettres initiales, il aurait fallu consacrer à cette recherche un temps fort considérable, et c'eût été d'ailleurs s'écarter du plan d'un ouvrage où les faits exceptionnels doivent être négligés [1].

[1] Voyez d'ailleurs dans le chapitre II de cette troisième partie les courtes observations qui ont été présentées sur la majuscule gothique des manuscrits. Les personnes qui désireraient étudier cette écriture pourront en rencontrer quelques modèles dans les peintures des vitraux : en général on y trouve des inscriptions qui servent d'explication aux sujets représentés par le peintre ou qui indiquent le livre de la Bible auquel ce sujet a été emprunté. Quoique la majuscule gothique n'ait pas été exclusivement employée dans ces sortes d'inscriptions, elle y est beaucoup moins rare que dans les titres des manuscrits ou dans la portion des diplômes qui était autrefois en écriture allongée : ces lettres peintes ont une autre forme que les lettres gravées ou sculptées.

§ II. DE LA MAJUSCULE GOTHIQUE DES SCEAUX.

1° Déchiffrement.

Le sceau de la commune de Senlis (Pl. P, n° 14) ne présente, sauf l'altération de l'empreinte, qu'une seule lettre qui puisse embarrasser, c'est l'*n* de la première syllabe du mot *conmunie :* elle ressemble, par le prolongement de la partie inférieure du premier jambage, à un *p* dont la panse serait ouverte par le bas. La forme de cette lettre n'est donc pas moins irrégulière que l'orthographe du mot. Il serait possible, sans doute, qu'au lieu d'une *n* il y eût une *m* onciale dont le premier jambage aurait été effacé; mais comme le sceau original ne renferme aucune trace de brisure, nous pensons qu'il faut maintenir dans cette légende l'*n* de la première syllabe.

On retrouve dans le sceau de Philippe-Auguste (Pl. C, n° 5) les abréviations ordinaires des mots *Dei* et *gratia.* Le D se rapproche de la forme de l'O, et l'R de la première syllabe du mot *Francorum* ne diffère pas beaucoup du B. Cette confusion dans la forme des lettres deviendrait une difficulté, si la légende était moins distincte.

La fin du mot *sigillum* et le commencement du mot suivant sont effacés dans le sceau n° 7 de la planche O; la légende est d'ailleurs assez distincte. L'*m* finale du mot *mercatorum* est remplacée par le signe abréviatif qui tranche le second montant de la lettre V.

Le sceau de la commune d'Hesdin (Pl. Q, n° 5) renferme l'abréviation ordinaire du mot *sigillum;* le C du mot *scabinorum* est fermé; la panse supérieure du B est à peine indiquée, et cette lettre présente l'aspect d'un D capital d'une forme irrégulière. L'*h* du mot *Hesdinii* est onciale, ainsi que le *d*, dont la tête est tranchée carrément au lieu de s'effiler en pointe.

Dans le sceau de Guillaume de Garlande (Pl. O, n° 5), l'*e* du mot *Villermi* est le seul qui soit assez nettement marqué pour qu'on reconnaisse qu'il est fermé par une ligne droite. Le mot *sigillum* est abrégé, mais l'imperfection de l'empreinte ne permet pas de reconnaître la forme de cette abréviation.

La première partie de la légende du sceau de Gilon de Versailles (Pl. P, n° 5) est fort confuse; on reconnaît cependant que l'M est de forme capitale, et que les *e* sont fermés par devant.

Le sceau de Jean, comte de Bourgogne (Pl. M, n° 1), commence par l'abréviation ordinaire du mot *sigillum.* Le trait qui tranche la haste de l'*h* du mot *Johannis* tient lieu des lettres supprimées. La première syllabe du mot *Burgundie* et l'*e* du mot *et* sont effacés. Le mot *Domini* est régulièrement abrégé. Quoique le dernier mot de cette légende ne soit pas bien conservé, en l'examinant avec soin on découvre après la lettre L deux traits dont la partie inférieure est clairement indiquée : le premier trait est la lettre I; l'autre est le premier jambage d'une N conjointe avec l'E. Cette conjonction de l'N et de l'E se retrouve sur la légende du contre-sceau; on y remarquera de plus, dans le même mot, l'A et l'L conjoints. Quant à la conjonction *et*, elle est représentée sur le contre-sceau par un signe abréviatif presque effacé, mais qui avait une forme à peu près semblable à celle d'un *z* dont la traverse serait tranchée par un trait horizontal. Ce signe est dérivé de celui qui a été emprunté aux notes tironiennes; dans l'écriture gothique il ressemble tantôt à un *z*, tantôt à un *t*.

Le sceau de la commune de Saint-Omer (Pl. Q, n° 6) ne renferme pas d'autre abréviation que celle du mot *sigillum*, qui est représenté par une S tranchée; malgré la forme bizarre de quelques lettres, cette légende se lit sans difficulté; il faut remarquer seulement que sur la face principale, qui est celle où l'on voit les échevins assis sur un banc, le *d* du mot *Audomari* est de forme onciale; mais comme le bord extérieur de la légende est altéré, on ne distingue pas la tête de cette lettre, qui ressemble tout à fait à un O.

Dans le sceau de Gauthier d'Avesnes (Pl. L, n° 1), les deux dernières lettres du mot *sigillum* sont remplacées par le trait qui traverse la haste de la seconde L; l'A et le V du mot *Avesnis* sont conjoints.

On ne voit que la première et les quatre dernières lettres du mot *congregatio* dans le sceau n° 3 de la planche P. Le mot *sancte* est exprimé par les lettres *sce;* le *c* est de forme carrée. La légende du contre-sceau commence par une S tranchée qui représente le mot *sigillum;* le *c* du mot *gracie* est fermé. Dans l'inscription du champ on remarque trois *o* qui sont placés, l'un au-dessus de l'M, l'autre entre les deux C, et le troisième au-dessus du chiffre II; ces *o* sont destinés à exprimer la finale des mots *millesimo, ducentesimo* et *secundo :* on rencontre souvent au-dessus des chiffres romains des lettres qui expriment la désinence des noms de nombre par lesquels on doit les traduire[1].

Le sceau d'Herbert, abbé de Sainte-Geneviève (Pl. P, n° 2), commence par une S tranchée qui exprime le mot *sigillum*. Les lettres *at* du mot *abbatis* sont remplacées par un signe abréviatif placé au-dessus de l'*i;* un signe analogue indique la suppression des lettres *an-t* dans le mot *sancte;* enfin, le signe qui se rattache à la queue de l'R du mot *parisiensis* tient lieu des lettres suivantes.

Les trois premiers sceaux de la planche D renferment les abréviations ordi-

[1] Voyez, par exemple, dans le *fac-simile* n° 1 de la planche VII, la dernière syllabe du mot *duodecim* qui se trouve placée au-dessus du chiffre romain XII.

naires des mots *Dei* et *gracia;* ils ne présentent d'ailleurs aucune difficulté.

On trouve dans le sceau de Jean de Châtillon (Pl. L, n° 3) l'S tranchée qui désigne le mot *sigillum.* L'abréviation qui remplace les lettres *ann* dans le mot *Johannis* se rattache à la panse de l'*h.* Le B du mot *Blesensis* est séparé des lettres LE par les deux pieds du cheval : la dernière syllabe est supprimée. Vient ensuite l'abréviation ordinaire du mot *domini.* L'*e* du mot *de* est remplacé par le signe abréviatif qui se rattache à la panse du D. La légende du contre-sceau ne renferme pas d'abréviations.

Dans le sceau d'Eudes, sire de Bourbon (Pl. M, n° 6), le mot *sigillum* est exprimé par l'S initiale qui n'est pas accompagnée d'un signe abréviatif, et qui n'est même pas suivie d'un point, de sorte qu'elle semble faire partie du mot *Odonis.* Il faut remarquer dans le mot *Hugonis* la forme de l'*h,* dont la panse est très-étroite et mal formée.

La seconde L du mot *Tullensium,* dans le sceau n° 11 de la planche Q, est tranchée par un signe abréviatif qui remplace l'*e* suivant; vient ensuite une N en partie effacée, et dont la traverse est dirigée dans le même sens que celle de l'N du mot *universitatis.* Les deux syllabes *sium* sont supprimées sans être remplacées par un signe abréviatif; il en est de même des deux lettres finales du mot *universitatis;* quant aux lettres *er,* leur suppression est indiquée par un trait que l'on voit entre les deux montants du V.

Le sceau du bailliage de Vermandois (Pl. P, n° 6) ne renferme pas d'autre abréviation que celle du mot *sigillum,* qui est représentée par une S tranchée; mais les dernières lettres du mot *ballivie* sont confuses : l'empreinte de la légende du contre-sceau est au contraire fort distincte.

On retrouve dans le sceau du couvent de Saint-Just (Pl. P, n° 10) les abréviations ordinaires des mots *sigillum* et *sancti.* La dernière syllabe du mot *Belvacensis* est supprimée; il faut remarquer dans le mot *dyocesis* la forme de l'*y,* qui présente l'aspect d'un V étroit et allongé.

Le sceau d'Alice, comtesse de Blois (Pl. L, n° 4), commence par une S tranchée qui exprime le mot *sigillum.* La dernière syllabe du mot *Blesensis* est supprimée; quant aux lettres LE, elles se trouvent dans l'extrémité inférieure du sceau. Le mot *et* est représenté par une espèce de *z* tranché. Le mot *domine* est abrégé régulièrement. Enfin, dans le mot *Avenis,* l'*e* est conjoint à une *n* minuscule dont le premier jambage se trouve par conséquent supprimé.

La planche U renferme sept bulles dont les légendes sont en majuscule gothique, et qui portent les n°s 5, 6, 7, 8, 9, 10 et 11; six de ces bulles renferment des abréviations qui se sont déjà rencontrées; on remarquera cependant, sur la bulle de Grégoire X, l'emploi du signe 9, qui se rattache au chiffre X, pour exprimer les deux lettres finales du mot *decimus*. Le sceau n° 9, qui est celui dont Clément V se servait comme souverain d'Avignon, est le seul dont l'empreinte présente quelque confusion; mais, à l'aide de la transcription, il sera facile de retrouver toutes les lettres de la légende; on remarquera dans le mot *Venaysini* la forme de l'*y*, dont la haste est peu apparente.

Le commencement et la fin de la légende sont détruits dans le sceau de Geoffroy, abbé de Saint-Magloire (Pl. P, n° 1); plusieurs parties de l'empreinte sont d'ailleurs confuses. La légende devait commencer par une S tranchée; le mot *abbatis* est suivi de l'abréviation ordinaire du mot *sancti;* quant au dernier mot, dont on ne distingue que les trois premières syllabes, il ne pouvait être écrit en toutes lettres; il est probable que la syllabe *en* était exprimée.

Le sceau de Guillaume de Fienles (Pl. Q, n° 3) commence par les abréviations ordinaires des mots *sigillum* et *domini*. Le trait qui surmonte l'*i* de ce dernier mot est probablement un signe abréviatif; en effet, rien n'est plus ordinaire que de voir des lettres dont la hauteur est diminuée pour faire place à l'abréviation qui s'y rattache. Le trait qui tranche la haste de la seconde L du mot *Willelmi* tient lieu des trois lettres suivantes.

La difficulté de la légende du sceau n° 4 de la planche D tient plutôt à la confusion de l'empreinte qu'à la forme des caractères; nous nous contenterons de faire remarquer la conjonction de l'O et de l'R du mot *Francorum*.

Dans le sceau de la Faculté de Médecine (Pl. O, n° 10), l'A et l'R du mot *Parisiensis* sont conjoints, et surmontés d'une abréviation qui indique la suppression de la fin du mot.

Le sceau de Jean, abbé de Saint-Sauve de Montreuil (Pl. Q, n° 1), commence par les abréviations ordinaires des mots *sigillum, Johannis* et *abbatis;* les deux premières sont indiquées par les traits qui tranchent l'S et la haste de l'*h;* mais il n'y a pas de signe qui annonce la suppression des lettres *at* dans le mot *abbatis;* il en est de même pour le mot *beati*, où les lettres *eat* sont aussi supprimées. Il y a au contraire un trait[1] qui se rattache à la barre du T, et qui indique la suppression des lettres *eri* dans le mot *Mousteriolo*. Il en résulte que dans les sceaux les lettres supprimées ne sont pas toujours remplacées par des signes abréviatifs comme dans les manuscrits. Souvent, d'ailleurs, lorsque ces signes abréviatifs sont marqués, il est très-difficile de les distinguer pour peu que l'empreinte soit imparfaite : c'est une observation qu'il ne faut pas perdre de vue, si l'on ne veut pas tomber dans de fréquentes erreurs lorsque l'on s'occupera du déchiffrement des originaux.

[1] Ce trait existe, mais il n'est que faiblement indiqué.

Les légendes des deux premiers sceaux de la planche S, et celles de leurs contre-sceaux, ne présentent aucune différence : le signe abréviatif qui se rattache au mot *dominus* est mieux marqué sur le contre-sceau n° 1 ; l'*h* et l'*y* du mot *Hybernie* sont séparés par les deux pieds de derrière du cheval ; on voit aussi que cette dernière lettre diffère très-peu d'un V.

Le sceau d'Othon, comte palatin de Bourgogne (Pl. M, n° 2), renferme des M de forme capitale dont la traverse est à peine indiquée à cause du rapprochement des deux jambages; les *t*, dont la barre est étroite et dont la haste s'arrondit par le bas, présentent souvent l'aspect d'un *c;* le *z* tranché qui exprime la conjonction *et* après le mot *Burgundie* se distingue difficilement[1]. Sur le contre-sceau les premières lettres du mot *Othonis* sont aussi peu distinctes; il en est de même de la plus grande partie du mot *Burgundie.*

Le sceau secret du même seigneur (Pl. M, n° 3) commence par une S tranchée qui sert à exprimer le mot *sigillum;* les portions de la légende qui ne sont pas détruites peuvent se lire sans difficulté.

On retrouve la même abréviation du mot *sigillum* dans le sceau de Jeanne de Navarre (Pl. E, n° 5); les trois abréviations suivantes n'ont rien de difficile. L'O et l'R du mot *Francorum* sont conjoints, et le trait qui tranche la queue de l'R indique la suppression des deux dernières lettres. Vient ensuite la conjonction *et,* exprimée par un signe semblable à un *z* dont la traverse unirait l'extrémité gauche de la barre supérieure à l'extrémité droite de l'autre barre : le même signe se retrouve entre les mots *Campanie* et *Brie*, qui sont abrégés, ainsi que les deux derniers mots de la légende.

Malgré la confusion de l'empreinte du sceau de Mathilde d'Artois (Pl. M, n° 4), on reconnaît après le mot *comitisse* un signe en forme de *z* qui sert à exprimer la conjonction *et.*

Il faut remarquer dans le sceau d'Enguerrand de Créqui (Pl. Q, n° 2) la forme de l'*n :* le milieu du second jambage se replie de manière à présenter l'aspect d'une R capitale; ces deux lettres diffèrent très-peu sur cette légende, dont l'empreinte est souvent confuse.

La forme des *n* est la même dans le sceau de Guillaume de Béronne (Pl. P, n° 12); malgré la confusion de l'empreinte, on distingue un trait qui se rattache à la haste de la seconde L du mot *Guillelmi*, et qui tient lieu des lettres *elm.*

[1] Plusieurs lettres de cette légende ont été retouchées; mais en voulant les rendre plus distinctes, le graveur a complétement altéré la forme des *e*, qui ne devraient pas avoir la forme capitale. Les *e* de la légende originale sont tous de forme gothique et fermés dans leur partie antérieure comme ceux qui se trouvent sur le sceau n° 7 de la même planche.

Le sceau n° 5 de la planche G renferme un X dont les traverses se rencontrent perpendiculairement comme les deux branches d'une croix; la suppression des lettres *ann*, dans le mot *Johanne*, est indiquée par un trait qui se rattache à la panse de l'*h*, et qui donne à cette lettre l'aspect d'un *k*.

Il y a peu de légendes qui soient aussi difficiles à déchiffrer que celles du sceau et du contre-sceau reproduits sous le n° 4 de la planche S. Nous présumons que les deux dernières lettres du mot *primogenitus* sont remplacées par le signe 9, dont l'extrémité inférieure semble se rattacher à la barre du T. Le second A du mot *Aquitanie* est conjoint avec une *n* minuscule; après le mot *Pontivi* se trouve la conjonction *et* exprimée par un Z. La légende du contre-sceau commence par une S tranchée; on y trouve aussi le signe Z pour *et;* mais le second A du mot *Aquitanie* n'est pas conjoint, et il est suivi de deux *n* au lieu d'une.

Il n'y a que la légende inscrite sur la banderole qui puisse présenter quelque difficulté dans le sceau de Saint-Paul de Metz (Pl. Q, n° 7). Le mot *magnus* se trouve sur la portion de la banderole qui tombe verticalement : quoique l'M soit en partie effacée, on reconnaît qu'elle est formée à peu près comme celle du mot *sigillum;* on distingue une faible trace du bas des montants de l'A ; vient ensuite un G semblable à celui du mot *sigillum*, puis une *n* minuscule, à laquelle se rattache le signe 9, qui remplace les lettres *us*. Le mot *sanctus* est exprimé par les lettres *scs :* le mot *Paulus*, quoique un peu effacé, se lit sans difficulté.

Le sceau n° 9 de la planche Q commence par une S tranchée; les deux A du mot *Ademari* sont conjoints, l'un avec le D, l'autre avec l'R.

La légende du sceau n° 13 de la planche P est en caractères fins et peu distincts, mais qui ne s'éloignent pas des formes ordinaires de la majuscule gothique. Les saillies de la rosace partagent cette légende en huit parties, dont voici la division : + *le* — . *se* — *el.* — . *Ie* — *han* — . *de* — *Sam* — *pi.*

Il nous resterait encore à examiner un assez grand nombre de sceaux dont les légendes sont en majuscule gothique; mais ceux dont il a été question jusqu'à présent renferment des exemples qui doivent suffire pour faire connaître les formes de cette écriture, et celles des abréviations ou des conjonctions de lettres qui s'y rencontrent le plus ordinairement. Le mode de transcription que nous avons adopté pour les légendes des sceaux permettra d'ailleurs de distinguer les lettres exprimées de celles qui doivent être suppléées par le lecteur. Il serait donc inutile de pousser plus loin cet examen, d'autant plus que les légendes dont il n'a pas été question sont trop faciles ou trop confuses pour donner lieu à des observations véritablement utiles. Toutefois, comme ces modèles doivent être examinés avec autant de soin que les autres, nous donnons ici la liste[1] complète des sceaux qui se rattachent à l'étude de la majuscule gothique.

Pl. P, n° 14.
Pl. C, n° 5.
Pl. O, n° 7.
Pl. Q, n° 5.
Pl. O, n° 5.
Pl. P, n° 5.
Pl. M, n° 1.
Pl. Q, n° 6.
Pl. M, n° 5.
Pl. L, nos 1 et 2.
Pl. P, nos 3 et 2.
Pl. D, nos 1 et 2.
Pl. L, n° 3.
Pl. M, n° 6.
Pl. O, n° 9.
Pl. Q, n° 11.
Pl. P, n° 6.
Pl. D, n° 3.
Pl. P, n° 1.
Pl. L, n° 4.
Pl. U, n° 5.
Pl. Q, n° 3.
Pl. D, n° 4.
Pl. E, nos 1 et 2.
Pl. U, n° 6.
Pl. M, n° 7.
Pl. E, n° 3.
Pl. O, n° 10.
Pl. Q, n° 1.
Pl. S, nos 1 et 2.
Pl. M, nos 2 et 3.
Pl. P, n° 8.
Pl. U, n° 7.
Pl. E, nos 4 et 5.
Pl. L, n° 5.
Pl. P, n° 10.
Pl. U, n° 8.
Pl. O, n° 11.
Pl. M, n° 4.
Pl. Q, n° 10.
Pl. U, n° 9.
Pl. Q, n° 2.
Pl. P, n° 12.
Pl. O, n° 8.
Pl. F, nos 1, 2 et 3.
Pl. H, n° 3.
Pl. S, n° 4.
Pl. Q, nos 7 et 9.
Pl. G, nos 1, 2 et 5.
Pl. P, n° 13.
Pl. G, nos 3 et 4.
Pl. H, nos 1 et 2.
Pl. U, n° 10.
Pl. H, n° 4.
Pl. U, n° 11.
Pl. J, n° 1.

2e Age.

S'il est facile de distinguer la majuscule gothique de la capitale romaine lorsque ces deux écritures réunissent tous les caractères qui leur sont propres, on est souvent embarrassé quand il s'agit d'appliquer cette distinction aux monuments de la fin du XIIe siècle ou du commencement du siècle suivant. Il arrive presque toujours alors qu'une portion des lettres s'éloigne des formes anciennes et que d'autres les conservent encore dans toute leur pureté. Tant que dure ce mélange de l'alphabet romain et de l'alphabet gothique, quel nom doit-on donner à l'écriture? Faut-il considérer comme lettres gothiques toutes celles qui s'écartent de la pureté des formes romaines? Les auteurs n'ont pas tous donné la même solution à cette difficulté : de là des contradictions apparentes sur l'âge de la majuscule gothique, qui remonterait selon les uns aux premières années du XIe siècle, et qui selon d'autres n'aurait commencé qu'à la fin du treizième. Nous nous sommes conformés à l'opinion des Bénédictins, qui prennent pour point de départ le commencement du XIIIe siècle : il est inutile d'avertir que cette époque admet une certaine latitude, et que si le XIIe siècle fournit quelques exemples de majuscule gothique, la capitale romaine n'est pas complétement exclue des monuments qui appartiennent au siècle suivant. Si l'on voulait tenir compte de toutes les exceptions, il faudrait même po-

[1] On a suivi dans cette liste l'ordre chronologique, en fixant d'une manière approximative le rang des sceaux qui n'ont pas date certaine.

ser en principe que les formes romaines n'ont jamais été complétement abolies. Les Bénédictins citent des sceaux du XIVe siècle sur lesquels ce caractère s'était conservé, et le XVe siècle en fournirait des exemples plus nombreux encore. Mais quand on examine les faits dans leur ensemble, il devient évident que la majuscule gothique d'abord, puis la minuscule, ont été employées dans la plupart des inscriptions depuis la fin du XIIe siècle jusqu'au commencement du XVIe. Voici, en effet, le jugement porté par les Bénédictins : « Depuis le com- « mencement du XIIIe siècle, le gothique établit son empire dans tous les états « d'Europe où l'écriture latine était reçue. Durant son cours et celui du sui- « vant, ses progrès furent grands et rapides. Mais, tandis qu'aux XVe et XVIe, « d'une part, il s'abolissait et perdait tous les jours de son crédit, de l'autre, il « était accueilli favorablement et porté aux derniers excès. »

Quoique toutes les lettres de la majuscule gothique diffèrent de celles de la capitale romaine, ces différences ne sont pas toujours également caractéristiques. Pour établir des distinctions plus nettes et plus faciles, nous avons pensé qu'il fallait se borner à les faire reposer sur la forme des lettres C, E, H, M, N, T et V, c'est-à-dire sur les caractères qui dans la majuscule gothique prennent un aspect tout à fait différent de celui qu'ils auraient dans la capitale romaine. En se reportant à l'alphabet de la planche X (3e *fac-simile*) , on reconnaîtra de suite que ces lettres sont toujours faciles à distinguer. Les ouvertures du *c* et de l'*e* sont fermées par un trait accessoire ; un trait de même nature unit le bas des jambages de l'M [1] ; l'*h* et l'*n* prennent la forme minuscule ; la haste du T s'arrondit vers la droite, et le *v* prend la forme de l'*u* minuscule [2]. En s'attachant plus particulièrement à ces différences fondamentales, il ne faut pas sans doute négliger celles qui se rencontrent dans les autres lettres ; mais les signes que l'on vient d'indiquer suffisent pour caractériser la majuscule gothique. C'est d'après ce principe qu'ont été classés les sceaux que nous avons indiqués ci-dessus et comme il arrive très-souvent que les formes romaines concourent avec celles de la majuscule gothique, il était indispensable de ne pas tenir compte de ces exceptions, et de considérer comme étrangères à la première

[1] L'M gothique des sceaux est presque toujours ouverte par le bas, et ses jambages extrêmes, au lieu de se recourber vers celui du milieu, s'arrondissent dans le sens opposé, et se terminent par des frisures. (Voyez l'M du mot *Francorum*, dans le sceau n° 2 de la planche D.)

[2] Il est indispensable d'établir ici une distinction pour ces deux dernières lettres. En effet, les T dont la haste ne s'arrondit pas n'ont jamais cessé d'être en usage, et par conséquent il faut les considérer comme appartenant aussi à la majuscule gothique ; il en est de même de la lettre V. La courbure de la haste du T et le changement du V en *u* n'en sont pas moins des caractères propres à cette écriture ; mais elle employait aussi ces deux lettres sous la forme ancienne, ou du moins elle n'altérait pas cette forme d'une manière aussi sensible.

période les légendes renfermant une des huit lettres qui viennent d'être indiquées.

Quoique le mélange des lettres romaines et des lettres gothiques n'ait jamais cessé d'une manière absolue, cependant la plupart des sceaux dans lesquels les formes romaines se sont conservées pour une des lettres C, E, H, M, N, peuvent être considérés comme antérieurs au XIVe siècle [1], et réciproquement les sceaux dans lesquels ce mélange n'existe pas sont en général postérieurs à la fin du XIIIe siècle. A l'aide de cette remarque, on peut établir un premier classement dans les sceaux en majuscule gothique; mais pour en fixer l'âge avec plus de certitude il faut tenir compte de certains détails qui, sans altérer la forme générale de la lettre, donnent cependant un autre caractère à l'ensemble de l'écriture. Ainsi, l'épaisseur des traits de la majuscule gothique a continuellement augmenté jusqu'au commencement du XIVe siècle, et pendant la seconde moitié du siècle précédent les lettres sont souvent accompagnées d'ornements accessoires. Peu à peu la majuscule gothique, de courte et ramassée qu'elle était, devint haute et allongée pendant le cours du XIVe siècle. Sous cette nouvelle forme elle perdit ses ornements accessoires, et au XVe siècle elle fut presque toujours remplacée par la minuscule, ou s'en rapprocha autant que possible, en resserrant de plus en plus la forme de ses lettres. Il faut surtout s'attacher à observer les phases diverses de ce changement dans les proportions de la majuscule gothique. En effet, on peut s'expliquer qu'un graveur ait réuni dans une légende quelques formes de lettres qui n'étaient plus en usage ou qui n'étaient pas encore universellement adoptées : ainsi, dans le premier sceau de Louis IX, il n'y a guère que le C du mot *Ludovicus* qui ne soit pas tout à fait gothique; et comme celui du mot *Francorum* est complétement fermé, il aurait pu se faire que l'autre le fût également. Ce sceau démentirait donc le principe qui vient d'être indiqué sur l'âge probable des légendes où les formes capitales ne sont plus mélangées aux formes gothiques. Mais si un graveur peut substituer une lettre gothique à une lettre capitale, et réciproquement, il ne lui est pas aussi facile de s'affranchir de toutes les habitudes qui caractérisent l'écriture contemporaine, de substituer

[1] Cette règle générale admet des exceptions; nous citerons, par exemple, le sceau n° 10 de la planche Q, dans lequel on trouve deux M capitales, et qui cependant est du commencement du XIVe siècle. Il ne sera pas inutile de faire observer, à cette occasion, que le sceau dont il s'agit est celui d'un seigneur de Lorraine, et que ce pays est un de ceux dans lesquels les Bénédictins avertissent que les formes romaines se sont conservées le plus longtemps. (Voyez *Nouv. Tr. de Dipl.* tome II, p. 663, n° 1.) Cependant on rencontre dans d'autres pays un petit nombre d'exemples analogues, mais presque tous sont fournis par des monuments qui appartiennent aux premières années du XIVe siècle.

des traits élevés à des jambages massifs, de rattacher à leurs extrémités des traits superflus, etc. Il est donc presque toujours possible de distinguer ce qui dépend d'un caprice individuel et ce qui appartient aux habitudes de tout un siècle. Essayons d'appliquer ces observations générales à l'examen d'un certain nombre de sceaux dont les empreintes sont assez bien conservées pour qu'on puisse étudier les modifications successives de la majuscule gothique.

Le sceau de Philippe-Auguste (Pl. C, n° 5) remonte à l'an 1180; il renferme déjà plusieurs lettres gothiques : on remarquera en premier lieu l'*h* du mot *Philippus* et l'*e* fermé du mot *rex;* puis, dans les lettres qui s'éloignent moins des formes de l'alphabet capital, le D, le P et l'R, dont les hastes sont raccourcies et moins élevées que le haut des panses.

Les formes gothiques sont plus caractérisées dans le sceau de Louis VIII (Pl. D, n° 1). Le trait qui ferme l'*e* du mot *rex* est plus apparent, la barre de la lettre a aussi plus de corps, et les jours intérieurs sont diminués d'une manière sensible. Le C du mot *Francorum* est fermé par le prolongement des crochets, tandis que dans le sceau de Philippe-Auguste cette lettre conservait encore une petite ouverture. L'écartement du haut des montants du V est beaucoup moins considérable, et la partie supérieure de ces deux traits est beaucoup plus massive; il en est de même des jambages de l'M et de l'N capitales.

Dans le premier sceau de Louis IX (Pl. D, n° 2) le nombre des lettres gothiques augmente considérablement; en effet, outre l'*e* fermé [1] on y trouve l'*m*, l'*n* et l'*u*. On remarquera, d'ailleurs, le raccourcissement de la barre de la lettre L, les traits saillants qui se rattachent à la haste du D, l'applatissement des panses de l'S, le prolongement horizontal de ses deux extrémités, les traits saillants qui les terminent, la diminution des jours intérieurs de la plupart des lettres, le trait massif qui ferme l'ouverture de l'*e* du mot *rex*, et celui qui réunit les deux barres de l'F du mot *Francorum*.

Le second sceau de saint Louis (Pl. D, n° 3) est postérieur de près de trente ans au premier, et cependant on y trouve l'M capitale au lieu de l'*m* gothique, et la lettre V n'y paraît pas sous la forme de l'*u*. Mais si l'on ne s'en tient pas à cette première observation, et que l'on compare ces deux légendes dans tous leurs détails, on reconnaîtra que les traits de la seconde sont, en général, plus massifs : ainsi, la haste de la lettre L est à la fois plus courte et plus large; les jours intérieurs du D [2], de l'*e*, de l'O et de l'S, sont moins sensibles; à peine existe-t-il un intervalle entre les montants de l'A du mot *gratia*, comme entre ceux des deux derniers V du mot *Ludovicus*. D'autres lettres

[1] Le C du mot *Ludovicus* n'est pas complétement fermé.

[2] Voyez surtout le D du mot *Dei*.

pourraient donner lieu à des remarques analogues; mais ce qu'il importe surtout de faire observer, c'est la forme du C qui est fermé, non par la réunion des deux crochets, mais par un seul et même trait qui s'étend sur toute la partie antérieure de la lettre. Si de la réunion de ces différents caractères il ne résulte pas une certitude absolue, on y trouve du moins des éléments de probabilité; et quand même on rencontrerait de temps en temps des faits contradictoires, on ne devrait pas contester l'utilité des règles d'après lesquelles on peut résoudre au moins le plus grand nombre des difficultés.

L'écriture gothique prend un caractère tout nouveau dans les deux sceaux de Philippe le Hardi (Pl. E, n°s 1 et 2) et dans celui de Philippe le Bel (Pl. E, n° 4), par les doubles traits qui viennent compliquer la forme de certaines lettres, ou par les ornements qui se rattachent à leurs extrémités. Prenons pour exemple le sceau de Philippe le Bel : on remarque dans l'intérieur de l'*u* du mot *Philippus* un trait parallèle au premier jambage, et qui est complétement étranger aux éléments dont se compose cette lettre; des traits de même nature traversent l'intérieur du D, du C et de l'O; d'autres se développent au dehors des lettres A, I, V, X, etc. La barre de l'*e* est double dans le mot *Dei*, le bas du premier montant de l'A du mot *gratia* se rattache à une ligne ondulée qui lui sert d'ornement, la haste et la barre de la lettre L se terminent par des traits excédants qui arrivent presque à se rencontrer; en un mot, la plupart des lettres s'éloignent assez des formes anciennes pour que l'emploi de l'M et de l'N capitales ne puisse tromper sur l'âge de cette légende.

Dans les deux sceaux de Louis X (Pl. F, n°s 1 et 2) les lettres ne sont plus surchargées des mêmes ornements, mais on en rencontre encore quelques traces, ou, du moins, les extrémités de certaines lettres se replient sur elles-mêmes et se terminent par des boucles. Les lettres gothiques paraissent ici sans aucun mélange : la barre de la lettre L se termine par un trait fortement prononcé qui s'élève parallèlement à la haste; les ouvertures du C et de l'*e* ne sont pas fermées par le prolongement des crochets, mais par une ligne accessoire fortement indiquée; la barre du T se termine comme celle de la lettre L par des traits excédants; en un mot, tout annonce que le concours des lettres gothiques n'est pas accidentel, et que cette légende doit être postérieure au XIIIe siècle. D'un autre côté, comme l'écriture est en général plutôt large et ramassée que haute et allongée, on ne sera pas tenté de croire qu'elle appartienne à la seconde moitié du XIVe siècle.

Si l'on examine attentivement le sceau de Philippe VI (Pl. G, n° 1), on reconnaîtra que les lettres ont augmenté en élévation, mais que leur largeur ne s'est pas accrue dans la même proportion. Cette différence devient plus sensible encore dans les sceaux de la planche suivante et dans le sceau n° 1 de la planche J. Si l'on veut examiner d'ailleurs les deux sceaux de Louis XII (Pl. K, n°s 1 et 2), qui ont été rattachés à l'écriture capitale parce qu'ils renferment un grand nombre de caractères qui ne peuvent convenir à la majuscule gothique, on reconnaîtra que, jusqu'au temps de la renaissance, les lettres n'ont pas cessé de croître en hauteur et de diminuer en largeur. C'est par suite de cette modification qu'à partir du XIVe siècle, les deux montants de l'A se rapprochent de plus en plus de la direction parallèle, que les panses du *c* et de l'*e* abandonnent la forme circulaire pour s'allonger en ellipse, que les barres des L et des T se raccourcissent, en un mot, que toutes les lettres se resserrent et perdent en largeur ce qu'elles gagnent en élévation.

Tels sont les caractères généraux que nous avons remarqués dans un grand nombre de sceaux en majuscule gothique. Nous voudrions pouvoir ajouter quelques observations spéciales sur la forme de certaines lettres; mais les exceptions[1] se multiplieraient à mesure que l'on tenterait d'arriver à des indications trop précises. Il est donc plus sûr de s'attacher au concours de plusieurs lettres qu'à l'emploi de tel ou tel caractère en particulier, et surtout de saisir les nuances diverses qui ont successivement modifié l'aspect général de la majuscule gothique.

ARTICLE II.

DE LA MINUSCULE GOTHIQUE.

---

§ I. DE LA MINUSCULE GOTHIQUE DES MANUSCRITS.

1° Déchiffrement.

On est souvent arrêté dans le déchiffrement de la minuscule gothique par la confusion des lettres *i, m, n, u* : c'est pour remédier à cet inconvénient que

[1] Voici quelques exemples de ces variations. Au XIIIe siècle, le premier montant de l'A présente souvent une courbure sensible; cependant les montants droits n'ont jamais cessé d'être en usage. L'*e* à panse brisée, présentant l'aspect d'un Ә retourné, a été souvent employé au XVe siècle, mais il se rencontre dès le XIIIe; l'M capitale se trouve encore sur plusieurs sceaux de la fin du XIIIe siècle, quoique l'M complétement gothique paraisse dès 1226 sur un sceau de saint Louis. (Voyez aussi l'M capitale dans une légende un peu postérieure au XIIIe siècle, et qui est reproduite sous le n° 10 de la planche Q.) L'*n* gothique remonte à la fin du XIIe siècle, et l'N capitale persiste jusqu'à la fin du siècle suivant. Enfin nous avons déjà eu occasion d'avertir que l'on trouverait pendant tout le cours de la période gothique, des T et des V de forme capitale, quoique dès le XIIIe siècle on rencontre des *u* empruntés à l'alphabet oncial ou minuscule, et des T dont la haste se recourbe vers la droite.

les écrivains avaient soin d'accentuer les *i*, surtout lorsque cette lettre était placée près d'une *m* ou d'une *n*. Cet accent facilite la lecture du mot *mirra*, dans la première ligne du *fac-simile* n° 6 de la planche VII; mais dans le mot *adumbret*, les jambages de l'*u* et de l'*m* sont tellement semblables que le sens peut seul les faire distinguer. On remarque dans cette ligne l'abréviation du mot *quid*, indiquée par la superposition de l'*i* au-dessus de la lettre *q*. — *Deuxième ligne*. La même lettre est superposée au *p* pour exprimer la syllabe *pri* du mot *exprimat*. Le mot *docet* se termine par un *t* dont la barre dépasse à peine le côté gauche de la haste. — *Troisième ligne*. Le mot *Christus* est exprimé, selon l'usage, par les lettres *xpc*, qui représentent les caractères grecs χρσ; au-dessus du *t* du mot *signatur*, se trouve un des signes employés pour tenir lieu des lettres *ur*. — *Quatrième ligne*. Le *d* et l'*e* du mot *Deus* sont confondus; ces rapprochements de lettres sont fréquents dans la minuscule gothique; le mot *designet*, dans la première ligne, en fournit encore un exemple. L'*i* superposé au *t* exprime la syllabe *tri* dans les mots *tria* et *trium*. — *Cinquième ligne*. Le signe abréviatif que l'on a déjà rencontré dans la troisième ligne, tient lieu des deux dernières lettres du mot *credatur*. — *Sixième ligne*. Les lettres *er* sont remplacées, dans le mot *venerando*, par le trait vertical qui est superposé à la première *n*. — *Septième ligne*. Le mot *quod* est représenté, selon l'usage, par un *q* et un *d* auquel se rattache un signe abréviatif. — *Neuvième ligne*. Le trait vertical superposé au *c* du mot *macerata*, tient lieu des lettres *er*; la forme de ce *c* diffère à peine de celle du *t* dans les mots *thus* et *thure* (première, quatrième et sixième lignes); cette ressemblance deviendra plus fréquente à mesure que l'on avancera dans la période gothique. — *Onzième ligne*. La dernière syllabe du mot *quilibet* est exprimée par un *b* suivi d'un signe qui a déjà été indiqué comme dérivé du *point-virgule*. On a dû reconnaître, dans la ligne précédente, les abréviations ordinaires des syllabes *per* et *pre*.

Le *fac-simile* suivant ne présente pas de difficulté; on fera seulement remarquer le trait fin qui tranche l'abréviation du mot *et* au commencement du troisième vers, le remplacement de l'*u* par le *v* dans le premier mot du vers suivant, et le signe abréviatif qui est superposé au *g* du mot *grezois*, pour indiquer la suppression des lettres *re*.

Les deux premières lettres du mot *vulnere* (première ligne du *fac-simile* n° 8) sont exprimées par un double *v* qui, pour l'ordinaire, est employé seulement comme consonne. Les lettres *er* sont remplacées par un signe abréviatif différent de celui qui tient lieu des lettres *en* dans le mot *mendaci* : c'est un des exemples qui viennent à l'appui de l'observation présentée dans le chapitre précédent sur l'usage d'un grand nombre d'écrivains qui substituaient un signe particulier aux lettres *er* et *re*. Le même signe se retrouve à la fin du troisième vers, et tient aussi lieu des lettres *er* dans le mot *favere*. Le *c* du mot *cornu*, dans le premier vers, ne diffère en rien du *t* du mot *nescit* qui termine le second. Le mot *hujus* est représenté deux fois par une *h* suivie du signe 9. On retrouve, dans la dernière ligne, l'abréviation ordinaire de la syllabe *per*, celle du mot *et*, tranchée par un trait comme dans le *fac-simile* précédent et l'un des signes qui servent à remplacer les lettres *ur*.

Le *fac-simile* n° 9 de la planche VII commence par le mot *preterea*, dont la première et la dernière lettre seulement sont exprimées : le signe par lequel on représente ordinairement l'*a* dans les abréviations est tranché dans sa partie supérieure par un trait horizontal qui sert à le distinguer du signe employé par l'écrivain pour remplacer les lettres *ur*. (Voyez dans la première ligne le mot *remittitur.*) Cette ligne se termine par les lettres *pc*, qui représentent la syllabe *pec :* le *c* est placé plutôt à côté qu'au-dessus du *p ;* mais comme il est un peu élevé au-dessus de la ligne, il doit être considéré comme superposé au *p ;* par conséquent, il indique la suppression d'une lettre. — *Deuxième ligne.* Le mot *spiritus* est représenté deux fois par les lettres *spc :* le *c* final est employé au lieu de l'*s*, comme dans plusieurs abréviations du mot *Christus ;* mais cette forme de lettre, empruntée à l'alphabet grec, est moins extraordinaire quand elle suit les caractères χ et ρ que dans un mot où elle se trouve mêlée à des caractères latins ; on trouve aussi quelquefois les lettres *epc* au lieu de *eps*, dans l'abréviation du mot *episcopus*. La suppression de la seconde, de la troisième et de la quatrième syllabe du mot *universalem*, est indiquée par deux signes abréviatifs : l'un est placé au-dessus de l'*u*, l'autre ne vient qu'après la lettre *l*, quoiqu'il se rapporte à des lettres précédentes. Le mot *sanctus* est indiqué par l'*s* initiale suivie d'un point. — *Troisième ligne.* Malgré la confusion du *c* et du *t*, il est facile de reconnaître qu'on doit plutôt lire *munditiam* que *mundiciam*, parce que, dans cette écriture, la panse du *c* est plus courbée que le trait qui forme ici la haste du *t*. Le mot *licet* est exprimé par une *l*, suivie du signe qui a succédé au *point-virgule :* ce signe présente plutôt ici l'aspect de deux points. — *Quatrième ligne.* Le mot *sanctus* est exprimé de nouveau par l'*s* initiale ; cette *s* est placée entre deux points, comme dans l'abréviation du mot *scilicet*, parce que les lettres employées comme sigles sont ordinairement isolées de cette manière dans les manuscrits ; il en résulte que l'*s* entre deux points n'est pas exclusivement employée à représenter le mot *scilicet*, mais qu'elle peut aussi désigner tout autre mot commençant par une *s*. — *Cinquième ligne.* Le mot *esse* est exprimé, selon l'usage, par deux *e* surmontés d'un signe abréviatif ; mais la première de ces deux lettres est formée irrégulièrement, et présente l'aspect d'un *o*. — *Sixième ligne*. Le *c* du mot *cum* est aussi d'une forme très-irrégulière; mais l'abréviation n'a d'ailleurs rien d'embarrassant. La suppression d'une des syllabes des mots *diabolo* et *diabolus* est indiquée par la superposition de la syllabe finale. — *Septième ligne*. On retrouve ici l'abréviation ordinaire des lettres *er* et de la syllabe *quod;* celle de la syllabe *pec* est exprimée comme dans la première ligne. — *Huitième ligne*. L'*r* du mot *mortale* présente l'aspect d'un *z;* cette lettre s'est déjà rencontrée dans le *fac-simile* précédent (voy. le mot *anormala*); elle est mieux formée dans le mot *proditorem*, où l'on retrouve la courbure qui correspond à la panse de l'R capitale. Si l'on n'était pas guidé par le sens, l'abréviation du mot *conscientia* pourrait se traduire par *consciam*. On peut aussi remarquer que le signe correspondant au mot *est* est tracé fort irrégulièrement, puisqu'il représente plutôt une virgule surmontée de deux traits qu'une barre placée entre deux points. — *Neuvième ligne*. La première syllabe du mot *tradat* est exprimée par un *t* surmonté de l'*a* abréviatif, tranché par un trait comme dans la première ligne. On rencontre souvent des citations des livres saints intercalées comme ici au milieu du texte d'un manuscrit, et l'abréviation qui sert à indiquer le titre du livre n'est pas toujours facile à déchiffrer : les signes de ponctuation qui les accompagnent tiennent lieu de nos parenthèses. — *Dixième ligne*. Cette ligne commence par le chiffre romain III, placé entre deux points. La syllabe *tra* est abrégée comme dans la ligne précédente. Le dernier mot du *fac-simile* renferme l'abréviation ordinaire de la syllabe *rum*.

Quoique le *fac-simile* de la planche VIII reproduise une écriture parfaitement régulière, il s'y trouve quelques formes de lettres qui pourraient embarrasser. La panse de l'*a* est souvent surmontée d'un trait accessoire que l'on peut remarquer dans les mots *cant* et *la* (premier vers), et dans les mots *prelats*, *glieza* et *lai* (quatrième vers). Le *c* est en général formé de manière à ne pouvoir être confondu avec le *t*, dont la barre horizontale est toujours dépassée par le haut de la haste. Le *d* a la forme onciale; mais le trait excédant de cette lettre est si peu prolongé (voy. le mot *complida*, dans le premier vers), qu'elle présente l'aspect de certains *t* qu'on a eu occasion de rencontrer dans d'autres *fac-simile*, et dont la barre descend obliquement de gauche à droite : dans notre manuscrit, ces deux lettres sont toujours faciles à distinguer. Les *g* sont formés de deux manières : la partie antérieure de la lettre est fermée tantôt par un délié très-fin (voy. les mots *grans* et *religios* dans le premier et le deuxième vers), tantôt par un trait fortement indiqué (voy. dans le vingtième et le vingt et unième vers les mots *regarda* et *linatge*). L'*h* se termine toujours par un trait excédant qui descend au-dessous de la ligne (voy. le mot *senhor* dans le deuxième vers); mais quelquefois ce trait se recourbe vers le pied de la haste, et donne à cette lettre l'aspect d'un *b* (voy. dans le septième vers le mot *Tholosa*). La lettre *l* est quelquefois assez courte pour qu'on puisse la prendre pour un simple jambage; ainsi, dans le quatorzième vers, on pourrait lire *gentus* au lieu de *gentils;* quand elle est suivie d'une *h,* le haut des deux hastes est tranché par un trait horizontal (voy. les mots *filhs, perilhos, nulhs, agenolhos, falizhos* et *olhs*); quelquefois le même trait réunit la lettre *l* et la tête de l'*s* (voy. le mot *als* dans le vingt-cinquième vers). L'espèce d'*r* qui, dans la plupart des manuscrits, est employée de préférence après les *o,* n'est pas toujours formée régulièrement : si l'on retrouve dans le mot *foron* (quatrième vers) les traits qui correspondent à la panse et à la queue de l'R capitale, dans le mot *cortz* (premier vers), ces traits présentent l'aspect d'un *z;* l'écrivain ne se borne pas non plus à employer cette lettre après les *o* (voy. les mots *pros* et *dreitz* dans le dix-septième et le vingt-cinquième vers). Mais ce qui forme la principale difficulté de ce manuscrit, c'est la confusion des lettres *m, n* et *u;* la même confusion existe quelquefois pour l'*i*, mais plus rarement, parce qu'en général cette lettre est accentuée. Les abréviations ne sont ni nombreuses ni difficiles; toutefois il est bon de faire observer que celles qui sont placées au-dessus de la ligne sont indiquées par des traits qui souvent présentent l'aspect d'un simple point (voy. dans le premier vers les mots *complida* et *grans*). Ce trait se prolonge quelquefois pour se réunir à certaines lettres (voy. les mots *ques* et *que*, dans le deuxième et le quatrième vers). Le signe 9 est employé avec sa signification ordinaire, soit au commencement soit à la fin des mots (voy. dans le troisième et le treizième vers les mots *concilis* et *plus*). L'abréviation du mot *per* ne serait pas toujours régulièrement représentée, si l'on ne considérait pas comme une erreur de l'écrivain le second signe abréviatif du neuvième vers.

Quoiqu'il soit souvent difficile de distinguer les *n* et les *u* dans la minuscule gothique, cette dernière lettre peut se reconnaître dans le premier *facsimile* de la planche IX aux pointes qui terminent le haut du second jambage; ainsi, dans la deuxième ligne de la seconde colonne, l'*u* du mot *doivent*, quoique fermé par le haut, diffère de l'*n* du mot *torner*. Les mots *ou sen testament,* qui terminent la ligne suivante, dépendent de la cinquième ligne, et s'y trouvent rattachés par un trait qui leur sert de renvoi; ces sortes de transpositions ne sont pas rares dans les manuscrits, parce que les copistes tâchaient presque toujours d'économiser le parchemin. La sixième ligne de la seconde colonne renferme deux abréviations du mot *quel;* la première est placée en forme d'apostrophe après la lettre *l,* et la seconde est superposée à la lettre *q.*

Le signe de l'*a* superposé est employé deux fois dans la dernière ligne, mais il est irrégulièrement formé; il est moins ordinaire d'ailleurs, dans l'abréviation du mot *quant*, de le placer au-dessus de l'*n* qu'au-dessus de la lettre *q*.

Le *fac-simile* n° 6 de la planche XVI ne présente d'autre difficulté que la confusion des *c* et des *t;* cependant la panse du *c* est toujours un peu courbe, tandis que la haste du *t* ne s'éloigne pas de la direction verticale. Il faut remarquer la forme de l'*y* dans le mot *Douay,* et celle du double *v* dans les mots *liuwage* et *liuwees.* Le signe de l'*a* superposé se trouve dans la cinquième ligne, mais il est tracé irrégulièrement, et devrait d'ailleurs être placé au-dessus de la lettre *q*. Comme l'*h* se termine toujours par un trait excédant qui se prolonge au-dessous de la ligne, le *k* du mot *ke* ne peut se confondre avec cette lettre.

L'écriture du second *fac-simile* de la planche IX offre beaucoup de rapports avec celle qui vient d'être examinée; la confusion des *c* et des *t* y est plus grande encore. L'un des signes qui tiennent ordinairement lieu des lettres *ur* est employé dans la seconde ligne à la fin des mots *seigneur* et *pour,* dont il représente les trois dernières lettres; ce signe ne diffère pas de l'*a* superposé tel qu'il est figuré deux lignes plus bas dans le mot *praarie.* La haste du *t* dépasse de beaucoup le haut de la ligne dans le mot *Victre,* parce que cette lettre est précédée d'un *c*, et que les copistes, tout en cessant d'employer la liaison qui avait été longtemps en usage pour ces deux caractères, conservaient à la haste du *t* la hauteur qu'on lui donnait quand elle s'unissait au *c*.

Le *fac-simile* n° 3 de la planche IX renferme un assez grand nombre d'abréviations pour que la lecture en soit difficile. — *Première ligne.* Après la conjonction *et,* représentée par l'un des signes qui ont été indiqués dans le chapitre précédent, se trouve le mot *licet,* exprimé par une *l* suivie de l'abréviation qui a succédé au *point-virgule.* Il faut remarquer dans le mot *proprium* la confusion de la panse du premier *p* avec la haste du second. Le mot *nomen* est représenté par l'*n* initiale surmontée de l'*n* finale. Bien que les signes abréviatifs placés au-dessus des lettres ressemblent plutôt à des points qu'à des traits, cependant on peut voir que celui qui indique la suppression des lettres *er,* dans le mot *fuerit,* se distingue des autres par une direction presque verticale. — *Deuxième ligne.* L'*m* finale de la syllabe *tum,* et les quatre dernières lettres du mot *licet,* sont représentées par le signe qui a déjà été employé pour ce dernier mot dans la ligne précédente. Le signe de la conjonction *et* surmonté d'un trait représente, selon l'usage, le mot *etiam.* La seconde syllabe des mots *patrinum* et *matrinam* est exprimée par un *t* surmonté d'un *i*, et le mot *vel,* par une *l* à laquelle se rattache un signe abréviatif. La troisième ligne renferme les abréviations ordinaires des mots *habuerit, dictum* et *fuerit*.—*Quatrième ligne*. L'*n* du mot *tamen* est tellement semblable à un *u*, que le sens peut seul empêcher de lire *tum* au lieu de *tamen*. Le *d* du mot *mergendo* se confond avec l'*o*, et il présenterait l'aspect d'un *t*, si dans cette écriture la haste du *t* ne s'élevait pas toujours au-dessus de la barre. — *Sixième ligne*. Le crochet de l'*r* du mot *erit* se confond avec l'*i*, et donne à ces deux lettres l'aspect d'une *n*; les sigles qui précèdent ce mot (*no*, pour *nomine*, *p* pour *Patris*, *fi*. pour *Filii*, et *s. s.* pour *Spiritûs sancti*) sont du nombre de ceux que l'on rencontre fréquemment dans les livres de liturgie. — *Septième ligne*. Il n'y a d'exprimé dans le mot *nichilominus* que les lettres *nicho*; le trait qui se rattache à la panse de l'*h* tient lieu des lettres *il*; le reste du mot est représenté par l'*o* surmonté du signe 9. — *Deuxième colonne, troisième ligne*. La seconde syllabe du mot *antequam* est représentée par le trait qui est placé au-dessus de l'*n*; le trait qui tranche la queue de la lettre *q* suffirait pour exprimer la syllabe *quam*; mais on doit remarquer qu'il existe en outre un *a* superposé, dont la forme, quoique peu régulière, ne se confond pas avec le signe qui tient lieu des deux dernières lettres du mot *presentetur*. — *Quatrième ligne*. Le mot *presbiter* renferme une liaison de lettres peu ordinaire, celle de l'*s* et du *b*; ces deux lettres sont liées de la même manière dans la ligne précédente. La confusion de la panse du premier *b* du mot *babtismo* avec la haste du second, ferait croire d'abord que l'on doit lire *lbmo*; mais le sens suffit pour lever tous les doutes que l'on pourrait avoir : rien de plus ordinaire d'ailleurs dans la minuscule gothique que ces rapprochements de lettres; il n'y a donc ici d'autre irrégularité que la mauvaise orthographe du mot; dans plusieurs passages du manuscrit on retrouve le même mot écrit et abrégé de la même manière. — *Cinquième ligne*. L'*a* superposé au-dessus de l'*r* du mot *forma* indique la suppression de l'*m*. La première syllabe du mot *servata* est exprimée par une *s* tranchée. Le mot *hoc* est indiqué par une abréviation qui doit plus ordinairement se traduire par *hæc*. Les abréviations des deux lignes suivantes ne présentent pas de difficulté; celle du mot *Pentecostes*, dans la dernière colonne, pourrait embarrasser, si le sens de la phrase n'en fixait pas la valeur. Nous ferons observer, en finissant, que les *y* de ce manuscrit, au lieu d'être pointés, sont surmontés d'un accent.

Le *fac-simile* n° 4 de la planche IX ne donnera lieu qu'à un petit nombre d'observations. La première syllabe du mot *concipiet* est exprimée par un *c* renversé; on remarque ensuite la conjonction *et* représentée par un signe un peu différent de ceux qui ont été indiqués, mais qui se rattache à celui que l'on vient de rencontrer dans le *fac-simile* précédent. Le trait qui tranche le *p* du mot *pariet* n'est pas dépassé par l'extrémité de la queue, et par conséquent l'on pourrait croire qu'il fait partie de cette lettre; mais si l'on examine la forme du *p* dans le mot *reprobare* (quatrième ligne), on reconnaîtra que le trait qui se rattache au *p* du mot *pariet* est un signe abréviatif qui indique la suppression des lettres *ar*. Le signe qui tient lieu des deux dernières lettres du mot *vocabitur* (deuxième ligne) se confond avec le bas du *p* du mot *concipiet*. L'espèce d'*r* qui dans le principe n'était employée qu'après l'*o*, se rencontre assez fréquemment dans la minuscule gothique à la suite de plusieurs autres lettres; c'est ainsi que la dernière syllabe du mot *butirum* (troisième ligne) est exprimée par cette *r* tranchée d'un délié dont l'extrémité supérieure se termine par un trait fortement indiqué, et qui au premier coup d'œil pourrait se confondre avec le crochet d'une *r* ordinaire. Le signe & qui termine la première colonne ne devrait représenter que le mot *et*, mais dans la minuscule gothique il exprime souvent les mots *et cœtera*. On remarque dans la seconde colonne (troisième ligne) un *v* tranché qui est encore employé dans les livres de messe comme abréviation du mot *versus*.

Le manuscrit auquel est emprunté le *fac-simile* suivant renferme quelques *r* initiales qu'il est difficile de distinguer du *v* (comparez le *v* du mot *veul* dans la seconde ligne, et l'*r* du mot *rainser* dans la cinquième); si ces deux lettres n'étaient pas en contact avec la lettre suivante, elles offriraient une différence sensible, mais le second montant du *v* disparaît en se confondant avec la panse de l'*e*. La suppression du premier *e* du mot *subtilement* est indiquée par le trait qui se rattache à l'extrémité supérieure de la haste de la lettre *l*. Les deux dernières lettres du mot *confesser* (troisième ligne de la seconde colonne) sont remplacées par le trait qui tranche le bas de la seconde *s*. On remarquera dans la première ligne de la troisième colonne le signe 9 qui tient lieu des deux dernières lettres du mot *tous*. Dans la seconde ligne de la date, le copiste a écrit par erreur *ascenſion* au lieu d'*ascension*.

La planche X renferme cinq modèles de minuscule gothique; ceux qui sont reproduits sous les n°s 1, 3 et 7 ne présentent aucune difficulté, nous ne nous occuperons par conséquent que des deux autres.

Les calendriers placés en tête des missels renferment souvent des abréviations d'une grande difficulté. Ainsi, dans la première ligne du *fac-simile* n° 2, les lettres *lc* expriment le mot *lectiones;* la première *m* du mot *semiduplum* est remplacée par le trait qui surmonte l'*i*, et celui qui se rattache au *d* tient lieu des cinq dernières lettres : pour interpréter ces sortes d'abréviations, il est indispensable de se familiariser avec les termes que l'on emploie ordinairement dans la liturgie. — *Deuxième ligne*. Le K du mot *Kalendas* présente l'aspect d'une *h*, mais nous avons déjà eu occasion d'avertir que dans l'écriture gothique la panse de cette dernière lettre se termine par un trait excédant qui se prolonge au-dessous de la ligne. Les lettres *nat* doivent se traduire plutôt par *nativitatis* que par *nativitas*, parce que toutes les indications de ce calendrier sont au génitif; il faut par conséquent sous-entendre le mot *festum*. — *Troisième ligne*. La suppression des lettres *an*, dans le mot *Stephani*, est indiquée par le signe qui est placé au-dessus de l'*i*. Le mot *prothomartyris* commence par l'abréviation ordinaire de la syllabe *pro;* la seconde syllabe est écrite en entier, mais dans les trois dernières il n'y a d'exprimé que les lettres *mris*, accompagnées d'un *a* superposé qui indique la suppression des autres lettres. — *Quatrième ligne*. Les signes abréviatifs qui se rattachent, l'un au mot *Johannis*, l'autre au mot *apostoli*, tiennent lieu des lettres *ann* et *osto*. L'*n* du mot *evangeliste* est surmontée d'un *a* superposé qui complète les deux premières syllabes; les trois autres sont exprimées par un *g* et une *l* dont la haste est tranchée par un signe abréviatif. Les deux dernières lignes ne présentent pas de difficulté.

Le *fac-simile* n° 4 renferme, comme celui qui vient d'être examiné, plusieurs abréviations qui sont d'un usage fréquent dans les missels. — *Deuxième ligne*. L'*a* superposé, combiné avec les lettres *vs*, sert à exprimer le mot *vesperas;* le mot *antiphona* est représenté par un *a* surmonté d'un signe abréviatif, et le mot *reliquis* par une *r* suivie d'une *l* tranchée. — *Troisième ligne*. Les lettres *lb* et *do* suivies du signe 9, doivent se traduire par les mots *laudibus* et *Dominus;* le *p* désigne le mot *psalmus;* il en est de même dans la ligne suivante. L'abréviation du mot *Iherusalem* se rencontre fréquemment; le signe abréviatif qui suit la lettre *l* complète la dernière syllabe, et le trait qui le surmonte tient lieu des lettres supprimées dans le reste du mot. Mais on peut se demander si la lettre *h* n'est pas employée ici comme dans l'abréviation du mot *Jesus*, pour désigner l'*e*, et si par conséquent il ne faudrait pas écrire *Ierusalem* au lieu de *Iherusalem;* la même question peut être faite pour le mot *Iheronimi*, qui termine la troisième colonne de ce *fac-simile*. Nous avons cru devoir nous conformer à l'usage le plus généralement suivi, en considérant la lettre *h* comme signe de l'aspiration qui existe dans la première syllabe de ces mots; cette lettre d'ailleurs ne correspond qu'à l'η et non à l'ε des Grecs. —*Deuxième colonne, première ligne*. Le chiffre II, qui correspond au mot *secundo*, présente l'aspect d'une *n*, et ne diffère en rien de l'abréviation du mot *nocturno*. — *Troisième colonne, deuxième ligne*. Le signe qui est placé un peu à droite et au-dessus du premier *p* du mot *princeps* est un *i* superposé. — *Troisième ligne*. La seconde syllabe du mot *omelia* est remplacée par le trait qui surmonte l'*i*. — *Quatrième ligne*. Le trait qui est placé un peu au-dessus de la ligne, entre l'*h* et l'*o* du mot *Iheronimi*, tient lieu des lettres *er;* les quatre derniers jambages sembleraient devoir se traduire par *ini*, et cependant il faut lire *nii;* l'*m* est remplacée par le trait qui surmonte le dernier *i*. — *Quatrième colonne, troisième ligne.* Le signe placé au-dessus de l'*o* du mot *nonas* est un *a* superposé dont la forme est peu régulière, et qui indique la suppression de l'*n* de la seconde syllabe.

2° Age.

On se rappelle que la minuscule gothique diffère de celle de la première période par les formes anguleuses qu'affectent la plupart des lettres, et par l'emploi de certains caractères qui tantôt concourent avec les caractères correspondants de l'ancienne minuscule, tantôt les excluent entièrement. Le *d* minuscule peut être considéré comme entièrement étranger aux écritures de la période gothique; on a vu d'ailleurs que dès la fin de la première période il était souvent remplacé par le *d* oncial dans un grand nombre de manuscrits. Mais il est d'autres lettres qui ne se sont pas introduites aussi promptement dans la minuscule gothique; les *a* à double panse et à double montant; le *c* dont le crochet supérieur est remplacé par une barre horizontale; les *t* qui se rapprochent de cette forme nouvelle du *c*, ou ceux qui prolongent au-dessus de la ligne leur haste dont le côté gauche n'est plus que faiblement dépassé par la barre[1]; enfin l'*s* capitale qui remplace l'*s* minuscule à la fin des mots. En s'attachant à étudier la forme de ces quatre lettres et à remarquer dans quelle proportion elles sont employées, on reconnaît que, plus on avance dans la période gothique, plus il est rare de rencontrer l'*s* finale et les lettres *a, c, t,* sous la forme qu'elles avaient dans l'ancienne minuscule. Il faut en outre, comme on l'a déjà dit, étudier l'aspect général des manuscrits, les jambages plus ou moins brisés, les traits qui se rattachent à l'extrémité des lettres, et d'autres détails qui, sans modifier la forme de tel ou tel caractère en particulier, changent cependant l'ensemble de l'écriture, et permettent d'en fixer l'âge avec plus de certitude. Nous essayerons de justifier ces règles générales par l'examen

[1] La forme du *t* s'est modifiée de deux manières pendant le cours de la période gothique. Cette lettre qui, dans l'ancienne minuscule, était semblable au τ grec, a fini par prendre à peu près l'aspect qu'on lui donne aujourd'hui dans la typographie; mais, dans le cours du XIIIe siècle, le côté gauche de la barre s'est raccourci par degrés, tandis que le côté droit s'augmentait en proportion inverse. De ce double changement sont résultés des *t* qui présentaient l'aspect d'un angle droit formé par la rencontre des extrémités de la barre et de la haste. Dans le cours du XIVe et du XVe siècle, le haut de la haste s'est élevé progressivement au-dessus de la barre, qui elle-même a recommencé à dépasser le côté gauche de la haste, mais en perdant de plus en plus de sa longueur. C'est sous cette dernière forme que le *t* est employé dans la minuscule renouvelée.

particulier des différents *fac-simile;* mais d'abord une distinction importante doit être établie.

Si l'on compare les différents modèles qui viennent d'être examinés, on reconnaîtra que deux sortes de minuscules ont été employées simultanément pendant la période gothique. Dans l'une, on voit dominer les formes massives et anguleuses; l'autre est en général plus courte et souvent plus fine; ses traits sont moins anguleux, et ne présentent pas le même contraste entre les pleins et les déliés : la première emploie de préférence toutes les formes de lettres qui caractérisent la période gothique; la seconde les emprunte plus tard et moins exclusivement. Ces deux sortes d'écritures ne paraissent donc pas devoir être soumises aux mêmes règles d'appréciation, et par conséquent nous diviserons les modèles de minuscule gothique en deux séries. La première série comprendra le septième *fac-simile* de la planche VII, celui de la planche VIII, le premier *fac-simile* de la planche IX, le sixième de la planche XVI, le deuxième, le quatrième et le cinquième de la planche IX, enfin le premier, le troisième et le septième de la planche X; à la seconde série se rattachent le sixième, le huitième et le neuvième *fac-simile* de la planche VII, le troisième de la planche IX, le deuxième et le quatrième de la planche X.

Le haut des *i* et des *u* est souvent brisé et incliné vers la gauche dans le septième *fac-simile* de la planche VII; l'intervalle qui sépare le bas des jambages de l'*m* et de l'*n* est quelquefois fermé par des liaisons accessoires; l'*a* à double panse remplace l'ancien *a* minuscule dans le mot *hauz* (quatrième ligne), et le mot *grezois* se termine par une *s* de forme capitale. Mais ces différents caractères ne sont pas constants; les *t* au contraire sont tous de forme gothique, parce que la barre se développe presque en entier vers la droite, et que d'ailleurs elle est un peu dépassée par le haut de la haste.

Le *fac-simile* reproduit sur le planche VIII doit être regardé comme postérieur au précédent, parce que les formes gothiques y sont plus prononcées dans l'ensemble de l'écriture; on voit d'ailleurs que la haste du *t* s'élève un peu plus au-dessus de la barre, et que le nombre des *s* minuscules à la fin des mots est proportionnellement moins considérable. Quant à la lettre *a,* elle conserve en général la forme qu'elle avait dans l'ancienne minuscule; mais nous avons déjà fait remarquer qu'elle est souvent accompagnée d'un trait accessoire qui suffit pour la rattacher à la période gothique. Le crochet supérieur du *c* est aussi de forme gothique, parce qu'il est formé, non par une courbe, mais par un trait droit dont la direction est presque toujours oblique.

Le premier *fac-simile* de la planche IX ne renferme pas d'*a* à double panse ni à double montant; mais les *c* et les *t* sont tous de forme gothique. La proportion des *s* capitales à la fin des mots est beaucoup plus considérable que celle des *s* minuscules, le bas des *m* et des *n* est presque toujours fermé par des traits accessoires; enfin les formes anguleuses et brisées se trouvent dans la plupart des lettres.

Dans le sixième *fac-simile* de la planche XVI, les *a*, les *c* et les *t* sont tous gothiques; mais l'*s* finale conserve encore de temps en temps la forme minuscule. Cette écriture présente de nombreux rapports de ressemblance avec celle du *fac-simile* n° 2 de la planche IX; dans celui-ci toutefois les *s* finales de forme minuscule ne paraissent plus que de loin en loin, et comme par exception.

On peut conclure de tout ce qui précède que le mélange des lettres de l'ancienne minuscule a décru progressivement dans la minuscule gothique de la première série jusqu'au commencement du XIVe siècle. Le *fac-simile* n° 4 de la planche IX, qui est tiré d'un manuscrit de l'an 1359, prouve que ce mélange avait entièrement cessé au milieu du XIVe siècle. La minuscule gothique paraît ici avec tous les signes qui la caractérisent : les *a* sont à double panse ou à double montant; le crochet supérieur du *c* est formé par un trait droit; la haste du *t* s'élève toujours au-dessus de la barre; les *s* finales sont toutes de forme majuscule; d'ailleurs on trouve partout des traits anguleux ou brisés, et des lettres dont la forme massive contraste avec la finesse des déliés qui s'y rattachent. Le mélange de quelques-unes des lettres qui appartiennent à l'ancienne minuscule n'est donc pas un signe qui puisse servir à fixer l'âge des écritures gothiques, lorsqu'elles sont postérieures au premier quart du XIVe siècle. Leur forme alors est complétement fixée, et les nuances qui peuvent les distinguer dans la suite sont plus difficiles à reconnaître.

Le cinquième *fac-simile* de la planche IX ne se distingue guère du précédent que par la forme de quelques *t* dont la haste se termine par une pointe fine inclinée vers la droite. (Voyez le *t* du mot *ton* dans la quatrième ligne de la première colonne.) Ces *t* sont devenus ordinaires, surtout dans la seconde moitié du XVe siècle; on peut s'en assurer en examinant la forme de cette lettre dans le septième *fac-simile* de la planche X. Plus le nombre de ces *t* dont la haste s'effile en pointe l'emporte sur ceux qui se terminent par un trait émoussé, plus on devra regarder l'écriture comme récente. Ces *t* pointus sont en effet plus nombreux dans le cinquième *fac-simile* de la planche IX que dans celui qui précède. Quoiqu'on ne retrouve ce caractère ni dans le premier, ni dans le troisième *fac-simile* de la planche X, cependant c'est un des signes les plus généraux qui puissent être indiqués pour fixer l'âge de la minuscule gothique.

Le premier *fac-simile* de la planche X est tiré d'un manuscrit qui offre de nombreux rapports avec plusieurs monuments de la première moitié du XIVe siècle. Les *t* ne sont pas pointus; leur barre est large, et les formes anguleuses ne sont pas en général très-prononcées. Cependant il existe dans cette écriture quelques détails qui empêcheraient de lui donner une date aussi ancienne : la haste de l'*s* minuscule se courbe vers la droite un peu au-dessus de sa base, et ce retour n'est pas indiqué seulement par un délié fin, mais par un trait qui a la même force que le corps de la haste, et qui en est la continuation. (Voyez la forme de l'*s* dans les mots *escripte, sept, sacremens,* etc.) Si la même courbure existe dans quelques écritures de la planche IX, elle est moins caractérisée, et d'ailleurs elle ne se forme que tout à fait dans le bas de la lettre; tandis que dans le premier *fac-simile* de la planche X, la haste de l'*s* se courbe un peu plus haut, au point où ce trait se brise dans le troisième *fac-simile* de la même planche. (Voyez l'*s* du mot *similiter,* première ligne.) La forme de ces lettres serait donc la même, si dans la première écriture la haste se brisait au lieu de se courber pour se diriger vers la droite. Nous ne pensons pas que cette forme de l'*s* puisse être considérée comme accidentelle; en effet si on compare l'aspect que présente le bas d'une ligne dans le deuxième *fac-simile* de la planche IX et dans le troisième *fac-simile* de la planche X, on verra que dans le premier presque tous les jambages descendent verticalement jusqu'au bas de la ligne, tandis que dans le second ils se brisent un peu au-dessus de leur base; en sorte que la lettre *i*, par exemple, se termine par un trait oblique qui descend de gauche à droite. Or il n'est pas douteux que l'un des caractères les plus généraux de la minuscule gothique arrivée à son dernier période ne soit de briser les jambages en trois parties distinctes. Quand ces lignes brisées se changent en lignes courbes, il est plus difficile sans doute de distinguer ces fractions de jambages, mais cela n'est pas impossible; il nous a semblé du moins que l'on pouvait retrouver dans le premier *fac-simile* de la planche X quelques traces de cette manière de terminer le bas des lettres. La même habitude se manifeste déjà dans le quatrième *fac-simile* de la planche IX, mais elle est moins générale et moins prononcée que dans le troisième et le septième *fac-simile* de la planche X. En admettant que les formes arrondies qui dominent dans le premier *fac-simile* de la planche X ne permettent pas de reconnaître facilement l'âge de cette écriture, on pourra trouver un indice plus clair dans les traits fins qui se rattachent à la haste des lettres *l* et *b*, à la barre du *t* final, enfin au bas de quelques *r*. Avant la seconde moitié du XIVe siècle, ces traits n'étaient pas aussi multipliés dans la minuscule gothique; peut-être aussi ne trouverait-on pas avant cette époque des *i* surmontés d'un accent recourbé semblable à celui qui se rattache au premier *i* du mot *confirmation,* ou du moins cette recherche dans la manière de former l'accent devient plus ordinaire dans les manuscrits postérieurs à la première moitié du XIVe siècle. En résumé, l'écriture reproduite par le premier *fac-simile* de la planche X renferme plusieurs détails qui ne permettraient pas de la considérer comme antérieure à la seconde moitié du XIVe siècle; et si on n'est pas amené par un examen attentif à reconnaître qu'elle appartient au commencement du quinzième, du moins l'erreur que l'on commettrait serait du nombre de celles dont les critiques les plus exercés ne peuvent se garantir; en effet, les personnes qui réussissent le mieux à fixer l'âge des anciennes écritures peuvent errer d'un demi-siècle dans leur appréciation [1].

Les détails dans lesquels nous avons cru devoir entrer à l'occasion de ce *fac-simile* suffiront pour faire apprécier les caractères qui peuvent servir à fixer l'âge du troisième et du septième *fac-simile* de la planche X. Ces deux écritures se font remarquer par les lignes brisées qui forment le bas de tous les jambages. On y trouve aussi des *a* dont la panse supérieure est indiquée par une liaison fine et arrondie (voyez par exemple les *a* du mot *alphabetum* dans le troisième *fac-simile,* et ceux du mot *Isayas* dans le septième); cette manière de former la panse supérieure de l'*a* gothique n'est devenue ordinaire qu'au XVe siècle. Nous ferons observer enfin que dans le septième *fac-simile* la haste des *t* se termine par des pointes aiguës, prolongées et courbées vers la droite.

Examinons maintenant la seconde espèce de minuscule gothique, c'est-à-dire celle dans laquelle les formes de l'ancienne minuscule ont été plus longtemps conservées.

Le sixième *fac-simile* de la planche VII, comparé au huitième, se distingue 1° par la forme des initiales, qui sont moins surchargées de traits accessoires; 2° par les *s* finales, qui sont toutes de forme minuscule; 3° par la forme du *c* et du *t,* qui ne peuvent presque jamais se confondre, parce que le crochet du *c* est plus court et plus incliné vers le bas de la lettre, et que la barre du *t* s'étend presque toujours vers la gauche au delà du corps de la haste. On peut faire observer en outre que le huitième *fac-simile* renferme un *a* à double panse (voyez le mot *parere,* troisième ligne); au contraire cette forme de lettre ne se rencontre pas dans le modèle précédent.

[1] Ces erreurs ne tiennent pas toujours à l'imperfection des règles. Il est bien probable, en effet, que plus d'un écrivain dont la main s'était formée de bonne heure, a pu conserver pendant le reste de sa vie les habitudes de sa jeunesse, et copier à quarante ans d'intervalle des manuscrits dont les caractères doivent avoir entre eux la plus grande analogie.

L'*s* minuscule, employée comme lettre finale, reparaît dans le neuvième *fac-simile* de la planche VII; mais il y a un plus grand nombre de *c* dont la forme se confond avec celle du *t*, parce que le crochet du *c* est formé par une ligne droite assez prolongée, et que la barre du *t* dépasse rarement le côté gauche de la haste. Les *a* de l'ancienne minuscule sont mêlés à d'autres *a* qui tiennent de la cursive gothique, et qui se rencontrent souvent à la fin du XIIIe siècle. (Voyez par exemple le second *a* du mot *aliam*, deuxième colonne, première ligne.) L'*r* en forme de *z* que l'on trouve dans le mot *mortale* (deuxième ligne de la même colonne) est encore un caractère qui ne peut convenir qu'à la minuscule gothique, et qui peut-être ne se rencontrerait pas au commencement du XIIIe siècle.

Dans le troisième *fac-simile* de la planche IX, les *s* finales sont de forme majuscule; la haste du *t* dépasse toujours la barre, et quoiqu'il existe encore une grande proportion d'anciens *a* minuscules mêlés avec les *a* à double panse, on ne devrait point balancer à considérer comme postérieur à la fin du XIIIe siècle un manuscrit dans lequel la haste du *t* serait aussi constamment prolongée au-dessus de la barre. On peut remarquer d'ailleurs que les formes anguleuses de cette écriture, sans être aussi prononcées que dans le *fac-simile* suivant, le sont beaucoup plus que dans le dernier *fac-simile* de la planche VII.

Les mêmes observations s'appliquent au deuxième *fac-simile* de la planche X, en ce qui concerne les *s* finales et le *t*; les *a* sont à double montant [1]; mais ce qui distingue surtout cette écriture, ce sont les traits fins qui se rattachent à l'*f* du mot *confessoris*, au *t* du mot *nativitatis*, et au *c* du mot *lectiones*. Ces traits se rattachent aussi aux *t* des mots *dixit*, *et*, *erat* et *fuit*, dans le quatrième *fac-simile* de la même planche. On y trouve en outre des *t* dont la haste se termine en pointe; mais les *a* ont souvent la même forme que dans l'ancienne minuscule, et les *s* finales ne sont pas toujours capitales. (Voyez le mot *finitus*, deuxième ligne de la quatrième colonne.) Toutes les fois que l'on ren-

[1] Il faut aussi remarquer la forme de l'abréviation du mot *et* dans la première, la quatrième et la sixième ligne. Cette abréviation est encore marquée, dans le troisième *fac-simile* de la planche IX, par deux traits qui forment un angle droit; ici, au contraire, elle se présente sous la forme d'un *t* dont la haste s'élève au-dessus de la barre. Cette forme est sans aucun doute postérieure à celle qui est employée dans le troisième *fac-simile* de la planche IX, et l'abréviation de ce *fac-simile* est elle-même plus récente que celle qui se trouve dans le dernier modèle de la planche VII, où le trait vertical qui forme un des côtés de l'angle n'est pas tranché par une liaison accessoire. (Voyez ce signe abréviatif dans le *fac-simile* n° 9 de la planche VII, première ligne de la deuxième colonne.) Si des détails de ce genre ne fournissent pas des règles d'une précision rigoureuse, ils ne doivent pas cependant être négligés dans l'examen des anciennes écritures.

contre des manuscrits de cette espèce, il faut donc remarquer avec le plus grand soin les traits accessoires qui viennent se mêler à une écriture dont les formes gothiques ne sont jamais nettement caractérisées. La finesse même de l'écriture suffirait pour induire en erreur, parce que les formes anguleuses ne peuvent plus être aussi prononcées dans des caractères réduits à de si petites proportions[1].

§ II. DE LA MINUSCULE GOTHIQUE DES SCEAUX.

1° Déchiffrement.

Le déchiffrement de la minuscule gothique des sceaux présente souvent de grandes difficultés, parce qu'on n'avait pas toujours soin de distinguer les *i* par un accent; ce trait d'ailleurs disparaît souvent dans les empreintes : aussi est-on exposé à prendre pour une *m* un *i* précédé ou suivi d'une *n* ou d'un *u*. Pour peu qu'une empreinte soit confuse, il n'est pas moins difficile de distinguer entre elles les lettres en apparence les plus différentes, telles que l'*r* et le *c*, l'*o* et l'*u*, etc. Il n'y a guère que le sens qui puisse aider à surmonter ces difficultés. Le sceau de Jeanne, première femme de Philippe VI (Pl. G, n 2), est un des plus distincts que l'on puisse rencontrer : le *d* et l'*e*, du mot *Dei*, sont les seules lettres qui soient conjointes, et la légende ne renferme d'ailleurs aucune abréviation.

Le premier sceau de Jean, duc de Bourgogne (Pl. N, n° 1), ne renferme pas non plus de grandes difficultés. La lettre initiale du mot *Johannis* a la forme de notre J. Le haut des deux premières lettres du mot *ducis* est effacé. Le mot *Burgundie* commence par un B capital, et le mot *comitis* par un *c* fermé. Après le mot *Nivernensis*, on remarque l'abréviation de la conjonction *et* représentée par une espèce de *z* dont la traverse est tranchée par un trait accessoire. La forme de l'*r*, du mot *baronis*, peut faire comprendre pourquoi cette lettre est souvent confondue avec le *c*. Quoique le dernier mot soit en partie effacé, on reconnaît sans peine qu'il commence par un *d* à peu près semblable à celui du mot *Domine*, dans le *fac-simile* n° 7 de la planche X.

Le second sceau de Jean, duc de Bourgogne (Pl. N, n° 2), commence par l'abréviation ordinaire du mot *Johannis;* quoique la lettre initiale soit en partie effacée, il est facile de voir qu'il n'existe point assez de place entre cette lettre et le dernier mot de la légende, pour que le graveur ait pu y faire entrer l'abréviation du mot *sigillum*. Ce qui le prouverait encore, c'est que si les titres de *duc* et de *comte* sont au génitif, ceux de *palatin* et de *seigneur* sont au

[1] Ces écritures fines sont employées dans un grand nombre de bréviaires du XIVe et du XVe siècle.

nominatif. La queue du *g* du mot *Burgundie* est cachée par la jambe du cheval; entre le *g* et l'*u*, un peu au-dessus de la ligne, on voit un trait qui indique la suppression de l'*n*. La tête du *d* du mot *Flandrie* est en partie effacée. Il faut remarquer dans le mot *Arthesii* la conjonction de l'*e* avec la panse de l'*h*, et le trait qui rencontre le milieu du dernier *i*; ce trait fait partie de l'abréviation du mot *et*. Le mot *Burgundie* est abrégé comme dans le commencement de la légende; la queue du *g* est effacée. Le haut du premier *a* du mot *palatinus* est caché par le pied du cheval. Après le mot *dominus* (*dns*), se trouve le mot *de* dont les deux lettres sont conjointes. Le mot *Salinis* est suivi de l'abréviation du mot *et*, puis de la conjonction des lettres *de*. L'*a* et le *c* du mot *Machlinia* sont aussi conjoints : les trois premières lettres de ce mot sont séparées des autres par la fleur de lis qui surmonte le casque de Jean de Bourgogne.

L'*m* du mot *sigillum* est remplacée, dans le sceau de Charles d'Orléans (Pl. L, n° 8), par le signe abréviatif qui est superposé à l'*u*. Un autre signe de même nature surmonte la seconde *n* du mot *Aurelianensis*, et tient lieu de la dernière syllabe. La conjonction *et* est représentée par un *z* tranché. Le premier montant du *v*, dans le mot *Valesii*, se brise dans sa partie supérieure et se prolonge obliquement vers la gauche. Il est assez difficile de distinguer l'*s* du *t* dans le mot *Astensis*; la dernière syllabe est remplacée par le trait qui surmonte l'*n*. La suppression des cinq dernières lettres du mot *Blesensis* est aussi indiquée par un signe abréviatif qui se rattache au corps de l'*s*; il n'y a rien au contraire qui indique les abréviations des mots *Bellimontis* et *Yzare*. Le mot *domini* est abrégé régulièrement. Quant aux mots *et cætera*, ils sont représentés, le premier par un *z* tranché, le second par un *c* dont le crochet supérieur se lie à un signe abréviatif.

Le sceau de Henri V (Pl. T, n°s 1 et 2) ne présente pas de difficultés; nous ferons observer seulement que les mots *rex*, *Anglie*, *Francie* et *dominus* commencent par des lettres majuscules.

Malgré la confusion de l'empreinte du sceau de Conrad, évêque de Metz (Pl. Q, n° 8), on reconnaît que les mots *sigillum* et *sedis* commencent par une S majuscule, et que le *d* et l'*e* du mot *Dei* sont conjoints. Il n'y a pas de signe abréviatif qui indique la suppression des lettres retranchées dans les mots *sigillum*, *sancte*, *gracia* et *Metensis*.

Le premier sceau de Philippe, duc de Bourgogne (Pl. N, n° 3), ne renferme que deux abréviations, celles des mots *sigillum* et *domini*. La panse du second *p* du mot *Philippi* est conjointe avec la haste du troisième; les deux lettres du mot *de* sont aussi réunies. L'S initiale du mot *Salinis* est de forme majuscule. Nous croyons que la seconde syllabe du mot *Burgundie* est écrite *gon* au lieu de *gun;* mais il est si difficile de distinguer les lettres dans la minuscule gothique des sceaux, que nous n'oserions pas l'affirmer. Cependant on trouve la même orthographe sur le sceau n° 5 de la même planche, et cette circonstance semble indiquer qu'un même graveur aura commis cette faute sur les deux matrices.

Nous n'entrerons dans aucun détail sur le déchiffrement des sceaux n°s 5 et 6 de la planche N. Ces deux empreintes sont tellement confuses, qu'il est impossible d'en faciliter la lecture autrement que par une transcription exacte.

L'*m* du mot *sigillum* est remplacée, dans le sceau n° 2 de la planche J, par le signe superposé à l'*u;* le même signe est indiqué dans le mot *Francorum*, mais il ne paraît pas dans le mot *ordinatum.* La queue du *g,* qui est très-apparente dans le mot *regis,* n'est que faiblement indiquée dans le mot *sigillum*, et paraît à peine dans le mot *magni.* Il ne faut pas s'attendre d'ailleurs à distinguer facilement cette lettre dans la minuscule gothique des sceaux : en général les traits excédants sont raccourcis par les graveurs, qui ne pouvaient pas leur donner l'étendue nécessaire sans sortir de l'espace réservé pour l'inscription; il résulte de là que les lettres *g*, *p* et *q*, se confondent souvent avec les *o*.

Le dernier sceau de Philippe, duc de Bourgogne (Pl. N, n° 4), commence par l'abréviation ordinaire du mot *sigillum.* Le premier *p* du mot *Philippi* a la forme majuscule : il en est de même des lettres initiales des mots *Burgundie, Brabancie, ducis, Flandrie, Namurci, comitis, sacri* et *imperii.* L'*f* du mot *Flandrie* est formée comme dans l'alphabet n° 3 de la planche X, c'est-à-dire qu'elle diffère peu de certains A majuscules tronqués dans leur partie supérieure. Quoique l'*n* du mot *Namurci* dérive de l'ancienne minuscule, elle doit cependant être considérée comme appartenant à la majuscule gothique. (Voyez l'alphabet n° 3 de la planche X.) Le *c* du mot *comitis* doit être regardé comme majuscule, parce que sa panse est très-arrondie, et surtout parce qu'il est fermé dans sa partie antérieure. L'*i* du mot *imperii* se termine par des traits excédants qui lui donnent presque l'aspect d'un T capital dont la barre se relèverait à ses deux extrémités. Le *d* et l'*e* sont conjoints dans les mots *Dei* et *de :* il en est de même de l'*a* et du *c* dans les mots *ac* et *Machlinia*, et des deux derniers *p* dans le mot *Philippi.* Il faut remarquer la forme du *z* dans le mot *Zellandie :* cette lettre ressemble à un *i* allongé dont le corps serait tranché par un trait court et massif. En comparant la forme de l'*y* et du *g* dans le mot *Lymburgie*, on verra que ces deux lettres se distinguent par la direction de la queue, qui dans l'une se recourbe de gauche à droite, et, dans l'autre, de droite à gauche. L'abréviation du mot *domini* est indiquée par le trait qui surmonte l'*n;* quant à la conjonction *et*, elle est représentée selon l'usage par un *z* tranché.

La légende du sceau n° 12 de la planche O ne renferme aucune abréviation ; elle peut se lire sans difficulté.

2° Age.

« Le caractère gothique minuscule eut peu d'accès sur les monnaies, disent « les Bénédictins; mais il fut en grande vogue et sur les sceaux et sur les monu- « ments lapidaires. Il ne paraît pourtant pas qu'il y ait été reçu avant le XIVe « siècle. Ce ne fut même que sur son déclin que l'usage en devint fréquent. « Au suivant il prit absolument le dessus sur le gothique majuscule. Mais celui- « ci ne laissa pas de se soutenir assez bien, jusqu'à ce qu'il commençât à faire « place aux beaux et anciens caractères romains, renouvelés d'abord en Italie, « puis en France, ensuite dans les autres royaumes où l'écriture latine avait « cours. » L'opinion des Bénédictins sur l'époque à laquelle les graveurs ont pu commencer à employer la minuscule gothique se trouve confirmée par la date même des sceaux qui viennent d'être examinés. En effet, le plus ancien, qui est celui de la reine Jeanne (Pl. G, n° 2), ne remonte qu'à l'an 1328. C'est peut-être un des premiers monuments sur lesquels on puisse rencontrer la minuscule gothique employée sans aucun mélange. Si l'on compare cette légende à celle du sceau n° 1 de la planche N, on verra que dans le premier modèle le bas des jambages de l'*n* n'est pas brisé vers la droite comme dans le second, et que cette lettre ne se confond pas entièrement avec l'*u*. Au contraire, dans le premier sceau de Jean-sans-Peur, ces deux lettres présentent le même aspect. Le sceau du n° 8 de la planche L se distingue par les saillies anguleuses qui terminent le bas de toutes les lettres, et dont la réunion forme comme une dentelure régulière : des saillies analogues existent déjà dans le sceau de Jean-sans-Peur; mais elles sont moins prononcées. L'*r* du mot *Flandrie*, dans le sceau n° 3 de la planche N, présente avec l'*i* suivant l'aspect d'une *m* dont le second jambage serait peu marqué : en effet, il existe un trait vertical qui descend de l'extrémité du crochet de l'*r* parallèlement à la haste, et qui se prolonge jusqu'au bas de la ligne; mais l'*i* suivant est surmonté d'un accent qui diminue la confusion. Dans le sceau n° 4 de la planche N, un trait accessoire de même nature se rattache à la barre du *t*. La minuscule gothique des sceaux a donc suivi la même marche que celle des manuscrits : elle paraît vers le premier quart du XIVe siècle, c'est-à-dire au moment où la minuscule des manuscrits cesse d'emprunter quelques-unes des lettres de l'ancienne minuscule; mais ses jambages ne sont encore brisés qu'à l'une de leurs extrémités. Au bout d'un demi-siècle, les saillies anguleuses paraissent dans le haut et dans le bas des lettres ; on voit se fermer les *u* et les *n* de telle sorte qu'il devient à peu près impossible de distinguer ces deux lettres. Au XVe siècle, des traits accessoires dénaturent l'aspect de l'*r* et du *t;* peut-être même voit-on pour la première fois sur les sceaux l'*i* surmonté d'un accent, qui diminue la confusion de toutes ces lignes brisées dont les angles se correspondent avec tant de précision, qu'une même lettre semble souvent avoir été répétée cinq ou six fois de suite. Plus on approche du XVIe siècle, plus les formes carrées s'exagèrent, plus les traits accessoires se multiplient. Les hastes des lettres *b, d, h, l* et *t,* se terminent par des traits fourchus. (Voyez le sceau n° 12 de la planche O.) Les *o,* qui approchent de plus en plus de la forme rectangulaire, finissent par se confondre avec les *n* et les *u;* en un mot, la figure propre à chaque lettre s'altère de plus en plus, et s'efface pour ainsi dire au milieu des nombreux détails qui viennent s'ajouter aux traits essentiels de l'écriture.

Nous voudrions pouvoir appliquer ces notions générales à un certain nombre de monuments originaux ; mais, pour saisir les détails qui servent à distinguer les différentes phases de l'écriture gothique, il faudrait avoir à sa disposition les matrices mêmes des sceaux. Il est rare en effet que les traits fins et délicats qui se rattachent aux corps des lettres soient conservés sur les empreintes ; il est encore plus rare que le moulage puisse les reproduire. Nous espérons cependant que les indications qui viennent d'être données ne seront pas complétement inutiles aux personnes qui s'occuperont de l'étude des monuments originaux.

§ III. DE LA MINUSCULE GOTHIQUE DES DIPLÔMES.

1° Déchiffrement.

C'est surtout par les grandes lettres que le *fac-simile* n° 2 de la planche XV se rattache aux formes gothiques. Les traits qui surmontent le *c* du mot *actum* n'ont aucune valeur; ils indiquent seulement que cette lettre se rattache au *t* suivant. La ligne qui tranche la queue du *p* dans le mot *Parisius* tient lieu des lettres *ar;* le second *i* est surmonté d'une espèce de 3 qui exprime la syllabe *us.* Les lettres *er* sont remplacées dans le mot *Verbi* par le trait superposé à l'*u.* Les mots *millesimo* et *centesimo* sont exprimés par les initiales M et C surmontées de l'*o* final. Pour ne pas confondre entre elles les lettres *g* et *q,* il faut s'attacher moins à la forme de la queue qu'au trait qui part de la tête du *g* et qui l'unit à la lettre suivante (voyez le mot *nonagesimo*); ce trait n'existe pas dans le *q* du mot *quinto;* la superposition de l'*i* au-dessus de cette lettre indique la suppression de l'*u.* Dans la seconde ligne, les mots *buticularii* et *camerarii* sont suivis d'une S majuscule traversée par un trait qui présente l'aspect d'un *i* allongé; ces deux signes combinés expriment le mot *signum*. L'*e* du mot *Mathei* est remplacé par le trait qui tranche la haste de l'*h;* celui qui surmonte l'*m* du mot *camerarii* tient lieu des lettres *er*. Les trois premières lettres du mot *constabularii* sont représentées par le signe 9, et l'*u* par le trait qui tranche les lettres *bl*.

L'écriture reproduite par le *fac-simile* suivant est irrégulière et négligée. Quoiqu'elle emprunte quelques habitudes de la cursive, elle se rattache plutôt au genre minuscule. — *Première ligne*. Le trait qui tranche la haste du *b* dans le mot *habere* tient lieu des lettres *er*. Le *c* du mot *noscitur* pourrait déjà se confondre avec un *t;* ce mot est surmonté d'un signe abréviatif qui remplace les lettres *ur*, et suivi d'un autre signe qui représente la conjonction *et*. La queue du *p* du mot *possidere* est tranchée par le prolongement de la panse, et présente ainsi un des caractères de l'abréviation qui remplace la préposition *pro;* mais cette manière de former le *p* est une habitude particulière à l'écrivain (voyez le *p* du mot *petitionem*); le trait qui surmonte le *d* tient lieu des lettres *er*. La suppression des deux dernières lettres du mot *autem* est indiquée par le signe qui surmonte le *t*. On retrouve dans le mot *predictorum* les abréviations employées ordinairement pour les syllabes *pre, dicto* et *rum*. Les lettres *at* dans le mot *abbatis* sont remplacées par le trait qui tranche la haste des deux *b*. Le signe 9 est employé deux fois dans le mot *conventus* pour représenter d'une part la première syllabe, de l'autre les deux dernières lettres. Le reste de la ligne ne présente pas de difficulté. — *Deuxième ligne*. Les deux dernières lettres du mot *sicut* sont remplacées par le trait qui surmonte le *c*. Le *p* bouclé du mot *superius* se combine avec l'abréviation ordinaire de la syllabe *per*. On retrouve dans le mot *continetur* le signe 9 et l'abréviation des finales *ur*. Le mot *perpetuum* commence par l'abréviation de la syllabe *per;* mais cette abréviation tranche à la fois la queue des deux *p* qui sont conjoints dans leur partie supérieure. Le mot *nostri* est abrégé régulièrement, mais il faut remarquer la forme de l'*r* dont la haste se boucle dans sa partie inférieure; l'aspect de cette lettre est le même dans le mot *robur*. — *Troisième ligne*. Quoique cette ligne ne renferme pas de difficultés, plusieurs lettres doivent être remarquées : de ce nombre sont les *i* du mot *regii* réunis en forme d'*n*, le *k* du mot *karactere*, l'*s* finale d'*inferius*, et les *r* en forme de *z* qui suivent la lettre *o* dans les mots *auctoritate* et *roboramus*.

Les traits accessoires des lettres et les abréviations prennent un développement extraordinaire dans le quatrième *fac-simile* de la planche XV; ainsi l'*s* finale du mot *nos* se termine par une boucle d'une ampleur excessive, et l'abréviation qui tranche le *p* du mot *pro* est hors de proportion avec la lettre elle-même. Presque tous les *a* sont à double panse, et leur montant ne s'élève pas moins haut que les hastes du *b*, de l'*h*, etc. L'*s* du mot *salute* se boucle avec le haut du montant de l'*a;* quelques autres liaisons du même genre indiquent la tendance des écrivains à se rapprocher des habitudes de la cursive. Il faut remarquer dans l'abréviation du mot *nostre* la forme de l'*r*, qui présente l'aspect de certains *y* de l'ancienne minuscule. L'abréviation de la conjonction *et* est défigurée par le prolongement de son trait horizontal. La seconde syllabe du mot *antecessorum* est remplacée par le signe qui surmonte l'*n*, et le prolongement de la queue de l'*r* va s'unir à un signe qui tient lieu de l'*m* finale. Il n'y a d'exprimé dans le mot *karissimi* que la première et les deux dernières lettres; les autres sont remplacées par le signe abréviatif qui surmonte la dernière syllabe. Le trait qui tranche la haste de la lettre *l* tient lieu de l'*i* et de l'*s* du mot *fidelis*. L'*r* et l'*i* du mot *nostri* semblent ne former qu'une seule lettre. Le grand B qui sert à exprimer le mot *Bartholomei* se rapproche beaucoup de la forme de l'*h*. Il est souvent difficile de bien déchiffrer ces grandes lettres, que le caprice de l'écrivain pouvait modifier de mille manières; pour éviter autant que possible les erreurs, il faut chercher dans le corps de l'acte les exemples analogues qui peuvent s'y rencontrer. Les deux dernières lettres du mot *camerarii* sont remplacées par le signe qui tranche le crochet de l'*r*. Les deux *p* du mot *perpetuo* sont conjoints comme dans le *fac-simile* précédent, mais le signe abréviatif qui tient lieu des lettres *er* est bouclé et rattaché à la panse du second *p*.

Le dernier *fac-simile* de la planche XV ne présente aucune difficulté; les boucles formées dans le haut de quelques *s* (voyez les mots *aubenes* et *trueves*) sont les seuls traits qui peuvent distinguer cette écriture de la minuscule des manuscrits.

Le premier *fac-simile* de la planche XVI présente aussi de nombreux rapports avec la minuscule des manuscrits; mais il en diffère 1° par le prolongement du bas des *f* et des *s;* 2° par la forme compliquée de quelques abréviations qui présentent l'aspect d'un 8 ouvert et irrégulier dans sa partie inférieure. — *Première ligne.* L'une de ces abréviations sert à compléter le mot *similiter;* dans la minuscule des manuscrits ce trait compliqué serait remplacé par une ligne droite qui trancherait la haste de la lettre *l;* il en serait de même dans l'abréviation du mot *vel*. Le même signe tient lieu des lettres *er* dans le mot *servientes*, *terrarum* et *poterunt;* de l'*a* et du *t* dans le mot *forisfactis*, et des lettres *it* dans le mot *predictis*. Le *q* du mot *aquarum* et le *p* du mot *pratorum* sont surmontés de l'*a* abréviatif tranché dans sa partie supérieure par un trait horizontal. En comparant les signes qui se rattachent à la queue du *p* dans le mot *prout* et dans le mot *superius*, on verra que cette écriture conserve aux abréviations des syllabes *pro* et *per* leurs formes distinctives. — *Deuxième ligne.* On retrouve l'*a* abréviatif au-dessus de la lettre *q* dans le mot *nunquam*. La seconde syllabe du mot *equitatura* est exprimée par un *i* superposé à la lettre *q*; le signe qui surmonte le second *t* tient lieu des lettres *ur*. Le mot *nec* est exprimé par une *n* surmontée d'un *c*. Le trait qui tranche la haste de l'*s* et du *b* tient lieu de l'*u* du mot *submoveri*; ce mot est suivi d'un signe de ponctuation qui rencontre le trait par lequel est indiquée la suppression des lettres *aus* dans le mot *causa*.

L'écriture reproduite dans le *fac-simile* suivant est d'une régularité remarquable; on peut voir dans la première ligne que les abréviations des syllabes *pre*, *par* et *pro* conservent leurs formes distinctives.

La forme des abréviations est plus compliquée dans le *fac-simile* n° 3, qui se rapproche davantage de l'écriture cursive; on peut remarquer par exemple le développement du trait qui tranche le *d* du mot *Ludovicus*, et qui indique la suppression des six dernières lettres. Le signe qui tient lieu des lettres *er* dans le mot *litteras* se rapproche de la forme de l'*a* abréviatif, et celui qui remplace les deux dernières lettres du mot *facimus* ne ressemble en rien au 9 ni au *c* renversé. Dans la ligne suivante le mot *omnibus* se termine par le signe dérivé du *point-virgule*, mais ce signe est défiguré par le prolongement excessif de sa partie inférieure. Cette altération des formes qui distinguaient les principales abréviations fera de nouveaux progrès dans la cursive gothique; ici du moins la netteté de l'écriture permet de suppléer sans difficulté les lettres que ces abréviations indiquent d'une manière imparfaite; mais dans la cursive l'irrégularité de l'écriture viendra encore augmenter cette confusion.

2° Age.

La plupart des observations qui ont été présentées sur la minuscule gothique des manuscrits s'appliquent à la minuscule des diplômes. On a vu par exemple que les formes gothiques se manifestaient d'abord dans les grandes lettres; il en est de même dans le deuxième *fac-simile* de la planche XV. Les initiales des mots *actum*, *millesimo*, *centesimo*, *nonagesimo*, *signum*, *Guidonis* et *Mathei* sont les seules lettres dans lesquelles les formes gothiques soient franchement caractérisées. Dans le corps de l'écriture, l'*a*, le *c*, l'*s* finale et le *t* ne s'éloignent pas sensiblement des types de l'ancienne minuscule.

Le *fac-simile* suivant présente déjà le mélange des *s* de forme capitale avec les *s* minuscules; le crochet supérieur du *c* est formé par une ligne presque droite dans les mots *noscitur* et *sicut,* mais il est indiqué régulièrement dans le mot *predictorum;* la barre de plusieurs *t* ne dépasse que faiblement le côté gauche de la haste, mais dans un grand nombre de mots cette lettre est régulièrement tracée. Si quelques *a* s'éloignent des formes de l'ancienne minuscule, on n'en voit pas du moins qui aient une double panse ou un double montant. Ce modèle réunit donc les caractères qui conviennent aux écrivains du commencement du XIIIe siècle.

Le quatrième *fac-simile* de la planche XV renferme un assez grand nombre d'*a* à double panse; mais la panse supérieure n'est que faiblement indiquée par un délié très-fin dont la direction varie, et qui paraît plutôt servir d'ornement que faire partie de la lettre. Les *s* capitales qui terminent les mots descendent au-dessous de la ligne, tandis que dans la minuscule gothique dont les formes sont arrêtées cette lettre n'excède pas les dimensions des autres caractères. Le crochet du *c* est presque toujours remplacé par une barre, mais la forme du *t* n'a encore rien de gothique [1].

Le dernier *fac-simile* de la planche XV présente dans son ensemble l'aspect de la minuscule gothique par ses formes raides et massives, mais plusieurs *s* finales conservent la forme minuscule; et, ce qui est plus extraordinaire, le *d* minuscule est employé au lieu du *d* oncial. Cet exemple prouve encore, comme on l'a déjà fait remarquer, que la forme de telle ou telle lettre en particulier ne suffit pas pour fixer l'âge d'une écriture; il faut étendre ses observations sur plusieurs caractères, et les combiner entre elles avant de prononcer un jugement définitif. S'il est vrai de dire en thèse générale que le *d* minuscule, dans les diplômes, est antérieur à la fin du XIIe siècle, on ne serait pas tenté de faire remonter aussi haut la date d'une écriture où l'on remarquerait en même temps des *t* dont la barre ne dépasse que faiblement le côté gauche de la haste, et dont plusieurs mots se terminent par des S capitales régulièrement formées. Au XIIe siècle la haste du signe abréviatif de la conjonction *et* ne serait pas non plus tranchée par un trait accessoire.

La forme des lettres initiales des mots *similiter, nemorum* et *homines* suffit pour rattacher à la période gothique l'écriture reproduite dans le premier *fac-simile* de la planche XVI. La plupart des *s* finales sont minuscules; quoique la tête du *t* excède un peu le haut de la ligne, cette lettre n'appartient pas encore

[1] On voit paraître ici un des premiers exemples d'un usage qui a régné pendant tout le cours de la période gothique, c'est la réduplication de l'*f* au commencement d'un mot. (Voyez le mot *Francie.*) En général, cette double lettre s'employait comme initiale d'un nom propre ou au commencement d'une phrase. Dans un acte du XIIe siècle, nous avons vu deux p en tête du mot *Philippus.*

réellement aux formes gothiques, parce que sa barre est presque toujours divisée en deux parties égales au point où elle est rencontrée par la haste. Mais la ligne qui tranche le haut de l'*a* superposé dans les abréviations des mots *aquarum*, *pratorum* et *nunquam* est un signe qui ne pourrait convenir à la minuscule de la première période. L'ensemble de cette écriture est d'ailleurs conforme à toutes les habitudes du XIIIe siècle; le montant de quelques *a* initiaux tend à former une double panse par sa courbure supérieure; les *n* et les *m* sont souvent fermées par le bas; les abréviations sont très-multipliées, et les queues des lettres se replient vers la droite. Ce dernier caractère est beaucoup plus prononcé dans le deuxième et surtout dans le troisième *fac-simile* de la planche XVI. « Rien ne désigne mieux le XIIIe siècle, disent les « Bénédictins, que l'*f* à queue tournée vers la gauche et recourbée vers la « droite. Ce caractère doit affecter en même temps toutes ou la plupart des « lettres dont les queues descendent, comme le *g*, le *p*, le *q* et l'*s*[1]. » Une autre observation des mêmes auteurs sur la forme du *d* de la période gothique s'applique aussi à ces deux *fac-simile*. Après avoir rappelé que le trait excédant du *d* s'était d'abord élevé verticalement, puis en ligne diagonale dirigée vers la gauche, ils ajoutent qu'il était plus ordinaire au XIIIe siècle de voir l'extrémité de ce trait un peu relevée en courbe (voyez dans le *fac-simile* n° 2 le *d* du mot *remedium*), et que dès le commencement du XIIIe siècle on avait aussi brisé ce trait pour le ramener horizontalement vers la droite (voyez le *d* initial de la dernière ligne du *fac-simile* n° 3). Il est facile de comprendre que les *d* semblables à ceux du premier *fac-simile* de la planche XVI, c'est-à-dire ceux qui montent obliquement vers la gauche sans se recourber à leur extrémité, ont donné naissance aux *d* à tête recourbée comme celui du mot *remedium* (deuxième *fac-simile*), et ceux-ci aux *d* dont la tête se brise et revient horizontalement vers la droite (troisième *fac-simile*). Le premier *fac-simile*, qui ne renferme pas de *d* à tête courbe ou brisée, devrait donc être regardé comme antérieur aux deux autres: d'autres remarques viennent confirmer cette appréciation. Dans le *fac-simile* n° 2, le crochet du *c* est toujours formé par une barre horizontale; tous les *a*, excepté celui du mot *amoris*, sont à double montant, et l'*s* minuscule ne paraît plus à la fin des mots. Toutefois, pour qu'on ne soit pas tenté de donner à des écritures du même genre une date trop récente, il est bon de faire observer que les *t* sont toujours formés

[1] On doit aussi tenir compte de la forme du *g*; ce n'est guère qu'au XIIe et au XIIIe siècle que cette lettre a été tracée, comme dans les mots *regine*, *genitricis* (troisième ligne du *fac-simile* n° 2); dans les mots *gracia* et *regem* (première et troisième lignes du *fac-simile* suivant), la boucle inférieure est à jour et largement développée: c'est un signe qui convient particulièrement au XIIIe siècle.

comme dans l'ancienne minuscule, et que les jambages des lettres *i, m, n* et *u* ne sont pas encore brisés. Les mêmes observations s'appliquent au *fac-simile* n° 3, en ce qui concerne l'*s* finale, le *c* et le *t;* mais l'*a* y conserve presque toujours la forme qu'il avait dans l'ancienne minuscule : on trouve cependant un *a* à double panse dans le mot *vertebantur,* et dans la première syllabe du mot *campanie* un *a* du même genre que ceux du *fac-simile* suivant. Cette dernière forme d'*a* n'est pas le seul trait qui rattache le *fac-simile* n° 3 à la cursive gothique; il est facile de voir qu'il existe de nombreux rapports entre ce modèle et celui qui est reproduit sous le n° 4 de la même planche. Les hastes des lettres *b, h, l,* qui se rabattent vers la droite, ne sont pas éloignées de se boucler; le mot *inspecturis* se termine par une abréviation qui est rattachée au crochet de l'*r;* l'écriture dans son ensemble est plus courante, et tend par conséquent à multiplier les liaisons qui forment le caractère essentiel de la cursive.

ARTICLE III.

DE LA CURSIVE GOTHIQUE DES MANUSCRITS ET DES DIPLÔMES.

1° Déchiffrement.

Nous avons déjà eu occasion d'avertir que la cursive gothique était essentiellement négligée, et que les formes régulières des lettres et des abréviations étaient rarement observées. Le quatrième *fac-simile* de la planche XVI justifie déjà cette assertion par quelques détails, quoiqu'il soit beaucoup moins irrégulier que la plupart des écritures cursives des siècles suivants. Ainsi, dans le mot *volumus,* les cinq jambages qui composent l'*u* et l'*m* présentent plutôt l'aspect d'un *i* suivi de deux *n;* l'abréviation finale s'éloigne sensiblement de la forme d'un 9. Le mot *etiam* renferme un *a* dont il a été question dans l'article précédent, et qui est dérivé de l'*a* à double montant; mais la traverse, au lieu d'être horizontale, s'élève obliquement à partir de l'extrémité inférieure du montant gauche. La queue de la lettre *q* se boucle comme celle de nos *g* cursifs; mais nous avons déjà dit que, pour distinguer ces deux lettres, on devait s'attacher surtout à la saillie du *g,* c'est-à-dire au trait qui s'avance horizontalement de gauche à droite en partant du haut de la panse. On peut aussi remarquer qu'en général la queue du *g* commence par se diriger vers la droite avant de se recourber vers la gauche. (Voyez le mot *regem* dans le *fac-simile* n° 3, et les mots *grace* et *seigneur* dans le *fac-simile* n° 5 de la planche XVI.) La tête du *d* du mot *quod* forme aussi une boucle : il en est de même du signe abréviatif qui la traverse. Le mot *omnes* se termine par une *s* dérivée de l'S capitale, et qui appartient exclusivement aux écritures gothiques ; à cette *s* se rattache le signe abréviatif qui tient lieu des lettres *ne*. Il faut remarquer dans le mot *sciant* l'*s* bouclée et le *c*, dont le crochet supérieur est remplacé par une barre horizontale. La boucle formée par la queue de la lettre *q*, dans le mot *quod*, se lie à l'abréviation qui remplace les trois autres lettres[1]. Le mot *omnibus* se termine par le signe dérivé du *point-virgule;* à son extrémité inférieure se rattache une abréviation qui, en se repliant sur elle-même, traverse deux fois la haste du *b*, et indique la suppression de l'*n*. L'abréviation finale du mot *donavimus* n'est pas indiquée plus régulièrement que dans le mot *volumus*, et l'*u* de la troisième syllabe ressemble tout à fait à une *n*. La barre du *t* du mot *inter* se relève pour se rattacher au signe abréviatif qui remplace les deux lettres finales; l'*o* final du mot *nostro* se rattache de même au double trait qui tient lieu des lettres *ost*.—*Deuxième ligne*. L'*a* abréviatif qui indique la suppression de l'*r* dans le mot *extra* est fermé par une boucle dans sa partie supérieure; le même signe est employé sous une forme un peu différente dans le mot *quam*. Le mot *acquisitis* présente encore un *u* en forme d'*n*. Le mot *nostris* se termine par l'*s* dont il a déjà été question, et qui s'unit au signe abréviatif, comme dans le mot *omnes*. Il règne une grande confusion dans les jambages qui suivent le *t* du mot *retinuimus;* le dernier jambage de l'*m* est brisé irrégulièrement et prolongé au-dessous de la ligne; l'abréviation des lettres *us* est à peu près la même que dans le mot *donavimus*. L'*a* abréviatif est formé, dans le mot *quamdiu*, de la même manière que dans le mot *extra*. Une des traverses de l'*x* du mot *vixerimus* se courbe dans sa partie inférieure et va rejoindre par une longue liaison le trait qui tient lieu des lettres *er*.—*Troisième ligne*. Le *t* du mot *usumfructum* est bouclé, parce qu'il est précédé d'un *c :* ce trait, qui ne paraît pas ordinairement dans cette lettre, s'explique par l'usage où l'on était de réunir le *c* et le *t* par un arc de cercle; la même boucle se retrouve dans le *t* du mot *prædictis;* le signe qui complète la première syllabe de ce mot se rattache à la panse du *p*. L'abréviation de la seconde syllabe du mot *semper* serait plus régulière si le trait qui tranche la queue du *p* n'était pas recourbé : on ne doit pas s'attendre d'ailleurs à retrouver souvent dans la cursive gothique les caractères qui distinguent les abréviations des syllabes *per* et *pro*. En effet, la queue du *p* du mot

[1] Cette abréviation, quoique dérivée de celle qui est employée dans les manuscrits pour le mot *quia*, signifie presque toujours *quod* dans la cursive gothique. On pourrait sans doute la traduire ici par le mot *quia*, mais dans plusieurs passages du même acte elle est employée bien positivement pour *quod*, tandis que le mot *quia* est exprimé en toutes lettres.

expedire (quatrième ligne) forme une boucle qui se rattache à la panse, et qui souvent se combine avec une abréviation pour exprimer les syllabes *per* ou *par* : la syllabe *pro* ne pourrait être distinguée que par un trait un peu plus recourbé; mais, dans une écriture négligée, il est à peu près impossible de ne pas confondre des signes qui offrent de si grands rapports. — La quatrième ligne commence par l'abréviation de la conjonction *et*. On trouve dans le mot *revocare* une *r* capitale qui est moins régulièrement formée que dans quelques mots des deux lignes précédentes. Il n'y a d'exprimé dans le mot *secundum* que les lettres *scdm*. Les autres lettres sont remplacées par le signe abréviatif qui se rattache au dernier jambage de l'*m*.

Le *fac-simile* n° 5 de la planche XVI reproduit une écriture beaucoup moins liée que la précédente, mais qui doit cependant être considérée comme cursive, parce que les lettres *b, d, l* sont constamment bouclées; nous ferons observer aussi que dans le mot *que* le signe abréviatif se rattache à la lettre *q*. Rien ne peut arrêter dans le déchiffrement de ces deux lignes : il faut remarquer seulement que le nombre *quatre-vingts* est représenté par deux séries de chiffres, qui correspondent à chacun des deux mots par lesquels nous l'exprimons (IIII, *quatre;* XX, *vingt*) ; le nombre *cent vingt* est souvent représenté de la même manière, c'est-à-dire que l'on écrit VI^{xx} (*six-vingts*)[1].

Dans le dernier *fac-simile* de la planche XVI, les queues et les liaisons des lettres ont déjà pris un développement exagéré qui contraste avec la finesse de l'écriture. La boucle formée par la queue de l'*y*, du mot *duy*, va rejoindre l'accent qui est ordinairement placé au-dessus de cette lettre comme au-dessus des *i* : il en est de même dans le mot *roy*. Le mot *recheu* commence par une *r* capitale dont la queue[2] sert à former la panse de l'*e*; la barre qui remplace le crochet supérieur du *c* s'unit avec la boucle de l'*h*. Le mot *mandement* se termine par un *t* dont la barre est en entier à droite de la haste; le trait allongé qui surmonte ce *t* tient lieu des deux lettres précédentes. Les mots *nostre seigneur* sont représentés par les trois lettres *nos* et par le signe abréviatif qui se rattache au crochet de l'*s*. Il est plus ordinaire de rencontrer les lettres *nre* pour *nostre*, et l'*s* accompagnée d'un signe abréviatif pour le mot *seigneur*[3]. L'abréviation

[1] On écrivait aussi VII^{xx}, VIII^{xx}, IX^{xx}, pour *cent quarante, cent soixante, cent quatre-vingts.*

[2] Le même trait sert à former le côté gauche de l'*o* dans le mot *roy*.

[3] On peut se demander si cette abréviation ne devrait pas se traduire par les mots *nostre sire*. Nous ne pensons pas que cette locution fût encore reçue au XIVe siècle, mais il serait fort difficile de fixer le temps où elle s'est introduite. Toutefois, il paraît probable que, du moment où la formule *le roy nostre sire* a été substituée à celle-ci : *le roy nostre seigneur*, les écrivains ont dû modifier la forme de l'ancienne abréviation. En effet, dans la quarante-troisième pièce du registre 224 du Trésor des chartes, on trouve deux abréviations différentes pour les mots *sire* et *sei-*

du mot *par* est formée régulièrement. Le mot *mande* commence par une *m* de forme onciale dont le dernier jambage, après s'être confondu avec la panse de l'*a*, se prolonge au-dessous de la ligne : la même lettre s'était déjà présentée au commencement du mot *mandement*. La queue de la lettre *q* s'unit avec le signe abréviatif qui tient lieu des deux dernières du mot *que*. La seconde ligne commence par un *a* de forme singulière, et qui se rencontre souvent dans la cursive gothique. La seconde *m* du mot *homme* est remplacée par le trait allongé qui s'étend au-dessus de ce mot. On retrouve dans le mot *monseigneur* la même abréviation que dans la ligne précédente. Le mot *Soier* commence par l'*s* dérivée de l'ancienne S capitale : le trait qui surmonte l'*r* est un accent qui se rattache à l'*i*. Il n'y a d'exprimé dans le mot *chevalier* que les lettres *chlr* : le signe abréviatif tient lieu des autres lettres. Ce mot est suivi de la conjonction *et*, rendue par une abréviation qui s'unit avec le *c* du mot *castelain*.

Dans le premier *fac-simile* de la planche XVII, les accents sont assez fortement marqués pour ressembler à des abréviations ; ainsi dans le mot *quer* la queue de la lettre *q* est tranchée par l'accent de l'*i* du mot *main*. Les mots *se* et *soit* commencent par une *s* dérivée de l'S capitale, mais dont la forme est peu régulière. Il faut aussi remarquer le prolongement de la barre du *t* final dans les mots *comant* et *grandemant*[1].

L'écriture reproduite par le *fac-simile* suivant est distincte et peu liée ; mais les *l* et les *d* sont bouclés, et plusieurs abréviations font corps avec les mots. On pourrait croire qu'il y a *conjointtement* au lieu de *conjoinctement;* mais si l'on examine la forme du *c* dans le mot *prince*, on verra qu'il est exactement semblable au second *c* du mot *conjoinctement*, et qu'il se distingue du *t*, dont la haste est verticale au lieu d'être oblique et brisée comme le trait qui forme la panse du *c*. Le crochet de l'*r* du mot *nostre* s'unit au trait qui indique la suppression des lettres *ost* : un trait de même nature se rattache au *t* du mot *très* et tient lieu des lettres *re*[2]. L'abréviation de la conjonction *et* prend ici une forme nouvelle :

gneur. La première se compose de l'*s* initiale unie à un trait qui part du crochet de cette lettre et qui, après s'être bouclé au-dessous de la ligne, se lie à l'*e* final du mot *sire ;* dans la seconde, le même trait se rattache à l'*r* du mot *seigneur*. On voit qu'il ne peut pas y avoir de doute sur le sens réel de ces abréviations ; cependant, comme elles présentent à peu près le même aspect, on les a quelquefois confondues dans la collection des Ordonnances des rois de France. Lors même que l'*s* n'est pas suivie d'une lettre finale qui en fixe le sens d'une manière positive, on doit la traduire par le mot *seigneur* si elle n'est pas immédiatement précédée du mot *nostre*. On ne disait point, par exemple : *le roy nostre dict sire, le roy nostre feu sire et père*, etc.; mais *le roy nostre dict seigneur, le roy nostre feu seigneur et père*, etc.

[1] Il est extraordinaire que dans cet autographe de Charles V il y ait deux fois *notre* au lieu de *nostre ;* on croit pouvoir affirmer que cette dernière orthographe était presque toujours préférée, non-seulement au XIVe, mais encore au XVe et au XVIe siècle.

[2] Si l'orthographe du mot *seigneur* n'était pas

la barre et la haste, qui ont été distinctes pendant longtemps, s'arrondissent à leur point de rencontre, et la barre se prolonge au-dessous de la ligne en décrivant un arc de cercle; cette ligne circulaire, qui est ici purement accessoire, a fini par devenir le trait principal de ce signe abréviatif [1].

Dans le quatrième *fac-simile* de la planche XVII, la lettre *e* commence à être formée de deux parties qui souvent sont isolées : le trait inférieur, qui correspond à la panse, se rattache quelquefois à la lettre précédente; le trait supérieur, qui tient lieu à la fois du crochet et de la barre, s'unit fréquemment avec la lettre suivante. Dans le mot *quelle*, par exemple, le second jambage de l'*u* est lié avec le trait inférieur de l'*e*, tandis que le trait supérieur va rejoindre la boucle de la première *l*. Le même *fac-simile* présente d'autres liaisons du même genre : le bas de l'*e* s'unit avec la boucle du *d* dans le mot *de*, et avec la barre du *t* dans les mots *tenons* et *content*. La seconde *m* du mot *somme* est remplacée par le trait qui enveloppe le haut de l'*s*. Les mots *cent livres tournois* sont représentés par les trois lettres *c, l, t :* le *c*, qui est employé comme chiffre, n'est accompagné d'aucune abréviation; la haste de la lettre *l* est au contraire rencontrée par un trait horizontal, et la barre du *t* s'unit avec une ligne courbe. Le *c* du mot *content* est lié au côté gauche de l'*o*, qui reste ouvert par le haut. On voit ici la conjonction *et* exprimée par une ligne courbe qui s'unit avec la boucle du *b* du mot *bien :* le trait qui enveloppe cette lettre tient lieu des lettres *ie*. Le mot *payez* est suivi d'une abréviation moins irrégulière de la conjonction *et :* cependant la ligne courbe n'est plus comme dans le 2e *fac-simile* une liaison fine, mais une partie essentielle du signe abréviatif. On peut voir que le mot *pour* se termine par une *r* arrondie qui est encore employée de nos jours dans l'*écriture ronde :* la même lettre se retrouve dans le mot *nostre* (deuxième ligne), où l'on pourrait la confondre avec un *o* ouvert par le haut.

Les détails dans lesquels on vient d'entrer doivent suffire pour faciliter le déchiffrement du *fac-simile* suivant. Le mot *jour* est suivi d'un signe abréviatif qui représente la conjonction *et*, mais dont la forme est encore modifiée. On retrouve dans le mot *nostre* une *r* arrondie qui est complétement fermée par le haut. L'*a* initial du mot *avons* (deuxième ligne) doit être remarqué à cause du trait fin qui longe sa partie supérieure : ce trait fait reconnaître assez facilement cette lettre dans des écritures d'ailleurs très-négligées et dont tous les caractères semblent se confondre; il faut remarquer par le même motif la liaison qui se

consacrée par un long usage dans le style des chartes, il serait plus régulier de traduire ici par les lettres *our* le signe abréviatif qui est placé au-dessus de l'*n*. En effet, dans cet acte, la désinence *eur* est plusieurs fois remplacée par *our*. Voyez la notice XCI.

[1] Au XVIIe siècle, la conjonction *et* est souvent représentée par un demi-cercle.

rattache au premier jambage de l'*n* du mot *nous* (deuxième ligne), et de l'*m* du mot *mil* (troisième ligne). Les *x* de la date s'emploient encore sous la même forme dans notre écriture courante quand ils sont à la fin des mots. La signature de Louis XI commence par deux traits qui ne font point partie de son nom; il en est de même de ceux qui suivent l'*s* en forme de B capital : quant à ceux qui sont placés au-dessus de l'*y*, on peut y voir un accent mal formé.

Le *fac-simile* n° 6 donne à peu près une idée de ce que pouvait être la cursive gothique quand elle était tracée avec soin. Malgré sa régularité, ce modèle renferme plusieurs lettres qu'il est possible de confondre ensemble : l'*e* du mot *en* diffère bien peu d'un *c*; l'*o* du mot *choses* et l'*r* du mot *droit* sont à peu près semblables; enfin toutes les fois que l'*n* ne se trouve pas au commencement ou à la fin d'un mot, il n'y a pas, comme dans les mots *en* et *nostre,* de trait accessoire rattaché à l'un ou à l'autre de ses jambages; aussi devient-il difficile de ne pas la confondre avec l'*u,* si l'on fait abstraction de ces traits accessoires. Nous terminerons en faisant remarquer la liaison des trois premières lettres du mot *choses :* la panse du *c* est formée par un trait vertical dont le haut se recourbe vers la gauche; le crochet de cette lettre est remplacé par une barre qui se boucle avec l'*h*, dont la haste se prolonge au-dessous de la ligne, et remonte ensuite pour rejoindre le côté gauche de l'*o*. On voit que la panse de l'*h* disparaît entièrement dans cette liaison.

L'écriture reproduite par le septième *fac-simile* de la planche XVII est tellement confuse, qu'il est nécessaire d'examiner les lettres une à une pour les faire reconnaître. Le chiffre CXLV, qui est placé en marge, commence par un *c* composé de deux traits entièrement séparés. L'*x*, qui est formé de la même manière que dans le *fac-simile* n° 5, se prolonge pour se lier à une *l* bouclée. — *Première ligne.* Le mot *anno* commence par un *a* qui tient de la forme minuscule, mais dont la panse est irrégulière et incomplète. Les deux *n* et le premier côté de l'*o* ne sont guère formés que par les ondulations d'un même trait. *Domini* (*Dni*) : le second jambage de l'*n* s'unit à un trait qui enveloppe entièrement cette lettre et qui sert d'abord à indiquer l'*i* final, puis la suppression des lettres *omi. Millesimo* (*millio*) : ce mot est surmonté d'une longue barre qui tient lieu des lettres *es-m. Quingentesimo* (*quigo*) : la lettre *q* se boucle pour s'unir au premier jambage de l'*u;* l'*i* en se relevant forme un trait courbe qui est placé au-dessus de la ligne, et qui tient lieu de la première *n;* le trait en forme d'*x* qui sépare le *g* et l'*o*, est une abréviation qui tient lieu de toutes les lettres intermédiaires. Le dernier I du chiffre XIII, qui est plus allongé que les autres, s'unit avec un *o* ouvert placé un peu au-dessus de la ligne. L'*e* du mot *et* se compose de deux traits distincts; le trait supérieur s'unit avec la haste du *t*, qui n'est point barré. L'*i* du mot *die* se lie au trait inférieur de l'*e;* le haut de l'*e* est formé par un trait horizontal qui se termine en pointe. Le côté droit de l'*o* du mot *octava* se confond avec la panse du *c*, dont le crochet sert à barrer le *t*. Il faut remarquer dans le mot *mensis* l'*e* composé de deux traits séparés et la première *s* dont le crochet s'unit avec l'*i*. —*Deuxième ligne*. Le mot *junii* se compose de sept jambages: le premier, qui est plus élevé que les autres, indique suffisamment un *i* ou un *j* initial; les deux derniers *i* sont aussi distingués par les deux accents placés au-dessus de la ligne : quoique ces deux accents soient réunis, on ne peut guère les confondre avec une abréviation, parce que dans cette écriture les signes abréviatifs sont presque toujours liés avec les lettres. Les mots *personaliter constitutus* sont représentés, l'un par l'abréviation de la syllabe *per*, l'autre par le signe 9 : c'est une formule qui se retrouve au commencement de la plupart des contrats; mais les deux abréviations sont tracées fort irrégulièrement, et le *p* en particulier ressemble à un *x*. —*Troisième ligne*. Le mot *ad* commence par un *a* qui n'est pas moins irrégulier que celui du mot *anno*. *Censum* (*censu*) : le prolongement du crochet du *c* sert à former le bas de l'*e*, dont le trait supérieur s'unit avec le premier jambage de l'*n;* le crochet de l'*s* rejoint le haut de l'*u*, dont le second jambage se lie à l'abréviation circulaire qui tient lieu de l'*m* finale. *Annuum* (*anuu*) : le bas de l'*a* s'unit à l'abréviation qui remplace la première *n*, et le dernier jambage du second *u* rejoint le signe qui est substitué à l'*m* finale. Le mot *unius* commence par un *v* et se termine par l'*s* dérivée de la forme capitale. *Cartarenchie* (*cartarechie*) : le *c* initial présente l'aspect d'une *r* minuscule, et l'*r* de la première syllabe ressemble à un *oméga* mal formé; cette lettre est moins irrégulière dans la troisième syllabe, mais il est difficile de reconnaître si l'écrivain a voulu tracer une *r* arrondie comme celle du mot *pour* dans le quatrième *fac-simile*, ou l'espèce d'*r* qui était employée après l'*o* dans l'ancienne minuscule. Le trait supérieur de l'*e* de la troisième syllabe se recourbe pour s'unir à l'abréviation qui remplace l'*n:* vient ensuite une liaison du *c* et de l'*h* qui ne diffère de celle du mot *choses*, dans le *fac-simile* précédent, que par la boucle qui existe au-dessous de la ligne ; cette boucle donne naissance à une liaison qui rejoint l'*i*, et cette lettre s'unit elle-même avec le bas de l'*e* dont le trait supérieur se termine en pointe. *Frumenti* (*frumeti*) : l'*r*, qui est formée comme dans la troisième syllabe du mot précédent, est suivie de six jambages; les cinq premiers sont ceux de l'*u* et de l'*m;* le dernier forme le bas de l'*e*, dont le trait supérieur rejoint la barre du *t* qui, elle-même, s'unit à l'*i* final; l'*n* est remplacée par le trait qui se rattache à l'extrémité supérieure de la haste du *t*. —*Quatrième ligne*. *Mensure* (*mesure*): le bas de l'*e* est formé par le quatrième jambage, et le haut de cette lettre s'unit avec l'abréviation qui remplace l'*n*; le crochet de l'*s* rejoint l'*u*, qui est suivi d'une *r* semblable à celle de la troisième syllabe du mot *cartarenchie*. Le mot *censualis* ne présente pas de difficulté. (Voyez le mot *censum*.) Le *d* du mot *dicti* s'unit avec un *i* presque horizontal, qui est lui-même lié au *c*; le *t* n'est pas barré; il rejoint l'*i* final qui, selon l'usage, se prolonge au-dessous de la ligne. *Capituli* (*capli*) : on retrouve dans ce mot un *p* en forme d'*x*; le trait qui surmonte la fin du mot tient lieu des lettres *itu*. Le *c* du mot *cum* est formé par deux courbes concentriques, fermées presque entièrement vers la droite; l'*m* finale est remplacée par le trait qui se rattache au dernier jambage de l'*u*. Le mot *directo* ne renferme que des lettres qui se sont déjà présentées sous la même forme. *Dominio* (*dnio*); le trait qui surmonte la fin du mot tient lieu des lettres *omi*. L'abréviation des mots *et cætera* se compose 1° d'un trait qui représente la conjonction *et*; 2° d'un *c* semblable à celui de la quatrième syllabe du mot *cartarenchie*, et dont le crochet s'unit à une abréviation en forme d'*x* : les mots *et cætera* se représenteront dans le reste du *fac-simile* sous un aspect peut-être bien différent; mais cette abréviation renfermera toujours les mêmes éléments. Le mot *et*, qui termine cette ligne, ne présente pas de difficulté. — *Cinquième ligne*. L'*u* du mot *cum* n'est indiqué que par le prolongement du crochet du *c*; cette ligne irrégulière se relève ensuite pour indiquer la suppression de l'*m* finale. On retrouve dans le mot *jure* une *r* formée comme celle de la première syllabe du mot *cartarenchie*. Le premier *e* du mot *vestiendi* est formé par deux traits complétement isolés; le haut du second *e* s'unit à l'abréviation qui remplace l'*n*; la boucle du *d* rejoint l'*i* final. (Pour les mots *et cætera*, voyez ci-dessus.) Le haut de l'*e* du mot *quem* se rattache au trait qui tient lieu de l'*m* finale. Le mot *censum* s'est déjà présenté. La dernière syllabe du mot *solvere* est remplacée par l'abréviation qui se rattache au trait supérieur de l'*e*. *Promiserunt* (*pmisunt*) : le trait qui tranche la queue du *p* représente assez régulièrement l'abréviation ordinaire de la syllabe *pro*; celui qui se rattache à la haste de l'*s* tient lieu des lettres *er*. — *Sixième ligne*. Le crochet de l'*s* du mot *sub* s'unit avec l'*u* comme dans le mot *censum* (troisième ligne). *Obligacione* (*oligac*) : la suppression du *b* dans le mot *obligacione* est un oubli de l'écrivain; l'*i* s'unit avec le *g*, qui va rejoindre le premier côté d'un *a* ouvert par le haut; la panse du *c* est formée par un petit trait vertical, et le crochet par une barre allongée qui s'unit à une abréviation en forme d'*x*. (Le mot *dicti* s'est déjà présenté.) Le second jambage de l'*a* du mot *campi* s'unit au signe abréviatif qui remplace l'*m*. Le trait supérieur de l'*e* du mot *et* se confond avec le haut de la haste d'un *t* sans barre. Les trois premières lettres du mot *fructuum* sont formées comme dans le mot *frumenti*; le *c* et le *t* sont suivis de deux *u* et d'une abréviation qui se sont déjà rencontrés dans le mot *annuum*. Le mot *in* ne présente pas de difficulté. La boucle du *d* du mot *eodem* se prolonge au-dessous de la ligne pour indiquer la suppression des lettres *em :* le même trait tient lieu des quatre dernières lettres dans le mot suivant.—*Septième ligne*. L'abréviation des mots *et cætera* et la conjonction *et* se sont déjà rencontrées. *Juraverunt* (*jurt*) : l'*r* se boucle avec une abréviation en forme d'*x* qui va rejoindre le *t* final, et qui remplace les lettres intermédiaires. Vient ensuite l'abréviation ordinaire des mots *et cætera*, puis le mot *solvere* commençant par une *s* dérivée de l'alphabet capital : ce mot est terminé de même que dans la 5ᵉ ligne. L'*a* du mot *anno* se lie avec le trait qui tient lieu de la première *n*. La lettre *l*, dans le mot *quolibet*, s'unit à l'abréviation dérivée du *point-virgule :* ce signe remplace les quatre dernières lettres. Le mot *in* s'est déjà rencontré. La barre de l'*f* du mot *festo* sert à former le bas de l'*e* dont le haut se lie au corps de l'*s ;* le crochet de l'*s* se boucle avec le haut du *t*, et le bas de cette lettre s'unit avec l'*o*. L'*i* du mot *beati* est indiqué par une courbe qui s'unit avec le bas du *t*.—*Huitième ligne*. Les trois premiers mots ne présentent pas de difficulté : la suppression de l'*n* dans le mot *arcangeli* et celle de l'*m* dans le mot *tantum* sont indiquées comme dans le mot *annuum* (troisième ligne). La première syllabe du mot *quantum* renferme une double abréviation, c'est-à-dire l'*a* superposé et le trait qui tranche la queue de la lettre *q ;* le trait qui se rattache au *t* sans barre tient lieu des lettres *um*. Vient ensuite l'abréviation ordinaire des mots *et cætera*. L'*r* du mot *reddere* se rattache au trait qui forme le bas de l'*e ;* le haut de cet *e* s'unit au premier *d*, et le prolongement de la boucle du second *d* forme le bas de l'*e* de la seconde syllabe; le haut de cette dernière lettre s'unit avec le trait qui tient lieu de la syllabe finale. La suppression de l'*m* du mot *dampna* est indiquée par le trait qui se rattache au premier *a*.—*Neuvième ligne*. L'abréviation ordinaire des mots *et cætera* est répétée trois fois dans cette ligne, où des mots presque tous incomplets désignent les formules habituellement employées à la fin des contrats. Voici quelles sont les lettres réellement exprimées : *etc., ren, vo, etc. sine, mo, et, li, etc., tes.* Si l'on veut avoir une idée de l'obscurité incroyable de ces abréviations et de l'abus qu'en faisaient les écrivains, on peut consulter la citation qui termine la notice XCVI.

Le *fac-simile* nº 6 [1] de la planche X reproduit une cursive peu élégante mais distincte, et en général régulière. Il faut remarquer le trait courbe ou le croissant qui forme la partie supérieure de presque tous les *e*, le mélange de différentes espèces d'*r*, et l'emploi de l'*h* ou de l'*η* grec dans l'abréviation du mot *Jesu :* cette abréviation est traduite par le mot *Ihesu* dans plusieurs re-

[1] La barre de l'*f* du mot *Contrefait* a été oubliée; ce trait devrait être marqué comme dans le mot *fait*. (Voyez la sixième ligne de la première colonne.)

cueils imprimés; mais nous pensons qu'il est préférable de conserver à l'*h*, même dans la langue vulgaire, la valeur qu'elle a certainement dans le latin, et d'y voir un caractère grec qui correspond à notre *e*.

Les trois dernières lignes du *fac-simile* n° 9 de la planche X sont aussi en cursive gothique. Le trait courbe qui forme le haut de plusieurs *e* se trouve presque toujours isolé du trait inférieur et uni à la lettre suivante : cette habitude, qui s'est perpétuée jusqu'au XVIIIe siècle dans l'écriture *ronde*, ne laisse pas de présenter souvent des difficultés qui arrêtent dans le déchiffrement de certains actes.

2° Age.

Les Bénédictins font remonter au commencement du XIIIe siècle les premiers exemples de la cursive gothique, parce qu'ils rangent dans cette classe les écritures semblables à celle qui est reproduite sous le n° 4 de la planche XV. Ce modèle renferme en effet quelques caractères qui conviennent à la cursive; mais, d'un autre côté, il en conserve quelques-uns qui le rattachent à la minuscule diplomatique. Il est impossible, comme nous l'avons déjà fait observer, de trouver une division qui soit assez nette, assez précise pour être appliquée sans difficulté à des écritures de transition qui appartiennent en même temps à deux espèces différentes, et auxquelles, par conséquent, les qualifications de cursive ou de minuscule ne peuvent convenir d'une manière absolue. Si l'on donne le nom de cursive à ces types intermédiaires qui nous sembleraient plutôt appartenir au genre minuscule, il faut admettre l'époque fixée par les Bénédictins. Si, au contraire, on réserve cette qualification pour des écritures du genre de celle qui est reproduite sous le n° 4 de la planche XVI, on ne devra pas considérer la cursive gothique comme antérieure à la seconde moitié du XIIIe siècle. Cette dernière hypothèse, qui nous a paru préférable, n'a donc rien de contradictoire avec l'opinion des Bénédictins.

Le *d* est une des lettres qui peuvent servir à fixer l'âge de la cursive gothique. Si l'on examine sa forme dans les mots *secundum* et *quod* (dernière ligne du *fac-simile* n° 4 de la planche XVI), on verra qu'il est assez difficile de reconnaître quelle est la portion de la boucle que l'écrivain a tracée en premier lieu. « Le « règne de cette mode, disent les Bénédictins, se place entre le milieu du XIIIe « siècle et celui du XIVe siècle, quoiqu'il ne laisse pas de s'étendre considéra- « blement au-delà de ces bornes. » Lorsque cette forme de lettre concourt, comme dans notre *fac-simile*, avec d'autres *d* dont la tête ne se boucle qu'imparfaitement (voyez le mot *videbimus*, quatrième ligne), l'écriture appartient plutôt au XIIIe siècle qu'aux premières années du siècle suivant, pourvu d'ailleurs que le *t* conserve souvent la forme minuscule, c'est-à-dire que la barre soit partagée en deux parties égales et rarement dépassée par la tête de la haste (voyez dans la première ligne les mots *sciant, inter, testamento*). Il faut aussi remarquer la forme de l'*a* qui est à double montant et traversé par un trait fin partant du bas du montant gauche : cet *a* offre évidemment beaucoup d'analogie avec ceux du *fac-simile* n° 2 de la planche XVI, et par conséquent il convient plutôt aux écritures cursives qui ne sont pas trop éloignées des derniers temps de la minuscule diplomatique. On le retrouve encore dans la première moitié du XIVe siècle, mais il est sensiblement modifié : le montant gauche est plus arrondi, et la liaison, au lieu d'être comme ici distincte de ce montant, ne paraît plus en être que la continuation. (Voyez dans le *fac-simile* n° 7 de la planche XVI, le second *a* du mot *Malemaison.*) L'*e* et l'*r* conservent une forme assez régulière. Cette dernière lettre, employée comme initiale, se rattache à l'alphabet capital; mais le trait qui devrait former la panse ne vient pas rejoindre la haste. Le haut de la lettre *q*, au lieu de s'arrondir en cercle, s'aplatit intérieurement et présente une concavité que nous n'avons pas rencontrée dans les écritures du XIVe siècle.

Ce dernier caractère se retrouve, comme on le voit, dans le *fac-simile* suivant, qui reproduit une écriture cursive beaucoup moins liée que la précédente. Indépendamment de l'*a* à double panse du mot *après*, ce modèle renferme des *a* minuscules. L'*r* initiale du mot *roy* appartient aussi à l'alphabet capital, et la panse ne rejoint pas le corps de la haste : plusieurs autres caractères offrent des rapports sensibles avec ceux du *fac-simile* précédent; mais le *t* s'éloigne davantage de la forme ancienne, soit parce que la barre est traversée par le haut de la haste, soit parce qu'elle se trouve presque en entier à droite de ce trait.

L'écriture du dernier *fac-simile* de la planche XVI est plus courte et plus écrasée que celle du *fac-simile* 4 : il en est de même en général de la cursive gothique postérieure aux premières années du XIVe siècle. On retrouve encore dans ce *fac-simile* des *a* minuscules, mais en petit nombre. Il est facile de reconnaître ici que la boucle du *d* se termine par le trait inférieur [1]; cette

[1] Pendant la première moitié du XIVe siècle, il arrive encore souvent que le *d* est formé de manière à ce qu'il soit difficile de reconnaître au premier coup d'œil si la boucle a été fermée par le trait supérieur ou inférieur. Le haut de cette boucle est généralement horizontal, et suit à peu près la direction du trait qui termine le *d* initial du mot *discordiis* (planche XVI, *fac-simile* n° 3, deuxième ligne); mais nous ferons observer que l'*a* à double montant se rapproche presque toujours de la forme cursive; que le *t* est tout à fait gothique, et que l'*r* présente souvent l'aspect d'un *v* (c'est ce que l'on remarquera tout à l'heure dans le dernier *fac-simile* de la planche XVI) : ces différents caractères ne concouraient pas dans la cursive du XIIIe siècle.

lettre présente d'ailleurs un aspect tout autre que dans le *fac-simile* n° 4, soit par la forme, soit par les dimensions de la boucle. Ce qu'il y a de plus important à remarquer dans cette écriture, c'est l'aspect de l'*r*, dont la haste et le crochet forment un angle plus ou moins ouvert, et ressemblent souvent à un *v*, dont le montant de droite se terminerait par une liaison horizontale (voyez l'*r* du mot *delivrons*) ; l'écartement de ces deux traits est souvent bien plus considérable (voyez les mots *jours*, *Soier* et *chevalier*). Cette forme de l'*r*, qui devient fréquente dès le commencement du XIVe siècle, a fini par donner naissance à l'*r* arrondie que l'on remarque dans le mot *nostre*. (Pl. XVII, *fac-simile* n° 4, deuxième ligne.) L'*r* initiale des mots *recheu* et *roy* diffère de celle des mots *retinemus, retinuimus* et *revocare* (Pl. XVI, *fac-simile* n° 4), en ce que la haste est en contact soit avec le bas de la panse, soit avec la queue ; dans la suite, au lieu d'un simple contact, on remarque une saillie vers la gauche (voyez le mot *roy*, Pl. XVII, n° 4) ; de sorte qu'au XVe siècle, cette lettre « emprunta « quelquefois, disent les Bénédictins, la figure d'un *x* allongé et tranché par « le milieu. » Nous ferons aussi remarquer que dans le dernier *fac-simile* de la planche XVI l'*o* du mot *roy* est ouvert par le haut, et recourbe son côté gauche pour s'unir à la lettre précédente. Cette modification dans la forme de l'*o* devint très-fréquente à compter de la seconde moitié du XIVe siècle. Quand un *o* ainsi formé est précédé d'un *c*, ces deux lettres réunies présentent l'aspect d'un 8 couché. (Voyez le mot *content*, Pl. XVII, *fac-simile* n° 4.) Il nous reste à faire observer, dans le dernier modèle de la planche XVI, la forme de l'*m* des mots *mande* et *monseigneur*, celle de l'*a* initial de la seconde ligne, et celle des *s* dont les hastes sont considérablement renflées (voyez les mots *monseigneur*, *castelain* et *Malemaison*) : ces différents caractères ne se rencontreraient pas à la fin du XIIIe siècle.

Le premier *fac-simile* de la planche XVII renferme encore quelques *t* de forme ancienne ; mais ceux des mots *soit*, *touche* et *escrit* ont complétement la forme gothique. L'écartement de la haste et du crochet de l'*r* n'est pas moins caractéristique que le renflement de la haste de l'*f* du mot *faute*. Enfin, on remarquera que la boucle des lettres *l* et *h* forme dans sa partie antérieure un angle assez avancé, et qui est marqué plus fortement encore dans le *fac-simile* suivant : ces boucles anguleuses ont commencé à paraître dans la première moitié du XIVe siècle; mais au commencement du XVe elles sont en général plus arrondies, sans cependant perdre de leur ampleur. Il est facile de reconnaître que le *fac-simile* n° 2 de la planche XVII s'éloigne, sous certains rapports, des autres modèles de cursive gothique. L'écriture est plus roide, plus anguleuse, et en général plus rapprochée de la minuscule : ces caractères se retrouvent presque toujours dans les actes dressés comme celui-ci par des écrivains anglais. Les lettres qui peuvent servir à les reconnaître sont les *a* à double panse [1], et les *r* allongées dans le genre de celle du mot *nostre*. On remarquera aussi que l'*e* conserve en général la forme ancienne; tandis que, dans le *fac-simile* précédent, le haut de la lettre est souvent détaché de la panse. Quant au *d* à panse anguleuse du mot *redouté*, on le rencontre assez fréquemment dans les actes français de la même époque; il en est de même des *s* finales qui prennent ici l'aspect d'un *o* à trait excédant. Dans le dernier *fac-simile* de la planche XVI, ce trait supérieur se recourbait et se rattachait encore au bas de la lettre : ici, au contraire, il en est complétement séparé, et dans la suite il s'en isolera davantage pour s'élever plus haut, et donner à l'*s* finale l'aspect d'un 6.

Dans le *fac-simile* n° 4 de la planche XVII, les *e* sont formés par deux courbes qui souvent sont isolées : la courbe supérieure, au lieu d'être convexe par le haut, suit en général la même inflexion que l'autre; cette modification essentielle dans la forme de l'*e* ne se remarque pas en général avant les dernières années du XIVe siècle. Nous avons déjà fait remarquer dans l'*r* du mot *roy* le trait qui tranche la haste, et dans le mot *content* la liaison du *c* et de l'*o* sous la forme d'un 8 couché. On voit aussi que l'*a* est devenu tout à fait cursif, que le renflement de l'*s* du mot *somme* est très-considérable, et que la même lettre, employée comme finale, se rapproche souvent de la forme d'un 6. Enfin, la conjonction *et* est représentée par un trait courbe dans lequel on retrouve à peine la trace de la forme primitive de ce signe abréviatif.

Le *fac-simile* suivant se distingue surtout par la prolongation et la courbure de la haste du *t* : ce signe est important à observer, parce qu'il existe aussi dans l'écriture minuscule et dans l'écriture mixte. A mesure que l'on s'éloigne du commencement du XVe siècle, on voit l'extrémité supérieure de cette haste s'allonger, se courber, s'amincir. Si l'on compare la forme de cette lettre dans les *fac-simile* qui portent les n°s 4, 5 et 6 de la planche XVII, il sera facile de reconnaître que ses modifications successives sont en rapport avec l'âge de ces différentes écritures. Le haut des *c* est formé, dans le *fac-simile* n° 5, par un trait courbe assez semblable à celui qui forme le haut de l'*e*; mais il est en général moins développé. Le trait excédant qui donne à l'*s* finale l'aspect d'un 6 est plus fortement indiqué, et son extrémité se recourbe vers la gauche dans le mot *nous* : cette courbure ne se rencontre guère qu'après la première moitié du XVe siècle; il en est de même de la saillie anguleuse que

[1] Ces *a* à double panse n'excluent pas cependant les *a* cursifs; mais ces derniers sont moins nombreux que dans la cursive de France.

l'on remarque dans le bas de l'*r* arrondie du mot *nostre*, et de la boucle par laquelle l'*s* s'unit au *t* dans les mots *feste* et *aoust*. Ce dernier mot est suivi d'une *l* qui ne se rencontrerait probablement pas avant la seconde moitié du XVe siècle.

L'âge du *fac-simile* n° 6 est annoncé non-seulement par la prolongation et la finesse de la haste du *t* dans les mots *autres, autruy* et *toutes*, mais encore par la forme du *t* final du mot *droït* et de la conjonction *et*. Il faut aussi remarquer une nouvelle modification dans la panse du *c*, dont le côté convexe est tourné vers la droite. (Voyez le mot *choses*.) L'extrémité supérieure de l'*s* finale se recourbe vers la droite dans les mots *autres* et *choses* ; mais dans le mot *toutes* cette lettre se rapproche davantage de la forme qu'elle avait dès la fin du XIIIe siècle. (Voyez par exemple le mot *acquisitis*, Pl. XVI, *fac-simile* n° 4, deuxième ligne.) Cependant il existe une différence remarquable dans la manière dont ces deux lettres ont été tracées. En effet, dans l'*s* finale du XIIIe siècle, le côté gauche de la lettre est traversé par un trait horizontal qui se rattache aux deux panses dont se compose le côté droit; l'on voit que ce trait n'existe pas ici, et que d'ailleurs la lettre a été commencée par le haut du trait qui forme le côté gauche : la même habitude existait déjà dans la dernière moitié du XIVe siècle ; mais alors il n'y avait pas de liaison fine qui se rattachât comme ici à l'extrémité supérieure du côté droit. La forme de l'*h* dans le mot *choses* est altérée à cause de sa liaison avec le *c*. Cette suppression de la panse de l'*h* était ordinaire au XVIe siècle.

La panse de l'*h* est également supprimée dans le *fac-simile* suivant, lorsque cette lettre est précédée d'un *c*. (Voyez les mots *cartarenchie* et *Michaelis*.) Malgré l'irrégularité de cette écriture, on y remarquera plusieurs des caractères qui ont déjà été signalés : le prolongement de la haste du *t*, la boucle qui unit cette lettre avec l'*s* dans le mot *festo*, la convexité du côté droit de la panse de plusieurs *c*, la forme du *t* final (voyez par exemple le mot *promiserunt*), l'angle qui existe dans le bas de l'*r* arrondie (voyez le mot *arcangeli*), le prolongement du trait excédant de l'*s* finale (voyez le mot *Michaelis*), la barre qui tranche la haste de l'*r* initiale, enfin la courbure du trait qui forme le haut de presque tous les *e*. Quant aux *p* des mots *capituli, campi* et *dampña*, on les rencontre sous cette forme dans des écritures négligées qui remontent à la première moitié du XVe siècle.

Le *fac-simile* n° 6 de la planche X ne donnera lieu à aucune observation nouvelle; cette cursive est un peu moins libre que celle des chartes, mais les caractères qui ont déjà été signalés peuvent servir à en fixer l'âge. Les trois lignes qui terminent la planche X s'éloignent au contraire de la cursive gothique dans quelques-uns de leurs caractères. Les *e* du mot *omegeneus* sont tout à fait minuscules; il en est de même des lettres *f* et *g*; mais comme il existe d'ailleurs dans ce modèle beaucoup de lettres gothiques, ce mélange suffit pour caractériser l'époque de la renaissance.

ARTICLE IV.

DE L'ÉCRITURE MIXTE GOTHIQUE DES MANUSCRITS ET DES DIPLÔMES.

1° Déchiffrement.

La première colonne du *fac-simile* n° 6 de la planche IX ne renferme pas d'abréviations, et l'écriture est assez régulière pour se lire sans difficulté. Dans la seconde colonne, la suppression de l'*r* du mot *scriptus* (deuxième ligne) est indiquée par la superposition de l'*i*; le mot *per* est abrégé régulièrement; vient ensuite un nom propre dont la première et la dernière lettre seulement sont exprimées; cette abréviation peut désigner toute espèce de nom commençant par un *g* et finissant par une *m*, comme *Germanum*, *Gervasium*, etc. Les autres abréviations ne présentent pas de difficulté. Il faut cependant remarquer, dans le chiffre de la date, le trait qui sert à former le crochet supérieur des trois C, et dont la première partie semble former un quatrième C qui précèderait les autres; pendant la période gothique il arrive souvent que la partie supérieure de ces lettres numérales est indiquée de la même manière. On trouvera aussi dans un grand nombre de manuscrits, soit des traits excédants du genre de ceux qui surmontent les *s* finales des mots *honoris* et *scriptoris*, soit des lettres allongées comme l'*s* initiale de ce dernier mot et le *b* du mot *benedicat* : ces ornements accompagnent surtout la première ligne d'une page; souvent aussi des traits analogues, mais dirigés vers le bas de la page, se rattachent à la dernière ligne.

Cette observation s'applique, comme on le voit, à la première ligne du *fac-simile* n° 5 de la planche X. Les deux dernières lettres du mot *omelia* sont remplacées par le signe abréviatif qui se rattache au corps de la haste de la lettre précédente. Le trait qui surmonte l'*n* du mot *venerabilis* tient lieu des lettres *er*. Il n'y a d'exprimé dans le mot *presbyteri* que les lettres *pbri*; l'*r* et l'*i* présentent par leur réunion l'aspect d'une *n*; le signe abréviatif qui les surmonte tient lieu des autres lettres. L'*s* du mot *nobis* est placée un peu au-dessus de la ligne. L'*n* du mot *accipiens* (sixième ligne), l'*m* du mot *puerum* et l'*n* du mot *in* sont remplacées chacune par un trait placé au-dessus de la ligne; il en est de même des lettres *aci* du mot *gracias*, de l'*n* du mot *agens*, des deux *e* du mot *benedixit*, et des lettres *omi-u* du mot *Dominum*. Les quatre dernières lettres du mot *laudibus* sont représentées par le trait qui tranche le *d*. Le côté droit de l'*h* du mot *antiphona* est lié à l'*o*, et par sa réunion avec cette lettre présente l'aspect d'un *p*; la suppression de la seconde *n* est indiquée par la superposition de l'*a* abréviatif, qui est tranché dans sa partie supérieure par un trait horizontal. Les autres abréviations sont de même nature que celles qui viennent d'être signalées, à l'exception de celle du mot *manibus* (sixième ligne), dont les dernières lettres sont représentées par le signe dérivé du *point-virgule*.

Nous ne voyons rien qui puisse embarrasser dans la lecture du *fac-simile* n° 8 de la planche X. Nous ferons remarquer seulement la forme de l'*x*, dans les mots *expliciunt* et *exarata*, comme un des caractères qui ne se rencontreraient pas dans la minuscule.

Les deux *fac-simile* reproduits sous les n°s 3 et 8 de la planche XVII ne présentent pas non plus de difficulté; les accents recourbés qui surmontent les *i* dans ces deux écritures sont remarquables par leur délicatesse. On retrouve dans le dernier de ces deux *fac-simile* l'*f* double employée comme lettre majuscule au commencement du mot *Francie*.

2° Age.

La formation de l'écriture mixte gothique peut s'expliquer de la même manière que celle de l'écriture mixte de la première période. En effet, la minuscule gothique avec ses lettres anguleuses, et pour ainsi dire taillées à facettes, ne devait pas être moins lente ou moins pénible que ne l'avait été l'onciale ou la capitale; et de même que l'on avait senti autrefois le besoin d'employer des caractères plus faciles à tracer, on a dû naturellement chercher, dans le cours du XIVe siècle, à composer une écriture qui participât en même temps de la rapidité de la cursive et de la régularité de la minuscule. Il est facile de voir que ce double avantage est réuni dans les écritures reproduites sous le n° 6 de la planche IX et sous le n° 8 de la planche X. Lorsque ce genre d'écriture était tracé avec une grande recherche, il se rapprochait davantage de la minuscule : tel est par exemple le *fac-simile* n° 5 de la planche X. Ces rapports sont encore plus frappants dans les deux *fac-simile* de la planche XVII. Par cela même que cette écriture intermédiaire participe à la fois de la minuscule et de la cursive, on peut en conclure d'abord qu'elle est nécessairement postérieure au temps où l'on commence à rencontrer la minuscule gothique dans toute sa pureté, c'est-à-dire aux premières années du XIVe siècle, et en second lieu qu'on peut lui appliquer la plupart des règles qui servent à fixer l'âge des deux écritures dont elle emprunte les caractères.

On retrouve dans le *fac-simile* n° 6 de la planche IX le renflement des hastes de l'*f* et de l'*s*; la forme anguleuse des boucles dans les lettres *b*, *h*, *l*; les *c* dont le crochet supérieur est formé par un trait horizontal; les *d* à tête bouclée; l'*s* finale composée d'une double panse et assez semblable à un B capital; les *t* dont la haste dépasse la barre; enfin l'*r* arrondie qui ne paraît, il est vrai, que dans le mot *fleurs* (huitième ligne). Parmi les *t*, il en est quelques-uns dont la haste s'effile et se courbe vers la droite (voyez le mot *Venetensis*, et surtout le mot *nostre*); mais ce caractère n'est pas soutenu, et en général le haut de la haste est formé par un trait plein; souvent d'ailleurs la barre conserve un assez grand développement vers la gauche de la haste; le mélange de ces deux formes de *t* convient parfaitement aux dernières années du XIVe siècle.

Le *fac-simile* n° 5 de la planche X se rapproche beaucoup plus de la minuscule que de la cursive; aussi les lettres *b*, *h*, *l* ne sont-elles pas toujours bouclées. Les traits fins qui se rattachent aux extrémités de quelques-unes des lettres de la première ligne sont bien dans le goût du XVe siècle. L'extrémité supérieure de la haste du *t* est toujours fine, très-prolongée au-dessus de la barre et inclinée vers la droite; le haut de la plupart des *m*, des *n*, des *i* et des *u* est comme hérissé de pointes fines (voyez les mots *solemnitatem*, *nativitatis*, etc.); un trait accessoire se rattache au *t* final du mot *benedixit*; le concours de ces différents caractères a déjà été signalé dans la minuscule appartenant à la dernière moitié du XVe siècle. Il est un autre signe qui est emprunté à l'écriture cursive, et sur lequel il est important d'appeler l'attention. Dès la fin du XIVe siècle, l'*e* de la cursive gothique a été souvent formé de deux traits détachés, et le trait supérieur a commencé à se courber en forme de croissant; dans la seconde moitié du XVe siècle, ce caractère est devenu plus ordinaire et plus prononcé; c'est ce que l'on peut vérifier sur la plupart des *e* du *fac-simile* n° 6 de la planche X. Cette courbure du trait qui sert à former la boucle de l'*e* se retrouve dans plusieurs *e* du *fac-simile* n° 5 de la même planche. (Voyez par exemple les mots *quadragesimo* et *die.*) Si l'on recherche le même signe dans la minuscule gothique, on l'y trouvera aussi; mais on reconnaîtra qu'il est à la fois moins fréquent et moins prononcé : il est naturel en effet que les habitudes de la cursive aient eu moins d'influence sur la minuscule que sur l'écriture mixte.

La forme de l'*e* est la même dans le *fac-simile* n° 8 de la planche X; on y trouve les *t* dont la haste se prolonge au-dessus de la barre et incline vers la droite. Ce modèle diffère du *fac-simile* précédent par la forme des lettres *b, h, l,* qui en général se rapprochent davantage de la cursive, et par les *d,* dont la tête, au lieu de se replier vers la droite pour former une espèce de triangle, se termine à peu près comme dans l'ancien *d* oncial. Cette forme de *d* se rencontre souvent dans l'écriture cursive à la fin du XVe siècle et surtout au XVIe. Les *d* bouclés continuaient cependant à être employés, mais cette boucle s'allongeait de plus en plus, et les deux côtés se confondaient souvent. Le *d* non bouclé est très-fréquent dans le diplôme qui a fourni le *fac-simile* n° 6 de la planche XVII. Comme ce *d* a toujours été employé dans la minuscule gothique, il n'est pas extraordinaire que la cursive l'ait emprunté, et que de la cursive il ait passé dans l'écriture mixte. Le *fac-simile* n° 8 de la planche X renferme quelques *r* minuscules dont la haste est tranchée à sa base par un trait qui fait saillie vers la gauche (voyez les mots *Hemardi, exarata* et *Francia*); des traits de même nature se retrouvent quelquefois au bas de l'*i*, du premier jambage de l'*u* et de la haste du *t* (voyez pour l'*i* la première lettre des mots *illustrissime* et *jullii;* pour l'*u,* la dernière syllabe du mot *secundum,* et les mots *manu, sumptibus, ducisse,* etc.; pour le *t,* voyez le mot *illustrissime*); lorsque ces traits excédants sont aussi multipliés dans l'écriture mixte, son âge ne peut pas remonter beaucoup plus haut que les premières années du XVIe siècle [1].

Le *fac-simile* n° 3 de la planche XVII tient de la minuscule par son extrême régularité, et de la cursive 1° par la forme des *a,* 2° par le prolongement des queues de l'*f* et de l'*s;* 3° par les boucles des lettres *b, d, h, l* [2]. Les jambages de cette écriture sont brisés en trois parties, et par conséquent on ne pourrait pas être tenté de la faire remonter à la première moitié du XIVe siècle;

[1] On ne devrait pas attacher la même importance à ces traits excédants, s'il s'agissait d'une écriture mixte dans laquelle se retrouveraient presque toutes les formes de la minuscule, et dont les jambages seraient par conséquent composés de lignes brisées; mais lorsque l'écriture mixte imite, comme dans le *fac-simile* dont il est question, les formes de la cursive, il faut tenir compte de ces saillies anguleuses, surtout de celles qui existeraient dans le bas de l'*r* et du *t*. En se reportant au *fac-simile* n° 6 de la planche XVII, on verra que, dans les mots *autres* et *nostre,* la lettre *r* est tranchée à sa base comme dans les mots *Hemardi, exarata,* etc.; et si le diplôme auquel ce *fac-simile* est emprunté ne renferme pas de *t* tranchés comme celui du mot *illustrissime,* on en rencontre fréquemment dans d'autres écritures contemporaines. (Voyez le mot *festo,* septième ligne du *fac-simile* n° 7 de la planche XVII.) Il est d'ailleurs permis de supposer que cette manière de former le bas du *t* se rattache à l'emploi du *t* final que l'on remarque dans le mot *droit* et dans la conjonction *et* (planche XVII, *fac-simile* n° 6).

[2] Cette lettre ne se rencontre pas dans le *fac-simile;* mais, dans d'autres passages du diplôme, sa haste se boucle comme celle des lettres *l* et *b*.

ces formes gothiques sont même plus caractérisées que dans la plupart des écritures antérieures au xve siècle. Mais ce modèle se rattache au siècle précédent par les boucles anguleuses des lettres *l* et *b*. On remarquera aussi que les queues des *s* et des *f* sont beaucoup plus prolongées que dans les écritures reproduites sous les n°s 5 et 8 de la planche X; que le haut des *e* ne présente pas toujours l'aspect d'un croissant; que cette courbure (quand elle se rencontre) est peu prononcée, et que la haste du *t* n'est ni effilée, ni inclinée vers la droite.

Sous ce dernier rapport le *fac-simile* n° 8 de la planche XVII s'éloigne complétement des règles ordinaires : non-seulement la barre du *t* est presque toujours partagée en deux parties égales, mais encore elle n'est que faiblement dépassée par la tête de la haste[1]. Cette exception peut être expliquée par la date même de l'acte qui a fourni ce *fac-simile*. Au commencement du xvie siècle l'imprimerie devait exercer une grande influence, sinon sur l'écriture usuelle, du moins sur la calligraphie; on ne doit pas s'étonner que les écrivains aient emprunté quelques-unes des formes typographiques pour les mêler à celles de la minuscule gothique. Ce fait est prouvé jusqu'à l'évidence par la première ligne du *fac-simile* n° 9 de la planche X. Si des manuscrits italiens antérieurs à la découverte de l'imprimerie présentent des caractères analogues à ceux de ce *fac-simile*, il est facile de reconnaître que, dans le modèle de la planche X, plusieurs lettres renferment des détails qui ne peuvent avoir été empruntés qu'aux habitudes typographiques. L'écrivain qui a copié le traité de Londres n'a pas poussé aussi loin son imitation; mais il a souvent arrondi le bas des jambages, et l'on reconnaît au premier coup d'œil que la plupart des caractères du corps de l'acte diffèrent beaucoup sous ce rapport de ceux du mot *Henricus*, où il s'est attaché à conserver les formes gothiques dans toute leur pureté. Cet acte renferme cependant quelques caractères qui conviennent aux premières années du xvie siècle. On remarquera en effet que le haut des *e* est en forme de croissant; que le bas de l'*r* du mot *Francie*, et l'*x* du mot *rex* sont tranchés, ainsi que l'*a*[2] du mot *Anglie;* que le crochet de l'*r* du mot *Henricus* est terminé par un trait fin qui, au xve siècle, ne se rattachait

[1] Dans un grand nombre d'actes anglais de la seconde moitié du xve siècle, la saillie et la courbure du *t* ne sont pas aussi prononcées qu'en France; mais ce caractère existe toujours, quoique à un degré inférieur. Le haut de la haste, d'ailleurs, est pointu au lieu d'être émoussé comme dans le dernier *fac-simile* de la planche XVII.

[2] Cet *a* en forme d'*x* est analogue à celui qui commence la troisième ligne du *fac-simile* précédent. Nous ne pensons pas qu'il ait été employé au xve siècle; on peut en dire autant de l'abréviation du mot *quod*, indiquée par un de ces traits fins qui ne servent ordinairement que pour les ornements accessoires.

ordinairement à cette lettre que lorsqu'elle se trouvait à la fin d'un mot; enfin qu'il y a également des traits accessoires dans l'intérieur de l'*s* initiale des mots *sequitur* et *sciatis*, et dans l'*h* du mot *Henricus*. Il est inutile de pousser plus loin ces observations, qui doivent suffire pour fixer l'âge de cette écriture. Et d'ailleurs, on ne doit pas oublier qu'un examen qui s'étendrait à l'ensemble de l'acte au lieu de porter sur quelques lignes seulement, ajouterait de nouveaux moyens de vérification à ceux qui viennent d'être exposés.

CHAPITRE V.

DES ÉCRITURES NATIONALES.

Quoique cet ouvrage élémentaire soit exclusivement destiné à faciliter le déchiffrement des anciennes écritures qui ont été employées en France, nous n'avons pas cru pouvoir nous dispenser de signaler en peu de mots le résultat des savantes recherches entreprises par les Bénédictins sur les écritures nationales des autres peuples de l'Europe. Pour traiter à fond ce vaste sujet, il aurait fallu augmenter dans une proportion considérable la collection de *fac-simile* jointe à cet ouvrage; et peut-être même aurait-il été nécessaire, malgré la richesse de nos dépôts publics, de recueillir à l'étranger un grand nombre de monuments originaux : tel n'est pas le but que nous nous sommes proposé. Nous avons voulu seulement présenter quelques faits généraux, faciliter par des définitions l'intelligence des termes consacrés dans les ouvrages de paléographie à la nomenclature des différentes espèces d'écritures nationales, et indiquer quelques signes principaux à l'aide desquels on peut distinguer celles de ces écritures qui se rencontrent le plus habituellement.

Commençons par signaler rapidement quelques écritures nationales qui sont antérieures à l'invasion des Francs : nous examinerons ensuite celles dont l'origine est plus récente et dont il existe un plus grand nombre de monuments.

ARTICLE PREMIER.

DES ÉCRITURES ANTÉRIEURES A L'INVASION DES FRANCS.

Tout ce qui se rattache à l'ancienne écriture des Gaulois est tellement problématique que nous pourrions nous dispenser d'aborder ici cette question. Cependant il ne sera peut-être pas inutile de faire connaître les conjectures auxquelles se sont arrêtés les Bénédictins. « Avant que les Romains se fussent « emparés des Gaules, disent-ils, les habitants du pays ne mettaient rien par « écrit de ce qui concernait leur religion. Seulement ils faisaient usage de l'écri-

« ture dans leurs affaires publiques et privées. Mais quelle était cette écriture, « quels en étaient les caractères, et quels monuments en reste-t-il? Les plus an- « ciens dont on ait connaissance sont en écriture romaine : tous sont posté- « rieurs à la conquête des Gaules par Jules César. L'écriture dont on usait dans « la plupart de ces contrées, avant les Romains, était néanmoins aussi diffé- « rente de la leur qu'approchante de celle des Grecs. On a sujet de croire qu'elle « ne fut pas tout d'un coup entièrement abolie. D. Mabillon regarde comme « le seul monument de cette écriture, sur la sincérité duquel on puisse compter, « l'inscription du tombeau de Gordien, messager ou courrier des Gaules, qui « souffrit, dit-il, au IIIe siècle, le martyre avec toute sa famille. Que l'inscrip- « tion du tombeau de Gordien soit sincère, c'est sur quoi les savants ne contes- « teront pas apparemment; mais ils pourront révoquer en doute qu'elle ait été « écrite en caractère gaulois. Ce n'est pas l'unique monument où l'on découvre « des inscriptions en latin dont les lettres sont partie grecques et partie latines. »

Les Bénédictins font observer ensuite qu'au IIIe siècle ce mélange des lettres grecques et latines ne devait pas être ordinaire chez les Gaulois. « Quand ils « dressaient des actes en leur langue, continuent les mêmes auteurs, ou qu'ils « érigeaient des monuments publics, alors ils employaient les caractères ro- « mains. Mais avant la conquête des Gaules par César l'écriture grecque y « était ordinaire. Des peuples entiers de ces vastes contrées ignoraient la langue « des Grecs, et ne laissaient pas de se servir de leur écriture. » Les Bénédictins pensent donc qu'avant l'invasion de Jules César les Gaulois se servaient exclusivement des caractères grecs; mais que, depuis l'invasion, ils employèrent de préférence l'alphabet latin, en y mêlant quelquefois un certain nombre de lettres grecques. Si l'on donne le nom de *gauloise* à l'écriture dont tous les caractères sont de forme grecque, il faut nécessairement désigner par une autre expression celle qui emploie les lettres latines. Les Bénédictins l'appellent écriture *gallicane;* en la nommant *gallo-romaine* on la définirait peut-être d'une manière plus exacte; mais ces distinctions ne sont pas d'un grand usage dans la pratique, à cause de la rareté des monuments antérieurs à l'invasion des Francs. Bornons-nous seulement à signaler, d'après les Bénédictins, l'emploi fort impropre du nom d'*écriture gauloise* qui a été appliqué par certains auteurs à des monuments postérieurs au Xe siècle.

Il est une autre écriture dont les caractères sont, jusqu'à un certain point, étrangers à l'alphabet romain, sinon par leur origine, du moins par leur aspect : nous voulons parler de l'écriture runique. Elle a été employée surtout dans le Danemarck, la Norwége et la Suède. Quelques auteurs ne doutent pas qu'elle ne soit de beaucoup antérieure à l'ère chrétienne; mais les Bénédictins déclarent formellement qu'ils ne veulent pas se rendre garants des fables qui ont été débitées sur l'antiquité de l'écriture runique. « C'est prendre un parti raisonnable, disent-ils, que de faire remonter, avec certains auteurs, l'usage « des lettres dans le Nord au IVe siècle, ou même au temps où ces nations « commencèrent à lier quelque sorte de commerce avec les Romains. » Ce qu'il y a de plus positif à cet égard, ce sont deux vers de Venance Fortunat, évêque de Poitiers, mort vers l'an 609 :

Barbara fraxineis pingatur runa tabellis,
Quodque papyrus agit virgula plana valet.

Parmi les monuments véritablement authentiques de cette écriture, le plus ancien remonte au IXe siècle : c'est l'histoire d'Hialmar, roi de Biarmlande et de Thulemarkie, imprimée à Stockholm en 1699. Voici, au reste, un passage dans lequel les Bénédictins résument leur opinion sur l'origine et la durée de l'écriture runique. « Avant l'introduction des lettres latines dans le Nord, les « runes étaient également en usage chez les Suédois, les Norwégiens, les « Danois et les Islandais. Sperling les fait cesser totalement au XVe siècle. « L'auteur des Chroniques suédoises, livre premier, raconte, au rapport de « Wormius, qu'Olaüs Scotkoning, roi de Suède, abolit les lettres runiques par « une loi : or ce prince mourut en 1018. Notre auteur ne laisse pas de supposer « que les runes se sont encore maintenues quelque temps chez les particuliers « depuis cette ordonnance. Les runes avaient déjà commencé à tomber dans un « grand discrédit sous Éric le Victorieux, père d'Olaüs Scotkoning. En Danemarck elles ont duré bien davantage. Wormius cite en preuve les Fastes « danoises, portant pour date l'an 1328. Mais déjà les runes n'étaient plus d'un « usage aussi commun que les caractères latins. Les premières ne furent proscrites par aucun décret chez les Danois : insensiblement ils s'accoutumèrent « aux lettres latines, introduites avec la religion dans le Nord. Elles ne furent « portées en Islande qu'au XIVe siècle, sous Waldemar IV. » On ne peut guère douter que l'alphabet runique ne soit dérivé de l'alphabet romain; mais quoique la conformité de certaines lettres soit frappante, l'écriture offre dans son ensemble un aspect tout différent, parce que les lignes courbes y sont très-rarement employées : cette circonstance s'explique par le texte de Fortunat, duquel il résulte que dans le principe les lettres runiques étaient formées avec de petits morceaux de bois (*virgula plana*) diversement combinés. A mesure que l'emploi de ces lettres devint plus ordinaire, leur forme a dû se modifier : aussi, dans l'alphabet donné par les Bénédictins (tome I, Planche XIV), chaque lettre peut être représentée, terme moyen, par vingt-cinq caractères différents. Mais comme cet alphabet se compose des mêmes voyelles et des mêmes consonnes que l'alphabet latin, on est suffisamment autorisé à croire que l'écriture runique n'a pas d'autre origine que celle des autres peuples de l'Europe. Les Bénédictins n'élèvent pas le moindre doute à cet égard : ils font remarquer seulement qu'un petit nombre de caractères peuvent avoir été empruntés à l'alphabet grec.

Le mélange des caractères grecs et latins existe aussi dans l'alphabet dont l'invention est attribuée à Ulphila, évêque des Goths établis en Mésie. « L'écriture gothique d'Ulphila, disent les Bénédictins, n'est qu'un composé de « beaucoup de lettres communes aux Grecs et aux Latins, de quelques-unes « particulières aux uns et aux autres, et d'un petit nombre propres à rendre « certains sons barbares inconnus aux Grecs et aux Romains [1]. On fit entrer « des caractères parallèles dans l'écriture saxonne pour exprimer des sons « également contraires à la prononciation latine. C'est de l'écriture ulphilane « que l'on doit entendre ce que dit Allatius de certains caractères gothiques qui « paraissent à l'œil plutôt des capitales grecques et latines, et qui néanmoins « ne sont point grecs. Cette écriture gothique, à face gréco-latine, est celle « du fameux Livre d'argent, publié en ses propres caractères par Junius, et « dont Gruter a donné quelques modèles dans ses inscriptions. Ce manuscrit « unique en son espèce, écrit en lettres d'argent, et contenant une traduction « des quatre évangiles en langue gothique, a beaucoup exercé les savants. « Ulphila est-il auteur de cette version? Est-elle d'un Goth contemporain « de cet évêque, ou d'un Saxon, comme le prétend Hickes? C'est sur quoi ils « sont encore partagés. Selon les uns, les lettres en sont pour la plupart plus « semblables aux phéniciennes que les grecques ordinaires : selon les autres, « elles sont plutôt franciques que gothiques. La vérité est qu'elles sont sem- « blables à celles de l'alphabet d'Ulphila, évêque arien, qui vivait du temps des « empereurs Valentinien et Valens, c'est-à-dire vers l'an 370. Que ce caractère « soit plutôt francique que gothique, c'est une imagination singulière déjà « réfutée. Basnage, au IIIe tome de ses Annales ecclésiastiques, prétend prouver « que les Goths avaient une écriture propre plus ancienne, parce qu'en 320 « ils envoyèrent leur évêque au grand concile de Nicée. La conclusion n'est ni « évidente, ni nécessaire; mais il paraît certain que le runique, qu'on appelle « aussi gothique, pouvait être en usage chez ces peuples. » Si les savants ne sont pas d'accord sur l'origine des caractères employés dans le Livre d'argent, ils reconnaissent tous du moins que les Goths, devenus maîtres de l'Italie,

[1] Les Bénédictins disent, dans un autre passage (tome I, page 706), que ces lettres spéciales sont au nombre de deux seulement : elles correspondent à peu près, soit pour la valeur soit pour la forme, l'une au Q des Latins, l'autre au Θ ou au Φ des Grecs.

cessèrent d'avoir un alphabet particulier pour emprunter celui des Romains. « Cette écriture italo-gothique, disent les Bénédictins, n'admet point d'autres « caractères que ceux qui étaient en usage chez les Latins, depuis l'an 476 « jusqu'en 568, époque de l'établissement et de la ruine de la monarchie des « Goths en Italie. Que ces barbares se soient servis des caractères romains aux « Ve et VIe siècles, les médailles de leurs rois Théodoric, Athalaric, Théodahat, « Baduela, Vitigès et Teïas, ne permettent pas d'en douter. Il est plus que « probable que les Goths ne se contentèrent pas d'adopter les caractères majus- « cules romains ; les minuscules et les cursifs leur étaient encore plus néces- « saires dans l'usage ordinaire et journalier ; mais il ne nous est resté aucun « monument des Goths en ces caractères latins. » Cependant, si l'on en croyait une foule d'auteurs, rien ne serait si commun que l'écriture gothique. En effet, on a donné ce nom à toutes les écritures qui ont paru difficiles à déchiffrer. Voici un passage dans lequel les auteurs du Nouveau Traité de Diplomatique ont relevé quelques-unes de ces méprises. « L'opinion vulgaire, dit M. Maffei, « fait appeler gothiques les lettres écrites sous les statues des apôtres, à la « rotonde de Ravenne. Ce sont néanmoins de belles majuscules romaines. « Misson, dans son voyage d'Italie, rabaisse l'âge d'un Virgile du Vatican, auquel « on donne plus de mille ans, sous prétexte que les caractères ont quelque « rapport avec le gothique moderne. Par une semblable méprise, le célèbre « M. Fontanini, d'après D. Mabillon, appelle demi-gothiques les écritures capi- « tales employées sur les sceaux et dans les titres des manuscrits mérovingiens. « On ne comprend point comment le savant italien a pu qualifier gothique « l'écriture de la charte de *Pleine sécurité*, et de celle que Mabillon a publiée « d'après Lambecius. Dans l'une et l'autre pièce, le caractère cursif romain « se montre avec toute sa hardiesse et sa fierté. Oserions-nous le dire ? D. Ma- « billon lui-même ne trouve nulle différence entre les deux modèles d'écriture « antique qu'il a fait graver dans son Supplément (page 11). Le premier, cepen- « dant, est en caractère romano-gallican ; le second, en mérovingien. La dissem- « blance de ces deux écritures est palpable. La lombardique n'a pas causé « moins d'embarras aux savants..... Parce que les papes s'en servaient dans « leurs bulles, le nom de romaine lui fut quelquefois donné au XIe siècle. « Le P. Germon voyait l'écriture lombardique dans la fameuse charte de *Pleine « sécurité* gardée à la Bibliothèque du Roi. Comment ce jésuite pouvait-il s'imagi- « ner qu'une pièce, dressée à Ravenne en 564, était de l'écriture des Lombards, qui « n'entrèrent en Italie qu'en 568 ?..... On ne conçoit pas comment Nicolas Keder, « dans son traité ou commentaire sur les médailles runiques, a pu confondre « les lettres monacales ou gothiques modernes avec les lombardes. » (*Nouv.*

Traité de Diplom. tome III, p. 31 et 32.) Ces dénominations vicieuses peuvent être réformées quand elles ne sont employées que par un petit nombre d'auteurs; mais il n'en est pas de même quand l'usage les a consacrées. Ainsi nous n'avons pas cru pouvoir rejeter le terme, d'ailleurs fort impropre, d'écriture *gothique,* par lequel tout le monde désigne les caractères qui ont été employés depuis le XIIIe siècle jusqu'à la renaissance, caractères qui n'ont aucun rapport avec ceux dont les Goths ont pu se servir autrefois. Mais, tout en faisant cette concession à l'usage, il faut bien reconnaître que le nom de *gothique* conviendrait seulement à l'écriture ulphilane, et que l'on devrait désigner sous le nom d'*italo-gothique* le petit nombre de monuments que nous ont laissés les Goths devenus maîtres de l'Italie. Quant au gothique moderne, les Bénédictins disent quelque part qu'on pourrait l'appeler *Ludovicien,* parce que ce fut principalement sous le règne de Louis IX qu'il contracta ses formes caractéristiques. M. Guérard, dans son cours de l'École des chartes, se sert du mot *Scholastique.* Si cette dénomination était adoptée, on aurait le double avantage d'éviter toute équivoque, et d'indiquer une des causes qui ont amené la formation du gothique moderne. En effet, les Bénédictins signalent l'influence que les philosophes scolastiques ont exercée sur l'écriture en mettant à la mode leurs vaines subtilités, traduites par des abréviations aussi arbitraires qu'inintelligibles.

ARTICLE II.

DES ÉCRITURES POSTÉRIEURES À L'INVASION DES FRANCS.

Nous avons déjà dit, dans un des chapitres précédents, que les Bénédictins rattachaient à l'écriture romaine toutes celles qui ont été employées depuis l'invasion des Barbares en France, en Italie, en Espagne, en Allemagne et en Angleterre. Cette opinion a trouvé autrefois quelques contradicteurs; mais aujourd'hui elle est généralement admise, et par conséquent il serait inutile d'établir, par de longs raisonnements, un principe qui a toute l'autorité d'un axiome. Puisque les écritures nationales ne sont que des *variétés* de l'écriture romaine, on peut en conclure qu'en apprenant à déchiffrer nos diplômes et nos manuscrits, on apprend aussi à résoudre les difficultés que peuvent présenter les monuments écrits par les autres peuples de l'Europe. En effet, les copistes français imitaient le même modèle que les copistes d'Italie, d'Espagne, d'Allemagne ou d'Angleterre, et ces différentes imitations ne peuvent manquer d'avoir entre elles des rapports aussi nombreux que faciles à saisir. Cette analogie est tellement incontestable qu'on ne peut pas toujours reconnaître dans quel pays un manuscrit a été copié; il est même vrai de dire, en thèse générale, que l'écriture majuscule est complétement identique chez les différents peuples de l'Europe. Quant à la minuscule et à la cursive, elles présentent souvent des différences qui varient selon les pays, mais qui ne sont pas toujours également sensibles : on verra d'ailleurs que l'écriture carlovingienne a été souvent employée concurremment avec les autres écritures nationales; en sorte qu'un grand nombre de manuscrits italiens du IXe et du Xe siècle présentent le même aspect que des manuscrits copiés en France; ou, s'ils en diffèrent, c'est par des nuances qu'un œil exercé est seul capable de saisir. Nous n'avons pas la prétention de résoudre ces difficultés, mais il ne sera peut-être pas inutile d'indiquer les caractères les plus saillants qui peuvent servir à distinguer les écritures d'Italie, d'Espagne, d'Angleterre et d'Allemagne.

§ I. DE L'ÉCRITURE LOMBARDIQUE.

« Les Lombards, disent les Bénédictins, se rendirent maîtres de l'Italie l'an « 569, excepté de Rome et de Ravenne. Leur domination ne dura qu'environ « deux cent six ans. Cependant, la plupart des écritures qui ont eu cours au « delà des monts, depuis le VIIe siècle jusqu'au XIIIe, sont qualifiées lombardiques. « Romaines d'origine, comme celles des Wisigoths, des Francs, des Anglo- « Saxons et des autres peuples du rit latin, elles se distinguent par un goût « national et par diverses formes qu'elles prirent pendant la révolution d'en- « viron six siècles. »

Les titres des manuscrits lombardiques sont souvent écrits en lettres capitales formées par des compartiments de différentes couleurs qui présentent l'aspect d'une marqueterie. Quoique ces ornements aient été employés par d'autres nations, l'Italie en a fait plus particulièrement usage; mais pour apprécier sûrement un manuscrit, il ne faut pas s'en rapporter exclusivement aux caractères que présentent les ornements ou l'écriture des titres. On peut supposer que des Italiens ont été souvent employés pour exécuter ces sortes de détails sur un manuscrit copié en France; d'un autre côté, des calligraphes français ont pu s'attacher à reproduire les ornements les plus remarquables d'un manuscrit italien. L'écriture du texte fournit donc des règles d'appréciation beaucoup plus certaines. On trouvera, dans le *fac-simile* n° 4 de la planche I, deux alphabets et quelques liaisons de lettres qui ont été gravés d'après des manuscrits lombardiques du IXe et du Xe siècle [1]. Un manuscrit du

[1] Ce sont les manuscrits 771 du Supplément latin, 7530 de l'Ancien fonds latin, 738 et 12 du Fonds Saint-Germain latin. Nous avons indiqué, dans les observations jointes à la première planche, quelles sont les portions du *fac-simile* qui appartiennent à chacun de ces manuscrits.

Fonds Saint-Germain des Prés, coté 12 et 13, a fourni le second alphabet et les liaisons de lettres qui s'y rattachent. — Les deux *a* du manuscrit 12 sont ouverts par le haut, et leurs extrémités supérieures se recourbent, l'une à gauche, l'autre à droite. Le second *a* surtout semble composé d'un *i* et d'un *c* dont les deux crochets arrivent presque à se confondre : cette courbure de la seconde moitié de l'*a* est en général très-caractérisée dans la minuscule lombardique. Cependant elle n'existe pas dans l'*a* tiré du manuscrit 738, dont les deux extrémités supérieures se brisent vers la gauche; mais les deux autres manuscrits ont fourni des *a* formés par la réunion de deux *c*, et l'intervalle qui sépare ordinairement les crochets du second *c* disparaît entièrement dans la liaison des lettres *at*. On serait d'abord tenté de lire *ait* au lieu de *at*, parce que le côté gauche de la barre du *t* se recourbe et se prolonge de manière à former un jambage : c'est là un des signes auxquels on peut reconnaître la minuscule lombardique. — Le *b* de la syllabe *bon* s'unit par un trait accessoire à la lettre suivante : on doit se rappeler que la cursive carlovingienne employait souvent la même liaison, mais on ne la trouverait pas dans la minuscule; on peut donc considérer ce signe comme particulier à la minuscule lombardique, mais on ne le rencontre pas toujours; en effet, le manuscrit 771 n'en fournit pas d'exemple. — Le premier alphabet renferme un *c* ordinaire et un autre qui est à double panse; dans le second alphabet, le haut de la panse du *c* est surmonté d'une espèce de bouton, et le crochet supérieur se lie avec le *t* et l'*o* (voyez *cta*, *co*) : ces différents signes sont encore à remarquer. — Dans le premier alphabet, tous les *e* sont à double panse; dans le second ils ont la forme minuscule, mais leur élévation est remarquable, et lorsqu'ils terminent un mot, leur barre se prolonge fort loin. (Voyez l'*e* à cédille et l'abréviation du mot *est*.) — L'*e* à double panse reparaît dans la syllabe *ex*, mais la minuscule de France employait souvent la même forme d'*e* lorsque cette lettre était suivie d'un *x*. L'abréviation du mot *est* est indiquée par le trait qui surmonte l'*e* et par les deux points qui se trouvent au-dessous de la lettre : l'*e* placé entre deux points suffisait dans les anciens manuscrits pour exprimer le mot *est;* mais on n'y ajoutait pas comme ici un signe abréviatif, et la position des deux points était différente. Le manuscrit 738 a fourni le mot *etiam,* qui se termine par un *a* de forme minuscule dont la panse se prolonge au-dessous de la ligne. Dans la portion du *fac-simile* empruntée au manuscrit 771, on remarquera la syllabe *ec* qui renferme un *c* à panse brisée par le bas, du genre de ceux que l'on a rencontrés dans l'ancienne cursive. Cette forme primitive du *c* a été conservée fort tard dans l'écriture lombardique. Il en est de même de certaines liaisons qui unissent la lettre *i* à l'un des traits de la lettre précédente : l'*i* du mot *erit* est formé par le prolongement du crochet de l'*r;* dans la syllabe *fi* (6e ligne), il se rattache au crochet de l'*f;* dans la syllabe *gi* (7e ligne), à la saillie du *g;* enfin la dixième ligne présente un double exemple d'une liaison analogue dans les syllabes *li*. Celle de ces syllabes qui a été empruntée au manuscrit 12 renferme un *i* terminé par un bouton qui donne à la lettre *l* l'aspect d'un *b* : le haut du premier jambage de l'*m* et de l'*n* du même manuscrit se termine aussi par une espèce de bouton ou de rondeur qui n'existe pas, en général, dans la minuscule lombardique postérieure au IXe siècle. Dans le manuscrit 771, au contraire, le haut de ces jambages se termine carrément : il faut remarquer aussi que ces deux lettres sont formées de lignes brisées. On retrouve le *t* renversé dans la liaison des lettres *nt*.—Dans la syllabe *ol*, l'*o* s'unit à la lettre suivante par une liaison du genre de celle que l'on a rencontrée dans la syllabe *bon*. On voit aussi que l'*o* isolé se termine par un trait excédant qui n'existe pas dans l'*o* du manuscrit 771.—Parmi les abréviations qui se trouvent sur la ligne du *p*, celle de la syllabe *pus* est la seule qui s'éloigne des formes que l'on a déjà rencontrées.—Le manuscrit 771 a fourni un modèle de la lettre *q* et une abréviation du mot *que*, représenté, selon l'usage, par un *q* suivi du *point-virgule*. Les deux abréviations suivantes (*quod* et *qui*) sont tirées du manuscrit 738; les traits qui indiquent la suppression de l'*u* se rattachent, dans la première, au côté gauche de l'*o*, et dans la seconde, à la tête de l'*i*. Le reste de la ligne est tiré du manuscrit 12. On y retrouve la lettre *q* suivie du *point-virgule*, ou plutôt de deux points; mais la queue de la lettre est tranchée en outre par un signe abréviatif : cette manière de représenter le mot *que* n'est guère employée dans les manuscrits français. Le mot *quod* est au contraire abrégé selon l'usage ordinaire. — Il est facile de voir que dans la minuscule lombardique l'*r* se rapproche beaucoup de la forme cursive, soit par la brisure, soit par l'inflexion de son crochet. Dans la syllabe *ri*, l'*i* est lié à l'*r*, comme dans le mot *erit;* le crochet de l'*r* s'unit de la même manière à l'*y* dans la syllabe suivante. Le manuscrit 12 a fourni une abréviation de la syllabe *rum* à peu près semblable à celle qui se trouve placée au-dessous de la ligne suivante. Cependant on peut remarquer que dans cette seconde abréviation le prolongement du crochet de l'*s* se recourbe à son extrémité inférieure, et présente ainsi l'aspect d'un *t* dont la barre est figurée par le trait qui tranche ce prolongement dans sa partie moyenne. Cette abréviation du mot *sunt* peut donc être considérée comme formée de la réunion d'une *s* et d'un *t*. Quant à la seconde abréviation du mot *sunt*, elle est conforme à l'usage ordinaire. Dans la partie du *fac-simile* qui est empruntée au manuscrit 771, il faut remarquer la liaison de l'*s* et du *p*.—La lettre *t* est peut-être celle qui fournit les indices les plus certains pour reconnaître la minuscule lombardique. Examinons les différents exemples qui sont réunis dans la dix-huitième ligne du *fac-simile.* On voit d'abord un *t* isolé dont la barre se recourbe vers la gauche et redescend jusqu'au pied de la haste. Le *t* conserve la même forme dans la syllabe *te;* mais comme le développement du côté droit de la barre est arrêté par le corps de l'*e*, il en résulte que le *t* ne diffère pas de l'*a* tel qu'il est figuré en tête de la première ligne. Ce rapport entre la forme de l'*a* et du *t* est un des caractères essentiels de la minuscule lombardique : on voit qu'il existe encore dans la syllabe qui suit immédiatement, et dans la syllabe *to.* Dans le second exemple de la syllabe *ti*, la forme du *t* est toute différente : il présente l'aspect d'un *o* à trait excédant, qui se recourberait vers la droite pour s'unir à un *i* allongé. Le côté gauche de cet *o* forme la haste du *t;* la haste, en se recourbant dans sa partie inférieure, s'unit à la barre, qui se prolonge en trait excédant jusqu'à ce qu'elle rencontre l'*i* allongé : cette liaison du *t* et de l'*i* ne se rencontrerait pas dans les autres écritures nationales. L'écriture mixte mérovingienne fournirait plus d'un exemple de liaisons de lettres semblables à celles des syllabes *te* et *tu* qui sont tirées, l'une du manuscrit 7530, l'autre du manuscrit 738. Les rapports du *t* et de l'*a* ne sont pas aussi frappants dans la portion du *fac-simile* qui est empruntée au manuscrit 12 ; cependant on les retrouve encore, surtout dans le second *t* et dans celui de la syllabe *to.* La forme de l'abréviation de la syllabe *tur* est à remarquer. — Les observations auxquelles a donné lieu la forme des jambages de l'*m* et de l'*n* s'appliquent aussi à la lettre *u.* — La liaison des lettres *et*, placée au commencement de la dernière ligne, est empruntée au manuscrit qui a fourni celle des lettres *ec* (5e ligne). Pour distinguer ces deux signes, qui semblent d'abord se confondre, il suffit de remarquer que le trait correspondant au crochet du *c* se recourbe vers la droite, tandis que dans le mot *et* le même trait se recourbe vers la gauche, c'est-à-dire dans la direction que doit naturellement suivre la haste du *t* renversé.

Comme il existe un grand nombre de bulles en cursive lombardique, nous avons cru devoir donner une idée de cette écriture en reproduisant un court fragment tiré d'un papyrus déposé aux Archives du Royaume. (Voyez planche XII, n° 6.) Le mot *sciat* renferme un *c* à double panse et un *a* ouvert par le haut. La forme des deux premiers *a* du mot *anathematis* est la même : le troisième est aussi ouvert, mais incliné vers la droite et superposé au *t*, dont il rejoint la haste par le prolongement de son second jambage. Le mot *vinculo*, qui ne présente pas de difficulté, est suivi de l'abréviation ordinaire du mot *esse.* La haste du *t* du mot *innodatum* est complétement isolée de la barre, qui décrit une courbe assez élevée dont le côté droit s'unit au premier jambage de l'*u*. La barre de l'*e* du mot *et* se boucle avec le crochet supérieur et redescend jusqu'au bas de la ligne pour s'unir avec la haste du *t;* le haut de cette haste donne naissance à une barre qui ne s'étend pas du tout vers la gauche. Les trois mots suivants ne présentent pas de difficulté : il faut remarquer le prolongement du côté droit de l'*o* du mot *omnibus*. Le mot *aeterni* commence par un *a* qui présente l'aspect d'un *ω* : c'est le signe à l'aide duquel on peut reconnaître le plus facilement la cursive lombardique [1]. La barre de l'*e* prend naissance dans le bas de la lettre, et s'élève jusqu'au crochet supérieur sans cependant s'y rattacher ; elle redescend ensuite jusqu'au bas de la ligne pour s'unir à la haste d'un *t* semblable à celui du mot *et*. Le *c* du mot *condempnatum* se brise dans sa partie supérieure, pour s'unir au prolongement du côté droit de l'*o*, dont le côté gauche rejoint le premier jambage de l'*n*. On retrouve dans ce mot un *a* en forme d'*u;* le *t* est moins régulier que celui du mot *innodatum*, mais sa forme est à peu près la même. Les caractères reproduits sous le n° 6 *bis* sont fort difficiles à déchiffrer : Mabillon et les Bénédictins se bornent à les traduire par le mot *datum;* mais ils n'indiquent pas le moyen de retrouver celles des lettres de ce mot qui sont exprimées. Il est évident que l'écrivain a commencé par tracer la boucle qui se trouve au bas du grand trait vertical ; l'extrémité supérieure de ce trait se termine par une boucle pleine et se lie vers la gauche à une ligne courbe qui redescend pour le traverser d'abord de gauche à droite, puis de droite à gauche. Cette ligne se ferme en rond et s'élève obliquement de gauche à droite pour former le premier montant d'un A capital dont le sommet se trouve placé au-dessus du mot *innotuit*. Le second jambage de cet A redescend jusque dans l'intérieur du rond formé par la ligne courbe. Du bas de ce second jambage part une ligne presque horizontale qui se termine au-dessus d'une petite courbe représentant un U capital dont les deux jambages seraient raccourcis. Une ligne horizontale fortement marquée commence à gauche de cet U et s'étend un peu plus loin vers la droite : cette ligne forme la barre du *t*, dont la haste décrit une courbe et va rejoindre la ligne qui se lie au bas du second montant de l'A. Pour trouver la traverse de l'A capital, il faut la prendre dans la ligne horizontale qui rencontre le grand trait vertical en formant une croix. Quant au *d*, on peut supposer qu'il est

[1] Il existe à la Bibliothèque du Roi une bulle dans laquelle ce caractère est employé aussi pour la lettre *o*. Comme on trouve d'ailleurs dans cette bulle des *o* d'une forme ordinaire, on serait tenté de croire d'abord que l'*ω* devait être employé pour les *o* longs, et l'*o* pour les *o* brefs; mais, en examinant la pièce, on est obligé de reconnaître, ou que l'écrivain se servait de ces deux caractères sans y attacher de valeur distincte, ou qu'il ignorait les règles de la quantité.

formé par le rond qui existe au-dessus des branches de la croix et par le prolongement du côté droit de ce rond : ce prolongement indiquerait assez irrégulièrement la tête d'un *d* oncial qui, au lieu de se diriger vers la gauche, se recourberait vers la droite. On pourrait encore trouver la haste d'un *d* cursif ou minuscule dans le grand trait vertical, mais la panse de ce *d* ne serait pas représentée très-régulièrement par la boucle qui se rattache au bas du grand trait vertical. Peut-être vaut-il mieux voir la panse d'un D capital dans la portion du rond qui se trouve à droite du trait vertical : dans ce cas, la partie du trait vertical comprise entre les deux extrémités de cette courbe servirait naturellement de haste. De quelque manière que l'on veuille lire les trois lettres *dat*, il reste encore une difficulté à résoudre. Le trait courbe placé au-dessus de la barre du *t* est-il un signe abréviatif qui tient lieu de l'*u* et de l'*m*, ou bien représente-t-il un U capital? Cette seconde hypothèse paraîtrait devoir être préférée, parce que la ligne qui vient se terminer au-dessus de cet U indiquerait la suppression de l'*m*, tandis que dans le cas contraire elle serait entièrement inutile. Les différents traits qui ont été indiqués comme pouvant former un *d* capital, oncial ou minuscule, composent d'ailleurs une invocation monogrammatique. En supposant qu'ils ne servissent qu'à ce dernier usage, il serait facile de trouver dans les autres lignes de quoi former les lettres *Act*, qui exprimeraient le mot *actum*, avec l'abréviation placée au-dessus du *t*; mais cette interprétation serait contraire au style adopté généralement pour la seconde date des bulles. On peut d'ailleurs s'expliquer l'irrégularité des caractères qui représentent le mot *datum*, en supposant, comme cela est probable, que les écrivains imitaient fort inexactement une liaison de lettres qui avait été employée autrefois pour exprimer le premier mot de la date dans les anciens actes romains, et dont les formes avaient subi, de siècle en siècle, de nombreuses altérations.

L'écriture lombardique, soit minuscule, soit cursive, n'est pas la seule qui ait été employée en Italie. « Nous avons actuellement sous les yeux, disent les « Bénédictins, des modèles de la bible du monastère de Saint-Paul, écrite du « temps de Charlemagne, et de plusieurs manuscrits italiens, gardés au Vatican et « transcrits aux IXe, X[e], et XIe siècles, où le caractère carolin paraît dans toute sa « beauté. Le pape Jean XIII, au Xe siècle, et Léon IX, au XIe, s'en servirent « dans leurs bulles. » Le *fac-simile* n° 7 de la planche XII prouve aussi que la minuscule diplomatique de France a été employée pour la transcription d'un certain nombre de bulles sous le pontificat de Pascal II. D'autres bulles du même pape sont en écriture lombardique, ou du moins les caractères français ne paraissent que dans la formule de souscription et dans la date; ce mélange ne fut pas de longue durée, et l'écriture française fut employée exclusivement dans les bulles des papes, dès le milieu du XIIe siècle. Quant à la minuscule lombardique, elle s'est soutenue un peu plus longtemps dans les manuscrits. « D. Mabillon, disent les Bénédictins, qui dans sa Diplomatique avait borné « la durée de l'écriture lombarde au XIIe siècle, a prouvé depuis (*Mus. Ital.* part. I, « p. 116), par deux manuscrits, qu'elle a été en usage jusque vers l'an 1227. « Dans son voyage d'Italie, il vit ces manuscrits dans la bibliothèque de l'abbaye « de Cave. » Après avoir employé jusqu'au commencement du XIIIe siècle, tantôt l'écriture française, tantôt la lombardique, les Italiens adoptèrent les caractères gothiques comme tous les autres peuples de l'Europe. Mais au commencement du XVe siècle, on vit paraître en Italie l'écriture de la renaissance, qui régna et dans les inscriptions et dans les manuscrits[1]. Toutefois, la cour de Rome ne céda pas entièrement à l'impulsion générale : l'écriture de la renaissance ne fut employée que dans les brefs et dans les bulles consistoriales, tandis qu'on affecta d'employer la cursive gothique pour la transcription des autres bulles. « La cour Romaine, toujours attachée à ses usages, disent les Bénédictins, ne « conserve peut-être ce caractère barbare, accompagné d'ornements bizarres « et singuliers, que pour rendre plus difficile la contrefaction de ses bulles. » Cette écriture, connue sous le nom d'*écriture de la Daterie*, est sans contredit une de celles dont le déchiffrement présente les plus grandes difficultés.

§ II. DE L'ÉCRITURE WISIGOTHIQUE.

Quoique les Bénédictins aient donné, dans leur premier volume, un alphabet tiré des monnaies espagnoles antérieures et contemporaines à la domination des Romains, nous avons cru pouvoir nous dispenser de rendre compte d'un travail dans lequel les auteurs avouent eux-mêmes qu'il y a beaucoup de choses hasardées et données à la conjecture. A l'exception de la lettre *q*, qui est empruntée aux Romains, les caractères de cet alphabet ont la valeur et presque toujours la forme des divers éléments de l'alphabet grec. A mesure que la domination romaine s'affermit dans la Péninsule, l'emploi des lettres grecques

[1] La minuscule renouvelée que l'on rencontre dans les manuscrits italiens du XVe siècle présente l'aspect du caractère *italique* de nos imprimés. Toutefois, les premières éditions qui parurent en Italie n'étaient point en lettres italiques, mais en caractères semblables à ceux que l'on emploie aujourd'hui dans le corps d'un livre, et que les imprimeurs nomment *bas de casse*. C'est ce dernier caractère que le célèbre Janson, imprimeur français, fixé à Venise au XVe siècle, employa d'abord dans ses éditions; mais, en 1476, il publia une bible en lettres gothiques, et s'applaudit beaucoup d'avoir fait cet emprunt aux imprimeurs d'Allemagne. C'est ainsi que, par un retour fort singulier, l'écriture gothique, après avoir été bannie des manuscrits italiens, reprit un instant faveur dans la typographie. Quant aux caractères *italiques*, ils furent employés, au moins à partir de 1501, dans les éditions *in-octavo* publiées par Alde-Manuce.

devint moins fréquent, et l'écriture romaine y était seule employée au moment de l'invasion des Wisigoths. « Les Goths occidentaux ou Wisigoths établirent à Toulouse le siège de leur empire au ve siècle, disent les Bénédictins, et « poussèrent leurs conquêtes jusqu'en Espagne, où ils régnèrent jusqu'à l'invasion des Sarrasins ou Mahométans en 712. Les Wisigoths portèrent, dit- « on, en Espagne une écriture gothique approchant de celle d'Ulphila, évêque « des Goths au IVe siècle. On suppose même qu'ils firent usage de leurs « caractères runiques, et qu'ils ne furent abolis qu'en 1086 par Alphonse « de Castille. Écartons la confusion qui résulte de toutes ces opinions. Les « modèles représentés par divers auteurs prouvent que les Goths d'Espagne « n'admirent, ni dans leurs inscriptions, ni dans leurs manuscrits, ni dans « leurs chartes, ni dans leurs autres monuments, les caractères runiques « et barbares. Ils firent réellement usage des lettres romaines majuscules, « minuscules et cursives. On remarque, il est vrai, quelques caractères grecs « dans les anciennes inscriptions latines faites en Espagne, mais on en « trouve plus encore, soit en France, soit en Italie. Il en sera de même des « lettres non barbares, mais latines, d'une figure que l'on pourrait appeler « barbare. Elles ne sont conformes en rien aux runes ni aux gréco-latines d'Ul- « phila. Si donc l'on s'en rapporte aux monuments antiques, et surtout aux « manuscrits et aux plus anciennes chartes d'Espagne, on conviendra que l'écri- « ture wisigothique ressemble à la romaine, à l'exception du goût et de quelques « traits nationaux. Les auteurs l'appellent gothique ancienne, gothique d'Es- « pagne, hispano-gothique, mozarabique, tolétane ou lettre de Tolède, et par « abus, runique et ulphilane. » Pour échapper à cette confusion, il est indispensable de donner à cette écriture un nom spécial. Le terme de *wisigothique,* adopté par les Bénédictins, paraît préférable à tous les autres, parce qu'il s'applique en même temps à l'écriture dont on s'est servi en Espagne et dans celles de nos provinces méridionales qui dépendaient de l'ancien royaume des Wisigoths.

« On peut se demander, ajoutent les Bénédictins, si, après la destruction de la « monarchie des Goths par les Sarrasins, les Espagnols se sont servis de carac- « tères arabes. Don Nassarre, grand bibliothécaire du roi d'Espagne, avoue que « les Chrétiens et les Maures du pays ont écrit avec ces caractères. Il en excepte « pourtant les rois. » L'opinion de don Nassarre paraît probable sans doute, mais nous ignorons si elle s'appuie sur des monuments originaux. Les chartes espagnoles du xe siècle ne renferment que des caractères latins, et la Bibliothèque universelle de la Paléographie espagnole ne fournit pas de modèle d'écriture diplomatique qui remonte à l'un des deux siècles précédents. On a publié au contraire quelques diplômes du VIIe siècle, et cette circonstance semblerait prouver que s'il n'en existe pas aujourd'hui du VIIIe et du IXe, c'est que, pendant cet intervalle, les troubles de la guerre avaient à peu près interrompu toute espèce de conventions écrites. Quoi qu'il en soit, il est constant qu'au Xe siècle les caractères romains étaient employés dans les diplômes sans mélange de caractères arabes. Il ne paraît pas non plus qu'on ait jamais cessé de faire usage des lettres latines dans les manuscrits. On peut citer en preuve le missel de l'église de Tolède, que les Bénédictins jugent du VIIIe siècle, et dont ils ont fait graver un échantillon. « On connaît, disent-ils, des manuscrits du IXe siècle dont l'écriture minuscule est mêlée de lettres cursives semblables à celles « des Mérovingiens et des Lombards. Tel est le manuscrit de l'église de Cordoue « dont on a des modèles dans Aldrette et dans la Diplomatique de D. Mabillon. « L'écriture en est nette et aisée comme les autres écritures du même temps. « Or, on voit par ces manuscrits et par d'autres monuments que l'écriture wisigothique des Espagnols n'était presque point différente de la romaine. »

Quoique les ornements et les titres des manuscrits ne fournissent pas toujours, comme nous l'avons déjà fait observer, des règles d'appréciation aussi certaines que le corps même de l'ouvrage, il faut cependant tenir compte de toutes les circonstances accessoires qui peuvent guider dans l'examen des anciennes écritures. Les Bénédictins ont remarqué que les lettres ornées des manuscrits wisigothiques présentent en général une grande diversité de couleurs et d'images. « Ce sont, disent-ils, des lettres à figures d'hommes ou de quelques parties de leurs membres. Elles représentent des animaux à quatre pieds, « des oiseaux, des poissons, des serpents, des fleurs, des fleurons, des feuillages. » Quant à l'écriture capitale proprement dite, on y rencontre assez fréquemment des E dont la haste dépasse par le haut et par le bas les deux barres extrêmes. Souvent aussi la haste de l'R et du P excède le haut de la panse. Quelquefois le second jambage de l'M et de l'N est de moitié plus court que le premier, et la panse du D, après s'être arrondie par le bas, se dirige obliquement vers le haut de la haste pour former un angle aigu à peu près semblable à celui qui existerait dans le haut d'un A capital dont le premier montant serait vertical et le second oblique.

Le *fac-simile* n° 5 de la première planche est extrait d'un manuscrit en minuscule wisigothique du IXe siècle. Le premier *a* est ouvert par le haut, et ne diffère de l'*u* que par l'inclinaison et la finesse de ses extrémités supérieures : cet *a* est, à vrai dire, le seul qui serve dans le corps du manuscrit. Le second, qui est de forme capitale, mais sans traverse, est tiré de la fin d'une ligne : l'écrivain l'aura sans doute employé parce qu'il manquait d'espace. Nous ne pensons pas que l'*a* minuscule proprement dit (a) ait été employé dans le corps même des manuscrits wisigothiques. On le rencontre quelquefois dans les titres des chapitres, ou au commencement d'un mot; mais alors il figure plutôt ou comme lettre onciale ou comme grande lettre. — L'abréviation de la syllabe *bus* se compose d'un *b* et d'une *s*; la syllabe *dus* (quatrième ligne) est aussi représentée par les lettres *ds*, et dans la ligne suivante les lettres *ei*, suivies d'une *s*, servent à exprimer le mot *ejus*. Il paraît en effet qu'avant le XIIe siècle, le signe ꝯ n'était employé dans l'écriture wisigothique qu'au commencement des mots, et pour représenter les syllabes *com* et *con*. C'est une observation que nous empruntons à l'ouvrage du P. André Merino sur les écritures espagnoles. On doit voir aussi que le haut des hastes du *b*, du *d*, et de l'*i* dans le mot *ejus*, est tranché par un trait fin : cette manière de terminer les hastes montantes était surtout en usage dans la minuscule diplomatique. —La forme de l'*e*, dans les syllabes *en*, *ec* et *es*, doit être remarquée : cet *e*, qui tient à la fois de l'onciale et de la cursive, n'excluait pas l'emploi de l'*e* minuscule proprement dit; mais il se rencontre fréquemment dans la minuscule wisigothique, et, bien qu'il présente quelques rapports avec certains *e* lombardiques, il est facile de le distinguer à la finesse et à l'exiguïté de son croissant supérieur [1]. Si l'on compare la syllabe *ec* avec la syllabe *fex*, qui se trouve à la ligne suivante, on reconnaîtra que les liaisons des lettres *ec* et *ex* diffèrent par le trait fin qui représente la partie inférieure d'une des traverses de l'*x*. —Le *g* de forme onciale n'a cessé d'être employé dans la minuscule des manuscrits wisigothiques qu'au moment où l'écriture française a été adoptée en Espagne. — L'*i* allongé peut aussi fournir un moyen d'appréciation en ce sens qu'il est fréquemment employé comme lettre initiale, et qu'il ne dépasse point le bas de la ligne. —L'abréviation du mot *kalendarum* renferme un *k* qui présente l'aspect d'une *h* à panse brisée par le bas. Cette lettre ressemble aussi quelquefois à une R capitale dont la haste se prolongerait au-dessus de la panse, et descendrait plus bas que la queue : ces deux formes, qui ont, comme on le voit, de l'analogie entre elles, peuvent servir à caractériser la minuscule wisigothique. — Indépendamment de l'*m* qui est représentée ici, on trouve, quoique rarement, une autre *m* qui présente l'aspect d'un 8 couché

[1] La forme des deux *e* des syllabes *en* et *ec* suffira pour faire comprendre la remarque suivante, que nous empruntons au Nouveau Traité de Diplomatique. « Les *e* d'Espagne, au VIIe siècle, ne « se liaient qu'avec le caractère suivant, et seu- « lement par la traverse du milieu. Vers le Xe, les « Espagnols avaient des figures plus extraordi- « naires. On dirait des *c* surmontés d'une virgule « un peu au-dessus, ou même au bout de la cour- « bure supérieure. Au lieu de la virgule, un petit « *c* semblait quelquefois naître de l'extrémité su- « périeure d'un plus grand, après avoir formé une « boucle ou un nœud presque insensible. Mais « l'usage le plus commun était que l'*e* en forme de « *c* fût traversé par un trait, soit oblique de haut « en bas, soit horizontal, servant souvent à lier « cette lettre, non-seulement avec les suivantes, « mais encore avec celles qui la précédaient. »

dont le second cercle serait à moitié tronqué : en d'autres termes, cette lettre ressemble, mais avec des formes plus arrondies, à l'*a* qui est placé au commencement de la première ligne de l'alphabet lombardique[1]. — La forme de l'abréviation de la syllabe *nunc* est extraordinaire : quoique nous ne l'ayons pas rencontrée dans les autres écritures nationales, nous n'affirmerions pas qu'elle y était inconnue. — Le point renfermé dans le second *o* et le trait qui surmonte cette lettre forment un point d'exclamation : ce signe n'est point particulier à l'écriture wisigothique. — La première abréviation de la syllabe *per* est tout à fait régulière; mais la seconde semblerait devoir se traduire par *pro :* toutefois ces deux signes sont employés indistinctement pour désigner la syllabe *per.* Le P. André Merino les a également fait graver dans son ouvrage, en avertissant qu'ils signifient *per* ou *præ;* d'un autre côté, il n'indique aucune abréviation pour la syllabe *pro,* ou du moins il se borne à représenter le mot *propter* tel qu'il est figuré ici : il semble donc probable que la minuscule wisigothique n'avait pas de signe qui correspondît spécialement à la syllabe *pro.* — Il résulte de plusieurs exemples reproduits dans le même ouvrage que les deux abréviations que l'on trouve ici pour les syllabes *que* et *qui* étaient généralement employées avec la même forme et la même valeur dans la minuscule wisigothique. — En ce qui concerne l'*r* et l'*s*, nous ferons seulement observer : 1° que l'*r* à crochet brisé était beaucoup plus fréquemment employée que l'*r* minuscule proprement dite; 2° que le bas de l'*s* descendait souvent au-dessous de la ligne. — Les différentes formes du *t* présentent, comme on le voit, beaucoup d'analogie avec celles des *t* lombardiques; mais en général l'écriture wisigothique a plus de mollesse et de rondeur. D'ailleurs, pour ne parler ici que des différences les plus caractéristiques, les *a* et les *g* permettront toujours de ne pas confondre ces deux écritures. La ligne du *t* se termine par la syllabe *tum,* dont l'abréviation n'est pas ordinairement figurée de la même manière dans les autres écritures nationales. — Parmi les formes de l'*u,* la plus remarquable est la dernière : on la rencontre fréquemment. Dans toute autre écriture, cet *u* pourrait se confondre avec l'*y*, tandis que dans la minuscule wisigothique l'*y* excède généralement le haut de la ligne; mais les deux branches de cette dernière lettre ne sont pas toujours aussi courtes que dans le *fac-simile.*

Quoique nous n'ayons pas fait représenter de modèle de cursive wisigothique, nous essayerons de décrire en peu de mots quelques formes de lettres

[1] Nous n'avons eu occasion de rencontrer cette espèce d'*m* qu'au commencement des mots, et tout porte à croire que c'est une *m* onciale dont le côté droit était défiguré dans l'écriture wisigothique. Ce caractère était fréquemment employé pour représenter le *t* dans le corps des mots.

qui pourront permettre de reconnaître cette écriture. L'*a* ouvert et incliné vers la droite, qui était souvent employé dans la cursive mérovingienne, a persisté dans la cursive wisigothique jusqu'à la fin du XIe siècle. Sa forme varie beaucoup : tantôt il est figuré à peu près comme dans les mots *datum* et *pascha* (voyez le *fac-simile* n° 3 de la planche III), tantôt il présente l'aspect d'un 3 vu dans une glace, c'est-à-dire, dont les ouvertures seraient tournées vers la droite. Sous ces différentes formes il est souvent compris dans le corps de la ligne, tandis que, dans notre cursive, il excède presque toujours le haut des autres lettres [1]. A compter du Xe siècle surtout, la panse des lettres *b*, *d* et *q*, est souvent brisée en deux croissants; dans le *c*, l'*e*, et quelquefois même dans le *d*, on trouve jusqu'à trois brisures. On rencontre aussi le *c* ordinaire et le *c* à double croissant; mais cette lettre affecte fréquemment, jusqu'à la fin du XIe siècle, une forme dont le *c* du mot *octies* (Pl. III, n° 3) peut donner une idée; seulement le crochet du *c* wisigothique décrit une courbe beaucoup moins grande et ne se lie pas toujours à la lettre suivante. Les panses des lettres *d* et *q* sont presque toujours ouvertes par le bas; ces panses ne sont donc indiquées que par un trait qui souvent ne présente pas de courbure et qui, arrivé au bas de la ligne, se brise pour se diriger vers l'extrémité inférieure ou supérieure de la lettre précédente. Dans ce dernier cas, la panse et son trait excédant présentent l'aspect d'un V; et le haut du montant droit de cette lettre, selon qu'il se rattache à une haste montante ou descendante, forme le *d* ou le *q*. Quelquefois, mais plus rarement, la panse du *q* est ouverte par le haut. C'est probablement parce que cette lettre, sous l'un ou l'autre de ces aspects, différait d'un *q* ordinaire, que les écrivains wisigothiques donnaient souvent au *p* la forme de notre *q* minuscule. Quelquefois aussi le *p* se compose d'un *o* ou d'une losange dont l'extrémité inférieure donne naissance à une haste descendante qui, si elle s'élevait jusqu'au niveau supérieur de la ligne, partagerait, soit l'*o*, soit la losange, en deux parties égales. Enfin, quelques *p* sont aussi figurés comme dans le mot *metropolim*. (Pl. IV, n° 3.) L'*f* ressemble souvent à une R capitale, dont la haste se prolongerait au-dessous de la ligne : la panse de cette R correspond à la boucle supérieure de l'*f*, et la queue à la barre qui va s'unir avec la lettre suivante. Ce qui a été dit du *k* minuscule s'applique au *k* de la cursive wisigothique. Dans une écriture du XIe siècle, on trouve des *g* dont la queue n'excède pas le bas de la ligne, et qui présentent à peu près l'aspect de l'*s* finale du mot *vivos*. (Pl. XVI, n° 4.) Enfin, plusieurs

[1] L'emploi de ces *a* inclinés n'exclut pas celui des *a* en forme d'*u*, semblables à celui qui est représenté au commencement de l'alphabet n° 5 de la première planche.

t se rapprochent de la forme du *d* de la cursive gothique tel qu'il est figuré dans le cinquième mot du *fac-simile* n° 4 de la planche XVII.

Indépendamment des formes de lettres qui peuvent faire reconnaître l'écriture wisigothique, le texte lui-même fournit presque toujours des indices qui ne doivent pas être négligés. Les Bénédictins font remarquer avec raison que les fautes d'orthographe et de grammaire sont très-fréquentes dans les actes ou dans les manuscrits appartenant à l'Espagne ou à celles de nos provinces méridionales qui ont été occupées par les Wisigoths. Il est d'ailleurs important de faire observer que ces incorrections diffèrent souvent de celles que l'on peut rencontrer dans les textes du nord de la France, et qu'un grand nombre de mots latins subissent des altérations qui se rattachent exclusivement à la langue vulgaire du midi ou à celle de l'Espagne. Un des exemples les plus frappants que l'on puisse citer consiste dans la substitution fréquente du *b* au *v* : ainsi l'on trouvera *orabit, dedicabimus, sibe, salbator,* etc., pour *oravit, dedicavimus, sive, salvator,* etc. Dans un diplôme de l'an 1064, le mot *vocitant* est écrit avec un *c* à cédille. Le P. André Merino fait remarquer l'emploi de ce caractère, dont il fixe l'introduction dans l'alphabet espagnol vers les premières années du XIe siècle. Le même auteur signale, sans l'expliquer, l'emploi du ⸸ au lieu de l'*x* dans le mot *juxta;* ce caractère correspondait-il à une prononciation particulière, ou bien faut-il y voir une altération de la forme de l'*x?* c'est ce qu'il est difficile de décider d'après un exemple isolé; cependant, comme le diplôme de 931, dans lequel le mot *juxta* est écrit deux fois avec un ⸸, renferme le mot *Christo* écrit avec un *x* de forme ordinaire, il semble plus probable que le ⸸ désignait une consonne dont la valeur n'était point exactement la même que celle de l'*x*.

Au commencement du XIIe siècle, un changement subit se manifesta dans l'écriture wisigothique. « Le cardinal Reinier, légat du saint-siége en Espagne, « tint un concile dans la ville de Léon, où il fut entre autres choses ordonné « que dans les écrits l'on cesserait de faire usage des caractères gothiques, « et qu'on y emploierait désormais les mêmes caractères dont on se servait en « France et dans les principales provinces de l'Europe, pour l'uniformité et « la facilité du commerce avec les étrangers. (Ferreras, *Histoire d'Espagne,* « tom. III, page 270.) C'est qu'alors, ajoutent les Bénédictins, on avait adopté « presque partout, non l'écriture gauloise, comme parlent certains auteurs, « mais la française ou capétienne. Ce renouvellement de caractère en Espagne, « ainsi que l'introduction de l'office gallican ou romain, à la place du mozarabe, sont principalement dus à Bernard, qui, de moine de Cluny, était « devenu archevêque de Tolède, et à plusieurs colonies de Bénédictins fran-

« çais qu'on avait envoyés en Espagne. Le changement d'écriture n'y fut pas « absolu ni fort prompt. Le gothique ancien persévéra encore longtemps de- « puis le décret de son abolition. Dom Joseph Perez, moine bénédictin et pro- « fesseur de langues en l'académie de Salamanque, fait finir le caractère his- « pano-gothique avec le XIIe siècle. L'abolition de cette écriture est plus tar- « dive; elle était encore en usage après le XIIIe, et peut-être même après le « XVe siècle. On peut s'en convaincre en parcourant les modèles donnés par « Dom Christoval Rodriguez dans la Bibliothèque universelle de la polygra- « phie d'Espagne. » Le P. André Merino, sans s'expliquer positivement sur l'abolition de l'écriture wisigothique, se borne à dire que ce changement n'a pas dû être instantané. Toutefois, il est bien positif que les diplômes du XIIe siècle gravés dans son ouvrage sont tous en écriture française; d'un autre côté, comme il annonce qu'avant le concile de Léon l'écriture wisigothique tendait à se rapprocher de la nôtre, il est permis de croire qu'on aura exécuté le décret du concile dans les diplômes royaux et dans les chartes ecclésiastiques. En tout cas, si les Bénédictins ont dit que l'écriture wisigothique était encore en usage *après le* XIIIe, *et peut-être même après le* XVe *siècle*, ils n'ont voulu signaler sans doute que de rares exceptions. Au XIIIe siècle le gothique moderne régnait en Espagne comme dans le reste de l'Europe; si pendant le siècle précédent on se servait encore quelquefois de l'écriture wisigothique, il est bien constaté aussi que les caractères français étaient déjà fort répandus. En effet, le P. André Merino, après avoir cité un diplôme royal de l'an 1118, qui ne diffère nullement de nos chartes françaises, affirme qu'à partir de cette époque on chercherait vainement une autre écriture dans tous les titres des archives de S. Clément. La cursive gothique ou scolastique a duré en Espagne au moins jusqu'à la fin du XVIe siècle; mais la capitale de la renaissance y était employée dès la première moitié du siècle précédent. « Don Nassare, « disent les Bénédictins, cite un médaillon d'Alphonse le Sage de l'an 1440, « qui se voit dans la Bibliothèque du roi d'Espagne, avec cette inscription en « beaux caractères : DIVUS ALPHONSUS REX. » Quant à la minuscule gothique, elle était encore employée à la fin du XVe siècle; mais ses traits étaient moins anguleux qu'en France, et se ressentaient déjà de la réforme introduite par les Italiens.

§ III. DE L'ÉCRITURE ANGLO-SAXONNE.

L'écriture anglo-saxonne est dérivée de l'écriture romaine, comme les autres écritures nationales; mais les Bénédictins supposent que les nuances qui la caractérisent n'ont pas été introduites par les Anglo-Saxons. « Ces

« peuples, disent-ils, devenus maîtres de toute l'île jusqu'à l'Écosse vers le « milieu du VIe siècle, auront pris les caractères des Bretons, que ceux-ci « avaient empruntés des Romains ou des Gaulois. Il suffit de comparer l'écri- « ture minuscule saxonne avec la romaine, pour conclure avec certitude que « celle-là tire son origine de celle-ci. Les lettres *g* et *r* de la minuscule saxonne, « par exemple, paraissent d'abord s'éloigner de la forme romaine. Elles se trou- « vent cependant et dans les Pandectes de Florence et dans le Sulpice Sévère « de Vérone, écrit un peu après le commencement du VIe siècle. D'ailleurs, « peut-on douter que S. Augustin, et les autres moines envoyés en Angleterre « par S. Grégoire le Grand pour étendre le royaume de J.-C., n'y aient apporté « les caractères romains avec la lumière de l'évangile? En vain George Hickes « donne-t-il une autre origine à l'écriture saxonne; en vain en fait-il remonter « l'antiquité à des temps inconnus, son système n'est fondé que sur l'autorité « de Hunibalde, écrivain fabuleux, dont le seul Tritème a vu le manuscrit... « On se tromperait si l'on croyait que l'écriture saxonne a été propre aux An- « glo-Saxons. Elle a eu cours en Irlande [1] et en France. Les Bénédictins anglo- « saxons la répandirent en Allemagne et en Danemarck, lorsqu'ils y annon- « cèrent la religion chrétienne. L'église cathédrale de Virtzbourg a conservé « jusqu'à présent plusieurs manuscrits en minuscule saxonne de la main de « ces hommes apostoliques et de leurs disciples. Mais on n'en a point ailleurs « de monuments plus anciens et plus nombreux que dans les bibliothèques « d'Angleterre. Aussi est-elle appelée anglaise dans une note du psautier de « l'abbaye de S. Ouen de Rouen, écrit en ce caractère au VIIIe siècle. »

Dans le passage qui vient d'être cité, les Bénédictins disent que l'écriture anglo-saxonne a eu cours en France; ils ont voulu parler surtout d'une capitale de forme carrée que l'on remarque dans les titres de certains manuscrits, et notamment dans une des bibles de Charles le Chauve. Que ces lettres carrées se rencontrent plus fréquemment dans les manuscrits anglo-saxons, c'est un fait généralement reconnu; mais, puisqu'on les retrouve aussi dans

[1] C'est ce que les Bénédictins prouvent dans un autre passage en citant un manuscrit irlandais de la fin du XIIe siècle. Les Normands n'avaient pu importer en Irlande l'écriture anglo-saxonne qu'ils n'avaient pas adoptée : or, comme ils la trouvèrent établie en Irlande lorsqu'ils s'emparèrent de cette île au XIIe siècle, et que, d'un autre côté, les Irlandais n'avaient pu emprunter les caractères des Anglo-Saxons, auxquels ils ne furent jamais assujettis, il faut bien admettre avec la tradition que cette écriture avait été donnée à l'Irlande par S. Patrice. De là, les auteurs du Nouveau Traité de Diplomatique concluent avec raison qu'on ne peut expliquer la conformité qui existe entre l'écriture des Irlandais et celle des Anglo-Saxons, si l'on ne suppose pas que cette écriture avait été employée par les Bretons, qui l'avaient eux-mêmes reçue des Romains. (Voyez aussi THOMAS ASTLE, *Origin and progress of writing*, pag. 96, 115, etc.)

quelques-uns de ceux qui ont été copiés, soit en France, soit dans les autres pays, on doit reconnaître, comme nous l'avons déjà dit, que les règles d'appréciation les plus certaines ne sont pas celles qui sont fournies par les titres d'un manuscrit, mais par le corps même du texte. Toutefois, les observations présentées par les Bénédictins n'en sont pas moins utiles à connaître; mais il ne faut pas oublier, comme ils le disent eux-mêmes, qu'elles n'ont rien d'absolu. Nous avons déjà eu occasion de transcrire le passage dans lequel ils décrivent la capitale ornée des manuscrits anglo-saxons (voyez p. 376); ce qui caractériserait plus particulièrement cette écriture, ce seraient peut-être les points rouges servant d'entourage aux lettres initiales; cependant les Bénédictins avertissent que les mêmes ornements se retrouvent, quoique moins fréquemment, dans les manuscrits des autres peuples. Les Saxons les prodiguaient tellement qu'ils les employaient même pour les signatures marquées au bas des cahiers, et pour entourer les trous qui se rencontraient dans le parchemin. (Voyez la Notice du manuscrit qui a fourni le *fac-simile* n° 3 de la première planche.) Les points noirs sont quelquefois substitués aux points rouges, et l'on trouve aussi des lettres accompagnées de points verts argentés dans les manuscrits en vélin pourpré.

Le troisième *fac-simile* de la première planche est tiré d'un manuscrit en écriture mixte anglo-saxonne. Il suffit de jeter un coup d'œil sur ce modèle pour reconnaître que cette écriture offre un aspect tout particulier par ses traits durs, fortement marqués, et dont l'extrême régularité semble annoncer un travail lent et pénible. Cependant il règne une grande variété dans les différentes formes de lettres dont se compose ce *fac-simile.* — L'*a* est tantôt minuscule, tantôt cursif; tantôt il affecte une forme intermédiaire entre ces deux genres d'écritures. Les six premiers modèles de cette lettre sont suivis de l'abréviation de la syllabe *am,* dans laquelle l'*m* est remplacée par le trait qui se rattache à l'extrémité supérieure du montant de l'*a :* la ligne horizontale qui tient au bas de la lettre n'a aucune valeur. Dans la désinence *avit,* le prolongement du second jambage de l'*u* tient lieu de l'*i;* le trait qui se rattache à l'extrémité supérieure de ce jambage forme la barre du *t,* dont la haste est conjointe avec l'*u* et l'*i.* La syllabe *at* ne présente pas de difficulté. — Ce qu'il y a de plus remarquable dans le *b,* ce sont les formes larges et anguleuses de l'extrémité supérieure de la haste : ces formes se retrouvent dans la plupart des hastes ou des jambages. (Voyez le *d* et l'*m* minuscules, ainsi que les lettres *f, h, i, l, n, p, r* et *u.*) La syllabe *bus* est abrégée régulièrement. — Le *c* à double panse ne paraît pas avoir été employé dans l'écriture anglo-saxonne. Dans la syllabe *cet* on remarque un *e* oncial dont le crochet supérieur s'abaisse pour s'unir à la haste du *t;* la syllabe *ci* pourrait se confondre avec un *a* dans une écriture moins régulière; mais le crochet supérieur du *c* est distinct, quoiqu'il soit en contact avec le haut de l'*i.* L'*a* de la syllabe *cat* est ouvert par le haut : son premier jambage est formé par le prolongement du crochet supérieur du *c;* le haut du second jambage est en contact avec la barre du *t*, mais ces deux traits sont liés sans être conjoints, parce que la barre du *t* anglo-saxon ne se replie pas vers le bas de la haste comme dans les écritures lombardique et wisigothique. — Le *d* minuscule a été en général[1] moins employé par les Anglo-Saxons, que le *d* de forme onciale : cela tient peut-être à ce que ce dernier caractère, combiné avec un signe abréviatif, servait, comme on le verra bientôt, à représenter une des lettres doubles qui sont propres à l'alphabet anglo-saxon. — Indépendamment de l'*e* oncial, on trouve dans les manuscrits anglo-saxons l'*e* minuscule et l'*e* cursif ou à double panse. Quand l'*e* minuscule est à la fin d'un mot, sa barre est souvent fort prolongée. (Voyez le second *e* et les deux *æ.*) L'*e* oncial et l'*e* cursif étaient employés de préférence dans certaines liaisons de lettres. (Voyez les syllabes *es, ec* et *ex.*) L'*i* du mot *ei*, qui termine cette ligne, est représenté par le prolongement de la barre de l'*e* qui se rapproche de la forme minuscule, mais qui est dans la réalité un *e* cursif bouclé dans sa partie supérieure. — La forme de l'*f* tient de l'écriture capitale. Selon les Bénédictins, cette lettre resta toujours à peu près la même depuis le VIIe siècle jusqu'au XIe; quoique l'*f* commune se rencontre dès le Xe siècle dans les manuscrits et dans les diplômes anglo-saxons, cependant l'F capitale était plus généralement employée. — Le *g* qui se trouve en tête de la septième ligne du *fac-simile* n° 3 a été d'un usage beaucoup plus fréquent chez les Anglo-Saxons que chez les autres peuples, mais il n'est pas douteux qu'il tire son origine de l'ancienne cursive romaine[2]. En général sa forme a

[1] Cette règle n'est pas sans exception : « Malgré « la prédilection des Anglais pour le *d rond,* disent « les Bénédictins, leurs diplômes et leurs manus-« crits en écriture saxonne ou commune ne lais-« sèrent pas d'accueillir quelquefois assez favora-« blement le *d droit,* et même jusqu'à lui donner « la préférence. A compter du milieu du XIe siècle « jusqu'au milieu du suivant, les deux *d* se trou-« vèrent plus ou moins souvent mêlés ou confon-« dus. Mais, depuis la seconde époque, le premier « se répandit sans aucun obstacle dans les chartes « d'Angleterre et d'Écosse. Il en faut pourtant « excepter celles où l'on se servait des lettres de « forme presque carrée. Là les *d droits* se main-« tenaient encore avec avantage au-delà de l'an « 1160. Au surplus, les pièces de cette nature « étaient rares. Quoiqu'en Écosse les *d droits* do-« minassent vers la fin du XIe siècle, dès le com-« mencement du suivant la cursive ne donna « presque plus entrée qu'à son rival, ou du moins, « n'accorda pas au *d* droit d'y figurer également. » (*Nouv. Tr. de Dipl.* t. II, p. 670, note 2.)

[2] « Le *g* saxon, disent les Bénédictins, a des « rapports si marqués avec le Γ grec, qu'il paraî-« trait plus simple de ne pas chercher ailleurs son « origine immédiate, si elle ne se présentait « d'elle-même dans le cursif romain. La traverse « du Γ, un peu prolongée vers la gauche, avec une

peu varié. « La marque de la plus haute antiquité saxonne, disent les Béné- « dictins, est que les *g* soient parfaitement où presque entièrement fermés par « le bas ou par leur queue recourbée. Il en est peu dont le montant vienne à « être touché par la courbure de la queue, depuis le commencement du IXe « siècle. Les *g* les plus communs, postérieurs à sa fin, ont la queue tournée à « l'ordinaire vers la gauche, mais rabattue en courbe par dessous. » On voit que dans notre modèle la queue du *g* se recourbe par le haut et non par le bas. Dans l'écriture mixte, le *g* oncial est quelquefois employé au lieu du *g* saxon. (Voyez la seconde lettre de la septième ligne.) Dans la liaison des lettres *gn*, la traverse du *g* disparaît en partie, et n'est indiquée que par le prolongement de l'extrémité supérieure du premier jambage de l'*n*. Les lettres *git* sont liées d'une manière bizarre : le haut de la queue du *g* se lie avec l'extrémité supérieure de l'*i*; le jambage suivant forme la haste du *t*, dont la barre se dirige obliquement de gauche à droite; le trait courbe qui se rattache à l'extrémité de cette barre et qui se termine au-dessus du *g* représente la traverse de cette lettre. — La forme de l'*h* n'a rien de particulier; dans la syllabe *ha* le bas de la panse s'unit à un *a* en forme d'ω. — Le second *i*, qui est de forme allongée, s'employait au commencement des mots; la haste du *t* de la finale *it* est conjointe avec l'*i*, dont l'extrémité supérieure est en contact avec la barre : cette barre se trouve tout entière à la droite de la haste, comme dans les syllabes *avit* et *git* (première et septième lignes). — Lorsque la lettre *l* était au commencement d'un mot, sa barre se prolongeait quelquefois au-dessous des lettres voisines. (Voyez la seconde *l* de la dixième ligne.) Dans la syllabe *li* le haut de l'*i* semble compléter la panse d'un *b*; mais, en se reportant à la seconde ligne, on verra que le haut de la panse du *b* doit être en contact avec la haste. — La première *m* est celle qui se rencontre ordinairement dans le corps du texte; la seconde est plutôt employée comme grande lettre; la troisième se trouve dans un titre : sa forme est fort extraordinaire, mais il est facile d'y reconnaître une *m* onciale aplatie et allongée outre mesure de chaque côté. Dans la syllabe *mo* le troisième jambage de l'*m* se prolonge pour former un *o* souscrit. — L'*n* minuscule et l'N capitale sont employées l'une et l'autre dans le corps des mots, mais la première se rencontre plus souvent. La syllabe *ni* est exprimée deux fois par une *n* et un *i* souscrit

« queue convexe vers la droite, donne précisé- « ment le *g* saxon. A peine est-il différent du *g* « romain tel qu'on le trouve dans les procédures « juridiques et les manuscrits, non-seulement des « V^e^ et VIe siècles, mais encore des deux suivants. « Or, qui ne sait que les courbures et les rondeurs « sont les apanages ordinaires de toute écriture « courante? Puis donc qu'on a d'anciens *g*, du « moins de l'an 444, pourquoi ne tirerait-on pas « de la plus ancienne cursive le *g* saxon? »

qui se rattache au second jambage de l'*n*. Les lettres *nt* sont conjointes : le second jambage de l'*n* sert en même temps pour la haste du *t*, dont la barre se développe vers la droite comme dans la première et la neuvième ligne. — La forme de l'*o* est ordinaire; la syllabe *on* est représentée par cette lettre surmontée d'une *n*. — La panse du *p* de la syllabe *pit* est formée par le trait en forme d'*s* qui rencontre la partie supérieure de la haste; au même point se rattache une ligne courbe qui sert à exprimer l'*i*, et qui ressemble à une panse d'*h*. — Les deux premiers *q* sont d'une forme régulière; le troisième est tout à fait dans le goût saxon. En effet, les Bénédictins font remarquer que la panse de cette lettre est fort sujette à se charger d'angles saillants, et que son antiquité est en rapport avec la bizarrerie de ses formes. Les abréviations des mots *que* et *quibus* ne présentent pas de difficulté : nous ferons seulement observer que dans ce dernier mot l'*u* et l'*i* sont conjoints comme dans la première ligne. — La lettre *r* est une de celles qui peuvent servir à faire reconnaître l'écriture anglo-saxonne. Quoique nôtre écriture mixte présente des *r* dont le crochet se recourbe en forme de jambage, ce trait n'y est pas en général aussi prolongé, ni surtout aussi fortement marqué que dans le premier modèle de la seizième ligne. Cette *r* présente, comme on le voit, l'aspect d'une *n*; pour ne point confondre ces deux lettres, dans l'écriture anglo-saxonne, il faut s'attacher à remarquer, d'une part, la direction du crochet de l'*r*, qui en général est plus oblique que celle du second jambage de l'*n*; de l'autre, la liaison recourbée qui termine ce crochet. La seconde *r*, qui est capitale, ne présente pas de difficulté : nous devons avertir seulement que l'écriture mixte l'employait quelquefois dans le corps des mots. Les traits qui se rattachent à l'*r* minuscule de la syllabe *rum* ne doivent pas être considérés comme une abréviation : il est facile de voir qu'ils composent un *u* et une *m* réduits à de petites proportions et inclinés vers la droite. — L'*s* ordinaire est suivie de trois S capitales : la dernière ne diffère pas beaucoup de celles qui étaient employées comme grandes lettres dans les diplômes du XIIe et du XIIIe siècle. (Voyez, par exemple, le *fac-simile* n° 2 de la planche XV.) Dans la liaison des lettres *sti*, l'*i* est formé par le prolongement de la barre du *t*. — Le second *t* de la dix-huitième ligne est d'une forme ordinaire; il n'en est pas de même du premier, dans lequel on voit que la plus grande partie de la barre se trouve à droite de la haste : toutefois, cette position de la barre du *t*, que nous avons déjà eu occasion de faire remarquer, n'est pas un caractère invariable. Dans la liaison des lettres *tio*, le prolongement de la barre du *t* sert à former l'*i*, auquel se rattache un *o* souscrit. — On voit dans la ligne suivante l'*u* lié à un *o* souscrit, puis conjoint avec les lettres *r* et *s*. — Il nous reste à faire observer dans la dernière ligne la forme du signe &, qui diffère peu de la liaison des lettres *ec* : pour ne pas confondre ces deux caractères, il faut se rappeler que le trait correspondant au crochet supérieur du *c* doit conserver en général la courbure que présenterait le haut de cette lettre si elle était isolée de celle qui la précède.

La cursive anglo-saxonne est fort rare, et ne paraît pas avoir été fréquemment employée. « Les plus anciennes chartes d'Angleterre, disent les Bénédictins, sont en écriture majuscule onciale, semblable à celle des plus beaux « manuscrits. » Les mêmes auteurs font remarquer que la cursive des Anglo-Saxons est en général beaucoup moins compliquée que la nôtre. Ce fait suffit pour expliquer les formes roides et compassées de leur écriture mixte : on ne devra pas s'étonner non plus que cette cursive distincte se soit promptement transformée en minuscule diplomatique. Ce qui la distingue principalement, c'est l'emploi fréquent du *d* arrondi ou de forme onciale, et l'exclusion constante du *c* à double panse. Elle se sert aussi très-fréquemment de l'*e* oncial allongé, tel qu'il est représenté dans le premier modèle de la syllabe *es*. L'*s* de cette syllabe est tout à fait conforme à celles que l'on rencontre ordinairement dans la cursive anglo-saxonne, c'est-à-dire que la haste est indépendante du crochet, et qu'elle se recourbe vers la gauche dans sa partie supérieure, tandis que dans l'*s* mixte ou minuscule (voyez la dix-septième ligne) il n'existe à gauche de la lettre qu'une simple saillie.

La minuscule diplomatique des Anglo-Saxons ne diffère pas de la minuscule qu'ils employaient dans les manuscrits, et l'on y retrouve d'ailleurs les formes de lettres les plus remarquables de leur écriture mixte, c'est-à-dire le *d* rond, l'F de forme capitale, le *g* à traverse et l'*r* à jambage; mais la haste de l'*r* descend en général aussi bas que la haste du *p*, en sorte que, dans la minuscule diplomatique, l'*r* présente l'aspect d'un *p* dont la panse serait ouverte par le bas. Indépendamment des lettres de l'alphabet ordinaire, les Anglo-Saxons avaient des caractères spéciaux pour représenter le *dh*, le *th* et le *w*. Ces caractères, qui se rencontrent fréquemment dans les titres rédigés en langue anglo-saxonne, se retrouvent quelquefois, sinon dans le texte même des chartes en langue latine, du moins dans l'énumération des témoins dont les noms renfermaient des sons particuliers qui ne pouvaient être représentés par les lettres latines. Il existe aux Archives du Royaume (K 19, *olim* 36) un diplôme d'Édouard le Confesseur, par lequel ce roi fait donation à l'abbaye de Saint-Denys du territoire de *Tengctune* ou *Tængtune* (en latin *Teintuna*). Cet acte renferme d'abord seize lignes en latin, puis dix lignes en anglo-saxon, et enfin dix-sept autres lignes en latin. Dans la première partie on trouve l'invocation, le préambule, la suscription, l'annonce de la donation, et les imprécations finales. La seconde partie est consacrée tout entière à indiquer les limites du territoire de Tængtune[1]. La troisième partie renferme la date, l'annonce des témoins, les formules de souscription, et enfin l'acceptation de Baudoin, moine de Saint-Denys, et alors médecin du roi. En parcourant l'énumération des noms des témoins, on rencontre plusieurs fois le signe du *dh* et celui du *w*, quoique plusieurs de ces noms soient latinisés. Il est inutile d'avertir que ces caractères spéciaux sont les signes les plus certains auxquels on puisse reconnaître l'écriture anglo-saxonne. Comme l'Imprimerie royale possède un corps d'alphabet qui a été gravé avec le plus grand soin et qui peut donner un idée suffisamment exacte de la minuscule anglo-saxonne, nos lecteurs nous sauront gré de le reproduire ici.

Valeur.	Figure.	Valeur.	Figure.	Valeur.	Figure.	Valeur.	Figure.
a..........	a	h..........	h	p..........	p	y..........	ẏ
b..........	b	i..........	ı	r..........	ꞃ	æ..........	æ
c..........	c	k..........	k	s..........	s ſ ꞅ	dh..........	ð
d..........	ꝺ	l..........	l	t..........	ꞇ	th..........	þ
e..........	e	m..........	m	u..........	u	w..........	ƿ
f..........	ꝼ	n..........	n	v..........		and (*et*).....	⁊
g..........	ᵹ	o..........	o	x..........	x	thæt........	ꝥ

Parmi les caractères de cet alphabet, il n'y a que le *w* qui puisse donner lieu à quelque difficulté, parce qu'il ressemble beaucoup au *p* : on peut voir toutefois que la panse de cette dernière lettre a plus d'ampleur. Le signe de la conjonction *and* est un de ceux dont on se servait chez les autres peuples pour représenter la conjonction *et* : nous avons déjà dit que ce caractère était une ancienne note tironienne. Quant à l'abréviation du mot *thæt* (en anglais *that*), elle est formée au moyen du *th* tranché par un trait accessoire dans sa partie supérieure.

Avant de faire rédiger la donation dont il a été question tout à l'heure, Édouard le Confesseur avait annoncé à l'évêque Wulfwig, au comte Raulf et à tous ses barons[2] du comté d'Oxford, l'intention où il était de concéder le territoire de Tængtune à l'abbaye de Saint-Denys. Cette notice, qui ne porte ni date, ni sceau, ni signature, est entièrement rédigée en anglo-saxon. Comme elle n'a que peu d'étendue, nous allons la reproduire avec les caractères dont on vient de voir le modèle. Doublet, dans son Histoire de l'abbaye de Saint-

[1] Il eût été à peu près impossible de ne pas employer la langue vulgaire pour rédiger cette portion de l'acte où l'on ne trouve guère que des noms de lieux qu'une traduction latine aurait altérés.

[2] Le mot *baron* ne répond pas d'une manière exacte au mot anglo-saxon *thegen*, en anglais *thane*. La dignité de *thane* venait après celle de comte; voyez du Cange au mot *Thannus*.

Denys, s'est borné à donner la substance de cet acte dans une traduction latine qui n'est pas toujours exacte. En transcrivant ce texte dont l'interprétation présente, du moins dans certains passages, de grandes difficultés, nous nous sommes attachés à suivre le plus exactement possible la charte originale. On rencontrera, par exemple, deux formes d'*s*, parce que l'écrivain se sert tour à tour de l'*s* saxonne et de celle de notre minuscule carlovingienne. Quant à l'*a*, il eût été impossible de le reproduire sous ses différents aspects, parce qu'il tient souvent le milieu entre la cursive et la minuscule; on a donc employé constamment une des formes sous lesquelles il se présente dans l'acte original.

CHARTE-NOTICE D'ÉDOUARD LE CONFESSEUR.

(Arch. du Royaume, K 19, *olim* 36.)

TEXTE IMPRIMÉ EN LETTRES ANGLO-SAXONNES.

Ɛaꝺƿaꞃꝺ cınᵹc ᵹꞃeꞇꞇ ƿulꝼƿıᵹ bıſcop. ⁊ ꞃaulꝼ
eoꞃl. ⁊ ealle mıne þeᵹenaꞅ on oxna ꝼoꞃꝺeꞅcıꞃe.
ꝼꞃeonꝺlıce. ⁊ ıc cẏðe eoƿ ꝥ ıc hæbbe ᵹe unnan·
cꞃıꞅꞇe ⁊ ſce ꝺıonıſıe. ınꞇo hıꞅ halᵹan mẏnſꞇꞃe
be ᵹeonꝺan ꞅæ. þæꞇ lanꝺ æꞇ ꞇenᵹcꞇune· ⁊ ælc
þæꞃa þınᵹa þæꞅ þe þæꞃ ınn mıꝺ ꞃıhꞇe ꞇoᵹe bẏꞃaþ·
on ƿuꝺe. ⁊ on ꝼelꝺe· mıꝺ ꞅace. ⁊ mıꝺ ſocne. ꞅƿa
ꝼull ⁊ ꞅƿa ꝼoꞃð. ꞅƿa hıꞇꞇ me ꞅẏlꝼan on hanꝺe
ꞅꞇoꝺ. on ꝺæᵹe. ⁊ æꝼꞇeꞃ. ꝼoꞃ mınꞃe ſaƿle hæle.
⁊ ƿıꞇe he ƿıð ᵹoꝺ. ꞅeþe hıꞇꞇ oꝼ þæꞃe halıᵹan
ꞅꞇoƿe ᵹeuꞇıᵹe. ⁊ ıc ƿılle ꝥ ꞅe bıꞅcop ꝺıhꞇe boc
þæꞃ ꞇo· be mınan ꝼullan ᵹeleaꝼan.

TRANSCRIPTION DU TEXTE EN LETTRES ORDINAIRES.

Eadward cingc grett Wulfwig biscop, and Raulf eorl, and ealle mine thegenas on Oxna-fordescire freondlice. And ic cydhe eow thæt ic hæbbe ge-unnan Criste and sancte Dionisie into his halgan mynstre be geondan sæ thæt land æt Tengctune and ælc thæra thinga thæs the thær-inn mid rihte toge-byrath on wude and on felde, mide sace and mid socne, swa full and swa fordh swa hitt me-sylfan on hande stod, on dæge and æfter, for minre sawle hæle. And wite he widh God sethe hitt of thære haligan stowe geutige. And ic wille thæt se biscop dihte boc thær-to be minan fullan geleafan.

En comparant plusieurs chartes publiées par Hickes, et dans lesquelles on retrouve des formules analogues à celles que renferme cet acte, nous avons essayé de rectifier ce qu'il y a d'inexact dans la traduction publiée par Doublet. — « Eadward rex saluto Wulfwig episcopum et Raulf comitem et om- « nes meos thannos in Oxoniæ comitatu amicè. Et ego notifico vobis quòd ego « concessi[1] Christo et sancto Dionysio, in suo sancto monasterio de ultra mare[2], « illam terram apud Tengctune et omnes illas res eas[3] quæ ad eam[4] cum jure

[1] Mot à mot : hæbbe *habeo* geunnan *concessum*. La syllabe *ge* est séparée dans le texte original; mais c'est un augment qui se place avant le radical pour indiquer les *prétérits*, comme dans la langue allemande.

[2] Les mots *be geondan sæ*, signifient littéralement *de outre mer*.

[3] Les mots *illas* et *eas* (*thæra* et *thæs*) sont répétés pour désigner plus expressément la chose dont on parle; si cette répétition est contraire au génie de la langue latine, elle se rencontre fréquemment en grec.

[4] Les mots *thær-inn* forment un adverbe composé qui s'est conservé dans la langue anglaise (*therein*), et qui répond aux mots *hoc in* (suivant la construction latine *in hoc*). Les mots français *qui en dépendent* traduisent exactement les mots *the thærinn togebyrath*.

« pertinent, in silvis et in agris, cum judicio et immunitate [1], tam plenè et tam « liberè quàm id mihi ipsi in manibus stetit, hodie [2] et postea, pro meæ animæ « salute. Et caveat is à Deo qui [3] id ab illo sacro loco abstulerit. Et ego volo « ut [4] episcopus instruat scriptum [5] ad hoc [6] de meâ plenâ licentiâ. »

A compter du XIIIe siècle, le gothique moderne fut employé en Angleterre comme dans les autres pays; mais les caractères anglo-saxons avaient depuis longtemps cessé d'être en usage. « Jusqu'au règne d'Alfred le Grand, « disent les Bénédictins, les écritures anglo-saxonnes, minuscule et cursive, « furent ordinairement employées à transcrire les actes. Au fond, l'écriture « d'avant son règne n'était guère différente de la romaine; mais elle emprun- « tait beaucoup de lettres de la cursive. On peut en juger par les modèles « rapportés par Hickes dans sa grammaire anglo-saxonne [7]. Depuis Alfred [8], « d'autres écritures minuscules et courantes, empruntées des Français, ser- « virent souvent au même usage. Elles étaient plus élégantes, ayant été formées « sur le modèle des caractères introduits par Charlemagne. Hickes fait mention « d'une charte du roi Eadred écrite entièrement en lettres françaises. On vit « au XIe siècle des chartes écrites tout à la fois en lettres saxonnes et françaises. « Le même auteur appelle cette écriture *anglo-normannique* ou *normanno-saxonne*, « et dit qu'elle fut introduite par les Normands. Il cite un diplôme d'Édouard « le Confesseur en lettres françaises, excepté les caractères répondant au *th* et « au *w* saxons. L'écriture anglo-saxonne et française se trouvent réunies dans une « charte [9] du même prince, conservée en original dans les archives de Saint- « Denys, en France. La manière d'écrire des Anglais fut négligée, et l'écriture « française fut admise dans les actes. Celle-ci, depuis la conquête de Guillaume,

[1] Les mots *sace* et *socne* n'ont pas d'équivalent bien exact en latin.

[2] Le mot *hodie* correspond aux mots *on dæge, in die*.

[3] Les mots *sethe* sont réunis dans l'acte; on les trouve aussi séparés, et ils signifient *ille qui;* il y a donc dans cette phrase une répétition analogue à celle des mots *illas* et *eas*.

[4] Le mot *thæt* (*ut*) est suivi de l'article *se* (*se biscop*, l'évêque).

[5] Le mot *boc* signifie proprement *livre;* mais on ne peut guère douter qu'il ne désigne ici un *acte*, un *écrit*.

[6] Si l'on voulait suivre la construction anglo-saxonne, l'adverbe composé *thær-to* devrait se traduire par *hoc ad*.

[7] *Linguarum veterum septentrionalium thesaurus grammatico-criticus et archæologicus, auctore* G. HICKESIO. *Oxoniæ*, 1705, 2 vol. in-folio.

[8] Voici ce que les Bénédictins disent à cet égard dans un autre passage de leur ouvrage : « Alfred le Grand, qui régna en Angleterre depuis « l'an 871 ou 872 jusqu'en 900, attira de France « des moines savants, qui portèrent dans cette île « la littérature et les caractères français usités au « IXe siècle. Aussi retrouvons-nous la capitale ro- « maine renouvelée ou caroline dans les anciens « manuscrits anglicans. »

[9] Cette charte est la donation de la terre de Tængtune dont il a été question ci-dessus, et qui est aujourd'hui déposée aux Archives du Royaume.

« duc de Normandie, prit faveur de plus en plus, et donna enfin l'exclusion à la « saxonne[1]. Mais, dès le règne de Henri II, les beaux caractères français, usités « en Angleterre, dégénérèrent en gothique, qui devint dominant au XIIIe siècle. « Alors commença à paraître en Angleterre cette mauvaise écriture cursive qui « régna dans toute l'Europe jusqu'au XVIe. Les plus anciennes écritures diplo- « matiques d'Écosse ne remontent pas au delà du XIe. Elles se réduisent à la « minuscule française[2] et gothique, et à la cursive dont nous venons de parler. « Le gothique minuscule commence à se faire voir dans les chartes du roi « David Ier, qui monta sur le trône l'an 1124. La mauvaise cursive ne com- « mença que sous le règne du roi Alexandre III, couronné en 1249. »

§ IV. DE L'ÉCRITURE GERMANIQUE.

Plusieurs savants ont affirmé que les Germains n'avaient fait aucun usage de l'écriture avant le règne de Charlemagne. Les Bénédictins, au contraire, ne doutent pas que l'écriture runique d'une part, l'alphabet ulphilan de l'autre, n'aient été quelquefois employés par les Germains; ils leur attribuent en outre l'usage des caractères anglo-saxons. Mais ils reconnaissent en même temps que l'écriture française fut adoptée en Germanie à partir du règne de Charlemagne, et que d'ailleurs il existe seulement un très-petit nombre de diplômes ou de manuscrits allemands qui soient antérieurs au VIIIe siècle. Un autre système a été soutenu par Godefroy Henselius : il a prétendu que les Germains avaient eu, indépendamment des runes et de l'écriture ulphilane, des caractères qui se rapprochaient beaucoup de ceux des Grecs, et dont ils avaient fait usage à l'exclusion des lettres romaines jusqu'au temps de Charlemagne. Cette opinion est contredite par plusieurs manuscrits de la cathédrale de Wirtzbourg, que les Bénédictins jugent antérieurs au règne de Pepin le Bref, et dont les caractères appartiennent évidemment à l'alphabet latin. Quant aux diplômes donnés par Pepin le Bref aux églises d'Allemagne, ils ne diffèrent

[1] Ce passage serait mal compris si l'on supposait que la réforme prescrite par Guillaume le Conquérant ne fut pas adoptée dès les premières années de son règne. Les Bénédictins s'expliquent ailleurs plus clairement : « Guillaume le Con- « quérant, disent-ils, ne pouvant souffrir les len- « teurs d'un changement insensible, obligea tout « d'un coup les Anglais à renoncer à leur carac- « tère anglo-saxon, pour prendre le français, ap- « porté de nouveau par les Normands. L'on peut « assurer que la volonté de leur chef devint pour « ses nouveaux sujets une loi dont ils s'écartèrent « rarement. »

[2] Thomas Ruddiman croit que cette minuscule a été employée dans les manuscrits écossais dès le temps de Charlemagne, qui avait de fréquentes relations avec les rois d'Écosse. (Voyez *Selectus numism. ac diplom. Scotiæ thesaur. præfat.* p. XXII, et *Nouv. Traité de Diplomatique*, tome III, page 334.)

en rien, sous le rapport de l'écriture, de ceux qui étaient relatifs à la France proprement dite. Au reste, s'il existe quelques dissentiments parmi les auteurs qui ont parlé des premiers essais de l'écriture germanique, les plus savants antiquaires d'Allemagne s'accordent à reconnaître que l'écriture française a été adoptée dans leur patrie, à compter du règne de Charlemagne.

On rencontre dans les ornements et dans les titres de quelques manuscrits des lettres capitales d'une forme carrée et d'un aspect singulier. « Telles sont, « disent les Bénédictins, la plupart de celles dont on s'est servi pour écrire les « premiers mots du célèbre manuscrit de la cathédrale de Wirtzbourg, lequel « renferme les épîtres de S. Paul, avec des préfaces. » Ces lettres ont fourni un alphabet qui a été publié par Schannat et par d'autres savants : les Bénédictins l'ont aussi reproduit à la page 117 de leur troisième volume. Nous essayerons d'en décrire les caractères les plus remarquables. Le *b* est à peu près semblable à celui de notre alphabet anglo-saxon, mais l'extrémité supérieure de la panse se roule en spirale : la même lettre, vue dans un miroir, représenterait une des formes du *d*. Ce dernier caractère est aussi figuré par un carré surmonté d'un ornement en forme de trèfle[1], ou encore par un croissant au-dessus duquel s'élève une ligne ondulée. Le *c* est carré, c'est-à-dire, semblable à un E dont la barre moyenne serait supprimée. L'*e* est représenté par l'H grec. Le *g* est tantôt de forme ordinaire, tantôt semblable au *g* saxon. Trois traits verticaux coupés en deux parties égales par une barre horizontale forment une des figures de l'*m* : cette lettre se présente aussi sous l'aspect de deux arceaux soutenus par deux colonnes. L'*o* est composé de quatre lignes droites qui forment soit un carré, soit une H capitale à double traverse, soit une losange dont tous les côtés seraient prolongés au delà de leurs points de rencontre. Le *p* ressemble au Π grec; l'*r* à un K dont la branche supérieure tendrait à se réunir avec la haste; l'*s* à un Z vu dans une glace, et quelquefois à un X que deux lignes horizontales fermeraient, l'une par le haut, l'autre par le bas. L'*u* a la formed'un X dont la partie inférieure serait un peu raccourcie[2]; enfin, l'*x* de cet alphabet tient plutôt de la minuscule, parce que ses deux traverses sont formées par des lignes un peu recourbées. Indépendamment de ces lettres, que l'on peut considérer comme exceptionnelles, les Germains ont employé une écriture capitale qui ne diffère en rien de celle que l'on rencontre dans les manuscrits français. La même analogie existe, soit pour l'écriture onciale, dont ils ne paraissent pas d'ailleurs avoir

[1] Cette figure renversée sert à représenter la lettre *q*.

[2] En d'autres termes, on peut dire que cette lettre est représentée par un V dont les deux montants se prolongent un peu au-dessous de leur point de rencontre.

fait un fréquent usage; soit pour l'écriture mixte, dans laquelle on remarque quelquefois des lettres anglo-saxonnes. Il résulte même d'un *fac-simile* du Nouveau Traité de Diplomatique que, dans les manuscrits en langue vulgaire, les Germains ont employé les signes spéciaux du *dh*[1] et du *w*. Toutefois, en citant cet exemple, les Bénédictins font remarquer que le monument auquel ils l'empruntent est antérieur au temps où les Français établirent leur domination dans la Saxe. Les mêmes auteurs donnent quelques modèles de manuscrits germaniques, dans lesquels on reconnaît des formes de lettres anglo-saxonnes; mais comme ces manuscrits sont en latin, on n'y retrouve plus les caractères spécialement destinés à reproduire certaines articulations de la langue vulgaire. Il est bien reconnu d'ailleurs qu'à partir de la fin du VIIIe siècle, l'écriture française a été d'un usage pour ainsi dire universel dans un pays où Charlemagne avait exercé, comme en France, une autorité souveraine. Si la minuscule d'Allemagne n'offre pas toujours le même aspect que la nôtre, c'est qu'elle a des formes plus roides et plus anguleuses; mais il serait difficile d'indiquer les signes particuliers qui peuvent servir à la distinguer; ou du moins, chaque lettre envisagée isolément ne présente pas des différences qui soient assez caractérisées pour qu'un alphabet les rende sensibles. Quoique le gothique moderne se soit conservé en Allemagne jusqu'à nos jours, son apparition dans ce pays n'a pas eu lieu plus tôt que dans le reste de l'Europe : on ne doit donc pas attribuer aux Allemands l'invention de ce caractère, ni surtout y voir, comme certains auteurs, une écriture différente de celle des Latins.

Bien que les Allemands aient employé dans leurs chartes une écriture à peu près conforme à la nôtre, cependant leurs actes présentent quelques différences qui ont été signalées par les Bénédictins dans le passage suivant : « Les mêmes « écritures diplomatiques usitées en France sous la seconde race de nos rois, « et dans les temps postérieurs jusqu'au XIIIe siècle, eurent cours en Alle- « magne; mais elles y prirent toujours plutôt la forme de la minuscule que « de la cursive. Quoique le commencement des diplômes impériaux fût ordi- « nairement en lettres non majuscules, mais allongées ou fort serrées, minces « et en pointes sous les Carlovingiens, un peu plus recourbées sous les rois et

[1] Les Bénédictins donnent le nom de *th* à ce caractère, qui est un *d* minuscule dont la haste est tranchée par un trait horizontal, c'est donc la lettre double qui, dans l'alphabet anglo-saxon, est désignée sous le nom de *dh*, et dont la prononciation était probablement un peu plus douce que celle du *th* proprement dit. Le *dh* des Allemands serait extrêmement facile à distinguer de celui des Anglo-Saxons, s'il pouvait être démontré que dans les manuscrits germaniques on n'a jamais fait usage du *d* oncial pour représenter cette lettre double.

« empereurs allemands; cependant, à peine le IXe siècle était-il fini, qu'on fit « en Allemagne quelques diplômes dont la première ligne était en petits caractères ronds, tel qu'était alors le corps de la pièce. Dès le temps de Conrad Ier « et d'Otton III, l'écriture allongée de cette ligne initiale devint tremblante. « Cette écriture tremblante n'était pas constante ni au Xe ni au XIe siècle, où « elle parut souvent dans les chartes, surtout dans les caractères allongés. Dans « la ligne initiale, ces caractères se terminaient au mot *rex* ou *augustus;* mais « jusqu'au milieu du XIe siècle, pour l'ordinaire on y faisait entrer le commencement du texte. De là en avant, pendant la durée d'un siècle, l'usage de finir l'écriture allongée au mot *rex* ou *augustus,* ou par le nombre qui marquait le rang « que tenait un empereur ou un roi d'Allemagne parmi ses prédécesseurs, devint « pour ainsi dire invariable. Mais les exceptions recommencèrent sous Frédéric Ier. « On vit alors le commencement du corps du diplôme renfermé dans la première ligne en écriture allongée. L'écriture des signatures impériales est presque toujours en caractères allongés, jusque vers le XIVe siècle. Mais, dès le « milieu du XIIe, on commença à supprimer de temps en temps ces signatures. « Il y en eut même quelques exemples dès le Xe. Au commencement du XIe siècle, « sous Henri II, on voit des signatures en petits caractères. On en remarque de « nouveaux depuis environ le milieu du XIIe. L'écriture des signatures des chanceliers fut toujours en caractères allongés, comme les signatures des empereurs le furent ordinairement, jusqu'au XIIe siècle, où l'on employa l'écriture « ronde; mais au XIIIe siècle, ces signatures disparurent. Celle du chancelier « est, pour l'ordinaire, placée immédiatement au-dessous de la souscription « royale ou impériale, de sorte néanmoins qu'elle commence de même à la « ligne, si ce n'est sous Conrad Ier et Henri Ier, où elle est tant soit peu à gauche. « Sous Otton IV, vers la fin du XIIe siècle, les *r* des lignes initiales ou de la « signature des empereurs devinrent conformes aux romaines majuscules. L'écriture diplomatique d'Allemagne, au XIIe siècle, l'emporte sur les autres par « la beauté et la netteté des caractères minuscules. L'écriture cursive ne fut « point admise dans les chartes du pays avant le milieu du XIIIe siècle; mais, « depuis l'an 1260 et 1270, une multitude d'actes furent écrits en ce nouveau « caractère vraiment barbare, qu'on s'est avisé d'appeler gothique. Peu après le « commencement du XIe siècle, on chargea les lettres qui s'élèvent au-dessus des « autres, et surtout les *l,* de plusieurs contours qui d'un seul trait étaient formés « au haut de ces lettres : ce qui dura jusque dans le XIIIe siècle. Dans les diplômes, « tantôt l'*y* est marqué d'un point et tantôt ne l'est pas. Les *c,* vers le milieu « du Xe siècle, commencèrent à porter une queue supérieure, qui sur la fin « devint quelquefois fort élevée en haut et très-fréquente. Elle ne dura que

« jusque vers l'an 1050 en France. En Allemagne, dès le siècle précédent, elle « commença à n'être plus si en usage. A peine en voyait-on dans certaines « chartes pendant qu'il y en avait dans d'autres. Vers le milieu du XIe siècle, « les petits *a* d'écriture diplomatique commencèrent à prendre la forme du « petit *d* romain : ce qui devint général au siècle suivant. Ces caractères tenaient « encore beaucoup des carolins, parmi lesquels la lettre *a* ressemble souvent « à deux *cc* conjoints ensemble. Depuis environ le milieu du IXe siècle, jusqu'à la « moitié du XIe en Allemagne, et encore jusqu'au XIIe en France, et en quel- « ques écritures au XIe siècle sous l'empereur Henri III, les noms propres, dans « le corps des chartes, sont fréquemment écrits en caractères romains majus- « cules. Lorsqu'ils sont écrits autrement, leur lettre initiale est presque tou- « jours minuscule ou cursive, surtout au moyen âge. » (*Nouv. Tr. de Diplom.* tom. III, p. 678-680.)

RÉSUMÉ.

Il résulte des courtes observations qui viennent d'être présentées que les écritures nationales des différents peuples de l'Europe ont été en quelque sorte régies par les mêmes lois. Nées de l'écriture latine, elles ont peu à peu adopté quelques habitudes particulières qui constatent leur individualité sans effacer les traces de leur filiation commune. Bientôt l'influence de Charlemagne s'étendit sur toute l'Europe, et l'écriture française pénétra chez les peuples du Nord et du Midi, en Allemagne, en Angleterre, en Italie et en Espagne. A partir de ce moment, les différences tendent à s'effacer. Guillaume le Conquérant, en Angleterre, et les évêques du concile de Léon, en Espagne, interdirent expressément l'emploi de l'écriture anglo-saxonne et wisigothique. Ferreras dit positivement dans son histoire que le concile de Léon, en prescrivant l'adoption de notre alphabet, avait pour but de faciliter les relations des Espagnols avec les étrangers. L'écriture française était donc alors un des liens qui unissaient entre eux les peuples de la chrétienté, et cette influence semble avoir préparé celle que notre langue a exercée dans la suite sur l'Europe moderne. Depuis le XIIIe siècle, les caractères gothiques furent adoptés partout comme d'un commun accord, jusqu'au moment où la découverte de l'imprimerie vint resserrer plus étroitement encore les relations européennes qui semblaient devoir être brisées par la diversité des langues et des intérêts. Mais s'il est vrai de dire en thèse générale que les dernières traces de la diversité des écritures nationales ont disparu au XIIe siècle, on ne doit pas douter qu'il n'y ait eu quelques faits exceptionnels. Pour les reconnaître, il faut étudier l'histoire de la paléographie dans chaque pays, comparer les monuments originaux, et discuter les opinions des différents écrivains. En indiquant dans ce chapitre quelques résultats généraux, nous n'avons pas eu la prétention de résoudre toutes ces difficultés. Quoique le Nouveau Traité de Diplomatique renferme à cet égard un grand nombre de faits recueillis avec cette érudition patiente et consciencieuse qui distingue l'ordre des Bénédictins, il ne faudrait pas se borner à consulter ce recueil précieux pour étudier complétement une question aussi vaste. Les Bénédictins donnent, au commencement de leur sixième volume, un catalogue des auteurs qui ont traité de la Diplomatique [1], et dans lequel on trouvera tous les renseignements nécessaires sur les ouvrages publiés avant la seconde moitié du XVIIIe siècle. Nous avons pensé qu'il serait utile d'indiquer ici quelques-uns des livres qui ont paru depuis cette époque. Nous devons à l'obligeance de M. Guérard celles de ces indications qui sont marquées d'un astérisque.

* TROMBELLI. Arte di conoscere l'età de' codici latini ed italiani. Bononia, 1757, in-4°. (Le catalogue de la *Bibliotheca van Hulthemania* indique aussi une édition de 1778.)

* Paleografia Española, por el P. ESTEVAN DE TERREROS Y PANDO. En Madrid, Joachim Ibarra, 1758, petit in-4°.

Dictionnaire raisonné de Diplomatique, par DOM DE VAINES, religieux bénédictin de la congrégation de S. Maur. Paris, 1774, 2 vol. in-8°. (34 *planches.*)

BATTHENEY. L'Archiviste français, ou Méthode sûre pour apprendre à arranger les archives et à déchiffrer les anciennes écritures; orné de 52 planches gravées. 2e édition. Paris, 1775, in-4°.

Escuela de leer letras cursivas antiguas y modernas, desde la entrada de los Godos en España hasta nuestros tiempos, su autor el P. ANDRES MERINO. En Madrid, 1780, in-fol. (59 *planches.*)

* G. J. THORKELIN. Diplomatarium Arna-magnæanum exhibens monumenta diplomatica quæ collegit, etc. Arnas Magnæus, historiam atque jura Daniæ, Norvegiæ et vicinarum regionum illustrantia. Hauniæ et Lipsiæ, 1786, 2 vol. in-4°. (Cet ouvrage est un recueil de chartes, dont la plus ancienne est du roi Canut IV, et remonte à l'an 1085. Il contient beaucoup de sceaux et des textes en langues du Nord.)

JER. JACOB. OBERLINUS. Artis diplomaticæ primæ lineæ in usum auditorum. Argentorati, 1788.

[1] Nous avons entre les mains le *prospectus* d'un catalogue qui paraît devoir être rédigé sur un plan beaucoup plus vaste. Cet ouvrage est annoncé comme devant paraître en 1838, sous le titre suivant : « Bibliographie paléographico-diploma- « tico-bibliologique générale, ou Répertoire sys- « tématique indiquant : 1° tous les ouvrages rela- « tifs à la paléographie, à la diplomatique, à l'his- « toire de l'imprimerie et de la librairie, à la « bibliographie, aux bio-bibliographies et à l'his- « toire des bibliothèques; 2° la notice des recueils « périodiques, littéraires et critiques des différents « pays; suivi d'un répertoire alphabétique géné- « ral, par P. Namur, docteur en philosophie et « lettres, et second bibliothécaire à l'Université « de Liége. »

* J. Gerrard. Siglarium romanum. London, 1793.

The origin and progress of writing, etc., by T. Astle. London, 1803, in-4°. (31 *planches.*)

I papiri diplomatici raccolti ed illustrati dall' abbate Gaetano Marini. Roma, 1805, in-folio. (22 *planches.*)

* A. F. Pfeiffer. Uber Bücherhandschriften überhaupt. Erlangen, 1810, in-8°.

* T. G. Schoenemann. Versuch eines vollstændiges Systems der allgemeinen besonders ælteren Diplomatick. Leipsic, 1818, 2 vol. in-8°.

* J. G. Th. Busching. De signis seu signetis notariorum veterum. Breslaw, 1820, in-4°.

* *Idem.* De antiquis silesiacis sigillis et eorum descript. authent. in tab. silesiacis reperta. Breslaw, 1824, in-4°.

* F. A. Ebert. Handschriftenkunde. Leipsic, 1825, in-8°.

CHAPITRE VI.

DES SIGNES ACCESSOIRES DE L'ÉCRITURE.

La ponctuation, les autres marques employées par les copistes ou les grammairiens, les chiffres romains et les chiffres arabes, se rattachent trop étroitement à l'écriture proprement dite pour que nous négligions d'entrer à cet égard dans quelques détails. Nous essayerons donc de compléter la troisième partie de cet ouvrage en réunissant dans ce chapitre quelques observations sur des signes qui peuvent servir à l'intelligence et à l'appréciation des anciens monuments.

ARTICLE PREMIER.

DE LA PONCTUATION.

Plusieurs auteurs ont pensé que la ponctuation n'était pas connue des anciens, et qu'elle remontait tout au plus au VIIIe siècle. « C'est une erreur, disent « les Bénédictins, qui a passé avec beaucoup d'autres dans ces livres immenses « où l'on parle de tout sans rien examiner. L'inspection des plus anciens mo- « numents donne des idées bien différentes. Dès les premiers temps, nous y « voyons les points servir à distinguer les mots. Dans les fameuses tables Eugu- « bines, en lettres étrusques, chaque mot est suivi de deux points, et dans « celles qui sont en caractères latins, un seul point suit chaque mot. » Les mêmes auteurs citent, comme un des exemples les plus anciens de l'emploi des signes de ponctuation, une inscription trouvée à Athènes qui fut faite l'année de la mort de Cimon, 450 ans avant l'ère chrétienne : les mots de cette inscription sont séparés par trois points disposés verticalement. L'emploi des signes de ponctuation ne peut donc pas être considéré comme une invention récente, mais il est vrai de dire que les siècles anciens fournissent un grand nombre de monuments gravés ou écrits dans lesquels ces signes n'ont jamais existé ou n'ont été ajoutés qu'après coup. C'est là ce qui explique l'erreur dans laquelle sont tombés certains auteurs qui auraient dû se borner à dire que la ponctuation n'était pas d'un usage aussi fréquent chez les anciens que chez les modernes.

§ I. DE LA PONCTUATION DANS LES INSCRIPTIONS.

Les inscriptions qui remontent à la plus haute antiquité prouvent, comme on vient de le voir, que l'on se servait d'un ou plusieurs points pour distinguer les mots : ce signe était même employé quelquefois pour séparer les radicaux dont la réunion formait un mot composé. On trouve par exemple *ad. finibus* et *ob. venerit* au lieu de *adfinibus* et *obvenerit*. Quand une inscription renfermait un mélange de sigles et de mots complets, les sigles étaient ordinairement suivis d'un point; et dans une inscription composée en entier de mots complets, lorsque chaque mot était séparé par un point, ce signe de ponctuation était quelquefois supprimé à la fin des lignes. L'emploi du point dans les inscriptions n'avait donc pas pour but en général de distinguer les parties d'une phrase et les différentes phrases entre elles, mais d'établir les séparations des mots, abstraction faite des divisions que le sens aurait pu exiger. Aussi le point, qui est le signe le plus simple et en même temps celui dont on a fait le plus fréquent usage, a-t-il été remplacé par des figures d'une forme complétement arbitraire. Mais d'abord, il est bon de faire observer que le point lui-même a été employé de bien des manières différentes. On le voit placé soit au bas, soit au milieu, soit au haut de la lettre; au lieu d'un point, on en trouve deux (Pl. H, n° 4), trois (Pl. E, n°s 1 et 2), quatre (Pl. L, n° 1) et jusqu'à neuf (Pl. Q, n° 4); cependant, sous ces différentes formes, le point a toujours la même valeur. Il est inutile d'avertir que ces combinaisons ne sont pas les seules, et que l'on trouverait des points disposés horizontalement, obliquement, en triangle, en losange, en carré, etc. Dans le sceau n° 1 de la planche D, au lieu de points, on voit des astérisques; ailleurs, ce sont des fleurs de lis (Pl. U, n° 19), ou des lignes recourbées en forme d'S (Pl. T, n°s 1 et 2). La légende de l'une des faces de la médaille reproduite sous le n° 6 de la planche O se termine par une espèce de palme; quelques auteurs ont vu dans ces figures un ornement plutôt qu'un signe de ponctuation; mais il est souvent impossible de ne pas y reconnaître, avec les Bénédictins, de véritables points employés par les artistes pour distinguer les mots. « Il y a, disent-ils, dans le troisième tome des Mémoires de « l'Académie, une inscription où des branches ou feuillages d'arbrisseau tien- « nent la place des points. Cette ponctuation, qu'on ne retrouve presque plus « après le VIIIe siècle, n'est pas rare dans les manuscrits pour terminer le « discours. » Il serait fort long d'énumérer les différentes figures qui ont été employées pour tenir lieu du point proprement dit. On s'est servi des lignes droites et des lignes courbes; on les a combinées pour former des croix, des triangles, des carrés, des losanges, des trapèzes, des demi-cercles, des cercles, des rosaces, des cœurs, etc. Ces différentes combinaisons produisaient aussi des figures assez semblables à certains chiffres arabes, tels que le 3 et le 7; ou à des lettres de l'alphabet, telles que le *b*, le *c*, l'*m*, l'*n*, l'*o*, le *p*, l'*r*, l'*s*, le *v*, l'*x*, l'*y* et le *z*. Les Bénédictins citent un passage d'Hensèlius duquel il résulte que, dans plusieurs inscriptions, les mots sont séparés par l'une des lettres grecques Δ, Υ, Φ et Ψ. « Chez les anciens Danois, disent-ils, on se contentait de terminer « la période par cette note H. Lorsqu'un nouveau sens commençait, on met- « tait à la tête la figure d'une petite lune. » Ces courtes indications suffisent pour donner une idée de la variété des signes qui tenaient lieu du point dans un grand nombre d'inscriptions. Cette question est ainsi résumée par les auteurs du Nouveau Traité de Diplomatique : « Il résulte de nos recherches, 1° que « jusqu'au ve siècle, l'usage était ordinaire de distinguer les mots; 2° qu'ils « étaient souvent suivis de points, et que plus ordinairement ces points étaient « placés après des sigles et des mots abrégés; 3° que, quand on mettait des « points après chaque mot, quelquefois on les supprimait à la fin des lignes; « 4° que la figure commune des points est simple, ou en triangle ayant pour « l'ordinaire la pointe en bas. Les autres figures sont inconstantes et purement « arbitraires. » En ce qui concerne les sceaux, les Bénédictins réfutent avec raison l'opinion d'Heineccius, qui avait prétendu que les Carlovingiens avaient rétabli l'ancien usage de distinguer par des points la plupart des mots. En thèse générale, les sceaux des rois carlovingiens ne portent aucune trace de ponctuation. Heineccius reconnaît du reste qu'il en est de même de plusieurs sceaux du XIe et du XIIe siècle. Parmi les sceaux des rois de France, le premier qui porte des traces bien distinctes de ponctuation est celui de Philippe-Auguste; mais nous n'avons pu en apercevoir sur celui de Louis le Jeune, où les Bénédictins pensaient que chaque mot était suivi d'un point : ils auront sans doute été trompés par une gravure inexacte.

§ II. DE LA PONCTUATION DANS LES MANUSCRITS.

Les auteurs du Nouveau Traité de Diplomatique ont fait sur la ponctuation des manuscrits des recherches fort curieuses, dont nous ne pouvons mieux faire connaître le résultat que par des citations textuelles. « Autre chose est la « distinction des phrases et des mots dans les manuscrits, autre chose est leur « ponctuation. On trouve des points dans plusieurs manuscrits de la plus haute

« antiquité, quoique les mots n'y soient point séparés : tel est le Virgile de Médicis « et quelques autres dont nous examinerons bientôt la ponctuation. Nous en « connaissons de très-anciens où l'on n'aperçoit ni points, ni séparations de mots, « pas même aux endroits qui offrent un sens naturellement suspendu : tel est « le manuscrit dont nous avons découvert un fragment sous l'écriture méro- « vingienne des hommes illustres de S. Jérôme, fragment qui contient les « débris d'une oraison adressée à quelque Empereur ; tels sont les manuscrits « des évangiles de S. Eusèbe de Verceil et de S. Kilien ; tel est encore le « psautier de S^te^. Salaberge, écrit au VIIe siècle. Il y a beaucoup de pages sans « ponctuation dans le Virgile du Vatican, n° 3867. Celle qu'on rencontre dans « d'autres endroits du manuscrit a été ajoutée après coup, comme le prouve la « couleur de l'encre [1]. Nulle distinction des mots, nuls points ni virgules, « pas même sur les Y, dans le manuscrit du Roi 8084, où sont renfermés les « ouvrages de S. Prudence en lettres capitales. Nulle interponction dans le « manuscrit royal 256. Les points qu'on y voit aujourd'hui ont été mis long- « temps après. Il n'y a ni points ni virgules dans le corps du texte des évangiles « écrits au Ve ou VIe siècle, et conservés jusqu'à présent dans l'abbaye de Corbie. « Ce n'est pas que les points ne soient beaucoup plus anciens que tous ces ma- « nuscrits ; mais les copistes se déchargeaient de la ponctuation sur les correc- « teurs, qui la négligeaient ordinairement. Il n'y avait que les personnes les « plus curieuses et les plus exactes qui fissent ajouter les points à leurs exem- « plaires.

« La manière la plus connue de suppléer à la ponctuation dans les premiers « temps fut d'écrire par versets, et de distinguer ainsi les membres et sous- « membres du discours. Chaque verset était renfermé dans une ligne que les « Grecs appelaient στίχος ; en sorte qu'en comptant les versets, on découvrait « combien de lignes il y avait dans un volume. A l'exemple de Cicéron et de Dé- « mosthènes, S. Jérôme introduisit cette stichométrie ou distinction par versets « dans l'Écriture Sainte, pour en faciliter la lecture et l'intelligence aux simples « fidèles qui en faisaient leurs délices [2]. Souvent on mit au commencement

[1] On voit dans le premier *fac-simile* de la planche IV, après les mots *adtendere* et *sententia*, deux traits fins qui s'élèvent au-dessus de la ligne : ce sont des signes de ponctuation ajoutés après coup. La couleur de l'encre est un indice qui contribue à faire reconnaître les additions de cette nature ; mais, pour ne pas s'y tromper, il faut comparer la teinte des signes de ponctuation avec ceux des traits de l'écriture qui sont à peu près les mêmes. En effet, les liaisons pâlissent en général beaucoup plus que les traits auxquels elles se rattachent ; par conséquent, lorsque la ponctuation est marquée par des traits fins, c'est la teinte des liaisons, et non celle du corps des lettres, qui fournit le terme de comparaison le plus exact.

[2] Les Bénédictins font remarquer, dans un autre volume, qu'avant S. Jérôme on observait déjà

« d'une nouvelle phrase ou d'un verset une lettre un peu plus grande, et qui

quelques divisions de versets dans l'Écriture Sainte. « Au commencement du IVe siècle, disent- « ils, les évangiles avaient leurs divisions et sub- « divisions; mais leurs chapitres ne s'accordaient « pas toujours avec les nôtres. Rien de plus célè- « bre, en ce genre, que le canon d'Eusèbe. Les « épîtres de S. Paul furent aussi divisées en cha- « pitres sur la fin du même siècle. Ce fait est cons- « taté dans la préface d'Euthalius, rapportée par « M. Zaccagni. Alors on appelait les premiers *cha-* « *pitres* ou *capitules majeurs*, et les seconds *mi-* « *neurs*. Ceux-ci n'étaient quelquefois pas plus « longs que nos versets; quelquefois ils en valaient « sept ou huit. Aussi ces petites divisions ne s'é- « tendent-elles en S. Mathieu qu'à 365; mais, « quoique le nombre des grands chapitres y soit « le même que celui des nôtres, leur distribution « est plus d'une fois différente. Les chapitres des « autres évangélistes ne s'accordent pas avec les « nôtres, même quant au nombre. Les anciens ne « pouvaient manquer d'en avoir moins puisqu'ils « les faisaient plus grands. Au rapport d'Eusèbe « de Césarée, Origène distingua les livres sacrés « par membres ou par versets. Avant lui les livres « poétiques l'étaient déjà. C'est même ainsi qu'on « écrivait les orateurs profanes : au moins S. Jé- « rôme nous le dit-il de Démosthènes et de Ci- « céron. Mais jusqu'au temps des divisions mo- « dernes, si l'on en excepte les évangiles, le « nombre des *capitules*, titres ou *brefs* de chacun « des livres sacrés et même des versets n'eut rien « de fixe. Presque chaque copiste les diminuait ou « les augmentait à son gré. Ce qu'on peut avancer « de plus certain relativement à notre objet, c'est « que plus les manuscrits sont anciens, plus le « nombre des versets s'y trouve multiplié. Ceux « qui ne se bornent pas à diviser les périodes par « membres, mais qui les partagent encore en « *sous-membres*, remontent à l'antiquité la plus « reculée. La totalité des capitules s'appelait *capi-* « *tulatio, breviarium*. » Il résulte de ce passage que l'âge des bibles manuscrites peut être fixé jusqu'à un certain point par la nature de leurs divisions. La stichométrie de S. Jérôme ne peut guère avoir été répandue avant le commencement du Ve siècle, et, suivant les Bénédictins, elle a cessé d'être employée dans l'Ancien Testament au commencement du treizième. Alors s'établit la division qui subsiste encore aujourd'hui, et que les uns attribuent à Étienne Langhton, les autres à Jacquet Hugues. Le texte même des Saintes Écritures fournit aussi quelques moyens d'appréciation qui sont indiqués dans le Nouveau Traité de Diplomatique. « Les manuscrits renfermant quelque livre « de l'Écriture-Sainte, dont la version n'est ni « double ni triple, et qui néanmoins suivent « l'italique et non celle de S. Jérôme, remontent « à des temps fort reculés. Comme, dès le siècle « de S. Grégoire le Grand, la dernière avait déjà « pris le dessus, et qu'on ne fit depuis presque « aucun usage des autres, il s'ensuit qu'on cessa de « transcrire les manuscrits des autres versions, et « que dans la suite, si quelques curieux voulurent « conserver l'ancienne, ce ne fut qu'en la joignant « à celle de S. Jérôme. Ainsi, lorsqu'une version so- « litaire présentera quelque insigne variante qu'on « sait avoir été certainement dans les Septante, « et conséquemment dans l'italique, telle, par « exemple, que *Dominus regnavit à ligno*, on aura « raison de porter fort haut le manuscrit où ce « texte se sera conservé. » Les Bénédictins avertissent aussi qu'on doit regarder comme fort anciens les évangiles où S. Luc est appelé *Lucanus* et non *Lucas*. Le nom plus moderne de *Lucas* paraît dans le titre initial d'un manuscrit d'un S. Eadfrid, qui a été évêque de Lindisfarn, de 686 à 721; mais, dans le haut des pages et dans le titre final, S. Luc est nommé *Lucanus*. « Cette variété, disent « les Bénédictins, peut caractériser un usage finis- « sant. » Suivant les mêmes auteurs, on doit regarder comme antérieurs au VIIe siècle les manuscrits des évangiles où S. Jean se trouve placé soit avant S. Marc, soit avant S. Luc. Enfin, en ce qui concerne les ouvrages des saints Pères, et surtout des saints évêques qui ont vécu dans les quatre ou cinq premiers siècles, ils pensent que l'on est autorisé à regarder comme à peu près contemporain des auteurs tout manuscrit dont l'épigraphe ne leur donne pas la qualification de *saint* ou de *bienheureux*.

« avançait plus que les autres lignes [1]. C'est ce qu'on remarque dans les très-« anciens manuscrits des évangiles de S. Eusèbe de Verceil et de la cathédrale « de Wirtzbourg. Les vides en blanc suppléaient encore aux interponctions; « et c'est la plus ancienne manière de ponctuer, ou plutôt de marquer sans « points la pause qui laisse au lecteur le temps de respirer, en même temps « qu'elle met de la netteté dans le discours. C'est pour indiquer ce repos, qu'on « a laissé quelque intervalle entre les mots dans le manuscrit du Roi 256, « dont la ponctuation est d'un temps postérieur. S'il se trouve quelque espace « vide entre les mots dans les Homélies d'Origène de la même bibliothèque, « ce n'est que pour tenir lieu de points et de virgules. Dans le manuscrit royal « 6413, qui contient une partie des œuvres de S. Isidore, les mots ne sont « distingués que lorsque le sens est suspendu. Quand la phrase est complète et « le sens fini, on laisse un intervalle en blanc dans le manuscrit du Roi « 2630, où sont renfermés les treize livres de S. Hilaire sur la Trinité. Nous « avons fait les mêmes observations sur le manuscrit de Saint-Germain-des-« Prés 255. M. Maffei (*Opuscol. eccles.* p. 62) avait remarqué ces vides en blanc « dans le premier manuscrit de la bibliothèque de Vérone, qui contient les « livres des Rois de la version de S. Jérôme : *Ubi sententia sive periodi membrum « desinit,* dit le docte Italien, *intervallo, ut plurimùm, distinentur verba : nulla ta-« men colligitur in capita aut in versus discretio.*

« Ces espaces vides, servant de points et de virgules, donnèrent naissance « à la distinction de chaque mot dans l'écriture des manuscrits et des diplômes. « Si l'indistinction des mots caractérise les plus anciens livres, tels que les Épî-« tres de S. Paul de la Bibliothèque du Roi, le célèbre Psautier de S. Germain, « évêque de Paris, etc., elle ne marque pas toujours un temps postérieur aux VIe « et VIIe siècles. Le très-ancien Psautier en lettres gallicanes dont le P. Bian-« chini a donné un modèle (*Vindic. canonic. scriptur.* p. CCXLVIII), laisse voir un « assez bon nombre de mots séparés. Mais, depuis le milieu du VIIe siècle, les « séparations de mots commencent à se montrer plus fréquemment dans plu-« sieurs manuscrits, par exemple dans celui des Épîtres de S. Paul du Vatican, n° 9, « écrit en lettres onciales, et dans les modèles de la VIIIe planche de D. Mabillon. « Les livres de l'Ancien Testament renfermés dans le plus ancien manuscrit de « l'abbaye de Marmoutier laissent entrevoir de petites distinctions de mots « dans les endroits où il n'y a ni points ni virgules. Elles deviennent plus nom-« breuses, ces distinctions, dans les manuscrits du VIIIe siècle, comme dans la « collection des Canons de la Bibliothèque du Roi et dans le beau Psautier en

[1] Cette disposition est suivie dans les manuscrits qui ont fourni le 2e et le 3e *fac-simile* de la seconde planche.

« lettres onciales de la Bibliothèque Cottonienne. Les mots sont séparés, où il « n'y a ni points ni virgules, dans le Code Théodosien du Roi, écrit au VIIIe « siècle. Dans le manuscrit royal 4413, écrit du temps de Louis le Débonnaire, « on voit les mots tantôt séparés et tantôt joints, et il arrive souvent, quoique « cela ne soit pas ordinaire, qu'un même mot est séparé par plusieurs inter- « valles. Les mots sont très-bien distingués dans l'écriture onciale des Heures « de Charles le Chauve; mais ils ne le sont qu'à demi dans la minuscule. « Rassemblons ici les conséquences qui coulent des observations que nous « venons de faire et de celles que nous avons déjà touchées ailleurs sur l'indis- « tinction et la distinction des mots. 1° Jusqu'à la fin du VIe ou les commence- « ments du suivant, les écrivains n'ont point ordinairement séparé les mots « par des intervalles semblables aux nôtres, si ce n'est aux alinéa et aux endroits « où le sens est suspendu ou fini; 2° la séparation des mots, quoique peu con- « sidérable, commença dès les Ve, VIe et VIIe siècles; 3° les mots encore joints « de temps en temps caractérisent les manuscrits du VIIIe au IXe siècle. Vers le « milieu de ce siècle, et même à la fin, les mots ne sont pas encore tous séparés « dans les manuscrits. On en conclurait très-mal qu'il y en a du temps de « Charlemagne et de Louis le Débonnaire où les mots ne sont nullement dis- « tingués.

« La ponctuation succéda à la distinction du discours par versets portés à la « ligne, et aux intervalles laissés en blanc pour marquer les divers membres « et la fin de la période. Leclerc a fait remonter l'invention des points jusqu'au « temps d'Aristote; mais le texte qu'il cite de ce philosophe peut s'entendre « de l'écriture claire et débarrassée de conjonctions, ou du discours dégagé de « parenthèses et d'épisodes. Nous croyons avec D. Bernard de Montfaucon (*Palæo-* « *graph.* lib. I, p. 31) que la ponctuation des manuscrits n'est pas plus ancienne « qu'Aristophane, qui vivait dans la 145e olympiade, c'est-à-dire environ « deux cents ans avant l'ère chrétienne. Ce grammairien de Byzance inventa les « signes des différentes distinctions du discours, et ces signes ne consistaient « que dans un seul point mis tantôt en haut, tantôt en bas, et tantôt au milieu « de la dernière lettre. Pour bien entendre ceci, il faut savoir que les anciens « observaient trois sortes de distinctions. L'une n'était qu'une petite pause et « une légère respiration, nommée *incisum*, κόμμα. Cassiodore l'appelle sous- « distinction. L'autre était une pause un peu plus grande, mais qui laissait « encore l'esprit en suspens. On l'appelait κῶλον, membre. On subdivisa cette « pause en *semi-colon* ou demi-membre. Mais, ni S. Isidore, ni Diomède, qui « traitent des distinctions du discours, n'ont connu celle-ci. La dernière ter- « mine le sens, et ne laisse plus rien à désirer pour achever la période. Depuis

« plusieurs siècles, la première est régulièrement désignée par un demi-cercle « ou petit *c* renversé de cette sorte (,), et c'est ce que nous appelons virgule. « On marque la seconde par deux points perpendiculaires (:), et la troisième par « le point et la virgule (;). Le signe de la dernière distinction est un seul point « mis autrefois au haut et maintenant au bas du dernier mot. Cicéron n'a parlé « que des points qui, seuls, séparaient et terminaient les membres du discours. « On ne voit pas que les anciens proprement dits se soient servis d'autres signes. « Trois situations du point marquaient les différentes distinctions du discours. « Le point placé au haut de la lettre indiquait le sens fini ou la distinction par- « faite, τελεία στιγμὴ, comme l'appellent les Grecs. Le point mis au bas de « la lettre désignait la petite pause ou sous-distinction, ὑποστιγμή. Le point « marqué au milieu était le signe de la pause plus grande, nommé μέση στιγμὴ, « et qui laissait encore l'esprit en suspens. Si Dom Lancelot explique différem- « ment la ponctuation des anciens, c'est qu'il n'a pas fait assez d'attention aux « textes de Donat et de S. Isidore, dont il s'autorise.

« Nous avons observé ces différentes positions du point dans le Virgile de « Médicis, corrigé par Apronien l'an 494. On s'y sert du point, non seulement « après les abréviations, mais encore au milieu des lignes et à la fin de chaque « vers. Dès le titre du manuscrit, on aperçoit le point triangulaire dont la pointe « est en haut. Le Virgile du Vatican n° 3225, qu'on fait remonter au temps de « Septime Sévère, place le point au haut, au milieu et au pied de la lettre : ce « qui revient au point final d'aujourd'hui, aux deux points et à notre virgule. « Dans le Sulpice Sévère de Vérone, écrit l'an 517, le point est mis après les « titres, à la fin des membres de la phrase et quelquefois à la suite de chaque « mot. Une virgule ou quelque ornement fort simple termine de temps en temps « le discours. » Cependant la ponctuation des anciens manuscrits est quelquefois plus variée. Dans les Pandectes de Florence, on trouve, indépendamment des trois positions du point, le point triangulaire, et nos deux points (:). Le sommet du triangle formé par les trois points est tourné, tantôt vers la gauche, tantôt vers le bas de la ligne, et suivi souvent de petites lignes droites ou ondulées. Les deux points sont quelquefois séparés par un tiret. On suppose, il est vrai, que tous ces signes de ponctuation ne sont pas de première main. Mais dans le manuscrit des Lois lombardiques de la Bibliothèque Ambrosienne, les phrases sont séparées par des signes assez semblables à des 7 surmontés de deux points ; dans le manuscrit n° 9 du Vatican, renfermant les Épîtres de S. Paul en onciale, la distinction des phrases est quelquefois indiquée par des fruits ou par des triangles ; des feuilles séparent les mots des titres dans le S. Ambroise de la Bibliothèque du Roi, n° 1732 : tous ces signes de ponctuation sont du même temps que le corps des manuscrits. Quoique la virgule ne soit pas aussi ancienne que le point, on la rencontre dans des manuscrits qui remontent au commencement du VIe siècle; mais de même que le point avait souvent la valeur de notre virgule, la virgule, dans les manuscrits, avait aussi la valeur de notre point [1]. Sa forme et surtout sa position ne sont pas toujours les mêmes. Elle ressemble quelquefois à une petite *s*, à un accent circonflexe, à un petit *v* diversement incliné. Quand elle ne s'éloigne pas de la forme actuelle, sa pointe est quelquefois tournée vers le haut; en général, le trait courbe qui sert à la représenter aujourd'hui prenait toutes les positions intermédiaires. Dans plusieurs manuscrits antérieurs au VIIIe siècle, le point et la virgule se combinent ensemble pour former notre *point-virgule* (;), ou des figures du genre de celles qui terminent les vers dans le *fac-simile* n° 10 de la planche IV. Dans le premier *fac-simile* de la planche III, le mot *Anasthasius* est séparé du mot *sedit* par trois points verticaux; dans les deux *fac-simile* suivants, qui sont tirés du même manuscrit, la fin des phrases est indiquée par des signes particuliers dont la forme n'est pas toujours la même. (Voyez ces signes de ponctuation dans le deuxième *fac-simile*, après les mots *vitam* et *explicit*, et dans le troisième, après les mots *agustas* et *maias*.) A compter du VIIIe siècle, la ponctuation devint plus ordinaire dans les manuscrits, mais elle n'eut pas de règle plus certaine, parce que les écrivains s'en servirent à la fois pour séparer les mots et pour indiquer les divisions du sens. Trois signes de même valeur, mais de forme différente, sont employés successivement dans le quatrième *fac-simile* de la planche IV, après les mots *aspicite*, *considerate* et *fidem*. Le septième et le dixième *fac-simile* de la même planche donneront une idée de quelques-unes des figures produites par la combinaison du point et de la virgule. Dans ce dernier *fac-simile*, les signes de ponctuation sont accumulés pour indiquer la fin du sens (voyez la dernière ligne); la virgule se recourbe en cercle ou elle s'allonge au-dessus de la ligne sous une forme tout à fait bizarre. Dans le *fac-simile* n° 1 de la planche V, la première colonne se termine par un *point-virgule*; dans le *fac-simile* suivant, le point se combine avec une espèce de guillemet; on trouve dans l'avant-dernière ligne du troisième *fac-simile*, après les mots *percepimus* et *precibus*, un signe qui ressemble à notre point d'exclamation, et qui est marqué au-dessus du corps des lettres; la quatrième ligne du *fac-simile* suivant se termine par une virgule assez semblable à un petit 7. Après le XIe siècle, rien de plus ordinaire que de rencontrer le point surmonté d'une ligne ondulée, ou d'une courbe semblable à celle qui indique les syllabes brèves dans

[1] Voyez, par exemple, la virgule qui se trouve à la fin du *fac-simile* n° 7 de la planche III; la virgule a au contraire sa valeur actuelle après le mot *servata*, dans le 4e *fac-simile* de la même planche.

les livres de prosodie. Dans le dernier *fac-simile* de la planche X, un petit trait oblique tient lieu du point final après le mot *genre,* et de la virgule après le mot *homogenie;* il est réuni au point après le mot *sorte,* et cependant il n'a encore que la valeur de la virgule [1]. Les règles de la ponctuation n'étaient pas encore universellement observées même au XVIe siècle. Ce résultat peut s'expliquer par la négligence des copistes, qui, depuis le XIIIe siècle, avaient été fort inexacts à marquer la ponctuation dans les manuscrits. « Souvent, disent les Bénédictins, « on ne distinguait les phrases par aucun point ni virgule. Denys Sauvage, « historiographe du roi Henri II, avoue qu'il lui a *falu souventes fois deviner* dans « la lecture de quelques manuscrits de Froissard, *principalement en faute de les « avoir trouvés ponctués.* » Les règles posées par les anciens grammairiens étaient donc inconnues de la plupart des copistes, et les premiers imprimeurs ne suivirent pas non plus un système uniforme. Toutefois les bonnes traditions se retrouvent dans un petit nombre d'éditions du XVe siècle; quelques copistes soigneux y étaient d'ailleurs restés fidèles. La typographie n'eut, à vrai dire, qu'un choix à faire dans les anciens manuscrits pour y rassembler les différents signes qu'elle emploie aujourd'hui. Le second *o* du *fac-simile* n° 5 de la première planche fournit tous les éléments du point d'exclamation. Quant à l'interrogation, on la trouve marquée dans un grand nombre de manuscrits par des figures qui ont évidemment servi de type aux premiers imprimeurs. En redressant le point d'interrogation qui termine le sixième *fac-simile* de la planche VI, on aurait un signe exactement semblable à celui qui est employé de nos jours. L'*o* exclamatif est souvent surmonté d'un accent circonflexe; mais souvent aussi il n'est accompagné que d'un accent aigu, d'une virgule, ou enfin d'un point placé soit dans l'intérieur, soit à droite de la lettre, soit en dessus ou en dessous. En résumé, comme les manuscrits d'une même époque présentent des systèmes tout à fait différents, il n'y a qu'un examen attentif qui puisse apprendre la valeur que chaque copiste attachait aux signes de ponctuation dont il faisait usage. Il ne faut pas oublier non plus que ces signes ont été employés très-souvent sans le moindre discernement, et qu'on ne doit alors en tenir aucun compte.

[1] Il ne sera pas inutile de faire observer en passant que, dans le même *fac-simile*, les chiffres 22 et 9 sont suivis d'un point. Cet usage, qui a été suivi dans un grand nombre de manuscrits, soit pour les chiffres romains, soit pour les chiffres arabes, a passé dans l'imprimerie, où il était encore observé dans un grand nombre d'éditions du XVIIIe siècle.

§ III. DE LA PONCTUATION DANS LES DIPLÔMES.

« Les intervalles en blanc sont très-rares dans le texte des chartes de Ra« venne du VIe siècle, disent les Bénédictins, et ceux qu'on y rencontre sont peu « sensibles. Nos diplômes mérovingiens laissent ordinairement un espace blanc « entre les mots ou les syllabes de la première ligne, des dates et de la souscrip« tion du Roi. Il y a plus : ces espaces y paraissent quelquefois dans les endroits « où la phrase finit et après les abréviations. L'usage de laisser des vides pour « tenir lieu de points durait encore en 814, comme nous l'avons observé dans « la date d'un diplôme de Louis le Débonnaire. Hors ces cas, le texte des « diplômes mérovingiens est écrit tout de suite et presque sans nulle distinction « de mots. Mais, dans les chartes de Pépin le Bref, le plus souvent ils sont sépa« rés par des vides considérables. C'est donc par pure inadvertance que « D. Mabillon a dit qu'il n'y a presque aucune distinction de mots dans l'écri« ture des notaires jusqu'à Charlemagne. Il ne faut pas pourtant croire que « depuis cette époque tous les mots aient été distingués. Dans les diplômes de « Pépin, roi d'Aquitaine, de Charles le Simple et du roi Eudes, ils ne le sont « pas encore tous, mais plusieurs sont coupés à contre-temps. En 931, on ne « voit encore qu'une demi-distinction de mots dans l'écriture allongée des « chartes; mais alors la distinction parfaite se montre dans la minuscule. Elle « devient constante partout en 940 [1]. Ces observations sont appuyées sur un « grand nombre de pièces originales que nous avons examinées.

« D. Mabillon prétend que la ponctuation des diplômes a été plus tardive que « celle des manuscrits. En effet, nous n'apercevons aucun point dans les chartes « mérovingiennes, si ce n'est quelquefois après les chiffres [2]. Dans les plus « anciennes, on voit quelquefois des points noirs après chaque mot, mais la « couleur de l'encre prouve qu'ils ont été ajoutés postérieurement pour faciliter « la lecture du texte. Les points qui suivent les mots dans deux pièces originales,

[1] Cette assertion des Bénédictins ne doit pas être prise dans un sens trop absolu : les écrivains voulaient en effet séparer tous les mots, mais ils se trompaient quelquefois, ou par oubli ou par ignorance. (Voyez, par exemple, les mots *anuli mei inpressione*, dans le 2e *fac-simile* de la planche XIII, et les mots *opere precium* dans le 3e *fac-simile* de la planche suivante.)

[2] Le chiffre X est suivi d'un point dans la date du diplôme qui a fourni le *fac-simile* n° 2 de la planche XI; mais il y a également des points dans quelques-unes des souscriptions, notamment à la fin de celle d'Aectherius. Le *fac-simile* suivant prouve aussi que la règle posée par les Bénédictins admet quelques exceptions; en effet, plusieurs mots de la troisième ligne sont suivis de points. Il n'y a rien d'extraordinaire, d'ailleurs, à ce qu'on ait imité dans quelques actes un usage qui était depuis longtemps suivi dans un grand nombre d'inscriptions et de manuscrits.

« l'une de Pépin le Bref, accordée à l'abbaye de Saint-Denys en 767, et l'autre de « Carloman, en faveur de l'abbaye d'Argenteuil, sont de la première main. On « voit un gros point après une croix formée de la main de Pépin dans un autre « diplôme. Dans celui qu'il accorda, en 768, au monastère de Saint-Hilaire de « Poitiers, le point est mis une seule fois à la fin de la phrase; mais le point et « la virgule sont marqués à la fin de la signature du roi.

« On n'aperçoit que fort peu de points dans les diplômes de Charlemagne et « de Louis le Débonnaire. Celui de Charles le Chauve, de la Bibliothèque « du Roi, n° 8, prouve qu'on ne les marquait pas encore tous en 843. Au « IXe siècle, les alinéa sont quelquefois marqués par trois ou quatre points posés « perpendiculairement, et les nombres sont suivis d'un point. Sur la fin du « même siècle, on commença à terminer par un point les phrases dont le sens « était fini. Dans une charte de Charles le Chauve, on termine le texte par un « point en rosette. Dans une autre, donnée par Louis le Débonnaire en 833 et « gardée à la Bibliothèque du Roi, entre *augustus* de la première ligne et le « commencement du préambule, il y a un espace de deux tiers de pouce dont la « moitié est remplie par des traits entrelacés qui sont accompagnés de points « et qu'on prendrait pour des lettres; mais ce ne sont que des ornements. On y « voit, sinon l'origine, du moins l'usage des traits surabondants et compliqués « dans certaines liaisons de lettres si fréquentes dans plusieurs chartes des XIe et « XIIe siècles. Les mots d'un diplôme de Pépin, roi d'Aquitaine, daté de l'an 827, « sont le plus souvent distingués, mais par de très-petits espaces, si ce n'est où « il faut des points ou des virgules. Là se trouvent des espaces d'une, de deux « ou trois lettres. Mais il n'y a ni points ni virgules marqués, excepté à la fin, « après les chiffres et les abréviations, après la date de l'empire et la date totale. « Dans le diplôme de Charles le Chauve, de l'an 850, conservé au dépôt de « la Bibliothèque royale, les mots sont presque tous distingués, les points et les « virgules sont marqués par de simples points qui sont au haut, au milieu et « au bas de la dernière lettre d'un mot. Mais la distinction du point, de la « virgule et des deux points n'est pas représentée d'une manière uniforme. « Cependant pour l'ordinaire le point est au haut pour terminer la phrase. « Dans une autre charte du même empereur, de l'an 870 et du même dépôt, « on voit la plupart des mots bien séparés et peu de points. Les uns sont placés « au haut pour le sens fini, et au milieu pour la virgule ou petite distinction. « Quelques mots ne sont pas encore distingués par des espaces, mais les points « et les virgules sont exprimés confusément par des points placés au haut, dans « un diplôme du roi Eudes de l'an 887. Dans un autre du même prince, la « plupart des mots sont espacés; mais l'on en sépare plusieurs qu'on n'aurait

« pas dû partager. On y trouve de vrais points au bas des mots pour terminer « le sens; on met le point au haut pour nos deux points; on exprime notre « virgule par un point, mais pas toujours exactement. Les points et les virgules « ne sont pas autrement marqués que par des points dans un diplôme de Charles « le Simple, de l'an 899. On y remarque des mots coupés en deux, avec des « points noirs d'une encre plus récente, placés au commencement et à la fin « des lignes. C'est apparemment quelque lecteur ou copiste qui aura marqué « ces points.

« Il y a encore un bon nombre de mots qui ne sont pas séparés dans un « diplôme autographe donné par Hugues Capet en 988. Les points et les « virgules y sont exprimés par des points seulement : les premiers sont en haut, « les autres au milieu. On met le point au bas pour marquer le point avec la « virgule, mais on le fait peu exactement. Il serait ennuyeux de passer en « revue tous les diplômes des IXe et Xe siècles où les virgules empruntent la « figure des points. Dès le IXe siècle, on en mit quelquefois aux quatre coins des « chartes ecclésiastiques. Le point se montra après les chiffres romains et les « alinéa. On en marqua d'abord quatre ou cinq perpendiculairement; ensuite, « au lieu d'un ou de deux points inférieurs, on mit une virgule. Dans le même « cas, on se borna souvent à deux points, ou à un ou deux points avec une « virgule. Ce fut aux approches du Xe siècle ou après ses commencements que la « ponctuation régna dans le corps des pièces. Dans une charte d'Espagne, de « l'an 931, qu'on peut voir dans la Bibliothèque universelle de la Polygraphie « espagnole, le sens est distingué par un, deux ou trois points placés indifférem- « ment pour un point, deux points, un point et une virgule. On met seulement « des points aux endroits où nous mettons des virgules, pour séparer les phrases « et marquer la fin des périodes dans un diplôme original du roi Robert, daté « de l'an 1025. Il n'y a que des points dans une bulle de Pascal II, datée de « l'an 1104. Mais ce qui distingue le point parfait des points qui marquent les « suspensions, ce sont les lettres majuscules. On ne connaissait donc pas encore « à la chancellerie romaine notre usage des deux points, de la virgule, ou du « point et de la virgule [1]. Le seul point servait à tous les usages auxquels nous « appliquons notre ponctuation.

« S'il est question de la ponctuation des diplômes impériaux et des autres

[1] Il est vrai que le point unique est employé à peu près exclusivement dans les bulles de Pascal II; cependant, on trouve quelquefois trois points verticaux, particulièrement dans la suscription à la fin de la formule *servus servorum Dei*, et après le salut *in perpetuum*. Dans une bulle de 1114, les trois points sont remplacés, après le mot *Dei*, par trois figures assez semblables à des A de forme capitale, mais de petite dimension et renversés vers la droite; dans une autre bulle

« chartes d'Allemagne, voici le résultat des observations que nous avons faites « sur les modèles publiés dans la Chronique de Godwic. Au xe siècle on voit « des points dans les diplômes, tant pour marquer que le sens est fini, que « pour avertir qu'il est plus ou moins suspendu. L'usage des deux points, du « point, et de la virgule seule, était alors inconnu et continua de l'être pendant « plusieurs siècles. Celui de placer le point en haut, au milieu et au bas de la « ligne n'était plus observé; mais on employait quelquefois trois points per- « pendiculaires lorsque le sens était absolument fini. Ensuite, au lieu du troi- « sième point, on mit une virgule surmontée de deux points placés l'un sur « l'autre; ou bien, au lieu du point du milieu, on marqua une figure semblable à « l'accent circonflexe des Grecs. Du reste, la ponctuation était peu exactement ob- « servée sur la fin de ce siècle. Mais l'usage des trois points perpendiculaires fut « bien plus fréquent. Il semblait répondre à celui de nos alinéa. On fit aussi quelque « usage des deux points et du point au-dessous de la virgule, quoique rarement. « Leur application ne cadrait nullement avec celle que nous en faisons. Pen- « dant le xie siècle, au lieu des trois points perpendiculaires, dont on ne cessa « pas absolument de se servir, on mettait tantôt un point et une virgule, tantôt « deux points qu'on plaçait horizontalement avec une virgule au-dessous, ce « qui fut pratiqué encore au xiie siècle; ou bien, au lieu des deux points, « on formait des figures un peu approchantes de la virgule. Vers le milieu du « xie siècle, toujours dans le même cas, on voyait paraître tour à tour trois accents « circonflexes entre autant de fois deux points, le tout perpendiculairement « disposé, au lieu qu'il le fut horizontalement au siècle suivant. Quelquefois « on mettait quatre virgules renversées avec un point au-dessus, dans la même « situation perpendiculaire. On n'était point du tout constant sur l'article. Au « xiie siècle, dans la signature de l'empereur ou du roi des Romains en lettres « majuscules, chaque mot se trouve suivi d'un point. Quoi qu'en dise Gudenus, « pendant ce siècle la ponctuation fut plus exactement marquée qu'elle ne « l'avait été dans les deux précédents. Mais cette exactitude ne s'étendait pas à « placer différemment les points, selon que le sens était plus ou moins sus- « pendu. Enfin, au xiiie siècle, on substitua des accents plutôt que des virgules « à tous les points; mais on ne tarda pas à revenir aux points, en conservant « néanmoins les accents, ou les virgules couchées dans les endroits où le sens « n'était qu'un peu suspendu. »

on trouve, au lieu de points, trois traits verticaux qui ne diffèrent pas beaucoup de l'aspect d'une virgule; enfin la formule *scriptum*, etc., se termine par deux points et une virgule combinés comme dans le dernier *fac-simile* de la planche X. Les règles posées par les Bénédictins, en ce qui concerne la chancellerie romaine, admettent donc quelques exceptions.

En examinant les *fac-simile* renfermés dans la série des planches consacrées à la reproduction des écritures diplomatiques, on pourra vérifier l'exactitude des remarques présentées par les Bénédictins. Il est évident que, dans la plupart des chartes antérieures au XIIIe siècle, le point unique est à peu près le seul signe qui soit employé pour la ponctuation. Cependant on rencontre, dans le quatrième *fac-simile* de la planche XIII, deux points après le mot *firmaimus;* le mot *impressione* est suivi d'un signe qui se rapproche un peu d'une virgule couchée, et qui, après le mot *hiis,* est surmonté d'un accent. Le premier *fac-simile* de la planche XV présente un signe de ponctuation après les mots *affuerunt* et *puer;* on y trouve aussi, après le mot *constabularii,* les deux points et la virgule réunis en forme de triangle : les traits qui viennent ensuite sont destinés à remplir la ligne; cependant on rencontre dans quelques manuscrits des figures analogues, surtout à la fin des titres ou des alinéa. A compter du XIIIe siècle, le point est souvent remplacé par un trait fin qui offre quelques rapports avec l'accent aigu (voyez par exemple le signe qui suit le mot *nostri* dans le deuxième *fac-simile* de la planche XVI), mais qui souvent se recourbe de plusieurs manières différentes (voyez la forme de ce signe après le mot *rex* dans le *fac-simile* suivant, et après l'abréviation des mots *nostre seigneur* dans le dernier *fac-simile* de la même planche). On retrouve le même signe, mais beaucoup plus allongé, dans le troisième *fac-simile* de la planche XVII (voyez après le mot *reportetur*). Les signes qui suivent les mots *commissionum* et *pervenerint* diffèrent du point comme de la virgule. On aurait pu reproduire encore quelques autres figures, mais celles qui viennent d'être indiquées suffisent pour donner une idée des signes de ponctuation qui se rencontrent le plus ordinairement dans les diplômes.

ARTICLE II.

DES MARQUES DE CORRECTION ET DE QUELQUES AUTRES SIGNES ACCESSOIRES.

Indépendamment des signes qui indiquent la séparation des mots, des phrases ou des membres dont elles se composent, les points, les virgules, les accents et quelques autres figures, servaient aussi à corriger des erreurs, à faciliter la lecture matérielle d'un texte, et à guider l'intelligence du lecteur, soit en distinguant les mots équivoques, soit en signalant les citations, les sentences remarquables, les passages obscurs ou inconvenants. La plupart de ces figures avaient été inventées par des grammairiens; elles sont au nombre de vingt-six dans S. Isidore, et le manuscrit 7530 de la Bibliothèque du Roi en compte une douzaine de plus : nous nous contenterons d'indiquer, à mesure que l'occasion s'en présentera, le nom et la forme de celles que l'on rencontre le plus ordinairement.

§ I. DES SIGNES DE CORRECTION.

Les copistes les plus attentifs pouvaient commettre des erreurs qui les obligeaient à faire des suppressions, des additions et des transpositions de lettres ou de mots. De là différents signes de correction que nous allons indiquer rapidement.

On a déjà dit que les anciens copistes indiquaient les suppressions en marquant un point au-dessous des lettres inutiles : c'est ainsi que la première syllabe du mot *dissentiunt* se trouve annulée à la fin du quatrième *fac-simile* de la planche VII. Quelquefois les points sont plus nombreux que les lettres à retrancher; quelquefois au contraire il y en a moins. Quoique l'usage le plus ordinaire fût de les placer au-dessous de la ligne, on en rencontre qui se trouvent marqués en dessus. La suppression d'un mot s'indiquait encore par deux points dessus et dessous, ou par un point sous la première lettre et un autre sous la dernière, ou enfin en entourant de points tout ce qu'il fallait effacer. Les Bénédictins citent un manuscrit où la suppression de l'*o* s'indiquait par trois points disposés en forme de triangle au-dessus, à droite et à gauche de la lettre : les autres caractères étaient annulés au moyen de trois petits traits semblables à nos traits d'union. « Dans le manuscrit du Roi 152, disent les mêmes auteurs, on tire « de petites lignes sous les mots qu'on veut effacer. Le correcteur du manuscrit « 1820 de la même bibliothèque ne se contente pas de tirer une ligne sous les « mots inutiles, il marque encore deux accents sur les polysyllabes et un sur les « monosyllabes. Les exponctions du manuscrit royal 107, du ve au vi^e^ siècle, « consistent à barrer les lettres et à mettre en même temps un point sur chacune. Dans plusieurs autres manuscrits fort anciens et dans quelques diplômes « de la seconde race de nos rois, on se contente de trancher les mauvaises « lettres par des lignes ou transversales ou perpendiculaires. » Ces deux signes de correction sont employés, l'un dans le mot *singultibus* (Pl. II, n° 1, quatrième ligne); l'autre dans le mot *neptis* (Pl. IV, n° 6, quatrième ligne). Enfin il existe des manuscrits où les lettres, les mots et même les passages que l'on doit supprimer, sont surmontés de deux petits crochets qui les enferment et qui ressemblent assez pour la forme et pour la position à l'*esprit rude* et à l'*esprit doux* des Grecs, mis en regard l'un de l'autre.

« Les deux points perpendiculaires, disent les Bénédictins, sont la marque « ordinaire d'un mot omis renvoyé à la marge ou en interligne. C'est ainsi que

« dans les Heures de Charles le Chauve, quand un mot est oublié, on le met en « marge avec deux points pour marque de renvoi. » Dans la quatrième ligne du *fac-simile* n° 6 de la planche IV, le mot *est*, qui avait été oublié, est suivi d'un seul point et précédé d'un petit trait assez semblable au signe appelé *obèle*, c'est-à-dire *broche* ou *flèche*. Le mot *basilecae* (Pl. XI, n° 3, première ligne) est suivi d'un point qui annonce l'omission du mot *sancti* ajouté aussi en interligne. Les Bénédictins ont remarqué que les mots omis, au lieu d'être placés en interligne ou en marge, étaient rejetés au bout de la ligne avec deux points dans un manuscrit grec et latin des épîtres de S. Paul, appartenant autrefois à l'abbaye Saint-Germain des Prés. Les deux points, au lieu d'être perpendiculaires, sont quelquefois placés horizontalement. On trouve aussi trois points en forme de triangle ou quatre points disposés en carré. Enfin on a employé, pour indiquer les omissions, quelques autres figures telles que l'astérisque, la croix, l'X avec un point marqué dans l'ouverture de chacun de ses angles, un signe semblable au chiffre 9 et placé entre deux points, l'accent aigu et la parenthèse également placés entre deux points, ou l'accent circonflexe renversé de droite à gauche [1] et précédé d'un point unique.

L'astérisque et l'X cantonné de quatre points, qui servaient à indiquer les omissions, étaient aussi employés comme marques de transposition. Ces figures étaient quelquefois suivies de l'obèle. En tête des vers dont l'ordre doit être changé, on trouve souvent *l'anti-sigma* ou ɔ renversé. Quelquefois les transpositions s'indiquent par un tiret (—) surmonté de deux points horizontaux. « Dans « le manuscrit 2235 de la Bibliothèque du Roi, disent les Bénédictins, quand « on avertit de remettre un mot devant l'autre, on tire deux parallèles = sur « celui qui doit être le second, et une sur celui qui doit être le premier. »

§ II. DES SIGNES DESTINÉS A FACILITER LA LECTURE D'UN TEXTE.

Nous avons déjà eu occasion de parler des *y* pointés et des *i* accentués. Ces signes accessoires permettaient de ne pas confondre, d'une part le *v* et l'*u* avec l'*y*, de l'autre l'*i* et le double *i* avec les jambages dont se composent les lettres *m*, *n* et *u*. Mais les points et les accents servirent aussi à d'autres usages. « Wanlei, « disent les Bénédictins, cite un psautier de Lambeth où la mesure des chants « sacrés est exprimée par des points; au lieu que dans les anciens manuscrits on « emploie des lettres, et dans ceux qui sont plus récents on se sert de notes mu-

[1] Dans cette position, l'accent circonflexe ne diffère pas de la figure nommée *diple*, que l'on représente sous l'aspect d'un V couché tantôt vers la droite (<), tantôt vers la gauche (>). La première de ces deux figures s'appelle aussi *anti-lambda*.

« sicales. » Les accents ont été employés de la même manière. Ils servent aussi à distinguer les syllabes longues et brèves, les différents cas d'un même mot, les adverbes, les homonymes. Les Bénédictins ont remarqué, dans le manuscrit 862 de Saint-Germain des Prés, un accent aigu sur *os* (*oris*) pour le distinguer d'*os* (*ossis*). Ils ont vu le même signe sur le premier *e* du mot *eadem*, au nominatif, dans un manuscrit du VIIIe au IXe siècle. Si les copistes avaient employé régulièrement ces accents toniques, on pourrait y trouver des notions curieuses sur la prononciation des anciens; mais ces signes ne se retrouvent pas toujours sur le même mot, et souvent on ne peut deviner pourquoi ils affectent certaines lettres. Nous avons fait remarquer, dans un des chapitres précédents, l'emploi d'un de ces accents sur le mot *Seon* (Pl. VI, n° 1, deuxième ligne); ajoutons qu'ils servent souvent à indiquer qu'une lettre doit être redoublée. « Sic et ubi litteræ consonantes geminabantur, sicilicum superponebant, ut « *serra, sella, asseres* (*séla, sèra, àseres*). Veteres enim non duplicabant litteras, « sed supra sicilicos apponebant : quâ notâ admonebatur lector geminandam « esse litteram. Et sicilicus, quia in Siciliâ inventus est primò. » (S. ISIDORE, *Origin.* L. I, C. 26; cité par les Bénédictins, t. III, p. 481.)

Dès le milieu du IXe siècle, on trouve quelquefois à la fin des lignes des traits d'union qui indiquent qu'un mot n'est pas complet. Il arrive aussi que ce trait d'union est remplacé par une virgule placée au commencement de la ligne suivante et qui précède la seconde moitié du mot. On peut voir, dans le dernier *fac-simile* de la planche XVII, que la troisième ligne se termine par un double trait d'union. La direction de ce signe a été horizontale, oblique et souvent presque verticale. Plusieurs copistes, même au XVe siècle, n'en faisaient point usage, et les premiers imprimeurs n'ont pas suivi non plus à cet égard de système uniforme. Dans les plus anciens manuscrits, quand la place manquait pour terminer un mot, on écrivait souvent la fin de ce mot au-dessous de la ligne en l'entourant d'un trait auquel les Bénédictins donnent le nom de *circonduction*. La même chose avait lieu pour des mots entiers, et cet usage n'a pas cessé d'être pratiqué, comme le prouve le second *fac-simile* de la planche IX (voyez le mot *Plancy* à la fin de la deuxième ligne). L'abus de ces transpositions a même été poussé fort loin par les écrivains des temps gothiques : on peut voir, dans le premier *fac-simile* de la même planche, que les derniers mots de la cinquième ligne de la seconde colonne sont reportés à la fin de la troisième ligne. « Au « lieu de circonduction, disent les Bénédictins, on se sert de trois moyens dans « le célèbre psautier de S. Germain, évêque de Paris, dans le S. Prudence et « le S. Prosper de la Bibliothèque du Roi, quand on ne veut pas porter les « mots d'une ligne à l'autre. Le premier moyen est d'employer l'abréviation

« qui n'opère guère que des retranchements des lettres M, N. Le second est la « conjonction des lettres[1], comme Æ, soit à la fin ou un peu avant la fin de « la ligne. Le troisième est la diminution des lettres [2] à la fin ou un peu plus « haut. Elle va quelquefois jusqu'à faire des lettres minuscules au lieu de capi- « tales ou d'onciales. Il n'est pourtant pas rare, dans ces manuscrits, qu'on « rejette des portions de mots à la ligne suivante, même sans nécessité. Les « très-anciens livres, où les mots sont portés d'une ligne ou d'une page à l'autre, « sont plus nombreux qu'on ne pense. Nous avons vu en plusieurs autres des « mots ou des demi-mots mis au bas de la page, au-dessous du dernier mot de « la ligne, ou même portés au-dessus de la ligne sans accolade [3]. »

Lorsque le mot qui n'a pu trouver place à la fin de la dernière ligne d'une page se trouve écrit au-dessous de cette ligne, on pourrait le prendre pour une *réclame;* mais il en diffère essentiellement. En effet, pour qu'un mot marqué au-dessous de la dernière ligne d'une page soit une réclame, il faut que cette page soit la dernière d'un cahier, et que le mot soit répété au commencement de la première ligne du cahier suivant. Une réclame sert donc seulement à indiquer la suite des cahiers dont se compose un manuscrit. L'usage des réclames proprement dites ne remonte pas, selon les Bénédictins, plus haut que le XIe siècle, tandis que, dans des manuscrits beaucoup plus anciens, on trouve des mots ajoutés au-dessous de la dernière ligne d'une page; mais cette page peut ne pas être la dernière d'un cahier, et d'ailleurs le mot rejeté au-dessous de la ligne n'est pas répété à la page suivante. L'usage des réclames devint ordinaire vers le XIVe siècle ; elles furent souvent accompagnées d'ornements plus ou moins recherchés. Les Bénédictins font aussi remarquer qu'à compter du XIIIe siècle elles sont en général placées au plus bas de la page, à moins qu'elles ne soient écrites perpendiculairement. Souvent elles se composent de plusieurs mots. Des manuscrits, les réclames ont passé dans les livres imprimés, où elles étaient encore en usage pendant le siècle dernier.

Quand les réclames étaient exactement marquées dans un manuscrit, les écrivains s'abstenaient en général d'y mettre des *signatures.* En termes d'imprimerie, la signature est une lettre ou un chiffre que l'on met au bas de la pre-

[1] Voyez la conjonction de l'U et de l'S à la fin du premier *fac-simile* de la planche II.

[2] Voyez les mots *corporis ægri* à la fin du troisième vers dans le quatrième *fac-simile* de la planche II. C'est évidemment pour diminuer la longueur de la ligne que l'*e* à cédille a été substitué à l'Æ dans le mot *ægri.*

[3] Les anciens ont aussi fait usage du trait d'union pour joindre entre elles les différentes parties d'un mot composé. « L'accent que les Grecs « appellent *hyphen* et les Hébreux *macaph,* disent « les Bénédictins, est un trait ou tiret qui unit « deux mots, comme *semper-florentis* ou *arc-en-* « *ciel.* » Ce signe a été représenté par un croissant dont les cornes sont tournées tantôt vers le haut, tantôt vers le bas de la ligne.

mière page de chaque feuille pour indiquer l'ordre dans lequel ces feuilles doivent être assemblées. Dans les manuscrits, la signature était au contraire presque toujours placée au bas du verso du dernier feuillet de chaque cahier. Les signatures fournissent un moyen facile de vérifier s'il y a eu des cahiers ajoutés ou retranchés. Mais tous les copistes n'avaient pas la précaution de les marquer; souvent aussi elles ont été rognées par les relieurs. Lors même que l'on retrouve dans un manuscrit la série de toutes les signatures, il faut avoir soin de vérifier le nombre des feuillets dont se compose chaque cahier. Le plus souvent ce nombre ne varie pas dans un même manuscrit, si ce n'est dans le dernier cahier, qui est quelquefois un peu plus fort ou un peu plus faible. La même variation peut aussi avoir lieu dans le corps du manuscrit, mais cela est plus rare. Un cahier peut renfermer jusqu'à douze feuillets; le plus ordinairement ils en ont deux, trois, quatre ou cinq : de là les noms de *binio, ternio, quaternio, quinio* ou *quinternio*. Lorsque l'abréviation de l'un de ces mots fait partie de la signature, le nombre des feuilles de chaque cahier se trouve par là même indiqué. Quant au nombre des cahiers, on le marquait quelquefois à la fin des manuscrits. « La situation des signatures au bas de la marge « inférieure, disent les Bénédictins, selon qu'elle approche plus du fond d'un « manuscrit, décide de son âge. Si elle n'en est éloignée que d'un pouce au plus, « le manuscrit sera régulièrement au moins du VIe siècle; portée au milieu, du « VIIIe ; jusqu'à la marge extérieure ou totalement supprimée, elle désignera le « IXe ou les temps postérieurs. Mais, à l'exception de la première observation, qui « ne semble pas pouvoir se vérifier (si ce n'est comme par hasard) sur des manus- « crits plus récents que le VIIe siècle, les autres peuvent quelquefois se montrer « même depuis le IXe...... Les signatures sont tantôt en chiffres romains, tantôt « en lettres. L'A répond à I, le B à II, et ainsi des autres. Si la signature en « chiffres n'est pas plus ancienne que la signature en lettres, du moins la haute « antiquité faisait-elle de la première un usage plus fréquent. Relevée par des « ornements, elle désigne un âge postérieur. Le mot *quaternio*, en sigle, en « monogramme, en abréviation, précédant quelquefois la signature, n'est pas « moins qu'elle susceptible d'ornements relatifs à l'âge des manuscrits. Ces « ornements ne commencent guère qu'au VIIe siècle. Quoique nous ne rencon- « trions presque jamais la signature sur la première page du cahier avant le « IXe siècle, on en peut toutefois produire quelques exemples des temps les plus « reculés. Depuis le commencement du IXe siècle, les signatures sont souvent « négligées. »

On rencontre dans les manuscrits différents signes qui servaient au même usage que nos *guillemets*. Dans les plus anciens manuscrits les passages de l'Écriture Sainte et les citations des auteurs sont distingués au moyen de la *diple* et de l'*anti-lambda:* quelquefois aussi on se contentait de faire un peu rentrer le commencement des lignes, comme cela se pratique aujourd'hui pour la première ligne d'un alinéa. « Dans la suite, en guise de guillemets, on s'est servi, disent « les Bénédictins, de petites *s* renversées ou tronquées par le bas, et, quelque« fois, suivies de points et surmontées de virgules (*s' s'*). Ces figures sont en ver« millon dans le manuscrit de Saint-Germain-des-Prés 840; en or et en vert « argenté, dans le manuscrit 663 de la même abbaye. Dans les manuscrits « du Roi 152 et 2206, on se sert d'*y* ponctués intérieurement. Ce sont des « espèces de 7 dans le manuscrit de S. Jérôme de la Bibliothèque de Saint-« Martin-de-Tours. Dans les plus anciens, tel que celui du Roi 152, au lieu « des marques de citation, on fait rentrer quelquefois les textes de l'Écriture « Sainte d'un quart de pouce dans la colonne. Ces textes sont distingués en « marge par des barres (-), des *s* et des 7 dans le manuscrit royal 2235. Le « manuscrit de Saint-Germain-des-Prés 197, annoncé de mille ans au com« mencement de ce siècle, distingue les citations de l'Écriture par des virgules « à chaque ligne, et souvent il n'y en a qu'une à la première. » Enfin, les Bénédictins font remarquer dans un autre passage que les points disposés en triangle et les obèles ont servi au même usage que nos guillemets.

Les alinéa sont quelquefois indiqués par des figures particulières, telles que des lignes courbes ondulées qui s'étendent verticalement dans le corps de la ligne; on trouve aussi des signes qui se rapprochent de notre point d'interrogation incliné vers la droite, ou d'un Π grec incliné de la même manière, et dont le second jambage est plus court que le premier. Souvent, au contraire, ils ne sont indiqués que par un espace blanc ou par une lettre initiale majuscule. Pendant la période gothique on employait ordinairement la figure qui se trouve au commencement de la seconde colonne du *fac-simile* n° 3 de la planche IX et de quelques-uns des vers de la planche VIII. Ces différents signes de division avaient exactement la même valeur que nos alinéa, quoique la plupart du temps le texte continuât sur la même ligne. Lorsque la phrase recommence à la ligne suivante, la première lettre est tantôt saillante, comme dans la cinquième ligne du second *fac-simile* de la planche II; tantôt elle rentre dans l'intérieur de la ligne. (Voyez Pl. IX, n° 5, troisième colonne, deuxième ligne.) « Quand les lettres des alinéa et des titres ne sont pas plus grandes que celles du « corps du texte, disent les Bénédictins, c'est une marque de la première an« tiquité. C'en est une autre que ces lettres soient toutes onciales. Les capitales « des alinéa dans l'écriture minuscule désignent au plus le VIIIe siècle, quand « même ces premières lettres céderaient de temps en temps la place aux on-

« ciales. Dans l'écriture onciale, les lettres capitales des alinéa marquent une « moindre antiquité que les onciales. Les premières sont initiales de l'onciale « et de la minuscule vers le VIIIe siècle; les unes et les autres commencent les « alinéa au IXe. Alors les initiales cursives excèdent toujours en hauteur le « corps de la ligne d'écriture dans les diplômes. Dans les plus anciens manus- « crits, on trouve quelquefois une lettre plus grande à la fin de la ligne ou du « verset[1]. Les capitales pour les alinéa sont tantôt ordinaires et tantôt aiguës, « rustiques et différentes de celles du texte. »

« Les savants, disent les mêmes auteurs, ne conviennent pas sur l'ancienne « figure du paragraphe, destiné à séparer les différents objets qui entrent dans « la composition d'un ouvrage. S. Isidore lui donne la forme du Γ que nous « retrouvons dans quelques manuscrits du VIIIe siècle. Il paraît sous d'autres « figures qui ne remontent pas plus haut que la moitié du XIIIe. Des triangles « scalènes et de simples croix marquent au VIIIe les paragraphes du manuscrit « royal 4403. Depuis le XVe siècle, on se sert ordinairement de cette figure §. » On trouve un exemple de l'emploi d'un Γ, dont la barre est très-allongée, dans le premier *fac-simile* de la planche V (deuxième colonne, deuxième ligne). Souvent une ligne oblique réunit la barre du Γ avec le corps du montant, et forme ainsi une espèce de potence. Les figures qui, selon les Bénédictins, ont commencé à paraître dans le cours du XIIIe siècle, sont probablement celles qui étaient aussi employées pour marquer de simples alinéa, comme dans la planche VIII et dans le troisième *fac-simile* de la planche IX. Quant au signe §, s'il n'est devenu ordinaire que depuis le XVe siècle, le troisième *fac-simile* de la planche XI prouve que longtemps auparavant on a employé, du moins dans les chartes, une figure qui s'en rapproche beaucoup.

Il paraît que dans l'origine les grandes divisions d'un ouvrage n'étaient pas indiquées. « Pétrarque assure, disent les Bénédictins, que Tite-Live n'a été « partagé en décades que dans la suite des temps, pour soulager les lecteurs. « Quand on distingua les livres d'un même ouvrage, comme l'Énéide, on se « servit de différentes figures, comme l'on voit dans les plus anciens Virgiles « du Vatican et dans l'exemplaire de Florence, publié en 1741 par le célèbre « Foggini. Tantôt c'était une suite de petites lignes armées de crochets et in- « terrompues, tantôt c'était un ou plusieurs rangs de branches ou de feuilles « d'arbrisseau. Dans un ancien manuscrit nous avons vu ces signes *s*, . . —,

[1] Cet usage était suivi dans les plus anciennes bulles; les formules *scriptum* et *datum* finissent souvent par une lettre fort grande. Dans la bulle qui a fourni le *fac-simile* n° 6 de la planche XII, la seconde date se termine par un *a* cursif dont le diamètre a près d'un pouce. D'autres bulles, reproduites par Mabillon et les Bénédictins, fournissent des exemples analogues.

« plusieurs fois répétés. Quelques pièces renfermées dans le manuscrit du Roi « 3836, sont séparées par plusieurs triangles scalènes, alternativement rouges « et noirs. D'autres sont terminées par trois chaînes de ronds, peintes avec les « mêmes couleurs. Les anneaux rouges ont au milieu des points noirs, et les « noirs ont des points rouges. Quelquefois la chaîne rouge est sans points, et « n'occupe qu'une partie de la page. Des chaînettes font les séparations dans le « beau S. Prosper de la Bibliothèque du Roi. Les manuscrits dont les chapitres « ne sont pas divisés annoncent une grande antiquité. Tel est le manuscrit des « Épîtres de S. Paul en grec et en latin qui fait un des principaux ornements « de la bibliothèque de Saint-Germain-des-Prés. »

§ III. DES SIGNES DESTINÉS A FACILITER L'INTELLIGENCE D'UN TEXTE.

Quoique la plupart des figures dont il a été question jusqu'à présent aient été inventées par des grammairiens, elles se rattachaient cependant au travail des simples copistes qui devaient en faire un fréquent usage. Il nous reste à parler maintenant de ce qui concerne plus particulièrement la critique grammaticale ou littéraire.

Dans les livres saints l'obèle précède souvent les paroles employées par les Septante mais qui ne se trouvent point dans le texte hébreu. La fin de ces passages est indiquée par deux points auxquels S. Jérôme donne le nom de *virgulà censoria.* Dans plusieurs manuscrits les mots hébreux et les passages qui n'ont point été rendus par les Septante sont marqués d'un astérisque. Lorsque les interprètes de l'Écriture traduisaient un passage dans le même sens, mais sans employer les mêmes termes, on l'indiquait par un *lemnisque,* c'est-à-dire par une ligne horizontale passant entre deux points verticaux. Sur les marges d'un manuscrit de Saint-Germain des Prés (*olim* 861), renfermant quelques-uns des ouvrages de S. Jérôme, on voit de temps en temps, au lieu de la ligne droite, une ligne ondulée assez semblable à une S couchée, et qui désigne les passages de l'Écriture. « Les lettres *hb* traversées par une « barre, disent les Bénédictins, indiquent le texte hébreu dans les commen- « taires de S. Jérôme sur Jérémie, renfermés dans le manuscrit du Roi 1820. » Selon les mêmes auteurs, on employait la diple ponctuée, c'est-à-dire accompagnée de trois points placés l'un au-dessus, l'autre au-dessous, et le troisième dans l'intérieur des branches de ce signe pour marquer les endroits que Zénon d'Éphèse avait mal à propos retranchés ou changés dans Homère.

Les sentences remarquables et les passages importants étaient désignés par trois points en forme de triangle, par une *ancre,* par l'N et le T conjoints, par la lettre X, accompagnée quelquefois de deux points ou surmontée d'un accent, par l'ω surmonté du ρ, ou terminé par un signe abréviatif en forme de queue : le signe de l'ancre avertissait sans doute le lecteur de fixer son attention sur ce passage[1]; les autres signes sont les abréviations des mots *nota*, χρηστὸν[2] et ὡραῖον. Les fausses leçons, la répétition des mêmes phrases, les mots surabondants, étaient marqués d'un obèle. Ausone fait allusion à cet usage :

Pone obelos igitur spuriorum stigmata vatum.

Lorsque plusieurs vers de suite semblaient devoir être improuvés, pour se dispenser de mettre à tous des obèles, les anciens se servaient du *céraunion*, c'est-à-dire d'un X traversé par une ligne verticale. Un critique doutait-il si un vers devait être conservé ou supprimé, il le marquait d'un obèle accompagné d'un point. Si deux vers exprimaient le même sens et qu'on ne sût pas auquel donner la préférence, on marquait l'*antisigma* avec un point dans le milieu. « Le signe que les Grecs appellent κρυφία, disent les Bénédictins, est « la partie inférieure du cercle, ornée d'un point au milieu. Sa fonction est « de marquer les endroits d'un ouvrage où les questions douteuses ou obscures « n'ont pu être éclaircies. . . . . Le φ et le ρ grecs en conjonction annoncent « qu'il faut corriger le vers ou l'examiner avec attention. . . . Léagoras, Syra« cusain, fut le premier qui se servit de la diple sans point pour distinguer « dans Homère l'Olympe, *ciel*, de l'Olympe, *montagne*. . . . Un correcteur du « IXe siècle a mis à la marge du 27e feuillet du manuscrit 197 de Saint-Ger« main une croix qui marque *Jésus-Christ, la conversion des Juifs*, ou que cet « endroit doit être entendu spirituellement. Une *l* cursive en marge, traversée « par une *s* de même genre en forme de croix, nous paraît signifier des choses « qu'il faut prendre au sens mystique. . . . Dans un manuscrit grec de la biblio« thèque des Pères de S. Basile de Rome, qui renferme les œuvres de S. Gré« goire de Nazianze, on marque l'astérisque dans les endroits où il est parlé « de l'incarnation du fils de Dieu pour rappeler l'étoile miraculeuse qui appa« rut aux mages. On s'en servait dans Platon pour noter la conformité des « dogmes. . . . Dans le manuscrit 861 de Saint-Germain-des-Prés, l'A mis à « la marge des gloses et des commentaires sur l'Écriture Sainte signifie que « la prophétie ou le texte qu'on explique n'est que comminatoire. Cet A est la « lettre initiale ou le signe d'ἀπειλή. Dans plusieurs manuscrits et anciennes « éditions on le marque vis-à-vis de ces paroles d'Isaïe au roi Ézéchias : *Dispone « domui tuæ, quia morieris.* » Parmi les sigles qui servent dans les notes des

[1] Une ancre renversée désignait quelque chose de bas ou d'inconvenant.

[2] Les anciens grammairiens notaient du mot ἄχρηστον les passages qu'ils désapprouvaient.

manuscrits on peut citer le Z qui signifie ζήτει, *cherchez,* et qui avertit de recourir à d'autres exemplaires pour vérifier une leçon. L'R, *require,* servait au même usage. Dans le manuscrit 936 de Saint-Germain, les lettres *hd* (*hìc dic, hìc dicitur*) servent de renvoi à des additions considérables placées en marge, et précédées des lettres ℞. *h. p;* les Bénédictins supposent que cela signifie : *Restituendum hìc ponitur.* Le signe ℞ servait aussi à marquer les réponses et les objections : on les annonçait encore par une croix. Le *chrisme,* c'est-à-dire le X et le P conjoints, était, selon S. Isidore, une marque dont chacun pouvait faire l'usage qui lui semblait convenable. S'il n'est pas exact de dire qu'il en est de même de tous les signes dont nous venons de parler, du moins est-il vrai que leur valeur a souvent varié. Il ne suffit donc pas, pour les interpréter sûrement, de connaître les explications qui ont été données par les anciens grammairiens; il faut encore vérifier la valeur précise qui leur a été attribuée dans tel ou tel manuscrit. Les courtes indications que nous avons empruntées au Nouveau Traité de Diplomatique suffiront du moins pour initier le lecteur à ce genre de difficulté.

ARTICLE III.

DES CHIFFRES ROMAINS ET DES CHIFFRES ARABES.

§ I. DES CHIFFRES ROMAINS.

A l'exemple des Hébreux et des Grecs, les Romains se servaient des lettres de leur alphabet pour exprimer les nombres. Quelques-unes de ces lettres sont de véritables sigles; ainsi les mots *septuaginta, centum, mille,* sont désignés par les lettres S, C, M : d'autres lettres au contraire ont une valeur purement conventionnelle. Quoique les Romains eussent ainsi vingt-trois signes à leur disposition, ils ne pouvaient suffire que par de pénibles combinaisons à représenter les nombres que notre système de numération traduit avec tant de clarté et de précision. Chaque lettre de l'alphabet désignait un nombre particulier; quand elle était surmontée d'un trait horizontal, ce nombre devenait mille fois plus grand, excepté toutefois pour les lettres A et B, qui n'acquéraient ainsi qu'une valeur décuple. Voici la liste des différentes lettres et l'indication des nombres qu'elles expriment avec ou sans le trait horizontal :

A	500	$\bar{A}$	5000	C	100	$\bar{C}$	100000
B	300	$\bar{B}$	3000	D	500	$\bar{D}$	500000

E	250	$\overline{E}$	250000	P	400	$\overline{P}$	400000
F	40	$\overline{F}$	40000	Q	500	$\overline{Q}$	500000
G	400	$\overline{G}$	400000	R	80	$\overline{R}$	80000
H	200	$\overline{H}$	200000	S	70	$\overline{S}$	70000
I	1	$\overline{I}$	1000	T	160	$\overline{T}$	160000
K	151	$\overline{K}$	151000	V	5	$\overline{V}$	5000
L	50	$\overline{L}$	50000	X	10	$\overline{X}$	10000
M	1000	$\overline{M}$	1000000	Y	150	$\overline{Y}$	150000
N	90	$\overline{N}$	90000	Z	2000	$\overline{Z}$	2000000
O	11	$\overline{O}$	11000				

On vient de voir que la lettre G vaut 400. Cependant on rencontre souvent dans les anciens monuments un signe assez semblable au G, et qui représente le nombre VI. Nous devons entrer à cet égard dans quelques explications. Les Latins avaient emprunté aux Grecs une note numérale connue sous le nom d'*épisème* βαῦ, et qui répondait au nombre VI. Ce caractère eut d'abord chez les Grecs la forme d'une F; on le confondit ensuite avec l'*épisème* κόππα, qui était représenté par le *q*. Dans les inscriptions, les manuscrits et les diplômes latins, l'*épisème* βαῦ ressemble à un G oncial. (Voyez la forme de cette note numérale dans le nombre *huit,* qui termine la première ligne du *fac-simile* n° 1 de la planche III; voyez aussi le nombre *neuf* dans la dernière ligne du *fac-simile* n° 4 de la planche XI.) La même figure se rencontre dans plusieurs manuscrits grecs; mais elle exprime le nombre *quatre-vingt-dix;* dans un de ces manuscrits on se sert au contraire d'une espèce d'S pour représenter le signe du nombre *six.* « C'est sur quoi, disent les Bénédictins, l'on trouve un « grand concert entre les manuscrits grecs, du moins par rapport aux plus « anciens. » Il est difficile d'expliquer pourquoi le même usage n'a pas été suivi dans les manuscrits latins; mais on doit admettre en fait que les Latins ont emprunté aux Grecs un signe spécial pour exprimer le nombre *six,* et que cette note numérale, en recevant la forme d'un G oncial, n'a pas cessé d'être distincte du G romain. La valeur primitive de l'*épisème* βαῦ n'a pas toujours été conservée dans les monuments du moyen âge. A partir du XIVe siècle, et surtout en Allemagne, on a souvent employé ce caractère pour désigner le nombre *cinq.* Il désigne le même nombre sur les médailles de l'empereur Justinien; mais les Bénédictins pensent que les monétaires l'auront confondu avec l'U à queue : en effet il correspond au nombre *six* dans une foule d'anciens monuments et notamment dans une inscription qui remonte à l'an 296.

Parmi les chiffres romains, ceux dont l'usage remonte à la plus haute antiquité, et qu'on trouve dans les inscriptions du premier âge comme dans les plus anciens manuscrits, sont les lettres C, D, I, L, M, V et X. On prétend que les anciens Romains ne portaient pas les combinaisons de ces lettres au delà du nombre *cent mille*. Comme les chiffres romains sont encore d'un usage ordinaire, la liste suivante n'a pas besoin d'explication. Nous nous bornerons à rappeler qu'un chiffre inférieur qui précède un chiffre plus élevé doit en être soustrait, et qu'il doit au contraire y être ajouté quand il le suit. C'est ce qui explique comment les chiffres IV, IX, XL, XC désignent les nombres 4, 9, 40, 90, et comment au contraire les chiffres VI, XI, LX, CX, désignent les nombres 6, 11, 60, 110.

I	1	XX	20
II	2	XXX	30
III	3	XXXX ou XL	40
IIII ou IV	4	L	50
V	5	XXXXXX ou LX	60
VI	6	LXX	70
VII	7	LXXX ou XXC	80
VIII	8	LXXXX, XC ou LXL	90
VIIII ou IX	9	C	100
X	10	CC	200
XI	11	CCC	300
XII	12	CCCC ou CD	400
XIII	13	D	500
XIIII ou XIV	14	DC	600
XV	15	DCC	700
XVI	16	DCCC	800
XVII	17	DCCCC ou CM	900
XVIII	18	M	1000
XVIIII, XIX ou IXX	19		

« Dans les anciens manuscrits, disent les Bénédictins, on écrit *quatre* par IIII, « et non par IV. On lit dans le Virgile de Florence, à la tête du quatrième « livre de l'Énéide : *Incipit lib. IIII feliciter,* et à la tête du neuvième : *Inc.* « *lib. VIIII feliciter.* Le manuscrit du Roi 4884, du VIIIe siècle, offre le nombre « *quatre* écrit de la même manière, et le nombre *neuf* est rendu par VIIII, à « moins qu'il n'use du *six* (c'est-à-dire de l'*épisème* $\beta\alpha\tilde{v}$) avec trois I, ce qui « n'est pas rare. Ce manuscrit, ainsi que les autres plus anciens, se sert de « l'X avant l'L pour marquer *quarante.* » Quoiqu'il y ait des exemples fort anciens du nombre *quarante* exprimé par XL, on a dans la suite continué à répéter l'X quatre fois et même six fois pour signifier *quarante* et *soixante*. Les Bénédictins ne disent pas quand on a commencé à se servir du chiffre IX. Il résulte de plusieurs monuments originaux qu'il était en usage au XIIIe siècle. Dans le dernier *fac-simile* de la planche VI, qui est emprunté à un manuscrit de la seconde moitié du XIIe siècle, le nombre *dix-neuf* est écrit XVIIII, et nous présumons qu'à cette époque le chiffre IX se rencontrerait moins souvent que le V suivi de quatre I. Toutefois, on trouve l'X précédé d'un I sur plusieurs inscriptions fort anciennes, notamment sur une médaille antérieure de vingt-cinq ans à l'ère chrétienne, et que les Bénédictins ont fait graver dans leur XXVe planche : nous l'avons rencontré aussi dans une charte de 1189. Quant au chiffre IV, nous l'avons vainement cherché dans un grand nombre de monuments antérieurs au XVIe siècle [1], et, sans vouloir affirmer qu'il n'a été employé que depuis deux ou trois siècles, nous pensons du moins qu'on en faisait rarement usage, et que la plupart du temps les nombres *quatre, quatorze, vingt-quatre*, etc., s'écrivaient IIII, XIIII, XXIIII, etc. Dans les tables et dans la pagination des registres, les nombres depuis 120 jusqu'à 199 étaient presque toujours exprimés par des chiffres qui traduisaient les anciennes locutions *six-vingts, sept-vingts*, etc.; ainsi, au lieu de CXXXVII, CXLV, CLXVI, CXCIX, on écrivait VI^xx XVII, VII^xx V, VIII^xx VI, IX^xx XIX. Il y a quelques exemples de chiffres romains écrits à rebours et qui correspondent à certaines locutions latines : au lieu de *decimus tertius, decimus quartus*, etc., on disait aussi *tertius decimus, quartus decimus*, etc.; de là les chiffres VIX, IXX, etc., qui exprimaient les nombres *seize* (*sextus decimus*), *dix-neuf* (*nonus decimus*), etc.

Les Romains avaient encore quelques autres signes destinés spécialement à exprimer les nombres élevés. Au signe M, qui signifiait *mille*, ils substituaient un signe assez semblable à notre chiffre 8 couché (∞). « Cette figure, « disent les Bénédictins, paraît plusieurs fois dans un acte de Ravenne de « l'an 444. » On rencontre aussi deux chiffres à peu près semblables à un I et à un C renversé : ces deux chiffres, disposés de la manière suivante IↃ, valent *cinq cents* comme la lettre D. Si à la droite du chiffre IↃ ou 500, on ajoutait un, deux ou trois demi-cercles, la valeur de ce signe devenait dix fois, cent fois, mille fois plus grande, c'est-à-dire que IↃ valant 500, IↃↃ valait 5000, IↃↃↃ valait 50,000, et IↃↃↃↃ valait 500,000. Pour doubler chacune de ces valeurs on plaçait à gauche de la lettre I le même nombre de demi-cercles qu'elle avait à sa droite; mais les demi-cercles placés à gauche avaient leur ouverture tournée dans le sens opposé, et ressemblaient à des C.

[1] Nous n'avons pas besoin d'avertir que, dans un grand nombre de citations empruntées à différents recueils imprimés, nous avons dû copier le chiffre IV, quoique, peut-être, il n'existât pas sur les originaux. Le P. André Merino affirme qu'il ne l'a jamais rencontré.

IↃ	valant	500,	CIↃ	valait	1,000.
IↃↃ	valant	5,000,	CCIↃↃ	valait	10,000.
IↃↃↃ	valant	50,000,	CCCIↃↃↃ	valait	100,000.
IↃↃↃↃ	valant	500,000,	CCCCIↃↃↃↃ	valait	1,000,000.

Voici maintenant comment ces différents signes étaient combinés pour exprimer les différents nombres depuis 500 jusqu'à 1,000,000. Il faut se rappeler, comme nous l'avons dit, qu'un chiffre inférieur qui précède un chiffre plus élevé doit en être soustrait, et qu'il doit au contraire y être ajouté quand il le suit.

IↃ. 500
CIↃ ou ∞ [1]. 1,000
∞ ∞ 2,000
∞ ∞ ∞ 3,000
∞ IↃↃ (— 1,000 + 5,000 = 4,000). 4,000
IↃↃ. 5,000
IↃↃ ∞ (5,000 + 1,000 = 6,000). 6,000
IↃↃ ∞ ∞ (5,000 + 1,000 + 1,000 = 7,000). 7,000
IↃↃ ∞ ∞ ∞ (5,000 + 1,000 + 1,000 + 1,000 = 8,000). . . . 8,000
∞ CCIↃↃ (— 1,000 + 10,000 = 9,000). 9,000
CCIↃↃ. 10,000
CCIↃↃ ∞ (10,000 + 1,000 = 11,000). 11,000
CCIↃↃ CCIↃↃ (10,000 + 10,000 = 20,000). 20,000
CCIↃↃ CCIↃↃ CCIↃↃ (10,000 + 10,000 + 10,000 = 30,000). 30,000
CCIↃↃ IↃↃↃ (— 10,000 + 50,000 = 40,000). 40,000
IↃↃↃ. 50,000
IↃↃↃ CCIↃↃ (50,000 + 10,000 = 60,000). 60,000
IↃↃↃ CCIↃↃ CCIↃↃ (50,000 + 10,000 + 10,000 = 70,000). 70,000
IↃↃↃ CCIↃↃ CCIↃↃ CCIↃↃ (50,000 + 10,000 + 10,000 + 10,000 = 80,000). 80,000
CCIↃↃ CCCIↃↃↃ (— 10,000 + 100,000 = 90,000). 90,000
CCCIↃↃↃ. 100,000
IↃↃↃↃ. 500,000
CCCCIↃↃↃↃ. 1,000,000

Au lieu de voir, comme quelques auteurs, dans le signe CIↃ les éléments dont se compose le D, c'est-à-dire la haste et la panse, les Bénédictins présument avec raison que ces chiffres sont dérivés de l'M onciale, ainsi que le 8 couché. Les copistes ont quelquefois confondu ces caractères avec l'ω grec. Quelquefois aussi on trouve CLC au lieu de CIↃ, parce que les deux C étant souvent moins élevés que le trait qui les sépare, les écrivains ont pris cette

[1] Le nombre 1,000 s'exprimait aussi par un ⋈ couché; ce nombre était encore exprimé par la lettre T. Cependant, quelques auteurs pensent qu'on a pris pour un T l'I surmonté d'une barre.

ligne verticale pour une *l* cursive. On commettrait souvent des erreurs de cette nature si on ne se rappelait pas que, dans un chiffre composé de plusieurs I, le premier dépasse souvent les autres. Ainsi, dans le *fac-simile* n° 1 de la planche III, les nombres *deux, trois* et *quatre* sont écrits Iɪ, Iɪɪ et Iɪɪɪ. Dans le cinquième *fac-simile* de la même planche le nombre *douze* est ainsi figuré xIɪ : les Bénédictins pensent avec raison qu'il est plus naturel de lire XII que XLI. Quelquefois on prolongeait à la fois le premier et le dernier I : ainsi les mots *quartumvir, sextumvir,* etc., s'écrivaient IɪɪIv, IɪɪɪɪIv, etc. Pour ne pas confondre ces I allongés avec des *l,* il faut examiner surtout le bas de ces deux lettres : la première est presque toujours formée par un trait droit, tandis que la seconde présente, à son extrémité inférieure, une courbure assez prononcée. Lorsque le nombre *cinq* est exprimé par un *u* dont le second jambage se prolonge au-dessous de la ligne, ce caractère présente l'aspect d'un V et d'un I réunis. Les Bénédictins signalent quelques autres erreurs qui se rattachent à la lecture des chiffres romains : « Une lettre originale, qui est dans les « archives de la cathédrale de Clermont, porte cette date : *Facta carta ipso « anno III. X. regnante Henrico rege Francorum.* On a fait signifier à ces chiffres « romains trois fois dix, et, en conséquence, on a rapporté cette date à l'année « MXXX de J.-C., au lieu de la rapporter à la XIIIe année du règne de Henri Ier. « *Et, pour qu'il n'y manquât rien,* dit M. Baluze, *on a ajouté le millième qui n'est « pas dans l'original.* C'est ainsi que par de semblables bévues une multitude de « chartes sont déclarées fautives dans leurs dates. Comme les deux jambages « du V se rapprochent et se confondent souvent avec le nombre II, les copistes « ont pris l'un pour l'autre. L'*u* carré et l'U arrondi par le bas, ont encore « donné lieu à un plus grand nombre de méprises, à cause de leur ressemblance « avec le chiffre II. Pline, dans les anciennes éditions, assure que de son temps « on a vu deux éclipses en XII jours, quoiqu'il soit naturellement impossible que « cela arrive en si peu de temps. On croit avec beaucoup de fondement qu'une « faute si grossière doit être mise sur le compte des copistes ignorants ou peu at- « tentifs qui ont pris l'*u* ou le *v* pour II, et au lieu de XV ont mis XII. D'autres, « ayant transcrit tout au long ce passage, dont le chiffre était peut-être déjà « corrompu, ont mis *duodecim diebus* au lieu de *quindecim.* » Ce dernier exemple suffit pour montrer combien il est important de transcrire les textes avec toute l'exactitude possible, et de ne pas se permettre de traduire les chiffres par des mots, ou de substituer à un signe numérique un autre signe qui, dans l'usage ordinaire, peut avoir la même valeur, mais dont l'emploi peut donner lieu à de graves erreurs dans une foule de circonstances.

Lors même que l'on est arrivé à lire exactement des nombres exprimés en chiffres romains, leur interprétation peut encore présenter de graves difficultés. « Il est important d'observer, disent les Bénédictins, que les anciens exprimaient souvent les nombres par des comptes ronds, laissant à quartier les « nombres imparfaits. Cette manière de compter n'est pas rare dans les livres « sacrés. Elle a passé de là dans les monuments. Il est certain, et personne ne « l'ignore, que les pères du troisième concile d'Éphèse étaient au nombre de « 274. Néanmoins la seconde profession de foi rapportée dans le *Diurnum romanum* l'appelle seulement un concile de deux cents pères, *ducentorum sanctorum patrum*. Selon cette manière de compter, l'épitaphe gravée sur le tombeau « de Charlemagne porte que ce prince mourut septuagénaire, c'est-à-dire âgé « de 70 ans. Éginard, son secrétaire et son confident, qui rapporte cette inscription, ne laisse pas de dire qu'il mourut dans la 72e année. Cet auteur « n'a pu ignorer l'âge de son maître, dont il écrivait la vie. L'épitaphe a donc « suivi un compte rond en donnant 70 ans à Charlemagne au lieu de 72. Les « anciens catalogues des papes ne donnent à Jean XIII que six ans onze mois « et cinq jours de pontificat. Cependant son épitaphe porte qu'il a tenu le « S. Siége pendant sept années. D. Mabillon cite une charte de Raoul, évêque « de Châlons, datée de la XXVIe année du règne de Lothaire, quoique la 27e « courût depuis le mois d'octobre. C'est que, pour faire un compte rond, on « ne mettait point en ligne de compte le surplus de la 26e année. » Nous avons déjà fait observer ailleurs que les dates des chartes omettaient quelquefois le millième et le centième, et que dans le XIVe siècle, par exemple, on se contentait d'écrire L ou ML pour désigner l'année MCCCL. Tous ces faits sans doute sont exceptionnels, mais il était indispensable de les signaler en passant.

Il nous reste à indiquer quelques signes spéciaux que l'on rencontre fréquemment dans les chiffres romains d'Espagne. La lettre X, augmentée d'un trait courbe qui se rattache à l'extrémité supérieure de son côté droit, sert à exprimer le nombre *quarante :* l'emploi de ce signe est très-fréquent. Les Bénédictins citent aussi une inscription du VIIe siècle gravée sur le bénitier de S. Jean de Cabra en Andalousie, et dans laquelle le nombre *quatre-vingts* est représenté par un X de forme cursive, dont les deux extrémités supérieures sont barrées. La lettre X vaut d'ailleurs *dix* quand elle n'est augmentée d'aucun trait accessoire; mais au lieu de l'X on rencontre quelquefois le Ψ grec. Le nombre *mille* est désigné non-seulement par l'I surmonté d'un trait, mais encore par des signes parfaitement semblables au T. Quelques auteurs ont présumé, comme on l'a vu plus haut, que les copistes avaient confondu l'I surmonté d'une barre avec le T. Cette explication peut être vraie à certains égards; mais il n'est pas douteux non plus que dans un grand nombre de diplômes d'Espagne cette barre se confond avec l'I de manière à former un T[1]. Il est donc impossible d'affirmer que ces deux traits sont réunis accidentellement; d'ailleurs, en partant de la même hypothèse, on peut dire que l'erreur dont il a été question avait été commise longtemps auparavant, et qu'elle aura été ensuite reproduite dans les titres originaux. Enfin, indépendamment du T, de l'I surmonté d'un trait isolé, et de l'M qui est en général de forme onciale, on trouve le nombre *mille* exprimé par une figure semblable à l'Υ grec. Les nombres ordinaux d'Espagne doivent aussi donner lieu à une observation particulière, c'est que les voyelles *o* et *a*, qui indiquent à l'ablatif les désinences du masculin et du féminin, étaient souvent placées à la suite de la lettre numérale, et représentées comme elle sous la forme majuscule : ainsi on trouve XO, XA, LO, LA, etc., pour *decimo, decima, quinquagesimo, quinquagesima,* etc. En France, au contraire, ces voyelles étaient plus petites et placées au-dessus des chiffres. Le mot *secunda* est exprimé par deux I surmontés d'un *a* en forme d'ω dans le *fac-simile* n° 2 de la planche XII : l'usage de combiner les désinences des nombres avec les chiffres romains remonte donc au moins au IXe siècle. Ces désinences étaient souvent exprimées par deux lettres : ainsi on trouve CCC^mo^, VIIII^no^, etc., pour *trecentesimo, nono*, etc. Le mot *quinque* s'écrivait souvent V^q;^.

§ II. DES CHIFFRES ARABES.

Nous n'entreprendrons pas d'énumérer les opinions contradictoires de tous les auteurs qui ont essayé de fixer l'origine des chiffres dont on se sert aujourd'hui. L'invention de notre système de numération a été attribuée aux Grecs, aux Latins, aux Carthaginois, aux Celtes, aux Scythes, aux Indiens et aux Arabes. Il est à peu près généralement reconnu aujourd'hui que la numération décimale est d'origine indienne, et qu'elle est parvenue en Europe par l'intermédiaire des Arabes. Dans leur troisième volume, les Bénédictins avaient avancé que les chiffres vulgaires n'étaient connus en France et dans les autres états de l'Europe que depuis le commencement du XIIIe siècle; mais, dans la préface de leur quatrième volume, ils ont émis une autre opinion. « Nous venons de découvrir, disent-ils, des chiffres à peu près « comme on les représente aujourd'hui dans un beau manuscrit du XIe « siècle, qui contient les œuvres de Gui d'Arezzo, religieux de notre ordre, « vers l'an 1028. Dans son Traité de l'art de compter sur la table couverte

[1] Lorsque le nombre deux mille est exprimé par deux T, ces deux lettres sont surmontées d'une barre qui leur est commune et qui leur donne l'aspect d'un Π grec.

« de poudre, nous avons vu les 1, 2, 3, 5, 7, 8, 9. Trois de ces chiffres « sont contournés ou renversés : les seules figures du 4 et du 6 s'éloignent de « la forme de nos chiffres arabesques. Il y a plus, le célèbre Nicolas Vignier « atteste (*Biblioth. historiale,* part. II, pag. 646, édit. de 1588) que Berne- « lin, disciple de Gerbert, moine Bénédictin, qui monta sur le S. Siége l'an « 999, *composa quatre livres,* De abaco et numeris, *desquels se peut apprendre* « *l'origine des chifres dont nous usons aujourd'hui ès comptes d'arithmetique.* Vignier « ajoute : *lesquels M*[r] *de Savoye Pithou m'a assuré avoir eu en sa bibliothèque, et* « *reconnaître en iceux un savoir et intelligences admirables de la science qu'ils traitent.* « L'ouvrage de Bernelin, que D. Rivet n'a pas connu, se trouve deux fois dans « la bibliothèque du Vatican parmi les manuscrits de la reine de Suède (*Cod.* « 480), et parmi ceux d'Alexandre Petau (*Cod.* 4539), qui ont originairement « appartenu à l'abbaye de Saint-Benoît-sur-Loire. On peut donc assurer que « tous, ou du moins la plupart de nos chiffres vulgaires, étaient en usage dans « les mathématiques, tant en France qu'en Italie, sur le déclin du Xe siècle et « au commencement du suivant. »

Les expressions de Vignier ne sont point aussi explicites qu'on pourrait le désirer, mais il résulte bien positivement de l'examen fait par les Bénédictins du manuscrit de Gui d'Arezzo, que dans la première moitié du XIe siècle on employait déjà, pour exprimer les neuf premiers nombres, des signes qui offraient presque tous des rapports plus ou moins grands avec nos chiffres actuels. Avant d'avoir constaté ce fait, les Bénédictins avaient consulté le manuscrit qui a fourni le *fac-simile a* de la planche VII, mais ils déclarent n'y avoir point vu nos chiffres vulgaires. Ils se seront bornés sans doute à examiner une portion du texte; et comme dans le corps de l'ouvrage on se sert seulement des chiffres romains, ils auront supposé qu'il n'était pas question ailleurs des chiffres arabes. Nous avons pu rectifier cette erreur grâce à l'obligeance de M. Guérard, qui a bien voulu nous indiquer le feuillet sur lequel se trouvent les chiffres reproduits dans la planche VII. Si ce manuscrit n'est pas aussi ancien que celui dans lequel les Bénédictins avaient découvert des chiffres probablement analogues, il sert du moins à constater un fait qui est assez clairement indiqué par la citation que nous avons empruntée à la préface du IVe volume des Bénédictins. On a pu remarquer en effet qu'en parlant des chiffres renfermés dans le manuscrit de Gui d'Arezzo, ils ne font nulle mention du *zéro*. Or ce chiffre ne se rencontre pas non plus dans le manuscrit 7193; et comme il est la base de notre numération décimale, tout porte à croire qu'au XIe siècle et au commencement du siècle suivant on connaissait seulement ce qu'il y a de moins essentiel dans la numération, c'est-à-dire une série de signes spéciaux destinés à représenter les neuf premiers nombres ; mais on ne savait pas qu'à l'aide d'un signe auxiliaire ces neuf chiffres pouvaient exprimer les dizaines, les centaines, etc. M. Libri, membre de l'Académie des Sciences, qui a entrepris de nombreuses recherches sur l'origine des chiffres vulgaires, nous a affirmé qu'il n'avait pas découvert au XIe siècle, et, si nous avons bonne mémoire, au commencement du XIIe, un seul manuscrit latin dans lequel les chiffres vulgaires fussent employés avec leur *valeur de position,* c'est-à-dire combinés deux à deux, trois à trois, etc., de manière à désigner des unités, des dizaines ou des centaines, etc., suivant qu'ils occupent le premier, le second ou le troisième rang en remontant de droite à gauche. Mais le livre XVI du *Speculum doctrinale,* ouvrage que Vincent de Beauvais termina, selon l'opinion la plus probable, un peu après l'an 1250, prouve qu'au XIIIe siècle le calcul décimal était parfaitement connu en France. « Vincent de Beauvais, dit M. Daunou (*Histoire littéraire de la France*, tome « XVIII, page 499), expose la théorie des nombres, et indique les opérations « dont ils sont les objets, y compris l'extraction des racines. Il a une connais- « sance précise des chiffres arabes et du calcul décimal : *Inventæ sunt novem* « *figuræ tales :* 1, 2, 3, 4, 5, 6, 7, 8, 9. *Quælibet in primo loco ad dextram posita* « *significat unitatem vel unitates; in secundo, denarium vel denarios; in tertio, cente-* « *narium vel centenarios; in quarto, millenarium vel millenarios ; et ut breviùs loquar,* « *quælibet figura posita in secundo loco significat decies magis quàm si esset in primo,* « *et decies magis in tertio quàm in secundo, et sic in infinitum.* Cependant il fait « observer que ces neuf caractères ne serviraient pas à exprimer le nombre dix, « et il enseigne l'usage d'une dixième figure, savoir du zéro. *Inventa est igitur* « *decima figura talis, sc.* o. *Nihilque representat, sed facit aliam figuram decuplum* « *significare,* etc. Plusieurs Occidentaux avaient connu et employé les chiffres « arabes avant le milieu du XIIIe siècle ; mais en voilà le système nettement « exposé, pour la première fois peut-être, dans un livre écrit en France. Ce « chapitre, du moins, n'est emprunté d'aucun autre ouvrage ; il est précédé « du mot *auctor*[1]. » On ne doit pas sans doute conclure de ce passage de Vincent de Beauvais qu'il n'existe pas de manuscrit antérieur à la seconde moitié du XIIIe siècle dans lequel les chiffres arabes aient été employés avec leur valeur

[1] Ce mot distingue les articles composés par Vincent de Beauvais des nombreuses citations qu'il emprunte à différents écrivains. Son ouvrage est, comme on le sait, une véritable encyclopédie du XIIIe siècle, divisée en trois parties principales : *Speculum naturale, Speculum doctrinale, Speculum historiale,* et souvent désignée sous les titres génériques de *Speculum majus* et *Bibliotheca mundi.* La tradition a faussement attribué à Vincent de Beauvais un *Speculum morale* qui a toujours été imprimé avec les trois autres parties. La dernière édition a paru à Douai en 1624, sous le titre de *Bibliotheca mundi, seu venerabilis viri Vincentii Burgundi, etc., Speculum quadruplex.*

de position; mais on peut supposer que la théorie du calcul décimal n'avait encore été développée par aucun auteur. En effet, Vincent de Beauvais, qui se borne presque toujours à citer les textes connus, n'aurait pas manqué de suivre sa méthode ordinaire, si quelque traité de mathématiques avait pu lui fournir les explications dans lesquelles il est entré.

En comparant les *fac-simile a* et *b* de la planche VII, on pourra se convaincre que, si quelques-uns des chiffres du premier modèle présentent quelque analogie avec ceux du second, ils sont presque tous d'une forme beaucoup plus pénible et beaucoup plus compliquée. Dans la première ligne du *fac-simile a*, les chiffres 1, 2, 5 et 8 peuvent être considérés comme analogues aux chiffres correspondants[1] du *fac-simile b*; le 3, le 4 et le 6 sont complétement différents; le 7 se compose des mêmes traits, mais ils sont renversés; quant au 9, il faut le renverser et le regarder dans une glace pour y trouver quelque point de ressemblance avec le signe qui est employé de nos jours. Dans la seconde ligne du *fac-simile a*, le 6 et le 9 ne ressemblent pas davantage aux chiffres correspondants du second modèle; les rapports du 5 sont moins sensibles, mais ils subsistent toujours; le 7 serait le même, si son dernier trait était plus prolongé; le 3 et le 4 s'éloignent moins de la forme sous laquelle ces chiffres sont représentés de nos jours. Quant au dernier 4 du *fac-simile a*, il est au moins aussi extraordinaire que celui de la première ligne. En comparant les chiffres des *fac-simile c* et *d* avec ceux du *fac-simile b*, on ne trouve guère de différence sensible que dans le 7, dont les branches se sont raccourcies, et dans le 2 dont la partie inférieure se termine par un trait horizontal beaucoup plus caractérisé. Parmi ces différents chiffres, ceux qui diffèrent surtout des nôtres sont le 4, le 5 et le 7; les autres signes, excepté peut-être le 2 du *fac-simile b*, présentent assez d'analogie avec les figures employées de nos jours pour qu'on puisse facilement en fixer la valeur. Ces figures ne sont pas sans doute les seules que l'on rencontre, mais ce sont les plus ordinaires; quand on les a étudiées, on reconnaît sans peine celles qui peuvent se présenter dans d'autres manuscrits.

Depuis la découverte des chiffres arabes, on n'a jamais cessé d'employer les chiffres romains[2]. « Quoique, dès le commencement du XIVe siècle, disent les « Bénédictins, l'Université de Paris se servît des chiffres arabes pour enseigner « l'arithmétique, l'usage n'en devint ordinaire que depuis 1500; encore les « entremêlait-on souvent de chiffres romains. » On trouve par exemple les nombres *douze, treize, quatorze*, etc. exprimés par X2, X3, X4, etc. Cette cir-

[1] Le troisième 2 du *fac-simile b* est celui qui offre le plus de rapport avec le 2 du *fac-simile a*.

[2] Les chiffres romains se maintinrent sur les monnaies jusqu'à l'ordonnance de 1549.

constance semble prouver qu'il se passa de longues années avant que la théorie du calcul décimal fût connue de tous les écrivains. « Ces chiffres, disent les « mêmes auteurs, n'ont jamais été admis dans les diplômes. Néanmoins, M. l'abbé « de Godwic ne les exclut pas de tous les actes donnés depuis le milieu du XIIe « siècle jusqu'au XVIe. Nous pouvons assurer que s'il existe quelque acte anté-« rieur au XIVe où nos chiffres arabiques soient employés, c'est un phénomène « des plus rares. Cependant, comme les anciens notaires usaient d'abréviations « surtout dans leurs minutes, nous ne voudrions pas nier qu'ils n'aient fait « quelque usage de ces chiffres dans leurs écritures dès les XIVe et XVe siècles. » Nous avons eu occasion, en effet, de rencontrer des chiffres arabes dans une des signatures apposées au bas d'un acte dressé à l'occasion de l'hommage rendu à Charles le Bel, pour le duché d'Aquitaine et le comté de Ponthieu, par Édouard, fils aîné d'Édouard II, roi d'Angleterre. (*Archives du Royaume. Section historique*. J. 634.) Cet acte est du 14 septembre 1325. Il en existe deux expéditions parfaitement semblables et certifiées par trois notaires. La signature du troisième est ainsi conçue : *G. Julioci de Cluniaco clericus anno Domini* 1303. Cette date en chiffres arabes n'étant pas celle de l'acte, semble devoir s'entendre de l'époque où le signataire avait été reçu clerc. Comme les notaires ont toujours aimé les signatures extraordinaires, on ne doit pas s'étonner que l'un d'eux ait eu l'idée d'encadrer dans son parafe une date exprimée au moyen de signes dont l'usage était alors peu répandu.

Les recherches faites dans les différentes parties de l'Europe sur l'époque de l'introduction des chiffres arabes ne contredisent en rien les faits signalés par les Bénédictins. En écartant les allégations plus que hasardées de certains auteurs, on voit qu'en Angleterre le monument le plus ancien qui constate l'emploi des chiffres vulgaires est une inscription de l'an 1233. On les trouve ensuite dans un manuscrit de la Bibliothèque Cottonienne de l'an 1292. En Allemagne, Venzelius a signalé un manuscrit de l'an 1268 renfermant un calendrier en chiffres arabes; les Bénédictins parlent d'un manuscrit italien où ces caractères sont employés à marquer l'an 1245. On peut supposer que les Espagnols les ont connus avant les autres peuples de l'Europe, mais rien ne le prouve d'une manière positive, et don Nassare, qui prétend en avoir découvert dans des inscriptions du Ve et du VIe siècle, a pris pour des chiffres des caractères romains et des notes tironiennes. Le seul fait qui paraisse bien constaté, c'est qu'Alphonse X, reconnu roi de Castille et de Léon en 1259, contribua beaucoup par ses tables astronomiques à répandre la connaissance des chiffres vulgaires.

Quoiqu'il soit presque généralement reconnu aujourd'hui que le calcul décimal est venu des Indiens, on n'est pas d'accord sur l'origine des figures par lesquelles on représente les différentes combinaisons de ce calcul. Plusieurs auteurs ont signalé les rapports qui existent entre la forme de nos chiffres vulgaires et quelques-unes des lettres employées, soit par les Grecs, soit par les Romains, soit par les peuples du Nord. « M. Vachter, disent les Bénédictins, s'est frayé une « autre route pour découvrir l'origine de nos chiffres vulgaires. Il prétend qu'on « doit la chercher, comme celle des chiffres romains, dans la diverse combinaison « des doigts; qu'ainsi l'unité ayant été trouvée dans le doigt debout, on a répété et « varié cette figure d'où sont venus ces caractères = pour deux, ≡ pour trois, etc., « et avec le temps on a formé 2, 3, qui répondent à ces combinaisons de doigts. « Cette conjecture relativement aux figures numérales des Grecs et des Romains « se trouve dans la méthode de Port-Royal et dans une multitude d'autres « livres, mais l'application qu'on en fait aux chiffres arabes est toute neuve. « Malheureusement elle n'est pas moins forcée que destituée de preuves solides. » Dom Calmet trouve l'origine de nos chiffres arabes dans les notes tironiennes; selon les Bénédictins, il faudrait plutôt la chercher dans nos anciennes écritures minuscules et cursives. Enfin ces différents systèmes sont contredits par l'opinion de plusieurs savants, qui pensent qu'en adoptant le calcul décimal, les Européens ont aussi imité la forme des chiffres que les Arabes avaient reçus des Indiens. Pour résoudre cette question, il faudrait avoir plusieurs manuscrits renfermant des chiffres vulgaires tels qu'ils étaient employés en Europe pendant le cours du XIe siècle, et les comparer avec les chiffres dont se servaient alors les Indiens et les Arabes.

FIN DU PREMIER VOLUME.

www.ingramcontent.com/pod-product-compliance
Lightning Source LLC
Chambersburg PA
CBHW061948300426
44117CB00010B/1265

* 9 7 8 2 0 1 2 5 4 1 5 9 7 *